제4개정판

행정법

김민호

박영사

제 4 개정판 머리말

나이는 숫자에 불과하다고 하지만 그래도 60세 또는 회갑(回甲)이라는 단어가 주는 무게가 결코 가볍지 않다. 모교 강단에서 후배이자 제자들을 가르친 지 벌써 30여 년이 되어간다. 그동안 달라진 것은 소속이 '법과대학 법학과'에서 '법학전문대학원'으로 변경된 것과 머리색이 하얗게 변한 것뿐이다. 하지만 '법학과'와 '법학전문대학원'의 차이는 학부와 대학원이라는 학제의 변경을 넘어서 대한민국 법학 교육을 완전히 바꾸어 놓은 듯하다.

도그마(dogma)보다는 사례해결(case study) 중심으로 학문의 축이 이동했음을 실감한다. 도그마를 가르치는 교수는 꼰대(?) 취급을 받는다고 후배들이 주의(?)를 주기에 근래 강의실에서 도그마를 이야기 해 본 경험이 기억도 나지 않는다. 사례해결 중심의 PBL(problem based lecture) 강의를 열심히 한 탓에 나름 인기(?) 있는 교수 축에는 드는 모양이다. 하지만 늘 한 학기가 끝나면 무언가 마음 한 켠이 헛헛하다. 도그마의 욕구(?)를 일반대학원에서라도 풀어야 하는데 일반대학원의 사정은 더 열악하다.

도그마, 즉 법의 이념과 원리의 실종이 학자의 욕구불만 정도에 그친다면 얼마든지 이러한 욕구는 과감히 버리고 새로운 즐거움을 찾으면 그만이다. 그런데 법의 이념과 원리는 국가를 지탱하는 마지막 균형추라는 사실 때문에 괴로운 것이다. '허가'와 '특허'의 법리가 하루아침에 만들어진 것이 아니라 법치주의와 행정규제의 조화로운 긴장관계를 위해 오랜 세월 시행착오를 거쳐 법이론으로 형성된 것이다. 물론 법이론은 시대적 산물이므로 사회환경의 변화와 함께 그 이론도 수정과 보완의 과정을 겪는다. 우리나라 법원은 '허가'에 의한 상대방의 향유이익을 '반사적 이익'으로 보아 그 침해에 대한 행정쟁송의 원고적격을 인정하고 있지 않으나, 학자들은 '허가'를 헌법상 기본권의 회복으로 보아 그 침해에 대한 행정쟁송의 원고적격을 인정해야 한다고 주장한다. 이러한 주장이 반복되어 결국은 법원이 태도를 변경하면 종래의 법이론이 수정·발전되는 것이다.

그런데 근래 우리나라 입법자들은 허가와 특허의 법이론을 전혀 알지 못하여 허가기업과 특허기업에 대한 규제 차별성을 구분하지 않는 법률을 무더기로 만들어 내고 있다. 허가기업들에게 특허기업 수준의 공적 의무를 무분별하게 부과하는 법률을 키다란 고민도 없이 양산해 내고 있다는 것이다. 법제처나 국회 입법조사처 등에 이러한 문제를 걸러낼 수 있는 법제 전문가도 없다.

법의 이념과 원리가 실종되면 '힘'의 논리에 의해 사회가 지배된다. 법의 이념과 원리에 맞지 않는 법률이라도 다수당이 '힘'으로 밀어붙이면 우리는 그 법률을 준수해야만 한다. 헌법재판소가 마지막 보루가 돼야 하나 지금의 현실은 헌법재판소 역시 법의 이념과 원리보다는 정치문제에 집중하는 경향이다. 과거 전제·독재국가의 형식적 법치주의로 회귀하는 것은 아닌지 법학자로서 두려움을 느낀다.

근래 '사회적 영향력이 있는 기업에 대하여 공공성을 명분으로 광범위한 공적 의무를 지우는 법률'이 우후죽순처럼 제정되고 있다. 사회적 영향력이란 '집단에 속한 개인이 타인, 특히 오피니언 리더에 의해 자신의 생각이 변화되는 현상적(現象的) 개념'이다. 다시 말해서 개인과 타인의 상호작용에 따라 자신의 감정과 행위가 변화되는 현상을 의미한다. 한편, 공공성이란 '공적 행위를 담당하는 주체가 공익적 목적을 추구하고 공적 책임을 지는 것'을 일컫는 특성적(特性的) 개념으로 사적(私的)인 것과 구분되고 대비되는 성질을 의미한다.

결국 '영향력'은 현상적 개념이고, '공공성'은 특성적 개념으로서 양자는 동치(同値)명제가 아니다. 만약 특정 오피니언 리더의 영향력이 높다고 해서 그 오피니언 리더에게 공공성의 특징을 강요할 수는 없다. 물론 그 오피니언 리더가 공적 행위를 담당하는 공적 주체일 때에는 공공성의 특성을 강요할 수 있다. 여기서 공적 주체는 국가 등 이른바 행정주체를 의미하는 것은 아니다. 하지만 적어도 공적 책임을 부담할 수 있을 정도의 공적 임무를 부여받은 주체여야 한다. 유명 연예인의 사회적 영향력이 크기 때문에 이들에게 공공성을 강요할 수는 없다. 일각에서는 유명 연예인은 이른바 공인(公人)이므로 공적 주체가 될 수 있다고 주장한다. 하지만 이는 'public figure'를 의미하는 것이지 국어적 개념인 공인과는 다르다. 공인은 직접적·간접적으로 법령에 공적 권한과 책임이 있는 자를 말한다. 예컨대 「부정청탁 및 금품등 수수의 금지에 관한 법률」 제2조 제2호에서 해당 법률의 적용을 받는 인적 범위를 규정하고 있는데, 여기에 규정된 사람들은 법령에 의해 공적 의무 및 책임이 발생하는 이른바 '공인'에 해당하는 것이다. 'public figure'와 '공인'이 서로 다른 것은 바로 이러한 차이가 있기 때문이다. 유명 연예인에게 사회적·도의적 의무와 책임이 있을 수는 있으나 법령으로 공적 의무 또는 책임을 지울 수는 없다.

　하지만 오늘날 우리나라 정부와 국회는 특정 사건이나 이슈가 있을 때마다 심도 깊은 연구도 없이 매우 즉흥적으로 법의 이념과 원리에 맞지 않는 위헌적 규제를 만들어 버린다. 만약 법의 이념과 원리의 중요성을 인식하고 이러한 법이론이 최후의 균형추로 작용한다면 '힘'으로 밀어붙이는 형식적 법치주의를 예방할 수 있다. 행정법학에 관심을 갖고 행정법학의 이념과 원리를 중요하게 생각하는 전문가가 우리 사회에 그 어느 때보다 많이 필요하다. 내 책을 사는 이 몇이나 되고, 책을 산다 한들 머리말을 읽을 사람이 또 몇이나 되겠느냐만 그래도 한평생 법학을 연구하고 가르친 학자로서 안타까운 소회를 여기서나마 밝히고 싶었다. 독자 제위의 너그러운 이해 부탁드린다.

　이번 제4개정판은 판례 동향을 분석하여 변경되었거나 새로 나온 판례를 빠짐없이 반영하였다. 어려운 환경에도 불구하고 제4개정판의 출간을 기꺼이 허락해 주신 안종만 회장님, 편집부 이승현 선생님, 출간을 기획해 주신 정연환 선생님, 그리고 표지 디자인을 멋있게 만들어 주신 이수빈 선생님께도 진심으로 감사드린다.

2025년 2월
명륜동 연구실에서
저자 김민호 씀

제 3 개정판 머리말

우리나라 현행 법률의 대부분이 행정법이지만 육법전서(六法全書)에 행정법이 포함되지 않은 까닭은 행정법의 일반법전이 없었기 때문이다. 행정법 학계의 오랜 숙원이었던 행정기본법이 비로소 제정되었다. 물론 많은 기대와 달리 이미 판례나 학설을 통해 정립된 것을 법문언으로 정리한 수준에 그친 점은 매우 아쉽다. 그래도 행정법의 일반법이 제정되었다는 것만으로도 그 의미가 있다. 특히 이의신청제도나 재심사청구제도는 그간 학계에서 지속적으로 주장해 왔던 것을 입법화했다는 점에서 커다란 의의가 있다.

사실 그동안 행정법의 일반법으로서의 역할을 해왔던 것은 '헌법'이었다. 이 때문에 헌법과 행정법의 관계를 규명하는 것이 행정법학의 출발이었다. 헌법과 행정법의 관계에 관한 선행연구들은 주로 "헌법 원칙과 행정법의 원칙"을 비교하거나, "헌법재판과 행정재판의 관계"를 살펴보는 분석 틀을 사용하였다. 나름 의미있고 현실적인 접근법으로 여겨진다.

하지만 헌법과 행정법 모두 법치주의와 법치행정이라는 태생적 동질성을 기반으로 하고 있다는 점과, 헌법재판과 행정재판은 절차적·제도적 차이는 있을지언정 권리구제라는 본질적 목적이 동일하다는 점에서 이러한 분석 틀을 사용할 경우 헌법과 대비되는 행정법의 정체성을 규명하는 것이 더욱 어려울 수 있다. 헌법과 행정법의 관계를 보다 가시적으로 설명하기 위해서는 헌법학과 행정법학의 탐구대상이 무엇인지, 헌법과 행정법은 상호 어떠한 영향을 미치는지를 규명하는 것이 보다 효과적이다.

헌법과 행정법을 관통하는 공통분모는 이른바 憲(國憲)이다. 물론 헌법학과 행정법학 어디에도 國憲에 관한 이론을 따로 떼어 연구하고 있지는 않다. 또한 국헌학, 헌법학, 행정법학이 병렬적으로 따로 존재하는 것도 아니다. 결국 국헌학은 별도로 존재하는 학문 분야가 아니라 "국헌이론 + 헌법전 해석론 = 헌법학", "국헌이론 + 행정법규 해석론 = 행정법학"으로 보아야 한다. 물론 국헌, 헌법, 행정법은 계속해서 상호 연동하며 발전한다.

국헌을 구체화한 것이 헌법이고, 헌법의 위임에 의해 국헌을 구체화한 것이 행정법이다. 행정법은 정치권력(의회)에 의해 국헌의 원리를 구체화할 뿐만 아니라 국헌의 원리를 계속해서 수정·보완한다. 이렇게 수정·보완된 국헌의 원리는 또 다시 헌법과 행정법에 영향을 미칠 것이다. 결국 행정법은 "화석화되어 있는 헌법전의 규정을 구체화하는 법"이 아니라는 점은 분명하다.

권력분립의 원칙상 국헌의 원리와 위임원칙에 의해 행정법이 법원의 통제(위헌통제)를 받아야 하지만, 이러한 법원의 통제로부터 행정의 독자적 자율성을 확보하는 것이 행정법학의 사명이다. 이번에 제정된 행정기본법이 이러한 행정법학의 사명을 투영하지 못한 점은 매우 아쉽다. 향후 학계의 의견 수렴을 통해 발전적 개정작업이 있을 것으로 기대한다.

이번 제3개정판은 행정기본법의 규정사항을 모두 반영하는 것에 주력하였다. 이외에도 판례 동향을 분석하여 변경되었거나 새로 나온 판례를 반영하였다.

어려운 환경에도 불구하고 제3개정판의 출간을 기꺼이 허락해 주신 안종만 회장님, 안상준 대표님, 편집부 이승현 선생님, 출간을 기획해 주신 정연환 선생님, 그리고 표지 디자인을 멋있게 만들어 주신 이수빈 선생님께도 진심으로 감사드린다.

2022년 7월
잠원동 우거에서
저자 김민호 씀

전면개정판 머리말

행정법학의 퇴락을 우려하는 분들이 많다. 비단 행정법학만의 문제가 아니라 법학 전반의 처지인 듯하다. 법학전문대학원과 변호사시험 제도가 시행된 후 법학의 학술적 권위가 크게 후퇴된 것은 분명하다. 학문과 실무를 모두 포섭하려는 당초의 설계와는 달리 두 마리 토끼를 모두 잃어버린 우를 범했다는 비판이 크다.

학문 후속세대의 단절이 가장 가슴 아프다. 프랑스, 독일, 미국 등 선진 법학에 대한 비교법적 연구는 구시대적 유물 취급을 받고 있다. 법학을 전공하려는 대학원생들은 갈수록 줄어들고, 외국에 나가 비교법을 연구하려는 유학생 또한 찾아보기 어렵다. 법학전문대학원 학생들마저도 법학 교수의 학술 서적을 읽기보다는 학원이나 인터넷 강의 요약서를 교재로 쓰는 경우가 다반사다.

이론적 배경이나 연혁 등 학술적 내용은 강의실에서 점차 후순위로 밀려나고 있다. 변호사 시험 경향에 맞추어 판례 소개와 분석이 강의의 주류를 차지하고 있다. 이러한 비정상적 상황이 계속된다면 언젠가는 학문으로서의 법학은 고사하고 말 것이다. 법학자의 논문이나 학술서적이 없다면 법원이 판결의 일관성과 정합성을 유지하면서 법적 안정성과 예측가능성을 확보하는 것 자체가 불가능할 수 있다. 법학 이론의 발전과 판례의 형성이 선순환 되지 못하면 결국 법원의 판단은 진보할 수 없다. 법학의 학술적 가치를 포기해서는 안 되는 까닭이 여기에 있다.

지난 2018년 행정법 초판을 출판하면서 행정법학의 법 이론적 쟁점과 관련 판례들을 빠짐없이 포섭하고 어떠한 오류도 없이 완벽한 완성본을 세상에 내놓겠다는 포부가 무색하게, 막상 책을 출간하여 강의교재로 사용하다보니 이런저런 오류가 눈에 띄고 쟁점이나 판례가 누락된 것이 발견되었다. 전면개정 작업의 필요성을 느끼고 있던 차에 안종만 회장님의 배려와 독자제위의 성원 덕분에 이렇게 전면개정판을 출간할 수 있게 되어 무척 다행스럽고 영광스럽게 생각한다.

변호사시험과 행정고시, 입법고시 등 국가시험에서 쟁점으로 다루어지는 사례와 이론들은 빠뜨리지 않고 모두 반영하였다. 학자들 간 견해 대립이 있는 이론에 대해서는 필자의 입장과 그 논거를 소상히 밝혀 학술서로서의 품격도 유지하였다. 초판의 오탈자를 바로잡고, 새로운 판례를 추가·보완하였다. 총 7편으로 구성된 초판과 달리 경찰행정법, 재무행정법에 공간행정법, 환경행정법, 경제행정법을 추가하여 '제8편 개별 행정작용법'을 새로운 편장으로 분리하였다.

법학의 학문적 퇴락으로 인해 법학 서적 출판업계 또한 어려움을 겪고 있는 것으로 안다. 이처럼 어려운 환경에도 불구하고 전면개정판의 출간을 허락해 주신 안종만 회장님께 다시 한번 깊은 감사를 드린다. 또한 필자의 까다로운 요구에도 항상 친절하게 응대해 주시고 꼼꼼하게 편집해 주신 이승현 선생님과 본서의 출간을 기획해 주신 정연환 선생님, 표지 디자인을 멋있게 만들어 주신 조아라 선생님께도 진심으로 감사드린다.

2020년 1월
명륜동 연구실에서
저자 김민호 씀

머리말

때는 1987년 가을학기, 4학년 졸업반이었다. 군 입대와 대학원 진학을 놓고 고민만 깊어 가고 있던 어느 날, 인상 좋게 생긴 어떤 이가 강의실로 날 찾아 왔다. 당시 행정법 교수이셨던 한창규 선생님께서 찾으신다 했다. 무척 두려웠다. 당시에는 학부 학생을 교수님께서 찾으시는 일도 거의 없었고 무엇보다 한 교수님은 너무나 무서운(?) 분이셨다. 하얀 백발에 쩌렁쩌렁 강의하시는 한 교수님의 카리스마는 당시 학부 학생들에게는 경외의 존재셨다. 그런 분이 날 찾는다니 덜컥 겁부터 났던 것이다.

인상 좋은 그 분(지금 동국대학교 박민영 교수이시다)에게 이끌려 간 곳은 성균관대학교 법학연구소 소장실(당시 한 교수님께서 연구소 소장이시고 박 교수님이 연구소 조교셨다)이었다. 무슨 영문인지 몰라 고개만 푹 숙이고 있는 나에게 한 교수님께서 하신 말씀은,

"자네, 행정법 하게!"

밑도 끝도 없는 이 한 말씀으로 나는 대학원에 진학하여 행정법을 공부하게 되었다. 학교 근처 아담한 2층짜리 일본식 건물을 구입하여 법학연구소로 사용하던 때다. 제법 널찍한 마당이 있었고 마당 한가운데에 커다란 감나무와 은행나무가 고즈넉한 분위기를 만들어 주던 곳이었다. 조그마한 방들이 여럿 있었는데 아예 그곳에서 자취(?)를 하는 선배들도 있었다. 지금은 모두 유명 대학에 교수로 계시는 분들이지만 그때는 조그만 일에도 깔깔대며 웃고 장난치던 선후배 동료들이었다. 돌이켜 생각해 보면 비록 미래는 불확실했지만 그래도 정말 행복한 순간이었다.

당시 우리나라 법학은 독일법의 영향을 많이 받았던 시기이며 행정법학도 예외는 아니었다. 하지만 한창규 선생님께서는 국제경제 환경상 미국의 영향이 더욱 커질 것이며, 법학분야 역시 미국법에 대한 연구가 반드시 필요한

시점이 올 것이라는 믿음이 깊으셨다. 자연스럽게 대학원 수업은 미국 행정법을 탐구하는 것에 많은 시간을 할애하셨다. 대학원 석사과정 3학기가 시작될 때 한창규 선생님께서 연구년을 보내시기 위해 미국으로 가시면서 나를 포함한 지도학생들을 연세대학교 양승두 교수님께 위탁(?) 하시고 떠나셨다. 당시 양승두 교수님은 주로 영국 행정법을 연구하고 계셨기 때문에 이 또한 내가 영미행정법에 관심을 가질 수밖에 없었던 또 하나의 계기가 되었다. 당시 헌법을 강의하셨던(그때는 공법전공자들은 필수적으로 헌법과 행정법을 모두 이수해야 했다) 문홍주, 김운룡 선생님께서도 미국 헌법에 대해 많은 말씀을 해주셨기 때문에 미국의 헌법과 행정법에 대해 친숙해질 수밖에 없는 환경이었다.

박사학위 취득 후 박사후연수를 미국으로 가기로 결심했다. 하지만 당시 미국은 지금처럼 로스쿨에 박사후연구과정(post-Doctoral course)이나 방문학자(visiting scholar) 프로그램이 거의 없던 시절이라 미국으로 박사후연수를 가는 것이 녹록치가 않았다. 운 좋게 지인께서 마침 그때 한국을 방문한 Boston대학 부총장을 소개해주셔서 Boston대학 로스쿨로 박사후연수를 갈 수 있었다. 당시 BU 로스쿨에는 박사후연구과정이 없어서 일단 '단기 교수(temporary faculty)'라는 신분으로 미국에서 연수를 할 수 있었다. 서툰 영어 탓에 매주 수요일마다 교수 세미나(faculty seminar)에 참석하는 것이 정말 고역이었으나 지금 생각해보면 많은 공부가 되었던 것 같다.

귀국 후 은사님과 선배님들의 도움으로 영광스럽게 모교인 성균관대학교 법학과에 조교수로 임용되었다. 1998년 3월 이른 아침, 첫 강의 순간을 생각하면 지금도 그 감격을 잊을 수 없어 눈시울이 붉어진다. 어느덧 20년의 세월이 흘렀다. 이제는 행정법 교과서를 집필할 때가 되었다는 강박이 늘 나를 괴롭혔다. 강박으로 괴로워하느니 일단 쓰고 보자는 마음으로 한 자 한 자 쓰다 보니 이렇게 탈고의 기쁨을 누리게 되었다.

책 머리말을 쓰려고 앉으니 정말 많은 추억과 생각들이 떠오른다. 고마운 분들이 너무 많다. 낳아 길러주신 부모님(김복기·최점자), 학문적 아버지 한창규 선생님, 박사과정부터 지금까지 나에게 많은 가르침을 주시고 계신 이광윤 교수님, 나의 학문사상에 커다란 영향을 주셨던 문홍주 선생님, 김영수 선생님, 김운룡 선생님, 양승두 선생님께 깊은 감사를 드린다. 교과서 집필을 누구보다 응원하고 격려했을 뿐만 아니라 어려운 일이 있을 때마다 항상 따뜻한 위로와 도움을 주고 있는 서울과학기술대학교 김현경 교수께도 진심으로 고마움을 전하고 싶다. 자료를 정리해준 가톨릭대학교 이민영 교수, 원광대학교 정연부 교수도 정말 고맙다. 바쁜 시간을 쪼개어 교정을 도와준 정회성 박사, 정승 박사, 최종선 박사, 장석권 박사, 한송이 석사, 박원일 석사, 박혜진 석사, 신유진 석사와 박사과정생 이정산, 김기린, 이용미, 이도형, 박주희, 박현지, 이보옥, 김형진, 김용욱, 소병수, 정영수와 석사과정생 정주연, 이지헌, 김민서에게도 고마움을 전한다. 가족이라는 울타리 속에서 나를 지탱할 수 있도록 해준 사랑하는 딸(김유림), 사위(김대영), 아들(김태욱)과도 탈고의 기쁨을 함께 하고 싶다. 어려운 여건 속에도 출판을 기꺼이 허락해 주신 안종만 회장님, 임재무 이사님, 정연환 선생님과 멋진 책을 만들어 주신 편집부 이승현 선생님께도 머리 숙여 감사드린다.

2018년 2월
서초동 우거에서
저자 김민호 씀

차 례

제 3 장　행정법의 법원(法源)　45

제 2 편 행정의 행위형식

제 3 장 기타 행정의 행위형식 233

제 3 편 행정의 실효성 확보수단

제 3 장 행정상 제재 295

제 4 편 행정절차법

제 3 장　개인정보 보호법　358

제 5 편 행정상 손해전보

제 6 편 행정쟁송

제 1 장 행정심판 453

제7편 행정의 주체 및 수단

제1장 행정조직법 611

제 2 장   지방자치법   643

제 3 장   공무원법   696

제 8 편　개별행정작용법

제 1 장　경찰행정법　807

제 2 장　공간행정법　829

제 3 장 환경행정법 853

참고문헌

길준규, 행정법입문, 박영사, 2009

김남진, 행정법Ⅰ, 법문사, 2000

김남진, 행정법Ⅱ, 법문사, 2000

김남진/김연태, 행정법Ⅰ, 법문사, 2013

김남진/김연태, 행정법Ⅱ, 법문사, 2012

김남철, 행정법강론, 박영사, 2014

김동희, 행정법Ⅰ, 박영사, 2005

김동희, 행정법Ⅱ, 박영사, 2005

김백유, 행정법총론, 동방문화사, 2011

김백유, 행정구제법, 동방문화사, 2011

김성수, 일반행정법, 법문사, 2001

김용섭/신봉기/김광수/이희정, 판례교재행정법, 법문사, 2014

김중권, 김중권의 행정법, 법문사, 2013

김철용, 행정법Ⅰ, 박영사, 1998

김철용, 행정법Ⅱ, 박영사, 1998

류지태/박종수, 행정법신론, 박영사, 2011

박균성, 행정법강의, 박영사, 2014

박균성/김재광, 경찰행정법, 박영사, 2010

박정훈, 행정법의 체계와 방법론, 박영사, 2005

배병호, 일반행정법강의, 동방문화사, 2019

서원우, 전환기의 행정법이론, 박영사, 1997

석종현/송동수, 일반행정법(상), 삼영사, 2009

신봉기, 행정법개론, 삼영사, 2011

오준근, 행정절차법, 삼지원, 1998

이광윤/김민호, 최신행정법론, 법문사, 2002

이광윤, 일반행정법, 법문사, 2006

이광윤, 행정법이론, 성균관대출판부, 2000

이원우, 경제규제법론, 홍문사, 2010

장태주, 행정법개론, 현암사, 2006

정연부, 행정법논의, 대학로, 2014

정하중, 행정법총론, 법문사, 2004

정형근, 행정법, 피앤씨미디어, 2013

조정환, 행정법개론, 진원사, 2013

하명호, 행정법, 박영사, 2019

한견우, 현대행정법신론1, 세창출판사, 2014

한견우, 현대행정법신론2, 세창출판사, 2014

한국지방자치법학회, 지방자치법주해, 박영사, 2004

한국행정판례연구회, 행정판례평선, 박영사, 2011

홍정선, 행정법특강, 박영사, 2013

홍준형, 행정법, 법문사, 2011

Bernard Schwartz/Roberto L. Corrada, *Administrative Law*, 5th ed., Aspen Law & Business, 2001

Daniel J. Gifford, *Administrative Law*, Anderson Publishing Co., 1992

Erichsen Hans−Uwe(Hrsg), *Allgemeines Verwaltungsrecht*, 11. Aufl., de Gruyter Lehrbuch, 1998

Ernest Gellhorn/Ronald M. Levin, *Administrative Law and Process*, 4th ed., West Group, 1997

Harris Phil, *An Introduction to Law*, 7th ed., Cambridge University Press, 2007

Hilaire Barnett, *Constitutional & Administrative Law*, 3d. ed., Cavendish Publishing Co., 2000

Jerry L. Mashaw et. al., *Administrative Law*, 4th ed., West Group, 1998

L. Neville Brown/John S. Bell, *French Administrative Law*, 5th. ed., Oxford, 1998.

Lief H. Carter/Christine B. Harringron, *Administrative Law and Politics*, 3d ed., Longman, 2000

Maurer H, *Allgemeines Verwaltungsrecht*, 17. Aufl., 2009, C.H. Beck, München, 2009

Michael Allen/Brian Thompson, *Constitution & Administrative Law*, 7th ed., Oxford, 2002

Michael Asimow et. al., *State and Federal Administrative Law*, 2d. ed., West Group, 1998

Michael Harris/Martin Partington, *Administrative Justice in the 21st Century*, Hart Publishing, 1999

P. P. Craig, *Administrative Law*, 5th ed., Tomson, 2003

Paul Jackson/Patricia Leopold, *Constitution and Administrative Law*, 8th ed., Thomson, 2001

Peter Leyland/Gordon Anthony, Administrative Law, 6th ed., Oxford, 2009

Richard J. Pierce, Jr., *Administrative Law Treatise* Ⅰ, Aspen Law & Business, 2002

Richard J. Pierce, Jr., *Administrative Law Treatise* Ⅱ, Aspen Law & Business, 2002

Richard J. Pierce, Jr., *Administrative Law Treatise* Ⅲ, Aspen Law & Business, 2002

Ronald A. Cass et. al., *Administrative Law*, 2d ed., Little Brown & Company, 1994

S. H. Bailey et. al., *Case and Materials on Administrative Law*, 3d. ed., Sweet & Maxwell Ltd., 1997

Steven J. Cann, *Administrative Law*, 2d. ed., SAGE Publications, 1998

Tom Bingham, *The Rule of Law*, Allen Lane, 2010

Valerie Finch/Christina Ashton, *Administrative Law in Scotland*, W. Green, 1997

William F. Funk et. al., *Administrative Law Procedure & Practice*, 2d. ed., West Group, 2001

제 1 편

행정법 서설

제 1 장 행정법의 탐구대상

제 1 절 행정의 의의

I. 행정의 의의

행정법이란 '행정에 관한 법'이다.[1] 따라서 행정법을 탐구하기 위해서는 우선 그 대상인 '행정'의 관념부터 규명해야 한다. 행정법의 적용대상 또는 탐구대상으로서의 '행정'은 정치학, 행정학, 정책학 등의 탐구대상인 '행정'의 관념과 완전히 일치하지는 않는다. 예컨대 행정학 등에서 주요한 탐구대상으로 여기는 법 외적인 행정활동들이 행정법학에서는 탐구대상에서 제외되거나 적어도 그 중요도가 떨어질 수 있다. 반면에 행정법학에서 매우 중요하게 생각하는 행정구제의 수단이나 활동들이 정책학 등에서는 중요하게 다루어지지 않을 수 있다.

가장 넓은 의미로서의 '행정(administration)'은 정치·경제·사회·문화 각 부문에서 조직을 운용하고 한정된 자원을 배분·활용하는 이른바 관리나 경영(management)과 동의적 개념으로 정의될 수 있다. 근래에는 공적 영역과 사적 영역의 관념적 분화가 일반화되어 있는 까닭에 '행정'을 '경영'과 동의어로 여기는 경우는 드물다. 하지만 여전히 '행정'과 '관리'의 개념적 구분은 불분명하고 서로 중첩 또는 혼용된다.

'행정'과 '관리'가 개념론상 전혀 다르게 취급되기 시작한 것은 권력분립에 따른 국가권력의 분화현상이 생긴 이후이다. 국가권력을 이른바 입법, 사법, 행정으로 3분하였을 때 '국가권력으로서의 행정'이라는 관념이 비로소 등장하게 된다. 이러한 의미의 '행정'은 행정법학은 물론 행정학, 정치학 등 모든 학문분야에 통용되는 개념이다. 그러나 행정법학은 이러한 광의의 '행정'을 모두

---

1) 홍준형, 행정법, 법문사, 2011, 8면.

탐구하는 것은 아니다. 따라서 '행정법의 대상으로서의 행정'을 개념적으로 정의하는 작업이 필요하다. 이에 대해서는 종래부터 다양한 견해가 논의되어 왔는바, 몇 가지 주요한 학설을 소개하면 다음과 같다.

1. 형식적 의미의 행정

행정의 관념을 국가작용의 성질에서 발견하기보다는 제도적인 입장에서 국가기관의 권한을 표준으로 정립하려는 견해로서, 행정권을 담당하는 국가기관이 행하는 모든 작용을 행정으로 이해하고 있다. 행정을 이처럼 이해하는 예로는 미국을 들 수 있다. 미국의 Washington행정부는 1789년 법률[2])에 따라 국무(State), 국방(War), 재무(Treasury) 등 3개의 부(部)를 창설하면서 이들 기관과 그 소속기관, 예컨대 체신청(Post Office Department) 등의 관료(officer)가 행하는 작용을 이른바 행정(administration)으로 이해하였다.[3]) 행정을 이처럼 조직적, 권한적 개념으로 이해하다보니 미국 행정법에서는 우리로서는 다소 생소할 수밖에 없는 이른바 준사법적(Quasi-Judicial), 준입법적(Quasi-Legislative) 작용[4])도 행정법의 중요한 적용대상으로 인식하고 있다.

행정을 조직적, 권한적 개념으로 정의할 경우, 권력분립의 이념적 기초가 불투명해지고 권력의 임의적 창설과 새로운 분화가 시도될 수도 있는 본질적 한계가 발생한다. 국가권력을 법규범정립작용, 법집행작용, 법집행 적법성판단작용으로 나누어 상호 견제와 균형을 도모하도록 하는 것이 권력분립의 이념적 기초이다. 그런데 작용에 대한 범주화를 통한 국가권력의 분화를 포기하고 창설된 조직의 권한 범위를 곧 국가권력의 분화로 이해한다면 국가권력을 반드시 3분(입법, 사법, 행정)해야 하는 이념적 기초가 흔들릴 수 있고 뚜렷한 기

---

2) Act of July 31, 1789, 1 Stat. 36.

3) Ronald A. Cass et. al., Administrative Law, 2nd ed., Little Brown & Company, 1994, p.3.

4) Quasi-Judicial, Quasi-Legislative Action은 우리나라에서 행정청이 행하는 사법적 작용(행정심판, 소청심사 등)이나 입법적 작용(법규명령, 행정규칙 등의 제정)과는 다르다. Quasi-Judicial Action이란 행정청이 자신의 권한에 속하는 사항을 처리함에 있어 종국적 결정에 필요한 요건 등의 적법성, 정당성 등에 대한 판단을 사법적 절차(재판관의 주재, 증거의 제출, 당사자의 주장 등)에 따라 행하는 작용을 말한다. Quasi-Legislative Action은 행정청이 자신의 권한에 속하는 사항을 처리하기 위해 필요한 규범을 직접 제정하는 작용을 말한다. 법령의 위임이 있어야만 법규명령을 제정할 수 있고 행정규칙은 행정조직 내부에만 적용되는 우리나라의 행정입법작용과 달리 Quasi-Legislative Action은 자신의 권한에 속하는 사항에 대해서 상위법령에 반하지 않는 한 상위법령의 위임 없이 법규범을 제정할 수 있다.

준 없이 새로운 조직의 창설을 통한 국가권력의 분화가 집행될 수도 있다. 따라서 행정권이 행하는 국가작용이 '행정'이고, 사법부가 행하는 국가작용이 '사법'이며, 입법부가 행하는 국가작용이 '입법'이라는 형식적 개념론은 이념적으로도 본질적 한계가 있을 뿐만 아니라 행정법의 적용대상을 특정할 수 없다는 치명적 약점이 있다.

2. 실질적 의미의 행정

행정의 관념을 조직적, 권한적 개념으로 정의하는 데서 오는 한계를 극복하고자 행정을 입법·사법과 성질상 구별하고 관념적으로 정의하려는 시도를 '실질적 의미의 행정'이라 한다. 그 성질상 구별기준에 대하여는 다음과 같이 다양한 견해들이 있다.

(1) 소극설

행정의 개념을 적극적으로 정의하기보다는 다른 국가작용, 즉 입법·사법의 개념을 밝히고 이를 제외한 나머지 국가작용을 '행정'이라고 하는 견해이다. 과거 권력분립의 영향으로 국왕의 통치권에서 분화되어 나간 입법·사법을 제외한 나머지 국가작용을 행정으로 인식하였던 역사적 배경에서 나온 견해라 할 수 있다.[5] 이러한 견해를 취한 대표적인 학자로는 오토 마이어(Otto Mayer)를 들 수 있다. 그는 행정을 "국가가 자신의 목적을 달성하기 위하여 활동하는 것으로서 입법작용도 사법활동도 아닌 것을 말한다"고 정의하였다.[6] 이에 대한 반론도 있다. 오토 마이어는 행정을 '국가가 자신의 목적을 달성하기 위하여 행하는 활동'이라고 적극적 정의를 하였으므로 그의 견해는 소극설보다는 적극설에 가깝다는 주장이다.[7] 오토 마이어의 주장을 적극설로 인정하더라도 모든 국가작용은 공익의 실현을 목적으로 하는 까닭에 입법·사법 등 다른 국가작용과의 구별이 불분명하다는 비판은 여전히 남는다.

소극설은 입법·사법의 관념이 명확하게 설정되어 있다는 것을 전제로 할 때 가능한 설명이다. 따라서 입법·사법에 대한 명확한 성질상의 표준을 설정

---

5) 김동희, 행정법Ⅰ, 박영사, 2005, 4면.
6) Otto Mayer, Deutsches Verwaltungsrecht, Bd. Ⅰ, 3. Aufl., 1924, S. 7.
7) 오토 마이어의 견해를 소극설로 보는 견해로는 김남진/김연태(행정법Ⅰ, 법문사, 2013, 4면), 류지태/박종수(행정법신론, 박영사, 2011, 4면) 등이 있고, 적극설로 이해하는 입장으로는 김동희(행정법Ⅰ, 박영사, 2005, 4면), 김철용(행정법Ⅰ, 박영사, 1998, 4면) 등이 있다.

하지 못한 상태에서는 논리순환에 빠질 수밖에 없다. 국가작용 중 행정·사법을 제외한 국가작용을 입법으로 정의하거나 행정·입법을 제외한 국가작용을 사법으로 정의하는 것은 공허한 논리적 순환에 불과하다는 것이다.

뿐만 아니라 설사 입법·사법을 관념적으로 정의한다 할지라도 입법·사법을 뺀 나머지 모든 잡스러운 국가작용을 '행정'이라는 하나의 관념에 묶어 그 공통의 원리를 발견하려는 시도 자체가 무모하다는 비판을 면하기 어렵다.

(2) 적극설

행정의 개념을 적극적으로 정의하여, 행정법의 탐구대상으로서의 행정에 대한 독자적 성질을 규명하려는 견해이다. '행정'의 관념을 적극적으로 정의하려 하였다는 점에서 이를 소극설에 대한 대칭적 개념인 '적극설'로 분류하였으나, 적극설 내에서도 행정의 관념적 정의에 대한 견해들은 매우 다양하다. 하지만 이들 각각의 견해를 개별적 학설로 소개하는 것은 의미가 없을 것으로 보인다.[8]

포르스트호프(Forsthoff)는 '법에 따라 법률의 범위 내에서 행하여지는 사회형성작용'으로, 페터스(Peters)는 '개별적 사안에 대한 국가목적의 실현'으로, 티이메(Thieme)는 '정치적 결정을 계획적이고 목적지향적으로 집행하는 작용'으로, 루만(Luhmann)은 '구속적 결정을 창설하는 작용'으로 설명하였다.[9]

우리나라 학자들은 포르스트호프를 비롯한 독일 학자들의 설명에 대체로 동조하여 행정을 적극적으로 정의한다면 '결과실현작용'으로 볼 수밖에 없다는 견해를 취하고 있다. 다시 말해서 행정을 '법 아래에서 행하여지는 법집행작용이며, 사법(司法) 이외의 국가목적을 구체적으로 실현하는 작용이며, 전체로서 통일성을 지닌 계속적·형성적 국가활동'으로 정의하고 있다. 법 아래에서 법의 기속을 받는다는 점에서 법을 정립하는 입법과 구별되며, 장래에 대한 구체적이고 형성적인 활동이란 점에서 기존의 법률관계를 판단하는 사법과 구별된다.

하지만 행정을 적극적으로 정의하려는 어떠한 견해도 행정의 관념을 모두 포섭하고 있다는 확신이 없다. '행정이란 정의할 수 있는 것이 아니라 서술

---

8) 적극설의 예로는 목적실현설, 기관양태설 등의 학설이 소개되고 있으나 이는 별개의 학설이라기보다는 적극적으로 행정의 관념을 정의하면서 그 구체적 정의내용을 달리할 뿐이므로 이들 견해를 개개의 학설로 소개하는 것은 의미가 없다는 것이다.
9) 홍준형(4면); 류지태/박종수, 행정법신론, 박영사, 2011, 10면.

할 수밖에 없다'는 포르스트호프의 지적[10]처럼 행정을 적극적으로 정의하는 것이 처음부터 불가능한 것인지도 모른다. 최근 우리나라 다수의 학자들은 행정을 정의하는 대신 그 '징표'를 발굴하여 행정법학의 탐구대상으로서의 행정의 관념적 범위를 한정하려는 시도를 하고 있다. 행정의 징표로는 ① 사회형성작용, ② 공익실현작용, ③ 적극적·미래지향적 형성작용, ④ 개별적 사안의 규율과 특정 계획의 실현을 위한 구체적 조치 등을 들고 있다.[11]

(3) 단계설

'행정'이라는 권한의 특질이 처음부터 존재하였던 것이 아니라 권력분립으로 인하여 분화된 것에 불과하다는 점에 착안하여 행정을 우선 형식적으로 개념화한 다음 실질적 기준을 적용하여 행정의 관념을 단계적으로 정의하려는 견해도 있다.

우선 형식적 기준을 적용하여 입법권과 사법권의 작용을 제외한 국가작용을 '행정'으로 분류하고, 다음으로 실질적 기준을 적용하여 통치행위와 다른 헌법기관의 작용을 제외하고 공무수탁사인의 행위는 포함시키고, 끝으로 법적 기준을 적용하여 사법(私法)의 적용분야를 제외한 것을 행정법학의 탐구대상으로서의 '행정'으로 보는 입장이다.[12]

(4) 사 견

행정의 관념을 정의하려는 목적이 행정법학의 탐구대상을 한정하고, 행정사건의 적용법규와 관할권의 특수성을 인정하기 위한 것[13]이라면 행정을 적극적으로 정의하거나 그 징표를 통하여 간접적으로 범주화하기 보다는 '행정권이 행하는 작용' 중에서 명확히 '사법작용'과 '입법작용'이 아닌 국가작용을 '행정'으로 인식하는 형식적·소극적 견해가 타당하다.

왜냐하면 행정법학은 행정사건의 특수한 적용법규와 관할권을 탐구하는 것이므로 행정사건의 구체적 해결수단인 행정소송의 관점에서 볼 때 행정소송의 대상으로서의 행정은 결국 입법, 사법, 통치행위 등을 제외한 행정권이

---

10) E. Forsthoff, Lehrbuch des Verwaltungsrechts, Bd. 1, 10. Aufl., 1973, S. 1.
11) 김철용, 행정법Ⅰ, 박영사, 1998, 5면; 류지태/박종수(12면); 박균성, 행정법강의, 박영사, 2014, 4면; 한견우, 현대행정법신론1, 세창출판사, 2014, 9면; 홍정선, 행정법특강, 박영사, 2013, 3면; 홍준형(4면).
12) 이광윤, 일반행정법, 법문사, 2006, 24면.
13) 한견우(9면).

행하는 국가작용으로 보아야 하기 때문이다.

Ⅱ. 행정의 분류

1. 행정의 주체에 따른 분류

(1) 국가행정

행정의 담당자가 국가인 경우를 말한다. 행정권이란 국가통치권의 일부이므로 국가가 행정을 하는 것이 행정의 가장 전형적인 형태였다. 국가가 직접 자기의 기관(행정기관)에 의하여 행하는 행정을 말한다.

(2) 자치행정

지방자치단체를 비롯한 공공단체가 자신의 사무를 자신의 기관(지방자치단체장 또는 지방의회 등)으로 하여금 행하게 하는 행정을 말한다. 국가와 공공단체 간의 권한분배는 국가마다 다르다. 국가권한이 강화된 중앙집권적 국가형태도 있고 공공단체의 권한이 강화된 지방분권적 국가형태도 있다.14) 하지만 어떠한 국가형태를 취하든 오늘날처럼 참여와 자치가 중요시 되고 있는 시대적 분위기에서는 자치행정의 중요성이 갈수록 커지고 있다.

(3) 위임행정

국가 또는 자치단체의 사무를 자치단체나 다른 자치단체에, 또는 사인에게 위임할 수 있는바, 이때에 위임받은 사무를 자치단체 또는 사인이 담당하는 것을 위임행정이라 한다. 이때에 국가나 자치단체의 사무를 위임받아 이를 담당하는 사람을 '공무수탁사인'이라 하는바, 이들은 당해 사무를 집행하는 때에는 행정주체의 지위에 서게 된다.

2. 행정의 수단에 따른 분류

(1) 권력행정

국가 또는 공행정주체가 자신의 고유한 권력(공권력)을 기초로 하여 개인(행정객체)에게 일방적·구속적으로 명령·강제하는 행정을 말한다. 권력행정은 일방성과 구속성으로 인하여 개인의 자유와 이익을 침해할 개연성이 크므로 법치국

---

14) 이광윤/김민호, 최신행정법론, 법문사, 2002, 18면.

가의 원리상 엄격한 법의 기속을 받는다. 행정법관계에 있어서 가장 전형적인 행정작용이라 할 수 있다. 경찰처분·조세부과·공용부담 등이 이에 해당한다.[15]

(2) 비권력행정(관리행정)

행정주체가 공권력주체가 아닌 공물·공기업 등의 경영·관리주체로서 행하는 작용을 말한다. 비권력행정은 공법에 근거하는 작용이라는 점에서는 권력행정과 같으나 권력을 수단으로 하지 않는다는 것이 권력행정과 다르다.[16] 독일에서는 이를 단순 고권행정 또는 단순 공행정이라 하며, 이는 강제 없이 수행되는 공행정, 즉 행정행위의 형식이 아니면서 공법적 근거에 따라 행해지는 행정작용이라고 설명한다.[17]

비권력행정은 그 본질에 있어서는 사인이 자신의 물건을 관리하고 기업을 경영하는 것과 같으나 그 목적만이 행정목적(공익)을 위한 것이므로 원칙적으로 사법이 적용되고 예외적으로 행정목적 달성에 필요한 범위 내에서 공법의 원리가 적용된다. 따라서 비권력행정은 법률관계의 당사자인 행정주체와 국민(사인)의 관계가 대등한 지위에서 행하여진다고 본다.[18] 하지만 이에 대한 반론도 있다. 공법관계란 공익목적으로 말미암아 행정주체가 우월적 지위에 있는 불평등한 관계를 전제하는 것이므로 행정주체와 국민(사인)의 관계가 완전히 '대등한 지위'에 있을 수는 없다. 단지 권력행정에 비추어 볼 때 비권력행정은 당사자의 지위가 대등한 것처럼 보일 뿐이다. 또한 비권력행정은 불평등한 공적관리관계와 비교적 대등한 사적관리관계로 나누어 고찰하여야 한다는 주장이 그것이다.[19]

(3) 국고행정

행정주체가 사법상 재산권의 주체인 사인의 지위, 즉 국고(Fiskus)의 지위에서 행하는 작용을 말한다. 예컨대 물품의 구입, 도급계약, 국유 일반재산의 매각 등이 이에 해당한다. 국고행정은 다시 '협의의 국고행정'과 '형식적 국고행정'으로 나누어지며, 전자는 행정주체가 진정한 국고의 지위, 즉 사경제주체

---

15) 이광윤/김민호(19면).
16) 조정환, 행정법개론, 진원사, 2013, 12면.
17) 홍정선(21면).
18) 김동희, 행정법Ⅰ, 박영사, 2005, 19면.
19) 이광윤(26면).

로서 행하는 작용을 말하며, 후자는 전기·가스·수도 등의 공급과 같은 공행
정의 책무를 사법적 형식에 의하여 수행하는 것을 말한다.[20]

3. 행정의 효과에 따른 분류

행정은 그 효과에 따라 수익적 행정, 침익적 행정, 그리고 복효적 행정으
로 나눌 수 있다. 수익적 행정이란 행정의 상대방에게 제한된 자유를 회복시
켜 주거나 새로운 권리·이익을 부여하거나 기존의 의무를 해제하여 주는 행
정을 말한다.

침익적 행정은 상대방에게 새로운 의무를 부과하거나 기존의 권리·이익
을 박탈 또는 제한하는 행정을 말한다. 수익적 요소와 침익적 요소를 모두 포
함하는 행정을 복효적 행정이라 한다. 복효적 행정에는 동일 당사자에게 수익
적 효과와 침익적 효과가 동시에 발생하는 '이중효과적 행정'과, 상대방에게는
수익적인 것이 제3자에게는 침익적 효과를 발생하거나 그 반대의 경우가 발생
하는 '제3자효적 행정'이 있다.

4. 행정의 목표에 따른 분류

행정은 그 목표(임무·목적)에 따라 규제행정, 급부행정, 유도행정, 공과행
정, 조달행정 등으로 나눌 수 있다.[21]

규제행정은 국민의 생명·안전을 확보하고 복리를 증진하기 위하여 사인
의 활동을 제한하고 조정하는 것을 목적으로 하는 행정을 말한다. 일반적으로
국가로부터 허가 등을 받아야 특정의 활동(영업·건축 등)을 할 수 있는 시장진입
제한이나 특정의 행위(독점적 시장지배·불법영업활동 등)를 금지하는 행위제한 등이
이에 해당한다.

급부행정은 국민들에게 전기·통신·가스·수도 등 공공서비스를 적극적으
로 제공하는 행정, 사회보장행정, 자금지원행정 등 국민의 복리를 적극적으로
향상·증진함을 목적으로 하는 행정을 말한다. 유도행정은 경제나 환경 등을
일정한 방향으로 유도함을 목적으로 하는 행정을, 공과행정은 국가나 지방자
치단체가 필요로 하는 재원을 마련·관리함을 목적으로 하는 행정을, 조달행

---

20) 이광윤/김민호(19면).
21) 김철용(7면).

정은 국가나 자방자치단체가 필요로 하는 인적·물적 수단을 취득·관리함을
목적으로 하는 행정을 말한다.[22]

제 2 절 통치행위

I. 통치행위의 의의

행정법학의 탐구대상으로서 '행정'을 형식적·소극적으로 범주화하여 관념
적으로 정의하였으면 일단 여기에 속하는 모든 국가작용은 적용법규 및 관할
권의 특수성이 동일하게 적용되어야 할 것이다. 하지만 현실은 그러하지 못하
다. 비록 형식적·소극적으로 정의한 행정에 속하는 것이라 할지라도 행정법
규나 관할권의 적용을 받지 아니하는 국가작용이 존재한다. 이러한 국가작용
으로 통치행위를 들 수 있다.

통치행위란 행정의 일부로서 국민의 권익 침해 등과 관련하여 논리적으로
보면 당연히 재판통제 또는 사법심사의 대상이 되어야 함에도 불구하고 고도의
정치성과 국가적 이익으로 말미암아 사법심사로부터 제외되는 행위를 말한다.[23]

이처럼 통치행위는 그 행위가 고도의 정치성을 띤다는 실체적 특질과 통
상의 사법심사가 배제된다는 절차적 특질을 가지고 있다. 하지만 오늘날에는
정치성의 특권으로서 통치행위를 실체적으로 인정하기보다는 불가피한 사정
(판결의 집행력 부재, 사법부의 비정치화 노력 등)으로 사법심사가 배제될 뿐이라는 절차
적 개념으로 이해하는 경향이다.

우리나라를 비롯한 대부분의 국가는 판례를 통하여 통치행위를 인정하고
있으나, 각국의 권력구조와 재판제도가 상이한 까닭에 통치행위의 근거와 범
위에 있어 약간의 차이가 있다.

프랑스는 초기 정치적 동기에 의한 정부행위(Acte de Gouvernement) 모두를
통치행위로 여겨 통치행위의 범위를 상당히 넓게 인정하였으나 최근에는 국
제기관 또는 대의회관계에 관한 정부행위 정도를 통치행위로 인정하고 있는

22) 김철용(7면).
23) 이광윤/김민호(19면).

경향이다. 그런데 프랑스의 경우 통치행위는 위헌심사의 문제가 아니고 행정에 대한 행정소송의 문제로 인식하고 있기 때문에 배제되는 사법심사의 범위에 헌법재판은 포함되지 않는다.[24] 다시 말해서 프랑스에 있어서 통치행위는 헌법재판을 제외한 나머지 소송이 배제되는 행위를 의미한다.

영국 역시 통치행위를 국왕의 대권행위(prerogative act)라고 이해하면서 의회의 내부행위, 국왕의 전권적 행위 등을 통치행위로 인정하고 있다.[25]

독일의 경우 제2차 세계대전 전까지 행정소송제도가 열기주의를 취하고 있었던 까닭에 통치행위에 관한 논의가 없었다. 행정소송제도가 개괄주의로 전환된 이후 초기에는 통치행위를 집권자의 재량행위라고 보아 그 범위를 상당히 넓게 인정하였으나 최근에는 수상선거, 국회해산, 조약체결 등으로 그 범위를 축소해 가는 경향이다.[26]

미국은 그 문제의 해결이 입법부 또는 행정부의 배타적 심사권한에 속하거나, 적절한 사법심사의 기준이 없거나, 법원 판결의 집행력을 보증할 수 없는 사건을 정치문제(political question)로 분류하여 사법심사를 면제하고 있다.[27] 미국의 경우 헌법재판소가 별도로 없고 사법부가 헌법재판까지도 담당하고 있는 까닭에 사법심사의 범위에는 헌법재판도 포함되는 것으로 이해할 수밖에 없다. 따라서 미국에서의 통치행위는 헌법재판을 포함한 일체의 사법심사가 배제되는 행위로 보아야 한다.

Ⅱ. 통치행위의 인정여부 및 근거

1. 부정설

헌법상 재판을 받을 권리와 행정소송제도가 개괄주의를 취하고 있는 상황에서 사법심사가 처음부터 배제되는 통치행위의 관념을 인정할 수 없다는 견해이다. 부정설은 관념적으로 정의되는 통치행위 개념 자체를 인정하지 않는 것이지, 헌법상 명문의 규정이 있거나 법규정의 해석상 사법심사가 배제되는 것이 명백한 경우까지도 그 존재를 부정하는 것은 아니다.

---

24) 이광윤(31면).
25) 이광윤(57면).
26) 이광윤/김민호(24면).
27) 이광윤(29면).

2. 긍정설

(1) 사법자제설

사법소극주의의 발로로서 사법부가 정치적 소용돌이에 휩싸이지 않도록 하기 위해 고도의 정치적 행위에 대한 판단을 자제한다는 견해이다. 법률상 심사를 해야 하는 것을 사법부가 스스로 심사권을 포기 또는 기피하는 것은 사법부의 권한과 임무를 규정하고 있는 헌법에 위배될 뿐만 아니라, 그 자체가 이미 정치적 입장을 대변하는 것이 된다는 비판이 있다.[28]

(2) 권력분립설(내재적 한계설)

권력분립의 원칙에 따라 사법부가 판단할 수 없는 내재적 한계, 이른바 정치적 책임이 없는 법원이 판단할 수 없는 영역이 존재하는바, 이를 통치행위라고 하는 견해이다. 정치적 문제는 정치적으로 책임이 있는 의회나 정부 등에 의해 정치적으로 해결되거나 국민에 의해 통제되어야 한다는 논리이다.

(3) 재량행위설

통치행위는 헌법에 근거하는 국가최고기관의 정치적 재량으로서, 이는 합목적성의 통제를 받을 뿐이지 합법성의 문제는 발생하지 않기 때문에 사법심사가 배제된다는 견해이다. 그러나 재량행위라 할지라도 재량권 행사의 범위를 일탈·남용한 경우에는 위법한 행위로서 사법심사의 대상이 된다는 점을 대비해 볼 때, 그 범위를 일탈·남용한 정치적 재량에 대해서 사법심사를 배제하는 것이 논리상 부적합하다는 비판이 있다.[29]

(4) 독자성설

독일의 오토 마이어(Mayer)는 행정을 '좁은 의미의 행정'과 '통치'로 이분하여, 좁은 의미의 행정과 구별되는 통치를 헌법 보조적 작용 또는 제4의 국가작용으로 설명하였다. 결국 통치행위를 사법심사가 배제되는 행정작용으로 이해하지 아니하고, 최고통치권자의 국가 지도작용으로 일반행정작용·입법작용·사법작용과 구별되는 제4의 작용으로 이해하는 입장이다.[30]

---

28) 김남진/김연태, 행정법 I, 법문사, 2013. 19면.
29) 김남진/김연태(20면).
30) 김용섭, "통치행위에 대한 사법적 통제", 「고시연구」, 2000. 10, 116면.

프랑스의 뒤기(Duguit) 역시 행정권이 정치적 기관의 지위에서 행한 국가 작용은 사법심사(행정소송)가 배제되지만 행정기관으로서 한 행위는 행정소송의 대상이 되는바 이처럼 행정권이 정치적 기관의 지위에서 행한 국가작용은 '행정'과는 구별되는 독자적 국가작용으로 보았다.[31]

Ⅲ. 통치행위의 적용과 한계

1. 통치행위의 적용사례

우리나라에서도 통치행위는 대체로 고도의 정치성을 띤 행위로 사법심사의 대상이 되지 않는 행위로 이해되고 있다. 대법원은 5.18내란사건에서 계엄 선포의 당·부당에 대한 판단[32]과 대북무단송금사건에서 남북정상회담개최의 당·부당에 대한 판단[33] 등에서 "고도의 정치성을 띤 국가작용으로서 법원 스스로 사법심사권의 행사를 억제하여 그 심사대상에서 제외하는 영역이 존재한다"라고 하여 통치행위를 인정하고 있다.

헌법재판소 역시 금융실명거래를 위한 긴급재정경제명령사건[34]에서 "대통령의 긴급재정경제명령은 국가긴급권의 일종으로서 고도의 정치적 결단에 의하여 발동되는 행위이고 그 결단을 존중하여야 할 필요성이 있는 행위라는 의미에서 이른바 통치행위에 속한다"라고 하여 통치행위의 관념을 인정하였다. 대통령의 사면[35]과 국군의 파병[36]에 대해서도 통치행위를 인정하였다.

2. 통치행위의 한계

(1) 헌법재판(위헌심사) 배제여부

통치행위를 인정한다 할지라도 배제되는 사법심사의 범위를 어디까지 인

---

31) 이광윤(35면).
32) 대법원 1997. 4. 17. 선고 96도3376 판결.
33) 대법원 2004. 3. 26. 선고 2003도7848 판결.
34) 헌재 1996. 2. 29. 93헌마186 결정.
35) 헌재 2000. 6. 1. 97헌바74 결정. 이 사건의 심판대상은 '사면' 자체가 아니라 「사면법」의 법률 조항이었기에 헌법재판소가 '사면'을 통치행위라고 분명히 밝힌 것은 아니다. 다만 '사면'을 '국가원수의 고유권한으로서 권력분립에 대한 예외'라고 판시한 것을 미루어 볼 때 헌법재판소가 사면을 통치행위로 이해하였을 것으로 추론하는 것이다.
36) 헌재 2004. 4. 29. 2003헌마814 결정.

정할 것인지에 대해서는 각국의 사정이 다르다. 앞에서 언급한 바처럼 미국은 헌법재판을 포함한 일체의 사법심사가 배제되는 것으로 이해하는 반면 프랑스에서는 통치행위라 할지라도 헌법재판이 배제되는 것은 아닌 것으로 보고 있다. 그렇다면 우리나라에서는 통치행위의 사법심사 면제범위에 헌법재판도 포함되는 것인지 아니면 프랑스처럼 헌법재판을 제외한 나머지 사법심사만 배제되는 것인지에 대해 살펴볼 필요가 있다.

헌법재판소는 금융실명거래를 위한 긴급재정경제명령사건[37]에서 "통치행위를 포함하여 모든 국가작용은 국민의 기본권적 가치를 실현하기 위한 수단이라는 한계를 반드시 지켜야 하는 것이고, 헌법재판소는 헌법의 수호와 국민의 기본권 보장을 사명으로 하는 국가기관이므로 비록 고도의 정치적 결단에 의하여 행해지는 국가작용이라고 할지라도 그것이 국민의 기본권 침해와 직접 관련되는 경우에는 당연히 헌법재판소의 심판대상이 된다"라고 하여 비록 통치행위에 해당한다고 해도 헌법재판까지도 면제되는 것은 아니라는 것을 분명히 하였다. 이후 신행정수도 이전사건[38]에서도 헌법재판소는 "수도이전의 문제를 국민투표에 부칠지 여부에 대한 대통령의 의사결정은 사법심사를 자제하는 것이 바람직하나 대통령의 의사결정이 국민의 기본권침해와 직접 관련되는 경우에는 헌법재판소의 심판대상이 된다"라고 거듭 밝히고 있다. 다시 말해서 우리나라는 미국과 달리 사법심사의 대상이 되지 않는다고 하는 것은 행정소송의 대상이 되지 않는다는 것을 뜻하며, 헌법재판을 비롯한 일체의 사법심사가 면제된다는 것은 아니다.

(2) 국가배상책임 인정여부

1) 문제의 소재

우리나라에서 통치행위는 헌법재판을 제외한 나머지 사법심사가 배제되는 것이라고 이해하면서도 이러한 '나머지 사법심사'에 국가배상청구소송도 포함되는 것인지 여부에 대해서는 여전히 견해의 대립이 있다.

2) 포함설

통치행위가 헌법재판을 제외한 일체의 나머지 사법심사가 배제되는 것이라면 국가배상청구소송도 당연히 쟁송(사법심사)에 포함되므로 통치행위로 인

---

37) 헌재 1996. 2. 29. 93헌마186 결정.
38) 헌재 2004. 10. 21. 2004헌마554, 566(병합) 결정.

하여 발생한 손해에 대해서는 국가배상청구소송이 배제된다는 견해이다.

3) 불포함설

국가배상청구소송에서 위법성의 판단은 통치행위가 법적 근거에 의하여 이루어졌는지 여부만을 따질 뿐, 적극적으로 통치행위의 효력을 배제하려는 것이 아니므로 통치행위라 할지라도 국가배상청구소송은 가능하다는 견해이다.[39]

4) 절충설

누가 보더라도 헌법이나 법률에 위반되는 것으로서 명백하게 인정될 수 있는 특별한 사정이 있는 경우 또는 국민의 기본권침해와 직접 관련이 있는 경우에는 국가배상법상 요건을 충족하였다면 제한적으로 국가배상청구가 가능하다는 견해이다.[40]

5) 분리될 수 있는 행위이론

통치행위 중 국제관계로부터 분리될 수 있는 행위, 즉 국제질서보다는 국내질서에 더 많이 관계되었다고 보여지는 행위는 비록 통치행위이지만 민·형사법원의 관할사항이라는 견해이다.[41]

6) 소 결

통치행위에 대한 사법심사의 배제는 대체로 사법부가 정치적 결단에 대해 비정치적 판단을 하는 것이 적절하지 못하고 설사 판단을 한다 할지라도 판결에 대한 집행력을 담보할 수 없기 때문인 것으로 본다. 그렇다면 국가배상청구소송에서는 통치행위의 위법성을 판단하여 그 효력에 영향을 미치고자 하는 것이 아니라 국가배상책임의 성립요건으로서 당해 행위가 위법한 것인지를 평가하는 것에 불과하기 때문에 비록 통치행위라 할지라도 국가배상청구소송까지도 배제되는 것은 아니라고 보는 것이 타당하다.

판례 역시 '대통령의 긴급조치명령'[42]으로 인해 발생한 손해에 대해 국가배상청구소송을 인정한 바 있다.[43] 특히 최근에는 대통령의 긴급조치명령으로

---

39) 김남진(16면).
40) 홍정선(9면).
41) 이광윤(32~33면). 이광윤 교수는 조약체결에 의한 경제적 손실에 대한 국가책임을 인정한 판례로 제2차 세계대전 중 프랑스와 독일 간에 이루어진 협정(조약)에 따라 독일군이 사용했던 건물의 소유주들이 전후 국가를 상대로 국가배상청구소송을 제기한 사건을 들고 있다; C. E. 1966. 3. 30. C. générale d'energie radio-électrique.
42) 구 국가안전과 공공질서의 수호를 위한 대통령긴급조치(1975. 5. 13. 대통령긴급조치 제9호).
43) 대법원 2015. 3. 26. 선고 2012다48824 판결.

인한 손해에 대하여 국가배상청구소송을 허용함은 물론 국가배상책임을 인정하는 판례[44]도 나왔다.

---

44) 대법원 2022. 8. 30. 선고 2018다212610 전원합의체 판결; '긴급조치 제9호'는 위헌·무효임이 명백하고 긴급조치 제9호 발령으로 인한 국민의 기본권 침해는 그에 따른 강제수사와 공소제기, 유죄판결의 선고를 통하여 현실화되었다. 이러한 경우 긴급조치 제9호의 발령부터 적용·집행에 이르는 일련의 국가작용은, 전체적으로 보아 공무원이 직무를 집행하면서 객관적 주의의무를 소홀히 하여 그 직무행위가 객관적 정당성을 상실한 것으로서 위법하다고 평가되고, 긴급조치 제9호의 적용·집행으로 강제수사를 받거나 유죄판결을 선고받고 복역함으로써 개별 국민이 입은 손해에 대해서는 국가배상책임이 인정될 수 있다.

제 2 장 행정법의 성립과 이념

제 1 절 행정법의 성립

I. 행정법의 의의

'행정법'을 가장 단순하게 설명한다면 '행정을 규율하는 공법'으로 정의할 수 있다.[1] 다시 말해서 행정법이란 첫째, '행정을 규율하는 법'이고, 둘째, '공법'인 것이다. 결국 행정법의 가장 본질적·정의적 관념은 '공법'이라는 것이다. 공법이란 공법관계를 규율하는 법을 의미한다. 사법 또는 사법관계와 대비되는 개념이다. 당사자 의사의 합치에 의하여 법률관계가 성립하고 법적 효과(권리와 의무 등)가 발생하는 사법관계와 달리 당사자 일방(국가)의 의사(명령)에 의하여 법률관계가 성립하고 법적 효과가 발생하는 이른바 '공법관계'라는 관념이 존재하여야만 비로소 '행정법'이라는 개념도 존재할 수 있다.

물론 국가와 국민의 관계를 반드시 법률관계로 이해해야 할 뚜렷한 논거는 없다. 국가의 행위를 법률관계가 아닌 작용적 관점으로만 이해하는 것도 충분히 가능하다. 국가 특히 행정권의 작용이 헌법이나 법률을 위반하는 월권적 행위인 것으로 의심이 되는 때에는 비정치적·가치중립적인 다른 국가기관(반드시 법원, 헌법재판소, 행정재판소 등일 필요는 없다)에서 그 작용(행위)의 적법성을 판단하고 통제할 수도 있다. 이러한 통제수단으로서의 법을 '행정법'이라 정의하는 것도 충분히 가능하다는 것이다.

하지만 우리나라에서는 행정법을 '행정법관계(공법관계)'를 규율하는 법으로 이해하고 있기 때문에 행정법의 개념을 이해하기 위해서는 반드시 사법관계와는 구별되는 행정법관계(공법관계)의 관념부터 정의하여야 하는 것이다. 이러한 이유에서 흔히들 영국, 미국 등은 '행정에 관한 법'은 있으나 '행정법'은

---

1) 박정훈, 행정법의 체계와 방법론, 박영사, 2005, 8면.

존재하지 않는다고 하는 것이다.[2] 왜냐하면 영국, 미국 등에서는 국가와 국민
의 관계를 법률관계로 이해하는 이른바 공법관계라는 관념이 존재하지 않기
때문에 우리가 이해하고 있는 '행정법'이 존재할 수 없다는 것이다.

이처럼 행정법은 각국의 사정에 따라 그 정의적 개념도 다르고 생성 및
발달과정도 상이하다. 우리나라 행정법에 가장 커다란 영향을 미친 프랑스와
독일의 행정법 발생 및 발달과정을 살펴보는 것이 우리 행정법을 이해하는 데
도움이 될 것으로 보인다.

한편 우리나라는 국제사회의 일원으로서 국제적 규범과 기준을 따라야
하고 투자협정이나 자유무역협정 등 국제조약에 따라 국내법을 제·개정해야
하는 경우도 있기 때문에 다른 나라의 법체계를 수용해야 하는 일이 빈번히
발생한다. 국제사회의 글로벌 스탠다드, 특히 금융·무역·정보통신 등의 분야
는 미국이 국제기준을 주도하고 있기 때문에 미국의 법체계가 우리나라에 미
치는 영향은 갈수록 커지고 있다. 이는 행정법 분야에서도 예외가 아니다. 특
히 자유무역협정 등이 체결되면 협정의 내용에 따라 국내법을 제·개정해야
하는 일이 생기는데, 이때에 불가피하게 미국의 행정법 이론이나 제도를 수용
할 수밖에 없는 경우가 상당히 발생한다. 사실 요즘 우리나라 행정법체계의
근간이 흔들리고 있다는 우려의 목소리가 높다. 우리나라의 법체계와 상당히
다른 미국의 행정법 이론과 제도가 여과 없이 우리 법체계에 들어옴으로 인해
행정법의 일반적 규율원리로는 설명이 안 되는 경우가 갈수록 늘어가고 있기
때문이다. 물론 정부나 국회가 우리나라 행정법체계를 정확히 이해하지 못하
여 우리법의 규율원리로는 설명하기 어려운 미국의 법제도(각종 독립위원회의 창
설, 징벌적 과징금제도의 도입, 간접수용의 인정 등)를 무분별하게 도입하는 것도 커다란
문제다. 아무튼 이러한 사정으로 인하여 우리는 불가피하게 미국 행정법의 특
질을 고찰하고 이해할 수밖에 없는 상황이 되었다. 따라서 미국 행정법의 발
생과 특질에 대해서도 고찰해야 할 필요가 있을 것으로 생각된다.

Ⅱ. 프랑스

사법과 구별되는 독자적 법 영역으로서 행정법이 가장 먼저 생성·발전한

---

2) 이광윤(4면).

곳은 프랑스다.3) 프랑스는 중세이후 봉건제도에 터 잡은 절대왕정의 정치체제를 유지하고 있었다. 하지만 십자군 원정과 흑사병의 창궐 등으로 장원의 노동력이 급격히 줄어들자 봉건제도와 절대왕권의 근간이 흔들리게 되었다. 장원의 붕괴가 가속화되면서 신흥 자본계급의 세력이 더욱 커짐에 따라 이들 자본계급과 절대왕권의 갈등 역시 커져가고 있었다. 18세기에 들어와 스페인 왕위 계승 전쟁, 미국 독립 전쟁 등 여러 차례 커다란 전쟁으로 재정이 파탄되었다. 루이 16세는 재정위기를 타파하기 위해 특수신분에 대해 과세권을 행사하는 재정개혁을 단행하려 하였고 귀족들은 이러한 루이 16세의 개혁에 불안을 느껴 삼부회의(귀족, 성직자, 평민)의 소집을 요구하였다. 하지만 표결방식(귀족과 성직자는 신분별 표결을, 평민은 머릿수 표결을 주장)을 놓고 귀족과 평민대표들은 극한 대립을 하였고 결국 평민들은 별도의 국민의회를 소집하였다. 이를 진압하려는 정부군에 대항하여 평민들은 바스티유 감옥의 무기고를 탈취하여 시민봉기를 일으키는 이른바 1789년 7월 프랑스대혁명이 발발하였다.

혁명 전에 이미 프랑스는 계몽주의 사상의 영향으로 국가도 법에 따라 운영되어야 하고 법에 따라 운영되어지고 있는지에 대한 통제(재판)를 받아야 한다는 근대 법치주의 정신이 싹트고 있었다. 대혁명 이후 프랑스는 법치주의 정신을 더욱 구체화하면서 국가는 일반 국민과는 그 성격이 다르므로 국가에 적용되는 법과 법관은 일반 국민들에게 적용되는 법과 법원과 다르고 행정에만 적용되는 자치적인 법이 존재한다고 믿었고 이를 '행정법(Droit administratif)'이라 하였다.4) 뿐만 아니라 국가에 대한 재판은 민사·형사법원이 아닌 꽁세이데따(Conseil d'Etat)가 담당하도록 하였다. 꽁세이데따는 원래 국왕의 법률자문기구였는데 대혁명 후 그 조직을 개편하여 행정재판을 전담하는 송무부를 별도로 설치하였다. 당시 민사·형사법원의 법관은 대부분 귀족들로 구성되어 있었기에 행정의 적법성 통제를 귀족에게 맡길 수 없다는 혁명정신의 영향을 받은 것으로 보인다.

초기의 프랑스 행정법은 국민에 대해 우월적 지위에 있는 국가가 공권력을 발동하는 영역에 적용되는 법으로서 사법(私法)과는 구별되는 것으로 이해되었다. '우월적 지위'라는 의미는 '평등한 법률관계'와 대비되는 개념으로서

---

3) 박정훈(27면).
4) 이광윤(1면).

대등한 당사자의 의사가 합치되는 경우에 법률관계가 성립하는 사법관계와 달리 '국가의 일방적 명령'에 의해 법적 효과가 발생한다는 특수성을 말한다. 이처럼 행정법의 특질을 '국가의 우월적 지위'라는 권력적 측면에서 사법에 대한 독자성 내지는 자치성으로 이해하였던 초기의 프랑스 행정법은 1873년 블랑꼬(Blanco)판결[5]로 획기적 전기를 맞이하게 된다.

블랑꼬라는 소녀가 국영 연초공장 소속의 담배운반마차에 치여 부상을 입자 그의 부모가 손해배상청구소송을 제기한 사건인데, 프랑스 관할재판소는 이 사건의 관할을 민사법원이 아니라 '꽁세이데따'라고 판시하였다.[6] 국가책임은 사인 간의 관계를 규율하는 민법전의 원칙이 적용되지 않고 '공공서비스의 요청'과 '국가와 사인의 권리조정 필요성'에 따라 특별한 규율을 받는다는 것이 판시이유였다. 이 판결에 따라 행정법의 적용영역이 '국가의 일방적 명령'이 허용되는 영역뿐만 아니라 공공서비스(공역무)의 요청과 공익과 사익의 조정이 필요한 영역에까지도 확대된 것이다.

Ⅲ. 독　일

신흥 자본계급의 성장과 시민혁명 등을 경험하지 못한 독일은 프랑스보다 한참 뒤인 19세기가 거의 끝날 무렵 행정법에 대한 논의가 시작되었다.

통일된 국가가 없었던 독일은 주변 국가들의 간섭과 정치적 불안 등으로 자주적 역량을 발휘할 수가 없었다. 1814년 나폴레옹 몰락 후 유럽 각국 대표들은 오스트리아의 빈에서 프랑스 혁명과 나폴레옹 시대를 통해 중단된 왕정을 복고하고 영토를 재조정하기 위해 빈(Vienna)회의를 개최하였다. 통일 국가를 건설하려 했던 독일인들의 열망과는 달리 빈회의에 따라 1815년 독일은 오스트리아, 프로이센, 바이에른, 작센 등 39개 국가로 구성된 '독일동맹'이 만들어졌다. 독일동맹은 과거 300여 개의 민족국가들이 39개로 대폭 줄어든 것 말고는 여전히 봉건 제후들이 개별적 주권을 가진 느슨한 연방체에 불과하였다.

1850년대에 접어들어 독일동맹 중 하나인 프로이센(Preussen)의 경제력 및 군사력이 점차 커지면서, 특히 1862년 비스마르크(Bismarck)[7] 총리체제가 출범

---

5) Tribunal des conflits, 1873. 2. 8.
6) L. Neville Brown/John S. Bell, French Administrative Law, 5th. ed., Oxford, 1998, p.25.

하면서 프로이센은 독립국가로서 유럽의 다른 나라들과 어깨를 나란히 할 정
도로 국력이 신장되었다. 이때부터 독일동맹은 프로이센과 오스트리아가 패권
을 다투는 이원체제로 접어들었다. 덴마크로부터 빼앗은 슐레스비히-홀슈
타인(Schleswig-Holstein) 지방의 처리문제를 놓고 프로이센과 오스트리아의 갈
등이 격화되었고, 결국은 오스트리아를 제외한 나머지 독일동맹 국가들이 프
로이센을 중심으로 통일하여 1871년 빌헬름 Ⅰ세(Wilhelm Ⅰ)[8]가 독일제국의 황
제가 되었다.

이렇게 출범한 독일제국은 강력한 왕권국가였지만 한편으론 당시 유럽에
만연해 있던 시민의 자유의식에 부응해야 하는 복잡한 구조 속에서 국가시스
템을 조기에 선진화해서 영국·프랑스 등 주변 국가들을 따라잡아야 하는 이
중적 부담을 가지고 있었다. 이러한 시대상황은 행정법 분야에 그대로 반영되
어 독일 행정법은 처음부터 기형적 모습으로 탄생되어졌다.

독일 행정법체계의 설계를 주도한 사람은 오토 마이어(Otto Mayer)였는데
그는 스트라스부르(Strasbourg) 대학에서 민법을 담당하던 교수였다. 스트라스부
르대학은 알자스-로렌(Alsace-Lorraine)지방에 있었으며 당시 알자스-로렌은
1871년 프로이센-프랑스 전쟁 후 프랑크푸르트 조약에 따라 프랑스로부터
독일제국의 영토로 편입된 지역이었다.[9] 따라서 이 지역은 프랑스의 사회·문
화적 영향이 여전히 많이 남아 있었다. 아마도 이러한 지역적 특성 때문에 프
로이센 정부는 스트라스부르 대학의 오토 마이어에게 프랑스 행정법을 모델
로 독일 행정법의 기초를 만들도록 하였던 것으로 추측된다. 그런데 흥미로운
것은 오토 마이어가 민법 교수라는 점이다. 독일 행정법이 프랑스 행정법과는
달리 '법률관계', '법률사실', '법적 효과', '주체와 객체' 등 민법적 요소를 많이
가지고 있는 것도 이러한 사실과 무관하지 않은 것으로 보인다.

이처럼 독일은 시민혁명 등과 같은 사회적 변혁을 통하여 자연스럽게 새
로운 법질서가 태동된 것이 아니라 오토 마이어에 의하여 프랑스 행정법을 본
받아 학문적 체계를 이룩하였기 때문에 종래의 민법 중심의 사법적 영향을 크
게 벗어나지 못하고 당시 독일의 사정상 경찰국가의 잔재를 완전히 청산하지

---

7) Otto Eduard Leopold von Bismarck(1815. 4. 1.~1898. 7. 30.).
8) Wilhelm Friedrich Ludwig(1797. 3. 22.~1888. 3. 9.).
9) 1873년 알퐁스 도데(Alphonse Daudet, 1840~1897)가 쓴 「마지막 수업」이 바로 이 시기 알자
스-로렌지방의 상황을 배경으로 하고 있다.

못한 한계를 가지고 출발하였다.

Ⅳ. 미 국

1776년 7월 4일, 필라델피아 시의회 의사당에서 "아메리카 식민지가 대영제국으로부터 독립한다"는 독립선언이 있었고 이후 계속된 독립전쟁 끝에 1783년 9월 3일 파리 조약으로 미합중국은 독립국이 되었다. 하지만 강력한 중앙정부가 없었던 미국은 신생국으로서 극복해야 할 국가적 과제를 해결할 수 있는 추진력이 부족하였다. 유일한 연방기관으로 대륙회의(Continental Congress)가 있었으나 이 기관은 자력으로 재정을 충당하거나 정책을 집행할 권한도 없었다. 대륙회의의 기능과 권한을 더욱 강화하려는 시도가 계속 있어왔고 마침내 1787년 '필라델피아 헌법제정회의(제헌회의)'가 소집되었다. 이 회의에서 채택한 헌법안은 주정부보다 우월적이면서 동시에 독립적인 연방정부를 구성하는 것과 연방정부에 권력분립의 정신에 따라 행정부, 사법부, 양원제를 기반으로 하는 입법부를 두는 것, 그리고 연방세를 부과할 수 있는 권한을 부여하는 것을 골자로 하였다. 헌법안이 델라웨어를 필두로 동부 13개 주에서 모두 비준을 얻음으로써 미합중국(United States)이 탄생하게 되었다.

미국은 독립국가가 되긴 하였으나 여전히 사회·문화적으로 영국의 영향을 벗어나지 못하고 있었다. 행정법 역시 크게 다를 바 없었다. 입헌군주 정치체제하에서 주권(sovereign)은 형식상 국왕(Crown)에게 있었고 이러한 주권은 법적 책임의 영역 밖에 존재하였다. "국왕(주권)은 악을 행하지 않기 때문에(The king can do no wrong) 국왕은 소추되지 않는다(The king is immune from suit)"는 것이 커먼로(Common Law)의 원칙이었다. 이를 특히 '주권면책(sovereign immunity)의 법리'라고 한다. 따라서 이러한 주권면책의 법리에 따라 국왕을 수반으로 하는 행정권의 행위는 법적 통제나 재판의 대상이 되지 않는 것으로 알았다. 따라서 행정에만 적용되는 자치적인 법이 존재할 이유가 없었다. 하지만 국왕(주권)의 권력행사를 통제하고 국민(귀족 또는 신민)의 인권을 보호하기 위한 제도적 선언과 장치들은 계속해서 존재해왔다. 마그나 카르타(Magna Carta),[10] 권리청원

---

10) 1215년 존(John Ⅰ)왕의 실정에 반기를 든 귀족들이 자신들이 누려왔던 관습적 권리를 재차 확인하여 작성한 것을 왕에게 강제로 승인하게 한 문서이다. 최초 원문은 법조(法條)의 형식이

(Petition of Right),[11] 헤비어스 코퍼스(Habeas Corpus),[12] 권리장전(Bill of Rights)[13] 등을 통하여 국왕 역시 법 아래 종속된다는 원칙이 존재해왔다.[14] 법의 지배(The Rule of Law) 이념에 따라 국왕(Crown) 역시 사인(私人)들과 마찬가지로 커먼로의 규범을 준수하여야 하며 이를 어길 때에는 법적 책임이 수반된다는 사고가 정립된다. 그렇지만 여전히 행정의 특수한 법체계로서의 행정법은 존재하지 않았다.

　　이러한 영국의 커먼로 및 법의 지배가 미국에 그대로 계수되었기 때문에 초기의 미국은 영국과 그 사정이 비슷하였다. 하지만 전통적인 주권면책의 법리를 부분적으로 배척하면서 국가 역시 사인과 사인 간의 법적 관계와 마찬가지로 법적 책임을 부담해야 하는 경우가 있을 수 있다는 전제하에 행정권의 행위를 법적 통제권 안으로 포섭하는 이른바 '행정에 관한 법'이 태동하게 된다. 물론 당시 행정의 법적 통제는 주로 절차적 통제였다. 영국의 자연적 정의(Natural Justice) 원칙[15]과 미국 헌법상 적법절차(due process) 조항[16]에 근거하여 절차적 정당성이 결여된 행정권의 권한 행사는 무효이거나 위법한 것이라는 절차적 통제가 초기 미국 행정법의 핵심적 골자였다.

　　하지만 미국은 영국과 달리 연방국가라는 특수성 때문에 커먼로와 절차적 통제만으로 행정의 목적을 달성하기 어려운 한계가 있었다. 주간(州間, Inter States)의 문제를 조율하기 위해 연방정부차원의 주간협의기구를 설치할 필요가 있었

아니었으나 18세기 이후 63개조로 정리되었다.
11) 1628년 국민의 인권에 관한 선언으로 찰스 1세가 승인하였다. 주요 골자는 의회의 동의 없는 과세나 공채 금지, 법에 의하지 않은 체포·구금 금지, 군인들의 민가 숙박 금지, 민간인의 군사재판 회부 금지 등이다.
12) 타인의 신체를 구속하는 사람에 대하여 피구금자의 신병을 법원에 제출하도록 명한 영장을 의미하며, 이 원칙은 1679년 「Habeas Corpus Acts」(이후 1816년, 1862년 각각 수정됨)에 의해 법제화 되었다.
13) 1688년 제임스 2세(James Ⅱ)를 몰아내고 윌리엄 3세(William Ⅲ)를 국왕으로 추대한 이른바 무혈혁명, 즉 명예혁명이 성공을 거두었다. 1689년 의회는 윌리엄 3세로부터 종래 마그나 카르타, 권리청원 등의 내용을 다시 한 번 확인하는 권리선언을 승인토록 하였는데 이를 권리장전이라 한다. 하지만 권리장전의 핵심적 내용은 국민의 자유와 권리의 보장보다는 의회의 권한을 강화하여 주권을 국왕으로부터 의회로 이양하는 이른바 의회주권의 토대를 마련한 것이었다.
14) Tom Bingham, The Rule of Law, Allen Lane, 2010, p.24.
15) 자연적 정의란 ① 편견배제원칙(the Rule against Bias), 즉 '어느 누구도 자신의 사건에 대하여 심판관이 될 수 없다'(No one should be a judge in his own cause), ② 공정한 청문권 보장(the Right to a fair Hearing), 즉 '양당사자의 이야기를 모두 들어야 한다'(Hear both sides to a dispute)는 자연법상의 원칙을 말한다.
16) No person shall be deprived of life, liberty, or property without due process of law.

다. 예를 들면 1887년 설치된 주간통상위원회(the Interstate Commerce Commission)와 같은 것이다. 당시 미국의 가장 중요한 기반시설은 철도였다. 그런데 철도회사들마다 요금이 천차만별이고 담합 및 폭리가 빈번히 자행되어 정부의 강력한 통제가 절실히 요구되었다. 하지만 주정부 차원에서 커먼로와 절차적 통제만으로는 이 문제를 해결할 수 없었고 연방차원의 대책이 필요하였다. 이에 1887년 「주간통상법」에 따라 운송료 담합, 할인 및 요율의 차별 등을 감시하는 주간통상위원회가 발족되었다.

이렇게 설치된 위원회에는 사인의 행동을 통제하고 금지의무 위반에 대해 제재를 할 수 있는 근거로서 규칙(rule)을 제정하는 권한(Quasi-Legislative Power), 이러한 규칙을 집행하는 권한(Executive Power), 규칙위반 여부 및 제재부과 여부에 대한 판단권한(Quasi-Judicial Power)이 주어졌다. 이러한 행정위원회[17]들이 제정하는 규칙들과 운영규정 등은 절차적 통제와 함께 미국 행정법의 골격을 이루고 있다.[18]

제 2 절 헌법과 행정법의 관계

헌법과 행정법의 관계에 관한 명제로 흔히 인용하는 것으로는 ① 오토 마이어(Otto Mayer)의 "헌법은 사라지나 행정법은 존속한다."[19]와 ② 프릿츠 베르너(Fritz Werner)의 "구체화된 헌법으로서의 행정법"[20] 등이다.

우리나라에서는 "헌법은 존속하고, 행정법은 변화한다.",[21] "헌법은 추상화된 행정법이다."[22] 등의 표현이 발표된 바 있다.

헌법과 행정법의 관계가 중요한 쟁점이 된 까닭은 헌법재판제도가 성숙

---

17) 각종 Commission, Committee, Board, Council 등.
18) Ernest Gellhorn/Ronald M. Levin, Administrative Law and Process, 4th ed., West Group, 1997, p.9.
19) Verfassungsrecht vergeht, Verwaltungsrecht besteht.
20) Verwaltungsrecht als konkretisiertes Verfassungsrecht.
21) Verfassungsrecht besteht, Verwaltungsrecht wandelt sich; 김성수, "헌법은 존속하고, 행정법은 변화한다", 「공법연구」 제41집 제4호, 2013. 6, 63면.
22) abstrahiertes Verwaltungsrecht; 박정훈, "한국 행정법학의 형성·전개·발전", 「공법연구」 제44집 제2호, 2015. 12, 175면.

되면서부터다. 특히 공권력의 행사 또는 불행사로 인해 헌법상 보장된 기본권을 침해받은 자가 제기하는 이른바 권리구제형 헌법소원이 활성화되면서 그동안 "헌법의 구체화 법"으로서의 지위를 누리던 행정법이 정체성의 혼란 또는 위협을 받게 되었다.

선행연구들은 헌법과 행정법의 관계에 대해 주로 '헌법 원칙과 행정법의 원칙'을 비교하거나[23] '헌법재판과 행정재판'의 관계[24]를 살펴보는 분석 틀을 사용했다. 현실적인 접근법으로 여겨진다. 하지만 헌법과 행정법은 양자 모두 법치주의와 법치행정이라는 태생적 동질성을 기반으로 하고 있다는 점, 헌법재판과 행정재판은 절차적·제도적 차이는 있을지언정 권리구제라는 본질적 목적이 동일하다는 점 등에서 이러한 분석 틀을 사용할 경우 헌법과 대비되는 행정법의 정체성을 규명하기 더욱 어렵다는 한계가 있다.

헌법과 행정법의 관계는 다음 2가지 측면에서 살펴보아야 한다. 첫째는 헌법학과 행정법학의 탐구대상이 무엇인가? 라는 것과 둘째는 헌법과 행정법은 상호 어떠한 영향을 미치는가? 라는 것이다.

헌법학과 행정법학은 모두 '국헌(國憲, constitution)'[25][26]을 탐구대상으로 한다. 국헌(constitution)하에서 행정법(Administrative Law)과 헌법(constitutional law)은 그 구성 원칙이 동일한 바, 그 구성 원칙은 ① 주권자인 국민에 대한 명령의 충실성, ② 국민에 대한 통제의 규범성, ③ 정부행위의 투명성이다.[27]

하지만 헌법과 달리 행정법은 궁극적으로 국헌이 보장하고 있는 권력분립의 원칙을 기반으로 탄생되었다. 권력분립의 원칙은 헌법에도 규정되어 있지만, 헌법은 "행정권은 대통령에 속한다.", "사법권은 대법원 및 각급 법원에 속한다." 등과 같은 원칙적이고 선언적인 사항만 규정할 뿐이다. 행정법은 이

---

23) 강경근, "헌법과 행정법", 「공법연구」 제32집 제1호, 2003; 김성수, 앞의 논문 참조.
24) 이계수, "헌법재판과 행정법이론", 「공법연구」 제37집 제2호, 2008. 12; 김유환, "헌법재판과 행정법의 발전", 「공법연구」 제27집 제1호, 1998; 하명호, "헌법재판과 행정법이론", 「공법연구」 제45집 제2호, 2016 참조.
25) 나라의 근본이 되는 법규(표준국어대사전).
26) 박정훈 교수도 Verfassung(憲, 국헌, 헌정체제)과 Verfassungsrecht(헌법)를 구별하여야 한다면서 constitution을 '憲'으로 constitutional law를 '헌법'으로 표현하였다. 필자는 '憲'의 어감적 부자연스러움을 약간이나마 덜기 위해 constitution을 '국헌'으로, constitutional law를 '헌법'으로 표현한다.
27) Robert R. Gasaway/Ashley C. Parrish, Administrative Law in Flux : An Opportunity for Constitutional Reassessment, 24 George Mason L. Rev. 361, Winter, 2017, p.368.

들 권력의 구체적 권한의 범위와 행사, 그리고 이들 권력 간의 관계에 있어서 헌법이 간과한 사항들을 규정하고 있는 점이 헌법과 다르다.[28]

국헌, 헌법, 행정법은 계속해서 연동하며 상호 영향을 미친다. 국헌의 원리는 헌법전과 행정법의 제정에 영향을 미치고, 헌법전은 위임규정에 의해 행정법에 직접 영향을 미치지만, 또한 행정법의 해석과 적용에 의해 국헌의 원리가 형성되고 이렇게 형성된 국헌의 원리는 또 다시 헌법전과 행정법에 영향을 미친다. 따라서 우리가 지금껏 논의했던 것처럼 '무슨 법을 구체화한 것이 무슨 법'이라는 식의 단편적 분석은 적절치 않다.

물론 행정법을 통하여 헌법전의 규정이 구체적으로 시행되는 것이 가장 이상적이다. 하지만 행정법은 헌법전의 규정만을 실행하는 것이 아니라 국헌의 원리를 현실화하기도 하고, 거꾸로 행정법을 통해 국헌의 원리가 수정·보완되거나 새롭게 형성될 수도 있다. 매우 드문 경우겠지만 행정법에 의해 국헌의 원리가 소멸되어 더 이상 국헌의 원리로 기능하지 못할 수도 있다.

현대국가에서 국헌의 원리를 구체화한 행정법의 제정, 또는 행정법을 통한 국헌의 원리의 수정·보완이 매우 경직적인 헌법전과 사회적 현상 간의 괴리를 보완하는 유용한 수단이 될 수 있다.

국헌, 헌법, 행정법의 상호 영향에 대한 구체적 사례를 들어 보면 다음과 같다. 헌법 제11조 제1항은 "모든 국민은 법 앞에 평등하다. 누구든지 성별·종교 또는 사회적 신분에 의하여 정치적·경제적·사회적·문화적 생활의 모든 영역에 있어서 차별을 받지 아니한다."라고 규정하고 있다. 헌법전의 이러한 평등의 원칙을 구체화한 행정법은 매우 많다. 대표적인 법률로는 「국가인권위원회법」,「장애인차별금지 및 권리구제 등에 관한 법률」,「차별금지법」(안) 등이다.

「국가인권위원회법」은 헌법 제11조 제1항의 평등권을 침해하는 것을 "차별"이라 정의하고, 차별의 다양한 형태를 규정하고 있다. 특히 '성적 지향', '성희롱에 따른 고용상 불이익' 등도 차별에 해당한다고 규정하고 있다. 또한 '특정한 사람을 잠정적으로 우대하는 행위와 이를 내용으로 하는 법령의 제정·개정 및 정책의 수립·집행은 평등권 침해의 차별행위로 보지 아니한다'라고 하여 이른바 affirmative action을 명문으로 규정하고 있다.

---

28) Robert R. Gasaway/Ashley C. Parrish, op. cit., p.368.

「차별금지법」(안)은 더 나아가 '성별정체성'과 '괴롭힘' 등도 차별에 해당하는 것으로 규정하고 있다. 또한 「장애인 차별금지법」은 장애를 사유로 정당한 사유 없이 제한·배제·분리·거부 등에 의하여 불리하게 대하는 '직접차별'은 물론, 정당한 사유 없이 장애를 고려하지 아니하는 기준을 적용함으로써 장애인에게 불리한 결과를 초래하는 경우, 즉 '간접차별'도 차별의 범주에 포함시키고 있다.

결국 국헌의 원리인 "평등의 원칙"을 구체화한 것이 헌법 제11조이지만, 「국가인권위원회법」 등 행정법은 단순히 '헌법'을 구체화한 수준이 아니라 '국헌의 원리'를 구체화하였다고 보는 것이 더 정확하다. 또한 성적 지향, 성별정체성, 괴롭힘, 성희롱 등도 차별의 개념 속에 포섭하거나, affirmative action을 명문화 하고 차별의 의미에 '간접차별'까지도 확장한 것은 행정법이 오히려 국헌의 원리를 수정·보완하고 있음을 알 수 있다.

이처럼 Verfassung(constitution, 국헌)과 Verfassungsrecht(constitutional law, 헌법)는 서로 다르다는 것이다. 헌법학을 중심으로 놓고 보면 '憲(국헌)'은 연구의 대상이고 헌법재판은 그 규범력의 확보 수단이다. 이는 행정, 행정법, 행정소송과 행정법학의 관계와 다르지 않다. 즉, 행정법학의 연구대상은 '행정'인데, 행정법학이 행정소송을 매개수단으로 '행정'에 대하여 규범성을 부여함으로써 행정법이 만들어진다. 행정과 행정법이 구별되듯이, 憲과 헌법도 구별되는 것이다.

결론적으로 국헌, 헌법, 행정법은 계속해서 상호 연동하며 발전한다. 국헌을 구체화한 것이 헌법이고, 헌법의 위임에 의해 국헌을 구체화한 것이 행정법이다. 행정법은 정치권력(의회)에 의해 국헌의 원리를 구체화할 뿐만 아니라 국헌의 원리를 계속해서 수정·보완한다. 이렇게 수정·보완된 국헌의 원리는 또 다시 헌법과 행정법에 영향을 미칠 것이다.

제 3 절   법치행정의 원리

Ⅰ. 의 의

행정법이 탄생하게 된 배경에는 법치주의 이념이 절대적인 역할을 하였다. 앞에서 살펴본 것처럼 프랑스에서 행정에 관한 자치적 법으로서의 행정법이 탄생하게 된 것은 국가도 법에 따라 운영되어야 하고 법에 따라 운영되어지고 있는지에 대한 통제(재판)를 받아야 한다는 법치주의 정신이 싹텄기 때문이다. 이처럼 법에 의해 행정권이 통제되는 시스템을 특히 '법치행정의 원리'라고 한다. 하지만 이러한 법치행정의 원리는 '국가 권력이 사람(人)이나 관습에 의해 운영되고 행사되어서는 안 되고 법에 의해 지배되어야 한다'라는 기본적 이념구조는 동일하지만 그 구체적 구현방법에 있어서는 각국의 사정에 따라 다양하다.

프랑스에서는 법치주의를 'État de droit'로 표현하고 있다. 그 의미는 '법에 의해 지배되는 국가'라고 할 수 있다. 오류(M. Hauriou)는 법치주의 이념은 '행정제도(régime administratif)'에 의해 실현될 수 있다고 믿었다. 행정제도란 ① 행정에 대한 사법적 통제수단이 존재하고, ② 행정재판을 담당하는 행정법원이 사법부가 아닌 행정부 내에 설치되어야 하고, ③ 행정법원의 재판규범은 기존의 민법전을 배제하고 자치적이고 새로운 법질서에 의해 창설되는 것이다.[29] 결국 프랑스의 법치주의는 영국과 같은 보통법의 지배가 아니라 '행정법의 지배'라고 할 수 있다.

독일은 '사람이나 폭력이 아닌 법률에 의해 통치되는 국가'라는 의미의 '법치국가(Rechtsstaat)'를 법치주의의 의미로 사용하고 있고, 영국은 '인의 지배'가 아닌 '법의 지배(rule of law)'라는 개념을 발전시켰다.

중국은 1997년 중국공산당 제15차 전국대표대회에서 '의법치국(依法治國)' 사상을 중국의 통치이념으로 채택하였다. 그러나 중국의 '법치'는 '법치주의'와 완전히 일치하는 개념이 아니다. 중국의 법치는 인의 지배가 아닌 법의 지배라는 점에서는 법치주의와 유사하지만, 중국에서 '법'의 개념은 민주적 정당성

---

29) 이광윤, 행정법이론, 성균관대출판부, 2000, 16면.

과 국민의 의사가 담보되는 법규범보다는 공산당을 비롯한 관주도적 법제가 더욱 커다란 비중을 차지하고 있다.30)

우리나라 역시 행정기본법 제8조에서 "행정작용은 법률에 위반되어서는 아니 되며, 국민의 권리를 제한하거나 의무를 부과하는 경우와 그 밖에 국민 생활에 중요한 영향을 미치는 경우에는 법률에 근거하여야 한다."는 명문의 규정을 두어 법치행정의 원칙을 행정법의 가장 핵심적 기본원리로 삼고 있다.

II. 법의 지배(Rule of Law)

'Rule of Law'라는 용어는 다이시(Dicey)가 1885년 출간한 그의 저서31)에서 처음 사용하였다. 하지만 다이시가 Rule of Law라는 용어를 처음 사용하였을 뿐 그 사상과 원리까지도 처음으로 주장한 것은 아니라고 하는 것이 영국 학자들의 생각이다.32) 어떤 학자33)는 Rule of Law는 이미 아리스토텔레스(Aristoteles)의 사상에서도 찾을 수 있다고 하면서, 아리스토텔레스가 "시민들 중 하나에 의해 지배되는 것보다 법에 의해 지배되는 것이 낫다. … 그래서 비록 법의 수호자들이라도 법에 복종하여야 한다"라고 하였는데 이 말의 현대적 의미가 바로 법의 지배라고 할 수 있다고 한다.34)

다이시는 법의 지배는 다음 3가지의 의미를 포함하고 있다고 설명하였다. 첫째, 어느 누구도 정상적인 법원에서 정상적인 법적 수단에 의해 형성된 법을 명백하게 위반하지 않는 한 처벌 받거나 신체 또는 재산의 침해를 받지 아니한다. 둘째, 어느 누구도 법 위에 있을 수 없으며 모든 사람은 지위 고하를 막론하고 국법을 지키고 재판에 의한 사법적 통제를 받아야 한다. 다시 말해서 누구든지 동일한 법원에서 동일한 법에 의해 재판을 받아야 한다. 셋째, 법원에 제기된 구체적 사건들에서 사인들 간의 권리를 결정짓는 법원의 판결의 결과들이 쌓여 헌법의 원리(예컨대 자유권, 집회의 권리 등)가 형성35)되었다.36)

---

30) 김민호, "중국 행정쟁송제도에 관한 연구", 「법제」, 2006. 5, 24면.
31) A. V. Dicey, An Introduction to the Study of the Law of the Constitution, Oxford, 1885.
32) Tom Bingham, ibid., p.1.
33) Brian Z. Tamanaha, On the Rule of Law, Cambridge Univ. Press, 2004, p.8.
34) Tom Bingham, ibid., p.1.
35) 다이시 교수는 "외국의 경우에는 헌법의 규정에 의해 제도적으로 기본권이 보장되지만 영국은 법의 지배 영향으로 이처럼 판례에 의해 헌법원리가 형성되는 독특한 특징을 가지게 되었

이처럼 커먼로(common law) 국가인 영국은 의회(제정법의 제정)와 판사(사인 간의 다툼에서 권리의 결정)만이 헌법상 공권력의 특권, 즉 우월적 지위를 행사할 수 있었다. 따라서 행정청 역시 일반 국민과 마찬가지로 커먼로의 지배를 받는 것으로 이해하였다. 이처럼 행정권이 커먼로의 지배를 받는 것을 이른바 '커먼로의 지배'라 한다. 커먼로 국가에서 행정청은 어떠한 예외적 특권을 행사할 수 없을 뿐만 아니라, 공무원의 공무집행과정상 발생하는 법률관계와 사인 간의 법률관계 사이에는 그 성질상 차이가 없다. 바로 이러한 점에서 커먼로 국가는 '행정에 관한 법'은 있으나 공권력의 특권을 인정하는 '행정법'은 존재하지 않는다는 것이다.[37] 하지만 국가의 역할이 확대되고 급부행정의 중요성이 커지면서 커먼로 국가들도 공공서비스의 효율적 제공을 위하여 행정권에게 공익목적상 필요한 범위 내에서 우월적 특권을 인정해가는 경향이다.

Ⅲ. 법치주의

1. 개 설

국가의 공행정작용이 법에 의해 통제되는 시스템을 '법치행정의 원리'라 하고, 「법」 중에서 특히 '법률'에 의해 행정이 통제되는 것을 '법률에 의한 행정의 원리'라 한다. '법률이 행정을 지배'한다는 것은 결국 '행정이 법률에 적합'하여야 한다는 것을 의미한다. 따라서 '행정의 법률적합성의 원칙', '법률에 의한 행정', '법치행정', '법치주의'는 그 통제 및 지배의 수단(법>법률)이나 대상(주권>행정)에 대한 광협의 차이만 있을 뿐 모두 동일한 의미로 이해하여도 무방할 것으로 보인다.

독일 행정법체계의 기초를 세운 오토 마이어(Otto Mayer)는 '행정의 법률적합성의 원칙'이 구현되기 위해서는 '법률의 법규창조력', '법률의 우위', '법률의 유보'라는 3가지 구성요소가 작동되어야 한다고 주장하였다.[38] 결국 이들 3가

다"고 주장하였으나, 후세 영국 학자들은 다이시가 외국의 헌법원리 형성과정을 다소 경시하였던 것으로 보인다고 시인하고 있다; Tom Bingham, ibid., p.1.

36) Tom Bingham, ibid., pp.2~4.

37) 이광윤/김민호(46면).

38) Otto Mayer, Deutsches Verwaltungsrecht, 3. Aufl., Verlag von Duncker & Humbolt, München und Leipzig, 1924(unveränderter Nachdruck 1969), S. 64f.

지 구성요소는 법치행정 또는 법치주의의 구성요소라 하여도 무방하다.

2. 법률의 법규창조력

그 의미를 직역하면 '법률만이 법규를 창설할 수 있다'는 것이다. '법률'은 의회가 제정한 법규범을 말하고, 의회는 국민의 대표로 구성되기 때문에 법률은 곧 '국민의 의사'라고 보는 것이 민주주의의 기본원리이다. 이러한 법률, 즉 국민의 의사만이 법규를 창설할 수 있다는 것이다. '법규'란 '국민을 구속하는 규범'을 의미하는데 국민을 구속한다는 것은 결국 국민의 권리 또는 의무에 관한 규율을 정하는 것을 말한다. 결국 법률의 법규창조력이란 국민의 의사라고 할 수 있는 법률만이 국민에게 권리 또는 의무를 발생시키는 법규가 될 수 있다는 것을 의미한다. 전제군주, 귀족, 성직자 등 지배세력의 의사가 국민을 구속하는 것이 아니라 국민의 의사인 법률만이 국민을 구속할 수 있다는 원칙은 민주주의의 가장 핵심적인 근간이며 기초라 할 것이다.

하지만 오늘날에는 국민의 의사 특히 의회의 의사가 반드시 형식적인 법률로만 표현되는 것이 아니고 관습법이나 법률동위명령, 법률위임명령 등도 법규성을 가지는바 과거처럼 형식적 법률의 법규창조력을 강조해야 할 의의는 크게 퇴색되었다.[39] 그런데 이러한 의미변화는 비단 법률의 법규창조력이라는 요소에만 특별히 영향을 미치는 것이 아니라 법치행정의 다른 요소인 법률우위, 법률유보에도 똑같이 적용되는 문제이므로 특별히 법률의 법규창조력의 존재의의를 평가절하할 필요는 없을 것으로 보인다. 이는 결국 뒤에서 설명하는 실질적 법치주의, 의회유보 등과 같은 새로운 이론의 발생원인으로 작용한다.

3. 법률의 우위

법률이 가장 '우위'에 있다는 것은 '법률이 모든 국가의사(물론 헌법은 제외) 중에서 가장 상위에 존재한다'는 것을 의미한다. 다시 말해서 의회에서 의결된 법률이 다른 하위법적인 규범 또는 개별적인 행정행위보다 우위에 있다는 것을 말한다.

이 원칙을 '행정'의 측면에서 재해석하면 ① 집행권은 입법자의 의사(법률)

---

39) 홍준형(16면).

를 현실화 시켜야 할 의무를 진다는 이른바 '적용명령'과, ② 집행권은 입법자의 의사(법률)에 위반되어서는 안 된다는 의미의 이른바 '회피금지'로 이해할 수 있다.

따라서 법률유보원칙이 '행정권을 발동하기 위해서는 반드시 법률의 수권이 있어야 한다'는 '적극적' 의미의 법률적합성의 원칙에 해당한다면 법률우위원칙은 '행정권 발동은 법률에 반하여서는 안 된다'는 '소극적' 의미의 법률적합성의 원칙이라 할 것이다.

4. 법률의 유보

(1) 의 의

법률의 유보란 행정권의 발동에는 반드시 개별적인 법률의 수권을 필요로 한다는 것이다. 앞에서 언급한 것처럼 법률우위의 원칙이 소극적으로 법률에 위반하는 행정작용을 금지하는 것인 데 반하여 법률유보의 원칙은 적극적으로 행정권의 발동에 법적 근거를 필요로 하는 것이다.

여기서 '법률'의 의미는 의회가 제정한 형식적 의미의 법률을 의미한다. 물론 법률의 구체적 위임이 있는 때에는 법규명령 등 하위법령도 행정권 발동의 근거가 될 수 있다.

(2) 관련 개념

1) 기본권적 법률유보

법률유보를 이른바 기본권적 법률유보와 일반적 법률유보로 나누어 설명하는 견해도 있다. 전자는 대부분의 헌법학자들의 시각으로서 법률유보를 기본권의 한계 내지 제한의 문제로 인식함에 반하여, 후자는 행정법학자들의 시각으로서 법률유보의 개념을 행정이 특정의 사례에 있어 그것이 법률적인 규정을 통한 수권근거가 있을 때에만 활동할 수 있다는 것을 의미한다고 한다. 다시 말해서 전자는 국민의 기본권 침해를 정당화하는 기본권 제한의 근거 또는 기본권의 한계를 의미하며, 후자는 적법한 행정을 담보하는 활동의 근거를 말한다.[40]

경제적 성장에 비하여 상대적으로 정치적 입지가 좁았던 부르주아 계층

---

40) 김용섭, "급부행정의 법률유보에 관한 연구", 「법제연구」 제9호, 1995, 226면.

이 정치로부터 독립된 법체계를 통하여, 즉 자신들이 장악하고 있던 의회의
전속적 관할에 속하는 법률을 통하여 자신들의 자유와 재산을 보호하려는 이
념적 방패로서 법률유보의 원칙을 주장할 당시에는 오늘날의 행정권을 포괄
하는 보다 막강한 권한을 가진 왕권과 의회의 대립구도 속에서 재산권 보장의
수단으로 다시 말해서 기본권 제한의 정당화 근거로서 법률유보의 이념이 활
용되었을 것이다. 그러나 오늘날에는 국민의 기본권 보장이 국가의 최고선이
라는 사실에 대해 완전한 합의가 도출되었기에 기본권 제한을 위한 기준과 행
정권 통제를 위한 기준이 그 이념을 달리할 까닭이 없다. 따라서 일반적 법률
유보와 기본권적 법률유보의 개념 구별은 그 의미가 없으며 동일한 사실에 대
한 시각의 차이일 뿐이다.[41]

   2) 의회유보

   의회유보란 특정한 사안은 의회의 전속적 규율사항으로 유보되어 있다는
것을 말한다. 의회와 행정권의 관계에서 행정권에게 위임해서는 안 되고 의회
가 직접 규율하여야 하는 것, 즉 위임이 금지된 대상을 의회유보라 한다.

   국민의 권익에 중요한 영향을 미치는 사항을 법률이라는 형식에 기속을
받도록 유보해 두는 것이나, 위임을 금지하고 의회의 전속적 결정사항으로 유
보해 두는 것이나 양자가 크게 다를 것은 없다. 하지만 의회유보는 의회의 민
주적 절차에 따른 결정, 즉 민주적 정당성에 포커스가 놓여져 있고, 법률유보
는 법치국가적 요청에 중점이 있다는 논리적 출발점에 있어 차이가 있다.[42]

   법률은 국가활동의 정당화를 위한 장치일 뿐만 아니라 의회에게 정당성
을 중개하기도 한다. 의회의 가장 중요한 행동수단이 입법이다. 의회의 의사
는 법률이라는 형식에 의해 표현된다. 전통적 의미의 법률은 합법성과 정당성
의 전통적인 동일시에서 나온다. 그럼에도 오늘날에는 19세기 시민법치국가시
대와는 달리 법률이라는 형식이 정당성을 반드시 담보하는 것은 아니다. 헌법
재판소의 규범통제에 따라 위헌법률은 실정헌법상 정당성을 잃게 된다. 따라
서 행정권을 발동하기 위해서는 법률이라는 형식으로부터 수권을 요한다는
것과, 의회가 타 기관에 위임함이 없이 스스로 특정한 사안을 결정한다는 것
은 그 의미상 차이가 있다.[43]

---

41) 김민호, "법률유보의 한계와 위임입법", 「공법연구」 제28집 제4호 제2권, 2000, 211면.
42) 김용섭, 앞의 논문, 224면.

유보의 범주를 사항유보와 형식유보로 나누어 생각한다면, 전자는 규율대상과 관련되며 후자는 규율형태와 관련된다. 의회유보는 사항유보, 즉 규율대상의 문제이다. 다시 말해서 규율사항의 재료가 의회를 통하여 유보되어 있는 것인지의 여부가 바로 의회유보인 것이다.[44]

3) 행정유보

행정권이 의회나 법률의 규율로부터 자유롭게 스스로 규율할 수 있는 행정의 독자적 영역을 행정유보라 한다. 이는 법률유보와 대립되는 원칙이 아니라 법률유보가 적용되지 아니하는 행정의 고유영역이 존재함을 인정하는 것에 불과하다. 예컨대 지방의회[45]가 자주적 입법권, 즉 조례제정권을 행사하거나, 행정권이 법률의 집행에 필요한 사항에 대해 집행명령을 제정하거나 법률을 보완하는 행정규칙을 제정하는 것 등이 이에 해당한다.

(3) 법률유보의 한계

행정권의 활동근거로서 법률의 수권을 필요로 한다는 법률유보의 원칙을 충실하게 따른다면 모든 행정권의 발동은 반드시 법률적 근거가 있어야 하는 것으로 해석되어야 할 것이다. 다시 말해서 법률적 근거가 없이는 어떠한 행정권의 발동도 있을 수 없다는 극단적 해석이 가능하다. 하지만 행정현상은 매우 다양하고 유동적인데 이러한 행정현상을 모두 예측하여 그 활동의 근거를 입법자가 사전에 마련해 둔다는 것은 현실적으로 불가능하다. 따라서 현실적으로 의회가 어떠한 대상 또는 어느 정도까지 행정권 발동에 개입(수권)할 것인지의 문제가 발생한다. 이에 대한 견해들을 살펴보면 다음과 같다.

1) 침해유보설

국민의 자유와 권리를 침해 또는 제한하거나 의무를 부과하는 불이익적·권력적 작용을 하는 경우에는 법률의 수권이 필요하나, 그 이외의 작용은 법률의 근거가 없어도 가능하다는 입장이다.

---

43) Reinhard Hermes, Der Bereich des Parlamentsgesetzes, Duncker & Humblot, 1988, S. 75.

44) 김용섭, 앞의 논문, 225면.

45) 지방의회는 지방자치단체의 구성요소인바, 지방자치를 행정, 입법, 사법을 모두 포함하는 정치적 분권으로 이해한다면 지방의회의 조례제정권은 법률과 유사한 법규를 제정하는 자주입법작용이며, 지방자치를 행정의 분권으로만 이해한다면 지방의회의 조례제정권은 법규명령의 제정, 즉 위임입법작용으로 볼 수 있다. 우리나라는 지방분권의 전통이 없고 지방자치권의 고유권설을 뒷받침할 실증적 논거도 없으므로 입법, 사법을 제외한 행정의 분권작용으로 보는 것이 타당하다; 동지: 이광윤, 행정법이론, 성균관대출판부, 2000, 328면.

공권력 발동을 법률의 수권에 종속시킴으로써 행정권에 의한 인신과 재산권의 침해를 방지하고자 하는 법치주의 이념의 연혁적 측면에서만 본다면 인신과 재산권을 침해하는 행정작용에만 법률유보의 원칙이 적용된다는 침해유보설이 타당할 수도 있다. 하지만 오늘날 행정의 영역이 확대되면서 비록 침해적 성질의 행정작용이 아니라 할지라도 행정권의 발동이 법률에 유보되어 있는 것이 법적 안정성 또는 예측가능성 등에 도움이 되는 경우도 있다. 따라서 법률유보의 범위를 침해적 작용으로 한정할 이유는 없다. 현재 이 견해를 취하는 학자는 없는 것으로 보인다.

2) 권력행정유보설

국가 또는 공행정주체가 공권력을 기초로 하여 개인에게 일방적·구속적으로 명령·강제하는 행정을 권력행정이라 하는데, 이러한 권력행정은 일방성과 구속성으로 인하여 개인의 자유와 이익을 침해할 개연성이 크므로 법치국가의 원리상 당연히 법률의 수권이 있어야 한다는 입장이다.

침해유보설보다는 법률유보의 범위를 넓게 인정하고 있으나, 여전히 침해유보설과 마찬가지로 급부행정과 같은 비권력적 작용을 법률유보의 대상에서 제외하고 있다. 비록 비권력적 작용이지만 이러한 작용이 국민의 법적 이익에 직접적인 영향을 미치는 경우도 있고, 급부행정 역시 불평등한 급부 또는 미처 예측하지 못한 임의적 급부중단 등은 개인의 자유와 이익을 침해할 가능성이 권력행정 못지않게 클 수 있기 때문에 법률유보를 권력행정에만 적용되는 원칙으로 제한하여 해석해야 할 이유가 전혀 없다.

3) 급부행정유보설

국가의 역할과 기능이 확대됨에 따라 공권력은 국민의 자유와 권익을 제한하는 것에 머무르지 않고 국민의 인간다운 삶을 보장하기 위한 다양한 급부에 더 많은 활동을 하고 있다. 따라서 개인의 삶 역시 행정에 대한 의존도가 갈수록 커지고 있다. 따라서 공권력이 불평등한 급부를 하거나 임의적으로 급부를 중단할 경우 국민의 권익이 심각한 침해를 입을 가능성 역시 커지고 있다. 예컨대 정부가 특정 업종의 진흥을 위하여 해당 중소기업들에 대하여 금융 등 재정지원을 하면서 특정 기업체에만 더 많은 차별적 지원을 해줄 경우 다른 기업체들은 상대적으로 경쟁력이 떨어져 결국 집중 지원을 받은 기업체만 시장에서 생존할 수도 있다. 또한 정부의 생계지원으로 최소한의 삶을 영위하고 있던 노인이나 사회취약계층에 대한 지원급부가 예산상의 이유 등으로 갑자기 중단된다면 이들에게는 생존 자체가 위협받을 정도의 침해가 발생할 수 있다.

이러한 문제의식에서 급부행정의 영역도 법률의 수권에 의한 활동 근거를 요하는 법률유보의 원칙이 적용되는 것으로 보아 평등급부 및 예측가능성 등을 확보할 필요가 있다는 견해가 주장되었다. 결국 급부행정유보설은 권력행정뿐만 아니라 급부행정도 법률에 활동 근거가 있어야 한다는 견해이다.

하지만 ① 급부행정의 범위가 애매하고, ② 권력행정과 급부행정을 제외하면 어떠한 행정이 남는 것인지 불분명하고, ③ 급부행정에까지 법률의 수권을 요구할 경우 탄력적 대응이 필요한 급부행정을 경직화시킴으로써 오히려 적시의 적절한 급부를 곤란하게 할 수 있다는 비판이 있다.

4) 전부유보설

평등한 급부 또는 급부행정의 예측가능성을 보장하기 위해 급부행정에도 법률의 수권이 필요하다는 문제제기에 대한 해법으로 앞에서 설명한 급부행정유보설과 비슷한 시기에 주장된 견해이다.

법률의 수권을 요하는 영역을 권력행정과 급부행정에까지 확대한다면 사실상 거의 모든 공권력에 법률유보가 적용되는 것으로 보아도 무방할 것이며, 법치국가원칙에 충실한다면 모든 행정은 법률의 근거하에서만 수행될 수 있는 것으로 보는 것이 논리적이므로 모든 행정영역 전부에 법률유보원칙이 적용되어야 한다는 입장이다.

하지만 법률유보의 한계에 대한 논의 자체가 '법률적 근거가 없이는 어떠한 행정권의 발동도 있을 수 없다는 극단적 해석'에 대한 비판에서 시작된 것인데, 모든 행정에 법률의 수권이 필요하다는 전부유보설은 결국 극단적 해석과 동일한 결론에 도달할 수밖에 없는 논리모순에 빠진다. 모든 공권력 발동에 법률의 수권을 요할 경우 복잡 다양한 행정수요에 탄력적으로 대처할 수 없는 행정의 경직화를 초래할 수밖에 없다는 비판을 피하기 어렵다.

5) 본질성설(중요사항유보설)

법률유보의 범위를 급부행정의 영역으로까지 확대하는 것이 순기능적 측면만 있는 것이 아니라는 비판이 제기되면서 법률유보의 적용 범위를 종래와 같이 행정작용의 성질(침해행정, 권력행정, 급부행정 등)에 따라 획일적으로 결정할 것이 아니라 어떠한 특정 작용이 국민의 법적 지위에 중요한 영향을 미치는지의 여부(정도)에 따라 '본질적으로 중요한 사항'과 '중요하지 않은 사항'으로 나누어 본질적이고 중요한 사항은 규율밀도를 높여 '행정권이 아닌 입법자인 의회가 결정'46)하여야 한다는 견해가 등장하였다. 이를 본질성설 또는 중요사항유보설이라 한다.

예컨대, 학교행정이 급부행정에 속한다고 한다면 이러한 학교행정에 법률의 수권이 필요한 것인지에 대해 침해유보설이나 권력행정유보설의 입장에서는 법률유보로부터 자유로운 행정영역으로 볼 것이며, 급부행정유보설이나 전부유보설을 취할 경우 이 역시 법률의 수권이 필요한 영역으로 판단할 것이다. 하지만 학교행정 중에는 학교의 종류·학생의 입학 등 학생의 권익에 본질적으로 중요한 영역도 있을 수 있고 학교의 명칭 등과 같이 비교적 덜 중요한 영역도 있을 것이다. 따라서 학교행정이라고 해서 일률적으로 법률유보의 적용범위 내에 있다거나 법률유보로부터 자유로운 영역이라고 획일화하기보다는 본질적 사항인 학생의 입학 등은 법률의 수권이 있어야 하지만 학교명 등 비본질적 사항은 법률유보로부터 자유로운 것으로 보아도 될 것이다.

결국 이 이론은 침해행정뿐만 아니라 급부행정 등 모든 행정영역에까지도 사안의 '중요성' 또는 '본질성' 여부에 따라 법률유보의 문제가 제기될 수 있는 까닭에 침해유보설보다 그만큼 법률유보의 범위가 확대되는 결과를 가져온다.47)

우리 헌법재판소는 한국방송공사 수신료결정사건48)에서 "텔레비전방송수신료는 대다수 국민의 재산권 보장의 측면이나 한국방송공사에게 보장된 방송자유의 측면에서 국민의 기본권실현에 관련된 영역에 속하고, 수신료금액의 결정은 납부의무자의 범위 등과 함께 수신료에 관한 본질적인 중요한 사항이므로 국회가 스스로 행하여야 하는 사항에 속하는 것임에도 불구하고 한국방송공사법 제36조 제1항에서 국회의 결정이나 관여를 배제한 채 한국방송공

---

46) "본질적이고 중요한 사항은 행정권이 아닌 의회가 결정하여야 한다"는 것은 결국 해당 결정권한이 의회에 유보되어 있다는 것으로서 이를 '의회유보'라고 한다는 것은 앞에서 설명하였다. 의회의 의사는 형식적으로 '법률'에 의해 표현되므로 이러한 '본질성설'도 법률유보의 한계에 관한 견해 중에 하나로 보아도 무방할 것이다.
47) 김향기, "법률유보이론과 법학의 문제", 김계환교수화갑기념논문집, 박영사, 1996, 340면.
48) 헌재 1999. 5. 27. 98헌바70 결정.

사로 하여금 수신료금액을 결정해서 문화관광부장관의 승인을 얻도록 한 것은 법률유보원칙에 위반된다"고 결정한 바 있다.

이처럼 우리나라와 독일 등 대륙법계 국가들이 법률유보의 범위에 관한 기준을 이론적으로 정립하려는 것과는 달리 미국에서는 의회가 행정부에게 입법권을 위임함에 있어 어떠한 대상을 어느 정도까지 위임할 수 있는 것인지에 대한 구체적 기준을 설정하는 이른바 '위임의 원칙'을 규명하기 위해 노력하였다. '위임의 원칙'이란 의회의 본질적 입법권을 침해하지 아니하는 범위 내에서 위임사항을 구체적으로 명확하게 위임하는 경우에만 행정권이 법률하위 명령을 제정할 수 있음을 말한다.[49]

의회가 행정권에게 하위 법규범을 정립할 수 있는 권한을 법률을 통하여 부여하는 이른바 위임입법의 문제는 법규범 정립작용 역시 행정작용 중 하나이므로 법률유보의 원칙과 전혀 다른 논의는 아니다.

그런데 우리나라와 독일의 본질성설이나 미국의 '위임의 원칙'이나 모두 결정적인 약점이 있다. 양자 모두 그 구체적 기준을 규명하지 못하고 있다. 결국 구체적 기준의 설정 부담을 사법부(헌법재판소 또는 법원)에게 떠넘겼다는 비판을 면하기 어렵다. 본질적으로 중요한 것인지 아닌지에 대한 판단 기준이나 행정부의 하위법령제정이 위임의 원칙을 위반했는지 여부에 대한 판단 기준을 제시하지 못하고 구체적 사건에서 개별적으로 판단할 수밖에 없는 이론적 약점이 있다.

Ⅳ. 법치주의와 조례제정권

1. 법률우위의 원칙과 조례제정권

(1) 문제의 소재

조례란 지방의회가 제정하는 법규범을 말한다. 따라서 조례제정권은 지방자치단체의 권한이다. 지방자치법 제28조 제1항은 "지방자치단체는 법령의 범위에서 그 사무에 관하여 조례를 제정할 수 있다"라고 규정하여 지방자치단체의 조례제정권을 원칙적으로 인정하고 있지만, '법령의 범위에서'라는 제한을

---

49) 이를 명료성의 원칙(intelligible principle)이라 한다; Ernest Gellhorn/Ronald M. Levin, Administrative Law and Process, 4th ed., West Group, 1997, p.115.

두고 있다. 이는 법치행정의 원리상 당연한 논리귀결이다. 왜냐하면 법률우위의 원칙상 법률은 헌법을 제외한 모든 국가의사 중에 가장 우위에 있고, 다른 국가의사는 법률에 반할 수 없으므로 조례 역시 법률에 반할 수 없다는 것은 너무나 당연한 것이다. 그런데 '법률에 반할 수 없다'는 구체적 의미의 해석에 있어서는 견해의 차이가 존재한다.

(2) '법령의 범위에서'의 의미

'법령의 범위에서'의 의미에 대하여 과거에는 '국가법령이 이미 정하고 있는 사항에 대해서는 이를 조례로 다시 정하는 것이 위법'이라는 이른바 국가법률선점론이 통설적 견해였다. 국가법률선점론에 유연성을 가미하여 환경, 도시, 지역산업 등의 문제에 대해서는 지역 실정에 맞는 자치입법권을 보장하기 위하여 국가법률이 존재하더라도 지역적 특수성을 고려한 조례의 제정이 가능하다는 견해도 있었다. 이를 '완화된 국가법률선점론'이라 한다.

하지만 오늘날에는 국가법률의 존재 유무에 따라 조례의 법률위반 여부를 판단하기보다는 법령과 조례 상호간의 관계를 구체적으로 검토하여 법률위반 여부를 판단하여야 한다는 견해가 지배적이다. 판례[50] 역시 "조례가 법령을 위반하는지 여부는 법령과 조례 각각의 규정 취지, 규정의 목적과 내용 및 효과 등을 비교하여 둘 사이에 모순·저촉이 있는지의 여부에 따라서 개별적·구체적으로 결정하여야 한다"라는 태도를 취하고 있다.

(3) 특수문제

1) 추가조례

추가조례란 국가법령이 존재하지만 그 규율대상과 규율사항을 달리하는 조례를 말한다. 예컨대「여객자동차 운수사업법」이라는 국가법률이 존재함에도 불구하고 제주특별자치도 의회가 '제주특별자치도 이외의 곳에 등록된 자동차대여사업자 및 대여사업용 자동차에 대하여 제주특별자치도 내에서의 영업을 금지하는 등의 사항'을 규정하는「제주특별자치도 여객자동차운수사업조례」를 제정할 경우 이를 추가조례라고 한다.

종래 국가법률선점론에 따른다면 국가법령이 존재한다는 사실만으로 이러한 조례는 법령위반으로 평가되겠지만 오늘날에는 법령과 조례의 관계를

---

50) 대법원 2008. 6. 12. 선고 2007추42 판결.

구체적으로 검토하여 법령위반여부를 판단하기 때문에 국가법령과 규율대상과 사항이 다른 조례는 '법령의 범위에서' 원칙을 위반하지 않은 것으로 보인다.

판례51) 역시 "지방자치단체는 법령에 위반되지 아니하는 범위 내에서 그 사무에 관하여 조례를 제정할 수 있는 것이고, 조례가 규율하는 특정사항에 관하여 그것을 규율하는 국가의 법령이 이미 존재하는 경우에도 조례가 법령과 별도의 목적에 기하여 규율함을 의도하는 것으로서 그 적용에 의하여 법령의 규정이 의도하는 목적과 효과를 전혀 저해하는 바가 없는 때, 또는 양자가 동일한 목적에서 출발한 것이라고 할지라도 국가의 법령이 반드시 그 규정에 의하여 전국에 걸쳐 일률적으로 동일한 내용을 규율하려는 취지가 아니고 각 지방자치단체가 그 지방의 실정에 맞게 별도로 규율하는 것을 용인하는 취지라고 해석되는 때에는 그 조례가 국가의 법령에 위반되는 것은 아니다"라고 판시하고 있다.

2) 초과조례

초과조례란 법령과 조례가 동일한 규율목적으로 동일한 사항을 규정하고 있는 경우에 조례가 법령이 정한 기준을 초과하여 보다 강화되거나 보다 약화된 기준을 정한 경우를 말한다. 초과조례는 침익초과조례와 수익초과조례로 나누어 생각해 볼 수 있다.

침익초과조례란 법령에서 정하고 있는 것보다 강한 기준을 규정하여 주민에게 침익적 효과를 미치는 조례를 말한다. 침익초과조례는 "주민의 권리 제한 또는 의무 부과에 관한 사항이나 벌칙을 정할 때에는 법률의 위임이 있어야 한다"라는 지방자치법 제28조 제1항의 단서 규정에 따라 인정할 수 없다는 것이 통설적 견해이다.

판례52) 역시 "자동차관리법은 자동차등록원부에 등록한 후가 아니면 자동차를 운행할 수 없도록 규정한 다음 자동차등록(신규·변경·이전)의 거부사유를 열거하면서 차고지를 확보하지 아니한 것을 그 거부사유로 들고 있지 아니하고 달리 조례로 별도의 등록거부사유를 정할 수 있도록 위임하고 있지도 아니하므로, 하위법령인 조례로서 위 법령이 정한 자동차 등록기준보다 더 높은 수준의 기준(차고지 확보)을 부가하고 있는 이 사건 조례안은 자동차관리법령에

51) 대법원 2007. 12. 13. 선고 2006추52 판결.
52) 대법원 1997. 4. 25. 선고 96추251 판결.

위반된다고 할 것이다"라고 판시하여 통설과 같은 입장을 취하고 있다.

한편, 수익초과조례란 법령에서 정하고 있는 것보다 낮은 수준의 기준을 정하거나 급부를 강화하여 주민에게 수익적 효과를 발생시키는 조례를 말한다. 법령이 최소한의 기준을 정하고 지방의 실정에 맞게 별도로 급부를 강화하는 조례를 제정하는 것은 허용된다는 것이 지배적 견해이다.

판례53)도 "이 사건 조례안은 생활보호법 소정의 자활보호대상자 중에서 사실상 생계유지가 어려운 자에게 생활보호법과는 별도로 생계비를 지원하는 것을 그 내용으로 하는 것이라는 점에서 생활보호법과는 다른 점이 있고, 이 사건 조례안에 의하여 생활보호법 소정의 자활보호대상자 중 일부에 대하여 생계비를 지원한다고 하여 생활보호법이 의도하는 목적과 효과를 저해할 우려는 없다고 보여지며, 비록 생활보호법이 자활보호대상자에게는 생계비를 지원하지 아니하도록 규정하고 있다고 할지라도 그 규정에 의한 자활보호대상자에게는 전국에 걸쳐 일률적으로 동일한 내용의 보호만을 실시하여야 한다는 취지로는 보이지 아니하고, 각 지방자치단체가 그 지방의 실정에 맞게 별도의 생활보호를 실시하는 것을 용인하는 취지라고 보아야 할 것이므로, 이 사건 조례안의 내용이 생활보호법의 규정과 모순·저촉되는 것이라고 할 수 없다"라고 판시하여 수익초과조례를 인정하고 있다.

2. 법률유보원칙과 조례제정권

(1) 문제의 소재

지방자치법 제28조 제1항이 규정하고 있는 '법령의 범위에서'라는 문언이 조례도 법률을 위반해서는 안 된다는 법률우위원칙을 의미한다는 점에서는 이설(異說)이 없다. 그런데 제28조 제1항 단서에 " … 다만, 주민의 권리 제한 또는 의무 부과에 관한 사항이나 벌칙을 정할 때에는 법률의 위임이 있어야 한다"라는 문언이 있다. 문언을 그대로 해석하면 조례에도 법률유보의 원칙이 적용되는 것으로 보여 진다. 물론 모든 조례가 이에 해당하는 것이 아니라 주민에 대한 침익적 사항이나 벌칙을 정하는 조례만의 문제이다.

헌법 제117조 제1항은 "지방자치단체는 주민의 복리에 관한 사무를 처리하고 재산을 관리하며, 법령의 범위 안에서 자치에 관한 규정을 제정할 수 있

---

53) 대법원 1997. 4. 25. 선고 96추244 판결.

다"라고 규정하고 있을 뿐, 침익·벌칙조례에 법률의 수권을 요한다는 내용을 따로 규정하고 있지 않다. 따라서 지방자치법 제28조 제1항 단서가 헌법 제117조를 위반한 것은 아닌지에 대해 견해가 대립하고 있다.

(2) 견해의 대립
1) 위헌설
지방의회는 지방자치단체의 구성요소인바, 지방자치를 행정, 입법, 사법을 모두 포함하는 정치적 분권으로 이해한다면 지방의회의 조례제정권은 법률과 유사한 법규를 제정하는 자주입법작용이며, 따라서 헌법 제117조 제1항의 정신을 벗어나서 법률의 수권을 요하도록 규정한 지방자치법 제28조 제1항 단서는 위헌으로 보아야 한다는 견해이다.

2) 엄격한 법률유보설
지방자치법 제28조 제1항 단서는 합헌적 규정이며, 따라서 침익·벌칙조례는 법규정의 문언에 따라 법률유보의 원칙이 엄격히 적용되어야 한다는 입장이다. 헌법 제117조 제1항의 '법령의 범위 안에서'의 문언이 반드시 법률우위만을 의미하고 법률유보는 제외하는 것이라는 명확한 증거도 없고, 지방자치법 제28조 제1항 단서는 국민의 기본권 제한은 법률에 의해서만 가능하도록 설계한 헌법 제37조 제2항을 구체화 한 것이라는 논거를 제시하고 있다.

3) 완화된 법률유보설
헌법 제37조 제2항과 지방자치법 제28조 제1항 단서에 따라 침익·벌칙조례에 법률유보의 원칙이 적용된다는 점을 부정할 수는 없지만, 조례에 대한 법률위임은 법규명령 등 행정권의 규범정립작용에 대한 법률위임보다는 좀 더 포괄적이어도 무방하다고 보아야 한다는 입장이다. 판례의 태도이기도 하다. 헌법이 자치입법권을 보장하고 있고, 조례는 선거에 의해 민주적 정당성을 확보한 지방의회가 제정하는 것이므로 법률유보의 원칙을 법규명령 등 다른 하위법령의 제정보다는 느슨하게 적용하는 것이 타당하다는 논거를 제시하고 있다.

4) 소 결
① 우리나라는 지방분권의 전통이 없고 지방자치권의 고유권설을 뒷받침할 실증적 논거가 없다는 점, ② 수평적으로 3분된 국가권력 중 하나를 관장하는 국회와 달리 지방의회는 행정의 분권작용으로 보아야 하다는 점 등을 고

려해 볼 때, 지방자치법 제28조 제1항 단서의 문언에 따라 침익·벌칙조례의 제정에 법률유보의 원칙이 적용되는 것으로 보는 것이 타당하다.

하지만 조례를 제정하는 지방의회는 선거에 의해 민주적 정당성을 확보한 주민의 대표들로 구성되는 까닭에 법규명령이나 다른 행정법규보다는 다소 포괄적 위임이 가능하도록 법률유보의 원칙을 느슨하게 적용하여야 한다는 완화된 법률유보설이 타당한 것으로 보인다.

(3) 판례의 태도

대법원은 "지방자치법 제28조 제1항 단서는 지방자치단체가 법령의 범위 안에서 그 사무에 관하여 조례를 제정하는 경우에 벌칙을 정할 때에는 법률의 위임이 있어야 한다고 규정하고 있는데 이 사건 조례안은 법률의 위임 없이 형벌을 규정하고 있으므로 지방자치법 제28조 제1항 단서에 위반되고, 나아가 죄형법정주의를 선언한 헌법 제12조 제1항에도 위반된다"라고 판시하여 침익·벌칙조례에 법률유보가 원칙적으로 적용되는 것으로 보고 있다.[54]

헌법재판소는 부천시 및 강남구의 담배자동판매기설치금지조례 위헌확인을 구하는 사건[55]에서 "조례의 제정권자인 지방의회는 선거를 통해서 그 지역적인 민주적 정당성을 지니고 있는 주민의 대표기관이고 헌법이 지방자치단체에 포괄적인 자치권을 보장하고 있는 취지로 볼 때, 조례에 대한 법률의 위임은 법규명령에 대한 법률의 위임과 같이 반드시 구체적으로 범위를 정하여 할 필요가 없으며 포괄적인 것으로 족하다"[56]라고 하여 법률유보의 완화된 적용을 인정하고 있다.

---

54) 대법원 1995. 6. 30. 선고 93추76 판결; 대법원 1995. 6. 30. 선고 93추83 판결; 대법원 1995. 6. 30. 선고 93추113 판결; 대법원 1997. 2. 25. 선고 96추213 판결.

55) 이 사건의 중요한 쟁점 중에 하나는 조례의 헌법재판 대상적격 여부 문제였다. 이에 대해 헌법재판소는 "조례는 지방자치단체가 그 자치입법권에 근거하여 자주적으로 지방의회의 의결을 거쳐 제정한 법규이기 때문에 조례 자체로 인하여 직접 그리고 현재 자기의 기본권을 침해받은 자는 그 권리구제의 수단으로서 조례에 대한 헌법소원을 제기할 수 있다."라고 대상적격을 인정하였다.

56) 헌재 1995. 4. 20. 92헌마264, 279(병합) 결정.

제3장 행정법의 법원(法源)

제1절 행정법의 법원

법원(法源)이란 법의 존재형식을 말한다. 수범자가 법 규정사항을 인식할 수 있고, 법원(法院)이 구체적 사건에서 재판규범으로 활용할 수 있도록 법은 어떤 형태로든 인식 가능한 상태로 존재하여야 한다. 일반적으로 법원(法源)은 법전(法典)의 형태 여부에 따라 성문법(成文法)과 불문법(不文法)으로 대별된다.

법치행정의 원칙상 행정영역에 있어서 법원(法源)은 매우 중요한 의미를 지닌다. 행정권 발동은 법률의 수권이 있어야 한다는 법률유보의 원칙과, 행정재판에 적용되는 재판규범은 기존의 법규범(민사법)과 달리 국가와 국민의 법률관계를 규율하는 특수한 법규범이어야 한다는 '행정제도'의 원칙이 행정법의 탄생배경이었다는 사실은 앞에서 설명하였다.

따라서 '법률'이 행정법의 법원(法源)이라는 것은 너무나 당연한 사실이다. 하지만 행정의 고도화와 법률의 경직성으로 말미암아 법률이 모든 행정현상을 규율하는 것이 현실적으로 불가능한 까닭에 명령(법규명령) 등 하위법령에 위임을 허용할 수밖에 없다. 법률의 수권을 통하여 행정권이 정립하는 명령인 대통령령(시행령), 총리령·부령(시행규칙) 등이 오늘날에는 법률 못지않게 중요한 행정법의 법원(法源)으로 기능하고 있다. 지방자치단체가 자치입법권에 기초하여 제정하는 조례·규칙 등도 자치행정에서는 행정법의 법원(法源)으로 기능한다.

법원(法源)의 중요한 기능 중에 하나가 이른바 재판규범으로서의 역할이다. 그런데 행정법의 역사가 짧고 행정현상은 계속해서 변해가기 때문에 실제 행정재판을 함에 있어서 구체적 사건(분쟁)에 적용할 수 있는 재판규범이 존재하지 않는 경우가 종종 있다. 이른바 법의 흠결이 발생할 수 있다. 또한 행정재판의 대상이 되는 행정이 기속행위인 경우에는 해당 법률을 합법적으로 집행하였는지 여부만을 심리하면 되지만 재량행위는 재량권의 일탈·남용이 있었는지를 심리하여야 하는데 이러한 재량권 남용 여부에 대한 판단기준을 법률이나 명령으로 규율하는 것은 사실상 어렵다. 따라서 이에 대한 판단기준은 관습법이나 조리 등과 같은 불문법원에 의존할 수밖에 없다.

이처럼 행정법령의 흠결과, 재량권 통제라는 행정재판의 특수성으로 인하여 행정법의 법원(法源)은 다른 법 영역과는 달리 불문법 특히 조리(법의 일반원칙)에 대한 의존도가 매우 높다.

제 2 절 행정법의 일반원칙

I. 개 설

행정법의 일반원칙이란 행정법관계에 적용되는 일종의 조리(條理)를 말한다. 행정법의 법원(法源)이 되는 것으로는 헌법·법률·명령·자치법규·국제조약·일반적으로 승인된 국제법규 등과 같은 성문법과, 관습법·판례법·조리법 등과 같은 불문법 등이 있다는 것은 앞에서 설명하였다.

행정법의 법원(法源)의 특색은 무수히 많은 개별법령이 존재하고 있으나, 헌법전·민법전·형법전 등과 같은 통일적인 법전이 없다는 것이다.[1] 이는 행정현상이 너무나 다양하기 때문에 이를 통일적으로 규율하기가 쉽지 않기 때문이다. 이처럼 통일법전의 부재로 인하여 수많은 개별법령의 존재에도 불구하고 행정현상에 적용할 수 있는 명문의 법 규정이 미비한 경우가 적지 않게 발생하고 있다. 따라서 다른 법 영역보다 불문법 특히 조리법에 의존해야 하는 경우가 빈번하게 발생할 수 있다. 따라서 행정법의 일반원칙은 행정법의 중요한 법원(法源)이 되는 것이다.

이러한 행정법의 일반원칙은 행정법관계에만 적용되는 원칙으로서 사법상(私法上) 법률관계에 적용되는 원칙들(계약자유의 원칙 등)과는 구별된다. 따라서 이러한 원칙들은 곧 행정법관계의 특수성을 의미하기도 한다. 행정법의 일반원칙으로 정립된 것으로는 평등의 원칙, 비례원칙, 신뢰보호원칙, 부당결부금

---

1) 김철용(32면).

지원칙 등이다.

　행정법의 일반원칙 중 '평등의 원칙'은 헌법이념이 행정법의 원칙으로 구체화된 것이고, 반대로 '비례원칙'은 행정법의 원칙이 입법작용이나 헌법재판 등 다른 국가작용의 원리로 확산되어 헌법원칙이 되었다. 이처럼 행정법의 일반원칙은 헌법의 이념과 매우 밀접한 관련을 갖는다.

Ⅱ. 평등의 원칙

1. 의 의

　헌법 제11조 제1항에서는 "모든 국민은 법 앞에 평등하다. 누구든지 성별·종교 또는 사회적 신분에 의하여 정치적·경제적·사회적·문화적 생활의 모든 영역에 있어서 차별을 받지 아니한다"라고 규정하여 평등의 원칙을 천명하고 있다.

　이를 행정의 측면에 적용할 경우, 행정권을 발동함에 있어 정당한 사유가 없는 한 다른 자에 대한 처분보다 불리한 처분을 해서는 안 된다는 원리가 도출될 수 있다. 이것이 이른바 행정법의 일반원칙으로서 평등의 원칙이다.

　행정기본법 제9조는 "행정청은 합리적 이유 없이 국민을 차별하여서는 아니 된다."고 규정하여 평등의 원칙을 명문으로 인정하고 있다.

　구청 공무원 갑(甲)이 당직 근무 중 약 25분간 같은 근무조원 3명과 함께 심심풀이로 돈을 걸지 않고 점수 따기 화투놀이를 하다가 발각되었는데 갑과 함께 화투놀이를 한 다른 공무원 3명은 '견책' 징계처분을 받은 반면 갑은 '파면' 징계처분을 받았다. 이 경우 갑은 국가공무원법상 징계사유에 해당하는 행위를 하였기에 징계처분을 받는 것은 당연하다. 하지만 같이 화투놀이를 한 다른 공무원들에게는 '견책'이라는 가장 가벼운 징계를 하였음에 반하여 갑에게는 '파면'이라는 매우 무거운 징계처분을 하였다는 것은 '평등의 원칙'을 위반한 것으로 보여 진다. 왜냐하면 평등의 원칙이란 동일한 사유와 조건에서는 동일한 처분을 하여야 하고 동일한 사유와 조건에서 다른 자보다 불리하게 차별적 처분을 해서는 안 되는 것인데, 근무 중 화투놀이를 하였다는 동일한 사유에도 불구하고 다른 자들에 대한 처분(견책)보다 매우 불리한 처분(파면)을 한 것은 이러한 평등의 원칙을 위반한 것으로 평가하기에 충분하기 때문이다.

대법원 역시 "원고와 함께 화투놀이를 한 3명(지방공무원)은 부산시 소청심사위원회에서 견책에 처하기로 의결된 사실이 인정되는 점 등 제반 사정을 고려하면 피고가 원고에 대한 징계처분으로 파면을 택한 것은 공평의 원칙상 그 재량의 범위를 벗어난 위법한 것이다"라고 판시하였다.[2]

평등의 원칙 위반을 이유로 처분의 위법을 인용한 대표 판례(leading case)로는 "구「개발제한구역의 지정 및 관리에 관한 특별조치법」시행령 제35조 제1항 제2호 (다)목에서는 공익시설 중 전기공급시설, 가스공급시설, 유류저장 및 송유설비에 대하여 개발제한구역 훼손부담금의 부과율을 100분의 20으로 정하고 있는 반면, 같은 항 제3호에서는 집단에너지공급시설을 포함한 다른 공익시설들에 대하여 훼손부담금의 부과율을 100분의 100으로 정하고 있는바, … 중간 생략 … 집단에너지공급시설과 전기공급시설 등은 공급하는 물질(에너지)만 다를 뿐, 그 설치공사의 내용과 방법이나 그에 관한 기술적 측면의 규제 내용 등이 동일하거나 유사하고, 그 외 도로법 등 다른 각종 행정법규에서도 점용료나 원인자부담금 등의 산정·부과 및 감면 등에서 같게 취급하고 있는 등 사실상의 차이도 찾아보기 어려운 점 등을 종합하여 보면, 위 시행령 제35조 제1항 제3호에서 집단에너지공급시설에 대한 훼손부담금의 부과율을 전기공급시설 등에 대한 훼손부담금의 부과율인 100분의 20의 다섯 배에 이르는 100분의 100으로 정한 것은, 집단에너지공급시설과 전기공급시설 등의 사이에 그 공급받는 수요자가 다소 다를 수 있음을 감안하더라도, 부과율에 과도한 차등을 둔 것으로서 합리적 근거 없는 차별에 해당하므로 헌법상 평등원칙에 위배되어 무효이다."[3]를 들 수 있다.

2. 행정의 자기구속의 법리

(1) 의 의

평등의 원칙에서 파생된 것으로 이른바 '행정의 자기구속의 법리'가 있다. 행정의 자기구속이란 행정청이 상대방에게 재량권을 행사함에 있어 동종 사안에 있어서는 이미 행한 결정에 행정청 스스로가 구속된다는 법리이다. 만약 행정청이 갑(甲)에 대하여 A라는 처분을 하였다면 이와 동일한 사유와 조건에

---

2) 대법원 1972. 12. 26. 선고 72누194 판결.
3) 대법원 2007. 10. 29. 선고 2005두14417 전원합의체 판결.

있는 을(乙)에게도 역시 A라는 처분을 할 수밖에 없다. 왜냐하면 이 경우 만약 행정청이 을에 대하여 A라는 처분보다 유리하거나 불리한 다른 B라는 처분을 한다면 이는 평등의 원칙에 반하기 때문이다. 따라서 행정청이 최초 어떠한 사유와 조건에 대하여 A라는 처분을 하였다면 앞으로는 이와 동일한 사유와 조건에 대하여는 항상 A라는 처분을 할 수밖에 없다. 결국 행정청은 자기가 한 처분에 대하여 자기 스스로 구속을 당하게 된다고 하여 이를 '행정의 자기 구속의 법리'라고 한다.

(2) 요 건

행정의 자기구속의 법리를 적용하기 위해서는 ① 재량영역의 행정작용이 어야 하며, ② 행정청이 이미 발급한 행정작용과 앞으로 발급할 행정작용이 동종의 사안이어야 하며, ③ 발급하고자 하는 행정작용에 대한 선례가 존재하 여야 한다.

기속행위는 법령이 정하고 있는 요건과 효과대로 행정권을 발동하면 되 기 때문에 선행처분에 대한 구속여부를 판단할 필요가 없다. 또한 행정의 자 기구속의 법리는 선행처분과 동일한 사유와 조건에 놓여 있는 후행처분에 적용 되는 원칙이다. 따라서 선행처분에 대한 선례가 존재하여야 한다. 그렇다면 선 례가 없이 최초로 발급하는 행정작용에는 이 법리가 적용되기 어려울 수 있다.

이러한 한계에 대해 이른바 '예기적 관행이론'을 통하여 문제를 극복하려 는 시도도 있다. 비록 최초로 발급하는 행정작용이지만 지금까지 있어왔던 유 사한 행정작용들을 통하여 그 발급의 내용을 충분히 예상 또는 기대할 수 있 는 경우에는 이러한 예상 또는 기대되는 것을 일종의 관행으로 의제하는 것을 예기적 관행이론이라 한다.

하지만 우리나라의 판례는 "재량권 행사의 준칙인 행정규칙이 그 정한 바 에 따라 되풀이 시행되어 행정관행이 이루어지게 되면 평등의 원칙이나 신뢰 보호의 원칙에 따라 행정기관은 그 상대방에 대한 관계에서 그 규칙에 따라야 할 자기구속을 받게 된다"[4]라고 하여 선례가 존재할 뿐만 아니라 반복되어 관 행화되어야만 이 원칙이 적용될 수 있는 것으로 보고 있다.

---

4) 대법원 2009. 12. 24. 선고 2009두7967 판결.

(3) 한 계

행정의 자기구속의 법리는 처분을 발급한 행정청이 향후 동일한 사유와 조건에서는 최초 발급한 처분과 동일한 처분을 하여야 한다는 원칙이므로 ① 이미 발급된 행정작용에 관여하지 않은 제3의 행정청이 행하는 행정작용, ② 사안의 동질성이 없는 행정작용, ③ 사정이 변경된 경우에는 이 원칙이 적용되지 않는다.

또한 선례(선행처분)가 위법한 행정작용인 경우에도 행정청은 선행처분의 위법을 제거해야지 이에 구속당하지 않는다. 판례5)도 "행정청이 조합설립추진위원회의 설립승인 심사에서 위법한 행정처분을 한 선례가 있다고 하여 그러한 기준을 따라야 할 의무가 없다"고 판시하였다.

Ⅲ. 비례의 원칙

1. 의 의

행정권이 행정목적을 실현함에 있어 그 실현목적과 수단 사이에 합리적 비례관계가 유지되어야 한다는 원칙이다. 이 원칙은 원래 경찰권발동의 제한 원리로서 정립되었는데 점차 다른 행정영역에까지 그 적용이 확대되었다. 뿐만 아니라 이 원칙은 행정재판에서 위헌판단의 기초 원리로 활용되고 있는 등 입법작용 등 다른 국가작용에도 적용되는 헌법 원리로까지 발전하였다. 헌법재판소는 "기본권제한입법의 기본원칙인 목적의 정당성, 방법의 적절성, 피해의 최소성, 법익의 균형성의 원칙에 반하는 것은 헌법상의 과잉입법금지의 원칙에 위배된다"라고 결정6)하여 비례원칙이 모든 국가작용에 적용되는 헌법원칙임을 분명히 밝히고 있다.

2. 구성요소

비례원칙은 적합성, 필요성, 상당성의 원칙 등 3가지의 구성요소로 이루어진 원칙이다. 이들 구성요소는 대등한 병렬적 원칙이 아니라 단계적·수직적 관계이다. 비례원칙을 위반하지 않기 위해서는 우선 적합성 평가를 통하여

---

5) 대법원 2009. 6. 25. 선고 2008두13132 판결.
6) 헌재 1992. 12. 24. 92헌가8 결정.

수단이 적법·타당하여야 하며, 그 다음 단계로서 적합성이 인정된 수단들 중 상대방에게 필요·최소한의 침해를 주는 수단이었는지의 평가를 받아야 하며, 끝으로 이렇게 선택·평가된 수단의 공익성(公益性)이 침해되는 사익(私益)보다 더 크다고 인정되어야 한다. 이처럼 비례원칙은 적합성, 필요성, 상당성의 원칙이 일괄·병렬적으로 평가되는 것이 아니라 단계적으로 적용되어 진다.

행정기본법 제10조는 이들 구성요소를 '① 행정목적을 달성하는 데 유효하고 적절할 것, ② 행정목적을 달성하는 데 필요한 최소한도에 그칠 것, ③ 행정작용으로 인한 국민의 이익 침해가 그 행정작용이 의도하는 공익보다 크지 아니할 것'으로 규정하고 있다.

(1) 적합성의 원칙

행정목적을 달성하기 위하여 행하는 행정작용은 그 달성하고자 하는 목적에 적합하게 행사되어야 한다는 원칙이다. 예컨대 불법주차단속을 하는 행정수단으로 경고 스티커의 부착, 과태료의 부과, 견인 등은 주차단속의 목적에 부합되는 적법·타당한 수단이 될 수 있다. 하지만 불법 주차되어 있는 자동차의 타이어를 고의로 손상시키는 것은 적법·타당한 수단으로 보기 어려울 것이다.

(2) 필요성의 원칙

행정목적 달성에 적합한 수단이 여러 가지일 경우에는 개인이나 공중에 필요·최소한의 침해를 가져오는 수단을 선택하여야 한다. 목적 실현을 위해 침익적 수단의 공권력을 발동하면 필연적으로 상대방이나 공중에게 불이익한 침해가 발생할 수밖에 없다. 하지만 예상되는 침해를 평가하여 가능한 최소한의 침해가 발생할 것으로 보이는 수단을 사용하여야 한다는 원칙을 필요·최소한의 침해원칙 또는 필요성의 원칙이라 한다. 앞의 예에서 과태료 부과와 견인이 모두 적합한 수단이라면 불법주차 차량이 현재 다른 차량의 소통에 직접적인 영향을 미치지 않을 경우에는 견인보다는 차주의 침해를 최소화할 수 있는 과태료 부과라는 수단을 사용하여야 할 것이다.

(3) 협의의 비례원칙(상당성의 원칙)

달성하고자 하는 행정목적과 개인에 대한 침해의 정도, 즉 실현하고자 하는 공익과 침해되는 사익 사이에 합리적 비례관계가 있어야 한다는 원칙이다.

앞의 예에서 과태료부과, 견인조치 등 어떠한 수단을 사용하여도 상대방의 사익은 침해될 수밖에 없다. 하지만 이러한 수단의 사용으로 주차질서를 확립하여 도로교통의 원활과 안전을 도모할 수 있다면 이러한 침해는 공익을 위해 희생 또는 부담해야 하는 적법한 침해로 평가될 수 있다. 반대로 실현하고자 하는 공익에 비해 상대방의 사익이 지나치게 침해된다면 이는 상당성을 벗어난 과도한 침해라고 보아야 할 것이다.

대법원은 "유해물질 허용 기준치를 초과한 수입 녹용 전부에 대하여 전량 폐기 또는 반송처리를 지시한 경우, 녹용 수입업자가 입게 될 불이익이 의약품의 안전성과 유효성을 확보함으로써 국민보건의 향상을 기하고 고가의 한약재인 녹용에 대하여 부적합한 수입품의 무분별한 유통을 방지하려는 공익상 필요보다 크다고는 할 수 없으므로 폐기 등 지시처분이 재량권을 일탈·남용한 경우에 해당하지 않는다"고 판시[7]하여 폐기처분이라는 수단이 상당성을 벗어나지 않은 적법한 것으로 보았다.

Ⅳ. 신뢰보호의 원칙

1. 의 의

행정권의 어떤 작용(행위)의 정당성 또는 존속성을 신뢰한 경우, 그 신뢰가 보호가치가 있을 때에는 그 신뢰를 보호해 주어야 한다는 원칙이다. 이 원칙은 독일에서 학설과 판례를 통하여 형성되어 오다가 1976년 독일 연방행정절차법의 제정으로 제도화되었으며, 영미법상 금반언(禁反言)의 원칙과 유사한 개념이다. 금반언, 즉 에스토펠(estoppel)이란 이미 표명한 자기의 언행에 대하여 이와 모순되는 행위를 할 수 없다는 원칙을 말하는데, 이 원칙은 우리나라 사법상의 일반원칙인 신의성실의 원칙과 그 기원을 같이한다. 따라서 신뢰보호원칙을 신의성실의 원칙의 행정법상 표현이라고 보는 견해도 있다.[8]

행정기본법은 제11조에서 '성실의무 및 권한남용금지의 원칙'[9]을, 제12조

---

7) 대법원 2006. 4. 14. 선고 2004두3854 판결.
8) 홍정선(34면).
9) 행정기본법 제11조(성실의무 및 권한남용금지의 원칙) ① 행정청은 법령등에 따른 의무를 성실히 수행하여야 한다. ② 행정청은 행정권한을 남용하거나 그 권한의 범위를 넘어서는 아니된다.

에서 '신뢰보호의 원칙'을 각각 규정하고 있다. 물론 행정기본법 제11조의 '성실의무 및 권한남용금지의 원칙'이 민법상 신의성실의 원칙을 행정법적으로 표현한 것인지는 불명확하지만 제11조와 제12조를 분리하여 규정하고 있는 행정기본법의 규정 형식상 신뢰보호 원칙을 민법상 신의성실의 원칙의 행정법상 표현으로 보는 것은 무리가 있어 보인다.

2. 근 거

(1) 이론적 근거

신뢰보호원칙을 사법(私法)의 일반원칙인 신의칙(信義則)의 행정법상 표현으로 이해하는 입장에서는 신의성실의 원칙을 신뢰보호원칙의 이론적 근거로 보고 있다. 법의 일반적 원리인 신의성실의 원칙에 따라 행정청은 자신의 언동을 신뢰한 상대방에 대하여 나중에 위법성 등을 이유로 그 언동의 효력을 부정할 수 없다는 것이다. 하지만 신의칙이란 당사자 간의 구체적 법률관계(계약 등)가 있는 경우를 전제로 하는 것이므로 당사자 간의 구체적 관계가 존재하지 않는 작용(행정계획, 대통령의 담화 등)에 있어서는 설명이 불가능하다는 한계가 있다.

신뢰보호원칙은 행정법의 일반원칙이며, 행정법의 일반원칙은 곧 행정법의 특수성을 의미하는 것이므로 사법(私法)의 일반원칙이 이론적 근거가 될 수 없다고 보는 입장에서는 신뢰보호원칙의 근거를 법적 안정성에서 찾는다. 법치국가의 구성요소인 법적 안정성은 법의 예측가능성·비파괴성·불변성 등을 의미하는 것으로서 행정청의 언동에 대한 상대방의 신뢰를 보호하는 것은 바로 이러한 법적 안정성의 이념에 충실하기 위한 것이라는 견해이다. 그러나 법적 안정성은 적법행위에서의 안정성을 의미하는 것이지 행정권의 위법한 작용(행위)에 대해서까지 법적 안정성을 보장하는 것은 아니라는 비판이 있을 수 있다.

(2) 실정법적 근거

행정절차법, 국세기본법 등10)은 "행정청은 법령 등의 해석 또는 행정청의 관행이 일반적으로 국민들에게 받아들여진 때에는 공익 또는 제3자의 정당한

---

10) 행정절차법 제4조 제2항; 국세기본법 제18조 제3항; 지방세기본법 제20조 제3항 등.

이익을 현저히 해할 우려가 있는 경우를 제외하고는 새로운 해석 또는 관행에
의하여 소급하여 불리하게 처리하여서는 아니 된다"라고 규정하면서 신뢰보
호의 원칙을 법상 분명히 인정하고 있다. 그런데 이들 법률은 '법령의 해석과
행정청의 관행'에 대해서만 신뢰보호원칙이 적용된다고 규정하고 있기 때문에
'법령의 해석·행정청의 관행' 이외의 작용(행위)에 대한 신뢰보호원칙의 실정
법적 근거가 되지 못하는 한계가 있다.

　　이러한 점을 보완하여 행정기본법 제12조는 "① 행정청은 공익 또는 제3
자의 이익을 현저히 해칠 우려가 있는 경우를 제외하고는 행정에 대한 국민의
정당하고 합리적인 신뢰를 보호하여야 한다. ② 행정청은 권한 행사의 기회가
있음에도 불구하고 장기간 권한을 행사하지 아니하여 국민이 그 권한이 행사
되지 아니할 것으로 믿을 만한 정당한 사유가 있는 경우에는 그 권한을 행사
해서는 아니 된다. 다만, 공익 또는 제3자의 이익을 현저히 해칠 우려가 있는
경우는 예외로 한다."고 규정함으로써 '행정청의 권한 행사' 전반에 대한 신뢰
보호 원칙의 실정법적 근거를 마련하였다.

(3) 판 례

　　대법원은 "일반적으로 행정상의 법률관계에 있어서 행정청의 행위에 대
하여 신뢰보호의 원칙이 적용되기 위하여는, 첫째 행정청이 개인에 대하여 신
뢰의 대상이 되는 공적인 견해표명을 하여야 하고, 둘째 행정청의 견해표명이
정당하다고 신뢰한 데에 대하여 그 개인에게 귀책사유가 없어야 하며, 셋째
그 개인이 그 견해표명을 신뢰하고 이에 상응하는 어떠한 행위를 하였어야 하
고, 넷째 행정청이 위 견해표명에 반하는 처분을 함으로써 그 견해표명을 신
뢰한 개인의 이익이 침해되는 결과가 초래되어야 하며, 마지막으로 위 견해표
명에 따른 행정처분을 할 경우 이로 인하여 공익 또는 제3자의 정당한 이익을
현저히 해할 우려가 있는 경우가 아니어야 한다"[11]라고 신뢰보호원칙을 인정
함은 물론 그 성립요건을 매우 구체적으로 제시하고 있다.

3. 요 건

　　판례가 제시하고 있는 신뢰보호원칙의 적용요건은 ① 행정청의 공적 견

---

11) 대법원 1998. 11. 13. 선고 98두7343 판결.

해표명, ② 신뢰의 보호가치, ③ 견해표명을 신뢰한 후속 행위, ④ 견해표명에 반하는 처분, ⑤ 공적 견해표명을 신뢰한 개인의 이익 침해, ⑥ 신뢰의 보호가 공익 또는 제3자의 정당한 이익을 해할 우려 부존재 등이다.

(1) 행정청의 선행조치(공적 견해표명)

법령·행정규칙 등의 규정, 행정계획의 공고, 확약, 행정지도, 질의에 대한 답변, 기타 명시적·묵시적 언동 등과 같이 신뢰의 대상이 되는 행정청의 선행조치가 존재하여야 한다. 판례에서는 이를 '공적 견해표명'이라 표현하고 있다.

여기서 '행정청'의 의미는 행정조직법상 행정청으로서 권한이 있는지 여부, 즉 형식적 권한유무로 판단해서는 안 되고, 당해 언동을 한 자의 지위, 직책, 언동의 배경, 상대방의 신뢰가능성 등을 종합적으로 고려하여 판단하여야 한다.

신뢰보호원칙의 실정법적 근거라고 할 수 있는 행정절차법 등이 '행정청의 관행'에 대한 신뢰보호를 인정하고 있는 것을 볼 때 행정청의 명시적 행위나 언동은 물론이고 '묵시적' 행위나 언동도 당연히 공적 견해표명에 해당함을 알 수 있다. 판례[12] 역시 "면허세를 부과할 수 있는 정을 알면서도 수출확대라는 공익상 필요에서 한 건도 이를 부과한 일이 없었다면 그로써 비과세의 관행이 이루어졌다고 보아도 무방하다"라고 하여 묵시적 관행을 공적 견해표명으로 인정하고 있다.

하지만 실제 판례에서 공적 견해표명의 인정은 매우 제한적이다. 판례는 ① 서울지방병무청 총무과 민원팀장이 민원봉사차원에서 상담에 응하여 민원인에게 한 안내,[13] ② 서울시장이 문화관광부장관에게 관광숙박시설 지원 특별법상 유효기간을 경과하여도 계속 지원이 가능한지를 질의하였고 이에 대한 회신이 오기 전에 담당공무원이 민원인에게 자신의 추측을 담아 지원이 가능할 것으로 보인다고 한 언동,[14] ③ 토지 지상에 예식장 등을 건축하는 것이 관계 법령상 가능한지 여부에 대한 민원예비심사의 결과통보서에 첨부된 관련부서 의견으로 기재된 '저촉사항 없음'이란 문언[15] 등에 대해서 공적 견해표

---

12) 대법원 1980. 6. 10. 선고 80누6 전원합의체 판결.
13) 대법원 2003. 12. 26. 선고 2003두1875 판결.
14) 대법원 2006. 4. 28. 선고 2005두6539 판결.

명을 인정하지 않았다.

(2) 신뢰의 보호가치

선행조치의 존속성·정당성에 대한 신뢰가 보호할 가치가 있어야 한다. 보호할 가치 없는 신뢰로는 ① 선행조치를 알지 못하여 신뢰가 형성되지 못한 경우, ② 선행조치에 철회권·사정변경 등이 유보되어 있는 경우, ③ 선행조치에 상대방의 부정행위가 개입된 경우, ④ 행정작용의 위법을 알고 있었거나 중과실로 알지 못한 경우 등이 있다.

예컨대 특정의 공단지역에 입주하는 공장에게는 산업폐기물의 무단방기를 허용한다는 행정청의 언동을 신뢰한 것은 보호할 가치가 없는 것으로 보아야 할 것이다. 판례도 "그 처분의 하자가 당사자의 사실은폐나 기타 사위의 방법에 의한 신청행위에 기인한 것이라면 그 처분에 관한 신뢰이익을 원용할 수 없다"라고 판시[16]하여 상대방의 귀책사유가 있는 경우에는 신뢰를 보호하지 않고 있다.

(3) 상대방의 후속 행위

행정청의 언동을 신뢰한 상대방이 구체적으로 어떠한 후속 행위가 있어야 한다. 예컨대 특정 사업의 착수, 공장 또는 사업장의 이전, 건축개시 등과 같은 상대방의 후속 조치가 존재하여야 한다.

물론 행정청의 선행조치에 대한 신뢰와 상대방의 후속 행위 사이에 상당한 인과관계가 존재하여야 한다. 예컨대 특정 공단으로 입주하는 공장에 대해서 지방세를 감면한다는 지방자치단체장의 언동이 있었고 상대방이 공장을 이주하였다 하더라도 상대방이 지방자치단체장의 언동을 알지 못하였거나 또는 언동과 관계없이 당해 공단으로 이주할 계획을 이미 세우고 있었다면 상당 인과관계를 인정하기 어렵다 할 것이다.

4. 법률적합성과 법적 안정성의 관계

신뢰보호 내지 법적 안정성과 위법상태를 시정하는 법률적합성이 충돌할 경우에 대하여 ① 법률적합성이 우위에 있다는 견해와, ② 양자가 동위에 있

---

15) 대법원 2006. 6. 9. 선고 2004두46 판결.
16) 대법원 1996. 10. 25. 선고 95누14190 판결.

다는 견해가 대립한다. 법률적합성이 담보된 공적 견해표명만이 신뢰보호의 대상이 되는 것은 아니므로 법률적합성이 우위에 있다는 주장은 논리 모순일 수밖에 없다. 동위설이 타당하다. 법률적합성과 법적 안정성이 충돌할 때에는 개별·구체적으로 적법상태 실현이라는 공익과 신뢰보호라는 사익을 비교 형량하여 결정해야 할 것이다.

판례도 "행정처분에 하자가 있음을 이유로 처분청이 이를 취소하는 경우에도 그 처분이 국민에게 권리나 이익을 부여하는 수익적 처분인 때에는 그 처분을 취소하여야 할 공익상의 필요와 그 취소로 인하여 당사자가 입게 될 불이익을 비교교량한 후 공익상의 필요가 당사자가 입을 불이익을 정당화할 만큼 강한 경우에 한하여 취소할 수 있다"[17]라고 하여 이익형량설을 따르고 있다.

5. 소급입법과 신뢰보호

소급입법으로 인해 신뢰이익이 침해된 경우 신뢰보호원칙의 적용 여부가 문제된다. 판례는 "소급입법은 새로운 입법으로 이미 종료된 사실관계 또는 법률관계에 적용케 하는 진정소급입법과 현재 진행 중인 사실관계 또는 법률관계에 적용케 하는 부진정소급입법으로 나눌 수 있는바, 이 중에서 기존의 법에 의하여 이미 형성된 개인의 법적 지위를 사후입법을 통하여 박탈하는 것을 내용으로 하는 진정소급입법은 개인의 신뢰보호와 법적 안정성을 내용으로 하는 법치국가원리에 의하여 허용되지 아니하는 것이 원칙인 데 반하여, 부진정소급입법은 원칙적으로 허용되지만 소급효를 요구하는 공익상의 사유와 신뢰보호를 요구하는 개인보호의 사유 사이의 교량과정에서 그 범위에 제한이 가하여지는 것이다. 또한, 법률불소급의 원칙은 그 법률의 효력발생 전에 완성된 요건사실에 대하여 당해 법률을 적용할 수 없다는 의미일 뿐, 계속 중인 사실이나 그 이후에 발생한 요건사실에 대한 법률적용까지를 제한하는 것은 아니라고 할 것이다"라고 판시[18]하여 진정소급입법과 부진정소급입법으로 나누어 신뢰보호원칙의 적용 여부를 달리 인정하고 있다.

---

17) 대법원 1996. 10. 25. 선고 95누14190 판결.
18) 대법원 2007. 10. 11. 선고 2005두5390 판결.

6. 적용영역

신뢰보호원칙상 비록 위법한 처분이라 할지라도 그것이 상대방에게 수익적 효과가 발생하는 수익적 처분인 경우에는 이의 직권취소가 제한된다. 이를 '취소권 제한의 법리'라고 한다. 마찬가지로 철회의 사유가 발생하더라도 공사익의 비교형량을 통하여 공익 목적이 더 큰 것으로 평가되지 않는 한 철회권이 제한된다. 이를 '철회권 제한의 법리'라 한다.

권한이나 자격이 없는 자가 사실상 공무원으로 근무하면서 행한 행정작용은 이를 신뢰한 상대방에게는 유효한 작용으로 인정해 주어야 한다는 것 역시 신뢰보호 원칙의 적용 영역이다. 이를 '사실상의 공무원 이론'이라 한다.

행정법상의 확약, 행정계획상 계획보장청구권 등도 신뢰보호원칙에 의해 인정되는 영역이다. 하지만 행정계획은 장기성·종합성·가변성 등으로 인하여 사정변경이 불가피한 특질이 있으므로 신뢰보호원칙을 적용하여 계획보장청구권을 인정하기 보다는 손실보상 등 다른 구제수단을 사용하는 것이 보다 현실적일 수 있다.

V. 부당결부금지원칙

1. 의 의

행정권이 공권력을 행사함에 있어 그것과 실질적인 관련이 없는 반대급부와 부당하게 결부시켜서는 안 된다는 원칙이다. 다시 말해서, 처분의 원인이 된 사실관계와 행정청의 처분 사이에 합리적 인과관계, 즉 관련성이 있어야 적법한 처분이 되는 것이다. 그래서 이를 '관련성의 명령'이라고도 한다. 행정기본법 역시 제13조에서 "행정청은 행정작용을 할 때 상대방에게 해당 행정작용과 실질적인 관련이 없는 의무를 부과해서는 아니 된다."고 규정하여 이를 명문으로 인정하고 있다.

판례는 부당결부금지를 '행정주체가 행정작용을 함에 있어서 상대방에게 이와 실질적인 관련이 없는 의무를 부과하거나 그 이행을 강제하여서는 아니 된다는 원칙'[19]이라 설명하고 있다. 예컨대, 오토바이를 음주운전 하였다하여

---

19) 대법원 2009. 2. 12. 선고 2005다65500 판결.

1종 대형면허를 취소한 경우, 국세를 미납하였다 하여 여권발급을 거부한 경우 등은 합리적 관련성이 결여되어 부당결부금지원칙에 반한다고 할 것이다.

부당결부금지원칙을 별도의 원칙으로 보지 않고 비례원칙의 구성요소 중 하나인 '적합성의 원칙'으로 설명하는 견해도 있다. 행정목적과 수단 간에는 객관적 관련성이 있어야 하는데, 객관적 관련성은 누가 보더라도 객관적으로 쉽게 납득할 수 있을 정도의 관련성을 말한다는 주장이다.[20] 하지만 비례원칙의 구성요소로서 적합성의 원칙은 행정목적과 수단 간의 '관련성'보다는 수단 자체의 '적절성 또는 적법성'을 평가하는 원칙이다. 불법주차 차량단속을 위하여 타이어를 손상시키는 수단을 사용한 경우 그 수단이 목적과의 객관적 관련성이 없어서 배척되는 것이 아니라 수단 그 자체가 적법·타당하지 않기 때문에 적합성의 원칙에 반하는 것이다. 따라서 부당결부금지원칙은 법치행정의 원리상 당연히 인정되는 조리법상의 원칙으로 보아야 할 것이다.

2. 요 건

부당결부금지원칙이 적용되기 위해서는 ① 행정청의 권한 행사가 상대방에 대한 반대급부와 결부되어 있어야 하며, ② 이들 사이에 실체적 관련성이 결여되어 있어야 한다. 실체적 관련성이란 원인적 관련성과 목적적 관련성을 모두 충족하는 것으로서, 원인적 관련성이란 양자 사이에 인과관계가 존재하는 것이며, 목적적 관련성이란 양자 사이에 행정목적이 동일한 것을 말한다. 예컨대, 유흥주점 영업허가를 함에 있어서 주차장 확보부담을 지우는 것은 양자의 행정목적이 각각 보건위생과 건설교통으로 상이함에 따라 양자 사이에는 목적적 관련성이 없다고 할 수 있다.

3. 판 례

부당결부금지원칙과 관련하여 자주 문제가 되는 판례는 행정행위의 부관, 자동차운전면허 취소 등과 관련한 사건이다. 행정행위의 부관 중 주로 부담과 관련하여 당해 부담이 주된 행정행위와 직접 관련성이 없다면 부당결부금지원칙을 위반한 것으로 평가될 수 있다. 법원 역시 "지방자치단체장이 사업자에게 주택사업계획승인을 하면서 그 주택사업과는 아무런 관련이 없는 토지

---

20) 김성수(96면).

를 기부채납하도록 하는 부관을 주택사업계획승인에 붙인 경우 그 부관은 부당결부금지의 원칙에 위반되어 위법하다"고 판시[21]하여 같은 입장을 취하고 있다.

자동차운전면허취소사건과 관련하여 주로 문제되는 것은 한 사람이 여러 개의 운전면허를 소지하고 있는 경우 당해 면허의 직접 취소사유가 된 법위반행위에 근거하여 다른 운전면허도 취소할 수 있는지 여부이다. 법원은 ① 자동차운전면허(제1종 대형) 정지처분을 받았음에도 불구하고 그 행정처분기간 중에 시내버스를 운행하였다는 이유로 제1종 대형은 물론이고 제1종 보통 자동차운전면허까지도 취소한 경우[22]와, ② 제1종 보통면허로 운전할 수 있는 차량을 운전면허 정지기간 중에 운전하였다는 이유로 제1종 보통면허는 물론 원동기장치자전거면허까지 취소한 경우[23]에 대하여 "한 사람이 여러 종류의 자동차운전면허를 취득하는 경우 이를 취소 또는 정지함에 있어서도 서로 별개의 것으로 취급하는 것이 원칙이기는 하지만, 자동차운전면허는 그 성질이 대인적 면허일 뿐만 아니라 도로교통법상 제1종 대형면허 소지자는 제1종 보통, 제2종 보통, 원동기장치자전거까지 운전할 수 있도록 규정하고 있어 제1종 대형면허의 취소에는 제1종 보통, 제2종 보통, 원동기장치자전거의 운전까지 금지하는 취지가 포함된 것이어서 이들 차량의 운전면허는 서로 관련된 것이라고 할 것이므로 적법하다"라고 판시하여 부당결부금지원칙을 위반하지 않은 것으로 보았다.

그러나 혈중알콜 농도 0.15%의 주취상태에서 자기 소유의 250cc 오토바이를 운전한 자에 대하여 제2종 소형면허(125cc 초과의 오토바이를 운전할 수 있는 면허)뿐만 아니라 제1종 대형면허까지 취소한 것에 대해서는 "이륜자동차의 운전은 제1종 대형면허나 보통면허와는 아무런 관련이 없는 것이므로, 이와 같은 경우에는 이륜자동차를 음주운전한 사유만 가지고서는 제1종 대형면허나 보통면허의 취소나 정지를 할 수 없다고 보는 것이 옳다"[24]라고 하여 부당결부금지원칙을 위반한 것으로 보았다.

또한, "제1종 특수면허로 트레일러, 레커 외에 제2종 보통면허로 운전할

21) 대법원 1997. 3. 11. 선고 96다49650 판결.
22) 대법원 2005. 3. 11. 선고 2004두12452 판결.
23) 대법원 1997. 5. 16. 선고 97누2313 판결.
24) 대법원 1992. 9. 22. 선고 91누8289 판결; 서울고등법원 2017. 9. 29. 선고 2017누41230 판결.

수 있는 차량을 운전할 수 있다 하더라도 트레일러는 제1종 특수면허로는 운전이 가능하나 제1종 보통면허나 대형면허로는 여전히 운전할 수 없는 것이어서 제1종 특수·대형·보통면허를 가진 자가 트레일러를 운전한 것은 자신이 가지고 있는 면허 중 특수면허만으로써 운전한 것이 되고, 제1종 보통면허나 대형면허는 트레일러 운전과는 아무런 관련이 없는 것이므로, 제1종 특수·대형·보통면허를 가진 자가 트레일러를 운전하다가 운전면허취소사유가 발생한 경우에는 그 운전자가 가지고 있는 면허 중 특수면허에 대한 취소사유가 될 수 있을 뿐 제1종 보통면허나 대형면허에 대한 취소사유는 되지 아니한다"라고 판시[25]하여 트레일러를 음주운전한 경우 트레일러의 운전이 불가능한 제1종 보통 및 대형 면허를 취소한 것은 부당결부금지원칙에 반하는 것으로 보았다.

판례의 태도를 종합하면, 트레일러, 오토바이 등과 같이 해당 차량만을 운전할 수 있는 면허증의 소지자가 해당 차량을 음주운전한 때에 해당 차량을 운전할 수 없는 다른 면허(제1종 보통 또는 대형 등)까지 취소하는 것은 부당결부금지원칙에 반하는 것으로 판단하였다.

그런데, 이처럼 복수 운전면허소지자에 대한 면허취소·정지 시 혼란이 계속되자 이 문제를 입법적으로 해결하고자 2015년 12월 31일 「도로교통법」 제93조 제1항 본문을 개정하였다. 종래 "… 운전면허를 취소·정지한다."라는 법 문언을 "… 운전면허(운전자가 받은 모든 범위의 운전면허를 포함한다. 이하 이 조에서 같다)를 취소·정지한다."로 개정함으로써 이러한 혼란을 완전히 불식시켰다.

이에 따라 법원 역시 혈중알코올농도 0.140%의 주취상태로 배기량 125cc 이륜자동차를 운전한 자에 대하여 제1종 대형, 제1종 보통, 제1종 특수(대형견인·구난), 제2종 소형 자동차운전면허 모두를 취소한 것에 대해, "원고에 대하여 제1종 대형, 제1종 보통, 제1종 특수(대형견인·구난) 운전면허를 취소하지 않는다면, 원고가 각 운전면허로 배기량 125cc 이하 이륜자동차를 계속 운전할 수 있어 실질적으로는 아무런 불이익을 받지 않게 되는 점과 운전면허를 받은 사람이 음주운전을 한 경우에 운전면허의 취소 여부는 행정청의 재량행위이나, 음주운전으로 인한 교통사고의 증가와 그 결과의 참혹성 등에 비추어 보면 음주운전으로 인한 교통사고를 방지할 공익상의 필요는 더욱 중시되어야 하고, 운전면허의 취소에서는 일반의 수익적 행정행위의 취소와는 달리 취소

---

25) 대법원 1997. 5. 16. 선고 97누1310 판결.

로 인하여 입게 될 당사자의 불이익보다는 이를 방지하여야 하는 일반 예방적 측면이 더욱 강조되어야 한다는 점을 강조하여 배기량 125cc의 오토바이를 음주 운전한 원고가 소지하고 있는 모든 자동차운전면허를 취소한 것은 재량권을 일탈·남용하지 않은 것"으로 판단[26]하였다.

한편, '대형화물자동차를 운전하다가 교통사고를 낸 것과 관련하여 행정청이 제1종 대형면허만을 정지처분을 한 경우 그 정치처분의 효력이 제1종 보통 운전면허에도 미치는지 여부'에 대해서는 "여러 종류의 면허를 서로 별개의 것으로 취급할 수 없다거나 각 면허의 개별적인 취소 또는 정지를 분리하여 집행할 수 없는 것이 아니므로 특정의 면허의 취소 또는 정지에 의하여 다른 운전면허에까지 당연히 그 취소 또는 정지의 효력이 미치는 것은 아니다."[27]라고 판시하였는데, 이는 '처분의 효력의 범위'에 관한 문제로서 부당결부금지원칙과 관련된 사건은 아닌 것으로 보인다.

제 3 절   행정법관계에 대한 사법규정의 적용

앞에서 설명한 것처럼 행정법은 무수히 많은 개별법령이 존재하지만 기본적인 단일법전이 없고, 급변하는 행정현상으로 인하여 구체적인 법률관계에 적용할 행정법규의 흠결이 발생할 수 있다는 점에서 조리법, 즉 행정법의 일반원칙에 대한 의존도가 높다. 하지만 구체적인 행정상 법률관계에 적용할 행정법규의 흠결이 실제 발생할 경우 조리법상의 원칙을 적용하는 것보다는 유사한 사법(私法)의 규정을 적용하는 것이 법률관계를 더욱 명확하게 할 수도 있다. 이 때문에 행정법규 중에는 명문으로 행정법규의 흠결시 사법규정을 적용하거나 준용하도록 미리 규정해 두는 경우가 많다. 그런데 만약 이러한 명문의 규정이 없는 경우에도 행정상 법률관계에 사법규정을 적용 또는 준용할 수 있는지에 대해서는 견해가 대립한다.

---

26) 대법원 2018. 2. 28. 선고 2017두67476 판결.
27) 대법원 2000. 9. 26. 선고 2000두5425 판결.

Ⅰ. 견해의 대립

1. 부정설(공사법이원설)

철저한 공사법 2분론의 입장으로서, 공법은 공익실현을 목적으로 국가와 국민 사이의 법률관계를 규율하는 것인데 여기에 당사자의 의사와 합의를 중시하는 사법규정을 적용하는 것은 논리 모순이라는 견해이다. 따라서 규정의 흠결로 행정상 법률관계에 적용할 법규가 없더라도 그 흠결을 사법규정으로 보충할 수 없다고 본다. 다만 국가가 국고(國庫), 즉 사경제주체의 지위에서 행하는 법률관계는 그 구조가 사법관계와 기본적으로 동일하므로 사법규정을 적용할 수 있다고 한다.

사법관계에 적용되는 법규 중에는 당사자의 의사·합의 등과 관련한 이해조절적 규정만이 있는 것이 아니라 일반 법원리나 법기술적 사항을 규율하는 규정도 있기 때문에 행정상 법률관계에는 사법이 전혀 적용될 수 없다는 것은 공사법의 2분론의 극단적 자기방어논리라는 비판을 면하기 어렵다.

2. 긍정설(법일원설)

공법규정과 사법규정은 모두 법률관계를 규율하는 규정이고, 이들 공법과 사법의 법률관계는 본질적으로 다른 것이 아니며, 공법은 사법의 특별법으로 볼 수 있으므로 행정상 법률관계에 적용할 법규의 흠결이 있으면 당연히 관련 사법규정을 직접 또는 유추하여 적용할 수 있다는 견해이다.

그러나 행정법의 탄생배경을 설명하면서 이미 살펴 본 것처럼 행정법관계는 사법관계와 달리 당사자의 의사의 합치에 의해 성립되는 대등한 관계가 아니라 행정권의 일방적 명령(처분)에 의해 성립되는 불평등한 관계로서 공법과 사법의 법률관계는 본질적으로 구별된다. 따라서 이들 관계가 본질적으로 다르지 않다고 전제하는 것 자체가 타당하지 않으므로 사법규정의 적용을 긍정하는 논리 역시 받아들이기 어렵다.

3. 유추적용설(개괄적 구별설)

법규를 일반 법원리적 규정, 법기술적 규정, 이해조절적 규정으로 개괄적으로 구별·분류한 다음, 일반 법원리적 규정과 법기술적 규정은 권력관계와 비권력관계 모두 적용될 수 있고, 이해조절적 규정은 비관력관계에만 유추적용될 수 있다는 견해이다.[28]

일반 법원리적 규정이란 신의성실·권리남용금지원칙, 법률행위·의사표시·무효·취소·부관, 부당이득, 사무관리, 불법행위 등 전체법질서에 효력을 미치는 일반 법원리에 해당하는 규정을 말한다.[29] 법기술적 규정의 예로는 법인의 주소·등기·청산, 물건의 관념, 기간의 계산, 시효의 계산 등을 들 수 있다. 이해조절적 규정이란 대등 당사자 사이에 의사의 합치 또는 불일치에 따른 이해관계를 조절하는 전형적인 사법규정을 말한다.

4. 개별 결정설

권력관계와 비권력관계와 같은 법률관계의 유형, 또는 일반 법원리적 규정과 이해조절적 규정 등과 같은 법규의 성격 등을 기준으로 사법규정의 적용 여부를 일괄적으로 결정하는 것은 현실적으로 곤란하다는 입장이다. 따라서 개별적 사안마다 구체적 법률관계의 성격과 기능을 분석하여 사법규정의 보충 여부가 결정되어야 한다는 주장이다.

하지만 개별적·구체적 법률관계에서 사법규정 적용 여부를 결정하기 위해서는 결국 궁극적으로 그 적용기준이 있어야 할 것이므로 이 주장은 문제해결을 위한 견해로 보기 어렵다.

5. 판례의 태도

민법 제155조는 "기간의 계산은 법령, 재판상의 처분 또는 법률행위에 다른 정한 바가 없으면 본장의 규정에 의한다"고 규정하고 있고, 광업법에는 기간의 계산에 관하여 특별한 규정을 두고 있지 아니하므로, 광업법 제16조 소정의 출원제한기간을 계산함에 있어서도 기간계산에 관한 민법의 규정은 그대로 적용된다고 할 것이다.[30]

이 사건 판례는 일단 행정상 법률관계에 사법규정이 직접 적용될 수 있다

---

28) 홍정선(51면).
29) 홍준형(59면).
30) 대법원 2009. 11. 26. 선고 2009두12907 판결.

고 판시하고는 있으나, 이처럼 사법규정이 적용될 수 있는 것은 ① 공법은 사법의 특별법에 불과하기 때문인 것인지, ② 기간계산은 일반 법원리규정이므로 행정법관계에도 적용 가능한 것인지, ③ 광업권 출원제한기간의 계산이라는 개별·구체적 사안의 성격이 사법규정을 적용할 수 있기 때문인 것인지는 불분명하다. 하지만 오늘날 공사법일원설을 지지하는 판례를 찾아볼 수 없고, 또한 개별·구체적 사안의 성격에 따라 사법규정의 적용여부를 결정한다 하더라도 결국 그 적용 기준은 미리 설정되어 있어야 한다는 점을 고려해 볼 때, 판례의 태도는 유추적용설(개괄적 구별설)을 따른 것으로 보인다.

Ⅱ. 행정사법(行政私法)

1. 의 의

행정사법이란 행정사법관계(行政私法關係)에 적용되는 법영역을 말한다. 행정사법관계란 국가(행정주체)가 공권력발동 주체가 아닌 사경제주체(사기업)로서 공행정작용(주로 생활배려 등 급부행정)을 하는 법률관계를 말한다.

예컨대 국가가 전기·수도·가스 등을 직접 공급하지 않고 회사(기업)를 설립하여 공급할 경우 이들 서비스의 공급자와 수급자 사이의 법률관계를 행정사법관계라 한다. 그 형식은 공급자와 수급자라는 사법관계이지만 평등한 급부, 임의적 급부중단 금지, 최소한의 서비스 제공의무 등 헌법과 행정법의 원리에 의해 제한을 받는 사법관계라는 점에서 이를 행정사법관계라 한다.

그런데 전통적으로 행정법관계에는 권력관계뿐만 아니라 관리관계도 존재한다는 것이 통설적 견해이다. 권력관계란 국가(행정주체)가 공권력을 발동하는 권력주체의 법적 지위에 있는 법률관계를 말하며, 관리관계란 국가가 재산의 관리 또는 공기업의 경영 등 관리주체의 지위에 있는 관계를 말한다. 국가가 공기업을 경영하여 전기·수도·가스 등을 공급하는 것은 관리관계에 해당한다. 그렇다면 이러한 관리관계와 행정사법관계는 어떤 차이점이 있는가?

국가가 생활배려 급부행정을 함에 있어, 영조물법인(공단 등)을 설립하여 서비스를 제공하고 상대방(국민)에게 공법상 부담금을 부과하는 형식을 취할 수도 있고, 상법상의 회사를 설립하여 서비스를 제공하고 상대방에게는 서비스 이용료를 받는 형식을 취할 수도 있다.31) 전자의 형식은 관리관계, 후자의 형식은 행정사법관계로서 양자는 구별된다. 하지만 여전히 국고관계와의 구별은 애매하다.

2. 국고관계 이분론에 대한 비판

행정상 법률관계에는 권력관계 및 관리관계만 있는 것이 아니라 이른바 국고관계(國庫關係)가 존재한다. 국고관계란 국가가 사경제주체로서 일반 사인과 동일한 지위에서 성립된 법률관계를 말한다. 예컨대 정부가 조달물자를 구매하기 위하여 물품 생산자와 거래행위를 하는 것이 이에 해당한다. 따라서 이러한 국고관계에는 당연히 사법이 적용된다.

행정사법관계나 국고관계는 모두 국가가 사인의 지위에서 성립된 법률관계라는 점에서는 동일하다. 다만 행정사법관계는 공익실현과 행정목적 달성을 위해 헌법 및 행정법의 원리에 의해 사법이 수정·제한된다는 점에서 순수 사법이 적용되는 국고관계와 구별된다고 한다. 다시 말해서 전통적인 국고관계는 새로운 행정사법관계와 좁은(본래) 의미의 국고관계로 나누어, 행정사법은 공적 임무를 사법의 형식으로 수행하는 것이고 좁은 의미의 국고작용은 국가가 사경제주체로서의 지위에서 수행하는 작용을 의미한다고 한다.[32]

그런데 국가가 사경제주체로서 일반 사인과 동일한 지위에서 수행하는 작용이라고 해서 정말 사법만 순수 적용될 수 있을까? 법률관계 당사자 중 일방이 국가(행정주체)인 이상 정도의 차이는 있을지언정 사법이 헌법이나 행정법의 원리에 의해 전혀 수정·제한되지 않고 순수하게 그대로 적용되는 것은 현실적으로 불가능한 일이다. 비록 조달계약이라 할지라도 계약 당사자를 임의로 선택하지 못하고 반드시 경쟁·공개입찰 등 법정절차를 거쳐야 하고, 계약 당사자가 될 수 있는 자격 또는 적격이 법정화 되어 있는 등 행정법원리에 의한 수정·제한은 불가피하다. 결국 국가는 수단이나 권력 면에서 본질적으로 사인과 불평등한 것으로 국가가 사경제적 주체로서 행위한다고 하여도 이미 일방 당사자가 국가라는 점에서 완전한 평등계약이 이루어질 수 없다.

이런 점에서 보면 행정에 적용되는 모든 사법관계에는 정도의 차이일망정 다소의 불평등관계에서 오는 공적 규율이 따른다. 따라서 볼프(Wolff)의 주

31) 홍정선(427면).
32) 홍정선(426~430면).

장과 같이 공적 임무를 직접적으로 수행하는 공행정작용에 한정시켜 행정사법을 파악할 것이 아니라 행정에 작용되는 모든 사법관계를 행정사법관계로 파악할 필요가 있다. 다시 말해서 국고관계라는 낡은 이론을 과감히 버리고 행정상 법률관계에 적용되는 사법은 헌법 및 행정법의 원리에 의해 수정·제한될 수밖에 없다는 것을 전제하고 오히려 행정사법관계와 좁은 의미의 국고관계를 모두 행정사법관계로 보는 것이 타당하다.

3. 적용영역

행위형식의 선택권이 인정되는 분야에는 행정사법이 적용될 수 있다. 따라서 경찰·조세행정 분야 등과 같이 행위형식의 선택이 인정되지 않고 오로지 공권력 발동에 의해서만 성립될 수 있는 분야에는 행정사법을 적용할 수 없다. 일반적으로는 전기·수도·전화·철도·폐기물처리 등과 같은 급부행정 분야와 보조금·대부 등과 같은 유도행정 분야에 적용된다.

4. 헌법 및 행정법원리에 의한 수정·제한

(1) 수권의 필요

행정사법을 적용할 수 있는 공법상의 수권이 있어야 한다. 예컨대, 도시철도법 제3조 제3호는 "국가나 지방자치단체로부터 도시철도건설사업 또는 도시철도운송사업을 위탁받은 법인이 건설 또는 운영하는 도시철도에도 이 법이 적용된다"라고 수권규정을 두고 있다.

(2) 기본권 등에 의한 헌법적 제한

국가안전, 공공복리 등을 위해 상대방의 기본권(특히 재산권)이 제한되거나 또는 이용자의 보편적 이용권을 보장해야 하는 등 헌법적 제한을 받는다.

(3) 사법상 계약의 원리 제한

개별적 계약행위 생략, 행위능력의 결여, 착오, 계약의 강제, 해제의 제한, 계속적 경영 및 공급의무 등 일반 사법상의 원리가 제한되는 경우가 있다.

제 4 장   행정법관계

제 1 절   행정상 법률관계

I. 행정상 법률관계의 의의

원래 법률관계란 법에 의해 규율되는 사람의 관계를 말한다. 이러한 법률
관계는 일반적으로 관계 당사자의 의사가 합치될 때 성립한다. 법률관계가 성
립되면 일정한 법적 효과가 발생하는데, 법적 효과란 관계 당사자가 서로 합
의한 의사에 상호 구속되는 것을 말한다. 의사의 구속은 이른바 '권리' 또는
'의무'의 형태로 표현된다. 따라서 일반적으로 법률관계의 법적 효과를 '권리
또는 의무의 발생'으로 표현하여도 무방하다. 결국 법률관계는 권리주체 상호
간의 '권리·의무의 관계'를 말한다. 하지만 행정상 법률관계는 기존의 법률관
계라고 할 수 있는 사법관계(私法關係)와 달리 관계 당사자의 의사의 합치에 의
해 성립하지 아니하고 국가(행정주체)의 일방적 명령에 의해 성립하는 경우가
대부분이라는 점이 특징적이다.

이러한 법률관계의 개념을 전제로 할 때 행정상 법률관계란 국가 또는 공
공단체와 같은 행정주체와 그 상대방인 국민, 즉 행정객체간의 권리·의무관
계를 말한다. 물론 행정상 법률관계를 넓은 의미로 이해할 경우에는 이러한
행정주체와 행정객체의 법률관계뿐만 아니라 행정주체 상호간의 법률관계도
이에 포함한다.[1] 이 경우 행정주체와 행정객체 간의 법률관계를 '행정작용법
관계', 행정주체 상호간의 관계를 '행정조직법관계'로 나누어 설명하기도 한다.
하지만 행정주체 상호간의 관계는 권리·의무의 관계가 아니라 이른바 직무권
한 또는 감독의 관계로서 법률관계로 보기는 어렵다.[2] 따라서 행정상 법률관

---

1) 김동희(71면).
2) 물론 국가와 지방자치단체 간 또는 지방자치단체 상호간의 관계를 권리주체 간의 관계로 이해

계를 행정작용법관계로 한정하는 것이 논리적으로 또한 실무적으로 적절·타
당하다고 생각한다.

　　우리나라에서는 행정상 법률관계를 독일의 예에 따라 권력관계, 관리관
계, 국고관계로 나누어 설명하는 것이 일반적이다. 여기서 권력관계라 함은
행정주체가 공권력의 주체로서 우월적인 지위에서 국민에 대하여 일방적으로
명령·강제하는 관계를 말한다. 관리관계란 행정주체가 비권력적인 관리자의
지위에서 공공복리를 위하여 공기업을 경영하거나 공적 재산을 관리하는 법
률관계를 말한다. 관리관계는 원칙적으로는 민사소송의 대상이 되는 사법관계
이지만 실정법상 명문의 규정이 있거나 그 법률관계의 해석상 사법관계와 구
별되는 공공성이 실증되는 한도 내에서 공법관계가 된다. 국고관계란 행정주
체가 국고(國庫)의 주체로서 국민과 사경제적 거래관계를 주로 하는 관계를 말
한다. 이는 행정법관계에서 제외되는 사법관계라고 보는 것이 일반적이다.

　　행정법이 탄생하기 이전에 관습법으로서의 민법만이 존재하던 시절에는
국가(왕권)의 행위(작용)는 법의 구속으로부터 면책되었기에 최소한 국가가 사
인의 지위에서 행하는 국고관계만이라도 민법의 구속을 받도록 하려는 원시
적 법치국가적 이론[3]을 위해서는 국고관계의 설정이 의미가 있었으나, 오늘날
공법으로서의 행정법이 탄생한 이상 국고관계를 별도로 정의하여 반드시 사
법관계로 보아야 할 이유는 없다.

　　앞에서 설명한 것처럼 최근 독일에서는 국고관계를 전통적 국고관계(원래
의미의 국고관계)와 행정사법관계로 나누어 설명하는 학자들이 늘고 있다. 원래
의미의 국고관계는 여전히 사법관계로서 사법이 적용되지만 행정사법관계는
공적 임무를 사법형식으로 수행하는 행정이므로 공적 목적의 수행에 필요한
범위 내에서는 공법규정에 의해 보충·수정된다는 것이다. 하지만 원래 의미
의 국고관계 역시 순수하게 사법만이 적용되는 것은 아니라고 본다. 예컨대
정부조달계약은 반드시 공개경쟁을 통하여 계약을 체결하여야 하고 부정당
업체들은 일정기간 공개입찰에 참여할 수 없도록 제재하는 등 공법원리가 부
분적으로 적용되는 것이 현실이다. 따라서 국고관계를 원래 의미의 국고관계

─────────────

　하여 이들 사이에 다툼이 있어 제기되는 소송을 주관소송으로 이해하는 학자도 있다. 그러나 이
　러한 유형의 소송은 주관적 권리에 대한 다툼이 아니라 직무권한에 대한 쟁송으로서 객관소송으
　로 보아야 한다. 자세한 내용은 행정소송편에서 설명하기로 한다.
　3) 이른바 'Fiskus이론'이라 한다.

와 행정사법관계로 나누어 개념상 혼란만 가중시킬 필요 없이 국고관계 자체에 대한 이론의 재정립이 필요한 시점이다.

Ⅱ. 행정법관계의 특수성

1. 개 설

행정법관계는 공법에 의해 규율된다. 행정법관계는 공익의 실현을 위해 국가공권력에게 우월적 지위[4]를 인정하는 불평등한 법률관계이며, 이를 규율하는 법규범을 공법이라 한다.

과거 독일에서는 국가의 지위를 특별히 보장하여 관료국가적인 국가우위를 확보하려는 정치적 요청에서 공법을 사법과 구별하였다. 그러나 오늘날에는 국민이 단순한 지배객체가 아닌 국가의사의 원동력이자 국가의 존립근거로 인식되고 있는 까닭에 순전히 행정권의 특권적 지위를 인정하기 위한 목적의 공·사법의 구별은 더 이상 의미가 없다. 하지만 행정권과 국민의 관계는 사인 상호간의 관계와 달리 공익실현이라는 행정목적 달성을 위하여 법 기술상 특수성이 요구되는바, 그러한 한도 내에서 공법과 사법을 구별하는 의의는 여전히 존재한다.

또한 절차법상 행정소송은 관할법원·제소기간·소의 제기절차 등에서 민사소송과 다르므로 당해 사건이 행정소송사건인지 또는 민사소송사건인지를 결정해야 하고, 이를 위해서는 당해 법률관계의 성질이 공법관계인지 또는 사법관계인지를 결정하여야 하는바, 이런 점에서도 공법과 사법의 구별 필요성이 제기된다.

아울러, 사법관계에서는 인정되지 않는 공정력, 불가쟁력, 불가변력, 강제력 등의 효과가 공법관계에는 발생하고, 권리·의무의 포기·이전이 제한 또는 금지되는 등 공법관계에만 인정되는 실체법상의 특수성 역시 공법과 사법을 구별하는 실익이 된다.

---

4) '우월적 지위'란 행정법관계는 법률관계 당사자의 합의에 의해서 법률관계가 성립하는 사법관계와 달리 국가(행정주체)의 일방적 명령에 의해 법률관계가 성립한다는 것을 의미한다.

2. 행정법관계의 특수성

(1) 법률적합성

사법관계에서는 사적자치가 주요한 법원리 중의 하나이지만, 공법관계에서는 공익실현이라는 행정목적상 그리고 법치행정의 이념상 행정작용은 엄격한 법적 기속을 받는다. 따라서 법이 허용하지 아니하는 또는 법적 근거가 없는 행위(작용)를 하는 것은 위법이며 정상적인 법률관계를 성립시키지 못한다.

(2) 공정력

행정법관계가 성립되면 비록 그 성립요건에 하자(흠)가 있어도 그 하자가 중대·명백하여 당연 무효가 되지 않는 이상, 권한 있는 기관에 의해 취소될 때까지는 유효한 것으로 추정되는바, 이를 공정력이라 한다.

(3) 불가쟁력

행정법관계는 비록 하자(흠)가 있을 지라도 쟁송제기기간이 경과하거나 쟁송절차가 종료된 경우에는 더 이상 그 효력을 다툴 수 없는바, 이를 불가쟁력이라 한다. 일반적으로 행정행위의 쟁송제기기간을 한정하는 것은 불안정한 법률관계를 조속히 확정하기 위한 것으로서 이러한 기간을 이른바 제척기간이라 한다.

(4) 불가변력

어떠한 행정법관계는 그 성질상 일단 행정법관계가 성립된 이후에는 국가(행정주체)라 할지라도 임의로 이를 취소 또는 변경을 할 수 없는 경우가 있는데 이러한 특수성을 불가변력이라 한다.

불가변력이 인정되는 경우로는 ① 행정심판·소청심사위원회·조세심판소·토지수용위원회 등의 재결(裁決)과 같이 쟁송절차를 통하여 성립되는 경우, ② 국가시험합격자결정·당선인결정·발명특허 등과 같이 법률관계의 진부 또는 존부에 대한 공적 판단행위인 이른바 확인행위에 의해 성립되는 경우 등이 있다.

(5) 강제력

사법관계에서는 의무자가 의무를 이행하지 않을 경우에 민사소송의 절차에 따라 그 의무이행의 확보를 구하여야 하지만, 공법관계에서는 국가(행정주체)가 직접 자력으로 의무의 이행을 확보하거나, 일정한 제재를 가하여 간접적으로 의무의 이행을 강제할 수 있다. 대집행, 직접강제, 강제징수, 행정벌 등이 강제력을 실현하는 수단들이다.

(6) 권리 · 의무의 포기 또는 이전의 제한 · 금지

행정법관계에서 발생하는 권리 또는 의무는 공익실현과 밀접한 관련이 있거나, 권리인 동시에 의무인 상대적 성질을 가지거나, 일신전속적인 경우가 많아 이를 임의로 포기 또는 양도하는 것이 제한 또는 금지되는 것이 일반적이다.

(7) 권리구제의 특수성

행정법관계에 있어서, 국민의 권리 · 이익이 침해당한 경우에는 사법관계에서의 권리구제와는 달리 행정상 손해전보제도와 행정쟁송제도에 의해 구제받는다.

행정상 손해전보제도로는 행정작용으로 국민에게 법이 허용하지 아니하는 손해를 입힌 경우 그 손해를 배상하는 손해배상제도와 공권력의 행사에 따라 국민의 재산권을 침해하여 국민에게 특별한 손해를 입힌 경우 그 손해를 보상하는 손실보상제도가 있다.

행정쟁송제도로는 행정청 스스로가 행정행위의 위법성을 심판하는 행정심판과 정식 소송절차에 따라 행정행위의 적법성 여부를 심리하는 행정소송이 있다. 행정소송은 국가에 따라 일반법원에서 담당하는 경우(사법제도국가)와 행정권에 독립된 행정법원을 설치하여 담당하는 경우(행정제도국가)로 대별되는데 우리나라는 사법부인 일반 법원이 이를 담당하는 사법국가주의를 취하고 있다.

Ⅲ. 행정법관계의 종류

1. 권력관계

(1) 일반권력관계

가장 전형적인 행정법관계라고 할 수 있다. 국가 또는 공행정주체가 자신의 고유한 권력(공권력)을 기초로 하여 개인(행정객체)에게 일방적 · 구속적으로 명령·강제하는 행정법관계를 말한다.

권력관계는 일방성과 구속성으로 인하여 개인의 자유와 이익을 침해할 개연성이 크므로 법치국가의 원리상 엄격한 법의 기속을 받는다. 경찰처분·조세부과·공용부담 등이 이에 해당한다.[5]

권력관계는 그 권력의 기초에 따라 일반권력관계와 특별권력관계로 나누어진다. 국가(행정주체)의 일반통치권에 근거한 권력관계를 일반권력관계라 하고 특별한 공법상의 원인에 의하여 성립되는 관계를 특별권력관계라고 한다.

(2) 특별권력관계

1) 의 의

특별권력관계란 공법상의 특별한 원인에 의하여 성립되고, 특정한 행정목적상 필요한 범위 내에서 특별권력주체에게 포괄적 지배권이 부여되고 그 상대방은 이에 복종함을 내용으로 하는 법률관계를 말한다. 따라서 특별권력관계에서는 일반권력관계와는 달리 행정목적 달성에 필요한 범위 내에서 법률유보 및 사법심사가 배제되고 기본권보장이 제한된다.

19세기 후반 독일은 형식적 법치주의를 취하고는 있었으나 의회로부터 자유로운 군주의 활동 영역을 보장해 주기 위해 여러 가지 법치주의의 예외적 이론(재량행위론, 행정규칙론 등)을 생성해내었는데 특별권력관계 역시 이러한 맥락에서 탄생한 개념이다. 특별권력관계의 정당화 논거로 라반트(P. Laband)는 국가란 법인격의 주체인 까닭에 인격주체 내부(특별권련관계)에는 법이 침투할 수 없다는 주장을 하였다.

현대 자유민주주의 국가체제하에서 특별권력관계라는 낡은 독일 이론의 존속이 과연 필요한 것인지에 대한 비판이 계속되고 있다. 뿐만 아니라 비록 전통적 의미의 특별권력관계라 하더라도 법률유보와 사법심사가 보장되는 영역이 갈수록 확대되고 있어 사실상 특별권력관계의 존재의의는 희박해져 가고 있다.

2) 성립과 소멸

특별권력관계는 ① 법률의 규정, ② 상대방의 동의에 의해서 성립된다. 법률의 규정에 의해 성립하는 예로는 징집대상자의 입대, 죄수의 수감, 감염병

---

5) 이광윤/김민호(19면).

환자의 입원 등이 있다. 상대방의 동의에 의해 성립하는 경우는 공무원의 임용, 국공립학교 입학, 국공립도서관 이용 등과 같은 임의적 동의에 의한 경우와, 초등학교의 입학과 같이 법률에 의하여 동의가 의무지워져 있는 경우(의무적 동의)가 있다.

특별권력관계의 소멸원인으로는 ① 만기전역, 졸업 등과 같이 목적을 달성한 경우, ② 자퇴, 사직 등과 같은 임의적 탈퇴, 그리고 ③ 파면, 퇴학 등과 같은 일방적 배제가 있다.

3) 종 류

특별권력관계는 그 분류 기준에 따라 다양하게 나누어질 수 있으나, 추구하고자 하는 특별한 행정목적의 성질에 따라 근무관계, 영조물이용관계, 특별감독관계, 공법상 사단관계로 나누는 것이 일반적이다.

근무관계란 공무원, 군인 등이 국가 등에 대해 포괄적 근무의무를 지는 관계를 말하며, 영조물이용관계는 교도소 재소자, 국공립학교 학생, 국립병원 환자, 국립도서관 이용자 등과 같이 영조물(교도소, 학교, 병원, 도서관 등)을 이용하는 자와 이를 관리하는 자간에 이용규칙을 준수해야 하는 관계를 말한다.

특별감독관계는 공공조합, 특허기업, 공무수탁사인 등과 같이 국가의 행정사무를 위임받은 자가 그 행정사무를 처리하면서 국가로부터 특별한 감독을 받는 관계를 말하며, 공법상 사단관계란 공공조합과 조합원의 관계로서 조합원이 규칙을 준수하고 의무를 이행해야 하는 관계를 말한다.

4) 특별권력관계의 재검토

앞에서 설명한 것처럼 국가와 시민의 관계에서 법률유보가 배제되고 사법심사가 제한되는 관계가 과연 존재할 수 있는 것인지에 대한 비판적 시각이 확산되면서 특별권력관계에 대한 재검토 논의가 활발히 전개되었다. 이들 논의를 몇 가지로 나누어 살펴보면 다음과 같다.

우선 특별권력관계를 전면적으로 부정하여 특별권력관계라는 형식 자체를 부인하는 견해이다. 법치주의와 기본권존중의 원칙을 강조하여 법률로부터 자유로운 공권력의 행사는 있을 수 없으므로 법률유보 및 기본권보장이 배제되는 특별권력관계는 성립될 수 없다는 주장이다.

다음으로 특별권력관계의 내용을 개별적·구체적으로 분석·검토하여 특별한 행정목적 달성의 요구가 희박한 관계는 특별권력관계로부터 뽑아내어 일반권력관계 또는 사법관계(계약관계)로 환원시키려는 견해이다. 예컨대 공무원 역시 법령에 따라 정해진 근무를 하면 족한 것이지 일반 국민과 달리 포괄적 지배를 당해야 하는 사실상의 이유가 없기 때문에 일반권력관계로 환원해야 하며, 국공립학교 학생의 경우는 사립학교 학생과 사실상의 차이가 전혀 없는바, 일반 계약관계로 환원해야 한다는 주장이다.

특별권력관계에 대한 수정 이론들 중 비교적 유력한 대안이 될 수 있는 것으로 울레(Ule)의 수정설을 들 수 있다. 울레는 특별권력관계를 또다시 기본관계(외부관계)와 경영수행관계(내부관계)로 나누어 고찰하였다. 기본관계란 특별권력관계를 성립·변경·소멸시키는 관계로서 종래의 특별권력관계와는 달리 법률유보와 사법심사가 허용되는 일반권력관계와 거의 동일하게 취급되는 관계이며, 경영수행관계란 내부에서 경영·수행질서와 관련한 법관계로서 여전히 법률유보와 사법심사가 배제되는 원래 의미의 특별권력관계라고 할 수 있다.

이에 따르면 공무원의 파면, 군인의 입대, 죄수의 형 집행, 국공립학교 학생의 퇴학 등과 같은 기본관계는 비록 특별권력관계이지만 사법심사가 허용된다. 하지만 공무원에 대한 직무명령, 군인에 대한 훈련, 학생에 대한 수업, 수형자의 행형 등과 같은 경영수행관계는 여전히 사법심사가 배제된다.

종래 특별권력관계로 취급되어 사법심사가 전면적으로 배제된 특별권력관계의 성립·변경·소멸에 관한 사항이 부분적으로나마 사법심사가 가능하도록 되었다는 점에서 이 이론의 강점이 있다. 하지만 여전히 특별권력관계의 내부적 경영·수행 중 발생하는 법률관계에는 법률유보와 사법심사가 배제되는 것에 대하여 명확한 정당화 근거를 제시하지 못하는 이론적 한계가 있다.

우리나라 판례는 국립 교육대학 학생에 대한 퇴학처분에 대하여 "징계권을 발동하여 학생으로서의 신분을 일방적으로 박탈하는 국가의 교육행정에 관한 의사를 외부에 표시한 것이므로 행정처분임이 명백하다. 또한 학생에 대한 징계권의 발동이나 징계의 양정이 징계권자의 교육적 재량에 맡겨져 있다 할지라도 법원이 심리한 결과 그 징계처분에 위법사유가 있다고 판단되는 경우에는 이를 취소할 수 있는 것이고, 징계처분이 교육적 재량행위라는 이유만으로 사법심사의 대상에서 당연히 제외되는 것은 아니다"라고 판시하였다.[6] 하지만 퇴학처분이 울레의 주장처럼 기본관계에 해당하기 때문에 사법심사가

---

6) 대법원 1991. 11. 22. 선고 91누2144 판결.

허용된다는 것인지 아니면 특별권력관계 자체를 부인하여 사법심사가 허용된다는 것인지를 분명히 밝히고 있지 않다.

2. 관리관계

행정주체가 공권력 발동의 주체가 아닌 공물·공기업 등의 경영·관리주체로서 지위를 가지는 법률관계를 말한다. 공법에 근거하는 작용이라는 점에서는 권력관계와 같으나 권력을 수단으로 하지 않는다는 것이 권력관계와 다르다.[7] 관리관계에서 행하여지는 행정작용을 비권력행정이라 한다. 독일에서는 이를 단순고권행정 또는 단순공행정이라 한다. 이는 강제 없이 수행되는 공행정, 즉 행정행위의 형식이 아니면서 공법적 근거에 따라 행해지는 행정작용이라고 설명한다.[8]

비권력행정은 그 본질에 있어서는 사인이 자신의 물건을 관리하고 기업을 경영하는 것과 같으나 그 목적만이 행정목적(공익)을 위한 것이므로 원칙적으로 사법이 적용되고 예외적으로 행정목적 달성에 필요한 범위 내에서 공법의 원리가 적용된다. 따라서 비권력행정은 법률관계의 당사자인 행정주체와 국민(사인)의 관계가 대등한 지위에서 행하여진다고 본다.[9] 하지만 이에 대한 반론도 있다. 공법관계란 공익목적으로 말미암아 행정주체가 우월적 지위에 있는 불평등한 관계를 전제하는 것이므로 행정주체와 국민(사인)의 관계가 완전히 '대등한 지위'에 있을 수는 없으며, 단지 권력행정에 비추어 볼 때 비권력행정은 당사자의 지위가 대등한 것처럼 보일 뿐이라는 주장이다.[10]

3. 국고관계

(1) 국고관계

행정주체가 사법(私法)상 재산권의 주체로서 사인, 즉 국고(Fiskus)의 지위에서 행하는 작용을 말한다. 예컨대 물품의 구입, 도급계약, 국유 일반재산의 매각 등이 이에 해당한다. 앞에서 설명한 것처럼 국고관계를 다시 '협의의 국고관계'와 '형식적 국고관계(행정사법관계)'로 나누어 고찰하는 국고관계 이분론을

---

7) 조정환, 행정법개론, 진원사, 2013, 12면.
8) 홍정선(21면).
9) 김동희(19면).
10) 이광윤(26면).

주장하는 견해가 있다.[11] 전자는 행정주체가 진정한 국고의 지위, 즉 사경제주체로서 행하는 작용을 말하며, 후자는 전기·가스·수도 등의 공급과 같은 공행정의 책무를 사법적 형식에 의하여 수행하는 것을 말한다고 한다.[12]

(2) 행정사법관계

행정사법관계란 국가(행정주체)가 공권력발동 주체가 아닌 사경제주체(사기업)로서 공행정작용(주로 생활배려 등 급부행정)을 하는 법률관계를 말한다. 국가가 전기·수도·가스 등을 직접 공급하지 않고 회사(기업)를 설립하여 공급할 경우, 그 형식은 공급자와 수급자라는 사법관계이지만 헌법과 행정법의 원리에 의해 제한을 받는다는 점에서 순수 국고관계와 다르다.

하지만 협의의 국고관계와 행정사법관계를 실제로 구별하기가 쉽지 않으며, 협의의 국고관계라 할지라도 현실적으로 순수 사법만이 적용되는 것은 아니라는 점에서 굳이 국고관계를 이분하여 행정사법의 관념을 별도로 인정할 필요가 없다는 것은 앞에서 설명하였다. 오히려 행정사법관계와 좁은 의미의 국고관계를 모두 행정사법관계로 보는 것이 타당하다는 것을 다시 한번 강조해 본다.

제 2 절 행정법관계의 당사자

I. 개 설

행정법관계는 행정권의 담당자인 국가와 그 상대방인 국민 사이의 법률관계이므로 그 당사자 역시 국가와 국민이라 할 것이다. 이러한 행정법관계는 그 당사자 중 일방인 국가의 명령에 의해 법률관계가 성립하고 법적 효과가 발생하는 불평등한 법률관계를 특질로 하고 있기 때문에 양 당사자가 모두 법률관계의 주체가 되는 사법상 법률관계와는 달리 상대적으로 우월적 지위에 있는 국가 등을 행정주체라 하고 그 상대방인 국민 등을 행정객체라 한다.

행정주체에는 ① 시원적 권력의 주체인 국가, ② 공공단체, 그리고 ③ 국

---

11) 홍정선(60면).
12) 이광윤/김민호(19면).

가나 공공단체로부터 권한을 위임받아 그 한도에서 행정주체의 지위에서는 공무수탁사인 등이 있다. 원래는 국가만이 행정권 발동의 주체이었으나 지방자치권의 관념이 등장하고 국가 기능의 확대로 다양한 공공서비스를 국가의 행정권 발동만으로 감당하기가 어렵게 됨에 따라 특정 행정목적의 달성을 위해 제한된 범위 안에서 행정주체의 법적 지위를 갖는 공공단체를 인정하게 된 것이다.

공공단체에는 ① 특별시·광역시·특별자치도·특별자치시·도, 시·군·자치구 등과 같은 지방자치단체, ② 농지개량조합, 도시재개발조합, 농업협동조합, 토지구획정리사업조합, 변호사회, 상공회의소 등과 같은 공공조합, ③ 영조물[13] 중에서 독립적 법인격을 가지는 한국은행·산업은행·한국방송공사·한국주택토지공사·서울대학교병원 등과 같은 영조물법인, ④ 한국연구재단, 한국학중앙연구원 등과 같은 공법상 재단 등이 있다.

행정객체에는 ① 국민과 ② 공공단체 등이 있다. 공공단체는 주민·조합원·이용자 등에 대해서는 행정주체의 지위에서지만, 국가나 다른 공공단체에 대해서는 행정객체의 지위에 선다.

Ⅱ. 공무수탁사인

1. 의 의

공무수탁사인이란 법률이나 법률에 근거한 행위로 특정의 공적인 임무를 자기의 이름으로 수행하도록 공적 권한이 주어진 사인을 말하며, 이러한 사인은 자신의 명의로 공법상의 권한을 행사하는 것이므로 그러한 한도 내에서 행정주체의 지위에 서게 된다. 따라서 ① 사법상 계약에 의해 단순히 사무를 위탁받아 처리하는 사인, ② 독립적으로 활동할 수 없고 행정주체의 도구로서 역할을 하는 행정의 보조자, ③ 공적 의무가 부과된 사인 등은 공무수탁사인이 아니다.

종래에는 소득세를 원천징수하는 원천징수의무자도 공무수탁사인의 예로서 인식하여 왔으나, 이는 공적 권한이 부여된 것이 아니라 공적 의무가 부

---

13) 영조물이란 공물(公物)이라는 물적 요소와 이를 관리·운영하는 인적 요소가 결합된 것을 말한다.

과된 공적 의무자이므로 공무수탁사인으로 볼 수 없다는 것이 판례[14]의 태도이다.

다수의 학자들은 공무수탁사인의 예로 운항중인 선박에서 호적 및 경찰사무를 하는 상선의 선장, 토지수용을 하는 사업시행자로서의 사기업 등을 들고 있다. 하지만 이들 역시 엄격히 말하면 그들에게 공권을 수여한 국가 또는 공공단체의 보조자에 불과하므로 행정주체성을 인정하기 어렵다고 보는 견해도 있다.

판례 역시 코스닥 등록을 하는 한국증권업협회를 원심[15]은 공무수탁사인으로 인정한 바 있으나, 항소심[16]에서는 코스닥 등록사무를 국가사무로 보기 어려운 까닭에 협회를 공무수탁사인으로 보기 어렵다고 판시하여 일관되지 못한 태도를 보이고 있다.

최근에는 공무수탁사인 해당성에 대한 논쟁을 넘어서서 과연 공무수탁사인을 행정주체로 보아야 할 것인지에 대해 원론적 재검토가 필요하다는 주장이 제기되고 있다. ① 공무수탁사인이 권한을 행사해도 그 법적 효과는 국가 등에게 귀속되므로 공무수탁사인을 행정주체로 볼 수 없다는 부정설과 ② 기능적으로 국가 등의 권한을 행사하는 한 행정주체로 보아야 한다는 긍정설이 대립한다. 이는 행정주체의 본질을 법효과의 귀속주체로 볼 것인지 아니면 기능적 행위주체로 볼 것인지에 대한 시각의 차이에서 비롯된 것이다.

공무수탁사인의 행정주체성을 부정할 경우 공무수탁사인에게 권한을 위임한 국가 등을 피고로 하여야 하는데 국민의 입장에서 그 권한의 위임·위탁관계를 일일이 파악해서 피고(처분청)를 특정하기도 곤란하고, 무엇보다 처분성 자체가 인정되지 않으면 행정쟁송을 제기할 수 없으므로 공무수탁사인의 행정주체성을 인정하는 긍정설이 타당하다. 또한 공무수탁사인 해당성도 가능한 넓게 인정하여 행정구제를 용이하게 하는 것이 바람직하다. 공무수탁사인 해당성을 좁게 인정할 경우 사실상 공권력 행사로 피해를 입은 때에도 행정구

---

14) "원천징수의무자는 소득세법 제142조 및 제143조의 규정에 의하여 이와 같이 자동적으로 확정되는 세액을 수급자로부터 징수하여 과세관청에 납부하여야 할 의무를 부담하고 있으므로, 원천징수의무자가 비록 과세관청과 같은 행정청이더라도 그의 원천징수행위는 법령에서 규정된 징수 및 납부의무를 이행하기 위한 것에 불과한 것이지, 공권력의 행사로서의 행정처분을 한 경우에 해당되지 아니한다"(대법원 1990. 3. 23. 선고 89누4789 판결).
15) 서울행정법원 2001아1428.
16) 서울고등법원 2001루100.

제가 아닌 민사소송을 제기해야 하는 불합리한 결과가 발생할 수 있다.

2. 법적 근거

공무수탁사인에게 행정주체성을 인정하기 위해서는 법적 근거가 필요하다. 공무수탁사인의 일반법적 근거로는「행정기본법」제2조 제2호,[17]「정부조직법」제6조 제3항[18]과「지방자치법」제117조 제3항[19]을 들 수 있다. 개별법적 근거로는「항공보안법」,[20]「선원법」,[21]「공익사업을 위한 토지 등의 취득 및 보상에 관한 법률」,[22]「사법경찰관리의 직무를 수행할 자와 그 직무범위에 관한 법률」[23] 등이 있다.

3. 국가와 공무수탁사인과의 관계

국가와 공무수탁사인은 행정법상 권한의 위임관계로 이해해야 할 것이다.

---

17) "행정청"이란 다음 각 목의 자를 말한다.
    가. 행정에 관한 의사를 결정하여 표시하는 국가 또는 지방자치단체의 기관
    나. 그 밖에 법령등에 따라 행정에 관한 의사를 결정하여 표시하는 권한을 가지고 있거나
       그 권한을 위임 또는 위탁받은 공공단체 또는 그 기관이나 사인(私人)
18) 행정기관은 법령으로 정하는 바에 따라 그 소관사무 중 조사·검사·검정·관리 업무 등 국민의 권리·의무와 직접 관계되지 아니하는 사무를 지방자치단체가 아닌 법인·단체 또는 그 기관이나 개인에게 위탁할 수 있다.
19) 지방자치단체의 장은 조례나 규칙으로 정하는 바에 따라 그 권한에 속하는 사무 중 조사·검사·검정·관리업무 등 주민의 권리·의무와 직접 관련되지 아니하는 사무를 법인·단체 또는 그 기관이나 개인에게 위탁할 수 있다.
20) 제22조(기장 등의 권한) ① 기장이나 기장으로부터 권한을 위임받은 승무원(이하 "기장등"이라 한다) 또는 승객의 항공기 탑승 관련 업무를 지원하는 항공운송사업자 소속 직원 중 기장의 지원요청을 받은 사람은 다음 각 호의 어느 하나에 해당하는 행위를 하려는 사람에 대하여 그 행위를 저지하기 위한 필요한 조치를 할 수 있다.
    1. 항공기의 보안을 해치는 행위
    2. 인명이나 재산에 위해를 주는 행위
    3. 항공기 내의 질서를 어지럽히거나 규율을 위반하는 행위
21) 제6조(지휘명령권) 선장은 해원을 지휘·감독하며, 선내에 있는 사람에게 선장의 직무를 수행하기 위하여 필요한 명령을 할 수 있다.
22) 제19조(토지등의 수용 또는 사용) ① 사업시행자는 공익사업의 수행을 위하여 필요하면 이 법에서 정하는 바에 따라 토지등을 수용하거나 사용할 수 있다.
23) 제7조(선장과 해원 등) ① 해선(海船)[연해항로(沿海航路) 이상의 항로를 항행구역으로 하는 총톤수 20톤 이상 또는 적석수(積石數) 2백 석 이상의 것] 안에서 발생하는 범죄에 관하여는 선장은 사법경찰관의 직무를, 사무장 또는 갑판부, 기관부, 사무부의 해원(海員) 중 선장의 지명을 받은 자는 사법경찰리의 직무를 수행한다.
    ② 항공기 안에서 발생하는 범죄에 관하여는 기장과 승무원이 제1항에 준하여 사법경찰관 및 사법경찰리의 직무를 수행한다.

따라서 권한의 위임에 관한 일반이론이 적용될 수 있다. 공무수탁사인은 자신의 명의와 책임 하에 권한을 행사한다. 국가는 공무수탁사인에 대하여 위임사무의 처리에 대하여 지휘·감독권을 가지고, 수임자인 공무수탁사인의 사무처리가 위법 또는 부당한 경우에는 이를 취소 또는 중지시킬 수 있다.

4. 공무수탁사인과 국민과의 관계

공무수탁사인은 행정주체성을 가지는 까닭에 당해 사무에 한하여 국민은 행정객체로서의 지위에 서게 된다. 따라서 공무수탁사인의 공권력행사는 국가 등이 행하는 것과 법적 효과 면에서 전혀 다르지 않다. 따라서 공무수탁사인의 사무로 인하여 국민이 권리를 침해당한 경우에는 행정쟁송을 제기할 수 있으며, 국가배상을 청구할 수 있다.

제 3 절 행정법관계의 발생과 효과

Ⅰ. 행정법관계의 발생

1. 행정법상의 법률요건

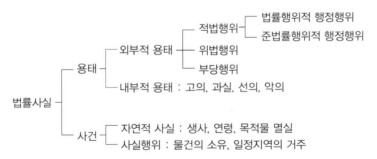

행정법상 법률요건이란 행정법관계를 발생·변경·소멸시키는 사실의 총체를 말한다. 이들 법률요건을 구성하는 개개의 사실을 법률사실이라 한다. 법률사실에는 사람의 정신작용을 요하는 용태와 이를 요하지 않는 사건이 있으며, 다시 용태는 외부로 표시되는 외부적 용태와 고의·과실·선의·악의 등과 같이 정신작용이 외부로 표시되지 아니하는 내부적 용태로 나누어진다.

외부적 용태는 ① 적법행위와 ② 법령을 위반하거나 재량권을 남용·일탈한 위법행위, 그리고 ③ 위법에까지는 이르지 아니하였으나 공익에 가장 합치되었다고는 할 수 없는 부당행위로 나눌 수 있다. 적법행위는 다시 ① 행정주체의 의사표시를 요건으로 하고 의사표시한대로 법 효과가 발생하는 법률행위적 행정행위와 ② 의사표시 이외의 정신작용(인식·판단 등)에 따라 성립하고 법령의 규정대로 법 효과가 발생하는 준법률행위적 행정행위로 나누어진다.

사건은 사람의 정신작용과는 관계가 없는 자연적 사실과 사실행위를 말한다. 자연적 사실이란 사람의 출생 또는 사망, 일정 연령에의 도달, 과세 목적물의 멸실 등과 같이 자연적으로 발생하는 현상을 말한다. 사실행위란 특정의 과세대상 물건을 소유하거나 일정지역에 거주하는 것과 같이 어떠한 법적 효과발생을 의도하지 않고 사실상 결과만을 발생시키는 행위를 말한다.

2. 공법상의 사건

(1) 기 간

기간이란 한 시점에서 다른 시점에 이르는 시간적 간격을 말한다. 기간의 계산방법은 법령에 특별한 규정이 없는 한 민법의 규정에 따른다.[24] 단위가 시·분·초인 경우는 당해 시·분·초부터 즉시 기산한다. 단위가 일·주·월·연인 경우는 초일을 산입하지 않고 그 익일부터 기산한다(초일불산입의 원칙). 다만 법령 또는 처분에서 국민의 권익을 제한하거나 의무를 부과하는 경우 권익이 제한되거나 의무가 지속되는 기간의 계산은 기간의 첫날을 산입한다.[25] 물론 초일을 산입하는 것이 오히려 국민에게 불리한 경우에는 이러한 기준을 따르지 아니한다.

기간은 기간의 말일이 종료됨으로써 만료된다. 만료일이 공휴일인 경우에는 그 익일에 만료한다. 다만 법령 또는 처분에서 국민의 권익을 제한하거나 의무를 부과하는 경우 권익이 제한되거나 의무가 지속되는 기간의 계산은 기간의 말일이 토요일 또는 공휴일인 경우에도 기간은 그 날로 만료한다.[26] 물론 그 날 만료하는 것이 오히려 국민에게 불리한 경우에는 이러한 기준을 따

---

24) 행정기본법 제6조 제1항.
25) 행정기본법 제6조 제1항 제1호.
26) 행정기본법 제6조 제1항 제2호.

르지 아니한다.

법률, 대통령령, 총리령, 부령, 국회규칙, 대법원규칙, 헌법재판소규칙, 중앙선거관리위원회규칙, 감사원규칙, 훈령, 예규, 고시, 조례, 규칙 등 이른바 법령등은 ① 법령등을 공포한 날부터 시행하는 경우에는 공포한 날을 시행일로 하고, ② 법령등을 공포한 날부터 일정 기간이 경과한 날부터 시행하는 경우에는 법령등을 공포한 날을 첫날에 산입하지 아니한다.[27]

(2) 시효와 제척기간

시효란 일정한 사실상태가 오랫동안 지속된 경우에 그 사실상태가 진정한 법률관계에 합치되는가를 평가함이 없이 그 사실상태에 대한 신뢰를 보호하여 진정한 사실상태로 인정해 버리는 제도를 말한다. 시효에는 ① 권리자가 그 권리를 행사할 수 있음에도 불구하고 일정기간 동안 권리를 행사하지 않은 때에 그 권리를 소멸시키는 소멸시효와 ② 권리가 없는 자가 권리자인 것처럼 권리를 행사하고 있는 상태가 일정기간 계속된 때에는 그 사람을 권리자로 인정하는 취득시효가 있다. 공물(행정재산, 보존재산)은 취득시효의 대상이 되지 않는다.[28]

반면에 제척기간이란 법률관계의 불안정한 상태를 조속히 확정하여 법적 안정성을 확보하려는 제도로서 일정한 권리에 대한 법률상 존속기간을 말한다.

양자 모두 일정기간이 경과하면 권리가 소멸된다는 공통점은 있으나, 제척기간은 ① 그 제도적 취지상 시효에 비해 단기간인 경우가 대부분이며, ② 시효의 중단이나 정지와 같은 제도가 없으며, ③ 소송절차상 시효는 당사자가 원용한 경우에만 법원이 심리를 하지만 제척기간은 당사자의 원용이 없어도 법원이 이를 직권조사해야 한다는 차이가 있다.

---

27) 행정기본법 제7조.
28) 행정재산은 공용이 폐지되지 않는 한 사법상 거래의 대상이 될 수 없으므로 취득시효의 대상이 되지 않는 것이고, 공용폐지의 의사표시는 명시적이든 묵시적이든 상관이 없으나 적법한 의사표시가 있어야 하고, 행정재산이 사실상 본래의 용도에 사용되지 않고 있다는 사실만으로 용도폐지의 의사표시가 있었다고 볼 수는 없다; 대법원 1982. 12. 14. 선고 80다236 판결; 대법원 1983. 6. 14. 선고 83다카181 판결; 대법원 1993. 7. 27. 선고 92다49973 판결; 대법원 1994. 3. 22. 선고 93다56220 판결 등.

(3) 사실행위

1) 의의와 종류

사실행위란 법 효과의 발생을 목적으로 하는 법률행위와 달리 사실상 결과만을 발생시키는 행위를 말한다. 행정활동의 대부분은 이러한 사실행위에 의해 이루어진다 해도 과언이 아니다.

사실행위는 그 기준에 따라 여러 유형으로 나눌 수 있다. 우선 행정조직 내부에서 행정사무처리·문서처리·금전처리 등을 하는 내부적 사실행위와 외부적으로 국민과의 관계에서 행하여지는 외부적 사실행위로 나눌 수 있다. 외부적 사실행위에는 ① 행정조사·행정상 강제집행·즉시강제 등과 같은 집행행위, ② 행정지도·고시·통지·학교수업 등과 같은 의사소통행위, 그리고 ③ 도로공사·하천관리 등과 같은 공물설치·관리행위 등이 있다.

행정작용에 대한 종속성 정도에 따라 집행적 사실행위와 독립적 사실행위로 나눌 수도 있다. ① 대집행 실행행위·체납처분에 있어서 재산압류행위 등과 같이 행정작용의 집행수단으로 행하여지는 사실행위를 집행적 사실행위라 하고, ② 행정조사·행정지도 등과 같이 그 자체가 독립적으로 행하여지는 사실행위를 독립적 사실행위라 한다.

공권력 행사의 정도에 따라 권력적 사실행위와 비권력적 사실행위로 나누기도 한다. 감염병환자의 강제격리·대집행에 있어서 실행행위 등과 같이 공권력의 행사로서 행하여지는 사실행위를 권력적 사실행위라 한다.

2) 법적 근거

사실행위 역시 법률행위(행정작용)와 마찬가지로 조직법적 근거 외에 작용법적 근거를 요하는 것인가? 이 문제는 결국 법률유보의 범위를 어떻게 이해하느냐에 따라 달라질 것이다. 전부유보설의 입장에서는 당연히 사실행위도 작용법상 근거가 있어야 한다고 할 것이며, 침해유보설을 취할 경우 침해적·권력적 사실행위에만 법적 근거가 요구된다 할 것이다.

3) 권리구제(처분성)

사실행위로 인하여 권익을 침해당한 사인이 행정쟁송을 통하여 권리구제를 받기 위해서는 당해 사실행위가 행정심판법·행정소송법상 '처분'에 해당하여야 한다. 다시 말해서 처분성을 인정받아야 행정쟁송을 통한 권리구제가 가능한 것이다. 물론 사실행위의 대부분은 비교적 단기간에 행위가 종료되기 때문에 비록 처분성을 인정하더라도 소익(訴益)이 부정되어 실제 행정쟁송을 통한 구제가 어려울 수 있다. 하지만 사실행위가 계속해서 반복적으로 이루어지고 있거나 집행정지신청을 하기 위한 전제로 행정쟁송을 제기할 때에는 비록 사실행위가 종료되더라도 소익이 인정될 수 있기 때문에 사실행위의 처분성 인정 문제는 여전히 중요하다.

행정심판법 제2조 및 행정소송법 제2조에서는 '처분'에 대한 정의를 '행정청이 행하는 구체적 사실에 관한 법집행으로서의 공권력의 행사 또는 그 거부와 그 밖의 이에 준하는 행정작용'이라 규정하고 있다. 따라서 권력적 사실행위의 처분성을 인정하는 데는 큰 어려움이 없다. 문제는 비권력적 사실행위의 처분성을 인정할 수 있는지 여부인데 판례의 태도는 처분성을 부인하고 있는 경향이다.29)

현행 행정소송법 등에서 처분을 ' … 그 밖의 이에 준하는 행정작용'이라 규정하고 있기 때문에 권력적 사실행위의 처분성을 인정할 수 있다면 비권력적 사실행위라 해서 이를 부정해야 하는 분명한 법적 근거나 논거가 없다. 따라서 비권력 사실행위라 하더라도 사실상 국민의 권익을 침해한 경우에는 처분성을 인정하는 것이 타당하다.

3. 공법상 사무관리

공법상 사무관리란 법률상 의무 없이 타인을 위하여 특정의 사무를 관리하는 것을 말한다. 따라서 법령상 또는 조리상 보호조치의무에 근거하여 행한 사무는 사무관리가 아니다. 공법상 사무관리에는 ① 공기업관리와 같이 국가의 특별감독 아래 있는 사업에 대한 감독권의 작용으로 강제적으로 관리하는 강제관리와 ② 수난구호·행려병자관리 등과 같이 상대방의 보호를 위하여 관리하는 보호관리가 있다.

판례 역시 "사무관리가 성립하기 위하여는 우선 그 사무가 타인의 사무이

---

29) "항고소송의 대상이 되는 행정처분이라 함은 행정청의 공법상 행위로서 특정사항에 대하여 법규에 의한 권리의 설정 또는 의무의 부담을 명하며 기타 법률상 효과를 발생케 하는 등 국민의 구체적 권리의무에 직접적 변동을 초래하는 행위를 말하고 행정권 내부에서의 행위나 알선, 권유, 사실상의 통지 등과 같이 상대방 또는 기타 관계자들의 법률상 지위에 직접적인 법률적 변동을 일으키지 아니하는 행위는 항고소송의 대상이 될 수 없다"(대법원 1993. 10. 26. 선고 93누6331 판결).

고 타인을 위하여 사무를 처리하는 의사, 즉 관리의 사실상의 이익을 타인에게 귀속시키려는 의사가 있어야 하며, 나아가 그 사무의 처리가 본인에게 불리하거나 본인의 의사에 반한다는 것이 명백하지 아니할 것을 요한다. 다만 타인의 사무가 국가의 사무인 경우, 원칙적으로 사인이 법령상의 근거 없이 국가의 사무를 수행할 수 없다는 점을 고려하면, 사인이 처리한 국가의 사무가 사인이 국가를 대신하여 처리할 수 있는 성질의 것으로서, 사무 처리의 긴급성 등 국가의 사무에 대한 사인의 개입이 정당화되는 경우에 한하여 사무관리가 성립하고, 사인은 그 범위 내에서 국가에 대하여 국가의 사무를 처리하면서 지출된 필요비 내지 유익비의 상환을 청구할 수 있다고 할 것이다"라고 판시하여 공법상 사무관리를 인정하고 있다.[30]

4. 공법상 부당이득

공법상 부당이득이란 법률상 원인 없이 타인의 재산 또는 노무로 인하여 이득을 얻고 이로 인하여 타인에게 손해를 끼치는 것을 말한다. 예컨대, 무효인 과세처분에 따른 세금 납부, 봉급·수당 등의 과소수령, 착오로 인한 사유지의 국공유지 편입 등이 이에 해당한다.

공법상 부당이득에 대하여는 법령에 특별한 규정이 없는 한 민법규정[31]이 직접 또는 유추적용된다. 공법상 부당이득에 관한 특별 규정의 예로는 ① 상속세, 증여세, 소득세, 법인세 또는 종합부동산세를 물납(物納)한 때에는 그 환급도 물납재산으로 해야 하고,[32] ② 납세자의 국세환급금과 국세환급가산금에 관한 권리는 5년간 행사하지 아니하면 소멸시효가 완성되며,[33] ③ 우편에 관하여 이미 냈거나 초과하여 낸 요금은 되돌려 주지 않는 것[34] 등을 들 수 있다.

이러한 부당이득에 대한 반환청구권의 성질에 관하여 공권설과 사권설의 견해가 대립한다. 공권설은 부당이득반환청구권의 발생 원인이 공법상 원인이며, 현행 행정소송법상 당사자소송제도가 존재하므로 반환청구권 역시 공권으

---

30) 대법원 2014. 12. 11. 선고 2012다15602 판결.
31) 제741조~제749조.
32) 국세기본법 제51조의2.
33) 국세기본법 제54조 제1항.
34) 우편법 제25조.

로 보아야 한다는 견해이다. 반면에 사권설은 부당이득이란 이미 법률상 원인이 없는 것이므로 반환청구권의 발생 원인을 공법상 원인 또는 사법상 원인으로 구별할 수 없고, 부당이득반환제도는 경제적 이해관계를 조정하기 위한 것이므로 그 반환청구권의 성질을 반드시 공권으로 보아야 할 이유가 없다는 주장이다. 판례는 "조세부과처분이 무효임을 전제로 하여 이미 납부한 세금의 반환을 청구하는 것은 민사상의 부당이득반환청구로서 민사소송절차에 따라야 한다"라고 판시[35]하여 사권설을 지지하고 있다.

　공법상 부당이득에 관한 특별 법령이 다수 존재하고, 당사자소송제도를 두고 있는 현행 행정소송법의 입법취지 등을 고려한다면 반환청구권의 법적 성질을 공권으로 보고 그 분쟁해결수단 역시 민사소송이 아닌 행정소송 절차에 따르도록 하는 것이 타당하다.

Ⅱ. 사인의 공법행위

1. 의 의

(1) 개 념

　행정법관계에서 사인이 행하는 공법행위를 설명하기 전에 우선 행정법관계에서 나타날 수 있는 사인의 법적 지위를 정리해 볼 필요가 있다. 우선 행정주체가 행하는 행정작용의 상대방인 행정객체로서의 지위가 가장 전형적인 사인의 법적 지위라고 할 수 있다. 이때에 법적 효과로서 권리가 사인에게 주어지면 사인은 공권의 주체가 된다. 이외에도 사인은 행정계약에서 계약당사자의 지위를 가지거나 행정소송에서 원고(소송주체)의 지위를 가진다.

　사인이 이러한 법적 지위에서 공법적 효과발생을 목적으로 어떠한 법적 행위를 행할 때 이를 사인의 공법행위라고 한다.

(2) 종 류
1) 자기완결적 행위

　사인의 어떠한 행위가 그 자체만으로 공법적 효과를 발생시키는 것을 자기완결적 행위 또는 자체완성적 행위라고 한다. 「가족관계의 등록 등에 관한

---

35) 대법원 1991. 2. 6.자 90프2 결정.

법률」에 따른 출생신고, 혼인신고, 이혼신고, 사망신고 등과 같이 가족관계의 등록을 위한 각종 신고행위, 각종 선거에서 유권자가 행하는 투표행위 등이 이에 해당한다. 자기완결적 행위는 그 자체만으로 법률효과를 완성시키기 때문에 행정청의 수리나 접수 등과 같은 별도의 행위를 필요로 하지 않는다. 판례 역시 "적법한 요건을 갖춘 신고의 경우에는 행정청의 수리처분 등 별단의 조처를 기다릴 필요 없이 그 접수시에 신고로서의 효력이 발생하는 것이므로 그 수리가 거부되었다고 하여 무신고 영업이 되는 것은 아니다"라고 판시[36]하여 자기완결적 행위의 관념을 인정하고 있다.

2) 행정요건적 행위

사인이 행하는 행위가 행정청이 행할 행정작용의 전제요건이 될 뿐 그 자체만으로 법률효과를 완결시키지 못하는 것을 행정요건적 행위라고 한다. 예컨대 건축법 제11조는 건축물을 건축하려는 자는 건축허가를 받아야 하고, 허가를 받고자 하는 자는 허가신청서를 제출하도록 규정하고 있는데, 이때에 사인(신청인)이 허가권자에게 건축허가를 신청하는 행위는 허가권자가 최종적으로 행할 건축허가의 전제요건이 될 뿐이지 그 자체로 어떠한 법적 효과도 발생시키지 못한다. 각종 인허가의 신청, 청원이나 소청의 제기, 행정심판의 청구 등이 이에 해당한다.

2. 특수문제

(1) 행위능력

사인의 공법행위에 있어서 사인의 행위능력에 관하여 별도로 명문의 규정이 있으면 그에 따르면 되기 때문에 큰 문제는 없다. 예컨대 우편법 제10조는 "우편물의 발송·수취나 그 밖에 우편 이용에 관하여 무능력자가 우편관서에 대하여 행한 행위는 능력자가 행한 것으로 본다"라고 규정하여 행위능력에 관한 민법의 적용을 배제하고 있다. 하지만 명문의 규정이 별도로 존재하지 않는 경우에는 민법규정을 유추적용할 수밖에 없을 것이다.

(2) 의사표시의 하자

사인의 공법행위에 있어서 의사표시는 원칙적으로 객관적 표시주의를 취

---

36) 대법원 1998. 4. 24. 선고 97도3121 판결.

하고 있다. 판례 역시 "국가 또는 지방자치단체의 공무원이 사직의 의사를 표시하여 의원면직처분을 하는 경우에 그 사직의 의사표시는 그 법률관계의 특수성에 비추어 객관적으로 표시된 바를 존중하여야 할 것이므로, 공무원이 사회적 물의로 징계파면이 될 경우 퇴직금조차 받지 못하게 될 것을 우려하여 일정시기까지 사표수리를 보류해 줄 것을 당부하면서 작성일자를 기재하지 아니한 사직서를 작성 제출한 경우, 행정청이 그 시기까지 기다리지 않고 바로 그 사표를 수리하고 면직처분을 하였다 하여 그 면직처분에 하자가 있다고 할 수 없다"라고 판시37)하여 객관적 표시주의를 분명히 하고 있다.

의사표시에 하자가 있는 경우 이에 대한 별도의 명문규정이 없으면 민법이 유추적용된다. 하지만 민법상 비진의의사표시 등과 같이 그 성질상 공법행위에 적용하기 어려운 경우도 있다.38)

(3) 대 리

일신전속적인 행위, 법령에서 명문으로 대리가 금지된 행위39) 등은 대리가 허용되지 않는다. 이런 경우를 제외하고 대리가 허용되는 때에는 민법상 대리규정이 유추적용된다.

(4) 철 회

법령상 명문으로 철회가 금지되는 경우 또는 투표행위처럼 그 성질상 철회에 친하지 않는 행위를 제외하고는 원칙적으로 철회가 허용된다. 행정절차법 역시 "신청인은 처분이 있기 전에는 그 신청의 내용을 보완·변경하거나 취하(取下)할 수 있다. 다만, 다른 법령등에 특별한 규정이 있거나 그 신청의 성질상 보완·변경하거나 취하할 수 없는 경우에는 그러하지 아니하다"40)라고 규정하여 철회를 원칙적으로 허용하고 있다. 판례 또한 "공무원이 한 사직 의사표시의 철회나 취소는 그에 터 잡은 의원면직처분이 있을 때까지 할 수 있는 것이

---

37) 대법원 1986. 8. 19. 선고 86누81 판결.
38) "민법의 법률행위에 관한 규정은 행위의 격식화를 특색으로 하는 공법행위에 당연히 타당하다고 말할 수 없으므로 공법행위인 영업재개업신고에 민법 제107조는 적용될 수 없다"(대법원 1978. 7. 25. 선고 76누276 판결).
39) 예컨대, 병역법 제87조 제1항은 "병역판정검사, 재병역판정검사, 신체검사 또는 확인신체검사를 받을 사람을 대리(代理)하여 병역판정검사, 재병역판정검사, 신체검사 또는 확인신체검사를 받은 사람은 1년 이상 3년 이하의 징역에 처한다."라고 규정하여 대리를 금지하고 있다.
40) 행정절차법 제17조 제8항.

고, 일단 면직처분이 있고 난 이후에는 철회나 취소할 여지가 없다 할 것이다"
라고 판시[41]하여 철회를 인정하면서 동시에 철회는 행정처분이 있기 전까지
행사할 수 있음을 분명히 하고 있다.

3. 사인의 공법행위의 효과

(1) 효 과

자기완결적 행위는 사인이 적법하게 행위를 하는 경우 법령이 정하고 있
는 개별적 효과가 바로 발생한다.

행정요건적 행위는 사인의 행위가 있으면 행정청은 ① 당해 행위가 적
법·유효한 것인지를 판단하여 이를 수리해야 하는 '수리의무'와 ② 일단 수리
가 되면 수리된 업무(사무)를 법적으로 처리해야 하는 '처리의무'를 지게 된다.

(2) 하자의 효과

자기완결적 행위에서 사인의 행위에 하자가 있는 경우에는 그 어떠한 법
적 효과도 발생하지 않는다. 다만 형식적 하자가 있는 경우에는 행정절차법에
따라 보완을 요구하고 만약 이에 응하지 않으면 이를 반려하여야 한다.[42]

행정요건적 행위에서 사인의 행위에 하자가 있는 경우 후속조치로 행하
여진 행정행위의 효력에 어떠한 영향을 미치는 지는 경우를 나누어 생각해 보
아야 한다.

우선 사인의 행위가 후속조치의 단순한 동기나 배경에 불과한 경우에는
비록 그 행위에 하자가 있을지라도 후속조치인 행정행위의 효력에는 아무런
영향을 미치지 않는다. 반면 사인의 행위가 후속조치의 필수적인 전제요건인
경우에는 사인의 행위의 하자가 후속조치의 효력에 직접적인 영향을 미친다.
다만 효력에 어떠한 영향을 미치는 것인지에 대해서는 견해가 대립한다.

제1설은 사인의 행위가 무효이거나 사인의 행위가 적법하게 철회된 때에
는 후속조치는 무효가 된다는 견해이다. 따라서 사인의 행위에 무효와 철회를
제외한 다른 위법사유가 있는 경우에는 후속행위의 유효성에 영향을 미치지

---

41) 대법원 2001. 8. 24. 선고 99두9971 판결.
42) 행정절차법 제40조 ③ 행정청은 제2항 각 호의 요건을 갖추지 못한 신고서가 제출된 경우에
는 지체 없이 상당한 기간을 정하여 신고인에게 보완을 요구하여야 한다.
④ 행정청은 신고인이 제3항에 따른 기간 내에 보완을 하지 아니하였을 때에는 그 이유를 구
체적으로 밝혀 해당 신고서를 되돌려 보내야 한다.

않는다고 한다.

제2설은 사인의 행위에 하자가 있는 경우 후속행위를 취소할 수 있다는 견해이다. 다만 공무원의 임명동의, 신청을 반드시 요하는 특허 등과 같이 법령에서 사인의 행위를 후속행위의 효력발생요건으로 규정하고 있는 경우에는 사인의 행위에 하자가 있는 경우 후속행위는 무효가 된다고 한다.

제1설과 제2설을 분석해 보면 궁극적 효과 면에서 크게 다르지 않은 것으로 보인다. 결국 ① 사인의 행위와 후속조치 사이의 긴밀도, ② 사인의 행위가 후속행위의 완성에 기여하는 정도 등을 종합적으로 고려하여 사인행위 하자의 효과를 판단함이 타당하다.

4. 신 청

(1) 의 의

'신청'의 의미를 법률적으로 정의한 규정은 없다. 신청의 사전적(辭典的) 의미는 '단체나 기관에 어떠한 일이나 물건을 알려 청구하는 것'을 말한다. 「민원 처리에 관한 법률」제8조는 "민원의 신청은 문서로 하여야 한다"라고 규정하고 있고, 같은 법 제2조 제1호는 "민원이란 민원인이 행정기관에 대하여 처분 등 특정한 행위를 요구하는 것을 말한다"라고 규정하고 있다. 이들 규정을 통하여 '신청'의 공법적 의미를 유추해 보면 '신청'이란 '행정기관에 대하여 처분 등 특정한 행위를 요구하는 의사표시(사인의 공법행위)'라고 정의할 수 있다. 다시 말해서 '신청'은 주로 행정처분 등의 발급을 요구하는 절차적 수단으로 사용된다.

신청의 대상이 되는 행정처분의 발급은 허가·특허와 같이 직접 신청인 자신의 이익을 신청인 자신에게 발급할 것을 요청하는 경우도 있고 규제·단속·감시 등과 같이 신청인 자신의 이익을 위해 제3자에게 발급할 것을 요청하는 경우도 있다.

(2) 요 건

신청의 요건이 특별히 존재하는 것은 아니다. 다만 신청인에게 신청의 대상이 되는 행정처분 등의 발급을 요청할 수 있는 권한, 즉 신청권이 존재하여야 한다. 물론 신청권은 반드시 법령상 근거가 있어야 하는 것은 아니고 조리상 인정되어도 충분하다. 신청권은 실체적 권리인 청구권과 다르다. 청구권을 행사하기 위한 절차적 권리라고 할 수 있다. 하지만 신청권과 청구권을 관념 상 구분할 수는 있으나 실제 이를 구별하기란 쉽지 않다. 결국 신청인의 신청에 대하여 행정청의 발급의무가 어느 정도 기속되는지에 따라 구분할 수밖에 없다. 신청인이 신청하기만 하면 행정청은 신청의 대상이 되는 행정처분 등을 기속적으로 발급해야 한다면 이러한 신청권은 이미 실체적 권리가 구체화된 것으로서 청구권과 동일한 의미로 평가하여도 무방하다. 하지만 신청권이 단순히 행정처분 발급 프로세스의 단초를 제공하는 정도라면 이러한 신청권은 절차적 권리에 불과한 것으로 보아야 할 것이다.

신청의 형식적 요건은 법령에 특별한 규정이 없는 한 자유롭게 할 수 있다. 하지만 신청은 '문서'에 의하도록 규정하고 있는 개별 법령[43]이 다수 존재한다. 이처럼 법령에서 형식적 요건을 규정하고 있는 때에는 그 형식에 따라야 하며, 그 형식을 따르지 아니한 신청은 적법한 신청으로 볼 수 없다. 하지만 적법한 신청이 아니라 할지라도 신청인이 기대한 행정처분 등을 발급받을 수 없을 뿐이지 행정청에게는 여전히 신청에 대한 응답의무(반려, 보완요구 등)가 남는다. 따라서 비록 적법하지 아니한 신청이라 하더라도 행정청이 아무런 응답을 하지 않는 경우에는 '부작위'로서 부작위위법확인소송의 대상이 된다.

(3) 효　과

1) 접수의무

행정청은 신청을 받았을 때에는 다른 법령에 특별한 규정이 있는 경우를 제외하고는 그 접수를 보류 또는 거부하거나 부당하게 되돌려 보내서는 아니 되며, 신청을 접수한 경우에는 신청인에게 접수증을 주어야 한다.[44] 또한 행정청은 신청에 구비서류의 미비 등 흠이 있는 경우에는 보완에 필요한 상당한 기간을 정하여 지체 없이 신청인에게 보완을 요구하여야 한다.[45] 신청인이 기간 내에 보완을 하지 아니하였을 때에는 그 이유를 구체적으로 밝혀 접수된 신청을 되돌려 보낼 수 있다.[46] 신청을 반려하는 것은 이른바 '거부처분'으로서 행정소송상 취소소송의 대상이 된다.

---

43) 행정절차법 제17조 제1항, 「민원 처리에 관한 법률」 제8조 등.
44) 행정절차법 제17조 제4항.
45) 행정절차법 제17조 제5항.
46) 행정절차법 제17조 제6항.

보완의 대상이 되는 것은 ① 우선 흠의 보완이 가능한 경우이어야 하고, ② 그 형식적·절차적 요건에 흠이 있는 경우이다. 신청의 단계에서 행정청이 실질적 요건의 하자 여부를 판단하는 것이 적절하지 않으며, 실질적 요건의 충족여부는 행정처분 발급여부의 핵심적 사항이므로 '실질적 요건의 흠'은 보완의 대상이 되지 않는다. 다만 실질적인 요건에 관한 흠이 있는 경우라도 그것이 민원인의 단순한 착오나 일시적인 사정 등에 기한 경우에는 보완의 대상이 된다는 것이 판례의 태도이다.[47]

2) 처리의무(응답의무)

신청이 있는 경우 행정청은 신청인이 신청한 행정처분 등을 발급하든지 또는 발급을 거부하든지 양단간에 조치를 하여야 한다. 앞에서 설명한 것처럼 신청에 형식적 요건의 흠이 있더라도 행정청에게는 이를 보완하도록 요구하거나 신청 자체를 반려하는 등의 적절한 조치를 취해야 하는 처리의무, 즉 응답의무가 있다. 따라서 행정청이 이러한 응답의무를 상당한 기간 동안 이행하지 아니하면 '부작위'로서 부작위위법확인소송의 대상이 된다.

5. 신 고

(1) 의 의

규제완화정책의 일환으로 허가, 인가, 등록 등을 통한 시장진입규제 또는 행위규제가 '신고'의 형식으로 급격하게 전환됨에 따라 사인의 공법행위로서 '신고'가 행정법 체계상 매우 중요한 위치를 차지하게 되었다. 하지만 법령에서 사용하고 있는 신고의 의미가 너무나 다양하고 통일적이지 못한 까닭에 법령의 수범자인 국민은 물론이고 그 집행자인 행정청마저도 신고의 의미를 정확히 이해하지 못하고 있는 실정이다.

일반적으로 사인의 공법행위로서의 신고란 '사인이 공법적 효과의 발생을

---

47) "원고의 이 사건 건축허가신청 당시 피고가 소방법령상의 저촉 여부에 대하여 관할 동래소방서장에게 의견조회를 한 결과, 동래소방서장은 옥내소화전과 3층 피난기구가 누락되어 있고, 전력구 규모가 명시되지 않아 법정 소방시설의 검토가 불가능하다는 이유로 건축부동의 의견을 제시하였고, 피고가 이 사건 처분 당시 이를 처분사유의 하나로 삼은 사실을 알 수 있는바, 이 사건에서 소방서장이 건축부동의로 삼은 위와 같은 사유들은 그 내용에 비추어 볼 때 보완이 가능한 것으로서 피고로서는 원고에게 위와 같은 사유들에 대하여 보완요청을 한 다음 그 허가 여부를 판단함이 상당하고 그 보완을 요구하지도 않은 채 곧바로 이 사건 신청을 거부한 것은 재량권의 범위를 벗어난 것이어서 위법하다고 할 것이다"(대법원 2004. 10. 15. 선고 2003두6573 판결).

목적으로 행정주체에 대하여 일정한 사실을 알리는 행위'라고 한다.[48] 그런데 신고의 통상적인 법적 효과는 신고의무를 이행함으로써 신고의 대상행위를 적법하게 할 수 있는 적법성을 회복하는 경우로서 공법적 효과가 발생하는 것은 맞지만, 혼인신고와 같이 사법상의 혼인의 효력이 창설적으로 발생하는 경우도 있다. 따라서 신고는 '공법적 효과' 발생을 목적으로 하기보다는 '관계법령이 정하는 법적 효과'의 발생을 목적으로 하는 행위라고 하는 것이 보다 정확하다. 한편 사인이 행정청에게 단순히 정보를 제공하거나 사실을 전달할 뿐 어떠한 법적 효과가 발생하지 않는 신고는 '사실로서의 신고'일 뿐, 사인의 공법행위로서의 신고에는 해당하지 아니한다.

(2) 유 형

1) 수리를 요하지 않는 신고(자기완결적 신고)

행정청에 대하여 일정한 사항을 통지하고 도달함으로써 법령상 효과가 발생하는 신고를 말한다. 다시 말해서 행정청에게 신고를 하면 그것만으로 법적 효과가 완결되는 것을 말한다. 따라서 신고에 대한 행정청의 수리 여부는 법적 효과발생에 영향을 주지 않는다.

행정청은 신고서식의 기재사항 미비 등 신고요건이 미비된 경우 이를 반려할 수 있으나 이는 신고의 수리를 거부하는 것이 아니라 신고요건의 미비를 보완하여 제출하라는 일종의 행정지도로 보아야 한다. 결국 이러한 신고는 행정청에게 수리거부권한이 없다 할 것이다.[49]

판례도 "행정청에 대한 신고는 일정한 법률사실 또는 법률관계에 관하여 관계행정청에 일방적으로 통고를 하는 것을 뜻하는 것으로서 법에 별도의 규정이 있거나 다른 특별한 사정이 없는 한 행정청에 대한 통고로서 그치는 것이고 그에 대한 행정청의 반사적 결정을 기다릴 필요가 없는 것이므로, 「체육시설의 설치·이용에 관한 법률」 제18조에 의한 변경신고서는 그 신고 자체가 위법하거나 그 신고에 무효사유가 없는 한 이것이 도지사에게 제출하여 접수된 때에 신고가 있었다고 볼 것이고, 도지사의 수리행위가 있어야만 신고가 있었다고 볼 것은 아니다"라고 판시[50]하여 수리를 요하지 않는 신고의 유형을

---

48) 박균성(98면); 홍정선(143면).
49) 김민호, "방송법 제9조에서 허가·승인·등록의 법적 의의에 관한 연구", 「성균관법학」 제25권 제3호, 2013. 9, 118면.

인정하고 있다.

이러한 유형의 신고는 일반적으로 행정청이 신고자 또는 시장의 현황을 파악하기 위한 수단으로 사용된다. 따라서 이러한 유형의 신고는 특정한 사업의 시장진입을 제한하거나 행위를 규제하기 위하여 사용되는 수단은 아니다.

2) 수리를 요하는 신고(행정요건적 신고)

행정청에게 일정한 사실을 통지하고 행정청이 이를 수리함으로써 법적 효과가 발생하는 신고를 말한다.[51]

행정청이 신고에 대하여 형식적 요건은 물론이고 실질적 요건까지 심사하여 수리 여부를 결정하는 경우까지도 '신고'에 포함시키는 것은 타당하지 않다는 견해가 있다. '신고'의 기본적 구조가 '사인의 주도적 의사'라고 한다면 비록 행정청에게 실질적 심사권이 있을지라도 그 기본 구조가 사인의 주도적 의사에 의존하고 있다면 '신고'의 유형에 포함시킬 수 있다. 하지만 그 실질적 요건에 대한 판단을 사인의 의사보다는 행정청의 의사가 주도한다면 이는 사실상의 허가라고 보는 것이 타당하다. 기본적으로 '신고'는 행정청이 형식적 요건에 대한 심사만으로 수리 여부를 결정하는 구조가 바람직하다.

수리를 요하는 신고를 '등록'이라는 용어로 설명하는 견해가 있다.[52] 하지만 등록은 '수리를 요하는 신고'의 의미로만 사용되는 것은 아니다. 현행법상 '등록'은 수리를 요하는 신고 외에도 강학상 허가나 특허의 의미로 사용되는 경우도 있다. 일반적으로 등록은 행정청이 특정의 영업자나 자격자의 현황을 파악하고 이들을 체계적으로 관리하기 위하여 영업자나 자격자들로 하여금 영업이나 자격활동의 개시를 신고토록 하고 행정청은 등록증 등을 교부하는 절차로 이루어진다.[53] 하지만 현황파악과 관리의 수준을 넘어 시장진입을 제한하기 위한 목적의 등록제도는 강학상 허가[54] 또는 특허[55]에 해당한다.

---

50) 대법원 1993. 7. 6.자 93마635 결정.
51) 행정기본법 제34조(수리 여부에 따른 신고의 효력) 법령등으로 정하는 바에 따라 행정청에 일정한 사항을 통지하여야 하는 신고로서 법률에 신고의 수리가 필요하다고 명시되어 있는 경우(행정기관의 내부 업무 처리 절차로서 수리를 규정한 경우는 제외한다)에는 행정청이 수리하여야 효력이 발생한다.
52) 홍정선(104면).
53) 이러한 입법례로는 공인회계사법 제7조(등록) 등이 있다.
54) 이러한 입법례로는 「계량에 관한 법률」 제7조(계량기 제작업의 등록 등), 「고압가스 안전관리법」 제5조(용기·냉동기 및 특정설비의 제조등록 등) 등이 있다.
55) 이러한 입법례로는 「수산업법」 제17조(어업권의 등록) 등이 있다.

(3) 특수문제

1) 지위승계신고

행정청의 허가에 의해 시장진입이 허용되는 영업활동이나 영업장을 양도하는 경우 법령은 양수인에게 이를 신고토록 하는 경우가 일반적이다. 이때에 양수인이 행하는 '신고'의 법적 성질은 무엇인가? 양도의 대상이 된 영업이 '허가'에 의한 것이라면 양수인이 행하는 신고는 그 형식에 불구하고 허가로 보는 것이 타당하다. 판례 역시 "영업양도에 따른 지위승계신고를 수리하는 허가관청의 행위는, 단순히 양도·양수인 사이에 이미 발생한 사법상의 사업양도의 법률효과에 의하여 양수인이 그 영업을 승계하였다는 사실의 신고를 접수하는 행위에 그치는 것이 아니라, 실질에 있어서 양도자의 사업허가를 취소함과 아울러 양수자에게 적법히 사업을 할 수 있는 권리를 설정하여 주는 행위로서 사업허가자의 변경이라는 법률효과를 발생시키는 행위라고 할 것이다"라고 판시56)하여 이를 지지하고 있다.

한편, 양수인의 신고에 대해 행정청의 수리가 있었으나 신고의 전제가 되는 양도·양수계약 자체가 존재하지 않거나 무효인 경우에 수리의 법적 효과는 어떻게 되는 것인가? 수리의 전제가 되는 기본행위가 존재하지 않거나 무효인 이상 비록 행정청이 양수신고를 수리하였다 할지라도 그 수리는 무효로 보아야 할 것이다. 판례 역시 "사업양도·양수에 따른 허가관청의 지위승계신고의 수리는 적법한 사업의 양도·양수가 있었음을 전제로 하는 것이므로 그 수리대상인 사업양도·양수가 존재하지 아니하거나 무효인 때에는 수리를 하였다 하더라도 그 수리는 유효한 대상이 없는 것으로서 당연히 무효라 할 것이다"라고 판시57)하고 있다.

2) 건축신고

현행 건축법은 "허가 대상 건축물이라 하더라도 연면적의 합계가 100제곱미터 이하인 건축물, 건축물의 높이를 3층 이하의 범위에서 증축하는 건축물 등은 법령이 정하는 바에 따라 신고를 하면 건축허가를 받은 것으로 본다"라고 규정하고 있다.58) 이때에 '신고'는 수리를 요하는 것인지 여부에 대하여 다

---

56) 대법원 2001. 2. 9. 선고 2000도2050 판결.
57) 대법원 2005. 12. 23. 선고 2005두3554 판결.
58) 건축법 제14조, 건축법 시행령 제11조 제3항.

툼이 있다. 건축신고는 원래 허가를 요하는 사항이지만 신고만으로 허가를 의
제하는 것이므로 행정청이 형식적 요건 등을 심사하여 수리여부를 결정하는
것이 타당하다. 따라서 건축신고는 수리를 요하는 신고로 보아야 할 것이다.

판례는 "신고대상인 건축물의 건축행위를 하고자 할 경우에는 그 관계 법
령에 정해진 적법한 요건을 갖춘 신고만을 하면 그와 같은 건축행위를 할 수
있고, 행정청의 수리처분 등 별단의 조처를 기다릴 필요가 없다고 할 것이다"
라고 판시하여 건축신고가 자기완결적 신고인 것으로 보는 듯하나, 같은 판례
에서 법원은 "건축주 등은 신고제하에서도 건축신고가 반려될 경우 당해 건축
물의 건축을 개시하면 시정명령, 이행강제금, 벌금의 대상이 되거나 당해 건
축물을 사용하여 행할 행위의 허가가 거부될 우려가 있어 불안정한 지위에 놓
이게 된다. 따라서 건축신고 반려행위가 이루어진 단계에서 당사자로 하여금
반려행위의 적법성을 다투어 그 법적 불안을 해소한 다음 건축행위에 나아가
도록 함으로써 장차 있을지도 모르는 위험에서 미리 벗어날 수 있도록 길을
열어 주고, 위법한 건축물의 양산과 그 철거를 둘러싼 분쟁을 조기에 근본적
으로 해결할 수 있게 하는 것이 법치행정의 원리에 부합한다. 그러므로 건축
신고 반려행위는 항고소송의 대상이 된다고 보는 것이 옳다"[59]고도 하여 건축
신고를 수리를 요하는 신고로 볼 여지를 남겨두고 있어 판례가 건축신고의 성
질을 어떻게 보고 있는지 명확히 알기 어렵다. 자기완결적 신고와 행정요건적
신고를 나누는 실익이 그 효과적 차이 때문이라면 건축신고는 행정요건적 신
고로 보는 것이 타당하다. 왜냐하면 건축신고가 수리되지 않고 반려될 경우
판례가 적시하고 있는 불이익이나 위험을 신고자가 감수해야 한다면 그것은
이미 신고만으로 법적 효과가 발생하는 자기완결적 신고로 보기 어렵기 때문
이다.

3) 옥외집회 및 시위의 신고

「집회 및 시위에 관한 법률」 제6조 제1항은 "옥외집회나 시위를 주최하려
는 자는 (1) 목적, (2) 일시, (3) 장소, (4) 주최자, (5) 참가 예정인 단체와 인원,
(6) 시위의 방법 등의 사항 모두를 적은 신고서를 옥외집회나 시위를 시작하기
720시간 전부터 48시간 전에 관할 경찰서장에게 제출하여야 한다"라고 규정
하고 있다. 이때에 옥외집회 및 시위의 신고가 수리를 요하는 신고인지에 대

59) 대법원 2010. 11. 18. 선고 2008두167 전원합의체 판결.

해 논란이 있다. 만약 수리를 요하지 아니하는 신고라면 옥외집회 및 시위 주최자가 신고서를 작성하여 경찰서장에게 제출만 하면 법적 효과(옥외집회 및 시위의 불법성 제거)가 발생할 것이지만 수리를 요하는 신고라면 경찰서장이 수리를 거부할 경우 해당 옥외집회 및 시위는 불법이 된다.

같은 법 제6조 제2항은 "관할 경찰서장 또는 지방경찰청장은 제1항에 따른 신고서를 접수하면 신고자에게 접수 일시를 적은 접수증을 즉시 내주어야 한다"라고 규정하고 있는데 이러한 접수증 발급행위가 접수의 사실만을 확인해 주는 것인지 아니면 수리에 해당하는지는 불분명하다.

한편, 같은 법 제7조 제1항은 "관할 경찰관서장은 제6조 제1항에 따른 신고서의 기재 사항에 미비한 점을 발견하면 접수증을 교부한 때부터 12시간 이내에 주최자에게 24시간을 기한으로 그 기재 사항을 보완할 것을 통고할 수 있다"라고 규정하고, 같은 법 제8조 제1항은 "제6조 제1항에 따른 신고서를 접수한 관할경찰관서장은 신고된 옥외집회 또는 시위가 (1) 헌법재판소의 결정에 따라 해산된 정당의 목적을 달성하기 위한 집회 또는 시위, (2) 집단적인 폭행, 협박, 손괴(損壞), 방화 등으로 공공의 안녕 질서에 직접적인 위협을 끼칠 것이 명백한 집회 또는 시위, (3) 국회의사당 등 옥외집회와 시위가 금지된 장소, (4) 신고서 기재 사항을 보완하지 아니한 경우 등에 해당하는 때에는 신고서를 접수한 때부터 48시간 이내에 집회 또는 시위를 금지할 것을 주최자에게 통고할 수 있다"라고 규정하고 있다.

이들 규정을 종합해 보면, 옥외집회 및 시위 주최자가 신고서를 작성하여 제출하면 관할 경찰서장은 접수증을 즉시 교부하여야 하고, 신고서에 미비한 것이 있으면 그에 대한 보완을 통고하고, 주최자가 행정청의 보완통고에도 불구하고 이를 보완하지 않으면 행정청이 주최자에게 옥외집회 및 시위의 금지를 통고하는 프로세스인 것으로 보인다.

이러한 프로세스를 분석해 볼 때 옥외집회 및 시위의 신고는 수리를 요하지 아니하는 자기완결적 신고로 보는 것이 타당하다. 따라서 그 신고만으로 수리 여부에 관계없이 옥외집회 및 시위의 불법성이 제거되는 것으로 보아야 할 것이다.

신고된 옥외집회 및 시위가 법에서 정하는 금지사유에 해당할 때에 추후에 금지를 통고하는 제8조의 '옥외집회 및 시위 금지 통고'는 최초 신고서 제출에 대한 반려(수리 거부)가 아니라 이미 발생한 법적 효과를 다시 제거하는 새로운 처분으로 보아야 할 것이다.

Ⅲ. 행정법관계의 법적 효과(공권론)

1. 공권의 의의

공권이란 공법관계(행정법관계)에서 권리주체가 '직접 자기를 위하여 일정한 이익을 주장할 수 있는 법적인 힘'을 말한다. 개인이 공권력의 통치대상으로 여겨지던 시대에는 국가만이 공권의 주체가 될 수 있었다. 그러나 국민이 주권자로서 공권력의 정당화 근거가 되는 민주주의 이념에서는 국민이 단순히 통치의 객체가 되는 것이 아니라 권리의 주체가 될 수 있다는 사실을 인식하기 시작하였다. 뿐만 아니라 공권력작용을 지배관계가 아닌 법률관계로 이해함으로써 '공권'은 법률관계 당사자 사이에 발생하는 법적 효과로서 공의무에 대비되는 공권리라고 보았다. 이처럼 국민(개인)이 공권의 주체가 되는 것을 특히 개인적 공권이라 한다.

독일 행정법학에서 개인적 공권론을 특히 중요시하였던 것은 앞에서 설명하였듯이 행정법질서를 기존의 사법질서와 구별되는 새로운 법질서로 이해하였던 프랑스와 달리, 독일에서는 행정법질서를 규명하면서 법률관계, 법적 효과, 권리, 의무 등과 같은 기존 사법질서의 기본적 구조와 개념을 그대로 차용하였기 때문이다. 종래 사법질서에서의 권리·의무 개념과 구별되는 행정법질서에서의 권리·의무 개념을 설명하기 위해서는 공권 및 공의무라는 새로운 개념의 설정이 필요하였다. 또한 행정구제(행정소송)를 민사소송처럼 '권리의 구제'로 이해하였기 때문에, 공권력작용에 의하여 개인의 '주관적 권리'가 침해당한 경우에만 행정구제(행정소송)의 청구가 인정되었다. 다시 말해서 개인적 공권을 침해당한 개인만이 행정소송의 원고가 될 수 있는 자격, 즉 원고적격이 인정되었다. 따라서 개인적 공권은 원고적격의 인정범위를 정하는 가장 중요한 기준이 되었다. 오늘날에는 '법률상 보호이익'이 침해당한 경우에 원고적격이 인정된다. 따라서 행정구제적 측면에서는 '공권'을 '법적 보호이익'으로 이해하여도 무관할 것으로 보인다.

이처럼 개인적 공권은 행정법관계의 법적 효과로서 또한 행정구제의 제기요건으로서 매우 중요한 의미를 가진다. 따라서 독일 행정법학은 개인적 공권의 개념과 범위에 대한 이론 정립에 많은 노력을 기울일 수밖에 없었다.

공권론은 옐리네크(Georg Jellinek)와 빌러(Ottmar Bühler)에 의하여 정립된 이론이 오늘날까지 독일의 정설로 이어져 오고 있다. 옐리네크는 "개인이 국가에 대하여 어떠한 주장을 할 수 있다는 것은 자신의 개인적 영역에 대해서는 국가의 간섭으로부터 자유로움을 향유할 수 있는 것을 의미하며, 이는 개인의 소극적 지위라 할 수 있다"라고 하였다.[60] 한편 빌러는 행정법규범이 행정목적, 즉 공익실현 뿐만 아니라 특정한 개인의 이익도 함께 보호하고 있고, 그러한 이익이 침해당한 경우에는 행정소송을 통하여 구제 받을 수 있는바, 이러한 법률상의 힘을 주관적 공권이라 하였다.[61] 이러한 빌러의 견해는 이후 독일 행정법학에 커다란 영향을 미쳤고 오늘날까지 개인적 공권론의 일반이론으로 유지되어 오고 있다.

2. 공권의 성립요소

빌러는 개인적 공권의 성립요소로서 ① 강제규범성, ② 사익보호성, ③ 청구가능성을 제시하였다. 청구가능성이란 행정구제(행정소송)를 제기할 수 있는 가능성을 말한다. 과거 독일의 경우 제2차 세계대전 전까지 행정소송은 이른바 '열기주의제도'를 취하고 있었다. 비록 공권력에 의한 침해가 있어도 행정소송법상 열기되어 있는 경우가 아니면 행정소송을 제기할 수 없었던 것이다. 따라서 진정한 공권으로 평가를 받기 위해서는 행정소송법상 청구가능성이 인정되어야 했던 것이다. 하지만 오늘날처럼 재판을 받을 권리가 헌법상 보장되고 행정소송 역시 모든 위법한 처분에 대하여 소(訴) 제기가 허락되는 이른바 개괄주의제도를 취하고 있는 현실에서는 이러한 청구가능성의 문제는 더 이상 의미가 없다. 따라서 오늘날에는 공권의 성립요소로서 강제규범성과 사익보호성만이 요구된다.

(1) 강제규범성

강제규범성이란 행정주체로 하여금 국민의 권익을 위하여 특정의 행위(작용)를 하도록 하는 강행법규가 존재하여야 한다는 것이다. 다시 말해서 법령에

---

60) 오세혁, 법철학사, 세창출판사, 2012, 226면.
61) Jellinek기념논문집(1955)에 실린 Bühler의 「Altes und Neues über Begriffe und Bedeutung der subjektiven öffentlichen Rechte」라는 논문에 서술된 내용이다.

의하여 행정주체에게 특정의 행위(작용)를 하도록 하는 강행적 의무가 존재해
야 한다는 것이다.

종래에는 기속적 의무인 경우에만 강제규범성을 인정하였으나 오늘날에
는 비록 재량적 의무라 할지라도 행정주체에게 하자 없는 재량행사 의무가 있
고 행정주체의 재량권 행사에 하자(일탈·남용)가 있으면 위법한 처분으로 평가
될 수 있기 때문에 재량적 의무도 강제규범성이 인정된다.

또한 종래에는 강제규범의 범위를 행정주체에게 의무를 지우고 있는 '근
거법규'만으로 한정하였으나 오늘날에는 절차법규, 관련법규, 헌법으로까지
강제규범의 범위가 확대되는 경향이다.

(2) 사익보호성

1) 의 의

사익보호성이란 행정주체에게 특정의 의무를 지우는 강제규범이 공익의
추구는 물론이고 특별히 개인의 이익을 보호하는 것을 말한다. 행정주체에게
의무를 지운 강제규범이 오로지 공익 추구만을 목적으로 할 뿐 특별히 개인의
이익을 보호하려는 목적이 없는 때에, 이러한 강제규범의 존재로 그 목적과는
관계없이 개인이 특정한 이익을 향유하고 있다면 이는 이른바 '반사적 이익'일
뿐 공권이 될 수 없다. 반사적 이익은 개인의 주관적 권리가 아닌 법의 반사적
효과에 불과하므로 그것이 침해당하여도 행정구제를 제기할 수 없다는 것이
일반적인 설명이다.

2) 보호규범론

법규가 특정한 사익을 명문으로 보호하는 경우는 매우 드물다. 그렇다면
그만큼 사익보호성이 인정되는 경우도 제한적일 수밖에 없다는 것이다. 사익
보호성의 인정 여부는 곧바로 공권(법률상 보호이익)의 성립, 원고적격의 인정,
행정구제 가능성으로 직결된다. 결국 사익보호성이 인정되지 않으면 행정구제
가 불가능하다는 얘기다. 당연히 사익보호성의 인정가능성을 확대하려는 노력
이 시도될 수밖에 없다. 그 일환으로 나온 이론이 이른바 '보호규범론'이다. 법
규가 직접 명문으로 특정의 사익을 보호하고 있지는 않으나 법해석상 또는 입
법취지나 목적상 특정한 개인의 이익을 보호하고 있는 것으로 보인다면 사익
보호성을 인정하는 이론이다.

과거 판례는 "원고에 대한 공중목욕장업 경영 허가는 … 법률이 직접 공중

목욕장업 피허가자의 이익을 보호함을 목적으로 한 경우에 해당되는 것이 아니고 법률이 공중위생이라는 공공의 복리를 보호하기 위한 것으로서 … 원고가 이 사건 허가처분에 의하여 목욕장업에 의한 이익이 사실상 감소된다하여도 이 불이익은 본건 허가처분의 단순한 사실상의 반사적 결과에 불과하고 이로 말미암아 원고의 권리를 침해하는 것이라고는 할 수 없다"라고 판시62)하여 사익보호성을 매우 엄격하게 제한적으로 인정하였다.

그러나 주거지역내의 연탄공장건축허가 처분으로 불이익을 받고 있는 제3의 거주자가 당해행정처분의 취소를 구하는 소송에 대해 법원은 "도시계획법과 건축법의 규정 취지에 비추어 볼 때 이 법률들이 주거지역 내에서의 일정한 건축을 금지하고 또는 제한하고 있는 것은 도시계획법과 건축법이 추구하는 공공복리의 증진을 도모코자 하는 데 그 목적이 있는 동시에 한편으로는 주거지역내에 거주하는 사람의 '주거의 안녕과 생활환경을 보호' 하고자 하는 데도 그 목적이 있는 것으로 해석이 된다"라고 판시63)함으로써 법규의 목적론적 해석을 통해 사익보호성을 인정하였다.

특히 보호규범론은 행정청의 처분으로 인하여 그 처분의 상대방과 경원관계, 경업관계, 이웃관계에 있는 제3자의 이익이 침해당한 경우에 매우 유용하게 적용된다. 이러한 유형의 소송을 통상 경원자소송, 경업자소송, 이웃소송이라 한다. 경원자소송이란 다수의 신청 또는 요구에 대하여 행정청이 한 사람 또는 소수에게만 행정권(인허가 등)을 발동할 수 있는 경우에, 신청을 하였으나 탈락한 자가 제기하는 부류의 소송을 말한다. 경업자소송이란 거리제한규정 또는 지역제한규정에 의하여 독점적 이익을 향유하고 있던 기존의 영업자가 신규업자의 시장진입으로 이익이 침해당하였음을 주장하여 제기하는 소송유형이다. 이웃소송이란 특정의 행정행위로 인하여 이웃의 주민들이 화재위험·소음·분진 등과 같은 특정의 피해를 입었다고 주장하는 소송의 부류를 말한다. 보호규범론이 정립되기 이전에는 이들 소송은 대부분 원고적격이 부인되었다. 왜냐하면 이들 제3자가 향유하고 있는 이익은 강제규범에 의해 직접 보호되는 이익이 아니라 반사적 이익에 불과한 것으로 평가되었기 때문이다. 하지만 보호규범론의 등장으로 비록 강제규범이 이들 제3자의 이익을 직접 보

---

62) 대법원 1963. 8. 31. 선고 63누101 판결.
63) 대법원 1975. 5. 13. 선고 73누96 판결.

호하고 있지 않더라도 법규의 목적이나 취지가 사익을 보호하고 있는 것으로 해석된다면 사익보호성, 즉 원고적격을 인정할 수 있는 가능성이 열린 것이다.

3. 무하자재량행사청구권

(1) 개 념

법규가 행정청에게 일정한 행위(작용)에 대한 재량을 인정하였다면 이는 동시에 행정청에게 재량의 한계를 넘거나 법이 재량을 허용한 목적을 위배해서는 안 된다는 이른바 '하자 없는 재량권 행사'의 의무가 지워졌다고 할 수 있다. 따라서 재량권 행사에 따른 결정이 특정 사인의 이익보호에 영향을 미친다면 그 사인은 행정청에 대하여 하자 없는 재량권 행사를 요구할 수 있는 권리를 가진다. 이처럼 개인이 행정청에 대하여 하자 없는 재량처분을 요구할 수 있는 권리를 이른바 '무하자재량행사청구권'이라 한다.

(2) 성 질

1) 개념 부정설

재량권의 법적 한계를 벗어난 행위는 위법하므로 이로 인한 권리침해에 대해서는 실체적 권리의 구제가 가능하기 때문에 별도로 절차적·형식적 권리를 인정해야 할 실익이 없다는 주장이다. 형식적 권리의 침해만으로도 소익을 인정할 경우 지나치게 원고적격이 확대되어 항고소송이 민중소송화 될 우려가 있으며, 법원이 행정청의 재량에 지나치게 개입하면 행정권이 부당히 위축될 우려가 있다는 논거를 들고 있다.[64]

2) 형식적 권리설

무하자재량행사청구권은 특정 내용의 재량행사를 요구하는 것이 아니라 단지 하자 없는 재량행사를 요구할 수 있는 형식적 권리라는 견해이다.[65] 비록 형식적 권리이기는 하나 그래도 개인적 공권이므로 이에 대한 침해가 있으면 곧바로 원고적격이 인정된다고 한다. 예컨대 무하자재량행사청구권을 행사하였음에도 불구하고 행정청이 이를 거부하거나 부작위하는 경우에는 각각 거부처분취소소송, 부작위위법확인소송을 제기할 수 있다고 한다.

재량하자에 대하여 실체적 권리침해구제만으로는 완전한 구제가 어려운

---

64) 이상규(200면).
65) 홍준형(89면).

영역이 존재할 수 있으며, 당해 권리를 인정한다고 해도 이른바 사익보호성을 요건으로 하는 까닭에 항고소송이 민중소송화될 우려는 없다는 주장이다.

3) 실체적 권리설

행정청에게 실체적 내용에 대한 재량권 행사의 권한이 주어졌다면 그러한 재량권 행사를 하자 없이 하라는 요구 역시 실체적 권리로 보아야 한다는 견해이다. 무하자재량행사청구권이 침해당한 경우 곧바로 원고적격이 인정된다는 점에서 형식적 권리설과 크게 차이가 없다. 관념적으로 형식적 권리와 실체적 권리를 나눌 수는 있을지언정 실제 그 구제수단과 절차에 있어 양자를 구별해야 할 실익이 없는 것으로 보인다.

4) 독자적 권리부정설

무하자재량행사청구권이 개인적 공권이기는 하나 그 자체를 실질적·독립적·독자적 권리로 볼 수는 없다는 견해이다.[66] 따라서 무하자재량행사청구권이라는 형식적 권리만으로 곧바로 원고적격이 인정되는 것은 아니라고 한다. 다시 말해서 하자 없는 재량행사를 요구하는 권리는 독립적 권리가 아니기 때문에 특정의 실질적 권리가 재량의 하자로 인하여 침해당한 경우에 비로소 원고적격이 인정될 수 있다는 주장이다.[67]

5) 판례의 태도

검사임용신청을 하였다가 성적순위 미달로 임용거부처분을 받은 자가 그 취소를 구한 사건에서 법원은 "검사의 임용에 있어서 임용권자가 임용여부에 관하여 어떠한 내용의 응답을 할 것인지는 임용권자의 자유재량에 속하므로 일단 임용거부라는 응답을 한 이상 설사 그 응답내용이 부당하다고 하여도 사법심사의 대상으로 삼을 수 없는 것이 원칙이나, 적어도 재량권의 한계 일탈이나 남용이 없는 위법하지 않은 응답을 할 의무가 임용권자에게 있고 이에 대응하여 임용신청자로서도 재량권의 한계 일탈이나 남용이 없는 적법한 응답을 요구할 권리가 있다고 할 것이며, 이러한 응답신청권에 기하여 재량권 남용의 위법한 거부처분에 대하여는 항고소송으로서 그 취소를 구할 수 있다고 보아야 하므로 임용신청자가 임용거부처분이 재량권을 남용한 위법한 처

---

66) 홍정선(139면).
67) 홍정선 교수는 독일에서 무하자재량행사청구권을 인정한 판례들이 법률상의 청구권, 헌법상 기본권·평등권 등과 관련한 것으로서 무하자재량행사 그 자체만을 대상으로 한 것은 아니었다고 한다; 홍정선(139면).

분이라고 주장하면서 그 취소를 구하는 경우에는 법원은 재량권남용 여부를
심리하여 본안에 관한 판단으로서 청구의 인용 여부를 가려야 한다"라고 판시
하였다.[68]

우리 법원이 무하자재량행사청구권을 공식적으로 인정한 판례라는 것이
다수의 주장이다. 이 판례가 무하자재량행사청구권의 개념을 인정하고 있는
것은 분명하다. 하지만 법원은 "응답신청권에 기하여 재량권 남용의 위법한
거부처분에 대하여는 항고소송으로서 그 취소를 구할 수 있다"라고만 할 뿐
그 응답신청권의 성질이 무엇인가에 대해서는 전혀 언급하고 있지 않다. 그것
이 형식적 권리 또는 실체적 권리라서 소권이 인정된다는 것인지 아니면 재량
하자로 헌법·국가공무원법·검찰청법 등 공무담임권이라는 실질적 권리가 침
해당해서 소권이 인정된다는 것인지 분명하지 않다.

6) 소 결

원래 재량권 행사는 권력분립의 원칙상 행정권의 전속적 권한에 속하기
때문에 행정소송의 대상이 되지 않는다. 그러나 현행 행정소송법 제27조는
"행정청의 재량에 속하는 처분이라도 재량권의 한계를 넘거나 그 남용이 있는
때에는 법원은 이를 취소할 수 있다"라고 규정하고 있다. 현실적으로 재량권
의 일탈·남용 여부는 행정소송의 본안에서 심리를 해봐야만 알 수 있기 때문
에 법원은 비록 재량행위라 할지라도 행정소송의 청구를 각하할 수 없다. 다
시 말해서 재량하자에 대한 대상적격 및 원고적격을 모두 인정할 수밖에 없다
는 것이다. 이처럼 재량하자에 대한 소권인정의 이론적 근거로서 무하자재량
행사청구권이라는 형식적 권리를 인정하는 실익이 있을 것으로 보인다.

무하자재량행사청구권은 비록 형식적 권리이기는 하나 그래도 이에 대한
침해가 있으면 곧바로 원고적격이 인정되는 개인적 공권으로 보는 것이 타당
하다. 형식적 권리설을 지지한다.

4. 행정개입청구권

(1) 개 념

행정개입청구권은 개인이 자기의 이익을 위하여 제3자에 대해 규제·감
독·단속 등과 같은 행정권을 발동할 것을 요구할 수 있는 권리를 말한다. 이

---

68) 대법원 1991. 2. 12. 선고 90누5825 판결.

역시 개인적 공권이므로 공권의 성립요소인 강제규범성과 사익보호성이 충족
되어야 한다.

행정청에게 특정의 행정권 발동을 요구할 수 있기 위해서는 그 전제로 행
정청에게 법규에 의한 행정권발동 의무가 지워져 있어야 한다. 따라서 행정개
입청구권과 관련하여서는 강제규범성이 특히 중요하다. 왜냐하면 규제·감독·
단속 등과 같은 행정권 발동은 보통 재량의무인 경우가 많은데 종래에는 재
량의무에 대해서는 강제규범성을 인정하지 않았기 때문이다. 따라서 당해 의
무가 기속적이지 않고 행정청의 재량적 판단이 허용되는 의무라 한다면 이들
청구권을 인정하기가 어렵게 된다.

하지만 앞에서 설명한 것처럼 비록 재량권이라 할지라도 하자 없는 재량
행사를 요구할 수 있는 무하자재량행사청구권이 존재하기 때문에 행정청의
재량적 의무에 대해서도 강제규범성을 비교적 넓게 인정할 수 있게 되었다.
이처럼 행정개입청구권은 무하자재량행사청구권의 법리를 기초로 독일연방행
정법원의 판례를 통하여 확립된 권리이다.[69]

(2) 재량권의 영으로의 수축이론

행정개입청구권이라는 개인적 공권의 확립에 커다란 역할을 한 또 다른
이론으로는 이른바 '재량권의 영으로의 수축이론'이 있다. 일정한 요건이 갖추
어진 경우에는 재량권행사의 범위가 영(zero)으로 수축되어 재량적 의무가 기
속적 의무로 전환된다는 이론이다.

행정청의 처분발급을 비롯한 행정작용이 비록 재량행위라 할지라도 ①
당해 행정작용을 발급하지 않을 경우 국민의 생명·신체·재산에 중대한 위해
를 야기할 수 있고, ② 행정청이 당해 행정작용을 발급하기만 하면 이러한 위
해를 충분히 제거할 수 있는 경우에는 재량권이 영(zero)으로 후퇴·수축하여
기속적 의무가 된다는 것이다.

재량이 영으로 수축되면 무하자재량행사청구권은 특정행위청구권으로 변
하기 때문에 내용상 형식적 권리에서 실질적 권리로 변하게 된다는 견해[70]가
있다. 하지만 재량권 수축으로 무하자재량행사청구권이 특정행위청구권으로
변한 것이 아니라 특정행위청구권이라는 새로운 개인적 공권이 창설된 것으

---

69) 홍준형(89면).
70) 홍정선(76면).

로 보아야 할 것이다.

(3) 실현방법

행정개입청구권의 구체적 실현방법을 살펴보면 다음과 같다. 첫째, 이들 청구권의 행사에 대해 행정청이 거부를 한 경우에는 당해 거부처분에 대한 취소심판이나 취소소송을 제기할 수 있을 것이다. 둘째, 이들 청구권을 행사하였으나 행정청이 어떠한 행위도 하지 않은 채 이를 방치하는 경우에는 이러한 행정청의 부작위에 대한 의무이행심판 또는 부작위위법확인소송을 제기할 수 있을 것이며, 이로 인해 손해가 발생한 때에는 행정상 손해배상청구소송도 가능할 것이다.

제 2 편

행정의 행위형식

제1장 행정입법

제1절 개설

　행정입법이란 국가 등의 행정주체가 법조(法條)의 형식으로 일반·추상적인 규범을 정립하는 작용 또는 이러한 작용의 결과로 정립된 규범(법령)을 말한다. 법령의 구성 형식은 국가에 따라 조금씩 다른데 우리나라는 일반적으로 조(條), 항(項), 호(號), 목(目)의 순서대로 법문언을 서술한다. 이러한 법령의 구성형식을 법조의 형식이라 한다. 일반·추상적이란 것은 개별·구체적이라는 개념과 대비되는 것으로서 행정입법과 뒤에서 설명할 '행정행위'를 구별하는 도구적 개념이다. 규범의 준수의무자(수범자)가 특정 개인에 한정되지 않고 일반인 모두에게 적용되는 것을 '일반적'이라 하고, 법령에 규정된 구성요건이 완성되면 이에 상응하는 법적 효과가 발생할 것이라는 것을 추상적으로 규정하고 있을 뿐 구체적인 법적 효과가 발생하지 않은 상태를 '추상적'이라 한다. 이에 반하여 행정행위는 '개별·구체성'을 그 특질로 하는데, 공권력 발동의 상대방이 특정되어 있고 그 법적 효과가 구체적이라는 의미이다.

　권력분립의 원칙에 따라 규범정립작용은 원래 입법부인 의회의 몫이었지만 사회의 변화에 법률이 미처 따라가지 못하는 법률의 경직성으로 말미암아 모든 법규범을 의회가 제정한다는 것은 불가능한 일이었다. 이에 의회는 법규범의 대강만을 정하고 그 자세한 내용은 법을 집행하는 행정권에 위임한 것이다. 따라서 처음에는 법률의 경직성을 보충하는 정도가 행정입법의 역할이었으나 사회가 복잡다단해지고 구성원 간의 이해관계가 보다 더 복잡하게 되자 오늘날에는 행정입법이 법률보다 국민의 일상생활을 더욱 더 직접적으로 구속하고 있는 형편이다.

　① 전문적·기술적 사항은 행정권이 규율하는 것이 더욱 적절할 수 있고, ② 행정현상의 급속한 변화에 빠르게 대응할 수 있으며, ③ 선거법 등 특정의

사항은 이해당사자인 국회보다는 정치적 중립성을 가진 행정권이 규율하는 것이 더욱 객관적일 수 있고, ④ 조례 등 자치법령이 지방적 특수성에 보다 효과적으로 대응할 수 있다는 것은 행정입법의 커다란 강점일 수 있다. 하지만 행정입법이 법률에 비하여 민주적 정당성이 낮음에도 불구하고 오히려 국민들에 대한 영향력이 더 크다는 것이 바람직한 상황은 아니다. 따라서 행정입법에 대한 민주적 정당성 강화와 효과적 통제수단의 확보 등을 위한 제도적 장치가 필요하며, 이에 대한 연구가 행정법학의 중요한 과제 중에 하나다.

제 2 절 법규명령

I. 의 의

행정입법은 '법규성' 유무에 따라 법규명령과 행정규칙으로 나누어진다. 법규명령이란 이들 중 법규성을 가지는 행정입법을 말한다. '법규성'을 어원 그대로 해석하면 '법규로서의 성질'이다. 어떠한 규칙이 그것을 만든 사람에게만 적용된다면 그것은 자신의 다짐이나 맹세에 불과하다. 하지만 이러한 규칙이 모든 사람에게 적용된다면 이는 '법규'가 된다. 따라서 '법규의 성질'이란 모든 사람에게 적용되는 성질을 말한다. 이처럼 행정입법이 법규의 성질, 즉 법규성을 가진다는 의미는 행정입법이 그것을 만든 행정기관에만 적용되는 것이 아니라 모든 국민에게 적용된다는 것을 말한다. 법규성이 없는 행정규칙은 그것을 제정한 행정기관에만 적용될 뿐 일반 국민들에게 적용되지 않는 것도 바로 이 같은 맥락이다.

법규명령은 그 효과적 지위를 기준으로 ① 헌법적 효력을 가지는 '비상명령', ② 법률적 효력을 가지는 '법률대위명령', ③ 법률의 하위명령인 '법률종속명령'으로 나눌 수 있다. 흔히 법규명령이라고 할 때는 법률종속명령을 말한다.

법률종속명령은 위임여부와 규율내용을 기준으로 ① 법률의 위임을 받아 제정되고 법률의 효력을 보충하는 '위임명령'과, ② 법집행의 구체적·기술적 사항을 규율하는 '집행명령'으로 나누어진다.

현행 헌법상 인정되는 법규명령으로는 긴급명령, 긴급재정·경제명령, 대통령령, 총리령·부령, 중앙선거관리위원회규칙이 있다. 한편 감사원규칙은 헌법에 명문의 규정이 없어 이를 법규명령으로 볼 수 있는가에 대해 적극설과 소극설의 대립이 있으나 이 역시 법규의 성질을 가지고 있는 이상 법규명령으로 봄이 타당하다. 실무에서는 통상 대통령령을 '시행령', 총리령이나 부령을 '시행규칙'이라 한다.

법제처, 공정거래위원회 등과 같은 총리직속기관은 부령이 필요할 경우 총리령으로 제정한다. 총리령의 지위는 소관사무의 성격에 따라 달라지는데, 분장사무를 담당하는 중앙관청 중 하나의 지위에서 제정한 총리령은 부령과 동급이며, 행정각부를 통할하는 지위에서 제정한 총리령은 부령보다 우월적 지위를 가진다.

Ⅱ. 근거와 한계

1. 위임명령의 근거와 한계

(1) 근 거

위임명령은 헌법,[1] 법률, 상위명령의 근거를 요한다. 위임의 근거 없이 제정된 위임명령이 사후에 법령의 개정으로 위임의 근거가 마련된 경우 당해 위임명령의 효력에 대해 법원은 "일반적으로 법률의 위임에 의하여 효력을 갖는 법규명령의 경우, 구법에 위임의 근거가 없어 무효였더라도 사후에 법개정으로 위임의 근거가 부여되면 그 때부터는 유효한 법규명령이 되나, 반대로 구법의 위임에 의한 유효한 법규명령이 법개정으로 위임의 근거가 없어지게 되면 그 때부터 무효인 법규명령이 되므로, 어떤 법령의 위임 근거 유무에 따른 유효 여부를 심사하려면 법개정의 전·후에 걸쳐 모두 심사하여야만 그 법규명령의 시기에 따른 유효·무효를 판단할 수 있다"라고 판시[2]하여 그 유효성을 인정하고 있다.

(2) 한 계

법령이 위임명령에 위임을 할 때에는 구체적 범위를 정하여 위임하여야

---

1) 헌법 제75조 및 제95조 등.
2) 대법원 1995. 6. 30. 선고 93추83 판결.

하며, 포괄적이고 일반적인 수권은 금지된다. 원칙적으로 이른바 의회전속적 법률사항, 즉 죄형법정주의, 행정기관법정주의, 조세법률주의 등과 관련한 입법권은 위임이 불가능하다. 다만, 구체적·세부적 범위를 정하여 위임하는 경우는 가능하다.

대통령령에 위임할 수 있는 사항과 부령에 위임할 수 있는 사항이 분명하게 구별되어 있는 것은 아니다. 통상 법률이 대통령령에 위임을 하고 다시 대통령령이 부령에 위임을 하는 단계적 위임이 일반적이다. 이처럼 단계적 위임이 있을 때에 법률이 대통령령에 위임한 사항을 부령에 그대로 재위임할 수는 없으며 대통령령에서 대강을 정하고 구체적 범위를 정하여 부령에 재위임하여야 한다. 물론 법률이 대통령령을 거치지 않고 곧바로 부령에 위임을 하는 경우도 빈번하다.

행정제재나 벌칙사항, 권한에 관한 사항, 권리의 제한이나 의무의 부담 등에 관한 사항 등 국민의 권리·의무에 직접적인 영향을 미치는 사항에 대해서는 그 위임이 불가피하다면 가능한 대통령령에 위임하는 것이 바람직하다. 부령에는 기술적(技術的) 또는 절차적 사항을 위임하는 것이 일반적이다.

법률이 위임명령에 대하여 포괄적 위임을 하는 것은 안 되지만 지방자치단체의 조례를 비롯한 공공단체의 자치법적 규범에 포괄적 위임을 하는 것은 가능하다. 판례 역시 ① "조례가 규정하고 있는 사항이 그 근거 법령 등에 비추어 볼 때 자치사무나 단체위임사무에 관한 것이라면 이는 자치조례로서 구 지방자치법 제15조가 규정하고 있는 '법령의 범위 안'이라는 사항적 한계가 적용될 뿐, 위임조례와 같이 국가법에 적용되는 일반적인 위임입법의 한계가 적용될 여지는 없다"고 판시3)하여 조례에 대한 포괄적 위임이 허용된다고 보았으며, ② "사업시행자인 조합의 사업시행계획 작성은 자치법적 요소를 가지고 있는 사항이므로 도시 및 주거환경정비법 제28조 제4항 본문이 사업시행인가 신청시의 동의요건을 조합의 정관에 포괄적으로 위임하고 있다고 하더라도 헌법 제75조가 정하는 포괄위임입법금지의 원칙이 적용되지 않는다"라고 판시4)하여 공공조합 등의 자치법규에 대한 포괄적 위임을 허용하였다.

---

3) 대법원 2000. 11. 24. 선고 2000추29 판결.
4) 대법원 2007. 10. 12. 선고 2006두14476 판결.

2. 집행명령의 근거와 한계

집행명령은 법집행의 구체적·기술적 사항을 규율함을 목적으로 할 뿐 국민의 권리·의무에 직접적인 영향을 미치는 사항을 규율하는 것이 아니므로 상위 법령의 위임근거를 별도로 요하지 않는다.

하지만 집행에 필요한 절차, 형식, 세부적·기술적 사항을 넘어서 국민의 권리·의무에 관한 새로운 사항을 규정하는 것은 이미 집행명령이 아니라 위임명령에 해당하므로 상위 법령의 수권 없이는 제정이 불가능하다. 이것이 집행명령의 한계라 할 것이다.

Ⅲ. 성립과 소멸

1. 성 립

법규명령은 ① 대통령, 국무총리, 장관 등 정당한 권한을 가진 자가, ② 헌법, 법률, 상위법령 등의 위임을 받아, ③ 명확하고 실현 가능한 내용을 법조의 형식으로 제정하여, ④ 20일 이상 입법예고를 거친 다음, ⑤ 대통령령은 법제처심사와 국무회의심의를, 총리령·부령은 법제처심사를 거쳐, ⑥ 공포함으로써 효력이 발생한다.

이러한 성립요건 중 어느 하나라도 흠결이 있는 때에는 법규명령 자체가 성립되지 않는다. 따라서 이에 터 잡은 처분은 무효이다.

2. 소 멸

법규명령의 효력이 소멸되는 사유로는 ① 동위 또는 상위의 법령에 의해 법규명령의 효력을 장래에 향해 소멸시키는 '폐지'가 있는 경우, ② 당해 명령과 내용상 충돌되는 동위 또는 상위 법령의 제정으로 그 효력이 소멸되는 '간접적 폐지'가 있는 경우, 그리고 ③ 해제조건이 완성되거나 종기가 도래하는 등 부관이 성취된 경우, ④ 위임의 근거가 되는 상위법령이 소멸된 경우 등이다.

판례는 "상위법령의 시행에 필요한 세부적 사항을 정하기 위하여 행정관청이 일반적 직권에 의하여 제정하는 이른바 집행명령은 근거법령인 상위법령이 폐지되면 특별한 규정이 없는 이상 실효되는 것이나, 상위법령이 개정됨에 그친 경우에는 개정법령과 성질상 모순, 저촉되지 아니하고 개정된 상위법령의 시행에 필요한 사항을 규정하고 있는 이상 그 집행명령은 상위법령의 개정에도 불구하고 당연히 실효되지 아니하고 개정법령의 시행을 위한 집행명령이 제정, 발효될 때까지는 여전히 그 효력을 유지한다"[5]라고 함으로써 집행명령의 경우에는 상위법령이 개정되었다고 해서 곧바로 효력이 소멸되는 것은 아니라고 하였다.

Ⅳ. 법규명령의 통제

1. 의회에 의한 통제

(1) 선진 각국의 입법례

1) 독 일

독일 기본법 제80조 제1항은 "법률로써 연방정부, 연방장관 또는 주정부에 법규명령 제정권한을 수여할 수 있다. 이 경우 법률은 수권의 내용, 목적 및 범위를 정하고 있어야 한다. 법규명령에는 그 법적 근거가 명시되어야 한다"라고 규정하여 위임명령으로서 법규명령을 인정하고 있다.

한편 기본법 제80조 제2항은 "연방정부 또는 연방장관의 법규명령 중 ① 우편 및 통신시설의 이용원칙 및 요금에 관한 사항, ② 연방철도시설 사용료의 부과원칙에 관한 사항, ③ 철도의 건설과 운영에 관한 사항, 그리고 ④ 연방 법률에 근거한 법규명령 중 연방상원의 동의를 필요로 하는 경우, ⑤ 연방의 위임에 의하여 또는 자치사무로서 주정부가 사무의 집행을 위해 제정하는 법규명령은 연방 법률에 특별한 규정이 없는 한 연방상원의 동의를 필요로 한다"라고 하여 법규명령에 대한 의회의 통제수단으로 이른바 '동의권 유보제도'를 규정하고 있다.

이 규정에서 "동의를 필요로 한다"는 의미는 법규명령 입법안이 의회에 제출되면 일정기간 내에 거부하지 않으면 동의한 것으로 본다는 뜻으로 해석된다. 하지만 실제로는 의회가 논의를 거쳐 동의 여부를 결의하는 것이 일반적이다. 행정입법의 약 40%가 의회의 동의를 거쳐 처리되고 있다고 한다.[6] 동

---

5) 대법원 1989. 9. 12. 선고 88누6962 판결.
6) 고헌환, "행정입법에 대한 의회의 직접통제에 관한 비교연구", 「조선대학교 법학논총」 제20권

의권을 유보하는 개별 법률 중에는 동의의 절차를 간소화하기 위해 연방의회나 연방상원이 아닌 연방의회 위원회의 동의를 요구하도록 하는 경우도 있었는데,[7] 연방의회 위원회는 연방의회나 연방상원에 비해 대표성과 민주적 정당성이 현저히 떨어지므로 이들이 행정권의 법규제정권을 통제하는 것은 위헌적이라는 비판이 있었고 연방헌법재판소의 위헌결정이 있었다.[8]

2) 영 국

영국은 행정입법 법안을 정해진 기간 내에 의회에 제출하여 의회의 승인을 얻도록 하는 절차인 이른바 '의회 제출절차 제도'를 두고 있다. 그러나 행정기관이 모든 행정입법을 의회에 제출하지는 않는다. 법안의 중요성이 낮거나 특별지역에 국한된 경우는 제출하지 않는다. 물론 이런 경우라 하더라도 행정입법권을 수권하는 개별 법률에 규정이 있는 경우에는 제출해야 한다.

의회에 제출된 행정입법 법안의 심사절차는 ① 단순제출절차, ② 거부결의절차, ③ 승인결의 절차, ④ 초안제출절차의 4가지로 구분된다. 단순제출절차는 법안을 의회에 제출할 것만을 요구하는 경우이다. 단순제출절차는 행정기관이 제출한 법안에 대해 의회가 사실상 어떠한 영향력도 행사할 수 없기 때문에 실제 거의 채택되지 않으며 비교적 덜 중요한 행정입법에 사용된다.[9]

상원과 하원에 행정입법안이 제출되면 의원들은 누구나 폐기청원을 제출할 수 있는데, 상원 또는 하원에서 이러한 폐기청원을 심사하여 폐기하기로 결의하는 것을 거부결의절차라고 한다. 행정입법과 관련된 제출절차 가운데 의회에서 가장 많이 채택되는 절차이다. 그러나 이 절차는 여당이 항상 다수인 의원내각제 국가에서는 거부결의 정족수를 확보하는 것이 사실상 불가능하기 때문에 그 실효성이 크지 못한 한계가 있다.[10]

승인결의 절차는 의회의 승인을 얻어야 효력이 발생하는 '승인적 결의사항'과 의회에 의하여 적극적으로 부인되지 않는 한 효력이 발생하는 '부인적 결의사항'으로 나누어 통제하는 절차이다.

제3호, 2013, 241면.

7) 정남철, "독일의 행정입법 통제", 「유럽헌법학회연구논집」 제5호, 2009, 170면.

8) 홍준형, "행정입법에 대한 국회의 통제", 「공법연구」 제32집 제5호, 2004, 146면.

9) 이일세, "법규명령에 대한 통제에 관한 고찰: 영·미에서의 입법적 통제를 중심으로", 「토지공법연구」 제27집, 2005, 331면.

10) 양승두, "영국의회에 의한 위임입법의 통제", 「공법연구」 제3집, 1974, 89면.

초안제출절차란 행정권이 행정입법을 제정하기 전에 초안을 의회에 제출하여 의회의 의견을 미리 듣는 절차이다. 의회에 의한 거부나 불승인의 요소를 미리 제거하기 위한 사전 절차라 할 수 있다.

3) 미 국

미국은 1996년 행정청의 행정입법에 대한 의회의 심사절차를 규정한 법률11)을 제정하였다.12) 이 법률에 따라 모든 연방행정청(독립행정청 포함)은 행정입법(Rule)을 그 시행 전에 의회 또는 일반회계위원회(General Accounting Office)에 제출해야 한다. 하지만 모든 행정입법을 제출해야 하는 것은 아니고 이른바 '주요 행정입법(major rule)'에 해당하는 때에만 제출 의무가 있다. 주요 행정입법이란 ① 정보·규제청(The Office of Information and Regulatory Affairs(OIRA)),13) 예산관리처(The Office of Management and Budget(OMB)) 등의 집행에 관련한 행정입법, ② 예산이나 비용이 현저히 증가되거나 공정거래·고용안정·생산·투자 등에 심각한 영향을 주거나 또는 줄 수 있는 행정입법, 그리고 ③ '규제 계획 및 심사에 관한 집행명령'14)에서 규정하고 있는 경제적으로 중요한 행정입법 등을 말한다.15)

의회에 제출된 행정입법은 그것이 '사전심사 및 입법적 거부'와 결합된 법안이 아니면 의회에 제출한 날로부터 6일 또는 관보(Federal Register)에 게재된 날 중에서 더 늦은 날 효력이 발생한다.16)

'사전심사 및 입법적 거부'와 결합된 행정입법안은 제출된 날로부터 60일 이내에 의회가 불승인 여부를 의결하여야 한다.17) 특별한 사정에 의해 이미 시행중인 행정입법도 의회가 입법적 거부(불승인 의결)를 한 경우에는 처음부터 효력이 없었던 것으로 본다. 불승인의결이 있은 경우 행정청은 동일한 행정입

---

11) The Small Business Regulatory Enforcement Fairness Act of 1996; 5 U.S.C. Chapter 8.

12) Daniel Cohen and Peter L. strauss, Congressional Review of regulations, Administrative Law, Winter, 1997, p.96.

13) '정보·규제청'이라 번역하였다. OIRA는 OMB 소속하에 있으므로 상급관청인 OMB를 '예산관리처'라 번역한다면 OIRA는 '처'의 하급관청인 '청'으로 하는 것이 타당하다. 만약 OMB를 '청'으로 번역한다면 OIRA는 '실'로, OMB를 '실'로 번역한다면 OIRA는 '국'으로 번역하는 것이 우리나라 직제와 비교하여 이해가 편리할 것으로 보인다.

14) Regulatory Planning and Review, Exec. Order No.12, 866, 58 Fed. Reg. 51.735.

15) Jeffrey S. Lubbers, The Administrative Law Agenda for The Next Decade, Administrative Law Review, Winter, 1997, pp.164~165.

16) 5 U.S.C. §801(a)(3)(A).

17) 5 U.S.C. §802(a).

법안을 그대로 다시 제출할 수 없다.[18] 조사, 결정, 작위, 부작위 등 의회의 심사행위는 어떠한 경우에도 법원의 사법심사대상이 되지 아니한다. 법원과 행정청은 의회의 심사행위에 간섭할 수 없다.[19]

(2) 우리나라의 제도

국회법 제98조의2는 대통령령·총리령·부령·훈령·예규·고시 등이 제정·개정 또는 폐지된 때에는 10일 이내에 이를 국회 소관 상임위원회에 제출하도록 규정하고 있다. 상임위원회는 제출된 대통령령 등에 대하여 법률 위반여부 등을 검토하여 당해 대통령령 등이 법률의 취지 또는 내용에 합치되지 아니하다고 판단되는 경우에는 소관 중앙행정기관의 장에게 그 내용을 통보할 수 있다. 이 경우 중앙행정기관의 장은 통보받은 내용에 대한 처리 계획과 그 결과를 지체 없이 소관 상임위원회에 보고하여야 한다.

이처럼 현행 국회법은 행정입법의 의회제출절차제도를 형식상 두고는 있으나, 해당 행정입법이 법률에 위반되고 법률의 취지 또는 내용에 합치되지 않더라도 국회는 중앙행정기관의 장에게 그 사실을 통보하고 처리계획을 보고받을 수 있을 뿐 실질적인 통제를 할 수는 있는 제도적 장치는 없다.

국회는 2015년 5월 29일 국회법 제98조의2를 개정하여 위법한 대통령령 등에 대하여 국회가 소관 중앙행정기관에 직접 수정·변경을 요구할 수 있도록 하였으나 대통령의 거부권행사로 법안이 공포·시행되지 못하였다.

결국 우리나라는 의회가 행정입법을 통제할 수 있는 제도로는 ① 해당 법규명령을 제정한 국무위원에 대해 해임건의 또는 탄핵소추를 하거나, ② 해당 법규명령의 집행에 필요한 예산을 통제하는 등과 같은 간접적인 수단밖에 없다.

2. 행정적 통제

행정입법에 대한 행정적 통제 수단으로는 ① 상급행정청의 감독권에 의한 통제와 ② 규제개혁위원회의 규제심사 및 법제처의 법제심사, 국무회의의 의결 등에 의한 절차적 통제가 있다.

하급행정청의 행정입법 역시 상급행정청의 감독권의 대상이 됨은 당연하

---

18) 5 U.S.C. § 801(b)(2).
19) 5 U.S.C. § 805.

다. 일반 감독권에 근거하여 하급행정청의 행정입법의 방향과 기준을 지시하거나 위법한 행정입법에 대한 수정, 변경, 폐지 등을 명할 수 있다. 하지만 상급행정청이 하급행정청이 제정한 행정입법을 직접 폐지할 수는 없다. 물론 상급행정청이 하급행정청의 행정입법의 효력을 배제하는 행정입법을 제정하여 하급행정청의 행정입법의 효력을 사실상 배척할 수는 있다.

행정규제기본법의 규정에 따라 중앙행정기관의 장은 규제를 신설하거나 강화하려면 대통령소속 규제개혁위원회에 심사를 요청해야 하는데, 해당 규제가 행정입법안일 때에는 법제처 심사 전에 규제심사를 거쳐야 한다.[20] 따라서 규제적 사항이 포함된 행정입법안은 규제개혁위원회의 '규제심사'라는 행정적 통제를 받는다. 규제심사란 규제영향분석을 의미하며, 일반적으로 ① 규제의 신설 또는 강화의 필요성, ② 규제 목적의 실현 가능성, ③ 규제 외의 대체 수단 존재 여부 및 기존규제와의 중복 여부, ④ 규제의 시행에 따라 규제를 받는 집단과 국민이 부담하여야 할 비용과 편익의 비교 분석, ⑤ 규제의 시행이 중소기업에 미치는 영향, ⑥ 경쟁 제한적 요소의 포함 여부, ⑦ 규제 내용의 객관성과 명료성, ⑧ 규제의 신설 또는 강화에 따른 행정기구·인력 및 예산의 소요, ⑨ 관련 민원사무의 구비서류 및 처리절차 등의 적정 여부 등을 심사한다.[21] 하지만 지방자치단체의 조례·규칙은 규제심사의 대상에서 제외되어 있어 규제심사의 실효성에 한계가 있다. 물론 지방자치단체가 임의적으로 자체 규제심사위원회를 구성하여 운영하기도 하지만 이는 임의적 절차에 불과하여 실질적인 효과를 거둘 수 있을지는 의문이다.

「법제업무 운영규정」에 따라 각부 장관 및 대통령 또는 국무총리 소속의 법령안 주관기관의 장은 법령안에 관하여 법제처장에게 그 법령안의 심사를 요청하여야 한다.[22] 법제심사는 ① 입법의 필요성, ② 입법 내용의 정당성 및 법적합성, ③ 입법 내용의 통일성 및 조화성, ④ 표현의 명료성 및 평이성 여부 등을 심사한다.[23]

---

20) 행정규제기본법 제10조 제1항.
21) 행정규제기본법 제7조 제1항.
22) 「법제업무 운영규정」 제21조 제1항.
23) 「법제업무 운영규정 시행규칙」 제2조.

3. 사법적 통제

⑴ 법원에 의한 통제

1) 구체적 규범통제

법규명령이 위헌 또는 위법한 경우 헌법재판소 또는 법원이 직접 이러한 법규명령의 효력을 상실시킬 수 있는 통제제도를 '직접적 통제' 또는 '추상적 규범통제'라 한다. 이에 반하여 비록 법규명령이 위헌 또는 위법하여도 헌법재판소나 법원이 이러한 법규명령 그 자체를 소송의 대상으로 삼아 통제할 수 없고 다만 구체적 처분이나 사건에 대하여 재판을 하면서 법규명령의 위헌 또는 위법이 선결문제가 되는 경우에 한하여 헌법재판소나 법원이 법규명령의 위헌·위법 여부를 심리할 수 있는 제도를 '간접적 통제' 또는 '구체적 규범통제'라고 한다.

요약하면 추상적 규범통제란 구체적 사건성이 없어도 법규명령의 위헌 또는 위법을 심리할 수 있는 제도이며, 구체적 규범통제란 법규명령의 위헌 또는 위법이 재판의 전제가 된 경우에만 당해 법규명령의 위법성을 심사할 수 있는 제도를 말한다.

우리의 경우에는 구체적 규범통제만이 인정된다. 헌법 제107조 제2항은 "명령·규칙 또는 처분이 헌법이나 법률에 위반되는 여부가 재판의 전제가 된 경우에는 대법원은 이를 최종적으로 심사할 권한을 가진다"라고 규정하고 있다. '재판의 전제가 된 경우'에만 법원이 법규명령의 위헌·위법여부를 심사할 수 있음을 분명히 하고 있다. 판례 역시 "당사자는 구체적 사건의 심판을 위한 선결문제로서 행정입법의 위법성을 주장하여 법원에 대하여 당해 사건에 대한 적용 여부의 판단을 구할 수 있을 뿐 행정입법 자체의 합법성의 심사를 목적으로 하는 독립한 신청을 제기할 수는 없다"라고 판시[24]하여 이를 확인하고 있다.

여기서 '명령'은 법규명령을 의미하며, '규칙'은 대법원규칙, 중앙선거관리위원회규칙과 같이 헌법에 의해 법규성이 인정된 규칙을 말한다. 또한 지방자치단체의 조례와 규칙도 이에 해당한다.

구체적 규범통제는 법규명령 전체에 대한 위헌·위법 여부를 심사하는 것

---

24) 대법원 1994. 4. 26.자 93부32 결정.

이 아니라 당해 사건의 대상이 되는 처분의 근거조항 또는 적용조항 등 개별적 규정에 대해 위헌·위법 여부를 심리한다.

법원에 의해 해당 법규명령의 위법성이 확인되더라도 그 효력이 소멸되는 것이 아니라 당해 사건에만 적용이 배제된다. 물론 행정소송법 제6조는 그 사실을 관보에 게재토록 규정하고 있어 사실상 효력이 소멸되는 것과 같은 효과를 가진다.

2) 법규명령의 처분성 문제

우리나라는 법규명령의 추상적 규범통제를 인정하고 있지 않기 때문에 재판의 전제 없이 법규명령 자체의 위헌·위법 여부를 소송으로 제기할 수 없다. 판례 역시 "행정소송의 대상이 될 수 있는 것은 구체적인 권리의무에 관한 분쟁이어야 하고 일반적 추상적인 법령 그 자체로서 국민의 구체적인 권리의무에 직접적인 변동을 초래하는 것이 아닌 것은 그 대상이 될 수 없으므로 구체적인 권리의무에 관한 분쟁을 떠나서 ○○부령 자체의 무효확인을 구하는 청구는 행정소송의 대상이 아닌 사항에 대한 것으로서 부적법하다"라고 판시[25]하여 이를 다시 한 번 확인하고 있다.

하지만 예외적으로 법규명령이 국민 개개인의 법적 지위에 직접 영향을 미치는 경우에는 '처분성'이 인정되어 항고소송의 대상이 된다. 법규명령이 그 자체로서 직접 국민의 구체적인 권리 또는 법적 이익에 영향을 미치는 등 법적 효과를 발생하는 경우에는 그 처분성이 인정되어 항고소송의 대상이 될 수 있다는 것이다. 예컨대, 전교생이 10명 이하인 분교는 폐지한다는 내용의 조례로 해당 분교에 다니던 학생들의 이익이 직접적으로 침해당한 경우 해당 조례 자체에 대한 취소 또는 무효확인을 구하는 소송의 제기가 가능할 수 있다.[26]

이러한 명령을 특히 '처분적 명령'이라 하는 견해[27]도 있으나, 처분적 명령이라는 법규명령의 또 다른 유형이 존재하는 것으로 오해할 수 있기에 이러

---

25) 대법원 1987. 3. 24. 선고 86누656 판결.
26) 조례가 집행행위의 개입 없이도 그 자체로서 직접 국민의 구체적인 권리의무나 법적 이익에 영향을 미치는 등의 법률상 효과를 발생하는 경우 그 조례는 항고소송의 대상이 되는 행정처분에 해당한다. 따라서 경기 가평군 가평읍 상색국민학교 두밀분교를 폐지하는 내용의 이 사건 조례는 위 두밀분교의 취학아동과의 관계에서 영조물인 특정의 국민학교를 구체적으로 이용할 이익을 직접적으로 상실하게 하는 것이므로 항고소송의 대상이 되는 행정처분이라 할 것이다(대법원 1996. 9. 20. 선고 95누8003 판결).
27) 박균성(144면).

한 표현은 적절하지 않다. 비록 법규명령이지만 경우에 따라 항고소송의 대상이 되는 '처분성'이 인정될 뿐, 법규명령의 또 다른 유형이 존재하는 것은 아니다.

그렇다면 어느 때에 법규명령의 처분성이 인정되는 것인가? 판례는 보건 복지부 고시 「요양급여의 적용기준 및 방법에 관한 세부사항」에 대하여 제약 회사와 환자가 위 고시의 이해관계인에 해당한다고 본 사례에서, '다른 집행행 위의 매개 없이 그 자체로서 직접 국민의 구체적인 권리의무나 법률관계를 규 율하는 성격을 가질 때' 처분성이 인정된다고 판시[28]하고 있다. 다시 말해서 '다른 집행행위의 매개가 없이 자동적 집행력이 있는 경우'에만 매우 제한적으 로 처분성을 인정하고 있다.

그런데 이처럼 법규명령을 항고소송의 대상에서 원칙적으로 제외시키고 예외적·제한적으로 인정하는 시스템은 독일을 제외하고는 그 예를 찾아보기 힘들다. 법규명령은 본질적으로 집행작용이므로 행정소송의 대상이 되는 것이 타당하다는 것이 미국, 영국, 프랑스 등 선진 각국의 태도이다. 그럼에도 불구 하고 독일만이 이러한 태도를 보이는 까닭은 독일의 독특한 역사적 배경 때문 이다. 영국, 프랑스 등에 비해 뒤늦게 통일국가를 건설한 독일은 강력한 국왕 의 리더십과 행정권의 절대적 우위가 필요했다. 독일은 형식적으로 권력분립 제를 채택하고 있었지만 권력 사이의 엄격한 구분이 불분명했기 때문에 행정 부도 독립된 입법권을 행사하였다. 결국 독일의 행정입법은 의회가 제정한 '법 률'과 마찬가지로 사실상의 일반적 구속력을 가진다. 지금까지 독일의 관습헌 법이 되고 있는 1850년 프로이센 일반란트법 제10조 제2항은 "명령은 합헌성 및 법률적합성의 심사로부터 제외되며 법원과 행정청은 명령을 법률과 동일 하게 취급하여야 한다"라고 규정하였다고 하니,[29] 당시 독일에서 법규명령의 의미와 지위를 충분히 반추해 볼 수 있다.

하지만 독일과 달리 우리나라는 이러한 역사적 배경이 전혀 없음에도 불구 하고 법규명령을 원칙적으로 항고소송의 대상에서 제외하고 있는 것은 참으로 납득하기 어렵다. 법규명령 역시 행정의 행위형식 중 하나이므로 당연히 행정 소송의 대상이 되어야 하며, 따라서 원칙적 금지·예외적 허용이 아니라 원칙

---

28) 대법원 2003. 10. 9.자 2003무23 결정.
29) 양충모, "독일의 이론과 경험을 통해 본 행정입법의 정치적 성격과 이에 대한 통제", 「공법연 구」 제40집 제4호, 2012, 257면.

적으로 항고소송의 대상이 될 수 있도록 행정소송법이 개정되어야 할 것이다.

(2) 헌법재판소에 의한 통제

1) 법규명령에 의한 기본권 침해와 헌법소원심판

"명령·규칙 또는 처분이 헌법이나 법률에 위반되는 여부가 재판의 전제가 된 경우에는 대법원은 이를 최종적으로 심사할 권한을 가진다"라는 헌법제107조 제2항의 규정에도 불구하고 헌법재판소가 헌법소원심판을 통하여 법규명령의 위헌여부를 심사할 수 있는 것인지에 대하여 해석상 다툼의 소지가 있었다.

이에 대해 헌법재판소는 1990년 '법무사법시행규칙 제3조 제1항에 대한 헌법소원사건'에서 "헌법 제107조 제2항이 규정한 명령·규칙에 대한 대법원의 최종심사권이란 구체적인 소송사건에서 명령·규칙의 위헌여부가 재판의 전제가 되었을 경우 법률의 경우와는 달리 헌법재판소에 제청할 것 없이 대법원이 최종적으로 심사할 수 있다는 의미이며, 명령·규칙 그 자체에 의하여 직접 기본권이 침해되었음을 이유로 하여 헌법소원심판을 청구하는 것은 위 헌법규정과는 아무런 상관이 없는 문제이다. 따라서 입법부·행정부·사법부에서 제정한 규칙이 별도의 집행행위를 기다리지 않고 직접 기본권을 침해하는 것일 때에는 모두 헌법소원심판의 대상이 될 수 있는 것이다"라고 결정30)하여 헌법재판소 역시 위헌명령을 심사할 수 있음을 분명히 선언하였다.

2) 법규명령의 입법부작위에 대한 헌법소원심판

법률이 법규명령에 위임한 사항을 행정권이 입법화하지 아니하는 이른바 '입법부작위' 상태가 계속되고, 이로 인하여 기본권이 침해된 경우 헌법소원심판의 청구가 가능한가? 다시 말해서 헌법재판소는 법규명령의 입법부작위에 대한 위헌심사를 할 수 있는 것인가?

입법부작위는 ① 입법자가 헌법상 입법의무가 있는 어떤 사항에 관하여 전혀 입법을 하지 아니함으로써 입법행위의 흠결이 있는 경우(입법권의 불행사)인 '진정입법부작위'와 ② 입법자가 어떤 사항에 관하여 입법은 하였으나 그 입법의 내용·범위·절차 등이 당해 사항을 불완전·불충분 또는 불공정하게 규율함으로써 입법행위에 결함이 있는 경우(결함이 있는 입법권의 행사)인 '부진정

---

30) 헌재 1990. 10. 15. 89헌마178 결정.

입법부작위'로 나누어진다.[31]

'부진정입법부작위'를 대상으로 헌법소원을 제기하려면 그 입법부작위를 헌법소원의 대상으로 삼을 수는 없고, 결함이 있는 당해 입법규정 그 자체를 대상으로 하여 그것이 평등의 원칙에 위배된다는 등 헌법위반을 내세워 적극적인 헌법소원을 제기하여야 하며, 이 경우에는 법령에 의하여 직접 기본권이 침해되는 경우라고 볼 수 있으므로 헌법재판소법 제69조 제1항 소정의 청구기간[32]을 준수하여야 한다.[33] 이에 반하여 진정입법부작위의 경우 청구기간의 제한을 받지 않는다.

행정입법의 부작위에 대한 헌법소원이 인정되기 위해서는 ① 행정청에게 헌법에서 유래하는 행정입법의 작위의무가 있어야 하고, ② 상당한 기간이 경과하였음에도 불구하고, ③ 행정입법의 제정(개정)권이 행사되지 않아야 한다.[34]

제 3 절 행정규칙

I. 의 의

행정규칙이란 행정조직 내부관계에서 조직, 업무처리절차, 활동기준 등에 관하여 규율하는 일반·추상적 규정으로서 대외적 구속력이 없는, 즉 법규성이 없는 행정입법을 말한다.

행정권 역시 규범정립권한을 행사할 수 있고, 이러한 고유권한에 의하여 제정된 행정규칙 역시 법규성이 인정된다는 주장도 있다. 하지만 권력분립의 원칙상 규범정립작용은 원칙상 의회에 있고 행정부는 의회의 위임에 따라 하위법령으로서 행정입법을 제정할 수 있을 뿐이다. 물론 행정권이 법률의 집행을 위하여 규정을 제정하는 것은 위임 없이도 가능하다. 하지만 이러한 규정

---

31) 헌재 1996. 11. 28. 95헌마161 결정.
32) 헌법재판소법 제69조(청구기간) ① 제68조 제1항에 따른 헌법소원의 심판은 그 사유가 있음을 안 날부터 90일 이내에, 그 사유가 있는 날부터 1년 이내에 청구하여야 한다. 다만, 다른 법률에 따른 구제절차를 거친 헌법소원의 심판은 그 최종결정을 통지받은 날부터 30일 이내에 청구하여야 한다.
33) 헌재 2009. 7. 14. 2009헌마349 결정.
34) 헌재 1996. 6. 13. 94헌마118등 결정; 헌재 1998. 7. 16. 96헌마246 결정.

은 오로지 법령의 집행에 필요한 사항이나 행정조직 내부를 규율하는 사항만
이 가능하다.

판례 역시 "○○장관의 훈령은 법규의 성질을 가지는 것으로는 볼 수 없고
상급행정기관이 하급기관 및 직원에 대하여 직무권한의 행사를 지휘하고 직무
에 관하여 명령하기 위하여 발한 것으로서 행정조직내부에 있어서의 명령에
지나지 아니하다"라고 판시35)하여 행정규칙의 법규성을 인정하지 않고 있다.

II. 종 류

1. 형식에 따른 분류

일반적으로 행정규칙을 그 형식에 따라 ① 상급기관이 하급기관에 대하
여 그 권한의 행사를 일반적으로 지휘·감독하기 위하여 발하는 명령인 '훈령',
② 상급기관의 직권이나, 하급관청의 문의에 대하여 개별적·구체적으로 발하
는 명령인 '지시', ③ 행정사무의 통일성을 기하기 위한 반복적 행정사무의 처
리기준 또는 법규문서 외의 문서인 '예규', ④ 일직·당직·출장·휴가 등 일일
업무에 관한 명령인 '일일명령' 등으로 나눈다.

하지만 실제로는 훈령, 지시 등과 같은 고유의 형식보다는 '고시'라는 형
식을 취하는 경우가 대부분이다. 현행 법령체계를 살펴보면 법률이 시행령(대
통령령) 또는 시행규칙(총리령 또는 부령)에 위임한 사항에 대한 구체적 기준 등을
고시에 또다시 위임하고 있는 것이 대부분이다.

원래 '고시'란 행정기관이 법령에서 정하는 바에 따라 일정한 사항을 불특
정다수의 일반인들에게 널리 알리는 행위를 말한다. 따라서 고시를 행정규칙
의 형식 중 하나로 보기는 어렵고, 고시라고 해서 모두 행정규칙이 되는 것은
아니다. 판례도 "고시의 법적 성질은 일률적으로 판단될 것이 아니라 고시에
담겨진 내용에 따라 구체적인 경우마다 달리 결정된다고 보아야 한다. 즉, 고
시가 일반·추상적 성격을 가질 때는 법규명령 또는 행정규칙에 해당하지만,
고시가 구체적인 규율의 성격을 갖는다면 행정처분에 해당한다"라고 판시36)
하여 고시는 그 실질적 성질에 따라 법규명령, 행정규칙, 행정처분 등 그 어느

---

35) 대법원 1983. 9. 13. 선고 82누285 판결.
36) 헌재 1998. 4. 30. 97헌마141 결정.

것도 될 수 있다.

2. 내용에 따른 분류

(1) 조직규칙

조직규칙이란 행정기관이 그 보조기관이나 소속관서의 설치, 조직, 내부 권한분배, 사무처리 절차 등을 정하기 위해 발하는 명령이다. 예컨대 사무분 장규정, 업무처리규정, 직제규정 등이 이에 해당한다.

행정기관 중 특히 '영조물'의 관리청이 영조물의 조직, 관리, 사용 등에 관한 사항을 규율하여 발하는 명령을 '영조물규칙'이라 한다. 이 역시 조직규칙의 일종으로 볼 수 있으나, 영조물을 이용하는 일반인들에게도 영향을 미친다는 점에서 약간의 특수성이 존재한다.

(2) 근무규칙

근무규칙이란 상급기관이 하급기관의 근무에 관한 사항을 규율하기 위하여 발하는 행정규칙을 말한다. 다시 말해서 조직 내부에서 조직 구성원이 근무 수행상 준수해야 할 사항을 규정한 규칙을 말한다. 앞에서 설명한 훈령, 지침, 예규, 일일명령 등이 이에 해당한다.

(3) 법률대체규칙 및 법령보충규칙

법률대체규칙이란 법률 등 규범이 없는 경우에 행정활동을 위한 기준을 정하기 위하여 발하는 행정규칙을 말한다. 예컨대 법률에 행정권 발동의 근거만 규정되어 있을 뿐 행정권 행사의 구체적 방법이나 기준 등에 관한 규정이 없는 경우 이러한 사항을 정한 '고시' 등이 이에 해당한다.

법령보충규칙은 법령의 내용이 지나치게 추상적이어서 행정권 행사의 구체적 방법이나 기준 등이 불명확한 경우 이를 구체화하는 행정규칙을 말한다. 법률대체규칙과 법령보충규칙 양자는 법률에 규범이 부존재한 경우와 존재는 하지만 매우 추상적인 경우라는 차이가 있을 뿐 행정권 행사의 구체적 방법이나 기준 등을 구체화한다는 점에서는 동일하다. 따라서 이들 양자를 포섭하는 개념으로 '법령보충규칙'이라는 용어를 사용하여도 무방할 것으로 보인다.

(4) 법령해석규칙

법령해석규칙이란 법령집행의 통일성을 기하고자 법령의 규정에 사용된 불확정개념에 대한 해석 또는 적용방향을 정하여 발하는 명령을 말한다. 동일한 사안에 대하여 행정기관마다 상이한 법령 해석과 적용을 할 경우 혼란을 초래할 수 있기 때문에 이에 대한 통일적 해석 및 적용방향을 정하는 것은 의미 있는 일이다.

(5) 재량준칙

재량준칙이란 재량권행사의 일반적 기준을 설정하기 위하여 발하는 명령을 말한다. 예컨대 법령에서 법규위반자에 대해 '사업을 취소하거나 정지할 수 있다'고 규정하고 있는 경우 사업취소나 정지의 구체적 기준을 정하는 경우가 이에 해당한다. 재량준칙을 발하는 목적은 동일한 사안에 대한 행정의 일관성을 확보하여 국민에게 법적 안정성을 보장하기 위함이다.

현행 법령체계에서는 주로 시행령(대통령령) 또는 시행규칙(총리령 또는 부령) '별표'의 '행정처분기준' 또는 '행정제재기준'이라는 형식으로 제정된다. 이처럼 재량준칙은 그 실질에 있어 행정규칙임에도 불구하고 주로 법규명령(시행령, 시행규칙 등)의 형식으로 제정되는 까닭에 이른바 '법규명령 형식의 행정규칙'이라는 특수한 문제를 유발시킨다. 이러한 '법규명령 형식의 행정규칙'의 법적 성질에 관하여 많은 논의가 전개되고 있는데 이에 대해서는 뒤에서 설명하도록 하겠다.

(6) 규범구체화 행정규칙

규범구체화 행정규칙이란 고도의 기술성이 요구되는 행정영역에 있어서 입법기관이 종국적 규율을 포기하고 규범을 구체화하는 기능을 행정권에 할당한 경우, 그 할당된 범위 내에서 당해 규범을 구체화한 행정규칙을 말한다.

이는 우리나라에서 인정되는 행정규칙의 유형이 아니라 독일에서 판례를 통하여 형성된 이론이다. 독일은 1985년 빌(Wyhl) 판결[37]에서 이를 처음 인정하였다고 한다. 1985년 12월 19일 독일 연방행정법원은 "배출되는 가스나 물을 통해 유출되는 방사능의 노출산정기준에 대한 연방내무성지침은 규범구체화적 지침(Normkonkretisierende Richtlinie)으로서 행정법원을 구속한다"라고 판시하였다. 이는 앞에서 설명한 법령해석규칙과는 달리 규범에 의해 설정된 한계 내에서 행정법원을 직접 구속하는 이른바 법규성이 있다고 한다.[38] 법령의 수

---

37) BVerwGE 72, 300, 301.
38) 홍준형(280면).

권에 의해서가 아니라 법령의 해석에 의해 규범을 구체화한 것이므로 엄격히 말해 법규명령은 아니며, 그 기능상 법규성이 인정되는 행정규칙이라 할 것이다. 하지만 이러한 개념은 행정규칙에 대한 법규성 논의를 더욱 혼란스럽게 할 뿐 우리에게 어떠한 실익도 시사점도 주지 못한다. 따라서 이러한 개념에 대한 논의는 불필요할 것으로 보인다.

실제 독일에서 규범구체화 행정규칙이 등장할 당시에는 빠르게 발전하는 과학기술에 관한 사항을 법률이 미처 규정하지 못하는 법률의 공백으로 인해 조금은 억지스러운 논리의 개발이 필요했으나, 오늘날에는 대부분의 과학기술 영역은 물론이고 인공지능(AI) 등 미래 과학기술에 관한 사항마저도 법률적 근거를 마련하고 있어서 이러한 이론적 확장해석이 필요 없게 되었고, 독일 역시 이에 대한 논의를 더 이상 하지 않고 있다.

Ⅲ. 법적 성질과 효력

1. 법적 성질

법규명령과 행정규칙을 구분하는 전통적 견해는 이른바 '법규성'의 유무이다. 따라서 행정규칙의 법적 성질은 '비법규성'이라 할 것이다. 하지만 오늘날 이에 대한 비판적 논의가 뜨겁게 제기되고 있다.

이러한 논의는 '법원(法源)성', '법규성', '외부적(대외적) 효력' 등과 얽히면서 더욱 혼란스러움을 가중시키고 있다.

법원(法源)이란 법의 인식근거 내지 존재형식으로서의 재판의 근거로 원용(援用)할 수 있는 것을 말한다. 법규성 역시 재판규범성을 포함하는 개념이다. 따라서 법원성과 법규성은 동시에 인정되거나 부인되는 것이지 각자 따로 인정 또는 부인되지 않는다. 행정규칙의 법원성 유무는 법규성 여부에 연동되는 것이므로 이에 대한 별도의 논의를 할 필요성이 전혀 없다.

'법규성'과 '외부적 효력'을 구분하여야 한다는 주장이 있다. 법규성이란 이른바 법규명령성으로서 이들 중에는 행정조직 내부에만 효력이 미치는 것도 있고 반대로 행정규칙이라도 외부적 효력을 가질 수도 있는바, 이들 양자를 구분하여 사용해야 한다는 지적이다.[39] 이는 법규명령과 행정규칙을 그 형

---

39) 김남진(198면).

식만으로 구별할 때에는 타당한 지적일 수 있다. 하지만 실질적 기능에 따라 양자를 구분하는 오늘날에는 법규성과 외부적 효력을 구분하여 사용할 필요가 없다. 결국 '법원(法源)성', '법규성', '외부적(대외적) 효력' 등은 각각 개별적 정의는 가능하지만 논의의 귀결은 동일하므로 이하 본서에서는 이들을 포괄하는 개념으로 '법규성'이라는 용어를 사용한다.

2. 효 력

(1) 비법규성 — 대내적 효력

행정규칙은 원칙적으로 행정조직 내부에만 효력을 미친다. 이는 행정규칙의 비법규적 성질 때문이다. '내부적'이라는 의미는 행정조직법상 지휘·감독권이 미치는 범위 또는 소관업무범위를 말한다. 따라서 행정규칙의 수범자는 하급 행정기관 또는 그 구성원(공무원 또는 영조물 이용자)이다. 수범자가 행정규칙을 위반하면 내부적으로 징계 등 인사적 불이익을 받는다. 하지만 행정규칙에 반하는 행정처분을 하였다 하더라도 그것이 법령을 위반한 것이 아니라면 위법한 처분으로 볼 수 없다. 행정규칙은 법규성 내지는 외부적 효력이 없기 때문이다.

그런데 실제 국민들이 체감하는 것은 법령보다 오히려 행정규칙을 위반한 처분으로 국민들의 권익이 침해당하는 경우가 많다. 하지만 이러한 처분으로 권익이 침해당해도 행정규칙은 재판규범성이 부정되므로 그 처분의 위법성을 인정받기 어렵다. 이러한 까닭에 행정규칙의 법규성(대외적 효력) 인정 가능성에 대한 논의가 뜨겁게 전개되고 있는 것이다.

(2) 기능상 법규성

비록 행정규칙의 형식을 취하고 있으나 그 기능상 법규성, 즉 법규명령적 성질이 인정되는, 다시 말해서 대외적 효력이 있는 행정규칙의 개념을 인정하는 것이 통설과 판례의 태도이다. 이처럼 기능적 법규성이 인정되는 행정규칙은 주로 법령보충규칙인 경우가 대부분이다.

판례는 일관되게 "법령보충적인 행정규칙은 당해 법령의 위임한계를 벗어나지 아니하는 범위 내에서[40] 그것들과 결합하여 법규적 효력, 즉 대외적으

---

40) 위임의 한계를 벗어난 고시에 대해 법규성을 부인한 대표적 판례로는 대법원 2000. 9. 29. 선고 98두12772 판결을 들 수 있다; 구 독점규제및공정거래에관한법률 제23조 제3항은 "공정거래위원회가 불공정거래행위를 예방하기 위하여 필요한 경우 사업자가 준수하여야 할 지침을 제

로 구속력이 있는 법규명령의 성질을 가진다"라고 판시[41]하여 법령보충규칙의 기능상 법규성을 제한적으로 인정하고 있다.

행정규제기본법 제4조 제2항은 "규제는 법률에 직접 규정하되, 규제의 세부적인 내용은 법률 또는 상위법령에서 구체적으로 범위를 정하여 위임한 바에 따라 대통령령·총리령·부령 또는 조례·규칙으로 정할 수 있다. 다만, 법령에서 전문적·기술적 사항이나 경미한 사항으로서 업무의 성질상 위임이 불가피한 사항에 관하여 구체적으로 범위를 정하여 위임한 경우에는 고시 등으로 정할 수 있다"라고 규정하고 있는데, 이 규정 역시 고시의 기능상 법규성을 인정하고 있는 것으로 보인다.

(3) 행정법의 일반원칙의 조력에 의한 사실상 법규성

앞에서 설명한 것처럼 행정규칙은 원칙적으로 법규성, 즉 대외적 효력이 없기 때문에 행정권이 이에 반하는 처분을 하였다 해도 사법심사를 통해 그 위법성을 인정받기가 어렵다. 행정규칙 역시 법규명령 못지않게 국민의 권익에 직접적인 영향을 미침에도 불구하고 대외적 효력이 부정되는 불합리를 극복하기 위해 평등의 원칙, 행정의 자기구속의 법리 등과 같은 행정법의 일반원칙의 조력을 받아 행정규칙의 사실상 법규성을 인정하는 시도가 있다. 특히 재량준칙에서 이런 논의가 활발히 전개되고 있다.

재량준칙에 따라 행정청이 재량권을 최초 행사한 다음부터는 평등의 원칙(행정의 자기구속의 법리)에 따라 최초 행사한 재량권과 동일한 수준의 재량권을 다른 자에게도 행사하여야 한다. 이처럼 재량준칙이 정립될 경우 행정청은 재

정·고시할 수 있다."고 규정하고 있으므로 위 위임규정에 근거하여 제정·고시된 표시·광고에 관한공정거래지침의 여러 규정 중 불공정거래행위를 예방하기 위하여 사업자가 준수하여야 할 지침을 마련한 것으로 볼 수 있는 내용의 규정은 위 법의 위임범위 내에 있는 것으로서 위 법의 규정과 결합하여 법규적 효력을 가진다고 할 것이나, 위 지침 Ⅲ(규제대상 및 법 운용방침) 2(법운용방침) (나)호에서 정하고 있는 '문제되는 표시·광고내용에 대한 사실 여부 또는 진위 여부에 관한 입증책임은 당해 사업자가 진다'는 입증책임규정은 원래 공정거래위원회가 부담하고 있는 표시·광고 내용의 허위성 등에 관한 입증책임을 전환하여 사업자로 하여금 표시·광고 내용의 사실성 및 진실성에 관한 입증책임을 부담하게 하는 것으로서 사업자에게 중대한 불이익을 부과하는 규정이라 할 것이므로 이러한 사항을 지침으로 정하기 위하여는 법령상의 뚜렷한 위임근거가 있어야 할 것인데, 위 법규정은 공정거래위원회로 하여금 불공정거래행위를 예방하기 위하여 사업자가 준수하여야 할 사항을 정할 수 있도록 위임하였을 뿐 입증책임 전환과 같은 위 법의 운용방침까지 정할 수 있도록 위임하였다고는 볼 수 없으므로 위 입증책임규정은 법령의 위임 한계를 벗어난 규정이어서 법규적 효력이 없다.

41) 대법원 1996. 4. 12. 선고 95누7727 판결.

량준칙에 스스로 구속되어 재량준칙에 따른 대외적 처분을 하여야 하기 때문에 재량준칙이 사실상 법규성을 갖게 된다. 이러한 재량준칙의 성질을 '준법규성'이라 하는 견해[42]도 있으나 법규성의 또다른 유형이 존재하는 것으로 오해할 수 있으므로 '사실상 법규성'이라 하는 것이 타당하다.

판례도 "재량권행사의 준칙인 규칙이 그 정한 바에 따라 되풀이 시행되어 행정관행이 이룩되게 되면, 평등의 원칙이나 신뢰보호의 원칙에 따라 행정기관은 그 상대방에 대한 관계에서 그 규칙에 따라야 할 자기구속을 당하게 되고, 그러한 경우에는 대외적인 구속력을 가지게 된다 할 것이다"라고 판시[43] 하여 재량준칙의 사실상 법규성을 인정하고 있다.

행정법의 일반원칙은 다른 원칙들과의 충돌이 있거나 사정이 변경된 경우 등과 같이 특별한 공익상의 필요가 존재하면 그 적용이 배제될 수 있으므로 행정법의 일반원칙의 조력을 통해 인정된 사실상 법규성은 매우 불안정할 수밖에 없다.

(4) 사견 — 행정규칙 비법규성에 대한 비판

행정입법을 법규명령과 행정규칙으로 구분하는 형식적 논의는 이미 그 역사적 소명을 다하였다고 확신한다. 형식적 법치주의하에서 사법부와 입법부로부터 행정권의 자유로운 영역을 조금이라도 더 확보하기 위해 행정입법의 대외적 효력을 가능한 부인하려했던(대외적 효력이 있으면 재판통제의 대상이 되므로 최대한 재판규범성이 없는 행정입법의 영역을 확장하려 했다) 과거 독일의 '행정규칙론'에 우리가 여전히 집착해야 할 실익이 전혀 없다.

오늘날 행정과정을 행태적으로 분석해 보더라도 공권력을 행사하는 담당 공무원은 시행령·시행규칙과 같은 법규명령과 고시나 예규와 같은 행정규칙을 전혀 구분하여 고려하지 않는다. 그 중요성에 대한 경중도 따지지 않는다.

행정규칙은 법규명령에 비하여 제정절차가 단순하고, 그 통제수단이 미약하므로 대외적 효력을 인정할 경우 국민의 권익을 침해할 여지가 있으므로 법규명령과 행정규칙을 구별하여 행정규칙의 법규성을 부인해야 한다는 논리가 이제는 전혀 설득력이 없다고 보여진다. 정말 그것이 문제라면 행정규칙의 통제절차를 강화하면 되는 것이지 그 대외적 효력을 처음부터 부정해야 할 이유

---

42) 박균성(160면).
43) 헌재 1990. 9. 3. 90헌마13 결정.

가 없다. 실제로 이미 '고시'의 경우 시행규칙(총리령 또는 부령)과 마찬가지로 규제심사와 법제심사 등의 통제절차를 거치고 있다.

오로지 순수하게 근무관계나 업무처리절차 등과 같이 행정조직 내부의 사항을 규율하는 것을 제외하고는 행정규칙 역시 그것이 사실상 국민의 권리 및 의무에 영향을 준다면 원칙적으로 대외적 효력을 인정하여야 한다.

행정입법을 법규명령과 행정규칙으로 구분하는 종래의 2분법을 버리고, 법규명령, 기능상 법규명령, 원래 의미의 행정규칙으로 구분하는 3분법을 제안한다.

'법규명령'은 종래와 같이 '헌법에서 정하고 있는 형식을 갖춘 명령과 비록 헌법에서 정하고 있는 형식을 갖추지는 못하였지만 법률의 위임에 의해서 대외적 효력을 가지는 명령'을 말하며, '기능상 법규명령'은 '헌법에서 정하고 있는 형식을 갖추지 못하였고 법률의 구체적 위임도 없으나 국민의 권리·의무에 영향을 미치고 대외적 효력을 가지는 행정규칙'을 말하며, '원래 의미의 행정규칙'이란 '오로지 순수하게 행정조직 내부의 근무관계나 업무처리절차 등과 같이 행정조직 내부의 사항을 규율하는 행정규칙'을 말한다.

Ⅳ. 특수문제 — 형식과 실질의 불일치

1. 법규명령 형식의 행정규칙

(1) 문제의 소재

내용상 행정조직 내부의 사무처리 절차나 기준에 불과한 사항이 법규명령의 형식으로 제정된 경우에 이러한 법규명령의 법규성 인정여부가 문제 된다.

국가공무원의 복무에 관한 사항을 「국가공무원 복무규정」(대통령령), 「국가공무원 복무규칙」(총리령)으로 규정하고 있는 경우가 이에 해당한다.

또한 재량준칙이 시행령(대통령령) 또는 시행규칙(총리령 또는 부령) '별표'의 '행정처분기준' 또는 '행정제재기준'이라는 형식으로 제정되는 경우도 이에 해당한다.[44]

---

44) <입법례> 「건축사법 시행령」[별표 2]
업무정지 등 처분기준(제29조의2 관련)

 1. 일반기준
　가. 위반행위의 횟수에 따른 행정처분의 기준은 최근 1년간 같은 위반행위로 행정처분을 받은 경우에 적용한다. 이 경우 위반행위

(2) 학설의 대립

1) 형식설

법규명령과 행정규칙이 각각 고유한 법형식을 가지고 있다는 것을 전제로, 형식이 법규명령으로 규정된 이상 그것이 국민의 자유·재산에 관계없는 사항일지라도 국민을 사실상 구속하게 되고 따라서 당연히 법규성을 인정하여야 한다는 견해이다.

2) 실질설

법규명령과 행정규칙의 구별은 그 성질과 기능에 따라 구별되는 것이라는 것을 전제로, 형식이 비록 법규명령이라 할지라도 행정규칙의 성질이 변하는 것은 아니므로 법규성을 부인하는 것이 타당하다는 견해이다.

(3) 판례의 태도

1) 시행규칙(부령) 형식의 재량준칙

판례는 "제재적 행정처분의 기준이 부령의 형식으로 규정되어 있더라도 그것은 행정청 내부의 사무처리준칙을 정한 것에 지나지 아니하여 대외적으로 국민이나 법원을 기속하는 효력이 없다"라고 판시[45]하여 일관되게 시행규칙(부령) 형식으로 제정된 재량준칙의 법규성을 부인하고 있다.

2) 시행령(대통령령) 형식의 재량준칙

판례는 시행규칙(부령) 형식으로 제정된 재량준칙의 법규성을 부인하고 있는 것과는 달리, "당해 처분의 기준이 된 주택건설촉진법시행령 제10조의3 제1항 [별표 1]은 주택건설촉진법 제7조 제2항의 위임규정에 터잡은 규정형식상 대통령령이므로 그 성질이 부령인 시행규칙이나 또는 지방자치단체의 규칙과

에 대하여 행정처분을 한 날과 그 처분 후 다시 같은 위반행위를 적발한 날을 각각 기준으로 하여 위반횟수를 계산한다.
나. 위반행위가 둘 이상인 경우로서 그에 해당하는 각각의 처분기준이 다른 경우에는 그 중 무거운 처분기준에 따른다. 다만, 둘 이상의 처분기준이 모두 업무정지인 경우에는 가장 무거운 처분(처분기준이 같을 때에는 그 중 하나의 처분기준을 말한다)에 나머지 각 위반행위에 해당하는 업무정지 기간의 2분의 1을 합산한 기간까지 가중하여 처분할 수 있되, 그 합산한 업무정지 기간이 1년을 넘을 때에는 1년으로 한다.
다. 가목 및 나목에 따른 행정처분이 업무정지인 경우에는 고의나 중대한 과실 여부 또는 공중(公衆)에 미치는 피해의 규모 등 위반행위의 동기·내용 및 위반의 정도 등을 고려하여 업무정지 기간의 2분의 1 범위에서 처분을 가중하거나 감경할 수 있다. 이 경우 그 가중한 업무정지기간은 1년을 넘을 수 없다.

2. 개별기준

위반사항	근거 법조문	처분기준			
		1차위반	2차위반	3차위반	4차위반 이상
가. 거짓이나 그 밖의 부정한 방법으로 건축사사무소개설 신고를 한 사실이 드러난 경우	법 제28조 제1항 제1호	신고효 력상실			

45) 대법원 2007. 9. 20. 선고 2007두6946 판결.

같이 통상적으로 행정조직 내부에 있어서의 행정명령에 지나지 않는 것이 아니라 대외적으로 국민이나 법원을 구속하는 힘이 있는 법규명령에 해당한다"라고 판시[46]하여 시행령(대통령령) 형식으로 제정된 재량준칙에 대해서는 법규성을 인정하고 있다.

헌법 제75조가 위임명령으로서 대통령령에 관하여 규정하고 있듯이 부령역시 헌법 제95조가 규정을 하고 있는바, 대통령령과 부령을 달리 취급해야할 이유가 없음에도 이러한 태도를 보이는 판례의 태도를 이해하기 어렵다.[47]

그런데 아이러니 하게도 이러한 판례의 태도 때문에 대대적인 법령정비 작업을 하여 종래 시행규칙에 있던 재량준칙이 거의 모두 시행령으로 옮겨졌다.

그렇다면 판례가 대통령령 형식의 재량준칙을 '사실상 법규명령'으로 인정하고 있는 이상, '법규명령 형식의 재량준칙'의 법규성 인정여부에 대한 논의는 더 이상 의미가 없게 되었다. 사실상 부령형식의 재량준칙의 예를 찾아보기 어렵기 때문이다.

한편 판례는 "시행령 [별표]의 「위반행위의 종별에 따른 과징금 처분기준」은 법규명령이기는 하나 모법의 위임규정의 내용과 취지 및 헌법상의 과잉금지의 원칙과 평등의 원칙 등에 비추어 같은 유형의 위반행위라 하더라도 그 규모나 기간·사회적 비난 정도·위반행위로 인하여 다른 법률에 의하여 처벌받은 다른 사정·행위자의 개인적 사정 및 위반행위로 얻은 불법이익의 규모 등 여러 요소를 종합적으로 고려하여 사안에 따라 적정한 과징금의 액수를 정하여야 할 것이므로 그 수액은 정액이 아니라 최고한도액이다"라고 판시[48]한바 있다. 이는 행정처분기준이 법규성에 따라 기속적으로 적용되더라도 그 기준은 '최고한도'일 뿐 구체적 처분은 공익침해의 정도와 그 처분으로 인하여개인이 입게 될 불이익을 비교 교량하여 판단할 수 있다는 것으로 해석된다. 판결의 취지는 이해되지만 법규명령과 행정규칙, 그리고 기속행위와 재량행위에 대한 기본적 이해를 혼란스럽게 하는 석연치 않은 판례로 평가된다.

---

46) 대법원 1997. 12. 26. 선고 97누15418 판결.
47) 김동희(151면).
48) 대법원 2001. 3. 9. 선고 99두5207 판결.

2. 행정규칙 형식의 법규명령

(1) 문제의 소재

그 형식은 고시나 훈령과 같은 행정규칙인데 실질적 내용은 대국민적 구속력을 가지는 법규명령인 경우에 이러한 행정규칙의 법규성 인정여부가 문제된다. 이는 주로 법령보충규칙과 관련하여 발생하는 문제이다.

(2) 학설의 대립

1) 형식설

법규명령의 형식은 헌법에 명시되어 있는바 이러한 형식을 취하지 않은 행정규칙을 법규명령으로 볼 만한 정당한 이유가 없다는 주장이다.

2) 실질설

형식이 행정규칙이라 할지라도 그 실질적 내용이 법률보충적 성격을 가지면 법규성을 인정해야 한다는 주장이다.

(3) 판례의 태도

판례는 일관되게 "상급행정기관이 하급행정기관에 대하여 업무처리지침이나 법령의 해석적용에 관한 기준을 정하여서 발하는 이른바 행정규칙은 일반적으로 행정조직 내부에서만 효력을 가질 뿐 대외적인 구속력을 갖는 것은 아니지만, 법령의 규정이 특정행정기관에게 그 법령내용의 구체적 사항을 정할 수 있는 권한을 부여하면서 그 권한행사의 절차나 방법을 특정하고 있지 아니한 관계로 수임행정기관이 행정규칙의 형식으로 그 법령의 내용이 될 사항을 구체적으로 정하고 있다면 그와 같은 행정규칙은 행정규칙이 갖는 일반적 효력으로서가 아니라, 행정기관에 법령의 구체적 내용을 보충할 권한을 부여한 법령규정의 효력에 의하여 그 내용을 보충하는 기능을 갖게 된다 할 것이므로 이와 같은 행정규칙은 당해 법령의 위임한계를 벗어나지 아니하는 한 그것들과 결합하여 대외적 구속력이 있는 법규명령으로서의 효력을 갖게 된다"라고 판시[49]하여 법령보충규칙의 기능상 법규성을 인정하고 있다.[50]

---

49) 대법원 1987. 9. 29. 선고 86누484 판결.

50) 식품제조영업허가기준이라는 고시는 공익상의 이유로 허가를 할 수 없는 영업의 종류를 지정할 권한을 부여한 구 식품위생법 제23조의3 제4호에 따라 보건사회부장관이 발한 것으로서, 실질적으로 법의 규정내용을 보충하는 기능을 지니면서 그것과 결합하여 대외적으로 구속력이

제 2 장 행정행위

제 1 절 행정행위의 의의

Ⅰ. 행정행위의 개념

1. 행정행위

'행정행위'라는 관념은 19세기 독일 행정법이론의 산물이다. 오토 마이어가 주도한 19세기 독일 행정법은 사법(私法)이론의 기본 구조라 할 수 있는 '법률관계', '법적 효과', '주체와 객체', '법률행위(의사표시)' 등과 같은 관념을 여전히 답습하고 있었다. 사법관계에서 법률관계를 성립시키고 법적 효과를 발생시키는 이른바 법률행위(의사표시)의 관념을 행정법관계에 대입하여 도출해 낸 것이 '행정행위'라는 개념이다. 다시 말해서 행정행위란 '행정주체가 행정법관계를 성립시키고 행정법적 효력을 발생시키기 위하여 행하는 법률행위(의사표시)'인 것이다. 결국 행정행위라는 관념은 행정법이론을 설명하기 위한 강학상의 관념일 뿐이다. 따라서 행정행위의 개념 역시 학술적으로 규명할 수 있을 뿐이지 실정법에 의해 정의되어 있지 않다.

행정행위의 개념은 그것이 포괄하는 범위의 광협에 따라 다양하게 정의되어질 수 있다. 행정행위라는 관념을 오늘날까지 유지하고 있는 까닭이 실정법상 다양한 행정작용 중 공통적 성질의 것들을 유형화하여 공통의 원리를 규명함에 있다고 한다면 공통의 원리를 추출하기에 적합하게 그 개념을 가장 좁게 정의하는 것이 타당할 것이다. 따라서 오늘날에는 행정행위를 최협의로 정의하는 것이 통설적 경향이다.

행정행위를 최협의로 정의하면 '행정청이 법 아래에서 구체적 사실에 관한 법집행으로 행하는 권력적 단독행위로서 공법행위'이다. 이를 분설하면 다

있는 법규명령의 성질을 가진 것이다(대법원 1994. 3. 8. 선고 92누1728 판결).

음과 같다.

첫째, '행정청의 행위'이다. 행정청에는 법령에 의하여 행정권한의 위임 또는
위탁을 받은 행정기관, 공공단체 및 그 기관 또는 공무수탁사인이 포함된다.[1]

둘째, '공법행위'이다. 법적 행위, 즉 법적 효과를 발생시키는 행위이므로
사실행위와 구별된다. 또한 공법행위이므로 사법(私法)행위 역시 제외된다.

셋째, '구체적 법집행행위'이다. 따라서 추상적 규범정립작용인 행정입법
과 구분된다.

넷째, '권력적 단독행위'이다. 행정지도와 같은 비권력적 행위는 제외된다.
또한 단독행위이므로 공법상 계약이나 공법상 합동행위와도 구별된다.

2. 형식적 행정행위

실정법상 행정행위와 가장 유사한 의미로 사용되는 용어는 '처분'이다.
「행정소송법」제2조 제1항 제1호는 처분을 '행정청이 행하는 구체적 사실에
관한 법집행으로서의 공권력의 행사 또는 그 거부와 그 밖에 이에 준하는 행
정작용'으로 정의하고 있다. 여기서 '행정청이 행하는 구체적 사실에 관한 법
집행으로서의 공권력의 행사 또는 그 거부'의 의미는 행정행위의 최협의적 개
념인 '행정청이 법 아래에서 구체적 사실에 관한 법집행으로 행하는 권력적 단
독행위로서 공법행위'와 동일하다. 그렇다면 문제는 '그 밖에 이에 준하는 행정
작용'이란 도대체 무엇을 의미하는 것인지에 있다. 이에 대한 정확한 의미를
확정하기는 어렵다.

다만 행정소송의 대상으로서 '처분'의 개념은 전통적 의미의 행정행위 이
외에 '행정청의 행위가 구체적 법집행 행위인 공권력행사로서 실체는 갖추고
있지 않으나 그것이 행정목적의 실현을 위하여 계속적으로 국민에게 사실상
의 지배력 또는 영향을 미치는 행정작용'을 포함하므로, '그 밖에 이에 준하는
행정작용'이란 바로 이러한 행정작용을 의미하는 것으로 추론된다. 권력적 사
실행위, 구속적 행정계획, 처분성이 인정되는 법규명령 등이 이에 해당할 것
이다. 이처럼 전통적 의미의 행정행위는 아니지만 행정소송법상 처분에 포함
되는 '그 밖에 이에 준하는 행정작용'을 특히 '형식적 행정행위'라 한다. 따라
서 행정소송법에서의 '처분'은 전통적(실체적) 의미의 행정행위와 형식적 행정

---

1)「행정소송법」제2조 제2항.

행위를 모두 포함한다.

그러나 '형식적 행정행위'를 별도로 구분하여 인정해야 할 실익이 없다. 행정행위 개념의 존재의의가 '행정작용 중 공통적 성질의 것들을 유형화하여 공통의 원리를 규명하기 위한 것'이므로 오히려 여러 가지 잡다한 행정작용을 포함하는 '형식적 행정행위'라는 개념을 인정하는 것이 행정행위 개념의 존재 의의를 몰각시킬 우려가 있다.

전통적 의미의 강학상 행정행위와 행정소송법상 처분 개념을 각각 정의 하여 이해하면 될 것이지 이를 굳이 일치시키기 위해 '형식적 행정행위'라는 복잡한 개념을 또다시 창설할 필요가 없다는 것이다.

3. 일반처분

(1) 의 의

독일 행정법학은 전통적으로 '일반적·추상적' 명령을 행정입법으로, '개별 적·구체적' 명령을 행정행위로 분류하여 후자에 대해서만 처분성을 인정하였 다. 그렇다면 '일반적이지만 구체적' 명령은 어떻게 이해해야 할 것인가?

예컨대 고속도로 나들목(인터체인지)에 연결된 도로의 교통표지판에 표시된 최고제한속도가 지나치게 저속으로 제한되어 있다고 가정해 보자. 인근 물류 창고의 차량은 하루에도 수십 차례 이 도로를 통하여 고속도로에 진입하여야 하는데 최고제한속도가 너무나 저속으로 제한되어 있어 물류시간과 비용에 커다란 부담을 느끼고 있다. 하지만 이 교통표지판에 표시된 최고제한속도는 이 도로를 지나는 모든 차량 운전자, 즉 불특정 다수인에게 적용되는 것으로 수범자가 '개별적'으로 특정된 것이 아니므로 '행정행위(처분)'로 보기 어렵다. 당연히 행정소송을 통한 구제가 곤란하다. 물류창고 경영자가 구제를 받을 수 있는 방법은 무엇인가?

이러한 문제에 대한 해결의 방법으로 독일에서는 이른바 일반처분이라는 개념을 도입하였다. 일반처분이란 수범자의 범위(인적 범위)는 일반적(불특정)이 지만 규율의 내용(대상)은 구체적인 것을 말한다. 독일 「연방행정절차법」 제35 조 제2문은 일반처분을 '일반적인 특성에 따라 특정되어지거나 특정되어질 수 있는 인적 범위에 미치거나, 사물의 공법상의 특성 또는 공중에 의한 물건의 사용에 관한 행정행위'라고 규정하고 있다.

(2) 종 류

1) 인적 일반처분

인적 일반처분이란 처분의 상대방(수범자)이 일반적 징표에 의하여 객관적으로 특정되어질 수 있는 것을 말한다. 예컨대 특정의 단체를 개별적으로 지정하지는 않았지만 '특정의 주장이나 퍼포먼스를 하거나 할 예정인 단체'에 대하여 집회 및 시위를 금지하는 것이 이에 해당한다.

2) 물적 일반처분

물적 일반처분이란 물건에 공법적 성격을 부여·변경·박탈하는 등 물건의 성질이나 상태를 규율하는 처분을 말한다. 오로지 물건에 대한 명령이므로 인적 범위가 특정되지 않았다는 점에서 일반처분에 해당한다. 물적 일반처분의 예로는 특정 토지에 대한 도로지정처분을 들 수 있다.

3) 공공시설 이용규율

공중에 의해 사용되는 물건, 즉 공공시설에 대한 이용규율을 말한다. 영조물이용규율, 교통신호, 교통표지판 등이 이에 해당한다.

(3) 인정가능성

독일과 달리 우리나라는 일반처분에 대한 규정이 없으므로 이를 인정할 것인지는 오로지 학설과 판례에 의존할 수밖에 없다.

판례는 "지방경찰청장이 도로교통법 제10조 제1항에 의하여 횡단보도를 설치한 경우 보행자는 횡단보도를 통해서만 도로를 횡단하여야 하고 차의 운전자는 횡단보도 앞에서 일시정지 하는 등으로 횡단보도를 통행하는 보행자를 보호할 의무가 있음을 규정하는 도로교통법의 취지에 비추어 볼 때 지방경찰청장이 횡단보도를 설치하여 보행자의 통행방법 등을 규제하는 것은 행정청이 특정사항에 대하여 의무의 부담을 명하는 행위이고 이는 국민의 권리의무에 직접 관계가 있는 행위로서 행정처분이라고 보아야 할 것이다"라고 판시[2]하여 '횡단보도설치'의 처분성을 인정하였다. 물론 '횡단보도의 설치'가 일반처분인지의 여부에 대해서는 언급이 없으므로 해석에 맡길 수밖에 없다.

강학상 의미의 행정행위나 행정소송법상 처분개념이나 모두 '구체적 사실에 관한 법집행'을 언급하고 있을 뿐 수범자의 범위(인적 범위)의 특정을 요구하

---

[2] 대법원 2000. 10. 27. 선고 98두8964 판결.

지는 않는다. 따라서 '일반처분'이라는 어려운 개념을 군이 새로이 창설하지 않아도 이들에 대한 처분성을 인정하는 것은 전혀 어렵지 않기 때문에 행정소 송법상 '처분' 개념 이외에 일반처분의 개념을 별도로 인정할 실익이 없다.

Ⅱ. 행정행위의 종류

1. 법률행위적 행정행위와 준법률행위적 행정행위

행정행위의 구성요소 및 법률효과의 발생 원인에 따른 분류로서, 전자는 법집행을 위한 의사표시를 요소로 하고 의사표시의 내용에 따라 법률효과가 발생하는 행정행위를 말하고, 후자는 의사표시 이외의 판단이나 인식 등과 같 은 정신작용을 요소로 하고 법규가 정하는 바에 따라 법률효과가 발생하는 행 정행위를 말한다. 전자의 예로는 하명, 허가, 특허 등이 있고, 후자의 예로는 확인, 공증, 통지, 수리 등이 있다.

2. 기속행위와 재량행위

법에 기속되는 정도에 따른 분류로서, 근거법에 행위의 요건 및 내용이 엄격하게 규정되어 있는 행위를 기속행위, 행위의 요건과 내용에 행정청의 독 자적 판단을 인정하는 행위를 재량행위라 한다. 이에 대해서는 다음 절에서 자세히 설명하기로 한다.

3. 수익적·침익적·복효적 행정행위

상대방에 대한 효과에 따른 분류로서, 상대방에게 권익을 부여하거나 의 무를 면제하여 주는 행위를 수익적 행정행위, 상대방에게 의무를 과하거나 권 익을 박탈하는 행위를 침익적 행정행위, 이들 효과가 동시에 발생하는 행위를 복효적 행정행위라 한다.

복효적 행정행위에는 동일 당사자에게 수익적 효과와 침익적 효과가 동 시에 나타나는 이중효과적 행정행위와 어느 일방에게는 수익적 효과가 타방 당사자에게는 침익적 효과가 나타나는 제3자효적 행정행위가 있다.

4. 쌍방적 행정행위와 일방적 행정행위

상대방의 협력요부에 따른 분류로서, 상대방의 신청, 출원, 동의 등과 같은 협력을 요하는 행위를 쌍방적 행정행위라 하고, 상대방의 협력을 요하지 않는 행위를 일방적 행정행위라 한다.

'쌍방적 행정행위'라는 표현이 적절하지 않다는 지적이 있다. 쌍방적 행정행위는 당사자 의사가 대등한 지위에 있는 공법상 계약과 달리 행정청의 의사가 주도적이며 사인의 의사는 보충적·협력적 수준에 불과한 것이므로 '쌍방적'이라는 대등관계적 표현보다는 '상대방의 협력을 요하는 행정행위'라 하는 것이 타당하다는 설명이다.

제 2 절   기속행위와 재량행위

Ⅰ. 기속행위와 재량행위의 의의

1. 개 설

행정권 발동의 근거법에 대한 기속의 정도에 따라 기속행위와 재량행위로 나누어진다는 것은 이미 설명하였다. 엄격한 형식적 권력분립론에 따른다면 행정권은 오로지 의회가 제정한 법규범에 따라 기계적 법집행만을 하여야 할 것이다. 하지만 행정의 특성상 한정된 인적·물적 자원으로 국가의 모든 대내외적 현안에 대응하기 위해서는 행정력 발동의 최적화를 위한 판단이 필수적이다. 다시 말해서 행정의 특질상 행정청은 행정권 발동을 할 것인지, 어떠한 수단으로 발동할 것인지, 어느 시점에 할 것인지 등에 대한 최적화 판단을 할 수밖에 없다. 결국 권력분립의 원칙을 강조한다면 행정권발동의 원칙적 행위모델이 기속행위가 되어야 하지만, 행정의 속성을 고려한다면 행정권발동의 대부분은 재량행위일 수밖에 없는 아이러니가 존재한다.

그런데 전통적인 독일 행정법이론은 법원(사법부)이 행정권의 재량적 판단에 대하여 사법심사를 할 수 없다고 보았다. 왜냐하면 해당 분야의 전문성과 경험을 충분히 가지고 있는 행정청의 최적화 판단에 대해 전문성이 부족한 법원이 이를 또다시 판단하는 것은 이치에 맞지 않다는 것이다. 그렇다면 사실상 대부분의 행정권발동이 사법심사에서 제외되어 행정에 대한 사법적 구제가 무력화될 수 있다. 따라서 과거 독일 행정법학에서는 기속행위와 재량행위를 구분하는 기준에 민감할 수밖에 없었고 가능한 재량행위의 범위를 좁게 해석하려고 노력하였다. 하지만 오늘날에는 재량행위도 그 일탈·남용이 있는 때에는 행정소송을 통한 구제가 가능해졌기 때문에 기속행위와 재량행위의 구분론이 과거처럼 치열하지는 않다. 그래도 기속행위와 재량행위는 사법심사의 방식이 다르고, 기속행위에는 행정행위 부관을 붙일 수 없다는 것이 판례의 태도이므로 기속행위와 재량행위의 구분론은 여전히 의미가 있다.

2. 기속재량행위와 자유재량행위

앞에서 설명한 것처럼 과거 독일 행정법학은 사법심사에서 제외되는 재량행위의 범위를 가능한 좁혀서 사법적 구제 가능성을 높이려고 노력하였다. 그 일환으로 탄생한 이론이 이른바 재량행위를 기속재량행위와 자유재량행위로 나누는 것이다.

기속재량행위란 '무엇이 법인가?'에 대한 행정권의 독자적 판단을 허용하는 것으로서, 그 재량을 위반할 경우에는 기속행위의 위반과 마찬가지로 위법행위가 되고 따라서 사법심사의 대상이 된다. 왜냐하면 '무엇이 법인가?'라는 명제는 이미 일의적으로 확정되어 조리법화 되어있는 까닭에 재량적 판단의 여지가 거의 없기 때문이다. 다시 말해서 행정권의 판단은 이미 '독자적'이기보다는 '기속적'이기 때문에 기속행위와 동일하게 취급될 수 있다는 것이다.

반면에 자유재량행위란 '무엇이 합목적적인가? 또는 무엇이 가장 공익에 합치되는가?'에 대한 행정권의 독자적 판단을 허용하는 것으로서 이를 위반할 경우에는 부당행위는 될지언정 위법을 구성하지는 못한다. 따라서 사법심사의 대상에서 제외된다. 이는 원래 의미의 재량행위라 할 수 있다.

하지만 오늘날에는 사법심사 방식의 차이만 있을 뿐 재량행위 역시 사법적 구제가 가능하므로 재량행위를 축소하기 위한 이 같은 시도는 그 의미가 거의 없다고 보여 진다. 더욱이 '무엇이 법인가?'라는 것에 대한 판단은 사법부의 전형적·전속적 권한에 속하는 것이지 행정권의 판단권한이 아니므로 이는

이미 재량행위라기보다는 기속행위로 보아야 할 것이다.[3]

하지만 이에 대한 반론도 있다. ① 기속재량행위의 경우에는 허가 등을 거부할 중대한 공익상 필요가 있다는 것을 행정청이 입증해야 하지만 재량행위의 경우에는 재량권의 일탈·남용이 있다는 것을 원고가 입증해야 하는 점, ② 기속재량행위는 허가 등을 거부할 공익상 필요가 없는 경우에는 그 거부가 위법하지만 재량행위는 허가 등을 거부로 신청자가 받을 불이익이 공익상 필요보다 심히 큰 경우에만 위법이 된다는 점, ③ 기속재량행위의 경우 법원은 행정청의 판단에 대한 전면적 심사가 가능하지만 재량행위의 경우 법원의 심사범위는 재량권의 일탈·남용 여부로 제한된다는 점, ④ 기속재량행위에는 명문의 규정이 없는 한 원칙적으로 부관을 붙일 수 없다는 점 등 양자의 상이함이 존재하므로 기속재량행위의 관념을 인정해야 한다는 주장이다.[4]

그러나 이 주장에서 제기된 기속재량행위의 특성은 이미 재량행위로서의 본질을 벗어나 기속행위의 본질에 가까운 것이기 때문에 기속재량행위를 기속행위의 일종으로 평가하여도 전혀 문제될 것이 없을 것으로 보인다.

판례는 "허가사항 변경허가에 있어서 소관 행정청은 그 허가신청이 위 법조의 요건에 합치하는 때에는 특별한 사정이 없는 한 이를 허가하여야 하고 공익상 필요가 없음에도 불구하고 허가를 거부할 수 없다는 의미에서 그 허가 여부는 기속재량에 속하는 것이라 할 것이다"라고 판시[5]하여 여전히 '기속재량행위'의 관념을 인정하고 있다.

그러면서도 판례는 또한 "채광계획인가는 기속재량행위에 속하는 것으로 보아야 하며, 일반적으로 기속재량행위에는 부관을 붙일 수 없고 가사 부관을 붙였다 하더라도 이는 무효이다"라고 판시[6]하여 기속재량행위를 기속행위와 동일하게 취급하는 것처럼 보인다.

판례의 태도가 기속재량행위를 기속행위로 보는 것인지 아니면 자유재량행위에 비해 그 기속성은 강하지만 여전히 재량행위의 일종으로 보는 것인지는 불분명하다.

---

3) 홍준형(133면).
4) 박균성(206면).
5) 대법원 1985. 12. 10. 선고 85누674 판결.
6) 대법원 1997. 6. 13. 선고 96누12269 판결.

3. 결정재량과 선택재량

행정권 발동을 할 것인지 또는 하지 아니할 것인지에 대한 독자적 판단이 행정청에게 허용된 경우를 결정재량이라 한다. 현행 법령상 ' … 할 수 있다.'라고 표현된 법문언에 근거하는 행정권 발동이 대부분 이에 해당한다.

행정권의 발동 여부에 대한 판단권은 가지 못하고 다만 법이 허용하는 복수의 행위 중에 어떠한 행위를 할 것인지의 판단권만을 가지는 것을 선택재량이라 한다. 현행법상 법위반에 대한 행정제재처분이 대부분 이에 해당한다. 상대방이 법을 위반한 경우 제재는 반드시 하여야 하지만 법률이 정하는 범위 내에서 어느 정도 수준의 제재를 할 것인지는 행정청에게 판단권이 주어진다.

Ⅱ. 기속행위와 재량행위의 구별

1. 구별의 필요성

과거에는 기속행위의 경우 근거법을 위반하면 위법한 것으로 평가되어 재판통제의 대상이 되지만 재량행위의 경우 행정권의 부적절한 판단은 부당행위는 될 수 있을지언정 위법에까지는 이르지 않아 사법심사의 대상에서 제외된다고 보았다. 하지만 오늘날에는 재량권 행사에 일탈·남용이 있는 때에는 위법한 것으로 평가되고 그러한 재량권의 일탈·남용 여부는 본안심리를 통해서만 판단이 가능하므로 일단은 사법심사의 대상이 되는 것으로 보고 있다. 따라서 종래와 같이 사법심사 대상성 여부를 구분하기 위해 기속행위와 재량행위를 구별하는 실익은 더 이상 없게 되었다.

하지만 여전히 양자는 사법심사의 방식에 있어 차이가 있다. 판례 역시 "행정행위를 기속행위와 재량행위로 구분하는 경우 양자에 대한 사법심사는, 전자의 경우 그 법규에 대한 원칙적인 기속성으로 인하여 법원이 사실인정과 관련 법규의 해석·적용을 통하여 일정한 결론을 도출한 후 그 결론에 비추어 행정청이 한 판단의 적법 여부를 독자의 입장에서 판정하는 방식에 의하게 되나, 후자의 경우 행정청의 재량에 기한 공익판단의 여지를 감안하여 법원은 독자의 결론을 도출함이 없이 당해 행위에 재량권의 일탈·남용이 있는지 여부만을 심사하게 되고, 이러한 재량권의 일탈·남용 여부에 대한 심사는 사실

오인, 비례·평등의 원칙 위배 등을 그 판단 대상으로 한다"라고 판시7)하여 양자의 사법심사 방식의 차이를 인정하고 있다.

또한 기속행위는 행정행위의 부관과 친하지 않다는 것이 다수설과 판례의 태도이므로 행정행위 부관과 관련하여서도 기속행위와 재량행위의 구분은 여전히 그 실익이 있다.

2. 요건재량설과 효과재량설

(1) 요건재량설

행정권 발동의 근거가 되는 대부분의 법규정은 "~ 하는 때에는(경우에는), ~ 한다(할 수 있다)"라는 형식으로 구성되어 있다. 이때에 앞부분, 즉 행정권 발동의 요건을 정하는 부분을 '요건규정', 뒷부분, 즉 처분의 효과를 정하는 부분을 '효과규정'이라 한다.

기속과 재량은 처분의 구성요건인 이른바 요건규정에 대한 행정권의 독자적 판단권이 허용되는지 여부에 따라 구분된다는 견해를 요건재량설이라 한다.

요건재량설은 이러한 법규정의 형식 중 요건규정에 ① 별다른 구성요건이 없이 단순히 처분권한만 규정된 경우, ② 구성요건으로서 단순히 '공익을 위하여' 등과 같은 공익관념(행정의 종국목적)만을 규정한 경우를 재량행위로 보고 있다.

다시 말해서 ① 행정청에게 행정권발동의 권한은 수여하지만 그 발동요건에 대해서는 전혀 규정하지 않고 공백상태로 두는 경우와, ② 그 요건을 제시는 하였으나 단순히 '공익을 위하여', '공익상 필요에 따라', '국민의 삶의 질을 높이기 위하여' 등과 같이 행정의 종국적 목적이라 할 수 있는 '공익'만을 요건으로 규정한 경우에는 행정청이 요건에 대한 재량적 판단을 할 수밖에 없고, 이것이 바로 재량행위라는 입장이다. 이에 반하여 요건규정에 당해 행정권발동의 구체적 기준이 구체적이고 일의적으로 확정되어 있는 경우를 기속행위라고 한다.

이 견해는 ① 요건에 대한 규정권한은 입법부에, 그 해석과 판단의 권한은 사법부에 있으므로 이에 대한 판단의 문제는 요건인정이라는 법률문제일

---

7) 대법원 2005. 7. 14. 선고 2004두6181 판결.

뿐 재량문제로 볼 수 없고, ② 효과규정, 즉 법률효과에 재량이 있는 경우를 간과했다는 비판이 있다.

(2) 효과재량설

요건에 대한 행정권의 재량적 판단권한을 부정하는 입장으로서, 재량이란 법률효과적 측면에서 행정행위를 할 것인지의 여부(결정재량)와 다수의 행위 중에서 어떠한 행위를 할 것인가(선택재량)라는 효과규정에 대한 행정권의 자유로운 판단권이 허용되는 행위를 의미한다는 것을 전제로 한다.

법률효과적 측면에서 국민의 기득권을 제한·박탈하거나 새로운 의무를 명하는 이른바 침익적 효과가 발생하는 행위는 국민의 권익을 보호하기 위해 입법자가 그 요건과 기준을 엄격하게 규정하고 행정청은 이에 기속되도록 하는 것이 타당하며, 반대로 국민에게 의무를 면제하고 권익을 수여하는 이른바 수익적 효과가 발생하는 행위는 행정청에게 재량적 판단권한을 주어도 국민의 권익침해가능성이 낮을 것이라는 당위론적 가설에 따라 침익적 효과규정은 기속행위, 수익적 효과규정은 재량행위로 보는 견해를 효과재량설이라 한다.

이 견해는 과거 재량행위에 대한 사법심사가 곤란하던 시기에 재량행위의 범위를 좁히기 위한 여러 가지 시도 중에 하나로 주장된 견해이다. 그 행위의 성질이 침익적이면 일단 기속행위로 분류하여 사법심사가 가능하도록 하려는 의도였다.

하지만 오늘날에는 재량행위라 해서 사법심사에서 제외되지 않으므로 이러한 역사적 소명은 다한 것으로 보인다. 또한 이 견해는 ① 행위의 성질에만 중점을 두어 법규를 완전히 무시했다는 점, ② 요건규정에 불확정 개념이 존재하여도 그 효과가 침익적이면 모두 기속행위로 본다는 점, ③ 침익적 행위 영역에도 재량이 인정될 수 있고 반대로 수익적 행위에도 기속성이 있을 수 있다는 점에서 비판이 가해지고 있다.

3. 재량과 판단여지

(1) 문제의 소재

입법권이 행정권발동의 근거·요건·기준·효과 등을 엄격히 규정하고 행정권은 이에 기속하여 법집행만을 한다면 재량의 문제는 발생하지 않을 것이다. 하지만 법률의 경직성과 행정의 복잡성·진보성·전문성 등으로 인하여 입법권이 행정권발동의 근거·요건·기준·효과 등을 일의적으로 규정하는 것은 사실상 불가능하다. 상황적 유동성이 담보된 '불확정개념'이 사용될 수밖에 없다.

그렇다면 이러한 '불확정개념'에 대한 해석과 판단의 문제와 재량의 문제가 동일한 것인가? 다시 말해서 입법자가 행정권에게 불확정개념에 대한 판단의 여지를 남겨준 영역이 존재한다는 이른바 '판단여지'의 문제와 행정권의 독자적 판단권한인 이른바 '재량'의 문제가 결국 동일한 것인지 아니면 각각 별개의 개념인지에 대한 견해가 대립한다.

(2) 불확정개념

개념이 일의적으로 확정되지 않아 개념 그 자체로는 그 의미를 정확히 파악할 수 없고 별도의 해석과 판단이 요구되는 개념을 불확정개념이라 한다. 공익, 공익상 필요, 현저히 곤란, 국민의 삶의 질, 공공필요, 적당한 장소, 정당한 사유 등이 이에 해당한다.

에릭센(Erichsen)은 불확정개념을 이른바 '규범(가치)개념'과 '경험개념'으로 구별하였다. 규범개념이란 정량평가, 시험채점 등에서 '우수', '양호'처럼 불확정개념에 대한 해석과 판단이 오로지 평가자의 주관적·전속적 권한에 속하는 개념을 말하며, 경험개념이란 '야간', '폐기물' 등과 같이 경험을 통하여 어느 때를 야간이라 하는지 또는 무엇을 폐기물이라 하는 지가 사실상 일의적으로 확정될 수 있는 개념을 말한다. 이처럼 불확정개념을 나누었던 까닭은 행정청의 독자적 판단영역, 즉 재량의 영역을 축소시키려는 여러 가지 시도 중 하나였다. 따라서 이 역시 역사적 소명을 다하였고, 실제 가치개념과 경험개념을 명확히 구분하는 것도 곤란하기 때문에 더 이상 이러한 개념분류는 의미가 없다고 보여 진다.[8]

(3) 재량과 판단여지의 관계

1) 판단여지의 의의

입법자가 행정권에게 사실의 불확정개념에의 포섭단계에서 그 불확정개념을 해석하고 판단할 수 있는 여지를 남겨 둔 것을 이른바 '판단여지'라 한다. 이는 결국 불확정개념의 판단권이 법원과 행정권 중 누구에게 있는지에 대한

---

8) 홍정선(190면).

권한배분의 문제이다. 바호프(Bachof)는 입법자가 처음부터 법원의 불확정개념
에 대한 판단을 배제시키고 행정청에게 독자적 판단여지를 수여한 영역이 존
재하는 것으로 보았고(판단여지설), 울레(Ule)는 처음부터 법원의 통제가 배제되
는 영역이 존재할 수는 없고 다만 불확정개념에 대한 행정청의 판단이 상당한
근거가 있는 때에는 법원의 판단에 대체될 수 있다고 보았다(대체가능성설).

2) 재량과 판단여지의 관계

요건에 대한 행정권의 재량적 판단권한을 부정하는 입장(효과재량설)에서는
요건규정에 존재하는 불확정개념의 판단은 판단여지일 뿐 재량은 아니라고
보아 양자를 구별하여 이해한다(구별설).

반면에 요건에 대한 행정권의 재량적 판단권한을 인정하는 입장(요건재량
설)에서는 재량과 판단여지를 동일한 개념으로 본다(구별부인설).

구별설에 따를 경우 요건규정에 존재하는 불확정개념에 대한 판단은 재
량의 문제가 아니므로 원칙적으로 법원의 통제 범위에 있고, 따라서 행정청의
판단은 원칙상 사법심사의 대상이 되지만 법원이 행정청의 판단을 존중하여
그 판단을 자제할 뿐이라고 한다. 이처럼 재량과 판단여지를 구별하려는 시도
는 재량영역에 대한 사법심사가능성을 확대하려는 여러 가지 노력 중에 하나
로 이루어진 것으로 오늘날에는 그 역사적 소명을 다하여 그 의미가 퇴색된
것으로 보여 진다.

구별부인설은 기본적으로 요건규정에 대한 행정청의 독자적 판단 역시
재량으로 이해하면서 다만 불확정개념이 요건규정에 사용된 경우 이에 대한
판단을 이른바 판단여지라 하고, 효과규정에 사용된 경우 이에 대한 판단을
재량이라 할 뿐, 사법심사에 있어서 양자의 차이는 없다고 본다.

3) 판단여지 인정영역

판단여지가 인정되는 분야는 ① 비대체적 결정, ② 구속적 가치평가결정,
③ 미래예측결정, ④ 행정정책적 결정 등이다.

비대체적 결정이란 국가고시 등 시험평가결정, 학위수여 여부결정, 공무
원 근무평정 등과 같이 평가자의 주관적 판단이 불가피한 결정으로서 판단자
의 의사를 존중하여 사법심사가 제한된다.

구속적 가치평가결정이란 규제개혁위원회, 방송통신심의위원회 등과 같
이 전문가로 구성된 직무상 독립성을 가진 위원회가 내린 결정을 말한다.

미래예측결정이란 환경 또는 경제 분야에서 미래 환경이나 여건에 대한 예측적 결정으로서 환경영향평가, 교통영향평가, 규제영향평가 등과 같은 각종 영향평가가 이에 해당한다.

행정정책적 결정이란 법률적 판단이 아닌 순수한 행정정책적 판단을 말하는데 행정청의 인사계획, 인력수급계획, 교육·훈련계획 등이 이에 해당한다.

하지만 판례는 ① "공무원 임용을 위한 면접전형에서 임용신청자의 능력이나 적격성 등에 관한 판단은 면접위원의 고도의 교양과 학식, 경험에 기초한 자율적 판단에 의존하는 것으로서 오로지 면접위원의 자유재량에 속하고, 그와 같은 판단이 현저하게 재량권을 일탈·남용하지 않은 한 이를 위법하다고 할 수 없다",9) ② "교과서검정이 고도의 학술상, 교육상의 전문적인 판단을 요한다는 특성에 비추어 보면, 교과용 도서를 검정함에 있어서 법령과 심사기준에 따라서 심사위원회의 심사를 거치고, 또 검정상 판단이 사실적 기초가 없다거나 사회통념상 현저히 부당하다는 등 현저히 재량권의 범위를 일탈한 것이 아닌 이상 그 검정을 위법하다고 할 수 없다"10)라고 각각 판시하여 비대체적 결정이나 구속적 가치평가결정을 재량행위로 표현하고 있다. 물론 여기서 '재량행위'의 의미가 판단여지와 동일한 의미로 사용되었는지 아니면 판단여지와 구별개념으로 사용되었는지는 불분명하다.

'현저하게' 또는 '현저히' 재량권을 일탈·남용하지 않은 이상 해당 결정을 '위법'한 것으로 볼 수 없다는 판결주문의 표현을 고려해 볼 때, 판례 역시 행정청의 전문적 판단을 존중하여 법원이 판단을 자제하는 이른바 '판단여지'를 인정하고 있는 것으로 보인다.

법원은 '유적발굴허가신청 불허가처분 취소소송' 사건에서 "행정청이 매장문화재의 원형보존이라는 목표를 추구하기 위하여 문화재보호법 등 관계 법령이 정하는 바에 따라 내린 전문적·기술적 판단은 특별히 다른 사정이 없는 한 이를 최대한 존중하여야 한다"라고 판시11)하였는데 이 역시 판례가 판단여지를 인정하고 있다는 증거로 보여 진다.

9) 대법원 2008. 12. 24. 선고 2008두8970 판결.
10) 대법원 1992. 4. 24. 선고 91누6634 판결.
11) 대법원 2000. 10. 27. 선고 99두264 판결.

4) 판단여지의 한계

판단여지라 하더라도 ① 판단기관의 적법구성 여부, ② 판단절차 준수 여부, ③ 사실관계의 정확한 판단여부, ④ 일반적으로 승인된 평가척도의 준수 여부 등은 사법심사의 대상이 된다. 판례 역시 '현저하게' 재량권을 일탈·남용한 때에는 위법이라는 사법적 판단을 할 수 있다는 입장을 취하고 있다.

4. 기속행위와 재량행위의 구분에 대한 판례의 태도

판례는 일관되게 기속행위와 재량행위의 구별기준에 대하여 "행정행위가 그 재량성의 유무 및 범위와 관련하여 이른바 기속행위와 재량행위로 구분된다고 할 때, 그 구분은 ① 당해 행위의 근거가 된 법규의 체제·형식과 그 문언, ② 당해 행위가 속하는 행정 분야의 주된 목적과 특성, ③ 당해 행위 자체의 개별적 성질과 유형 등을 모두 고려하여 판단하여야 한다"라고 판시하고 있다.[12]

Ⅲ. 재량권 행사의 한계

재량행위의 위반은 부당행위는 될 수 있으나 위법은 구성하지 않아 원칙적으로 사법심사의 대상에서 제외된다. 하지만 「행정소송법」 제27조는 "행정청의 재량에 속하는 처분이라도 재량권의 한계를 넘거나 그 남용이 있는 때에는 법원은 이를 취소할 수 있다"라고 규정하고 있어, 비록 재량행위라 할지라도 그 재량권 행사의 한계를 벗어나면 위법한 것으로서 법원의 재판통제 대상이 된다.

재량행사의 한계를 벗어난 경우로는 ① 재량의 일탈, ② 재량의 남용, ③ 재량의 불행사 등이 있다.[13]

1. 재량권의 일탈

법령상 주어진 재량권의 외적 한계를 벗어난 재량하자를 말한다. 예컨대

---

12) 대법원 98두17593, 98두8759, 83누451, 94누12302, 97누15418, 97누21086, 95누7215, 96누1313 판결 등.
13) 행정기본법 제21조(재량행사의 기준) 행정청은 재량이 있는 처분을 할 때에는 관련 이익을 정당하게 형량하여야 하며, 그 재량권의 범위를 넘어서는 아니 된다.

① 법령은 행정청에게 영업허가의 정지권한만을 수여하였으나 행정청이 그 수권범위의 외적 한계를 벗어나 영업취소처분을 하였거나, ② 처분의 기초가 된 사실이 확인되지 않았거나 근거가 없는 경우 등이 이에 해당한다.

2. 재량권의 남용

법령상 주어진 재량권의 내적 한계를 벗어난 재량하자를 말한다. 예컨대 ① 법의 목적위반, ② 평등의 원칙·비례의 원칙 등과 같은 행정법의 일반원칙 위반, ③ 사적 감정·보복·부정한 동기, ④ 공무원 임용시 시험성적을 잘못 인식하는 것과 같이 사실의 착오 등의 재량하자를 말한다.

3. 재량권의 불행사

재량권의 불행사는 ① 재량권의 해태와, ② 재량권의 흠결을 모두 포함하는 의미이다. 재량권의 해태란 재량행위를 기속행위로 오인하여 재량에서 필요한 선택 가능한 복수의 처분 상호간의 형량을 하지 않은 경우를 말하며, 재량의 흠결이란 형량을 하기는 하였으나 형량에 반드시 필요한 중요한 요소나 사항을 누락하거나 적절한 조치를 취하지 않은 경우를 말한다.

제 3 절 행정행위의 내용

I. 법률행위적 행정행위

1. 명령적 행정행위

명령적 행정행위란 우월적 지위에 있는 행정주체가 상대방(행정객체)에 대하여 특정한 의무를 과하거나, 이미 과하여진 의무를 해제하는 행위를 말한다. 이에는 하명, 허가, 면제 등이 있다.

물론 여기서 하명, 허가, 면제 등은 명령적 행정행위를 특질에 따라 학문적으로 분류화한 용어에 불과하고 실제에 있어서는 명령, 금지, 허가, 면허, 금지해제 등 다양한 용어가 사용된다.

(1) 하 명

1) 의 의

하명이라 함은 일정한 행정목적을 위하여 우월적 지위에 있는 행정주체가 행정객체에게 작위(징집하명, 위법건축물철거명령 등), 부작위(입산금지, 통행금지 등), 수인(수진명령, 강제예방접종 등), 급부(조세부과, 과태료부과 등)의 의무를 명하는 행위를 말한다.

하명의 대상은 주로 건물의 철거, 해당 훈련소에의 입소, 조세나 과태료의 납부, 입산행위의 금지 등과 같은 사실행위이지만 불공정계약금지, 총포·화약류·마약류 등의 불법거래금지, 특정한 영업허가의 양도금지 등 법률행위도 그 대상이 될 수 있다.

2) 효 과

하명을 하게 되면 수명자에게 하명의 내용이 되는 의무가 발생한다. 따라서 이를 위반(불이행)하면 행정강제 또는 행정벌과 같은 강제적 이행절차가 진행된다.

하지만 하명의 대상이 된 법률행위의 효과에는 직접 영향을 미치지 않는다. 예컨대 불공정계약금지 명령을 위반하고 당사자 간에 계약을 체결한 경우, 명령위반을 한 상대방에게 과징금 등 행정제재를 할 수는 있지만 해당 계약 자체의 효력에는 영향을 미치지 않는다. 물론 오늘날에는 이러한 불합리를 제거하기 위해 법률에 해당 법률행위(계약) 자체를 무효로 하는 특별규정을 두는 경우가 많다.

(2) 허 가

1) 의 의

허가라 함은 법규에 의해 일반적·상대적으로 금지되어 있는 것을 특정한 경우에 해제시켜주는 행위를 말한다. 다시 말해서 인간이 원래부터 가지고 있던 자연적 자유를 행정목적상 법규에 의하여 금지시키고 특정한 경우에 한하여 그 금지를 해제시켜줌으로써 인간의 자연적 자유를 회복시키는 것을 의미한다. 예컨대 음식을 만들어서 파는 행위는 인간의 자연적 자유이지만 이를 무작정 허용할 경우 공중위생을 위태롭게 할 우려가 있어 법령으로 음식점영업행위를 일단 금지하고, 다만 보건검사, 조리자격, 조리시설 등을 갖춘 자에게는 음식점영업행위를 허용하는 것을 말한다.

따라서 허가는 음식점영업행위, 건축행위 등과 같이 금지의 해제가 가능한 상대적 금지에 대해서만 가능하고 살인 등과 같이 어떠한 경우에도 해제될 수 없는 절대적 금지의 경우에는 허가가 허용되지 않는다.

허가의 상대방은 원칙적으로 특정인이지만 경우에 따라서는 불특정 다수인에 대한 허가도 가능하다. 아울러 허가는 허가를 희망하는 자의 출원을 통하여 이루어지나 경우에 따라서는 상대방의 출원 없이도 가능하다. 예컨대 통행금지의 해제 등이 이에 해당한다.

2) 예외적 허가

허가와 구별되는 개념으로 이른바 '예외적 허가' 또는 '예외적 승인'이 있다. 허가는 공익침해를 방지하기 위해 일단 특정의 행위를 금지하기는 하지만 일정한 요건만 충족하면 그 금지를 해제해 줄 것을 예정하는 이른바 '예방적 금지'를 대상으로 하지만, 예외적 허가는 공익상 특정 행위를 억제하기 위해 이를 엄격히 금지하고 특정한 경우에 한하여 매우 예외적으로 그 금지를 해제하는 이른바 '억제적 금지'를 대상으로 한다.

예컨대 개발제한구역에서의 건축행위는 엄격히 금지되지만 공익시설 등과 같이 고도의 공익성이 있는 때에 한하여 매우 예외적으로 건축허가를 해주는 경우가 이에 해당한다.

판례는 "개발제한구역 내에서는 구역 지정의 목적상 건축물의 건축, 공작물의 설치, 토지의 형질변경 등의 행위는 원칙적으로 금지되고, 다만 구체적인 경우에 위와 같은 구역 지정의 목적에 위배되지 아니할 경우 예외적으로 허가에 의하여 그러한 행위를 할 수 있게 되며, 한편 개발제한구역 내에서의 건축물의 건축 등에 대한 예외적 허가는 그 상대방에게 수익적인 것으로서 재량행위에 속하는 것이라고 할 것이므로 그에 관한 행정청의 판단이 사실오인, 비례·평등의 원칙 위배, 목적위반 등에 해당하지 아니하는 이상 재량권의 일탈·남용에 해당한다고 할 수 없다"라고 판시[14]하여 '예외적 허가'에 대한 관념을 인정하고 있다.

3) 허가의 '형성적 행위' 해당 가능성

허가란 명령적 행위의 가장 전형적 형태인 금지명령(하명)을 해제하는 것

---

14) 대법원 2004. 7. 22. 선고 2003두7606 판결.

이므로 그 본질상 명령적 행위의 일종이라는 것이 지금까지의 통설적 견해였다. 판례[15] 역시 "한의사 면허는 경찰금지를 해제하는 명령적 행위(강학상 허가)에 해당한다"라고 판시하여 같은 입장을 취하고 있다.

허가의 법적 성질이 강학상 논의에만 국한된다면 그것이 명령적 행위이든 형성적 행위이든 크게 문제될 것이 없다. 그런데 허가의 법적 성질은 강학상 논의에 그치는 문제가 아니라 허가로 인한 침해 구제의 가능성 여부에 직접적인 영향을 미친다.

위의 한의사면허 판결에서 법원은 "한의사 면허는 경찰금지를 해제하는 명령적 행위에 해당하고, 한약조제시험을 통하여 약사에게 한약조제권을 인정함으로써 한의사들의 영업상 이익이 감소되었다고 하더라도 이러한 이익은 사실상의 이익에 불과하고 약사법이나 의료법 등의 법률에 의하여 보호되는 이익이라고는 볼 수 없으므로, 한의사들이 한약조제시험을 통하여 한약조제권을 인정받은 약사들에 대한 합격처분의 무효확인을 구하는 당해 소는 원고적격이 없는 자들이 제기한 소로서 부적법하다"라고 판시하여 허가의 법적 효과에 대한 침해 구제를 인정하지 않고 있다.

이처럼 허가의 법적 성질문제는 허가를 통하여 상대방이 얻는 이익의 법적 효과에 직접적인 영향을 미친다. 판례가 밝히고 있듯이 허가를 명령적 행위로 이해하는 한 허가를 통하여 상대방이 받는 법적 이익은 반사적 이익에 불과하므로 이를 침해당했다 하여 행정소송을 제기할 수가 없다. 왜냐하면 행정소송법상 원고적격이 인정되는 경우는 법률상의 이익이 침해당한 자에 한하므로 반사적 이익을 침해당한 자는 원고적격이 인정되지 않기 때문이다.

하지만 만약 허가의 법적 성질을 형성적 행위로 이해한다면 허가의 법적 효과는 이른바 '권리의 설정'이고, 따라서 이러한 권리가 침해당했을 때에는 당연히 행정소송을 통한 구제가 가능해진다.

따라서 오늘날 다수의 학자들은 허가를 '어떠한 행위를 할 수 있는 인간의 자연적 자유권 또는 헌법상 기본권'을 회복·설정해 주는 형성적 행정행위의 일종으로 이해하려는 입장이다. 타당한 주장이며 필자 역시 이 견해를 지지한다.

허가는 명령적 행위와 형성적 행위의 성질을 모두 가지고 있다는 주장[16]

---

15) 대법원 1998. 3. 10. 선고 97누4289 판결.

도 있으나, 이는 오히려 허가의 법적 성질에 대한 규명을 더욱 곤란하게 할 뿐
만 아니라 그 법적 효과에 대한 침해구제 여부에 대해서도 각자 자기에게 유
리한 해석을 할 우려가 있으므로 타당하지 않다.

4) 허가의 '재량행위' 해당 가능성

허가란 금지된 자연적 자유를 회복시켜주는 것이므로 일정 요건에만 충
족되면 반드시 허가를 하여야 하는 기속행위로 보는 것이 다수의 견해였다.
따라서 요건이 충족된 허가를 거부하는 것은 위법한 처분으로서 사법심사를
통한 구제가 가능하다.

그런데 경우에 따라서는 비록 허가의 요건이 충족되기는 하였으나 이를
허가할 경우 심각한 공익침해 가능성이 예상되는 때도 있다. 예컨대 건축허가
는 전형적인 허가에 해당하기 때문에 건축법상 요건을 충족하여 건축허가를
신청할 경우 이를 기속행위로 보는 한 행정청은 허가를 할 수밖에 없다. 특정
지역에 숙박시설(이른바 러브호텔)의 건축허가가 집중화되면서 지역주민들이 교
육환경이나 도시미관 등을 이유로 지속적·집단적으로 민원을 제기하였다. 하
지만 행정청은 재량권이 없는 까닭에 요건을 충족한 건축허가를 거부할 수 없
는 한계에 직면하게 되었다. 이에 건축법을 개정하여 "허가권자는 위락시설이
나 숙박시설에 해당하는 건축물의 건축을 허가하는 경우 해당 대지에 건축하
려는 건축물의 용도·규모 또는 형태가 주거환경이나 교육환경 등 주변 환경
을 고려할 때 부적합하다고 인정되는 경우에는 이 법이나 다른 법률에도 불구
하고 건축위원회의 심의를 거쳐 건축허가를 하지 아니할 수 있다"라는 규정17)
을 신설하였다. 이 규정에 따라 숙박시설 등 특정의 건축허가는 행정청의 재
량적 판단이 허용되는 이른바 재량행위에 해당한다.

이처럼 허가의 법적 성질은 일의적으로 결정되어 있는 것이 아니라 허가
의 근거가 되는 법령의 체계·형식·내용 등에 따라 기속행위일 수도 재량행위
일 수도 있다.

5) 효 과

허가는 행정강제 또는 행정벌의 원인이 되는 적법요건이지 당해 행위의
법률상 효과에 직접 영향을 미치는 유효요건이 아니다. 따라서 무허가 영업행

---

16) 홍정선(211면).
17) 건축법 제11조 제4항 제1호.

위는 단속이나 처벌의 대상이 될 뿐 제3자와의 거래관계의 효력에는 영향을 미치지 않는다. 물론 단속이나 처벌만으로 금지의 효과가 담보되지 않을 경우 입법을 통하여 무허가 거래행위 자체의 효력을 부인하는 규정을 두는 경우도 있다. 이처럼 허가의 첫 번째 효과는 자연적 자유의 회복을 통한 활동의 적법성 보장에 있다.

다음으로 허가의 또 다른 효과는 허가의 상대방으로 하여금 특정의 이익을 향유할 수 있도록 한다. 그런데 여기서 '이익'의 성질에 관하여 견해가 대립한다.

우선 종래의 통설과 판례는 여기서의 '이익'은 '반사적 이익 또는 사실상의 이익'으로 보고 있다. 물론 최근 판례 동향은 허가의 대상이 되는 '금지'의 목적이 오로지 공익 보호에만 있지 않고 '허가 상대방의 사적 이익'에 대한 보호목적도 함께 있는 경우에는 허가의 상대방이 향유하는 '이익'을 '법률상 이익'으로 인정하고 있다.

하지만 허가의 법적 성질을 형성적 행위로 보는 입장에서는 허가의 효과로서 상대방이 향유하는 이익은 '권리'의 일종이며, 따라서 이러한 이익이 침해당한 경우에는 원고적격이 당연히 인정되어 행정소송을 통한 구제가 가능하다고 본다.

6) 허가영업의 양도

허가영업은 양도할 수 있는 것인가? 물론 허가영업은 그 성질상 '허가 영업'인 경우도 있고 '신고 영업'이나 뒤에 설명할 '특허 영업'일 수도 있다.

일단 허가(신고, 특허 포함)가 대물적 허가인 경우에는 양도가 가능할 것이다. 반면에 대인적 허가인 때에는 원칙상 양도가 불가능한 것으로 보아야 할 것이다. 물론 법령의 근거가 있으면 양도가 가능하다.

보통의 경우 허가영업을 양도할 때에는 양도인과 양수인간의 사적 계약만으로 법적 절차와 효과가 완성되지 않고 '신고' 또는 '승인'을 받도록 법령에 규정하고 있는 경우가 대부분이다. 여기서 신고는 자기완결적 신고로서 양도 신고만으로 법적 절차가 종료되는 경우도 있고, 행정청의 수리가 있어야만 효력이 발생하는 경우도 있다. 보통 전자는 영업 활동자의 현황만을 파악하기 위한 경우에, 후자는 영업현황에 대한 관리나 통제가 필요한 때에 흔히 사용하는 절차이다.

승인은 양도인과 양수인 사이의 법률적 행위를 보충하여 그 법률적 효력을 완성시켜주는 이른바 강학상 '인가'에 해당하는 경우도 있고, 양도인의 영업권을 소멸시키고 양수인에게 영업권을 새로이 부여하는 또 다른 '허가'나 '특허'에 해당하는 경우도 있다.

허가영업을 양도함에 있어 양도인의 법위반행위로 영업정지, 허가취소, 과징금 등과 같은 제재처분을 받은 때에 이러한 제재처분도 양수인에게 이전되는 것인가? 영업의 양도는 양도인의 지위를 양도하는 것이며, 양도인의 지위에는 제재처분의 효과 및 상태도 포함되는 것이므로 양수인에게 제재처분의 효과(영업정지, 허가취소, 과징금 등) 역시 승계되는 것으로 보는 것이 타당하다.

그런데 만약 양도인이 법위반행위를 하였으나 아직 제재처분이 이루어지지 않은 상태에서 영업양도가 이루어진 경우 이러한 '제재사유'는 양수인에게 승계되는 것인가?

이에 대해서는 ① 제재사유 역시 양도인의 지위에 포함되는 것이며, 만약 제재사유의 승계를 인정하지 않을 경우 영업양도가 제재처분의 회피수단으로 악용될 우려가 있으므로 제재사유의 승계를 인정해야 한다는 긍정설[18]과, ② 양도인의 법위반행위는 행위책임으로서 행위를 하지 않은 양수인에게는 법령의 규정이 없는 한 책임을 지울 수 없으므로 제재사유의 승계를 부정해야 한다는 부정설[19]과, 그리고 ③ 제재사유가 설비 등 물적 사정에 관련된 경우에는 양수인에게 승계되지만 양도인의 자격상실이나 부정영업 등 인적 사유인 경우에는 승계되지 않는다는 절충설이 대립한다.

판례는 "석유판매업(주유소)허가는 소위 대물적 허가의 성질을 갖는 것이어서 그 사업의 양도도 가능하고 이 경우 양수인은 양도인의 지위를 승계하게 됨에 따라 양도인의 위 허가에 따른 권리의무가 양수인에게 이전되는 것이므로 만약 양도인에게 그 허가를 취소할 위법사유가 있다면 허가관청은 이를 이유로 양수인에게 응분의 제재조치를 취할 수 있다 할 것이고, 양수인이 그 양수 후 허가관청으로부터 석유판매업허가를 다시 받았다 하더라도 이는 석유판매업의 양수도를 전제로 한 것이어서 이로써 양도인의 지위승계가 부정되는 것은 아니므로 양도인의 귀책사유는 양수인에게 그 효력이 미친다"라고 판

---

18) 홍정선(216면).
19) 박균성(238면).

시[20]하여 긍정설의 입장에 서있는 것으로 보인다.

(3) 면 제

면제라 함은 법령에 의하여 일반적으로 가하여진 작위의무, 급부의무, 수인의무를 특정한 경우에 해제하는 행위를 말한다. 부작위의무를 해제하는 것은 면제가 아니라 앞에서 설명한 허가에 해당한다. 이런 이유에서 종래에는 허가를 명령적 행위로 분류하였던 것이다.

2. 형성적 행정행위

형성적 행정행위라 함은 행정객체에게 일정한 권리, 능력, 포괄적 법률관계 또는 기타 법률상의 힘을 발생·변경 소멸시키는 행정행위를 말한다.

형성적 행정행위는 상대방을 기준으로 하여 '직접상대방을 위한 행위'와 '타인을 위한 행위'로 나누어 생각할 수 있다. '직접상대방을 위한 행위'는 다시 ① 광업허가, 어업면허, 공익사업의 특허 등과 같은 '설권행위', ② 광구변경, 공무원 전보발령 등과 같은 '변경행위', ③ 권리 따위를 박탈·소멸시키는 '탈권행위'로 나누어진다.

이들 중 설권행위는 다시 ① 광업허가, 어업면허, 운수사업면허, 공공서비스의 특허, 공유수면매립면허, 토지수용권설정 등과 같이 상대방에게 '권리'를 설정하여 주는 '권리설정행위', ② 공법인 설립행위 등과 같이 상대방에게 '권리능력'을 설정하여 주는 '능력설정행위', ③ 공무원 임명, 귀화허가 등과 같이 상대방에게 각종의 권리와 의무를 포괄적으로 설정하여 주는 '포괄적 법률관계 설정행위'로 나눌 수 있다. 여기서 '권리설정행위'를 특히 '특허'라 한다. 우리가 흔히 특허라고 하는 특허법 등에서 법적 요건을 충족한 발명 등에 대하여 독점적 이용권을 부여하는 특허는 여기서 말하는 특허가 아니다. 이는 뒤에 설명할 이른바 '준법률행위적 행정행위'의 일종인 '확인'에 해당한다.

타인을 위한 형성적 행정행위로는 ① 사립학교설립인가, 토지거래허가 등과 같이 제3자의 법률행위를 보충하여 그 법률적 효력을 완성시켜 주는 행위인 '인가', ② 체납처분시 공매처분, 공법인 정관작성·임원선출 등과 같이 행정주체가 타인이 하여야 할 행위를 대행하고 그 효과는 타인에게 기속하도록

---

20) 대법원 1986. 7. 22. 선고 86누203 판결.

하는 '대리' 등이 있다.

(1) 특 허

1) 의 의

특허란 위에서 언급한 바와 같이 행정주체가 행정객체에게 공법상 또는 사법상의 전에 없던 새로운 권리를 설정하여 주는 행정행위를 말한다. 광업허가, 어업면허, 운수사업면허, 개인택시운송사업면허 등이 이에 해당한다.

특허 역시 행정행위의 일종이므로 원칙적으로 특정인에 대한 처분의 형식을 취하지만 경우에 따라서는 한국도로공사법·한국주택토지공사법 등과 같이 법령에 의해 공법인으로서 권리능력이 설정되거나 공용수용권 등과 같은 공권이 부여되는 경우도 있다.

특허는 상대방의 협력을 요하는 행정행위로서 반드시 상대방의 출원(신청)이 있어야 가능하며, 상대방 역시 특정되어야 한다.

2) 특허의 법적 성질

특허는 행정객체에게 전에 없던 권리를 설정하여 주는 행위이므로 '형성적 행위'에 속한다는 것에 다른 견해가 없다. 또한 특허는 일반적으로 그 성질상 행정청에게 공익상 필요 여부에 대한 재량적 판단권을 허용하는 재량행위인 경우가 대부분이다. 판례 역시 "여객자동차운수사업법에 따른 개인택시운송사업 면허는 특정인에게 권리나 이익을 부여하는 재량행위"라고 판시[21]하였다.

그런데 앞에서 설명한 것처럼 오늘날 기속행위와 재량행위의 구별은 행위의 종류에 따라 일의적으로 확정되어 있는 것이 아니라 ① 당해 행위의 근거가 된 법규의 체제·형식과 그 문언, ② 당해 행위가 속하는 행정 분야의 주된 목적과 특성, ③ 당해 행위 자체의 개별적 성질과 유형 등을 모두 고려하여 판단하여야 한다는 것이 통설과 판례의 태도이므로 비록 특허에 해당되어도 경우에 따라서는 기속행위가 될 수 있다.

3) 효 과

특허는 상대방에게 전에 없던 새로운 권리를 설정하여 주는 행위이므로 특허의 효과는 상대방에 대하여 '일정한 법률상의 힘'을 발생하게 한다. 따라

---

21) 대법원 2002. 1. 22. 선고 2001두8414 판결.

서 특허의 상대방은 제3자에 대하여 '법률상의 힘'을 배타적으로 주장할 수 있다. 특허로 인하여 발행하는 권리는 공권인 경우가 대부분이지만 경우에 따라서는 어업권, 광업권 등과 같인 사권(私權)일 수도 있다.

4) 허가와 특허

종래에는 허가는 명령적 행위이면서 기속행위이고, 특허는 형성적 행위이면서 재량행위라는 것이 통설적 견해였다. 이에 따르면 허가와 특허는 구별이 가능할 뿐만 아니라 구별의 실익이 분명히 존재한다. 하지만 오늘날 ① 기속행위와 재량행위가 행위의 종류에 따라 일의적으로 확정되어 있지 않다는 점, ② 허가의 본질을 자연적 자유의 회복이라는 헌법상 기본권을 설정하여 주는 일종의 형성적 행위라고 이해하는 견해가 확산되고 있다는 점 등을 고려하면 종래와 같이 허가와 특허를 구별하기도 곤란할 뿐만 아니라 그 구별의 실익도 희박해지고 있다.

⑵ 인 가

1) 의 의

인가란 제3자의 법률행위를 보충하여 그 법률적 행위를 완성시켜주는 행위를 말한다. 예컨대 토지거래허가구역 내에 토지를 소유하고 있는 자가 타인에게 토지를 매도하기 위하여 매매계약을 체결하였을 경우 이들의 매매계약만으로 재산권 변동이 완전히 발생하지 않고 관할 군수의 토지거래허가가 있어야만 등기가 이전되는 등 완전하게 재산권이 변동된다.

이처럼 행정청의 행정행위가 사인 간의 법률효력을 보충하여 그 법률적 효력을 완성시켜주는 행위를 인가라 한다. 따라서 인가의 대상은 그 성질상 당연히 토지의 거래 등과 같이 사인 간의 '법률행위'가 된다.

비영리법인설립인가, 사립학교이사취임승인, 공기업운임·요금승인, 지방채기채승인, 토지거래허가 등이 이에 해당한다.

2) 효 과

인가는 특허와 마찬가지로 이른바 유효요건인 까닭에 인가를 얻지 못한 경우 인가의 대상이 되는 법률행위의 효력이 완성되지 않을 뿐 인가를 얻지 못했다하여 행정벌 또는 행정강제의 대상이 되는 것은 아니다. 다시 말해서 인가는 적법요건이 아니다.

인가는 제3자의 법률행위의 효력을 완성시켜 줄 뿐이지 사인 간의 법률행위의 하자를 치유해줄 수는 없다. 다시 말해서 제3자의 법률행위에 하자가 있음에도 불구하고 행정청이 이를 알지 못하여 인가를 하였다 해서 그 법률행위의 하자가 치유되는 것은 아니다.

만약 인가의 전제가 된 기본적 행위, 즉 사인 간의 법률행위가 실효되면 인가의 효력도 저절로 상실된다.

인가의 대상이 된 기본적 행위에 하자가 있고 인가행위 자체에는 하자가 없는 경우에는 기본적 행위에 대해 민사소송 또는 행정소송법상 당사자소송을 통하여 다툴 일이지 인가에 대한 취소 또는 무효확인을 구하는 소송을 제기할 수는 없다. 왜냐하면 인가에 대한 취소 또는 무효확인을 구하는 소송이 인용되더라도 기본행위의 하자가 치유되지 않기 때문에 인가에 대한 소송의 소익이 없기 때문이다.

판례 역시 "인가는 기본행위인 재단법인의 정관변경에 대한 법률상의 효력을 완성시키는 보충행위로서, 그 기본이 되는 정관변경 결의에 하자가 있을 때에는 그에 대한 인가가 있었다 하여도 기본행위인 정관변경 결의가 유효한 것으로 될 수 없으므로 기본행위인 정관변경 결의가 적법 유효하고 보충행위인 인가처분 자체에만 하자가 있다면 그 인가처분의 무효나 취소를 주장할 수 있지만, 인가처분에 하자가 없다면 기본행위에 하자가 있다 하더라도 따로 그 기본행위의 하자를 다투는 것은 별론으로 하고 기본행위의 무효를 내세워 바로 그에 대한 행정청의 인가처분의 취소 또는 무효확인을 소구할 법률상의 이익이 없다"라고 판시[22]하여 이를 지지하고 있다.

그런데 법원은 다른 판례에서 "조합설립결의는 조합설립인가처분이라는 행정처분을 하는 데 필요한 요건 중 하나에 불과한 것이어서, 조합설립결의에 하자가 있다면 그 하자를 이유로 직접 항고소송의 방법으로 조합설립인가처분의 취소 또는 무효확인을 구하여야 한다"라고 하여 마치 기본행위의 하자를 이유로 인가에 대한 항고소송을 제기할 수 있는 것처럼 판시[23]하고 있다. 하지만 이에 대해 법원은 "행정청이 도시 및 주거환경정비법 등 관련 법령에 근거하여 행하는 조합설립인가처분은 단순히 사인들의 조합설립행위에 대한 보충행위로서의 성질을 갖는 것에 그치는 것이 아니라 법령상 요건을 갖출 경우

---

22) 대법원 1996. 5. 16. 선고 95누4810 전원합의체 판결.
23) 대법원 2009. 9. 24. 선고 2008다60568 판결.

도시 및 주거환경정비법상 주택재건축사업을 시행할 수 있는 권한을 갖는 행정주체(공법인)로서의 지위를 부여하는 일종의 설권적 처분의 성격을 갖는다고 보아야 한다"라고 하여 '조합설립인가'는 강학상 인가적 성격뿐만 아니라 특허적 성질을 동시에 가지고 있기 때문에 처분 요건 중의 하나인 조합설립의결의 하자를 이유로 조합설립인가라는 처분에 대한 항고소송이 가능하다는 논리를 펴고 있다. 따라서 기본행위의 하자를 이유로 인가에 대한 항고소송을 제기할 수 없다는 판례가 변경된 것은 아니다.

3) 특수문제―「도시 및 주거환경정비법」상 사업시행계획 또는 관리처분계획인가

「도시 및 주거환경정비법」상 주택재건축정비사업조합의 사업시행계획안 또는 관리처분계획안에 대한 총회결의에 하자가 있는 경우 조합원이 그 총회결의만을 따로 떼어 무효확인을 구하는 소송 제기를 할 수 있는가? 만약 가능하다면 민사소송과 행정소송법상 당사자소송 중 어떠한 소송을 제기해야 하는가?

이 문제는 우선 사업시행계획안 또는 관리처분계획안이 인가·고시되기 전과 후로 나누어 판단해야 한다. 만약 주택재건축정비사업조합이 수립한 사업시행계획안 또는 관리처분계획에 대하여 관할 행정청의 인가·고시까지 있게 되면 사업시행계획안 또는 관리처분계획은 행정처분으로서 효력이 발생하게 되므로, 총회결의의 하자를 이유로 하여 행정처분의 효력을 다투는 항고소송의 방법으로 사업시행계획안 또는 관리처분계획의 취소 또는 무효확인을 구하여야 하고, 그와 별도로 행정처분에 이르는 절차적 요건 중 하나에 불과한 총회결의 부분만을 따로 떼어내어 효력 유무를 다투는 확인의 소를 제기하는 것은 특별한 사정이 없는 한 허용되지 않는다.[24]

이는 앞에서 살펴본 일반적인 인가와 기본행위 하자에 대한 쟁송 원칙과는 다소 차이가 있는 결론이다. 일반적으로 인가의 전제가 되는 기본행위에 하자가 있는 경우, 인가처분에 대해 쟁송을 허용하지 않고 기본행위의 하자에 대한 민사소송이나 행정소송법상 당사자소송을 제기하도록 하는 것이 원칙이다. 하지만 재건축조합의 총회결의에 대한 인가는 강학상 특허적 성질이 강하여 일단 처분이 있으면 그 기본행위의 하자에 대한 다툼을 허용하기보다는 바로 처분의 효력에 대해 다투도록 하는 것이 바람직하기 때문이다. 다시 말해

24) 대법원 2009. 9. 17. 선고 2007다2428 전원합의체 판결.

서 사업시행계획인가의 법적 성격은 사업시행자가 작성하는 사업시행계획에
대한 법률상의 효력을 완성시키는 보충행위, 즉 이른바 인가에 해당하지만,
일단 인가를 받으면 사업시행계획도 인가처분과 별개로 독립한 행정처분이
된다. 왜냐하면, 사업시행자는 공공조합으로서 행정주체성을 가지므로 사업시
행계획결의라는 처분을 한 것으로 볼 수 있기 때문이다. 따라서 사업시행계획
인가 후에는 사업시행계획이라는 처분과 인가라는 처분이 각각 별도의 2개의
처분으로 존재하는 것이다.

반면, 사업시행계획안 또는 관리처분계획안이 인가·고시되기 전에는 총
회결의 하자에 대해 조합원이 그 총회결의만을 따로 떼어 무효확인을 구하는
소송 제기가 가능하다.

법원 역시 "재건축조합은 관할 행정청의 감독 아래 도시정비법상의 주택
재건축사업을 시행하는 공법인으로서, 그 목적 범위 내에서 법령이 정하는
바에 따라 일정한 행정작용을 행하는 행정주체의 지위를 갖는다. 그리고 재
건축조합이 행정주체의 지위에서 도시정비법 제48조에 따라 수립하는 관리
처분계획은 정비사업의 시행 결과 조성되는 대지 또는 건축물의 권리귀속에
관한 사항과 조합원의 비용 분담에 관한 사항 등을 정함으로써 조합원의 재
산상 권리·의무 등에 구체적이고 직접적인 영향을 미치게 되므로, 이는 구속
적 행정계획으로서 재건축조합이 행하는 독립된 행정처분에 해당한다.[25] 그
런데 관리처분계획은 재건축조합이 조합원의 분양신청 현황을 기초로 관리
처분계획안을 마련하여 그에 대한 조합 총회결의와 토지 등 소유자의 공람절
차를 거친 후 관할 행정청의 인가·고시를 통해 비로소 그 효력이 발생하게
되므로 관리처분계획안에 대한 조합 총회결의는 관리처분계획이라는 행정처
분에 이르는 절차적 요건 중 하나로, 그것이 위법하여 효력이 없다면 관리처
분계획은 하자가 있는 것으로 된다. 따라서 행정주체인 재건축조합을 상대로
관리처분계획안에 대한 조합 총회결의의 효력 등을 다투는 소송은 행정처분
에 이르는 절차적 요건의 존부나 효력 유무에 관한 소송으로서 그 소송결과
에 따라 행정처분의 위법 여부에 직접 영향을 미치는 공법상 법률관계에 관
한 것이므로, 이는 행정소송법상의 당사자소송에 해당한다"[26]고 판시하여 같

25) 대법원 1996. 2. 15. 선고 94다31235 전원합의체 판결.
26) 대법원 2009. 9. 17. 선고 2007다2428 전원합의체 판결.

은 입장을 취하고 있다.

(3) 대 리

원래 대리는 본인(本人)이 해야 할 행위를 대리인이 대신하고 그 법적 효과는 본인에게 귀속되는 제도를 말한다. 공법상의 대리 역시 기본적 구조는 사법상 대리제도와 동일하다. 다만 대리인이 행정기관이라는 차이밖에 없다. 행정기관이 제3자가 해야 할 행위를 대신 행하고 그 법적 효과는 제3자에게 귀속한다.

체납처분 절차에서 압류재산을 행정기관이 공매처분하는 것, 감독청이 공법인의 정관을 작성하거나 임원을 임명하는 것, 토지수용위원회가 사업시행자와 토지소유자의 협의에 갈음하는 수용재결을 하는 것, 행려병사자의 유류품을 처분하는 것 등이 이에 해당한다.

3. 제재처분

(1) 의 의

제재처분이란 법령에 따른 의무를 위반하거나 이행하지 아니하였음을 이유로 당사자에게 의무를 부과하거나 권익을 제한하는 처분을 말한다. 따라서 제재가 아닌 강제수단으로서 행정상 강제는 제외된다.[27] 행정제재는 의무위반에 대해 '벌'을 부과하는 것이고, 행정강제는 의무불이행자에게 의무의 '이행'을 강제하는 것으로서 양자는 구별된다.

(2) 법적용의 기준

법령을 위반한 행위의 성립과 이에 대한 제재처분은 법령에 특별한 규정이 있는 경우를 제외하고는 법령을 위반한 행위 당시의 법령에 따른다.

다만, 법령을 위반한 행위 후 법령의 변경에 의하여 그 행위가 법령을 위반한 행위에 해당하지 아니하거나 제재처분 기준이 가벼워진 경우로서 해당 법령에 특별한 규정이 없는 경우에는 변경된 법령을 적용한다.[28] 법 위반행위의 평가는 행위 시의 법에 따르는 것을 원칙을 하되, 당사자에게 유리하게 법령이 변경된 때에는 예외적으로 소급적용이 허용되는 것을 명문으로 규정한

---

27) 행정기본법 제2조 제5호.
28) 행정기본법 제15조 제3항.

것이다.

지금까지 판례[29]의 태도는 법령에서 명문으로 다른 규정을 두고 있지 않다면 행위시법이 적용된다고 보았다. 행정기본법 제14조 제3항 단서의 제정으로 향후 판례의 태도가 변경될 것으로 보인다.

(3) 제재처분의 기준

제재처분의 근거가 되는 법률에는 제재처분의 주체, 사유, 유형 및 상한을 명확하게 규정하여야 한다. 이 경우 제재처분의 유형 및 상한을 정할 때에는 해당 위반행위의 특수성 및 유사한 위반행위와의 형평성 등을 종합적으로 고려하여야 한다.[30]

행정청은 재량이 있는 제재처분을 할 때에는 ① 위반행위의 동기, 목적 및 방법, ② 위반행위의 결과, ③ 위반행위의 횟수, ④ 위반행위자의 귀책사유 유무와 그 정도, ⑤ 위반행위자의 법 위반상태 시정·해소를 위한 노력 유무 등을 고려하여야 한다.[31]

(4) 제재처분의 제척기간

행정청은 법 위반행위가 종료된 날부터 5년이 지나면 해당 위반행위에 대하여 제재처분을 할 수 없다. 모든 제재처분이 이에 해당하는 것은 아니고 ① 인허가의 정지·취소·철회, ② 등록 말소, ③ 영업소 폐쇄와 정지를 갈음하는 과징금 부과만이 해당된다.

이에 해당한다고 해서 언제나 제척기간이 적용되는 것은 아니고 ① 거짓이나 그 밖의 부정한 방법으로 인허가를 받거나 신고를 한 경우, ② 당사자가 인허가나 신고의 위법성을 알고 있었거나 중대한 과실로 알지 못한 경우, ③ 정당한 사유 없이 행정청의 조사·출입·검사를 기피·방해·거부하여 제척기간이 지난 경우, ④ 제재처분을 하지 아니하면 국민의 안전·생명 또는 환경을

---

29) 대법원 1982. 12. 28. 선고 82누1 판결: 법령이 변경된 경우 명문의 다른 규정이나 특별한 사정이 없는 한 그 변경 전에 발생한 사항에 대하여는 변경 후의 신 법령이 아니라 변경 전의 구 법령이 적용되므로, 건설업자인 원고가 1973. 12. 31 소외인에게 면허수첩을 대여한 것이 그 당시 시행된 건설업법 제38조 제1항 제8호 소정의 건설업면허 취소사유에 해당된다면 그 후 동법 시행령 제3조 제1항이 개정되어 건설업면허 취소사유에 해당하지 아니하게 되었다 하더라도 건설부장관은 동 면허수첩 대여행위 당시 시행된 건설업법 제38조 제1항 제8호를 적용하여 원고의 건설업면허를 취소하여야 할 것이다.
30) 행정기본법 제22조 제1항.
31) 행정기본법 제22조 제2항, 행정기본법 시행령 제3조.

심각하게 해치거나 해칠 우려가 있는 경우에는 5년이 경과하여도 제재처분을 할 수 있다.

또한 행정심판의 재결이나 법원의 판결에 따라 제재처분이 취소·철회된 경우에는 재결이나 판결이 확정된 날부터 1년(합의제행정기관은 2년)이 지나기 전까지는 그 취지에 따른 새로운 제재처분을 할 수 있다.[32]

물론 다른 법률에서 행정기본법이 규정하고 있는 기간보다 짧거나 긴 기간을 규정하고 있으면 그 법률에서 정하는 바에 따른다. 실제로「독점규제 및 공정거래에 관한 법률」제80조는 위반행위의 종료일부터 7년이 지난 경우에는 이 법에 따른 시정조치를 명하거나 과징금을 부과할 수 없도록 규정하고 있어 행정기본법의 규정보다 제척기간이 길다.

행정기본법에서 제재처분의 제척기간을 규정한 것은 종래 개별 법률에 특별한 규정이 있는 경우를 제외하고는 제재처분에 정해진 제척기간이 없어서 신뢰보호원칙과 실권의 법리에 의하여 보호되지 않는 한, 상당한 기간이 경과한 후에도 제재처분을 하는 경우가 발생할 수 있어 국민의 법적 지위를 불안정하게 하는 문제를 해소하기 위한 것이다.[33] 하지만 ① 모든 제재처분이 이에 해당하지 아니하고 '인허가의 정지·취소·철회, 등록 말소, 영업소 폐쇄와 정지를 갈음하는 과징금 부과'만을 제척기간의 적용 대상으로 규정한 점, ② 제척기간이 적용되지 않는 사유가 다소 광범위하고 그 내용 또한 '거짓이나 그 밖의 부정한 방법', '중대한 과실', '정당한 사유' 등 불확정 개념을 사용하고 있어 구체적 사안에서 판단이 쉽지 않을 수 있다는 점 등은 입법취지와 달리 제재처분의 제척기간 적용이 제한적으로 운영될 우려가 있다.

또한 제척기간의 기산점을 '위반행위의 종료일'로 정하고 있는데 형사사건에서 계속범[34]이나 포괄일죄로 다루어질 수 있는 유형의 행위에 대해서는

---

32) 행정기본법 제23조.

33) 이진수, "행정기본법 제정의 의미와 평가",「법제연구」통권 제59호, 2020, 9면.

34) 실제 사례를 들자면, "농지전용행위가 농지로서의 기능을 상실하여 그 이후 그 토지를 농업 생산 등 외의 목적으로 사용하는 행위가 더 이상 '농지의 전용'에 해당하지 않는다고 할 때에는, 허가 없이 그와 같이 농지를 전용한 죄는 그와 같은 행위가 종료됨으로써 즉시 성립하고 그와 동시에 완성되는 즉시범이라고 보아야 하지만, 농지로서의 기능에 관계 없이 해당 토지를 농업생산 등 외의 다른 목적으로 사용하는 행위를 여전히 농지전용으로 볼 수 있는 때에는 허가 없이 그와 같이 농지를 전용하는 죄는 계속범으로서 그 토지를 다른 용도로 사용하는 한 가벌적인 위법행위가 계속 반복되고 있는 계속범이라고 보아야 한다."(대법원 2009. 4. 16. 선고 2007도6703 전원합의체 판결)는 판결에서 볼 수 있듯이 구체적 사안에서 위반행위의 종료

'위반행위 종료일'이 언제인지는 소송에서 다투어져 판결이 확정되어야 비로
소 명확하게 될 수 있는 경우가 많아 실제 구체적 사안에서는 법적용상 혼란
이 초래될 우려도 있다.[35]

4. 인허가의제

(1) 의 의

인허가의제란 특정한 법률에서 규정하고 있는 인허가를 받은 경우에는
다른 법률에서 규정하고 있는 인허가를 받은 것으로 보는 것을 말한다. 행정
기본법 제24조는 '인허가의제'를 '하나의 인허가를 받으면 법률로 정하는 바에
따라 그와 관련된 여러 인허가를 받은 것으로 보는 것'으로 정의하고 있다. 이
때에 '하나의 인허가'를 "주된 인허가"라 하고, 그와 관련된 여러 인허가를 "관
련 인허가"라 한다.

행정계획의 확정에 따라 발생하는 효력으로서 이른바 '집중효'라는 것이
있다. 이는 독일법상 행정계획의 효력으로 논의되고 있는 것으로서 우리나라
의 인허가의제와는 다른 개념이다. 물론 양자는 하나의 인허가로 관련 인허가
를 대체한다는 점에서는 기능상 유사하지만, 집중효는 행정계획의 효력에 한
정되는 개념임에 반하여 인허가의제는 일반 행정행위 전반에 걸쳐 법령의 규
정에 따라 발생하는 효력이라는 점에서 양자는 구별된다. 집중효에 관해서는
행정계획에 관한 논의를 할 때 자세히 설명하도록 하겠다.

(2) 인허가의제 절차

1) 관련 인허가 서류 제출

인허가의제를 받으려면 주된 인허가를 신청할 때 관련 인허가에 필요한
서류를 함께 제출하여야 한다. 다만, 불가피한 사유로 함께 제출할 수 없는 경
우에는 주된 인허가 행정청이 별도로 정하는 기한까지 제출할 수 있다.[36]

2) 관련 인허가 행정청과 협의

주된 인허가 행정청은 주된 인허가를 하기 전에 관련 인허가에 관하여 미

일을 판단하는 것이 곤란한 경우가 많다.
35) 이정민, "법관의 입장에서 바라보는 행정기본법", 제48회 한국행정법학회 정기학술대회 자료
   집, 2021. 7, 105면.
36) 행정기본법 제24조 제2항.

리 관련 인허가 행정청과 협의하여야 한다.

관련 인허가 행정청은 협의를 요청받으면 그 요청을 받은 날부터 20일 이내에 의견을 제출하여야 한다. 다만 관련 인허가의 근거 법률에서 인허가의제 시에도 인허가에 필요한 심의, 의견 청취 등 절차를 반드시 거치도록 특별히 규정하고 있는 때에는 이러한 절차를 거치는 데 소요되는 기간은 '20일 이내'의 기간에서 제외된다.[37] 관련 인허가 행정청은 관련 인허가 절차의 내용, 걸리는 기간 등을 구체적으로 밝혀 지체 없이 주된 인허가 행정청에 통지해야 한다.[38]

협의를 요청받은 관련 인허가 행정청은 해당 인허가의 근거 법령을 위반하면서까지 협의에 응할 필요는 없다. 오히려 법령을 위반해서는 안 된다. 또한 관련 인허가의 근거 법률에서 인허가의제 시에도 인허가에 필요한 심의, 의견 청취 등 절차를 반드시 거치도록 특별히 규정하고 있는 때에는 이러한 절차를 생략해서는 안 된다.[39]

3) 협의의 간주

협의를 요청받은 관련 인허가 행정청이 기간 내에 협의 여부에 관한 의견을 제출하지 않을 경우 협의가 된 것으로 본다.[40] 특별한 사정이 없음에도 관련 인허가 행정청이 협의에 불응하면 협의가 성립된 것으로 보는 이른바 '협의의 간주'를 인정하고 있다.

4) 협의의 성질

인허가의제의 핵심적 절차라 할 수 있는 '협의'의 성질이 관련 인허가 행정청의 '의견청취' 정도인지, 아니면 '동의 또는 승인'에 준하는 정도로 밀도가 높은 것인지 검토가 필요하다. ① 관련 인허가 행정청이 기간 내에 협의 여부에 관한 의견을 제출하지 않으면 협의가 성립된 것으로 보는 협의의 간주를 인정하고 있는 점, ② 관련 인허가 행정청은 인허가의제가 법령을 위반할 경우 협의에 응해서는 안 되는 협의 거부권을 행사할 수 있다는 점 등을 고려해 볼 때 인허가의제 절차에서의 '협의'는 '동의 또는 승인'에 준하는 것으로 보는 것이 타당하다.

---

37) 행정기본법 제24조 제3항, 제4항.
38) 행정기본법 시행령 제5조 제1항.
39) 행정기본법 제24조 제5항.
40) 행정기본법 제24조 제4항.

(3) 인허가의제 효과

주된 인허가 행정청과 관련 인허가 행정청 상호간 협의된 사항은 주된 인허가를 받았을 때 관련 인허가를 받은 것으로 본다.[41] 다시 말해서 관련 인허가의 효력발생시기는 협의가 성립된 시기가 아니라 주된 인허가의 효력발생시에 함께 발생한다.

의제되는 관련 인허가의 효과는 주된 인허가의 해당 법률에 규정된 관련 인허가에 한정된다.[42] 관련 인허가의 근거 법률에서 규정하고 있는 인허가의 효과가 모두 적용되는 것이 아니라 주된 인허가의 근거 법률에서 규정하고 있는 관련 인허가의 효과에 한정하여 적용되는 것이다.

판례는 "주된 인·허가에 관한 사항을 규정하고 있는 甲 법률에서 주된 인·허가가 있으면 乙 법률에 의한 인·허가를 받은 것으로 의제한다는 규정을 둔 경우에는, 주된 인·허가가 있으면 乙 법률에 의한 인·허가가 있는 것으로 보는데 그치는 것이고, 그에서 더 나아가 乙 법률에 의하여 인·허가를 받았음을 전제로 한 乙 법률의 모든 규정들까지 적용되는 것은 아니다."라고 판시하여[43] 행정기본법 제정 이전에도 이 같은 입장을 취하고 있었다.

(4) 인허가의제 통제

1) 관련 인허가 행정청의 실체적 심사

인허가의제는 관련 인허가 행정청의 처분에 의해서 발생하는 것이 아니라 법률이 정한 구성요건을 충족하는 때에 특정한 법률효과가 저절로 발생하는 이른바 '의제'의 효과가 발생하는 것이다. 따라서 관련 인허가 행정청이 형식적, 절차적 요건을 별도로 거칠 필요는 없다. 그런데 주된 인허가 행정청과 '협의'를 할 때, 관련 인허가 행정청이 관련 인허가의 요건에 대한 실체적 심사는 해야 할 것이다. 이때에 실체적 심사의 밀도가 관련 인허가 행정청이 해당 인허가를 단독으로 처분할 때와 동일한 수준으로 해야 하는지, 아니면 다소 완화된 심사를 할 수 있는지 행정기본법의 규정만으로는 불분명하다.

인허가의제는 법률에 의해 실체적 효력이 발생하는 것이므로 실체적 효력이 발생한다는 점에서는 처분에 의해 효력이 발생하는 것과 다르지 않다.

---

41) 행정기본법 제25조 제1항.
42) 행정기본법 제25조 제2항.
43) 대법원 2004. 7. 22. 선고 2004다19715 판결.

따라서 인허가의제를 위해 관련 인허가 행정청이 협의를 할 때에는 해당 인허가를 단독으로 처분할 때와 동일한 수준과 밀도의 실체적 심사를 하는 것이 타당하다고 본다.

2) 관련 인허가에 대한 감독권

인허가의제의 경우 관련 인허가 행정청은 관련 인허가를 직접 한 것으로 보아 관계 법령에 따른 관리·감독 등 필요한 조치를 하여야 한다.[44] 인허가가 의제되었어도 해당 인허가에 대한 감독권은 여전히 관련 인허가 행정청에게 남아 있다는 것이다. 관련 인허가 행정청은 해당 인허가에 대해서는 처분청의 지위에 있다고 보아야 한다. 따라서 관련 인허가 행청청은 해당 관련 인허가에 취소 또는 철회의 사유가 있으면 직권취소 또는 철회를 할 수 있다.

그렇다면 주된 인허가 행정청이 주된 인허가는 그대로 둔 채 관련 인허가만을 취소 또는 철회할 수 있는가? 행정기본법 시행령 제5조 제1항은 "주된 인허가 행정청은 주된 인허가를 하거나 주된 인허가가 있은 후 이를 변경했을 때에는 지체 없이 관련 인허가 행정청에 그 사실을 통지해야 한다."고 규정하고, 동조 제2항은 "주된 인허가 행정청 또는 관련 인허가 행정청은 주된 인허가 또는 관련 인허가의 관리·감독에 영향을 미치는 중요 사항이 발생한 경우에는 상호 간에 그 사실을 통지해야 한다."고 규정하고 있는 것을 볼 때 관련 인허가에 대한 취소·철회권은 관련 인허가 행정청에게 있고 주된 인허가 행정청은 관련 인허가를 직접 취소·철회할 수 없는 것으로 보는 것이 타당하다. 물론 주된 인허가가 취소·철회된 때에는 관련 인허가 역시 당연히 소멸되는 것으로 보는 것이 타당하다.

3) 관련 인허가의 하자로 인한 주된 인허가의 취소 여부

하자 등을 이유로 관련 인허가가 취소되었을 경우 주된 인허가의 효력은 어떻게 되는 것인가? 다시 말해서 관련 인허가의 하자를 이유로 주된 인허가를 취소할 수 있는지 문제된다.

이에 대해서는 ① 관련 인허가의 하자를 이유로 주된 인허가를 취소해야 한다는 견해,[45] ② 의제된 인허가의 위법사유를 보완하더라도 해당 의제된 인허가를 다시 받는 것이 불가능한 경우에만 주된 인허가 및 의제된 관련 인허

---

44) 행정기본법 제26조 제1항.
45) 종래의 판례 태도; 대법원 2015. 7. 9. 선고 2015두39590 판결 등.

가를 전부 취소할 수 있다는 견해,[46] ③ 관련 인허가의 하자만으로 주된 인허가가 곧바로 위법이 되는 것은 아니라 주된 인허가의 위법 여부를 개별적으로 판단해야 한다는 견해[47] 등이 대립한다.

관련 인허가의 하자만으로 주된 인허가를 당연 취소할 경우 ① 관련 인허가가 주된 인허가의 본질적 요건이 아니어서 관련 인허가가 없어도 주된 인허가의 성립에 영향을 미치지 않는 경우까지 관련 인하가의 하자만을 이유로 주된 인허가까지 취소하는 것은 타당하지 않다는 점, ② 주된 인허가의 이해관계인이나 선의의 제3자 등의 이익을 침해할 우려가 있다는 점 등을 고려해 볼 때 관련 인허가의 하자만으로 주된 인허가가 곧바로 위법이 되는 것은 아니라 주된 인허가의 위법 여부를 개별적으로 판단해야 한다는 견해가 타당한 것으로 본다.

(5) 관련 인허가에 대한 행정쟁송

1) 관련 인허가의 독립쟁송 가능성

인허가의제에 따라 의제가 인정되는 관련 인허가의 법적 성질이 행정심판법 또는 행정소송법에서 규정하고 있는 '처분등'에 해당한다면 관련 인허가만을 따로 떼어 쟁송이 가능한 것인가?

판례는 "사업계획승인으로 의제된 인허가는 통상적인 인허가와 동일한 효력을 가지므로, 그 효력을 제거하기 위한 법적 수단으로 의제된 인허가의 취소나 철회가 허용될 필요가 있다."고 판시[48]하여 관련 인허가의 처분성 및 독립쟁송을 인정하고 있다.

인허가의제는 신속한 행정처리를 위해 절차를 간소화한 것일 뿐 의제된 인허가의 법적 성질이 달라지는 것은 아니므로 관련 인허가가 원래부터 행정쟁송의 대상이 되는 처분성이 있었다면 비록 인허가의제가 있었다 하더라도 관련 인허가의 처분성을 부인해야 할 이유가 없고, 따라서 관련 인허가에 대한 독립쟁송은 당연히 허용되어야 한다.

2) 관련 인허가 쟁송의 제소기간

관련 인허가에 대한 처분성 및 독립쟁송이 허용된다면 관련 인허가 쟁송

---

46) 박균성, "의제된 인·허가의 취소", 「행정판례연구」 제24집 제1호, 2019. 6, 31면.
47) 최근의 판례태도; 대법원 2018. 7. 12. 선고 2017두48734 판결.
48) 대법원 2018. 7. 12. 선고 2017두48734 판결.

의 제소기간 기산일은 언제부터인가? 쟁송의 제소기간은 처분 등이 있음을 안 날로부터 90일, 처분 등이 있은 날로부터 180일 또는 1년이므로 '처분 등을 안 날'과 '처분 등이 있은 날'이 특정되어야 한다.

하지만 관련 인허가는 별도의 처분행위가 존재하지 아니하고 주된 인허가 행정청과의 협의에 의해 성립되므로 '처분이 있은 날'을 '협의가 성립된 날'로 해야 하는지, '주된 인허가의 처분이 있은 날'로 해야 하는지 해석이 필요하다. 또한 관련 인허가는 처분의 상대방 등에 대한 통지 등의 절차가 따로 없으므로 '처분이 있음을 안 날'을 특정하기도 어렵다.

인허가의제의 특질상 관련 인하가의 효력은 주된 인허가의 효력이 발생할 때 동시에 발생하는 것이므로 '처분이 있은 날'은 '협의의 성립일'이 아닌 '주된 인허가 처분이 있은 날'로 보아야 할 것이며, '처분이 있음을 안 날' 역시 주된 인허가 처분이 있음을 안 날을 기산일로 보는 것이 타당하다.

Ⅱ. 준법률행위적 행정행위

1. 확 인

확인이란 특정한 사실 또는 법률관계의 존부·진부를 공적으로 판단하는 법선언적 행위를 말한다. 당선인결정, 국가시험합격자결정, 도로구역결정, 발명특허, 교과서검인정, 과세표준결정, 행정심판재결 등이 이에 해당한다.

확인은 법선언적 행위이며 준사법적 행위인 까닭에 성질상 일단 판단된 이상 이를 확인하지 않을 수 없는 기속행위로 보아야 할 것이다.

확인은 기존의 사실 또는 법률관계의 존부·진부를 공적으로 확정하기 때문에 이를 임의로 변경할 수 없는 불가변력이 발생한다.

확인은 행정기관의 인식이나 판단 등과 같은 정신작용을 요소로 하는 준법률행위의 일종이므로 이러한 정신작용이 전혀 필요 없이 단순한 사실행위로서 그저 있는 사실을 확인해 주는 당연퇴직의 통보 등은 준법률행위로서의 확인에 해당하지 않는다.

2. 공 증

공증이란 특정한 사실 또는 법률관계의 존부를 공적으로 증명하는 행위를 말한다. 등기부등기, 선거인명부·토지대장·건축물관리대장 등에 등재, 증명서발급, 영수증교부, 검인·날인 등이 이에 해당한다.

공증은 공적 증거력을 발생시킨다. 그러나 이 증거력은 일응 추정력에 불가하므로 반증이 있을 경우에는 전복될 수 있다.

공증은 사실이 존재하면 공증을 거부할 수 없는 기속행위이며 성질상 원칙적으로 문서에 의하여야 하는 요식행위이다.

공증 역시 준법률행위의 일종이므로 법령에서 정하고 있는 법적 효과, 즉 공적 증거력을 발생한다. 따라서 법적 효과에 전혀 영향을 미치지 않는 단순한 사실을 표시하는 증서의 발급은 공증에 해당하지 않는다. 예컨대 영업허가증의 발급 등이 이에 해당한다.

3. 통 지

통지는 특정인이나 불특정다수인에 대하여 특정한 사실을 알리는 행위를 말한다. 통지에는 행정기관의 의지나 의사를 알리는 '의사의 통지'와 불특정다수인이 인식할 수 있는 특정의 관념을 알리는 '관념의 통지'가 있다. 대집행계고, 납세독촉 등이 의사의 통지에, 특허출원공고, 귀화고시 등이 관념의 통지에 해당한다.

4. 수 리

수리란 타인의 행정청에 대한 행위를 유효한 것으로 받아들이는 행위를 말한다. 따라서 단순한 접수와는 구별된다. 일단 유효한 것으로 받아들인 이상 행정청은 이를 처리해야 하는 의무가 발생한다. 예컨대 행정심판청구서를 수리를 하면 신청자가 행정심판을 받을 수 있도록 행정심판을 진행해야 하며, 국가시험원서를 접수하면 지원자가 국가시험을 치를 수 있도록 국가시험을 실시하여야 한다. 따라서 수리의 경우에는 수리로 인하여 법적 효과가 발생할 경우에만 행정행위라 할 것이며 법적 효과가 발생하지 않으면 사실행위로서 접수에 불과하다.

제 4 절 행정행위의 부관

I. 행정행위의 부관의 의의

1. 의 의

행정행위의 부관이라 함은 행정행위의 효과를 '제한'하기 위하여 행정행위의 주된 내용에 부가하는 부대적 규율을 말한다. 하지만 대부분의 학자들은 부관의 목적이 행정행위의 법적 효과를 제한하기 위한 것뿐만 아니라 법적 효과를 '보충'하기 위한 경우도 있다고 한다.[49]

이는 이른바 '법률요건 충족적 부관'을 설명하기 위한 것으로 보인다. 법률요건 충족적 부관이란 행정행위의 요건을 충족하지 못한 경우 이를 반려하기보다는 미충족 요건을 사후 충족할 것을 조건으로 행정행위를 일단 발급하는 것을 말한다. 예컨대 건축법상 당연히 갖추어야 하는 건축허가의 요건 중 어느 하나를 충족하지 못한 채 건축허가신청을 한 경우 행정청은 이를 반려하는 것이 통상적이지만 민원인의 편의를 위하여 이를 반려하는 대신 미충족 요건을 반드시 갖출 것을 '조건'으로 건축허가를 일단 발령할 수 있을 것이다. 이때에 '미충족 요건의 보완 조건'을 이른바 법률요건 충족적 부관이라 한다.

하지만 이러한 법률요건 충족적 부관은 원칙적으로 요건 미충족으로 반려해야 하지만 무익한 행정의 반복을 피하고 민원인(상대방)의 편의를 제공하기 위한 것일 뿐 엄격한 의미에 있어 행정행위의 효과를 제한하는 부관이라 볼 수 없다.

따라서 행정행위의 부관을 종래와 달리 특별히 그 효력을 '보충'하는 것까지 확장해서 정의해야 할 실익도 논거도 없다. 행정행위의 부관은 전통적 관념대로 '행정행위의 법적 효과를 제한하기 위한 부가적 규율'로 정의하는 것이 타당하다.

행정기본법 역시 "행정청은 처분에 재량이 있는 경우에는 부관(조건, 기한, 부담, 철회권의 유보 등을 말한다. 이하 이 조에서 같다)을 붙일 수 있다."[50]고 하여 행정요

---

49) 김남진(272면); 박균성(242면); 홍정선(377면); 홍준형(195면).
50) 행정기본법 제17조 제1항.

건충족적 부관에 대해서는 규정하지 않고 있다.

2. 법정부관

법정부관이란 법령에서 행정행위의 효과를 제한하는 조건이나 기한 등을 미리 규정하고 있는 경우를 말한다. 예컨대 법령에서 공증증서의 유효기간을 규정하고 있는 경우가 이에 해당한다.

그런데 행정행위의 부관은 행정의 효과를 제한하기 위한 행정청의 또 다른 '의사표시'이므로 행정청의 의사표시가 아닌 법령에 의해서 처음부터 행정행위의 효력을 제한하고 있는 법정부관은 엄격한 의미에 있어서 행정행위의 부관으로 보기 어렵다.

3. 법률효과의 일부배제

법률효과의 일부배제란 행정행위 효과의 일부를 배제하는 것을 말한다. 예컨대 영업허가를 하면서 영업시간이나 영업구역을 제한하거나, 개인택시 면허를 발급하면서 부제운행할 것을 제한하거나, 버스 영업허가를 하면서 노선을 지정하는 것 등이 이에 해당한다.

이러한 법률효과의 제한이 법령에 의해 처음부터 제한되어 있는 경우는 일종의 법정부관으로서 행정행위의 부관에 해당하지 않는다는 것은 분명하다. 그런데 이러한 법률효과의 제한이 행정기관의 행위에 의해 제한되는 경우에는 이를 부관으로 보아야 하는지 여부에 대해 견해가 대립한다.

법률효과의 일부배제 역시 '행정행위의 법적 효과를 일부 배제하는 행정청의 의사표시'이므로 행정행위의 부관으로 보는 것이 타당하다는 입장[51]과, 법률효과의 일부배제는 법률효과 자체의 일부를 내용적으로 제한하는 것으로서 효과의 일부가 배제된 그 자체가 행정행위의 내용이므로 행정행위의 부관으로 볼 수 없다는 견해[52]가 대립한다. 행정행위를 할 때에 처음부터 효과의 일부가 배제되는 것은 그 자체가 행정행위의 효력일 뿐 또다른 제한으로 볼 수 없기 때문에 법률효과의 일부배제는 행정행위의 부관으로 볼 수 없다.

---

51) 김철용(180면); 한견우(303면); 홍준형(170면).
52) 김남진(272면); 김동희(270면); 박균성(243면); 박윤흔(371면).

II. 행정행위의 부관의 종류

1. 조 건

조건이라 함은 장래 발생 여부가 불확실한 사실의 발생 여부에 따라 행정행위의 효과가 발생 또는 변경되는 부관을 말한다. 조건에는 조건이 성취되면 당연히 효력이 발생하는 정지조건과, 반대로 조건이 성취되면 당연히 효력이 소멸하는 해제조건이 있다.

예컨대 시설완비를 조건으로 하는 사립학교설립인가의 경우는 설립인가의 효력이 일단 정지되었다가 시설이 완비되면 비로소 설립인가의 효력이 발생하는 정지조건이며, 일정 기간 내 공사착수를 조건으로 하는 공유수면매립면허의 경우는 일단 매립면허의 효력이 발생하였다가 만약 일정 기간 내 공사착수를 하지 않으면 면허의 효력이 해제되는 해제조건에 해당된다.

2. 기 한

기한이라 함은 장래 발생 여부가 확실한 사실의 발생 여부에 의하여 행정행위의 효과가 발생 또는 변경되는 부관을 말한다. 효과가 발생하는 것을 시기(언제부터), 효과가 소멸하는 것을 종기(언제까지)라 한다.

일반적으로 행정처분에 효력기간이 정하여져 있는 경우에는 그 기간의 경과로 그 행정처분의 효력은 상실된다. 하지만 판례는 "행정행위인 허가 또는 특허에 붙인 조항으로서 종료의 기한을 정한 경우 종기인 기한에 관하여는 일률적으로 기한이 왔다고 하여 당연히 그 행정행위의 효력이 상실된다고 할 것이 아니고 그 기한이 그 허가 또는 특허된 사업의 성질상 부당하게 짧은 기한을 정한 경우에 있어서는 그 기한은 그 허가 또는 특허의 조건의 존속기간을 정한 것이며 그 기한이 도래함으로써 그 조건의 개정을 고려한다는 뜻으로 해석하여야 할 것이다"라고 판시[53]하여 허가 대상 사업의 성질에 비추어 허가 기간이 지나치게 짧은 때에는 허가 조건의 변경을 고려한 갱신기간으로 보았다.

또한 계속성이 예상되는 행정행위에 붙여진 종기 역시 그 행정행위의 존

---

53) 대법원 1995. 11. 10. 선고 94누11866 판결.

속기간이 아니라 갱신기간으로 보는 것이 타당하다. 다시 말해서 음식점 영업허가에 3년의 기한이 붙여진 경우 이는 3년이 지나면 자연히 음식점 영업허가가 소멸되는 것이 아니라 3년마다 음식점 영업허가를 갱신하는 것으로 보아야 할 것이다.

종기의 도래를 존속기간으로 볼 경우에는 종기의 도래로 인해 허가의 효력은 원칙적으로 소멸하고 기간을 연장하기 위해서는 전혀 새로운 허가를 받아야 하므로 허가에 대한 절차나 요건에 대한 심사 등이 처음과 같이 또다시 이루어진다.

이에 반하여 종기의 도래를 갱신기간으로 볼 경우에는 이른바 '기한 연장'의 의미가 강하므로 재허가의 절차나 요건 심사 등이 신규허가보다는 비교적 간단히 이루어질 수 있다. 물론 갱신허가라 할지라도 허가기간이 연장되기 위해서는 그 종기가 도래하기 전에 그 허가기간의 연장에 관한 신청이 있어야 하며, 만일 그러한 연장신청이 없는 상태에서 허가기간이 만료하였다면 그 허가의 효력은 상실된다.[54]

하지만 갱신허가 역시 단순한 '기한의 연장'이 아닌 별도의 처분이므로 허가 대상이 되는 행정행위의 성질이 기속행위가 아닌 한 갱신허가를 거부하였다 하여 신뢰보호원칙을 위반하거나 상대방의 기득권을 박탈한 것으로 볼 수는 없다.

판례 역시 "종전 허가의 유효기간이 지나 다시 한 허가신청에 대한 허가는 종전의 허가처분을 전제로 하여 단순히 유효기간을 연장하여 주는 행정처분이라기보다는 종전의 허가처분과는 별도의 새로운 영업허가를 내용으로 하는 행정처분이므로 허가권자는 재허가신청으로 보아, 그 규정에 의하여 허가요건의 적합 여부를 새로이 판단하여 허가 여부를 결정하여야 한다"라고 판시[55]하고 있다.

3. 부 담

(1) 의 의

부담이란 주된 행정행위에 부수하여 행정행위의 상대방에게 행정행위와

---

54) 대법원 2007. 10. 11. 선고 2005두12404 판결.
55) 대법원 1993. 2. 26. 선고 92누18832 판결.

는 별도로 작위, 부작위, 급부, 수인의무를 부가하는 부관을 말한다. 예컨대 공원사용허가를 하면서 청소의무, 가무금지, 사용료납부의무 등을 부가하는 것이 이에 해당한다. 실제 행정처분에 있어서는 '부담'이라는 용어보다는 주로 '… 을 조건으로'라는 표현 형식이 사용된다. 따라서 실제 행정처분에 사용되는 용어보다는 당해 부관의 성질이 당해 행정행위와는 별도의 의무를 부가하는 것이면 이를 부담으로 해석하여야 한다.

판례는 "사도(私道)개설허가에는 본질적으로 사도를 개설하기 위한 토목공사 등 현실적인 도로개설공사가 따르기 마련이므로 허가를 하면서 공사기간을 특정하기도 하지만 사도개설허가는 사도를 개설할 수 있는 권한의 부여 자체에 주안점이 있는 것이지 공사기간의 제한에 주안점이 있는 것이 아닌 점 등에 비추어 보면 이 사건 처분에 명시된 공사기간은 기간을 준수하여 공사를 마치도록 하는 의무를 부과하는 일종의 부담에 불과한 것이다"라고 판시[56]하여 표현 형식이 비록 '기한'이라 하더라도 이는 그 성질상 부담에 해당한다고 보았다.

(2) 효 과

부담은 부담의무를 이행하지 아니하였다고 해서 행정행위의 효력이 저절로 상실되는 것이 아니라, 행정청이 별도로 부담의 불이행을 이유로 당해 행정처분을 철회하거나 부담의무의 이행을 강제집행하거나 부담불이행에 대한 행정벌을 부과할 수 있을 뿐이다. 따라서 조건이 성취되지 않으면 행정의 효력이 저절로 상실되는 조건과 구별된다.

부담은 주된 행정행위에 종속되기는 하나 그 자체가 행정행위의 성질을 가지는 까닭에 다른 행정행위의 부관과는 달리 독립성이 강하여 부담만을 따로 떼어 행정쟁송의 제기가 가능하다. 물론 다른 부관들도 부관에 대한 일부 취소를 구하는 소송을 제기할 수 있으므로 독립쟁송 가능성에 대한 구별은 무의미하다는 견해도 있으나 판례는 이를 부정하고 부담에 대해서만 독립쟁송을 허용하고 있다.

(3) 부담과 조건의 구별

부담과 조건은 그 효과에 있어 커다란 차이가 있으나, 그 표현형식을 동

---

56) 대법원 2004. 11. 25. 선고 2004두7023 판결.

일하게 사용하고 있는 경우가 많아 실제에 있어서는 조건과 부담을 구별하기가 곤란한 경우가 많다.

이처럼 조건과 부담이 혼동될 경우에 판례는 "행정행위의 부관에 관하여 그것이 행정행위의 효력 소멸을 '장래에 발생 여부가 불확실한 사실'에 의존시키는 해제조건에 해당하는지, 아니면 수익적 행정행위에 부가된 부관으로서 상대방에게 작위·부작위·수인·급부를 명하는 이른바 '부담'에 해당하는지 여부가 다투어지는 경우에 그 법적 의미는, 그 처분에 표시된 행정청의 객관적 의사를 중심으로 그 처분의 경위나 제도적 배경, 처분의 근거된 법령과 당해 처분을 통하여 행정청이 달성하려는 행정목적을 종합적으로 참작하여 합리적으로 확정하여야 한다"라고 판시57)한 바 있다.

4. 철회권의 유보

철회권의 유보란 주된 행정행위에 부가하여 특정한 경우에 행정행위를 철회할 수 있는 권리를 행정청에게 유보해 두는 부관을 말한다. 철회권의 유보는 행정행위의 효력을 소멸시킨다는 점에서 해제조건과 유사하다. 그러나 해제조건은 조건의 성취로 행정청의 의사표시 없이 당연히 효력이 소멸하나 철회권의 유보는 행정청의 철회라는 의사표시가 있어야만 효력이 소멸된다는 점에서 구별된다.

또한 철회권의 유보는 철회사유가 발생하였다 해서 바로 철회할 수 없으며, 철회의 일반적 요건, 예컨대 공익과 사익의 비교형량 등이 충족되어야만 철회를 할 수 있다.

철회권이 유보되어 있어도 행정청이 철회의 일반적 요건을 모두 검토해야 한다면 철회권을 유보해 두는 실익이 무엇인가라는 강한 의문을 제기하는 학자들도 있다. 그러나 철회권이 유보되어 있으면 상대방은 장래에 있어 철회를 예측할 수 있고 신뢰보호 등을 이유로 대항할 수 없기 때문에 그 실익이 전혀 없는 것은 아니다.

---

57) 서울고등법원 2005. 4. 27. 선고 2004누8172 판결.

Ⅲ. 행정행위 부관의 한계

1. 부관의 가능성

(1) 준법률행위적 행정행위

부관이란 행정행위의 주된 의사표시에 부과된 행정청의 부가적 의사표시이므로 의사표시를 요소로 하지 아니하는 준법률행위적 행정행위에는 붙일 수 없다.

최근 준법률행위적 행정행위라 할지라도 일률적으로 부관을 붙일 수 없는 것이 아니라 행위의 성질에 따라 개별적으로 결정해야 한다고 하면서 확인 또는 공증행위에는 기한(종기)을 붙일 수 있다는 비판적 견해가 지배적이다.[58]

그러나 확인 또는 공증에 있어서의 기한(종기)은 이미 법규정에 의하여 그 효과가 제한된 것으로서 이는 진정한 의미의 부관이 아닌 일종의 법정부관으로 보아야 할 것이다.

준법률행위적 행정행위에는 부관을 붙일 수 없다는 것을 분명히 선언한 판례는 없다. 다만 "매립준공인가는 매립면허에 대한 단순한 확인행위가 아니며, 인가는 … 법률행위적 행위인 이상 … 부관을 붙일 수 있다"는 판례[59]가 존재한다. 이는 "매립준공인가의 법적 성질이 확인행위라는 준법률행위적 행정행위였다면 부관을 붙일 수 없으나, 그 성질이 인가라는 법률행위적 행정행위에 해당하므로 부관을 붙일 수 있다"는 의미로 해석될 수 있다. 그렇다면 준법률행위적 행정행위에는 부관을 붙일 수 없다는 것이 판례의 태도라고 보아도 될 것이다.

(2) 기속행위

기속행위인 경우에 행정청은 법규에 엄격히 기속되고 법규가 정한 법률효과를 임의로 제한할 수 없기 때문에 이 역시 부관을 붙일 수 없다. 판례 역시 "일반적으로 기속행위나 기속적 재량행위에는 부관을 붙일 수 없는 것이다"라고 판시[60]하여 이를 지지하고 있다.

58) 김남진(272면); 김성수(245면); 김철용(181면); 김향기(209면); 석종현(202면); 한견우(305면); 홍정선(384면),
59) 대법원 1973. 8. 29. 선고 75누23 판결.
60) 대법원 1988. 4. 27. 선고 87누1106 판결.

물론 기속행위라도 법령에서 부관을 허용하는 경우에는 부관을 붙일 수 있다. 행정기본법 제17조 제2항은 "행정청은 처분에 재량이 없는 경우에는 법률에 근거가 있는 경우에 부관을 붙일 수 있다."라고 규정하여 재량행위가 아니더라도 법령의 근거가 있는 때에는 부관을 붙일 수 있음을 명문으로 인정하고 있다.

그러나 최근 법률요건 충족적 부관의 경우에는 비록 기속행위라 할지라도 부관을 붙일 수 있다는 비판적 견해가 지배적이다.[61] 법률요건 충족적 부관이란 행정행위의 미충족 요건을 사후 충족할 것을 조건으로 행정행위를 일단 발급하는 것을 말하는데, 이는 엄격한 의미에 있어 행정행위의 부관으로 볼 수 없다는 것은 이미 설명하였다.

기속행위에도 경우에 따라서는 부관을 붙일 수 있다는 견해를 취하는 학자들은 부관의 한계에 대해 종래의 관점과는 다른 새로운 시각에서 이 문제를 접근하고 있다. 종래와 같이 기속행위는 부관을 붙일 수 있는지 또는 없는지에 대한 일률적 경계를 설정하기보다는, 개개 행정행위의 성질·목적과 부관의 행태를 종합적으로 검토하여 부관의 허용성 여부를 결정하여야 한다는 것이다.[62]

일응 타당성이 있어 보인다. 그러나 행정행위의 부관이란 행정행위의 법적 효과를 '제한'하기 위한 부가적 규율이므로, 행정청이 임의적으로 행정행위의 효과를 제한할 수 없는 기속행위에 부관을 붙일 수 없는 것은 당연한 논리 귀결이다. 그럼에도 불구하고 부관의 허용성을 개별적으로 고찰해야 한다는 것은 부관의 유용성에 경도되어 그 허용성의 문제와 유용성의 문제를 혼동한 것으로 보여 진다.

(3) 사후부관

부관은 원칙적으로 주된 행정행위를 할 때에 부가적(부수적)으로 함께 이루어 져야 한다. 따라서 행정행위를 한 이후에 부관을 따로 붙이는 것이 가능한 것인지에 대한 문제를 생각해 볼 수 있다.

이에 대해 다수의 견해는 ① 법령이 사후부관을 허용하고 있는 경우, ②

---

61) 김남진(283면); 김성수(247면); 김철용(182면); 박균성(257면); 석종현(202면); 한견우(306면); 홍정선(385면).
62) 김남진(283면); 김철용(182면).

상대방의 동의가 있는 경우, ③ 부담이 유보된 경우(이를 특히 '사후부담의 유보'라 한다)에만 사후부관이 허용될 수 있다고 한다.63) 타당한 견해이다.

행정기본법 역시 ① 법률에 근거가 있는 경우, ② 당사자의 동의가 있는 경우, ③ 사정이 변경되어 부관을 새로 붙이거나 종전의 부관을 변경하지 아니하면 해당 처분의 목적을 달성할 수 없다고 인정되는 경우에는 그 처분을 한 후에도 부관을 새로 붙이거나 종전의 부관을 변경할 수 있다고 규정하고 있다.64)

사정이 변경되어 당초 부과한 부담만으로는 그 목적을 달성할 수 없는 경우에는 목적 달성에 필요한 범위 내에서 예외적으로 새로운 부담을 부가하는 사후부관이 가능하다는 견해도 있으나 이는 뒤에 설명하는 '부관의 사후변경'일 수는 있으나 이를 사후부관으로 보기는 어렵다.

⑷ 부관의 사후변경

부관부 행정행위를 하였는데 이후 그 부관의 내용을 변경하는 것이 가능한 것인가? 이에 대해 판례는 "행정처분에 이미 부담이 부가되어 있는 상태에서 그 의무의 범위 또는 내용 등을 변경하는 부관의 사후변경은, ① 법률에 명문의 규정이 있거나 ② 그 변경이 미리 유보되어 있는 경우 또는 ③ 상대방의 동의가 있는 경우에 한하여 허용되는 것이 원칙이지만, 사정변경으로 인하여 당초에 부담을 부가한 목적을 달성할 수 없게 된 경우에도 그 목적달성에 필요한 범위 내에서 예외적으로 허용된다"라고 판시65)하여 사정변경 등이 있는 때에는 예외적으로 부관의 사후변경을 인정하고 있다.

2. 내용상의 한계

부관의 전제가 되는 행정행위 자체가 재량행위이므로 부관을 붙일 것인지 또는 어떠한 부관을 어느 정도의 수준으로 붙일 것인지는 오로지 행정청의 재량이다. 하지만 이 역시 재량권 행사에 일탈·남용이 없어야 한다는 내용상 한계를 준수하여야 한다.

부관은 우선 ① 이행이 가능하여야 하고, 또한 ② 법령을 위반하거나, ③

---

63) 박균성(252면).
64) 행정기본법 제17조 제3항.
65) 대법원 1997. 5. 30. 선고 97누2627 판결.

주된 행정행위의 목적을 벗어나거나, ④ 주된 행정행위와 실질적 관련성이 없이 부당하게 결부시키거나, ⑤ 평등원칙, 비례원칙 등 행정법의 일반원칙을 위반해서는 안 된다.

행정기본법은 적법한 부관의 요건으로 ① 해당 처분의 목적에 위배되지 아니할 것, ② 해당 처분과 실질적인 관련이 있을 것, ③ 해당 처분의 목적을 달성하기 위하여 필요한 최소한의 범위일 것을 규정하고 있다.[66]

Ⅳ. 위법한 부관의 효력과 불복방법

1. 부관에 흠이 있는 경우 부관과 주된 행정행위의 효력

부관의 흠이 중대하고 명백하여 무효인 경우에 주된 행정행위의 효력은 어떻게 되는가? 이에 대해서는 ① 주된 행정행위의 효력에는 영향이 없어 결국 부관 없는 행정행위가 된다는 견해(부관만 무효), ② 부관이 무효인 이상 주된 행정행위 역시 무효가 된다는 견해(전부 무효), ③ 원칙적으로는 부관 없는 행정행위가 되지만, 부관이 그 행위에 없어서는 안 될 본질적 요소인 경우에는 전체가 무효가 된다는 견해(부관의 본질성에 따라 효력 결정) 등이 대립한다. 제3설이 통설적 견해이다. 판례[67] 역시 "도로점용허가의 점용기간은 행정행위의 본질적인 요소에 해당한다고 볼 것이어서 부관인 점용기간을 정함에 있어서 위법사유가 있다면 이로써 도로점용허가 처분 전부가 위법하게 된다"고 판시하여 제3설을 취하고 있다.

2. 흠 있는 부관에 대한 행정쟁송

(1) 문제의 소재

부관에 흠이 있는 경우 행정쟁송을 통하여 이를 다툴 수 있는 것인가? 이는 ① 부관을 주된 행정행위와 분리하여 독립적으로 행정쟁송의 대상으로 삼을 수 있는 것인지, ② 법원이 주된 행정행위와는 별도로 부관만을 취소할 수 있는 것인지의 문제로 나누어 살펴보아야 한다. 전자는 소송의 요건심리단계에서 이른바 대상적격의 문제이고, 후자는 소송의 본안심리단계에서 이른바

---

66) 행정기본법 제17조 제4항.
67) 대법원 1985. 7. 9. 선고 84누604 판결.

독립취소 판결의 가능성에 관한 문제이다.

(2) 부관의 독립쟁송 가능성(대상적격)

1) 부관의 종류에 따라 구분하는 견해(부담 독립쟁송설)

부관의 종류에 따라 대상적격 여부가 결정된다는 견해이다. 부관 중에서 특히 독립성이 강한 '부담'만이 독립쟁송이 가능하다는 입장이다. 부담은 그 자체로 '처분'의 성격을 갖고 있기 때문에 직접 취소소송의 대상이 된다는 것이다. 따라서 이에 대한 다툼은 진정일부취소소송의 형태가 될 것이다.

이에 반하여 기한, 조건, 철회권유보 등의 부관은 주된 행정행위의 규율의 한 요소에 불과하기 때문에 그 자체만으로는 대상적격을 인정할 수 없다고 한다. 다만 형식적으로 부관부 행정행위 전체를 취소소송의 대상으로 하되 내용적으로는 부관만의 일부취소를 구하는 이른바 부진정일부취소소송의 형태로 위법한 부관에 대한 쟁송이 가능할 수도 있다. 하지만 이는 부관의 대상적격의 문제가 아니고 본안심리 후 법원이 부관만을 독립하여 취소할 수 있는가라는 이른바 독립취소 가능성의 문제이다. 따라서 이 견해를 취하는 한 부관에 대한 독립쟁송은 '부담'의 경우에만 허용되고 그 소송형태 역시 진정일부취소소송이 되어야 한다.

판례[68]는 "행정행위의 부관은 행정행위의 일반적인 효력이나 효과를 제한하기 위하여 의사표시의 주된 내용에 부가되는 종된 의사표시이지 그 자체로서 직접 법적 효과를 발생하는 독립된 처분이 아니므로 현행 행정쟁송제도 아래서는 부관 그 자체만을 독립된 쟁송의 대상으로 할 수 없는 것이 원칙이나 행정행위의 부관 중에서도 행정행위에 부수하여 그 행정행위의 상대방에게 일정한 의무를 부과하는 행정청의 의사표시인 부담의 경우에는 다른 부관과는 달리 행정행위의 불가분적인 요소가 아니고 그 존속이 본체인 행정행위의 존재를 전제로 하는 것일 뿐이므로 부담 그 자체로서 행정쟁송의 대상이 될 수 있다"라고 판시하여 이 견해를 취하고 있다.

2) 부관의 분리가능성에 따라 구분하는 견해(분리가능성설)

부관의 분리가능성 여부에 초점을 두어, 분리가능성이 있는 부관의 경우에는 독립하여 취소소송의 대상이 되는 반면, 분리가능성이 없는 경우에는 부

68) 대법원 1992. 1. 21. 선고 91누1264 판결.

관부 행정행위 전체를 취소소송의 대상으로 하여 다투어야 한다고 보는 견해이다. 따라서 전자의 경우에는 소송형태가 진정일부취소소송이 될 것이며, 후자는 부진정일부취소소송이 될 것이다.

이 견해는 부관의 독립쟁송 가능성의 문제를 '처분성'의 문제, 즉 대상적격의 문제로 보지 않고, 법원이 부관만을 독립하여 취소할 수 있는가라는 부관의 독립취소 가능성을 전제로 쟁송가능성을 판단하고 있다.[69] 다시 말해서 이 견해는 부관의 '처분성' 인정여부와는 관계없이 법원이 당해 부관만을 독립하여 취소할 수 있을 정도로 독자성을 갖는다면 독립쟁송을 인정해야 한다는 입장이다.

법원의 부관에 대한 독립취소 가능성 여부는 본안심리를 해보아야 판단할 수 있는 것인데 이를 요건심리단계에서 쟁송의 대상이 될 수 있는 것인지를 판단하는 기준으로 삼는다는 것은 논리적으로 전혀 타당하지 않다. 뿐만 아니라 이 견해를 취할 경우 부관의 분리 가능성에 따라 그 소송형태만이 달라질 뿐 결국 모든 부관에 대해 행정쟁송이 가능하다는 점에서 결론적으로 후술하는 '모든 부관의 독립쟁송이 가능하다는 견해'와 전혀 다르지 않다.

3) 모든 부관의 독립쟁송이 가능하다는 견해(전 부관 독립쟁송설)

부관이 행정쟁송의 대상이 될 수 있는가와 부관에 대한 행정쟁송이 가능한가는 서로 다른 문제로서, 모든 부관은 부관만을 다툴 법률상의 이익이 있는 한 행정쟁송이 허용되어야 한다는 입장이다. 그리고 그 소송형태는 부관의 종류에 관계없이 모두 부진정일부취소소송이 된다고 한다.

이 견해는 대상적격의 문제를 원고적격의 문제로 혼동하고 있다는 비판이 가능하다.[70] 또한 이 견해를 취할 경우 판례를 통하여 처분성이 인정되고 있는 '부담'마저도 처분성이 부인되는 결과를 초래한다.

(3) 부관의 독립취소 가능성

부관의 취소를 구하는 취소소송의 본안심리 결과 부관이 위법한 경우에 법원이 이를 독립하여 취소할 수 있는지 여부에 대한 문제로서 다음과 같은 견해들이 있다.

---

69) 홍정선(303면).
70) 홍정선(303면).

1) 기속행위·재량행위 구별설

이 견해는 주된 행정행위의 성질을 기속행위와 재량행위로 구분하여 부관의 독립취소 가능성을 판단해야 한다는 입장이다.

기속행위인 경우 부관을 붙일 수 없는 것이 원칙이므로 법령의 근거 없이 붙여진 부관은 법원이 독립적으로 취소할 수 있다는 입장이다. 물론 법률요건 충족적 부관의 경우에는 부관만을 취소하면 행정행위 요건 자체에 흠결이 발생하게 되므로 독립 취소가 불가능하다.

반면 재량행위의 경우에는 부관만을 취소하고 주된 행정행위는 그대로 존속을 시킬 경우 주된 행정행위의 발급을 원하지 않는 행정청에게 법원이 발급을 강제하는 결과를 초래하여 권력분립의 원칙에 반하게 되므로 부관의 독립취소가 부인된다.

그러나 이 견해에 따르면 재량행위의 경우, 행정행위의 상대방은 위법한 부관이 부가된 행정행위를 수인하든지 아니면 부관부 행정행위 전체를 취소소송의 대상으로 할 수밖에 없어 그나마 발급된 수익적 행정행위 부분을 상실할 우려가 있다. 뿐만 아니라 부관은 거의 대부분 재량행위에 부가되는 것이므로 이 견해를 취할 경우 부관에 대한 행정소송은 사실상 유명무실하게 된다.

2) 실질적 분리가능성설

부관의 독립취소 가능성의 문제는 결국 부관이 주된 행정행위와 실질적으로 분리될 수 있느냐에 따라 결정된다는 견해이다. 실질적 분리가능성은 법원이 당해 부관만을 취소하더라도 주된 행정행위는 이에 영향을 받지 않고 적법하게 존속될 수 있을 때에 인정된다고 한다.

부관의 내용이 행정행위에 본질적이라 행정청이 부관 없이는 주된 행정행위를 발하지 않을 것이라 판단되는 때에는 부관이 위법하다면 주된 행정행위도 당연히 위법하다 할 것이다. 그럼에도 불구하고 부관만 취소되고 주된 행정행위는 그 위법성에도 불구하고 효력이 그대로 존속된다면 이는 법률적합성의 원칙에 반하기 때문에 부관만의 독립취소를 인정할 수 없다는 논리이다.

그러나 이 견해는 부관이 취소되어도 주된 행정행위가 적법하게 존속하는 경우를 제외하고는 원고는 부관부 행정행위 전체를 수인하든지 또는 부관부 행정행위 전체를 포기할 수밖에 없다는 한계를 지니고 있다.

3) 위법성설

취소소송의 소송물이 '부관의 위법성'이라면, 소송물이론상 부관에 대한 취소가 가능하다는 입장이다. 그러나 이 견해를 취할 경우 법원은 부관의 위법성 여부만 판단할 뿐 부관 취소 후 주된 행정행위의 존속 여부는 진혀 고려하지 않아도 되는 것처럼 이해될 수 있다는 한계가 있다.

4) 소 결

판례는 부진정일부취소를 인정하고 있지 않다. 따라서 부담을 제외한 다른 부관의 경우 독립 취소의 문제가 발생할 가능성이 없기 때문에 이러한 논의가 무의미한 논쟁에 불과할 수도 있다. 하지만 모든 부관은 그 부관에 흠이 있다면 이에 대한 일부취소가 허용되는 것이 법리상 타당하다. 다만 부관만의 일부취소를 허용할 경우 원고가 부관의 취소를 통하여 위법하거나 또는 행정청이 발하기를 원하지 않는 행정행위를 누리게 된다는 비판이 있을 수 있다. 이 문제는 처분청이 주된 행정행위를 직권취소 또는 철회하거나 적법한 사후부관을 부가하는 것으로 해결하는 것이 바람직하다. 물론 처분청의 직권취소나 철회는 신뢰보호의 원칙 및 비례의 원칙에 따라 제한을 받기 때문에 가능한 사후부관을 부가하는 것이 더욱 적절할 수 있다.[71]

제5절 행정행위의 성립요건 등

I. 개 설

행정행위가 성립하여 효력을 발생하기 위해서는 법에서 정한 일정한 요건을 갖추어야 한다. 종래까지 일반적 견해는 행정행위의 성립요건과 효력발생요건을 관념적으로 구분하고, 행정주체의 내부적 의사결정(내부적 성립)이 외부에 표시(외부적 성립)되는 것을 성립요건으로, 이러한 내용이 상대방에게 도달되는 것을 효력발생요건으로 설명하였다.

하지만 최근에는 성립요건 및 효력발생요건을 구분하지 않고 형식적 적법요건과 실질적 적법요건으로 설명하는 견해,[72] 행정행위의 요건을 성립요

---

71) 정하중(155면).

건, 효력발생요건, 적법요건, 유효요건 등으로 구분하는 견해,[73] 유효요건과 효력발생요건을 같은 개념으로 보아 행정행위의 요건을 성립요건, 적법요건, 유효요건으로 나누어 이해하는 견해[74] 등 다양한 주장들이 제기되고 있다.

개념을 구분하는 까닭이 구분의 실익이 존재하기 때문이라면 행정행위는 관념상 성립요건, 적법요건, 효력발생요건(유효요건)으로 구분하는 것이 타당하다. 성립요건을 갖추지 못하면 '행정행위'로서의 외형조차 성립되지 않는 것이므로 불성립의 효과는 이른바 '부존재'가 될 것이고, 적법요건을 충족하지 못하면 부적법한 행정행위로서 취소의 사유가 될 것이며, 효력발생요건을 갖추지 못하면 행정행위의 효력 자체가 발생하지 아니할 것이다. 따라서 행정행위의 성립요건, 적법요건, 효력발생요건을 구분하여 고찰하는 것은 그 의미가 있을 것으로 보인다. 물론 이러한 요건들이 언제나 시차를 두고 단계적으로 충족 또는 평가되는 것은 아니다. 단 한 번의 행위와 절차로 이들 요건이 일괄 충족되는 경우도 있고, 시차를 두고 단계적으로 충족되는 경우도 있다.

Ⅱ. 행정행위의 성립요건

종래에는 행정행위가 유효하게 성립하기 위해서는 주체·내용·절차·형식이 법적 요건에 적합하여야 하는데 이를 행정행위의 성립요건으로 설명하는 것이 일반적 설명이었다. 하지만 이는 후술하는 이른바 적법요건으로 보아야 한다는 견해들이 점차 설득력을 얻어가고 있다.

행정행위의 성립요건은 '행정행위'로서의 실체와 외형을 갖추기 위한 요건으로 이해하는 것이 타당하다. 따라서 ① 행정권발동으로 볼 수 없는 행위, ② 내부적 의사결정만 존재할 뿐 이를 외부에 표시하지 아니한 행위 등은 행정행위의 성립요건을 결여한 것으로 볼 수 있다. 이처럼 행정행위의 성립요건을 갖추지 못한 때에는 그 효과로서 이른바 '부존재'의 문제가 발생한다. 부존재에 대한 자세한 내용은 행정행위의 흠을 설명할 때 논의할 것이다.

---

72) 홍정선(316면).
73) 박균성(261~263면).
74) 홍준형(180면).

Ⅲ. 행정행위의 적법요건

행정행위가 적법하게 성립하기 위해서는 주체·내용·절차·형식이 법적 요건에 적합하여야 한다. 이러한 적법요건을 충족하지 못하면 이른바 '흠 있는 위법한 행정행위'로 취급된다. 흠 있는 행정행위라 해서 그 유효성이 언제나 부인되는 것은 아니다. 흠이 중대·명백하여 당연 무효인 경우도 있지만 그렇지 않은 경우에는 행정행위의 공정력으로 인하여 권한 있는 기관(처분청, 감독청, 행정심판위원회, 법원 등)에 의해 취소되기 전까지는 유효성이 추정된다.

1. 주체에 관한 요건

행정행위는 ① 정당한 권한을 갖는 기관이, ② 권한 내의 사항에 대하여, ③ 정상적 의사에 의거한 행위여야 한다.

따라서 공무원 아닌 자의 행위, 권한을 위임받지 않은 자의 행위, 권한을 초과하는 행위, 의사능력 없는 자의 행위, 사기·강박·착오에 의한 행위 등은 흠 있는 위법한 행위로서 흠의 중대·명백의 정도에 따라 무효 또는 취소될 수 있다.

2. 내용에 관한 요건

행정행위는 법률상·사실상 실현이 가능하고, 관계인이 인식할 수 있을 정도로 명확해야 한다. 또한 법치행정의 원리상 행정행위는 상위 법령에 반하지 않아야 하고, 법률유보가 요구되는 행위는 법적 근거가 존재하여야 한다. 행위가 재량행위인 경우에는 재량권의 일탈·남용이 없도록 비례원칙 등 행정법의 일반원칙에 합치되어야 한다.

3. 절차에 관한 요건

행정행위는 법이 정한 절차를 거쳐야 한다. 행정절차법에서는 처분의 절차로서 이유부기, 신청·청문, 타 기관과의 협력 등 협력절차, 사전통지 등을 규정하고 있다.

따라서 필요한 상대방의 신청 또는 동의가 없는 행위, 필요한 공고 또는 통지가 없는 행위, 필요한 공청회·청문·변명기회 등이 생략된 행위는 흠 있는 위법한 행위로 취급된다.

4. 형식에 관한 요건

행정행위는 원래 특정한 형식이 없는 불요식 행위임이 원칙이지만 법규정이 문서 등 특정의 형식을 요구하는 요식행위인 경우에는 소정의 형식을 갖추어야 한다.

Ⅳ. 행정행위의 효력발생요건

행정행위의 효력이 발생하기 위해서는 ① 행정행위에 중대·명백한 흠이 없어야 하고, ② 처분의 상대방에게 도달하여야 한다.

행정행위의 흠이 중대·명백해서 당연 무효인 경우는 처음부터 효력이 발생하지 아니하므로 행정행위가 효력을 발생하기 위해서는 행정행위에 중대·명백한 적법요건의 흠결이 없어야 한다.

처분의 상대방에게 도달하여야 한다는 것은 '상대방이 알 수 있는 상태에 놓여져 있는 것'이지 '상대방이 현실적으로 수령하여 이를 알고 있는 것'을 의미하는 것은 아니다.

행정행위의 상대방이 특정되어 있는 경우에는 '송달'의 방법으로 통지한다. 송달은 우편, 교부 또는 정보통신망 이용 등의 방법으로 한다. 교부에 의한 송달은 수령확인서를 받고 문서를 교부하는 방식을 말한다. 정보통신망을 이용한 송달은 송달받을 자가 동의하는 경우에만 한다. 이 경우 송달받을 자는 송달받을 전자우편주소 등을 지정하여야 한다.

송달은 다른 법령에 특별한 규정이 있는 경우를 제외하고는 해당 문서가 송달받을 자에게 도달됨으로써 그 효력이 발생한다. 정보통신망을 이용하여 전자문서로 송달하는 경우에는 송달받을 자가 지정한 컴퓨터 등에 입력된 때에 도달된 것으로 본다.

송달받을 자의 주소 등을 통상적인 방법으로 확인할 수 없는 경우, 송달이 불가능한 경우에는 송달받을 자가 알기 쉽도록 관보, 공보, 게시판, 일간신문 중 하나 이상에 공고하고 인터넷에도 공고하여야 한다. 이 경우 다른 법령에 특별한 규정이 있는 경우를 제외하고는 공고일부터 14일이 지난 때에 그 효력이 발생한다. 다만, 긴급히 시행하여야 할 특별한 사유가 있어 효력 발생 시기를 달리 정하여 공고한 경우에는 그에 따른다.

제 6 절   행정행위의 일반적 효력

행정행위가 성립요건과 효력발생요건을 갖추면 행정행위의 내용에 따른 구체적 효과가 발생한다. 또한 성립요건과 효력발생요건을 갖춘 행정행위는 구속력, 공정력, 존속력이라는 일반적 효력이 발생한다.

종래에는 강제력 역시 행정행위의 일반적 효력으로 이해하였다. 강제력이란 행정행위의 상대방이 부과된 의무를 스스로 이행하지 아니할 경우 행정청이 법원의 조력 없이 자력으로 그 의무의 이행을 강제하는 효력을 말한다. 오늘날에는 이러한 강제력을 행정행위에 내재하는 일반적 효력으로 보지 아니하고 별도의 법적 근거에 따른 또 다른 행정행위로 이해한다. 따라서 강제력을 더 이상 행정행위의 일반적 효력에 포함시키는 것은 타당하지 않다.

I. 구속력

행정행위의 구속력이라 함은 행정행위의 내용대로 일정한 법적 효과가 발생하고 관계행정청 및 상대방, 이해관계인을 모두 구속하는 힘을 말한다. 예컨대 조세부과처분의 효과에 ① 행정행위의 상대방, ② 행정행위의 이해관계인, ③ 처분청인 행정주체, ④ 처분청 이외의 국가기관 등이 모두 구속되는 힘을 말한다.

II. 공정력

1. 공정력의 의의

공정력이라 함은 행정행위의 성립에 하자가 있는 경우에도 그것이 중대·명백하여 무효가 되지 않는 한 권한 있는 기관에 의해 취소되기까지는 유효

한 것으로 인정되는 힘을 말한다. 구속력은 행정행위의 내용에 따라 효력을
발생하는 실체법상 효력임에 반하여 공정력은 이러한 구속력을 승인하는 절
차적·잠정적 효력이라는 점에서 양자는 구별된다.

2. 공정력의 인정근거

(1) 이론적 근거

1) 자기확인설

오토 마이어(Otto Mayer)는 민·형사재판의 판결을 전형적인 법집행행위로
보아 행정행위를 행정청이 행하는 판결과 같은 것으로 보았다. 따라서 행정
행위는 판결처럼 행정청이 그 적법성을 스스로 확인하여 행한 까닭에 공정력
이 인정된다는 견해이다. 그러나 판결은 공정하고 신중한 절차에 따라 이루어
진다는 점을 고려할 때 행정행위에 판결의 확정력을 인정하는 것은 타당하지
않다.

2) 국가권위설

행정행위는 권위 있는 국가기관의 행위이므로 그 적법성이 추정된다는
견해로서 포르스트호프(Forsthoff) 등이 주장하였다. 그러나 이는 권위주의적 군
주정에서나 있을 수 있는 이론이지 결코 오늘날과 같은 자유민주주의이념에
서는 타당성을 발견하기 어렵다.

3) 행정정책설(법적안정설)

공정력이란 행정행위 자체에 내재하는 특수적 효과가 아니라 오히려 행
정행위의 상대방이나 제3자의 신뢰보호·법적 안정성·질서유지 또는 행정의
원활한 운영 등과 같은 행정정책적 이유에서 인정되는 효과일 뿐이라는 입장
이다.

그러나 이는 후술하는 예선적 특권설과 다를 바 없다. 예선적 특권이란
법원의 판결에 앞서 행정청이 일방적으로 행정객체의 법적 지위를 변동할 수
있는 효력을 의미하는바, 이처럼 행정청에게 예선적 특권을 인정하는 까닭이
바로 상대방의 법적 안정성·신뢰보호, 행정의 실효성 확보 등을 위한 것이기
때문이다. 물론 연혁적으로 보아도 예선적 특권설이 행정정책설보다 더 근원
적이다.[75]

---

75) 한견우(303면).

4) 취소소송의 배타적 관할에 따른 반사적 효과설

행정행위는 취소소송에 의해서만 취소될 수 있는바 이러한 취소소송의 배타적 관할에 따라 그 반사적 효과로서 법원의 판결에 의해 취소되기 전까지 공정력이 인정된다는 견해이다.[76]

그러나 취소소송이란 행정행위의 공정력을 박탈하기 위해 제기되는 소송인데 취소소송의 배타적 관할에 따른 반사적 효과가 공정력이라는 설명은 논리가 전도되었다는 비판을 면하기 어렵다.[77]

5) 예선적 특권설

행정행위에 있어서는 일방인 행정청 자신이 행정객체의 동의 없이도 행정객체에게 의무를 부과할 수 있고, 행정행위에 의하여 발생한 법적 효과에 대하여 이의를 제기하려면 행위자가 아닌 행정객체가 법원의 판결을 구하여야 한다. 행정청의 이러한 일방적인 법적 질서에 대한 변경권을 가리켜 예선적 특권(privilège du préalable)이라고 한다.[78]

이는 법원의 판단에 앞서 행정행위의 정당한 통용력을 인정한다는 점에서 전술한 자기확인설 또는 국가권위설과 유사한 것처럼 보이지만 자기확인설 등은 행정행위와 법원의 판결을 대등하게 봄에 반하여 예선적 특권설은 법원의 판결을 우위에 두고 다만, 행정행위에 법원의 판결에 앞선 예선적 특권을 인정할 뿐이라고 보는 점에서 양자는 구별된다.

앞에서 설명한 것처럼 행정청에게 예선적 특권을 인정하는 까닭은 법적 안정성·신뢰보호·행정의 실효성 확보 등 행정정책적 목적에 따른 것이므로 결과적으로는 예선적 특권설과 행정정책설이 다르지 않다. 하지만 공정력 이론의 연혁적 배경과 공정력 개념의 보다 명확한 이해를 위해서 공정력의 인정 근거를 예선적 특권으로 설명하는 것이 보다 적절할 것으로 본다.

(2) 실정법적 근거

1) 직접 근거

행정기본법 제15조는 "처분은 권한이 있는 기관이 취소 또는 철회하거나 기간의 경과 등으로 소멸되기 전까지는 유효한 것으로 통용된다. 다만, 무효

---

76) 김남진(301면).
77) 김동희(287면).
78) 이광윤(37면).

인 처분은 처음부터 그 효력이 발생하지 아니한다."라고 규정하여 행정행위의 일반적 효력으로서 공정력을 인정하고 있다.

2) 간접 근거

행정기본법 제정 이전에도 비록 공정력을 인정하는 직접 규정은 없었으나 간접적으로 공정력을 추정할 수 있는 제도들은 존재하고 있었다.

가. 항고쟁송제도

행정행위는 항고쟁송을 통하여 그 취소를 구할 수 있는바, 항고쟁송이란 사인 간의 법률관계에 다툼이 있는 경우에 소송을 통하여 비로소 법률관계가 확정되는 민사소송과는 달리 행정행위의 효력을 일단 인정하고 이미 발생한 효력에 관하여 다투는 복심적 쟁송이다. 따라서 행정행위가 항고쟁송의 대상이라는 점에서 행정행위의 공정력을 추정할 수 있다.

나. 집행부정지의 원칙

행정행위에 다툼이 있어 행정쟁송이 제기되어도 그 처분의 효력·집행·절차의 속행이 정지되지 않는바 이를 집행부정지의 원칙이라고 한다. 이 또한 공정력의 근거라 할 수 있다.

다. 직권취소제도

위법 또는 부당한 행정행위에 대하여는 행정청이 이를 직권으로 취소할 수 있는바, 이것은 위법·부당한 행정행위일지라도 취소되기 전까지는 원칙적으로 그 유효성이 인정됨을 전제로 한다.

3. 구성요건적 효력

공정력을 행정행위의 상대방에 대한 구속력으로 한정하고, 처분청 이외의 국가기관(다른 행정청, 법원 등)에 대한 구속력을 특히 '구성요건적 효력'으로 정의하려는 견해가 제시되고 있다.

예컨대 법무부장관의 귀화허가는 그것이 무효가 아닌 이상 당해 처분이 위법한 것으로 판단되어도 다른 국가기관은 그 자를 대한민국 국민으로 인정하여 처분을 해야 하는바 이를 공정력이 아닌 구성요건적 효력으로 이해하는 입장이다. 따라서 산업부장관은 광업권설정허가의 요건 중 하나인 대한민국 국민인지 여부를 판단함에 있어 법무부장관의 처분(귀화허가)을 존중하여야 한다. 행정청의 처분이 다른 행정청이 행하는 행정행위의 구성요건이 된다는 의미에서 이를 구성요건적 효력이라 한다.

구성요건적 효력을 인정하는 자들은 구성요건적 효력의 근거를 국가기관 상호간의 권한존중원칙에서 찾고 있다. 다시 말해서 구성요건적 효력이란 예선적 특권으로서의 공정력과는 달리 국가기관 상호간에 권한존중에 따라 행정청이 처분을 함에 있어 다른 국가기관의 처분을 존중하고 그 구성요건으로 인정한다는 것이다.

구성요건적 효력은 ① 행정행위의 일반적 효력이 아니라 관계 법규에 따라 그 효력유무가 결정된다는 점,79) ② 구성요건적 효력은 실체적 효력임에 반하여 공정력은 절차적 효력이라는 점에서 구성요건적 효력과 공정력은 구별된다고 한다.80)

공정력을 처분의 상대방에 대한 구속력으로 한정하고 처분청을 제외한 다른 국가기관에 대한 효력을 별도의 구성요건적 효력이라는 개념으로 주장하는 까닭은 후술하는 이른바 '선결문제'에 대한 고민 때문이었다.

선결문제란 법원, 특히 민사법원이나 형사법원이 특정의 사건을 심리·판단함에 있어서 어떠한 행정행위의 적법성 또는 유효성 여부를 먼저 판단해야 하는 경우를 말한다. 이때에 법원 역시 처분청을 제외한 다른 국가기관에 해당하기 때문에 종래의 공정력이론에 따르면 처분청이 행한 행정행위의 공정력이 법원(민사 또는 형사법원)에도 미칠 것이다. 그렇다면 공정력에도 불구하고 법원이 처분청의 행정행위에 대한 위법여부를 판단할 수 있는지의 문제가 발생한다.

이러한 선결문제를 논의하면서 법원이 행정행위의 위법성 판단에 제한을 받는 것은 공정력으로 인한 것이 아니라 법원이 권력분립과 권한존중의 원칙에 따라 처분청의 행정행위를 존중하기 때문이라는 것이 구성요건적 효력을 주장하는 자들의 설명이다.

하지만 선결문제와 관련하여 처분청 이외의 다른 국가기관에 대한 효력을 공정력으로 보든 구성요건적 효력으로 보든 결론에서 차이를 발견할 수 없을 뿐만 아니라, 형사 또는 민사법원이 처분의 적법 여부를 판단하는 것은 공정력과 전혀 관계가 없는 문제로서 얼마든지 선결적 판단이 가능하다는 것이

---

79) 홍준형(198면).
80) 홍정선(245면); 홍준형(197면).

지금의 통설과 판례의 태도이므로 지금은 구성요건적 효력을 공정력에서 분리해서 이해해야 할 실익이 전혀 없다.

4. 선결문제

⑴ 행정행위의 위법여부가 쟁점인 선결문제

민사 또는 형사법원이 사건을 심리하는 중에 행정행위의 위법 여부를 먼저 판단해야 하는 때에 민사 또는 형사법원은 그 위법성을 판단할 수 있는 것인가?

예를 들어 위법한 처분으로 발생한 손해에 대하여 국가배상청구소송을 제기한 경우 이를 심리하는 민사법원이 국가배상책임의 성립 여부를 결정하기 위하여 행정행위의 위법 여부를 판단할 수 있는가? 행정청의 시정명령에 불응한 자에 대해 행정형벌의 부과 여부를 결정하기 위해 형사법원이 해당 시정명령의 적법 여부를 판단할 수 있는 것인가?

이에 대해 소극설은 ① 공정력 또는 구성요건적 효력으로 인해 처분청이 아닌 다른 국가기관은 행정행위가 취소되기 전까지는 그 위법성을 판단할 수 없으며, ② 행정소송법 제11조 제1항이 "처분등의 효력 유무 또는 존재 여부가 민사소송의 선결문제로 되어 당해 민사소송의 수소법원이 이를 심리·판단하는 경우에는 제17조, 제25조, 제26조 및 제33조의 규정을 준용한다"라고 규정하고 있는 것을 볼 때 선결문제로 판단이 가능한 것은 행정행위가 당연 무효이거나 부존재인 경우에만 제한적으로 인정되고 그 위법성을 판단할 수는 없다는 점을 논거로 들고 있다.

이에 반하여 적극설은 ① 공정력 또는 구성요건적 효력은 법적 안정성 등을 위해 그 적법성이 추정될 뿐 행정행위가 위법 또는 적법한지의 문제와는 관계가 없다는 점, ② 행정소송법 제11조 제1항은 선결문제의 예시적 규정에 불과하므로 처분등의 효력 유무 또는 존재 여부뿐만 아니라 처분의 '위법 여부'도 선결문제로 판단할 수 있다는 점, ③ 민사 또는 형사법원이 행정행위의 위법성을 판단하더라도 그 행정행위의 효력에는 어떠한 영향도 미치지 않는다는 점 등을 논거로 한다.

판례는 ① "손해배상청구소송에서는 민사법원도 그 선결문제로 된 행정처분에 대한 취소판결이 있기 전이라도 그 위법 여부를 판단할 수 있다고 봄이 상당하다",[81] ② "행정청으로부터 시정명령을 받고도 이를 위반하였다는 이유로 처벌을 하기 위해서는 그 시정명령이 적법한 것이어야 하고, 그 시정명령이 위법하다고 인정되는 한 위반죄는 성립하지 않는다"[82]라고 각각 판시하여 적극설의 입장을 취하고 있다.

행정소송법 제11조 제1항은 처분등의 효력 유무 또는 존재 여부가 민사소송의 선결문제로 되는 때에 준용하는 규정을 정하고 있을 뿐 이것이 행정행위의 위법여부가 쟁점인 선결문제를 부인하는 근거가 될 수는 없고, 민사 또는 형사법원이 행정행위의 위법 여부를 판단하더라도 해당 행정행위의 효력에는 전혀 영향을 미치지 않기 때문에 적극설이 타당하다.

(2) 행정행위의 효력 유무가 쟁점인 선결문제

민사 또는 형사법원이 특정의 사건을 심리함에 있어 행정행위의 효력 유무가 판단의 요건이 되는 때에 민사 또는 형사법원이 이를 선결문제로 결정할 수 있는 것인가?

예컨대 조세의 과오납에 따른 부당이득반환청구소송에서 민사법원이 부당이득을 인정하기 위해서는 해당 조세부과 처분의 효력이 없음이 먼저 결정되어야 하는데, 이 경우 민사법원이 조세부과처분의 효력 유무를 결정할 수 있는 것인가? 무면허운전죄로 처벌하기 위해서는 연령미달 결격자에게 교부된 운전면허처분의 효력이 소멸되어야 하는데, 이때에 형사법원이 해당 운전면허처분의 효력 유무를 결정할 수 있는 것인가?

행정소송법 제11조 제1항의 해석상, 행정행위의 흠이 중대·명백하여 당연 무효인 때에는 민사법원이 해당 행정행위의 효력이 없음을 전제로 본안을 판단할 수 있음은 분명하다. 행정행위의 흠이 중대·명백하여 당연 무효인 경우에는 해당 행정행위의 효력이 처음부터 발생하지 않은 것이므로 공정력이 발생하지 않으며 따라서 민사법원뿐만 아니라 형사법원도 해당 행정행위의 무효 여부를 판단하고 그 판단을 전제로 본안을 심리할 수 있다.

판례 역시 ① "민사소송에 있어서 어느 행정처분의 당연무효 여부가 선결문제로 되는 때에는 이를 판단하여 당연무효임을 전제로 판결할 수 있고 반드시 행정소송 등의 절차에 의하여 그 취소나 무효확인을 받아야 하는 것은 아

---

81) 대구고등법원 1991. 4. 24. 선고 90구1404 특별부판결.
82) 대법원 2009. 6. 25. 선고 2006도824 판결.

니다",83) ② "소방시설 등의 설치 또는 유지·관리에 대한 명령을 정당한 사유 없이 위반한 자는 같은 법 제48조의2 제1호에 의하여 행정형벌에 처해지는데, 위 명령이 행정처분으로서 하자가 있어 무효인 경우에는 명령에 따른 의무위반이 생기지 아니하므로 행정형벌을 부과할 수 없다"84)라고 각각 판시하여 같은 입장을 취하고 있다.

그러나 행정행위의 흠이 중대·명백하지는 않아 당연 무효는 아니고 취소할 수 있을 뿐인 경우에는 민사 또는 형사법원은 특정 사건을 심리하면서 행정행위를 취소할 수 있는 권한 있는 기관(처분청, 감독청, 행정심판위원회, 행정법원 등)이 아니므로 해당 행정행위의 효력 유무를 판단·결정할 수 없다.

판례 역시 ① "조세의 과오납이 부당이득이 되기 위하여는 납세 또는 조세의 징수가 실체법적으로나 절차법적으로 전혀 법률상의 근거가 없거나 과세처분의 하자가 중대하고 명백하여 당연무효이어야 하고, 과세처분의 하자가 단지 취소할 수 있는 정도에 불과할 때에는 과세관청이 이를 스스로 취소하거나 항고소송절차에 의하여 취소되지 않는 한 그로 인한 조세의 납부가 부당이득이 된다고 할 수 없다",85) ② "피고인이 위와 같은 방법에 의하여 받은 운전면허는 비록 위법하다 하더라도 도로교통법 제65조 제3호의 허위 기타 부정한 수단으로 운전면허를 받은 경우에 해당함에 불과하여 취소되지 않는 한 그 효력이 있는 것이라 할 것이므로 같은 취지에서 피고인의 원판시 운전행위가 도로교통법 제38조의 무면허운전에 해당하지 아니한다"86)라고 각각 판시하여 이 같은 입장을 취하고 있다.

5. 이의신청

행정행위에 대해서는 불가쟁력이 발생하기 전에 행정심판, 행정소송 등 쟁송이 아니더라도 이의신청제도를 통하여 공정력을 깨뜨릴 수 있다. 행정청의 처분에 이의가 있는 당사자는 처분을 받은 날부터 30일 이내에 해당 행정청에 이의신청을 할 수 있다.87)

---

83) 대법원 1972. 10. 10. 선고 71다2279 판결; 대법원 2010. 4. 8. 선고 2009다90092 판결 등.
84) 대법원 2011. 11. 10. 선고 2011도11109 판결.
85) 대법원 1994. 11. 11. 선고 94다28000 판결.
86) 대법원 1982. 6. 8. 선고 80도2646 판결.
87) 행정기본법 제36조 제1항.

행정청은 이의신청을 받으면 그 신청을 받은 날부터 14일 이내에 그 이의 신청에 대한 결과를 신청인에게 통지하여야 한다. 다만, 부득이한 사유로 14 일 이내에 통지할 수 없는 경우에는 그 기간을 만료일 다음 날부터 기산하여 10일의 범위에서 한 차례 연장할 수 있으며, 연장 사유를 신청인에게 통지하 여야 한다.[88]

이의신청을 한 경우에도 그 이의신청과 관계없이 「행정심판법」에 따른 행정심판 또는 「행정소송법」에 따른 행정소송을 제기할 수 있다.[89]

이의신청에 대한 결과를 통지받은 후 행정심판 또는 행정소송을 제기하 려는 자는 그 결과를 통지받은 날부터 90일 이내에 행정심판 또는 행정소송을 제기할 수 있다. 통지기간 내에 결과를 통지받지 못한 경우에는 통지기간이 만료되는 날의 다음 날로부터 90일 이내에 행정심판 또는 행정소송을 제기할 수 있다.[90]

이 경우 행정심판이나 행정소송의 대상은 이의신청에 대한 결과가 아니 라 이의신청의 대상인 원처분이다. 다시 말해서 이의신청을 받아들이지 않는 다는 결정은 행정심판이나 행정소송의 대상이 아니다. 물론 이의신청을 받아 들이는 결정은 그 자체가 새로운 처분이 되므로 행정심판이나 행정소송(이의신 청이 받아들여짐으로써 침해가 발생하는 이해관계인 등 제3자가 제기하는 쟁송)의 대상이 될 수 있다.

판례 역시 "이의신청을 받아들이는 것을 내용으로 하는 결정은 당초 국가 유공자 등록신청을 받아들이는 새로운 처분으로 볼 수 있으나, 이와 달리 이 의신청을 받아들이지 아니하는 내용의 결정은 종전의 결정 내용을 그대로 유 지하는 것에 불과한 점, 이의신청은 원결정에 대한 행정심판이나 행정소송의 제기에도 영향을 주지 아니하는 점 등을 종합하면, 이의신청을 받아들이지 아 니하는 결정은 이의신청인의 권리·의무에 새로운 변동을 가져오는 공권력의 행사나 이에 준하는 행정작용이라고 할 수 없으므로 원결정과 별개로 항고소 송의 대상이 되지는 않는다."고 판시[91]하여 같은 입장을 취하고 있다.

행정심판법 또는 행정소송법상 "처분 등"에 해당하면 모두 이의신청이 가

---

88) 행정기본법 제36조 제2항.
89) 행정기본법 제36조 제3항.
90) 행정기본법 제36조 제4항.
91) 대법원 2016. 7. 27. 선고 2015두45953 판결.

능하지만, 처분의 성질상 이의신청이 제한되는 경우가 있다. 「행정기본법」은
① 공무원 인사 관계 법령에 따른 징계 등 처분에 관한 사항, ②「국가인권위
원회법」 제30조에 따른 진정에 대한 국가인권위원회의 결정, ③「노동위원회
법」 제2조의2에 따라 노동위원회의 의결을 거쳐 행하는 사항, ④ 형사, 행형
및 보안처분 관계 법령에 따라 행하는 사항, ⑤ 외국인의 출입국·난민인정·
귀화·국적회복에 관한 사항, ⑥ 과태료 부과 및 징수에 관한 사항 등은 이의
신청이 제한된다고 규정하고 있다.

Ⅲ. 존속력

유효하게 성립한 행정행위는 특별한 사정이 없는 한 그 효력이 계속해서
유지·존속된다. 이를 행정행위의 존속력이라 한다. 종래에는 확정력이라는 용
어를 사용하였으나 소송법상 개념인 확정력과 혼돈할 수 있어 오늘날에는 존
속력이란 표현을 사용하는 것이 일반적이다. 존속력은 형식적 존속력인 불가
쟁력과 실질적 존속력인 불가변력을 포괄하는 개념이다.

1. 불가쟁력

(1) 의 의

불가쟁력이란 행정행위의 상대방 또는 이해관계인이 행정행위에 대한 쟁
송제기기간이 경과하였거나 또는 쟁송기관을 다 거친 경우에는 행정행위의
효력을 더 이상 다툴 수 없는 효력을 말한다. 따라서 행정행위가 일정한 기간
이 경과하여 불가쟁력이 발생한 경우에는 행정쟁송을 제기하여도 그 청구는
각하된다.

(2) 직권취소

불가쟁력은 처분의 상대방 또는 이해관계인에게만 미치므로 처분청이나
감독청 등은 불가쟁력이 발생하여도 직권으로 취소할 수 있다. 다만 신뢰보호
의 원칙 등 행정법의 일반원칙상 취소권행사의 한계가 존재한다. 취소권을 행
사하여 실현할 이익(공익)이 상대방이 입게 될 사익보다 큰 경우에만 취소권행
사가 허용된다.

(3) 흠의 승계

2개 이상의 행정행위가 연속적으로 이루어질 경우 선행행위가 불가쟁력이 발생해도 선행행위의 흠이 후행행위에 승계되는 때에는 후행행위에 대해 쟁송을 제기하여 선행행위의 흠을 다툴 수가 있다. 흠의 승계는 언제나 인정되는 것이 아니라 선행행위와 후행행위가 결합하여 하나의 법적 효과를 발생시킬 때에만 제한적으로 인정된다.

(4) 국가배상

행정행위에 불가쟁력이 발생하여도 흠이 치유되는 것은 아니므로 위법한 행정행위로 인하여 손해가 발생한 때에는 국가배상청구소송을 제기할 수 있다.

판례 역시 "물품세 과세대상이 아닌 것을 세무공무원이 직무상 과실로 과세대상으로 오인하여 과세처분을 행함으로 인하여 손해가 발생된 경우에는, 동 과세처분이 취소되지 아니하였다 하더라도, 국가는 이로 인한 손해를 배상할 책임이 있다"라고 판시[92]하여 과세처분에 대한 취소소송의 제소기간이 경과하여 불가쟁력이 발생하여도 국가배상청구소송에서 행정행위의 흠을 다툴 수 있음을 밝히고 있다.

(5) 처분의 재심사

1) 의 의

행정행위의 불가쟁력을 인정하는 까닭은 행정상 법률관계의 조속한 확정을 통하여 행정목적의 신속한 실현을 위한 것이다. 그러나 불가쟁력의 인정이 개인의 권익구제를 제한하는 결과를 초래할 수 있기 때문에 일정한 경우에 한하여 행정객체에게 재심사청구를 인정하는 제도가 있다. 정식절차에 의해 확정된 법원의 판결에 대해서도 재심제도가 인정되는데, 절차의 공정성이나 신중성이 비교적 떨어지는 행정행위에 대해 재심제도를 인정하지 않는 것은 불합리하다는 논거이다.

「행정기본법」 제37조 제1항은 "당사자는 처분(제재처분 및 행정상 강제는 제외한다. 이하 이 조에서 같다)이 행정심판, 행정소송 및 그 밖의 쟁송을 통하여 다툴 수 없게 된 경우(법원의 확정판결이 있는 경우는 제외한다)라도 다음 각 호의 어느 하나에

---

92) 대법원 1979. 4. 10. 선고 79다262 판결.

해당하는 경우에는 해당 처분을 한 행정청에 처분을 취소·철회하거나 변경하여 줄 것을 신청할 수 있다."라고 규정하여 재심사제도를 명문으로 인정하고 있다. 다시 말해서 "행정심판, 행정소송 및 그 밖의 쟁송을 통하여 다툴 수 없게 된 경우", 즉 불가쟁력이 발생한 경우라도 재심사 사유가 존재하면 재심을 신청할 수 있다.

하지만 단순히 기간의 경과에 따라 불가쟁력이 발생한 경우가 아니라 "법원의 확정판결"에 의해 더 이상 다툴 수 없게 된 때에는 재심이 인정되지 않는다. 처분이 적법하다는 "법원의 확정판결"이 있더라도 사후에 행정청이 직권으로 또는 직권발동을 촉구하는 당사자의 요청에 따라 당해 처분을 직권취소할 수 있는데, 이에 대해 재심사를 허용하지 않는 것은 균형이 맞지 않다는 비판이 있다.[93] 하지만 행정청이 처분의 위법을 스스로 제거하기 위해 직권취소하는 것과 법원의 확정판결에 대해 행정청이 이를 다시 심사하는 것은 전혀 다른 제도이며, 법원의 판결에 대해서도 행정청의 재심을 허용하면 권력분립의 원칙상 바람직하지 않은 것으로 보인다.

2) 재심사 대상

재심사의 요건만 충족하면 쟁송의 대상이 되는 처분은 원칙적으로 모두 재심사의 대상이 된다. 다만, 제재처분과 행정상 강제는 재심사의 대상에서 제외된다.[94] 제재처분이란 법령등에 따른 의무를 위반하거나 이행하지 아니하였음을 이유로 당사자에게 의무를 부과하거나 권익을 제한하는 처분을 말한다.[95] 행정상 강제란 행정대집행, 이행강제금, 직접강제, 강제징수, 즉시강제를 의미한다(같은 법 제30조 제1항). 따라서 재심사의 대상인 처분은 주로 수익적 처분의 신청에 대한 거부처분이 될 것이다.[96]

이외에도 ① 공무원 인사 관계 법령에 따른 징계 등 처분에 관한 사항, ②「노동위원회법」제2조의2에 따라 노동위원회의 의결을 거쳐 행하는 사항, ③ 형사, 행형 및 보안처분 관계 법령에 따라 행하는 사항, ④ 외국인의 출입국·난민인정·귀화·국적회복에 관한 사항, ⑤ 과태료 부과 및 징수에 관한

93) 이정민, "법관의 입장에서 바라보는 행정기본법", 제48회 한국행정법학회 정기학술대회 발표자료, 2021. 7, 165면.
94) 행정기본법 제37조 제1항.
95) 행정기본법 제2조 제5호.
96) 행정기본법 해설서, 법제처, 2021, 383면.

사항, ⑥ 개별 법률에서 그 적용을 배제하고 있는 경우에는 재심사가 허용되지 않는다.[97] 공무원 인사 관계 법령에 따른 처분의 특수성, 노사관계의 특수성, 형사·행형·보안처분 관련 사항의 사법작용으로서의 성격, 상호주의가 적용되는 외국인 관련 사항의 특수성 등을 고려한 것으로 보인다.

3) 재심사 사유

재심사를 신청할 수 있는 사유로는 ① 처분의 근거가 된 사실관계 또는 법률관계가 추후에 당사자에게 유리하게 바뀐 경우, ② 당사자에게 유리한 결정을 가져다주었을 새로운 증거가 있는 경우,[98] ③ 처분 업무를 직접 또는 간접적으로 처리한 공무원이 그 처분에 관한 직무상 죄를 범한 경우, ④ 처분의 근거가 된 문서나 그 밖의 자료가 위조되거나 변조된 것인 경우, ⑤ 제3자의 거짓 진술이 처분의 근거가 된 경우, ⑥ 처분에 영향을 미칠 중요한 사항에 관하여 판단이 누락된 경우[99] 등이다.

'사실관계의 변경'은 처분의 결정에 객관적으로 중요하였던 사실이 없어지거나 새로운 사실이 추후에 발견되어 관계인에게 유리한 결정을 이끌어 낼 수 있는 경우를 의미하고, '법률관계의 변경'은 처분의 근거 법령이 처분 이후에 폐지되었거나 변경된 경우 등을 의미한다.

'새로운 증거'는 ① 처분의 절차나 쟁송 과정에서 사용할 수 없었던 증거, ② 당사자의 과실 없이 절차진행 당시 제때 습득하지 못하거나 마련할 수 없었던 증거, ③ 당사자의 과실 없이 당사자가 당시에 인지하지 못하고 있었던 증거, ④ 처분 당시 제출되어 있었으나 행정청의 무지, 오판, 불충분한 고려가 있었던 경우 등을 의미한다.[100]

재심사 신청은 해당 처분의 절차, 행정심판, 행정소송 및 그 밖의 쟁송에서 당사자가 중대한 과실 없이 이러한 사유를 주장하지 못한 경우에만 할 수 있다.[101]

4) 재심사의 당사자

재심사를 신청할 수 있는 사람은 처분의 당사자에 한정된다. 당사자는 처

---

97) 행정기본법 제37조 제8항.
98) 행정기본법 제37조 제1항 제1호, 제2호.
99) 행정기본법 시행령 제12조.
100) 행정기본법안 조문별 제정이유서, 법제처, 2020. 7, 111면.
101) 행정기본법 제37조 제2항.

분의 상대방을 말한다. 따라서 처분의 상대방만 재심사 신청을 할 수 있고 처분의 상대방이 아닌 제3자는 재심사 신청을 할 수 없다. 재심사 신청의 상대방은 해당 처분을 한 행정청이다.[102]

5) 재심사의 신청기간

처분의 재심사 신청은 당사자가 재심사 신청 사유를 안 날부터 60일 이내에 하여야 한다. 재심사 신청 사유의 존재를 알지 못한 경우에도, 처분이 있은 날부터 5년이 지나면 재심사를 신청할 수 없다.[103] 재심사 신청을 받은 행정청은 신청 내용에 보완이 필요하면 보완할 내용을 명시하여 20일 이내에서 기간을 정하여 보완을 요청할 수 있다.

6) 재심사 절차

가. 요건 심사

행정청은 처분의 재심사 신청이 있는 경우, 재심사 요건을 충족하는지 여부를 우선 판단해야 한다. 또 재심사 신청의 대상, 신청인, 상대방, 신청기간 등의 준수 여부를 확인해야 한다. 재심사 신청이 요건을 갖추지 못한 경우에는 재심사를 거부하는 결정을 하고, 요건을 갖춘 경우에는 재심사 사유가 있는지 여부를 심사하게 된다.[104]

나. 재심사 사유의 유무 심사

행정청은 재심사 사유가 있는지를 심사해야 한다. 재심사 사유가 있으면 본안 판단을 하게 되나, 재심사 사유가 없다면 재심사를 거부하는 결정을 한다. 이 경우 해당 처분의 절차, 행정심판, 행정소송 및 그 밖의 쟁송에서 당사자가 중대한 과실 없이 재심사 사유를 주장하지 못한 경우에 해당하는지 여부에 대해서도 판단해야 한다.[105]

다. 본안 판단

재심사 신청의 요건을 모두 갖춘 경우 행정청은 처분을 재심사한다. 새로운 사실관계, 법률관계, 증거 등을 기반으로 하여 당초의 처분을 재심사한 후 그 처분을 유지할 것인지 취소, 철회 또는 변경할 것인지를 결정한다.[106]

---

102) 행정기본법 해설서, 법제처, 2021, 384면.
103) 행정기본법 제37조 제3항.
104) 행정기본법 해설서, 법제처, 2021, 387면.
105) 행정기본법 해설서, 법제처, 2021, 387면.
106) 행정기본법 해설서, 법제처, 2021, 387면.

라. 재심사 결과의 통지

행정청은 특별한 사정이 없으면 신청을 받은 날부터 90일(합의제행정기관은 180일) 이내에 처분의 재심사 결과를 신청인에게 통지해야 한다. 다만, 부득이한 사유로 그 기간 내에 통지할 수 없는 경우에는 90일(합의제행정기관은 180일) 범위에서 한 차례 연장할 수 있다. 이 경우 연장 사유를 신청인에게 통지해야 하고, 연장 통지서에 연장사유, 연장 기간 등을 구체적으로 적어야 한다. 또한 행정청이 재심사 신청에 대해 보완이 필요하여 보완을 요청한 경우 그 보완 기간은 재심사 결과 통지 기간에 포함되지 않는다.107)

7) 재심사 결과에 대한 불복

행정청은 처분을 재심사하여, 기존의 처분을 유지하거나 기존의 처분을 취소·철회·변경하는 결정을 할 수 있다. 처분의 재심사 결과 중 처분을 유지하는 결과에 대해서는 다시 행정심판, 행정소송 및 그 밖의 쟁송수단을 통하여 불복할 수 없다.108)

따라서 행정청이 재심사를 거부하는 결정을 하거나, 기존의 처분을 취소·철회·변경하는 결정에 대한 불복은 금지되지 않는다. 재심사를 거부하는 결정에 대해 불복을 인정하지 않으면 재심사를 받을 기회 자체를 제한하는 것이 되기 때문이다. 처분을 취소·철회 또는 변경하는 결정은 재심사 신청을 인용하는 것이 제3자의 이해관계나 권리관계에 영향을 미치는 새로운 처분이 될 수 있으므로, 이에 대한 불복을 허용하는 것이 타당하다.109)

하지만 처분의 재심사 결과 중 "처분을 유지하는 결과"에 대해서는 행정심판, 행정소송 등의 쟁송수단을 통하여 불복할 수 없도록 한 것에 대해서는 이를 지지하는 견해와 비판하는 견해가 대립한다.

이를 지지하는 논거는 ① 처분의 재심사는 원래의 처분에 대한 권리구제 절차에 더하여 인정되는 것이므로 재판청구권 침해로 볼 수 없고, ② 재심사한 결과 처분을 유지하는 내용으로 통지하는 경우에는 당사자의 권리관계에 변동을 일으키는 것이 아니어서 처분성이 없어 쟁송의 대상이 되지 않는다는 것이다.

---

107) 행정기본법 제37조 제4항.
108) 행정기본법 제37조 제5항.
109) 행정기본법 해설서, 법제처, 2021, 388면.

이에 반해 '처분을 유지하는 결과'에 대해서도 불복 쟁송을 허용해야 한다고 주장하는 논거는 ① 재심사 청구권이 권리로서 인정된다면 '처분을 유지하는 결과'로 인해 이러한 권리가 침해당했다면 구제받을 수 있는 제도적 장치, 즉 재판청구권이 보장되어야 하며, ② '처분을 유지하는 결과'의 통지는 재심사 청구에 대한 '거부'로서 처분성이 인정된다는 것이다.

양자 모두 일응 타당성이 있는 주장이나, '처분을 유지하는 결과'에 대해서까지 불복 쟁송을 허용할 경우 쟁송의 무한한 반복과 법적 안정성을 해할 우려가 있으므로 이를 제한한 현행법의 태도를 지지한다.

2. 불가변력

(1) 의 의

행정행위에 흠이 있으면 원칙적으로 처분청 또는 상급관청이 직권으로 이를 취소·변경할 수 있지만 특정한 행정행위는 그 성질상 행정청 자신도 취소 또는 철회 할 수 없는바 이를 불가변력이라 한다. 따라서 불가변력은 모든 행정행위에 발생하는 일반적 효력이 아니라 행정행위의 성질에 따라 특별한 경우에 인정되는 효력이다.

(2) 불가변력이 인정되는 행정행위

행정행위 중 불가변력이 인정되는 행정행위는 일정한 절차를 거쳐서 행해지는 확인행위, 예컨대 행정심판의 재결, 소청심사위원회의 결정, 도로구역의 결정, 과세표준의 결정 등이다.

불가변력을 넓게 인정하는 학자들은 ① 성질상 국민에게 권리나 이익을 주거나 의무를 면제하는 이른바 수익적 행정행위에 대해 법적 안정성의 견지에서 처분청으로 하여금 이를 임의로 취소할 수 없도록 제한하는 것과 ② 이의신청에 대한 토지수용위원회의 재결의 효력처럼 법령110)에 의하여 존속력이 인정되는 것 역시 불가변력이 인정되는 경우로 이해한다.

하지만 전자는 신뢰보호의 원칙 등 행정법의 일반원칙에서 도출된 이른

---

110) 「공익사업을 위한 토지 등의 취득 및 보상에 관한 법률」 제86조(이의신청에 대한 재결의 효력) ① 제85조 제1항에 따른 기간 이내에 소송이 제기되지 아니하거나 그 밖의 사유로 이의신청에 대한 재결이 확정된 때에는 「민사소송법」상의 확정판결이 있은 것으로 보며, 재결서 정본은 집행력 있는 판결의 정본과 동일한 효력을 가진다.

바 '취소권제한의 법리'에 의해 취소권의 행사가 제한되는 것일 뿐 불가변력으로 보기 어려우며, 후자 역시 법령의 규정에 의해 효력이 인정되는 것이지 불가변력에 의해 존속력이 인정되는 것은 아니다.

제7절 행정행위의 흠

I. 의의와 효과

1. 의 의

행정행위가 적법하게 성립하기 위해서는 주체·내용·절차·형식이 법적 요건에 적합하여야 한다. 법적 요건에 적합하지 아니한 것을 행정행위의 '흠'이라 한다.

흠 있는 행정행위의 효과에 대한 일반법은 없다. 법령에서 흠의 효과를 정하고 있지 않으면 판례와 학설에 의존할 수밖에 없다.

2. 효 과

(1) 부존재

행정행위에 흠이 있는 경우 그 행정행위는 무효이거나 취소할 수 있다는 것이 일반적 견해이다. 하지만 흠 있는 행정행위의 효과에는 무효 또는 취소만이 있는 것이 아니라 이른바 '부존재'도 있다. 부존재란 행정행위로서 외관조차 갖추지 못한 경우를 말한다. 부존재에 해당하는 예로는 ① 행정기관이 아닌 사인의 행위, ② 권유·주의·희망표시 등과 같이 행정기관의 행위이기는 하나 행정권의 발동으로 볼 수 없는 행위, ③ 행정기관 내부에서 의사결정은 있었으나 아직 외부에 표시되지 않은 행위, ④ 해제조건의 성취, 기한(종기)의 도래, 취소, 철회 등으로 행정행위의 효과가 소멸된 행위 등이 이에 해당한다는 것이 일반적인 설명이다.111)

이에 대해 행정기관이 아닌 사인의 행위나 행정권발동으로 보기 어려운 행위는 비행정행위라 하여 부존재에서 제외하고, 아직 외부에 표시되지 않은

---

111) 김남진(318면).

행위와 부관의 성취 등으로 실효된 행위만을 부존재로 보는 견해도 있다.[112]

전통적으로 무효와 부존재를 구별했던 까닭은 무효인 경우에는 행정쟁송의 목적물이 존재하므로 본안의 심리판단을 하여야 함에 반하여 부존재에 대하여는 쟁송의 목적물이 없으므로 쟁송 자체가 각하되기 때문이었다. 하지만 현행 행정심판법 및 행정소송법 등은 무효등확인심판 또는 무효등확인소송에 행정행위의 무효나 부존재를 모두 쟁송의 대상으로 규정하고 있으므로 쟁송제기 여부에 따른 양자의 구별실익은 더 이상 없다. 그렇지만 여전히 무효의 경우 '무효확인을 구하는 취소소송'이 허용됨에 반하여 부존재의 경우 이러한 소송형태가 인정되지 않는다는 점에서 양자의 구별 실익이 존재한다는 견해도 있다.[113]

(2) 무효와 취소

행정행위에 흠이 있으면 그 행정행위는 무효이거나 취소할 수 있다는 것에 대해서는 이설(異說)이 없다. 하지만 이러한 이론이 처음부터 정립된 것은 아니다. 흠의 효과가 무효 또는 취소로 나누어질 수 있는지에 대해 종래에는 본질적인 견해의 대립이 있었다.

우선 행정행위의 흠의 효과는 무효와 최소로 나누어질 수 없다는 견해로는 ① 법률요건을 결한 행위는 논리적·원칙적으로 무효가 되기 때문에 흠의 효과를 무효와 취소로 나눌 수 없다는 견해, ② 행정행위의 목적상 행정행위는 행정주체의 우월적 의사의 발동이므로 비록 흠이 있다 하여도 바로 무효가 되는 것이 아니라 다만 취소할 수 있을 뿐이라는 견해, ③ 행정행위의 강행성과 공익성 때문에 흠이 있으면 행정객체의 권익을 보호하기 위하여 그 효력을 부정하는 무효로 볼 수밖에 없다는 견해 등이 있었다.

이에 반하여 행정행위의 흠의 효과가 무효와 취소로 나누어질 수 있다는 견해로는 ① 행정행위 근거 법규의 개념에 따라 능력법규·강행법규 위반은 무효, 명령법규·비강행법규 위반은 취소라고 보는 개념론적 견해, ② 행정쟁송제도의 기능상 흠의 정도가 일반사인도 판단할 정도로 중대한 것은 무효, 국가기관의 신중한 절차를 거쳐야 판단되는 경우는 취소로 보는 기능론적 견해 등이 있었다.

---

112) 박윤흔(418면).
113) 변재옥(340면).

Ⅱ. 행정행위의 무효와 취소

1. 무효와 취소의 의의

행정행위의 무효란 행정행위가 외관상으로 존재하나 행정행위의 성립에 중대하고 명백한 흠이 있어 행정행위의 효력이 처음부터 발생하지 않는 것을 말한다.

한편 행정행위의 취소란 행정행위에 흠이 있으나 그 효과가 무효에까지는 이르지 않은 경우 권한 있는 기관(처분청, 감독청, 행정심판위원회, 법원)이 행정행위 당시로 소급하여 행정행위의 효과를 소멸시키는 것을 의미한다.

행정행위가 무효일 경우에는 행정청의 특별한 의사표시를 기다릴 필요가 없이 처음부터 당연히 법률적 효과가 전혀 발생하지 않는다. 하지만 행정행위로서의 외관은 존재하기 때문에 행정청, 상대방 또는 이해관계인이 그 유효성을 주장할 우려가 있다. 따라서 무효인 행정행위에 대하여 무효를 주장하는 방법이 현실적으로 필요하다.

현행법상 무효를 주장하는 방법으로는 무효확인심판과 무효확인소송 등이 있다. 실제 실무에서는 행정행위의 무효원인과 취소원인을 쉽게 구분하기 어려운 까닭에 무효의 주장을 취소소송의 형식(무효확인을 구하는 취소소송)으로 제기하는 경우가 많다. 이러한 취소소송에 대해서도 행정심판전치주의나 제소기간의 제한 등이 적용되는지가 문제될 수 있다. 이에 대해 판례는 "행정처분의 당연무효를 선언하는 의미에서의 취소를 구하는 청구도 외관상 존재하고 있는 행정처분에 관하여 권한 있는 기관에 의한 취소를 구하는 것인 점에서 하나의 항고소송이라 할 것이므로 제소요건으로서의 전심절차를 거쳐야 하는 것이다"라고 판시114)하여 취소소송의 요건과 절차를 따르도록 하고 있다.

2. 구별 실익

무효와 취소는 ① 공정력 및 불가쟁력의 발생여부, ② 구체적 쟁송의 형태, ③ 사정재결 또는 사정판결의 허용성, ④ 흠의 치유와 전환 가능성 등에서 구별된다.

---

114) 대법원 1982. 12. 28. 선고 81누72 판결.

무효는 처음부터 행정행위의 효과가 발생하지 않은 것이므로 공정력 및 불가쟁력이 발생하지 않는다. 따라서 무효확인을 구하는 쟁송은 쟁송제기기간의 제한이 없다. 이에 반하여 취소는 일단 행정행위의 효과가 발생하기 때문에 공정력 및 불가쟁력이 발생하고, 쟁송제기기간의 제한이 존재한다.

무효는 행정심판위원회 또는 법원에 대하여 무효의 확인을 구하는 쟁송(무효확인심판 또는 무효확인소송)을 제기함에 반하여, 취소는 이들 기관에게 해당 행정행위의 적극적 취소를 구하는 쟁송(취소심판 또는 취소소송)을 제기하여야 한다.

행정행위의 위법성이 확인되어 이에 대한 취소재결(인용재결) 또는 취소판결(인용판결)을 하여야 하지만 그렇게 할 경우 공익을 크게 해치게 할 우려가 있는 때에는 그 위법성에도 불구하고 기각재결 또는 기각판결을 하는 경우가 있다. 이를 사정재결 또는 사정판결이라 한다. 그런데 이러한 사정재결 또는 사정판결은 취소쟁송에만 가능하다. 판례 역시 "행정처분이 무효인 경우에는 존치시킬 효력이 있는 행정행위가 없기 때문에 행정소송법 제28조의 사정판결을 할 수 없다"라고 판시[115]하여 이 같은 입장을 취하고 있다.

취소할 수 있는 흠은 행정행위의 무용한 반복을 피하고 법적 안정성을 위해 제한적 범위 내에서 흠의 '치유'가 가능하지만 무효인 경우는 치유할 수 없다. 반면에 무효인 행정행위는 일정한 요건이 충족될 경우 유효한 행정행위로 '전환'될 수 있다. 흠의 정도가 중대한 무효에 대해 '전환'이 인정된다면 취소할 수 있는 흠에 대해서도 '전환'을 인정할 수 있다는 주장이 있다.[116] 하지만 '전환'은 흠을 치유하는 것이 아니라 전혀 새로운 행정행위로 변경하는 것이므로 취소할 수 있는 흠은 이를 '치유'할 수 있을 뿐 전혀 다른 행정행위로 '전환'하는 것은 타당하지 않다.

3. 구별 기준

(1) 중대설
행정행위가 중대한 법규의 위반인 경우는 무효, 그렇지 않은 경우는 취소로 보자는 입장이다. 이 경우 법규의 성질이 중대성의 판단기준이 된다. 일반적으로 능력규정·강행규정 위반은 무효, 명령규정·비강행규정 위반은 취소로

---

115) 대법원 1992. 11. 10. 선고 91누8227 판결.
116) 류지태/박종수(213면).

본다.

중대설은 '중대성'만을 무효와 취소의 구별기준으로 삼기 때문에 비교적 무효사유를 넓게 인정할 수 있다. 무효인 경우에는 공정력이 발생하지 않고 제소기간의 제한을 받지 않는 등 행정처분의 상대방인 국민의 입장에서는 흠의 효과로서 가능한 무효가 인정되는 것이 상대적으로 유리할 수 있다. 따라서 무효가 비교적 넓게 인정되는 중대설이 국민의 권익구제에 충실할 수 있는 장점이 있다. 하지만 수익적 행정행위 또는 복효적 행정행위의 경우에는 행정행위에 흠이 있다고 해서 처음부터 효력이 부정되는 것이 처분의 상대방이나 이해관계인에게 오히려 불리한 결과를 초래할 수 있다. 따라서 행정행위가 중대한 법규를 위반하였는지 여부를 알지 못하는 상대방 및 이해관계인의 이익을 보호하기 위해 그 흠의 중대성을 제3자가 알 수 있을 정도로 명백할 필요가 있다는 비판이 제기되었다. 이러한 비판적 논의 결과 탄생한 견해가 바로 후술하는 중대·명백설이다.

(2) 중대·명백설

행정행위의 흠이 중대한 법규위반이고 그것이 외관상 명백한 것인 때에는 무효가 된다는 입장이다. 판례는 "행정처분에 사실관계를 오인한 하자가 있는 경우 그 하자가 중대하다고 하더라도 객관적으로 명백하지 않다면 그 처분을 당연무효라고 할 수 없는바, 하자가 명백하다고 하기 위하여는 그 사실관계 오인의 근거가 된 자료가 외형상 상태성을 결여하거나 또는 객관적으로 그 성립이나 내용의 진정을 인정할 수 없는 것임이 명백한 경우라야 할 것이다"라고 판시[117]하여 이 견해를 지지하고 있다.

중대성이란 단순히 근거 법규의 중대성만을 의미하는 것이 아니라 법침해의 심각성을 판단해야 한다. 따라서 법규의 성질뿐만 아니라 목적, 기능, 그 위반의 정도 등을 종합하여 판단하여야 한다.

어느 정도의 흠을 명백한 것으로 볼 것인지는 처분의 상대방이나 이해관계인의 주관적 인식 여부에 의존하기보다는 일반인의 정상적인 인식능력을 기준으로 객관적 판단을 하여야 한다. 다시 말해서 정상적인 인식능력을 가진 일반인이면 누구나 같은 결론에 도달할 정도로 명백해야 한다.

---

117) 대법원 1992. 4. 28. 선고 91누6863 판결.

무효 판단 기준에 종래의 '중대성' 이외에 이와 같은 '명백성'이 보완된 것은 행정행위 흠의 중대성을 알지 못한 선의의 제3자를 보호하기 위한 것이다. 그런데 이처럼 명백성을 엄격하게 보완하다보니 종래에 비해 무효의 인정범위가 좁아지는 결과를 초래했다. 무효사유를 지나치게 좁게 인정할 경우 자칫 국민의 권익구제에 역행하는 결과를 초래할 수도 있다. 이러한 문제의식을 바탕으로 최근 학자들은 명백성을 합리적 수준에서 완화하려는 시도를 하고 있다. 유력한 견해가 바로 명백성보충설이다.

(3) 명백성보충설

무효판단 기준에 '명백성'이 보완된 배경에 주목하고, 행정처분에 제3자나 이해관계인이 존재하지 않아 명백성을 판단하지 않더라도 선의의 제3자의 권익을 침해할 우려가 없다면 '중대성'만으로 무효 여부를 판단해야 한다는 입장이다. 다시 말해서 명백성은 흠의 중대성 판단의 보충적 요건에 불과하다는 입장이다. 따라서 처분에 이해관계를 가지는 제3자가 있는 경우에는 명백성 판단이 필요하지만 처분의 상대방만 있는 경우에는 명백성판단이 요구되지 않는다는 견해이다. 이 견해에 따를 경우 처분의 제3자가 존재하지 않으면 무효의 범위가 상대적으로 넓게 인정될 수 있을 것이다.

4. 무효사유와 취소사유

(1) 주체에 관한 흠

1) 일반적 논의

주체에 관한 흠으로서 무효의 사유가 되는 행위로는 ① 공무원 아닌 자의 행위, ② 대리권 없는 자 또는 권한위임을 받지 않은 자의 행위, ③ 적법하게 구성되지 않은 합의체기관의 행위, ④ 필요한 타 행정기관과의 협의를 결한 행위, ⑤ 행정기관의 권한 외의 행위, ⑥ 의사능력 없는 자의 행위 등이다.

이에 반하여 취소할 수 있는 흠으로는 ① 권한 초과 행위, ② 사기·강박 등으로 행정청의 정상적인 의사에 의하지 않은 행위, ③ 증·수뢰, 부정신고, 기타 부정행위에 의한 행위, ④ 필요적 자문이 없는 행위 등이다.

2) 착오에 의한 행정행위의 효력

그런데 여기서 행정청의 정상적 의사에 의하지 않은 행위에 '착오'에 의한 행위도 포함되는 것인지에 대해서는 견해가 대립한다. 행정행위가 착오에 의해 이루어진 경우 신뢰보호 및 법적 안정성을 위해 착오가 있다는 것만으로 독립된 무효 또는 취소를 인정하기보다는 일단은 착오에 의해 표시된 대로 법적 효과가 발생한다는 '표시설'과, 착오 역시 독립된 무효 또는 취소사유가 될 수 있다는 '의사설'이 대립한다. 표시설에 따르면 행정행위가 착오에 의해 이루어져 의사와 표시의 불일치가 명백한 경우 행정청은 이를 정정할 수 있고 상대방은 정정을 요구를 할 수 있으며 정정이 되면 정정이 된 대로 정정되지 않으면 착오에 의해 표시된 대로 법적 효과가 발생한다고 한다.

판례는 "행정행위는 그 요소에 착오가 있다고 해서 그것만을 이유로 해서 취소할 수 없는 것이라고 할 것이고 그 행정행위의 절차와 그 내용의 위법이 문제가 되는 것이다"라고 판시[118]하여 표시설의 입장을 따르고 있다. 판례가 착오에 의한 행위를 독립된 무효 또는 취소사유로 인정한 적도 있다는 주장이 있으나, 주장의 근거로 제시하고 있는 판례들을 살펴보면 이들 행정행위에 착오가 있음을 이유로 해당 행정행위의 무효 또는 취소를 인정한 것이 아니라 착오에 의해 표시된 행정행위 내용 자체가 무효 또는 취소사유에 해당하여 해당 행정행위의 무효 또는 취소를 인정하였을 뿐이다.

착오만으로 독립된 무효 또는 취소를 인정하는 것은 무리가 있으며, 착오에 의해 표시된 행정행위 자체의 내용에 대해 무효 또는 취소사유를 판단할 수 있으므로 행정청의 착오가 있는 경우에는 일단 착오에 의해 표시된 대로 법적 효과가 발생한다는 표시설이 타당하다.

(2) 내용에 관한 흠

1) 일반적 논의

행정행위의 내용상 ① 실현불능인 행위, ② 불명확한 행위 등은 무효사유에 해당하며, 단순위법이나 공익을 위반한 경우에는 취소할 수 있다.

2) 위헌·위법한 법령에 근거한 행정행위의 효력

내용상 흠과 관련하여 '위헌·위법인 법령에 근거한 처분'의 효력이 문제된다. 처분의 근거법령이 권한 있는 기관(헌법재판소, 대법원 등)에 의해 위헌 또는 위법으로 결정된 이후에 처분이 이루어진 경우는 해당 행정행위가 무효가 된다는 것에는 이론(異論)이 없다. 그런데 행정행위가 있은 후 그 근거법령이 위

---

118) 대법원 1976. 5. 11. 선고 75누214 판결.

헌 또는 위법으로 결정된다면 해당 행정행위의 효력은 어떻게 되는 것인지, 다시 말해서 해당 행정행위는 무효인지 아니면 취소할 수 있는지가 문제된다.

이에 대해 대법원은 "일반적으로 시행령이 헌법이나 법률에 위반된다는 사정은 그 시행령의 규정을 위헌 또는 위법하여 무효라고 선언한 대법원의 판결이 선고되지 아니한 상태에서는 그 시행령 규정의 위헌 내지 위법 여부가 해석상 다툼의 여지가 없을 정도로 명백하였다고 인정되지 아니하는 이상 객관적으로 명백한 것이라 할 수 없으므로, 이러한 시행령에 근거한 행정처분의 하자는 취소사유에 해당할 뿐 무효사유가 되지 아니한다"라고 판시[119]하여 행정처분 이후에 근거법령이 위헌 또는 위법으로 결정된 경우 이는 무효사유가 아닌 취소사유에 해당한다고 보았다.

헌법재판소 역시 "국회에서 헌법과 법률이 정한 절차에 의하여 제정·공포된 법률이 헌법에 위반된다는 사정은 헌법재판소의 위헌결정이 있기 전에는 객관적으로 명백한 것이라고 할 수 없으므로 행정처분의 근거법률이 위헌으로 선고된다고 하더라도 이는 이미 집행이 종료된 행정처분의 취소사유에 해당할 뿐 당연무효사유는 아니다"라고 판시[120]하여 대법원과 같은 입장을 취하고 있다.

물론 행정행위가 있은 후 그 근거법령이 위헌 또는 위법으로 결정되었다고 해도 언제나 취소사유만 되는 것은 아니다. 행정행위의 효력이 근거법령의 위헌결정 이후에도 계속되거나, 해당 행정행위가 후행 행정행위의 전제가 되는 경우에는 예외적으로 당해 행정행위를 무효로 보아 불가쟁력이 발생하여도 무효확인을 구하는 쟁송을 허용하여야 한다. 헌법재판소 역시 "행정처분의 집행이 이미 종료되었고 그것이 번복될 경우 법적 안정성을 크게 해치게 되는 경우에는 후에 행정처분의 근거가 된 법규가 헌법재판소에서 위헌으로 선고된다고 하더라도 그 행정처분이 당연무효가 되지는 않음이 원칙이라고 할 것이나, 행정처분 자체의 효력이 쟁송기간 경과 후에도 존속 중인 경우, 특히 그 처분이 위헌법률에 근거하여 내려진 것이고 그 행정처분의 목적달성을 위하여서는 후행 행정처분이 필요한데 후행 행정처분은 아직 이루어지지 않은 경우와 같이 그 행정처분을 무효로 하더라도 법적 안정성을 크게 해치지 않는 반면에 그 하자가 중대하여 그 구제가 필요한 경우에 대하여서는 그 예외를

---

119) 대법원 2007. 6. 14. 선고 2004두619 판결.
120) 헌재 2010. 12. 28. 2009헌바429 결정.

인정하여 이를 당연무효사유로 보아서 쟁송기간 경과 후에라도 무효확인을 구할 수 있는 것이라고 봐야 할 것이다"라고 판시[121]하여 이 같은 입장을 취하고 있다.

행정행위의 근거법령이 처분 후 위헌 또는 위법으로 결정된 경우 무효사유가 아닌 취소사유로 인정되는 때에는 해당 행정행위에 불가쟁력이 발생할 경우 위헌결정의 소급효가 인정되지 않는다. 판례 역시 "위헌인 법률에 근거한 행정처분이 당연무효인지의 여부는 위헌결정의 소급효와는 별개의 문제로서, 위헌결정의 소급효가 인정된다고 하여 위헌인 법률에 근거한 행정처분이 당연무효가 된다고는 할 수 없고 오히려 이미 취소소송의 제기기간을 경과하여 확정력이 발생한 행정처분에는 위헌결정의 소급효가 미치지 않는다고 보아야 할 것이므로, 어느 행정처분에 대하여 그 행정처분의 근거가 된 법률이 위헌이라는 이유로 무효확인청구의 소가 제기된 경우에는 다른 특별한 사정이 없는 한 법원으로서는 그 법률이 위헌인지 여부에 대하여는 판단할 필요 없이 위 무효확인청구를 기각하여야 할 것이다"라고 판시[122]하여 이 같은 입장을 취하고 있다.

그런데 행정행위에 불가쟁력이 발생하였어도 위헌·위법한 법령에 근거한 처분에 대해 행정청이 집행력을 행사할 수 있는 것인지의 문제는 여전히 남는다. 판례는 "위헌법률에 기한 행정처분의 집행이나 집행력을 유지하기 위한 행위는 위헌결정의 기속력에 위반되어 허용되지 않는다"라고 판시[123]하여 위헌인 법률에 근거한 처분의 집행력을 인정하지 않는다. 집행력은 행정행위의 일반적 효력이 아니라 별도의 근거에 의한 또 다른 공권력의 발동으로 보아야 한다는 입장에서 보면 이러한 판례의 태도는 당연한 논리귀결이다.

(3) 절차에 관한 흠

절차에 관한 흠으로서 무효사유에 해당하는 것으로는 ① 필요한 상대방의 신청 또는 동의가 없는 행위, ② 필요한 공고 또는 통지가 없는 행위, ③ 필요한 이해관계인의 참여 또는 협력이 없는 행위, ④ 필요한 공청회, 청문, 변명기회 등이 생략된 행위 등이며, 행정의 능률·원활·참고 등을 위한 편의

---

121) 헌재 1994. 6. 30. 92헌바23 결정.
122) 대법원 1994. 10. 28. 선고 92누9463 판결.
123) 대법원 2002. 8. 23. 선고 2001두2959 판결.

적 절차를 위반한 행위는 취소할 수 있을 뿐이다.

(4) 형식에 관한 흠

행정행위의 형식이 특별히 요구되지 않는 것이 원칙이지만 ① 법령에 의해 문서의 형식이 요구됨에도 불구하고 문서에 의하지 않은 행위, ② 서명 또는 날인이 없는 행위 등과 같이 중대한 형식적 흠은 무효사유가 된다. 하지만 정당한 기관에 의한 행위임이 표시될 필요성, 내용 명확 및 증거확보의 필요성 등과 직접 관련이 없는 단순한 형식이 빠진 행위는 취소할 수 있을 뿐이다.

Ⅲ. 흠의 승계

1. 의 의

흠의 승계란 두 개 이상의 행정행위가 연속하여 행하여지는 경우 후행행위에는 흠이 없더라도 선행행위의 흠이 후행행위에 승계되는 경우를 말한다. 이는 선행행위가 불가쟁력의 발생으로 그 효력을 다툴 수 없게 된 경우 선행행위의 흠을 이유로 후행행위에 대한 쟁송제기가 가능한 것인가의 문제와 관련하여 논의의 실익이 있다.

행정의 효율화와 법적 안정성을 위해 행정법관계는 조속히 확정되는 것이 바람직하므로 원칙적으로 행정행위 간에 흠이 서로 승계되는 것은 인정되지 않는다. 다만 개인의 권리보호를 위해 불가피한 경우 예외적으로 흠의 승계를 인정할 필요가 있는 것인지가 문제된다. 선행행위에 흠이 있으나 불가쟁력이 발생했으므로 쟁송제기가 불가능하고, 이에 터 잡은 후행행위는 그 자체로는 흠이 없으므로 이 역시 쟁송제기가 불가능하다면 처분 상대방의 입장에서는 권리구제 가능성이 전혀 없게 되는 불합리한 점이 있다. 이때에 만약 선행행위의 흠이 후행행위에 승계되어 이를 이유로 쟁송제기가 가능하다면 개인의 권리구제에 보다 충실할 수 있을 것이다. 하지만 흠의 승계를 무작정 인정한다면 불가쟁력의 본질적 취지가 몰각될 수 있으므로 일정한 기준에 따라 제한적으로 인정될 수밖에 없다.

2. 흠의 승계여부

우선 흠의 승계문제가 논의되기 위한 전제요건은 ① 선행행위와 후행행위가 모두 항고소송의 대상이 되는 처분이어야 하고, ② 선행행위에 취소할 수 있는 흠이 존재하여야 하며, ③ 선행행위에 불가쟁력이 발생하여야 하며, ④ 후행행위에는 흠이 존재하지 않아야 한다.

흠의 승계와 관련한 통설적 견해는 ① 선행행위와 후행행위가 결합하여 하나의 법적 효과를 완성하는 경우에는 흠의 승계를 인정하고, ② 양자가 각각 별개의 법적 효과를 발생하는 경우에는 흠의 승계를 인정하지 않는다.[124]

판례 역시 "동일한 행정목적을 달성하기 위하여 단계적인 일련의 절차로 연속하여 행하여지는 선행처분과 후행처분이 서로 결합하여 하나의 법률효과를 발생시키는 경우, 선행처분이 하자가 있는 위법한 처분이라면, 비록 하자가 중대하고도 명백한 것이 아니어서 선행처분을 당연무효의 처분이라고 볼 수 없고 행정쟁송으로 효력이 다투어지지도 아니하여 이미 불가쟁력이 생겼으며 후행처분 자체에는 아무런 하자가 없다고 하더라도, 선행처분을 전제로 하여 행하여진 후행처분도 선행처분과 같은 하자가 있는 위법한 처분으로 보아 항고소송으로 취소를 청구할 수 있다"라고 판시[125]하여 이러한 입장을 취하고 있다.

흠의 승계를 인정한 판례로는 ① 계고처분과 대집행비용납부명령,[126] ② 귀속재산의 임대차와 그 임대차를 전제로 한 불하처분,[127] ③ 국립보건원장의 안경사 시험합격 무효처분과 보건사회부장관의 안경사면허 취소처분[128] 등이다.

이에 반하여 흠의 승계를 부정한 판례로는 ① 건물철거명령과 대집행계고처분,[129] ② 직위해제 처분과 면직처분,[130] ③ 보충역편입처분과 공익근무요원소집처분,[131] ④ 액화석유가스판매사업허가처분과 사업개시신고반려처분,[132] ⑤ 표준지 공시지가결정과 개별토지가격결정,[133] ⑥ 택지개발예정지구의 지정과 택지개발계획의 승인[134] 등이다.

---

124) 김철용(204면).
125) 대법원 1993. 2. 9. 선고 92누4567 판결.
126) 대법원 1993. 11. 9. 선고 93누14271 판결.
127) 대법원 1963. 2. 7. 선고 62누215 판결.
128) 대법원 1993. 2. 9. 선고 92누4567 판결.
129) 대법원 1998. 9. 8. 선고 97누20502 판결.
130) 대법원 1984. 9. 11. 선고 84누191 판결.
131) 대법원 2002. 12. 10. 선고 2001두5422 판결.
132) 대법원 1991. 4. 23. 선고 90누8756 판결.
133) 대법원 1995. 3. 28. 선고 94누12920 판결.

그런데 대법원은 1994년 선고한 사건에서 이러한 원칙을 깨고 '개별공시지가 결정과 이에 근거한 양도소득세 부과처분' 사이에 흠의 승계를 인정하였다. 법원이 밝힌 흠의 승계 인정 이유는 "두 개 이상의 행정처분이 연속적으로 행하여지는 경우 선행처분과 후행처분이 서로 결합하여 1개의 법률효과를 완성하는 때에는 선행처분에 하자가 있으면 그 하자는 후행처분에 승계되므로 선행처분에 불가쟁력이 생겨 그 효력을 다툴 수 없게 된 경우에도 선행처분의 하자를 이유로 후행처분의 효력을 다툴 수 있는 반면 선행처분과 후행처분이 서로 독립하여 별개의 법률효과를 목적으로 하는 때에는 선행처분에 불가쟁력이 생겨 그 효력을 다툴 수 없게 된 경우에는 선행처분의 하자가 중대하고 명백하여 당연무효인 경우를 제외하고는 선행처분의 하자를 이유로 후행처분의 효력을 다툴 수 없는 것이 원칙이나 선행처분과 후행처분이 서로 독립하여 별개의 효과를 목적으로 하는 경우에도 선행처분의 불가쟁력이나 구속력이 그로 인하여 불이익을 입게 되는 자에게 수인한도를 넘는 가혹함을 가져오며, 그 결과가 당사자에게 예측가능한 것이 아닌 경우에는 국민의 재판받을 권리를 보장하고 있는 헌법의 이념에 비추어 선행처분의 후행처분에 대한 구속력은 인정될 수 없다"135)라는 것이다. 법원은 흠의 승계 여부를 결정하는 기준으로서 종래의 법적 효과라는 측면 외에 예측가능성, 수인한도, 평등권·재판을 받을 권리 등과 같은 기본권 침해가능성 등 개인의 권리구제 측면을 신중히 고려하였다.

이러한 판례의 태도는 계속되어 '표준지공시지가결정의 위법을 이유로 수용재결에 불복하는 수용보상금증액청구소송'에서 "위법한 표준지공시지가결정에 대하여 그 정해진 시정절차를 통하여 시정하도록 요구하지 아니하였다는 이유로 위법한 표준지공시지가를 기초로 한 수용재결 등 후행 행정처분에서 표준지공시지가결정의 위법을 주장할 수 없도록 하는 것은 수인한도를 넘는 불이익을 강요하는 것으로서 국민의 재산권과 재판받을 권리를 보장한 헌법의 이념에도 부합하는 것이 아니라고 할 것이다"136)라고 판시하였다.

이러한 판례의 태도를 두고, 이를 흠의 승계 문제가 아닌 행정행위의 구

---

134) 대법원 1996. 3. 22. 선고 95누10075 판결.
135) 대법원 1994. 1. 25. 선고 93누8542 판결.
136) 대법원 2008. 8. 21. 선고 2007두13845 판결.

속력(규준력)의 문제로 이해해야 한다는 주장이 제기되었다.

3. 구속력(규준력) 이론

선행행위의 흠을 이유로 후행행위의 효력을 다툴 수 있는지에 대한 문제를 종래와 같이 흠의 승계문제로 보지 않고 '선행행위의 후행행위에 대한 구속력(규준력)'이라는 측면에서 해결하려는 시도가 있다.

'선행행위의 후행행위에 대한 구속력(규준력)'이란 둘 이상의 행정행위가 동일한 법적 효과를 추구하고 있는 경우에 선행행위는 후행행위에 대하여 일정한 범위에 있어서 구속력을 갖게 된다고 보며, 이러한 구속력이 미치는 범위에서는 후행행위에 있어서 선행행위의 효과와 다른 주장을 할 수 없게 된다는 것을 의미한다.[137] 다시 말해서 선행행위는 후행행위에 대하여 판결의 기판력과 유사하게 일단 그 효력이 확정되면 후행행위를 하는 때에 선행행위에 흠이 있는지 여부에 관계없이 선행행위의 효력에 구속된다. 이처럼 구속력이 미치면 선행행위의 흠을 이유로 후행행위에 대한 쟁송을 제기할 수 없는바, 이는 결국 선행행위의 흠이 후행행위에 승계되는 것을 부정하는 것과 동일한 결론에 이른다.

그런데 이러한 구속력은 언제나 인정되는 것이 아니라 일정한 한계가 있는바, ① 양 행정행위가 동일한 목적을 추구하여야 하며(사물적 한계), ② 양 행정행위의 수범자가 일치되어야 하며(대인적 한계), ③ 선행행위의 사실상태 및 법적 상태가 후행행위에도 동일하게 유지되어야 하며(시간적 한계), ④ 선행 및 후행행위의 수범자가 선행행위의 구속력을 미리 예측할 수 있고 수인할 수 있어야 한다(예측가능성 및 수인가능성).[138]

이 견해를 요약하면, 불가쟁력이 발생한 흠 있는 철거하명을 이유로 대집행계고처분에 대하여 쟁송을 제기할 수 없는 까닭은 양 행위가 별개의 법적 효과를 발생하기 때문에 흠의 승계가 부정되어서가 아니라 철거하명의 효력이 확정되어 후행행위인 대집행계고처분을 구속하는 구속력(규준력)이 발생하였기 때문이라는 것이다.

하지만 이 견해는 판결의 실질적 확정력인 기판력과 행정행위의 형식적 확

---

137) 김남진(343면).
138) 김남진(344~345면).

정력인 불가쟁력을 동일한 가치로 파악하였다는 점에서 이론적 한계를 지니고 있다. 기판력이란 법원이 당해 사안에 대하여 엄격한 심사절차를 거쳐 판결을 내린 때에 판결의 내용에 대하여 발생하는 효력이다. 따라서 판결의 기판력은 당사자의 권리보호보다는 법적 안정성을 목적으로 한다. 이에 반하여 선행행위의 효력이 확정된 것은 행정행위의 적법성여부가 전혀 검토된 바 없이 그저 일정기간이 경과되어 불가쟁력이 발생했을 뿐이다. 따라서 행위의 적법성여부를 판단한 판결의 실질적 확정력인 기판력과 적법성여부를 판단한 적이 없이 형식적으로 확정된 불가쟁력을 동일선상에서 유추적용한 것은 타당하지 않다.

그래도 이 견해가 흠의 승계이론에 기여한 바는 있다. 종래처럼 법적 효과 측면에서 그 효과가 하나의 효과를 발생하느냐 아니면 별개의 개별적 효과를 발생하느냐에 따라 흠의 승계여부를 판단하는 일도양단의 기계적 문제해결방식을 탈피하고, 개인의 권리구제 가능성에 대한 신중한 고려를 통하여 선행행위의 흠과 후행행위의 효력 문제를 해결해야 한다는 판례의 태도변경에 이 이론이 상당한 역할을 하였다고 보여진다.

Ⅳ. 흠의 치유와 전환

1. 흠의 치유

(1) 의 의

행정행위가 성립당시에 요건 불비로 인한 흠으로 취소할 수 있는 경우라도 사후에 그 요건이 보완되거나 또는 취소의 필요가 없어진 경우에 종전의 흠을 이유로 행정행위의 효력을 다툴 수 없게 되는 것을 '흠의 치유'라 한다. 예컨대 관계행정청의 협의나 승인이 결여되었으나 관계행정청이 사후에 승인한 경우 등이 이에 해당한다.

법치행정의 원리상 흠이 있는 위법한 행정이 사후에 흠을 보완하여 적법하게 되는 것이 허용되어서는 안 된다. 하지만 이처럼 흠의 치유를 인정하는 것은 ① 무익한 행정행위의 반복을 피하고, ② 당사자의 법적 안정성을 보장하여, ③ 공공복리를 실현하기 위한 것이라고 한다.

하지만 이는 대의명분에 지나지 않고 사실은 행정청이 그 처분의 효력을 유지하기를 원할 때 흠의 치유를 인정하는 것이 대부분이다. 다시 말해서 국

민의 권익보호를 위해 수익적 행위에 존재하는 흠을 행정청이 나서서 치유해
주는 경우는 거의 없다. 따라서 법적 안정성이나 공공복리를 위해 흠의 치유
가 언제나 유익한 것은 아니므로 오히려 흠의 치유 사유나 요건을 비교적 엄
격하게 해야 할 필요가 있다.

(2) 흠의 치유 사유

흠의 치유가 인정될 수 있는 경우로는 ① 요식행위의 형식에 대한 보완,
② 허가요건의 사후충족 등이다. ① 시효의 완성 등과 같이 장기간의 방치로
인한 행정행위의 내용이 실현된 경우와, ② 취소할 수 없는 공공복리상의 필
요가 있는 때도 흠의 치유사유라고 주장하는 견해도 있으나 이는 취소권 행사
의 제한사유로 보는 것이 타당하다. 흠 있는 행정행위가 요건의 사후보완을
통하여 흠 없는 행정행위로 치유되는 것은 행정행위의 적법성 확보를 위한
'위법한 행정행위의 억제 원칙'에 따른 것인 데 비하여, 취소권이 제한되는 것
은 신뢰보호 또는 법적 안정성을 위한 것으로서 그 근거 법리를 달리한다.[139]

(3) 허용성(한계)

1) 무효인 행정행위의 치유 허용여부

흠의 치유는 취소할 수 있는 흠에 한하며 무효인 행정행위는 허용되지 않
는다. 판례 역시 "징계처분이 중대하고 명백한 흠 때문에 당연무효의 것이라
면 징계처분을 받은 자가 이를 용인하였다 하여 그 흠이 치료되는 것은 아니
다"라고 판시[140]하여 같은 입장을 취하고 있다.

2) 행정행위 내용상 흠의 치유 허용여부

행정행위의 형식이나 절차상의 흠이 당연무효에 이르지 않는 정도의 경
미한 흠일 때에는 치유를 허용할 수 있으나, 행정행위의 내용상의 흠에 대해
서도 치유가 허용되느냐에 대해서는 견해가 대립한다.

독일연방행정절차법은 흠의 사후보완에 의한 치유는 오로지 절차 및 형
식의 흠에 관해서만 인정하고 있지만 우리나라는 이에 대해 별다른 명문의 규
정을 두고 있지 않으므로 내용의 흠에 대해 치유를 인정하지 않을 특별한 이
유가 없다는 긍정설[141]과, 흠의 치유는 법치행정의 원리에도 불구하고 무익한

---

139) 이광윤(129면).
140) 대법원 1989. 12. 12. 선고 88누8869 판결.
141) 박균성(297면).

행정의 반복을 피하기 위해 예외적·제한적으로 인정되는 것이므로 형식이나 절차의 흠이 아닌 내용의 흠에까지 치유를 인정하는 것은 법치주의에 반한다는 부정설[142]이 대립한다.

판례는 "행정행위의 성질이나 법치주의의 관점에서 볼 때 하자있는 행정행위의 치유는 원칙적으로 허용될 수 없을 뿐만 아니라 이를 허용하는 경우에도 국민의 권리와 이익을 침해하지 않는 범위에서 구체적 사정에 따라 합목적적으로 가려야 할 것인바, 이 사건 처분에 관한 하자가 행정처분의 내용에 관한 것이고 새로운 노선면허가 이 사건 소 제기 이후에 이루어진 사정 등에 비추어 하자의 치유를 인정치 않은 원심의 판단은 정당하다"라고 판시[143]하여 부정설의 입장을 취하고 있다.

법적 안정성이나 공공복리를 위해 흠의 치유가 언제나 유익한 것은 아니며, 오히려 흠의 치유 사유나 요건을 비교적 엄격하게 해야 할 필요가 있다고 주장하는 필자의 입장에서는 내용의 흠에까지 치유를 허용하는 것은 타당하지 않다고 생각한다. 부정설이 타당하다.

3) 절차상 흠의 치유 허용 여부

절차상의 흠을 사후에 보완하여 치유할 수 있는 것인가? 이에 대해서는 ① 행정절차의 본래 목적상 치유를 인정할 수 없으며, 만약 치유를 인정한다면 절차법의 존재의의가 상실된다는 견해(부정설), ② 행정의 능률성을 위해 절차를 보완하더라도 다른 결론에 도달될 가능성이 없는 한 흠의 치유를 광범위하게 인정해야 한다는 견해(긍정설), ③ 국민의 권익보호와 절차법의 본질적 의의를 해하지 않는 범위 내에서 흠의 치유를 인정해야 한다는 견해(제한적 긍정설)가 대립한다.

판례는 "행정청이 청문서 도달기간을 다소 어겼다 하더라도 영업자가 이에 대하여 이의하지 아니한 채 스스로 청문일에 출석하여 그 의견을 진술하고 변명하는 등 방어의 기회를 충분히 가졌다면 청문서 도달기간을 준수하지 아니한 하자는 치유되었다고 봄이 상당하다"[144]고 판시하여 제한적 긍정설을 취하고 있다.

---

142) 홍준형(230면).
143) 대법원 1991. 5. 28. 선고 90누1359 판결.
144) 대법원 1992. 10. 23. 선고 92누2844 판결.

4) 행정쟁송 제기 이후 흠의 치유 허용 여부(시간적 한계)

흠의 치유의 시간적 한계에 대하여 ① 행정쟁송을 제기하기 이전까지 흠의 치유가 가능하다는 '행정쟁송제기이전시설', ② 행정심판은 행정권 내부의 자율적 통제절차이므로 행정심판이 제기된 후라도 흠의 치유가 가능하지만 행정소송은 사법부에 의한 권리구제 절차이므로 행정소송이 제기된 후에는 흠의 치유가 불가하다는 '행정소송제기이전시설', ③ 변론종결 이전까지는 치유가 가능하다는 '변론종결이전시설'이 대립한다.

판례는 "과세처분시 납세고지서에 과세표준, 세율, 세액의 산출근거 등이 누락된 경우에는 늦어도 과세처분에 대한 불복여부의 결정 및 불복신청에 편의를 줄 수 있는 상당한 기간 내에 보정행위를 하여야 그 하자가 치유된다 할 것이므로, 과세처분이 있은 지 4년이 지나서 그 취소소송이 제기된 때에 보정된 납세고지서를 송달하였다는 사실이나 오랜 기간(4년)의 경과로써 과세처분의 하자가 치유되었다고 볼 수는 없다"라고 판시[145]하고 있다. 따라서 판례가 흠의 치유를 행정쟁송제기 이전까지 허용한다는 것인지, 행정소송제기 이전까지 허용한다는 것인지 명확하지는 않다.

행정심판이든 행정소송이든 처분의 상대방이 행정쟁송을 제기한 이후에 비로소 행정청이 흠을 치유하는 것은 처분의 상대방에 대한 배려나 편익보다는 행정청 자신의 편익을 위한 것으로 볼 수밖에 없다. 행정심판이든 행정소송이든 행정쟁송이 제기되기 이전까지만 흠의 치유를 인정하는 것이 타당하다. 따라서 행정쟁송제기이전시설을 지지한다.

2. 흠의 전환

(1) 의 의

흠의 전환이란 행정행위가 원래 행정청이 의도한 행정행위로서는 무효인 행정행위이지만 그것을 다른 행정행위로 간주한다면 유효한 요건을 갖추게 되는 경우에 그 유효한 다른 행위로서의 효력을 승인하는 것을 말한다. 예컨대 이미 죽은 자에 대한 토지수용위원회의 재결의 효력을 상속인에 대한 재결로 전환하는 것이 이에 해당한다.

---

145) 대법원 1983. 7. 26. 선고 82누420 판결.

(2) 취소할 수 있는 행정행위의 전환 가능성

흠의 전환은 무효인 행정행위에 한한다는 것이 지금까지 통설적 입장이었다. 그런데 최근 취소할 수 있는 행정행위도 전환이 가능하다는 주장이 설득력 있게 제기되고 있다.[146] 독일 연방행정절차법은 행정행위의 전환을 무효인 행정행위에 국한하고 있지 않다는 점, 취소할 수 있는 행위라 할지라도 이를 전환하는 것이 당사자에게 유리할 수도 있다는 점 등을 논거로 제시하고 있다.

하지만 전환된 행정행위는 이전의 행정행위와는 전혀 다른 새로운 행정행위가 되는 것이므로 단순히 행정행위의 흠을 걷어내는 치유와는 본질적으로 다르며, 치유가 가능한 행정행위는 새로운 행정행위로 전환하는 것보다는 행정행위의 동질성을 유지하면서 그 흠을 제거하는 것이 법적 안정성과도 합치된다 할 것이다. 전환은 무효인 행정행위에 한한다는 종래의 입장을 지지한다.

(3) 전환의 요건

행정행위의 흠의 전환은 ① 양 행정행위 사이에 요건·목적·효과에 있어 실질적 공통성이 있어야 하고, ② 원래의 행정행위가 전환되는 행정행위의 성립·발효요건을 갖추고 있어야 하며, ③ 전환이 원래의 행정행위를 행한 행정청의 의도에 반하지 않아야 하고, ④ 당사자 모두 전환을 의욕하는 것으로 인정되어야 하며, ⑤ 전환으로 제3자의 이익을 침해하는 것이 아니어야 한다.

(4) 효 과

흠 있는 행정행위가 전환되면 전환된 행정행위는 원래의 행정행위와는 전혀 다른 새로운 행정행위가 된다. 판례 역시 "귀속재산을 불하받은 자가 사망한 후에 그 수불하자에 대하여 한 그 불하처분은 사망자에 대한 행정처분이므로 무효이지만 그 취소처분을 수불하자의 상속인에게 송달한 때에는 그 송달시에 그 상속인에 대하여 다시 그 불하처분을 취소한다는 새로운 행정처분을 한 것이라고 할 것이다"라고 판시[147]하여 같은 입장을 취하고 있다.

---

146) 김남진/김연태(219면); 김남철(234면); 홍정선(277면); 홍준형(326면).
147) 대법원 1969. 1. 21. 선고 68누190 판결.

제 8 절   행정행위의 취소와 철회

I. 행정행위의 취소

1. 의 의

행정행위의 취소란 일단 유효하게 성립한 행정행위를 그 성립에 흠이 있음을 이유로 권한 있는 기관(처분청, 감독청, 행정심판위원회, 법원)이 그 법률상의 효력을 원칙적으로 행정행위 시로 소급하여 소멸시키는 별도의 독립된 행정행위를 말한다. 행정행위의 취소는 행정행위 시로 소급하여 효력이 소멸된다는 점에서 처음부터 효력이 발생하지 않는 무효와 다르고, 장래에 대해서만 효력이 소멸되는 철회와도 구별된다.

행정행위의 취소는 취소할 수 있는 권한을 가진 기관에 따라 직권취소와 쟁송취소로 나누어진다. 행정심판이나 행정소송을 통하여 행정심판위원회나 법원에 의해 취소되는 것을 쟁송취소라 하고, 처분청이나 감독청의 직권에 의하여 취소되는 것을 직권취소라 한다.

직권취소는 처분청 등 행정청이 자신의 처분이 위법함을 스스로 깨닫고 행정의 적법상태를 확보하려는 것이다. 따라서 직권취소는 행정청이 스스로 위법성을 발견하면 언제든 행할 수 있으므로 취소권을 행사할 수 있는 기간의 제한이 없다. 행정청이 침익적 처분에 대해 스스로 나서서 위법성을 제거하기 위해 노력하는 경우는 드물 것이며 주로 수익적 처분에 대한 적법상태 회복에 집중하는 경향이다. 따라서 행정절차법은 수익적 처분을 취소하는 것을 '불이익 처분'으로 규정하고 이러한 불이익 처분을 하는 때에는 의견청취절차 등을 거치도록 하고 있다. 또한 취소는 처분 시로 소급하여 효력이 소멸됨이 원칙이지만 수익적 처분을 갑자기 직권취소하면 처분의 상대방이 지금까지 향유하던 이익과 형성된 법률관계가 모두 소급적으로 소멸되어 커다란 피해를 입을 우려가 있다. 따라서 직권취소의 경우에는 소급효를 가급적 제한하는 것이 바람직하다. 만약 직권취소 자체에 하자가 있는 경우에는 행정청이 직권취소를 다시 취소할 수 있다. 다시 말해서 직권취소에 대해서는 불가변력이 발생하지 않는 것으로 보는 것이 타당하다. 그런데 이 경우 직권취소를 또다시 직권으로 취소하면 원래의 행정행위가 저절로 부활되는 것인지 아니면 원래의 행정행위를 소생시키기 위해 또다시 처분을 해야 하는 것인지의 문제가 발생한다. 취소로 인하여 취소의 대상이 된 원래의 처분이 소생되는 것이 취소의 일반적 효과일 뿐만 아니라 무익한 행정의 반복을 피하기 위해서도 원래의 행정행위를 소생시키는 별도의 처분을 할 필요가 없다는 것이 통설적 입장이다.

이에 반하여 쟁송취소의 경우에는 국민들이 자신의 권익구제를 위하여 행정심판법이나 행정소송법에 따라 행정심판위원회나 법원에 대하여 처분의 취소를 구하는 쟁송을 제기하고 이에 따라 재결이나 판결에 의해 처분이 취소된다. 따라서 국민이 자신에 대한 수익적 처분의 위법성을 스스로 주장하면서 쟁송을 제기하는 경우는 없을 것이므로 쟁송취소의 대상은 주로 침익적 행정행위가 될 것이다. 따라서 취소의 일반적 효력인 소급효를 당연히 인정하는 것이 처분의 상대방에게 유리할 것이다. 행정심판법과 행정소송법은 모두 행정심판과 행정소송의 제기기간을 규정하고 있으며 이러한 쟁송제기기간이 경과하면 불가쟁력이 발생하여 쟁송취소를 구하는 쟁송을 제기할 수 없다. 쟁송취소는 재심사유 등 특별한 사정이 없는 한 불가변력이 발생한다.

2. 직권취소

⑴ 취소권자

처분청이 직권취소의 취소권자가 되는 것은 너무나 당연하다. 그런데 감독청도 직권취소권자가 될 수 있는가 아니면 감독청은 처분청에게 직권취소명령권만을 행사할 수 있는가라는 논리적 문제가 제기될 수 있다.

직권취소도 행정행위인 까닭에 당연히 행정행위의 발동권한을 갖는 처분청의 전속적 권한이므로 특별히 법령의 규정이 없는 한 감독청은 취소명령권만을 행사할 수 있을 뿐이라는 소극설과, 직권취소는 자율적 행정통제수단이므로 당연히 감독청도 통제적 수단으로서 직권취소권을 행사할 수 있다는 적극설이 대립한다.

철회권은 새로운 후발적 사정에 따라 당해 행정행위를 존속 또는 소멸시킬 것인지 여부를 판단하여 행하는 또 다른 새로운 행정행위이지만 취소는 행정청 스스로가 당해 행정행위의 흠을 발견하고 적법상태를 회복하려는 행정청의 적법성통제수단으로서의 성격이 강하므로 위법한 행위의 시정권한을 가지는 감독청에게도 직권취소권을 인정해야 한다는 적극설도 매우 설득력이 있어 보인다. 하지만 직권취소 역시 행정행위(처분)이므로 처분의 전속적 권한이 있는 처분청만이 취소권을 행사할 수 있고 감독청은 처분청에 대한 취소명령을 통해 감독적 통제를 할 수 있다고 보아야 할 것이다. 물론 감독청의 직권취소에 대한 법적 근거가 있으면 감독청이 직접 직권취소할 수 있다.

(2) 직권취소의 근거
1) 처분청의 경우

처분청이 직권취소를 하는 때에 원래 처분의 법적 근거와는 별도로 취소의 법적 근거가 따로 있어야 하는지에 대해 견해의 대립이 있다. 법률적합성의 원칙에 따라 위법한 행정행위는 법적 근거 없이도 행정청이 이를 시정할 수 있다는 법적 근거 불요설과, 직권취소 역시 처분의 일종이며 특히 직권취소는 주로 수익적 행정행위를 대상으로 하기 때문에 취소에 대한 별도의 법적 근거가 있어야 한다는 법적 근거 필요설이 대립한다. 직권취소는 적법상태를 회복하기 위한 작용이므로 처분의 법적 근거가 있다면 위법한 처분을 취소할 수 있는 권한 역시 처분청에 내재되어 있는 것으로 보는 것이 타당하다. 따라서 취소에 대한 별도의 법적 근거는 필요하지 않는 것으로 보여 진다.

판례 역시 "행정처분을 한 처분청은 그 처분의 성립에 하자가 있는 경우 이를 취소할 별도의 법적 근거가 없다고 하더라도 직권으로 이를 취소할 수 있는바, 병역의무가 국가수호를 위하여 전 국민에게 과하여진 헌법상의 의무로서 그를 수행하기 위한 전제로서의 신체등위판정이나 병역처분 등은 공정성과 형평성을 유지하여야 함은 물론 그 면탈을 방지하여야 할 공익적 필요성이 매우 큰 점에 비추어 볼 때, 지방병무청장은 군의관의 신체등위판정이 금품수수에 따라 위법 또는 부당하게 이루어졌다고 인정하는 경우에는 그 위법 또는 부당한 신체등위판정을 기초로 자신이 한 병역처분을 직권으로 취소할 수 있다"라고 판시[148]하여 취소의 법적 근거는 필요하지 않은 것으로 보고 있다.

하지만 「행정기본법」 제18조 제1항은 "행정청은 위법 또는 부당한 처분의 전부나 일부를 소급하여 취소할 수 있다. 다만, 당사자의 신뢰를 보호할 가치

---

148) 대법원 2002. 5. 28. 선고 2001두9653 판결.

가 있는 등 정당한 사유가 있는 경우에는 장래를 향하여 취소할 수 있다."고 직권취소의 일반법적 근거를 두고 있어 앞으로는 이러한 논쟁은 무의미할 것으로 보인다.

2) 감독청의 경우

감독청이 직권취소를 하기 위해서는 별도의 법적 근거를 요하는지의 문제는 앞에서 설명한 것처럼 감독청에게 직권취소권이 직접 있는 것인지 아니면 취소명령권만이 있는 것인지에 따라 달라질 것이다. 직권취소 역시 처분의 일종이므로 처분청과 달리 감독청이 취소명령이 아닌 직접 직권취소를 하기 위해서는 별도의 법적 근거가 필요한 것으로 보는 것이 논리적으로 타당하다. 하지만 실제로는 이러한 것이 크게 문제되지 않는다. 대부분의 법령이 감독청에게 직권취소할 수 있는 법적 근거를 두고 있기 때문이다.[149]

(3) 취소권의 제한

취소권은 특별한 경우를 제외하고는 재량행위로서의 성질을 갖는 것이 통상적이다. 그러나 위법한 침익적 행정행위를 취소하는 것과는 달리 수익적 행정행위에 대해 행정청이 취소권을 행사할 때에는 반드시 ① 법치주의·법률적합성과, ② 신뢰보호·법적 안정성을 비교형량하여 결정하여야 한다. 다시 말해서 취소로 실현되는 공익이 취소로 인하여 상대방이 잃게 되는 사익보다 큰 때에만 취소권을 행사할 수 있다. 이를 '취소권 제한의 법리'라 한다.

판례 역시 "일정한 행정처분에 의하여 국민이 일정한 이익과 권리를 취득하였을 경우에 종전의 행정처분을 취소하는 행정처분은 이미 취득한 국민의 기존 이익과 권리를 박탈하는 별개의 행정처분으로 그 취소될 행정처분에 있어서의 하자 또는 취소하여야 할 공공의 필요가 있어야 하고, 나아가 행정처분에 하자 등이 있다 하더라도 취소하여야 할 공익상 필요와 취소로 인하여 당사자가 입게 될 기득권과 신뢰보호 및 법률생활안정의 침해 등 불이익을 비교·교량한 후 공익상 필요가 당사자가 입을 불이익을 정당화할 만큼 강한 경우에 한하여 취소할 수 있는 것이며, 그 하자나 취소하여야 할 필요성에 대한 증명책임은 기존의 이익과 권리를 침해하는 처분을 한 그 행정청에 있다"라고

---

149) 「행정권한의 위임 및 위탁에 관한 규정」 제6조(지휘·감독) 위임 및 위탁기관은 수임 및 수탁기관의 수임 및 수탁사무 처리에 대하여 지휘·감독하고, 그 처리가 위법하거나 부당하다고 인정될 때에는 이를 취소하거나 정지시킬 수 있다.

판시150)하여 이러한 원칙을 지지하고 있다.

수익적 행정행위 외에도 ① 불가변력이 발생한 행위, ② 인가 등과 같이 사인의 법률행위를 완성시켜 주는 행위, ③ 공무원임명, 귀화허가 등과 같은 포괄적 신분설정행위, ④ 취소권을 장기간 행사하지 않아 신뢰보호에 따라 취소권이 소멸되는 경우 등에도 취소권이 제한된다.

「행정기본법」도 이러한 사항을 규정하고 있는데, 제18조 제2항에서 "행정청은 당사자에게 권리나 이익을 부여하는 처분을 취소하려는 경우에는 취소로 인하여 당사자가 입게 될 불이익을 취소로 달성되는 공익과 비교·형량(衡量)하여야 한다."고 명문으로 취소권제한의 법리를 인정하고 있다. 다만 ① 거짓이나 그 밖의 부정한 방법으로 처분을 받은 경우, ② 당사자가 처분의 위법성을 알고 있었거나 중대한 과실로 알지 못한 경우에는 취소권제한의 법리가 적용되지 않는다.

Ⅱ. 행정행위의 철회

1. 의 의

성립 당시 흠 없이 유효하게 성립된 행정행위를 사후에 발생한 사유에 의해서 행정기관이 장래에 향해서 그 효력을 소멸시키는 행위를 말한다. 실제에 있어서는 철회보다는 취소라는 용어로 많이 사용되고 있으나 ① 취소는 무효원인이 아닌 흠이 존재하는 때에, 철회는 후발적인 새로운 사정이 있는 때에 이루어진다는 점, ② 취소의 효과는 원칙상 소급하지만 철회는 소급하지 않고 장래에 향해서만 효력이 발생한다는 점, ③ 취소로 인하여 상대방이 입게 될 손실에 대해 별도의 손실보상이 불필요하나 철회는 상대방의 귀책사유가 없는 한 손실보상을 해야 한다는 점 등에서 양자는 개념상 구분된다.

2. 철회권자

취소권은 앞에서 살펴본 바와 같이 직권취소의 경우에는 처분청 및 감독청, 쟁송취소의 경우에는 행정심판위원회 또는 법원이 취소권자가 될 수 있으나, 철회권은 오로지 처분청만이 행사할 수 있다.

---

150) 대법원 2014. 7. 10. 선고 2013두7025 판결.

철회는 위법을 시정하여 적법상태를 회복하는 취소와 달리 후발적 사정에 따라 전혀 새로운 처분을 하는 것이므로 처분청만이 철회권을 행사할 수 있다.

3. 철회권의 근거

철회권을 행사할 때에는 처분의 근거와는 별도로 철회의 법적 근거가 있어야 하는지에 대해 견해가 대립한다.

근거불요설은 ① 철회는 처분의 효력을 더 이상 유지할 수 없는 공익상 필요에 의해서 이루어지는 것이므로 처분청의 정책적 판단과 재량이 요구된다는 점, ② 처분권한 속에는 이를 철회할 수 있는 권한이 내재되어 있는 것으로 보아야 한다는 점 등을 들어 철회는 별도의 법적 근거를 필요로 하지 않는다는 입장이다.

근거필요설은 수익적 행정행위를 철회하는 것은 상대방에게 침익적 효과를 발생시키는 것이므로 법률유보의 원칙상 별도의 법적 근거가 있어야만 철회권을 행사할 수 있다는 견해이다.

판례는 "행정행위를 한 처분청은 그 처분 당시에 그 행정처분에 별다른 하자가 없었고 또 그 처분 후 이를 취소할 별도의 법적 근거가 없다 하더라도 원래의 처분을 그대로 존속시킬 필요가 없게 된 사정변경이 생겼거나 또는 중대한 공익상의 필요가 발생한 경우에는 별개의 행정행위로 이를 철회하거나 변경할 수 있다"라고 판시[151]하여 근거불요설을 따르고 있다.

법령에 철회사유가 규정되어 있는 경우에는 어떠한 견해를 취하여도 차이가 없다. 다만 상대방의 의무위반이나 불이행, 그리고 후발적 사정에 따른 공익상의 필요 등에 의해 철회권의 행사가 필요한 때에 별도의 법적 근거를 필요로 하는지가 문제된다. 상대방의 귀책사유로 인하여 철회권 행사가 불가피한 경우까지 상대방 보호를 위해 법률유보원칙을 엄격하게 적용할 필요가 없다는 점, 공익상 필요에 의해 철회권을 행사할 때에는 '철회권 제한의 법리'에 의한 조리법상의 제한을 받는다는 점, 상대방의 귀책사유 없이 철회로 인하여 손해가 발생하면 이에 대해 손실보상이 가능하다는 점 등을 고려해 볼 때 '근거불요설'이 타당하다.

---

151) 대법원 1992. 1. 17. 선고 91누3130 판결.

하지만「행정기본법」제19조에 철회에 대한 일반법적 근거가 신설됨으로 써 앞으로는 이러한 논쟁은 무의미할 것으로 보인다.

4. 철회 사유

「행정기본법」제19조 제2항은 철회사유로서 ① 법률에서 정한 철회 사유에 해당하게 된 경우, ② 법령 등의 변경이나 사정변경으로 처분을 더 이상 존속시킬 필요가 없게 된 경우, ③ 중대한 공익을 위하여 필요한 경우 등을 규정하고 있다.

5. 철회권의 제한

수익적 행정행위를 철회하는 때에는 철회사유가 있다고 하여 곧바로 철회권을 행사할 수 있는 것은 아니다. 신뢰보호 및 법적 안정성의 견지에서 철회권이 제한된다. 철회를 통하여 실현하고자 하는 공익이 철회로 인하여 상대방이 잃게 되는 사익보다 큰 때에만 철회권 행사가 가능하다. 이를 '철회권 제한의 법리'라 한다.

「행정기본법」제19조 제3항은 "행정청은 처분을 철회하려는 경우에는 철회로 인하여 당사자가 입게 될 불이익을 철회로 달성되는 공익과 비교·형량하여야 한다."고 규정하여 철회권제한의 법리를 명문으로 인정하고 있다.

제 3 장 기타 행정의 행위형식

제 1 절 행정계획

I. 행정계획의 의의

　행정계획이란 장래 일정기간 내에 도달해야 할 목표를 설정하고, 여러 수단을 조정·통합하는 작용 또는 그 활동기준을 말한다. 다시 말해서 행정계획은 ① 목표달성에 필요한 수단들을 종합화하는 작용과 ② 목표달성을 위한 추진체계의 활동기준을 모두 포함하는 개념이다.

　행정계획은 현대 복리국가 이전에도 존재하였지만 특히 20세기에 들어와서 행정의 장기성·종합성을 요하는 시대적 배경에 따라 새롭게 등장한 행정의 행위형식이다. 행정계획은 ① 국가기능 중 사회형성활동적 기능이 강화됨에 따라 장기적·종합적 판단과 활동기준의 필요, ② 다원적 사회구조와 자원의 유한성으로 이해관계의 조정 및 행정수요에 대한 효율적 대응의 필요, ③ 과학기술의 발달로 장래예측에 대한 정확도 향상 등으로 그 필요성과 유용성이 갈수록 높아지고 있다.

II. 행정계획의 종류

　행정계획은 그 기준에 따라 다양하게 분류된다. ① 행정계획의 '범위'에 따라 계획의 대상이 종합적·전체적 사업에 관한 것을 종합계획 또는 전체계획이라 하고, 특정의 사업에 관한 계획을 부문별계획이라 한다. ② 행정계획의 '계획기간'에 따라 일반적으로 6년 이상을 요하는 계획을 장기계획, 2년에서 5년을 요하는 계획을 중기계획, 1년을 요하는 계획을 연도별계획이라 한다. ③ 행정계획의 '지역성' 여부에 따라 도시·군관리계획(이하 '도시관리계획')과 같이 지역을 기반으로 하는 계획을 지역계획, 민방위기본계획과 같이 지역을 기반으로 하지 않는 계획을 비지역계획이라 한다. ④ 행정계획의 '법적 구속력'에 따라 일반국민에 대하여 또는 관계 행정기관에 대하여 구속력을 가지는 계획을 구속적 계획이라 하고, 국민에게 단순히 정보를 제공하거나 국민을 일정 방향으로 이끄는 계획을 비구속적 계획이라 한다.

실제 법령상 주로 등장하는 행정계획은 기본계획과 시행계획이다. 기본계획은 해당 업무를 관장하는 소관부처가 수립하는 것이 일반적이며, 이러한 기본계획 하에 관계 행정기관이나 지방자치단체가 수립하는 계획을 시행계획이라 한다. 예컨대 「개인정보 보호법」상 개인정보보호위원회는 개인정보의 보호와 정보주체의 권익 보장을 위하여 3년마다 개인정보 보호 기본계획을 관계 중앙행정기관의 장과 협의하여 수립하고,[1] 중앙행정기관의 장은 기본계획에 따라 매년 개인정보 보호를 위한 시행계획을 작성하여 개인정보보호위원회에 제출하고, 위원회의 심의·의결을 거쳐 시행하도록 규정[2]하고 있다.

Ⅲ. 행정계획의 법적 성질

1. 문제의 소재

행정계획이 어떠한 특정의 법적 형식에 의해 수립되는 경우에는 그 형식의 성질이 곧 행정계획의 법적 성질이므로 크게 문제될 것이 없다. 예컨대 행정계획이 법규명령의 형식으로 제정되면 그 행정계획의 법적 성질은 법규명령이고, 조례의 형식으로 수립되면 그 행정계획은 조례의 성질을 가진다.

그런데 이러한 특정의 법적 형식을 취하지 않고 수립된 행정계획은 그 법적 성질이 무엇인지 고찰해야 할 필요가 있다. 왜냐하면 어떤 행정계획의 수립으로 개인의 권익이 침해당한 경우 그 행정계획이 행정쟁송의 대상이 될 수 있는 것인지를 판단하기 위해서는 해당 행정계획의 법적 성질이 규명되어야 하기 때문이다. 우리는 전통적으로 일반적이고 추상적인 법규범 정립작용인 행정입법은 원칙상 처분성을 인정하지 않고, 개별·구체적 효과를 발생하는 행정행위에 대해서만 처분성을 인정하여 행정쟁송의 대상으로 삼고 있다. 그

---

1) 「개인정보 보호법」 제9조.
2) 「개인정보 보호법」 제10조.

렇다면 행정계획은 그 성질이 무엇이며 처분성이 인정되는지 등에 대한 고찰
이 필요하다.

2. 입법행위설

행정계획이 수립되어도 행정객체에게 직접적이고 구체적인 권리·의무가
바로 발생하는 것이 아니므로 행정계획은 일반·추상적 규범을 정립하는 입법
행위의 일종으로 보아야 한다는 견해이다. 이 견해에 따르면 행정계획에 대하
여 직접 행정쟁송을 제기할 수는 없고 행정계획에 따른 구체적 처분이 있어야
만 그 처분에 대하여 행정쟁송을 제기할 수 있다.

3. 행정행위설

행정계획을 행정법상 법률관계의 구체적 변동을 가져오는 행정행위의 일종
으로 이해하는 입장이다. 도시관리계획이 수립·결정되어 고시되면 해당 도시계
획관리구역 안의 토지나 건물소유자는 토지형질변경, 건물의 신축·증축·개축
등 권리행사가 제한되는데, 이처럼 구체적 권리를 제한하는 도시관리계획은 개
별·구체적 법적 효과를 발생시키는 행정행위와 그 성질을 같이한다는 입장이다.

4. 독자성설

행정계획은 행정행위도 행정입법도 아닌 독자적인 성질을 갖는 행정의
행위형식이라는 견해이다. 행정계획은 고도의 구체성을 포함하고 있기 때문에
추상적 규범적립작용인 행정입법으로 볼 수 없고, 그렇다고 개인의 권리에 직
접 영향을 미치는 행정행위도 아니므로 행정계획으로서의 독자적 성질을 인
정해야 한다는 입장이다.[3]

5. 개별성질설

행정계획의 법적 성질을 획일적으로 파악할 수는 없고 구체적 경우에 따
라 개별적으로 이해해야 한다는 견해이다.
예컨대 「국토의 계획 및 이용에 관한 법률」에 따라 수립되는 도시계획은
도시기본계획과 도시관리계획으로 나누어지는데, 도시기본계획은 특별시·광

---

3) 박균성(181면).

역시 등 도시의 기본적인 공간구조와 장기발전방향을 제시하는 종합계획으로서 도시관리계획 수립의 지침이 되는 계획이고, 도시관리계획은 도시의 개발·정비 및 보전을 위하여 수립하는 토지 이용, 교통, 환경, 경관, 안전, 산업, 정보통신, 보건, 복지, 안보, 문화 등에 관한 세부적 사항을 정하는 계획이다. 따라서 도시기본계획은 규칙적 성질을 가지는 행정입법에 가깝고 도시관리계획은 특정 지역에 대한 용도지역·용도지구를 지정 또는 변경 하는 등 처분적 성질을 가지는 행정행위에 가깝다. 한편, 「국민체육진흥법」상 지방체육진흥계획은 생활체육의 진흥, 선수와 체육지도자의 보호·육성 등에 관한 계획으로서 행정조직 내부적으로는 규칙적 성질을, 대외적으로는 행정지도적 성질을 가진다. 이처럼 행정계획은 계획의 목적과 내용에 따라 행정입법, 행정행위, 행정지도 등 그 법적 성질이 다르므로 행정계획의 성질을 일의적으로 규명하기 보다는 그 사정에 따라 개별적으로 파악해야 한다는 입장이다.

행정계획을 별도의 행위형식으로 구분하여 고찰하는 이상 그 성질 역시 독자적으로 규명하는 것이 바람직하다. 하지만 오늘날 행정계획은 그 제정형식과 내용이 너무나 다양해서 이를 획일적으로 규명하는 것이 사실상 불가능하다. 따라서 행정계획의 법적 성질을 독자적·획일적으로 규명하기보다는 그 사정에 따라 개별적으로 판단하는 것이 현실에 부합하고 타당하다.

IV. 행정계획의 절차와 효력

1. 행정계획의 수립절차

현행 행정절차법상 행정계획의 수립절차에 대한 일반규정은 없다. 그러나 「국토의 계획 및 이용에 관한 법률」등과 같은 개별법령에서 행정계획의 수립절차를 규정하고 있는데 일반적인 절차는 ① 계획심의회의 심의, ② 관계기관과의 협의, ③ 지방자치단체의 의견수렴, ④ 이해관계인의 참가, ⑤ 공고(고시) 등으로 수립된다.

2. 행정계획의 효력(집중효)

(1) 구속력

행정계획의 유형이 다양한 것처럼 행정계획의 효과 역시 계획마다 상이

하다. 구속적 계획은 물론이고 대부분의 행정계획은 그 정도의 차이는 있어도 규범적 사항을 내포하고 있다. 따라서 계획이 확정되면 구속력이 발생한다. 물론 구속력의 밀도나 정도는 계획의 성질에 따라 다르다.

(2) 집중효의 의의

구속력의 내용 중에는 일반법규에 근거하는 여러 가지 신고, 등록, 허가, 특허, 인가 등과 같은 이른바 인·허가를 계획 확정에 따라 일괄하여 대체할 수도 있다. 이처럼 계획의 확정에 따라 인·허가를 일괄하여 대체하는 효력을 이른바 '집중효'라 한다. 이는 독일법상의 개념으로서 우리나라에서 이와 유사한 것으로는 '인·허가의제' 제도가 있다. 물론 집중효는 독일법상 행정계획의 효력으로 논의된 것이고, 인·허가의제 제도는 행정계획뿐만 아니라 일반 행정행위에도 광범위하게 인정되고 있기 때문에 양자가 완전히 동일한 개념은 아니다.

(3) 집중효의 정도

집중효를 인정하더라도 집중효의 정도를 어느 정도까지 인정할 것인지에 대한 문제가 남는다. 다시 말해서 집중효에 따라 원래 인·허가 권한을 가지고 있는 행정청을 어느 정도까지 구속할 수 있는지, 즉 구속의 정도와 범위에 관한 문제가 발생한다. 집중의 정도를 약하게 인정하는 견해부터 매우 강하게 인정하는 견해까지 순서대로 정리하면 다음과 같다.

1) 관할집중설

집중효는 인·허가 권한의 관할만을 집중할 뿐이라는 견해이다.[4] 원래 인·허가 권한을 가진 행정청의 권한을 계획기관에 이관한 것이므로 계획기관이 원래 인·허가에 대하여 절차적·실체적 요건을 모두 심사해야 한다는 것이다.

2) 제한적 절차적 집중설

집중효는 계획기관이 원래 인·허가의 절차적 요건에 대해서만 예외를 인정받을 뿐 실체적 요건에 대해서는 모두 심사를 해야 하고, 절차적 예외도 언제나 인정되는 것이 아니라 이해관계 있는 제3자의 권익보호를 위한 절차는 예외를 인정받을 수 없다는 견해이다. 다시 말해서 집중효는 이해관계 있는 제3자의 권익을 침해하지 않는 때에만 절차적 요건만이 집중된다는 것이다.

---

4) 홍정선(167면).

3) 절차적 집중설

집중효는 계획기관이 원래 인·허가의 절차적 요건에 대해서만 예외를 인정받을 뿐 실체적 요건에 대해서는 모두 심사를 해야 한다는 입장이다. 다시 말해서 절차적 요건만 집중된다는 것이다. 실체적 요건을 모두 심사해야 한다는 점에서 이는 실체적 집중부정설일 뿐이지 이를 절차의 문제로 보아 절차적 집중설이라 하는 것은 타당하지 않다는 견해도 있다.[5]

4) 제한적 실체적 집중설

계획기관이 원래 인·허가의 절차적, 실체적 요건에 엄격히 구속되지는 않고 계획기관이 이익형량 등을 통하여 심사요건의 일부를 완화할 수 있다는 견해이다.

5) 실체적 집중설

계획기관이 원래 인·허가의 절차적, 실체적 요건에 구속됨이 없이 독자적으로 판단할 수 있다는 견해이다.[6]

6) 판례의 태도

판례는 "채광계획인가를 받으면 공유수면 점용허가를 받은 것으로 의제되고, 이 공유수면 점용허가는 공유수면 관리청이 공공 위해의 예방 경감과 공공복리의 증진에 기여함에 적당하다고 인정하는 경우에 그 자유재량에 의하여 허가의 여부를 결정하여야 할 것이므로, 공유수면 점용허가를 필요로 하는 채광계획 인가신청에 대하여도, 공유수면 관리청이 재량적 판단에 의하여 공유수면 점용허가 여부를 결정할 수 있고, 그 결과 공유수면 점용을 허용하지 않기로 결정하였다면, 채광계획 인가관청은 이를 사유로 하여 채광계획을 인가하지 아니할 수 있는 것이다"[7]라고 판시하여 실체적 집중은 부정하고 있다.

하지만 다른 판례에서 "건설부장관이 촉진법 제33조에 따라 관계기관의 장과의 협의를 거쳐 사업계획승인을 한 이상 같은 조 제4항의 허가, 인가, 결정, 승인 등이 있는 것으로 볼 것이고, 그 절차와 별도로 도시계획법 제12조 등 소정의 중앙도시계획위원회의 의결이나 주민의 의견청취 등 절차를 거칠 필요는 없는 것이다"[8]라고 판시하여 절차적 집중은 허용하는 것처럼 보인다.

---

5) 박균성(443면).
6) 홍정선(168면).
7) 대법원 2002. 10. 11. 선고 2001두151 판결.
8) 대법원 1992. 11. 10. 선고 92누1162 판결.

　행정계획의 유용성과 법치행정의 원리를 조화롭게 해석한다면 계획기관이 공익과 이해관계의 조정 등을 통하여 절차적, 실체적 요건을 완화하여 판단할 수 있는 정도의 집중효는 인정하는 것이 타당하다. 제한적 실체적 집중설을 지지한다.[9]

　한편 판례는 "주택건설사업계획 승인처분에 따라 의제된 인허가가 위법함을 다투고자 하는 이해관계인은, 주택건설사업계획 승인처분의 취소를 구할 것이 아니라 의제된 인허가의 취소를 구하여야 하며, 의제된 인허가는 주택건설사업계획 승인처분과 별도로 항고소송의 대상이 되는 처분에 해당한다"고 판시[10]하여 집중효가 인정되더라도 원래 인·허가에 대해 별도의 항고소송을 제기하도록 하였다.

V. 행정계획과 권리구제

1. 행정쟁송

(1) 처분성 인정여부

　행정계획의 수립절차 또는 내용에 흠이 있어 국민의 권익이 침해된 때에는 행정쟁송을 통하여 구제하여야 할 것이다. 그런데 현행 행정심판법 또는 행정소송법은 행정쟁송의 대상을 행정청의 처분으로 한정하고 있으므로 행정계획에 대한 행정쟁송을 하기 위해서는 행정계획의 처분성이 인정되어야 한다.

　행정계획의 처분성 인정 여부에 관하여는 ① 행정계획이란 개인에 대한 구체적 법률관계의 변동을 발생시키지 않으므로 처분성을 인정할 수 없다는 소극설과, ② 행정계획에 의해 개인의 권리 내지는 법률상의 이익이 개별적·구체적으로 얼마든지 침해당할 수 있으므로 처분성을 인정해야 한다는 적극설이 대립한다.

　이 문제는 결국 앞에서 살펴본 행정계획의 법적 성질을 어떻게 이해하느냐에 달려있다. 행정계획의 성질을 획일적으로 규명하기보다는 그 사정에 따라 개별적으로 판단해야 한다는 견해에 따른다면 행정계획 전부가 처분성이

---

9) 홍정선(169면).
10) 대법원 2018. 11. 29. 선고 2016두38792 판결.

있다거나 또는 없다거나 하는 것은 타당하지 않다. 따라서 행정계획 중 행정 객체의 법적 지위를 일반적으로 변동시키는 구속력 및 처분적 성질을 가지는 계획은 처분성이 인정되어야 할 것이며, 행정입법 또는 행정지도적 성질을 가지는 행정계획은 처분성이 부인될 것이다. 판례 역시 "도시계획법 제12조 소정의 도시계획결정이 고시되면 도시계획구역안의 토지나 건물 소유자의 토지형질변경, 건축물의 신축, 개축 또는 증축 등 권리행사가 일정한 제한을 받게 되는바 이런 점에서 볼 때 고시된 도시계획결정은 특정 개인의 권리 내지 법률상의 이익을 개별적이고 구체적으로 규제하는 효과를 가져 오게 하는 행정청의 처분이라 할 것이고, 이는 행정소송의 대상이 되는 것이라 할 것이다"라고 판시[11]하여 처분적 성질을 가지는 행정계획의 처분성을 인정하고 있다.

(2) 계획입안청구권

주민 등 계획수범자가 계획의 입안을 요구할 수 있는 권리를 말한다. 이는 일반적으로 인정되는 권리는 아니며 법령에 입안제안의 권리가 규정된 경우에 한하여 인정된다. 「국토의 계획 및 이용에 관한 법률」 제26조는 주민(이해관계자)이 도시관리계획을 입안할 수 있는 자에게 도시관리계획의 입안을 제안할 수 있도록 규정하고 있다.

판례 역시 "도시계획입안제안과 관련하여서는 주민이 입안권자에게 (1) 도시계획시설의 설치·정비 또는 개량에 관한 사항, (2) 지구단위계획구역의 지정 및 변경과 지구단위계획의 수립 및 변경에 관한 사항에 관하여 도시계획도서와 계획설명서를 첨부하여 도시계획의 입안을 제안할 수 있고, 위 입안제안을 받은 입안권자는 그 처리결과를 제안자에게 통보하도록 규정하고 있는 점 등과 헌법상 개인의 재산권 보장의 취지에 비추어 보면, 도시계획구역 내 토지 등을 소유하고 있는 주민으로서는 입안권자에게 도시계획입안을 요구할 수 있는 법규상 또는 조리상의 신청권이 있다고 할 것이고, 이러한 신청에 대한 거부행위는 항고소송의 대상이 되는 행정처분에 해당한다"라고 판시[12]하고 있다.

---

11) 대법원 1982. 3. 9. 선고 80누105 판결.
12) 대법원 2004. 4. 28. 선고 2003두1806 판결.

(3) 계획변경청구권

계획의 변경을 요구할 수 있는 권리를 말한다. 행정계획의 공익성으로 인하여 계획수범자에게 계획의 변경을 요구할 수 있는 권리를 일반적으로 인정하지는 않는다. 다만 법령에 의하여 계획변경을 구할 신청권이 존재하거나 조리상 계획변경신청권이 인정되는 경우에 한하여 이러한 권리가 인정될 수 있다.

판례 역시 "도시계획과 같이 장기성·종합성이 요구되는 행정계획에 있어서는 그 계획이 일단 확정된 후에 어떤 사정의 변동이 있다고 하여 지역주민에게 일일이 그 계획의 변경을 청구할 권리를 인정해 줄 수도 없는 이치이므로 도시계획시설변경신청을 불허한 행위는 항고소송의 대상이 되는 행정처분이라고 볼 수 없다"라고 판시[13]하여 일반적인 계획변경청구권은 인정하지 않았다.

하지만 예외적으로 "장래 일정한 기간 내에 관계 법령이 규정하는 시설 등을 갖추어 일정한 행정처분을 구하는 신청을 할 수 있는 법률상 지위에 있는 자의 국토이용계획변경신청을 거부하는 것이 실질적으로 당해 행정처분 자체를 거부하는 결과가 되는 경우에는 예외적으로 그 신청인에게 국토이용계획변경을 신청할 권리가 인정된다고 봄이 상당하므로, 이러한 신청에 대한 거부행위는 항고소송의 대상이 되는 행정처분에 해당한다"라고 판시[14]하여 법령상 또는 조리상 계획변경신청권이 존재하는 경우에는 행정계획변경청구권을 인정하였다.

2. 계획제한과 손실보상

행정계획에 의해 국민의 재산권 행사가 제한될 수 있다. 이를 계획제한이라 한다. 헌법 제23조 제3항은 재산권의 수용·사용뿐만 아니라 제한의 경우에도 보상을 인정하고 있으므로 계획제한에 대한 보상은 가능하다. 물론 법률에 의하여 사인의 재산권에 대한 일정한 행위를 제한하거나 통제하는 것은 재산의 종류·성질·형태·조건·상황·위치 등에 따른 제한으로서 이러한 제한이 공공복리에 적합한 합리적인 것인 때에는 보상을 요하지 않는다. 프랑스, 독일, 미국 등 선진국도 이와 유사한 입장을 견지하고 있다. 다만, 미국은 1987

---

13) 대법원 1984. 10. 23. 선고 84누227 판결.
14) 대법원 2003. 9. 23. 선고 2001두10936 판결.

년 Nollan판결,[15] 1992년 Lucas판결,[16] 1994년 Dolan판결[17] 등에서 계획제한
에 대한 손실보상을 제한적으로 인정하고 있는 추세이다.

　　우리 헌법재판소 역시 "법률조항에 의한 재산권의 제한은 개발제한구역
으로 지정된 토지를 원칙적으로 지정 당시의 지목과 토지현황에 의한 이용방
법에 따라 사용할 수 있는 한, 재산권에 내재하는 사회적 제약을 비례의 원칙
에 합치하게 합헌적으로 구체화한 것이라고 할 것이나, 종래의 지목과 토지현
황에 의한 이용방법에 따른 토지의 사용도 할 수 없거나 실질적으로 사용·수
익을 전혀 할 수 없는 예외적인 경우에도 아무런 보상 없이 이를 감수하도록
하고 있는 한, 비례의 원칙에 위반되어 당해 토지소유자의 재산권을 과도하게
침해하는 것으로서 헌법에 위반된다 할 것이다. 따라서 입법자가 이 사건 법
률조항을 통하여 국민의 재산권을 비례의 원칙에 부합하게 합헌적으로 제한
하기 위해서는, 수인의 한계를 넘어 가혹한 부담이 발생하는 예외적인 경우에

---

15) Nollan *v.* California Coastal Commission(1987) 사건: Nollan은 California Ventura County의 해
　　변에 토지를 소유하고 있었는데, 해당 토지에 방갈로를 건축하기 위해 California Coastal
　　Commission에 건축허가신청을 하였다. 동 위원회는 '일반 공중이 Faria Park에 접근할 수 있도
　　록 Nollan은 시당국에 접근로설치부지를 영구적 지역권으로 설정해 줄 것을 조건'으로 건축허
　　가를 하였다. 이에 Nollan은 Ventura County Superior Court에 訴를 제기하여 법원으로부터 "위
　　원회의 공공접근로를 위한 점유조건은 그 이유가 없다"라고 인용판결을 받았다. 이에 동 위원
　　회가 항소한 사건이다. 연방대법원은 '당해 사안에서 공공접근로 지역권설정은 건축허가를 제
　　한하는 조건이 될 수 없고, 영구적 무보상의 지역권설정은 위헌적 수용'이라고 판시하였다.
16) Lucas *v.* South Carolina Coastal Council(1992) 사건: 1986년 Lucas는 South Carolina연안해 섬
　　에 주변 필지에 이미 지어진 주택들과 같은 형태의 단독주택을 건축할 목적으로 두 필지의 택
　　지를 구입하였다. 당시 Lucas의 택지는 건축을 제한하는 州의 연안해제한구역에 속하지 않았
　　다. 그러나 1988년 주의회는 '해변관리법(Beachfront Management Act, BMA)'을 제정하여 Lucas
　　로 하여금 어떠한 영구건축물도 건축할 수 없도록 하였다. 이에 Lucas는 비록 BMA가 합법적인
　　입법이라 할지라도 자신에게 건축을 제한하는 것은 자신의 재산에 대한 모든 '경제적으로 유용
　　한 사용'을 박탈하는 것으로 연방헌법 수정 제5조 및 제14조에 근거한 공용수용으로 보여지며,
　　따라서 이에 대한 보상이 있어야 한다는 취지의 訴를 제기하였다. 연방대법원은 "BMA에 의한
　　연안해제한구역의 지정은 루카스의 재산권행사에 대한 욕망을 박탈한 재산권 수용으로 봄이
　　타당하다"고 판시하였다.
17) Dolan *v.* City of Tigard(1994) 사건: Dolan은 자신의 가게를 확장하고 주차장을 포장하기 위
　　하여 도시계획위원회(the City Planning Commission, CPC)에 허가를 신청하였다. CPC는 지표면
　　을 무분별하게 포장하면 물이 지하로 침투되지 못하여 홍수가 날 우려가 있고, 또한 가게의
　　확장으로 상업지구에 교통혼잡이 가중될 우려가 있으므로 자연상태의 지표면을 유지하고 교통
　　혼잡에 대비한 보행자 도로·자전거 전용도로의 설치를 위해 Fanno Creek를 따라 public
　　greenway를 건설하려고 애쓰는 시당국에 Dolan의 토지 중 일정부분을 기부할 것을 조건으로
　　증축허가를 해주었다. 이에 Dolan은 증축허가와 토지의 기부사이에는 어떠한 상관관계도 없으
　　므로 이는 연방헌법 수정 제5조와 제14조에 근거한 공용수용이라고 주장하였다. 연방대법원은
　　"당해 기부체납의 요구는 재산권의 수용으로 봄이 타당하다"라고 판시하였다.

는 이를 완화하는 보상규정을 두어야 한다"라고 결정[18]하여 도시계획법상 개발제한구역의 지정으로 말미암아 토지를 종래의 목적으로도 사용할 수 없거나 또는 법률상으로 허용된 토지이용의 방법이 없기 때문에 실질적으로 토지의 사용·수익권이 폐지된 경우에는 보상을 요한다는 입장을 밝힌 바 있다.

또한 "토지재산권의 강화된 사회적 의무와 도시계획의 필요성이란 공익에 비추어 일정한 기간까지는 토지소유자가 도시계획시설결정의 집행지연으로 인한 재산권의 제한을 수인해야 하지만, 일정 기간이 지난 뒤에는 입법자가 보상규정의 제정을 통하여 과도한 부담에 대한 보상을 하도록 함으로써 도시계획시설결정에 관한 집행계획은 비로소 헌법상의 재산권 보장과 조화될 수 있다"라고 결정[19]하여, 토지의 사적 이용권이 배제된 상태에서 토지소유자로 하여금 장기간 아무런 보상 없이 수인하도록 하는 것은 공익실현의 관점에서도 정당화될 수 없으므로 보상을 해주어야 한다고 입장을 거듭 밝히고 있다.

그런데 헌법 제23조 제3항은 손실보상에 관한 사항을 법률에 의하도록 유보하고 있기 때문에 만약 개별적 법률에 계획제한에 대한 보상규정이 없다면 행정계획에 의해 재산권의 사용이 부당하게 제한 당하여도 이에 대한 정당한 보상이 곤란한 문제가 발생할 수 있다. 이 문제에 대한 현실적 해결방안은 일단 계획제한을 규정하고 있는 법령에 대한 위헌심판을 청구하여 위헌결정을 이끌어 낸 다음 입법자가 법률에 보상규정을 마련하면 그에 따른 보상을 받고, 만약 위헌결정이 있음에도 입법자가 보상규정을 마련하는 법률을 제·개정하기 않으면 위헌법률에 근거한 계획제한은 위법하므로 이에 대한 국가배상청구가 가능할 것이다.

3. 행정계획의 변경과 신뢰보호

(1) 문제의 소재

행정계획의 전제가 된 상황의 변화로 행정계획을 변경 또는 폐지하는 경우, 이를 신뢰한 행정계획의 수범자가 계획의 존속·이행 등을 요구할 수 있는 것인지 살펴볼 필요가 있다. 이는 신뢰보호원칙과 사정변경원칙의 충돌 문제

---

18) 헌재 1984. 12. 24. 89헌마214, 90헌바16, 97헌바78 결정.
19) 헌재 1999. 10. 21. 97헌바26 결정.

라고 할 수 있다. 행정계획의 변경에 따른 위험을 계획주체와 계획의 수범자 간에 적절히 분배하는 방안에 대한 논의를 이른바 계획보장청구권의 문제라고 한다.

(2) 계획보장청구권

1) 의 의

사정의 변화로 인하여 행정계획의 변경이 불가피한 경우, 이를 신뢰한 행정계획 수범자가 당해 행정계획의 존속·이행 또는 적절한 경과조치, 손해의 전보 등을 요구할 수 있는 권리를 계획보장청구권이라 한다.

2) 이론적 근거

만약 계획보장청구권이 존재한다면 그 이론적 근거로는 ① 계획의 변경에 의해 발생할 불이익 또는 위험은 법적 안정성을 위하여 적절한 보상이 이루어 져야 한다는 견해(법적안정성설), ② 행정주체가 행정계획을 일방적으로 폐지함으로써 계획을 전제로 한 사인의 실질적 행위를 불가능하게 한 것은 계약법상 귀책사유에 의한 이행불능과 같은 것이라는 견해(계약법설), ③ 행정객체의 계획존속에 대한 기대이익은 일종의 재산권으로 헌법상 보호를 받아야 한다는 견해(재산권설) 등이 있다.[20]

공익실현을 위하여 행정권에게 우월적 특권을 인정하고 있는 법률관계를 사법관계와 구별되는 행정법관계로 이해하고 있는 우리의 법체계상 계약법설이나 재산권설은 이론적 한계가 있다. 따라서 만약 계획보장청구권이 존재한다면 그 이론적 근거는 법적 안정성을 위한 것으로 보아야 할 것이다.

3) 내 용

가. 계획유지청구권

계획수범자가 당해 계획의 유지·존속을 요구할 수 있는 청구권을 말한다. 그런데 행정계획의 속성상 계획변경의 공익성이 크기 때문에 신뢰보호원칙에 계획 수범자의 사익보호가 인정되는 것은 쉽지 않을 것이다. 계획변경이 이미 시행 중인 기존 계획에 대한 부진정소급효를 가지는 경우 계획변경의 공익성보다 수범자의 신뢰이익인 사익을 더 크게 보호해야 할 필요가 있는 때에 한하여 인정될 수 있다. 만약 이러한 경우에 해당하여 수범자의 계획유지청구권

---

20) 박윤흔(293면).

이 인정된다면 이러한 청구권은 당해 계획이 행정행위의 성질을 가지는 경우 '철회권 제한의 법리'로서 실현될 수 있을 것이다.[21)

나. 계획이행청구권

행정계획의 수범자가 당해 계획의 이행·준수를 요구할 수 있는 청구권을 말한다. 하지만 사인이 행정청에 대하여 법률준수를 요구할 수 있는 권리가 없는 것과 마찬가지로 사인이 행정청에게 계획을 이행·준수하라고 요구할 수 있는 이러한 청구권이 일반적으로 인정될 수는 없다. 다만 구속적 행정계획의 경우에는 행정청에게 당해 계획을 준수해야 할 의무가 있으므로 계획에 위반되는 행정조치를 취할 경우 이에 대한 행정쟁송을 구할 수 있을 것이다.

다. 경과조치청구권

계획의 변경에 따른 위험을 최소화하기 위해 필요한 경과조치를 취하거나 적절한 원조를 요구할 수 있는 청구권을 말한다. 경과조치는 계획변경으로 인한 공익 실현과 이해관계인의 사익을 동시에 고려할 수 있는 장점이 있다. 그러나 사실상 이러한 조치는 입법적 근거가 있어야 하는 것이므로 계획의 수범자가 이러한 청구권을 행사할 수 있는 현실적 방법은 없을 것으로 보인다.

라. 손해전보청구권

행정계획의 변경을 저지할 수 없을 때, 최후의 수단으로서 손해배상 또는 손실보상을 청구하는 것이다. 계획의 변경이 국가배상법 제2조의 요건을 충족하는 경우에는 국가배상청구소송을 통하여, 손실보상의 요건을 충족하는 경우에는 손실보상을 통하여 당해 청구권을 실현할 수 있을 것이다.

VI. 계획재량

1. 의 의

일반 행정작용의 근거가 되는 법률은 요건과 효과를 규정함에 반하여 행정계획의 근거가 되는 법률은 일반적으로 목표와 절차를 규정하고 있다. 따라서 행정계획은 일반 행정작용에 비해 광범위한 판단여지가 존재하는데 이를 가리켜 독일에서는 형성의 자유 또는 계획재량이라 한다.

이러한 계획재량과 일반 행정재량의 관계에 대해 ① 이들 양자의 질적 차

---

21) 김남진(391면).

이를 구분하는 견해[22]와 ② 이들 양자의 질적 차이를 부정하고 계획재량과 일반 행정재량을 동일하게 취급하는 견해[23]가 대립한다.

법령에 의하여 규정된 요건과 효과를 구체적 사안에 적용하는 일반 행정재량과 도달하고자 하는 목표와 이를 위한 수단 및 절차 등에 대해 다양한 이해관계를 조정해야 하는 계획재량의 질적 차이를 부정하고 양적 차이만을 인정하는 것은 지나친 형식논리로 보여 지며, 실제로 이들에 대한 통제에 있어서도 질적 차이가 존재하는 것을 볼 때 계획재량과 일반 행정재량은 질적 차이를 구분하는 것이 타당하다.

2. 사법적 통제

행정계획의 수립·시행주체에게 광범위한 형성의 자유를 인정한 만큼 이에 대한 사법적 통제도 엄격하게 이루어져야만 국민의 권익구제에 충실할 수 있을 것이다. 사법적 통제를 함에 있어 심사하여야 할 사항으로는 ① 목표가 적법·타당한 것인가, ② 수단이 비례원칙에 적합한 것인가, ③ 계획의 수립·시행절차가 준수되었는가, ④ 관계이익의 형량을 위반하지는 않았는가 등이다. 목표, 수단, 절차 등은 일반적으로 법령에 의해 규정되어 있는 사항으로서 이를 위반하는 일은 매우 드물 것이다. 계획재량 통제의 핵심은 다양한 관계이익들을 제대로 형량하였는지 여부에 대한 판단일 것이다.

3. 형량명령

형량명령(Abwägungsgebot)이란 행정계획을 수립함에 있어 관계이익을 비교·형량해야 한다는 원칙이다. 형량명령의 구체적인 내용은 ① 행정청이 관련된 이익들을 제대로 수집하고 선별하였는지 여부, ② 수집된 이익들이 객관적으로 평가되었는지 여부, ③ 평가된 이익들 상호간에 정당한 청산이 이루어 졌

---

22) 김남철(302면); 박균성(183면).

23) 이러한 견해로는 (1) 행정계획 역시 법규범 하에서 유일한 계획의 내용을 수립하여야 하는 일의적 행정작용이 아니라 계획규범 하에 계획목표를 구체화하고 적절한 계획수단을 선택하는 작용이므로 용어의 조성상 계획재량 역시 행정청의 재량이라는 개념에 포섭되어야 하고, 행정재량의 종류의 하나로 분류되어야 하며, 양자간에는 재량여지의 양적인 차이밖에 존재하지 않는다는 입장(유지태, 77면), (2) 입법자의 수권목적에 따라 재량수권의 형태와 범위가 다르게 나타날 수 있으며, 계획재량규범과 전통적 재량규범 사이의 규범구조상의 차이 역시 수권된 재량의 범위에 불과하므로 양자간에는 양적인 차이만이 인정된다는 입장(한견우, 484면) 등이 있다.

는지 여부를 비교 형량하여 행정계획을 결정하라는 것이다. 따라서 형량명령을 위반하면 위법한 행정계획이 되는데, 형량명령 위반의 구체적 사례로는 ① 관계 이익의 수집에 전혀 나가지 아니한 형량의 불개시, ② 관계 이익을 수집하기는 하였으나 제대로 수집하지 못한 형량의 흠결, ③ 수집된 관계 이익에 대한 객관적 평가에 오류가 있는 형량의 오판, ④ 평가된 관계 이익의 청산에 실패한 형량의 불비례 등이다.[24]

우리나라 판례도 "행정주체는 구체적인 행정계획을 입안·결정함에 있어서 비교적 광범위한 형성의 자유를 가지는 것이지만, 행정주체가 가지는 이와 같은 형성의 자유는 무제한적인 것이 아니라 그 행정계획에 관련되는 자들의 이익을 공익과 사익 사이에서는 물론이고 공익 상호간과 사익 상호간에도 정당하게 비교교량하여야 한다는 제한이 있으므로, 행정주체가 행정계획을 입안·결정함에 있어서 이익형량을 전혀 행하지 아니하거나 이익형량의 고려 대상에 마땅히 포함시켜야 할 사항을 누락한 경우 또는 이익형량을 하였으나 정당성과 객관성이 결여된 경우에는 그 행정계획결정은 형량에 하자가 있어 위법하게 된다"라고 판시[25]하여 형량명령을 인정하고 있다.

제 2 절 공법상 계약(행정계약)

Ⅰ. 의 의

국내 학자들은 독일의 영향을 받아 일반적으로 '공법상 계약'을 '행정주체 상호간에 또는 행정주체와 국민 사이에 공법상의 법적 효과를 발생시킬 목적으로 이루어지는 계약(의사의 합치)'으로 정의하고 있다. 한편, 일부 학자들은 이른바 '행정계약'이라는 별도의 개념을 제시하면서 이에 대한 정의를 ① 공법상의 계약과 사법상의 계약을 포괄하는 상위의 개념으로 보는 견해도[26] 있고, ② 공법상 계약과 동의어로 보는 견해[27]도 있다.

---

24) 강현호, "행정재량과 계획재량", 「성균관법학」 제11호, 1999, 314~316면.
25) 대법원 2007. 4. 12. 선고 2005두1893 판결.
26) 김동희(203면).
27) 박균성(341면).

공법상 계약의 핵심 구성요소는 ① 당사자 중 최소한 일방이 행정주체이 어야 하고, ② 공법적 효과를 발생시켜야 한다는 것이다. 이처럼 공법상의 계 약은 공법상의 법적 효과발생을 목적으로 하는 까닭에 계약의 일방 당사자가 행정주체라고 해서 항상 공법상의 계약이 되는 것은 아니라고 한다. 예컨대 공무원채용계약은 해당 공무원이 공행정을 수행할 것이므로 공법적 효과발생 을 목적으로 하는 공법상 계약이지만 행정보조자채용계약은 행정보조자가 공 행정 운영에 직접 참여하지 않고 보조하는 것에 불과하므로 공법적 효과가 발 생하지 않는 사법상 계약이라는 것이다.[28] 이처럼 우리나라 대부분의 학자들 은 공법상 계약의 징표로서 '공법적 효과발생 목적'을 매우 중요하게 여기고 있다. 하지만 실무에서는 국가나 지방자치단체가 계약의 당사자가 되는 경우 그 계약이 공법적 효과발생을 목적으로 하는지 여부에 관계없이 일반 사법상 계약과는 달리 공법적 원리에 의한 제한이 광범위하게 이루어진다. 현행 「국 가를 당사자로 하는 계약에 관한 법률」이나 「지방자치단체를 당사자로 하는 계약에 관한 법률」은 계약 주체가 국가 또는 지방자치단체인 경우에는 그 계 약이 공법상 효과발생을 목적으로 하는지 여부에 전혀 관계없이 ① 청렴계약 의무, ② 청렴계약 위반에 따른 계약의 해제·해지, ③ 계약 방법의 지정, ④ 계약 이행의 감독, ⑤ 물가변동 등에 따른 계약금액 조정, ⑥ 계약의 일방적 해제·해지, ⑦ 부정당업자의 입찰 참가자격 제한, ⑧ 법위반행위에 대한 과징 금 부과, ⑨ 조세포탈 등을 한 자의 입찰 참가자격 제한 등 공법적 규율과 제 한이 적용된다. 따라서 공법상 계약을 정의함에 있어서 '공법적 효과발생 목 적'이라는 징표는 더 이상 핵심적 요소가 아니라는 것이다.

프랑스 행정계약은 독일과 달리 널리 행정목적달성을 위하여 체결되는 계약을 모두 포괄하고 있다. 이런 점에서 우리나라 공법상 계약은 독일의 공 법상 계약보다는 프랑스의 행정계약에 가깝다. 따라서 우리나라는 공법상 계 약과 행정계약을 달리 구분해야 할 이유가 없으며 동의어로 이해하여도 무방 할 것으로 보인다. 다만 그것이 공법상 계약이든 행정계약이든 더 이상 '공법 적 효과 발생 목적'이라는 요소는 불필요하며, 대신에 '행정목적 달성'이라는 징표가 강조되어야 할 것이다.

결론적으로 공법상 계약 또는 행정계약은 '① 당사자 중 최소 일방이 행

---

28) 박균성(341면).

정기관이면서, ② 행정목적 달성을 위한 계약(의사의 합치)'으로 정의하는 것이 타당하다.

하지만 「행정기본법」 제27조는 "행정목적을 달성하기 위하여 필요한 경우에는 공법상 법률관계에 관한 계약(이하 '공법상 계약'이라 한다)을 체결할 수 있다."고 규정하여, 공법상 법률관계, 즉 공법적 효과발생을 공법상 계약의 구성요소로 인정하고 있다. 법률제정 과정에서 충분한 논의가 이루어지지 못한 점을 매우 안타깝게 생각한다.

Ⅱ. 다른 행위와의 구별

1. 사법상 계약과의 구별

공법상 계약 역시 사법상 계약과 마찬가지로 '계약'의 형식을 취한다. 계약의 형식이란 대등한 법적 지위에 있는 당사자 간의 의사의 합치에 의해 법적 효과가 발생하는 것을 말한다.

하지만 공법상 계약과 사법상 계약은 앞에서 설명한 것처럼 계약의 목적이 다르다. 공법상 계약은 사법상 계약과 달리 '행정목적'을 위해 체결되는 계약이다. 물론 공법상 계약의 징표를 '행정목적' 뿐만 아니라 '공법적 효과발생' 까지도 갖추어야 한다고 보는 입장에서는 공법상 계약은 공법적 효과가 발생하고 사법상 계약은 사법적 효과가 발생한다는 점에서도 양자는 구별된다고 주장할 것이다. 공법적 효과란 공권을, 사법적 효과란 사권을 각각 의미하는 것인데, 공법상 계약에 의해 발생한 법적 효과가 공권이든 사권이든 행정목적을 위한 것이라면 이를 달리 분류해야 할 실익이 전혀 없다. 따라서 공법상 계약의 징표는 행정목적의 달성을 위한 것이면 충분하고 반드시 공법적 효과가 발생하는 것으로 제한할 이유가 전혀 없다.

판례도 "서울특별시립무용단원의 공연 등 활동은 지방문화 및 예술을 진흥시키고자 하는 서울특별시의 공공적 업무수행의 일환으로 이루어진다고 해석될 뿐 아니라, 단원으로 위촉되기 위하여는 일정한 능력요건과 자격요건을 요하고, 계속적인 재위촉이 사실상 보장되며, 공무원연금법에 따른 연금을 지급받고, 단원의 복무규율이 정해져 있으며, 정년제가 인정되고, 일정한 해촉사유가 있는 경우에만 해촉되는 등 서울특별시립무용단원이 가지는 지위가 공무원과 유사한 것이라면, 서울특별시립무용단 단원의 위촉은 공법상의 계약이라고 할 것이다"라고 판시[29]하여 '지방문화 및 예술의 진흥'이라는 행정목적을 위해 체결한 무용단원 계약은 공법상 계약에 해당한다고 보았다.

2. 행정행위와의 구별

다수 학자들이 정의하는 것처럼 '공법적 효과발생 목적'을 공법상 계약의 징표로 한다면 공법상의 계약과 행정행위는 공법상의 법적 효과를 발생시킨다는 점에 있어서는 동일하다. 하지만 공법상 계약의 징표를 '공법적 효과발생 목적'보다는 넓은 개념인 '행정목적 달성'으로 이해하는 필자의 입장에서는 공법상 계약이 행정행위보다 목적의 범위가 넓다는 점에서 양자는 차이가 있다.

공법상 계약의 목적이 공법적 효과발생이든 행정목적 달성이든 공법상 계약과 행정행위의 가장 커다란 구별 징표는 전자는 당사자의 의사합치를 요건으로 함에 반하여 후자는 행정주체의 일방적 명령에 의하여 법적 효과가 발생한다는 점이다.

물론 행정행위 중에는 상대방의 동의를 요하는 행정행위도 있으나, 이때에 상대방의 동의는 공법상 계약에 있어서 상대방의 의사에 비하여 의사력이 매우 약하다. 다시 말해서 상대방의 동의 또는 신청이 없이 이루어진 행정행위는 흠 있는 행정행위이기는 하지만 행정행위 자체가 성립하지 않는 것은 아니다. 반면에 공법상 계약은 상대방의 의사가 없는 경우 계약 자체가 성립하지 않는다. 이처럼 공법상 계약에서 상대방의 의사는 성립요건이며, 동의를 요하는 행정행위에서 상대방의 의사는 효력발생요건이다. 하지만 실제로는 양자를 구별하기 곤란한 경우도 발생한다.

판례는 행정청이 일방적인 의사표시로 자신과 상대방 사이의 법률관계를 종료시킨 경우, 의사표시가 항고소송의 대상이 되는 행정처분인지 또는 공법상 계약관계의 일방 당사자로서 대등한 지위에서 하는 의사표시인지 판단하는 방법에 대하여 "행정청이 자신과 상대방 사이의 법률관계를 일방적인 의사표시로 종료시켰다고 하더라도 곧바로 의사표시가 행정청으로서 공권력을 행사하여 행하는 행정처분이라고 단정할 수는 없고, 관계 법령이 상대방의 법률

---

29) 대법원 1995. 12. 22. 선고 95누4636 판결.

관계에 관하여 구체적으로 어떻게 규정하고 있는지에 따라 의사표시가 항고소송의 대상이 되는 행정처분에 해당하는지 아니면 공법상 계약관계의 일방당사자로서 대등한 지위에서 행하는 의사표시인지를 개별적으로 판단하여야 한다"고 판시[30]하여 의사표시의 구체적 내용과 성질에 따라 공법상 계약과 행정행위를 구별해야 한다는 입장이다.

구체적인 판례의 태도를 살펴보면, 전문직공무원인 공중보건의사의 채용계약과 관련하여 "관계 법령의 규정내용에 미루어 보면 현행 실정법이 전문직공무원인 공중보건의사의 채용계약 해지의 의사표시는 일반공무원에 대한 징계처분과는 달라서 항고소송의 대상이 되는 처분 등의 성격을 가진 것으로 인정되지 아니하고, 일정한 사유가 있을 때에 관할 도지사가 채용계약 관계의 한쪽 당사자로서 대등한 지위에서 행하는 의사표시로 취급하고 있는 것으로 이해되므로, 공중보건의사 채용계약 해지의 의사표시에 대하여는 대등한 당사자간의 소송형식인 공법상의 당사자소송으로 그 의사표시의 무효확인을 청구할 수 있는 것이지, 이를 항고소송의 대상이 되는 행정처분이라는 전제하에서 그 취소를 구하는 항고소송을 제기할 수는 없다"라고 판시[31]하여 이를 공법상 계약으로 보았다.

반면, 익산시장과 관내 11개 택시회사들이 '3년간 순차적으로 택시 총 272대를 자발적으로 감차하고, 만일 택시회사들이 합의한 바대로 자발적인 감차조치를 이행하지 않을 경우 피고가 직권감차명령을 할 수 있다'는 내용의 '합의'를 한 것에 대하여, 원심은 "이 사건 합의는 대등한 당사자 사이에서 체결한 공법상 계약에 해당하고, 여객자동차법에는 이 사건 합의의 불이행과 같은 사유에 대하여 사업계획변경명령을 할 수 있다는 규정이 포함되어 있지 아니하므로, 이 사건 통보는 여객자동차법에 근거한 것이 아니라 공법상 계약에 근거하여 이루어진 것이라는 전제하에, 이 사건 통보에 의해 발생한 변경인가, 운행중단, 자동차 말소등록 의뢰라는 법적 효과는 공법상 계약에 근거하여 한 의사표시의 효과일 뿐 행정청이 우월한 지위에서 행하는 공권력의 행사로 볼 수 없다"[32]고 하여 이를 공법상 계약으로 보았으나, 대법원은 '감차합의'라는

---

30) 대법원 2015. 8. 27. 선고 2015두41449 판결.
31) 대법원 1996. 5. 31. 선고 95누10617 판결.
32) 광주고등법원 2016. 6. 27. 선고 (전주)2016누1047 판결.

형식에 불구하고 "관할 행정청은 면허 발급 이후에도 운송사업자의 동의하에 여객자동차운송사업의 질서 확립을 위하여 운송사업자가 준수할 의무를 정하고 이를 위반할 경우 감차명령을 할 수 있다는 내용의 면허 조건을 붙일 수 있고, 운송사업자가 그러한 조건을 위반하였다면 여객자동차법에 따라 감차명령을 할 수 있으며, 이러한 감차명령은 처분으로서 항고소송의 대상이 된다"고 판시[33]하여 이를 행정행위로 보았다.

Ⅲ. 공법상 계약의 허용 범위

공법상 계약은 그 성질상 계약의 형식, 즉 당사자 간 의사의 합치가 가능하면서 또한 행정목적 달성을 위한 것이라면 허용된다. 그런데 행정행위를 대체하여 공법상 계약을 체결할 수 있는지 문제된다. 행정행위를 하여야 하는데 이에 갈음하여 행정행위를 하는 대신 공법상 계약을 할 수 있는지에 대해서는 견해가 대립한다.

① 긍정설은 법령이 금지하고 있지 않는 한 허용된다는 입장이다. 공법상 계약은 법적 근거를 요하지 않는다는 점을 논거로 들고 있다.

② 부정설은 공권력의 발동을 당사자 간 의사의 합치에 의존하는 것은 법치행정원리의 근간을 해칠 우려가 있으므로 법령이 행정행위와 공법상 계약을 선택적으로 허용한 경우가 아닌 한 허용될 수 없다는 입장이다.

③ 제한적 긍정설은 법상 금지되지 않으면 허용되지만 경찰행정, 조세행정 등과 같이 그 성질상 계약에 친하지 않고, 일방적으로 규율되어야 하는 행정분야는 법적 근거가 없는 한 허용될 수 없다는 입장이다.

오늘날 행정의 패러다임이 국민참여 및 자율규제의 확대로 변화하고 있는 점에서는 긍정설이 타당할 수 있다. 하지만 행정의 속성상 공권력을 일방적 처분의 형식이 아닌 당사자 의사합치의 형식으로 발동하는 것이 사실상 불가능할 것으로 보인다. 따라서 법치주의, 특히 법률적합성의 근간을 유지하기 위해서는 행정행위에 갈음하여 공법상 계약을 허용하는 것은 무리가 있다고 보여진다. 부정설을 지지한다.

---

33) 대법원 2016. 11. 24. 선고 2016두45028 판결.

Ⅳ. 특수성

1. 법률적합성

공법상 계약도 행정의 행위형식 중 하나이며 행정목적 달성을 위한 것이므로 그 내용이 법령을 위반하여서는 안 된다. 법령이 허용하는 범위를 넘어서거나 법령의 취지를 몰각시키는 내용은 비록 당사자 간 의사가 합치되었다 하더라도 인정될 수 없다.

2. 형식과 절차

공법상 계약의 형식은 법령에 특별한 규정이 없는 한 자유롭게 체결할 수 있다. 다만 「국가를 당사자로 하는 계약에 관한 법률」이나 「지방자치단체를 당사자로 하는 계약에 관한 법률」에서 정하고 있는 형식과 절차를 가능한 준용하여야 할 것이다.

절차적 특수성으로 공법상 계약은 감독청이나 관계행정청의 인가나 확인을 받는 경우가 있다.

3. 당사자의 특권

(1) 행정기관의 특권

행정기관은 계약의 상대방이나 내용을 일방적으로 특정하는 이른바 계약 체결상의 특권과, 계약의 이행과 관련하여 상대방의 성실한 이행을 담보하기 위한 지휘 및 감독권, 계약내용의 일방적 변경권, 계약의 일방적 해지권 등 이행상의 특권을 가진다.[34]

(2) 계약 상대방의 특권

계약 상대방은 계약의 이행에 필요한 범위 내에서 타인토지출입권, 공용수용권 등 제한된 공권력 행사의 특권을 가지며, 행정주체의 일방적 계약 변경 내지는 해지로 인하여 발생한 손실에 대해서는 전액 보상을 받을 수 있는 특권을 가진다.

---

34) 이광윤(144면).

4. 구 제

공법상 계약에 관한 소송은 공법상 당사자소송의 대상이 된다. 계약의 무효확인, 의무확인, 의무이행 등에 대해 공법상 당사자소송을 제기하여야 한다.

다만 ① 공법상 계약을 일방적으로 해지하는 통보, ② 공법상 계약 상대방의 결정 또는 지정, ③ 부정당업자의 입찰 참가자격 제한 등은 항고소송의 대상이 된다.

제 3 절   행정법상의 확약

Ⅰ. 의 의

행정법상의 확약이란 행정주체가 행정객체에 대하여 일정한 행정작용을 하거나 하지 않을 것을 내용으로 하는 구속력 있는 약속을 말한다. 실무에서 사용되는 용어로는 내인가, 내허가 등이 이에 해당한다. 독일연방행정절차법에서는 이처럼 장래 행정작용을 행사 또는 불행사하겠다는 구속력 있는 약속을 확언(Zusage)이라 하고, 행정작용 중에서 특히 행정행위(처분)를 행사 또는 불행사하겠다는 구속력 있는 약속을 확약(Zusicherung)이라 한다.[35] 결국 우리 행정법상 확약은 독일연방행정절차법에서 정의하고 있는 확약보다는 넓은 개념으로서 이른바 확언에 해당한다. 따라서 확약의 대상은 행정행위(행정처분)에 한정되지 않고 사실행위 등 모든 행정작용에 대해서도 확약이 가능하다.

Ⅱ. 성 질

행정법상 확약도 행정소송의 대상이 될 수 있는지를 판단하기 위해서는 확약의 법적 성질에 대한 규명이 필요하다. 이는 곧 행정법상의 확약을 행정행위로 볼 수 있는지에 대한 의문으로 귀결된다.

이에 대해 ① 행정법상의 확약 역시 행정행위의 근본요소인 규율성을 가

---

35) 독일 연방행정절차법 제38조.

지므로 행정행위로 보아야 한다는 긍정설과, ② 행정법상의 확약에도 규율성이 존재하기는 하나 종국적 규율성이 없으므로 행정행위라 할 수 없다는 부정설이 대립한다.

판례는 "어업권면허에 선행하는 우선순위결정은 행정청이 우선권자로 결정된 자의 신청이 있으면 어업권면허처분을 하겠다는 것을 약속하는 행위로서 강학상 확약에 불과하고 행정처분은 아니므로, 우선순위결정에 공정력이나 불가쟁력과 같은 효력은 인정되지 아니한다"라고 판시[36]하여 부정설의 입장을 취하고 있다.

독일연방행정절차법 제38조는 "행정법상의 확약에 대하여 그 종국적 규율성이 없으므로, ① 확약의 대상이 된 사정이 변경되어 행정청이 변경된 사정이라면 확약을 하지 아니하였을 경우, ② 성질상 확약을 할 수 없는 경우에는 행정청은 더 이상 확약에 구속되지 않는다"라고 규정하여 행정행위성을 명백히 부정하고 있다.

Ⅲ. 근 거

우리나라는 독일과는 달리 행정법상의 확약에 대한 일반적 규정을 두고 있지 않으므로 별도의 법적 근거가 없어도 확약이 허용되는지에 대해 다툼이 있을 수 있다. 하지만 그 허용성을 부정하는 견해는 없다. 다만 행정법상 확약이 허용된다면 그 근거가 무엇인지에 대해서는 견해가 대립한다.

우선 신뢰보호설은 행정법상의 확약은 법령에 명문의 근거가 없어도 신뢰보호의 원칙에 의해 인정된다는 견해이고, 본처분권포함설은 본처분의 근거규정에 이미 확약을 할 수 있는 권한도 포함되어 있다는 입장이다.

처분을 할 수 있는 권한이 있다면 특별히 법령이 제한하지 않는 한 그 처분에 앞서 이를 확약할 수 있는 권한도 있다고 보아야 할 것이다. 본처분권포함설이 타당하다.

---

36) 대법원 1995. 1. 20. 선고 94누6529 판결.

Ⅳ. 확약의 한계

확약의 대상과 관련하여 재량행위뿐만 아니라 기속행위도 확약이 가능한
지에 대해 ① 재량행위는 재량권행사의 범위와 방향이 불분명하기 때문에 이
에 대한 확약에 유용성이 있으나 기속행위는 확약이 사전결정의 의미 이외에
는 별다른 유용성이 없으므로 확약을 할 수 없다는 부정설과, ② 비록 기속행
위라 할지라도 확약을 함으로써 상대방이 처분에 대한 예지이익이나 대처이
익을 갖는다면 기속행위라고 해서 확약을 제한할 이유가 없다는 긍정설이 대
립한다. 기속행위라도 법적 불안정을 제거할 필요가 있는 경우에는 확약을 허
용하여도 무방할 것이다. 긍정설이 타당하다.

처분의 요건이 모두 갖추어진 때에도 확약이 가능한 것인지에 대해 ① 요
건이 완성되면 본처분을 하는 것이 타당하며 요건이 완성되었음에도 불구하
고 본처분을 하는 대신 확약을 하는 것은 법률관계의 조속한 확정을 꾀하는
행정법의 원리에도 맞지 않다는 부정설과, ② 비록 요건이 완성되었다 할지라
도 재량행위의 경우에는 재량권행사의 범위와 방향에 대해, 기속행위의 경우
에는 처분의 시기에 대해 확약하는 것을 제한할 이유가 없다는 긍정설이 대립
한다. 요건이 완성된 이상 지체 없이 본처분을 하는 것이 국민의 권익을 위해
서도 타당하다. 부정설을 지지한다.

제 4 절   단계적 행정결정

Ⅰ. 의   의

행정청의 결정이 단계적으로 이루어지는 것을 단계적 행정결정이라 한다.
행정결정이 미치는 파급력이 너무나 큰 경우에 행정청이 단번에 일회적 결정
을 하는 것은 부담일 수 있다. 이처럼 행정결정의 사회적 파급력이 크거나 막
대한 예산이 소요되거나 다양한 이해관계를 조정해야 하는 경우에 단번에 일
회적으로 종국적 결정을 하지 않고 각각의 쟁점에 대해 차근차근 단계적으로

신중하게 결정하는 행정의 행위형식을 이른바 단계적 행정결정이라 한다. 따라서 단계적 행정결정이란 행정기관의 최종결정이 내려지기까지 여러 단계의 과정을 각각 독립하여 하나의 행정행위로 행하는 것을 말한다.[37]

　예컨대 상당한 시간과 막대한 자금이 소요되는 인허가 사업에 있어 규제권한을 가진 행정청이 법정요건의 구비요건을 종국적으로만 판단하여 결정하게 되면 민원인뿐만 아니라 국가적으로도 커다란 손실을 야기시킬 우려가 있으므로, 이러한 경제적 모순을 회피하고 민원인의 각종 설비투자에 대한 예측성을 담보하기 위하여, 법령은 예비결정 또는 부분허가 등을 도입하여 민원인이 일정한 계획서를 제출하면 행정청이 당해 사업의 적부여부를 판단하여 민원인에게 종국적인 인허가를 받을 수 있도록 유도하는 이른바 단계적 행정결정제도를 도입하고 있는 것이다.[38] 단계적 행정결정으로는 가행정행위, 예비결정(사전결정), 부분허가 등이 있다.

Ⅱ. 가행정행위

1. 의 의

　가행정행위란 사실관계와 법률관계의 계속적이고 최종적인 심사를 유보한 상태에서 당해 행정행위의 효력을 잠정적으로 확정하는 행정의 행위형식을 말한다. 따라서 가행정행위의 효력은 본행정행위에 의하여 대체될 때까지만 그 효력이 인정된다.[39] 이는 원래 급부행정의 분야에서 급부 수령자의 이익을 위하여 가급적 빨리 행정이 이루어지도록 법률관계를 잠정적으로 확정하기 위한 필요성 때문에 등장한 이론이다.[40]

　가행정행위의 예로 가급부결정, 납세자의 과세표준 신고에 의한 잠정적 세액결정 등을 많이 들고 있다.[41] 그런데 신고과세제도에서는 납세자의 과세표준 신고에 의해 세액이 종국적으로 결정되는 것이지 행정청의 처분이 별도로 존재하지 않는다. 따라서 납세자의 과세표준 신고에 의해 세액이 결정되는

---

37) 한견우(543면).
38) 정준현, "다단계행정행위에 관한 소고", 「선문대학교 인문사회논문집」, 2001.
39) 박균성(330면).
40) 한견우(540면).
41) 김남진(246면).

것을 과세관청의 종국적 처분이 있기 전까지만 유효한 가행정행위로 보는 것
은 타당하지 않다. 만약 납세자가 과세표준을 허위로 신고하여 과세관청이 세
액을 변경하는 결정을 하는 것은 전혀 새로운 처분으로서 이른바 경정결정이
라 한다. 따라서 납세사의 과세표준 신고에 의한 세액결정을 가행정행위로,
경정결정을 종국결정으로 보는 것은 세법의 기본원리를 이해하지 못한 오류
이다. 이를 가행정행위의 예로서 설명하는 것은 타당하지 않다. 반면에 관세
법상 잠정가격에 의한 세액결정은 가행정행위라고 할 수 있다. 납세의무자는
통관물품의 가격신고를 해야만 관세를 납부하고 통관을 할 수 있는데 만약 통
관물품의 가격을 정확히 확정하기 어려운 경우 통관이 지연될 수 있다. 이러
한 피해를 막기 위해 일단 잠정가격으로 신고하고 관세의 세액을 확정하여 통
관을 하고, 추후 정확한 가격이 확정되면 종국적 관세를 부과하는 것을 말한
다. 이 경우 잠정가격에 의한 관세부과처분은 가행정행위라 할 것이다.[42]

　　판례는 "공정거래법에서 정한 자진신고자나 조사협조자에 대하여 과징금
부과처분(선행처분)을 한 뒤, 공정거래법에 따라 그 자진신고자 등에 대한 사건
을 분리하여 자진신고 등을 이유로 다시 과징금 감면처분(후행처분)을 하였다
면, 그 후행처분은 자진신고 감면까지 포함하여 자진신고자가 실제로 납부하
여야 할 최종적인 과징금액을 결정한 종국적 처분이고, 선행처분은 이러한 종
국적 처분을 예정한 일종의 잠정적 처분으로서 후행처분에 흡수되어 소멸한
다"라고 판시[43]하여 공정거래법상의 과징금 부과처분을 한 후 자진신고 등에
의해 감면처분을 한 경우 당초 과징금 부과처분을 가행정행위로 보고 있다.

2. 성 질

　　가행정행위의 성질에 관하여는 ① 잠정적이기는 하나 직접 법적 효과를
발생시키므로 행정행위로 보아야 한다는 견해[44]와 ② 전형적 행정행위와는
다른 전혀 새로운 행위형식으로 보아야 한다는 견해가 대립한다.
　　가행정행위의 성질에 관한 논의의 실익은 가행정행위의 처분성 인정 여

---

42) 관세법 제28조(잠정가격의 신고 등) ① 납세의무자는 가격신고를 할 때 신고하여야 할 가격
　　이 확정되지 아니한 경우로서 대통령령으로 정하는 경우에는 잠정가격으로 가격신고를 할 수
　　있다. 이 경우 신고의 방법과 그 밖에 필요한 사항은 대통령령으로 정한다.
43) 대법원 2015. 2. 12. 선고 2013두6169 판결.
44) 박균성(330면).

부, 즉 가행정행위에 대해서도 행정쟁송을 제기할 수 있는 것인지에 있다. 가행정행위를 행정행위의 일종으로 본다면 당연히 처분성이 인정되어 행정쟁송을 제기할 수 있을 것이다. 반면에 가행정행위를 행정행위와 다른 새로운 행위형식으로 본다면 가행정행위 자체로는 처분성을 인정하기 어렵고 본처분을 기다렸다가 본처분에 대한 행정소송을 제기하여야 한다.

가행정행위는 행정행위와 달리 종국적 규율성이 없는 잠정적 효력만이 인정된다는 점, 가행정행위는 행정청이 본처분을 하면서 이를 얼마든지 변경할 수 있음을 전제하는 것이므로 불가변력이 발생하지 않는다는 점 등 행정행위와 구별되는 특질들이 있으므로 이를 행정행위의 일종으로 보는 것은 무리가 있고 행정행위와는 다른 독자적 행정의 행위형식으로 보는 것이 타당하다.

또한 가행정행위에 대해 행정쟁송을 제기한 후 본처분이 있으면 소익이 부정되기 때문에 현실적으로 가행정행위에 대해 행정쟁송을 제기하는 것이 쉽지 않을 것이다. 이 경우 가행정행위에 대한 소송을 본처분에 대한 소송으로 소변경을 하면 된다는 주장[45]도 있으나 제소기간에 대한 압박도 없는 상태에서 소변경을 감수하면서까지 가행정행위에 대한 쟁송을 제기해야 할 이유가 없을 것으로 보인다.

다만 본처분이 발급될 것이 분명하고 그러한 본처분의 발급을 원하지 않을 경우 앞으로 발급될 본처분에 대하여 예방적 금지소송 등을 제기하는 것은 가능할 것이다. 그러나 판례와 다수설은 이러한 무명항고소송을 인정하지 않고 있는 까닭에 이러한 소송 역시 제기될 가능성이 희박하다.

판례 역시 앞에서 언급한 공정거래법상 과징금 부과처분 사건에서 "선행처분은 이러한 종국적 처분을 예정한 일종의 잠정적 처분으로서 후행처분에 흡수되어 소멸한다. 따라서 위와 같은 경우에 선행처분의 취소를 구하는 소는 이미 효력을 잃은 처분의 취소를 구하는 것으로서 부적법하다"라고 판시[46]하여 가행정행위의 처분성을 부인하였다.

---

45) 박균성(331면).
46) 대법원 2015. 2. 12. 선고 2013두6169 판결.

Ⅲ. 예비결정(사전결정)

1. 의 의

예비결정 또는 사전결정이란 행정결정의 사전적 단계에서 당해 행정결정의 전제가 되는 형식적 요건 또는 실질적 요건 등의 심사에 대한 종국적 결정을 말한다. 예비결정의 예로는 ① 단독주택 30호, 공동주택 30세대 이상의 주택건설사업을 시행하려는 자에게 건축허가를 하기 전에 특별시장·광역시장·도지사·시장·군수 등 사업계획승인권자가 사업계획승인을 하는 경우,[47] ② 시장·군수는 21층 이상의 건축물, 자연환경·주거환경·교육환경 등 주변 환경을 보호하기 위하여 필요하다고 인정하여 도지사가 지정·공고한 구역에 건축하는 위락시설 및 숙박시설에 해당하는 건축물의 건축을 허가하기에 앞서 건축계획서와 건축물의 용도, 규모 및 형태가 표시된 기본설계도서를 첨부하여 도지사의 승인을 받아야 하는데 이때에 도지사가 행하는 승인,[48] ③ 원자력안전위원회가 발전용원자로 및 관계시설을 건설하려는 자에게 건설허가신청 전에 부지에 관한 사전 승인을 하는 경우[49] 등이다.

2. 성 질

(1) 행정행위성

예비결정 역시 하나의 독립된 종국적 결정이라는 점에서는 전통적 행정행위와 다르지 않고 당연히 처분성이 인정된다.

법원 역시 ① 폐기물관리법 관계 법령의 규정에 의하면 폐기물처리업의 허가를 받기 위하여는 먼저 사업계획서를 제출하여 허가권자로부터 사업계획에 대한 적정통보를 받아야 하고, 그 적정통보를 받은 자만이 일정기간 내에 시설, 장비, 기술능력, 자본금을 갖추어 허가신청을 할 수 있으므로, 결국 부적정통보는 허가신청 자체를 제한하는 등 개인의 권리 내지 법률상의 이익을 개별적이고 구체적으로 규제하고 있어 행정처분에 해당한다고 본 판례,[50] ② 대

---

47) 주택법 제15조.
48) 건축법 제11조.
49) 원자력안전법 제10조 제3항.
50) 대법원 1998. 4. 28. 선고 97누21086 판결.

한민국 정부와 중국 정부 사이에 체결된 민간항공운수에 관한 잠정협정을 근거로 대한민국 정부가 당해 노선에 취항할 국적항공사를 지정하여 상대방 국가에게 통보하면 지정된 항공사는 상대방 국가로부터 일정한 조건하에 운항허가를 받을 수 있으므로 해당 노선에 대한 운수권배분처분은 원고의 권리의무에 직접 영향을 미치는 행위로서 항고소송의 대상이 되는 행정처분에 해당한다고 본 판례51) 등을 통하여 예비결정의 처분성을 인정하고 있다.

(2) 후행결정에 대한 구속력

예비결정은 그 결정과정이 단계적으로 이루어진다는 점 외에는 전통적 행정행위와 다르지 않으므로 그 자체만으로 종국적 규율성을 갖는다. 따라서 후행결정에 대한 구속력이 당연히 발생한다. 예비결정은 후행결정을 구속하지 못하고 다만 신뢰이익만이 인정될 뿐이라는 반대 견해도 있다. 이 견해에 따르면 신뢰이익을 배척할 만한 사정이 발생하면 후행결정을 함에 있어서 예비결정에 구속됨이 없이 자유로운 재량적 판단을 할 수 있을 것이다.

판례는 "원고가 피고로부터 이 사건 주택사업계획에 대하여 사전결정을 받았고, 이에 따라 원고가 이 사건 주택사업의 준비를 하여 온 사실이 인정되나, 이 사건 원고의 주택사업계획을 승인할 경우 공익을 현저히 침해하는 우려가 있으므로, 신뢰보호의 원칙은 적용될 수 없다고 할 것이다"라고 판시52) 하고 있어 마치 구속력 부정설의 입장을 취하고 있는 것처럼 보인다.

하지만 구속력 긍정설과 부정설은 궁극적으로 차이가 없으며 양자는 동일한 결론에 도달한다. 왜냐하면 구속력을 부정하는 견해 역시 예비결정의 구속력이 부정되는 경우는 사정이 변경되어 예비결정을 무력화하는 것이 공익을 더 크게 보호하는 때로 한정하고 있기 때문이다. 이는 구속력을 긍정하여도 같은 결론에 도달한다. 이는 일반 행정행위에서도 동일하게 적용된다. 예비결정의 효력이 부정될 수 있는 예외적 가능성을 논거로 예비결정의 구속력을 부정하는 것은 전혀 논리적이지 못하다. 예비결정은 그 성질상 행정행위와 크게 다르지 않으므로 원칙적으로 후행결정을 구속하는 구속력이 있는 것으로 보는 것이 타당하다.

---

51) 대법원 2004. 11. 26. 선고 2003두10251 판결.
52) 대법원 1999. 5. 25. 선고 99두1052 판결.

Ⅳ. 부분허가

1. 의 의

부분허가란 상당한 시간과 막대한 자금이 소요되며, 공익에 중대한 영향을 미치는 시설물의 건설 등에 있어서, 단계적으로 시설물의 건설이나 운용에 대하여 허가를 발하는 것을 말한다. 예컨대 막대한 예산과 위험성이 있는 발전용 원자로를 건설하여 운용하려는 자는 발전용원자로 건설허가,[53] 운영허가,[54] 핵연료물질의 사용 허가,[55] 방사성동위원소·방사선발생장치 사용 허가[56] 등 단계적 허가를 받아야 하는바, 이들 하나하나에 대한 개별적 결정을 부분허가라 한다.

단계적으로 결정이 이루어진다는 점에서는 예비결정과 다르지 않으나, 예비결정은 최종결정의 전제가 되는 요건에 대한 심사결정임에 반하여, 부분허가는 각각의 부분에 대한 별개의 종국적 결정이라는 점에서 양자는 구별된다.

2. 성 질

부분허가 역시 그 결정과정이 부분적·단계적으로 이루어진다는 점 외에는 전통적 행정행위와 다르지 않다. 다시 말해서 이들 결정은 그 하나하나가 종국적 규율성을 갖는 행정행위인 것이다.

제 5 절 행정지도

Ⅰ. 의 의

행정지도란 행정목적을 실현하기 위하여 행정청이 권고, 조언, 요망, 지

---

53) 원자력안전법 제10조.
54) 원자력안전법 제20조.
55) 원자력안전법 제45조.
56) 원자력안전법 제53조.

도, 경고 등의 방법으로 행정의 상대방인 국민을 일정방향으로 유도하거나 협력을 이끌어 내는 비권력적 사실행위를 말한다.

행정절차법은 행정지도를 "행정기관이 그 소관 사무의 범위에서 일정한 행정목적을 실현하기 위하여 특정인에게 일정한 행위를 하거나 하지 아니하도록 지도, 권고, 조언 등을 하는 행정작용"으로 정의하고 있다.[57]

행정지도는 사실행위라는 점에서 법적 효과 발생을 수반하는 법률행위와 구별되며, 비권력적 행위라는 점에서 행정행위나 행정강제와 구별되는 개념이다. 하지만 행정지도에 응하지 않을 경우 세무조사, 소방안전점검 등 각종 행정조사나 점검에 시달리거나 보조금 등의 지급이 중단되는 등 불이익 조치가 뒤따를 수 있다는 심리적 부담이 있기 때문에 행정지도를 완전히 비권력적 행위라고 보기는 어렵다. 사실상의 강제력이 분명 존재한다. 이러한 사실상의 강제력을 어느 정도 인정할 것인지에 대한 시각적 차이는 결국 행정지도를 행정쟁송의 대상인 처분으로 볼 것인지에 대한 견해의 대립으로 이어진다.

Ⅱ. 효용성 및 문제점

행정지도는 ① 급속하게 변하는 행정현상에 신축적이고 탄력적으로 대응할 수 있고, ② 상대방의 임의적 동의를 전제로 하는 까닭에 마찰이나 저항을 방지할 수 있으며, ③ 고도화된 과학기술사회에서 국민들에게 신속하고 적절한 지식과 정보를 제공할 수 있다는 장점이 있다.

그러나 행정지도는 ① 반드시 법적 근거를 요하지 않으므로 책임소재가 불명확할 우려가 있고, ② 심리적 압박으로 인해 사실상의 강제가 될 수 있으며, ③ 처분성과 배상책임 등을 인정하기가 곤란하여 행정쟁송 또는 국가배상을 통한 구제를 받기가 어려울 수 있으며, ④ 당연히 허가해 주어야 할 건축허가도 주민의 동의를 얻도록 행정지도함으로써 오히려 공익과 법치주의를 후퇴시킬 우려가 있는 문제점이 있다.

---

57) 행정절차법 제2조 제3호.

Ⅲ. 종 류

1. 조성적 행정지도

영농지도, 경영지도, 생활개선지도 등과 같이 국민들에게 생활이나 기업 경영 등에 필요한 정보, 지식, 기술 등을 제공하는 행정지도를 말한다. 오늘날 에는 단순히 정보 등을 제공하는 정도를 넘어서서 다문화가정이나 사회취약 계층에 대한 방문, 상담, 교육 등 사회복지사업, 청년이나 소상공인의 창업지 원, 중소기업의 수출지원 등 양극화 해소 및 상생발전의 수단으로 적극 활용 되고 있다.

2. 조정적 행정지도

기업구조조정, 계열화권고, 중복투자조정, 노사분쟁 알선·조정 등과 같이 공익목적을 실현하기 위해 사인 간의 이해 대립을 조정하는 행정지도를 말한다.

조정적 행정지도는 이에 응하지 않을 경우 후속적 불이익 조치가 수반되 는 경우가 대부분이기 때문에 사실상의 강제력이 존재한다. 예를 들어 기업구 조조정에 불응할 경우 추가적 금융대출이 중단되고 기존대출금의 조기상환 압박이 들어오는 등 사실상의 강제조치가 수반되므로 기업입장에서는 구조조 정을 하지 않을 수 없다.

3. 규제적 행정지도

가격인하권고, 불법건축물 철거·개수권고 등과 같이 형식적으로는 상대 방의 동의나 협력을 구하는 것처럼 보이지만 사실상은 상대방의 행위를 규제 하거나 부담을 지우는 행정지도를 말한다.

Ⅳ. 법적 근거

1. 법적 근거 불요설

행정지도는 그 성질상 상대방의 동의나 협력을 전제로 하는 것이며, 행정 지도를 했다고 해서 어떠한 법적 효과가 직접 발생하는 것은 아니므로 별도의 법적 근거를 필요로 하지 않는다는 견해이다. 판례의 태도이기도 하다.

2. 제한적 필요설

행정지도 중에서 ① 시정명령을 대신하여 시정권고를 하는 것과 같이 행정행위를 대체하여 행하는 행정지도, ② 조정적, 규제적 행정지도처럼 사실상의 강제력이 큰 행정지도 등은 법적 근거가 필요하다는 견해이다.

판례는 행정지도의 처분성을 부정하고 있어 행정쟁송을 통한 구제가 사실상 불가능하다. 이러한 상황에서 무분별한 행정지도의 남발은 국민의 동의와 협력을 통한 민주적 행정을 구현한다는 명분에도 불구하고 오히려 국민의 권익을 침해하는 결과를 초래할 수 있다. 따라서 행정행위를 대체하는 행정지도와 사실상의 강제력이 큰 행정지도는 별도의 법적 근거가 필요하다는 이 견해를 지지한다.

물론 법령에 의한 처분권한이 있는 경우에는 그 권한의 범위 내에서 행정행위를 대체하는 행정지도는 별도의 법적 근거를 요하지 않는다. 예를 들어 법령에 의해 시정명령권, 요금인가권이 주어진 경우 이를 대체하는 시정권고, 요금조정권고 등은 별도의 법적 근거가 필요 없다.

V. 한   계

1. 실체법상의 한계

행정절차법은 "① 행정지도는 그 목적 달성에 필요한 최소한도에 그쳐야 하며, 행정지도의 상대방의 의사에 반하여 부당하게 강요하여서는 아니 되고, ② 행정기관은 행정지도의 상대방이 행정지도에 따르지 아니하였다는 것을 이유로 불이익한 조치를 하여서는 아니 된다"고 규정하고 있다.[58]

행정지도 중에는 이에 불응할 경우 후속적 불이익 조치가 취해지는 경우가 사실상 존재하는 상황에서 이러한 행정절차법 제48조에 따른 실체법상의 한계가 지켜질 수 있을지 의문이다. 왜냐하면 행정절차법 제48조 제2항의 규정 취지는 '불이익한 조치' 자체를 위법으로 보는 것이 아니라 '행정지도에 따르지 아니하였다는 것을 이유로 불이익 조치를 취하는 것'이 위법하다는 것이

---

58) 행정절차법 제48조.

다. 행정지도 불응과 불이익 조치 사이의 관련성을 입증하기도 어려울 뿐만 아니라 행정쟁송을 통하여 위법한 행정지도 자체를 다투는 것이 허용되지 않는 상황에서 이러한 규정이 어떠한 실효성을 가질지 매우 회의적이다.

행정지도에 응하지 않은 것과 불이익 조치 사이에 인과관계가 없음을 행정청이 입증하도록 하는 입증책임의 전환이나, 행정지도의 불응이 있었고 뒤이어 불이익 조치가 있었다면 인과관계를 일응 추정하는 등의 제도적 보완이 필요하다.

2. 절차법상의 한계

(1) 행정지도의 방식

행정지도를 하는 자는 그 상대방에게 그 행정지도의 취지 및 내용과 신분을 밝혀야 한다.[59]

행정지도가 말로 이루어지는 경우에 상대방이 서면의 교부를 요구하면 그 행정지도를 하는 자는 직무 수행에 특별한 지장이 없으면 이를 교부하여야 한다.[60]

(2) 의견제출

행정지도의 상대방은 해당 행정지도의 방식·내용 등에 관하여 행정기관에 의견제출을 할 수 있다.[61]

(3) 다수인을 대상으로 하는 행정지도

행정기관이 같은 행정목적을 실현하기 위하여 많은 상대방에게 행정지도를 하려는 경우에는 특별한 사정이 없으면 행정지도에 공통적인 내용이 되는 사항을 공표하여야 한다.[62]

---

59) 행정절차법 제49조 제1항.
60) 행정절차법 제49조 제2항.
61) 행정절차법 제50조.
62) 행정절차법 제51조.

VI. 행정구제

1. 행정쟁송

(1) 부정설

행정지도는 법적 효과를 발생시키지 않는 사실행위일 뿐만 아니라 상대방의 임의적 동의나 협력을 구하는 비권력적 행위이므로 처분성을 인정할 수 없어 행정쟁송을 통한 구제가 불가능하다는 입장이다.

판례는 "항고소송의 대상이 되는 행정처분은 행정청의 공법상의 행위로서 상대방 또는 기타 관계자들의 법률상 지위에 직접적으로 법률적인 변동을 일으키는 행위를 말하는 것이므로 세무당국이 소외 회사에 대하여 원고와의 주류거래를 일정기간 중지하여 줄 것을 요청한 행위는 권고 내지 협조를 요청하는 권고적 성격의 행위로서 소외 회사나 원고의 법률상의 지위에 직접적인 법률상의 변동을 가져오는 행정처분이라고 볼 수 없는 것이므로 항고소송의 대상이 될 수 없다"라고 판시[63]하여 부정설을 취하고 있다.

(2) 제한적 긍정설

사실상의 강제력이 큰 조정적, 규제적 행정지도는 실질적으로 권력적 행위와 다르지 않으므로 처분성을 인정해야 한다는 견해이다. 행정심판법과 행정소송법은 모두 행정쟁송의 대상인 '처분'을 정의함에 있어 '그 밖에 이에 준하는 행정작용'도 포함하고 있으므로 권력적 행정지도의 처분성을 부정할 이유가 없다는 것이다. 타당한 견해이다.

헌법재판소는 "교육인적자원부장관의 대학총장들에 대한 이 사건 학칙시정요구는 행정지도의 일종이지만, 그에 따르지 않을 경우 일정한 불이익조치를 예정하고 있어 사실상 상대방에게 그에 따를 의무를 부과하는 것과 다를 바 없으므로 단순한 행정지도로서의 한계를 넘어 규제적·구속적 성격을 상당히 강하게 갖는 것으로서 헌법소원의 대상이 되는 공권력의 행사라고 볼 수 있다"라고 결정[64]하여 행정지도가 헌법소원의 대상이 된다고 보았다. 이처럼 행정행위가 헌법소원의 대상이 되는 공권력의 행사라고 한다면 이에 비

---

63) 대법원 1980. 10. 27. 선고 80누395 판결.
64) 헌재 2003. 6. 26. 2002헌마337, 2003헌마7·8(병합) 결정.

추어 볼 때 행정쟁송에서 행정지도의 처분성을 부정하는 이유를 전혀 이해할 수 없다.

2. 국가배상

위법한 행정지도로 인하여 손해가 발생하였고, 국가배상책임의 성립요건이 충족된 때에는 국가배상청구가 가능하다. 다만 현실적으로 국가배상책임이 성립되기 위해서는 행정지도의 위법성과 과실이 인정되어야 하고, 행정지도와 손해발생 사이의 인과관계가 입증되어야 한다.

실체법 및 절차법상의 한계를 벗어난 행정지도는 위법하다고 볼 수 있다. 이 경우 과실은 인정될 것으로 보인다. 판례도 "행정지도가 강제성을 띠지 않은 비권력적 작용으로서 행정지도의 한계를 일탈하지 아니하였다면, 그로 인하여 상대방에게 어떤 손해가 발생하였다 하더라도 행정기관은 그에 대한 손해배상책임이 없다"라고 판시65)하여, 행정지도가 그 한계를 벗어난 경우에는 배상책임이 인정될 수 있음을 간접적으로 인정하고 있다.

문제는 행정지도의 위법성과 과실이 인정되더라도 임의적 동의 또는 협력에 의해 발생한 손해에 대해 행정지도와의 인과관계를 입증하는 것이 쉬운 일이 아니다. 하지만 정보의 부재, 심리적 압박 등에 의한 동의와 협력은 인과관계를 단절할 정도로 완전히 자유로운 동의나 협력으로 볼 수 없으므로 인과관계를 인정하는 것이 타당하다.

제 6 절   비공식적 행정작용

Ⅰ. 의   의

비공식적 행정작용은 법적 형식을 제외한 일체의 행정작용을 말한다. 행정작용의 근거, 요건, 효과 등이 법에 의해 정해져 있는 공식적 행정작용에 대비되는 개념이다.

법적 형식을 제외한 나머지 행정작용을 비공식적 행정작용이라고 포괄적

---

65) 대법원 2008. 9. 25. 선고 2006다18228 판결.

정의를 해버리면 비공식적 행정작용과 사실행위는 개념상 구분이 곤란할 정도로 유사하다. 또한 개념적 범위가 너무 넓고 그 유형이 매우 다양하기 때문에 비공식적 행정작용이라는 행위형식을 별도로 개념화하여 공통의 법리를 규명하는 것이 어떤 의미가 있을지 의문이다. 비공식적 행정작용을 좀 더 유형화하여 개념적 범위를 보다 축소할 필요가 있다.

비공식적 행정작용은 경고, 권고, 정보제공 등과 같이 행정기관이 일방적으로 행하는 경우도 있고, 사전협의, 협상, 협약 등과 같이 행정기관과 상대방이 상호 협력하여 행하는 경우도 있다. 전자는 행정지도와 다를 바도 없고 이를 특별히 비공식적 행정작용으로 개념화하여 고찰할 필요도 없다. 우리가 관심을 가지는 것은 후자의 경우다. 예를 들어 인허가권을 가진 행정기관과 신청자가 사전에 인허가의 전망, 요건, 장애요소 등에 대해 논의를 하거나, 행정청의 처분에 앞서 신청인에게 처분안 또는 부관안을 제시하여 처분으로 인한 분쟁거리를 미리 제거하는 등의 행정작용은 행정지도와는 다르고 별도의 개념적 정의가 필요할 수도 있다.

Ⅱ. 유용성과 문제점

비공식적 행정작용은 현대복리국가에서의 행정수요의 증대와 법률의 홍수현상에 따른 행정의 정체현상에 대처하기 위해 등장한 것으로서, ① 법령의 해석·적용상의 법적 불확실성을 제거하고, ② 당사자 간 사전논의나 상호협력을 통해 법적 분쟁과 대립을 회피하고, ③ 행정청 및 상대방 모두가 시간·비용을 절감함으로써 행정의 능률화를 기하며, ④ 가변적 행정현실에 대응하여 행정의 안정적 강행성을 제고할 수 있는 것으로 평가된다.[66]

하지만 이러한 유용성에도 불구하고, ① 비공식적 행정작용은 법이 예정하지 아니한 행위형식이기 때문에 법치행정의 이념적 기초가 되는 자의성 배제, 법적 안정성과 예측가능성의 기능을 약화시킬 우려가 있으며, ② 비공식적 행정작용은 주로 업무담당자와 상대방 사이에 행해지므로 그 과정이 외부에 노출되지 않기 때문에 이러한 폐쇄성으로 제3자의 이익이 침해될 수 있으며, ③ 비공식적 행정작용에 의해 권익을 침해당해도 적절한 행정구제수단이

---

66) 이광윤/김민호(327면).

존재하지 않는다는 문제점이 있다. 이는 앞으로 행정법학이 풀어야 할 중요한 과제이다.

Ⅲ. 법적 근거

비공식적 행정작용은 법 외적 작용이므로 헌법상 법치국가원리와 합치될 수 있는가라는 문제가 제기될 수 있으나 전부유보설을 취하지 않는 한 조직법상의 근거가 있으면 가능할 것으로 보인다.

하지만 강한 사실상의 강제력을 수반하거나 행정행위를 대체하는 비공식적 행정작용은 별도의 법적 근거가 있어야 할 것이다.

Ⅳ. 한 계

비공식적 행정작용 역시 법령 및 행정법의 일반원칙의 한계 내에서 작동되어야 한다. 당사자 간의 협의 또는 합의가 법령을 위반해서는 안 된다. 또한 청문이나 참여권과 같은 절차적 기본권에 대한 헌법적 보장을 회피하는 수단으로 사용되어서도 안 된다.

Ⅴ. 구 제

우리 법원은 행정지도의 처분성을 인정하지 않고 있는 점에 비추어 볼 때, 비공식적 행정작용 역시 비권력적 사실행위이므로 처분성이 부정되어 행정쟁송을 통한 구제가 쉽지 않을 것으로 보인다. 하지만 강한 사실상의 강제력이 있는 비공식적 행정작용은 처분성을 인정해야 할 것이다.

위법한 비공식적 행정작용으로 인해 손해가 발생하면 국가배상책임이 성립될 수 있다. 하지만 비공식적 행정작용은 법적 구속력이 없으므로 행정기관이 협의, 협약, 협정한 내용을 이행하지 않아 손해가 발생한 경우는 국가배상책임을 물을 수 없다.

제3편

행정의 실효성 확보수단

제1장 서 설

　　행정법관계가 성립하여 법적 효과가 발생하면 당사자, 특히 행정객체는 행정법상의 의무를 스스로 이행하여야 한다. 사법관계에서는 채무자가 의무를 이행하지 않은 경우 법원의 조력을 구하는 소송을 통하여 그 의무를 강제적으로 이행하도록 한다. 하지만 행정법관계의 특질상 행정법상의 의무 불이행에 대해서는 행정청이 법원의 조력을 기다릴 필요 없이 자력으로 의무의 이행을 강제할 수 있다. 뿐만 아니라 법적 의무를 이행하지 않은 것은 일종의 법령을 위반한 행위로 보아 이에 대한 행정제재를 함으로써 심리적 압박을 통한 의무이행을 유도하기도 한다. 통상 전자를 행정상 강제, 후자를 행정상 제재라 한다.

　　행정상 강제에는 행정상 강제집행, 행정상 즉시강제, 행정조사 등이 있으며, 행정상 제재에는 행정형벌·행정질서벌과 같은 행정벌과 과징금·가산금·가산세·부당이득세 등과 같은 금전적 제재, 영업정지·사실의 공표 등과 같은 비금전적 제재 등이 있다.

　　행정조사를 행정상 강제로 보는 견해와 하나의 독립된 행정의 행위형식으로 보는 견해가 대립한다. 행정조사란 행정수행을 위한 사전준비작용으로서 정보 등을 수집하는 활동인 까닭에 독립된 하나의 행위형식으로 보는 것이 타당하다. 하지만 행정조사는 행정의 실효성 확보를 위한 매우 중요한 수단으로 활용되고 있다. 예를 들어 세무관청이 영업장의 회계장부를 조사함으로써 세법상 각종 신고의무 또는 장부비치의무 등과 같은 행정법상의 의무가 실현되는 것이다. 이처럼 행정조사는 행정의 실효성 확보를 위한 매우 유용한 수단이기 때문에 비록 행정조사가 행정의 행위형식 중에 하나이기는 하지만 행정조사를 '제2편 행정의 행위형식'이 아닌 '제3편 행정의 실효성 확보수단'에서 다루는 것이다.

제 2 장 행정상 강제

제 1 절 행정상 강제집행

I. 의 의

행정상 강제집행이란 행정법상 의무의 불이행이 있는 경우에, 행정주체가 의무자의 신체 또는 재산에 직접 실력을 행사하여 그 의무를 이행하게 하거나 또는 이행된 것과 같은 상태를 실현하는 권력적 사실행위를 말한다.

행정상 강제집행은 의무의 존재를 전제로 하여 그 불이행이 있는 경우에 일정한 절차를 거쳐 실력행사가 이루어지는 작용이라는 점에서 의무 불이행을 전제로 하지 않고 바로 상대방의 신체 또는 재산에 실력을 행사하는 행정상 즉시강제와 구별된다. 또한 행정상 강제집행은 행정상 의무의 이행을 직접 목적으로 하는 반면, 행정조사는 자료획득을 직접 목적으로 하면서 그 부수적 효과로서 행정상 의무의 이행을 담보한다는 점에서 양자는 구별된다.

행정상 강제집행은 실현되지 못한 행정목적을 강제적으로 실현하는 작용으로서 이른바 의무이행을 담보하기 위한 수단임에 반하여 행정벌 등 행정상 제재는 행정법상의 의무위반에 대한 제재라는 점에서 양자는 그 성질을 달리한다.

행정상 강제의 수단으로는 대집행, 직접강제, 강제징수, 이행강제금 등이 있다.

II. 행정상 강제집행과 법치주의

행정상 강제집행에도 법치주의의 양대 원칙인 법률우위의 원칙과 법률유보의 원칙이 적용된다. 따라서 행정상 강제집행을 규율하는 법이 있으면 행정청은 반드시 이에 따라 강제집행을 하여야 한다. 뿐만 아니라, 행정상 강제집행은 그 전제가 되는 의무를 과하는 행정행위의 법적 근거와는 별도의 강제집행 자체의 법적 근거를 요한다.

과거에는 국민에게 의무를 명하는 법규에는 그 의무의 불이행에 대하여 강제집행할 수 있는 권한도 포함된 것으로 이해하여 법률유보의 원칙으로부터 자유롭다는 견해가 있었으나, 오늘날에는 ① 의무부과와 의무이행의 강제는 반드시 동일한 성질의 행위는 아니라는 점, ② 강제의 방법·정도여하에 따라서는 국민의 기본권을 침해할 수도 있다는 점,[1] ③ 우리 헌법이 사법국가주의를 취하는 한 행정권의 자력집행은 헌법 원칙에 대한 변칙이라는 점, ④ 개인의 권리를 존중하여 공정한 강제를 보장할 필요가 있다는 점[2]등을 이유로 행정상 강제집행 자체의 법적 근거를 요한다는 견해가 지배적이다.

Ⅲ. 행정상 강제의 수단

1. 대집행

(1) 의 의

행정대집행이란 의무자가 행정상 의무로서 타인이 대신하여 행할 수 있는 의무를 이행하지 아니하는 경우 법률로 정하는 다른 수단으로는 그 이행을 확보하기 곤란하고 그 불이행을 방치하면 공익을 크게 해칠 것으로 인정될 때에 행정청이 의무자가 하여야 할 행위를 스스로 하거나 제3자에게 하게 하고 그 비용을 의무자로부터 징수하는 것을 말한다.[3] 대집행에 대한 일반법으로는 「행정대집행법」이 있다.

(2) 요 건

1) 공법상 대체적 작위의무 불이행

대집행의 대상이 되는 의무는 공법상의 의무이어야 한다. 판례도 "행정대집행법상 대집행의 대상이 되는 대체적 작위의무는 공법상 의무이어야 할 것인데, 토지 등의 협의취득은 공공사업에 필요한 토지 등을 그 소유자와의 협

---

1) 홍정선(466면).
2) 김철용(285면).
3) 행정기본법 제30조 제1항 제1호.

의에 의하여 취득하는 것으로서 공공기관이 사경제주체로서 행하는 사법상 매매 내지 사법상 계약의 실질을 가지는 것이므로, 그 협의취득시 건물소유자가 매매대상 건물에 대한 철거의무를 부담하겠다는 취지의 약정을 하였다고 하더라도 이러한 철거의무는 공법상의 의무가 될 수 없고, 이 경우에도 「행정대집행법」을 준용하여 대집행을 허용하는 별도의 규정이 없는 한 위와 같은 철거의무는 행정대집행법에 의한 대집행의 대상이 되지 않는다"라고 판시[4]하여 이를 분명히 하고 있다.

대집행의 대상은 타인이 그 의무의 이행을 대신할 수 있는 대체적 작위의무이어야 한다. 따라서 일신 전속적이거나 고도의 전문기술성이 요구되는 증인의 출석, 의사의 진료 등과 같은 비대체적 작위의무, 예방접종 등과 같은 수인의무, 불법공작물설치금지 등과 같은 부작위의무는 대집행의 대상이 되지 못한다.

부작위의무는 작위의무로의 전환을 통하여 대집행의 대상이 될 수 있다. 예컨대, 옥외광고물설치금지의무는 부작위의무이므로 대집행의 대상이 될 수 없으나 행정청의 철거하명을 통하여 작위의무로 전환이 된 경우에는 대집행이 가능하다.

물건의 인도 또는 토지·건물의 명도의무가 대집행의 대상이 되는 대체적 작위의무인지에 대해 논란이 있다. 대체성이 있는 물건이라면 그 물건의 인도의무는 대집행의 대상이 될 수 있다. 하지만 대체성이 있는 물건이라도 점유자가 점유하고 있는 물건은 대집행의 대상이 될 수 없다. 점유자에게는 직접강제가 가능할 뿐 대집행이 불가능하기 때문이다. 토지·건물의 명도의무는 대집행의 대상이 되지 않는다. 점유자에게 실력을 행사해야만 실현될 수 있는 의무이므로 대집행이 불가능하다. 판례도 "명도의무는 그것을 강제적으로 실현하면서 직접적인 실력행사가 필요한 것이지 대체적 작위의무라고 볼 수 없으므로 특별한 사정이 없는 한 행정대집행법에 의한 대집행의 대상이 될 수 있는 것이 아니다"라고 판시[5]하여 부정설의 입장을 취하고 있다.

그런데 「공익사업을 위한 토지 등의 취득 및 보상에 관한 법률」(토지보상법) 제89조는 "이 법 또는 이 법에 따른 처분으로 인한 의무를 이행하여야 할

---

4) 대법원 2006. 10. 13. 선고 2006두7096 판결.
5) 대법원 2005. 8. 19. 선고 2004다2809 판결.

자가 그 정하여진 기간 이내에 의무를 이행하지 아니하거나 완료하기 어려운 경우 또는 그로 하여금 그 의무를 이행하게 하는 것이 현저히 공익을 해친다고 인정되는 사유가 있는 경우에는 사업시행자는 시·도지사나 시장·군수 또는 구청장에게 「행정대집행법」에서 정하는 바에 따라 대집행을 신청할 수 있다. 이 경우 신청을 받은 시·도지사나 시장·군수 또는 구청장은 정당한 사유가 없으면 이에 따라야 한다"라고 하여 수용 목적물인 토지나 물건의 인도·이전에 대한 대집행이 가능한 것처럼 규정하고 있다. 이에 대해 ① 이 규정은 대집행을 인정한 특별규정으로 보아야 한다는 견해와 ② 이 규정은 그 성질상 대집행이 가능한 때에는 대집행을 할 수 있음을 확인하고 있을 뿐 그 성질상 대집행이 불가능한 경우에는 비록 그 명칭을 대집행으로 하더라도 그 실질적 성질은 직접강제로 보아야 한다는 견해가 대립한다. 후자가 타당하다.

2) 다른 수단으로 이행을 확보하기 곤란할 것

다른 수단으로는 의무이행의 확보가 곤란한 경우에 한하여 대집행을 행사할 수 있다. 이에 대해 행정의 실효성 확보수단 상호간에 경중을 수평적으로 비교함은 불가능하므로 사실상 이 규정은 무의미하다는 주장이 있다. 그러나 대집행에 갈음하여 권고, 주의 등과 같은 행정지도를 행사할 수 있다는 점에서 의미가 없는 것은 아니다. 물론 행정지도를 하지 않고 바로 대집행을 하였다고 해서 그 자체가 위법한 것은 아니다. 다만 행정지도를 통하여 행정의 실효성이 충분히 확보될 수 있음에도 불구하고 과도하게 무리한 대집행을 하였다면 비례원칙을 위반한 위법한 대집행으로 평가될 수 있다.

3) 불이행을 방치함이 심히 공익을 해할 것

대집행의 위법성을 판단함에 있어서 가장 어려운 것이 '불이행을 방치함이 심히 공익을 해하는지 여부'이다. 법원의 태도 역시 일관성을 보이지 못하고 있다. 어떤 경우에는 "공사결과 건물모양이 산뜻하게 되었고, 건물의 안정감이 더하여진 반면 그 증평부분을 철거함에는 많은 비용이 소요되고 이를 철거하여도 건물의 외관만을 손상시키고 쓰임새가 줄 뿐인 경우라면 건축주의 철거의무불이행을 방치함이 심히 공익을 해하는 것으로 볼 수 없다"고 판시[6]한 적도 있고, 또 어떤 경우에는 "무허가로 불법 건축되어 철거할 의무가 있는 건축물을 도시미관, 주거환경, 교통소통에 지장이 없다는 등의 사유만을 들어

---

6) 대법원 1987. 3. 10. 선고 86누860 판결.

그대로 방치한다면 불법 건축물을 단속하는 당국의 권능을 무력화하여 건축행정의 원활한 수행을 위태롭게 하고 건축허가 및 준공검사시에 소방시설, 주차시설 기타 건축법 소정의 제한규정을 회피하는 것을 사전 예방한다는 더 큰 공익을 해칠 우려가 있다"고 판시7)한 바도 있다. 결국 개별적 사정에 따라 비례원칙, 특히 이른바 협의의 비례원칙(상당성 원칙) 위반여부를 판단할 수밖에 없을 것으로 보인다.

(3) 절 차

1) 계 고

대집행 요건이 갖추어진 경우 대집행을 행사하기 위해서는 상당한 이행기한을 정하여 그 기한 내에 이행되지 아니할 때에는 대집행을 한다는 내용을 미리 문서로써 계고하여야 한다. 상당한 기한이란 상대방의 의무이행이 객관적으로 가능한 기한을 말한다. 다만, 비상시 또는 위험이 절박한 경우에는 계고를 생략할 수 있다. 따라서 의무를 명하는 행정행위와 계고는 원칙적으로 동시에 행할 수 없다. 다만, 처분시 이미 대집행요건이 충족될 것이 확실하고 또한 대집행의 실행이 긴급히 요구될 경우에 한하여 예외적으로 허용된다. 예컨대, 매우 위태로운 불법건축물에 대하여는 철거하명과 동시에 계고를 결합하여 행할 수 있을 것이다.

법원은 "계고서라는 명칭의 1장의 문서로서 일정기간 내에 위법건축물의 자진철거를 명함과 동시에 그 소정기한내에 자진철거를 하지 아니할 때에는 대집행할 뜻을 미리 계고한 경우라도 위 건축법에 의한 철거명령과 행정대집행법에 의한 계고처분은 독립하여 있는 것으로서 각 그 요건이 충족되었다고 볼 것이고, 이 경우 철거명령에서 주어진 일정기간이 자진철거에 필요한 상당한 기간이라면 그 기간 속에는 계고시에 필요한 상당한 이행기간도 포함되어 있다고 보아야 할 것이다"라고 판시8)하여, 한 장의 문서로서 철거명령과 계고처분을 하였다고 해도 각각의 요건을 충족하고 있다면 이는 철거하명과 계고가 별도로 이루어 진 것으로 보았다.

계고는 준법률행위적 행정행위로서 이른바 '통지'에 해당하며 행정쟁송의 대상이 된다.

---

7) 대법원 1987. 3. 10. 선고 86누860 판결.
8) 대법원 1992. 6. 12. 선고 91누13564 판결.

2) 대집행영장에 의한 통지

행정청이 계고를 하였음에도 불구하고, 그 지정 기한까지 의무를 이행하지 아니할 때에는 행정청은 대집행영장으로서 대집행시기·대집행책임자의 성명·대집행비용의 견적액을 의무자에게 통지하여야 한다. 그러나 비상시 또는 위험이 절박한 경우에는 통지 역시 생략할 수 있다.

아울러 대집행통지는 의무자에게 대집행 실행시 대집행에 실력으로 저항해서는 안 되는 수인의무를 부과하는 효과를 발생시킨다. 통지는 전형적인 준법률행위적 행정행위인 '통지'에 해당하므로 행정쟁송의 대상이 된다.

3) 대집행의 실행

대집행영장에 의해 지정된 대집행시기까지 의무의 이행이 없을 때에는 행정청 스스로 또는 제3자로 하여금 그 의무의 이행에 필요한 행위를 하게 하는바 이를 대집행의 실행이라 한다. 제3자로 하여금 실행케 하는 것은 일종의 도급계약이다.

집행책임자는 자신이 집행책임자라는 증표를 휴대하고 이해관계인 등에게 제시하여야 한다.

대집행의 실행과 관련하여 빈번히 발생하는 문제가 이른바 의무자의 수인의무 위반이다. 대집행을 당하는 의무자가 강하게 저항을 할 경우 대집행권자가 실력으로 이를 제거할 수 있는 것인지가 문제된다. 독일의 행정집행법에서는 저항을 실력으로 배제할 수 있는 명문의 규정이 있다고 한다.[9] 명문의 규정이 없는 우리나라에서는 ① 저항을 실력으로 배제하는 것은 대집행에 포함되어 있지 않은 별개의 직접강제로 보아야 하므로 별도의 법적 근거를 필요로 한다는 부정설[10]과 ② 최소한의 불가피한 실력배제는 대집행의 본질상 내재하는 권능으로 보아야 한다는 긍정설[11]이 대립한다.

대집행의 실행 과정상 의무자의 저항을 실력으로 배제하는 것을 두 가지 경우로 나누어 볼 필요가 있다. 하나는 대집행청이 자력으로 저항을 배제하는 경우이고 다른 하나는 경찰력의 원조를 통하여 저항을 배제하는 경우이다. 전자의 경우에는 불가피한 자력배제는 대집행청의 내재적 권능으로 보아야 한

9) 홍정선(472면).
10) 박균성(378면); 석종현(294면).
11) 홍정선(421면).

다는 긍정설이 타당하다. 문제는 후자의 경우인데, 경찰력이 동원되어 저항을 제거하는 것은 대집행의 실행과정이라기보다는 대집행영장의 통지에 의해 발생한 의무자의 수인의무의 위반에 대한 별도의 직접강제로 보는 것이 타당하다. 따라서 이때에는 대집행과는 별개로 경찰권발동에 필요한 요건을 갖추어야 한다.

4) 비용징수

대집행에 소요된 비용의 금액과 납부기일을 정하여 문서로써 납부를 명하고, 만약 납부기일까지 납부치 않으면 국세징수법의 예에 의하여 그 비용을 강제징수한다.

(4) 대집행에 대한 구제

대집행에 관하여 불복이 있는 자는 행정심판 또는 행정소송을 제기할 수 있다. 계고 및 통지는 준법률행위적 행정행위이므로 당연히 행정쟁송의 대상이 된다. 실행행위는 사실행위이지만 권력적 사실행위는 현행 행정소송법상 처분에 해당한다고 보는 것이 통설이므로 역시 행정쟁송의 대상이 된다.

다만 대집행실행은 단기간에 이루어지는 것이 일반적이므로 소익의 문제가 발생할 수 있다. 따라서 대집행 실행종료 후에는 '취소로 회복될 법률상의 이익'이 있는 때에 한하여 쟁송이 인정되며 대부분의 경우에는 원상회복, 결과제거청구, 국가배상을 통하여 구제받는 것이 현실적이다.

2. 직접강제

(1) 의 의

직접강제란 의무자가 행정상 의무를 이행하지 아니하는 경우 행정청이 의무자의 신체나 재산에 실력을 행사하여 그 행정상 의무의 이행이 있었던 것과 같은 상태를 실현하는 것을 말한다.[12] 예컨대, 방어해면구역을 무단 침입한 선박에 대하여 강제퇴거를 시키거나 영업자가 영업정지명령에 위반하여 계속 영업행위를 하는 때에 영업소의 간판을 제거하거나 시설물을 봉인하는 것 등이 이에 해당한다.

직접강제와 즉시강제는 개념적으로는 명확한 구분이 가능하지만 실제 직

---

12) 행정기본법 제30조 제1항 제3호.

접강제와 즉시강제를 명확히 구별하기 곤란한 경우도 있다. 예를 들어 출입국 관리법상 강제퇴거를 직접강제로 볼 수도 있고,[13] 즉시강제로 설명할 수도 있다.[14] 구체적 상황에 따라 그 성질이 달라진다고 보는 것이 타당하다. 불법체류 중인 외국인 노동자들에 대하여 출국명령을 하였음에도 불구하고 정해진 기한까지 자진 출국치 아니하여 강제출국 조치한 경우 직접강제에 해당할 것이며, 밀입국자를 입국심사과정에서 발견하여 즉시 송환한 경우는 즉시강제에 해당할 것이다.

(2) 한 계

직접강제는 국민의 신체 또는 재산에 직접 실력을 행사하는 까닭에 인권 침해의 가능성이 매우 크다. 따라서 직접강제의 남용을 막기 위해 엄격한 제한의 원리가 적용되어야 할 것이며 원칙적으로 다른 적당한 수단이 없는 경우에 인정되는 제2차적 강제수단으로 인식되어야 할 것이다.

「행정기본법」 제32조 제1항은 "직접강제는 행정대집행이나 이행강제금 부과의 방법으로는 행정상 의무 이행을 확보할 수 없거나 그 실현이 불가능한 경우에 실시하여야 한다."라고 규정하여 이를 명문으로 인정하고 있다.

직접강제의 대상은 비대체적 의무인 경우가 대부분이다. 하지만 대체적 작위의무라고 해서 직접강제의 대상이 되지 않는 것은 아니다. 다만 대집행이 가능함에도 불구하고 무리하게 직접강제를 하는 것은 비례원칙상 허용되지 않기 때문에 현실적으로 대체적 작위의무에 대해 직접강제를 행사하는 일은 거의 없을 것이다.

3. 강제징수

(1) 의 의

행정상 강제징수란 의무자가 행정상 의무 중 금전급부의무를 이행하지 아니하는 경우 행정청이 의무자의 재산에 실력을 행사하여 그 행정상 의무가 실현된 것과 같은 상태를 실현하는 것을 말한다.[15]

---

13) 김동희(406면); 석종현(300면).
14) 김남진(515면).
15) 행정기본법 제30조 제1항 제4호.

(2) 절 차

국세체납자에 대한 강제징수절차에 관한 법으로서 국세징수법이 있다. 지방세를 비롯한 다른 공법상의 금전급부의무 불이행에 대한 강제징수절차는 대부분 국세징수법을 준용하도록 규정되어 있다. 따라서 국세징수법이 강제징수의 일반법과 같은 역할을 하고 있다.

국세징수법상 강제징수는 독촉과 체납처분으로 이루어진다. 체납처분은 재산의 압류, 압류재산의 매각, 청산의 순서로 진행된다.

1) 독 촉

독촉은 의무자에게 금전급부의무의 이행을 최고(催告)하는 것으로서, 체납처분의 전제요건이며 채권소멸시효의 진행을 중단시키는 효과를 발생시킨다. 행정청은 납부기한 경과 후 10일 이내에 독촉장을 발부해야 한다.

2) **체납처분**

가. 재산압류

압류는 의무자의 재산에 대하여 사실상·법률상의 처분을 금지하는 강제적 보존행위를 말한다. 만약 다른 기관이 당해 재산을 이미 압류한 경우는 그 압류에 참가할 수 있으며 이때에 압류의 효과는 다른 기관이 압류한 때로 소급하여 발생하는바, 이를 참가압류라 한다. 또한 다른 기관이 이미 강제집행을 개시한 경우에는 다른 기관에게 국세 등의 교부를 청구할 수 있는바, 이를 교부청구라 한다.

압류재산의 추산가격이 체납처분비를 충당하고 잔액이 없을 것으로 평가될 경우에는 체납처분을 중지하거나 결손처분을 하여야 한다.

나. 압류재산의 매각

압류재산은 통화를 제외하고 공매에 붙인다. 공매는 입찰과 경매의 방법에 의한다. 물론 예외적으로 수의계약이 허용되는 경우도 있다.

국세징수법에서는 세무서장이 공매를 하고자 할 때 법률이 정하는 일정한 사항을 공고하여야 하고, 그 내용을 체납자·납세담보물 소유자·전세권자·저당권자 등에게 통지하여야 한다. 이를 공매공고, 공매통지라고 하는데 이는 사실행위로서 행정쟁송이 되는 처분이 아니다. 하지만 매각결정 및 통지는 공법상 대리에 해당하여 행정쟁송의 대상이 된다.

다. 청 산

청산이란 압류금전, 체납자 등으로부터 받은 금전, 매각대금, 교부청구로 받은 금전 등을 국세, 가산금, 체납처분비 등에 배분하는 것을 말한다. 배분 후 잔여금이 있으면 체납자에게 반환하고, 부족하면 법령에 따른 배분 순위와 배분 금액에 따라 배분한다.

4. 이행강제금

(1) 의 의

이행강제금이란 의무자가 행정상 의무를 이행하지 아니하는 경우 행정청이 적절한 이행기간을 부여하고, 그 기한까지 행정상 의무를 이행하지 아니하면 금전급부의무를 부과하는 것을 말한다.[16] 종래에는 이를 집행벌이라 하였으나, 집행벌이라는 명칭은 행정벌의 일종으로 오해할 우려가 있는 까닭에 적합한 명칭이라 보기 어렵다.[17] 독일에서도 이미 오래전에 집행벌(Exekutivstrafe)을 강제금(Zwangsgeld)으로 용어를 변경한 바 있다.

(2) 행정벌과의 구별

행정벌과 이행강제금은 ① 그 목적에 있어 행정법상의 의무위반에 대한 제재인지 아니면 장래 행정법상의 의무이행의 확보를 위한 수단인지 여부, ② 그 요건에 있어 고의·과실이라는 주관적 요건이 필요한지 아니면 의무불이행이라는 객관적 사실만으로 가능한지 여부, ③ 일사부재리의 원칙상 동일한 위반행위에 대하여 반복 부과가 불가능한 것인지 아니면 의무 이행시까지 계속 반복 부과가 가능한 것인지 여부 등에 있어 구별된다.

행정벌은 행정법상의 의무위반에 대한 제재이며, 고의·과실 등 주관적 요건이 필요하며, 일사부재리의 원칙이 적용된다.

(3) 이행강제금의 대상

이행강제금의 대상이 되는 의무는 주로 부작위의무와 비대체적 작위의무이다. 대체적 작의의무도 이행강제금의 대상이 되는지에 대해서는 ① 대체적 작위의무에 대해서는 대집행이 가능하므로 이행강제금을 따로 인정해야 할

---

16) 행정기본법 제30조 제1항 제2호.
17) 김남진(382면).

이유가 없다는 부정설[18]과, ② 경우에 따라서는 이행강제금이 대집행보다 더 실효적 수단이 될 수도 있으므로 대체적 작위의무도 이행강제금의 대상이 된다는 긍정설[19]이 대립한다. 대체적 작위의무에 대해 대집행을 할 것인지 아니면 이행강제금을 부과할 것인지 여부는 구체적 상황에 따라 비례원칙 등을 판단하여 결정할 문제이므로 대체적 작위의무는 이행강제금의 대상이 되지 않는다는 부정설은 타당하지 않다. 긍정설을 지지한다. 헌법재판소도 "전통적으로 행정대집행은 대체적 작위의무에 대한 강제집행수단으로, 이행강제금은 부작위의무나 비대체적 작위의무에 대한 강제집행수단으로 이해되어 왔으나, 이는 이행강제금제도의 본질에서 오는 제약은 아니며, 이행강제금은 대체적 작위의무의 위반에 대하여도 부과될 수 있다"라고 하여 긍정설의 입장을 취하고 있다.[20]

(4) 법적 근거

이행강제금은 상대방에게 금전적 급부를 명하여 재산상의 침해를 발생하는 침익적 권력행정이므로 법적 근거를 필요로 한다. 현행법상 이행강제금에 대한 일반법은 없고 「건축법」, 「교통약자의 이동편의 증진법」, 「근로기준법」, 「농지법」, 「연구개발특구등의 육성에 관한 특별법」, 「독점규제 및 공정거래에 관한 법률」 등에 이행강제금에 관한 규정이 있다.

「건축법」은 시행명령을 받은 후 시정기간 내에 시정명령을 이행하지 아니한 건축주 등에 대하여 해당 건축물에 적용되는 1제곱미터의 시가표준액의 100분의 50에 해당하는 금액에 위반면적을 곱한 금액을 이행강제금으로 부과할 수 있음을 규정하고 있다. 시정명령을 받은 자가 이를 이행하면 새로운 이행강제금의 부과를 즉시 중지하되, 이미 부과된 이행강제금은 징수하여야 한다. 허가권자는 이행강제금 부과처분을 받은 자가 이행강제금을 납부기한까지 내지 아니하면 「지방행정제재·부과금의 징수 등에 관한 법률」에 따라 징수하여야 한다.[21]

「행정기본법」은 이행강제금 부과의 근거가 되는 법률에는 ① 부과·징수

---

18) 박윤흔(553면).
19) 박균성(381면).
20) 헌재 2004. 2. 26. 2001헌바80·84·102·103, 2002헌바26(병합) 결정.
21) 건축법 제80조.

주체, ② 부과 요건, ③ 부과 금액, ④ 부과 금액 산정기준, ⑤ 연간 부과 횟수
나 횟수의 상한 등에 관하여 명확하게 규정하여야 한다고 명시하고 있다.[22]

또한 「행정기본법」은 행정청이 ① 의무 불이행의 동기, 목적 및 결과, ②
의무 불이행의 정도 및 상습성, ③ 그 밖에 행정목적을 달성하는 데 필요하다
고 인정되는 사유가 있을 경우 이행강제금의 부과 금액을 가중하거나 감경할
수 있도록 규정하고 있다.[23]

(5) 절 차

행정청은 이행강제금을 부과하기 전에 미리 의무자에게 적절한 이행기간
을 정하여 그 기한까지 행정상 의무를 이행하지 아니하면 이행강제금을 부과
한다는 뜻을 문서로 계고(戒告)하여야 한다.[24]

행정청은 의무자가 제3항에 따른 계고에서 정한 기한까지 행정상 의무를
이행하지 아니한 경우 이행강제금의 부과 금액·사유·시기를 문서로 명확하
게 적어 의무자에게 통지하여야 한다.[25]

행정청은 의무자가 행정상 의무를 이행할 때까지 이행강제금을 반복하여
부과할 수 있다. 다만, 의무자가 의무를 이행하면 새로운 이행강제금의 부과
를 즉시 중지하되, 이미 부과한 이행강제금은 징수하여야 한다.[26]

행정청은 이행강제금을 부과받은 자가 납부기한까지 이행강제금을 내지
아니하면 국세강제징수의 예 또는 「지방행정제재·부과금의 징수 등에 관한
법률」에 따라 징수한다.[27]

(6) 한 계

시정명령을 받은 의무자가 시정명령에서 정한 기간을 지난 후 이행강제
금이 부과되기 전에 그 의무를 이행한 경우에는 이행강제금을 부과할 수 있는
지 문제된다.

이에 대해 판례는 "건축법상의 이행강제금은 시정명령의 불이행이라는
과거의 위반행위에 대한 제재가 아니라, 의무자에게 시정명령을 받은 의무의

---

22) 행정기본법 제31조 제1항.
23) 행정기본법 제31조 제2항.
24) 행정기본법 제31조 제3항.
25) 행정기본법 제31조 제4항.
26) 행정기본법 제31조 제5항.
27) 행정기본법 제31조 제6항.

이행을 명하고 그 이행기간 안에 의무를 이행하지 않으면 이행강제금이 부과된다는 사실을 고지함으로써 의무자에게 심리적 압박을 주어 의무의 이행을 간접적으로 강제하는 행정상의 간접강제 수단에 해당한다. 이러한 이행강제금의 본질상 시정명령을 받은 의무자가 이행강제금이 부과되기 전에 그 의무를 이행한 경우에는 비록 시정명령에서 정한 기간을 지나서 이행한 경우라도 이행강제금을 부과할 수 없다"[28]고 보았다.

제 2 절 행정상 즉시강제

Ⅰ. 의 의

행정상 즉시강제란 현재의 급박한 행정상의 장해를 제거하기 위한 경우로서 ① 행정청이 미리 행정상 의무 이행을 명할 시간적 여유가 없는 경우, ② 그 성질상 행정상 의무의 이행을 명하는 것만으로는 행정목적 달성이 곤란한 경우 중 어느 하나에 해당하는 경우에 행정청이 곧바로 국민의 신체 또는 재산에 실력을 행사하여 행정목적을 달성하는 것을 말한다.[29]

밀입국하려는 외국인을 발견 즉시 강제퇴거 시키는 것, 감염병 환자를 강제 입원시키는 것, 불법 주차되어 있는 차량을 견인하는 것, 불량식품이나 음란물 등을 강제 수거하는 것 등이 이에 해당한다.

통상적으로 행정상 즉시강제는 행정조사나 단속과정에서 긴급하게 이루어지는 경우가 대부분이다. 따라서 행정상 즉시강제와 행정조사 활동이 엄격히 구분되어 행사되는 것은 아니다.

Ⅱ. 한 계

1. 급박한 구체적 위험의 존재

행정상 즉시강제는 눈앞의 급박한 장해를 제거하기 위하여 발동되어야

---

28) 대법원 2018. 1. 25. 선고 2015두35116 판결.
29) 행정기본법 제30조 제1항 제5호.

하므로 장래 장해가 예견될지라도 발동될 수 없다. 눈앞의 급박한 장해란 '명백하고 현존하는 위험'이 확실시되는 경우를 말한다.

또한 행정상 즉시강제는 자신 또는 타인의 생명·신체·재산에 위해를 가하는 구체적 위험이 존재할 때 행사할 수 있다. 하지만 예외적으로 구체화되지 않은 추상적 위험에 대해서도 즉시강제가 허용되는 경우가 있다. 조류독감·구제역 등이 발생한 농가와 일정 거리 내에 있는 가축이 현재 감염되지 않았다 할지라도 살처분하는 것이 이에 해당한다.

2. 비례의 원칙

행정상 즉시강제는 비례의 원칙에 의해 통제된다. 행정상 즉시강제는 행정목적 달성을 위해 필요한 경우에 한하여 행사되어야 하며, 상대방의 권익을 보다 적게 침해하는 적절한 다른 수단이 없을 때에만 사용되어야 한다.

따라서 행정상 강제집행이 가능한 경우에는 행정상 즉시강제가 허용되지 않는다. 헌법재판소도 "행정강제는 행정상 강제집행을 원칙으로 하며, 법치국가적 요청인 예측가능성과 법적 안정성에 반하고, 기본권 침해의 소지가 큰 권력작용인 행정상 즉시강제는 어디까지나 예외적인 강제수단이라고 할 것이다"라고 하여 동일한 입장을 취하고 있다.[30]

「행정기본법」역시 "즉시강제는 다른 수단으로는 행정목적을 달성할 수 없는 경우에만 허용되며, 이 경우에도 최소한으로만 실시하여야 한다."라고 규정하여 이를 분명히 하고 있다.[31]

Ⅲ. 즉시강제와 영장주의

행정상 즉시강제는 개인의 신체나 재산에 직접 실력을 행사하는 작용이므로 인권침해의 여지가 있다. 따라서 헌법상 신체의 구속, 주거의 수색 등에 대한 영장주의가 행정상 즉시강제에도 적용되는지 견해가 대립한다.

---

30) 헌재 2002. 10. 31. 2000헌가12 결정.
31) 행정기본법 제33조 제1항.

1. 영장불요설

영장이란 원래 형사사법권의 남용을 방지하기 위한 제도이므로 즉시강제에는 필요치 않을 뿐만 아니라 행정상 즉시강제는 행정상 의무를 명할 어유가 없는 급박한 경우의 문제이므로 사실상 영장을 요구하는 것은 즉시강제의 본질과 부합하지 않는다는 견해이다.

2. 영장필요설

영장제도를 형사사법에만 한정하는 것은 공권력으로부터 국민의 자유와 권리를 보장하는 헌법정신에 반할 뿐만 아니라 실력행사라는 점에서 즉시강제와 형사사법권발동이 그 구조상 동일하므로 즉시강제에도 영장이 필요하다는 견해이다.

3. 절충설

원칙적으로 즉시강제에도 영장주의가 적용되나 행정목적의 달성상 불가피한 경우에는 영장주의의 적용이 배제된다는 견해이다. 판례도 "인신의 체포, 구금에는 반드시 법관이 발부한 사전영장이 제시되어야 하도록 규정하고 있는데, 이러한 사전영장주의원칙은 인신보호를 위한 헌법상의 기속원리이기 때문에 인신의 자유를 제한하는 국가의 모든 영역(예컨대, 행정상의 즉시강제)에서도 존중되어야 하고 다만 사전영장주의를 고수하다가는 도저히 그 목적을 달성할 수 없는 지극히 예외적인 경우에만 형사절차에서와 같은 예외가 인정된다고 할 것이다"라고 판시[32]하여 절충설을 취하고 있다.

4. 사 견

이론상으로는 절충설이 설득력 있어 보이지만, 사실은 즉시강제의 성질상 '행정목적 달성상 불가피한 경우'가 대부분일 것이며, 이는 결국 영장불요설과 사실상 같은 결론에 있어 차이가 없다. 따라서 영장주의에 의한 즉시강제의 통제는 사실상 불가능한 것이므로 즉시강제의 요건과 한계를 제한하는 것이 보다 효과적일 것이다. 관계법령에서 증표제시, 소속 상관에 대한 사후보고,

---

32) 대법원 1995. 6. 30. 선고 93추83 판결.

본인의 사전 동의, 강제조치 후 증명서발급 등을 규정하고 있는 것도 이를 반증하는 것이다. 영장불요설을 지지한다.

Ⅳ. 구 제

위법한 즉시강제에 대해서는 정당방위가 가능하며 이 경우 공무집행방해죄를 구성하지 않는다.

권력적 사실행위도 행정쟁송법상의 처분에 해당한다는 것이 통설이므로 즉시강제가 행정쟁송의 대상이 된다는 사실은 분명하다. 그러나 현실적으로 즉시강제는 단시간에 종료되는 까닭에 소익(訴益)이 부정되는 경우가 대부분일 것이다. 위법한 즉시강제로 인하여 손해를 입은 자는 국가배상을 청구할 수 있다.

제 3 절 행정조사

Ⅰ. 의 의

행정조사란 행정작용을 적정하게 수행함에 있어 필요한 정보·자료 등을 수집하기 위해 행하는 조사활동을 말한다.

행정조사기본법은 행정조사를 "행정기관이 정책을 결정하거나 직무를 수행하는 데 필요한 정보나 자료를 수집하기 위하여 현장조사·문서열람·시료채취 등을 하거나 조사대상자에게 보고요구·자료제출요구 및 출석·진술요구를 행하는 활동"으로 정의하고 있다.[33]

행정조사는 그 성질에 따라 불심검문, 가택수색 등과 같은 권력적 행정조사와 여론조사 등과 같은 비권력적 행정조사, 그 대상에 따라 불심검문, 신체수색, 질문 등과 같은 대인적 조사와 장부·서류열람, 물품검사·수거, 시설검사 등과 같은 대물적 조사와 전당포·물품보관소·음식물저장소 등의 임검과 같은 대가택 조사로 분류된다.

---

33) 행정조사기본법 제2조 제1호.

Ⅱ. 법적 근거

행정조사기본법은 "행정기관은 법령등에서 행정조사를 규정하고 있는 경우에 한하여 행정조사를 실시할 수 있다. 다만, 조사대상자의 자발적인 협조를 얻어 실시하는 행정조사의 경우에는 그러하지 아니하다"라고 규정[34]함으로써 자발적 협조에 의한 조사를 제외하고는 원칙적으로 법적 근거가 있어야 함을 분명히 하고 있다.

이 규정에 비추어 볼 때 조사대상자가 없는 정보의 수집은 법적 근거를 요하지 않는다. 물론 이 때에도 수집되는 정보가 개인정보인 경우에는 정보주체의 동의가 있거나 별도의 법적 근거가 있어야 한다.

Ⅲ. 한 계

1. 행정조사기본법상 기본원칙의 준수

행정조사는 조사목적을 달성하는데 필요한 최소한의 범위 안에서 실시하여야 하며, 다른 목적 등을 위하여 조사권을 남용하여서는 아니 된다.

행정기관은 조사목적에 적합하도록 조사대상자를 선정하여 행정조사를 실시하여야 한다.

행정기관은 유사하거나 동일한 사안에 대하여는 공동조사 등을 실시함으로써 행정조사가 중복되지 아니하도록 하여야 한다.

행정조사는 법령 등의 위반에 대한 처벌보다는 법령 등을 준수하도록 유도하는 데 중점을 두어야 한다.

다른 법률에 따르지 아니하고는 행정조사의 대상자 또는 행정조사의 내용을 공표하거나 직무상 알게 된 비밀을 누설하여서는 아니 된다.

행정기관은 행정조사를 통하여 알게 된 정보를 다른 법률에 따라 내부에서 이용하거나 다른 기관에 제공하는 경우를 제외하고는 원래의 조사목적 이외의 용도로 이용하거나 타인에게 제공하여서는 아니 된다.[35]

---

34) 행정조사기본법 제5조.
35) 행정조사기본법 제4조.

2. 현장조사

현장조사는 개인의 사생활을 침해할 개연성이 매우 크므로 엄격한 절차를 준수하고 상대방의 침해를 최소화하는 방법으로 진행하여야 한다. 「행정조사기본법」 역시 현장조사에 대하여 엄격한 제한을 규정하고 있다.

조사원이 가택·사무실 또는 사업장 등에 출입하여 현장조사를 실시하는 경우에는 행정기관의 장은 ① 조사목적, ② 조사기간과 장소, ③ 조사원의 성명과 직위, ④ 조사범위와 내용, ⑤ 제출자료, ⑥ 조사거부에 대한 제재 등의 사항이 기재된 현장출입조사서를 조사대상자에게 발송하여야 한다.

현장조사는 해가 뜨기 전이나 해가 진 뒤에는 할 수 없다. 다만, ① 조사대상자가 동의한 경우, ② 사무실 또는 사업장 등의 업무시간에 행정조사를 실시하는 경우, ③ 해가 뜬 후부터 해가 지기 전까지 행정조사를 실시할 경우 조사목적의 달성이 불가능하거나 증거인멸로 인하여 조사대상자의 법령 등의 위반 여부를 확인할 수 없는 경우에는 예외적으로 해가 뜨기 전이나 해가 진 뒤에도 할 수 있다.

3. 조사거부에 대한 실력행사

장부열람이나 임검 등 강제조사 중 상대방이 조사를 거부하는 경우 조사자가 이러한 저항을 실력으로 배제할 수 있는지 문제된다.

(1) 긍정설

권력적 조사를 규정하는 개별법규가 대체로 상대방의 거부·방해에 대하여 처벌 등의 제재를 규정하고 있는 것은 상대방의 저항이 위법임을 전제로 한 것이므로 비례원칙의 범위 안에서 상대방의 신체나 재산에 실력을 행사할 수 있다고 보는 견해이다.[36]

(2) 부정설

실정법에서 행정조사거부에 대한 제재수단으로 과태료부과, 영업취소 등을 규정하고 있는 것으로 보아, 이러한 제재수단을 통하여 행정조사를 간접적으로 강제할 수 있을 뿐이지, 직접실력행사를 할 수는 없다고 보는 견해이다.[37]

---

36) 홍정선(495면).

(3) 사 견

법령에서 특별히 피조사자의 조사거부행위에 대해 실력을 행사할 수 있는 법적 근거를 별도로 규정하고 있지 않는 한 조사자의 저항을 실력으로 배제할 수 없다. 비례원칙상 행정조사의 공익목적보다는 피조사자의 신체나 재산이라는 사익의 침해가능성이 더 크기 때문에 법적 근거 없는 실력행사는 상당성의 원칙을 위반한다.

Ⅳ. 구 제

1. 행정쟁송

행정조사는 사실행위이므로 원칙적으로 처분성이 인정되지 않는다. 다만 사실행위라 할지라도 상대방의 법적 지위에 직접적인 영향을 미치는 권력적 사실행위는 처분성이 인정되므로 권력적 강제조사의 결정은 처분성이 인정된다.

판례는 "부과처분을 위한 과세관청의 질문조사권이 행해지는 세무조사결정이 있는 경우 납세의무자는 세무공무원의 과세자료 수집을 위한 질문에 대답하고 검사를 수인하여야 할 법적 의무를 부담하게 되는 점, 세무조사는 기본적으로 적정하고 공평한 과세의 실현을 위하여 필요한 최소한의 범위 안에서 행하여져야 하고, 더욱이 동일한 세목 및 과세기간에 대한 재조사는 납세자의 영업의 자유 등 권익을 심각하게 침해할 뿐만 아니라 과세관청에 의한 자의적인 세무조사의 위험마저 있으므로 조세공평의 원칙에 현저히 반하는 예외적인 경우를 제외하고는 금지될 필요가 있는 점, 납세의무자로 하여금 개개의 과태료 처분에 대하여 불복하거나 조사 종료 후의 과세처분에 대하여만 다툴 수 있도록 하는 것보다는 그에 앞서 세무조사결정에 대하여 다툼으로써 분쟁을 조기에 근본적으로 해결할 수 있는 점 등을 종합하면, 세무조사결정은 납세의무자의 권리·의무에 직접 영향을 미치는 공권력의 행사에 따른 행정작용으로서 항고소송의 대상이 된다"라고 판시[38]하여 세무조사결정의 처분성을 인정하였다.

---

37) 김동희(474면); 박균성(365면).
38) 대법원 2011. 3. 10. 선고 2009두23617 판결.

2. 손해전보

적법한 행정조사로 인하여 발생한 손해에 대해서는 손실보상을 해주어야 한다. 다만 현행법체계는 보상의 근거 법률이 있는 때에만 손실보상이 가능하므로 보상의 근거 법률이 없는 때에는 현실적으로 손실보상이 어렵다.

이때에는 헌법재판소에 적법한 행정조사로 인하여 발생한 손해에 대해 손실보상의 근거를 마련하지 않고 있는 행정조사 법률에 대한 위헌확인을 구하는 헌법소원을 제기한 후, 헌법재판소의 위헌결정에 따라 입법자가 손실보상의 근거를 마련하면 그에 따라 손실보상을 받고, 여전히 입법자가 손실보상의 근거를 마련하지 않으면 국가배상청구소송을 통하여 구제받는 것이 현실적 방법이다.

위법한 행정조사로 인하여 발생한 손해에 대해서는 당연히 국가배상을 통하여 구제받을 수 있다. 앞에서 헌법재판소의 위헌결정에도 불구하고 입법자가 여전히 손실보상의 근거를 마련하지 않으면 국가배상청구소송이 가능한 까닭은 위헌법률에 의한 행정조사는 위법한 행정조사이므로 이로 인하여 발생한 손해는 국가배상청구소송의 대상이 되기 때문이다.

3. 잘못된 정보에 근거한 행정행위의 효력

행정조사를 통하여 수집된 정보가 부정확한 잘못된 정보인 경우 이에 근거한 행정행위의 효력은 무효 또는 취소할 수 있다. 이는 사실의 오인으로서 그 하자가 중대·명백하면 무효, 그렇지 않으면 취소할 수 있다.

4. 위법한 행정조사에 근거한 행정행위의 효력

행정조사 자체가 실체법 또는 절차법을 위반한 위법한 행정조사이지만 조사를 통하여 수집한 정보는 정확한 경우 이에 근거한 행정행위의 효력에 대해서는 견해가 대립한다.

⑴ 위법설

적법성 보장의 원칙상 행정조사가 위법하였다면 이에 근거한 행정행위 역시 위법한 것으로 보아야 한다는 견해이다. 위법이 승계되는 것으로 보는 것이다.[39] 행정조사는 행정결정의 절차이므로 행정조사가 위법하였다면 이는 절차의 하자로서 행정결정 역시 위법하다는 논거이다.[40] 이 설을 지지한다.

(2) 적법설

법령상 행정조사가 행정행위의 전제요건이 아닌 한 행정조사는 행정행위의 요건이 아니므로 행정조사가 위법하였다고 해서 그 조사내용이 잘못되지 않았다면 행정행위의 효력에 영향을 미치지 않는다는 견해이다.[41]

(3) 절충설

행정조사를 행정결정의 절차로 보아 행정조사에 중대한 위법사유가 있으면 이에 근거한 행정행위는 위법하며 경미한 하자는 행정행위에 영향을 미치지 않는다는 견해이다.[42]

(4) 판 례

판례는 "세무조사대상 선정사유가 없음에도 세무조사대상으로 선정하여 과세자료를 수집하고 그에 기하여 과세처분을 하는 것은 적법절차의 원칙을 어기고 국세기본법을 위반한 것으로서 특별한 사정이 없는 한 과세처분은 위법하다"라고 판시[43]하여 위법설의 입장이다.

---

39) 홍정선(460면).
40) 박균성(369면).
41) 박윤흔(634면).
42) 김남진(470면); 김동희(475면).
43) 대법원 2014. 6. 26. 선고 2012두911 판결.

제 3 장   행정상 제재

제 1 절   행정벌

I. 의   의

행정벌이란 행정법상의 의무위반에 대하여 일반통치권에 의거하여 과하는 제재로서의 처벌을 말한다. 행정벌은 과거의 의무위반에 대하여 제재를 가함으로써 행정법규의 실효성을 확보하려는 것이 원래 목적이다. 그런데 이러한 제재는 의무자에게 심리적 압박을 가함으로써 의무자가 행정법상 의무를 스스로 이행하도록 하는 간접적, 부수적 효과가 발생하는데 이 역시 행정벌의 중요한 목적 중에 하나다.

행정벌은 행정형벌과 행정질서벌로 나누어진다. 행정형벌은 행정법규 위반자에 대하여 징역, 금고 등과 같이 형법에서 규정하고 있는 형벌을 과하는 행정벌을 말한다. 행정질서벌은 행정목적을 직접 침해하지는 않았으나 행정청에게 법령이 정한 기간 내에 정보제공적 의미의 신고 또는 보고를 하지 않은 경우와 같이 행정목적 달성을 방해한 때에 과태료라는 금전급부를 부과하는 행정벌을 말한다.

하지만 오늘날에는 행정법규 위반의 경중을 나누어서 비교적 경미한 행정법규 위반자에 대해서는 행정형벌보다는 행정질서벌인 과태료를 부과함으로써 전과자의 양산을 막으려는 것이 입법적 경향이다.

우리나라는 행정형벌이 지나치게 남용되고 있다는 비판이 있다. 거의 대부분의 행정법규들은 법위반자에 대하여 어김없이 3년 또는 5년 정도의 징역형을 규정하고 있다. 행정목적 달성이라는 공익목적에 비추어 보더라도 개인의 신체자유를 박탈하는 징역 등의 형벌이 지나치게 남용되고 있다는 것이다. 행정형벌 중 중요한 반사회적 법위반행위는 일반 형법에 포섭하고, 행정목적

달성을 위한 원래 의미의 행정형벌은 가능한 폐지하고, 과태료·과징금 등을
통하여 제재하는 것이 죄형법정주의 및 법치행정의 원리에 부합하는 것이라
고 생각한다.

Ⅱ. 행정형벌

1. 의 의

행정형벌이란 행정법규 위반자에 대하여 형법 제41조에서 정하고 있는
사형, 징역, 금고, 자격상실, 자격정지, 벌금, 구류, 과료, 몰수 등의 형벌을 과
하는 행정벌을 말한다.

2. 형사벌과의 구별

행정벌이나 형사벌은 모두 법규위반에 대한 제재로서 형벌이 과하여지는
범죄라는 점에서 양자의 차이가 없다는 견해도 있으나, 대부분의 학자들은 양
자의 구별을 인정하고 있는 경향이다.

그 구별기준에 관하여는 ① 보호규범의 성질에 따라 형사범은 문화규범
을 행정범은 국가목적규범을 위반한 행위라고 보는 견해, ② 형사범은 반도덕
적·반사회적 행위를 범한 자연범이고 행정범은 행정목적위반에 대해 비난가
능한 법정범이라는 견해, ③ 피침해이익의 성질에 따라 형사범은 법익(法益)을
행정범은 공공복리를 침해한 행위라고 보는 견해, ④ 생활질서를 기본적 생활
질서와 파생적 생활질서로 구분하여 형사벌은 전자를 행정벌은 후자를 위반
한 것이라는 견해 등이 있다.[1]

그러나 양자는 규범·위반행위·피침해이익의 성질에 따라 구별되어질 수
도 있지만 그 차이는 본질적인 것이 아니라 상대적·유동적인 것으로서 시대
적 상황에 따라 다르게 평가될 수 있다. 예를 들어 공무집행방해죄, 강제집행
면탈죄 등은 행정범이 형사범으로 변화된 예라 할 수 있다.

양자를 구별하려는 실익은 ① 행정벌은 죄형법정주의에 반하지 않는 범
위에서 형법총칙의 적용을 해석상 배제할 수 있다는 점과, ② 하나의 행위가
형사벌 법규와 행정벌 법규를 동시에 위반한 경우 법조 경합이 아닌 상상적

---

1) 김동희(435면).

경합으로 볼 수 있다는 점에 있다. 판례도 "농지개혁법에서 규정한 처벌법규는 소위 행정적 형벌 법규로서 동 행정적 형벌법규와 형법은 그 규제질서를 달리 하므로 입법의 목적정신을 달리하고 왕왕히 그 보호법익을 달리하는 때가 있다. 그런데 일개의 행위로서 형법의 구성요건과 행정적 처벌법규의 구성요건이 각 해당하는 경우에 이 양자간의 관계는 특별법 관계 또는 흡수관계등 법조경합으로 볼것이 아니라 상상적 경합으로 보아야 할 것이다. 법조경합의 경우는 일개의 행위가 외관상 수개의 형벌 법규에 해당하는 듯이 보이지만 실은 동 형벌 법규 상호의 관계로 보아 하나의 형벌 법규만이 적용되고 다른 것은 전혀 배척되는 것으로서 결국 하나의 구성요건적 평가만이 성립되는 것이다. 그러나 형법과 행정적 처벌법규와의 관계는 양자의 입법목적 정신이 다르고 보호법익도 다른 때가 있으므로 양자 중 그 하나만이 적용되고 다른 것은 전혀 배척되는 하나의 구성요건적 평가로만 볼 것이 아니라 2개의 구성요건적 평가를 하여 단지 처단상 일죄만 보는 상상적 경합으로 보아야 할 것이다"라고 판시[2]하여 형사법규위반과 행정법규위반을 상상적 경합으로 보고 있다.

3. 특수성

(1) 형법총칙의 적용배제

형법 제8조는 "본법 총칙은 타 법령에 정한 죄에 적용한다. 단, 그 법령에 특별한 규정이 있는 때에는 예외로 한다"라고 규정하고 있다. 이는 행정범에 있어서도 원칙적으로 형법총칙이 적용된다는 것과 행정범의 특수성을 고려하여 형법총칙의 적용이 배제될 수 있다는 가능성을 동시에 명시하고 있는 것이다.

'특별한 규정'의 의미는 명문의 규정뿐만 아니라 죄형법정주의에 반하지 않는 범위에서 당해 규정의 합목적적 해석을 통하여 행정형벌의 특수성이 요구되는 경우에는 형법총칙의 적용을 배제할 수 있다는 것으로 이해된다.

(2) 위법성의 인식

형법 제16조는 "자기의 행위가 법령에 의하여 죄가 되지 아니하는 것으로 오인한 행위는 그 오인에 정당한 이유가 있는 때에 한하여 벌하지 아니 한다"라고 규정하고 있다. 이는 위법성의 인식이 없었더라도 인식하지 못한 것에

---

2) 대법원 1961. 10. 12. 선고 4293형상966 판결.

정당한 이유가 있어야만 처벌하지 않는다는 것으로 해석된다. 따라서 현실적 인식이 없더라도 인식할 수 있는 가능성이 있는 경우에는 '정당한 이유'가 부정되어 처벌이 가능하다.

그런데 이러한 행정법규 위반에 대한 '인식가능성'은 일반 형법과 달리 그 평가가 쉽지 않다. 왜냐하면 일반 형법에서 금지하고 있는 행위는 반사회적·반도덕적인 것으로 일반인이라면 누구나 그것이 금지된 것이라는 것을 인식할 수 있음에 반하여 행정법규에서 금지하고 있는 행위는 행정목적 달성상 필요에 의해 금지하는 경우가 대부분이므로 이를 일반인 모두가 인식하거나 인식 가능한 상태에 있는 것은 아니기 때문이다. 예를 들어 주식거래를 제한하는 행정법규에 대해 주식 거래에 전혀 관심이 없는 일반인과 이를 전문으로 하는 투자자의 인식 정도가 다를 수 있다는 것이다. 따라서 행정법규 위반에 대한 인식가능성은 위반자의 직업, 당시의 상황 등 구체적 사정을 고려하여 판단할 수밖에 없다.

(3) 법인의 책임능력

현행법상 행정벌의 경우에는 행위자와 법인을 모두 처벌하는 양벌규정을 두는 경우가 일반적이다. 만약 법인의 처벌에 관하여 명문의 규정이 없는 경우에 법인을 처벌할 수 있는 것인지 문제된다.

이에 대해서는 ① 행정형벌은 행정목적의 달성이라는 특수성에 비추어 법인에 대하여도 책임능력을 인정해야 하는 경우가 일반적이므로 법인을 처벌할 수 있다는 긍정설,[3] ② 법인의 대표자가 이사, 감사 등 기관의 지위에서 행한 위반행위에 대해서는 법인을 처벌할 수 있다는 제한적 책임설,[4] ③ 법인의 처벌에 관하여 명문의 규정이 없는 경우에는 죄형법정주의 원칙상 법인의 책임능력을 부정해야 한다는 부정설이 대립한다. 부정설을 지지한다. 판례[5]의 입장이기도 하다.

(4) 과실범

행정형벌도 형사벌과 마찬가지로 과실범 처벌에 관한 별도의 규정이 없는 한 고의범만을 처벌할 수 있는지 아니면 과실범 처벌에 관한 명문규정이

---

3) 김철용(301면).
4) 김동희(441면).
5) 헌재 2010. 7. 29. 2009헌가18 결정.

없는 경우에도 행정법규 위반이라는 객관적 사실만 있으면 과실범도 처벌이
가능한 것인지에 대해 견해가 대립한다.

부정설은 '형법총칙의 적용을 배제할 수 있는 것은 죄형법정주의에 반하
지 않는 범위 내에서 인정되는 것이므로 당연히 명문규정이 없을 경우에는 과
실범을 처벌할 수 없다고 보는 것이 타당하다'는 입장이다.

이에 반해 긍정설은 '행정형벌은 행정법규의 입법취지, 행정목적 등을 고
려할 때 고의 또는 과실이라는 주관적 책임요소보다는 법규위반이라는 객관
적 사실이 더욱 중요한 것이므로 비록 명문의 규정이 없어도 과실범의 처벌이
가능하다'는 견해이다.

판례는 "행정상의 단속을 주안으로 하는 법규라 하더라도 명문규정이 있
거나 해석상 과실범도 벌할 뜻이 명확한 경우를 제외하고는 형법의 원칙에 따
라 고의가 있어야 벌할 수 있다"라고 판시[6]하여 '해석상' 과실범 처벌의 가능
성을 인정하고 있다. 행정법규 위반에 대하여 법령의 규정이 없어도 언제나
과실범의 처벌을 인정하는 것은 죄형법정주의 원칙상 타당하지 않다. 하지만
판례의 태도처럼 법의 해석상 과실범의 처벌이 불가피한 경우에는 비록 고의
가 없다 할지라도 법규위반이라는 객관적 사실만 있으면 과실범으로 처벌하
는 것이 행정형벌의 목적에 부합하는 것으로 보여 진다.

(5) 절차적 특수성

1) 통고처분

통고처분이란 조세범, 관세범, 출입국관리사범, 경범죄사범, 도로교통법
위반사범 등에 대하여 국세청장, 지방국세청장, 세무서장, 관세청장, 세관장,
출입국관리소장, 경찰서장 등이 벌금·과료 등에 상당하는 금액의 납부를 명
하는 절차를 말한다. 이 때에 부과하는 금액을 범칙금이라 한다.

통고처분을 받은 자가 금액을 법정기한 내에 납부하면 과벌 절차가 종료되
며, 일사부재리의 원칙에 따라 형사소추가 불가능해진다. 그러나 법정기간을 도
과하면 통고권자는 검찰에 고발하여 정식의 기소절차에 따라 처벌받도록 한다.
따라서 통고처분에 불복할 경우 납부를 이행하지 않으면 될 뿐 별다른 이의제
기가 필요하지 않는다. 이런 까닭에 통고처분은 행정쟁송의 대상이 되는 처분이

---

6) 대법원 1986. 7. 22. 선고 85도108 판결.

아니다.

이에 대한 반론도 있다. 통고처분에 불복한다고 해서 곧바로 형사절차를 개시하는 것은 위반자에게 너무나 가혹하므로 통고처분에 대해 행정쟁송을 통한 구제가 가능하도록 처분성을 인정해야 한다는 견해이다.[7] 하지만 통고처분은 처음부터 형사절차의 특수절차에 불과하므로 이에 불복할 경우 정식의 형사절차를 개시하는 것이 타당하다.

2) 즉결심판

20만원 이하의 벌금·구류·과료에 해당하는 행정형벌은 「즉결심판에 관한 절차법」에 따라 즉결심판에 의해 부과된다. 집행은 관할 경찰서장이 하며, 이에 불복하는 자는 7일 이내에 정식재판을 청구할 수 있다. 즉결심판은 행정형벌뿐만 아니라 일반 형사벌에도 적용되므로 엄격히 말하면 행정형벌의 특수한 절차는 아니다.

Ⅲ. 행정질서벌

1. 의 의

행정질서벌이란 직접 행정목적을 침해한 것은 아니지만 신고·보고·장부 비치 등의 의무를 태만히 하여 행정목적 달성에 장해를 초래하는 정도의 법규 위반 행위에 대해 과태료를 과하는 행정벌을 말한다.

금전급부의무를 부과한다는 점에서는 이행강제금과 같으나, 양자는 ① 이행강제금은 행정상 강제집행의 수단임에 반하여 행정질서벌은 행정제재 수단이라는 점, ② 행정질서벌인 과태료는 이를 납부하지 않으면 법원에 통보하여 「비송사건절차법」에 따라 과벌 절차를 진행함에 반하여 이행강제금은 이를 납부하지 않으면 강제징수절차에 따라 징수한다는 점, ③ 과태료 부과처분에 대해 불복하고자 하는 자는 소극적으로 이를 납부하지 않으면 되지만 이행강제금 부과처분에 불복할 때에는 적극적으로 부과처분에 대한 행정쟁송을 제기하여야 한다는 점 등에서 그 성질을 달리한다.

---

7) 박균성(398면).

2. 행정형벌과 행정질서벌의 병과

하나의 법규위반 행위에 대해 행정형벌과 행정질서벌을 모두 부과할 수 있는지에 대해 견해가 대립한다. 예를 들어, A라는 남자가 여자친구 B를 의심해서 B의 위치를 파악할 목적으로 자기 소유의 휴대전화를 B소유 차량의 뒷좌석 시트 아래 숨겨놓고, 휴대전화의 위치를 추적하는 방식으로 해당 차량의 위치정보를 파악하였을 경우, 이는 위치정보법상 개인의 동의를 얻지 아니하고 당해 개인의 위치정보를 수집한 것으로서 3년 이하의 징역 또는 3천만원 이하의 벌금에 처하는 행정형벌의 대상[8]이 될 뿐만 아니라, 소유자의 동의를 얻지 아니하고 이동성이 있는 물건의 위치정보를 수집한 것으로서 2천만원 이하의 과태료 부과대상[9]이 된다. 이 경우 행정형벌과 과태료를 병과할 수 있는지가 문제된다.

긍정설은 '행정형벌과 행정질서벌은 그 목적과 성질을 달리하므로 과태료 부과처분 후 행정형벌을 과하여도 일사부재리의 원칙에 반하지 않는다'는 견해이다.[10] 이에 대해 부정설은 '행정형벌과 행정질서벌은 모두 행정벌에 해당하므로 동일한 행정법규 위반에 대해 양자를 병과할 수 없다'는 입장이다.[11]

판례는 "행형법상의 징벌은 수형자의 교도소 내의 준수사항위반에 대하여 과하는 행정상의 질서벌의 일종으로서 형법 법령에 위반한 행위에 대한 형사책임과는 그 목적, 성격을 달리하는 것이므로 징벌을 받은 뒤에 형사처벌을 한다고 하여 일사부재리의 원칙에 반하는 것은 아니다"라고 판시[12]하여 긍정설을 취하고 있다.

헌법재판소도 건축법을 위반한 건축행위에 대해 형벌로서 제재하는 것과 건축법 위반자에 대해 시정명령을 내리고 이를 이행하지 아니하는 자에게 과태료를 부과하는 것은 그 성질이나 목적을 달리하는 것으로서 이들 규정이 이중처벌금지원칙에 반하는 것은 아니라고 결정[13]하였다.

하나의 행위가 행정형벌과 과태료의 구성요건을 모두 충족하는 경우는

---

8) 「위치정보의 보호 및 이용 등에 관한 법률」 제40조.
9) 「위치정보의 보호 및 이용 등에 관한 법률」 제43조.
10) 홍정선(409면).
11) 박균성(399면).
12) 대법원 2000. 10. 27. 선고 2000도3874 판결.
13) 헌재 1994. 6. 30. 92헌바38 결정.

행정형벌과 행정질서벌을 모두 부과할 수 있는 것으로 보아야 할 것이다.

3. 부과절차

(1) 부과권자

과태료의 부과권자는 개별 법률에서 정한 자가 된다. 개별 법률의 규정이 없으면 법원이 부과권자가 된다. 거의 대부분의 현행 법률은 과태료의 부과권자를 행정청으로 규정하고 있다. 물론 부과권자가 행정청일지라도 상대방이 이에 불복하면 비송사건절차법에 따라 법원이 부과권자가 된다.

(2) 부과절차

부과권자가 행정청인 경우 「질서위반행위규제법」에 따라 과태료가 부과된다. 부과권자가 법원인 경우 또는 행정청의 과태료 부과처분에 불복하여 법원에 통보된 경우에는 법원이 비송사건절차법에 따라 과태료 재판절차에 따라 과태료를 부과한다.

「질서위반행위규제법」 제7조는 '고의 또는 과실이 없는 질서위반행위는 과태료를 부과하지 아니 한다'라고, 제8조는 "자신의 행위가 위법하지 아니한 것으로 오인하고 행한 질서위반행위는 그 오인에 정당한 이유가 있는 때에 한하여 과태료를 부과하지 아니 한다"라고 각각 규정하고 있어 고의·과실이 없거나 위법성에 대한 착오가 있는 때에는 과태료 부과가 면제된다. 행정질서벌은 행정법상의 의무를 위반하였다는 객관적 사실에 대한 제재라는 점에서 주관적 요소인 고의·과실이나 위법성의 착오를 과태료 부과의 면책요건으로 규정하고 있는 「질서위반행위규제법」은 법이론상 문제가 있어 보인다.

(3) 이의제기

행정청의 과태료 부과에 불복하는 당사자는 과태료 부과 통지를 받은 날부터 60일 이내에 해당 행정청에 서면으로 이의제기를 할 수 있다. 이의제기가 있는 경우에는 행정청의 과태료 부과처분은 그 효력을 상실한다.[14] 이의제기를 받은 행정청은 이의제기를 받은 날부터 14일 이내에 이에 대한 의견 및 증빙서류를 첨부하여 관할 법원에 통보하여야 한다.[15]

---

14) 「질서위반행위규제법」 제20조.
15) 「질서위반행위규제법」 제21조.

제 2 절 금전적 제재

I. 과징금

1. 원래 의미의 과징금

원래 의미의 과징금이란 행정법규 위반 또는 행정법상 의무 위반으로 경제적 이익을 얻은 경우 그 이익을 박탈하는 행정상 제재로서의 금전급부 부과를 말한다.

만약 행정법규 위반이나 행정법상 의무 불이행으로 막대한 경제적 이익을 얻을 수 있다면 행정벌을 감수하더라도 경제적 이익을 추구할 가능성이 높다. 행정벌로서 벌금이나 과태료는 아무리 많아도 수천만원에 그치지만 행정법규 위반으로 얻게 되는 경제적 이익이 수십, 수백억원이라면 행정벌만으로는 그 실효성을 확보하는 것이 어려울 수 있다는 것이다. 그래서 도입된 제도가 바로 과징금이다. 과징금은 행정법상 의무위반을 통하여 얻은 경제적 이익을 모두 박탈하기 때문에 행정벌보다는 보다 효과적으로 그 실효성을 확보할 수 있다.

현행법상의 예로는 ① 공정거래위원회가 시장지배적 사업자의 남용행위에 대하여 매출액의 3%를 부과하는 과징금,[16] ② 사업재편계획에 따라 정부로부터 지원을 받은 승인기업이 계획을 불이행하여 승인이 취소된 경우 지원액의 3배를 부과하는 과징금,[17] ③ 정보통신서비스 제공자가 정보주체의 동의 없이 개인정보를 이용·제공한 경우 위반행위와 관련한 매출액의 3%이하를 부과하는 과징금[18] 등이 이에 해당한다.

그런데 이러한 원래 의미의 과징금의 정의와 부합하지 않는 입법례도 존재한다. 「개인정보 보호법」은 개인정보처리자가 처리하는 주민등록번호가 분실·도난·유출·위조·변조 또는 훼손된 경우 5억원 이하의 과징금을 부과하도록 규정[19]하고 있다. 행정법규 위반이나 행정법상의 의무위반으로 얻은 경제

---

16) 「독점규제 및 공정거래에 관한 법률」 제6조.
17) 「기업 활력 제고를 위한 특별법」 제39조.
18) 「개인정보 보호법」 제39조의15.
19) 「개인정보 보호법」 제34조의2.

적 이익과는 전혀 관계없이 주민등록번호를 분실, 도난하였다는 사실만으로 과징금을 부과하도록 하는 것을 어떻게 이해해야 할지 난감하다. 이를 '원래 의미의 과징금'으로 보아야 할지 아니면 새로운 실효성 확보수단으로 등장한 신종 제도인지 의문이 든다.

2. 변형된 과징금

오늘날에는 인·허가사업에 있어서 그 사업의 정지를 명할 위법사유가 있음에도 불구하고 공익의 보호를 이유로 사업을 계속하게 하고 사업계속에 따르는 영업이익을 박탈하는 수단으로 과징금을 부과하는 경우가 상당히 존재한다. 이를 변형된 과징금이라 한다.

예를 들어 교통이 불편한 산골 마을에 하나밖에 없는 의원에 대해 행정법상 의무를 위반하였다 하여 영업정지처분을 할 경우 지역주민들이 의료서비스를 받지 못하는 결과를 초래할 수 있다. 이 경우 당해 의원에 대하여 영업을 계속하도록 하고 영업정지에 갈음하는 영업이익을 과징금으로 부과하는 제도를 말한다.

「대기환경보전법」, 「여객자동차 운수사업법」, 「주차장법」, 「식품위생법」 등 영업정지 또는 취소를 규정하고 있는 대부분의 현행법들은 이러한 변형된 과징금을 도입하고 있다.

3. 과징금의 부과와 재량

과징금은 행정제재 수단이므로 부과요건을 충족한 경우에는 반드시 부과해야 하는 기속행위다. 판례 역시 "명의신탁자에 대하여 과징금을 부과할 것인지 여부는 기속행위에 해당하므로, 명의신탁이 조세를 포탈하거나 법령에 의한 제한을 회피할 목적이 아닌 경우에 한하여 그 과징금을 일정한 범위 내에서 감경할 수 있을 뿐이지 그에 대하여 과징금 부과처분을 하지 않거나 과징금을 전액 감면할 수 있는 것은 아니다"라고 판시[20]하여 과징금의 부과는 기속행위임을 분명히 밝히고 있다.

변형된 과징금의 경우 영업정지에 갈음하는 것이므로 행정청이 영업정지 처분을 할 것인지 아니면 과징금 부과처분을 할 것인지에 대해 재량적 선택을

---

20) 대법원 2007. 7. 12. 선고 2005두17287 판결.

할 수 있는지가 문제된다.

변형된 과징금의 취지상 과징금 부과처분을 하는 것이 바람직한 경우가 대부분일 것이다. 왜냐하면 영업정지에 갈음하도록 하는 이유가 사익의 침해를 최소화하려는 것이므로 과징금 부과 대신 영업정지처분을 하면 비례원칙에 반하는 재량권남용으로 평가될 가능성이 크기 때문이다. 하지만 이론적으로는 영업정지처분과 과징금부과처분은 모두 법적 근거가 있는 것이므로 어떠한 처분을 할 것인지는 구체적 사정을 고려하여 행정청이 판단하는 재량행위라고 보아야 할 것이다.

판례도 "행정청에는 운영정지 처분이 영유아 및 보호자에게 초래할 불편의 정도 또는 그 밖에 공익을 해칠 우려가 있는지 등을 고려하여 어린이집 운영정지 처분을 할 것인지 또는 이에 갈음하여 과징금을 부과할 것인지를 선택할 수 있는 재량이 인정된다"라고 판시[21]하여 이를 재량의 문제로 보았다.

4. 기준 및 부과

과징금 부과는 근거 법률이 정하고 있는 기준에 따라 부과한다. 「행정기본법」은 과징금의 근거가 되는 법률에는 ① 부과·징수 주체, ② 부과 사유, ③ 상한액, ④ 가산금을 징수하려는 경우 그 사항, ⑤ 과징금 또는 가산금 체납 시 강제징수를 하려는 경우 그 사항 등의 명확하게 규정하여야 한다고 규정하고 있다.[22]

과징금의 납부는 원칙적으로 한꺼번에 납부해야 한다. 다만, 행정청은 과징금을 부과받은 자가 ① 재해 등으로 재산에 현저한 손실을 입은 경우, ② 사업 여건의 악화로 사업이 중대한 위기에 처한 경우, ③ 과징금을 한꺼번에 내면 자금 사정에 현저한 어려움이 예상되는 경우 등의 사유로 과징금 전액을 한꺼번에 내기 어렵다고 인정될 때에는 그 납부기한을 연기하거나 분할 납부하게 할 수 있다.[23]

하지만 과징금 납부기한이 연기되거나 분할 납부가 허용된 과징금 납부의무자가 ① 분할 납부하기로 한 과징금을 그 납부기한까지 내지 않은 경우,

---

21) 대법원 2015. 6. 24. 선고 2015두39378 판결.
22) 행정기본법 제28조.
23) 행정기본법 제29조.

② 담보 제공 요구에 따르지 않거나 제공된 담보의 가치를 훼손하는 행위를 한 경우, ③ 강제집행, 경매의 개시, 파산선고, 법인의 해산, 국세 또는 지방세 강제징수 등의 사유로 과징금의 전부 또는 나머지를 징수할 수 없다고 인정되는 경우, ④ 사유가 해소되어 과징금을 한꺼번에 납부할 수 있다고 인정되는 경우 등에 해당하는 경우에는 그 즉시 과징금을 한꺼번에 징수할 수 있다.[24]

Ⅱ. 가산금과 가산세

1. 가산금

가산금이란 급부의무의 불이행에 대한 제재로서 과하는 '금전부담'을 말한다. 예컨대 국세를 납부기한까지 완납하지 아니한 때에는 그 납부기한이 경과한 날로부터 체납된 국세에 대하여 100분의 3에 해당하는 가산금을 부과하는 것을 들 수 있다. 납부기한이 경과한 날로부터 매 1월이 지날 때마다 체납금액의 1000분의 12에 상당하는 가산금이 추가로 부과되는데 이를 '중가산금'이라 한다. 중가산금을 계속해서 부과하다보면 체납원금보다 가산금액이 더 커질 수 있으므로 이를 막기 위해 중가산금의 부과는 60개월 이내로 제한하고 있다.

2. 가산세

가산세란 세법상의 의무위반자에 대하여 과하여 지는 제재로서의 '추가 조세'를 말한다. 예컨대 법인세법상 과세표준을 미신고 또는 과소신고 하거나 상업장부의 비치 또는 기장을 하지 않은 경우에 산출세액의 100분의 10 내지 20의 추가 조세를 과하는 것이 이에 해당한다.

---

24) 행정기본법 시행령 제7조 제3항.

제 3 절 비금전적 제재

Ⅰ. 공급거부

1. 의 의

공급거부란 행정법상의 의무를 위반하였거나 불이행한 자에 대해 일정한 행정상의 역무 또는 재화의 공급을 중단하는 행정조치를 말한다. 예컨대 건축법상 법령을 위반한 건축물 또는 이전명령을 받고서도 이에 응하지 않는 공장 등에 대하여 수도의 공급을 거부하는 것 등이 이에 해당한다.

2. 법적 근거

공급거부는 국민생활에 직접 피해를 줄 수 있는 침익적 성질의 조치인 까닭에 반드시 법적 근거를 요한다.

3. 한 계

공급거부는 국민의 생활에 직접 불편을 초래할 수 있기 때문에 항상 비례원칙 또는 부당결부금지 원칙 등에 의한 재량통제가 엄격하게 이루어지는 영역이다. 특히 최소한의 공공서비스 또는 보편적 서비스에 해당하는 역무는 공급거부가 제한된다.

Ⅱ. 관허사업의 제한

1. 의 의

관허사업(官許事業)의 제한은 일정한 행정법상의 의무위반이 있는 경우에 의무위반자가 기존에 향유하고 있는 인가·허가사업을 정지·취소함으로써 행정법상의 의무이행을 간접적으로 강제하는 수단이다.

2. 종 류

(1) 의무위반과 직접 관련 있는 관허사업 제한

「건축법」을 위반한 건축물을 이용한 영업허가를 제한하거나 「식품위생법」상 의무를 위반한 경우 영업허가를 취소하는 것처럼 의무위반과 직접 관련이 있는 관허사업을 제한하는 것을 말한다.

(2) 의무위반과 직접 관련 없는 관허사업 제한

「국세징수법」에 따라 국세를 체납한 자에 대해 일반적 관허사업을 제한하는 경우, 병역의무를 이행하지 않은 자에 대해 각종 관허업(官許業)의 특허·허가·인가·면허·등록 또는 지정 등을 제한하는 경우처럼 국세 체납이나 병역의무 불이행 등에 대하여 이와 직접 관련이 없는 각종 관허사업을 제한하는 것을 말한다.

3. 법적 근거

관허사업의 제한은 국민의 영업의 자유 및 생존권에 직접적인 영향을 주는 침익적 행위이므로 법적 근거가 반드시 필요하다.

4. 한 계

비례원칙, 부당결부금지원칙 등에 의한 재량적 통제가 필요한 영역이다. 특히 의무위반과 직접 관련 없는 관허사업 제한은 부당결부금지원칙의 위반 가능성이 크다. 하지만 의무위반과 직접 관련 없는 관허사업을 제한할 때에는 반드시 법적 근거가 있어야 하므로 실제로 부당결부금지원칙을 위반하는 경우는 거의 없을 것으로 보인다.

Ⅲ. 사실(명단)의 공표

1. 의 의

사실의 공표 또는 명단의 공표란 행정법상 의무위반 또는 의무불이행이 있는 경우 그 명단과 위반사실을 공중이 알 수 있도록 공표하는 것을 말한다. 예컨대 고액체납자나 미성년자를 상대로 성매매를 한 자의 명단을 공개하는 것이 이에 해당한다.

2. 법적 성질

명단 공표의 법적 성질에 관하여는 ① '공표'라는 사실로서 종료되는 것이지 상대방의 수인의무 등을 수반하지 않으므로 '비권력적 사실행위'라는 견해와 ② 일방적 공표행위로 상대방의 명예, 신용, 프라이버시 등이 침해될 수 있으므로 '권력적 사실행위'로 보아야 한다는 견해가 대립한다.

명단공표결정이 통보되는 경우와 통보 없이 바로 공표되는 경우를 나누어서 ① 결정이 통보되는 때에는 명단결정통보는 행정행위이고 공표는 단순한 사실행위에 불과하지만 ② 통보 없이 바로 공표되는 때에는 공표행위는 권력적 사실행위로 보아야 한다는 견해25)도 있다. 하지만 이는 명단공표가 행정쟁송의 대상이 된다는 전제하에 무엇을 행정쟁송의 대상으로 삼을 것인지를 논의할 때에는 의미가 있으나, 명단공표는 행정쟁송의 대상이 되지 않는다고 보는 입장에서는 이러한 구별이 전혀 의미가 없다 할 것이다.

3. 구 제

⑴ 행정쟁송

명단 공표의 법적 성질을 '비권력적 사실행위'로 볼 경우 처분성이 부인되어 행정쟁송을 통한 구제가 불가능할 것이며, '권력적 사실행위'로 본다면 처분성이 인정된다. 명단의 공표는 법이 규정하고 있는 요건을 충족한 경우 이를 사실상 공표하는 것에 불과하므로 '단순한 사실행위'로 보는 것이 타당하다. 따라서 처분성을 인정하기 어렵다.

명단의 공표가 명단공표결정통보와 공표로 나누어 이루어지는 경우, 결정통보는 처분성이 인정될 수 있다는 견해를 취하더라도 결정통보와 공표는 거의 동시에 이루어지는 경우가 대부분이므로 소송을 통하여 회복할 수 있는 이익, 이른바 소익이 인정되기 어렵다. 이에 대한 반론도 있다. 명단이 공표되더라도 취소판결을 받으면 명단의 삭제, 정정공고 등 결과제거 또는 원상회복이라는 소익이 존재한다는 주장이다.

하지만 잘못된 명단공표에 대해 행정쟁송을 제기하기보다는 명단의 삭제

---

25) 박균성(411면).

요청, 정정청구 등과 같은 직접적 수단을 통하여 구제하는 것이 보다 실효적일 수 있다. 삭제요청, 정정청구 등을 행정청이 거부하거나 부작위하는 경우, 이에 대해 취소심판, 이행심판, 취소소송, 부작위위법확인소송 등 행정쟁송을 제기하는 것이 보다 실효성 있는 구제절차가 될 것이다.

(2) 국가배상

위법한 명단공표 또는 잘못된 내용의 공표로 인하여 명예, 신용 등이 침해되어 손해가 발생한 경우에는 국가배상을 청구할 수 있다.

제 4 편

행정절차법

제1장 행정절차법

제1절 개 설

Ⅰ. 행정절차의 개념

1. 넓은 의미의 행정절차

넓은 의미의 행정절차는 행정입법, 행정계획, 행정처분, 행정지도 등과 같은 사전절차와 행정심판절차, 의무이행확보절차 등과 같은 사후절차를 모두 포함하는 개념으로 행정의사의 결정과 집행에 관련된 일체의 과정을 말한다.

2. 좁은 의미의 행정절차

좁은 의미의 행정절차란 종국적 행정처분의 형성과정상에 이루어지는 절차, 즉 행정입법, 행정처분 등과 같은 사전절차를 말한다.

Ⅱ. 행정절차의 필요성

1. 행정의 민주화

행정작용을 함에 있어서 공익과 사익을 조화하고 이해관계인의 참여를 절차적으로 보장해줌으로써 행정작용의 민주화를 기할 수 있다.

2. 행정의 적정화

행정행위를 함에 있어 이해관계인의 참여를 절차적으로 보장하는 것은 행정의 적법·타당성을 확보하고 행정운영의 적정화에 기여하게 된다.

3. 행정의 능률화

행정절차는 행정능률과 양립할 수 없는 개념이라는 오해를 할 수도 있으나 사실은 복잡 다양한 행정작용에 통일적 기준을 절차적으로 표준화하는 것은 오히려 행정작용을 간이·신속하게 하고 분쟁을 사전에 예방하게 하여 행정의 능률화에 이바지하게 된다.

4. 사전적 권리구제

사후적 권리구제는 이미 침해된 권익에 완전한 회복을 기대하기 어렵고 절차적으로 많은 시간과 비용을 필요로 하게 한다. 그러나 행정절차를 통하여 이해관계인의 참여를 보장함으로써 사전에 권익침해를 방지할 수 있다면 이는 사법적 권리구제의 결함을 보충하고 법치행정을 실질적으로 보장할 수 있을 것이다.

Ⅲ. 행정절차법의 발전 과정

대륙법계 국가에서는 전통적 법치주의 하에서 행정결정이 어떠한 절차를 거쳐 행하여지는가는 중요시 여기지 않았고, 다만 종국적 결정이 실정법에 합치되는지의 여부에만 관심을 가졌기에 행정절차에 관한 논의는 미약하였다.

이에 반하여 영미에서는 커먼로(Common Law)의 자연적 정의(Natural Justice)의 원칙에 따라 절차적 정당성이 일찍부터 발달하였다.

자연적 정의란 ① '어느 누구도 자신의 사건에 대하여 심판관이 될 수 없다(No one should be a judge in his own cause)'는 편견배제원칙(the Rule against Bias), ② '양당사자의 이야기를 모두 들어야 한다(Hear both sides to a dispute)'는 공정한 청문권 보장원칙(the Right to a fair Hearing) 등의 자연법상 원칙을 말한다.

영국의 경우에는 이러한 원칙에 반하여 행정처분을 하였을 때 상대방은 법원에 대하여 ① 처분의 집행중지를 명하는 중지명령(injunction), ② 행정청의 권한 및 의무의 존재 등을 확인하는 선언판결(declaration), ③ 하급법원이나 처분청에게 관계서류의 이송을 명하는 사건이송명령(certiorari) 등을 청구할 수 있다.

미국의 경우에는 자연적 정의의 원칙과 연방헌법수정 제5조 "어느 누구도 적법절차 없이는 생명·자유·재산 등을 박탈당하지 아니 한다(No person shall be deprived of life, liberty, or property without due process of law)"라는 규정을 이념으로 행정절차가 운영되어 오다가 이를 성문법으로 제정한 것이 1946년 행정절차법(Administrative Procedure Act)이다.

행정절차가 효율적으로 이루어지기 위해서는 상대방의 청문권이 보장되어야 하는데 행정과정에 대한 정보는 행정청이 독점하고 있는 경우가 대부분이어서 상대방이 효과적으로 청문권을 활용하는 것에 한계가 있었다. 그래서 행정과정에 대한 정보를 상대방도 알 수 있도록 하는 것이 투명한 행정절차의 바탕이 될 수 있다는 인식을 하게 되었고, 이에 따라 제정된 법이 국민의 행정정보 공개청구권을 보장하는 이른바 1966년의 정보자유법(Freedom of Information Act)이다.

그런데 행정정보를 공개하다보니 행정정보 속에 포함되어 있는 개인의 프라이버시나 개인정보가 노출되어 개인의 사생활이 침해되는 경우가 발생하였다. 이에 행정정보의 처리 과정상 개인의 프라이버시나 개인정보를 보호하는 제도적 장치를 마련할 필요성을 느끼게 되었고, 이에 개인정보 보호법이 제정되었다. 따라서 행정절차에 관한 법은 행정절차법, 정보공개법, 개인정보 보호법이 상호 유기적으로 연계되어 발전된 것이다.

Ⅳ. 행정절차의 법적 의의

처분이나 행정상 입법예고, 행정예고, 행정지도 등의 행정작용 그리고 행정청이 관여하는 행정작용을 전제로 하는 사인의 공법행위로서 신고와 같이 행정과정을 구성하는 사전절차를 행정절차라고 부르며, 이를 규율하는 일반법으로서 「행정절차법」이 1996년 12월 31일 법률 제5241호로 제정되었다.[1]

행정절차는 그 궁극적인 목표를 구현하면서 법치국가원리의 행정법적 표현인 행정의 법률적합성을 제도적으로 구체화하고 실질적 정의의 실현에 기

---

1) 당초 1987년 「행정절차법(안)」이 입법예고되었으나, 국회제출이 보류된 채 행정규칙인 「행정절차운영지침」이 국무총리훈령으로 마련되어 1990년 3월부터 시행되어오다 1996년 8월 새로운 「행정절차법(안)」이 입법예고절차를 거쳐 1998년 1월부터 「행정절차법」으로 시행되었다.

여할 수 있다는 점에 그 의의가 있다.

헌법재판소도 "체포·구속·압수 또는 수색을 할 때에는 적법한 절차에 따라 검사의 신청에 의하여 법관이 발부한 영장을 제시하여야 한다고 규정한 헌법 제12조 세3항 본문은 동조 세1항과 함께 적법절차원리의 일반조항에 해당하는 것으로서, 형사절차상의 영역에 한정되지 않고 입법·행정 등 국가의 모든 공권력의 작용에는 절차상의 적법성뿐만 아니라 법률의 구체적 내용도 합리성과 정당성을 갖춘 실체적인 적법성이 있어야 한다는 적법절차의 원칙을 헌법의 기본원리로 명시하고 있는 것"이라 하였으며,[2] 대법원 역시 "헌법상 적법절차의 원칙은 형사소송절차뿐만 아니라 국민에게 부담을 주는 행정작용에서도 준수되어야 하므로 그 기본정신은 과세처분에 대해서도 그대로 관철되어야 한다. 행정처분에 처분의 이유를 제시토록 한「행정절차법」이 그 적용배제 대상으로 조세관계법령에 의한 조세의 부과·징수에 관한 사항을 규정한 같은 법 제3조 제2항 제9호 및 법 시행령 제2조 제5호에 따라 과세처분에 직접 적용되지는 않지만, 그 기본원리가 과세처분의 장면이라 하여 본질적으로 달라져서는 안 되는 것이고 이를 완화하여 적용할 하등의 이유도 없다"라고 판시한 바 있다.[3]

제 2 절   행정절차법 총칙

I. 행정절차법의 입법취지와 적용범위

1. 행정절차법의 입법목적

우리나라「행정절차법」은 행정절차에 관한 공통적인 사항을 규정하여 국민의 행정 참여를 도모함으로써 행정의 공정성·투명성 및 신뢰성을 확보하고

---

2) 헌재 1992. 12. 24. 92헌가8 결정.
3) 개별 세법에 납세고지에 관한 별도 규정이 없더라도 국세징수법이 정한 것과 같은 납세고지 요건을 갖추지 않으면 안 된다는 것이고, 이는 적법절차원칙이 과세처분에도 적용됨에 따른 당연한 귀결이다. … 하나의 납세고지서로 복수의 과세처분을 함께 하는 경우 과세처분별로 그 세액과 산출근거 등을 구분 기재함으로써 납세의무자가 각 과세처분의 내용을 알 수 있도록 해야 하는 것 역시 당연하다고 할 것이다(대법원 2012. 10. 18. 선고 2010두12347 판결).

국민의 권익을 보호함을 목적으로 한다. 이와 같은 입법취지의 달성을 위하여 현행 「행정절차법」은 총 7개의 장(章)으로 구성되어 있다. 총칙으로서 제1장은 위와 같은 「행정절차법」의 입법목적을 규정한 제1조를 포함하여 법률용어의 개념에 관한 정의와 적용범위를 규율하고 있을 뿐 아니라 신의성실·신뢰보호 및 투명성에 관한 원칙적 규율을 하고 있는 제4조 및 제5조 등으로 구성된 제 1절도 담고 있다.

그 밖에도 제1장에서는 행정청의 관할·협조에 관한 제2절, 당사자등에 관한 제3절,[4] 송달 및 기간·기한의 특례에 관한 제4절이 있다. 이러한 총괄적 원칙이 적용되는 부문으로 처분(제2장), 신고(제3장), 행정상 입법예고(제4장), 행정예고(제5장), 행정지도(제6장), 국민참여의 확대(제7장) 등이 규정되어 있고 보칙(제8장)과 부칙이 마련되어 있다.

2. 행정절차법의 적용범위

(1) 원 칙

처분, 신고, 행정상 입법예고, 행정예고 및 행정지도의 절차를 의미하는 행정절차에 관하여 다른 법률에 특별한 규정이 있는 경우를 제외하고는 「행정절차법」이 정하는 바에 따른다. 여기서 처분이라 함은 행정청이 행하는 구체적 사실에 관한 법집행으로서의 공권력의 행사 또는 그 거부와 그 밖에 이에 준하는 행정작용으로서, 실체법상 행정행위 개념보다는 넓은 범위에서 소송대상이 설정되어 있다.[5] 이를 충족할 경우 다투려는 대상이 이 같은 쟁송법상 처분에 해당하여 소송요건을 갖추면, 대상적격이 있는 것으로 판단하여 실질적 권익구제를 위한 본안심리가 이루어질 수 있게 된다.[6] 한편, 처분을 포함한 행정작용의 실질적 주체로서 '행정청'은 행정에 관한 의사를 결정하여 표시하는 국가 또는 지방자치단체의 기관 및 그 밖에 '법령 등(법령 또는 자치법규)'에

---

4) 이하 '당사자등'이란 행정청의 처분에 대하여 직접 그 상대가 되는 당사자 및 행정청이 직권으로 또는 신청에 따라 행정절차에 참여하게 한 이해관계인 등을 말한다(「행정절차법」 제2조 제 4호 가목 및 나목 참조).

5) 실체법상 행정행위 개념은 행정청의 구체적 사실에 관한 법적 행위로서 법적 효과를 수반하는 일방적 공권력행사이어야 한다는 개념적 요소를 내포하고 있다. 따라서 강학상 행정행위는 특정인의 일정한 행위가 법령의 요건을 충족하고 있는 경우에 행정청이 법령이 정한 효과를 부여하는 작용이며, 행정청이 일방적으로 사실을 확정하고 그 확정사실에 법령을 해석·적용하여 처분의 상대방의 의사에 관계없이 직접적인 법적 효과를 부여하는 작용이다.

6) 이광윤·김민호(423~424면) 참조.

따라 행정권한을 가지고 있거나 위임 또는 위탁받은 공공단체 또는 그 기관이나 사인(私人)을 뜻한다.

(2) 예 외

① 국회 또는 지방의회의 의결을 거치거나 동의 또는 승인을 받아 행하는 사항, ② 법원 또는 군사법원의 재판에 의하거나 그 집행으로 행하는 사항, ③ 헌법재판소의 심판을 거쳐 행하는 사항, ④ 각급 선거관리위원회의 의결을 거쳐 행하는 사항, ⑤ 감사원이 감사위원회의의 결정을 거쳐 행하는 사항, ⑥ 형사(刑事), 행형(行刑) 및 보안처분 관계 법령에 따라 행하는 사항, ⑦ 국가안전보장·국방·외교 또는 통일에 관한 사항 중 행정절차를 거칠 경우 국가의 중대한 이익을 현저히 해칠 우려가 있는 사항, ⑧ 심사청구, 해양안전심판, 조세심판, 특허심판, 행정심판, 그 밖의 불복절차에 따른 사항, ⑨ 「병역법」에 따른 징집·소집, 외국인의 출입국·난민인정·귀화, 공무원 인사 관계 법령에 따른 징계와 그 밖의 처분, 이해 조정을 목적으로 하는 법령에 따른 알선·조정·중재(仲裁)·재정(裁定) 또는 그 밖의 처분 등 해당 행정작용의 성질상 행정절차를 거치기 곤란하거나 거칠 필요가 없다고 인정되는 사항 등에 대하여는 행정절차법을 적용하지 아니한다.

3. 행정절차의 비용 부담

현행 「행정절차법」은 제54조에서 "행정절차에 드는 비용은 행정청이 부담한다. 다만, 당사자등이 자기를 위하여 스스로 지출한 비용은 그러하지 아니하다"라고 하여 행정절차의 비용부담에 관한 원칙적 기준을 명문화하고 있다.

Ⅱ. 행정청의 책무와 권한

1. 신의성실 및 신뢰보호

행정청은 직무를 수행할 때 신의(信義)에 따라 성실(誠實)히 하여야 한다. 「행정절차법」 제4조 제1항뿐만 아니라, 지난 1974년 12월 21일 '국세에 관한 기본적이고 공통적인 사항과 위법 또는 부당한 국세처분에 대한 불복 절차를 규정함으로써 국세에 관한 법률관계를 명확하게 하고, 과세(課稅)를 공정하게 하며, 국민의 납세의무의 원활한 이행에 이바지함'을 목적으로 하여 법률 제2679호로 제정된 「국세기본법」은 제15조에서 "납세자가 그 의무를 이행할 때에는 신의에 따라 성실하게 하여야 한다. 세무공무원이 직무를 수행할 때에도 또한 같다"라고 규정하여 '신의성실'을 명문화하고 있다.

아울러 행정청은 '법령 등'의 해석 또는 행정청의 관행이 일반적으로 국민들에게 받아들여졌을 때에는 공익 또는 제3자의 정당한 이익을 현저히 해칠 우려가 있는 경우를 제외하고는 새로운 해석 또는 관행에 따라 소급하여 불리하게 처리하여서는 아니 된다.

민사상 대원칙인 신의성실의 원칙은 '일단 행한 의사표시나 법률행위는 번복할 수 없다'라고 하는 영미법의 estoppel[금반언(禁反言)] 법리에서 유래한 것이고 신뢰보호원칙은 법치국가원리에서 파생되는 행정통제의 과정론적 신뢰확보 수단이라는 점에서 양자는 달리 평가되어야 할 것이다.

2. 행정의 투명성

행정청이 행하는 행정작용은 그 내용이 구체적이고 명확하여야 하며, 행정작용의 근거가 되는 '법령 등'의 내용이 명확하지 아니한 경우 상대방은 해당 행정청에 그 해석을 요청할 수 있다. 이 경우 해당 행정청은 특별한 사유가 없으면 그 요청에 따라야 한다.

3. 행정청의 관할 및 협조

(1) 관 할

행정청이 그 관할에 속하지 아니하는 사안을 접수하였거나 이송받은 경우에는 지체 없이 이를 관할 행정청에 이송하여야 하고 그 사실을 신청인에게 통지하여야 한다. 행정청이 접수하거나 이송받은 후 관할이 변경된 경우에도 또한 같다. 행정청의 관할이 분명하지 아니한 경우에는 해당 행정청을 공통으로 감독하는 상급 행정청이 그 관할을 결정하며, 공통으로 감독하는 상급 행정청이 없는 경우에는 각 상급 행정청이 협의하여 그 관할을 결정한다.

(2) 행정청 간의 협조와 행정응원

「행정절차법」 제7조에 따라 행정청은 행정의 원활한 수행을 위하여 서로 협조(cooperation)하여야 한다. 한편, 행정청은 ① '법령 등'의 이유로 독자적인 직무 수행이 어려운 경우, ② 인원·장비의 부족 등 사실상의 이유로 독자적인 직무 수행이 어려운 경우, ③ 다른 행정청에 소속되어 있는 전문기관의 협조가 필요한 경우, ④ 다른 행정청이 관리하고 있는 문서7)·통계 등 행정자료가 직무 수행을 위하여 필요한 경우, ⑤ 다른 행정청의 응원을 받아 처리하는 것이 보다 능률적이고 경제적인 경우에 해당할 때에는 다른 행정청에 대하여 행정응원(行政應援; administrative backup)을 요청할 수 있다.

행정응원을 요청받은 행정청은 ① 다른 행정청이 보다 능률적이거나 경제적으로 응원할 수 있는 명백한 이유가 있는 경우나 ② 행정응원으로 인하여 고유의 직무 수행이 현저히 지장받을 것으로 인정되는 명백한 이유가 있는 경우에 해당하는 때에는 응원을 거부할 수 있으며, 행정응원을 요청받은 행정청이 응원을 거부하는 경우 그 사유를 응원을 요청한 행정청에 통지하여야 한다.

원칙적으로 행정응원을 위하여 파견된 직원은 응원을 요청한 행정청의 지휘·감독을 받으며, 다만 해당 직원의 복무에 관하여 다른 법령 등에 특별한 규정이 있는 경우에는 그에 따른다. 행정응원은 해당 직무를 직접 응원할 수 있는 행정청에 요청하여야 하며, 행정응원에 드는 비용은 응원을 요청한 행정청이 부담하고 그 부담금액 및 부담방법은 응원을 요청한 행정청과 응원을 하는 행정청이 협의하여 결정한다.

현행법상 행정응원을 명문화하고 있는 개별법의 규정으로는 「소방기본법」, 「수입식품안전관리 특별법」, 「식품위생법」, 「재난 및 안전관리 기본법」 등이 있다.

Ⅲ. 행정절차의 당사자와 특례

1. 행정절차에 있어서 당사자

(1) 당사자등의 자격

자연인과 '법인등(법인 또는 법인이 아닌 사단·재단)' 그리고 그 밖에 다른 '법령

---

7) 이하 문서라 함은 전자문서를 포함한다. 여기서 전자문서란 '컴퓨터 등 정보처리능력을 가진 장치에 의하여 전자적인 형태로 작성되어 송신·수신 또는 저장된 정보'를 말한다. 「행정절차법」 제2조 제8호 및 제8조 제1항 제4호 괄호부분 참조.

등'에 따라 권리·의무의 주체가 될 수 있는 자에 대하여 행정절차에 있어서의 당사자가 될 수 있는 자격이 인정된다. 여기서의 당사자는 '행정청의 처분에 대하여 직접 그 상대가 되는 당사자'뿐만 아니라 '행정청이 직권으로 또는 신청에 따라 행정절차에 참여하게 한 이해관계인 등'을 포함하는 개념이지만, 「행정절차법」 제2조 제4호에서는 이를 「당사자'등'」으로 표현하고 있다.[8]

(2) 지위의 승계

우선 '당사자등'이 사망하였을 때의 상속인과 다른 법령 등에 따라 당사자 등의 권리 또는 이익을 승계한 자는 당사자등의 지위를 승계하며, 당사자등인 법인등이 합병하였을 때에는 합병 후 존속하는 법인등이나 합병 후 새로 설립된 법인등이 당사자등의 지위를 승계한다. 당사자등의 지위를 승계한 자는 행정청에 그 사실을 통지하여야 하며, 당사자등 지위승계의 사실 통지가 있을 때까지 사망자 또는 합병 전의 법인등에 대하여 행정청이 한 통지는 당사자등의 지위를 승계한 자에게도 효력이 있다.

한편, 처분에 관한 권리 또는 이익을 사실상 양수한 자는 행정청의 승인을 받아 당사자등의 지위를 승계할 수 있으며, 당사자등의 지위를 승계하고자 하는 자는 행정청에 문서로 지위승계의 승인을 신청하여야 하고 지위승계 승인 신청을 받은 행정청은 지체 없이 승인 여부를 결정하여 신청인에게 통지하여야 한다.

(3) 대표자

다수의 당사자등이 공동으로 행정절차에 관한 행위를 할 때에는 대표자를 선정할 수 있으며, 당사자등은 대표자를 변경하거나 해임할 수 있다. 행정청은 당사자등이 대표자를 선정하지 아니하거나 대표자가 지나치게 많아 행정절차가 지연될 우려가 있는 경우에는 그 이유를 들어 상당한 기간 내에 3인 이내의 대표자를 선정할 것을 요청할 수 있으며, 이 경우 당사자등이 그 요청에 따르지 아니하였을 때에는 행정청이 직접 대표자를 선정할 수 있다. 대표자는 각자 그를 대표자로 선정한 당사자등을 위하여 행정절차에 관한 모든 행

---

8) 「행정절차법」 제2조(정의) 이 법에서 사용하는 용어의 뜻은 다음과 같다.
  4. '당사자등'이란 다음 각 목의 자를 말한다.
   가. 행정청의 처분에 대하여 직접 그 상대가 되는 당사자
   나. 행정청이 직권으로 또는 신청에 따라 행정절차에 참여하게 한 이해관계인

위를 할 수 있지만, 행정절차를 끝맺는 행위에 대하여는 당사자등의 동의를 받아야 한다. 대표자가 있는 경우에 당사자등은 그 대표자를 통해서만 행정절차에 관한 행위를 할 수 있으며, 다수의 대표자가 있는 경우 그중 1인에 대한 행정청의 행위는 모든 당사자등에게 효력이 있다.[9)]

(4) 대리인

당사자등은 ① 당사자등의 배우자, 직계 존속·비속 또는 형제자매, ② 당사자등이 법인등인 경우 그 임원 또는 직원, ③ 변호사, ④ 행정청의 허가나 청문의 경우에는 청문 주재자의 허가를 받은 자, ⑤ 법령 등에 따라 해당 사안에 대하여 대리인이 될 수 있는 자 가운데 어느 하나에 해당하는 자를 대리인으로 선임할 수 있다. 이 경우 대리인의 선임허가를 받고자 하는 당사자등은 행정청 또는 청문 주재자(청문의 경우에 한한다)에게 문서로 선임허가를 신청하여야 한다.

(5) 대표자·대리인의 통지

당사자등이 대표자 또는 대리인을 선정하거나 선임하였을 때에는 지체 없이 그 사실을 행정청에 통지하여야 한다. 대표자 또는 대리인을 변경하거나 해임하였을 경우에도 또한 같다. 만일 청문 주재자가 대리인의 선임을 허가한 경우에는 청문 주재자가 당해 사실을 행정청에 통지하여야 한다. 대표자 또는 대리인의 선정·선임 및 변경·해임에 관한 통지는 문서로 하여야 한다.

(6) 이해관계인의 참여

행정절차에 참여하고자 하는 이해관계인은 행정청에게 참여대상인 절차와 참여이유를 기재한 문서로 참여를 신청하여야 하며, 이해관계인의 참여 신청을 받은 때에는 행정청은 지체 없이 참여 여부를 결정하여 신청인에게 통지하여야 한다.

2. 송달 및 기간·기한의 특례

(1) 송 달

송달은 우편, 교부 또는 정보통신망 이용 등의 방법으로 하되,[10)] 송달받을

---

9) 다만, 행정청의 통지는 대표자 모두에게 하여야 그 효력이 있다(「행정절차법」 제11조 제6항 단서 참조).

자(대표자 또는 대리인을 포함한다. 이하 같다)의 주소(住所)·거소(居所)·영업소·사무소 또는 전자우편주소(이하 '주소 등'이라 한다)로 한다. 다만, 송달받을 자가 동의하는 경우에는 그를 만나는 장소에서 송달할 수 있다.

교부에 의한 송달의 경우 수령확인서를 받고 문서를 교부함으로써 하고, 송달하는 장소에서 송달받을 자를 만나지 못한 경우에는 그 사무원·피용자(被傭者) 또는 동거인으로서 사리를 분별할 지능이 있는 사람(이하 '사무원 등'이라 한다)에게 문서를 교부할 수 있으며, 문서를 송달받을 자 또는 그 '사무원 등'이 정당한 사유 없이 송달받기를 거부하는 때에는 그 사실을 수령확인서에 적고 문서를 송달할 장소에 놓아둘 수 있다. 다만, 정보통신망을 이용한 송달은 송달받을 자가 동의하는 경우에만 한하며, 이 경우 송달받을 자는 송달받을 전자우편주소 등을 지정하여야 한다.

한편, 송달받을 자의 '주소 등'을 통상적인 방법으로 확인할 수 없거나 송달이 불가능한 경우에는 송달받을 자가 알기 쉽도록 관보, 공보, 게시판, 일간신문 중 하나 이상에 공고하고 인터넷에도 공고하여야 하며, 행정청은 송달하는 문서의 명칭, 송달받는 자의 성명 또는 명칭, 발송방법 및 발송 연월일을 확인할 수 있는 기록을 보존하여야 한다.

⑵ 송달의 효력 발생

송달은 다른 '법령 등'에 특별한 규정이 있는 경우를 제외하고는 해당 문서가 송달받을 자에게 도달됨으로써 그 효력이 발생함이 원칙이지만, 정보통신망을 이용하여 전자문서로 송달하는 때에는 송달받을 자가 지정한 컴퓨터 등에 입력된 때에 도달된 것으로 의제된다. 한편, 송달받을 자의 '주소 등'을 통상적인 방법으로 확인할 수 없거나 송달이 불가능한 경우에는 송달받을 자가 알기 쉽도록 관보, 공보, 게시판, 일간신문 중 하나 이상에 공고하고 인터

---

10) 「행정절차법」은 제2조 제9호에서 정보통신망의 개념을 "전기통신설비를 활용하거나 전기통신설비와 컴퓨터 및 컴퓨터 이용기술을 활용하여 정보를 수집·가공·저장·검색·송신 또는 수신하는 정보통신체제"로 정의하고 있다. 한편, 같은 용어를 처음 쓴 「정보통신망 이용촉진 및 정보보호 등에 관한 법률」의 경우 제2조 제1항 제1호에서 "「전기통신사업법」 제2조 제2호에 따른 전기통신설비를 이용하거나 전기통신설비와 컴퓨터 및 컴퓨터의 이용기술을 활용하여 정보를 수집·가공·저장·검색·송신 또는 수신하는 정보통신체제"로 규정하고 있으며, 「전기통신사업법」 제2조 제2호에 따른 '전기통신설비'라 함은 "「전기통신사업법」 제2조 제1호의 전기통신(유선·무선·광선 또는 그 밖의 전자적 방식으로 부호·문언·음향 또는 영상을 송신하거나 수신하는 것)을 하기 위한 기계·기구·선로 또는 그 밖에 전기통신에 필요한 설비"를 말한다.

넷에도 공고하는 경우에는 다른 법령 등에 특별한 규정이 있는 경우를 제외하고는 공고일부터 14일이 지난 때에 그 효력이 발생하며, 다만, 긴급히 시행하여야 할 특별한 사유가 있어 효력 발생 시기를 달리 정하여 공고한 경우에는 그에 따른다.

(3) 기간 및 기한의 특례

천재지변이나 그 밖에 당사자에게 책임이 없는 사유로 기간 및 기한을 지킬 수 없는 경우에는 그 사유가 끝나는 날까지 기간의 진행이 정지되며, 외국에 거주하거나 체류하는 자에 대한 기간 및 기한은 행정청이 그 우편이나 통신에 걸리는 일수(日數)를 고려하여 정하여야 한다.

제 3 절   처   분

앞에서 본 바와 같이 「행정절차법」 제2조 제2호에서는 '처분'의 개념을 '행정청이 행하는 구체적 사실에 관한 법 집행으로서의 공권력의 행사 또는 그 거부와 그 밖에 이에 준하는 행정작용(行政作用)'으로 정의하고 있으며, 여기서 행정청이라 함은 같은 조 제1호에서 규정한 대로 "행정에 관한 의사를 결정하여 표시하는 국가 또는 지방자치단체의 기관 및 그 밖에 '법령 등'에 따라 행정권한을 가지고 있거나 위임 또는 위탁받은 공공단체 또는 그 기관이나 사인(私人)"을 말한다. 따라서 행정절차법상 처분은 조직법적 관점에서의 행정기관의 행정작용으로 한정되는 것이 아니라 기능적 측면에서 실질적인 처분의 주체가 행하는 쟁송법상(爭訟法上) '처분' 관념을 의미한다.

Ⅰ. 처분의 신청과 처분

1. 처분의 신청

행정청에 처분을 구하는 신청은 문서로 하여야 함이 원칙이고 다만, 다른 법령 등에 특별한 규정이 있는 경우와 행정청이 미리 다른 방법을 정하여 공시한 경우에는 그러하지 아니하다. 처분을 신청할 때에는 전자문서로 하는 경우에는 행정청의 컴퓨터 등에 입력된 때에 신청한 것으로 본다.

행정청은 신청에 필요한 구비서류, 접수기관, 처리기간, 그 밖에 필요한
사항을 인터넷 등을 통한 방법을 포함하여 게시하거나 이에 대한 편람을 갖추
어 두고 누구나 열람할 수 있도록 하여야 한다. 행정청은 신청을 받았을 때에
는 다른 법령 등에 특별한 규정이 있는 경우를 제외하고는 그 접수를 보류 또
는 거부하거나 부당하게 되돌려 보내서는 아니 되며, 신청을 접수한 경우에는
신청인에게 접수증을 주어야 한다. 다만, 대통령령으로 정하는 경우에는 접수
증을 주지 아니할 수 있는바, 현행 「행정절차법 시행령」 제9조는 '대통령령이
정하는 경우'로 ① 구술·우편 또는 정보통신망에 의한 신청, ② 처리기간이
'즉시'로 되어 있는 신청, ③ 접수증에 갈음하는 문서를 주는 신청의 경우를 열
거하고 있다.

만일 신청에 구비서류의 미비 등 흠이 있는 경우에는 행정청은 보완에 필
요한 상당한 기간을 정하여 지체 없이 신청인에게 보완을 요구하여야 하며,[11)]
행정청은 신청인이 보완에 필요하다고 정한 상당한 기간 내에 보완을 하지 아
니하였을 때에는 그 이유를 구체적으로 밝혀 접수된 신청을 되돌려 보낼 수
있다.

또한 행정청은 신청인의 편의를 위하여 다른 행정청에 신청을 접수하게
할 수 있으며, 이 경우 행정청은 다른 행정청에 접수할 수 있는 신청의 종류를
미리 정하여 공시하여야 한다. 아울러 행정청은 다수의 행정청이 관여하는 처
분을 구하는 신청을 접수한 경우에는 관계 행정청과의 신속한 협조를 통하여
그 처분이 지연되지 않도록 하여야 한다.

한편, 처분이 있기 전에는 신청인은 다른 법령 등에 특별한 규정이 있거
나 그 신청의 성질상 보완·변경하거나 취하할 수 없는 경우를 제외하고는 그
신청의 내용을 보완·변경하거나 취하할 수 있다.

2. 행정청의 처분

⑴ 처리기간의 설정·공표

행정청은 신청인의 편의를 위하여 처분의 처리기간을 종류별로 미리 정

---

11) 다만, 「행정절차법 시행령」 제10조는 "행정청은 신청인의 소재지가 분명하지 아니하여 법 제
17조 제5항의 규정에 의한 보완의 요구가 2회에 걸쳐 반송된 때에는 신청을 취하한 것으로 보
아 이를 종결처리할 수 있다."라고 규정하고 있다.

하여 공표하여야 한다. 다만, 부득이한 사유로 처리기간 내에 처분을 처리하기 곤란한 경우에는 해당 처분의 처리기간의 범위에서 한 번만 그 기간을 연장할 수 있으나 이 경우 처리기간의 연장 사유와 처리 예정 기한을 지체 없이 신청인에게 통지를 하여야 한다. 한편, 행정청이 정당한 처리기간 내에 처리하지 아니하였을 때에는 신청인은 해당 행정청 또는 그 감독 행정청에 신속한 처리를 요청할 수 있다.

(2) 처분기준의 설정 · 공표

행정청은 필요한 처분기준을 해당 처분의 성질에 비추어 되도록 구체적으로 정하여 공표하여야 하며, 처분기준을 당사자등이 알기 쉽도록 편람을 만들어 비치하거나 게시판 · 관보 · 공보 · 일간신문 또는 소관 행정청의 인터넷 홈페이지 등에 공고하여야 한다. 처분기준을 변경하는 경우에도 또한 같다. 만일 처분기준을 공표하는 것이 해당 처분의 성질상 현저히 곤란하거나 공공의 안전 또는 복리를 현저히 해치는 것으로 인정될 만한 상당한 이유가 있는 경우에는 처분기준을 공표하지 아니할 수 있다. 한편, 당사자등은 공표된 처분기준이 명확하지 아니한 경우 해당 행정청에 그 해석 또는 설명을 요청할 수 있고 이 경우 해당 행정청은 특별한 사정이 없으면 그 요청에 따라야 한다.

(3) 처분의 사전 통지

행정청은 당사자에게 의무를 부과하거나 권익을 제한하는 처분을 하는 경우에는 ① 처분의 제목, ② 당사자의 성명 또는 명칭과 주소, ③ 처분하려는 원인이 되는 사실과 처분의 내용 및 법적 근거, ④ 처분의 원인사실 · 내용 및 법적 근거에 대하여 의견을 제출할 수 있다는 뜻과 의견을 제출하지 아니하는 경우의 처리방법, ⑤ 의견제출 기관의 명칭과 주소, ⑥ 의견제출에 필요한 상당한 기간을 고려하여 정해야 하는 의견제출 기한 등을 반드시 당사자등에게 미리 알려야 한다. 처분의 사전 통지는 강학상 준법률행위적 행정행위 가운데 통지(通知)에 해당한다. 만일 청문을 하는 경우라면 행정청은 청문이 시작되는 날부터 10일 전까지 위 사항을 당사자등에게 통지하여야 하며, 이 경우 위 ④, ⑤, ⑥의 사항은 청문 주재자의 소속 · 직위 및 성명, 청문의 일시 및 장소, 청문에 응하지 아니하는 경우의 처리방법 등 청문에 필요한 사항으로 갈음하게 된다.

　　다만, ① 공공의 안전 또는 복리를 위하여 긴급히 처분을 할 필요가 있는 경우, ② 법령 등에서 요구된 자격이 없거나 없어지게 되면 반드시 일정한 처분을 하여야 하는 경우에 그 자격이 없거나 없어지게 된 사실이 법원의 재판 등에 의하여 객관적으로 증명된 경우, ③ 해당 처분의 성질상 의견청취가 현저히 곤란하거나 명백히 불필요하다고 인정될 만한 상당한 이유가 있는 경우 가운데 어느 하나에 해당하는 경우에는 처분의 사전 통지를 하지 아니할 수 있다.

　　당사자의 신청을 거부하는 '거부처분'은 불이익처분에 해당하지 않아 사전통지의 대상이 아니다.[12]

　　이처럼 처분의 사전 통지를 하지 아니하는 경우 행정청은 처분을 할 때 당사자등에게 통지를 하지 아니한 사유를 알려야 하지만, 신속한 처분이 필요한 경우에는 처분 후에 그 사유를 고지할 수 있다.

(4) 처분의 이유 제시

　　행정청은 처분을 할 때에는 ① 신청 내용을 모두 그대로 인정하는 처분인 경우, ② 단순·반복적인 처분 또는 경미한 처분으로서 당사자가 그 이유를 명백히 알 수 있는 경우, ③ 긴급히 처분을 할 필요가 있는 경우에 해당하는 때를 제외하고는 당사자에게 그 근거와 이유를 제시하여야 한다.

　　행정청이 처분의 이유를 제시하는 경우에는 처분의 원인이 되는 사실과 근거가 되는 법령 또는 자치법규의 내용을 구체적으로 명시하여야 하며, 특히 ②와 ③의 경우에는 행정청은 처분 후 당사자가 요청하는 경우에는 그 근거와 이유를 제시하여야 한다.

(5) 처분의 방식

　　행정청이 처분을 할 때에는 다른 법령 등에 특별한 규정이 있는 경우를 제외하고는 문서로 하여야 하며, 전자문서로 하는 경우에는 당사자등의 동의가 있어야 한다. 다만, 신속히 처리할 필요가 있거나 사안이 경미한 경우에는 말(구두) 또는 그 밖의 방법으로 할 수 있으나 이 경우 당사자가 요청하면 지체 없이 처분에 관한 문서를 주어야 한다. 또한 처분을 하는 문서에는 해당 처분 행정청과 담당자의 소속·성명 및 전화번호·팩스번호·전자우편주소 등 연락

---

12) 대법원 2003. 11. 28. 선고 2003두674 판결.

처를 적어야 한다.

(6) 처분의 정정

행정청은 처분에 오기(誤記), 오산(誤算) 또는 그 밖에 이에 준하는 명백한 오류(誤謬), 즉 잘못이 있을 때에는 직권으로 또는 신청에 따라 지체 없이 정정하고 그 사실을 당사자에게 통지하여야 한다.

(7) 고 지

행정청이 처분을 할 때에는 당사자에게 그 처분에 관하여 행정심판 및 행정소송을 제기할 수 있는지 여부, 그 밖에 불복을 할 수 있는지 여부, 청구절차 및 청구기간, 그 밖에 필요한 사항을 알려야 한다.

Ⅱ. 의견청취

1. 개 설

행정청은 법령 등에서 부여된 권한에 따라 처분을 하는 경우에「행정절차법」에서 명시하고 있는 의견청취의 의무를 부담한다. 의견청취는 행정청의 청문 실시나 공청회 개최 및 당사자등의 의견제출과 같은 방식으로 이루어진다.

우선 ① 다른 법령 등에서 청문을 하도록 규정하고 있는 경우, ② 행정청이 필요하다고 인정하는 경우, ③ 인허가 등의 취소, 신분·자격의 박탈, 법인이나 조합 등의 설립허가의 취소에 관한 처분 시 의견제출 기한 내에 당사자 등의 신청이 있는 경우에는 행정청은 청문을 실시하여야 한다.

만일 ① 다른 법령 등에서 공청회를 개최하도록 규정하고 있는 경우나 ② 당해 처분의 영향이 광범위하여 널리 의견을 수렴할 필요가 있다고 행정청이 인정하는 경우에 해당할 때에는 행정청이 처분을 할 때 공청회를 개최하여야 한다.

특히 행정청이 당사자에게 의무를 부과하거나 권익을 제한하는 처분을 할 때 청문·공청회 방식의 의견청취 해당사유가 아니라면 당사자등에게 의견제출의 기회를 주어야 한다.

그럼에도 불구하고 행정청은 제21조 제4항에 따른 사전 통지 면제사유 세 가지[13] 중 어느 하나에 해당하는 경우와 당사자가 의견진술의 기회를 포기한

---

13) 행정절차법 제21조(처분의 사전 통지) ④ 다음 각 호의 어느 하나에 해당하는 경우에는 제1항

다는 뜻을 명백히 표시한 경우에는 의견청취를 하지 아니할 수 있다. 청문·공청회 또는 의견제출 등 의견청취 절차를 거쳤을 때에는 신속히 처분하여 해당 처분이 지연되지 아니하도록 하여야 한다. 또한 행정청은 처분 후 1년 이내에 당사자등이 요청하는 경우 의경청취를 위하여 제출받은 서류나 그밖의 물건을 반환하여야 한다.

2. 의견제출

당사자등은 처분 전에 그 처분의 관할 행정청에 서면이나 말(구두)로 또는 정보통신망을 이용하여 의견제출을 할 수 있고, 의견제출을 하는 경우 그 주장을 입증하기 위한 증거자료 등을 첨부할 수 있으며, 행정청은 당사자등이 말(구두)로 의견제출을 하는 때에는 서면으로 그 진술의 요지와 진술자를 기록하여야 한다.

처분을 하는 때에 당사자등이 제출한 의견이 상당한 이유가 있다고 인정하는 경우에는 이를 반영하여야 하지만, 만일 당사자등이 정당한 이유 없이 의견제출 기한까지 의견제출을 하지 아니한 경우에는 의견이 없는 것으로 본다.

3. 청 문

(1) 청문 주재자

청문은 행정청이 소속 직원 또는 대통령령에서 규정하는 자격을 가진 사람 가운데 선정하는 사람이 주재한다. 대통령령으로 정하는 사람 중에서 선정된 청문 주재자는 「형법」이나 그 밖의 다른 법률에 따른 벌칙을 적용할 때에는 공무원으로 보며, 독립하여 공정하게 직무를 수행하고 그 직무 수행을 이유로 본인의 의사에 반하여 신분상 어떠한 불이익도 받지 않는다. 행정청은 청문 주재자의 선정이 공정하게 이루어지도록 노력하여야 하며, 청문이 시작되는 날부터 7일 전까지 청문 주재자에게 청문과 관련한 필요한 자료를 미리 통지하여야 한다.

에 따른 통지를 하지 아니할 수 있다.
1. 공공의 안전 또는 복리를 위하여 긴급히 처분을 할 필요가 있는 경우
2. 법령등에서 요구된 자격이 없거나 없어지게 되면 반드시 일정한 처분을 하여야 하는 경우에 그 자격이 없거나 없어지게 된 사실이 법원의 재판 등에 의하여 객관적으로 증명된 경우
3. 해당 처분의 성질상 의견청취가 현저히 곤란하거나 명백히 불필요하다고 인정될 만한 상당한 이유가 있는 경우.

(2) 청문 주재자의 제척 · 기피 · 회피

청문 주재자가 ① 자신이 당사자등이거나 당사자등과「민법」제777조 각
호[14]의 어느 하나에 해당하는 친족관계에 있거나 있었던 경우, ② 자신이 해
당 처분과 관련하여 증언이나 감정(鑑定)을 한 경우, ③ 자신이 해당 처분의 당
사자등의 대리인으로 관여하거나 관여하였던 경우, ④ 자신이 해당 처분업무
를 직접 처리하거나 처리하였던 경우, ⑤ 자신이 해당 처분업무를 처리하는
부서에 근무하는 경우에 해당하면 청문을 주재할 수 없다. 만일 청문 주재자
에게 공정한 청문의 진행을 할 수 없는 사정이 있는 때에는 당사자등이 행정
청에 대하여 기피신청을 할 수 있으며, 이 경우 행정청은 청문을 정지하고 기
피신청이 이유가 있다고 인정할 때에는 해당 청문 주재자를 지체 없이 교체하
여야 한다. 위와 같은 제척 또는 기피 사유에 해당하는 경우에는 청문 주재자가
행정청의 승인을 받아 스스로 청문의 주재를 회피할 수 있다.

(3) 청문의 방식
1) 청문의 공개

청문은 당사자가 공개를 신청하거나 청문 주재자가 필요하다고 인정하는
경우에 공개할 수 있지만, 공익 또는 제3자의 정당한 이익을 현저히 해칠 우
려가 있는 경우에는 공개해서는 안 된다. 당사자가 청문의 공개를 신청하고자
하는 때에는 청문일 전까지 청문 주재자에게 공개신청서를 제출하여야 하며,
청문 주재자는 당사자가 제출한 공개신청서를 지체 없이 검토하여 공개 여부
를 당사자등에게 알려야 한다.

2) 청문의 진행

청문 주재자가 청문을 시작할 때에는 먼저 예정된 처분의 내용과 그 원인
이 되는 사실 및 법적 근거 등을 설명하여야 하며, 청문의 신속한 진행과 질서
유지를 위하여 필요한 조치를 할 수 있다. 당사자등은 의견을 진술하고 증거를
제출할 수 있으며, 참고인이나 감정인 등에게 질문할 수 있다. 당사자등이 의견
서를 제출한 경우에는 그 내용을 출석하여 진술한 것으로 본다. 이 경우 청문에
출석하여 진술한 것으로 보는 의견서는 청문이 종결될 때까지 또는 기간이 연
장된 경우에는 그 기간이 종료될 때까지 청문 주재자에게 제출된 것에 한한다.

---

14) 1. 8촌 이내의 혈족, 2. 4촌 이내의 인척, 3. 배우자.

청문을 계속할 경우에는 행정청은 당사자등에게 다음 청문의 일시 및 장소를 서면으로 통지하여야 하며, 당사자등이 동의하는 경우에는 전자문서로 통지할 수 있다. 아울러 행정청은 직권으로 또는 당사자 신청에 따라 여러 개의 사안을 병합하거나 분리하여 청문을 할 수도 있다.

3) 증거조사

청문 주재자는 직권으로 또는 당사자의 신청에 따라 필요한 조사를 할 수 있으며, 당사자등이 주장하지 아니한 사실에 대하여도 조사할 수 있다. 다만, 당사자등은 증거조사를 신청하고자 하는 때에는 청문 주재자에게 증명할 사실과 증거조사의 방법을 구체적으로 명시한 문서를 제출하여야 한다. 증거조사는 ① 문서·장부·물건 등 증거자료의 수집, ② 참고인·감정인 등에 대한 질문, ③ 검증 또는 감정·평가 등의 방법으로 한다. 청문 주재자는 필요하다고 인정할 때에는 관계 행정청에 필요한 문서의 제출 또는 의견의 진술을 요구할 수 있으며, 이 경우 관계 행정청은 직무 수행에 특별한 지장이 없으면 그 요구에 따라야 한다.

4) 청문조서

청문 주재자는 ① 제목, ② 청문 주재자의 소속·성명 등 인적사항, ③ 당사자등의 주소·성명 또는 명칭 및 출석 여부, ④ 청문의 일시 및 장소, ⑤ 당사자등의 진술의 요지 및 제출된 증거, ⑥ 청문의 공개 여부 및 공개하거나 공개하지 아니한 이유, ⑦ 증거조사를 한 경우에는 그 요지 및 첨부된 증거 등이 적힌 청문조서(聽聞調書)를 작성하여야 한다. 당사자등은 청문조서의 내용을 열람·확인할 수 있으며, 이의가 있을 때에는 그 정정을 요구할 수 있다.

5) 청문 주재자의 의견서

청문 주재자는 ① 청문의 제목, ② 처분의 내용, 주요 사실 또는 증거, ③ 종합의견, ④ 그 밖에 필요한 사항 등이 적힌 청문 주재자의 의견서를 작성하여야 한다.

6) 청문의 종결

청문 주재자는 해당 사안에 대하여 당사자등의 의견진술, 증거조사가 충분히 이루어졌다고 인정하는 경우에는 청문을 마칠 수 있으며, 당사자등의 전부 또는 일부가 정당한 사유 없이 청문기일에 출석하지 아니하거나 당사자등이 의견서를 제출하지 아니한 경우에는 이들에게 다시 의견진술 및 증거제출의 기회를 주지 아니하고 청문을 마칠 수 있다. 만일 당사자등의 전부 또는 일부가 정당한 사유로 청문기일에 출석하지 못하거나 의견서를 제출하지 못한 때에는 청문 주재자는 10일 이상의 기간을 정하여 이들에게 의견진술 및 증거제출을 요구하여야 하며, 해당 기간이 지났을 때에 청문을 마칠 수 있다. 한편, 청문 주재자는 청문을 마쳤을 때에는 청문조서, 청문 주재자의 의견서, 그 밖의 관계 서류 등을 행정청에 지체 없이 제출하여야 한다.

7) 청문결과의 반영

행정청은 처분을 할 때 청문 종결로 청문 주재자가 제출한 청문조서, 청문 주재자의 의견서, 그 밖의 관계 서류 등을 충분히 검토하고 상당한 이유가 있다고 인정하는 경우에는 청문결과를 반영하여야 한다.

8) 청문의 재개

행정청은 청문을 마친 후 처분을 할 때까지 새로운 사정이 발견되어 청문을 재개(再開)할 필요가 있다고 인정할 때에는 청문의 종결 이후 청문 주재자로부터 제출받은 청문조서 등을 되돌려 보내고 청문의 재개를 명할 수 있다.

9) 관계 문서의 열람 및 비밀유지 등

당사자등은 청문의 통지가 있는 날부터 청문이 끝날 때까지 행정청에 해당 사안의 조사결과에 관한 문서와 그 밖에 해당 처분과 관련되는 관계 문서의 열람 또는 복사를 요청할 수 있으며, 이 경우 행정청은 다른 법령에 따라 공개가 제한되는 경우를 제외하고는 그 요청을 거부할 수 없다. 행정청은 관계 문서의 열람 또는 복사의 요청에 따르는 경우에는 그 일시 및 장소를 지정할 수 있으며, 복사에 드는 비용은 복사를 요청한 자에게 부담시킬 수도 있다. 당사자등은 열람 또는 복사를 요청하고자 하는 때에는 문서로 하여야 하며, 전자적 형태로 열람을 요청하는 경우 행정청은 당사자등의 요청에 응하는 것이 현저히 곤란한 경우가 아닌 한 전자적 형태로 열람할 수 있도록 하여야 한다. 다만 청문일에 필요에 의하여 문서를 열람 또는 복사하고자 하는 경우에는 구술로 요청할 수 있다. 행정청은 문서의 열람 또는 복사의 일시 및 장소를 지정한 때에는 요청자에게 그 사실을 통지하여야 한다.

청문과 관련하여 열람 또는 복사를 요청할 수 있는 문서의 범위는 대통령령으로 규정되어 있지만, 그 열람 또는 복사의 요청을 거부하는 경우에는 그 이유를 소명(疏明)하여야 한다. 한편, 누구든지 청문을 통하여 알게 된 사생활이나 경영상 또는 거래상의 비밀을 정당한 이유 없이 누설하거나 다른 목적으로 사용하여서는 안 된다.

4. 공청회

(1) 공청회 개최의 알림

행정청은 공청회를 개최하려는 경우에는 공청회 개최 14일 전까지 ① 제목, ② 일시 및 장소, ③ 주요 내용, ④ 발표자에 관한 사항, ⑤ 발표신청 방법 및 신청기한, ⑥ 정보통신망을 통한 의견제출 및 ⑦ 그 밖에 공청회 개최에 필요한 사항을 당사자등에게 통지하고 관보, 공보, 인터넷 홈페이지 또는 일간신문 등에 공고하는 등의 방법으로 널리 알려야 한다.

(2) 온라인공청회

행정청은 공청회와 병행하여서만 정보통신망을 이용한 온라인공청회를 실시할 수 있으며, 온라인공청회를 실시하는 경우 행정청은 의견제출 및 토론 참여가 가능하도록 적절한 전자적 처리능력을 갖춘 정보통신망을 구축·운영하여야 한다. 온라인공청회를 실시하는 경우에는 누구든지 정보통신망을 이용하여 의견을 제출하거나 제출된 의견 등에 대한 토론에 참여할 수 있다. 정보통신망을 이용한 온라인공청회를 개최하려는 때에는 온라인공청회 개최 전까지 ① 제목, ② 실시기간 및 온라인공청회를 개최하는 인터넷 온라인공청회주소, ③ 주요내용, ④ 그 밖에 온라인공청회 개최와 관련하여 필요한 사항을 당사자등에게 통지하고 관보·공보·일간신문 또는 인터넷 홈페이지 등에 공고하는 등의 방법으로 널리 알려야 한다.

(3) 공청회의 주재자 및 발표자의 선정

공청회의 주재자는 해당 공청회의 사안과 관련된 분야에 전문적 지식이 있거나 그 분야에 종사한 경험이 있는 사람 중에서 행정청이 지명하거나 위촉하는 사람으로 한다. 공청회의 발표자는 발표를 신청한 사람 중에서 행정청이 선정하고 발표자를 선정한 경우 그 결과를 발표를 신청한 자 모두에게 통지하여야 하지만,[15] 발표를 신청한 사람이 없거나 공청회의 공정성을 확보하기 위하여 필요하다고 인정하는 경우에는 ① 해당 공청회의 사안과 관련된 당사자

---

15) 「행정절차법 시행령」 제21조 참조.

등, ② 해당 공청회의 사안과 관련된 분야에 전문적 지식이 있는 사람, ③ 해당 공청회의 사안과 관련된 분야에 종사한 경험이 있는 사람 중에서 지명하거나 위촉할 수 있다. 물론 행정청은 공청회의 주재자 및 발표자를 지명 또는 위촉하거나 선정할 때 공정성이 확보될 수 있도록 하여야 하며, 공청회의 주재자, 발표자, 그 밖에 자료를 제출한 전문가 등에게는 예산의 범위에서 수당 및 여비와 그 밖에 필요한 경비를 지급할 수 있다.

⑷ 공청회의 진행

공청회의 주재자는 공청회를 공정하게 진행하여야 하며, 공청회의 원활한 진행을 위하여 발표 내용을 제한할 수 있고, 질서유지를 위하여 발언 중지 및 퇴장 명령 등 필요한 조치를 할 수 있다. 발표자는 공청회의 내용과 직접 관련된 사항에 대하여만 발표하여야 하며, 공청회의 주재자는 발표자의 발표가 끝난 후에는 발표자 상호간에 질의 및 답변을 할 수 있도록 하여야 하고 방청인에게도 의견제시의 기회를 주어야 한다.

⑸ 공청회 및 온라인공청회 결과의 반영

행정청은 처분을 할 때에 공청회, 온라인공청회 및 정보통신망 등을 통하여 제시된 사실 및 의견이 상당한 이유가 있다고 인정하는 경우에는 이를 반영하여야 한다. 행정청은 공청회에서 제출된 의견의 반영결과를 발표자와 의견제출자 등에게 통지하거나 인터넷 홈페이지에 게시하는 등의 방법으로 널리 알려야 하며, 특히 행정청은 온라인공청회에서 제출된 의견의 반영결과를 해당 온라인공청회주소에 게시하여야 한다.

제 4 절 그 밖의 행정절차와 보론

I. 신 고

1. 현행 「행정절차법」의 내용

「행정절차법」 제40조 제1항은 "법령 등에서 행정청에 일정한 사항을 통지함으로써 의무가 끝나는 신고를 규정하고 있는 경우 신고를 관장하는 행정청은 신고에 필요한 구비서류, 접수기관, 그 밖에 법령 등에 따른 신고에 필요한 사항을 게시(인터넷 등을 통한 게시를 포함한다)하거나 이에 대한 편람을 갖추어 두고 누구나 열람할 수 있도록 하여야 한다"라고 규정하고 있다.

신고가 ① 신고서의 기재사항에 흠이 없고, ② 필요한 구비서류가 첨부되어 있고, ③ 그 밖에 법령 등에 규정된 형식상의 요건에 적합한 경우에는 신고서가 접수기관에 도달된 때에 신고 의무가 이행된 것으로 본다. 위 세 가지의 요건을 갖추지 못한 신고서가 제출된 경우에는 행정청은 지체 없이 상당한 기간을 정하여 신고인에게 보완을 요구하여야 한다. 행정청은 신고인이 행정청이 정한 상당한 기간 내에 보완을 하지 아니하였을 때에는 그 이유를 구체적으로 밝혀 해당 신고서를 되돌려 보내야 한다.

2. 사인의 신고에 관한 법적 의의

「행정절차법」 제40조에 규정된 신고(申告)는 '법령 등에서 행정청에 일정한 사항을 통지함으로써 의무가 끝나는 신고'로서 자족적(自足的)·자기완결적(自己完結的) 신고이며, 사인(私人)의 공법행위(公法行爲)이다. 공정력이 발생하지 않지만 공법적 효과의 발생을 목적으로 한다는 점에서 행정행위와 동일하다.

Ⅱ. 행정상 입법예고

1. 행정상 입법예고의 원칙

법령 등을 제정·개정 또는 폐지, 즉 '(행정)입법'을 하려는 경우에는 해당 입법안을 마련한 행정청은 이를 예고하여야 하며, 법제처장은 입법예고를 하지 아니한 법령안의 심사 요청을 받은 경우에 입법예고를 하는 것이 적당하다고 판단할 때에는 해당 행정청에 입법예고를 권고하거나 직접 예고할 수 있다. 다만, ① 신속한 국민의 권리 보호 또는 예측 곤란한 특별한 사정의 발생 등으로 입법이 긴급을 요하는 경우, ② 상위 법령 등의 단순한 집행을 위한 경우, ③ 입법내용이 국민의 권리·의무 또는 일상생활과 관련이 없는 경우, ④ 단순한 표현·자구를 변경하는 경우 등 입법내용의 성질상 예고의 필요가 없거나 곤란하다고 판단되는 경우, ⑤ 예고함이 공공의 안전 또는 복리를 현저히 해칠 우려가 있는 경우 중 어느 하나에 해당하는 경우에는 예고를 하지 아니할 수 있다.

입법안을 마련한 행정청은 입법예고 후 예고내용에 국민생활과 직접 관
련된 내용이 추가되는 등 중요한 변경이 발생하는 경우에는 해당 부분에 대한
입법예고를 다시 하여야 하지만, 위 다섯 가지 요건 가운데 어느 하나에 해당
하는 경우에는 예고를 하지 아니할 수 있다.

2. 행정상 입법예고의 방법

행정청은 입법안의 취지·주요내용 또는 전문(全文)을 관보·공보나 인터
넷·신문·방송 등을 통하여 널리 공고하여야 하며, 대통령령을 입법예고하는
경우 국회 소관 상임위원회에 이를 제출하여야 한다. 행정청은 입법예고를 할
때에 입법안과 관련이 있다고 인정되는 중앙행정기관, 지방자치단체, 그 밖의
단체 등이 예고사항을 알 수 있도록 예고사항을 통지하거나 그 밖의 방법으로
알려야 하며, 예고된 입법안의 전문에 대한 열람 또는 복사를 요청받았을 때
에는 특별한 사유가 없으면 그 요청에 따라야 한다. 행정청은 예고된 입법안
에 대하여 온라인공청회 등을 통하여 널리 의견을 수렴할 수 있다. 입법안의
전문에 대한 복사 요청과 관련하여 복사에 드는 비용은 복사를 요청한 자에게
부담시킬 수 있다.

행정상 입법예고의 기간은 예고할 때 정하되, 특별한 사정이 없으면 40일
(자치법규는 20일) 이상으로 한다.

3. 의견제출 및 제출의견의 처리

누구든지 예고된 입법안에 대하여 의견을 제출할 수 있다. 행정청은 의견
접수 기관, 의견제출 기간, 그 밖에 필요한 사항을 해당 입법안을 예고할 때
함께 공고하여야 하며, 해당 입법안에 대한 의견이 제출된 경우 특별한 사유
가 없으면 이를 존중하여 처리하여야 할 뿐만 아니라, 의견을 제출한 자에게
제출의견의 처리결과를 통지하여야 한다. 법령안 주관기관의 장은 전자문서를
활용하여 제출된 의견을 포함하여 입법예고 결과 제출된 의견을 검토하여 법
령안에의 반영 여부를 결정하고 그 처리 결과 및 처리 이유 등을 지체 없이
의견제출자에게 통지하여야 하며, 입법예고 결과 제출된 의견 중 중요한 사항
에 대해서는 그 처리 결과를 법률안 또는 대통령령안의 경우에는 국무회의 상

정안에 첨부하고 총리령안 또는 부령안의 경우에는 법제처장에게 제출하여야
한다.

　　행정청은 입법안에 관하여 공청회를 개최할 수 있으며, 이 경우 공청회에
관하여 규정하고 있는「행정절차법」공청회 관련 규정을 준용한다.

Ⅲ. 행정예고

1. 행정예고의 원칙

　　행정청은 ① 국민생활에 매우 큰 영향을 주는 사항, ② 많은 국민의 이해
가 상충되는 사항, ③ 많은 국민에게 불편이나 부담을 주는 사항, ④ 그 밖에
널리 국민의 의견을 수렴할 필요가 있는 사항 중 어느 하나에 대한 정책, 제도
및 계획을 수립·시행하거나 변경하려는 경우에는 이를 예고하여야 한다. 다
만, 예고로 인하여 공공의 안전 또는 복리를 현저히 해칠 우려가 있거나 그 밖
에 예고하기 곤란한 특별한 사유가 있는 경우에는 예고하지 아니할 수 있고
법령 등의 입법을 포함하는 행정예고는 행정상 입법예고로 갈음할 수 있다.

　　행정예고를 하여야 하는 사항을 좀 더 구체적으로 살펴보면, ① 다른 법
령의 규정에 의하여 행정청이 의무적으로 수립하여야 하는 사항 등에 관한 것
으로서, 국민생활에 매우 큰 영향을 주는 정책·제도 및 계획, ② 환경보전지
역 및 문화유산 보호구역의 지정 등 일정한 지역에서 많은 국민의 이해가 상
충되는 정책·제도 및 계획, ③ 상수도의 단수 등 국민의 일상생활과 관련이
있어 많은 국민에게 불편이나 부담을 주는 정책·제도 및 계획, ④ 사회기반시
설 등의 건설·설치, 학사제도·전용차로제의 조정·변경 등 널리 국민의 의견
수렴이 필요한 정책·제도 및 계획 등을 들 수 있다.

　　한편, 행정청은 행정예고 결과 제출된 의견을 검토하여 정책·제도 및 계
획에의 반영여부를 결정하고, 그 처리결과 및 처리이유 등을 지체 없이 의견
제출자에게 통지하거나 공표하여야 하고, 처리결과에 대하여는 특별한 사정이
없는 한 인터넷에 게시하는 등의 방법으로 널리 알려야 한다. 행정예고된 내
용이 국무회의의 심의사항인 경우 행정예고를 한 행정청의 장은 제출된 의견
을 내용별로 분석하여 국무회의 상정안에 첨부하여야 한다.

　　행정예고 기간은 예고 내용의 성격 등을 고려하여 정하되, 특별한 사정이

없으면 20일 이상으로 한다.

2. 행정예고의 통계 작성·공고

행정청은 매년 자신이 행한 행정예고의 실시 현황과 그 결과에 관한 통계를 작성하고 이를 관보·공보 또는 인터넷 등의 방법으로 널리 공고하여야 하는바, 「행정절차법 시행규칙」에 따르면 행정청은 행정기관의 장이 정한 서식에 의하여 ① 총 예고 건수, ② 고시·훈령·예규 등 예고 대상별 건수, ③ 관보·공보, 인터넷, 신문·방송 등 예고 매체별 건수, ④ 예고 기간별 건수 등의 사항이 포함된 전년도 행정예고 통계를 다음 연도 3월말까지 공고하여야 한다.

Ⅳ. 행정지도

1. 행정지도의 원칙

행정지도는 그 목적 달성에 필요한 최소한도에 그쳐야 하며, 행정지도의 상대방의 의사에 반하여 부당하게 강요하여서는 아니 된다. 행정기관은 행정지도의 상대방이 행정지도에 따르지 아니하였다는 것을 이유로 불이익한 조치를 하여서는 아니 된다.

행정기관이 같은 행정목적을 실현하기 위하여 많은 상대방에게 행정지도를 하려는 경우에는 특별한 사정이 없으면 행정지도에 공통적인 내용이 되는 사항을 공표하여야 한다.[16]

2. 행정지도의 방식

행정지도를 하는 자는 그 상대방에게 그 행정지도의 취지 및 내용과 신분을 밝혀야 한다. 행정지도가 말(구두)로 이루어지는 경우에 상대방이 위 사항을 적은 서면의 교부를 요구하면 그 행정지도를 하는 자는 직무 수행에 특별한 지장이 없으면 이를 교부하여야 한다.

---

16) 행정기관이 법 제51조의 규정에 의하여 다수인을 대상으로 하는 행정지도의 내용을 공표할 때에는 공표사항에 당해 행정지도의 취지·주요내용·주관행정기관과 당해 행정지도에 관하여 의견을 제출할 수 있다는 뜻을 포함하여야 한다(「행정절차법 시행령」 제25조).

3. 의견제출

행정지도의 상대방은 해당 행정지도의 방식·내용 등에 관하여 행정기관에 의견제출을 할 수 있다.

V. 국민참여의 확대

「행정절차법」 제52조에 "행정청은 행정과정에 국민의 참여를 확대하기 위하여 다양한 참여방법과 협력의 기회를 제공하도록 노력하여야 한다"라는 선언적 규정을 2014년 1월 28일 신설하였으며, 이에 천명된 입법의도에 부합하는 절차적 방식의 하나로 온라인 정책토론 제도를 도입하였다.

행정청은 국민에게 영향을 미치는 주요 정책 등에 대하여 국민의 다양하고 창의적인 의견을 널리 수렴하기 위하여 정보통신망을 이용한 전자적 정책토론을 실시할 수 있으며, 온라인 정책토론이 공정하고 중립적으로 운영되도록 하기 위하여 필요한 조치를 할 수 있다. 행정청은 효율적인 온라인 정책토론을 위하여 과제별로 한시적인 토론 패널을 구성하여 해당 토론에 참여시킬 수 있으며, 이 경우 패널의 구성에 있어서는 공정성 및 객관성이 확보될 수 있도록 노력하여야 한다.

제 5 절   절차의 흠

I. 절차상 흠의 의의

절차상의 흠이란 행정청의 공행정작용에 절차 요건상 흠결이 있는 것을 말한다. 예컨대 법령상 요구되는 상대방의 협력·관계행정청과의 협력 등이 결여된 경우, 사전통지·처분의 이유제시·의견청취절차 등이 결여된 경우가 이에 해당한다.

행정절차법 제21조는 '당사자에게 의무를 부과하거나 권익을 제한하는 처분', 이른바 불이익처분을 하는 때에는 사전통지를 하도록 규정하고 있는데,

당사자의 신청을 거부하는 '거부처분'을 하는 때에도 이를 '불이익처분'으로 보아 사전통지를 해야 하는지 여부가 문제된다.

이에 대해 판례는 "행정절차법 제21조 제1항은 행정청은 당사자에게 의무를 부과하거나 권익을 제한하는 처분을 하는 경우에는 미리 처분의 제목, 당사자의 성명 또는 명칭과 주소, 처분하고자 하는 원인이 되는 사실과 처분의 내용 및 법적 근거, 그에 대하여 의견을 제출할 수 있다는 뜻과 의견을 제출하지 아니하는 경우의 처리방법, 의견제출기관의 명칭과 주소, 의견제출기한 등을 당사자 등에게 통지하도록 하고 있는바, 신청에 따른 처분이 이루어지지 아니한 경우에는 아직 당사자에게 권익이 부과되지 아니하였으므로 특별한 사정이 없는 한 신청에 대한 거부처분이라고 하더라도 직접 당사자의 권익을 제한하는 것은 아니어서 신청에 대한 거부처분을 여기에서 말하는 '당사자의 권익을 제한하는 처분'에 해당한다고 할 수 없는 것이어서 처분의 사전통지대상이 된다고 할 수 없다"고 판시[17]하여 거부처분은 불이익처분에 해당하지 않아 사전통지의 대상이 아님을 분명히 하고 있다.

Ⅱ. 절차에 흠 있는 행정행위의 효력

1. 개별법에 명문의 규정이 있는 경우

개별법에 명문의 규정이 있는 경우에는 이에 따른 효과가 발생한다. 예컨대 국가공무원법 제13조 제2항은 "소청사건을 심사할 때 소청인 등에게 진술의 기회를 부여하지 아니하고 한 결정은 무효로 한다"라고 규정함으로써 절차의 흠에 대한 효과를 명문으로 규정하고 있다.

2. 명문의 규정이 없는 경우

(1) 문제의 소재

우리나라 행정절차법은 독일행정절차법 제46조와 같은 행정행위의 흠의 효과에 관한 일반적인 규정이 없으므로 결국 학설과 판례를 통하여 이 문제를 해결하여야 한다. 절차상의 흠만으로 처분의 위법성을 인정할 수 있는지에 대해 소극설, 적극설, 절충설이 대립한다.

---

17) 대법원 2003. 11. 28. 선고 2003두674 판결.

(2) 소극설

절차상의 흠만으로는 처분의 독립된 위법사유가 될 수 없으며 내용상의 흠이 있어야 무효 또는 취소가 가능하다는 견해이다. 소극설의 논거는 ① 절차규정은 적정한 행정결정을 위한 수단에 불과하며, ② 그 결정이 적정함에도 불구하고 절차요건의 문제를 또다시 제기하는 것은 행정경제 및 소송경제에 반한다는 점 등을 들고 있다.

(3) 적극설

절차상의 흠만으로도 처분의 무효확인 또는 취소가 가능하다는 견해이다. 적극설의 논거는 ① 적정한 절차 없이 적정한 결정이 도출된다는 것은 논리적으로 맞지 않다는 점, ② 절차보완으로 반드시 동일한 결론에 도달한다고 보장할 수 없다는 점, ③ 절차상의 흠만으로 위법성을 다툴 수 없다면 절차요건의 존재의의가 상실된다는 점, ④ 행정소송법 제30조 제3항[18])이 절차의 위법을 이유로 하는 취소소송의 경우에도 기속력에 관한 규정이 준용된다고 규정하고 있는 점 등이다.

(4) 절충설

기속행위의 경우에는 절차상의 흠만으로 독립된 위법사유를 인정할 수 없고, 재량행위의 경우에는 절차상의 흠만으로 처분의 무효확인 또는 취소가 가능할 수 있다는 견해이다.

기속행위는 요건이 이미 일의적으로 규정되어 있으므로 절차의 흠이 실체적 결론의 도출에 결정적인 영향을 미치지 않는다는 입장이다. 반면, 재량행위는 절차상의 흠이 실체적 결론의 도출에 영향을 미친 경우에는 독자적 위법사유를 인정할 수 있고, 영향을 미치지 않은 경우, 다시 말해서 절차를 거쳐 다시 처분하여도 동일한 결론에 도달하는 경우에는 독립된 위법사유로 보지 않는 입장이다.

---

18) 행정소송법 제30조(취소판결등의 기속력) ① 처분등을 취소하는 확정판결은 그 사건에 관하여 당사자인 행정청과 그 밖의 관계행정청을 기속한다. ② 판결에 의하여 취소되는 처분이 당사자의 신청을 거부하는 것을 내용으로 하는 경우에는 그 처분을 행한 행정청은 판결의 취지에 따라 다시 이전의 신청에 대한 처분을 하여야 한다. ③ 제2항의 규정은 신청에 따른 <u>처분이 절차의 위법을 이유로 취소되는 경우에 준용한다.</u>

(5) 판례의 태도

판례는 (1) "소정의 청문절차를 전혀 거치지 아니하거나 거쳤다고 하여도 그 절차적 요건을 제대로 준수하지 아니한 경우에는 가사 영업정지사유 등 소정 사유가 인정된다고 하더라도 그 처분은 위법하여 취소를 면할 수 없다",[19] (2) "공정거래위원회의 시정조치 또는 과징금납부명령으로 말미암아 불측의 피해를 받을 수 있는 당사자로 하여금 공정거래위원회의 심의에 출석하여 심사관의 심사결과에 대하여 방어권을 행사하는 것을 보장함으로써 심사절차의 적정을 기함과 아울러, 공정거래위원회로 하여금 적법한 심사절차를 거쳐 사실관계를 보다 구체적으로 파악하게 하여 신중하게 처분을 하게 하는 데 있다 할 것이므로, 절차적 요건을 갖추지 못한 공정거래위원회의 시정조치 또는 과징금납부명령은 설령 실체법적 사유를 갖추고 있다고 하더라도 위법하여 취소를 면할 수 없다"[20]라고 각각 판시하여 법령상 요구되는 절차를 거치지 아니한 처분을 독립된 위법사유로 인정하는 적극설을 취하고 있다.

(6) 소 결

행정절차법이 제정되었고, 절차요건에 대한 중요성이 제고되고 있는 상황에서 절차상의 흠을 독립적 위법사유로 보지 않는 것은 절차법의 존재의의를 몰각시킬 우려가 있다. 또한 행정소송법 제30조 제3항[21]의 해석상 절차상의 흠은 기속행위, 재량행위의 구별 없이 독립된 위법사유로 인정되어야 한다. 적극설이 타당하다.

3. 무효와 취소

절차상의 흠이 독립한 위법사유가 된다면 절차의 흠이 있는 경우 당해 처분의 효력은 무효인지 아니면 취소할 수 있는지가 문제된다. 이는 흠의 효과에 대한 일반이론에 따라 중대하고 명백한 절차요건의 흠이 있는 경우에는 무

---

19) 대법원 1991. 7. 9. 선고 91누971 판결.
20) 대법원 2001. 5. 8. 선고 2000두10212 판결.
21) 「행정소송법」제30조(취소판결등의 기속력) ① 처분등을 취소하는 확정판결은 그 사건에 관하여 당사자인 행정청과 그 밖의 관계행정청을 기속한다.
　　② 판결에 의하여 취소되는 처분이 당사자의 신청을 거부하는 것을 내용으로 하는 경우에는 그 처분을 행한 행정청은 판결의 취지에 따라 다시 이전의 신청에 대한 처분을 하여야 한다.
　　③ 제2항의 규정은 신청에 따른 처분이 절차의 위법을 이유로 취소되는 경우에 준용한다.

효가 되고 그렇지 않은 경우에는 취소할 수 있는 것으로 보아야 할 것이다.

Ⅲ. 절차상 흠의 치유

1. 견해의 대립

절차상의 흠을 사후에 보완하여 치유할 수 있는 것인지에 대해 부정설, 긍정설, 제한적 긍정설이 대립한다.

부정설은 행정절차의 본래 목적상 치유를 인정할 수 없으며, 만약 치유를 인정한다면 절차법의 존재의의가 상실된다는 논거를 들고 있다. 긍정설은 행정의 능률성을 위해 절차를 보완하더라도 다른 결론에 도달될 가능성이 없는 한 흠의 치유를 광범위하게 인정해야 한다는 입장이다.[22] 제한적 긍정설은 국민의 권익보호와 절차법의 본질적 의의를 해하지 않는 범위 내에서 흠의 치유를 인정해야 한다는 주장이다.

행정절차는 적정한 결정을 이끌어 내기 위한 과정상의 요건이다. 절차가 적정하지 못하였다면 분명 그 결과물인 결정도 적정하다고 할 수 없다. 따라서 결정이 도출된 상태에서 그 과정상의 흠을 사후에 보완한다는 것은 논리적으로 타당하지 않다. 행정절차법상의 절차위반에 관하여는 흠의 치유를 인정하기 어렵다. 부정설을 지지한다.

2. 판례의 태도

판례는 "행정청이 식품위생법상의 청문절차를 이행함에 있어 소정의 청문서 도달기간을 지키지 아니하였다면 이는 청문의 절차적 요건을 준수하지 아니한 것이므로 이를 바탕으로 한 행정처분은 일단 위법하다고 보아야 할 것이지만 이러한 청문제도의 취지는 처분으로 말미암아 받게 될 영업자에게 미리 변명과 유리한 자료를 제출할 기회를 부여함으로써 부당한 권리침해를 예방하려는 데에 있는 것임을 고려하여 볼 때, 가령 행정청이 청문서 도달기간을 다소 어겼다하더라도 영업자가 이에 대하여 이의하지 아니한 채 스스로 청문일에 출석하여 그 의견을 진술하고 변명하는 등 방어의 기회를 충분히 가졌다면 청문서 도달기간을 준수하지 아니한 하자는 치유되었다고 봄이 상당하

---

22) 홍정선(472면).

다"[23]라고 판시하여 제한적 긍정설의 입장을 취하는 것으로 보인다.

3. 시간적 한계

(1) 견해의 대립

만약 흠의 치유를 인정한다면 치유가 가능한 시점은 언제까지인지에 대해 ① 행정쟁송을 제기하기 이전까지 흠의 치유가 가능하다는 '쟁송제기이전시설', ② 행정심판은 행정권 내부의 자율적 통제절차이므로 행정심판이 제기된 후라도 흠의 치유가 가능하지만 행정소송은 사법부에 의한 권리구제 절차이므로 행정소송이 제기된 후에는 흠의 치유가 불가하다는 '행정소송제기이전시설', ③ 변론종결 이전까지는 치유가 가능하다는 '변론종결이전시설'이 대립한다.

(2) 판례의 태도

판례는 "과세처분시 납세고지서에 과세표준, 세율, 세액의 산출근거 등이 누락된 경우에는 늦어도 과세처분에 대한 불복여부의 결정 및 불복신청에 편의를 줄 수 있는 상당한 기간 내에 보정행위를 하여야 그 하자가 치유된다 할 것이므로, 과세처분이 있은 지 4년이 지나서 그 취소소송이 제기된 때에 보정된 납세고지서를 송달하였다는 사실이나 오랜 기간(4년)의 경과로써 과세처분의 하자가 치유되었다고 볼 수는 없다"라고 판시[24]하여 쟁송제기 이전까지 흠이 치유되어야 한다는 입장이다. 물론 행정심판을 포함한 행정쟁송 제기 이전까지 허용되는 것인지 취소소송 등 행정소송 제기 이전까지 허용되는 것인지는 불분명하다.

(3) 소 결

행정심판이든 행정소송이든 처분의 상대방이 행정쟁송을 제기한 이후에 비로소 행정청이 흠을 치유하는 것은 처분의 상대방에 대한 배려나 편익보다는 행정청 자신의 편익을 위한 것으로 볼 수밖에 없다. 행정심판이든 행정소송이든 행정쟁송이 제기되기 이전까지만 흠의 치유를 인정하는 것이 타당하다. 행정쟁송제기이전시설이 타당하다.

---

23) 대법원 1992. 10. 23. 선고 92누2844 판결.
24) 대법원 1983. 7. 26. 선고 82누420 판결.

제2장 정보공개법

제1절 총 칙

I. 개 설

정보의 공개란 행정기관이 관리하고 있는 정보나 행정기관의 정책결정 과정을 국민이나 주민의 청구에 의하여 공개하는 것을 말한다. 행정정보의 공개는 국민의 기본적 인권으로서 '알 권리'를 보장하고 행정작용의 투명성을 확보하기 위한 제도이다. 행정정보 공개제도에 대한 일반법으로서 「공공기관의 정보공개에 관한 법률」(이하 '정보공개법'이라 함)이 1996년 12월 31일 법률 제5242호로 제정되어 1998년 1월 1일부터 시행되고 있다.

II. 용어의 정의

정보공개법에서 '정보'란 공공기관이 직무상 작성 또는 취득하여 관리하고 있는 문서(전자문서를 포함한다. 이하 같다) 및 전자매체를 비롯한 모든 형태의 매체 등에 기록된 사항을 말한다.

그리고 '공개'라 함은 공공기관이 정보공개법에 따라 정보를 열람하게 하거나 그 사본·복제물을 제공하는 것 또는 정보통신망을 통하여 정보를 제공하는 것 등을 말한다.

여기서 '공공기관'이란 ① 국회, 법원, 헌법재판소, 중앙선거관리위원회, 중앙행정기관(대통령 소속 기관과 국무총리 소속 기관을 포함한다) 및 그 소속 기관, 「행정기관 소속 위원회의 설치·운영에 관한 법률」에 따른 위원회 등 국가기관, ② 지방자치단체, ③ 「공공기관의 운영에 관한 법률」 제2조에 따른 공공기관, ④ 「지방공기업법」에 따른 지방공사 및 지방공단, ⑤ 그 밖에 대통령령으로 정하는 기관을 말한다.

Ⅲ. 정보공개의 원칙

공공기관이 보유·관리하는 정보는 국민의 '알 권리' 보장과 참여 등을 위하여 정보공개법에서 정하는 바에 따라 적극적으로 공개하여야 한다.

Ⅳ. 적용 범위

정보의 공개에 관하여는 다른 법률에 특별한 규정이 있는 경우를 제외하고는 정보공개법에서 정하는 바에 따른다. 다만, 지방자치단체는 그 소관 사무에 관하여 법령의 범위에서 정보공개에 관한 조례를 정할 수 있다.

한편, 국가안전보장에 관련되는 정보 및 보안 업무를 관장하는 기관에서 국가안전보장과 관련된 정보의 분석을 목적으로 수집하거나 작성한 정보에 대해서는 정보공개법을 적용하지 아니한다.

제 2 절   정보공개 청구권자와 공공기관의 의무

Ⅰ. 정보공개 청구의 권리능력

모든 국민은 정보의 공개를 청구할 권리를 가진다. 정보공개를 청구할 수 있는 외국인은 ① 국내에 일정한 주소를 두고 거주하거나 학술·연구를 위하여 일시적으로 체류하는 사람과 ② 국내에 사무소를 두고 있는 법인 또는 단체로 한정된다.

Ⅱ. 공공기관의 정보공개 의무

1. 정보공개 제도운영

공공기관은 정보의 공개를 청구하는 국민의 권리가 존중될 수 있도록 정보공개법을 운영하고 소관 관계 법령을 정비하여야 하며, 공공기관은 정보의 적절한 보존과 신속한 검색과 국민에게 유용한 정보의 분석 및 공개 등이 이루어지도록 정보관리체계를 정비하고, 정보공개 업무를 주관하는 부서 및 담당하는 인력을 적정하게 두어야 할 뿐만 아니라, 정보통신망을 활용한 정보공개시스템 등을 구축하도록 노력하여야 한다.

2. 행정정보의 사전적 공개

공공기관은 ① 국민생활에 매우 큰 영향을 미치는 정책에 관한 정보, ② 국가의 시책으로 시행하는 공사(工事) 등 대규모 예산이 투입되는 사업에 관한 정보, ③ 예산집행의 내용과 사업평가 결과 등 행정감시를 위하여 필요한 정보, ④ 그 밖에 공공기관의 장이 정하는 정보 가운데 어느 하나에 해당하는 정보에 대해서는 공개의 구체적 범위와 공개의 주기·시기 및 방법 등을 미리 정하여 정보통신망 등을 통하여 알리고, 이에 따라 정기적으로 공개하여야 한다. 다만, 정보공개법 제9조 제1항에 따라 공개하지 아니할 수 있는 정보에 대해서는 그러하지 아니하다. 또한 공공기관은 위 ①로부터 ④까지의 공표사항 이외에도 국민이 알아야 할 필요가 있는 정보를 국민에게 공개하도록 적극적으로 노력하여야 한다.

3. 정보목록의 작성·비치

공공기관은 그 기관이 보유·관리하는 정보에 대하여 국민이 쉽게 알 수 있도록 정보목록을 작성하여 갖추어 두고, 그 목록을 정보통신망을 활용한 정보공개시스템 등을 통하여 공개하여야 하며, 정보의 공개에 관한 사무를 신속하고 원활하게 수행하기 위하여 정보공개 장소를 확보하고 공개에 필요한 시설을 갖추어야 한다. 다만, 정보목록 중 정보공개법 제9조 제1항에 따라 공개하지 아니할 수 있는 정보가 포함되어 있는 경우에는 해당 부분을 갖추어 두지 아니하거나 공개하지 아니할 수 있다.

공공기관은 그 기관이 보유·관리하는 정보에 대하여 국민이 쉽게 알 수 있도록 작성·비치하는 정보목록에는 문서제목·생산연도·업무담당자·보존기간 등이 포함되어야 한다. 공공기관은 정보공개 절차를 국민이 쉽게 알 수 있도록 정보공개 청구 및 처리 절차, 정보공개 청구서식, 수수료, 그 밖의 주요

사항이 포함된 정보공개편람을 작성하여 갖추어 두고 일반국민이 열람할 수 있도록 제공하여야 한다.

4. 공개대상 정보의 원문공개

공공기관 중 중앙행정기관 및 대통령령으로 정하는 기관은 전자적 형태로 보유·관리하는 정보 중 공개대상으로 분류된 정보를 국민의 정보공개 청구가 없더라도 정보통신망을 활용한 정보공개시스템 등을 통하여 공개하여야 한다. 여기서 중앙행정기관이라 함은 '「정부조직법」과 「행정기관의 조직과 정원에 관한 통칙」 제2조 제1호에 따라 국가의 행정사무를 담당하기 위하여 설치된 행정기관으로서 그 관할권의 범위가 전국에 미치는 행정기관을 말한다.[1] 다만 그 관할권의 범위가 전국에 미치더라도 다른 행정기관에 부속하여 이를 지원하는 행정기관은 제외한다. 중앙행정기관은 원칙적으로 「정부조직법」과 다른 법률에 특별한 규정이 있는 경우를 제외하고는 부·처 및 청으로 한다. 한편, 원문공개 대상기관이 되는 '대통령령으로 정하는 기관'이란 ① 중앙행정기관의 소속 기관, ② 「행정기관 소속 위원회의 설치·운영에 관한 법률」에 따른 위원회, ③ 지방자치단체, ④ 「초·중등교육법」 제2조에 따른 각급 학교, ⑤ 「공공기관의 운영에 관한 법률」 제5조에 따른 공기업 및 준정부기관 등을 말한다.

제 3 절 정보공개의 절차

Ⅰ. 비공개 대상 정보

1. 법정 비공개 대상 정보

공공기관이 보유·관리하는 정보는 공개 대상이 된다. 다만, 다음의 어느 하나에 해당하는 정보는 공개하지 아니할 수 있다. 정보공개법이 제9조 제1항 각 호로 열거하고 있는 비공개 대상 정보는 ① 다른 법률 또는 법률에서 위임한 명령(국회규칙·대법원규칙·헌법재판소규칙·중앙선거관리위원회규칙·대통령령 및 조례로 한정한다)에 따라 비밀이나 비공개 사항으로 규정된 정보, ② 국가안전보장·국

---

1) 「행정기관의 조직과 정원에 관한 통칙」 제2조 제1호 단서 참조.

방·통일·외교관계 등에 관한 사항으로서 공개될 경우 국가의 중대한 이익을 현저히 해칠 우려가 있다고 인정되는 정보, ③ 공개될 경우 국민의 생명·신체 및 재산의 보호에 현저한 지장을 초래할 우려가 있다고 인정되는 정보, ④ 진행 중인 재판에 관련된 정보와 범죄의 예방, 수사, 공소의 제기 및 유지, 형의 집행, 교정(矯正), 보안처분에 관한 사항으로서 공개될 경우 그 직무수행을 현저히 곤란하게 하거나 형사피고인의 공정한 재판을 받을 권리를 침해한다고 인정할 만한 상당한 이유가 있는 정보, ⑤ 감사·감독·검사·시험·규제·입찰 계약·기술개발·인사관리에 관한 사항이나 의사결정 과정 또는 내부검토 과정에 있는 사항 등으로서 공개될 경우 업무의 공정한 수행이나 연구·개발에 현저한 지장을 초래한다고 인정할 만한 상당한 이유가 있는 정보,[2] ⑥ 해당 정보에 포함되어 있는 성명·주민등록번호 등 개인에 관한 사항으로서 공개될 경우 사생활의 비밀 또는 자유를 침해할 우려가 있다고 인정되는 정보,[3] ⑦ '법인 등(법인·단체 또는 개인)'의 경영상·영업상 비밀에 관한 사항으로서 공개될 경우 법인 등의 정당한 이익을 현저히 해칠 우려가 있다고 인정되는 정보,[4] ⑧ 공개될 경우 부동산 투기, 매점매석 등으로 특정인에게 이익 또는 불이익을 줄 우려가 있다고 인정되는 정보 등 여덟 가지가 존재한다.

2. 진행 중인 재판에 관련된 정보

정보공개법의 입법 목적, 정보공개의 원칙, 비공개 대상 정보의 규정 형식과 취지 등을 고려하면, 법원 이외의 공공기관이 정보공개법 제9조 제1항 제4

---

2) 다만, 의사결정 과정 또는 내부검토 과정을 이유로 비공개할 경우에는 의사결정 과정 및 내부검토 과정이 종료되면 「공공기관의 정보공개에 관한 법률」 제10조에 따른 청구인에게 이를 통지하여야 한다(「공공기관의 정보공개에 관한 법률」 제9조 제1항 제5호 단서 참조).

3) 다만, ㉮ 법령에서 정하는 바에 따라 열람할 수 있는 정보, ㉯ 공공기관이 공표를 목적으로 작성하거나 취득한 정보로서 사생활의 비밀 또는 자유를 부당하게 침해하지 아니하는 정보, ㉰ 공공기관이 작성하거나 취득한 정보로서 공개하는 것이 공익이나 개인의 권리 구제를 위하여 필요하다고 인정되는 정보, ㉱ 직무를 수행한 공무원의 성명·직위, ㉲ 공개하는 것이 공익을 위하여 필요한 경우로서 법령에 따라 국가 또는 지방자치단체가 업무의 일부를 위탁 또는 위촉한 개인의 성명·직업과 같은 개인에 관한 정보는 제외한다(「공공기관의 정보공개에 관한 법률」 제9조 제1항 제6호 단서 및 각 목 참조).

4) 다만, ㉮ 사업활동에 의하여 발생하는 위해(危害)로부터 사람의 생명·신체 또는 건강을 보호하기 위하여 공개할 필요가 있는 정보와 ㉯ 위법·부당한 사업활동으로부터 국민의 재산 또는 생활을 보호하기 위하여 공개할 필요가 있는 정보는 제외한다(「공공기관의 정보공개에 관한 법률」 제9조 제1항 제7호 단서 및 각 목 참조).

호에서 정한 '진행 중인 재판에 관련된 정보'에 해당한다는 사유로 정보공개를 거부하기 위해서는 반드시 그 정보가 진행 중인 재판의 소송기록 자체에 포함된 내용일 필요는 없다. 그러나 재판에 관련된 일체의 정보가 그에 해당하는 것은 아니고 진행 중인 재판의 심리 또는 재판결과에 구체적으로 영향을 미칠 위험이 있는 정보에 한정된다고 보는 것이 타당하다.[5]

3. 업무의 공정한 수행에 현저한 지장을 초래할 만한 정보

정보공개법 제9조 제1항 제5호에서 비공개 대상 정보로서 규정하고 있는 '공개될 경우 업무의 공정한 수행에 현저한 지장을 초래한다고 인정할 만한 상당한 이유가 있는 정보'라 함은 정보공개법 제1조의 정보공개제도의 목적 및 정보공개법 제9조 제1항 제5호의 규정에 의한 비공개대상정보의 입법 취지에 비추어 볼 때 공개될 경우 업무의 공정한 수행이 객관적으로 현저하게 지장을 받을 것이라는 고도의 개연성이 존재하는 경우를 말하고, 이러한 경우에 해당하는지 여부는 비공개에 의하여 보호되는 업무수행의 공정성 등의 이익과 공개에 의하여 보호되는 국민의 알권리의 보장과 국정에 대한 국민의 참여 및 국정운영의 투명성 확보 등의 이익을 비교·교량하여 구체적인 사안에 따라 신중하게 판단되어야 한다.[6] 또한 그 판단을 함에 있어서는 공개청구의 대상이 된 당해 정보의 내용뿐 아니라 그것을 공개함으로써 장래 동종 업무의 공정한 수행에 현저한 지장을 초래할지 여부도 아울러 고려하여야 한다.[7]

경찰관들에 대한 내부 감사를 실시하면서 관련 경찰관들로부터 제출받은 경위서에 대한 정보공개를 요청한 사건에서 원심은 "이 사건 경위서에는 관련 경찰관들이 원고의 신고 내용에 관하여 수사하고 주변을 탐문하여 판단에 이른 과정 및 자신들에게 직무상 잘못이 없다는 취지로 해명하는 내용이 담겨 있어 그 공개를 통하여 원고의 알권리를 보호하여 줄 필요성이 있는 점, 이 사건 경위서에 기재된 내용은 이 사건 고소사건과 관련한 수사과정에서 대부분 반복되어 거론된 것으로 보이는 점, 관련 경찰관들에 대한 감사업무가 이미 종료된 점 등을 종합하면, 이 사건 경위서는 정보공개법 제9조 제1항 제5호의

5) 대법원 2011. 11. 24. 선고 2009두19021 판결.
6) 대법원 2003. 8. 22. 선고 2002두12946 판결; 대법원 2010. 6. 10. 선고 2010두2913 판결; 대법원 2011. 11. 24. 선고 2009두19021 판결 등.
7) 대법원 2012. 10. 11. 선고 2010두18758 판결.

비공개대상정보에 해당된다고 보기 어렵다"고 판단[8]하였으나, 대법원은 "관련 경찰관들로부터 이 사건 경위서를 제출받은 것은 내부 감사과정에서 이를 제출받은 사실, 피고는 내부 감사 시 관련 직원을 출석시켜 관련 내용에 대하여 조사를 할 경우 피조사자가 받게 되는 심리적 부담감과 압박감을 배제하기 위해서 사전에 경위서를 징구해 온 사실, 원고는 관련 경찰관들을 직무유기 혐의 등으로 고소하였고, 그 이후 경북지방경찰청 이의조사팀에 재수사를 의뢰하였으며, 국민권익위원회에 진정서를 제출하는 등으로 수차례에 걸쳐 관련 경찰관들에 대한 조사를 의뢰한 사실 등을 위 법리에 비추어 보면, 이 사건 경위서가 징구된 경위와 과정을 비롯하여 정보공개법 제9조 제1항 제5호에 따른 비공개대상정보의 입법 취지 등을 종합할 때, 이 사건 경위서가 공개될 경우 향후 동종 업무의 수행에 현저한 지장을 초래할 개연성이 상당할 수 있을 것으로 보인다"라고 판시[9]하여 비공개 대상 정보로 보았다.

4. 영업비밀 정보

한국방송공사(KBS)의 업무추진비 등의 정보공개청구 사건에서 법원은 정보공개법상 '영업비밀'의 의미를 다음과 같이 해석하였다.

"「부정경쟁방지 및 영업비밀보호에 관한 법률」(부정경쟁방지법)은 타인의 상표·상호 등을 부정하게 사용하게 하는 등의 부정경쟁행위와 타인의 영업비밀을 침해하는 행위를 방지하여 건전한 거래질서를 유지함을 목적으로 제정된 것으로서, 영업비밀 침해행위에 대하여 민사적 구제수단으로서 침해행위 금지·예방청구권, 손해배상청구권 및 신용회복조치청구권 등에 관한 규정을 둠과 아울러 형사처벌에 관한 규정도 두고 있는데, 부정경쟁방지법 제2조 제2호는 그 규율대상인 '영업비밀'에 관하여 "공공연히 알려져 있지 아니하고 독립된 경제적 가치를 가지는 것으로서, 상당한 노력에 의하여 비밀로 유지된 생산방법, 판매방법, 그 밖에 영업활동에 유용한 기술상 또는 경영상의 정보를 말한다"고 정의하고 있다.

한편, 정보공개법은 공공기관이 보유·관리하는 정보에 대한 국민의 공개청구 및 공공기관의 공개의무에 관하여 필요한 사항을 정함으로써 국민의 알

---

8) 대구고등법원 2010. 8. 13. 선고 2009누2215 판결.
9) 대법원 2012. 10. 11. 선고 2010두18758 판결.

권리를 보장하고 국정에 대한 국민의 참여와 국정운영의 투명성을 확보함을 목적으로 공공기관이 보유·관리하는 모든 정보를 원칙적 공개대상으로 하면서, 사업체인 법인 등의 사업활동에 관한 비밀의 유출을 방지하여 정당한 이익을 보호하고자 하는 취지에서 정보공개법 제9조 제1항 제7호로 "법인·단체 또는 개인의 경영·영업상 비밀로서 공개될 경우 법인 등의 정당한 이익을 현저히 해할 우려가 있다고 인정되는 정보"를 비공개대상정보로 규정하고 있다.

이와 같은 양 법의 입법 목적과 규율대상 등 여러 사정을 고려하여 보면, 정보공개법 제9조 제1항 제7호 소정의 '법인 등의 경영·영업상 비밀'은 부정경쟁방지법 제2조 제2호 소정의 '영업비밀'에 한하지 않고, '타인에게 알려지지 아니함이 유리한 사업활동에 관한 일체의 정보' 또는 '사업활동에 관한 일체의 비밀사항'으로 해석함이 상당하다.

그러나 한편, 정보공개법 제9조 제1항 제7호는 '법인 등의 경영·영업상의 비밀에 관한 사항'이라도 공개를 거부할 만한 정당한 이익이 있는지의 여부에 따라 그 공개 여부가 결정되어야 한다고 해석되는바, 그 정당한 이익이 있는지의 여부는 앞서 본 정보공개법의 입법 취지에 비추어 이를 엄격하게 해석하여야 할 뿐만 아니라 국민에 의한 감시의 필요성이 크고 이를 감수하여야 하는 면이 강한 공익법인에 대하여는 다른 법인 등에 대하여 보다 소극적으로 해석할 수밖에 없다고 할 것이다.[10]

한편 제7호 가목 '사업활동에 의하여 발생하는 위해(危害)로부터 사람의 생명·신체 또는 건강을 보호하기 위하여 공개할 필요가 있는 정보'의 의미는 사업활동을 통하여 발생한 위해가 사람의 생명·신체 또는 건강을 위협하는 때에는 그러한 위해에 관한 정보를 공개해서 사람의 생명·신체 또는 건강을 보호하려는 것이다. 따라서 여기서 '사업활동에 의하여 발생하는 위해(危害)'는 현존하는 실제의 위해이어야 하며 막연한 우려나 의심을 포함하는 광의의 개념으로 해석되어서는 안 된다.

또한 제7호 나목 '위법·부당한 사업활동으로부터 국민의 재산 또는 생활을 보호하기 위하여 공개할 필요가 있는 정보'의 의미는 국민의 재산 또는 생활에 대한 현존하는 실제의 위협은 없으나 우려, 불안, 위해가능성 등만 있더라도 해당 사업활동이 위법·부당한 때에는 이를 공개하여 이를 바로잡을 수 있도록

---

10) 대법원 2008. 10. 23. 선고 2007두1798 판결.

해서 위해가능성을 사전에 제거하려는 것이 입법 목적인 것으로 해석된다. 따라서 여기서 '위법·부당한 사업활동'은 명백한 위법·부당이 존재하여야 한다.

Ⅱ. 정보공개의 청구방법

정보공개를 청구하는 청구인은 해당 정보를 보유하거나 관리하고 있는 공공기관에 ① 청구인의 성명·주민등록번호·주소 및 연락처(전화번호·전자우편 주소 등)와 ② 공개를 청구하는 정보의 내용 및 공개방법에 관한 사항을 적은 정보공개 청구서를 제출하거나 말로써 정보의 공개를 청구할 수 있다. 청구인이 말로써 정보의 공개를 청구할 때에는 담당 공무원·임직원의 앞에서 진술하여야 하고, 담당 공무원·임직원은 정보공개 청구조서를 작성하여 이에 청구인과 함께 기명날인하여야 한다.

Ⅲ. 정보공개의 결정

1. 공공기관의 공개 여부의 결정

공공기관은 정보공개의 청구를 받으면 그 청구를 받은 날부터 10일 이내에 공개 여부를 결정하여야 한다. 공공기관은 부득이한 사유로 기간 이내에 공개 여부를 결정할 수 없을 때에는 그 기간이 끝나는 날의 다음 날부터 기산(起算)하여 10일의 범위에서 공개 여부 결정기간을 연장할 수 있으며, 이 경우 공공기관은 연장된 사실과 연장 사유를 청구인에게 지체 없이 문서로 통지하여야 한다. 공공기관은 공개 청구된 공개 대상 정보의 전부 또는 일부가 제3자와 관련이 있다고 인정할 때에는 그 사실을 제3자에게 지체 없이 통지하여야 하며, 필요한 경우에는 그의 의견을 들을 수 있다. 아울러 공공기관은 다른 공공기관이 보유·관리하는 정보의 공개 청구를 받았을 때에는 지체 없이 이를 소관 기관으로 이송하여야 하며, 이송한 후에는 지체 없이 소관 기관 및 이송 사유 등을 분명히 밝혀 청구인에게 문서로 통지하여야 한다.

2. 정보공개심의회의 설치·운영

국가기관 등은 정보공개 여부 등을 심의하기 위하여 정보공개심의회를 설치·운영한다. 정보공개심의회는 위원장 1명을 포함하여 5명 이상 7명 이하의 위원으로 구성한다. 정보공개심의회의 위원장을 제외한 위원은 소속 공무원, 임직원 또는 외부 전문가로 지명하거나 위촉하되, 그 중 2분의 1은 해당 국가기관 등의 업무 또는 정보공개의 업무에 관한 지식을 가진 외부 전문가로 위촉하여야 한다.

3. 정보공개 여부 결정의 통지

공공기관은 정보의 공개를 결정한 경우에는 공개의 일시 및 장소 등을 분명히 밝혀 청구인에게 통지하여야 하며, 청구인이 사본 또는 복제물의 교부를 원하는 경우에는 이를 교부하여야 한다. 다만, 공개 대상 정보의 양이 너무 많아 정상적인 업무수행에 현저한 지장을 초래할 우려가 있는 경우에는 정보의 사본·복제물을 일정 기간별로 나누어 제공하거나 열람과 병행하여 제공할 수 있다.

정보를 공개하는 경우에 공공기관은 그 정보의 원본이 더럽혀지거나 파손될 우려가 있거나 그 밖에 상당한 이유가 있다고 인정할 때에는 그 정보의 사본·복제물을 공개할 수 있다. 정보의 비공개 결정을 한 경우에는 그 사실과 비공개 이유와 불복(不服)의 방법 및 절차를 구체적으로 밝혀 청구인에게 지체 없이 문서로 통지하여야 한다.

4. 정보의 공개방법

(1) 부분 공개

공개 청구한 정보가 정보공개법 제9조 제1항 각 호에 따른 비공개 대상 정보에 해당하는 부분과 공개 가능한 부분이 혼합되어 있는 경우로서 공개 청구의 취지에 어긋나지 아니하는 범위에서 두 부분을 분리할 수 있는 경우에는 정보공개법 제9조 제1항 각 호에 따른 비공개 대상 정보에 해당하는 부분을 제외하고 공개하여야 한다.

(2) 정보의 전자적 공개

공공기관은 전자적 형태로 보유·관리하는 정보에 대하여 청구인이 전자적 형태로 공개하여 줄 것을 요청하는 경우에는 그 정보의 성질상 현저히 곤란한 경우를 제외하고는 청구인의 요청에 따라야 하며, 전자적 형태로 보유·관리하지 아니하는 정보에 대하여 청구인이 전자적 형태로 공개하여 줄 것을 요청한 경우에는 정상적인 업무수행에 현저한 지장을 초래하거나 그 정보의 성질이 훼손될 우려가 없으면 그 정보를 전자적 형태로 변환하여 공개할 수 있다.

(3) 즉시 처리가 가능한 정보의 공개

즉시 또는 말로 처리가 가능한 정보로서 ① 법령 등에 따라 공개를 목적으로 작성된 정보, ② 일반국민에게 알리기 위하여 작성된 각종 홍보자료, ③ 공개하기로 결정된 정보로서 공개에 오랜 시간이 걸리지 아니하는 정보, ④ 그밖에 공공기관의 장이 정하는 정보 가운데 어느 하나에 해당하는 정보에 대해서는 정보공개법 제11조에 따른 절차를 거치지 아니하고 공개하여야 한다.

5. 비용 부담

정보의 공개 및 우송 등에 드는 비용은 실비(實費)의 범위에서 청구인이 부담한다. 공개를 청구하는 정보의 사용 목적이 공공복리의 유지·증진을 위하여 필요하다고 인정되는 경우에는 비용을 감면할 수 있다.

IV. 불복 구제 절차

1. 이의신청

청구인이 정보공개와 관련한 공공기관의 비공개 결정 또는 부분 공개 결정에 대하여 불복이 있거나 정보공개 청구 후 20일이 경과하도록 정보공개 결정이 없는 때에는 공공기관으로부터 정보공개 여부의 결정 통지를 받은 날 또는 정보공개 청구 후 20일이 경과한 날부터 30일 이내에 해당 공공기관에 문서로 이의신청을 할 수 있다. 이의신청이 있는 경우 국가기관 등은 정보공개 심의회를 개최하여야 한다. 다만, ① 심의회의 심의를 이미 거친 사항, ② 단순·반복적인 청구, ③ 법령에 따라 비밀로 규정된 정보에 대한 청구에 해당하는 경우에는 개최하지 아니할 수 있다.

공공기관은 이의신청을 받은 날부터 7일 이내에 그 이의신청에 대하여 결정하고 그 결과를 청구인에게 지체 없이 문서로 통지하여야 한다. 이의신청을 각하 또는 기각하는 결정을 한 경우에는 청구인에게 행정심판 또는 행정소송을 제기할 수 있다는 사실을 이의신청에 대한 결정 결과 통지와 함께 알려야 한다. 다만, 공공기관은 부득이한 사유로 정하여진 기간 이내에 이의신청에 대해 결정할 수 없을 때에는 그 기간이 끝나는 날의 다음 날부터 기산하여 7일의 범위에서 연장할 수 있으며, 연장 사유를 청구인에게 통지하여야 한다.

정보공개 이의신청 기각결정에 대하여 행정심판 또는 행정소송을 제기할 경우 당초 정보공개 비공개결정과 이의신청 기각결정 중 어느 것이 심판 및 소송이 되는 것인지 문제된다.

정보공개법상 이의신청 및 그에 관한 결정은 행정심판법상의 심판청구 및 행정심판과는 구별되고, 이의신청을 각하 또는 기각하는 결정은 사실상 정보공개청구에 관한 기존의 결정의 유지를 전제로 한 것에 불과하여 청구인의 권리 의무에 새로운 변동을 초래하는 것이 아니므로 독자적인 항고소송의 대상이 된다고 볼 수 없다.[11]

다만 이의신청에 대한 결정을 받은 날부터 원처분에 대한 심판청구기간의 기산일이 진행한다. 하지만 적법한 기간 내에 이의신청을 제기하지 않아 이의신청이 각하된 때에는 심판청구 또는 소 제기의 기산일은 원처분일부터 기산된다.

2. 행정심판

청구인은 정보공개법 제18조에 따른 이의신청 절차를 거치지 아니하고 행정심판을 청구할 수 있다.

청구인이 정보공개와 관련한 공공기관의 결정에 대하여 불복이 있거나 정보공개 청구 후 20일이 경과하도록 정보공개 결정이 없는 때에는 「행정심판법」에서 정하는 바에 따라 행정심판을 청구할 수 있다. 이 경우 국가기관 및 지방자치단체 외의 공공기관의 결정에 대한 감독행정기관은 관계 중앙행정기관의 장 또는 지방자치단체의 장으로 한다.

3. 행정소송

청구인이 정보공개와 관련한 공공기관의 결정에 대하여 불복이 있거나 정보공개 청구 후 20일이 경과하도록 정보공개 결정이 없는 때에는 「행정소송법」에서 정하는 바에 따라 행정소송을 제기할 수 있다. 재판장은 필요하다고

---

11) 수원지방법원 2015. 5. 13. 선고 2014구합6433 판결.

인정하면 당사자를 참여시키지 아니하고 제출된 공개 청구 정보를 비공개로 열람·심사할 수 있다. 행정소송의 대상이 정보공개법 제9조 제1항 제2호에 따른 정보 중 국가안전보장·국방 또는 외교관계에 관한 정보의 비공개 또는 부분 공개 결정처분인 경우, 공공기관이 그 정보에 대한 비밀 지정의 절차, 비밀의 등급·종류 및 성질과 이를 비밀로 취급하게 된 실질적인 이유 및 공개를 하지 아니하는 사유 등을 입증하면 해당 정보를 제출하지 아니하게 할 수 있다.

4. 제3자의 비공개 요청 및 불복

비공개 요청을 한 제3자는 해당 공공기관에 문서로 이의신청을 하거나 행정심판 또는 행정소송을 제기할 수 있다. 이 경우 이의신청은 통지를 받은 날부터 7일 이내에 하여야 한다.

여기서 비공개 요청이라 함은 '정보공개법 제11조 제3항에 따라 공개 청구된 사실을 통지받은 제3자가 그 통지를 받은 날부터 3일 이내에 해당 공공기관에 대하여 자신과 관련된 정보를 공개하지 아니할 것에 대하여 제기할 수 있는 권리의 내용'을 말하며, 이와 같은 비공개 요청에도 불구하고 공공기관이 공개 결정을 할 때에는 공개 결정일과 공개 실시일 사이에 최소한 30일의 간격을 두어 공개 실시일을 공개 결정 이유와 함께 분명히 밝혀 지체 없이 문서로 통지하여야 한다.

제 3 장   개인정보 보호법

제 1 절   개인정보자기결정권

I. 개인정보보호제도

개인정보 보호제도라 함은 개인에 관한 정보가 부당하게 수집·제공·이용 등 처리 또는 취급되는 것을 제어함으로써 개인의 권리를 보호하는 제도를 말한다. 헌법적 차원에서 이러한 개인의 권리는 자신에 관한 정보가 언제 누구에게 어느 범위까지 알려지고 또 이용되도록 할 것인지를 그 정보주체가 스스로 결정할 수 있는 권리, 즉 정보주체가 개인정보의 공개와 이용에 관하여 스스로 결정할 수 있는 기본적 인권으로서 '개인정보자기결정권'을 의미한다.[1]

원래 개인정보 보호법은 행정절차법의 보완적 수단으로 탄생하였다. 행정절차법의 핵심적 사항이 청문제도이며, 청문제도가 효과적으로 운용되기 위해서는 정부가 독점하고 있는 행정정보를 일반 국민들도 알 수 있도록 공개되어야 하는 바 이를 제도적으로 보장한 것이 행정정보공개법이다. 그런데 행정정보를 공개할 때에 행정정보에 포함되어 있는 개인의 정보(개인정보)까지도 함께 공개됨으로 인하여 개인의 프라이버시가 침해되는 부작용을 방지하고자 개인정보 보호법이 등장한 것이다.

우리나라에서 개인정보보호에 대한 최초의 입법은 1994년 1월 7일 제정된 구(舊)「공공기관의 개인정보보호에 관한 법률」이다.「공공기관의 개인정보보호에 관한 법률」은 공공기관의 컴퓨터·폐쇄회로 텔레비전 등 정보의 처리 또는 송·수신 기능을 가진 장치에 의하여 처리되는 개인정보의 보호를 위하여 그 취급에 관하여 필요한 사항을 정함으로써 공공업무의 적정한 수행을 도모함과 아울러 국민의 권리와 이익을 보호함을 목적으로 시행되었다. 그런데

---

1) 헌재 2005. 5. 26. 99헌마513·2004헌마190(병합) 결정 참조.

이 법은 수범자로서 개인정보취급자를 국가행정기관·지방자치단체 그 밖의 공공단체 중 대통령령이 정하는 기관에 한정하였다는 한계가 있었다. 이후 종래에 공공부문에서의 개인정보보호로 한정되었던 규율범주를 민간영역으로까지 확대하여 통일적으로 규율하는 「개인정보 보호법」이 2011년 3월 29일 제정되어 같은 해 9월 30일부터 시행되고 있다. 현행 「개인정보 보호법」은 기본법이자 일반법의 성질을 갖는 반면, 이 외에 「정보통신망 이용촉진 및 정보보호 등에 관한 법률」, 「신용정보의 이용 및 보호에 관한 법률」 등과 같은 개별법도 존재한다.

Ⅱ. 프라이버시와 개인정보자기결정권

1. 프라이버시

프라이버시(privacy)란 미국 연방대법원장 워런(Sammuel D. Warren)과 연방대법관 브랜다이스(Louis D. Brandeis)가 청년시절인 1890년 하버드 로스쿨의 Law Review에 기고한 'The Right to Privacy'라는 논문[2]에서 처음 등장한 개념이다.

당시 미국의 옐로저널리즘이 유명인사의 사생활을 폭로하는 기사를 자주 게재해도 종래의 명예훼손 법리만으로는 그 구제가 곤란한 경우가 많아 새로이 프라이버시권을 인정할 필요가 있다는 주장을 제기하면서, 프라이버시란 '타인의 방해를 받지 않고 개인의 사적인 영역(personal space)을 유지하고자 하는 이익 또는 권리'라고 설명하였다.

이후 프라이버시에 대한 정의는 미국의 판례와 학자들에 의해 계속 진화·발전되어졌다. 어떠한 환경이든 개인의 신체나 태도 및 행위를 타인에게 얼마나 노출할 것인지 자신이 자유롭게 선택할 수 있는 권리라는 견해,[3] 인격권으로서 인격침해로부터 개인의 자주성, 존엄성, 완전성을 보호할 수 있는 권리라는 견해,[4] 비밀·익명성·고립성 등 세 요소를 가지며 그것이 자신의 의사나 타인의 행위에 의하여 상실될 수 있는 상태라는 견해[5] 등이 대표적이

---

2) Warren and Brandeis, "THE RIGHT TO PRIVACY," Harvard Law Review. Vol. Ⅳ No. 5, December 15, 1890.

3) Alan F. Westin, Privacy and Freedom, Atheneum(N .Y.), 1967, p.7.

4) Edward Bloustine, "Privacy as an aspect of human dignity," 39 New York Univ. Law Review (1964), p.971.

다.6) 로젠바움(Rosenbaum)은 프라이버시 개념의 이 같은 다의성을 세 가지 범주, 즉 공간적 프라이버시(Territorial Privacy), 개인적 프라이버시(Personal Privacy), 그리고 정보프라이버시(Information Privacy)로 나누어 파악하였다.7)

미연방대법원은 헌법상의 프라이버시권이 두 가지 내용의 보호법익을 가지고 있는 것으로 판시하였다. 그 하나가 "사적인 사항이 공개되는 것을 원치 않는 이익(interest in avoiding disclosure of personal matters)"이며, 다른 하나는 "자신의 중요한 문제에 대하여 자율적이고 독자적으로 결정을 내리고자 하는 이익 (interest in independence in making certain kinds of important decisions)"이다.8)

국내 헌법학자들은 전자를 소극적 침해배제권이라 할 수 있는 이른바 '프라이버시권'으로, 후자를 적극적 보호형성권으로서 이른바 '개인정보자기결정권'으로 각각 설명하고 있다. 헌법 제17조의 "모든 국민은 사생활의 비밀과 자유를 침해받지 아니한다"의 규정을 전단과 후단으로 나누어, 전단의 "비밀 침해배제"는 프라이버시권을 후단의 "자유 침해배제"는 개인정보자기결정권을 각각 보장하는 헌법적 근거라고 설명한다.9)

2. 개인정보자기결정권

헌법재판소와 법원은 개인정보자기결정권을 "자신에 관한 정보가 언제 누구에게 어느 범위까지 알려지고 또 이용되도록 할 것인지를 정보주체가 스스로 결정할 수 있는 권리"라고 설명하면서, 인간의 존엄과 가치, 행복추구권을 규정한 헌법 제10조 제1문에서 도출되는 일반적 인격권 및 헌법 제17조의 사생활의 비밀과 자유에 의하여 보장되는 권리라고 하였다.

개인정보자기결정권은 사적 정보의 통제를 정보주체 스스로가 "결정"할 수 있다는 적극적 의미의 프라이버시권이라 할 수 있다. 결국 프라이버시와 개인정보자기결정권의 관계는 '프라이버시' 의미의 광협에 따라 달라진다. 프

---

5) Ruth Gavison, "Privacy and the Limits of Law," 89 Yale Law Journal 42 1 (1980), p.428.
6) 노동일/정완, "사이버공간상 프라이버시 개념의 변화와 그에 대한 법적 대응", 「경희법학」 제45권 제14호, 2010, 185면.
7) Joseph I. Rosenbaum, "Privacy on the Internet: Whose Information is it Anyway?", 38 Jurimetrics p.565, pp.566~567 (1998); 김현경, "개인정보보호제도의 본질과 보호법익의 재검토", 「성균관법학」 제26권 제4호, 2014. 12, 272면 재인용.
8) Whalen *v.* Roe, 429 U.S. 589, 599~600, 1977.
9) 강경근, "프라이버시 보호와 진료정보", 「헌법학연구」 제10권 제2호, 2004, 187면.

라이버시를 좁게 해석하여 '비밀 보호'라는 소극적 방해배제의 권리로 이해한다면 '자유 결정'이라는 적극적 보호형성권인 개인정보자기결정권과 구별적 개념이 될 것이며, 프라이버시를 넓게 해석하여 '사생활의 비밀 및 자유'를 방해받지 않을 뿐만 아니라 정보주체가 스스로 침해배제를 위한 결정권을 행사할 수 있는 것으로 해석한다면 프라이버시는 개인정보자기결정권을 포함하는 상위의 개념이 된다.

하지만 이들 관계를 굳이 구별할 실익이 없다. 양자 모두 헌법적 가치이며 헌법상 보장되는 기본권이므로 헌법소원이나 불법행위에 의한 손해배상청구소송 등에서 다르게 취급되지 않기 때문이다.

제 2 절   '개인정보'의 의미

Ⅰ. 법적 의의

현행 「개인정보 보호법」 제2조 제1호[10]는 개인정보를 "살아 있는 개인에 관한 정보로서 ① 성명, 주민등록번호 및 영상 등을 통하여 개인을 알아볼 수 있는 정보, ② 해당 정보만으로는 특정 개인을 알아볼 수 없더라도 다른 정보와 쉽게 결합하여 알아볼 수 있는 정보, ③ 가명정보 중 어느 하나에 해당하는 정보"라고 정의하고 있다.

여기서 말하는 "가명정보"란 "① 성명, 주민등록번호 및 영상 등을 통하여 개인을 알아볼 수 있는 정보, ② 해당 정보만으로는 특정 개인을 알아볼 수 없더라도 다른 정보와 쉽게 결합하여 알아볼 수 있는 정보를 '가명처리'함으로써 원래의 상태로 복원하기 위한 추가 정보의 사용·결합 없이는 특정 개인을 알

---

10) 「개인정보 보호법」 제2조 제1호. "개인정보"란 "살아 있는 개인에 관한 정보로서 다음 각 목의 어느 하나에 해당하는 정보를 말한다.

　　가. 성명, 주민등록번호 및 영상 등을 통하여 개인을 알아볼 수 있는 정보

　　나. 해당 정보만으로는 특정 개인을 알아볼 수 없더라도 다른 정보와 쉽게 결합하여 알아볼 수 있는 정보. 이 경우 쉽게 결합할 수 있는지 여부는 다른 정보의 입수 가능성 등 개인을 알아보는 데 소요되는 시간, 비용, 기술 등을 합리적으로 고려하여야 한다.

　　다. 가목 또는 나목을 제1호의2에 따라 가명처리함으로써 원래의 상태로 복원하기 위한 추가 정보의 사용·결합 없이는 특정 개인을 알아볼 수 없는 정보(이하 "가명정보"라 한다)

아볼 수 없는 정보"를 말한다.

가명처리란 "개인정보의 일부를 삭제하거나 일부 또는 전부를 대체하는 등의 방법으로 추가 정보가 없이는 특정 개인을 알아볼 수 없도록 처리하는 것"을 말한다.[11] 다시 말해서 가명정보는 대체키 등 추가정보 없이는 개인을 식별할 수 없는 정보를 말한다. 그러나 가명정보도 여전히 개인정보라는 점은 차이가 없다. 이러한 가명정보라는 개념을 따로 설정한 까닭은 개인정보를 보호하면서도 동시에 데이터의 활용을 촉진하기 위해 정보주체의 동의 없이 데이터를 활용할 수 있는 길을 터주기 위함이다. 가명정보는 통계작성, 과학적 연구, 공익적 기록보존 등을 위한 경우에는 정보주체의 동의 없이 처리가 가능하다.[12]

그런데 이러한 정의는 ① 어느 정도가 되어야 특정 개인을 식별할 수 있다고 할 수 있는 것인지, ② 특정한 개인을 식별하는 주체는 누구인지, ③ 다른 정보와 용이하게 결합하여 특정한 개인을 식별할 수 있다고 하더라도 정보를 결합하는 주체는 누구이고 결합이 용이하다고 볼 수 있는 기준은 무엇인지 등과 관련하여 상당한 해석론상 어려움이 존재하므로 법적 안정성의 측면이나 예측가능성의 측면에서 부적절하다는 비판이 끊임없이 제기되고 있다.[13]

II. 개인정보 개념에 대한 재정립 논의

개인정보를 "살아 있는 개인에 관한 정보로서 성명, 주민등록번호 및 영상 등을 통하여 개인을 알아볼 수 있는 정보(해당 정보만으로는 특정 개인을 알아볼 수 없더라도 다른 정보와 쉽게 결합하여 알아볼 수 있는 것을 포함한다)"라고 정의하고 있는 현행법의 개인정보의 개념적 정의는 사실상 개인에 관한 모든 정보, 심지어는 개인에 대한 평가나 평판까지도 개인정보에 포함될 수 있다는 극단적 해석이 가능하다. 왜냐하면 개인을 식별할 수 있는 정보뿐만 아니라 2개 이상의 정보가 결합하면 개인을 식별할 수 있는 정보, 즉 식별가능정보도 개인정보에 포함되기 때문에 그 자체로는 개인정보로 보기 어려운 것도 식별가능성만 있으

---

11) 「개인정보 보호법」 제2조 제1호의2.
12) 「개인정보 보호법」 제28조의2.
13) 김현경, "개인정보의 개념에 대한 논의와 법적 과제", 「미국헌법연구」 제25권 2호, 2014, 142면.

면 개인정보가 되는 것이다. 이처럼 개인에 관한 거의 모든 정보가 개인정보
로 취급될 수 있기 때문에 개인에 관한 모든 정보는 정보주체의 동의를 얻어
야만 해당 정보의 처리(수집, 제공, 활용 등)가 가능하다는 가설이 설정될 수 있다.
하지만 이러한 가설이 현실화 될 수도 없고 되어서도 안 된다. 인간은 사회적
유기체이므로 타인에 대한 정보를 인식하고 활용하는 것이 필수적이다. 다시
말해서 타인에 대한 정보는 유통되는 것을 전제로 생성되는 것이다. 그런데
이러한 모든 정보가 정보주체의 동의에 의해서만 유통될 수 있다면 우리 사회
는 동맥경화에 걸릴 수도 있을 것이다. 당연히 개인에 대한 정보라 할지라도
법상 보호하여야 할 정보와 자유로이 유통되어야 할 정보가 구별되어야 하는
것이다. 그러기 위해서는 법령이 법상 보호되는 개인정보를 구체적으로 범위
를 정하여 정의하여야 하는데 현행 「개인정보 보호법」은 이러한 법적 사명을
다하지 못하고 있다는 지적이 많다.

　　이러한 까닭에 「개인정보 보호법」상 개인정보의 정의를 재정립해야 한다
는 주장들이 제기되고 있다. 개인정보 개념을 재정립하자는 견해들은 다음과
같이 크게 3가지 정도로 범주화할 수 있다. 첫째는 '개인정보'의 개념을 세분
화하려는 시도14)이며, 둘째는 '프라이버시'의 관계정립을 통해 '개인정보'를 차
별화하자는 주장15)이며, 셋째는 '개인정보'의 핵심 개념인 '식별성'에 대한 수
정이 필요하다는 견해16)이다.17)

　　'개인정보'의 개념을 세분화하려는 시도는 개인정보 활용시 개인의 존엄
과 인격권, 사생활에 미치는 영향, 당해 개인정보의 형성 영역 등을 고려하여
개인정보간의 차별화 혹은 개인정보별 보호정도의 차별화를 주장하는 견해이
다. 개인정보의 차별적 정의의 예로서 가치판단적 요소를 내포하고 있는 것과
그렇지 않은 것을 기준으로 '성향중립 개인정보'와 '성향기반 개인정보'로 구분
하는 견해, '공적 성격의 정보'와 '사적 성격의 정보'로 구분하는 견해, '개인에
관한 정보'와 '개인정보'를 구분하여 '개인에 관한 정보'는 개인에 대한 묘사,

---

14) 황성기, "개인정보 보호와 다른 헌법적 가치의 조화", 「프라이버시」 정책연구 포럼, 2013 참조.

15) 문재완, "개인정보의 개념에 관한 연구", 「공법연구」 제42집 제3호, 2014; 박경신, "사생활의 비
　　밀의 절차적 보호규범으로서의 개인정보보호법리", 「공법연구」 제40집 제1호 참조.

16) 구태언, "현행 개인정보보호 법제상 '개인정보' 정의의 문제점", 프라이버시 정책연구 포럼,
　　2013; 장주봉, "개인정보의 의미와 보호범위", 「법학평론」 제3권, 2012 참조.

17) 김현경, "개인정보의 개념에 대한 논의와 법적 과제", 「미국헌법연구」, 제25권 제2호, 2014,
　　135면.

서술, 평가, 의견, 언론보도 등을 의미하는 것으로서 사회적 인격상에 관한 자기결정권의 보호대상으로 표현의 자유, 언론의 자유, 예술의 자유에 따른 그 활용 및 이용이 가능한 반면 '개인정보'는 전형적인 개인정보자기결정권의 보호대상이라고 보는 견해 등이 있다.[18]

'프라이버시'의 관계정립을 통해 '개인정보'를 차별화하자는 주장은 개인정보를 헌법상 프라이버시 측면에서 뿐만 아니라 알권리, 영업의 자유, 표현의 자유 측면에서 검토 필요가 있다는 점을 강조한다.[19] 프라이버시뿐만 아니라 개인에 관한 모든 정보가 개인정보에 해당하므로 모든 개인정보를 법적으로 보호하기보다는 개인정보 보호법의 적용범위를 '사적인 정보' 또는 '프라이버시권 침해의 가능성 있는 정보'들로 한정함으로써 표현의 자유와의 충돌 가능성을 최소화해야한다는 주장[20]도 있다.

끝으로 '개인정보'의 핵심 개념인 '식별성'에 대한 수정이 필요하다는 주장으로는 '개인식별정보'와 '개인식별가능정보'의 차별적 보호 필요성을 제기하는 견해,[21] '개인식별정보'와 '사람관련정보'로 나누어 규정하자는 견해[22] 등이 있다. 이 견해는 식별가능성에 대한 의문을 제기하며 현행 정의조항 중 괄호부분을 삭제하여 '개인식별정보'만 개인정보로 규율하고, 개인식별정보를 제외한 나머지 정보를 '사람관련정보'로 규율하자는 것이다. '개인식별정보'를 제외한 '사람관련정보'의 수집에 관하여는 원칙적으로 규제하지 않음으로써 개인정보처리자나 정보통신서비스 제공자에게 보다 많은 자율을 부여하되, 사람관련정보는 개인식별정보와 함께 수집되고 이용될 때 비로소 의미를 가지는 것이므로 이 경우에 한하여 개인정보로서 규율하여야 한다는 것이다.[23]

개인정보의 개념을 세분화하자는 견해, 개인식별정보와 개인식별가능정보를 구별하여 차별화하자는 견해는 일응 설득력이 있어 보인다. 하지만 입법론적 측면을 고려해 보면 실현 가능성이 희박하다. 왜냐하면 '구별적 개념'을 정의하기 위해서는 반드시 명확한 '구별 기준'이 설정되어야 하고 그러한 기준

---

18) 황성기, 앞의 논문, 16~20면.
19) 문재완, 앞의 논문, 1~10면.
20) 박경신, 앞의 논문, 132~158면.
21) 황성기, 앞의 논문, 23~25면.
22) 구태언, 앞의 논문, 43면.
23) 구태언, 앞의 논문, 45면.

에 의하여 애매한 영역이 없이 분명하게 양자가 구분될 수 있어야 하는데 어떠한 견해를 취하더라도 명확한 구별기준의 설정이 곤란하거나 애매한 영역이 존재할 가능성이 충분히 예상되기 때문이다.

'프라이버시'의 관계정립을 통해 '개인정보'를 차별화하자는 주장 역시 논리적 한계가 있다. 개인정보가 프라이버시를 포함하는 프라이버시보다 넓은 개념이라는 것은 동의한다. 하지만 개인정보의 보호법익이 '프라이버시 보호'는 아니기 때문에 프라이버시 침해가능성 여부가 법상 보호되는 개인정보의 개념을 결정하는 기준이 될 수는 없다. 오히려 정보통신기술의 발달과 글로벌 경제체제의 확산으로 개인정보 보호목적의 무게중심이 프라이버시 보호에서 개인의 재산권 침해 예방으로 옮겨 가고 있다. 따라서 프라이버시 침해가능성이 없거나 프라이버시와 관련이 없는 개인정보를 프라이버시와 관련된 개인정보와 달리 취급할 수 있는 논거도 현실적 이유도 없다.

Ⅲ. '개인정보'의 다의적 의미

1. 문제의 소재

개인정보의 의미는 ① 프라이버시 또는 개인정보자기결정권의 대상으로서의 개인정보와 ② 개인정보 보호법의 보호대상으로서의 개인정보가 반드시 일치하는 것은 아니다. 프라이버시 또는 개인정보자기결정권 등과 같은 기본권적 의미로서의 개인정보는 손해배상청구소송에서 불법행위책임의 구성요소로서의 위법성 판단에 있어 '침해의 대상'의 관점에서 주로 논의되는 의미이다.

불법행위법은 '가해행위'나 '위법성' 요건을 통해 기본권의 효력이나 영향이 매우 직접적·전면적으로 투입되는 구조이다. 우리나라의 불법행위사건 재판에서 기본권에 대한 고려는 일상적 일이 되었다. 이는 공법상 법률관계뿐 아니라 사인들 사이에서도 기본권적 가치를 인식하고 그 위상에 맞게 보호함으로써 시대정신의 투영이자 공·사 영역을 불문하는 법질서의 기초에 놓여있는 기본권적 가치의 보호를 완성해가는 당연하고도 바람직한 움직임이라고 한다.[24] 이처럼 불법행위책임의 성립요건으로서 침해의 대상이 되는 '개인정

---

24) 윤영미, "불법행위법의 보호대상인 기본권적 법익"「세계헌법연구」제18권 제2호, 2012, 147면.

보'의 의미는 헌법상 기본권으로서의 프라이버시 또는 개인정보자기결정권 등의 대상이 되는 개인정보를 의미한다.

반면에 개인정보 보호법의 보호대상으로서의 개인정보는 ① 법위반 행위에 대한 제재나 ② 개인정보 보호법에 특별히 규정된 입증책임의 전환, 법정손해배상 등과 같은 손해배상의 특칙을 적용할 때 주로 논의되는 개념이다.

2. 불법행위법상 침해대상으로서의 개인정보

법원은 "개인정보자기결정권의 보호대상이 되는 개인정보는 개인의 신체, 신념, 사회적 지위, 신분 등과 같이 개인의 인격주체성을 특징짓는 사항으로서 개인의 동일성을 식별할 수 있게 하는 일체의 정보라고 할 수 있고, 반드시 개인의 내밀한 영역에 속하는 정보에 국한되지 않고 공적 생활에서 형성되었거나 이미 공개된 개인정보까지 포함한다"라고 판시하였다.

이에 따르면 개인정보자기결정권의 보호대상이 되는 개인정보는 ① 개인의 인격주체성을 특징짓는 사항과 ② 개인의 동일성을 식별할 수 있는 정보라는 2가지 요건을 모두 갖추어야 한다. 다시 말해서 개인의 인격적 정보 모두가 개인정보가 되는 것이 아니라 그 중에서 특정 개인을 식별할 수 있는 정보만이 개인정보에 해당하는 것이다. 만약 전교조 가입자 명단이 공개되었으나 지역 또는 소속 학교 등이 함께 공개되지 않았다면 개인에 대한 식별이 용이하지 않으므로 개인정보에 해당하지 않을 수도 있다. 물론 특이한 이름의 경우 식별 가능성이 상대적으로 높기 때문에 개인정보에 해당할 수도 있다. 이처럼 식별성 또는 식별가능성의 판단은 매우 임의적이고 상대적일 수밖에 없다.

그런데 불법행위법에서 위법성의 구성요소로서 '침해'의 대상이 되는 것은 노출을 원하지 않는 개인의 인격적 정보가 알려지거나 알려질 가능성이 있는 상태에 놓여있다는 것이다. 따라서 불법행위법상 침해 대상으로서의 개인정보는 현행법령의 보호대상으로서 개인정보보다 '식별성 또는 식별가능성'을 비교적 넓게 인정하여도 무방할 것으로 보인다.

3. 「개인정보 보호법」의 적용대상으로서의 개인정보

현행법의 보호대상으로서의 개인정보는 법문언에 충실한 해석이 필요하다. 현행법의 법문언은 개인의 인격주체성보다는 개인의 식별성에 무게중심을 두고 있다. 「개인정보 보호법」은 사상·신념, 노동조합·정당의 가입·탈퇴, 정치적 견해, 건강, 성생활 등에 관한 정보 등을 민감정보라 하여 원칙적 처리 금지를 규정하고 있다.[25] 여기서 민감정보는 개인에 대한 모든 민감한 정보를 의미하는 것이 아니라 당연히 개인정보의 범주에 속하는 정보 중에서 특히 민감한 정보를 말한다.

따라서 만약 민감정보가 유출되었으나 개인에 대한 식별성 판단이 애매한 경우 불법행위법과 개인정보 보호법의 판단이 다를 수 있다. 다소 식별성이 낮아 개인정보 보호법의 적용이 배제되더라도 손해배상책임은 면책되지 않을 수 있다. 하지만 현행 「개인정보 보호법」 제39조 제1항의 손해배상책임에 있어 입증책임의 전환이나 제39조의2 제1항의 법정손해배상의 청구 등은 불법행위법의 특칙규정으로서 이때에 개인정보의 의미는 일반 불법행위법적 의미의 개인정보가 아닌 개인정보 보호법상의 개인정보가 적용되어야 한다.[26] 향후 재판에서 법원이 이에 대한 법리의 오해가 없기를 바란다.

제3절 개인정보처리자

I. 개인정보처리자의 의미

「개인정보 보호법」은 '개인정보처리자'를 '업무를 목적으로 개인정보파일을 운용하기 위하여 스스로 또는 다른 사람을 통하여 개인정보를 처리하는 공공기관, 법인, 단체 및 개인 등'으로 정의하고 있다.

법문언을 통하여 볼 때 개인정보처리자의 구성요건은 ① 업무 목적, ② 개인정보파일 운용, ③ 개인정보 처리, ④ 공공기관, 법인, 단체, 개인이라 할 수 있다.

첫째, '업무'란 직업상 또는 사회생활상의 지위에 기하여 계속적으로 종사하는 사무나 사업의 일체를 의미하는 것으로 보수 유무나 영리 여부와는 관계가 없으며, 단 1회의 행위라도 계속·반복의 의사가 있다면 업무로 볼 수 있다.

---

25) 「개인정보 보호법」 제23조.
26) 김민호, "개인정보의 의미", 「성균관법학」 제28권 제4호, 2016 참조.

또한 업무란 직업상 또는 사회생활상 지위에 기하여야 하므로, 예를 들어 지인들에게 모임을 안내하기 위해 전화번호 및 이메일주소를 수집하는 행위나 결혼을 알리기 위해 청첩장을 돌리는 행위 등은 업무를 목적으로 한 것이 아니다.27) 따라서 순수한 개인적인 활동이나 가사활동을 위해서 개인정보를 수집·이용·제공하는 것은 업무에서 제외된다. 둘째, 개인정보처리자가 되기 위해서는 개인정보파일을 운용하고 있어야 하는바, 개인정보파일이란 파일체계의 일부를 구성하고 있거나, 구성하도록 예정되어 있거나, 그런 의도로 처리되는 개인정보를 말하며, 따라서 일회성 메모나 문서작성 행위는 개인정보의 처리가 아니다. 셋째, 개인정보의 처리란 개인정보를 수집, 가공, 편집, 이용, 제공, 전송하는 일체의 행위를 말한다. 넷째, 개인정보처리자는 공공기관, 영리·비영리 법인, 영리·비영리 단체, 개인이 모두 포함된다.

유럽연합의 일반 개인정보보호법28)은 개인정보처리자라는 개념 대신에 data controller, data processor라는 용어를 규정하고 있다. 컨트롤러(Controller)는 개인정보의 처리 목적 및 수단을 단독 또는 공동(jointly)으로 결정하는 자연인, 법인, 공공기관, 에이전시 기타 단체를 의미한다.29) 프로세서(Processor)는 컨트롤러를 대신하여 개인정보를 처리하는 자연인, 법인, 공공기관, 에이전시, 기타 단체를 의미한다.30)

GDPR에서의 컨트롤러, 프로세서의 개념은 우리나라 개인정보 보호법에서의 위탁자, 수탁자와 유사해 보이지만 차이가 있다. 우리나라 개인정보 보호법의 '위탁자'는 개인정보의 처리 업무를 위탁하는 개인정보처리자를 의미하고, '수탁자'는 위탁하는 업무의 내용과 개인정보 처리 업무를 위탁 받아 처리하는 자를 의미한다. 위탁자는 자신의 사무 처리를 위해 직접 수집한 개인정보를 수탁자에게 제공하지만, 컨트롤러는 개인정보 처리의 목적과 수단을 규정하기만 하면 컨트롤러가 개인정보를 직접 수집하여 프로세서에게 제공할 필요는 없다. 또한, 위탁자는 수탁자의 개인정보 위반 사유에 대한 책임이 위

---

27) 행정자치부(구 안전행정부), 「개인정보 보호법」 해설서, 11면.
28) General Data Protection Regulation(GDPR).
29) Article 4(7) 'controller' means the natural or legal person, public authority, agency or other body which, alone or jointly with others, determines the purposes and means of the processing of personal data.
30) Article 4(8) 'Processor' means a natural or legal person, public authority, agency or other body which processes personal data on behalf of the controller.

탁자에게 귀속되지만, GDPR에서는 컨트롤러와 프로세서에게 공동으로(jointly) 책임을 부담하고 있다.[31]

Ⅱ. 개인정보 보호법의 수범자와 개인정보처리자의 관계

법률 규정의 적용 대상자 또는 규범 준수의무자를 강학상 '수범자'라 한다. 보다 정확히는 법의 '인적 효력' 또는 법이 적용되는 '인적 범위'를 말한다. 법률은 그 제정 형식상 해당 조항의 적용 대상자 또는 준수 의무자를 주어(主語)로 하여 법문언을 만든다. 따라서 법률의 개별 조항은 그 내용에 따라 '누구든지', '…하는 자는', '국방부장관은' 등을 주어로 사용한다.

오늘날 대부분의 법률은 ① 그 제정 목적에 따른 법적 금지사항을 규정하거나, ② 행정청이 규제권을 발동할 수 있도록 법적 근거를 마련하는 사항을 규정하거나, ③ 법률관계의 효력발생 요건 및 효과 등을 규정하거나, ④ 국가의 책무를 규정하는 사항을 담고 있다.

법적 금지 규정의 주어는 일반적으로 '누구든지'를 사용하지만 특별히 수범자를 한정할 필요가 있는 때에는 '운전자는', '병역의무자는', '정보통신서비스제공자는' 등과 같은 제한적 개념을 사용한다. 이처럼 법적 금지 규정의 주어를 제한적 개념으로 사용하는 것은 수범자의 범위를 제한하기 위한 목적이다.

개인정보 보호법상 법적 금지사항을 규정하는 조항의 주어는 영상정보처리기기에 관한 규정을 제외하고 모두 '개인정보처리자'이다. 개인정보 보호법은 법적 금지의 수범자를 '누구든지'가 아닌 개인정보처리자라는 정의규정에 의해 특정된 제한된 인적 범위로 한정하고 있다. 다시 말해서「개인정보 보호법」의 수범자는 모든 사람이 아니라 개인정보처리자이다.

그런데「개인정보 보호법」벌칙규정은 그 적용대상자를 '개인정보처리자'로 제한하지 아니하고 '법 제○조 제○항을 위반하여 … 한 자는'이라는 규정 형식을 취하고 있다. 다시 말해서 법적 금지의 수범자는 개인정보처리자로 제한하면서, 벌칙 적용의 대상자는 '모든 법적 금지 위반자'로 규정하고 있는 것이다. 물론 벌칙 적용대상자의 범위 역시 개인정보처리자로 제한된다는 법 해석이 가능할 수도 있지만, 개인정보 보호법의 수범자인 개인정보처리자와 개

---

31) 2018. 6. 14. NAVER Privacy & Security.

인정보 보호법의 벌칙 적용 대상자 사이의 부정합성은 법 개정을 통하여 시정
되어야 할 필요가 있다.

제4절 개인정보의 처리와 정보주체의 권리

Ⅰ. 개인정보의 처리원칙

현행 「개인정보 보호법」은 개인정보의 보호원칙으로 ① 개인정보처리자
는 개인정보의 처리 목적을 명확하게 하여야 하고 그 목적에 필요한 범위에서
최소한의 개인정보만을 적법하고 정당하게 수집하여야 한다, ② 개인정보처리
자는 개인정보의 처리 목적에 필요한 범위에서 적합하게 개인정보를 처리하
여야 하며, 그 목적 외의 용도로 활용하여서는 아니 된다, ③ 개인정보처리자
는 개인정보의 처리 목적에 필요한 범위에서 개인정보의 정확성, 완전성 및
최신성이 보장되도록 하여야 한다, ④ 개인정보처리자는 개인정보의 처리 방
법 및 종류 등에 따라 정보주체의 권리가 침해받을 가능성과 그 위험 정도를
고려하여 개인정보를 안전하게 관리하여야 한다, ⑤ 개인정보처리자는 개인정
보 처리방침 등 개인정보의 처리에 관한 사항을 공개하여야 하며, 열람청구권
등 정보주체의 권리를 보장하여야 한다, ⑥ 개인정보처리자는 정보주체의 사
생활 침해를 최소화하는 방법으로 개인정보를 처리하여야 한다, ⑦ 개인정보
처리자는 개인정보의 익명처리가 가능한 경우에는 익명에 의하여 처리될 수
있도록 하여야 한다, ⑧ 개인정보처리자는 이 법 및 관계 법령에서 규정하고
있는 책임과 의무를 준수하고 실천함으로써 정보주체의 신뢰를 얻기 위하여
노력하여야 한다고 규정하고 있다.

한편, 개인정보에 관한 정보주체의 권리에 관하여 ① 정보주체는 자신의
개인정보 처리와 관련하여, 개인정보의 처리에 관한 정보를 제공받을 권리를
가진다, ② 정보주체는 자신의 개인정보 처리와 관련하여, 개인정보의 처리에
관한 동의 여부, 동의 범위 등을 선택하고 결정할 권리를 가진다, ③ 정보주체
는 자신의 개인정보 처리와 관련하여, 개인정보의 처리 여부를 확인하고 개인
정보에 대하여 열람(사본의 발급을 포함한다)을 요구할 권리를 가진다, ④ 정보주

체는 자신의 개인정보 처리와 관련하여, 개인정보의 처리 정지, 정정·삭제 및 파기를 요구할 권리를 가진다, ⑤ 정보주체는 자신의 개인정보 처리와 관련하여, 개인정보의 처리로 인하여 발생한 피해를 신속하고 공정한 절차에 따라 구제받을 권리를 가진다고 규정하고 있다.

Ⅱ. 개인정보의 처리

1. 개인정보의 수집·이용

개인정보처리자는 ① 정보주체의 동의를 받은 경우, ② 법률에 특별한 규정이 있거나 법령상 의무를 준수하기 위하여 불가피한 경우, ③ 공공기관이 법령 등에서 정하는 소관 업무의 수행을 위하여 불가피한 경우, ④ 정보주체와의 계약의 체결 및 이행을 위하여 불가피하게 필요한 경우, ⑤ 정보주체 또는 그 법정대리인이 의사표시를 할 수 없는 상태에 있거나 주소불명 등으로 사전 동의를 받을 수 없는 경우로서 명백히 정보주체 또는 제3자의 급박한 생명, 신체, 재산의 이익을 위하여 필요하다고 인정되는 경우, ⑥ 개인정보처리자의 정당한 이익을 달성하기 위하여 필요한 경우로서 명백하게 정보주체의 권리보다 우선하는 경우[32] 중 어느 하나에 해당하는 때에는 개인정보를 수집할 수 있으며, 그 수집 목적의 범위에서 이용할 수 있다.

한편, 개인정보처리자는 위와 같이 개인정보의 수집·이용에 관한 동의를 받을 때에는 ① 개인정보의 수집·이용 목적, ② 수집하려는 개인정보의 항목, ③ 개인정보의 보유 및 이용 기간, ④ 동의를 거부할 권리가 있다는 사실 및 동의 거부에 따른 불이익이 있는 경우에는 그 불이익의 내용 등을 정보주체에게 알려야 하며, 이를 변경하는 경우에도 이를 알리고 동의를 받아야 한다.

2. 개인정보의 제공

개인정보처리자는 ① 정보주체의 동의를 받은 경우, ② 개인정보 수집·이용 요건으로서 위 ②, ③ 및 ⑤에 따라 개인정보를 수집한 목적 범위에서 개인정보를 제공하는 경우에는 정보주체의 개인정보를 제3자에게 제공(공유를 포함

---

32) 이 경우 개인정보처리자의 정당한 이익과 상당한 관련이 있고 합리적인 범위를 초과하지 아니하는 경우에 한한다.

한다)할 수 있다.

개인정보처리자가 개인정보의 제3자 제공·공유에 관한 동의를 받을 때에는 ① 개인정보를 제공받는 자, ② 개인정보를 제공받는 자의 개인정보 이용목적, ③ 제공하는 개인정보의 항목, ④ 개인정보를 제공받는 자의 개인정보보유 및 이용 기간, ⑤ 동의를 거부할 권리가 있다는 사실 및 동의 거부에 따른 불이익이 있는 경우에는 그 불이익의 내용 등을 정보주체에게 알려야 하며, 이를 변경하는 경우에도 이를 알리고 동의를 받아야 한다.

한편, 개인정보처리자가 개인정보를 국외의 제3자에게 제공할 때에는 위 ①부터 ④까지 사항을 정보주체에게 알리고 동의를 받아야 하며, 「개인정보보호법」을 위반하는 내용으로 개인정보의 국외 이전에 관한 계약을 체결하여서는 아니 된다.

3. 개인정보의 제3자 제공과 처리위탁의 구별

개인정보 제3자 제공과 처리위탁은 양자 모두 개인정보가 다른 사람에게 이전하거나 다른 사람과 공동으로 이용하게 된다는 측면에서 동일하나, 개인정보 이전의 목적이 전혀 다르고 개인정보에 대한 관리·감독 등의 법률관계도 전혀 다르다.

현행법상 제3자 제공은 정보주체의 동의를 요건으로 함에 반하여 처리위탁은 동의를 요하지 않기 때문에 정보주체의 동의 없이 개인정보가 다른 사람에게 이전된 경우 그것이 제3자 제공에 해당하면 형사처벌을 비롯한 법적 책임을 져야 하지만 처리위탁으로 인정되면 형사처벌을 면할 수 있다. 따라서 실무에서는 제3자 제공과 처리위탁의 구별이 매우 중요한 이슈 중에 하나이다. 하지만 실제 양자를 구별하기가 곤란한 경우가 상당히 존재한다.

양자의 구별은 ① 개인정보의 제3자 제공은 그 제3자의 업무를 처리할 목적 및 그 제3자의 이익을 위해서 개인정보가 이전되는 것이지만 개인정보 처리위탁의 경우에는 개인정보처리자의 업무를 처리할 목적으로 개인정보처리자의 이익을 위하여 개인정보가 제3자에게 이전된다는 점, ② 제3자 제공의 경우 일단 개인정보가 제3자에게 제공되고 나면 개인정보처리자의 관리·감독권이 미치지 못하지만 업무위탁의 경우 수탁자에게 개인정보가 이전되더라도 개인정보에 대한 개인정보처리자의 관리·감독권이 미친다는 점, ③ 제3자 제공의 경우 정보주체가 자신의 정보의 처리에 대한 사전예측가능성이 담보되지 못하나 업무위탁의 경우 정보주체가 자신의 정보의 처리에 대한 사전예측이 가능하다는 점 등을 고려하여 판단하여야 한다.

4. 개인정보의 파기

개인정보처리자는 보유기간의 경과, 개인정보의 처리 목적 달성 등 그 개인정보가 불필요하게 되었을 때에는 지체 없이 그 개인정보를 파기하여야 한다. 다만, 다른 법령에 따라 보존하여야 하는 경우에는 그러하지 아니하다. 개인정보처리자가 개인정보를 파기할 때에는 복구 또는 재생되지 아니하도록 조치하여야 하며, 다른 법령에 따라 개인정보를 파기하지 아니하고 보존하여야 하는 경우에는 해당 개인정보 또는 개인정보파일을 다른 개인정보와 분리하여서 저장·관리하여야 한다.

5. 민감정보의 처리 제한

개인정보처리자는 사상·신념, 노동조합·정당의 가입·탈퇴, 정치적 견해, 건강, 성생활 등에 관한 정보, 그 밖에 정보주체의 사생활을 현저히 침해할 우려가 있는 개인정보, 즉 민감정보를 처리하여서는 아니 된다.[33] 다만 별도로 동의를 받은 경우나 법령에서 민감정보의 처리를 요구하거나 허용하는 경우에는 그러하지 아니하다.

6. 고유식별정보의 처리 제한

개인정보처리자는 ① 별도의 동의를 받은 경우나 ② 법령에서 구체적으로 고유식별정보의 처리를 요구하거나 허용하는 경우를 제외하고는 법령에 따라 개인을 고유하게 구별하기 위하여 부여된 식별정보, 즉 고유식별정보를 처리할 수 없다.[34]

---

33) 「개인정보 보호법 시행령」 제18조(민감정보의 범위) 법 제23조 각 호 외의 부분 본문에서 '대통령령으로 정하는 정보'란 다음 각 호의 어느 하나에 해당하는 정보를 말한다. 다만, 공공기관이 법 제18조 제2항 제5호부터 제9호까지의 규정에 따라 다음 각 호의 어느 하나에 해당하는 정보를 처리하는 경우의 해당 정보는 제외한다.
  1. 유전자검사 등의 결과로 얻어진 유전정보
  2. 「형의 실효 등에 관한 법률」 제2조 제5호에 따른 범죄경력자료에 해당하는 정보
34) 「개인정보 보호법 시행령」 제19조(고유식별정보의 범위) 법 제24조 제1항 각 호 외의 부분에

개인정보처리자가 ①이나 ②의 경우에 해당하여 고유식별정보를 처리하는 경우에는 그 고유식별정보가 분실·도난·유출·위조·변조 또는 훼손되지 아니하도록 암호화 등 안전성 확보에 필요한 조치를 하여야 한다.

7. 영상정보처리기기의 설치·운영 제한

누구든지 공개된 장소에 영상정보처리기기를 설치·운영하여서는 아니 된다. 다만, ① 법령에서 구체적으로 허용하고 있는 경우, ② 범죄의 예방 및 수사를 위하여 필요한 경우, ③ 시설안전 및 화재 예방을 위하여 필요한 경우, ④ 교통단속을 위하여 필요한 경우 또는 ⑤ 교통정보의 수집·분석 및 제공을 위하여 필요한 경우에 해당하는 때에는 설치할 수 있다.

그리고 누구든지 불특정 다수가 이용하는 목욕실, 화장실, 발한실(發汗室), 탈의실 등 개인의 사생활을 현저히 침해할 우려가 있는 장소의 내부를 볼 수 있도록 영상정보처리기기를 설치·운영하여서는 아니 되지만, 교도소 등 교정시설 및 정신보건시설 등 법령에 근거하여 사람을 구금하거나 보호하는 시설은 예외적으로 설치가 가능하다.

8. 영업양도 등에 따른 개인정보의 이전 제한

개인정보처리자는 영업의 전부 또는 일부의 양도·합병 등으로 개인정보를 다른 사람에게 이전하는 경우에는 미리 ① 개인정보를 이전하려는 사실, ② 개인정보를 이전받는 '영업양수자등'의 성명(법인의 경우에는 법인의 명칭), 주소, 전화번호 및 그 밖의 연락처, ③ 정보주체가 개인정보의 이전을 원하지 아니하는 경우 조치할 수 있는 방법 및 절차에 관한 사항을 해당 정보주체에게 알려야 한다. 영업양수자등이 개인정보를 이전받았을 때에는 지체 없이 그 사실을 정보주체에게 알려야 하며, 다만 개인정보처리자가 그 이전 사실을 이미 알린 경우에는 그러하지 아니하다.

서 '대통령령으로 정하는 정보'란 다음 각 호의 어느 하나에 해당하는 고유식별정보를 말한다. 다만, 공공기관이 법 제18조 제2항 제5호부터 제9호까지의 규정에 따라 다음 각 호의 어느 하나에 해당하는 정보를 처리하는 경우의 해당 정보는 제외한다.
　1. 「주민등록법」 제7조의2 제1항에 따른 주민등록번호
　2. 「여권법」 제7조 제1항 제1호에 따른 여권번호
　3. 「도로교통법」 제80조에 따른 운전면허의 면허번호
　4. 「출입국관리법」 제31조 제4항에 따른 외국인등록번호

한편 영업양수자등은 영업의 양도·합병 등으로 개인정보를 이전받은 경우에는 이전 당시의 본래 목적으로만 개인정보를 이용하거나 제3자에게 제공할 수 있으며, 이 경우 영업양수자등은 개인정보처리자로 본다.

Ⅲ. 정보주체의 권리

1. 개인정보 열람 청구권

정보주체는 개인정보처리자가 처리하는 자신의 개인정보에 대한 열람을 해당 개인정보처리자에게 요구할 수 있다.

2. 개인정보 정정·삭제 청구권

자신의 개인정보를 열람한 정보주체는 개인정보처리자에게 그 개인정보의 정정 또는 삭제를 요구할 수 있다.[35] 다만, 다른 법령에서 그 개인정보가 수집 대상으로 명시되어 있는 경우에는 그 삭제를 요구할 수 없다.

개인정보처리자는 정보주체로부터 개인정보의 정정 또는 삭제 요구를 받았을 때에는 개인정보의 정정 또는 삭제에 관하여 다른 법령에 특별한 절차가 규정되어 있는 경우를 제외하고는 지체 없이 그 개인정보를 조사하여 정보주체의 요구에 따라 정정·삭제 등 필요한 조치를 한 후 그 결과를 정보주체에게 알려야 한다. 또한 개인정보처리자는 정보주체의 요구가 다른 법령에서 그 개인정보가 수집 대상으로 명시되어 있어 그 삭제를 요구할 수 없는 경우에 해당될 때에는 지체 없이 그 내용을 정보주체에게 알려야 한다.

개인정보처리자는 개인정보의 정정·삭제와 관련하여 그 개인정보에 대하여 조사를 할 때 필요하면 해당 정보주체에게 정정·삭제 요구사항의 확인에 필요한 증거자료를 제출하게 할 수 있으며, 정보주체의 삭제 요구에 따라 개인정보를 삭제할 때에는 복구 또는 재생되지 아니하도록 조치하여야 한다.

3. 개인정보 처리정지 청구권

정보주체는 개인정보처리자에 대하여 자신의 개인정보 처리의 정지를 요

---

[35] 입법정책적 판단에 의한 것이지만, 열람 청구권 행사를 요건으로 개인정보 정정·삭제 청구를 인정하고 있는 현행법의 적합성 여부는 재론의 여지가 있다고 본다.

구할 수 있다. 개인정보처리자는 개인정보 처리정지 요구를 받았을 때에는 지체 없이 정보주체의 요구에 따라 개인정보 처리의 전부를 정지하거나 일부를 정지하여야 한다. 다만, ① 법률에 특별한 규정이 있거나 법령상 의무를 준수하기 위하여 불가피한 경우, ② 다른 사람의 생명·신체를 해할 우려가 있거나 다른 사람의 재산과 그 밖의 이익을 부당하게 침해할 우려가 있는 경우, ③ 공공기관이 개인정보를 처리하지 아니하면 다른 법률에서 정하는 소관 업무를 수행할 수 없는 경우, ④ 개인정보를 처리하지 아니하면 정보주체와 약정한 서비스를 제공하지 못하는 등 계약의 이행이 곤란한 경우로서 정보주체가 그 계약의 해지 의사를 명확하게 밝히지 아니한 경우 중 어느 하나에 해당하는 때에는 정보주체의 처리정지 요구를 거절할 수 있으며, 이 경우 정보주체에게 지체 없이 그 사유를 알려야 한다.

위와 같은 요구 거절이 가능한 사유가 존재하지 않는다면 개인정보 처리정지 요구를 받은 개인정보처리자는 정보주체의 요구에 따라 처리가 정지된 개인정보에 대하여 지체 없이 해당 개인정보의 파기 등 필요한 조치를 하여야 한다.

제 5 편

행정상 손해전보

제1장 행정상 손해배상(국가배상)

제1절 개 설

I. 의 의

행정상 손해배상이란 비정상적인 행정작용으로 인하여 발생한 위법한 침해의 결과인 손해에 대해 국가 등이 배상책임을 지는 제도를 말한다. 행정상 손해배상에 관한 일반법으로 「국가배상법」이 있다. 이 때문에 행정상 손해배상을 '국가배상'이라고도 한다.

원래 행정상 손해배상제도는 그 의미 그대로 '행정작용'으로 인하여 발생한 위법한 침해에 대한 배상책임제도이다. 따라서 입법작용, 사법작용 등 다른 국가작용에 의해 발생한 위법한 침해에 대한 배상책임까지 포함하는 개념은 아니다. 하지만 현행법상 입법작용, 사법작용으로 발생한 침해에 대한 배상책임을 규율하고 있는 별도의 제도와 법률이 존재하고 있지 않고, 현행 헌법과 국가배상법은 '공무원의 직무행위'로 인한 위법한 침해에 대한 배상책임을 규정하고 있어, 이 규정이 행정작용만을 의미하는지 다른 국가작용을 모두 포함하는 것인지 불분명하다는 점 등에 비추어 볼 때 우리나라의 국가배상제도는 행정작용을 비롯하여 입법작용, 사법작용 등 다른 국가작용을 모두 포함하는 것으로 이해하는 것이 바람직하다.

II. 선진 각국의 행정상 손해배상제도

1. 프랑스

프랑스는 꽁세이 데따의 판례를 통해 행정제도가 발달하였으므로 행정상 배상책임 이론 역시 꽁세이 데따의 판례를 통해 형성되었다. 사인의 불법행위에 대해 피해자의 불법행위청구권이 보장된다면 국가의 불법행위로 인한 손해에 대해서도 피해자인 국민이 국가에게 배상청구권을 행사하는 것은 당연한 논리귀결인 것으로 보았다. 다만 그 재판 관할이 일반 법원이냐 아니면 행정법원이냐가 문제될 뿐인 것으로 인식했다. 초기에는 권력행정으로 인하여 발생한 손해에 대해서만 행정상 손해배상청구권을 인정하였으나 1873년 블랑꼬(Blanco)판결[1]로 역무과실(관리행위의 과실)에 의한 손해에 대해서도 행정상 손해배상청구권을 인정하게 된다.

이후 행정상 손해배상책임 이론은 더욱 진화되어 위험책임을 인정하게 된다. 위험책임은 국가가 야기한 위험으로 인하여 국민이 손해를 입은 경우 역무과실을 인정해야 한다는 이론으로서 위험의 사회화, 공적 부담 앞의 평등원칙을 근거로 '손해 있는 곳에 책임 있다'는 완전한 국가배상책임의 실현을 목적으로 한다. 예컨대 판례상, 공무에 종사중인 자의 직업적 위험, 폭동 등에 의한 사회적 위험, 폭발물 등과 같은 위험물, 행정의 위험활동 등에 위험책임을 인정하고 있다.[2] 인공지능기술의 발달에 따라 지능정보사회가 고도화되고 있는 상황에서 위험책임이론은 우리나라 국가배상제도에 주는 시사점이 매우 크다.

2. 독 일

독일은 행정상 손해배상과 관련한 일반법이 없다. 물론 1982년 행정상 손해전보에 관한 일반법으로 국가책임법이 제정되었으나, 연방헌법재판소에서 행정상 손해배상제도는 란트(주)의 입법사항이므로 국가가 이법을 제정하는 것은 란트의 입법권을 침해한 것이라는 이유로 위헌결정을 한 바 있다. 따라서 독일은 현재까지 헌법(기본법)과 민법의 규정에 의해 국가배상제도를 유지하고 있다.

독일 민법 제839조는 "공무원이 고의 또는 과실로 그 직무의무를 위반하여 제3자에게 손해를 발생케 하면 그 손해를 배상하여야 한다"고 규정하여 공

---

1) 블랑꼬라는 어린아이가 보르도 국립연초공장 소속 마차에 치어 상해를 입은 사건에서, 국가가 공공사업에 고용한 사람의 과실로 사인에게 입힌 손해는 개인과 개인의 관계를 규정한 민법의 원칙으로 규제할 수 없고 그 성질상 행정법원의 관할에 속한다고 판시한 관할재판소(Tribunal des conflits) 판결.
2) 이광윤(168면).

무원도 민사상 불법행위책임을 부담해야 한다는 것을 분명히 밝히고 있다. 한편 독일 헌법(기본법) 제34조는 "공무수행자가 그 직무의무를 위반하여 제3자에게 손해를 발생케 하면 원칙적으로 당해 공무원이 속한 국가 또는 공공단체가 책임을 부담하여야 한다"라고 규정함으로써, 민법에 의해 발생한 공무원 개인의 불법행위책임을 국가 등이 대위 인수하여 부담하는 국가배상책임 제도를 유지하고 있는 것이다.

3. 미 국

미국은 공법과 사법의 구분이 없으므로 국가에게 민사상 불법행위(tort) 책임이 있다면 민사상 손해배상청구소송을 제기하여 구제받아야 한다. 하지만 미국법의 모태가 된 영국법은 주권면책의 법리(Doctrine of Sovereign Immunity)에 의해 국가를 상대로 소송을 제기하는 것이 불가능하였다. 주권면책이란 '국왕은 악을 행하지 않는다(The king can do no wrong)', '국왕은 소추되지 않는다(The king is immune from suit)', '국왕은 악을 수권할 수 없다(The king can not authorize wrong)'는 등의 영국 커먼로의 법리이다. 이 법리에 따르면 국가는 불법행위를 할 수 없을 뿐만 아니라 설사 불법행위를 하였다 할지라도 이에 대해 소송을 제기한다는 것은 전혀 생각할 수도 없었다. 하지만 행정작용으로 인해 발생한 손해에 대해 국가가 어떠한 책임도 부담하지 않는 것은 민주주의 이념에 부합하지 않는다는 비판이 거세지자 1946년 연방의회가 연방불법행위법[3])을 제정하였다. 이 법의 주요 골자는 주권면책의 법리에도 불구하고 피해자인 국민이 국가를 상대로 국가배상청구소송을 제기할 수 있도록 하는 것이었다.

FTCA 제2674조는 "합중국은 불법행위청구소송과 관련한 규정에 따라 사인과 동일한 상황 하에서 사인과 동일한 방법과 동일한 정도로 책임을 부담해야 한다"라고 규정함으로써, 국가 역시 일반사인과 동일한 입장에서 불법행위 책임을 부담하도록 하였다. 다만 국가의 통상적인 권한 있는 활동으로 인한 손해에 대해 정부가 일일이 책임을 진다는 것은 곤란하다는 판단 하에 제2680조에서 국가의 불법행위책임에 광범위한 예외규정을 두었다. 예외규정으로는 제2680조 (a)항의 재량면책[4])과 동조 (h)항의 공무원의 고의에 의한 불법행위

---

3) The Federal Tort Claims Act(28 U.S.C. § 2671~§ 2680).
4) discretionary function exception(행정청의 재량이 허용되는 행위에 대해서는 배상청구의 소권

(under color of law)등이 있다.

재량면책의 법리는 FTCA의 제정 후에도 국가배상책임의 인정에 적지 않은 걸림돌이 되어왔다. 그러나 미국 특유의 사법제도 운용의 묘를 살려 재량면책의 폭을 좁히면서 국가배상책임의 범위를 확대해 가고 있다.[5]

Ⅲ. 근 거

1. 헌법적 근거

헌법 제29조 제1항은 '공무원의 직무상 불법행위로 손해를 받은 국민은 법률이 정하는 바에 의하여 국가 또는 공공단체에 정당한 배상을 청구할 수 있다'라고 규정하여 행정상 불법행위로 인하여 발생한 손해에 대해 피해자인 국민이 국가 등에게 배상청구권을 행사할 수 있음을 분명히 밝히고 있다.

2. 실정법적 근거

헌법 제29조 제1항을 구체화한 행정상 손해배상제도의 실정법으로 「국가배상법」이 있다. 이 법에는 ① 공무원의 위법·과실행위로 인한 책임(제2조)과 ② 영조물의 하자로 인한 책임(제5조)을 규정하고 있다.

Ⅳ. 배상책임의 주체

1. 문제의 소재

헌법 제29조는 국가와 공공단체를 배상책임의 주체로 규정하고 있음에

이 인정되지 않는다는 법리이다).
5) 재량면책에 관한 해석의 대전기를 마련한 사건이 1953년의 Dalehite v. U.S case(346 U.S. 15, 73S. Ct. 956. 97L. Ed. 1427(1953)이다. 1947년 질산암모니아 비료(FGAN)를 가득 싣고 텍사스 항구에 정박 중이던 선박이 폭발하는 사고로 560명이 사망하고 3000여 명이 부상을 당했다. 이에 피해자들은 국가를 상대로 비료의 취급과 선적, 하역의 감독, 소방활동의 지연 등을 이유로 손해배상을 청구하였다. 이 case에서 법원은 재량면책의 새로운 기준을 마련하였는데, 정부의 정책결정과정을 계획단계(planning level)과 실행단계(operational level)로 나누어 계획단계의 행위 및 판단에는 재량면책을 인정하고 실행단계의 행위 및 판단에는 재량면책이 적용되지 않는다고 판시하였다. 물론 실행단계에서 행하여 진 것이라도 그 것이 계획단계에서 정해진 내용에 따라 집행된 것에 불과하면 역시 재량면책이 인정된다. 이 판결로 인해 재량행위에 의한 손해에 대해서도 불법행위책임을 물을 수 있는 가능성이 열린 것이다.

반하여, 헌법 제29조를 구체화한 법률인 국가배상법은 국가와 지방자치단체를 배상책임의 주체로 명시하고 있다. 공공단체 중 특히 지방자치단체만을 배상책임의 주체로 규정하고 있는 것이다. 따라서 지방자치단체를 제외한 영조물법인, 공법상 사단 및 재단 등과 같은 공공단체는 배상책임의 주체가 아니다. 이들의 불법행위에 대해서는 현실적으로 민사상 불법행위청구소송을 통하여 구제받을 수밖에 없다.

그렇다면 ① 국가나 지방자치단체로부터 공무를 수탁받은 공공단체는 배상책임의 주체가 될 수 있는 것인지, ② 국가나 지방자치단체로부터 공무를 수탁 받은 사인은 배상책임의 주체가 될 수 있는 것인지가 문제된다.

2. 공공단체의 배상책임

(1) 긍정설

공무수탁 공공단체를 배상책임의 주체로 보는 견해이다. 공무를 수탁 받은 공공단체는 행정주체로 볼 수 있으며, 행정작용의 법적 효과는 모두 행정주체에게 귀속되므로 당연히 공공단체가 배상책임자가 되어야 한다는 논리이다.[6]

(2) 부정설

공무를 수탁받은 공공단체는 국가나 지방자치단체의 기관(보조자)으로서의 지위에 불과하므로 이들의 불법행위에 대한 책임은 공무를 위탁한 국가나 지방자치단체가 부담해야 한다는 견해이다.

(3) 소 결

공무를 수탁받은 공공단체 역시 넓은 의미에 있어서는 공무수탁사인에 해당한다. 공무수탁사인의 행정주체성에 대해서 오늘날 일부 비판적 논의가 있긴 하지만 행정주체로 보는 것이 일반적 견해이다. 물론 행정주체성을 인정하더라도 과연 행정작용의 법적 효과가 공무를 위탁한 국가 등에게 귀속되는 것인지, 공무수탁사인에 귀속되는 것인지에 대해서는 논란이 있다.

그런데 국가나 지방자치단체로부터 공무를 수탁받은 공공단체는 배상책임의 주체가 될 수 있는지의 문제를 행정주체성 여부 또는 법적 효과의 귀속

---

6) 박균성(487면).

유무에 의존하는 것은 법리에 맞지 않다. 왜냐하면 국가배상법은 배상책임의 주체를 국가와 지방자치단체로 분명히 한정하고 있기 때문이다. 따라서 지방자치단체를 제외한 공공단체는 공무수탁의 여부에 관계없이 국가배상책임의 주체가 될 수 없다. 공무수탁 공공단체의 불법행위에 대해서는 공무를 위탁한 국가나 지방자치단체를 배상책임의 주체로 보아야 할 것이다. 결론에 있어서는 부정설과 같으나 그 논거는 공공단체의 법적 지위 때문이 아니라 국가배상법의 규정상 배상책임의 주체성을 인정할 수 없다는 것이다. 물론 공공단체의 불법행위에 대해 민사소송을 제기하는 것은 가능하다. 당연히 이때에는 민법이 적용될 것이다.

3. 공무수탁사인의 배상책임

(1) 긍정설

공무수탁사인은 행정주체이며 법적 효과 역시 행정주체에 귀속되기 때문에 공무수탁사인을 배상책임의 주체로 보아야 한다는 견해이다.

(2) 부정설

공무수탁사인을 국가나 지방자치단체의 기관 또는 보조자로 보아 배상책임의 주체로 볼 수 없다는 견해이다. 이 견해에 따르면 공무수탁사인에게 공무를 위탁한 국가나 지방자치단체가 배상책임의 주체가 된다.

(3) 소 결

공무를 수탁받은 공공단체의 경우와 마찬가지로 공무수탁사인이 배상책임의 주체가 될 수 있는지의 문제를 행정주체성 여부 또는 법적 효과의 귀속 유무에 의존해서는 안 된다. 국가배상법상 배상책임의 주체는 국가 또는 지방자치단체에 한정되므로 공무수탁사인은 행정주체성 여부에 관계없이 국가배상책임의 주체가 될 수 없다.

또한 국가배상법 개정[7]으로 '공무를 위탁받은 사인'의 행위에 대해서 국가 또는 지방자치단체가 배상책임을 부담한다는 것을 분명히 하였으므로 이러한 논의는 더 이상 불필요할 것으로 보인다. 법 개정에도 불구하고 행정주체의 법적 효과 귀속을 이유로 여전히 공무수탁사인의 배상책임 주체성을 인

---

7) 법률 제9803호, 2009.10.21.

정해야 한다는 주장8)이 있으나, 앞에서 설명한 것처럼 행정주체성과 배상책임의 주체 문제는 전혀 별개의 문제이다.

제 2 절 공무원의 위법한 직무행위로 인한 손해배상

I. 국가배상법 제2조

국가배상법 제2조 제1항 본문은 "국가나 지방자치단체는 공무원 또는 공무를 위탁받은 사인(이하 "공무원"이라 한다)이 직무를 집행하면서 고의 또는 과실로 법령을 위반하여 타인에게 손해를 입히거나, 「자동차손해배상 보장법」에 따라 손해배상의 책임이 있을 때에는 이 법에 따라 그 손해를 배상하여야 한다"라고 하여 공무원의 위법한 직무행위로 인한 국가 등의 손해배상책임을 규정하고 있다.

한편, 같은 항 단서에서 "다만, 군인·군무원·경찰공무원 또는 예비군대원이 전투·훈련 등 직무 집행과 관련하여 전사(戰死)·순직(殉職)하거나 공상(公傷)을 입은 경우에 본인이나 그 유족이 다른 법령에 따라 재해보상금·유족연금·상이연금 등의 보상을 지급받을 수 있을 때에는 이 법 및 「민법」에 따른 손해배상을 청구할 수 없다"라고 하여 군인 등의 이중배상금지를 규정하고 있다.

또한 제2항에서는 "공무원에게 고의 또는 중대한 과실이 있으면 국가나 지방자치단체는 그 공무원에게 구상(求償)할 수 있다"라고 하여 국가가 배상을 한 이후 해당 공무원에 대한 구상권을 행사할 수 있도록 규정하고 있다.

II. 배상책임의 본질

1. 문제의 소재

공무원의 행위로 인하여 발생한 손해에 대해 왜 국가가 배상책임을 부담하는 것인지 그 본질적 질문에 대한 논의가 이른바 배상책임의 본질론이다. 과거에는 이러한 본질론에 대해 매우 치열한 논의가 있었다. 왜냐하면 배상책

---

8) 박균성(490면).

임의 본질을 어떻게 이해하느냐에 따라 ① 배상책임의 성립요소 중에 하나인 고의·과실을 국가 또는 행위자인 공무원 개인 중 누구를 기준으로 판단해야 하는지, ② 국가배상과는 별도로 직접 행위자인 공무원 개인에 대해서도 불법행위책임을 물을 수 있는 것인지의 문제에 대한 해법이 달라질 수 있기 때문이다.

하지만 오늘날에는 이러한 본질론에 대한 논의가 그다지 주목을 받지 못하고 있다. 고의·과실에 대한 해석론이나 공무원 개인에 대한 선택적 청구 인정여부의 문제가 반드시 배상책임의 본질론과 불가분의 관계로만 이해해야 할 이유가 없다는 비판적 논의가 설득력을 얻어가고 있기 때문이다.

배상책임의 본질론으로는 전통적으로 대위책임설, 자기책임설, 중간설 등의 견해 대립이 있어 왔다.

2. 대위책임설

고의·과실이라는 주관적 책임요소를 배상책임의 요건으로 하는 과실책임주의는 그 논리귀결상 단체가 아닌 행위자인 개인에 의해서만이 그 요건을 충족할 수 있다. 다시 말해서 개인만이 불법행위책임을 완성할 수 있다는 것이다.

또한 공무원의 위법행위는 이미 국가의 기관행위로서의 품격을 상실하였기에 국가의 행위로 보기 어렵고 행위자인 공무원 개인의 행위로 볼 수밖에 없다. 따라서 발생한 손해에 대한 책임은 공무원 개인의 불법행위책임으로 보아야 한다.

하지만 손해전보력이 부족한 공무원 개인에게 모든 책임을 부담 지울 경우에 피해자가 피해를 입증하고서도 손해배상을 받지 못하는 경우가 속출할 것이며, 공무원 개인에게도 가혹한 일이 아닐 수 없다. 따라서 국가가 배상책임을 부담하는 것은 피해자인 국민을 두텁게 보호하기 위해 배상자력이 있는 국가가 공무원 개인의 책임을 대위 인수한 것으로 보아야 한다는 견해이다.

이 견해에 따르면 ① 배상책임의 성립요소 중에 하나인 고의·과실은 행위자인 공무원 개인을 기준으로 판단해야 할 것이며, ② 국가배상과는 별도로 직접 행위자인 공무원 개인에 대해서는 불법행위책임을 물을 수 없다는 논리가 도출된다.

3. 자기책임설

공무원은 국가가 결정한 의사의 집행자에 불과하며, 모든 행정작용의 효과는 국가에 귀속된다. 따라서 논리귀결상 위법행위로 인한 손해배상책임 역시 국가에 귀속되어야 하므로 국가가 배상책임을 부담하는 것은 국가의 자기책임에 따른 것으로 보아야 한다는 견해이다.

국가가 자기책임을 부담하는 논거에 대해서는 학자들 사이에 약간의 견해 차이가 있다. 국가에게 자기책임이 있는 것은 ① 국가는 공무원이 속한 기관으로서 기관책임을 부담해야 한다는 견해, ② 공무원의 잘못된 행위로 인하여 손해가 발생한 것은 국가가 국민을 위험한 상태에 빠뜨린 것으로 일종의 위험책임을 부담해야 한다는 견해 등이 있다.

자기책임설에 따르면 ① 배상책임의 성립요소 중에 하나인 고의·과실은 행위자인 공무원 개인의 주관적 책임요소로 볼 것이 아니라 공행정작용에 흠이 있거나 정상적이지 아니한 행정작용이 있는 것으로 해석해야 하며, ② 국가배상과는 별도로 직접 행위자인 공무원 개인에게도 불법행위책임이 있으면 피해자는 공무원 개인에 대해서도 배상청구를 할 수 있다는 논리가 도출된다.

4. 중간설

국가배상법 제2조 제2항은 공무원에게 고의 또는 중과실이 있는 경우에 해당 공무원에게 구상권을 행사할 수 있도록 규정하고 있다. 이 규정의 의미는 공무원에게 고의 또는 중과실이 있는 경우에는 그 행위는 기관행위로서의 품격을 이미 상실하였기에 공무원 개인의 책임으로 보아야 하지만 피해자 구제를 위하여 국가가 그 책임을 일단 대위 인수하고 나중에 이를 가해 공무원에게 구상하도록 한 것으로 해석해야 한다는 견해이다. 경과실의 경우에는 기관행위로서 품격을 상실한 정도는 아니므로 이로 인하여 발생한 배상책임은 국가의 자기책임이며 이런 이유 때문에 공무원 개인에 대한 구상권을 행사하지 않는다는 주장이다.

다시 말해서 행위자인 공무원에게 고의 또는 중과실이 있는 때에는 대위책임, 경과실인 때에는 자기책임으로 배상책임의 본질을 나누어 파악해야 한다는 견해이다.

5. 소 결

독일의 경우에는 민법 제839조에 의해 성립한 공무원 개인의 불법행위책임을 기본법 제34조의 규정에 의해 국가가 대위 인수하였다는 논리가 타당할 수 있다. 하지만 우리나라는 헌법 제29조 제1항에서 " … 국민은 … 국가 또는 공공단체에게 정당한 배상을 청구할 수 있다"라고 규정하고 있고, 국가배상법 제2조 제1항 역시 "국가 또는 지방자치단체는 … 그 손해를 배상하여야 한다"라고 규정하여 배상책임의 주체가 국가 등이라는 것을 분명히 밝히고 있으므로 배상책임의 본질을 대위책임으로 이해해야 할 논거가 전혀 없다.

대위책임설을 주장하는 학자들은 ① 공무원의 고의·과실을 배상책임의 성립요건으로 하고 있다는 점과 ② 공무원에 대한 구상권을 규정하고 있는 국가배상법 제2조 제2항을 논거로 제시하고 있다.

그러나 배상책임의 성립요건으로서 고의 또는 과실에 대한 해석의 문제와 배상책임의 본질론을 반드시 결부시켜 논의해야 할 이유가 없다. 또한 구상권은 배상책임의 본질과는 전혀 관계없는 행정정책적 판단의 문제이다. 과도한 구상권 행사는 공무원의 사기를 떨어뜨리고 복지부동의 근무 자세를 초래할 수 있고, 그렇다고 구상권을 전혀 행사하지 않은 경우 공무원의 책임감이 저하될 수 있으므로 어느 정도의 수준에서 구상권을 행사할 것인지를 정책적으로 판단한 것에 불과하다. 따라서 구상권의 문제를 배상책임의 본질론의 논거로 제시하는 것은 타당하지 않다.

우리나라 헌법과 국가배상법 등의 해석상 배상책임의 본질은 자기책임인 것이 분명하다.

Ⅲ. 배상책임의 요건

1. 공무원

국가배상법 제2조에 의한 국가배상책임이 성립하기 위해서는 우선 공무원의 행위여야 한다. 국가배상법 제2조 제1항 본문은 '공무원'을 '공무원 또는 공무를 위탁받은 사인'이라 정의하고 있다.

따라서 여기서 '공무원'은 가장 넓은 의미의 공무원을 말한다. 국가공무원법·지방공무원법 등에 의한 신분상의 공무원은 물론이고 '널리 공무를 위탁받아 그에 종사하는 모든 자'를 포함한다. 교통할아버지처럼 공무의 위탁이 일시적이고 한정적인 사항에 관한 활동을 위한 것이어도 공무원에 해당한다.[9]

　판례는 소집중인 향토예비군, 시청소차 운전수, 미군부대 카투사, 소방대원, 통장, 교통할아버지 등은 공무원으로 인정하였으나, 시영버스 운전수, 의용 소방대원 등은 공무원으로 보지 않았다. 의용 소방대원을 공무원으로 인정하지 않은 것은 이해할 수 없는 태도이다.[10]

2. 직무행위

(1) 개 설

　국가배상법 제2조에 규정되어 있는 '직무행위'의 의미는 공권력 행사는 물론이고 비권력적 공행정작용도 포함하는 모든 공행정 작용을 말한다. 판례 역시 "국가배상청구의 요건인 공무원의 직무에는 권력적 작용만이 아니라 비권력적 작용도 포함되며 단지 행정주체가 사경제주체로서 하는 활동만 제외된다"고 판시[11]하여 같은 입장을 취하고 있다. 국가배상법 제5조에서 영조물의 설치·관리작용의 하자로 인한 배상책임은 별도로 규정하고 있으므로 제2조의 직무행위에서 영조물의 설치·관리작용은 제외 된다.

　준법률행위적 행정행위도 손해발생의 원인행위가 된 경우에는 당연히 직무행위에 포함된다. 판례도 허위의 인감증명 발급으로 손해가 발생한 경우 배상책임을 인정한 바 있다.[12]

　행정지도와 같은 사실행위는 오늘날 행정의 중요한 수단으로 자리 잡고 있다. 따라서 이러한 사실행위 역시 직무행위에 포함된다고 보는 것이 당연하다. 사실행위는 그 성질상 실행(행사)과 동시에 종료되는 경우가 대부분이기 때문에 소익(訴益)이 부정되어 행정쟁송을 통하여 구제 받지 못하는 것이 현실이다. 따라서 국가배상은 사실행위로 인한 침해 구제의 중요한 수단이 된다.

　직무행위 해당여부에 대한 판례의 태도를 살펴보면, 상관의 이삿짐 운반, 훈련휴식 중 꿩 사냥, 비번 중인 공무원의 불심검문, 학군단 소속 버스의 교수장례

---

9) 대법원 2001. 1. 5. 선고 98다39060 판결.
10) 김남진(565면).
11) 대법원 2001. 1. 5. 선고 98다39060 판결.
12) 대법원 1976. 1. 27. 선고 75다322 판결.

지원, 군 운전병 친구의 군용차량 운전, 교통할아버지의 교통정리 등은 직무행위성을 인정한 반면, 개인 감정에 의한 총기사용, 결혼식 참석을 위한 군용차 운행, 군인의 휴식 중 비둘기 사냥, 압류 도중 절도 등은 직무행위성을 부인하였다.

(2) 부작위

1) 직무행위 해당성

부작위 역시 직무행위에 포함된다는 것에는 이설이 없다. 물론 국가배상법상 부작위는 행정쟁송에서의 부작위와는 다르다. 행정쟁송에서의 부작위는 '행정청이 당사자의 신청에 대하여 상당한 기간 내에 일정한 처분을 하여야 할 법률상 의무가 있음에도 불구하고 이를 하지 아니하는 것'을 말한다. 하지만 국가배상법상 부작위는 '당사자의 신청'을 요하지 않는다. 국가 또는 지방자치단체가 행정권을 행사하지 않는 공권력의 불행사만 있으면 국가배상법상 직무행위로서 부작위가 된다.

2) 작위의무

배상책임이 성립되기 위해서는 이러한 부작위가 위법해야 한다. 위법의 판단 기준을 다수설과 판례의 입장인 '행위위법'으로 본다면, 부작위를 위법한 것으로 평가하기 위해서는 행정청에게 '작위의무'가 존재하여야 한다. 다시 말해서 강행법규에 의해 행정청에게 작위의무가 존재함에도 불구하고 이를 부작위 함으로써 손해가 발생한 것이 입증되어야만 비로소 국가배상책임이 성립되는 것이다.

행정청의 작위의무는 강행법규에 의해 부여된 기속적 의무이어야 한다. 따라서 재량의무에 대해서는 행위규범위반을 물을 수 없다는 한계가 있다. 실제로 행정청의 직무의무는 거의 대부분 재량행위이다. 왜냐하면 한정된 행정력으로 수많은 행정수요에 대응해야 하기 때문에 공권력의 발동 여부 및 우선순위 결정 등은 언제나 행정청의 재량적 판단에 의존할 수밖에 없기 때문이다. 이런 까닭에 국가배상의 위법을 협의의 행위규범위반으로 볼 경우 부작위에 의한 손해에 대해서는 배상책임이 성립될 가능성은 매우 희박하다. 이러한 한계를 극복하기 위해 독일에서는 재량의무를 기속적 의무로 전환하는 이른바 '재량권의 영(zero)으로의 수축이론'13)을 원용하기도 한다.

---

13) 행정청의 처분발급을 비롯한 행정작용이 비록 재량행위라 할지라도 (1) 당해 행정작용의 부작위가 국민의 생명, 신체, 재산에 중대한 위해를 야기할 수 있고, (2) 행정청이 공권력을 발동하

예를 들어 국가의 규제·관리·감독권의 불행사로 인하여 손해를 입은 국민이 국가에 대해 배상책임을 주장하기 위해서는 국가의 규제권 불행사가 기속적 작위의무를 위반한 것이라는 것을 입증해야 한다. 그런데 이러한 작위의무가 법령에 규정되어 있지 않거나 설사 규정되어있다 하여도 그것이 재량행위라면 이를 부작위 하였다 해서 행위규범을 위반했다고 할 수는 없다. 다만 독일에서는 국민의 생명·신체의 안전에 중대한 영향을 미치는 사안에 대해서는 행정청의 재량영역이 영(zero)으로 수축되어 행정청의 재량의무가 기속의무로 전환되기 때문에 이를 불행사한 것은 위법하다고 보는 것이 판례의 태도이다.

3) 사익보호성

기속적 작위의무를 해태하였다고 해서 언제나 배상책임이 인정되는 것은 아니다. 판례는 "공무원이 직무를 수행하면서 그 근거되는 법령의 규정에 따라 구체적으로 의무를 부여받았어도 그것이 국민의 이익과는 관계없이 순전히 행정기관 내부의 질서를 유지하기 위한 것이거나, 또는 국민의 이익과 관련된 것이라도 직접 국민 개개인의 이익을 위한 것이 아니라 전체적으로 공공일반의 이익을 도모하기 위한 것이라면 그 의무에 위반하여 국민에게 손해를 가하여도 국가 또는 지방자치단체는 배상책임을 부담하지 아니 한다"라고 판시[14]하여, 행정청에게 기속적 작위의무를 부담시킨 근거 법규가 강행법규로서 법규성을 가지고 있어야 하며, 강행법규가 행정청에게 작위의무를 부담시킨 것은 공익은 물론 국민 개개인의 사익을 특별히 보호하려는 목적이 존재해야 한다는 입장이다.

(3) 특수문제

1) 문제의 소재

직무행위의 범위를 공권력 행사와 비권력적 공행정작용을 포함하는 모든 공행정 작용으로 넓게 설정하여도 여전히 통치행위, 입법작용, 사법작용도 직무행위에 포함되는 것인지에 대해서는 논란의 소지가 있다. 통치행위는 사법심사가 배제되는데, 배제되는 사법심사에 국가배상청구소송도 포함되는지 여

기만 하면 당해 위해를 충분히 제거할 수 있는 경우에는 재량권이 영(zero)으로 후퇴·수축하여 기속적 의무로 전환된다는 이론이다.

14) 대법원 2006. 4. 14. 선고 2003다41746 판결.

부에 따라 통치행위가 직무행위에 포함되는지 여부도 결정된다.

국가배상은 '행정상' 손해배상에 대한 일반법이므로 입법작용 및 사법작용은 제외되는 것이 논리적이다. 하지만 ① 입법법이나 사법법이 불비한 경우 행정법에 따라 행정재판의 대상이 될 수도 있다는 점, ② 현행 국가배상법은 그 적용범위를 행정상 손해배상으로만 한정하고 있다는 명확한 증거가 없다는 점15) 등을 고려하면 입법작용 및 사법작용도 직무행위에 포함되는 것으로 보는 것이 합리적이다.

2) 입법작용

입법작용을 직무행위에 포함시킨다 하더라도 입법작용에 의한 개인의 손해에 대해 국가 등이 배상책임을 지는 것이 현실적으로 용이하지는 않다. 입법작용에 의한 손해발생 가능성을 상정해 보면, ① 위헌적 법률에 의해 직접 침해가 발생하는 경우, ② 입법의무가 있음에도 불구하고 입법자의 부작위로 침해가 발생한 경우, ③ 위헌적 법률에 근거한 처분으로 침해가 발생한 경우일 것이다.

가. 위헌적 법률에 의한 직접 침해

위헌적 법률에 의해 직접 침해가 발생한 경우에는 입법과정에 불법행위가 있었는지를 따져보아야 하는데 입법과정상 입법자에게 위헌적 법률을 제정하는 것에 대하여 고의·과실이 있었는지를 입증하는 것은 사실상 불가능하다.

판례도 "국회의원은 입법에 관하여 원칙적으로 국민 전체에 대한 관계에서 정치적 책임을 질 뿐 국민 개개인의 권리에 대응하여 법적 의무를 지는 것은 아니므로, 국회의원의 입법행위는 그 입법 내용이 헌법의 문언에 명백히 위배됨에도 불구하고 국회가 굳이 당해 입법을 한 것과 같은 특수한 경우가 아닌 한 국가배상법 제2조 제1항 소정의 위법행위에 해당한다고 볼 수 없다"라고 판시16)하여 같은 입장을 취하고 있다.

나. 입법부작위에 의한 침해

판례는 이에 대해 "국가가 일정한 사항에 관하여 헌법에 의하여 부과되는 구체적인 입법의무를 부담하고 있음에도 불구하고 그 입법에 필요한 상당한 기간이 경과하도록 고의 또는 과실로 이러한 입법의무를 이행하지 아니하는

---

15) 이광윤(297면).
16) 대법원 2008. 5. 29. 선고 2004다33469 판결.

극히 예외적인 사정이 인정되는 사안에 한정하여 국가배상법 소정의 배상책임이 인정될 수 있다. 따라서 구체적인 입법의무 자체가 인정되지 않는 경우에는 애당초 부작위로 인한 불법행위가 성립할 여지가 없다"라고 판시[17]하여 입법에 대한 기속적 의무가 없는 한 배상책임을 인정할 수 없다는 입장이다.

다. 위헌법률에 근거한 처분으로 인한 침해

위헌적 법률에 근거한 처분으로 침해가 발생한 경우에는 처분을 행한 공무원이 법률의 위헌성을 직접 판단할 수 없기 때문에 공무원에게 과실을 물을 수 없어 배상책임이 성립하지 않는다는 한계가 있다.

3) 사법작용

가. 문제의 소재

사법작용이 직무행위에 포함된다 하더라도 '재판'이 국가배상법상 직무행위에 포함되는지에 대해서는 논란이 있다. 독일은 민법 제839조 제2항에서 "법관이 판결을 함에 있어 직무상 의무를 위반한 경우에는 그 의무위반이 형법상 범죄행위에 해당하는 경우에 한하여 손해배상책임을 진다"라고 규정하여, 법관의 재판행위 역시 직무행위에 포함되지만 다른 직무행위와는 달리 직무상 의무위반을 매우 엄격히 제한적으로 인정하고 있다.

명문의 규정이 없는 우리나라는 판례에 의존할 수밖에 없는데 우리 판례 역시 재판은 다른 직무행위와는 달리 심급제도라는 불복제도 또는 시정절차가 따로 마련되어 있으므로 재판의 결과로 불이익 내지 손해를 여기는 사람은 그 절차에 따라 자신의 권리 내지 이익을 회복하도록 함이 법이 예정하는 바이므로 다른 직무행위와 동일하게 취급하기 어렵다는 태도[18]를 취하고 있다.

나. 재판으로 인한 배상책임

임의경매절차에서 경매담당 법관이 경매목적물인 토지 지분에 제1번 근저당권이 설정된 것을 미처 파악하지 못하고 이를 누락한 채 배당표 원안을 작성하였고, 한편 제1번 근저당권자가 배당표 원안을 열람하거나 배당기일에 출석하여 이의를 진술하는 등 불복절차를 취하지 아니함으로써 실체적 권리관계와 다른 배당표가 그대로 확정됨으로 인하여 손해가 발생한 경우처럼 재판행위로 인하여 손해가 발생한 때에 국가의 배상책임이 성립하는지에 대하

---

17) 대법원 2008. 5. 29. 선고 2004다33469 판결.
18) 대법원 2003. 7. 11. 선고 99다24218 판결.

여, 법원은 "법관의 재판에 법령의 규정을 따르지 아니한 잘못이 있다 하더라도 이로써 바로 그 재판상 직무행위가 국가배상법 제2조 제1항에서 말하는 위법한 행위로 되어 국가의 손해배상책임이 발생하는 것은 아니고, 그 국가배상책임이 인정되려면 당해 법관이 위법 또는 부당한 목적을 가지고 재판을 하는 등 법관이 그에게 부여된 권한의 취지에 명백히 어긋나게 이를 행사하였다고 인정할 만한 특별한 사정이 있어야 한다고 해석함이 상당하다"라고 판시[19]하여, 법관이 고의로 위법·부당한 행위를 한 경우에만 배상책임을 인정하고 있다.

다. 사 견

재판은 다른 직무행위와는 달리 심급제도라는 불복제도 또는 시정절차가 따로 마련되어 있다 할지라도 불복절차를 통하여 구제받을 수 있는 대상과 국가배상을 통해 구제 받을 수 있는 대상은 전혀 다르다. 또한 독일과 달리 명문의 규정도 없는 상황에서 법관의 재판행위에 대해서만 특별히 직무의무 위반 여부를 엄격하게 제한해야 할 논거도 없다.

따라서 법관이 사실인정·법령해석적용에 있어 논리법칙·채증법칙·경험칙에 위배되어 재량이나 자유심증의 범위를 현저히 일탈하는 등 법관의 직무상 준수해야 할 기준을 객관적으로 위반하여 법이 허용치 아니하는 결과가 발생한 경우에는 배상책임이 인정되어야 할 것이다.

4) 통치행위

가. 문제의 소재

통치행위는 고도의 정치성이 요구되는 까닭에 사법심사가 배제되는 행위이다. 사법심사가 배제되는 범위에 대해서는 나라마다 사정이 다르다. 우리나라의 경우에는 헌법재판은 배제되지 않고 행정소송의 대상에서만 제외된다. 그렇다면 국가배상청구소송도 사법심사가 배제되는 것인지에 대해서는 견해가 대립한다.

나. 배제설

국가배상청구소송 역시 행정소송[20]인 것은 분명하며, 그렇다면 통치행위는 행정소송이 배제되는데 유독 국가배상청구소송만 배제되지 않는다는 것은

---

19) 대법원 2001. 4. 24. 선고 2000다16114 판결.
20) 이론적으로 국가배상청구소송은 행정소송으로서 이른바 '당사자소송'에 해당함이 분명하나, 실무에서는 여전히 민사소송으로 취급하고 있다.

논리적으로 타당하지 않으므로 통치행위는 국가배상법상 직무행위에 해당하지 않는다는 입장이다.

다. 포함설

행정소송에서 통치행위를 배제하는 것은 고도의 정치적 결단에 대해 법적 판단을 하는 것이 적절치 않을 수 있고, 비록 판결을 하더라도 판결의 집행력을 담보할 수 없기 때문이다.

하지만 국가배상청구소송에서 통치행위의 위법 여부 판단은 정치적 판단이 아닌 오로지 법적 판단이 가능한 영역이며, 배상책임을 묻는 것으로서 판결의 집행력도 담보할 수 있기 때문에 국가배상법상 직무행위에서 배제할 이유가 없다는 견해이다. 이 견해를 지지한다.

3. 직무를 집행하면서

국가배상책임이 성립하기 위해서는 공무원이 직무를 '집행'하는 과정에서 손해가 발생하여야 한다. '직무를 집행하면서'의 의미는 해당 공무원의 법적 권한 행사에 따른 업무(직무)의 수행에 한정되는 것이 아니라 ① 객관적으로 보아 직무의 범위에 속하는 것으로 보이는 행위, ② 직무와 밀접하게 관련된 것으로 인정된 행위 등을 모두 포함하는 넓은 개념이다.

피해자인 국민의 입장에서는 해당 공무원의 행위가 정당한 권한 내의 행위인지 또는 공무원이 공무집행의 의사를 가지고 있었는지 등을 알 수 없으므로 객관적으로 공무집행의 외관을 갖추고 있으면 직무를 '집행'하는 것으로 보아야 한다.

판례 역시 "국가배상법 제2조 제1항 소정의 「직무를 집행함에 당하여」라 함은 직접 공무원의 직무집행행위이거나 그와 밀접한 관계에 있는 행위를 포함하고, 이를 판단함에 있어서는 행위 자체의 외관을 객관적으로 관찰하여 공무원의 직무행위로 보여질 때에는 비록 그것이 실질적으로 직무행위에 속하지 않는다 하더라도 그 행위는 공무원이 직무를 집행함에 당하여 한 것으로 보아야 할 것이다"라고 판시[21]하여 같은 입장이다.

---

21) 대법원 1995. 4. 21. 선고 93다14240 판결.

4. 고의·과실

(1) 문제의 소재

'고의'란 자신의 행위로 인한 일정한 결과의 발생가능성을 인식하고 또한 그 결과를 인용하는 것을 말한다. '과실'이란 정상의 주의의무를 태만히 함으로써 위법한 결과의 발생을 인식하지 못한 경우를 말한다. 따라서 국가배상법 제2조의 문헌상 '고의 또는 과실로'라는 표현만을 충실하게 해석한다면 이는 객관적 위법성과는 다른 행위자인 공무원의 주관적 책임요소로 보아야 한다.

배상책임의 본질을 대위책임으로 본다면 행위자인 공무원의 주관적 책임요소를 배상책임의 성립요건으로 보아도 법리상 문제될 것이 없다. 하지만 국가배상책임의 본질을 국가의 자기책임으로 파악하는 입장에서는 고의·과실이라는 공무원 개인의 주관적 책임요소가 국가의 자기책임과 어떻게 관련되는지를 설명하기가 곤란하다. 따라서 국가배상법 제2조에 규정된 '고의 또는 과실'의 의미에 대해서는 그 해석상 견해가 대립한다.

(2) 과실 개념에 대한 견해의 대립

1) 주관설

과실을 행위자인 공무원의 주관적 책임요소로 이해하는 입장이다. 물론 주관설을 취하더라도 국가배상제도의 특질상 과실의 판단은 행위를 한 당해 공무원이 아닌 당해 직무를 담당하는 평균적 공무원 또는 조직을 기준으로 해야 한다는 이른바 '과실의 객관화'가 주장되고 있다.

이는 국가배상책임의 성립여부가 행위자의 주관적 요소에 좌우될 경우 피해자의 구제가 불완전하다는 지적에서 시작된 논의이다. 과실의 객관화 시도는 ① 위에서 언급한 것처럼 과실의 판단을 당해 공무원이 아닌 당해 직무를 담당하는 평균적 공무원을 기준으로 추상화해야 한다는 견해, ② 과실을 판단함에 있어 침해 행위가 어느 공무원의 행위인지 불분명한 때에는 가해 공무원을 특정할 필요 없이 해당 직무를 수행하는 조직의 과실을 판단해야 한다는 견해[22] 등이 있다.

판례 역시 "공무원의 직무집행상의 과실이라 함은 공무원이 그 직무를 수

---

22) 김남진(574면).

행함에 있어 당해직무를 담당하는 평균인이 보통(통상) 갖추어야 할 주의의무를 게을리 한 것을 말하는 것"이라고 판시[23]하여 같은 입장을 취하고 있다.

2) 객관설

국가배상책임의 본질이 국가의 자기책임에 기인한 것이라면 행위자인 공무원의 주관적 과실 여부를 배상책임의 성립요건으로 보아야 할 이유가 없다는 것을 전제로 국가배상법 제2조의 '고의 또는 과실'은 '국가작용의 흠'을 의미한다는 견해이다.

물론 '국가작용의 흠'의 구체적 의미에 대해서는 ① 공무원의 위법행위로 인한 국가작용의 흠으로 해석하는 견해,[24] ② 국가 등 행정주체의 작용이 정상적 수준에 미달한 상태로 보는 견해[25] 등과 같이 약간의 견해차이가 존재한다.

3) 소 결

국가배상의 본질을 대위책임으로 이해하면 주관설의 입장이 타당하다. 반면 배상책임의 본질을 자기책임으로 이해한다면 과실을 공무원의 주관적 책임요소로 보는 것은 법리상 맞지 않다. 우리나라 헌법은 배상책임의 본질을 자기책임으로 규정하고 있다. 하지만 국가배상법은 과실을 공무원의 주관적 귀책사유로 규정하고 있는 것처럼 보여 혼란스러울 수밖에 없다. 국가배상법의 개정을 통하여 이러한 혼란을 불식하는 것이 최선이다. 하지만 법 개정 전까지는 현행법상 '고의 또는 과실'의 개념은 공무원의 주관적 책임요소로 볼 수밖에 없다. 다만 그 해석과 적용을 가능한 객관화할 수밖에 없는 것이 현실이다.

(3) 과실의 입증책임

원래 과실의 입증책임은 피해자인 국민이 부담한다. 하지만 평균적인 공무원 또는 조직의 과실을 피해자가 입증하는 것은 쉬운 일이 아니다. 따라서 공권력으로부터 피해를 입은 국민을 두텁게 보호하려는 취지에서 피해자의 입증책임을 경감하는 이론과 제도들이 도입되고 있다. 입증책임의 전환과 일응추정의 이론 등이 이에 해당한다.

입증책임의 전환이란 가해자인 국가가 자신에게 직무상 과실이 없었음을 입증하지 못하는 한 과실이 있었던 것으로 인정하는 것을 말한다. 다시 말해

---

23) 대법원 1987. 9. 22. 선고 87다카1164 판결.
24) 김도창(628면).
25) 김동희(478면).

서 과실의 입증책임이 피해자로부터 가해자로 전환된다.

일응추정의 이론이란 가해자인 국가의 행위로 인하여 피해자인 국민이 손해를 입은 것이 인정되면 가해자에게 일단 과실이 있음을 추정하는 것을 말한다. 추정을 뒤집기 위해서는 가해자인 국가가 자신에게 과실이 없음을 적극적으로 입증하여야 한다.

5. 법령위반(위법성)

(1) 법령의 의미

현행 국가배상법 제2조의 "법령을 위반하여"라는 법문에서 '법령'의 의미는 법률, 명령, 조례, 규칙 등 형식적 개념으로서 성문법만을 말하는 것이 아니라 관습법, 법의 일반원칙(조리) 등 불문법도 포함한다.

판례도 "국가배상책임에 있어서 공무원의 가해행위는 법령에 위반한 것이어야 하고, 법령 위반이라 함은 엄격한 의미의 법령 위반뿐만 아니라 인권존중, 권력남용금지, 신의성실, 공서양속 등의 위반도 포함하여 널리 그 행위가 객관적인 정당성을 결여하고 있음을 의미한다고 할 것이다"라고 판시[26]하여 같은 입장이다.

(2) 위법의 판단 기준
1) 문제의 소재

'법령을 위반하여'라는 것은 이른바 배상책임의 성립요건으로서 '위법성'을 의미한다. 한편 행정쟁송도 '위법한 처분 등'을 그 대상으로 한다. 그렇다면 국가배상법에서의 법령위반(위법성)과 행정쟁송법에서의 위법한 처분(위법성)에서 양자의 위법 판단기준은 동일한 것인지 의문이 생긴다.

이를 동일한 것으로 이해하느냐 아니면 서로 다른 개념으로 해석하느냐에 따라 ① 취소소송의 기판력이 발생한 경우에도 국가배상청구소송의 수소법원이 행정청의 행위에 대한 위법여부를 또다시 심사할 수 있는지, ② 행정청의 부작위로 인해 발생한 손해에 대한 배상책임의 성립여부 등의 문제해결에 있어 완전히 다른 결론에 도달한다.

---

26) 대법원 2009. 12. 24. 선고 2009다70180 판결.

2) 협의의 행위위법설(위법 일원설)

국가배상법과 행정쟁송법에서의 위법은 동일한 개념이라는 것을 전제로 양자 모두 위법이란 '법령에 의해 규정된 행위규범을 적극적으로 위반한 것'을 말한다는 견해이다. 다시 말해서 양자 모두 위법이란 법령에 의해 해야 할 의무를 하지 않거나 하지 않아야 할 것을 하는 등 행위규범을 위반한 것을 의미한다는 것이다.

이 설에 따르면 양자의 위법 판단은 동일하기 때문에 취소소송의 기판력은 국가배상청구소송에 그대로 영향을 미친다(전부기판력설). 따라서 취소소송에서 처분의 위법여부가 판결에 의해 확정되면 이후 제기된 국가배상청구소송에서는 처분의 위법여부를 더 이상 판단할 수 없게 된다.

또한 국가배상법상 위법 역시 행위규범위반을 의미하는 것이라면, 행정청의 부작위로 인해 손해가 발생한 경우 배상책임이 성립되기 위해서는 행정청에게 작위의무가 있음에도 불구하고 이를 부작위한 행위규범위반이 인정되어야 한다.

3) 광의의 행위위법설

국가배상법과 행정쟁송법에서의 위법은 모두 '행위규범의 위반'이라는 점에서는 동일하지만, 행정쟁송에서의 위법은 공권력행사(행위) 자체의 법위반을 의미하고 국가배상법상의 위법은 공권력행사 자체의 위법뿐만 아니라 공권력행사의 근거법령, 조리법, 공서양속 등에서 요구하는 직무상 손해방지 의무를 위반하는 경우까지도 포함하는 것으로 본다.

이 설을 취하면, 손해를 발생시킨 행정청의 행위의 위법정도가 취소소송의 대상이 된 행위의 위법과 동일한 수준(행위 자체의 법위반)까지는 기판력이 그대로 미칠 것이지만 그 범위를 벗어나는 위법의 수준(직무상 손해방지의무 위반)에 대해서는 기판력이 미치지 않아 국가배상청구소송의 수소법원이 위법성을 판단할 수 있다(제한적 기판력 긍정설).

행정청의 부작위로 인한 배상책임이 성립하기 위해서는 행정청에게 기속적 작위의무가 존재해야 하므로 행위규범의 광협에 불구하고 작위의무가 재량적 의무라면 결론에 있어 크게 다를 게 없다. 따라서 부작위의 배상책임에 있어서는 협의의 행위위법설과 광의의 행위위법설이 다르지 않다.

4) 상대적 위법성설

국가배상법상 위법성은 행위의 적법·위법뿐만 아니라 피침해 이익의 성격, 침해의 정도, 침해의 유형 등을 종합적으로 고려하여 행위가 객관적으로 정당성이 결여된 것을 말한다는 견해이다.

그런데 '피침해 이익의 성격, 침해의 정도, 침해의 유형 등을 종합적으로 고려' 하는 것은 위법판단의 '방법'일 뿐 위법판단의 '기준'은 아니다. 위법판단의 기준에 대하여 행위위법설이나 결과불법설 중 어떠한 학설을 취하더라도 그 구체적 판단의 방법은 '피침해 이익의 성격, 침해의 정도, 침해의 유형 등을 종합적으로 고려' 하여야 하는 것이다. 따라서 상대적 위법성설은 위법 판단의 기준에 대한 독자적 학설로 보기 어렵다.

5) 결과불법설(위법 이원설)

행정쟁송법에서의 위법은 '법령에 의해 규정된 행위규범을 위반한 것'[27]을 의미하지만 국가배상법에서의 위법은 '침해의 결과가 법률적 또는 도덕적으로 허용되지 아니하는 것'[28]을 의미하는 것으로 이해하는 입장이다. 다시 말해서 행정쟁송의 위법은 행위위법을 국가배상에서의 위법은 결과불법을 의미한다는 견해이다.

이 설을 취할 경우 양자의 위법은 전혀 다른 개념이므로 어떠한 경우에도 기판력이 발생하지 않기 때문에 취소소송의 판결이 확정되더라도 국가배상청구소송의 수소법원이 자유롭게 위법성 여부를 판단할 수 있다(기판력 부정설).

한편, 부작위에 대한 배상책임의 문제에 있어서 이설을 취할 경우 강행법규에 의한 작위의무의 존재 여부 또는 재량 유무에 관계없이 부작위로 인하여 발생한 침해의 결과가 법률적으로 또는 도덕적으로 허용할 수 없는 것으로 평가되면 배상책임이 성립된다. 결과불법설의 가장 큰 강점이다.

6) 판례의 태도

판례는 "국가배상책임에 있어서 공무원의 가해행위는 법령에 위반한 것이어야 하고, 법령 위반이라 함은 엄격한 의미의 법령 위반뿐만 아니라 인권존중, 권력남용금지, 신의성실, 공서양속 등의 위반도 포함하여 널리 그 행위가 객관적인 정당성을 결여하고 있음을 의미한다"라고 판시[29]하여 광의의 행

---

27) 이를 영어로 표현하면 'illegal' 또는 'against law'를 의미한다.
28) 이를 영어로 표현하면 'illicit' 또는 'not allowed by law'를 의미한다.

위위법설과 같은 입장을 취하고 있다.

7) 소 결

헌법 제29조는 '공무원의 직무상 불법행위'를 국가배상의 요건으로 정하고 있다. '불법행위'란 '법률이 그 본질상 이를 허용할 수 없는 것으로 평가되는 행위'를 말한다. 헌법을 근거로 제정된 국가배상법 역시 헌법이념에 충실하게 해석한다면 불법행위책임을 전제로 하는 결과불법설을 취해야 한다. 하지만 국가배상법 제2조의 문리해석상 결과불법설을 취하는 것에 한계가 있다. 입법론적으로 국가배상법의 개정이 반드시 필요하다. 현행법 체계 하에서는 광의의 행위위법설을 취할 수밖에 없을 것으로 보인다.

Ⅳ. 공무원 개인의 불법행위책임(선택적 청구의 문제)

1. 문제의 소재

공무원의 불법행위로 인하여 손해가 발생하였고 그것이 국가배상책임의 성립요건은 물론 공무원 개인의 민사상 불법행위책임의 성립요건을 모두 갖춘 경우에 피해자는 국가배상청구와는 별도로 가해 공무원 개인을 상대로 민사상 손해배상을 청구할 수 있는 것인지 문제된다. 이를 선택적 청구의 문제라 한다.

2. 견해의 대립

(1) 부정설

국가배상책임의 본질을 대위책임으로 이해하는 한 대위책임자인 국가가 제1차적 배상책임을 진다는 것은 자연스러운 논리전개이다. 따라서 피해자는 대위책임자인 국가에게만 국가배상법에 기초하여 배상청구를 할 수 있고 당해 공무원을 상대로 민사상의 불법행위에 기한 손해배상청구를 제기할 수 없다는 견해이다.[30][31]

---

29) 대법원 2009. 12. 24. 선고 2009다70180 판결.

30) 이상규(399면).

31) 이는 대법원 1996. 2. 15. 선고 95다38677 판결의 [반대의견]이기도 하다("헌법 제29조 제1항 및 국가배상법 제2조 제1항의 규정이 공무원의 직무상 불법행위에 대하여 자기의 행위에 대한 책임에서와 같이 국가 또는 공공단체의 무조건적인 배상책임을 규정한 것은, 오로지 변제자력

(2) 긍정설

국가배상법 제2조 제2항은 명확하게 내부적 구상책임에 대해서만 언급하고 있을 뿐 공무원의 외부적인 배상책임문제는 전혀 언급하고 있지 않으므로 공무원 개인의 손해배상책임은 민법상의 일반적인 불법행위의 경우와 동일한 귀책사유의 요건에 따라 책임의 여부가 결정되는 것이 타당하다.[32] 뿐만 아니라 경과실의 경우 공무원 개인의 책임을 면제해 줄 정책적 필요성이 있는 것은 사실이나, 경과실면책을 인정하는 명문의 규정이 없는 이상 경과실의 선택적 청구를 부정할 수는 없다.[33][34]

(3) 제한적 긍정설

헌법 제29조 제1항 본문과 단서 및 국가배상법 제2조를 그 입법취지에 조화되도록 해석하면 공무원이 직무 수행 중 불법행위로 타인에게 손해를 입힌 경우에 국가나 지방자치단체가 국가배상책임을 부담하는 외에 공무원 개인도 고의 또는 중과실이 있는 경우에는 불법행위로 인한 손해배상책임을 지고, 공무원에게 경과실뿐인 경우에만 공무원 개인은 손해배상책임을 부담하지 아니한다고 할 것이다. 다수설[35] 및 판례[36]의 태도이다.

이 충분한 국가 또는 공공단체로 하여금 배상하게 함으로써 피해자 구제에 만전을 기한다는 것에 그치는 것이 아니라, 더 나아가 국민 전체에 대한 봉사자인 공무원들로 하여금 보다 적극적이고 능동적으로 공무를 수행하게 하기 위하여 공무원 개인의 배상책임을 면제한다는 것에 초점이 있는 것으로 보아야 한다").

32) 류지태(489면).

33) 홍준형(598면).

34) 이는 대법원 1996. 2. 15. 선고 95다38677 판결의 [별개의견]이기도 하다("국가배상법 제2조 제2항의 입법취지가 공무원의 직무집행의 안정성 내지 효율성의 확보에 있음은 의문이 없는 바이나, 위 법 조항은 어디까지나 국가 등과 공무원 사이의 대내적 구상관계만을 규정함으로써, 즉 경과실의 경우에는 공무원에 대한 구상책임을 면제하는 것만으로써 공무집행의 안정성을 확보하려는 것이고, 대외적 관계, 즉 피해자(국민)와 불법행위자(공무원) 본인 사이의 책임관계를 규율하는 취지로 볼 수는 없다. 그것은 국가배상법의 목적이 그 제1조가 밝히고 있는 바와 같이 국가 등의 손해배상책임과 그 배상절차, 즉 국가 등과 피해자인 국민 간의 관계를 규정함에 있고 가해자인 공무원과 피해자인 국민 간의 관계를 규정함에 있는 것이 아닌 점에 비추어 보아도 명백하다").

35) 김동희(530면).

36) 대법원 1996. 2. 15. 선고 95다38677 판결의 [다수의견]("국가배상법 제2조 제1항 본문 및 제2항의 입법 취지는 공무원의 직무상 위법행위로 타인에게 손해를 끼친 경우에는 변제자력이 충분한 국가 등에게 선임감독상 과실 여부에 불구하고 손해배상책임을 부담시켜 국민의 재산권을 보장하되, 공무원이 직무를 수행함에 있어 경과실로 타인에게 손해를 입힌 경우에는 그 직무수행상 통상 예기할 수 있는 흠이 있는 것에 불과하므로, 이러한 공무원의 행위는 여전히 국가 등의 기관의 행위로 보아 그로 인하여 발생한 손해에 대한 배상책임도 전적으로 국가 등

3. 소 결

헌법 제29조 1항 단서와 국가배상법 제2조의 해석상 공무원의 직무상 불법행위로 인하여 발생한 손해에 대하여 공무원 개인이 민사상 불법행위책임을 부담하는 것은 당연하고, 이 경우 과실의 경중에 따라 배상책임의 인정여부가 다르게 평가되어서는 안 된다. 긍정설이 타당하다.

공무원의 개인책임을 인정해야 한다는 근거 중에 하나로서 비록 간접적인 접근이긴 하나 외국인피해자를 제소하는 경우를 생각할 수 있다. 국가배상법 제7조는 "이 법은 외국인이 피해자인 경우에는 해당 국가와 상호 보증이 있을 때에만 적용한다"고 규정하고 있다.37) 따라서 상호보증규정의 적용을 받지 않는 외국인이 범죄혐의 등으로 체포되어 고문 등으로 피해를 입은 경우에는 민법에 의하여 공무원 개인을 피고로 하여 손해배상청구를 할 수 있는 것이다. 만일 이 소송이 수리되는 것이라면 국가배상법에 의하여 공무원 개인의 책임이 배제된다는 부정설은 그 논거를 상실하게 될 것이다.38)

제 3 절 영조물의 설치·관리 하자로 인한 손해배상

I. 개 설

국가배상법 제5조 제1항은 "도로·하천, 그 밖의 공공의 영조물(營造物)의

에만 귀속시키고 공무원 개인에게는 그로 인한 책임을 부담시키지 아니하여 공무원의 공무집행의 안정성을 확보하고, 반면에 공무원의 위법행위가 고의·중과실에 기한 경우에는 비록 그 행위가 그의 직무와 관련된 것이라고 하더라도 그와 같은 행위는 그 본질에 있어서 기관행위로서의 품격을 상실하여 국가 등에게 그 책임을 귀속시킬 수 없으므로 공무원 개인에게 불법행위로 인한 손해배상책임을 부담시키되, 다만 이러한 경우에도 그 행위의 외관을 객관적으로 관찰하여 공무원의 직무집행으로 보여질 때에는 피해자인 국민을 두텁게 보호하기 위하여 국가 등이 공무원 개인과 중첩적으로 배상책임을 부담하되 국가 등이 배상책임을 지는 경우에는 공무원 개인에게 구상할 수 있도록 함으로써 궁극적으로 그 책임이 공무원 개인에게 귀속되도록 하려는 것이라고 봄이 합당하다").
37) "중화민국 민법 제188조 제192조 제197조에 외국인도 중화민국을 상대로 피용인의 직무집행 시의 불법행위에 인한 재산상 및 정신상 손해를 배상하도록 규정되어 있으므로 중화민국과 우리나라 사이에 국가배상법 본조에 이른바 외국인이 피해자인 경우에 상호의 보증이 있는 때에 해당한다"(대법원 1968. 12. 3. 선고 68다1929 판결).
38) 한창규, 국가보상법연구, 성균관대학교 대학원 박사학위청구논문, 1975, 65면.

설치나 관리에 하자(瑕疵)가 있기 때문에 타인에게 손해를 발생하게 하였을 때에는 국가나 지방자치단체는 그 손해를 배상하여야 한다"라고 규정함으로써 영조물의 하자로 인한 국가 등의 배상책임을 인정하고 있다. 영조물의 하자로 인한 배상책임은 헌법에 직접 규정된 바 없으나 헌법 제29조 제1항의 취지를 고려하여 입법된 것으로 보인다.

II. 배상책임의 성립요건

1. 공공의 영조물

공공의 영조물이란 행정주체에 의하여 직접 공공목적에 공용되는 유체물을 말한다. 원래 강학상 '영조물'은 공물과 이를 관리하는 관리자를 모두 포함하는 개념인데 국가배상법 제5조에서의 영조물은 이러한 원래 의미의 영조물이 아닌 유체물(물적 설비)만을 의미한다. 따라서 국가배상법 제5조에서의 영조물은 강학상 공물을 말한다.

법적용의 대상이 되는 공물에는 인공공물뿐만 아니라 하천 등과 같은 자연공물도 포함된다. 하지만 국가 등의 소유에 속하는 유체물이라도 공물(행정재산 또는 보존재산)이 아닌 일반재산은 제외된다. 일반재산이란 국가가 소유하는 국유재산 또는 지방자치단체가 소유하는 공유재산 중에서 행정재산 또는 보존재산에 편입되지 아니한 재산을 말한다. 일반재산의 하자로 인해 발생한 손해는 국가배상법 제5조가 아닌 민법 제758조[39]에 따른 점유자 책임이 발생할 뿐이다.

판례는 맨홀, 신호등, 공중전화부스, 공중화장실, 가로수, 전신주 등을 영조물로 인정하였다.

2. 설치나 관리의 하자

(1) 설치·관리

설치란 영조물을 설계 또는 건조하는 것을, 관리란 영조물을 유지·수선·보관하는 것을 말한다. 법문언이 '설치 및 관리'가 아닌 '설치나 관리'라고 표

---

39) 민법 제758조(공작물등의 점유자, 소유자의 책임) ① 공작물의 설치 또는 보존의 하자로 인하여 타인에게 손해를 가한 때에는 공작물점유자가 손해를 배상할 책임이 있다.

현한 까닭은 설치 여부와는 관계없이 관리만의 하자가 있는 때에도 배상책임
이 성립될 수 있기 때문이다. 따라서 설치가 필요 없는 자연공물도 관리의 하
자만 있으면 배상책임이 성립된다.

⑵ 하 자

1) 문제의 소재

국가배상법 제5조는 배상책임의 요건을 '영조물의 설치나 관리의 하자'만
을 규정하고 있는 까닭에 '하자'의 명확한 개념은 학설과 판례에 의존할 수밖
에 없다. 영조물에 객관적 하자만 존재하면 되는 것인지, 이러한 객관적 결함
이외에 설치·관리자의 주의의무위반이라는 주관적 과실이 있어야 하는 것인
지에 대해 견해가 대립한다.

2) 객관설(물적결함설)

국가배상법 제5조는 위험책임이론에 입각한 무과실책임을 인정하고 있다.
따라서 여기서 하자의 의미는 관리자의 주관적 과실 유무에 관계없이 객관적
으로 영조물이 통상 갖추고 있어야 할 안전성을 결여하고 있는 상태를 말한다
는 견해이다.[40] 이에 의하면 영조물의 물적 결함으로 인하여 손해가 발생한
경우에는 ① 사고가 불가항력으로 인하여 발생한 때, ② 피해자의 과실에 의
하여 손해가 발생한 때가 아닌 한 배상책임이 인정된다.

3) 주관설(관리의무위반설)

국가배상법 제5조는 배상책임의 성립요건을 '영조물의 하자'라 하지 아니
하고 '영조물의 설치나 관리에 하자'라고 규정하고 있으므로 배상책임의 성립
요소로서 '하자'는 영조물의 객관적·물적 결함상태를 의미하는 것이 아니라
영조물 관리자가 안전확보의무 또는 사고방지의무 등을 위반함으로써 영조물
의 안전성이 결여된 것을 의미한다는 견해이다. 물론 여기서 관리자의 주관적
귀책사유는 안전관리의무를 위반한 것으로서 국가배상법 제2조에서 공무원의
주관적 귀책사유보다는 고도화·객관화된 의무라고 한다.[41]

4) 위법·무과실책임설

영조물의 하자로 인한 손해에 대하여 국가 등이 배상책임을 지는 것은 영
조물의 관리주체가 안전확보, 사고방지 등을 위해 적절한 조치를 해야 함에도

---

40) 박윤흔(704면).
41) 천병태, 행정구제법, 삼영사, 2000, 306면.

이를 제대로 하지 않은 행위위법이 존재하기 때문이라는 것을 전제하면서, 하지만 이러한 행위위법에 관리자의 과실이 있었는지 여부는 따질 필요가 없는 무과실책임으로 보아야 한다는 견해이다.42) 관리자의 주관적 귀책사유를 고도화·객관화하면 결국 관리자의 주관적 과실 유무는 배상책임의 성립여부에 아무런 영향을 미치지 않는다. 따라서 위법·무과실책임설은 주관설과 결론에 있어 다르지 않다.

5) 절충설

하자의 의미를 객관적인 물적 결함이 있는 경우는 물론 관리자의 안전관리의무위반이 있는 경우까지도 포함시켜 이해하는 입장이다.43) 영조물 자체에는 결함이 없으나 그 관리행위에 잘못이 있어 손해가 발생한 경우 객관설에 입각하여서는 본조에 의한 배상책임을 묻기가 곤란하다는 약점을 보완하려는 시도이다.44) 그러나 이러한 때에는 국가배상법 제2조에 의한 배상청구가 가능할 것이므로 이 설을 취할 실익이 없다.

6) 판례의 태도

판례는 "국가배상법 제5조 제1항에 정하여진 영조물의 설치 또는 관리의 하자라 함은 공공의 목적에 공여된 영조물이 그 용도에 따라 갖추어야 할 안전성을 갖추지 못한 상태에 있음을 말하고, 안전성을 갖추지 못한 상태, 즉 타인에게 위해를 끼칠 위험성이 있는 상태라 함은 당해 영조물을 구성하는 물적 시설 그 자체에 있는 물리적·외형적 흠결이나 불비로 인하여 그 이용자에게 위해를 끼칠 위험성이 있는 경우뿐만 아니라, 그 영조물이 공공의 목적에 이용됨에 있어 그 이용상태 및 정도가 일정한 한도를 초과하여 제3자에게 사회통념상 수인할 것이 기대되는 한도를 넘는 피해를 입히는 경우까지 포함된다고 보아야 한다"라고 판시45)하여, 하자의 의미를 ① 물적 결함으로 인한 위해 위험성이 있는 경우는 물론 ② 영조물의 이용상태 및 정도가 기준을 초과하여 수인한도를 넘는 피해를 입히는 경우(이른바 기능상 하자)까지 포함하는 것으로 보고 있다. 이에 따르면 판례가 '확장된 객관설'을 취하는 것처럼 보인다.

---

42) 정하중, "국가배상법 제5조의 영조물의 설치·관리에 있어서 하자의 의미와 배상책임의 성격", 「행정판례연구」 제3권, 1996, 215면; 김남진(592면).

43) 천병태(305면); 박윤흔(705면).

44) 천병태(305면).

45) 대법원 2005. 1. 27. 선고 2003다49566 판결.

하지만 또 다른 판례에서는 "기능상 어떠한 결함이 있다는 것만으로 영조물의 설치 또는 관리에 하자가 있다고 할 수 없고, 위와 같은 안전성의 구비 여부를 판단함에 있어서는 당해 영조물의 용도, 그 설치장소의 현황 및 이용상황 등 제반 사정을 종합적으로 고려하여 설치·관리자가 그 영조물의 위험성에 비례하여 사회통념상 일반적으로 요구되는 정도의 방호조치의무를 다하였는지 여부를 그 기준으로 삼아야 할 것이다"라고 판시[46]하고 있어, 하자의 인정에 방호조치의무위반이라는 관리자의 주관적 귀책사유를 요구하고 있다. 이에 따르면 판례가 주관설을 취하는 것처럼 보인다. 이처럼 판례의 태도를 명확히 판단할 수는 없으나 다수의 판례들이 방호조치의무위반 등과 같은 주관적 책임요소를 하자 인정의 판단기준으로 삼고 있다.

7) 소 결

국가배상법 제5조의 법문언상 과실 유무를 배상책임의 성립요건으로 해석할 수는 없다. 무과실책임주의를 취하고 있음은 분명하다. 다만 법문언이 '영조물의 설치나 관리에 하자'라고 규정하고 있는 것에 주목한다면 '물적 결함 있는 영조물 자체'에 대한 책임보다는 '영조물을 설치 또는 관리하는 것'에 대한 책임을 강조한 것으로 보여 진다. 따라서 영조물의 관리주체가 영조물의 기능유지 또는 안전 확보에 필요한 적절한 조치를 다하지 못한 때에 '하자'가 성립되는 것으로 보아야 할 것이다. 국가배상법 제5조는 영조물을 안전하게 관리하지 못한 국가 등의 위법행위에 책임을 묻는 것이지만 과실 유무는 배상책임의 성립에 영향을 미치지 않는다고 해석하는 것이 타당하다. 위법·무과실책임설을 지지한다.

(3) 하자의 판단 기준

하자의 판단 기준에 대하여 판례는 "영조물 설치 또는 하자에 관한 제3자의 수인한도의 기준을 결정함에 있어서는 일반적으로 침해되는 권리나 이익의 성질과 침해의 정도뿐만 아니라 침해행위가 갖는 공공성의 내용과 정도, 그 지역환경의 특수성, 공법적인 규제에 의하여 확보하려는 환경기준, 침해를 방지 또는 경감시키거나 손해를 회피할 방안의 유무 및 그 난이 정도 등 여러 사정을 종합적으로 고려하여 구체적 사건에 따라 개별적으로 결정하여야 한

---

46) 대법원 2007. 10. 26. 선고 2005다51235 판결.

다"라고 판시[47]하고 있다.

판례의 태도에 따라 하자의 판단 기준을 정리하면 ① 피침해 이익의 성질과 정도, ② 침해행위의 공공성, ③ 지역 환경의 특수성, ④ 침해방지·손해회피 방안의 유무 및 난이도 등을 종합적으로 고려하여 구체적 사건에 따라 개별적으로 결정해야 한다.

3. 면책 사유

(1) 불가항력

손해발생에 대한 예견가능 또는 회피가능성이 없는 경우에는 책임이 면책된다. 판례도 "객관적으로 보아 시간적·장소적으로 영조물의 기능상 결함으로 인한 손해발생의 예견가능성과 회피가능성이 없는 경우, 즉 그 영조물의 결함이 영조물의 설치·관리자의 관리행위가 미칠 수 없는 상황 아래에 있는 경우임이 입증되는 경우라면 영조물의 설치·관리상의 하자를 인정할 수 없다고 할 것이다"라고 판시[48]하여 같은 입장이다.

(2) 예산부족

예산부족은 영조물의 하자를 판단함에 있어 참작사유는 될 수 있으나 면책사유는 될 수는 없다. 판례도 "설치자의 재정사정이나 영조물의 사용목적에 의한 사정은 안전성을 요구하는데 대한 정도 문제로서 참작사유에는 해당할지언정 안전성을 결정지을 절대적 요건에는 해당하지 아니 한다"라고 판시[49]하여 예산부족을 면책사유로는 인정하지 않는다.

III. 제2조와 제5조의 경합

국가배상법 제2조와 제5조의 책임이 중복하여 발생한 경우 피해자는 어느 규정에 의해서도 배상을 청구할 수 있다. 예를 들어 군용차량의 차체결함과 운전병의 과실이 경합하여 손해가 발생한 경우가 이에 해당한다. 물론 이

---

47) 대법원 2005. 1. 27. 선고 2003다49566 판결.
48) 대법원 2000. 2. 25. 선고 99다54004 판결; 대법원 2001. 7. 27. 선고 2000다56822 판결; 대법원 2007. 10. 26. 선고 2005다51235 판결.
49) 대법원 1967. 2. 21. 선고 66다1723 판결.

경우 제2조와 제5조의 배상책임 성립요건을 각각 갖추어야 한다.

제2조와 제5조의 배상책임의 관계를 ① 법조경합으로 볼 것인지, ② 청구권경합으로 볼 것인지는 견해의 대립이 있다.

법조경합으로 본다면 원고가 제2조의 배상책임을 주장하며 소송을 제기하였으나 실제로는 제2조의 배상책임은 성립하지 않고 오히려 제5조의 배상책임이 성립되는 경우 법원은 제5조를 근거로 인용판결을 할 수 있다. 물론 반대의 경우도 마찬가지다.

청구권경합으로 본다면 제2조와 제5조에 따른 청구권은 각각 별개의 청구권이므로 원고가 제2조에 따라 손해배상청구소송을 제기하였으나 제2조의 배상책임은 성립하지 않고 오히려 제5조의 배상책임이 성립되는 경우 법원은 기각판결을 할 수밖에 없게 된다. 물론 반대의 경우도 마찬가지다.

원고를 두텁게 보호하고 소송경제적 측면을 고려한다면 법조경합으로 보는 것이 타당하다.

제 4 절 손해배상책임의 내용 및 청구절차

Ⅰ. 배상책임자

1. 법률의 규정

국가나 지방자치단체가 손해를 배상할 책임이 있는 경우에 공무원의 선임·감독 또는 영조물의 설치·관리를 맡은 자와 공무원의 봉급·급여, 그 밖의 비용 또는 영조물의 설치·관리 비용을 부담하는 자가 동일하지 아니하면 그 비용을 부담하는 자도 손해를 배상하여야 한다.[50]

2. 비용부담주체

국가배상법은 권한의 위임 등에 의해 '사무귀속주체 또는 영조물관리주체'와 '비용부담주체'가 서로 다른 경우 피해자인 국민은 이 같은 사실을 알지 못할 우려가 있으므로 비용부담주체도 배상책임자가 된다는 것을 분명히 규정하

---

50) 국가배상법 제6조 제1항.

고 있다.

그런데 비용부담주체의 범위에 대해서는 견해가 대립한다.

(1) 형식설

비용부담주체는 형식적·대외적으로 직접 비용을 지출하는 자를 말한다는 견해이다. 이 견해에 따르면 위임사무의 경우 대외적·형식적으로 비용을 부담하는 수임기관이 비용부담주체가 된다.

(2) 실질설

당해 사무에 소요되는 비용을 실질적으로 부담하는 자를 비용부담주체로 보는 입장이다. 이에 따르면 사무를 위임한 위임기관이 비용부담주체가 된다. 사무를 위임할 때에는 당해 사무처리에 소용되는 비용(예산)을 위임청이 부담하기 때문이다.

(3) 병존설

피해자인 국민의 피해구제 수월성을 위하여 사무귀속주체 또는 영조물관리주체가 아닌 비용부담주체에게도 배상책임을 지우는 국가배상법 제6조의 취지에 비추어 볼 때 형식적 비용부담주체와 실질적 비용부담주체 모두를 비용부담주체로 보아야 한다는 견해이다.

3. 종국적 배상책임자

사무귀속주체(또는 영조물관리주체)와 비용부담주체가 서로 다른 경우 피해자인 국민은 어느 쪽을 상대로든 배상청구를 할 수 있지만 기관 상호간에는 내부적으로 구상문제가 발생한다. 국가배상법 제6조 제2항도 "제1항의 경우에 손해를 배상한 자는 내부관계에서 그 손해를 배상할 책임이 있는 자에게 구상할 수 있다"라고 구상문제를 규정하고 있다. 따라서 사무귀속주체(또는 영조물관리주체)와 비용부담주체 중 누구에게 종국적 배상책임이 있는지에 대한 규명이 필요하다.

(1) 관리주체설

사무귀속주체 또는 영조물관리주체 등 관리주체가 종국적으로 배상책임을 부담해야 한다는 견해이다. 관리주체에게 권한 또는 권리가 귀속된다면 그에 따른 책임 역시 관리주체에게 귀속되는 것이 타당하다는 논거이다.

국가배상법 제6조 제1항의 "공무원의 선임·감독 또는 영조물의 설치·관리를 맡은 자와 공무원의 봉급·급여, 그 밖의 비용 또는 영조물의 설치·관리비용을 부담하는 자가 동일하지 아니하면 그 비용을 부담하는 자도 손해를 배상하여야 한다"라는 법문언을 자세히 들여다보면, '비용을 부담하는 자도'라고 규정하고 있는데, 이는 비용부담자가 원래는 배상책임이 없으나 피해자인 국민을 두텁게 보호하기 위해 입법정책상 비용부담자에게도 배상책임을 지운 것이 분명하므로 종국적 배상책임은 관리주체가 지는 것이 마땅하다는 논거도 있다.

(2) 비용부담주체설

손해전보비용 역시 비용의 일종이므로 논리상 비용부담주체가 종국적 배상책임자가 되어야 한다는 견해이다. 여기서의 비용부담주체는 실질적 비용부담자를 의미한다. 그렇다면 결론에 있어서는 관리주체설과 다르지 않게 된다. 왜냐하면 실질적 비용부담자는 결국 사무귀속주체 또는 영조물관리주체이기 때문이다. 예를 들어 지방자치단체가 기관위임사무를 수행하는 중 발생한 배상책임에 대하여 종국적 배상책임자는 누구인가라는 문제를 해결함에 있어서 관리주체설을 취해도 사무귀속주체인 국가에게 종국적 배상책임이 있고, 비용부담주체설을 취해도 실질적 비용부담자인 국가에게 종국적 배상책임이 있다.

물론 법령이 관리주체가 아닌 자를 비용부담자로 특별히 규정하고 있는 경우, 예를 들어 국가가 기관위임사무를 지방자치단체에게 위임할 때에는 사무처리 비용에 필요한 예산도 함께 부담해야 하지만 이에 불구하고 법령이 그 비용을 지방자치단체가 부담하도록 규정하고 있는 경우, 비용부담주체설에 따르면 비용부담자인 지방자치단체가 종국적 배상책임자가 된다. 그런데 이러한 경우에 해당하는 사례는 거의 찾아보기 어렵다. 도로법상 도지사가 관리하는 일반국도는 관리주체는 국가지만 비용부담자는 지방자치단체이므로 이러한 사례에 해당한다는 주장51)이 있으나, 도로법은 이 경우에도 비용은 국가가 부담한다는 것을 분명히 규정52)하고 있으므로 이에 해당하지 않는다.

---

51) 박균성(549면).

52) 도로법 제85조(비용부담의 원칙) ① 도로에 관한 비용은 이 법 또는 다른 법률에 특별한 규정이 있는 경우 외에는 도로관리청이 국토교통부장관인 도로에 관한 것은 국가가 부담하고, 그 밖의 도로에 관한 것은 해당 도로의 도로관리청이 속해 있는 지방자치단체가 부담한다. 이 경우 제31조 제2항에 따라 국토교통부장관이 도지사 또는 특별자치도지사에게 일반국도의 일

(3) 기여도설

실제 개별 사안에서 당해 손해발생에 기여한 정도를 판단하여 종국적 배상책임자를 결정해야 한다는 견해이다. 이론적으로는 매우 명쾌한 것처럼 보이지만 실제 기여도를 평가하여 배상금액을 결정하는 것이 쉽지 않다.

(4) 판 례

도로교통법 제3조 제1항에 의하여 특별시장·광역시장 또는 시장·군수의 권한으로 규정되어 있는 도로에서의 신호기 및 안전표지의 설치·관리에 관한 권한은 같은 법 시행령 제71조의2 제1항 제1호에 의하여 지방경찰청장 또는 경찰서장에게 위탁되었으나, 이와 같은 권한의 위탁은 이른바 기관위임으로서 경찰서장 등은 권한을 위임한 시장 등이 속한 지방자치단체의 산하 행정기관의 지위에서 그 사무를 처리하는 것이므로, 경찰서장 등이 설치·관리하는 신호기의 하자로 인한 국가배상법 제5조 소정의 배상책임은 그 사무의 귀속 주체인 시장 등이 속한 지방자치단체가 부담한다.53)

(5) 소 결

판례는 관리주체설을 취하고 있다. 관리주체에게 권한 또는 권리가 귀속된다면 그에 따른 책임 역시 관리주체에게 귀속되는 것으로 보는 것이 타당하므로 이론적으로는 관리주체설이 타당하다. 하지만 비용부담자를 실질적 의미로 이해하는 한 관리주체설과 비용부담주체설이 결론에 있어서는 동일하므로 사실상 어느 설을 취하든 크게 문제될 것은 없다.

종국적 배상책임은 내부적 구상의 문제이므로 이를 이유로 공동불법행위자의 구상권에 대항할 수는 없다. 사인이 국가와 공동불법행위로 타인에게 손해를 입혀 배상책임을 부담한 후 국가에게 구상권을 행사한 경우 국가가 자신에게 종국적 배상책임이 없다는 이유로 이에 대항할 수 없다는 것이다. 판례 역시 "국가배상법 제6조 제2항의 규정은 도로의 관리주체인 국가와 그 비용을 부담하는 경제주체인 시 상호간에 내부적으로 구상의 범위를 정하는데 적용될 뿐 이를 들어 구상권자인 공동불법행위자에게 대항할 수 없다"라고 판시54)하여

부 구간에 대한 도로공사와 도로의 유지·관리에 관한 업무를 수행하게 한 경우에 그 비용은 국가가 부담한다.
53) 대법원 2001. 9. 25. 선고 2001다41865 판결.
54) 대법원 1993. 1. 26. 선고 92다2684 판결.

같은 입장이다.

II. 배상책임의 내용

1. 배상액

헌법 제29조 제1항은 '정당한 배상'을 지급하도록 규정하고 있다. 국가배상법 제3조는 배상기준에 관하여 비교적 자세하게 규정하고 있는바, 제1항과 제2항에서는 생명·신체에 대한 손해배상기준을, 그리고 제3항에서는 물건의 멸실·훼손으로 인한 손해배상기준을 정하고 있다. 생명·신체에 대한 침해 및 물건의 멸실·훼손으로 인한 손해 이외의 손해는 불법행위와 상당인과관계가 있는 범위 내에서 배상한다.

2. 국가배상법 제3조(배상기준)의 성질

국가배상법 제3조의 배상기준에 대한 규정이 법원을 구속하는지 아니면 단순한 기준에 불과한 것인지에 대해 견해가 대립한다.

(1) 제한규정설

동법 제3조의 규정이 법원을 구속한다는 견해이다. 동규정의 입법취지가 배상범위를 명백히 하여 분쟁을 배제하기 위한 것이라는 점을 논거로 든다.

(2) 기준규정설

동법 제3조의 규정은 단순한 기준에 불과하다는 견해이다. ① 동규정이 '기준'이라는 용어를 사용하고 있다는 점, ② 만약 배상기준을 한정적으로 해석한다면 헌법상 정당한 보상에 저촉될 가능성이 있다는 점을 논거로 든다. 현재 통설과 판례의 입장이다.

III. 군인 등의 이중배상금지

1. 이중배상금지의 원칙

군인, 군무원, 경찰공무원, 향토예비군대원이 직무집행과 관련하여 손해를 입은 경우에 군인연금법, 유족연금법 등에 의한 보상금이나 연금 등을 지급 받을 수 있을 때에는 헌법 제29조 제2항과 국가배상법 제2조 제1항 단서에 의하여 국가에 대한 손해배상을 청구할 수 없다는 원칙이다.

그런데 헌법 제29조 제2항은 이중배상금지의 대상을 '군인, 군무원, 경찰공무원, 기타 법률이 정하는 자'라고 규정하고 있는바, 그 인적 범위의 확대가능성을 법률에 위임해 두고 있다. 이에 근거하여 국가배상법 제2조 제1항 단서는 그 대상을 '군인, 군무원, 경찰공무원 또는 향토예비군대원'이라고 규정함으로써 헌법의 규정에는 없는 '향토예비군대원'을 그 인적 범위에 포함시켰다. 국가배상법에서 향토예비군대원을 추가한 것이 위헌인가라는 논란이 제기되기도 하였으나, 헌법재판소는 이를 합헌이라 결정한 바 있다.[55]

2. 연혁 및 외국의 입법례

월남전 참전으로 국가배상금의 지출이 급격히 증가하자 재정부담을 느낀 정부는 1967년 3월 3일 국가배상법을 전면개정하여 '군인, 경찰공무원' 등에 대한 이중배상금지를 규정하였으며, 이후 1981년 12월 17일 법개정을 통하여 '군무원과 향토예비군대원'을 추가로 포함시켰다.

헌법상 규정이 없는 국가배상법의 이중배상금지에 대한 위헌성 시비가 계속 제기되었고 대법원은 당해 조항에 대해 위헌판결[56]을 하게 된다. 이에 위헌성 시비를 근원적으로 차단하기 위한 방편으로 헌법개정(유신헌법)을 통하여 헌법에 군인 등에 대한 이중배상금지 규정을 두게 된 것이며, 이러한 헌법규정이 여러 차례의 헌법개정에도 불구하고 지금까지 이어져 오게 된 것이다. 헌법의 규정으로 형식적 위헌시비에 대해서는 일단락 된 것으로 보이나, 기본권보장과 평등의 원칙이라는 헌법적 원칙을 엄격하게 해석한다면 여전히 실질적 위헌시비는 존재한다 할 것이다.[57]

군인등의 이중배상금지원칙에 대한 입법례로 소개되고 있는 영국의 국왕소추법(the Crown Proceedings Act) 제10조는 1987년 법개정을 통하여 군인 등에 대한 국가배상을 원칙적으로 허용하게 되었다. 원래 1947년의 국왕소추법 제10조는 군대의 구성원은 직무수행상 발생한 불법행위책임에 대하여 다른 군대

---

55) 헌재 1996. 6. 13. 94헌바20 결정.
56) 대법원 1971. 6. 22. 선고 70다1010 판결.
57) 김남진(561면).

의 구성원 또는 국가에게 손해배상을 청구할 수 없도록 규정되어 있었으나, 당해 조항에 대해 위헌성 시비가 끝이질 않았고 법원 역시 이 조항을 교묘하게 해석하여 군인 등에 대한 국가배상을 사실상 허용하는 판결[58]을 하기도 하는 등 당해 조항의 계속적 유지가 어려운 사회적 분위기가 성숙되자, 처칠(Winston Churchill)의 제안으로 1987년 '군대에 대한 국왕소추법(the Crown Proceedings Act Armed Forces)'이 제정되었다. 동법 제1조는 국왕소추법 제10조를 폐지한다고 규정하고 있다. 다만 제2조에서는 급박한 국가적 위험이 발생하거나, 긴급한 위기상황이 발생하거나, 외국에서 군사적 전투행위를 하거나, 기타 전투유사상황을 수행하는 때에는 국무장관(Secretary of State)이 국왕소추법 제10조를 부활할 수 있다고 규정하고 있다. 그러나 1987년 이후 포클랜드 전쟁 등 전투유사상황이 전개된 경우에도 이 조항을 부활한 적은 없었다.[59]

3. 의무경찰의 적용대상 여부

향토예비군대원은 앞에서도 언급한 바와 같이 비록 위헌성 시비는 있었으나 국가배상법상 명문의 규정이 있으므로 크게 문제될 것이 없다. 그런데 의무경찰은 그 신분이 군인인지 또는 경찰공무원인지 아니면 당해 규정이 적용되지 않는 일반 공무원인지 불분명하다. 헌법재판소는 의무경찰대원을 국가배상법상 경찰공무원에 해당한다고 결정[60]하였다.

그런데 이와 유사하게 병역에 대한 전환 복무를 수행하는 공익근무요원과,[61] 경비교도대원에 대해서는 국가배상법상 이중배상금지의 대상에 포함되지 않는다는 것이 판례[62]의 태도이다.

병역에 대한 전환 복무자라는 점에서 동일한 의무경찰대원, 공익근무요원, 경비교도대원에 대해 이처럼 다른 평가를 하는 근거가 무엇인지 이해하기 어렵다.

---

58) Bell *v.* Secretary of State for Defence(1986) Q.R. 322 CA.
59) Paul Jackson/Patricia Leopold, Constitution and Administrative Law, Sweet & Maxwell, 2001, p.745.
60) 헌재 1996. 6. 13. 94헌마118 결정.
61) 대법원 1997. 3. 28. 선고 97다4036 판결.
62) 대법원 1993. 4. 9. 선고 92다43395 판결.

4. 이중배상금지와 공동불법행위책임

(1) 문제의 소재

민간인과 직무집행 중인 군인 등의 공동불법행위로 인하여 직무집행 중인 다른 군인 등이 피해를 입은 경우 민간인이 피해 군인 등에게 배상책임을 부담한 후 국가에게 구상권을 행사할 수 있는지 여부가 문제된다.

예를 들어 의무경찰대원 A가 운전하던 오토바이와 트럭이 충돌하여 오토바이 뒷좌석에 타고 있던 의무경찰대원 B가 상해를 입었고, 트럭의 보험회사가 B에게 배상금 5천만원을 지급한 후 그 중 A의 과실비율에 따른 부담부분을 국가에게 구상권을 행사할 수 있는지 여부의 문제이다.

(2) 헌법재판소의 입장

국가배상법 제2조 제1항 단서 중 군인에 관련되는 부분을, 일반국민이 직무집행 중인 군인과의 공동불법행위로 직무집행 중인 다른 군인에게 공상을 입혀 그 피해자에게 공동의 불법행위로 인한 손해를 배상한 다음 공동불법행위자인 군인의 부담부분에 관하여 국가에 대하여 구상권을 행사하는 것을 허용하지 않는다고 해석한다면, 이는 위 단서 규정의 헌법상 근거규정인 헌법 제29조가 구상권의 행사를 배제하지 아니하는데도 이를 배제하는 것으로 해석하는 것으로서 합리적인 이유 없이 일반국민을 국가에 대하여 지나치게 차별하는 경우에 해당하므로 헌법에 위반된다.[63]

(3) 판례의 태도

민간인이 공동불법행위자라는 이유로 피해 군인 등의 손해 전부를 배상할 책임을 부담하도록 하면서 국가 등에 대하여는 귀책비율에 따른 구상을 청구할 수 없도록 한다면, 공무원의 직무활동으로 빚어지는 이익의 귀속주체인 국가 등과 민간인과의 관계에서 원래는 국가 등이 부담하여야 할 손해까지 민간인이 부담하는 부당한 결과가 될 것이고 이는 위 헌법과 국가배상법의 규정에 의하여도 정당화될 수 없다고 할 것이다.[64]

---

63) 헌재 1994. 12. 29. 93헌바21 결정.
64) 대법원 2001. 2. 15. 선고 96다42420 판결.

Ⅳ. 손해배상의 청구절차

1. 배상심의회

배상심의회는 상급심의회로 법무부에 두는 본부심의회, 국방부에 두는 특별심의회가 있으며, 그 하급심의회로 지구심의회가 있다.

배상금의 지급을 받고자 하는 자는 그 주소지·소재지·배상원인 발생지를 관할하는 지구심의회에 대하여 배상금 지급 신청을 하여야 한다.

지구심의회는 배상금의 지급신청을 받은 때에는 지체 없이 증인심문·감정·검증 등 증거조사를 한 후 그 심의를 거쳐 신청일로부터 4주일 이내에 지급 또는 기각의 결정을 하여야 한다. 또한 그 결정일로부터 1주일 이내에 그 결정 정본을 신청인에게 송달하여야 한다.

지구심의회의 결정에 불복하는 자는 결정정본을 송달 받은 날로부터 2주일 이내에 당해 심의회를 거쳐 본부심의회 또는 특별심의회에 재심을 신청할 수 있다. 재심신청을 받은 지구심의회는 1주일 이내에 배상금 지급 신청 기록 일체를 본부심의회 또는 특별심의회에 송부하여야 한다. 본부심의회 또는 특별심의회는 이에 대하여 심의를 거쳐 4주일 이내에 배상결정을 하여야 한다.

종래에는 배상심의회의 배상결정을 거친 이후에 국가배상 청구소송을 제기하는 이른바 결정전치주의를 취하였으나, 법개정으로 배상결정은 임의적 전치제도로 변경되었다.

2. 국가배상청구소송

배상결정이 임의적 전치제도로 변경되었으므로 법원에 바로 국가배상 청구소송을 제기할 수 있다. 다만 배상심의회를 거치는 경우에는 ① 배상심의회의 결정에 불복이 있는 경우, ② 배상금지급신청이 있는 날로부터 3월이 경과하도록 결정이 없는 경우, ③ 국가 또는 지방자치단체가 배상금을 지급하지 않는 경우에 국가배상 청구소송을 제기할 수 있다.

국가배상법을 공법으로 보는 통설적 견해에 따를 경우 행정법원이 제1심 법원이 되고 그 형식 또한 행정상 당사자소송이 되어야 할 것이다. 그러나 실무에서는 여전히 지방법원에서 민사소송절차에 따라 재판이 진행되고 있다.

제 2 장   행정상 손실보상

제 1 절   행정상 손실보상

I. 의 의

1. 의 의

행정상 손실보상이란 공공의 필요에 따른 적법한 공권력의 행사로 말미암아 사인에게 가하여지는 특별한 희생에 대하여 사유재산권의 보장과 전체적인 평등부담의 견지에서 행정주체가 행하는 조절적인 재산적 보상을 말한다.

행정상 손실보상은 공공의 필요에 의해 처음부터 국민의 사유재산권에 대한 부득이한 침해가 법률상 수권된 것으로서 공행정작용 과정상 위법행위로 인한 행정상 손해배상과 구별된다.

또한 행정상 손실보상은 특정개인이 입은 재산상 특별한 희생을 국민전체의 공적 부담으로 조절해주는 보상이므로 국민 모두가 부담하는 조세와 같은 일반적 부담이나 재산권 자체에 내재하는 사회적 제한에 대해서는 손실보상의 문제가 발생하지 않는다.

2. 손실보상청구권의 성질

(1) 문제의 소재

행정상 손실보상청구권의 법적 성질이 공법상의 권리(공권)인지 아니면 사법상의 권리인지에 대한 다툼이 있다. 행정상 손실보상청구권이 공권이라면 이에 대한 소송은 행정소송인 당사자소송이 될 것이며, 사법상의 권리라면 이에 대한 다툼은 민사소송의 대상이 될 것이다.

(2) 공권설

행정상 손실보상은 공공필요에 의한 공권력의 행사로 인하여 발생한 손실을 보상하는 것으로서 그 원인이 공법작용에 의한 것이라면 이에 대해 보상을 구하는 청구권 역시 공법상의 권리로 보아야 한다는 견해이다. 이에 따르면 손실보상청구권에 대한 다툼은 행정소송으로서의 당사자소송의 대상이 된다.

(3) 사권설

행정상 손실보상과 그 보상청구권은 법적 성질이 서로 다를 수 있다는 것을 전제로 비록 행정상 손실보상은 공법적 원인에 의해 발생하였더라도 그 보상을 구하는 청구권은 사법상 금전지급청구권과 법적 성질이 다르지 않으므로 행정상 손실보상청구권은 사법상의 권리이며 이에 대한 다툼 역시 민사소송으로 해야 한다는 견해이다.

(4) 판례의 태도

판례는 손실보상의 대상이 되는 재산적 권리의 성질에 따라 그 보상청구권을 사법상의 권리로 본 적도 있고[1] 공법상의 권리로 본 적도 있었다. 하지만 지금은 "손실보상금의 지급을 구하거나 손실보상청구권의 확인을 구하는 소송은 행정소송법 제3조 제2호 소정의 당사자소송에 의하여야 한다"라고 판시[2]하여 손실보상청구권은 공법상 권리이며 행정소송의 대상이라는 것을 분명히 밝히고 있다.

(5) 소 결

행정상 손실보상제도 자체가 공권력의 행사로 인하여 발생한 침해를 구제하는 공법상 구제제도이므로 이에 대한 구제절차 역시 공법에 따르는 것이 논리적이다. 따라서 행정상 손실보상청구권은 공법적 권리이며 이에 대한 소송은 행정소송이 되어야 한다는 공권설이 타당하다.

Ⅱ. 근 거

1. 이론적 근거

손실보상의 이론적 근거에 관하여는 종래 기득권설,[3] 은혜설[4] 등이 논의

---

1) 대법원 1998. 2. 27. 선고 97다46450 판결.
2) 대법원 2006. 5. 18. 선고 2004다6207 전원합의체 판결.
3) 자연권으로서의 기득권은 불가침이라는 사상을 배경으로 재산권 역시 기득권에 포함되는바, 국가의 긴급사유에 의해 기득권을 침해할 경우에는 반드시 보상을 조건으로 허용된다는 견해이

되었으나, 오늘날에는 특별희생설이 통설적 견해로 소개되고 있다.

특별희생설이란 공익을 위하여 개인에게 부과된 특별한 희생은 이를 국민전체의 부담으로 하여 보상하는 것이 정의와 공평에 합치된다는 견해이다.

특별희생설은 공평부담설과 그 맥을 같이 하는바, 전자는 재산권의 침해에, 후자는 보상의 부담에 중점을 둔 표현으로서, 특별희생설은 1794년 프로이센 일반란트법 제74조[5]와 제75조[6]의 사상이 바이마르헌법과 현행 독일기본법에 계승되었다고 하며,[7] 공평부담설은 1789년 프랑스 '인간과 시민의 권리선언' 제13조(공적 부담 앞의 평등원칙)의 내용으로서 공공의 필요에 따른 비용은 모든 시민이 각자의 능력에 비례하여 평등하게 부담하여야 한다는 것이다.[8]

2. 헌법적 근거

(1) 헌법 제23조의 규정

제1항, 모든 국민의 재산권은 보장된다. 그 내용과 한계는 법률로 정한다.

제2항, 재산권의 행사는 공공복리에 적합하도록 하여야 한다.

제3항, 공공필요에 의한 재산권의 수용·사용 또는 제한 및 그에 대한 보상은 법률로써 하되, 정당한 보상을 지급하여야 한다.

(2) 제23조 제1, 2항과 제3항의 관계

1) 문제의 소재

헌법 제23조 제1항과 제2항은 재산권의 제한(사회적 제약)에 관하여, 제3항은 수용보상에 관하여 각각 규정하고 있다. 그렇다면 재산권의 사회적 제약과 수용보상은 같은 범주에 속하는 것으로서 다만 그 정도의 차이만이 존재하는 것인지, 아니면 재산권의 사회적 제약은 재산권의 내용에 관한 규정이고 수용보상은 재산권의 수용에 관한 규정으로서 그 범주를 달리 하는 것인지 의문이

다. 그러나 오늘날 기득권불가침의 원칙 자체가 지지를 받지 못하는 까닭에 이 견해는 타당성을 인정받지 못하고 있다.

4) 극단적인 공익 우선 및 국가권력절대주의를 사상의 기조로 하여, 공익을 위하여 법률에 의한 국민의 재산권침해를 당연시하였고 따라서 이에 대한 보상은 국가가 배려하는 은혜에 불과하다는 견해이다.

5) 공공복리와 개인의 권리사이에 충돌이 있는 경우에는 공공복리가 우선함.

6) 제74조에 따라 자기의 특별한 권익이 희생된 자에게는 보상을 하여야함.

7) 홍정선(535면).

8) 한견우(629면).

남는다. 다시 말해서 헌법 제23조 제1, 2항과 제3항의 관계에서 이들은 서로 연결되어 동일한 범주에 속하는 사항을 규율하고 있는 것인지, 아니면 독립적으로 서로 다른 범주에 속하는 사항을 규율하고 있는지 견해가 대립한다.

2) 경계이론

재산권에 대한 사회적 제약과 수용이라는 것은 동일한 범주에 속하는 것이며 다만 양자는 특별한 희생이 있었는가의 여부에 따라 구별(결정)된다는 견해를 경계이론(Schwellen Theorie)이라 한다. 다시 말해서, 경계이론이란 헌법 제23조 제1, 2항과 제3항을 하나의 카테고리로 이해하고 다만 재산권의 침해정도에 따라 사회적 제약과 수용규정이 구별될 뿐이라는 것이다. 결국 양자는 하나의 연속선상에 있는 것으로서, 침해의 정도가 수인한도를 넘어 가혹한 부담이 발생하는 경우에는 일반적 사회적 제약을 넘는 수용 등에 해당하고, 따라서 제3항에 따라 정당한 수용보상을 해야 한다는 것이다.

3) 분리이론

재산권의 사회적 제약은 재산권의 '내용규정'이며, 수용보상은 재산권의 박탈이라는 '수용규정'으로서 서로 다른 법체계라고 이해하는 입장을 분리이론(Trennung Theorie)이라 한다. 다시 말해서 헌법 제23조 제1, 2항은 재산권의 내용을 확정하는 일반·추상적인 '내용규정', 제3항은 재산권의 박탈에 대한 개별·구체적인 '수용규정'으로서 이들은 서로 다른 사항을 규율하고 있다는 견해이다.

4) 소 결

경계이론과 분리이론의 구별 실익은 재산권에 대한 제한적(침해적) 내용을 규정하고 있는 법률의 위헌 여부를 판단할 때 나타난다.

법률이 비례원칙 등과 같은 일반원칙을 위반하여 재산권에 대한 침해적 내용을 규정하고 있지만, 그에 대한 금전보상이라는 직접적인 손해전보수단은 마련하지 않고 매수청구권이나 생활편의시설 설치·제공 등과 같은 간접적인 수단만을 규정하고 있다고 가정해 보자.

경계이론을 취할 경우, 재산권에 대한 침해적 내용을 규정하고 있는 이 법률의 조항이 재산권의 사회적 제약을 넘어서는 특별한 희생에 해당한다면 헌법 제23조 제1, 2항을 넘어선 제3항의 수용보상에 해당하기 때문에 금전보상이라는 직접적인 정당한 보상규정이 없다면 이 조항은 위헌이 된다.

반면에 분리이론을 취할 경우, 재산권에 대한 침해적 내용을 규정하고 있는 이 법률의 조항이 헌법 제23조 제1, 2항, 즉 재산권의 내용규정에 해당하는 것이라면 비록 금전보상이라는 직접적인 정당한 보상규정이 없더라도 매수청구권이나 생활편의시설 설치·제공 등과 같은 적절한 전보수단이 마련되어 있다면 위헌을 면할 수 있다. 하지만 재산권에 대한 침해적 내용을 규정하고 있는 이 법률의 조항이 헌법 제23조 제3항, 즉 재산권의 수용규정에 해당한다면 금전보상이라는 직접적인 정당한 보상규정이 있어야만 위헌을 면할 수 있다.

헌법재판소는 "입법자가 도시계획법 제21조를 통하여 국민의 재산권을 비례의 원칙에 부합하게 합헌적으로 제한하기 위해서는, 수인의 한계를 넘어 가혹한 부담이 발생하는 예외적인 경우에는 이를 완화하는 보상규정을 두어야 한다. 이러한 보상규정은 입법자가 헌법 제23조 제1항 및 제2항에 의하여 재산권의 내용을 구체적으로 형성하고 공공의 이익을 위하여 재산권을 제한하는 과정에서 이를 합헌적으로 규율하기 위하여 두어야 하는 규정이다. 재산권의 침해와 공익간의 비례성을 다시 회복하기 위한 방법은 헌법상 반드시 금전보상만을 해야 하는 것은 아니다. 입법자는 지정의 해제 또는 토지매수청구권 제도와 같이 금전보상에 갈음하거나 기타 손실을 완화할 수 있는 제도를 보완하는 등 여러 가지 다른 방법을 사용할 수 있다"라고 결정[9]하여 분리이론을 취하고 있는 것처럼 보인다.

하지만, ① 분리이론은 위헌성 판단의 이론이지 수용보상의 문제가 아니라는 점, ② 사회적 제약과 공용침해가 일반·추상 및 개별·구체의 기준으로 명확히 구분되기 어렵다는 점, ③ 복잡한 정책 환경의 변화를 고려할 때 재산권 제한이 재산권의 내용적 제한에 그칠 것인지 수용적 효과를 초래할 지의 여부를 입법단계에서 예견하기가 어렵다는 점, ④ 독일 기본법 제14조 제3항은 '수용'만을 규정하고 있음에 반하여 우리 헌법은 제23조 제3항은 '수용, 사용, 제한'에 대한 정당한 보상을 규정하고 있기 때문에 독일과 같이 '제한'과 '수용'을 각각 재산권의 내용규정과 수용규정으로 분리하기 어렵다는 점 등에서 분리이론을 우리나라 헌법의 해석이론으로 적용하기는 어렵다.[10]

---

9) 헌재 1998. 12. 24. 89헌마214, 90헌바16, 97헌바78(병합) 결정.

10) 김철용, "개발제한구역의 지정과 손실보상", 한국행정판례연구회 제150차 발표회의 자료집, 7~8면.

(3) 헌법 제23조 제3항의 구조

1) 문제의 소재

헌법 제23조 제3항은 "공공필요에 의한 재산권의 수용·사용 또는 제한 및 그에 대한 보상은 법률로써 하되, 정당한 보상을 지급하여야 한다"라고 규정함으로써 손실보상의 헌법적 근거를 제시하고 있다. 그런데 '수용·사용 또는 제한 및 그에 대한 보상은 법률로써 하되'라는 법문언의 해석에 있어서, '재산권을 제한하는 규정(수용·사용 또는 제한)'과 '보상의 기준과 방법을 정한 규정'은 하나의 법률에 반드시 함께 규정해야 하는 이른바 '불가분조항(결부조항)'인지, 아니면 각각 별도의 법률로 정해도 무관한 것인지에 대해 다툼이 있다.

2) 불가분조항으로 보는 견해

헌법 제23조 제3항은 독일 기본법 제14조 제3항과 마찬가지로 불가분조항을 천명하고 있는 것으로 해석해야 한다는 견해이다. 재산권행사를 제한하는 경우 이에 대한 손실보상의 기준과 방법 등을 마련하는 것은 본질적으로 중요한 사항이므로 입법자의 권한이자 의무라는 논거이다.

3) 불가분조항이 아니라는 견해

독일 기본법 제14조는 "수용(Enteignung)은 보상의 종류와 정도를 규정하는 법률에 근거하여 이루어질 수 있다"라고 규정되어 있는 까닭에 수용규정과 보상규정이 불가분적으로 결부되어 있다고 해석될 수 있으나, 우리나라 헌법 제23조 제3항의 법문은 불가분조항을 명시적으로 요구하고 있지는 않다고 보는 견해이다.

4) 소 결

우리나라 헌법은 재산권의 공용수용뿐만 아니라 공용사용과 공용제한을 헌법에서 함께 규정하고 있으므로 공용수용(Enteignung)만을 규정하고 있는 독일과는 사정이 다르고,[11] 공용침해에 대하여 손실보상의 방법 이외에도 적절한 전보방법이 존재할 수 있는 까닭에 이를 반드시 불가분조항으로 무리하게 해석해야 할 이유가 없다.

(4) 헌법 제23조 제3항의 성질

1) 문제의 소재

헌법 제23조 제3항은 공공필요에 의한 재산권의 수용·사용 또는 제한 및

---

11) 이에 대하여 반론도 있다. 독일 기본법 제14조 제3항에서의 Enteignung은 공용수용뿐만 아니라 공용사용과 공용제한을 모두 포함하는 이른바 '공용침해'를 의미한다는 견해도 있다.

그에 대한 보상을 '법률'로써 하도록 규정하고 있다. 따라서 공용침해 및 그에 대한 보상은 개별 법률의 실정법적 근거가 있어야 한다. 그런데 만약 법률에 공용침해에 대한 규정만 있고 그에 대한 보상규정이 없다면 그럼에도 불구하고 보상청구가 가능한 것인가? 이는 결국 헌법 제23조 제3항이 보상의 직접적 (실정법적) 근거가 될 수 있는지의 문제로 귀결된다.

2) 방침규정설

헌법 제23조 제3항은 입법자에 대한 방침을 정한 것에 불과하므로 보상에 관한 구체적 내용이 법률로서 정해져 있지 않으면 손실보상청구권이 성립하지 않는다는 견해이다. 사유재산의 보장을 헌법상 기본원칙으로 하고 있는 자유주의적 법치국가에서는 설득력이 없는 이론이다.

3) 직접효력설

재산권을 침해당한 국민은 헌법상 동규정을 근거로 손실보상청구권을 행사할 수 있다는 견해로서, 헌법 제23조 제3항이 손실보상청구권의 직접적 근거가 된다는 입장이다. 헌법 제23조 제3항이 법률에 유보한 것은 보상의 구체적 내용과 방법에 관한 것이지 보상 자체의 여부를 유보한 것은 아니므로 보상 법률이 없다고 해서 보상청구권이 방해받지 않는다는 해석이다.

4) 위헌무효설

보상금지급규정이 없는 법률은 위헌으로서 무효가 되며, 무효인 법률에 근거한 재산권침해는 법적 근거가 없는 위법한 작용이므로 국가배상의 법리에 따라 해결할 수 있다는 견해이다. 그러나 현실적으로는 법률이 위헌무효인지를 판단할 수 있는 것은 헌법재판소의 전속적 권한이므로 이를 판단할 능력이 없는 공무원의 행위에 과실을 적용하기는 어렵다. 물론, 과실의 개념을 객관화하거나 위법의 개념을 '침해의 불법'으로 이해하는 입장에서는 이러한 문제를 어느 정도 극복할 수 있을 것이다.

5) 유추적용설

법률에 보상금지급규정이 없는 경우에는 헌법 제23조 제1항(재산권보장)과 제11조(평등의 원칙)를 이념으로, 헌법 제23조 제3항과 관계법규정을 유추해석하여 보상해야 한다는 견해이다. 이는 독일의 판례에 의해서 형성된 이른바 수용유사침해이론과 맥을 같이 한다. 수용유사침해이론이란, 재산권의 침해행위가 위법한 것이기는 하나 만약 적법했더라면 그 내용 및 효과에 있어 수용에 해당했을 것이고, 그것이 사실상 관계인에게 특별한 희생을 부과한 것일 때에는 이러한 침해행위의 위법성에도 불구하고 이를 수용행위로 파악하여 보상하여야 한다는 이론이다. 이에 대해서는 뒤에 자세히 설명하기로 한다.

6) 소 결

직접효력설은 문리해석상 무리가 있을 뿐만 아니라 특별희생여부를 입법자가 정하지 않은 경우에 법원이 이를 정해야 한다는 것인데, 현행 헌법의 해석상 불가능하다. 보상은 법률로서 정하도록 규정한 제4공화국 헌법이후부터 법률에서 보상을 규정하지 아니한 손실보상을 법원은 일관되게 인정하지 않고 있다.[12]

유추적용이란 논리상 법률이 존재하고 당해 법률에 흠결이 있는 경우에 이와 유사한 법률에서 그 흠결을 메우기 위한 것인바, 헌법이 법률의 유추근거가 된다는 것은 논리적으로 타당하지 않다. 따라서 법률이 보상의 구체적 방법 등을 결여하고 있는 경우에는 유사 법률로부터 유추적용이 가능하지만, 보상의 근거 자체를 유사 법률로부터 유추적용 한다는 것은 불가능하다.[13]

법률에 보상의 근거를 규정하지 않은 경우 국민의 재산권을 지키는 보다 현실적인 방법은 헌법재판소에 입법부작위에 대한 헌법소원심판의 청구를 통하여 해결하는 것이다. 헌법소원을 통하여 당해 법률이 위헌 또는 헌법불합치 결정을 받게 되면, 입법자가 보상규정을 마련하는 입법적 해결을 한 후에 그에 따라 보상을 받으면 된다. 위헌 또는 헌법불합치 결정이 있음에도 불구하고 입법자가 여전히 보상규정을 마련하지 않고 있으면 당해 법률은 위헌무효이므로 이에 따라 이루어진 공용침해는 위법한 행정작용으로서 국가배상청구가 가능할 것이다.

Ⅲ. 손실보상의 요건

손실보상은 ① 공공필요에 따라 ② 타인의 재산권에 대한 ③ 적법한 공권적 침해로 인하여 발생한 ④ 개인의 특별한 희생을 성립요건으로 한다.

---

12) 김철용-(364면).
13) 이광윤/김민호(329면).

1. 공공필요

'공공필요'란 도로·항만 건설 등과 같은 특정한 공익사업뿐만 아니라 공공복리, 공공목적을 위한 경우를 모두 포함하는 개념이다. 따라서 공공필요의 구체적 내용은 상황에 따라 변화될 수 있다. 종래에는 제철·비료 등 중화학공업을 공공필요에 포함하였으나 오늘날에는 이를 공공필요로서 인식하지 않음에 반하여, 공영차고지, 화물터미널, 하수종말 처리장, 폐수처리시설 등과 같이 종래에는 공공필요에 해당하지 아니하던 것들이 현행「공익사업을 위한 토지 등의 취득 및 보상에 관한 법률」(이하 '토지보상법'이라 함)에서는 이들이 공공필요에 해당하는 것으로 규정하고 있다.

2. 재산권

손실보상의 요건으로서 재산권의 의미는 물권·채권 또는 공법상 권리·사법상 권리를 모두 포함하는 재산적 가치 있는 모든 공권 또는 사권을 말한다. 그러나 여기서 재산적 가치의 의미는 현재의 현존하는 가치만을 의미하는 것으로 장래의 가치는 제외된다.

판례 역시 "문화적, 학술적 가치는 특별한 사정이 없는 한 그 토지의 부동산으로서의 경제적, 재산적 가치를 높여 주는 것이 아니므로 토지수용법 제51조 소정의 손실보상의 대상이 될 수 없으니, 이 사건 토지가 철새 도래지로서 자연 문화적인 학술가치를 지녔다 하더라도 손실보상의 대상이 될 수 없다"라고 판시[14]하여 자연·문화적인 학술적 가치는 특별한 사정이 없는 한 손실보상의 대상이 되지 않는다는 입장이다.[15]

3. 공권적 침해

헌법 제23조 제3항은 ① 재산권을 박탈하는 '수용', ② 재산권의 박탈에까지는 이르지 아니하나 타인의 재산권을 공공필요에 따라 일시적으로 강제 사용하는 '사용', ③ 개인의 사용·수익을 한정하는 '제한'을 손실보상의 대상이 되는 공권적 침해의 전형적 유형으로 규정하고 있다.

---

14) 대법원 1989. 9. 12. 선고 88누11216 판결.
15) 대법원 1989. 9. 12. 선고 88누11216 판결.

또한 이러한 공권적 침해는 공공필요에 따라 행하여지는 '의도적(의욕적) 침해'이다. 따라서 '비의도적(비의욕적) 침해'는 손실보상의 성립요건으로서의 공권적 침해에 해당하지 않는다. 독일에서는 이러한 비의도적 침해에 대해서는 '수용적 침해' 이론으로 보상을 하고 있다.

4. 특별한 희생

공용침해로 인한 손실보상청구권이 성립하기 위해서는 재산권에 대한 '특별한 희생'으로서의 손해가 발생하여야 한다. 하지만 재산권에 대하여 가해진 침해가 통상적인 '재산권의 사회적 제약'에 불과한 것인지 아니면 이를 넘어서는 '특별한 손해'에 해당하는 것인지를 구분하는 명확한 기준을 설정하는 것이 쉬운 일은 아니다. 지금까지 이러한 구별기준에 관하여 많은 견해들이 주장되었는데 몇 가지 중요한 학설들을 소개하면 다음과 같다.

(1) 형식적 표준설

'재산권의 사회적 제약'과 '특별한 희생'의 구별을 형식적 기준으로 설정해야 한다는 주장이다. 형식적 기준으로 제시된 것 중 유력한 견해로는 '피해자의 범위'에 따른 구별이다. 피해자의 범위가 범국가적 일반인인지 아니면 특정인 또는 국한된 범위의 소수인지에 따라 사회적 제약과 특별한 희생을 구별하자는 것이다.

하지만 침해의 성질에 따라서는 비록 피해자의 범위가 불특정 다수이더라도 사회적 제약을 넘어서는 특별한 희생으로 보아야 할 때가 있다. 예를 들어 도시계획법상 개발제한구역의 지정은 피해자의 범위가 매우 광범위하지만 사회적 제약을 넘어서는 특별한 희생으로 보아야 할 여지가 있다.

(2) 실질적 표준설

'재산권의 사회적 제약'과 '특별한 희생'의 구별을 재산권 침해의 성질, 침해의 정도 등과 같은 실질적 기준에 따라 구분해야 한다는 주장이다. 실질적 기준으로 제시된 몇 가지 견해를 소개한다.

1) 수인한도설

재산권 침해의 정도가 상대방의 수인한도를 넘는 경우를 특별한 희생으로 보는 입장이다. 하지만 이 견해는 수인한도의 기준은 또 무엇인가라는 논리순환에 빠진다.

2) 사적 효용설

당해 재산권 본래의 개인적 효용이 본질적으로 침해당한 경우를 특별한 희생으로 이해하는 견해이다. 그런데 재산권에 대한 침해가 있으면 비록 정도의 차이는 있겠지만 어떠한 경우에도 개인적 효용에 장애가 발생할 수밖에 없기 때문에 특별한 희생의 범위를 너무 넓게 인정하게 될 우려가 있다.

3) 목적위배설

재산권의 본래 목적과 기능을 침해당한 경우를 특별한 희생으로 보는 입장이다. 예를 들어 부동산 투기 억제를 위한 부동산 거래 제한이나 주택 보급 향상을 위한 임대강제 등은 부동산 본래의 기능을 침해한 것이 아니므로 특별한 희생이 아닌 반면에, 도로확충을 위한 농지수용은 농지의 본래기능을 침해한 것으로서 특별한 희생이 된다. 하지만 이 견해는 재산권의 본래기능은 유지되더라도 재산권자의 이익이 침해되는 경우를 설명하기 어렵다.

4) 보호가치설

재산권을 보호가치 있는 것과 보호가치 없는 것으로 나누어, 보호가치 있는 재산권에 대한 침해만을 특별한 희생으로 보는 견해이다. 재산권자의 입장에서는 보호가치 없는 재산권은 존재하지 않는다. 재산권은 그 가치의 정도에 관계없이 보장되는 것이 헌법의 이념이므로 보호가치 여부를 특별희생의 구별기준으로 삼는 것은 타당하지 않다.

5) 사회적(상황적) 구속설

재산권, 특히 토지재산권은 해당 토지가 놓여있는 위치·상황에 따라 사회적 구속에 차이가 있으므로 특별한 희생 여부를 판단할 때에도 구체적 상황을 고려해야 한다는 견해이다. 예를 들어 도심에 위치하는 토지와 도시 근교에 있는 녹지는 사회적 상황이 다르므로 만약 그 개발을 제한할 경우 도심의 토지는 특별한 희생이 될 수 있으나 녹지는 강한 사회적 구속성으로 인해 특별한 희생이 아닐 수 있다. 이 견해는 탄력적 기준을 통하여 특별한 희생 여부를 유연하게 판단할 수 있다는 장점은 있으나 사회적 구속성에 대한 판단 기준이 불분명하여 오히려 특별희생에 대한 판단을 더욱 곤란하게 할 우려가 있다.

(3) 소 결

어느 하나의 기준만으로 사회적 제약과 특별한 희생을 구분하는 것은 곤란하다. 해당 재산권이 놓여 있는 상황과 형식적, 실질적 표준을 모두 고려하여 특별희생 여부를 판단해야 한다.

헌법재판소 역시 "국립공원구역 지정 후 토지를 종래의 목적으로도 사용할 수 없거나 토지를 사적으로 사용할 수 있는 방법이 없이 공원구역내 일부 토지소유자에 대하여 가혹한 부담을 부과하면서 아무런 보상규정을 두지 않은 경우에는 비례의 원칙에 위반되어 당해 토지소유자의 재산권을 과도하게 침해하는 것이라고 할 수 있다"라고 결정16)하여 수인한도설, 사적 효용설, 목적위배설, 상황적 구속설 등 여러 가지 기준을 종합적으로 고려하여 특별희생 여부를 판단하고 있다.

Ⅳ. 손실보상의 기준과 내용

1. 손실보상의 기준

(1) 완전보상설

침해로 인하여 피침해 재산의 경제적 가치에 증감이 없도록 완전히 보상하여야 한다는 견해로서 미국연방헌법 수정 제5조의 '정당한 보상(just compensation)'에서 유래하였다. 우리나라 판례 역시 "헌법 제23조 제3항에서 규정한 정당한 보상이란 원칙적으로 피수용 재산의 객관적인 재산 가치를 완전하게 보상하여야 한다는 완전보상을 뜻하는 것이다"라고 결정17)하여 완전보상설을 취하고 있다.

오늘날에는 완전보상의 의미가 ① 재산의 객관적 교환가치(시장가격)는 물론 ② 부대적 손실(영업손실·이전료·소수 잔존자 보상 등)을 포함하는 전부보상으로 확장되고 있다.

(2) 상당보상설

재산권의 사회적 구속성과 침해행위의 공공성에 비추어 재산권 침해에 대한 '적정한 보상'이 있으면 족하다는 견해이다. 다시 말해서, 재산권 침해에 대하여는 완전보상을 원칙으로 하되 합리적인 이유가 있는 경우에는 완전보상을 하회할 수도 있다는 것이다.

---

16) 헌재 2003. 4. 24. 99헌바110, 2000헌바46(병합) 결정.
17) 헌재 1990. 6. 25. 89헌마107 결정.

독일 기본법 제14조 제3항은 "보상은 공공 및 관계자의 이해를 공정히 형량하여 결정하여야 한다"라고 규정함으로써 상당보상설의 입장을 취하고 있다.18)

2. 손실보상의 원칙

(1) 사업시행자 보상의 원칙

공익사업에 필요한 토지 등의 취득 또는 사용으로 인하여 토지소유자나 관계인이 입은 손실은 사업시행자가 보상하여야 한다.19)

(2) 사전보상의 원칙

사업시행자는 해당 공익사업을 위한 공사에 착수하기 이전에 토지소유자와 관계인에게 보상액 전액을 지급하여야 한다.20)

(3) 현금보상의 원칙과 대토보상 · 채권보상

손실보상은 다른 법률에 특별한 규정이 있는 경우를 제외하고는 현금으로 지급하여야 한다.21) 다만, 토지소유자가 원하는 경우로서 사업시행자가 해당 공익사업의 합리적인 토지이용계획과 사업계획 등을 고려하여 토지로 보상이 가능한 경우에는 토지소유자가 받을 보상금 중 현금 또는 채권으로 보상받는 금액을 제외한 부분에 대하여 법에서 정하는 기준과 절차에 따라 그 공익사업의 시행으로 조성한 토지로 보상할 수 있다.22)

사업시행자가 국가, 지방자치단체, 공공기관 및 공공단체인 경우로서 토지소유자나 관계인이 원하는 경우, 부재부동산 소유자의 토지에 대한 보상금이 대통령령으로 정하는 일정 금액을 초과하는 경우로서 그 초과하는 금액에 대하여 보상하는 경우에는 해당 사업시행자가 발행하는 채권으로 지급할 수 있다.23)

(4) 개인별 보상의 원칙

손실보상은 토지소유자나 관계인에게 개인별로 하여야 한다. 다만, 개인

---

18) 홍정선(571면).
19) 토지보상법 제61조.
20) 토지보상법 제62조.
21) 토지보상법 제63조 제1항 전단.
22) 토지보상법 제63조 제1항 후단.
23) 토지보상법 제63조 제7항.

별로 보상액을 산정할 수 없을 때에는 그러하지 아니하다.24)

(5) 일괄보상의 원칙

사업시행자는 동일한 사업지역에 보상시기를 달리하는 동일인 소유의 토지 등이 여러 개 있는 경우 토지소유자나 관계인이 요구할 때에는 한꺼번에 보상금을 지급하도록 하여야 한다.25)

(6) 사업시행 이익과의 상계금지 원칙

사업시행자는 동일한 소유자에게 속하는 일단의 토지의 일부를 취득하거나 사용하는 경우 해당 공익사업의 시행으로 인하여 잔여지의 가격이 증가하거나 그 밖의 이익이 발생한 경우에도 그 이익을 그 취득 또는 사용으로 인한 손실과 상계할 수 없다.26)

3. 손실보상의 내용

(1) 재산의 객관적 가치 보상

1) 취득하는 토지의 보상

협의나 재결에 의하여 취득하는 토지에 대하여는 「부동산 가격공시에 관한 법률」에 따른 공시지가를 기준으로 하여 보상하되, 그 공시기준일부터 가격시점까지의 관계 법령에 따른 그 토지의 이용계획, 해당 공익사업으로 인한 지가의 영향을 받지 아니하는 지역의 대통령령으로 정하는 지가변동률, 생산자물가상승률과 그 밖에 그 토지의 위치·형상·환경·이용상황 등을 고려하여 평가한 적정가격으로 보상하여야 한다.27)

2) 사용하는 토지의 보상

협의 또는 재결에 의하여 사용하는 토지에 대하여는 그 토지와 인근 유사 토지의 지료, 임대료, 사용방법, 사용기간 및 그 토지의 가격 등을 고려하여 평가한 적정가격으로 보상하여야 한다.28)

---

24) 토지보상법 제64조.
25) 토지보상법 제65조.
26) 토지보상법 제66조.
27) 토지보상법 제70조 제1항.
28) 토지보상법 제71조 제1항.

3) 사용하는 토지의 매수·수용 청구

사업인정고시가 된 후 일정한 사유에 해당하는 때, 즉 토지를 사용하는 기간이 3년 이상인 경우, 토지의 사용으로 인하여 토지의 형질이 변경되는 경우, 사용하려는 토지에 그 토지소유자의 건축물이 있는 경우에 해당할 때에는 해당 토지소유자는 사업시행자에게 해당 토지의 매수를 청구하거나 관할 토지수용위원회에 그 토지의 수용을 청구할 수 있다.[29]

4) 권리의 보상

광업권·어업권 및 물 등의 사용에 관한 권리에 대하여는 투자비용, 예상 수익 및 거래가격 등을 고려하여 평가한 적정가격으로 보상하여야 한다.[30]

(2) 부대적 손실 보상

1) 잔여지의 손실과 공사비 보상

사업시행자는 동일한 소유자에게 속하는 일단의 토지의 일부가 취득되거나 사용됨으로 인하여 잔여지의 가격이 감소하거나 그 밖의 손실이 있을 때 또는 잔여지에 통로·도랑·담장 등의 신설이나 그 밖의 공사가 필요할 때에는 그 손실이나 공사의 비용을 보상하여야 한다.[31]

2) 잔여지의 매수 및 수용 청구

동일한 소유자에게 속하는 일단의 토지의 일부가 협의에 의하여 매수되거나 수용됨으로 인하여 잔여지를 종래의 목적에 사용하는 것이 현저히 곤란할 때에는 해당 토지소유자는 사업시행자에게 잔여지를 매수하여 줄 것을 청구할 수 있으며, 사업인정 이후에는 관할 토지수용위원회에 수용을 청구할 수 있다.

3) 건축물 등 물건에 대한 보상

건축물·입목·공작물과 그 밖에 토지에 정착한 물건에 대하여는 이전에 필요한 비용으로 보상하여야 한다.[32]

농작물에 대한 손실은 그 종류와 성장의 정도 등을 종합적으로 고려하여 보상하여야 한다.[33] 토지에 속한 흙·돌·모래 또는 자갈에 대하여는 거래가격

---

29) 토지보상법 제72조.
30) 토지보상법 제76조 제1항.
31) 토지보상법 제73조 제1항 본문.
32) 토지보상법 제75조 제1항.
33) 토지보상법 제75조 제2항.

등을 고려하여 평가한 적정가격으로 보상하여야 한다.[34] 분묘에 대하여는 이
장에 드는 비용 등을 산정하여 보상하여야 한다.[35]

4) 잔여 건축물의 손실에 대한 보상

사업시행자는 동일한 소유자에게 속하는 일단의 건축물의 일부가 취득되
거나 사용됨으로 인하여 잔여 건축물의 가격이 감소하거나 그 밖의 손실이 있
을 때에는 그 손실을 보상하여야 한다.

동일한 소유자에게 속하는 일단의 건축물의 일부가 협의에 의하여 매수
되거나 수용됨으로 인하여 잔여 건축물을 종래의 목적에 사용하는 것이 현저
히 곤란할 때에는 그 건축물소유자는 사업시행자에게 잔여 건축물을 매수하
여 줄 것을 청구할 수 있다.[36]

5) 영업의 손실 등에 대한 보상

영업을 폐지하거나 휴업함에 따른 영업손실에 대하여는 영업이익과 시설
의 이전비용 등을 고려하여 보상하여야 한다.[37]

농업의 손실에 대하여는 농지의 단위면적당 소득 등을 고려하여 실제 경
작자에게 보상하여야 한다. 다만, 농지소유자가 해당 지역에 거주하는 농민인
경우에는 농지소유자와 실제 경작자가 협의하는 바에 따라 보상할 수 있다.[38]

휴직하거나 실직하는 근로자의 임금손실에 대하여는 「근로기준법」에 따
른 평균임금 등을 고려하여 보상하여야 한다.[39]

(3) 생활보상

1) 의　의

생활보상이란 재산권의 대물적 보상만으로 해결되지 않는 피수용자의 손
실에 대하여 행하여지는 생존배려 측면에서의 보상을 말한다. 생활보상에는
협의의 생활보상과 생활재건조치 등이 포함된다.

협의의 생활보상이란 현재 당해 지역에서 누리고 있는 생활이익의 상실, 즉
재산권 보상으로 메워지지 아니하는 손실에 대한 대인주의적 보상을 말한다.

---

34) 토지보상법 제75조 제3항.
35) 토지보상법 제75조 제4항.
36) 토지보상법 제75조의2 제2항.
37) 토지보상법 제77조 제1항.
38) 토지보상법 제77조 제2항.
39) 토지보상법 제77조 제3항.

생활재건조치란 사업시행자가 피수용자에게 직접 지불하는 보상금이 아니라 피수용자의 생활재건에 가장 유용하게 보상금이 사용될 수 있도록 하는 각종 조치를 말한다.

2) 현행법상의 제도

가. 이주비용 지급

주거용 건물의 거주자에 대하여는 주거 이전에 필요한 비용과 가재도구 등 동산의 운반에 필요한 비용을 산정하여 보상하여야 한다.[40]

나. 농업·어업 보상

공익사업의 시행으로 인하여 영위하던 농업·어업을 계속할 수 없게 되어 다른 지역으로 이주하는 농민·어민이 받을 보상금이 없거나 그 금액이 적은 경우에는 그 금액 또는 그 차액을 보상하여야 한다.[41]

다. 취업알선

사업시행자는 해당 공익사업이 시행되는 지역에 거주하고 있는 「국민기초생활 보장법」에 따른 수급권자 및 차상위계층이 취업을 희망하는 경우에는 그 공익사업과 관련된 업무에 우선적으로 고용할 수 있으며, 이들의 취업 알선을 위하여 노력하여야 한다.[42]

(4) 사업손실보상(간접보상)

1) 의 의

사업손실보상이란 공공사업의 시행 또는 완공으로 인하여 당해 '사업구역 밖'의 토지소유자 또는 영업자 등에 미치는 손실에 대한 간접보상을 말한다.

사업손실보상의 대상이 되는 손실로는 공사 소음, 진동, 교통불편, 일조량 감소, 전파방해 등과 같은 물리적·기술적 손실과, 지역 주민의 다수 이주 또는 어획량의 감소로 인한 지역경제의 침체 등과 같은 사회적·경제적 손실이 있을 수 있다.

2) 현행법상의 제도

가. 사업구역 밖의 토지 공사비용 지급

사업시행자는 공익사업의 시행으로 인하여 취득하거나 사용하는 토지 외

---

40) 토지보상법 제78조 제6항.
41) 토지보상법 제78조 제7항.
42) 토지보상법 제78조 제8항.

의 토지에 통로·도랑·담장 등의 신설이나 그 밖의 공사가 필요할 때에는 그 비용의 전부 또는 일부를 보상하여야 한다.[43]

나. 배후지 상실 보상

공익사업이 시행되는 지역 밖에 있는 토지 등이 공익사업의 시행으로 인하여 본래의 기능을 다할 수 없게 되는 경우에는 그 손실을 보상하여야 한다.[44]

V. 손실보상의 절차

1. 보상액의 결정절차

손실보상액의 결정절차에 관하여는 일반적 규정이 없고 개별법에서 정하는 바에 따라 결정되는바, 대체로 ① 당사자 간의 협의에 의하는 경우, ② 토지수용위원회 등과 같은 재결기관의 재결에 의하는 경우, ③ 소송에 의하는 경우 등과 같은 절차가 있다.

2. 불복절차

지방토지수용위원회의 재결에 대해서는 중앙토지수용위원회에, 중앙토지수용위원회의 재결에 대해서는 또다시 중앙토지수용위원회에 재결서 정본을 송달 받은 날로부터 30일 이내에 이의신청을 할 수 있다.

토지수용재결에 불복하는 경우 이의신청을 거치지 아니하고 직접 행정소송을 제기할 수 있다. 사업시행자, 토지소유자 또는 관계인은 수용재결에 불복이 있는 때에 재결서 정본을 송달 받은 날로부터 60일 이내에, 이의신청을 거친 경우에는 이의재결서를 송달 받은 날로부터 30일 이내에 행정소송을 제기할 수 있다.

재결의 내용 중 손실보상금액 결정부분에만 불복하는 경우에는 재결서 정본을 송달 받은 날로부터 60일 이내에, 이의신청을 거친 경우에는 이의재결서를 송달 받은 날로부터 30일 이내에 '보상액증감청구소송'을 청구할 수 있다.

이때에 소송을 제기하는 자가 토지소유자 또는 관계인인 경우에는 사업시행자를, 사업시행자가 원고인 경우에는 토지소유자 또는 관계인을 각각 피

---

43) 토지보상법 제79조 제1항.
44) 토지보상법 제79조 제2항.

고로 한다.

종래 토지수용법에서는 보상금증감청구소송에서 재결청을 공동의 피고로 규정하고 있었던 까닭에 이러한 소송이 항고소송인지 아니면 당사자소송인지 견해가 대립하였으나, 현행 토지보상법에서는 재결청을 제외함으로써 당해 소송의 성격이 '형식적 당사자소송'임을 분명히 하였다.

제2절 행정상 손실보상의 흠결과 그 보완

I. 문제의 소재

손실보상은 ① 공공필요에 따라 ② 타인의 재산권에 대한 ③ 적법한 공권적 침해로 인하여 발생한 ④ 개인의 특별한 희생을 성립요건으로 한다. 따라서 ① 비재산적 침해, ② 위법·무과실로 인하여 발생한 침해 등에 대하여는 손실보상의 법리로는 보상이 불가능하다.

또한 헌법 제23조 제3항은 공공필요에 의한 재산권의 수용·사용 또는 제한 및 그에 대한 보상을 '법률'로써 하도록 규정하고 있는 까닭에 공용침해 및 그에 대한 보상은 개별 법률의 실정법적 근거가 있어야 한다. 따라서 법률에 공용침해에 대한 규정만 있고 그에 대한 보상규정이 없다면 현실적으로 보상이 불가능할 수도 있다.

이러한 행정상 손실보상제도의 흠결을 보완하여 정당한 보상이 가능하게 하려는 시도가 독일에서 판례이론을 통하여 형성되었다. 판례이론을 통하여 형성된 독일의 몇 가지 제도를 소개한다. 아울러 이와 매우 유사한 미국의 규제적 수용이론도 함께 소개한다.

II. 수용유사침해

1. 초기 이론의 개요

재산권의 침해행위가 위법한 것이기는 하나 만약 적법했더라면 그 내용 및 효과에 있어 수용에 해당했을 것이고, 그것이 사실상 관계인에게 특별한 희생을 부과한 것일 때에는 이러한 침해행위의 위법성에도 불구하고 이를 수용행위로 파악하여야 한다는 이론으로서, 적법한 침해행위가 보상된다면 위법한 침해로 인한 손해는 당연히 구제되어야 한다는 논리에서 출발하였다.[45]

2. 자갈채취결정과 이론의 수정

(1) 자갈채취결정

초기의 이론은 자갈채취결정으로 상당히 수정된다. 자갈채취사건[46]은 과거로부터 자기 소유의 토지에서 채취하여 오던 자갈을 계속하여 채취하고자 원고가 주무관청에 허가를 신청하였는바, 행정청은 새로 제정된 물법(Wasserrecht)상 당해 토지가 수원지로부터 가까운 곳에 있는 까닭에 허가를 거부하였고, 이에 원고가 당해 거부처분은 자신의 토지에 대한 사실상 수용에 해당한다고 하여 보상을 청구한 사건이다.

이에 대해 연방헌법재판소는 "보상규정이 없는 위헌적 법률에 근거한 위법수용에 대해서는 그 취소를 구할 수 있을 뿐이지, 법원이 취소에 갈음하여 보상을 허용함으로써 보상규정의 흠결을 치유할 권한은 없다"라고 결정하였다. 이 결정으로 수용유사침해법리의 존속여부에 대하여 학계와 법원이 많은 논쟁을 하였으나, 이 결정에도 불구하고 수용유사침해법리를 인정하는 것이 학계와 법원의 입장이다.[47]

(2) 이론의 수정

마우러(Maurer) 교수는 자갈채취결정으로 수용유사침해법리가 부정된 것이 아니라 수용유사침해의 성립요건이 하나 더 추가된 것이라고 설명하였다. 즉, 그는 "재산권은 3단계의 보장단계를 가지고 있는바, 제1단계는 재산권침해를 방지하기 위한 방어권(Abwehranspruch)이고, 제2단계는 사실상 박탈된 재산권의 반환을 청구하는 결과제거청구권(Folgenbeseitigungsanspruch)이며, 이들 제1, 2단계의 조치를 취할 수 없거나, 취한다하여도 소기의 성과를 달성하기가 어려운 경우에 드디어 제3단계로서 수용유사침해로 인한 보상청구권을 행사할 수 있다"고 하였다.[48] 다시 말해서, 연방헌법재판소의 ' … 위헌적 법률에 근거한 위법수

---

45) 홍준형(682면).
46) Naßauskießungsbeschluß, BVerfGe 58, 300.
47) 이광윤/김민호(342면).

용에 대해서는 그 취소를 구할 수 있을 뿐이지 …'라는 결정의 의미는 수용유사
침해를 부정하는 것이 아니라 '제1차적 구제수단의 행사가 불가능하거나 또는
행사하여도 성과가 없을 것'이라는 소극적 요건을 충족한 이후에야 비로소 수용
유사침해로 인한 보상청구를 할 수 있는 것으로 해석되어야 한다고 하였다.[49]

3. 법적 근거

종래에는 기본법 제14조 제3항(수용보상)에서 수용유사침해에 대한 보상의
근거를 유추하였으나, 기본법 제14조 제3항은 적법한 수용의 경우에만 적용된
다는 비판이 제기되어 오늘날에는 동 규정이 더 이상 법적 근거가 되지 못하
고 있다.

오늘날에는 수용유사침해에 대한 보상의 법적 근거는 지금까지 독일에서
관습헌법으로 인정되고 있는 '프로이센 일반란트법' 제74조(공공복리와 개인의 권리
사이에 충돌이 있는 경우에는 공공복리가 우선한다)와 제75조(제74조에 따라 자기의 특별한 권익
이 희생된 자에게는 보상을 하여야 한다)의 일반희생원칙에서 법적 근거를 찾고 있다.[50]

4. 성립요건

수용유사침해로 인정되기 위해서는 '위법한 공권력의 행사로 인하여 재산
권이 침해'되어야 한다. 공권력의 행사는 법적 행위뿐만 아니라 사실행위도 포
함한다. 특히 사실행위는 처분성의 부정으로 취소소송 등을 제기할 수 없는 경
우가 대부분이므로 다른 적절한 구제수단이 없어야 한다는 소극적 요건이 바
로 충족될 수 있으므로 수용유사침해가 매우 유용한 수단이 될 수 있다.[51] 또
한 침해가 공권력의 행사로 직접 야기되어야 한다. 종래에는 침해의 직접성뿐
만 아니라 의욕성 또는 의도성도 요구되었으나 오늘날에는 공권력행사가 직접
재산권의 침해를 발생시키면 족하다. 위법한 공용침해란 ① 침해가 아무런 법
률상의 근거 없이 이루어진 경우, ② 헌법에 합치되지 않는 법률에 근거하여
이루어진 경우, ③ 법률적 근거를 벗어나서 이루어진 경우 등을 말한다.[52]

---

48) 홍준형(683면).
49) 홍준형(682~685면).
50) 류지태, "수용유사침해이론의 비판적 검토", 「박윤흔박사화갑기념논문집」, 1997, 534면.
51) 홍준형(684면).
52) 이광윤/김민호(344면).

5. 우리나라 수용가능성

우리나라 대법원은 문화방송주식사건에서 "원심이 들고 있는 수용유사적 침해의 이론은 국가 기타 공권력의 주체가 위법하게 공권력을 행사하여 국민의 재산권을 침해하였고 그 효과가 실제에 있어서 수용과 다름없을 때에는 적법한 수용이 있는 것과 마찬가지로 국민이 그로 인한 손실의 보상을 청구할 수 있다는 내용으로 이해되는데, 과연 우리 법제 하에서 그와 같은 이론을 채택할 수 있는 것인가는 별론으로 하더라도 위에서 본 바에 의하여 이 사건에서 피고 대한민국의 이 사건 주식취득이 그러한 공권력의 행사에 의한 수용유사적 침해에 해당한다고 볼 수는 없다"라고 판시[53]하여 독일의 수용유사침해이론을 판결주문에서 소개한 바 있다. 하지만 판결주문에서도 밝힌 바처럼 이 이론을 그대로 수용할 수 있는 것인가에 대해서는 명확한 입장을 유보하였다.

수용유사침해이론의 수용가능성에 대해서는 비교적 선행연구가 많은 편이다. 우리나라 손실보상제도의 흠결을 보완할 수 있는 이론으로 평가하는 견해도 있으나,[54] 대부분은 독일과 우리나라의 구조적 차이를 이유로 수용가능성을 부정하고 있다.

Ⅲ. 수용적 침해

1. 개 념

수용적 침해란 그 자체로는 적법한 행정작용의 부수적 결과로서 의도되지 않은 그리고 비정형적인 침해를 말한다.[55] 예를 들어 도로공사나 지하철공사 등으로 교통이 제한됨으로 인하여 도로변에 있는 상점의 영업손실이 있는 때에 통상의 경우에는 수인되어야 할 사회적 제약이지만 그 침해가 장기간 지속되는 경우에는 수인의 정도를 넘는 특별한 희생으로 보아 보상하여야 한다

---

53) 대법원 1993. 10. 26. 선고 93다6409 판결.
54) 물론 이론의 수용가능성에 대해 전적으로 긍정하는 견해는 발견하기 어렵다. 다만 우리나라의 행정책임제도가 정비될 때까지는 유용한 보상의 근거이론이 될 수 있다는 정도의 긍정적 견해가 있을 뿐이다(홍준형(569면)).
55) 홍준형(193면).

는 논리이다. 결국 수용적 침해는 예측할 수 없는 특별한 희생을 요건으로 한다는 점에서 예측이 가능한 공용수용과 구별되고, 적법한 행정작용에 의한 침해라는 점에서 수용유사침해와 다르다.

2. 법적 근거

수용적 침해의 법적 근거는 수용유사침해의 법적 근거와 마찬가지로 종래에는 기본법 제14조 제3항(수용보상)에서 보상의 근거를 유추하였으나, 자갈채취결정 이후에는 프로이센 일반란트법 제74조와 제75조의 일반희생원칙에서 찾고 있다.

3. 성립요건

수용적 침해 보상청구권을 행사하기 위해서는 ① 재산권의 침해이어야 하고, ② 비의도적 침해이어야 하며, ③ 적법한 행정작용의 부수적 결과로 인한 침해이어야 하며, ④ 침해가 공권력의 행사로 직접 야기되어야 하며, ⑤ 침해가 수인의 한도를 넘는 특별희생이어야 한다.

Ⅳ. 희생보상청구권

1. 개 념

희생보상청구권이란 적법한 행정작용으로 생명, 건강, 명예, 자유 등과 같은 비재산적 가치가 침해당한 경우에 이에 대한 보상을 구하는 청구권을 말한다. 공용수용, 수용유사침해, 수용적 침해 등이 모두 재산적 침해에 대한 보상을 전제로 함에 반하여, 희생보상청구권은 비재산적 가치 역시 재산적 가치 못지않게 중요한 법익이며 따라서 이를 침해당한 경우에는 보상을 하는 것이 기본권보장, 법치국가원리, 사회국가원리에 부합된다는 사상에서 나온 제도이다.

2. 법적 근거

수용유사침해, 수용적 침해에 대한 법적 근거와 마찬가지로 희생보상청구권 역시 프로이센 일반란트법 제74와 제75조, 즉 공익을 위해 특별한 희생을 당한 자는 보상을 받아야 한다는 원칙에서 그 근거를 발견하고 있다. 이외에

도 사회국가원리, 평등의 원칙 등이 근거로 언급되기도 한다.[56]

3. 효 과

희생보상청구권의 내용은 의료비, 간호비, 소득손실분 등과 같이 비재산적 침해로 인하여 발생한 재산적 손해에 대한 보상이다. 따라서 정신적 손해에 대한 보상은 이루어지지 않고 있다.[57]

4. 우리나라의 유사한 제도

우리나라 현행 소방기본법[58]의 소방응원보상과 「감염병의 예방 및 관리에 관한 법률」[59]의 예방접종 피해보상을 희생보상청구권의 일종으로 소개한 견해도 있다.[60]

V. 희생유사침해보상청구권

1. 개 념

독일의 이론과 판례는 희생으로 인한 보상청구권을 적법침해로 인한 보상청구권과 위법침해로 인한 보상청구권으로 구분하여, 전자를 희생보상청구권, 후자를 희생유사침해보상청구권이라 한다. 따라서 희생유사침해보상청구권이란 공공필요에 의해 국민의 비재산권을 위법한 작용으로 침해하여 특별한 희생이 발생한 경우 이를 보상하는 청구권을 말한다.

---

56) 홍준형(565면).
57) 홍준형(199면).
58) 소방기본법 제11조의2(소방력의 동원) ⑤ 제3항 및 제4항에 따른 소방활동을 수행하는 과정에서 발생하는 경비 부담에 관한 사항, 제3항 및 제4항에 따라 소방활동을 수행한 민간 소방인력이 사망하거나 부상을 입었을 경우의 보상주체·보상기준 등에 관한 사항, 그 밖에 동원된 소방력의 운용과 관련하여 필요한 사항은 대통령령으로 정한다.
59) 「감염병의 예방 및 관리에 관한 법률」 제71조(예방접종 등에 따른 피해의 국가보상) ① 국가는 제24조 및 제25조에 따라 예방접종을 받은 사람 또는 제40조 제2항에 따라 생산된 예방·치료 의약품을 투여받은 사람이 그 예방접종 또는 예방·치료 의약품으로 인하여 질병에 걸리거나 장애인이 되거나 사망하였을 때에는 대통령령으로 정하는 기준과 절차에 따라 다음 각 호의 구분에 따른 보상을 하여야 한다.
  1. 질병으로 진료를 받은 사람: 진료비 전액 및 정액 간병비
  2. 장애인이 된 사람: 일시보상금
  3. 사망한 사람: 대통령령으로 정하는 유족에 대한 일시보상금 및 장제비
60) 홍정선(568면).

2. 근 거

희생유사침해청구권은 희생보상의 범위를 확장하기 위한 것으로서, 수용유사침해청구권과 동일한 논리를 그 근거로 하고 있다.

Ⅵ. 행정상 결과제거청구권

1. 의 의

행정상 결과제거청구권이란, 행정작용의 결과로 계속 남아있는 위법상태로 인해 법률상의 이익을 침해당하고 있는 자가 행정청에 대하여 이를 제거해달라고 청구할 수 있는 권리를 말한다. 예컨대 수용처분의 취소 후에도 당해 토지를 계속해서 공공용지로 사용하고 있는 경우에 당해 토지에 대한 반환을 청구하거나, 징발이 해제된 후에도 목적물을 계속해서 징발사용하는 경우에 그 반환을 청구하는 것이 이에 해당할 것이다.

2. 성 질

행정상 결과제거청구권은 공법상의 권리라는 면에서 사법상 물권적 청구권과 구별된다. 뿐만 아니라 동 법리는 명예훼손발언과 같은 비재산적 침해의 경우에도 적용될 수 있는 까닭에 물권적 청구권으로 한정하기는 어렵다.[61] 또한 과실을 요건으로 하고 금전배상을 내용으로 하는 국가배상과 구별되고 적법행위로 인한 침해유형인 수용과 구별되며, 금전적 전보를 목적으로 하는 수용유사침해와도 구별된다.

3. 법적 근거

판례이론을 통하여 결과제거청구권을 인정하고 있는 독일에서는 법치국가의 원리, 자유권적 기본권, 행정의 법률적합성의 원칙, 민법상의 방해배제청구권의 유추 등에서 법적 근거를 찾고 있다.[62]

결과제거청구권을 인정하고 있는 우리나라 학자들도 대체적으로 독일의

---

61) 김남진(639면).
62) Hartmut Maurer, a.a.O., S.784.

경우와 마찬가지로 법치국가원리, 기본권규정, 민법상 관계규정의 유추적용
등을 법적 근거로 주장하고 있다. 이외에도 행정소송법상 판결의 기속력에 관
한 규정을 결과제거청구권의 소송법적 근거라고 주장하는 견해도 있다.[63]

4. 성립요건

결과제거청구권이 성립되기 위해서는 위법한 침해상태가 발생하여야 한
다. 주의할 것은 '침해행위의 위법성'이 아니라 '침해상태의 위법성'에 중점이
있다는 사실이다. 예를 들어 행정청이 당초 적법하게 압류된 물건을 압류처분
이 해제된 이후에도 계속 유치하고 있는 경우 결과제거청구권을 행사할 수 있
다면, 이는 압류행위가 위법해서가 아니라 당해 물건의 유치상태가 위법하기
때문이다.[64] 결국, 결과제거청구권의 성립요건은 '위법행위의 결과'가 아니라
'행정작용 결과의 위법상태'인 것이다.

또한 위법한 침해상태가 계속되어야 한다. 위법상태가 완료된 경우에는
국가배상 또는 손실보상의 문제만이 남을 것이다. 행정작용과 침해상태 사이
에 인과관계가 존재해야 하며, 결과제거의 가능성이 존재하여야 한다. 예를
들어 목적물의 멸실로 원상회복이 불가능한 경우에는 결과제거청구권의 문제
는 발생하지 않을 것이다. 결과제거가능성은 회복가능성, 법적 허용성, 비용에
대한 수인가능성 등이 포함되는 개념이다.

Ⅶ. 미국의 규제적 수용

1. 의 의

regulatory takings를 '규제적 수용'으로 번역하였다. 정확한 의미는 '재산권
에 대한 규제 또는 제한이 수용의 법리(takings clause)에 의한 보상을 요하는 정
도로 개인의 재산적 이익을 침해한 경우'이다. 이를 공용수용 또는 공용제한으
로 번역하기도 한다. 그러나 공용수용, 즉 공익사업을 위한 재산권의 강제취
득에 해당하는 것으로는 'takings' 또는 'eminent domain'이라는 용어가 사용되
고 있으며, 공용제한이란 공익을 위해 재산권 행사를 '제한'한다는 것에 중점

---

63) 김남진(639면).
64) 홍준형(204면).

을 두고 있는 용어임에 반하여 regulatory takings란 재산권 침해에 대한 '보상'을 강조하는 용어이므로, 우리에게는 다소 생소하지만 의미의 정확성을 위해 '규제적 수용'으로 해석하는 것이 바람직하다.

결국 규제적 수용이란 '행정청의 일반적 규제권(police power)에 근거한 공적 규제(public regulation)의 정도를 벗어나서(goes too far) 수용의 법리에 따른 보상이 요구되는 재산권의 침해'라고 정의할 수 있다.

2. 헌법적 근거

연방헌법 수정 제5조는 "적법절차 없이는 누구도 생명과 자유와 재산권을 박탈할 수 없으며, 정당한 보상(just compensation)없이는 공익에 사용할 목적으로 사적 재산권을 수용할 수 없다"라고 규정함으로써 보상이 없는 공용수용을 금지하고 있는바, 동 규정은 연방정부의 규제적 수용에 대한 헌법적 근거가 된다.

아울러 수정 제14조 제1항은 "어떠한 주도 적법절차 없이는 개인의 생명·자유·재산권을 박탈할 수 없다"라고 규정하여 주의 규제적 수용에 대한 헌법적 근거를 마련하고 있다. 물론 각각의 주헌법은 연방헌법 수정 제5조와 유사한 내용을 규정함으로써 규제적 수용에 대한 주헌법적 근거를 두고 있다.

3. 일반적 규제권과 규제적 수용의 구별기준

regulatory takings, 즉 규제적 수용이란 행정청의 일반적 규제권(police power)에 근거한 공적 규제(public regulation)의 정도를 벗어나서(goes too far) 수용의 법리에 따른 보상이 요구되는 재산권의 침해를 말한다.[65]

규제적 수용의 법리에 획기적 전기를 가져온 판례가 팬실베니아 석탄회사사건(Pennsylvania Coal case)[66]이다. 이전까지는 수용의 의미를 '국가에 의한 재산의

---

[65] Joseph L. Sax, Using Property Rights to Attack Environmental Protection, Pace Environmental Law Review, Fall 1996, p.1.

[66] Pennsylvania Coal Co. v. Mahon, 260 U.S. 393(1922). 팬실베니아 석탄회사 채광구역 중의 지표면 일부에 Mahon의 주택이 소재하였다. Mahon은 팬실베니아 석탄회사의 채광으로 인하여 지반이 함몰되었고 주택이 붕괴할 우려가 있다고 주장하면서 팬실베니아 석탄회사에게 채광을 중단하도록 명하여 줄 것을 州항소법원에 소송으로 제기하였다. 州항소법원은 사람이 거주하는 건물이 붕괴될 우려가 있는 경우에는 채광권을 박탈할 수 있다는 Kohler Act에 근거하여 팬실베니아 석탄회사에게 채광중단을 명하였다. 이에 석탄회사는 자신들의 채광권을 아무런 보상 없이 박탈할 수 있도록 규정하고 있는 Kohler Act는 위헌이라고 연방대법원에 상고하였다. 연방대법원은 적절한 보상 없이 계약법상의 권리를 박탈하는 것은 위헌이며 따라서 이러

물리적 박탈(physical invasion)'로 이해하였다. 따라서 재산권의 물리적 박탈에 이르지 아니하고 사인의 재산권에 대한 행위제한만을 가하는 것은 행정청의 정당한 '규제권'행사로 보았다. 그러나 팬실베니아 석탄회사사건(Pennsylvania Coal case)에서 홈즈(Holmes) 대법관은 '규제권'과 '규제적 수용'의 구별기준으로 이른바 가치감소원칙(diminution of value rule)을 제시하게 된다. 이 원칙은 국가가 사인의 재산권에 대한 규제 또는 금지를 하여 당해 재산의 가치를 감소시키더라도 그것이 정도를 벗어나지(goes too far) 않으면 보상을 요하는 수용으로 보지 않는다는 것이다. 이를 반대로 해석하면 정도를 벗어나는 과도한 제한은 수용의 법리에 따라 보상을 하여야 한다는 것이다.

이러한 원칙이 이후 규제적 수용의 판단기준으로 유지되어 오다가, 펜중앙역사건(Penn Central case)[67]에서 그 기준을 보다 명확하게 설정하게 된다. 연방대법원은 이 사건에서 규제권의 행사와 규제적 수용을 구별하는 기준으로 ① 정부의 규제행위 또는 명령의 성질 ② 재산권 소유자에 대해 규제가 미치는 경제적 영향 ③ 합리적인 투자에 기초한 기대이익의 침해 정도 등 3가지의 요소를 제시하였다.[68]

이후 루카스사건(Lucas case)[69]에서 법원은 재산권에 대한 규제적 제한 중에

한 채광권 박탈은 수용에 해당한다고 판시하였다.

[67] Penn Central Transportation Co. *v.* New York City, 438 U.S. 104, 57 L. Ed. 2d 631, 98 S.Ct. 2646. 뉴욕시 유적지보존법은 사적지를 보존하기 위하여 유적지보존위원회로 하여금 역사적으로 가치가 있는 건물이나 장소를 '유적'으로 지정하고 그 주변을 '유적보호구역'으로 지정할 수 있도록 규정하였다. '유적'으로 지정이 되면 당해 건물을 개보수할 때 위원회의 허가를 얻어야 하며, '유적지보존구역'내에서는 건축물의 신축이 크게 제한되었다. Penn Central Transportation Co. 의 the Grand Central Terminal이 유적으로 지정되었으나, Penn Central은 위원회의 유적지정에 대하여 어떠한 이의도 제기하지 않았다. Penn Central은 터미널 건물이 협소하여 터미널 건물 뒤편에 고층빌딩을 지으려고 계획 중인 UGP와 건물임대계약을 체결하였다. UGP가 위원회에 건축허가를 신청하자 위원회는 당해 건물이 신축될 경우 터미널의 역사적·예술적 특징을 훼손하게 된다하여 건축허가를 거부하였다. Penn Central과 UGP 등은 건축허가거부처분에 대한 취소소송을 제기하지 않고, 대신에 유적지보존법에 근거한 유적지정은 헌법상 정당한 보상 없이 타인의 재산권을 침해한 것으로서 규제적 수용에 해당한다고 소송을 제기하였다. 연방대법원은 피고의 유적지지정행위는 규제적 수용에 해당하지 않는다고 판시하였다.

[68] (1) the character of the governmental action or regulation; (2) the economic impact of the regulation on the claimant; and (3) the extent to which the regulation has interfered with reasonable investment−backed expectations.

[69] Lucas *v.* South Carolina Coastal Council, 304 S.Ct. 376; 404 S.E. 2d. 895; No.91−453(1992). 1986년 Lucas는 South Carolina연안해 섬에다 주변 필지에 이미 지어진 주택들과 같은 형태의 단독주택을 건축할 목적으로 두 필지의 택지를 구입하였다. 당시 Lucas의 택지는 건축을 제한하는 써의 연안해 제한구역에 속하지 않았다. 그러나 1988년 주의회는 '해변관리법(Beachfront

는 그것이 규제권의 발동인지 아니면 규제적 수용인지에 관하여 사건별로 구체적 심사를 함이 없이 곧바로 보상을 요하는 수용으로 인정할 수 있는 두 가지 유형이 있음을 전제하였다. 첫 번째 유형은 '국가의 규제권이 사인에게 재산권에 대한 물리적 침해(physical invasion)의 인용을 강제하는 것'이며, 또 하나의 유형은 재산권 소유자에게만 특별하게(extraordinary) 그리고 상대적으로 희귀하게(relatively rare) 재산권의 '모든 경제적으로 유익한 사용(all economically beneficial use)'을 박탈하는 것이다. 루카스사건(Lucas case) 이후 이러한 후자의 유형이 규제적 수용과 관련한 판례에 자주 등장하는데, 이러한 유형의 규제적 수용을 범주적 수용(categorical takings)이라고 표현하고, 이러한 유형의 규제를 규제적 수용으로 인정하는 이론을 이른바 범주적 수용이론(categorical rule)이라고 한다.[70]

대체적으로 현재까지 미국에서는 펜중앙역사건(Penn Central case)에서 정립된 규제적 수용의 3요소 이론과 루카스사건(Lucas case)에서 도출된 범주적 수용이론이 규제적 수용 여부를 결정하는 기준으로 삼고 있다.[71]

4. 수용유사침해와 규제적 수용의 비교

양자 모두 공용침해에 대한 보상의 문제를 해결하기 위한 법이론이다. 독일의 경우에는 행정상 손실보상의 법리에 의하여, 미국에서는 수용의 법리에 의하여 공용침해에 대해 보상의 문제를 해결하고 있다. 그런데 이러한 보상의 법리에 흠결이 존재한다는 것이다. 손실보상 또는 수용법리에 의하여 보상을 받을 수 있는 성립요건을 갖춘 경우에는 문제될 것이 없으나, 성립요건에 흠

Management Act, 이하 BMA라 함)'을 제정하여 Lucas로 하여금 어떠한 영구건축물도 건축할 수 없도록 하였다.
이에 Lucas는 비록 BMA가 합법적인 입법이라 할지라도 자신에게 건축을 제한하는 것은 자신의 재산에 대한 모든 '경제적으로 유익한 사용'을 박탈하는 것으로서, 연방헌법 수정 제5조 및 제14조에 근거한 규제적 수용으로 보여지며, 따라서 이에 대한 보상이 있어야 한다는 취지의 訴를 제기하였다.
州지방법원은 Lucas의 주장을 인용하여 州정부에게 1백20만불을 배상하라고 판시하였다. 그러나 州대법원은 Lucas가 BMA의 위법성을 주장하지 못하는 한 동법에 의한 건축제한을 받아 들여야 한다고 판시하면서 원심을 파기하였다. 그리고 그 근거로서 환경오염을 방지하기 위해 재산의 '유해 또는 불건전한 사용(harmful or noxious use)'을 제한하는 것은 수용의 법리에도 불구하고 이에 대한 보상을 할 필요가 없다는 Mugler case를 인용하였다. 이에 Lucas가 연방대법원에 상고하였고, 대법원은 이를 규제적 수용으로 판시하였다.
70) Palm Beach Isles Association v. United States, 231 F.3d 1365, 1367 (Fed. Cir. 2000).
71) Joseph L. Sax, op. cit., p.7.

결이 있는 경우 ─ 예컨대 침해의 원인행위가 적법한 공권력 작용이 아닌 경우 (독일) 또는 침해가 재산권의 물리적 박탈까지 이르지 않은 경우(미국) ─ 에는 손실보상 또는 수용법리에 따른 보상이 어렵게 된다.

공용침해에 대한 개념적 정의에 있어서는 양국이 약간의 차이를 보이고 있지만, 공익목적을 수행하기 위하여 불가피하게 국민의 재산권을 침해하는 것이라는 점에서는 인식을 같이 하고 있다. 공익목적 수행 과정상의 불가피한 침해라는 측면에서, 이러한 침해에 대해서는 이른바 불법행위로 인한 배상책임의 법리로 해결하기가 곤란한 것이 양국의 공통된 법리적 한계이다. 독일에서는 행정상 손해배상책임을 공무원의 위법한 공권력 행사에 따라 발생한 손해를 국가 등이 대위인수하는 것이라고 이해하고 있으므로,[72] 적법한 공권력을 행사하기 위하여 불가피하게 발생한 손해를 행정상 배상책임으로 해결할수가 없는 것이다. 미국의 경우에도 국가가 위법한 공무수행으로 손해를 발생시킨 경우에는 민사상 불법행위책임(torts)에 따라 손해를 전보하고 있는 까닭에,[73] 공익목적상 불가피한 공용침해를 불법행위책임으로 인정할 수는 없는 것이다. 결국 수용유사침해이론이나 규제적 수용은 이러한 손해전보제도의 흠결을 메우기 위하여 형성된 판례법 이론인 것이다.

Ⅷ. 자유무역협정(FTA)의 간접수용

1. 의 의

국가간 자유무역협정(FTA) 또는 투자협정(BIT)을 체결할 때 통상적으로 포함되는 투자자 보호제도로서 간접수용 규정이 있다. 간접수용(indirect expropriation)이란 체약국 일방의 조치 또는 일련의 조치가 직접적으로 재산권의 공식 이전이나 압류를 하지는 않았으나 직접 수용에 상응하는 효과가 발생하는 경우를 말한다.[74]

체약국 일방의 조치 또는 일련의 조치가 간접수용을 구성하는지 여부의 결정은 사안에 따라 ① 정부의 조치에 대한 경제적 충격정도, ② 정부 조치의

---

72) 이광윤/김민호(291면).
73) the Federal Tort Claims Act(28 U.S.C. §§ 2671~2680).
74) 김민호, "간접수용 법리의 합헌성 연구", 「저스티스」 통권 제96호, 89면.

명백하고 합리적인 투자기대이익 침해정도, ③ 정부 조치의 성격 등을 고려하여 조사된 사실관계에 의존한다.

2. 간접수용 사례

(1) 에틸(Ethyl)사 v. 캐나다 정부 사건

동 사건의 제소자인 에틸(Ethyl)사는 미국 버지니아 주에 소재하는 화공약품 회사로서 자동차 엔진의 성능을 향상시키기 위해 사용되는 대체 가솔린 첨가제(MMT)를 생산하고 있었다. 동 회사가 생산한 MMT는 캐나다 소재 자회사를 통해 캐나다 내로 수입되고 있었다. 그러나 1997년 캐나다 정부가 환경 및 공중 보건 보호 등을 이유로 동 상품에 대한 통상 및 주간(州間) 거래 금지 조치를 시행하자, 에틸(Ethyl)사는 심각한 영업상의 타격을 받게 되었고 이에 따라 캐나다 정부를 북미자유무역협정(NAFTA) Chapter 11, 제1110조 '수용 및 보상' 규정 등의 위반을 이유로 제소하였다.

(2) 메탈클래드(Metalclad)사 v. 멕시코 정부 사건

1990년 멕시코 연방정부는 자국의 코테린(Coterin)사에 유해 폐기물 보관시설 운영 허가권을 부여하였다. 동 회사는 당해 시설운영 부지를 폐기물 매립지로 확장하고자 1991년과 1992년의 두 차례에 걸쳐 주정부에 허가를 요구하였으나 모두 기각되었다. 이후 1993년 미국 회사인 메탈클래드(Metalclad)사가 위 코테린(Coterin)사 및 동 회사 소유의 폐기물 보관시설을 인수하였고, 업무영역 확장을 위해 멕시코 주 및 연방 정부를 상대로 기존 폐기물 보관시설 부지의 유해 폐기물 처리 공장 및 매립지로의 재건축 및 업무 변경허가를 신청함과 동시에 자체적 공사를 이미 시작하였다. 1995년에는 멕시코 연방 환경 기관 감독 하에 해당 부지에 대한 환경평가를 실시하여 동 사업의 적절성에 대한 평가를 받았으며 이를 멕시코 주 정부에 제출하였다. 1995년 3월 공사가 완료되었으나 합법적 허가 신청이 발급되지 않아 사업장 활용이 불가능하였다. 이에 메탈클래드(Metalclad)사는 멕시코 정부를 상대로 재차 허가서 발급을 요청하였으나 다시 거부되었고 동 회사는 멕시코 정부를 1996년 10월 북미자유무역협정(NAFTA)에 제소하였다.

(3) 메타넥스(Methanex)사 v. 미국 정부 사건

캘리포니아주(州) 정부는 1998년 캘리포니아-데이비스 대학(University of California-Davis)이 제출한 MTBE(Methyl Tertiary-butyl Ether)의 유해성 조사 보고서에 기초하여 2002년까지 캘리포니아 주내에서 판매되는 모든 가솔린에서 MTBE를 제거할 것을 규정하는 'MTBE 생산 및 사용금지 명령'을 1999년 3월에 제정 발효한 바 있다. 따라서 MTBE의 주원료인 메탄올을 생산하는 메타넥스(Methanex)사는 이러한 캘리포니아 주 정부의 일방적인 정책 채택은 동 회사의 미국 내 투자 및 영업활동에 심대한 제한을 부과하는 것으로 북미자유무역협정(NAFTA) Chapter 11의 '수용 규정 및 공정대우 보장 규정'을 위반하는 것이라고 주장하며 미국을 제소하였다.

(4) 에스디 마이어(S.D. Myers)사 v. 캐나다 정부 사건

미국 오하이오주(州) 소재의 폐기물 처리 회사인 에스디 마이어(S.D. Myers)사가 1990년 캐나다 업자로부터 PCBs(polychlorinated biphenyls)를 수입하여 미국 내 공장에서 처리하고 있었던바, 캐나다 정부가 일시적으로 잠정 명령을 부과하여 자국내 PCBs 수출을 금지함에 따라 영업상 손해가 발생하자 캐나다를 제소한 사건이다.

제 6 편

행정쟁송

제 1 장 행정심판

제 1 절 행정쟁송제도

Ⅰ. 행정쟁송의 의의

행정쟁송이란 행정상 법률관계에서 분쟁이 발생한 경우 당사자의 발의에 의하여 권한 있는 국가기관(행정심판위원회, 법원 등)이 심리·판단하는 절차를 말한다. 행정쟁송의 목적은 국민의 권익을 구제하는 주관적 측면과 행정의 적법성을 통제하는 객관적 측면이 모두 있다.

Ⅱ. 행정쟁송의 종류

1. 행정심판·행정소송

판단기관에 따른 분류로서 행정심판은 행정기관(행정심판위원회, 조세심판원 등)이, 행정소송은 법원이 심판기관이 되는 행정쟁송을 말한다.

2. 주관적 쟁송·객관적 쟁송

쟁송의 목적을 기준으로 분류한 것이다. 주관적 쟁송이란 쟁송제기자의 개인적 권익구제를 직접목적으로 하는 쟁송을 말하며, 당사자쟁송, 항고쟁송 등이 이에 해당한다. 반면에 객관적 쟁송이라 함은 개인의 권익구제를 위해서가 아니라 행정작용의 적법·타당성을 확보하기 위한 쟁송을 말한다. 기관쟁송, 민중쟁송 등이 이에 해당한다는 것이 다수 견해[1]이다. 하지만 기관쟁송의 경우에는 기관의 주관적 권익구제를 목적으로 하는 까닭에 완전히 객관적 쟁

---

1) 김철용(380면).

송으로만 볼 수 없다는 반대 의견도 있다.[2] 특히 기관쟁송의 개념을 '동일 법
주체 내부의 기관 상호간의 쟁송'으로 좁게 해석한다면 국가와 지방자치단체,
지방자치단체 상호간의 쟁송은 주관적 쟁송인 항고쟁송으로 보아야 한다는
주장도 있다.[3]

3. 시심적 쟁송·복심적 쟁송

시심적 쟁송이란 행정법관계의 형성 또는 존부를 결정하는 최초의 행위
가 쟁송의 형식을 취하는 경우, 즉 쟁송을 통하여 비로소 행정법관계가 형성
되는 쟁송을 말한다. 예컨대, 국가배상청구소송을 통하여 판결이 확정되어야
만 당사자 간에 채권·채무관계가 비로소 형성되는 것이 이에 해당한다. 반면
에 복심적 쟁송이란 이미 행하여진 행정작용의 위법 또는 부당을 심판하는 경
우, 즉 쟁송 이전에 이미 행정법관계는 성립하고 그 성립된 행정법관계의 효
력에 대해 다투는 쟁송을 말한다. 요컨대 시심적 쟁송은 쟁송을 통하여 비로
소 법적 효과가 발생하는 쟁송이며, 복심적 쟁송은 행정작용으로 이미 발생한
법적 효과를 쟁송을 통하여 깨뜨리려는 쟁송을 말한다. 항고쟁송은 모두 복심
적 쟁송이다.

4. 항고쟁송·당사자쟁송

항고쟁송은 행정처분의 위법 또는 부당을 이유로 그 취소 또는 변경을 구
하는 쟁송이다. 따라서 소송당사자중 일방이 우월적 지위에 서게 된다. 반면
에 당사자쟁송은 소송당사자가 대등한 지위에서 법률관계의 형성 또는 존부
를 다투는 쟁송이다.

---

2) 독일에서도 Lorenz, Kisker, Bleutge, Hoppe 등은 기관소송을 주관소송이라고 주장하고 있다.
   정하중, "지방자치단체 상호간의 분쟁에 대한 행정소송", 「판례월보」 332호, 52~57면 참조.
3) 홍준형, "지방자치분쟁의 사법적 해결", 「계희열교수 화갑기념논문집」, 837면; 신봉기, "기관소
   송과 권한쟁의", 「고시연구」, 1991. 9, 141면.

제 2 절 행정심판제도

I. 행정심판의 법적 의의

행정심판이란 행정기관이 행하는 행정쟁송절차로, 행정상 법률관계의 형성이나 법률사실의 존부·진부에 대한 분쟁을 행정기관이 심리·판단하는 절차로서 실정법상으로는 행정심판 이외에 이의신청·심사청구·심판청구·재결신청·불복신청 등의 명칭으로 사용되고 있다.

헌법 제107조 제3항에서 "재판의 전심절차로서 행정심판을 할 수 있다. 행정심판의 절차는 법률로 정하되, 사법절차가 준용되어야 한다"라고 규정하고 있으며, 이에 따라 '행정심판 절차를 통하여 행정청의 '위법 또는 부당한' 처분(處分)이나 부작위(不作爲)로 침해된 국민의 권리 또는 이익을 구제하고, 아울러 행정의 적정한 운영을 꾀함'을 목적으로 지난 1984년 12월 15일 법률 제3755호로 제정된 「행정심판법」은 행정심판에 관한 일반법으로서 기능하고 있다. 그 밖에도 「국가공무원법」, 「국세기본법」, 「도로교통법」, 「특허법」 등에서 행정심판 절차에 관한 특칙을 정하고 있다.

행정심판과 행정소송의 관계는 종래에는 행정심판을 거쳐야만 행정소송의 제기가 가능한 이른바 '행정심판전치주의'가 원칙이었으나, 오늘날에는 행정소송 제기에 앞서 행정심판을 선행할 것인지는 당사자가 임의적으로 결정할 수 있다. 물론 행정소송에 있어 행정심판의 재결을 필수요건으로 하는 필요적 (행정심판)전치주의의 적용례가 여전히 존재한다. 「국가공무원법」상의 소청심판, 「국세기본법」상의 국세심판, 「도로교통법」상의 운전면허처분에 관한 행정심판 등이 바로 그것이다.

행정심판은 행정상 분쟁에 관하여 사실관계를 인정하고 법을 적용하여 그 분쟁을 심리·판단하는 판단작용의 성질과 행정의사의 표현으로서 분쟁관계를 규율함으로써 행정목적을 실현하는 행정행위의 성질을 함께 지니고 있다. 이러한 이중적 성격 중 어느 쪽에 더 비중을 둘 것인가는 입법정책적 문제이나, 현행 우리 헌법은 판단작용으로서의 성격을 강조하고 있다.

행정심판은 약식쟁송이라는 점에서의 절차적 불완전성과 심판대상인 행정기관 자신이 심판자의 지위에 서게 되는 점에서의 절차적 불합리성을 내포하고 있지만 쟁송법상 중요한 역할을 담당한다.

첫째, 자율적 행정통제의 기능을 들 수 있다. 행정심판은 행정권이 사법권의 간섭을 받지 아니하고 행정권행사에 있어서의 과오를 자기반성에 의하여 자체적으로 시정함으로써 행정권의 지위를 보장하고 권력분립의 원칙을 유지하는 데 조력한다.

둘째, 행정능률의 보장 기능이다. 법원에 의한 분쟁의 종국적 판단은 심리절차의 공정 및 신중으로 말미암아 현실적으로 상당한 시간적·경제적 비용이 요구된다는 한계를 지니고 있지만, 신속·간편한 행정심판은 분쟁의 신속한 해결을 도모하게 되어 행정능률의 보장에 기여하게 된다.

셋째, 행정청의 전문지식 활용이라는 기능도 발휘된다. 고도로 복잡한 현대행정은 수많은 사회적·경제적 문제의 해결을 위한 전문성과 기술성을 필요로 하지만, 사법부의 일반 법원조직은 이러한 전문적·기술적 문제의 처리에 있어 적합하지 않은 측면이 있어 전문기관인 행정청으로 하여금 그에 관한 분쟁을 심판하게 하려는 것이다.

넷째, 소송경제의 확보 기능이다. 사법절차는 시간적·물리적·경제적으로 막대한 비용이 소요된다. 이에 비하여 행정심판은 이러한 비용을 절감할 수 있으며, 행정소송 제기 이전에 행정심판을 거침으로써 불필요한 제소나 남소(濫訴)를 방지하여 법원의 소송 부담을 경감시키는 효과가 있다.

다섯째, 권익구제의 폭을 확대하는 기능도 있다. 가령 행정소송의 한 유형인 취소소송의 경우 '처분 등' 행정작용의 '위법'을 법원에서 판단하는 구조에 놓여 있기 때문에 '처분 등'의 상대방 또는 제3자는 행정권의 행사가 '법규에 적합한가 아니면 법규에 위반한 작용인가?'하는 합법성 여부 심사에 국한되는 판단을 받게 된다. 하지만 위법뿐만 아니라 '부당'한 '처분 등'에 대한 심판이 가능한 행정심판에서는 '재량적 행정작용을 적정하게 함으로써 행정권의 행사가 공익 목적에 적합한가?'라는 합목적성 여부 심사를 할 수 있다는 점에서 청구인에 대한 권익구제의 길을 넓혀주고 있다.

II. 행정심판과 행정소송의 관계

1. 헌법 제107조 제3항의 해석

헌법 제107조 제3항은 "재판의 전심절차로서 행정심판을 할 수 있다. 행정심판의 절차는 법률로 정하되, 사법절차가 준용되어야 한다"라고 규정하고 있다. 따라서 행정심판 역시 넓은 의미의 사법절차로 보아야 한다. 현행 헌법 제107조 제3항은 이를 분명히 확인하고 있다. '법률의 근거'와 '사법절차의 준용'이라는 요건을 충족한 행정심판은 넓은 의미의 사법구제절차에 포함된다 할 것이다.

헌법 제107조 제3항의 내용은 현행 헌법에서 처음 규정된 것으로서, '행정심판이 재판을 받을 권리를 침해하는 것인가'라는 논쟁을 불식하기 위하여 제정되었다. 현행 헌법 제107조 제3항의 규정으로 행정심판의 헌법적 근거가 마련됨으로써 적어도 행정심판이 재판을 받을 권리를 침해한다는 논란은 종식된 것으로 보여 진다.

다만 "재판의 전심절차로서 행정심판을 할 수 있다"는 규정의 해석상, 재판의 전심절차로서 행정심판을 거칠 것인지는 오로지 청구인의 임의적 결정에 따라야 하는 이른바 '임의적 행정심판전치주의'여야 하는지, 아니면 입법자가 구체적 사정에 따라 필요적 전치주의 또는 임의적 전치주의를 선택적으로 결정할 수 있는지에 대해 견해의 대립이 있을 수 있다.

이 문제는 2가지 측면에서 분석이 필요하다. 첫째 행정심판전치의 형태(임의주의, 필요주의)에 관한 사항이 입법정책적 결단사항이 될 수 있는지, 둘째 만약 필요적 전치주의를 선택할 경우 3심재판제도의 예외성을 인정하게 되는바, 헌법상 재판의 심급제도는 반드시 3심제여야 하는지를 각각 검토해 보아야 한다.

2. 행정심판전치의 형태에 관한 문제

구 행정소송법[4]은 취소소송 등 행정소송을 제기하려면 법령의 규정에 의하여 당해 처분에 대한 행정심판을 제기할 수 있는 경우에는 이에 대한 재결을 거치도록 하는 필요적 행정심판전치주의를 채택하고 있었으나, 1994. 7. 27

---

4) 1994. 7. 27 법률 제4770호로 개정되기 이전의 행정소송법 제18조 제1항, 제38조 제2항.

법률 제4770호로 행정소송법이 개정되어 당해 처분에 대한 행정심판을 제기할 수 있는 경우에도 이를 거치지 아니하고 취소소송 등을 제기할 수 있도록 하여 임의적 전치주의를 원칙으로 하고 있다. 다만 다른 법률에 당해 처분에 대한 행정심판의 재결을 거치지 아니하면 취소소송 등을 제기할 수 없다는 규정이 있는 때에는 행정심판의 재결을 거치도록 하는 필요적 행정심판전치주의를 예외적으로 인정하고 있다.

이처럼 원칙적으로 임의적 행정심판전치주의를 취하면서 예외적으로 필요적 행정심판전치주의를 채택하는 이유는 당해 처분이 전문적이고 기술적인 경우로서 그에 대한 판단을 법률가인 법관에 의한 사법적인 판단보다는 전문가로 구성되는 행정심판위원회에 맡기는 것이 적절한 때, 행정청의 재량권 행사가 위법하지 않고 부당한 경우라도 사회정책적 고려에서 상대방을 구제하여 주는 것이 적절한 때, 유사한 행정처분이 대량적·반복적으로 행하여짐으로써 가중된 사법부의 부담을 덜어 주고 행정의 통일성을 확보할 필요가 있는 때 등을 들 수 있다.5)

현행 헌법 제107조 제3항의 문언만으로는 행정심판전치의 형태가 임의주의만을 의미하는지 아니면 필요주의와 임의주의를 모두 인정하고 있는 것인지를 명확히 알 수는 없으나, 국가공무원법, 국세기본법, 도로교통법 등 필요주의를 취하고 있는 현행 법률이 있다는 점, 여전히 필요적 행정심판전치가 요구되는 영역이 존재한다는 점 등을 고려한다면 헌법 제17조 제3항의 규정이 행정심판전치의 형태에 대해서는 특별히 제한을 두고 있지 않은 것으로 볼 수 있다. 다만 헌법 제27조 제1항은 '모든 국민은 헌법과 법률이 정한 법관에 의하여 법률에 의한 재판을 받을 권리를 가진다.'라고 규정하고 있으므로 행정심판의 전치가 '국민의 재판을 받을 권리'를 본질적으로 침해하여서는 안 된다. 따라서 행정심판의 전치가 국민의 재판을 받을 권리를 본질적으로 침해하지 않는 한 그 전치의 형태는 입법자의 결단사항인 것으로 해석하는 것이 타당하다.

헌법재판소도 "헌법 제107조 제3항은 '……행정심판의 절차는 법률로 정하되……'라고 규정하고 있으므로 입법자는 행정심판을 통한 권리구제의 효율성, 행정청에 의한 자기시정의 개연성, 문제되는 행정심판사항의 특성 등 여

5) 전극수, "2011.1.1 시행된 지방세기본법에서의 행정심판전치주의에 관한 연구", 「공법연구」 제40집 제1호, 2011.10, 506면.

러 가지 요소를 감안하여 입법정책적으로 행정심판절차의 구체적 모습을 형성할 수 있다 할 것이다"라고 결정[6]하여 같은 입장을 취하고 있다.

입법자가 행정심판전치의 형태를 결정할 때에는 법원 및 사안의 전문성, 심판 및 소송의 경제성 등 여러 요인을 고려하여야 한다.[7]

3. 재판의 심급제도에 관한 문제

헌법 제27조 및 제107조의 해석상 재판의 심급제도는 반드시 3심제여야 하는지에 대한 검토가 필요하다. 왜냐하면 현행 특허심판제도는 행정심판을 필요적으로 전치하고 있을 뿐만 아니라 특허심판원의 재결에 불복할 경우 고등법원급인 특허법원에 소송을 제기하도록 하고 있어 법원에 의한 재판은 특허법원－대법원의 2심제 구조를 취하고 있으므로 만약 헌법의 해석상 재판은 반드시 3심제여야 한다면 이러한 2심적 구조 자체가 위헌이기 때문이다.

이에 대해 헌법재판소는 "재판이란 사실확정과 법률의 해석적용을 본질로 함에 비추어 법관에 의하여 사실적 측면과 법률적 측면의 한 차례의 심리검토의 기회는 적어도 보장되어야 할 것이며, 또 그와 같은 기회에 접근하기 어렵도록 제약이나 장벽을 쌓아서는 안 된다고 할 것으로, 만일 그러한 보장이 제대로 안되면 재판을 받을 권리의 본질적 침해의 문제가 생길 수 있다고 할 것이다. 그러나 모든 사건에 대해 똑같이 3차례의 법률적 측면에서의 심사의 기회의 제공이 곧 헌법상의 재판을 받을 권리의 보장이라고는 할 수 없을 것이다"라고 결정[8]하여 재판의 심급제도가 반드시 3심제가 아니라는 사실만으로 국민의 재판을 받을 권리를 침해한 것은 아니라는 입장이다.

현행 헌법 제101조 제2항은 "법원은 최고법원인 대법원과 각급법원으로 조직된다"라고 하여 심급재판제도를 규정하고 있다. 하지만 3급심을 반드시 보장해야 한다는 명문의 규정은 없다. 오히려 헌법 제110조 제4항은 비상계엄 하에서 특수한 경우 군사법원을 단심으로 할 수 있음을 규정하고 있다.

대법원과 하급법원으로 구성되는 심급제도의 보장은 입법자가 상소가능성을 전면적으로 배제할 때 위헌이 되는 것이지, 2심이나 3심 혹은 4심 등의

---

6) 헌재 2001. 6. 28. 2000헌바30 결정.
7) 김청규, "행정심판 전치범위의 확대방안에 관한 고찰", 「중앙법학」 제7집 제2호, 중앙법학회, 2005, 64면.
8) 헌재 1992. 6. 26. 90헌바25 결정.

특정한 심급을 입법자가 보장해야 하는 것은 아니라는 것이다.[9] 대법원도 양형의 부당·사실의 오인 등 사실심의 상고제한은 3심제 그 자체에는 위배되지만 합리적인 이유가 있는 경우에는 위헌이 아니라고 판시[10]하고 있다. 상고심을 법률심으로 하여 법령위반을 이유로 하는 때에 한하여 상고를 허용할 것인지 또는 법령위반 이외에 양형부당이나 사실오인의 경우에도 상고를 허용할 것인지는 입법정책의 문제일 뿐, 위헌여부의 문제는 아니다. 우리나라에서 일반적으로 3심제를 유지하고 있는 것은 사법작용상 본질적인 의미에서가 아니라 장기적인 제도운영의 결과라는 것이다.[11] 결국, 우리 헌법이 대법원을 최고법원으로 규정한 이상 개별입법이 심급제를 완전히 폐지해 버리거나 대법원에의 상고를 부당하게 제한하는 것은 입법정책의 문제가 아니라 '재판을 받을 권리'를 침해하는 것이지만 합리적인 이유와 방법에 따른 상고 허용 여부의 문제는 결국 입법정책과 입법재량의 문제로 귀결된다는 것이 통설이자 헌법재판소와 대법원의 일관된 입장이다.[12]

제3절   행정심판의 대상·심판기관·당사자등

Ⅰ. 행정심판의 대상

1. 대 상

행정청의 처분 또는 부작위에 대하여는 다른 법률에 특별한 규정이 있는 경우 외에는「행정심판법」에 따라 행정심판을 청구할 수 있다. 대통령의 처분 또는 부작위에 대하여는 다른 법률에서 행정심판을 청구할 수 있도록 정한 경우 외에는 행정심판을 청구할 수 없다.

---

9) 박선영, "헌법 제27조 제1항의 '재판을 받을 권리'와 심급제에 관한 소고",「유럽헌법연구」제18호, 유럽헌법학회, 2015, 234면.
10) 대법원 1966. 11. 22. 선고 66도1240 판결; 대법원 1987. 4. 14. 선고 87도350 판결 등.
11) 법제처, 헌법주석서 Ⅰ, 2010, 법제처, 166면.
12) 박선영, 앞의 논문, 234면.

(1) 처 분

처분(處分)이란 행정청이 행하는 구체적 사실에 관한 법집행으로서의 공권력의 행사 또는 그 거부, 그 밖에 이에 준하는 행정작용을 말한다.

(2) 부작위

부작위(不作爲)란 행정청이 당사자의 신청에 대하여 상당한 기간 내에 일정한 처분을 하여야 할 법률상 의무가 있음에도 불구하고 처분을 하지 않는 것을 말한다. 적극적인 행위가 없는 것만을 뜻하지는 않으나 반드시 당사자의 신청이라는 전제적 요건을 갖추어야 한다는 점에 유념하여야 한다.

(3) 재 결

재결(裁決)이란 행정심판의 청구에 대하여 「행정심판법」 제6조에 따른 행정심판위원회가 행하는 판단 또는 판정을 말한다. 즉, 공정한 심판절차의 기초가 되는 해당 분쟁의 사실관계 및 법률관계를 명확히 하기 위하여 조사하는 공식적 심사·심리결과로서 결단 또는 결정을 뜻하는 것이다.

(4) 행정청

행정청이란 행정에 관한 의사를 결정하여 표시하는 국가 또는 지방자치단체의 기관, 그 밖에 법령 또는 자치법규에 따라 행정권한을 가지고 있거나 위임 또는 위탁을 받은 공공단체나 그 기관 또는 사인(私人)을 말한다.

2. 처분근거법령의 위헌·위법

(1) 문제의 소재

처분 근거 법령의 위헌·위법 여부 심사가 행정심판의 대상이 되는지 문제된다. 다시 말해서 행정심판위원회가 처분 근거법령의 위헌·위법 여부에 대해서도 심판할 수 있는지에 대해 견해가 대립한다.

(2) 견해의 대립

1) 적극설

처분 근거 법령의 위헌·위법 여부 심사도 행정심판의 대상이 된다는 견해이다. 물론 이 견해를 취한다 할지라도 권력분립의 원칙상 처분의 근거 법률에 대한 위헌·위법 여부 심사는 불가하고 처분의 근거가 된 명령에 대해서만 행정심판이 가능하다.

법치행정의 원리상 합헌적·합법적 명령에 따른 행정만이 적법한 행정이 된다는 점, 행정심판제도는 국민의 권리구제는 물론 행정의 자율통제 목적도 있으므로 명령에 대한 통제가 가능하다는 점 등을 논거로 들고 있다.

2) 소극설

행정심판제도는 행정부 내부의 자율통제 작용이므로 법령에 대한 심사권한은 없고 행정청의 처분에 대한 하자를 시정하는 것에 그쳐야 한다는 견해이다. 다시 말해서 행정심판위원회는 법령의 합헌·합법성을 전제로 처분의 위법성 여부만을 심사할 수 있다는 것이다.

(3) 소 결

헌법 또는 법률이 행정심판의 대상으로 법령의 위헌·위법 여부를 심사할 수 있는 권한을 별도로 규정하고 있지 않는 한 행정심판위원회가 법령에 대한 심사는 할 수 없다고 본다. 다시 말해서 처분 근거 법령의 위헌·위법 여부는 행정심판의 대상이 될 수 없다. 그 논거는 다음과 같다.13)

첫째, 행정심판위원회는 국민의 권리구제라는 준사법적 기능을 수행하기는 하지만 그래도 그 본질은 행정기관이므로 행정기관의 한계를 초월할 수 없다. 권력분립의 원칙상 행정기관이 법선언적 기능까지 수행할 수는 없으므로 행정기관이 법령에 대한 실질적 심사권한을 행사하는 것은 부적절하다.

둘째, 현행법상 행정심판위원회는 중앙행정심판위원회, 시·도 행정심판위원회, 소청심사위원회 등 다양한 특별행정심판위원회가 운영되고 있는데 이들 행정심판위원회 모두가 명령에 대한 위헌·위법 여부를 심사하여 명령의 적용을 거부할 수 있다면 명령의 효력 및 집행에 커다란 혼란을 초래할 수 있다.

셋째, 현행 행정심판제도는 인용재결이 있을 경우 피청구인(처분청)은 행정소송의 제기가 불가능하다. 반면, 법원에 의한 명령의 위헌·위법 심사는 항소·상고 등을 통해 다툴 수 있고 대법원에 의해 그 통일성을 기할 수 있다.

---

13) 이하의 논거는 중앙행정심판위원회 2019−4673 사건의 주심위원 이원 변호사께서 주심안건 검토보고서에서 밝힌 내용을 필자가 요약·정리한 것이다. 이원 변호사께서 논문 등 별도의 자료를 발표하지 않아 출처표시는 할 수 없으나 이하의 논거는 이원 변호사의 견해가 바탕이 되었음을 분명히 밝힌다.

그렇다면 행정심판위원회가 명령의 위헌·위법을 이유로 인용재결을 할 경우 해당 명령의 효력은 어떻게 되는지, 특히 명령의 위헌·위법에 대해 법원의 판단과 다를 경우 해당 명령의 효력은 어떻게 되는지 문제될 수 있다.

3. 특별행정심판 등

심판청구 사건에 준하는 사안(事案)의 전문성과 특수성을 살리기 위하여 특히 필요한 경우 외에는 「행정심판법」에 따른 행정심판을 갈음하는 특별한 행정불복절차인 특별행정심판이나 「행정심판법」에 따른 행정심판 절차에 대한 특례를 다른 법률로 정할 수는 없다. 또한 다른 법률에서 특별행정심판이나 「행정심판법」에 따른 행정심판 절차의 특례를 정한 경우에도 해당 법률에서 규정하지 아니한 사항에 관하여는 「행정심판법」에서 정하는 바에 따른다.

관계 행정기관의 장이 특별행정심판 또는 「행정심판법」에 따른 행정심판 절차에 대한 특례를 신설하거나 변경하는 법령을 제정·개정할 경우에는 미리 중앙행정심판위원회와 협의하여야 한다.

4. 행정심판의 종류

행정심판은 다음과 같이 구분된다.

첫째, 취소심판이다. 취소심판이란 행정청의 위법 또는 부당한 처분을 취소하거나 변경하는 행정심판을 말한다.

둘째, 무효등확인심판이다. 무효등확인심판이라 함은 행정청의 처분의 효력 유무 또는 존재 여부를 확인하는 행정심판을 말한다.

셋째, 의무이행심판이다. 의무이행심판은 당사자의 신청에 대한 행정청의 '위법' 또는 '부당한' '거부처분'이나 '부작위'에 대하여 일정한 처분을 하도록 하는 행정심판을 말한다.

Ⅱ. 심판기관

1. 행정심판위원회의 설치

원칙적으로 ① 국가행정기관의 장 또는 그 소속 행정청, ② 특별시장·광역시장·특별자치시장·도지사·특별자치도지사 또는 특별시·광역시·특별자

치시·도·특별자치도의 의회, ③ 「지방자치법」에 따른 지방자치단체조합 등
관계 법률에 따라 국가·지방자치단체·공공법인 등이 공동으로 설립한 행정
청의 처분 또는 부작위에 대한 행정심판의 심판청구에 대하여는 중앙행정심
판위원회에서 심리·재결한다.

다만 국가기관 중 ① 감사원, 국가정보원장, 그 밖에 대통령령으로 정하는
대통령 소속기관의 장,14) ② 국회사무총장·법원행정처장·헌법재판소 사무처
장 및 중앙선거관리위원회 사무총장, ③ 국가인권위원회 등 지위·성격의 독립
성과 특수성 등이 인정되어 대통령령으로 정하는 행정청 또는 그 소속 행정청
의 처분 또는 부작위에 대한 심판청구에 대하여는 해당 행정청에 두는 행정심
판위원회에서 심리·재결하며, 대통령령으로 정하는 국가행정기관 소속 특별지
방행정기관15)장의 처분 또는 부작위에 대한 심판청구에 대하여는 해당 행정청
의 직근(直根) 상급행정기관에 두는 행정심판위원회에서 심리·재결한다.

① 시·도 소속 행정청, ② 시·도의 관할구역에 있는 지방자치단체(시·군·
자치구)의 장, 소속 행정청 또는 시·군·자치구의 의회, ③ 시·도의 관할구역에
있는 둘 이상의 시·군·자치구 및 공공법인 등이 공동으로 설립한 행정청의
처분 또는 부작위에 대한 심판청구에 대하여는 시·도지사 소속으로 두는 행
정심판위원회에서 심리·재결한다.

2. 행정심판위원회의 구성

(1) 행정심판위원회의 구성원칙

중앙행정심판위원회를 제외하고는 원칙적으로 행정심판위원회는 위원장
1명을 포함한 30명 이내의 위원으로 구성한다. 행정심판위원회의 위원장은 그
행정심판위원회가 소속된 행정청이 되며, 위원장이 없거나 부득이한 사유로
직무를 수행할 수 없거나 위원장이 필요하다고 인정하는 경우에는 ① 위원장

---

14) 「행정심판법 시행령」 제2조(행정심판위원회의 소관 등) 「행정심판법」 제6조 제1항 제1호에서
'대통령령으로 정하는 대통령 소속기관의 장'이란 대통령비서실장, 국가안보실장, 대통령경호실
장 및 방송통신위원회를 말한다.
15) 「행정심판법 시행령」 제3조(중앙행정심판위원회에서 심리하지 아니하는 특별지방행정기관의
처분 등) 법 제6조 제4항에서 '대통령령으로 정하는 국가행정기관 소속 특별지방행정기관'이란
법무부 및 대검찰청 소속 특별지방행정기관(직근 상급행정기관이나 소관 감독행정기관이 중앙
행정기관인 경우는 제외한다)을 말한다.

이 사전에 지명한 위원, ② 「행정심판법」 제7조 제4항에 따라 지명된 공무원인 위원16)의 순서에 따라 위원이 위원장의 직무를 대행한다. 다만 「행정심판법」 제6조 제3항에 따라 시·도지사 소속으로 두는 행정심판위원회의 경우에는 해당 지방자치단체의 조례로 정하는 바에 따라 공무원이 아닌 위원을 위원장으로 정할 수 있으며, 이 경우 위원장은 비상임으로 한다.

구성원 과반수의 출석과 출석위원 과반수의 찬성으로 의결하는 행정심판위원회의 회의는 위원장과 위원장이 회의마다 지정하는 8명의 위원으로 구성하되, 8명의 위원 중 위촉위원은 6명 이상으로 하고 위원장이 공무원으로서 지명위원이 아닌 경우에는 5명 이상으로 한다.

(2) 중앙행정심판위원회의 구성

중앙행정심판위원회는 위원장 1명을 포함한 70명 이내의 위원으로 구성하되, 위원 중 상임위원은 4명 이내로 한다. 만약 위원장이 없거나 부득이한 사유로 직무를 수행할 수 없거나 위원장이 필요하다고 인정하는 경우에는 상임위원이 위원장의 직무를 대행하며, 이 경우 상임으로 재직한 기간이 긴 위원 순서로, 재직기간이 같은 경우에는 연장자 순서로 한다.

「도로교통법」에 따른 자동차운전면허 행정처분에 관한 심판청구 사건을 심리·의결하게 하기 위하여 위원 4명으로 구성하는 소위원회 회의를 제외하고는,17) 중앙행정심판위원회 회의는 위원장, 상임위원 및 위원장이 회의마다 지정하는 비상임위원을 포함하여 총 9명으로 구성한다. 중앙행정심판위원회의 경우 위원장이 지정하는 사건을 미리 검토하도록 필요한 때에 설치되는 전문위원회는 중앙행정심판위원회의 상임위원을 포함하여 중앙행정심판위원회의 위원장이 지정하는 5명 이내의 위원으로 구성하고, 중앙행정심판위원회의 위원장이 지정하는 심판청구 사건을 미리 검토하여 그 결과를 중앙행정심판위원회에 보고하며, 전문위원회의 위원장은 중앙행정심판위원회의 위원장이

---

16) 2명 이상인 경우에는 직급 또는 고위공무원단에 속하는 공무원의 직무등급이 높은 위원 순서로, 직급 또는 직무등급도 같은 경우에는 위원 재직기간이 긴 위원 순서로, 재직기간도 같은 경우에는 연장자 순서로 한다(「행정심판법」 제7조 제2항 제2호 참조).

17) 「행정심판법 시행령」 제7조 (소위원회) ① 법 제8조 제6항에 따른 소위원회의 위원장은 중앙행정심판위원회의 위원장이 상임위원 중에서 지정한다.
② 소위원회는 중앙행정심판위원회의 상임위원 2명(소위원회의 위원장 1명을 포함한다)과 중앙행정심판위원회의 위원장이 지정하는 2명의 비상임위원으로 구성한다.

지정하는 위원이 된다.

Ⅲ. 행정심판의 당사자와 관계인

1. 행정심판 청구인과 관계인

(1) 청구인 적격

취소심판은 처분의 취소 또는 변경을 구할 법률상 이익이 있는 자가 청구할 수 있다. 처분의 효과가 기간의 경과, 처분의 집행, 그 밖의 사유로 소멸된 뒤에도 그 처분의 취소로 회복되는 법률상 이익이 있는 자의 경우에도 또한 같다.

무효등확인심판은 처분의 효력 유무 또는 존재 여부의 확인을 구할 법률상 이익이 있는 자가 청구할 수 있다.

의무이행심판은 처분을 신청한 자로서 행정청의 거부처분 또는 부작위에 대하여 일정한 처분을 구할 법률상 이익이 있는 자가 청구할 수 있다.

(2) 법인 아닌 사단 또는 재단의 청구인 능력

법인이 아닌 사단 또는 재단으로서 대표자나 관리인이 정하여져 있는 경우에는 그 사단이나 재단의 이름으로 심판청구를 할 수 있다.

(3) 선정대표자

여러 명의 청구인이 공동으로 심판청구를 할 때에는 청구인들 중에서 3명 이하의 선정대표자를 선정할 수 있으며, 청구인들이 선정대표자를 선정하지 아니한 경우에도 행정심판위원회가 필요하다고 인정하면 청구인들에게 선정대표자를 선정할 것을 권고할 수 있다.

선정대표자는 다른 청구인들을 위하여 그 심판청구사건에 관한 모든 행위를 할 수 있지만, 심판청구를 취하하려면 다른 청구인들의 동의를 받아야 하고 동의 받은 사실을 서면으로 소명하여야 한다. 선정대표자가 선정되면 다른 청구인들은 그를 통해서만 그 사건에 관한 행위를 할 수 있으며, 선정대표자를 선정한 청구인들은 필요하다고 인정하면 선정대표자를 해임하거나 변경할 수 있고 그 사실을 지체 없이 행정심판위원회에 서면으로 알려야 한다.

⑷ 청구인의 지위 승계

청구인이 사망한 경우에는 상속인이나 그 밖에 법령에 따라 심판청구의 대상에 관계되는 권리나 이익을 승계한 자가 청구인의 지위를 승계하며, 청구인이 법인인 경우 합병(合倂)에 따라 소멸하였을 때에는 합병 후 존속하는 법인이나 합병에 따라 설립된 법인이 청구인의 지위를 승계한다. 청구인의 지위를 승계한 자는 행정심판위원회에 서면으로 그 사유를 신고하여야 하며, 이 경우 신고서에는 사망 등에 의한 권리·이익의 승계 또는 합병 사실을 증명하는 서면을 함께 제출하여야 한다. 지위 승계의 신고가 있을 때까지 사망자나 합병 전의 법인에 대하여 한 통지 또는 그 밖의 행위가 청구인의 지위를 승계한 자에게 도달하면 지위를 승계한 자에 대한 통지 또는 그 밖의 행위로서의 효력이 있다.

한편, 심판청구의 대상과 관계되는 권리나 이익을 양수한 자는 행정심판위원회의 허가를 받아 청구인의 지위를 승계할 수 있으며, 행정심판위원회가 지위 승계를 허가하지 아니하면 결정서 정본을 받은 날부터 7일 이내에 위원회에 이의신청을 할 수 있다. 이의신청은 그 사유를 소명하는 서면으로 하여야 하며, 행정심판위원회는 이의신청을 받았을 때에는 지체 없이 위원회의 회의에 부쳐야 하고 이의신청에 대한 결정을 한 후 그 결과를 신청인, 당사자 및 심판참가를 하는 참가인에게 각각 알려야 한다.

행정심판위원회는 지위 승계 신청을 받으면 기간을 정하여 당사자와 참가인에게 의견을 제출하도록 할 수 있으며, 당사자와 참가인이 그 기간에 의견을 제출하지 아니하면 의견이 없는 것으로 본다. 그리고 행정심판위원회는 지위 승계 신청에 대하여 허가 여부를 결정하여 지체 없이 신청인에게는 결정서 정본을 그리고 당사자와 참가인에게는 결정서 등본을 송달하여야 한다.

⑸ 대리인의 선임

청구인은 법정대리인 외에 ① 청구인의 배우자, 청구인 또는 배우자의 사촌 이내의 혈족, ② 청구인이 법인이거나 청구인 능력이 있는 법인이 아닌 사단 또는 재단인 경우 그 소속 임직원, ③ 변호사, ④ 다른 법률에 따라 심판청구를 대리할 수 있는 자, ⑤ 그 밖에 위원회의 허가를 받은 자 등을 대리인으로 선임할 수 있다. 피청구인도 그 소속 직원 또는 ③부터 ⑤까지 어느 하나에 해당하는 자를 대리인으로 선임할 수 있다.

2017년 법개정으로 국선대리인제도가 새롭게 도입되었다. 행정심판 청구인이 경제적 능력으로 인해 대리인을 선임할 수 없는 경우에는 행정심판위원회에 국선대리인을 선임하여 줄 것을 신청할 수 있다. 행정심판위원회 위원장은 행정심판 청구가 명백히 부적합하거나 이유 없는 경우 또는 권리의 남용이라고 인정되는 경우 등에는 국선대리인을 선정하지 아니할 수 있다.

(6) 대표자 등의 자격

대표자·관리인·선정대표자 또는 대리인의 자격은 서면으로 소명하여야 한다. 청구인이나 피청구인은 대표자·관리인·선정대표자 또는 대리인이 그 자격을 잃으면 그 사실을 서면으로 위원회에 신고하여야 한다. 이 경우 소명자료를 함께 제출하여야 한다.

2. 피청구인의 적격 및 경정

행정심판은 처분을 한 행정청(의무이행심판의 경우에는 청구인의 신청을 받은 행정청)을 피청구인으로 하여 청구하여야 하며, 다만 심판청구의 대상과 관계되는 권한이 다른 행정청에 승계된 경우에는 권한을 승계한 행정청을 피청구인으로 하여야 한다.

청구인이 피청구인을 잘못 지정한 경우에는 행정심판위원회가 직권으로 또는 당사자의 신청에 의하여 결정으로써 피청구인을 경정할 수 있으며, 피청구인을 경정하는 결정을 행정심판위원회가 하면 결정서 정본을 종전의 피청구인과 새로운 피청구인을 포함한 당사자에게 송달하여야 한다. 만약 당사자가 행정심판 피청구인의 경정을 신청하는 경우에는 그 뜻을 적은 서면을 행정심판위원회에 제출하여야 하며, 행정심판위원회가 그 신청을 받으면 지체 없이 이의신청의 처리절차를 거쳐 이를 심사하고 허가 여부를 결정하여야 한다.

행정심판위원회의 피청구인 경정에 관한 결정이 있으면 종전의 피청구인에 대한 심판청구는 취하되고 종전의 피청구인에 대한 행정심판이 청구된 때에 새로운 피청구인에 대한 행정심판이 청구된 것으로 본다. 당사자는 행정심판위원회의 피청구인 경정 결정에 대하여 결정서 정본을 받은 날부터 7일 이내에 행정심판위원회에 이의신청을 할 수 있다.

3. 행정심판 참가

(1) 심판참가의 절차

행정심판의 결과에 이해관계가 있는 제3자나 행정청은 해당 심판청구에 대한 「행정심판법」에 따른 위원회나 소위원회의 의결이 있기 전까지 그 사건에 대하여 심판참가를 할 수 있다. 심판참가를 하려는 자는 참가의 취지와 이유를 적은 참가신청서를 위원회에 제출하여야 하며, 이 경우 당사자의 수만큼 참가신청서 부본을 함께 제출하여야 한다.

행정심판위원회는 참가신청서를 받으면 참가신청서 부본을 당사자에게 송달하여야 하며, 기간을 정하여 당사자와 다른 참가인에게 제3자의 참가신청에 대한 의견을 제출하도록 할 수 있고 당사자와 다른 참가인이 그 기간에 의견을 제출하지 아니하면 의견이 없는 것으로 본다. 참가신청을 받으면 행정심판위원회는 허가 여부를 결정하고, 지체 없이 신청인에게는 결정서 정본을 그리고 당사자와 다른 참가인에게는 결정서 등본을 송달하여야 한다. 신청인은 송달을 받은 날부터 7일 이내에 행정심판위원회에 이의신청을 할 수 있다.

(2) 위원회의 심판참가 요구

행정심판위원회는 필요하다고 인정하면 그 행정심판 결과에 이해관계가 있는 제3자나 행정청에 그 사건 심판에 참가할 것을 요구할 수 있으며, 심판참가 요구는 서면으로 하여야 하고 이 경우 행정심판위원회는 그 사실을 당사자와 다른 참가인에게 알려야 한다.

심판참가 요구를 받은 제3자나 행정청은 지체 없이 그 사건 심판에 참가할 것인지 여부를 행정심판위원회에 통지하여야 한다.

(3) 행정심판 참가인의 지위

참가인은 행정심판 절차에서 당사자가 할 수 있는 심판절차상의 행위를 할 수 있다. 「행정심판법」에 따라 당사자가 행정심판위원회에 서류를 제출할 때에는 참가인의 수만큼 부본을 제출하여야 하고, 행정심판위원회가 당사자에게 통지를 하거나 서류를 송달할 때에는 참가인에게도 통지하거나 송달하여야 한다.

제4절 행정심판의 청구·심리·재결 등

I. 행정심판의 청구

1. 심판청구서의 처리

(1) 심판청구서의 제출

행정심판을 청구하려는 자는 심판청구서를 작성하여 피청구인이나 행정심판위원회에 제출하여야 하며, 이 경우 피청구인의 수만큼 심판청구서 부본을 함께 제출하여야 한다. 행정청이 「행정심판법」 제58조에 따른 고지를 하지 아니하거나 잘못 고지하여 청구인이 심판청구서를 다른 행정기관에 제출한 경우에는 그 행정기관은 그 심판청구서를 지체 없이 정당한 권한이 있는 피청구인에게 보내야 하며, 심판청구서를 보낸 행정기관은 지체 없이 그 사실을 청구인에게 알려야 한다. 「행정심판법」 제27조에 따른 심판청구 기간을 계산할 때에는 피청구인이나 행정심판위원회 또는 다른 행정기관에 심판청구서가 제출되었을 때에 행정심판이 청구된 것으로 본다.

(2) 피청구인의 심판청구서 등 접수·처리

피청구인이 심판청구서를 접수하거나 송부받으면 10일 이내에 심판청구서·답변서를 행정심판위원회에 보내야 한다. 다만, 청구인이 심판청구를 취하한 경우에는 그러하지 아니하다.

만약 처분의 상대방이 아닌 제3자가 심판청구를 한 경우에는 피청구인은 지체 없이 처분의 상대방에게 그 사실을 ① 청구인의 이름, 주소 및 심판청구일, ② 심판청구의 대상이 되는 처분의 내용, ③ 심판청구의 취지 및 이유 등을 적은 서면으로 통지하여야 하며, 이 경우 심판청구서 사본을 함께 송달하여야 한다. 또한 피청구인이 심판청구서를 보낼 때에는 심판청구서에 행정심판위원회가 표시되지 아니하였거나 잘못 표시된 경우에도 정당한 권한이 있는 행정심판위원회에 보내야 한다. 처분의 상대방이 아닌 제3자가 심판청구를 하거나 피청구인이 심판청구서를 보낼 때에 심판청구서에 행정심판위원회가 표시되지 아니하였거나 잘못 표시된 경우 피청구인은 송부 사실을 지체 없이 청구인에게 알려야 한다.

한편, 청구인이 답변서를 보낼 때에는 ① 처분이나 부작위의 근거와 이유, ② 심판청구의 취지와 이유에 대응하는 답변, ③ 처분의 상대방이 아닌 제3자가 심판청구를 한 경우에는 처분의 상대방의 이름·주소·연락처와 사실통보 및 사본송달 의무이행 여부 등의 사항을 명확하게 적어 청구인의 수만큼 답변서 부본을 함께 보내야 한다. 그리고 중앙행정심판위원회에서 심리·재결하는 사건인 경우 행정심판위원회에 심판청구서·답변서를 보낼 때에는 피청구인은 소관 중앙행정기관의 장에게도 그 심판청구·답변의 내용을 알려야 한다.

(3) 피청구인의 직권취소

심판청구서를 받은 피청구인은 그 심판청구가 이유 있다고 인정하면 심판청구의 취지에 따라 직권으로 처분을 취소·변경하거나 확인을 하거나 신청에 따른 '직권취소 등'의 처분을 할 수 있으며, 이 경우 서면으로 청구인에게 알려야 한다. 피청구인은 '직권취소 등'의 처분을 하였을 때에는 청구인이 심판청구를 취하한 경우가 아니면 심판청구서·답변서를 보낼 때 '직권취소 등'의 처분 사실을 증명하는 서류를 행정심판위원회에 함께 제출하여야 한다.

2. 심판청구의 기간과 방식

(1) 심판청구의 기간

행정심판은 처분이 있음을 알게 된 날부터 90일 이내에 청구하여야 한다. 청구인이 천재지변, 전쟁, 사변(事變), 그 밖의 불가항력으로 인하여 처분이 있음을 알게 된 날부터 90일 이내에 심판청구를 할 수 없었을 때에는 그 사유가 소멸한 날부터 14일 이내에 행정심판을 청구할 수 있으며, 다만 국외에서 행정심판을 청구하는 경우에는 그 기간을 30일로 한다. 여기서의 심판청구 기간은 불변기간(不變期間)으로 하며, 행정청이 심판청구 기간을 위 기간보다 긴 기간으로 잘못 알린 경우 그 잘못 알린 기간에 심판청구가 있으면 그 행정심판은 위 기간에 청구된 것으로 본다.

또한 행정심판은 처분이 있었던 날부터 180일이 지나면 청구하지 못함이 원칙이며, 다만 정당한 사유가 있는 경우에는 그러하지 아니하다. 법원도 "행정처분의 상대방이 아닌 제3자라도 처분이 있은 날로부터 180일을 경과하면 행정심판청구를 제기하지 못하는 것이 원칙이지만, 다만 정당한 사유가 있는 경우에는 그러하지 아니하도록 규정되어 있는바, 행정처분의 직접 상대방이 아닌 제3자는 일반적으로 처분이 있는 것을 바로 알 수 없는 처지에 있으므로, 위와 같은 심판청구기간 내에 심판청구를 제기하지 아니하였다고 하더라도, 그 기간 내에 처분이 있은 것을 알았거나 쉽게 알 수 있었기 때문에 심판청구를 제기할 수 있었다고 볼 만한 특별한 사정이 없는 한, 위 법조항 본문의 적용을 배제할 "정당한 사유"가 있는 경우에 해당한다고 보아 위와 같은 심판청구기간이 경과한 뒤에도 심판청구를 제기할 수 있다."고 판시[18]하여 복효적 행정행위의 경우 제3자가 처분을 알지 못한 정당한 사유가 있는 때에는 처분 후 180일이 경과하여도 심판청구를 인정하고 있다.

물론 행정청이 심판청구 기간을 알리지 아니한 경우에도 처분이 있었던 날부터 180일 이내에 심판청구를 할 수 있다.

심판청구의 기간에 관한 규정은 무효등확인심판청구와 부작위에 대한 의무이행심판청구에는 적용하지 아니한다.

(2) 심판청구의 방식

심판청구는 서면으로 하여야 하며, 심판청구서에는 청구인·대표자·관리인·선정대표자 또는 대리인이 서명하거나 날인하여야 한다. 심판청구서에는 대표자·관리인·선정대표자 또는 대리인의 자격을 소명하는 서면과 증거서류 또는 증거물을 첨부할 수 있다.

3. 청구의 변경

청구인은 청구의 기초에 변경이 없는 범위에서 청구의 취지나 이유를 변경할 수 있으며, 행정심판이 청구된 후에 피청구인이 새로운 처분을 하거나 심판청구의 대상인 처분을 변경한 경우에는 새로운 처분이나 변경된 처분에 맞추어 청구의 취지나 이유를 변경할 수 있다. 이 경우 청구의 변경은 서면으로 신청하여야 하며, 피청구인과 참가인의 수만큼 청구변경 신청서 부본을 함께 제출하여야 한다. 이에 대하여 행정심판위원회는 청구변경 신청서 부본을 피청구인과 참가인에게 송달하여야 하며, 기간을 정하여 피청구인과 참가인에게 청구변경 신청에 대한 의견을 제출하도록 할 수 있다. 다만, 피청구인과 참가인이 그 기간에 의견을 제출하지 아니하면 의견이 없는 것으로 본다.

---

18) 대법원 1992. 7. 28. 선고 91누12844 판결.

청구변경 신청에 대하여 행정심판위원회는 이를 허가할 것인지 여부를 결정하고, 지체 없이 신청인에게는 결정서 정본을, 당사자 및 참가인에게는 결정서 등본을 송달하여야 한다. 신청인은 송달을 받은 날부터 7일 이내에 행정심판위원회에 이의신청을 할 수 있다.

행정심판위원회의 청구변경 결정이 있으면 처음 행정심판이 청구되었을 때부터 변경된 청구의 취지나 이유로 행정심판이 청구된 것으로 본다.

4. 집행정지

심판청구는 처분의 효력이나 그 집행 또는 절차의 속행에 영향을 주지 아니한다. 즉, 집행부정지가 원칙이다.

그러나 행정심판위원회는 처분, 처분의 집행 또는 절차의 속행 때문에 중대한 손해가 생기는 것을 예방할 필요성이 긴급하다고 인정할 때에는 직권으로 또는 당사자의 신청에 의하여 처분의 효력, 처분의 집행 또는 절차의 속행의 전부 또는 일부의 정지 등 '집행정지'를 결정할 수 있다. 다만, 처분의 효력정지는 처분의 집행 또는 절차의 속행을 정지함으로써 그 목적을 달성할 수 있을 때에는 허용되지 아니한다.

행정심판법은 집행정지결정의 요건으로 '중대한 손해가 생기는 것을 예방할 필요성'을 규정하고 있음에 반하여, 행정소송법은 집행정지결정의 요건으로 '회복하기 어려운 손해 예방 필요성'을 규정하고 있다. '중대한 손해'와 '회복할 수 없는 손해'의 법적 의미가 동일하지 않으므로 행정심판법상의 집행정지 요건과 행정소송법상의 집행정지 요건이 언제나 일치하는 것은 아니다. 일반적으로 '회복할 수 없는 손해'란 '원상회복이 불가능하거나 금전적으로는 사회통념상 실질적 보상이 어려운 손해'를 의미한다. 이에 반해 '중대한 손해'란 원상회복의 가능여부나 금전적 보상의 실효성 여부에 관계없이 그 손해가 사회통념상 큰 경우를 모두 포함할 수 있으므로 행정심판법상 집행정지의 요건은 행정소송법에 비해 다소 완화된 것으로 볼 수 있다.

집행정지는 공공복리에 중대한 영향을 미칠 우려가 있을 때에는 허용되지 아니한다. 따라서 행정심판위원회는 집행정지를 결정한 후에 집행정지가 공공복리에 중대한 영향을 미치거나 그 정지사유가 없어진 경우에는 직권으로 또는 당사자의 신청에 의하여 집행정지 결정을 취소할 수 있으며, 집행정지 또는 집행정지의 취소에 관하여 심리·결정하면 행정심판위원회는 지체 없이 당사자에게 결정서 정본을 송달하여야 한다.

집행정지 신청은 심판청구와 동시에 또는 심판청구에 대한 의결이 있기 전까지, 집행정시 결정의 취소신청은 심판청구에 대한 의결이 있기 전까지 신청의 취지와 원인을 적은 서면을 위원회에 제출하여야 한다. 다만, 심판청구서를 피청구인에게 제출한 경우로서 심판청구와 동시에 집행정지 신청을 할 때에는 심판청구서 사본과 접수증명서를 함께 제출하여야 한다.

한편, 행정심판위원회의 심리·결정을 기다릴 경우 중대한 손해가 생길 우려가 있다고 인정되면 위원장은 직권으로 행정심판위원회의 심리·결정을 갈음하는 결정을 할 수 있으며, 이 경우 위원장은 지체 없이 행정심판에 그 사실을 보고하고 추인을 받아야 하고 행정심판위원회의 추인을 받지 못하면 위원장은 집행정지 또는 집행정지 취소에 관한 결정을 취소하여야 한다.

5. 임시처분

행정심판위원회는 처분 또는 부작위가 위법·부당하다고 상당히 의심되는 경우로서 처분 또는 부작위 때문에 당사자에게 끼칠 우려가 있는 중대한 불이익이나 당사자에게 생길 급박한 위험을 막기 위하여 임시지위를 정하여야 할 필요가 있는 때에는 직권으로 또는 당사자의 신청에 의하여 임시처분을 결정할 수 있다.

Ⅱ. 심 리

1. 보 정

행정심판위원회는 심판청구가 적법하지 아니하나 보정(補正)할 수 있다고 인정하면 기간을 정하여 청구인에게 보정할 것을 요구할 수 있으며, 다만 경미한 사항은 직권으로 보정할 수 있다.

청구인은 보정 요구를 받으면 서면으로 보정하고 다른 당사자의 수만큼 보정서 부본을 함께 제출하여야 하며, 행정심판위원회는 제출된 보정서 부본을 지체 없이 다른 당사자에게 송달하여야 한다. 보정을 한 경우에는 처음부터 적법하게 행정심판이 청구된 것으로 보며, 보정 기간은 재결 기간에 산입하지 아니한다.

2. 주장의 보충

당사자는 심판청구서·보정서·답변서·참가신청서 등에서 주장한 사실을 보충하고 다른 당사자의 주장을 다시 반박하기 위하여 필요하면 행정심판위원회에 보충서면을 제출할 수 있다. 이 경우 다른 당사자의 수만큼 보충서면 부본을 함께 제출하여야 한다.

행정심판위원회는 필요하다고 인정하면 보충서면의 제출기한을 정할 수 있으며, 보충서면을 받으면 지체 없이 다른 당사자에게 그 부본을 송달하여야 한다.

3. 증거서류 등의 제출 및 반환

당사자는 심판청구서·보정서·답변서·참가신청서·보충서면 등에 덧붙여 그 주장을 뒷받침하는 증거서류나 증거물을 제출할 수 있다. 증거서류에는 다른 당사자의 수만큼 증거서류 부본을 함께 제출하여야 하며, 행정심판위원회는 당사자가 제출한 증거서류의 부본을 지체 없이 다른 당사자에게 송달하여야 한다. 행정심판위원회는 재결을 한 후 증거서류 등의 반환 신청을 받으면 신청인이 제출한 문서·장부·물건이나 그 밖의 증거자료의 원본을 지체 없이 제출자에게 반환하여야 한다.

4. 자료의 제출 요구

행정심판위원회는 사건 심리에 필요하면 관계 행정기관이 보관 중인 관련 문서, 장부, 그 밖에 필요한 자료를 제출할 것을 요구할 수 있으며, 필요하다고 인정하면 사건과 관련된 법령을 주관하는 행정기관이나 그 밖의 관계 행정기관의 장 또는 그 소속 공무원에게 행정심판위원회 회의에 참석하여 의견을 진술할 것을 요구하거나 의견서를 제출할 것을 요구할 수 있다. 관계 행정기관의 장은 특별한 사정이 없으면 행정심판위원회의 위 요구에 따라야 한다. 한편, 중앙행정심판위원회에서 심리·재결하는 심판청구의 경우 소관 중앙행정기관의 장은 의견서를 제출하거나 행정심판위원회에 출석하여 의견을 진술할 수 있다.

5. 증거조사

행정심판위원회는 사건을 심리하기 위하여 필요하면 직권으로 또는 당사자의 신청에 의하여 ① 당사자나 관계인(관계 행정기관 소속 공무원을 포함한다)을 행정심판위원회의 회의에 출석하게 하여 신문하는 방법, ② 당사자나 관계인이 가지고 있는 문서·장부·물건 또는 그 밖의 증거자료의 제출을 요구하고 영치하는 방법, ③ 특별한 학식과 경험을 가진 제3자에게 감정을 요구하는 방법, ④ 당사자 또는 관계인의 주소·거소·사업장이나 그 밖의 필요한 장소에 출입하여 당사자 또는 관계인에게 질문하거나 서류·물건 등을 조사·검증하는 방법 등에 따라 증거조사를 할 수 있으며, 필요하면 행정심판위원회가 소속된 행정청의 직원이나 다른 행정기관에 촉탁하여 증거조사를 하게 할 수 있고 이 경우 그 조사자로 하여금 증거조사조서를 작성하게 할 수 있다.

6. 심리절차

(1) 절차의 병합 또는 분리

행정심판위원회는 필요하면 관련되는 심판청구를 병합하여 심리하거나 병합된 관련 청구를 분리하여 심리할 수 있다.

(2) 심리기일의 지정과 변경

심리기일은 행정심판위원회가 직권으로 지정한다. 반면, 심리기일의 변경은 직권으로 또는 당사자의 신청에 의하여 한다. 행정심판위원회는 심리기일이 변경되면 지체 없이 그 사실과 사유를 당사자에게 알려야 한다.

심리기일의 통지나 심리기일 변경의 통지는 서면으로 하거나 심판청구서에 적힌 전화, 휴대전화를 이용한 문자전송, 팩시밀리 또는 전자우편 등 간편한 간이통지방법으로 할 수 있다. 행정심판위원회는 심리기일 7일 전까지 당사자와 참가인에게 서면 또는 간이통지방법으로 심리기일을 알려야 한다.

(3) 직권심리

행정심판위원회는 필요하면 당사자가 주장하지 아니한 사실에 대하여도 심리할 수 있다.

⑷ 심리의 방식

행정심판의 심리는 구술심리나 서면심리로 한다. 다만 당사자가 구술심리를 신청한 경우에는 서면심리만으로 결정할 수 있다고 인정되는 경우 외에는 구술심리를 하여야 하며, 행정심판위원회는 구술심리 신청을 받으면 그 허가 여부를 결정하여 신청인에게 알려야 하고 그 통지는 간이통지방법으로 할 수 있다. 당사자가 구술심리를 신청하려면 심리기일 3일 전까지 위원회에 서면 또는 구술로 신청하여야 한다.

7. 조 정

최근 법개정으로 조정제도가 도입되었다. 위원회는 당사자의 권리 및 권한의 범위 내에서 심판청구의 신속하고 공정한 해결을 위하여 조정을 할 수 있다. 다만, 그 조정이 공공복리에 적합하지 아니하거나 해당 처분의 성질에 반하는 경우에는 허용되지 아니한다.

위원회는 조정을 함에 있어서 심판청구된 사건의 법적·사실적 상태와 당사자 및 이해관계자의 이익 등 그 밖의 모든 사정을 참작하고, 조정의 이유와 취지를 설명하여야 한다.

조정은 당사자가 합의한 사항을 문서에 기재한 후 당사자가 서명 또는 날인하고 위원회가 이를 확인함으로써 성립한다. 조정은 재결과 동일한 효력을 갖는다.

8. 심판청구 등의 취하

청구인은 심판청구에 대하여 의결이 있을 때까지 서면으로 심판청구를 취하할 수 있으며, 참가인은 심판청구에 대하여 의결이 있을 때까지 서면으로 참가신청을 취하할 수 있다. 이에 따른 취하서에는 청구인이나 참가인이 서명하거나 날인하여야 한다.

청구인 또는 참가인이 심판청구 또는 참가신청을 취하하는 경우에는 그 청구 또는 신청의 전부 또는 일부를 취하할 수 있고 상대방의 동의 없이도 취하할 수 있으며, 심판청구 또는 참가신청의 취하가 있으면 그 취하된 부분에 대해서는 처음부터 심판청구 또는 참가신청이 없었던 것으로 본다.

청구인 또는 참가인은 취하서를 피청구인 또는 위원회에 제출하여야 한다. 피청구인 또는 행정심판위원회는 계속 중인 사건에 대하여 심판청구에 대한 취하서를 받으면 지체 없이 다른 관계 기관, 청구인, 참가인에게 취하 사실을 알려야 한다.

Ⅲ. 재 결

1. 재결의 구분

(1) 각하재결

행정심판의 제기요건이 결여되어 심판청구가 적법하지 아니하면 이에 대한 본안심리를 거절하는 재결을 말한다.

(2) 기각재결

본안심리의 결과 행정심판청구가 이유 없다(처분이 위법 또는 부당하지 아니하다)고 판단되어 원처분을 인정하는 재결을 말한다.

(3) 인용재결
1) 취소심판에서의 인용재결

취소심판에서 행정심판청구가 이유 있다(처분이 위법 또는 부당하다)고 판단되는 때에 행정심판위원회는 재결로서 처분을 취소(취소재결)하거나, 처분을 변경(변경재결)하거나, 다른 처분으로 변경을 명(변경명령재결)할 수 있다.

처분을 취소하는 때에 당해 처분의 전부를 취소하는 경우가 일반적이지만 경우에 따라서는 그 일부를 취소할 수도 있다. 다만, 이때에는 본처분과 일부취소하고자 하는 처분이 분리 가능해야 한다. 물론 분리가능성은 행정소송보다 넓게 인정된다. 예를 들어 행정소송에서는 재량행위에 해당하는 영업정지기간에 대해 그 일부만을 취소할 수 없으나 행정심판은 행정의 자기통제원칙에 의해 기간의 일부를 취소할 수 있다.

마찬가지로 행정심판위원회는 처분의 내용을 적극적으로 변경하거나 변경을 명하는 인용재결을 할 수도 있다. 예를 들어 영업취소를 영업정지로 적극변경하는 것도 가능하다.

2) 무효등확인심판에서의 인용재결

행정심판위원회는 무효등확인심판의 청구가 이유가 있다고 인정하면 처

분의 효력 유무 또는 처분의 존재 여부를 확인하는 무효확인재결, 실효확인재
결, 유효확인재결, 존재확인재결, 부존재확인재결을 할 수 있다.

3) 의무이행심판에서의 인용재결

행정심판위원회는 의무이행심판의 청구가 이유가 있다고 인정하면 지체
없이 신청에 따른 처분을 하거나(처분재결), 처분을 할 것을 피청구인에게 명하
는(처분명령재결) 재결을 해야 한다.

행정심판위원회가 처분재결과 처분명령재결 중 무엇을 우선할 것인지는
오로지 행정심판위원회의 재량적 판단에 따라야 한다. 다만, 부관이 예상되는
경우에는 처분청으로 하여금 적절한 부관을 붙일 수 있는 기회를 제공한다는
점에서 가능한 처분명령재결을 하는 것이 바람직하다.

(4) 사정재결

행정심판위원회는 심판청구가 이유가 있다고 인정하는 경우에도 이를 인
용하는 것이 공공복리에 크게 위배된다고 인정하면 그 심판청구를 기각하는
사정재결을 할 수 있다. 이 경우 위원회는 재결의 주문에서 그 처분 또는 부작
위가 위법하거나 부당하다는 것을 구체적으로 밝혀야 한다. 행정심판위원회는
사정재결을 할 때에는 청구인에 대하여 상당한 구제방법을 취하거나 상당한
구제방법을 취할 것을 피청구인에게 명할 수 있다.

위 내용과 같은 사정재결에 관한 규정은 무효등확인심판에는 적용하지
아니한다.

2. 재결의 방식과 요건

(1) 재결의 방식

재결은 서면으로 한다. 재결서에는 ① 사건번호와 사건명, ② 당사자·대
표자 또는 대리인의 이름과 주소, ③ 주문, ④ 청구의 취지, ⑤ 이유, ⑥ 재결
한 날짜 등의 사항이 포함되어야 하며, 재결서에 적는 이유에는 주문 내용이
정당하다는 것을 인정할 수 있는 정도의 판단이 표시되어야 한다.

(2) 재결의 기간

재결은 피청구인 또는 행정심판위원회가 심판청구서를 받은 날부터 60일
이내에 하여야 한다. 다만, 부득이한 사정이 있는 경우에는 위원장이 직권으

로 30일을 연장할 수 있으며, 위원장은 재결 기간을 연장할 경우에는 재결 기간이 끝나기 7일 전까지 당사자에게 알려야 한다.

(3) 재결의 범위

행정심판위원회는 심판청구의 대상이 되는 처분 또는 부작위 외의 사항에 대하여는 재결하지 못하며, 심판청구의 대상이 되는 처분보다 청구인에게 불리한 재결을 하지 못한다.

3. 재결의 송달과 효력 발생

행정심판위원회는 지체 없이 당사자에게 재결서의 정본을 송달하여야 하며, 이 경우 중앙행정심판위원회는 재결 결과를 소관 중앙행정기관의 장에게도 알려야 하고 재결서의 등본을 지체 없이 참가인에게 송달하여야 한다. 재결은 청구인에게 송달되었을 때에 그 효력이 생긴다. 만약 처분의 상대방이 아닌 제3자가 심판청구를 한 경우 행정심판위원회는 재결서의 등본을 지체 없이 피청구인을 거쳐 처분의 상대방에게 송달하여야 한다.

4. 재결의 기속력(재처분의무 및 간접강제)

심판청구를 인용하는 재결은 피청구인과 그 밖의 관계 행정청을 기속한다. 당사자의 신청을 거부하거나 부작위로 방치한 처분의 이행을 명하는 재결이 있으면 행정청은 지체 없이 이전의 신청에 대하여 재결의 취지에 따라 처분을 하여야 하며, 신청에 따른 처분이 절차의 위법 또는 부당을 이유로 재결로써 취소된 경우에도 또한 같다.

재결에 의하여 취소되거나 무효 또는 부존재로 확인되는 처분이 당사자의 신청을 거부하는 것을 내용으로 하는 경우에는 그 처분을 한 행정청은 재결의 취지에 따라 다시 이전의 신청에 대한 처분을 하여야 한다.

2017년 법개정을 통하여 행정심판 인용재결에 따른 행정청의 재처분 의무에도 불구하고 행정청이 인용재결에 따른 처분을 하지 아니하면 행정심판위원회는 당사자의 신청에 의하여 결정으로 상당한 기간을 정하고, 행정청이 그 기간 내에 이행하지 아니하는 경우에는 지연기간에 따라 일정한 배상을 하도록 명하거나 즉시 배상을 할 것을 명할 수 있도록 간접강제제도를 마련하였다.

법 개정 이후 실제로 간접강제를 명하는 행정심판 사례가 늘고 있다. 대표적인 것으로 "피신청인이 신청인에 대하여, 이 사건 결정서의 정본을 송달 받은 날부터 60일 이내에 중앙행정심판위원회의 '2017－20304 공공시설 인수 절차 이행청구' 사건의 재결 취지에 따른 인수절차의 이행을 완료하지 않을 때에는 피신청인은 신청인에게 위 기간이 끝난 다음날부터 그 이행 완료일까지 1일 금 20만원의 비율로 계산한 돈을 지급하라."고 간접강제 신청을 인용한 바 있다.[19]

5. 위원회의 직접 처분

행정심판위원회는 피청구인이 처분을 하지 아니하는 경우에는 당사자가 신청하면 기간을 정하여 서면으로 시정을 명하고 그 기간에 이행하지 아니하면 직접 처분을 할 수 있다. 다만, 그 처분의 성질이나 그 밖의 불가피한 사유로 행정심판위원회가 직접 처분을 할 수 없는 경우에는 그러하지 아니하다.

행정심판위원회가 직접 처분을 하였을 때에는 그 사실을 해당 행정청에 통보하여야 하며, 그 통보를 받은 행정청은 행정심판위원회가 한 처분을 자기가 한 처분으로 보아 관계 법령에 따라 관리·감독 등 필요한 조치를 하여야 한다.

6. 행정심판 재청구의 금지

심판청구에 대한 재결이 있으면 그 재결 및 같은 처분 또는 부작위에 대하여 다시 행정심판을 청구할 수 없다.

Ⅳ. 행정심판의 고지

1. 의 의

고지제도란 행정청이 행정행위를 함에 있어서 당해 행정행위의 상대방이 행정심판을 제기하고자 하는 경우에 필요한 사항을 알려 주어야 할 의무를 지는 제도를 말한다. 아무리 행정심판제도가 완비되어도 행정심판제기의 가부, 심판청구절차제도 및 청구기간 등이 불명료하면 행정심판의 제도적 목적이 달성되지 못한다.

---

19) 중앙행정심판위원회, 2017－20304 인용재결 간접강제신청.

그러므로 고지제도는 상대방이 심판청구요건을 잘 알지 못함으로 인하여 불이익을 당하지 않도록 심판청구의 기회를 보장하고, 고지로 인하여 당해 처분을 함에 있어 보다 신중을 기하게 됨으로써 행정의 적정화를 도모하려는 점에서 제도적 의의를 찾을 수 있다.

2. 현행법 규정

행정청이 처분을 할 때에는 처분의 상대방에게 ① 해당 처분에 대하여 행정심판을 청구할 수 있는지 여부와 ② 행정심판을 청구하는 경우의 심판청구절차 및 심판청구 기간에 관한 사항을 알려야 한다. 또한 행정청은 이해관계인이 요구하면 ① 해당 처분이 행정심판의 대상이 되는 처분인지 여부와 ② 행정심판의 대상이 되는 경우 소관 위원회 및 심판청구 기간에 관한 사항을 지체 없이 알려 주어야 하며, 이 경우 서면으로 알려 줄 것을 요구받으면 서면으로 알려 주어야 한다.

3. 성 질

고지는 행정청의 일정한 관념 또는 의사를 알리는 것이 아니라 기존의 법규내용을 구체적으로 알리는 비권력적 사실행위로서, 그 자체로서는 아무런 법률효과도 발생시키지 않으며 그 자체는 처분이나 행정행위가 아니므로 항고쟁송의 대상이 되지 않는다.

고지를 하지 아니하거나 잘못 고지한 경우에도 당해 행정처분의 효력에 영향을 미치는 것이 아니므로 행정심판법상의 고지에 관한 규정은 훈시규정이라 보는 견해[20]가 있으나 다수설은 강행규정 또는 의무규정으로 해석한다.[21]

4. 고지의 종류

(1) 직권에 의한 고지

행정청은 서면에 의한 처분을 하는 경우에는 상대방의 신청유무와 관계없이 직권으로 고지하여야 한다.

---

20) 김향기(399면).
21) 김철용(425면).

1) 고지의 대상

고지의 대상이 되는 것은 서면에 의한 처분이다. 고지의 대상인 처분은 행정심판법상의 심판청구의 대상이 되는 처분에 국한되는 것이 아니라, 널리 행정심판의 대상이 될 수 있는 처분을 총칭한다고 보아야 할 것이다. 다만, 신청에 의한 처분에 대하여 신청한 대로 처분을 한 경우와 비록 신청에 의하지 않고 행정청이 일방적으로 처분으로 하였으나 그 내용이 상대방에게 어떠한 불리한 효과를 발생시키지 않는 경우는 그 성질상 고지를 요하지 않는다. 그러나 신청에 의한 처분에 있어서 처분내용이 신청한 대로가 아닌 때나, 신청한 대로의 내용 이외의 부관이 부과되는 때 또는 복효적 행정처분으로서 부담적 효과를 수반하는 것인 때에는 고지를 하여야 한다.

2) 고지의 내용

고지할 내용은 당해 처분에 대한 행정심판의 제기절차 및 기간 등 행정심판의 제기에 필요한 사항으로서 행정심판을 제기할 수 있는지의 여부, 심판청구절차 및 청구기간 등이다.

3) 고지의 상대방·방법·시기

고지는 당해 처분의 상대방에 대하여 해야 한다. 고지의 방법에 대하여는 명문의 규정이 없으나, 서면에 의한 처분이 고지의 대상이 되는 점에서 그 고지 역시 서면으로 하는 것이 원칙이다. 고지는 처분시에 함이 원칙이지만, 처분 후에 고지를 하면 불고지의 하자가 치유된다.

(2) 청구에 의한 고지

처분의 이해관계인이 고지를 신청하면 당해 행정청은 지체 없이 고지를 하여야 한다.

1) 청구권자

고지를 신청할 수 있는 자는 처분에 대한 이해관계인으로서, 이해관계인이란 당해 처분으로 직접 자기의 법률상 이익이 침해받은 제3자를 말한다. 그러나 처분시에 고지를 아니한 경우에는 당해 처분의 상대방도 포함된다.

2) 고지의 대상·내용

직권에 의한 경우와는 달리 서면에 의한 처분에 한하지 않고 고지의 청구권자의 법률상 이익을 침해한 모든 처분이 그 대상이 될 수 있다. 고지의 내용은 직권에 의한 경우와 같다.

3) 고지의 시기·방법

고지를 요구받은 행정청은 지체 없이 고지를 하여야 한다. 고지의 방법에는 특별한 제한이 없으나, 청구권자가 서면에 의한 고지를 요구한 때에는 반드시 서면으로 하여야 한다.

5. 불고지나 오고지의 효과

(1) 불고지의 효과

1) 처분 자체의 효력

행정청이 고지의무를 해태한 경우에도 당해 처분자체의 효력에는 아무런 영향을 미치지 않는다. 다만, 행정심판법은 불고지의 경우 행정심판제기에 있어서 특례를 규정하고 있다.

2) 청구절차의 불고지

행정청이 고지를 하지 아니하여 청구인이 심판청구서를 소정의 행정기관 이외의 행정기관에 제출한 때에는 당해 행정기관은 그 심판청구서를 정당한 권한 있는 행정청에 송부하고, 지체 없이 그 사실을 청구인에게 통지하여야 한다. 이 경우의 심판청구기간의 계산은 최초의 행정기관에 심판청구서가 제출된 때에 심판청구가 제기된 것으로 본다.

3) 청구기간의 불고지

행정청이 심판청구기간을 고지하지 아니한 때에는 당해 처분이 있음을 안 때부터 90일이 경과하여도 당해 처분이 있은 날로부터 180일 이내에는 행정심판을 제기할 수 있다.

(2) 오고지의 효과

1) 청구절차의 오고지

심판청구절차를 잘못 고지하고 청구인이 그 고지에 따라 심판청구서를 다른 행정기관에 잘못 제출할 때의 효과는 불고지의 경우와 같다.

2) 청구기간의 오고지

행정청이 고지한 행정심판청구기간이 착오로 소정의 심판청구기간보다 길게 된 때에는 그 고지된 청구기간 내에 심판청구가 있으면 비록 소정의 청구기간이 경과된 때에도 적법한 기간 내에 심판청구가 있은 것으로 본다.

3) 행정심판을 제기할 필요가 없다고 잘못 고지한 경우

행정청이 행정심판을 제기할 필요가 없다고 잘못 고지한 경우에는 비록 행정심판을 반드시 전치해야 하는 경우라도 행정심판을 거치지 않고 곧바로 행정소송을 제기할 수 있다.

제 2 장 행정소송

제 1 절 개 설

I. 행정소송의 의의와 기능

1. 행정소송의 의의

행정소송이란 행정법관계에서 당사자 간의 법률관계에 관한 분쟁을 법원이 심리·판단하는 정식의 행정쟁송을 말한다. 행정소송은 행정사건에 대한 재판이라는 점에서 민사소송이나 형사소송과 구별되며, 법원에 의한 정식쟁송 절차라는 점에서 행정심판과 구별된다.

공법상 분쟁에 관한 소송이라는 점에서는 헌법재판과 동일하다. 하지만 헌법재판은 헌법적 분쟁을 해결하는 쟁송절차임에 반하여 행정소송은 행정법상 법률관계에 관한 다툼을 해결하는 쟁송이라는 점에서 양자는 구별된다. 특히 우리나라는 헌법재판의 대상이 헌법 제111조 제1항[1]에 열거되어 있기 때문에 헌법재판과 행정소송의 구별이 분명하다. 공법적 분쟁 중에서 헌법 제111조 제1항에서 열거하고 있는 헌법재판사항을 제외한 것이 행정소송의 대상이 된다.

2. 행정소송의 기능

행정소송의 가장 중요한 기능은 ① 국민의 권리구제와 ② 행정의 적법성

---

1) 헌법 제111조 ① 헌법재판소는 다음 사항을 관장한다.
   1. 법원의 제청에 의한 법률의 위헌여부 심판
   2. 탄핵의 심판
   3. 정당의 해산 심판
   4. 국가기관 상호간, 국가기관과 지방자치단체간 및 지방자치단체 상호간의 권한쟁의에 관한
     심판
   5. 법률이 정하는 헌법소원에 관한 심판

통제라고 할 수 있다. 행정소송을 통하여 위법한 행정작용으로 인하여 침해된 국민의 권익을 구제할 수 있음은 물론이고, 행정작용의 위법성 여부에 대한 심사는 결국 행정의 합법성 및 합목적성을 확보하게 하는 행정통제적 기능도 하게 된다. 양자의 기능 중 어떠한 것에 보다 중요한 가치를 둘 것인지는 각국의 사정에 따라 또는 시대에 따라 다르게 평가될 수 있다. 예를 들어 행정법 발달초기의 프랑스 월권소송은 행정의 적법성통제가 직접적인 목적이었다. 이에 반해 독일은 위법한 행정작용으로 인해 침해된 공권을 회복하는 수단으로 행정소송제도를 도입하였다. 하지만 오늘날에는 우리나라를 비롯한 대부분의 나라들이 행정소송의 주된 목적은 국민의 권익구제에 있고 그 부수적 효과로서 행정의 적법성 통제기능을 하는 것으로 이해하고 있다. 그러나 법치주의 이념상 행정의 법률적합성 원칙은 무엇보다 중요한 것이므로 행정의 적법성 통제라는 행정소송의 기능을 결코 가볍게 보아서는 안 된다.

Ⅱ. 현행 행정소송법의 주요 특질

1. 행정심판임의주의

현행 행정소송법 제18조 제1항은 "취소소송은 … 행정심판을 제기할 수 있는 경우에도 이에 대한 재결을 거치지 아니하고 이를 제기할 수 있다"라고 규정함으로써 행정심판임의주의를 채택하고 있다. 물론 「국가공무원법」상의 소청심판, 「국세기본법」상의 국세심판, 「도로교통법」상의 운전면허처분에 관한 행정심판 등과 같이 다른 법률의 규정에 의하여 행정심판을 필요적으로 전치해야 하는 경우도 있다.

2. 행정법원의 설치

지방법원급의 행정법원이 설치되고, 당해 법원이 행정사건에 관한 제1심 관할법원이 됨으로써 행정소송도 민사소송이나 형사소송과 마찬가지로 3심제가 되었다.

과거 행정심판의 필요적 전치제도가 존재할 당시에는 행정소송(항고소송)의 제1심 관할이 고등법원이었으므로 행정소송은 다른 소송과 달리 2심제였다.

3. 제소기간의 연장

행정소송은 민사소송과 달리 법률관계의 조속한 확정을 위하여 행정처분에 대한 소송을 세기할 수 있는 제소기간을 제한하고 있다. 현행 행징소송법은 제소기간의 경과로 인하여 국민의 권익구제가 원천적으로 불가능하게 되는 폐해를 최소화하기 위하여, 취소소송의 경우 처분이 있음을 안 날로부터(행정심판을 거친 경우에는 재결서 정본을 송달받은 날로부터) 90일 이내, 처분이 있은 날로부터 1년 이내에 제기하도록 함으로써 제소기간을 상당히 연장하였다.

4. 피고적격

이론적으로는 처분의 효과가 기속되는 국가 또는 공공단체가 행정소송의 피고가 되어야 하나, 행정소송의 신속하고 원활한 수행을 위하여 행정소송의 대상이 된 처분을 행한 처분청을 피고로 하고 있다.

5. 관련청구소송의 이송 및 병합

행정소송은 관련청구소송이 각각 다른 법원에 계속되고 있는 경우 당사자의 신청 또는 직권에 의하여 이를 행정소송이 계속된 법원으로 이송할 수 있다. 또한, 행정소송은 민사소송과 달리 당해 처분 등과 관련되는 손해배상·부당이득반환·원상회복청구소송 등을 병합하여 심리할 수 있다.

6. 집행부정지의 원칙

행정행위는 공정력으로 인하여 권한 있는 기관에 의해 취소되기 전까지는 유효한 것으로 추정되므로 취소소송이 제기되어도 처분의 효력이나 그 집행 또는 절차의 속행에 영향을 주지 않는다. 이를 집행부정지의 원칙이라 한다. 물론 처분의 집행 등으로 회복할 수 없는 손해발생 우려가 있는 때에는 당사자의 신청이나 법원이 직권으로 집행을 정지할 수는 있다.

7. 직권심리

행정소송법 제26조는 "법원은 필요하다고 인정할 때에는 직권으로 증거조사를 할 수 있고, 당사자가 주장하지 아니한 사실에 대하여도 판단할 수 있다"라고 규정함으로써 민사소송과 달리 직권탐지주의를 가미하고 불고불리의 원칙에 대한 예외를 인정하고 있다.

8. 사정판결

행정소송은 원고의 청구가 이유 있다고 인정되는 경우에도 처분을 취소하는 것이 현저히 공공복리에 적합하지 아니하다고 판단될 때에는 처분이 위법함에도 불구하고 원고의 청구를 기각하는데, 이를 사정판결이라 한다. 물론 판결이유에 처분의 위법성을 설시함으로써 국가배상청구 등 다른 수단을 통한 구제를 용이하게 한다.

Ⅲ. 행정소송법의 개정논의

1. 그간의 경과

현행 행정소송법은 1951년 제정된 이후 약 30여년 만인 지난 1984년 행정소송법 전면개정이 있었고 이후 1994년 개정으로 행정심판 전치주의 폐지, 행정소송의 3심제화 이외에 별다른 내용의 변경이 없었다. 이후 국민의 권리의식과 행정형식의 다양화 등 급변하는 사회 환경의 변화가 있음에도 이를 반영하지 못한다는 비판과 함께 개정의 필요성이 지속적으로 제기되어 왔다.

정부는 2007년에 행정소송법 전부개정안을 국회에 제출하였으나 국회에서의 심의는 전무하였고 결국 2008년 5월 제17대 국회 임기만료로 폐기되었다. 제18대 국회 개원 후에도 2011년 6월 23일 행정소송법 전부개정안이 제출되었으나 제18대 국회 임기 만료로 역시 폐기되었다. 2013년 정부는 또다시 '신속하고 실질적인 권익구제를 도모하면서도 누구나 쉽고 편리하게 이용할 수 있는 행정소송제도 마련'이라는 명분으로 국민의 권익구제 확대를 위한 소송제도 개선, 사전권리구제절차 정비, 이용하기 쉬운 행정소송 제도 마련, 행정소송의 전문성 강화 등을 골자로 하는 행정소송법 전면개정안을 국회에 제출하였으나 제19대 국회 임기만료로 폐기되었다. 개정안의 주요 내용은 다음과 같다.

2. 주요 내용

(1) 의무이행소송 도입

현행 권리구제절차인 거부처분 취소소송이나 부작위위법확인소송의 불완전성을 해소하기 위하여 법원에 바로 처분의 이행을 구하는 의무이행소송을 도입하였다. 의무이행소송을 도입하지만 여전히 부작위위법확인소송을 존치함으로써 국민의 소송유형 선택의 자유 보장 및 행정청 스스로의 재처분 기회를 보장하였다.

(2) 원고적격 확대

현행법은 원고적격의 범위를 당해 처분의 근거법률 등에 의해 보호되는 직접적·구체적 이익인 '법률상의 이익'으로 제한하고 있는데, 국민의 실질적 권익구제 가능성을 넓히기 위해 원고적격을 '법적 이익'으로 확대하였다.

(3) 집행정지 요건 완화 및 담보부 집행정지제도

부담적 처분의 '위법성이 명백한 경우' 및 '금전상 손해라도 손해가 중대한 경우'에 집행정지가 가능하도록 요건을 완화하였고, 제3자에 대한 수익적 행정처분의 취소를 구하는 소송, 이른바 '제3자효 행정처분에 대한 소송'의 경우 제3자 보호를 위해 담보제공 규정을 신설하였다. 예를 들어 이웃이 제3자에 대한 건축허가처분의 취소를 구함과 동시에 집행정지를 신청하는 경우, 법원은 신청자로 하여금 담보를 제공하게 하고 제3자에 대한 건축허가처분의 집행을 정지하도록 하는 제도이다.

(4) 가처분제도 도입

사전 권리구제절차의 중심인 집행정지제도는 부담적 행정처분을 중심으로 한 것이고, 수익적 행정처분에 대한 사전 권리구제절차 흠결이 있어 이를 보완하기 위해 가처분제도를 마련하였다. 예를 들어 어업면허, 체류기간연장 등 기한부 처분에 대한 갱신처분을 거부할 경우, 판결확정시까지 임시로 어업활동, 체류가 가능하도록 할 급박한 사정이 있는 경우 가처분을 허용하는 것이다.

(5) 소의 변경·이송의 허용범위 확대

일반 국민의 입장에서 민사소송과 행정소송의 구분이 어려워 잘못 제소하는 경우 제소기간 도과, 소각하 등 불이익이 발생할 우려가 있어 잘못 제소하는 경우 소의 변경을 허용하고, 현행 규정은 행정소송의 이송에 고의 또는 중대한 과실의 요건을 추가하여 민사소송보다 더욱 엄격하게 운용되고 있어, 현행 행정소송법 제7조를 삭제하여 이송을 보다 쉽게 허용하였다.

(6) 관할지정제도 도입

사건이 행정법원과 지방법원 중 어느 법원의 관할에 속하는지 명백하지 아니한 때, 고등법원이 관할법원을 지정해줄 수 있는 제도를 도입하였다. 일반 국민의 입장에서 관할 법원 선택의 위험 및 불편을 해소할 수 있을 것으로 보인다.

(7) 결과제거의무 규정 신설

현행법은 위법한 행정처분의 집행으로 일정한 위법상태가 발생한 경우, 이에 대한 행정청의 제거 의무는 '취소판결의 기속력'으로 규정되었으나 행정청이 자발적으로 위법한 결과를 제거하지 않는 경우 별도의 소송을 제기하여야 하는 문제점이 있으므로 행정청에 대하여 위법한 결과를 제거하기 위한 필요 조치 의무를 부여하여 신속하게 적법 상태를 실현하도록 보장하는 제도를 도입하였다.

(8) 제3자 소제기 사실 통지제도 신설

법원이 피고 외의 다른 행정청 및 이해관계가 있는 제3자에게 소제기 사실을 통지할 수 있도록 하는 규정을 신설하여 행정처분으로 인해 영향 받을 이해관계자의 참여를 보장하였다.

(9) 당사자소송 활성화

성질상 행정소송이지만 편의상 민사소송으로 다루어지던 행정상 손해배상·부당이득반환 등 공법상 원인으로 발생하는 법률관계에 관한 소송을 행정소송의 대상으로 명시함으로써, 행정처분의 위법성 다툼과 직접 관련된 소송의 경우 행정소송의 공익성 등을 고려할 수 있는 전문법원에서 담당하도록 하였다.

제 2 절 행정소송의 한계

I. 문제의 소재

현행 행정소송법은 모든 행정사건에 관하여 행정소송을 제기할 수 있는 이른바 '개괄주의'를 취하고 있다. 개괄주의란 모든 위법한 행정작용에 대하여 행정소송을 제기할 수 있는 제도이다. 과거 독일의 행정소송법은 행정소송을 제기할 수 있는 행정작용을 법률에 일일이 규정하였는데, 이처럼 행정소송을 제기할 수 있는 행정작용을 미리 법률에 규정해 놓은 방식을 '열기주의'라 한다.

따라서 이론적으로는 개괄주의를 취하는 이상 모든 행정작용에 대하여 언제나 행정소송의 제기가 가능해야 한다. 하지만 개괄주의를 채택할지라도 ① 사법의 본질에서 오는 한계와 ② 권력분립의 원칙에서 오는 한계 때문에 행정법관계의 모든 분쟁에 대하여 언제나 행정소송의 제기가 가능한 것은 아니다. 이를 행정소송의 한계라 한다.

II. 사법 본질적 한계

「법원조직법」 제2조 제1항은 '법원은 헌법에 특별한 규정이 있는 경우를 제외한 모든 법률상의 쟁송(爭訟)을 심판하고, 이 법과 다른 법률에 따라 법원에 속하는 권한을 가진다'라고 규정하고 있다. 다시 말해서 법원이 심판할 수 있는 소송은 이른바 '법률상의 쟁송'이어야 한다. 따라서 행정소송 역시 법률상의 쟁송인 경우에만 가능하다. 이를 사법 본질적 한계라고 한다.

법률상의 쟁송이란 당사자 사이의 구체적인 권리·의무에 관한 법령의 해석·적용상의 분쟁을 말한다. 따라서 법률상 쟁송이 되기 위해서는 ① 당사자 간의 구체적이고 현실적인 권리·의무에 관한 분쟁(구체적 사건성)이 있어야 하고, ② 법령을 해석·적용함으로써 해결(법적 해결성)할 수 있는 쟁송이어야 한다.

1. 구체적 사건성이 부인되는 경우

(1) 사실행위

당사자의 구체적인 권리·의무에 영향을 주지 않는 단순한 사실행위는 행정소송의 대상이 될 수 없다. 법원 역시 "국가보훈처장이 독립운동가들의 활동상황을 잘못 알고 국가보훈상의 서훈추천권을 행사함으로써 서훈추천권의 행사가 적정하지 아니하였다는 이유로 이러한 서훈추천권의 행사, 불행사가 당연무효임의 확인, 또는 그 부작위가 위법함의 확인을 구하는 청구는 과거의 역사적 사실관계의 존부나 공법상의 구체적인 법률관계가 아닌 사실관계에 관한 것들을 확인의 대상으로 하는 것이거나 행정청의 단순한 부작위를 대상으로 하는 것으로서 항고소송의 대상이 되지 아니하는 것이다"라고 하여 단순한 사실행위는 행정소송의 대상이 되지 않음을 판시[2]하고 있다.

물론 행정소송법은 소송의 대상이 되는 '처분등'을 정의하면서 '행정청이 행하는 구체적 사실에 관한 법집행으로서의 공권력의 행사 또는 그 거부' 이외에 '그 밖에 이에 준하는 행정작용'까지도 포함하고 있으므로 당사자의 구체적인 권리·의무에 사실상의 영향을 미치는 권력적 사실행위는 구체적 사건성이 인정될 수 있다.

(2) 추상적 규범통제

일반적·추상적인 법령의 효력·해석에 관한 분쟁, 즉 추상적 규범통제는 구체적 권리의무관계에 관한 분쟁이 아니므로 행정소송의 대상이 될 수 없다. 법규명령에 근거한 처분이 개인의 권익을 침해한 경우 그 구체적인 사건을 해결하기 위해 피해자가 법규의 효력·해석에 관하여 다투는 것은 가능하나, 구체적 사건과 관련 없이 위법한 법규명령 그 자체만을 독립하여 소송으로 다툴 수는 없다. 판례도 "행정청의 위법한 처분 등의 취소 또는 변경을 구하는 취소소송의 대상이 될 수 있는 것은 구체적인 권리의무에 관한 분쟁이어야 하고 일반적, 추상적인 법령이나 규칙 등은 그 자체로서 국민의 구체적인 권리의무에 직접적 변동을 초래케 하는 것이 아니므로 그 대상이 될 수 없다"라고 판시[3]하여 이를 분명히 하고 있다.

---

2) 대법원 1990. 11. 23. 선고 90누3553 판결.
3) 대법원 1992. 3. 10. 선고 91누12639 판결.

물론 법령 자체가 직접 국민의 권리·의무를 침해하는 경우에는 구체적
사건성이 있으므로 행정소송이 가능하다. 판례 역시 "조례가 집행행위의 개입
없이도 그 자체로서 직접 국민의 구체적인 권리의무나 법적 이익에 영향을 미
치는 등의 법률상 효과를 발생하는 경우 그 조례는 항고소송의 대상이 되는
행정처분에 해당한다"라는 입장[4]을 취하고 있다.

(3) 반사적 이익

행정소송은 구체적인 법률관계에서 법률상 이익이 침해된 자가 제기할
수 있다. 다시 말해서 법률상 이익이 침해당한 자에게 행정소송의 원고적격을
인정하고 있다. 따라서 법의 보호를 받지 못하는 단순한 반사적 이익이 침해
된 경우는 행정소송의 대상이 되지 않는다. 반사적 이익이란 법령의 존재로
인하여 상대방이 저절로 얻게 되는 이익을 말한다.

과거에는 반사적 이익으로 분류되었던 침해가 오늘날에는 보호규범론을
통한 사익보호성의 확대로 법률상 이익으로 평가되기도 한다.

(4) 객관적 소송

행정소송의 본질이 권리 내지는 법률이 보호하는 주관적 이익의 침해에
대한 구제의 수단이라면, 민중소송이나 기관소송 등과 같은 객관적 소송은 개
인의 구체적인 권익구제를 직접 목적으로 하지 않으므로 원칙상 행정소송의
대상이 되지 않는다. 하지만 행정목적상 객관적 소송이 필요한 때에는 법률에
특별한 규정을 두어 객관적 소송을 예외적으로 인정할 수 있다. 따라서 객관
적 소송은 개괄주의가 아닌 열기주의 방식에 의해 법률에 규정이 있는 때에만
인정된다.

2. 법적 해결성이 부인되는 경우

(1) 통치행위

통치행위는 고도의 정치성을 띤 국가행위로서 사법심사의 대상에서 제외
된다. 물론 사법심사가 제외되는 범위에 대해서는 국가에 따라 다르다. 미국
처럼 헌법재판을 포함한 일체의 사법심사가 배제되는 국가도 있고, 프랑스처
럼 행정재판만 제외되는 국가도 있다. 우리나라는 통치행위라도 기본권을 침

---

4) 대법원 1996. 9. 20. 선고 95누8003 판결.

해하는 경우에는 헌법소원의 대상이 되기 때문에 행정소송의 대상에서만 제외된다. 통치행위는 판결의 집행력(법적 해결가능성)을 담보할 수 없기 때문에 사법심사를 한다하더라도 그 의미가 없다.

(2) 재량행위

재량행위는 행정청의 독자적인 결정·선택을 허용하는 영역인 까닭에 그 재량의 당부(當否)는 법률문제가 아니며 법원의 법적 판단 대상이 되지 아니한다. 다시 말해서 행정청의 재량권 행사가 위법이 아닌 한 부적절(부당)한 재량권 행사를 법적으로 통제할 수는 없다. 따라서 재량행위는 법적 해결가능성이 부정되어 원칙적으로 행정소송의 대상이 되지 않는다. 하지만 재량권의 행사에도 일정한 한계가 있기 때문에 재량권을 일탈·남용한 경우에는 부당에 그치지 않고 위법이 된다. 따라서 이 경우에는 사법심사의 대상이 될 수 있다.

그러나 현실적으로 재량권의 일탈·남용여부는 본안심리를 해야만 알 수 있는 것이므로 재량행위를 처음부터 행정소송의 대상에서 제외하는 것은 곤란하다. 이러한 이유 때문에 재량행위는 일단 행정소송의 대상이 된다. 따라서 재량행위의 경우에는 법원이 청구를 각하할 수 없고 본안판결에서 기각할 수 있을 뿐이다.

III. 권력분립상의 한계

권력분립에서 오는 한계란 행정권의 고유권한인 제1차적 판단권을 사법권이 대신할 수 없는 것을 말한다. 예를 들어 사법권이 행정청에게 일정한 처분을 행할 것을 명하거나 직접 처분을 행하는 것은 행정권의 고유 권한을 침해하는 것으로서 권력분립의 원칙에 반한다. 이러한 이유 때문에 현행 행정소송법은 의무이행소송을 규정하지 않고 있다. 하지만 비록 행정소송법에 규정은 없더라도 의무이행소송이 가능하다는 주장도 꾸준히 제기되고 있다.

제3절 행정소송의 종류

I. 항고소송

1. 행정소송법상 항고소송

항고소송이란 행정청의 처분 등이나 부작위에 대하여 제기하는 소송을 말한다. 현행 행정소송법에서 규정하고 있는 항고소송에는 취소소송, 무효등확인소송, 부작위위법확인소송의 세 가지 유형이 있다.

취소소송은 행정청의 위법한 처분 또는 재결의 취소 또는 변경을 구하는 소송을, 무효등확인소송은 행정청의 처분 등의 효력유무 또는 존재유무를 확인하는 소송을, 부작위위법확인소송이란 행정청의 부작위가 위법하다는 것을 확인하는 소송을 말한다. 부작위란 행정청이 당사자의 신청에 대하여 상당한 기간 내에 일정한 처분을 해야 할 법률상의 의무가 있음에도 불구하고 이를 행하지 않는 것을 말한다.

2. 무명(법정외) 항고소송

(1) 문제의 제기

행정소송법 제4조는 항고소송을 취소소송, 무효등확인소송, 부작위위법확인소송으로 구분하고 있는바, 이 규정이 열거규정인지 아니면 예시규정인지에 대해 견해가 대립하고 있다. 이를 열거규정으로 볼 경우에는 의무이행소송 등과 같은 무명항고소송을 인정할 수 없을 것이며, 반대로 행정소송법 제4조에 규정된 소송들은 항고소송의 예시에 불과하다고 볼 경우에는 다양한 종류의 항고소송을 인정할 수 있을 것이다.

부작위위법확인소송만으로는 행정청의 부작위로 인한 피해에 대한 국민의 권익구제에 충실할 수가 없다. 법원이 행정청의 부작위가 위법함을 확인할지라도 행정청은 원고가 신청한 대로 처분을 해야 할 의무가 없기 때문에 원고의 신청을 '거부'하는 처분을 할 수 있다. 이렇게 될 경우 원고는 행정청의 거부처분에 대하여 또다시 취소소송을 제기할 수밖에 없다. 따라서 행정청의 부작위에 대하여 법원이 직접 처분을 하거나 처분명령을 할 수 있다면 훨씬 효과적으로 국민의 권익을 구제할 수 있을 것이다.

이런 문제의식을 바탕으로 현행 행정소송법에 규정은 없으나 국민권익구제를 위하여 의무이행소송, 예방적 부작위청구소송, 적극적 형성판결청구소송 등 제4, 제5의 이름 없는(무명) 항고소송이 가능한 것인지에 대한 문제가 제기되고 있다.

(2) 의무이행소송

1) 의 의

의무이행소송이란 사인이 국가에 대해 일정한 공권력의 발동을 청구하였음에도 불구하고 국가에 의해 거부 또는 방치된 경우, 권한 있는 행정청에 대하여 공권력의 발동을 명할 것을 구하는 소송을 말한다. 이러한 의무이행소송의 인정가능성에 관하여는 견해가 대립한다.

2) 부정설

의무이행소송을 인정할 경우, ① 행정권의 전속적 권한인 1차적 판단권을 침해하게 되고, ② 사법부가 행정을 하는 결과를 초래하여 권력분립의 원칙에 반할 뿐만 아니라, ③ 재판을 받을 권리는 헌법상 기본권이지만 그 구체적 구제방법, 즉 재판제도 및 절차 등을 정하는 것은 입법자의 재량에 해당하므로 (입법재량설) 의무이행소송을 인정하기 곤란하다는 입장이다.

3) 긍정설

의무이행소송을 인정하는 학자들은 ① 행정청의 부작위에 대해 그 이행을 명하는 것은 행정권의 판단권을 침해하는 것이 아니라 판단권 행사를 해태하고 있는 행정권에게 판단권 행사를 촉구하는 것이므로 1차적 판단권을 침해하였다 볼 수 없고, ② 권력분립의 구체적 적용형태는 각국의 사정에 따라 다른 것으로 독일의 경우에는 권력분립의 원칙에도 불구하고 의무이행소송을 인정하고 있으며, ③ 법치국가원리, 헌법상 기본권, 특히 재판을 받을 권리 등에 비추어 볼 때 행정소송법 제4조는 항고소송의 예시에 불과하다는 논거를 들고 있다.

4) 판례의 태도

판례는 "현행 행정소송법상 행정청으로 하여금 일정한 행정처분을 하도록 명하는 이행판결을 구하는 소송이나 법원으로 하여금 행정청이 일정한 행정처분을 행한 것과 같은 효과가 있는 행정처분을 직접 행하도록 하는 형성판결을 구하는 소송은 허용되지 아니한다"라고 판시⁵⁾하여 부정설의 입장을 취하고 있다.

5) 소 결

의무이행소송의 필요성은 전적으로 동의한다. 하지만 현행 행정소송법 제4조를 예시규정으로 보는 것은 문리해석상 무리가 있어 보인다. 행정소송법 개정 논의가 있을 때마다 의무이행소송을 새롭게 도입해야 한다는 것이 행정법학계의 주류적 의견이었다. 이처럼 의무이행소송 인정 여부는 입법정책적 문제이며 법개정을 통하여 해결되어야 한다. 해석론만으로 의무이행소송을 인정하기는 어렵다.

(3) 예방적 금지소송

1) 의 의

예방적 금지소송 또는 예방적 부작위청구소송이란 행정청의 처분으로 사인의 권익이 침해될 우려가 있는 경우 행정청에게 장래의 처분등을 하지 아니할 것을 요구하는 행정소송을 말한다.

예를 들어 건축법상 규정된 옆집과의 이격거리를 위반했음에도 건축허가를 받아 이미 공사가 완공된 경우 당해 피해를 입은 옆집 건물주가 당해 건축허가의 취소를 구하는 소송을 제기하여도 현실적으로 피해구제를 받기 곤란하다. 우선 취소소송을 통하여 회복할 수 있는 이익, 즉 소익(訴益)이 없어 소송이 각하될 가능성이 크며, 설사 소송이 받아들여져서 건축허가가 취소된다 하더라도 이격거리를 확보하고자하는 옆집 건물주의 권익구제에는 전혀 도움이 되지 않는다. 따라서 옆집 건물주의 입장에서는 건축물공사완료 후 행정청이 발급해야 하는 '건축물의 사용승인'⁶⁾을 막는 것이 보다 효과적일 수 있다. 이처럼 행정청이 장차 발급할 것으로 보이는 공권력발동(처분등)을 발급하지 못하도록 청구하는 소송의 형태를 예방적 금지소송이라 한다.

2) 견해의 대립

예방적 금지소송의 인정가능성에 대해서 부정설, 긍정설, 절충설이 대립한

---

5) 대법원 1997. 9. 30. 선고 97누3200 판결.

6) 건축법 제22조(건축물의 사용승인) ① 건축주가 제11조·제14조 또는 제20조 제1항에 따라 허가를 받았거나 신고를 한 건축물의 건축공사를 완료한 후 그 건축물을 사용하려면 제25조 제6항에 따라 공사감리자가 작성한 감리완료보고서와 국토교통부령으로 정하는 공사완료도서를 첨부하여 허가권자에게 사용승인을 신청하여야 한다.

다. 긍정설과 부정설의 논거는 의무이행소송의 인정여부에 관한 견해와 동일하다.

절충설은 ① 처분이 이루어질 절박한 개연성이 있고, ② 처분요건이 법령에 일의적으로 정해져 있고, ③ 사전에 구제하지 아니하면 회복할 수 없는 손해의 발생우려가 있는 경우에 한하여 제한적으로 인정하여야 한다는 견해이다.[7)

행정소송법 개정(안)은 절충설의 입장과 유사하게 '행정청이 장래에 위법한 처분을 할 것이 임박한 경우에 그 처분의 금지를 구할 법적 이익이 있는 사람이 그 처분의 효력을 다투는 방법으로는 회복하기 어려운 중대한 손해가 발생할 것이 명백한 경우에 한하여' 예방적 금지소송을 인정하고 있다. 하지만 이 법안은 국회에서 처리되지 못하고 폐기되었기에 현행법상으로는 여전히 예방적 금지소송이 인정되지 않고 있는 실정이다.

(4) 적극적 형성판결청구소송

1) 의 의

행정청의 처분을 취소하는데 그치지 않고 법원이 처분을 적극적으로 변경하여 새로운 처분을 행하는 이른바 형성판결을 청구하는 소송을 말한다.

2) 부정설

비록 행정소송법 제4조 제1호에서 '취소소송: 행정청의 위법한 처분등을 취소 또는 변경하는 소송'이라 규정하고는 있으나 여기서 말하는 '변경'의 의미는 법원이 행정청의 처분을 적극적으로 변경하여 새로운 처분을 할 수 있는 것이 아니라 처분의 일부만을 취소하는 소극적 변경만을 말하는 것이라고 보고 법원이 행정청의 처분을 적극적으로 변경하는 형성판결을 하는 것은 권력분립의 원칙에 반한다는 견해이다.

3) 긍정설

행정소송법 제4조 제1호에서 '변경'의 의미를 소극적으로 해석해야 할 이유가 없으며, 행정청의 위법한 처분을 적극적으로 변경하여 위법을 시정하는 것이 법치주의의 이념에 보다 충실하므로 적극적 형성판결청구소송을 인정해야 한다는 입장이다.

---

7) 김철용(453면); 김남진(641면); 장태주(679면).

4) 소 결

이 역시 현행 행정소송법의 문리해석상 인정하기 곤란하다. 입법적 해결
을 기대해 본다.

II. 당사자소송

당사자소송이란 행정청의 처분 등을 원인으로 하는 법률관계 또는 그 밖
에 공법상의 법률관계에 관한 소송으로서 그 법률관계의 한 쪽 당사자를 피고
로 하는 소송을 말한다. 대등한 지위의 당사자 간에 다투어지는 권리의무관계
에 관한 소송이라는 점에서 민사소송과 다를 바 없지만, 공법상의 법률관계를
소송의 대상으로 하는 까닭에 행정소송으로 이해된다. 국가배상청구소송,[8] 공
법상 부당이득반환청구소송 등이 이에 해당한다.

III. 민중소송

민중소송이란 국가 또는 공공단체의 기관이 법률에 위반되는 행위를 한 때
에 일반선거인·일반주민 등이 직접적인 자기의 법률상 이익과 관계없이 선거
인·주민의 지위에서 그 시정을 구하기 위하여 제기하는 소송을 말한다. 현행
법상 선거소송, 국민투표무효소송, 주민투표소송 등이 이에 해당한다.

IV. 기관소송

국가 또는 공공단체의 행정기관 상호간에 주관권한의 존부 또는 권한행
사에 관한 분쟁이 있는 경우 이를 권한쟁의라 하며, 이에 관한 소송을 기관소
송이라 한다. 다만, 헌법재판소법 제2조의 규정에 의하여 헌법재판소의 관장
사항으로 되는 소송, 즉 국가기관 상호간, 국가기관과 지방자치단체간, 지방자
치단체 상호간의 권한쟁의소송은 행정소송법상의 기관소송에서 제외된다. 현
행법상 지방자치단체의 장 또는 감독관청이 제기하는 조례무효확인소송이 이
에 해당한다.

---

8) 실무상으로는 민사소송으로 다루어지고 있다.

제 4 절   취소소송

I. 의 의

취소소송이란 행정청의 처분 또는 재결의 취소 또는 변경을 구하는 소송을 말한다. 원칙적으로 취소소송의 대상은 행정청의 위법한 처분이며, 행정심판위원회 등의 재결은 그 자체에 고유한 위법이 있는 경우에만 취소소송의 대상이 된다. 이를 원처분주의라 한다. 민원인의 신청에 대해 행정청이 이를 거부한 것도 처분이므로 당연히 취소소송의 대상이 된다. 처분의 위법 정도가 중대·명백하여 당연무효인 경우에는 원칙적으로 취소소송의 대상이 아닌 무효등확인소송을 제기하여야 한다. 하지만 일반인이 무효사유로서의 흠과 취소사유로서의 흠을 구분하는 것이 사실상 곤란하므로 일단 소송 형태는 취소소송을 제기하지만 청구취지는 무효확인을 구하는 이른바 '무효선언을 구하는 취소소송'도 가능하다.

결국 현행법상 제기할 수 있는 취소소송의 형태로는 처분취소소송, 거부처분취소소송, 처분변경소송, 재결취소소송, 재결변경소송, 무효선언을 구하는 취소소송 등이 있다.

II. 성 질

취소소송의 성질에 관하여는 ① 취소소송의 판결로 인하여 처분이 소급하여 무효로 된다는 점을 근거로 '형성소송'이라는 견해, ② 취소소송이란 행정청의 행위 당시에 처분의 법정요건이 갖추어 졌는지에 대한 확인에 불과하므로 '확인소송'이라는 견해, ③ 취소소송은 처분의 위법성 확정이라는 확인소송과 공정력의 배제라는 형성소송의 성질을 모두 가지는 '특수한 구제소송'이라는 견해가 대립한다.

판례는 "위법한 행정처분의 취소를 구하는 소는 위법한 처분에 의하여 발생한 위법상태를 배제하여 원상으로 회복시키고, 그 처분으로 침해되거나 방해받은 권리와 이익을 보호, 구제하고자 하는 소송이므로 비록 그 위법한 처분을 취소한다고 하더라도 원상회복이 불가능한 경우에는 그 취소를 구할 이익이 없다"라고 판시[9]하여 형성소송설을 취하고 있다.

행정소송법 제29조 제1항은 "처분등을 취소하는 확정판결은 제3자에 대하여도 효력이 있다"라고 규정하여 이른바 판결의 대세효(對世效)를 인정하고 있는데, 대세효는 효력의 존부에 대해 인정되는 것으로서, 취소소송의 판결을 통하여 처분의 효력이 소멸되기 때문에 인정되는 효력이다. 따라서 취소소송은 처분의 효력의 존부를 결정하는 형성소송으로 보는 것이 타당하다.

Ⅲ. 소송물

1. 의 의

소송물이란 심판의 대상이 되는 구체적 사항, 즉 소송의 객체를 말한다. 소송물은 소송절차의 개시와 관련하여 권리절차의 선택, 관할의 결정 및 심판의 대상과 범위를 특정 하는데 기준이 되고, 소송절차의 진행과정에서 청구의 병합, 청구의 변경, 중복소송 등을 판단하는 기준이 된다. 또한 소송절차의 종결과 관련하여 판결주문의 작성, 기판력의 객관적 범위, 소취하 후의 재소금지 등을 정하는 기준이 된다.[10]

취소소송의 소송물은 취소소송을 통하여 다투는 구체적 사항, 즉 원고가 주장하는 소송상의 청구를 말한다. 소송물은 소송의 객체이므로 소송에서 다투어지고 있는 계쟁물(대상)과 구별된다. 다시 말해서 취소소송의 계쟁물(대상)은 행정청의 '처분등'이며, 소송물은 '처분등에 대한 취소사유의 존부'가 된다. 여기서 '취소사유'의 의미가 무엇인지에 대해서는 견해가 대립한다.

2. 견해의 대립

(1) 위법성 일반설

취소소송의 소송물을 '당해 처분의 위법성 일반'으로 보는 견해이다. 따라서 당사자는 당해 처분에 존재하는 '모든' 위법사유를 주장할 수 있다. 그 논거로는 ① 법원은 적법여부 판단 시 처분 당시 존재하던 모든 사정을 참작할 수

---

9) 대법원 1997. 1. 24. 선고 95누17403 판결.
10) 이시윤, 신민사소송법, 박영사, 2012, 221면.

있어야 하고, ② 만약 소송물을 개개의 위법사유로 한다면 각각의 위법사유마다 별도의 소송을 제기해야 하므로 분쟁의 일회적 해결이라는 소송경제상의 문제가 발생하며, ③ 소송계속 중에 원고의 위법사유 변경을 허용하지 않는다면 미처 소송을 제기하지 못한 위법사유가 제소기간 경과로 더 이상 다툴 수 없게 되는 부당한 결과를 초래할 우려가 있다는 점을 들고 있다.[11]

　　하지만 ① 판결의 기판력은 소송물에 미치는데, 이러한 소송물을 처분의 모든 위법사유로 본다면 당사자가 미처 주장하지 못한 위법사유에도 기판력이 미치게 되어 비록 당사자가 미처 주장하지 못한 위법사유가 있어도 더 이상 취소소송을 제기할 수 없다는 점, ② 처분의 위법성만 인정되면 원고의 주관적 권리침해 여부에 관계없이 청구를 인용해야 한다는 것은 주관적 권리구제를 목적으로 하는 취소소송의 근본이념과 합치되지 않는다는 점 등의 한계가 있다.

(2) 개개의 위법사유설

　　개개의 위법사유가 각각 독립한 소송물이 된다는 견해이다. 이에 따르면 취소소송의 기판력은 개개의 위법사유에 한정되므로 원고는 소송에서 주장하지 아니한 다른 위법사유를 소송물로 하는 다른 취소소송을 제기할 수 있다.

　　하지만 ① 소송제기 시에 주장하지 아니한 위법사유가 제소기간을 경과하면 불가쟁력으로 인하여 더 이상 소송을 제기할 수 없으며, ② 개개의 위법사유마다 별개의 소송을 제기해야 한다면 분쟁의 일회적 해결을 기할 수 없다는 한계가 있다. 또한 위법성 일반설과 마찬가지로 '처분의 위법사유'만을 소송물로 본다면 원고의 주관적 권리침해 여부를 심판하는 취소소송의 본질과 합치되지 않는다.

(3) 위법상태 배제설

　　취소소송의 소송물은 '행정처분으로 인하여 생긴 위법상태의 배제를 구하는 원고의 주장'이라는 견해이다. 이 견해에 따르면 취소소송으로 위법상태만 제거되면 원고의 침해된 이익이 구제되었는지 여부는 심판의 대상이 아니라는 한계가 있다.

---

11) 석호철, "기속력의 범위로서의 처분사유의 동일성", 「행정판례연구」 제5권, 한국행정판례연구회, 2000.

⑷ 원고의 법적 주장설

취소소송의 소송물은 '처분의 모든 위법사유와 이를 통하여 자신의 권리가 침해되었다는 원고의 법적 권리주장'이라는 견해[12]이다. 권리침해 여부는 원고적격의 문제이며, 소송물은 본안판단의 문제인데 요건판단의 대상인 원고적격의 문제를 소송물에 포함시킬 수 없다는 비판이 있다.

3. 판례의 태도

판례는 "과세처분취소소송의 소송물은 그 취소원인이 되는 위법성 일반이고 그 심판의 대상은 과세처분에 의하여 확인된 조세채무인 과세표준 및 세액의 객관적 존부이다"라고 판시[13]하여 위법성 일반설을 따르고 있다.

4. 소 결

일단 취소소송의 소송물은 소송의 일회적 분쟁해결과 행정작용의 조속한 확정을 위해 처분의 모든 위법사유로 보아야 한다. 다만 ① 취소소송은 처분의 위법 여부를 확인하는 확인소송이 아니라 처분의 효력을 취소하여 원고의 권리를 구제하는 주관적 형성소송이라는 점과, ② '소송물'의 의미는 '소송상의 청구'인데, 원고가 소송을 통하여 청구하는 것은 단순히 처분의 사유가 위법하다는 것을 주장하는 것이 아니라 이로 인하여 자신의 침해된 권리를 구제해 달라는 것이므로 취소소송의 소송물은 '처분의 모든 위법사유와 이를 통하여 자신의 권리가 침해되었다는 원고의 법적 권리주장'이라는 원고의 법적 주장설이 타당하다.

Ⅳ. 재판관할

1. 사물관할

⑴ 행정심판의 임의적 전치

종래에는 행정심판 전치주의가 규정되어 있어서 행정소송을 제기하기 전에 반드시 행정심판을 먼저 거치도록 하였으나 1998년 법개정 및 시행에 따라

---

12) 홍정선(616면).
13) 대법원 1990. 3. 23. 선고 89누5386 판결.

임의적 전치주의를 취하고 있다. 따라서 행정심판을 거친 후 행정소송을 제기하든지, 처음부터 바로 행정소송을 제기하든지, 아니면 행정심판과 행정소송을 동시에 청구하든지 모두 가능하게 되었다.

하지만 다른 법률에 특별한 규정이 있는 때에는 행정심판을 전치해야 한다. 국가공무원법 제16조 제1항은 "제75조에 따른 처분, 그 밖에 본인의 의사에 반한 불리한 처분이나 부작위에 관한 행정소송은 소청심사위원회의 심사·결정을 거치지 아니하면 제기할 수 없다"라고 하여 소청심사위원회의 결정을 전치하도록 하였다. 이외에도 도로교통법 제142조는 "이 법에 따른 처분으로서 해당 처분에 대한 행정소송은 행정심판의 재결을 거치지 아니하면 제기할 수 없다"라고, 국세기본법 제56조 제2항은 "제55조에 규정된 위법한 처분에 대한 행정소송은 「행정소송법」 제18조 제1항 본문, 제2항 및 제3항에도 불구하고 이 법에 따른 심사청구 또는 심판청구와 그에 대한 결정을 거치지 아니하면 제기할 수 없다"라고 규정하는 등 행정심판을 필요적으로 전치하도록 하고 있다.

(2) 3심제도

행정소송법에서 정한 행정사건과 다른 법률에 의하여 행정법원의 관할에 속하는 사건은 지방법원급인 행정법원이 제1심 관할법원이 된다. 행정법원의 재판에 대하여 고등법원에 항소할 수 있고, 고등법원의 재판에 대하여 대법원에 상고할 수 있으므로 행정소송 역시 3심제로 운영되고 있다. 현재 행정법원은 서울에만 설치되어 있으며 다른 지역은 행정법원이 설치될 때까지 지방법원이 행정법원의 권한에 속하는 사건을 관할하고 있다.

2. 토지관할

원칙적으로 취소소송은 피고(처분청)의 소재지 관할 행정법원에 제기한다. 다만, 중앙행정기관 또는 그 장이 피고인 경우에는 대법원 소재지의 행정법원이 토지관할이 된다.

토지의 수용 기타 부동산 또는 특정의 장소에 관계되는 처분 등에 대한 취소소송은 그 부동산 또는 장소의 소재지를 관할하는 행정법원에 이를 제기할 수 있다.

현행 행정소송법은 토지관할에 대하여 전속관할임을 명문으로 규정하고

있지 않기 때문에 민사소송법상의 합의관할14) 또는 변론관할15) 등이 적용될
수 있다.

3. 관련청구소송의 이송·병합

(1) 의 의

행정소송법은 심리의 중복, 재판상의 모순을 방지하고 신속하고 경제적인
재판진행을 위하여 관련청구소송의 이송 및 병합제도를 규정하고 있다. 행정
소송법 제10조 제1항은 "취소소송과 다음 각호의 1에 해당하는 소송이 각각
다른 법원에 계속되고 있는 경우에 관련청구소송이 계속된 법원이 상당하다
고 인정하는 때에는 당사자의 신청 또는 직권에 의하여 이를 취소소송이 계속
된 법원으로 이송할 수 있다"라고 하여 이송제도를, 제2항은 "취소소송에는
사실심의 변론종결시까지 관련청구소송을 병합하거나 피고외의 자를 상대로
한 관련청구소송을 취소소송이 계속된 법원에 병합하여 제기할 수 있다"라고
하여 병합제도를 각각 인정하고 있다.

(2) 관련청구소송의 범위

행정소송법 제10조 제1항은 이송이 허용되는 관련청구소송의 범위를 ①
당해 처분 등과 관련되는 손해배상·부당이득반환·원상회복 등의 청구소송,
② 당해 처분 등과 관련되는 취소소송으로 규정하고 있다.

행정소송법 제10조 제1항 제2호에서 말하는 '당해 처분 등과 관련되는 취
소소송'이란 ① 계고처분취소소송과 대집행영장통지취소소송 등과 같이 당해
처분과 함께 하나의 절차를 구성하는 다른 처분의 취소를 구하는 소송, ② 당
해 처분 등의 취소를 구하는 다른 자의 취소소송, ③ 당해 처분에 관한 재결의
취소소송 또는 당해 재결의 대상인 처분의 취소소송 등을 말한다. 물론 세 번
째의 경우는 현행 행정소송법이 원처분주의를 취하고 있기 때문에 재결 자체
에 고유한 위법이 있는 경우에만 재결에 대한 취소소송을 제기할 수 있으므로
재결과 처분 양자 모두 각각 쟁점이 있는 때에만 가능하다.

---

14) 민사소송법 제29조(합의관할) ① 당사자는 합의로 제1심 관할법원을 정할 수 있다.
15) 민사소송법 제30조(변론관할) 피고가 제1심 법원에서 관할위반이라고 항변(抗辯)하지 아니하
　고 본안(本案)에 대하여 변론(辯論)하거나 변론준비기일(辯論準備期日)에서 진술하면 그 법원
　은 관할권을 가진다.

(3) 관련청구소송의 이송

이송(移送)이란 소송사건을 그 계속(係屬)한 법원이 재판에 의하여 다른 법원으로 옮기는 일을 말한다. 이미 제기된 취소소송과 관련이 있는 또 다른 청구소송이 제기된 경우 법원은 당사자의 신청 또는 법원의 직권에 의해 이러한 관련청구소송을 취소소송이 계속된 법원에서 심리하는 것이 상당하다고 인정되면 이를 취소소송이 계속(係屬) 중인 행정법원으로 이송할 수 있다.

따라서 관련청구소송의 이송 요건은 ① 이미 제기된 취소소송과 관련이 있는 청구소송이어야 하며, ② 당사자의 신청이나 법원의 직권에 의하여야 하며, ③ 관련청구소송이 계속(係屬)된 법원이 이송하는 것이 상당하다고 인정하여야 한다.

(4) 관련청구소송의 병합

1) 객관적 병합과 주관적 병합

일반적으로 병합의 형태로는 ① 같은 당사자 사이에 복수청구의 병합, 즉 甲과 乙사이의 A청구소송과 甲과 乙사이의 B청구소송을 병합하는 객관적 병합과, ② 복수 당사자 사이에 복수청구의 병합, 즉 甲과 乙사이의 A청구소송과 甲과 丙사이의 B청구소송을 병합하는 주관적 병합이 있다.

행정소송법 제10조 제2항 전단의 '취소소송에는 사실심의 변론종결시까지 관련청구소송을 병합하거나'는 객관적 병합을, 후단의 '피고외의 자를 상대로 한 관련청구소송을 취소소송이 계속된 법원에 병합하여 제기할 수 있다'는 주관적 병합을 각각 인정하는 근거이다.

2) 주관적·예비적 병합

예비적 청구란 주위적 청구가 받아들여지지 않을 경우를 대비하여 예비적으로 제기하는 청구를 말한다. 이처럼 주의적 청구와 예비적 청구를 병합하는 형태로 소송을 제기하기도 하는데 이를 주관적·예비적 병합이라 한다.

예를 들어 행정청을 피고로 하여 처분의 취소를 구하는 취소소송을 제기하면서 그것이 기각될 경우에 대비하여 국가를 상대로 국가배상청구소송을 예비적으로 청구하는 것을 말한다.

그런데 주관적·예비적 병합은 예비적 피고를 현저히 불리하게 하여 당사자평등의 원칙에 반하므로 민사소송법에서는 이를 원칙적으로 인정하지 않고 있지만 예외적 특례규정을 두고 있다. 민사소송법 제70조 제1항은 "공동소송인 가운데 일부의 청구가 다른 공동소송인의 청구와 법률상 양립할 수 없거나 공동소송인 가운데 일부에 대한 청구가 다른 공동소송인에 대한 청구와 법률상 양립할 수 없는 경우에는 제67조 내지 제69조를 준용한다"라고 규정하여 예외적으로 주관적·예비적 병합을 인정하고 있다. 청구가 법률상 양립할 수 없는 예로는 ① 공작물점유자를 주위적 피고로 하고, 만약 점유자가 선관주의의무를 다하였다면 소유자를 예비적 피고로 하는 경우, ② 대리인을 주위적 피고로 하고, 만약 대리인이 무권대리라면 본인(本人)을 예비적 피고로 하는 경우, ③ 법인을 주위적 피고로 하고, 만약 법인에게 책임이 없다면 법인의 기관을 예비적 피고로 하는 경우 등을 생각해 볼 수 있다.

행정소송법에는 이에 대한 명문의 규정이 없으므로 민사소송법을 준용하여야 할 것이다. 따라서 '소(訴)가 양립할 수 없는 경우'에는 예비적 병합이 인정될 수 있다. 예를 들어 수용처분취소소송을 제기하면서 예비적으로 보상금증액청구소송을 병합하여 제기하거나, 무효확인소송을 주위적 청구로 취소소송을 예비적 청구로 제기하는 경우 등이 이에 해당할 것이다.

판례 역시 "행정처분에 대한 무효확인과 취소청구는 서로 양립할 수 없는 청구로서 주위적·예비적 청구로서만 병합이 가능하고 선택적 청구로서의 병합이나 단순 병합은 허용되지 아니한다"라고 판시[16]하여 예비적 병합을 인정하고 있다.

주위적 청구를 인용한 제1심판결에 대하여 피고가 항소한 경우, 예비적 청구도 이심되는지 여부, 항소심이 제1심에서 인용되었던 주위적 청구를 배척할 때에는 다음 순위의 예비적 청구에 관하여 심판을 하여야 하는지 여부에 대해 법원은 "청구의 예비적 병합이란 병합된 수개의 청구 중 주위적 청구(제1차 청구)가 인용되지 않을 것에 대비하여 그 인용을 해제조건으로 예비적 청구(제2차 청구)에 관하여 심판을 구하는 병합형태로서, 이와 같은 예비적 병합의 경우에는 원고가 붙인 순위에 따라 심판하여야 하며 주위적 청구를 배척할 때에는 예비적 청구에 대하여 심판하여야 하나 주위적 청구를 인용할 때에는 다음 순위인 예비적 청구에 대하여 심판할 필요가 없는 것이므로, 주위적 청구를 인용하는 판결은 전부판결로서 이러한 판결에 대하여 피고가 항소하면 제1

---

16) 대법원 1999. 8. 20. 선고 97누6889 판결.

심에서 심판을 받지 않은 다음 순위의 예비적 청구도 모두 이심되고 항소심이 제1심에서 인용되었던 주위적 청구를 배척할 때에는 다음 순위의 예비적 청구에 관하여 심판을 하여야 하는 것이다"라고 판시[17]하여 이를 모두 인정하고 있다.

3) 병합된 민사사건에 대한 행정소송법 적용 여부

병합된 관련청구소송이 민사사건인 경우 해당 사건에 대한 심리에서 직권심리주의 등 행정소송법상 특례규정을 적용할 수 있는지 여부에 대해, ① 취소소송과 병합하여 심리하는 것이므로 당연히 행정소송법이 적용되어야 한다는 견해와, ② 비록 병합은 하였지만 해당 사건의 성질 자체가 변하는 것은 아니므로 여전히 민사소송법이 적용된다는 견해가 대립한다.

재판상의 모순을 방지하고 신속하고 경제적인 재판진행을 위해 병합이 인정될 뿐 병합 심리한다고 해서 해당 사건의 성질이 변하는 것은 아니므로 민사사건에 대해 행정소송법이 특례규정을 적용할 수는 없을 것이다.

4. 행정심판과의 관계

행정심판임의주의로 처분의 상대방은 행정심판을 거쳐 행정소송으로 나아가든 아니면 행정심판과 행정소송을 동시에 제기하든, 또는 행정소송만을 제기하든 임의로 선택할 수 있다. 하지만 다른 법률에 당해 처분에 대한 행정심판의 재결을 거치지 아니하면 취소소송을 제기할 수 없다는 규정이 있는 때에는 행정심판을 반드시 거쳐야 한다. 현행법상의 예로는 「국가공무원법」상 소청심판, 「국세기본법」상 국세심판, 「도로교통법」상 운전면허처분에 관한 행정심판 등이 있다.

하지만 이처럼 행점심판을 필요적으로 전치해야 하는 경우에도 ① 행정심판 청구가 있은 날로부터 60일이 지나도 재결이 없는 때, ② 처분의 집행 또는 절차의 속행으로 생길 중대한 손해를 예방하여야 할 긴급한 필요가 있는 때, ③ 법령의 규정에 의한 행정심판기관이 의결 또는 재결을 하지 못할 사유가 있는 때, ④ 그 밖의 정당한 사유가 있는 때에는 행정심판의 재결을 거치지 아니하고 취소소송을 제기할 수 있다.

또한 ① 동종사건에 관하여 이미 행정심판의 기각 재결이 있은 때, ② 서

---

17) 대법원 2000. 11. 16. 선고 98다22253 판결.

로 내용상 관련되는 처분 또는 같은 목적을 위하여 단계적으로 진행되는 처분 중 어느 하나가 이미 행정심판의 재결을 거친 때, ③ 행정청이 사실심의 변론 종결후 소송의 대상인 처분을 변경하여 당해 변경된 처분에 관하여 소를 제기 하는 때, ④ 처분을 행한 행정청이 행정심판을 거칠 필요가 없다고 잘못 알린 때에는 행정심판을 제기함이 없이 취소소송을 제기할 수 있다. 여기서 "동종 사건"이라 함은 당해 사건은 물론 당해 사건과 기본적인 점에서 동질성이 인 정되는 사건을 가리킨다.[18]

법원은 "원고와 위 소외 2의 각 의료법위반 사실내용을 살펴보면 소외 1 이 1990. 5. 20. 우측전박부에 동맥절단상을 입고 지혈조치만을 받은 채 같은 날 03:50경 원고가 응급실 당직의사(인턴)로 근무하고 있던 위생병원 응급실에 후송되어 오자 원고는 당시 위 병원의 정형외과 당직의사 2명 모두가 수술중 이어서 즉시 위 소외 1에 대한 수술을 할 수가 없음을 알리고 인근 부국병원 에 전원조치하였고, 이에 따라 위 소외 1은 부국병원 응급실에서 그 병원 당 직의사의 진찰을 받았으나 위 병원에서는 수술할 수 없는 형편이어서 다시 경 희대학교 의과대학부속 경희의료원으로 전원되었는데, 위 경희의료원 응급실 당직의사(인턴)인 소외 2는 당시 정형외과 당직의사들이 모두 다른 환자에 대 한 수술시행중인 것으로 착각하여 다시 위 소외 1을 인근 성북정형외과의원으 로 전원시켰다가 그 곳에서도 수술을 할 수 없다 하여 결국 위 경희의료원으 로 전원되어 와서 수술을 받게 되었으며, 그 후 같은 해 6. 11. 원고와 위 소외 2는 피고로부터 각 1개월간의 의사면허자격정지처분을 받았음을 알 수 있다.

위와 같은 사실관계에 비추어 보면 원고와 위 소외 2에게 진료를 요구한 환자가 동일인이라는 것뿐 진료를 요구받은 시간과 장소, 그에 대한 조처내용 및 그를 다른 병원으로 전원하게 된 상황 등이 전혀 달라서 원고와 위 소외 2 의 각 의료법위반을 이유로 한 의사면허자격정지사건은 기본적으로 동질성이 있는 사건이라고 볼 수 없어 행정소송법 제18조 제3항 제1호 소정의 동종사건 에 해당한다고 할 수 없다"고 판시[19]하여 '사실관계의 기본적 동질성'에 대한 해석을 엄격히 하고 있음을 알 수 있다.

---

18) 대법원 1992. 11. 24. 선고 92누8972 판결.
19) 대법원 1992. 11. 24. 선고 92누8972 판결.

V. 당사자

1. 당사자

(1) 의 의

취소소송의 당사자라 함은 위법한 처분 등으로 권리 또는 이익이 침해되었음을 이유로 그 처분의 취소·변경을 주장하는 원고와 자신의 처분 등에 위법이 없음을 주장하는 피고를 말한다. 피고는 행정법관계의 법적 효과가 귀속하는 국가가 되어야 하나 소송의 원활한 수행을 위하여 처분청이 통상 피고가 된다.

(2) 당사자능력

당사자능력이란 소송의 주체가 될 수 있는 능력을 말한다. 권리능력이 있는 자연인과 법인뿐만 아니라 법인격 없는 사단·재단도 소송 당사자가 될 수 있다.

(3) 당사자적격

헌법의 원리상 특정한 사건이 법률상 쟁송에 해당하면 누구나 소송을 제기할 수 있어야 하나, 소권을 제한하지 않을 경우 법원의 처리능력을 초과하는 과다한 소송으로 정말 소송을 통하여 구제받아야 할 사람이 구제 받지 못할 우려도 있고, 피고 또한 응소에 지쳐 원활한 행정을 수행할 수 없다는 우려 때문에 소송당사자를 당사자로서 소송을 수행하고 판결을 받기에 충분한 자격이 있는 자로 제한하고 있다. 이를 이른바 당사자적격이라 한다.

2. 원고적격

(1) 의 의

원고적격이란 취소소송에서 원고가 될 수 있는 자격을 말한다. 행정소송법 제12조는 "취소소송은 처분 등의 취소를 구할 법률상 이익이 있는 자가 제기할 수 있다"라고 규정하고 있다. 이러한 행정소송법 규정으로 말미암아 지금은 원고적격을 '법률상 보호이익'으로 보는 것이 통설적 견해이지만, 과거에는 원고적격에 관하여 다음과 같은 4가지 학설이 대립하였다.

(2) 과거의 학설
1) 권리회복설
취소소송의 목적 또는 기능을 '침해된 권리의 회복 수단'으로 보아, 권리가 침해당한 자에게 원고적격을 인정해야 한다는 견해이다. 이 견해의 논거는 ① 재판의 본질은 실체법상의 권리보호에 있다는 점, ② 권력분립의 원칙상 사법권은 행정권에 대한 일반적인 감독권을 가질 수 없고, 단지 국민의 구체적인 권리구제에 필요한 한도에서 행정의 적법성을 심사할 수 있다는 점 등이다.

하지만 이 견해는 ① 행정소송의 독자성을 무시하고 원고적격을 지나치게 좁게 보는 점과, ② 오늘날 행정소송이 개괄주의 소송구조를 취하고 있다는 점에서 취하기 어려운 견해이다.

2) 법률상 보호이익설
취소소송의 목적 또는 기능을 '법률상 보호되는 이익의 방어수단'으로 이해하여, 법률상 보호되는 이익이 침해당한 자에게 원고적격을 인정해야 한다는 견해이다. 현행 행정소송법의 규정과 가장 합치되는 학설로서 현재 통설과 판례의 입장이다. 다만 '법률상 보호이익'의 구체적 범위에 관하여는 견해 대립이 있다.

3) 보호가치 있는 이익설
취소소송의 목적 또는 기능을 '당사자 간 구체적 분쟁의 해결수단'으로 이해하여, 소송을 통하여 분쟁 해결이 필요한 사실상의 이익이 있는 자에게 원고적격을 인정해야 한다는 견해이다.

이 견해는 ① 원고적격의 인정여부를 법규의 해석에 의존하지 않고 당해 사실심의 법관에게 맡김으로써 침해된 원고의 이익이 충분히 보호할 가치가 있다면 원고적격을 인정할 수 있다는 점과, ② 이해관계에 놓여있는 제3자의 원고적격을 인정하는 것이 용이하다는 점이 강점이다.

반면에 ① 현행 행정소송법의 법문에 일치하지 않고, ② 보호할 가치 있는 이익의 기준이 명확하지 않아 자의적 해석이 우려된다는 비판이 있다.

4) 적법성보장설
취소소송의 목적 또는 기능을 '행정의 적법성 확보수단'으로 보아, 행정의 적법성확보를 위하여 당해 행정처분에 대해 누가 다투는 것이 가장 적절한가에 따라 원고적격이 결정되어야 한다는 견해이다. 취소소송을 주관소송으로 보는 한 이 견해를 취하기는 어렵다.

(3) '법률상 보호이익'에 대한 견해의 대립

1) 문제의 소재

현행 행정소송법의 법문언상 원고적격의 범위에 대해서는 '법률상 보호이익설'을 따를 수밖에 없다. 다만 여기서 '법률'의 의미에 대해서는 견해가 대립한다.

2) 근거법규설

'법률상 보호이익'에서 '법률'의 의미는 당해 처분의 근거법규라는 견해이다. 이에 따르면 처분의 근거가 되는 실체법상 보호하고 있는 이익이 구체적으로 침해되어야만 원고적격이 인정된다.

3) 관련법규설

'법률상 보호이익'에서 '법률'의 의미를 당해 처분의 근거법규는 물론 절차법규를 포함하여 당해 처분과 관련되는 모든 법규라고 보는 입장이다. 특히, 이 견해는 근거법규 또는 관련법규에서 원고의 이익을 보호하는 명문의 규정이 없어도 해당 법규의 목적·취지에 의하여 보호되는 이익이 있다면 원고적격을 인정할 수 있다고 본다.

판례도 "행정처분의 직접 상대방이 아닌 제3자라 하더라도 당해 행정처분으로 인하여 법률상 보호되는 이익을 침해당한 경우에는 취소소송을 제기하여 그 당부의 판단을 받을 자격이 있다 할 것이고, 여기에서 말하는 법률상 보호되는 이익이라 함은 당해 처분의 근거 법규 및 관련 법규에 의하여 보호되는 개별적·직접적·구체적 이익이 있는 경우를 말하는데 … "라고 판시[20]하는 등 주류적 판례가 이 견해를 취하고 있다.

4) 헌법상 기본권설

헌법상의 기본권 규정 또는 법의 일반원리에 의하여 보호되는 이익도 법률상 보호이익에 포함시켜야 한다는 견해이다.

서울행정법원은 "원고들이 이 사건 고속철도역의 명칭에 대하여 자신들이 거주하는 곳의 지명인 '아산'이 역의 명칭에 전적으로 사용되거나 주된 위치에서 사용될 것이라는 기대를 가지고 있었고, 이는 구체적 권리로까지는 인

---

20) 대법원 2005. 5. 12. 선고 2004두14229 판결.

정되지 못하더라도 그러한 기대이익과 적어도 이를 침해당하지 않을 권리는 헌법상 행복추구권의 범주 등에 포함될 수 있다고 할 것이므로 원고들은 이 사건 결정의 취소를 구할 법률상 이익을 가진다고 봄이 상당하므로 피고의 본안전 항변은 받아들이지 아니한다"라고 판시[21]하여 이 견해를 지지한 바 있다. 하지만 후속 판결, 특히 대법원 판결이 나오지 않아 주류적 판례의 태도로 보기는 어렵다. 하지만 원고적격의 확대를 위한 논의에 매우 커다란 시사점을 준 판례로 평가된다.

5) 소 결

'법률'의 의미를 당해 처분의 근거가 되는 법규로 볼 경우 ① 행정소송법 제12조의 법문에 부합하고, ② 원고적격의 무한한 확대를 막을 수 있으며, ③ 개별실정법규의 해석만으로 재판을 통하여 보호가 가능한 권리와 반사적 이익을 명확히 확정할 수 있다는 장점이 있다. 반면에 ① 실정법의 해석에 지나치게 함몰되었다는 점, ② 입법자의 의사에 따라 원고적격의 범위가 제한된다는 점, ③ 법의 해석에 의하여 국민이 위법한 행정처분에 의하여 불이익을 받았음이 분명함에도 원고적격이 부당하게 부인된다는 점 등은 이 설의 커다란 약점이라 할 것이다.

원고적격을 지나치게 제한하여 국민들의 소권을 방해하는 것은 바람직하지 않기 때문에 '법률'의 의미를 처분의 근거법규, 관련법규, 헌법상 기본권 또는 법의 일반원칙까지 확대하는 것이 바람직하다. 하지만 현행 행정소송법의 규정에 대한 문리해석의 한계상 '법률'의 의미를 헌법상 기본권 또는 법의 일반원칙까지도 포함하는 것으로 해석하는 데는 무리가 있다. 향후 법개정을 통하여 입법적으로 해결되기 전까지는 '법률'의 의미를 주류 판례의 태도처럼 처분의 근거법규와 관련법규로 이해하는 것이 타당하다. 물론 근거법규 또는 관련법규에서 원고의 이익을 보호하는 명문의 규정이 없어도 해당 법규의 목적·취지에 의하여 보호되는 이익이 있다면 원고적격을 인정할 수 있다. 이를 '보호규범론'이라 한다.

---

21) 서울행정법원 2004. 4. 6. 선고 2003구합35908 판결.

⑷ 보호규범론을 통한 원고적격의 확대

1) 보호규범론

'법률상 보호이익'의 원래 의미는 '법규가 특정한 사인의 이익을 특별히 보호'하고 있어야 한다. 따라서 법규가 사익을 특별히 보호하고 있지 않거나 오로지 공익만을 위하여 규정된 것이라면 이러한 법규에 의해 보호되는 이익은 '법률상 보호이익'으로 평가될 수 없다. 이른바 '사익보호성'이 인정되어야만 공권이 성립하는 것과 같은 맥락이다. 그런데 공권론에서 이미 살펴본 것처럼 오늘날에는 '사익보호성'을 비교적 넓게 인정하고 있으며 그 바탕에는 '보호규범론'이 존재한다.

보호규범론이란 원래 행정법학에서 법규가 보호하고자 하는 목적을 탐구하는 방법론에서 출발한 이론이다.[22] 처분의 근거법규 또는 관련법규가 일반적 공익만을 위하여 규정된 것이 아니라 특정한 개인의 고유이익을 동시에 보호하기 위하여 규정되었다면, 그러한 개인의 고유이익이 일반적 공익보다 우월적인 것으로 평가될 때 사익보호성이 인정된다는 이론이다. 다시 말해서 보호규범론이란 법규에 사익보호에 대한 명문의 규정이 없어도 법규범의 목적론적 해석을 통하여 사익보호성을 발굴해야 한다는 것이다.

2) 경쟁자(경업자 · 경원자)소송

경쟁자소송이란 경쟁관계에 있는 자들간의 이익침해에 관한 소송을 말한다. 경쟁자는 경업자와 경원자를 모두 포함하는 개념으로서, 경업자란 동일한 사업을 하는 기존사업자와 신규사업자 간의 이익침해에 대한 다툼을 말하며, 경원자란 제한된 관허사업에 대해 여러 사업자가 동시에 관허사업을 신청함으로써 발생하는 이익침해에 대한 다툼을 말한다.

예를 들어 거리제한 규정이 있는 사업을 영위하고 있는 기존사업자가 거리제한을 위반한 신규사업자에 대한 영업허가의 취소를 구하는 소송이 대표적인 경업자소송이며, 수익적 처분을 수인이 경쟁하여 신청하였을 때 수익적 처분을 발급받지 못한 자가 발급받은 자의 처분의 취소를 구하는 소송이 전형적인 경원자소송이다.

그런데 이러한 소송에서 기존사업자 또는 수익적 처분을 발급받지 못한 신

---

22) 홍정선(158면, 각주 3 참조).

청자에게 원고적격을 인정하기 위해서는 처분의 근거법규 또는 관련법규가 이들의 이익을 특별히 보호하는 규정이 존재해야 한다. 하지만 현실적으로 법령이 사익을 특별히 보호하는 규정을 두는 경우는 매우 드물다. 따라서 종래의 이론대로라면 이들에게는 사익보호성이 인정되지 않아 원고적격이 부인되었을 것이다.

그런데 이들 법규가 비록 특정한 사익을 특별히 보호하는 규정은 두고 있지는 않으나, 만약 '면허나 인·허가 등의 수익적 행정처분의 근거가 되는 법률이 해당 업자들 사이의 과당경쟁으로 인한 경영의 불합리를 방지하는 것도 그 목적으로 하는 경우'라면 보호규범론에 따라 사익보호성과 원고적격이 인정될 수 있을 것이다.

판례 역시 "일반적으로 면허나 인·허가 등의 수익적 행정처분의 근거가 되는 법률이 해당 업자들 사이의 과당경쟁으로 인한 경영의 불합리를 방지하는 것도 그 목적으로 하고 있는 경우, 다른 업자에 대한 면허나 인·허가 등의 수익적 행정처분에 대하여 미리 같은 종류의 면허나 인·허가 등의 수익적 행정처분을 받아 영업을 하고 있는 기존의 업자는 경업자에 대하여 이루어진 면허나 인·허가 등 행정처분의 상대방이 아니라 하더라도 당해 행정처분의 취소를 구할 원고적격이 있다"라고 판시[23]하여 이를 인정하고 있다. 경쟁자소송에서 원고적격이 인정된 주요 판례를 소개하면 다음과 같다.

(1) 행정소송에서 소송의 원고는 행정처분에 의하여 직접 권리를 침해당한 자임을 보통으로 하나 직접 권리의 침해를 받은자가 아닐지라도 소송을 제기할 법률상의 이익을 가진자는 그 행정처분의 효력을 다툴 수 있다고 해석되는바, 자동차 운수사업법 제6조 제1호에서 당해 사업계획이 당해 노선 또는 사업구역의 수송수요와 수송력 공급에 적합할 것을 면허의 기준으로 한 것은 주로 자동차 운수사업에 관한 질서를 확립하고 자동차운수의 종합적인 발달을 도모하여 공공복리의 증진을 목적으로 하고 있으며, 동시에, 한편으로는 업자간의 경쟁으로 인한 경영의 불합리를 미리 방지하는 것이 공공의 복리를 위하여 필요하므로 면허조건을 제한하여 기존업자의 경영의 합리화를 보호하자는 데도 그 목적이 있다 할 것이다. 따라서 이러한 기존업자의 이익은 단순한 사실상의 이익이 아니고, 법에 의하여 보호되는 이익이라고 해석된다. 원심이, 당해 노선에 관한 기존업자인 원고에게 본건 행정처분의 취소를 구할

---

23) 대법원 2006. 7. 28. 선고 2004두6716 판결.

법률상의 이익이 있다.[24]

(2) 액화석유가스충전사업의 허가기준을 정한 전라남도 고시에 의하여 고흥군 내에는 당시 1개소에 한하여 L.P.G. 충전사업의 신규허가가 가능하였는데, 원고가 한 허가신청은 관계 법령과 위 고시에서 정한 허가요건을 갖춘 것이고, 피고보조참가인들의 그것은 그 요건을 갖추지 못한 것임에도 피고는 이와 반대로 보아 원고의 허가신청을 반려하는 한편 참가인들에 대하여는 이를 허가하는 이 사건 처분을 하였다는 것인바, 그렇다면 원고와 참가인들은 경원관계에 있다 할 것이므로 원고에게는 이 사건 처분의 취소를 구할 당사자적격이 있다고 하여야 함은 물론 나아가 이 사건 처분이 취소된다면 원고가 허가를 받을 수 있는 지위에 있음에 비추어 처분의 취소를 구할 정당한 이익도 있다고 하여야 할 것이다.[25]

(3) 공항버스 운송사업자에 대한 정류소를 변경하는 내용의 여객자동차운송사업변경신고 수리처분으로 인하여 기존 공항버스 운송사업자와 정류소를 함께 이용함으로써 경업관계에 있게 된 경우, 기존 공항버스 운송사업자에게 위 수리처분의 취소를 구할 법률상 이익이 있다.[26]

(4) 담배 일반소매인의 지정기준으로서 일반소매인의 영업소 간에 일정한 거리제한을 두고 있는 것은 담배유통구조의 확립을 통하여 국민의 건강과 관련되고 국가 등의 주요 세원이 되는 담배산업 전반의 건전한 발전 도모 및 국민경제에의 이바지라는 공익목적을 달성하고자 함과 동시에 일반소매인 간의 과당경쟁으로 인한 불합리한 경영을 방지함으로써 일반소매인의 경영상 이익을 보호하는 데에도 그 목적이 있다고 보이므로, 일반소매인으로 지정되어 영업을 하고 있는 기존업자의 신규 일반소매인에 대한 이익은 단순한 사실상의 반사적 이익이 아니라 법률상 보호되는 이익이라고 해석함이 상당하다.[27]

(5) 고속형 시외버스운송사업과 직행형 시외버스운송사업은 다 같이 운행계통을 정하고 여객을 운송하는 노선여객자동차운송사업 중 시외버스운송사업에 속하므로, 위 두 운송사업이 사용버스의 종류, 운행거리, 운행구간, 중간정차 여부 등에서 달리 규율된다는 사정만으로 본질적인 차이가 있다고 할 수

---

24) 대법원 1974. 4. 9. 선고 73누173 판결.
25) 대법원 1992. 5. 8. 선고 91누13274 판결.
26) 서울행정법원 2004. 4. 29. 선고 2003구합23622 판결.
27) 대법원 2008. 3. 27. 선고 2007두23811 판결.

없으며, 직행형 시외버스운송사업자에 대한 사업계획변경인가처분으로 인하여 기존의 고속형 시외버스운송사업자의 노선 및 운행계통과 직행형 시외버스운송사업자들의 그것들이 일부 중복되게 되고 기존업자의 수익감소가 예상된다면, 기존의 고속형 시외버스운송사업자와 직행형 시외버스운송사업자들은 경업관계에 있는 것으로 봄이 상당하므로, 기존의 고속형 시외버스운송사업자에게 직행형 시외버스운송사업자에 대한 사업계획변경인가처분의 취소를 구할 법률상의 이익이 있다고 할 것이다.[28]

(6) 원고를 포함하여 법학전문대학원 설치인가 신청을 한 41개 대학들은 2,000명이라는 총 입학정원을 두고 그 설치인가 여부 및 개별 입학정원의 배정에 관하여 서로 경쟁관계에 있고 이 사건 각 처분이 취소될 경우 원고의 신청이 인용될 가능성도 배제할 수 없으므로, 원고가 이 사건 각 처분의 상대방이 아니라도 그 처분의 취소 등을 구할 당사자적격이 있다.[29]

3) 이웃소송

이웃소송 또는 인인(隣人)소송이란 특정인에 대해 발급된 처분으로 그 특정인과 이웃관계에 있는 지역 주민 등이 이익을 침해당한 경우 이에 대한 다툼을 말한다. 예를 들어 특정인에게 연탄공장 건축허가를 발급함으로써 인근 주민들이 분진 등의 침해를 입은 경우 이들 이웃(주민)들이 연탄공장 건축허가의 취소를 구하는 소송을 제기하는 것을 말한다.

종래에는 이웃(주민)들이 쾌적한 환경 속에서 생활하는 것은 반사적 이익에 불과한 것으로 평가되었으나, 오늘날에는 보호규범론을 통하여 주민들의 생활상 이익을 법률상 보호이익으로 인정하는 추세이다. 이웃소송에서 원고적격이 인정된 주요 판례를 소개하면 다음과 같다.

(1) 도시계획법과 건축법의 규정 취지에 비추어 볼 때 이 법률들이 주거지역 내에서의 일정한 건축을 금지하고 또는 제한하고 있는 것은 도시계획법과 건축법이 추구하는 공공복리의 증진을 도모하고저 하는데 그 목적이 있는 동시에 한편으로는 주거지역내에 거주하는 사람의 "주거의 안녕과 생활환경을 보호"하고저 하는데도 그 목적이 있는 것으로 해석이 된다. 그러므로 주거지역 내에 거주하는 사람이 받는 위와 같은 보호이익은 단순한 반사적 이익이나 사

---

28) 대법원 2010. 11. 11. 선고 2010두4179 판결.
29) 대법원 2009. 12. 10. 선고 2009두8359 판결.

실상의 이익이 아니라 바로 법률에 의하여 보호되는 이익이라고 할 것이다.[30]

(2) 원자력법 제12조 제2호(발전용 원자로 및 관계 시설의 위치·구조 및 설비가 대통령령이 정하는 기술수준에 적합하여 방사성물질 등에 의한 인체·물체·공공의 재해방지에 지장이 없을 것)의 취지는 원자로 등 건설사업이 방사성물질 및 그에 의하여 오염된 물질에 의한 인체·물체·공공의 재해를 발생시키지 아니하는 방법으로 시행되도록 함으로써 방사성물질 등에 의한 생명·건강상의 위해를 받지 아니할 이익을 일반적 공익으로서 보호하려는 데 그치는 것이 아니라 방사성물질에 의하여 보다 직접적이고 중대한 피해를 입으리라고 예상되는 지역 내의 주민들의 위와 같은 이익을 직접적·구체적 이익으로서도 보호하려는 데에 있다 할 것이므로, 위와 같은 지역 내의 주민들에게는 방사성물질 등에 의한 생명·신체의 안전침해를 이유로 부지사전승인처분의 취소를 구할 원고적격이 있다.[31]

(3) '개발행위로 인하여 당해 지역 및 그 주변 지역에 수질오염에 의한 환경오염이 발생할 우려가 없을 것'을 개발사업의 허가기준으로 규정하고 있는 취지는, 공장설립승인처분과 그 후속절차에 따라 공장이 설립되어 가동됨으로써 그 배출수 등으로 인한 수질오염 등으로 직접적이고도 중대한 환경상 피해를 입을 것으로 예상되는 주민들이 환경상 침해를 받지 아니한 채 물을 마시거나 용수를 이용하며 쾌적하고 안전하게 생활할 수 있는 개별적 이익까지도 구체적·직접적으로 보호하려는 데 있다. 따라서 수돗물을 공급받아 이를 마시거나 이용하는 주민들로서는 위 근거 법규 및 관련 법규가 환경상 이익의 침해를 받지 않은 채 깨끗한 수돗물을 마시거나 이용할 수 있는 자신들의 생활환경상의 개별적 이익을 직접적·구체적으로 보호하고 있음을 증명하여 원고적격을 인정받을 수 있다.[32]

4) 법률상 보호이익이 부정된 판례

이상에서 살펴 본 것처럼 오늘날에는 보호규범론을 통한 사익보호성의 확대로 경쟁자, 이웃 등의 원고적격이 넓게 인정되고 있다. 하지만 여전히 비록 경쟁적 영업관계에 있다하더라도 이로 인하여 입게 될 불이익을 간접적이거나 사실적, 경제적인 것에 불과하다고 판단하여 원고적격을 부인하는 판례

---

30) 대법원 1975. 5. 13. 선고 73누96 판결.
31) 대법원 1998. 9. 4. 선고 97누19588 판결.
32) 대법원 2010. 4. 15. 선고 2007두16127 판결.

도 상당히 존재한다. 마찬가지로 이웃들의 환경상 이익을 주민들의 일시적 향
유 이익으로 보아 원고적격을 부인하는 판례도 여전히 존재한다. 원고적격이
부인된 주요 판례를 소개하면 다음과 같다.

(1) 관할 관청이 제3자에게 스키장대여점으로 이용할 건물에 대한 건축허
가를 한 경우, 그 인근에서 동종영업을 영위하는 자가 제3자와 영업상 경쟁관
계에 놓이게 되어 입게 될 불이익은 간접적이거나 사실적, 경제적인 것에 지
나지 아니하므로 그 무효확인을 구할 당사자 적격 또는 소의 이익이 없다.[33]

(2) 구내소매인과 일반소매인 사이에서는 구내소매인의 영업소와 일반소
매인의 영업소 간에 거리제한을 두지 아니할 뿐 아니라 건축물 또는 시설물의
구조·상주인원 및 이용인원 등을 고려하여 동일 시설물 내 2개소 이상의 장
소에 구내소매인을 지정할 수 있으며, 이 경우 일반소매인이 지정된 장소가
구내소매인 지정대상이 된 때에는 동일 건축물 또는 시설물 안에 지정된 일반
소매인은 구내소매인으로 보고, 구내소매인이 지정된 건축물 등에는 일반소매
인을 지정할 수 없으며, 구내소매인은 담배진열장 및 담배소매점 표시판을 건
물 또는 시설물의 외부에 설치하여서는 아니 된다고 규정하는 등 일반소매인
의 입장에서 구내소매인과의 과당경쟁으로 인한 경영의 불합리를 방지하는
것을 그 목적으로 할 수 있다고 보기 어려우므로, 일반소매인으로 지정되어 영
업을 하고 있는 기존업자의 신규 구내소매인에 대한 이익은 법률상 보호되는
이익이 아니라 단순한 사실상의 반사적 이익이라고 해석함이 상당하므로, 기
존 일반소매인은 신규 구내소매인 지정처분의 취소를 구할 원고적격이 없다.[34]

(3) 원고들 주장의 요지는 피고는 원고들이 경영하는 여관이 있는 곳에서
50미터 내지 700미터 정도의 거리에 있는 원판시 이 사건 건물의 4, 5층 일부
에 객실을 설비할 수 있도록 숙박업구조변경허가를 함으로써 원고들에게 중
대한 손해를 입게 하였으므로 위 숙박업구조변경처분의 무효확인 또는 취소
를 구한다는 것이나 원고들이 위 숙박업구조변경허가로 인하여 받게 될 불이
익은 간접적이거나 사실적, 경제적 불이익에 지나지 아니하여 그것만으로는
원고들에게 위 숙박업구조변경허가처분의 무효확인 또는 취소를 구할 소익이
있다고 할 수 없다.[35]

33) 청주지법 2004. 10. 15. 선고 2004구합331 판결.
34) 대법원 2008. 4. 10. 선고 2008두402 판결.

(4) 상수원보호구역 설정의 근거가 되는 수도법 제5조 제1항 및 동 시행령 제7조 제1항이 보호하고자 하는 것은 상수원의 확보와 수질보전일 뿐이고, 그 상수원에서 급수를 받고 있는 지역주민들이 가지는 상수원의 오염을 막아 양질의 급수를 받을 이익은 직접적이고 구체적으로는 보호하고 있지 않음이 명백하여 위 지역주민들이 가지는 이익은 상수원의 확보와 수질보호라는 공공의 이익이 달성됨에 따라 반사적으로 얻게 되는 이익에 불과하므로 지역주민들에 불과한 원고들에게는 위 상수원보호구역변경처분의 취소를 구할 법률상의 이익이 없다.[36]

(5) 환경부장관이 생태·자연도 1등급으로 지정되었던 지역을 2등급 또는 3등급으로 변경하는 내용의 생태·자연도 수정·보완을 고시하자, 인근 주민 갑이 생태·자연도 등급변경처분의 무효 확인을 청구한 사안에서, 생태·자연도의 작성 및 등급변경의 근거가 되는 구 자연환경보전법(2011. 7. 28. 법률 제10977호로 개정되기 전의 것) 제34조 제1항 및 그 시행령 제27조 제1항, 제2항에 의하면, 생태·자연도는 토지이용 및 개발계획의 수립이나 시행에 활용하여 자연환경을 체계적으로 보전·관리하기 위한 것일 뿐, 1등급 권역의 인근 주민들이 가지는 생활상 이익을 직접적이고 구체적으로 보호하기 위한 것이 아님이 명백하고, 1등급 권역의 인근 주민들이 가지는 이익은 환경보호라는 공공의 이익이 달성됨에 따라 반사적으로 얻게 되는 이익에 불과하므로, 인근 주민에 불과한 갑은 생태[37]·자연도 등급권역을 1등급에서 일부는 2등급으로, 일부는 3등급으로 변경한 결정의 무효 확인을 구할 원고적격이 없다.[38]

(5) 협의의 소의 이익(권리보호의 필요성)
1) 행정소송법 제12조 제2문의 성질
행정소송법 제12조 제2문은 "처분등의 효과가 기간의 경과, 처분등의 집행 그 밖의 사유로 인하여 소멸된 뒤에도 그 처분등의 취소로 인하여 회복되는 법률상 이익이 있는 자의 경우에는 또한 같다"라고 규정하고 있다. 이 규정의 성질을 두고 원고적격설과 권리보호 필요성설이 대립한다.

---

35) 대법원 1990. 8. 14. 선고 89누7900 판결.
36) 대법원 1995. 9. 26. 선고 94누14544 판결.
37) 대법원 1993. 11. 9. 선고 93누6867 판결.
38) 대법원 2014. 2. 21. 선고 2011두29052 판결.

원고적격설은 이 규정 역시 원고적격에 관한 규정으로서, 제1문은 처분이 존재할 때의 원고적격을, 제2문은 처분이 소멸된 경우의 원고적격을 각각 규정한 것이라는 견해[39]이다.

권리보호 필요성설은 제12조 제1문은 원고적격에 관한 규정이고, 제2문은 권리보호 필요성, 즉 협의의 소의 이익에 관한 내용으로 이해하는 입장이다. 따라서 제1문과 제2문은 각각 원고적격과 협의의 소의 이익이라는 별개의 소송요건에 관한 사항을 규정하고 있다는 것이다.

제1문은 처분의 취소를 구할 원고의 자격, 즉 원고적격에 관한 규정임에 반하여, 제2문은 비록 처분의 효력이 소멸되었을지라도 예외적으로 그 처분을 취소해야 할 '현실적인 필요성'이 있다면 소제기가 가능함을 규정한 것으로서 양자는 그 성질을 달리한다고 보아야 할 것이다.[40] 권리보호 필요성설이 타당하다.

따라서 제2문에서의 '법률상 이익'은 제1문에서의 '법률상 이익'과 동일한 개념으로 해석해야 할 이유가 없다. 제2문에서 '법률상 이익'은 명예·신용 등의 인격적 이익, 금전청구와 같은 재산적 이익, 불이익제거와 같은 사회적 이익을 모두 포함하는 '위법확인에 대한 정당한 이익'으로 보는 것이 타당하다.[41]

2) 협의의 소의 이익

행정소송법 제12조 제2문, 즉 "처분등의 효과가 기간의 경과, 처분등의 집행 그 밖의 사유로 인하여 소멸된 뒤에도 그 처분등의 취소로 인하여 회복되는 법률상 이익이 있는 자의 경우에는 또한 같다"는 규정을 반대해석하면 '처분등의 취소로 인하여 회복되는 법률상의 이익이 없는 경우'에는 취소소송을 제기할 수 없음을 알 수 있다. 이처럼 관념상 원고적격이 있다 해서 언제나 소익이 있는 것은 아니다. 현실적으로 소송을 통하여 실현되는 이익이 존재해야 소송을 개시하여 재판절차를 진행할 실익이 있는 것이다. 이를 협의의 소의 이익이라 한다.

협의의 소의 이익이 부정되는 경우로는 ① 원상회복이 불가능한 경우, ② 처분의 효력이 실효된 경우 등이다. 협의의 소의 이익이 부인된 주요 판례를

---

39) 홍정선(735면).
40) 김남철(716면).
41) 김남철(716면).

소개하면 다음과 같다.

(1) 국제정기항공노선에 대한 운수권 배분처분은 항공사의 구체적인 권리의무에 직접 영향을 미치는 것으로 항고소송의 대상이 되는 행정처분에 해당한다고 할 것이나, 다만 이는 노선면허를 받기 위한 중간적인 단계에 있는 것으로서 그에 기초하여 노선면허가 이루어진 경우에는 노선면허에 흡수되어 노선면허처분의 취소를 구하는 외에 독립적으로 운수권 배분의 취소를 구할 소의 이익은 상실된다고 봄이 상당하다.42)

(2) 공익근무요원 소집해제신청을 거부한 후에 원고가 계속하여 공익근무요원으로 복무함에 따라 복무기간 만료를 이유로 소집해제처분을 한 경우, 원고가 입게 되는 권리와 이익의 침해는 소집해제처분으로 해소되었으므로 위거부처분의 취소를 구할 소의 이익이 없다.43)

(3) 건축법상의 이격거리를 두지 아니한 건축허가신청에 대한 건축허가처분은 비록 위법하다하여도 이미 건축이 완료되었다면 건축허가 받은 대지와 접한 토지 소유자인 원고가 허가취소를 통하여 이격거리를 확보할 수 있는 단계가 지났기에 소의 이익이 없다.44)

(4) 치과의사국가시험 합격은 치과의사 면허를 부여받을 수 있는 전제요건이 된다고 할 것이나 국가시험에 합격하였다고 하여 위 면허취득의 요건을 갖추게 되는 이외에 그 자체만으로 합격한 자의 법률상 지위가 달라지게 되는 것은 아니므로 불합격처분 이후 새로 실시된 국가시험에 합격한 자들로서는 더 이상 위 불합격처분의 취소를 구할 법률상의 이익이 없다.

하지만 원상회복이 불가능할 경우라도 사정판결을 하는 것이 원고에게 유리할 경우에는 소의 이익을 인정해야 할 것이다. 또한 처분의 효력이 실효된 경우에도 그 처분의 취소로 인하여 회복되는 법률상의 이익이 있는 자에게는 소의 이익이 인정된다. 이러한 경우로는 ① 부수적 이익이 잔존하는 경우, 예컨대 공무원에 대한 파면처분을 다투는 중에 정년에 도달한 경우라도 파면처분의 취소로 봉급청구권이 인정된다면 소의 이익이 있다고 인정되는 경우와, ② 장래 불이익처분의 요건사실이 되는 경우, 예컨대 건축사법상 영업정

---

42) 서울행정법원 2005. 9. 8. 선고 2004구합35622 판결.
43) 대법원 2005. 5. 13. 선고 2004두4369 판결.
44) 대법원 1992. 4. 24. 선고 91누11131 판결.

지를 년 2회 이상 받을 경우 사무소등록이 취소되는바, 비록 영업정지기간이 도과한 경우라도 소의 이익이 인정되는 경우 등이다. 처분의 효력이 소멸되었으나 권리보호 필요성, 즉 협의의 소의 이익이 인정된 주요 판례를 소개하면 다음과 같다.

　(1) 병역법 제2조 제1항 제3호에 의하면 '입영'이란 병역의무자가 징집·소집 또는 지원에 의하여 군부대에 들어가는 것이고, 같은 법 제18조 제1항에 의하면 현역은 입영한 날부터 군부대에서 복무하도록 되어 있으므로 현역병 입영통지처분에 따라 현실적으로 입영을 한 경우에는 그 처분의 집행은 종료되지만, 한편, 입영으로 그 처분의 목적이 달성되어 실효되었다는 이유로 다툴 수 없도록 한다면, 병역법상 현역입영대상자로서는 현역병입영통지처분이 위법하다 하더라도 법원에 의하여 그 처분의 집행이 정지되지 아니하는 이상 현실적으로 입영을 할 수밖에 없으므로 현역병입영통지처분에 대하여는 불복을 사실상 원천적으로 봉쇄하는 것이 되고, 또한 현역입영대상자가 입영하여 현역으로 복무하는 과정에서 현역병입영통지처분 외에는 별도의 다른 처분이 없으므로 입영한 이후에는 불복할 아무런 처분마저 없게 되는 결과가 되며, 나아가 입영하여 현역으로 복무하는 자에 대한 병적을 당해 군 참모총장이 관리한다는 것은 입영 및 복무의 근거가 된 현역병입영통지처분이 적법함을 전제로 하는 것으로서 그 처분이 위법한 경우까지를 포함하는 의미는 아니라고 할 것이므로, 현역입영대상자로서는 현실적으로 입영을 하였다고 하더라도, 입영 이후의 법률관계에 영향을 미치고 있는 현역병입영통지처분 등을 한 관할지방병무청장을 상대로 위법을 주장하여 그 취소를 구할 소송상의 이익이 있다.[45)]

　(2) 징계의결이 요구된 지방공무원들에 대한 직위해제처분이 있은 후에 인사위원회에서 위 징계의결요구에 대하여 불문의 의결이 있었고 그로 인하여 위 직위해제처분이 실효되었다고 하더라도, 공무원연금법상 퇴직수당에 관한 재직기간 계산에 있어서 불이익을 입을 위험이 있으므로 위 직위해제처분의 취소를 구할 법률상 이익이 있다.[46)]

　(3) 원고들이 불합격처분의 취소를 구하는 이 사건 소송계속 중 당해년도

---

45) 대법원 2003. 12. 26. 선고 2003두1875 판결.
46) 창원지법 2005. 9. 1. 선고 2005구합1273 판결.

의 입학시기가 지났더라도 당해 년도의 합격자로 인정되면 다음년도의 입학시기에 입학할 수도 있다고 할 것이고, 피고의 위법한 처분이 있게 됨에 따라 당연히 합격하였어야 할 원고들이 불합격처리되고 불합격되었어야 할 자들이 합격한 결과가 되었다면 원고들은 입학정원에 들어가는 자들이라고 하지 않을 수 없다고 할 것이므로 원고들로서는 피고의 불합격처분의 적법여부를 다툴만한 법률상의 이익이 있다고 할 것이다.[47]

(4) 지방의회 의원 제명의결 취소소송 계속 중 임기가 만료되어 제명의결의 취소로 지방의회 의원으로서의 지위를 회복할 수는 없다 할지라도, 그 취소로 인하여 최소한 제명의결시부터 임기만료일까지의 기간에 대해 월정수당의 지급을 구할 수 있는 등 여전히 그 제명의결의 취소를 구할 법률상 이익은 남아 있다고 보아야 한다.[48]

(5) 고등학교졸업이 대학입학자격이나 학력인정으로서의 의미밖에 없다고 할 수 없으므로 고등학교졸업학력검정고시에 합격하였다 하여 고등학교 학생으로서의 신분과 명예가 회복될 수 없는 것이니 퇴학처분을 받은 자로서는 퇴학처분의 위법을 주장하여 그 취소를 구할 소송상의 이익이 있다.[49]

(6) 의료법 제53조 제1항은 보건복지부장관으로 하여금 일정한 요건에 해당하는 경우 의료인의 면허자격을 정지시킬 수 있도록 하는 근거 규정을 두고 있고, 한편 같은 법 제52조 제1항 제3호는 보건복지부장관은 의료인이 3회 이상 자격정지처분을 받은 때에는 그 면허를 취소할 수 있다고 규정하고 있는바, 이와 같이 의료법에서 의료인에 대한 제재적인 행정처분으로서 면허자격정지처분과 면허취소처분이라는 2단계 조치를 규정하면서 전자의 제재처분을 보다 무거운 후자의 제재처분의 기준요건으로 규정하고 있는 이상 자격정지처분을 받은 의사로서는 면허자격정지처분에서 정한 기간이 도과되었다 하더라도 그 처분을 그대로 방치하여 둠으로써 장래 의사면허취소라는 가중된 제재처분을 받게 될 우려가 있는 것이어서 의사로서의 업무를 행할 수 있는 법률상 지위에 대한 위험이나 불안을 제거하기 위하여 면허자격정지처분의 취소를 구할 이익이 있다.[50]

---

47) 대법원 1990. 8. 28. 선고 89누8255 판결.
48) 서울고등법원 2014. 7. 18. 선고 2013누50656 판결.
49) 대법원 1992. 7. 14. 선고 91누4737 판결.
50) 대법원 2005. 3. 25. 선고 2004두14106 판결.

(7) 제재적 행정처분이 그 처분에서 정한 제재기간의 경과로 인하여 그 효과가 소멸되었으나, 부령인 시행규칙의 형식으로 정한 처분기준에서 제재적 행정처분을 받은 것을 가중사유나 전제요건으로 삼아 장래의 제재적 행정처분을 하도록 정하고 있는 경우, 그 규칙이 정한 바에 따라 선행처분을 가중사유 또는 전제요건으로 하는 후행처분을 받을 우려가 현실적으로 존재하는 때에는, 선행처분을 받은 상대방은 비록 그 처분에서 정한 제재기간이 경과하였다 하더라도 그 처분의 취소소송을 통하여 그러한 불이익을 제거할 권리보호의 필요성이 충분히 인정된다고 할 것이므로, 선행처분의 취소를 구할 법률상 이익이 있다고 보아야 할 것이다.[51]

3. 피고적격

(1) 행정소송법 제13조의 규정

1) 처분청

행정소송법 제13조 제1항 본문은 피고적격에 관하여 "취소소송은 다른 법률에 특별한 규정이 없는 한 그 처분등을 행한 행정청을 피고로 한다"라고 규정하여 처분청에게 피고적격을 인정하고 있다. 이론적으로는 행정처분의 귀속주체가 국가 또는 지방자치단체이므로 피고적격 역시 국가나 지방자치단체가되어야 한다. 하지만 취소소송의 대상이 되는 처분에 대해서는 그 처분을 행한 처분청이 가장 잘 알고 있을 것이므로 소송수행의 편의를 위해 처분청을 피고로 하는 것이다.

처분청이란 소송의 대상이 되는 처분을 자신의 이름으로 외부에 표시한 행정청을 말한다. 자신의 이름으로 외부에 표시할 권한이 없는 행정청이더라도 일단 자신의 이름으로 처분을 행하면 피고가 된다. 판례 역시 "항고소송은 원칙적으로 소송의 대상인 행정처분 등을 외부적으로 그의 명의로 행한 행정청을 피고로 하여야 하는 것으로서, 그 행정처분을 하게 된 연유가 상급행정청이나 타행정청의 지시나 통보에 의한 것이라 하여 다르지 않으며, 권한의 위임이나 위탁을 받아 수임행정청이 정당한 권한에 기하여 수임행정청 명의로 한 처분에 대하여는 말할 것도 없고, 내부위임이나 대리권을 수여받은 데 불과하여 원행정청 명의나 대리관계를 밝히지 아니하고는 그의 명의로 처분

---

51) 대법원 2007. 1. 11. 선고 2006두13312 판결.

등을 할 권한이 없는 행정청이 권한 없이 그의 명의로 한 처분에 대하여도 처분명의자인 행정청이 피고가 되어야 한다"라고 판시[52]하여 같은 입장을 취하고 있다.

2) 권한의 승계

제13조 제1항 단서는 "다만, 처분등이 있은 뒤에 그 처분등에 관계되는 권한이 다른 행정청에 승계된 때에는 이를 승계한 행정청을 피고로 한다"라고 규정하여, 정부조직개편, 조직통폐합 등의 사유로 처분청의 권한이 다른 행정청에 승계된 경우 이를 승계한 행정청에게 피고적격을 인정하고 있다.

3) 처분청의 소멸

제13조 제2항은 "제1항의 규정에 의한 행정청이 없게 된 때에는 그 처분등에 관한 사무가 귀속되는 국가 또는 공공단체를 피고로 한다"라고 하여, 정부조직개편, 조직통폐합 등의 사유로 처분청의 권한을 승계한 기관이 없거나 불분명한 경우에는 국가 또는 공공단체에게 피고적격을 인정하고 있다.

(2) 다른 법률에 따른 피고적격

행정소송법이 아닌 다른 법률에 의해 피고적격이 규정되는 경우도 있다. 국회사무처법 제4조 제3항은 "의장이 행한 처분에 대한 행정소송의 피고는 사무총장으로 한다"라고, 법원조직법 제70조는 "대법원장이 한 처분에 대한 행정소송의 피고는 법원행정처장으로 한다"라고, 헌법재판소법 제17조 제5항은 "헌법재판소장이 한 처분에 대한 행정소송의 피고는 헌법재판소 사무처장으로 한다"라고 규정하는 등 헌법기관이 행한 행정처분에 대한 피고적격을 개별 법률이 규정하고 있다.

이외에도 국가공무원법 제16조 제2항은 "제1항에 따른 행정소송을 제기할 때에는 대통령의 처분 또는 부작위의 경우에는 소속 장관을, 중앙선거관리위원회위원장의 처분 또는 부작위의 경우에는 중앙선거관리위원회사무총장을 각각 피고로 한다"라고, 특허법 제187조는 "제186조 제1항에 따라 소를 제기하는 경우에는 특허청장을 피고로 하여야 한다"라고, 경찰공무원법 제28조는 "징계처분, 휴직처분, 면직처분, 그 밖에 의사에 반하는 불리한 처분에 대한 행정소송의 경우에는 경찰청장 또는 해양경찰청장을 피고로 한다"라고 규정

---

52) 대법원 1994. 6. 14. 선고 94누1197 판결.

하는 등 개별 법률에서 피고적격을 특정하기도 한다.

(3) 권한의 위임 · 위탁

행정소송법 제2조 제2항은 "이 법을 적용함에 있어서 행정청에는 법령에 의하여 행정권한의 위임 또는 위탁을 받은 행정기관, 공공단체 및 그 기관 또는 사인이 포함된다"라고 규정하여 행정권한의 위임 · 위탁이 있는 경우 수임청 또는 수탁기관이 피고가 된다.

판례도 "SH공사가 택지개발사업 시행자인 서울특별시장으로부터 이주대책 수립권한을 포함한 택지개발사업에 따른 권한을 위임 또는 위탁받은 경우, 이주대책 대상자들이 SH공사 명의로 이루어진 이주대책에 관한 처분에 대한 취소소송을 제기함에 있어 정당한 피고는 SH공사가 된다"라고 판시[53]하여 수탁기관의 피고적격을 인정하고 있다.

내부위임은 조직 내부에서의 위임관계에 불과하고 대외적 처분은 여전히 위임관청이 자신의 이름으로 행하는 것이므로 위임청이 피고가 된다. 판례도 "행정관청이 특정한 권한을 법률에 따라 다른 행정관청에 이관한 경우와 달리 내부적인 사무처리의 편의를 도모하기 위하여 그의 보조기관 또는 하급행정관청으로 하여금 그의 권한을 사실상 행하도록 하는 내부위임의 경우에는 수임관청이 그 위임된 바에 따라 위임관청의 이름으로 권한을 행사하였다면 그 처분청은 위임관청이므로 그 처분의 취소나 무효확인을 구하는 소송의 피고는 위임관청으로 삼아야 한다"라고 판시하여[54] 같은 입장이다.

권한의 대리 역시 대외적 처분은 대리권을 수여한 피대리 관청의 이름으로 이루어지기 때문에 피대리 관청이 피고가 된다.

하지만 내부위임이나 대리의 경우, 수임 또는 대리 관청이 원행정청이 아닌 자신의 이름으로 처분을 해버린다면 처분의 상대방 입장에서는 내부위임 또는 대리 관계를 알 수 없으므로 처분 명의자인 수임 또는 대리 관청을 피고로 할 수밖에 없다. 판례 역시 "내부위임이나 대리권을 수여받은 데 불과하여 원행정청 명의나 대리관계를 밝히지 아니하고는 그의 명의로 처분 등을 할 권한이 없는 행정청이 권한 없이 그의 명의로 한 처분에 대하여도 처분명의자인 행정청이 피고가 되어야 한다"라고 판시[55]하여 처분 명의자인 수임 또는 대리

---

53) 대법원 2007. 8. 23. 선고 2005두3776 판결.
54) 대법원 1991. 10. 8. 선고 91누520 판결.

관청의 피고적격을 인정하였다.

(4) 피고경정

피고경정이란 소송 계속 중에 피고를 다른 자로 변경하는 것을 말한다. 행정조직의 복잡성과 권한의 위임·위탁 등으로 처분의 상대방 입장에서는 피고를 잘못 지정할 수 있다. 이런 경우 소송을 각하해버리면 피해자의 권리구제 및 소송경제에 장애가 될 수 있다. 따라서 행정소송법은 피고의 지정을 변경할 수 있는 기회를 제공하는 피고경정제도를 규정하고 있다.

원고가 피고를 잘못 지정한 때에는 법원은 원고의 신청에 의하여 결정으로써 피고의 경정을 허가할 수 있다(제14조 제1항). 법원은 피고경정 결정의 정본을 새로운 피고에게 송달하여야 한다(제2항). 원고의 피고경정 신청을 각하하는 결정에 대하여는 즉시항고할 수 있다(제3항). 피고경정 결정이 있은 때에는 새로운 피고에 대한 소송은 처음에 소를 제기한 때에 제기된 것으로 본다(제4항). 피고경정 결정이 있으면 종전의 피고에 대한 소송은 취하된 것으로 본다(제5항).

처분등이 있은 뒤에 그 처분등에 관계되는 권한이 다른 행정청에 승계된 때, 처분 행정청이 없게 된 때 등의 사유가 생긴 때에는 법원은 당사자의 신청 또는 직권에 의하여 피고를 경정한다(제6항).

4. 공동소송

공동소송이란 한 소송에서 원고나 피고의 어느 한쪽 또는 양쪽의 당사자가 2인 이상이 되는 소송형태를 말한다. 소의 주관적 병합이라고도 한다. 원고가 2인 이상인 경우에는 공동원고, 피고가 2인 이상인 경우에는 공동피고라 한다. 공동원고와 공동피고를 공동소송인이라 한다. 공동소송인은 각자가 자신의 명의로 판결을 받으며, 판결에 대하여 독립하여 상소하거나 확정한다.

행정소송법 제15조는 "수인의 청구 또는 수인에 대한 청구가 처분등의 취소청구와 관련되는 청구인 경우에 한하여 그 수인은 공동소송인이 될 수 있다"라고 규정하여 공동소송을 인정하고 있다.

---

55) 대법원 1994. 6. 14. 선고 94누1197 판결.

5. 소송참가

(1) 의 의

취소소송의 계속 중에 소송외의 이해관계사가 소송의 결과에 따라 자기의 법률상 이익에 영향을 미치게 될 경우에 자기의 이익을 위하여 그 소송절차에 참가하는 것을 말한다. 이러한 소송참가는 소송의 결과에 따라 영향을 받는 이해관계자를 보호하기 위한 제도이다.

취소소송의 대상이 되는 처분은 상대방뿐만 아니라 다수의 이해관계자에게 영향을 미칠 수 있으며, 마찬가지로 이에 대한 판결 역시 다수의 이해관계자의 이익에 영향을 미칠 수 있다. 따라서 행정소송법은 판결로 인해 자신의 이익에 영향을 받는 이해관계자들의 소송참가를 인정하고 있다.

(2) 행정소송법상 소송참가

1) 제3자의 소송참가

법원은 소송의 결과에 따라 권리 또는 이익의 침해를 받을 제3자가 있는 경우에는 당사자 또는 제3자의 신청 또는 직권에 의하여 결정으로써 그 제3자를 소송에 참가시킬 수 있다(제16조 제1항). 법원이 제3자의 소송참가 결정을 하고자 할 때에는 미리 당사자 및 제3자의 의견을 들어야 한다(제2항). 제3자의 소송참가 신청을 한 제3자는 그 신청을 각하한 결정에 대하여 즉시항고할 수 있다(제3항).

소송에 참가한 제3자에 대하여는 민사소송법 제67조가 준용된다. 소송목적이 공동소송인 모두에게 합일적으로 확정되어야 할 공동소송의 경우에 공동소송인 가운데 한 사람의 소송행위는 모두의 이익을 위하여서만 효력을 가진다(민사소송법 제67조 제1항). 공동소송에서 공동소송인 가운데 한 사람에 대한 상대방의 소송행위는 공동소송인 모두에게 효력이 미친다(제2항). 공동소송에서 공동소송인 가운데 한 사람에게 소송절차를 중단 또는 중지하여야 할 이유가 있는 경우 그 중단 또는 중지는 모두에게 효력이 미친다(제3항).

2) 행정청의 소송참가

법원은 다른 행정청을 소송에 참가시킬 필요가 있다고 인정할 때에는 당사자 또는 당해 행정청의 신청 또는 직권에 의하여 결정으로써 그 행정청을 소송에 참가시킬 수 있다(행정소송법 제17조 제1항). 법원은 행정청의 소송참가 결정을 하고자 할 때에는 당사자 및 당해 행정청의 의견을 들어야 한다(제2항).

소송에 참가한 행정청에 대하여는 민사소송법 제76조의 규정을 준용한다. 참가인은 소송에 관하여 공격·방어·이의·상소, 그 밖의 모든 소송행위를 할 수 있다. 다만, 참가할 때의 소송의 진행정도에 따라 할 수 없는 소송행위는 그러하지 아니하다(민사소송법 제76조 제1항). 참가인의 소송행위가 피참가인의 소송행위에 어긋나는 경우에는 그 참가인의 소송행위는 효력을 가지지 아니한다(제2항).

(3) 민사소송법상 소송참가

1) 보조참가

민사소송법 제71조는 "소송결과에 이해관계가 있는 제3자는 한 쪽 당사자를 돕기 위하여 법원에 계속 중인 소송에 참가할 수 있다. 다만, 소송절차를 현저하게 지연시키는 경우에는 그러하지 아니하다"라고 규정하여 보조참가제도를 인정하고 있다.

보조참가는 이미 개시되어 있는 소송당사자의 한 쪽 당사자를 승소시키기 위하여 제3자가 참가하는 소송행위를 말한다. 하지만 참가인은 본래의 원고나 피고의 지위에는 서지 않는다. 다시 말해서 공동소송은 아니라는 것이다. 보조참가는 소송의 결과에 있어 법률상의 이해관계를 가지는 제3자에 한하여 허용된다.

2) 공동소송참가

공동소송참가란 소송의 목적이 한쪽 당사자와 제3자에 대하여 합일적(合一的)으로만 확정될 때, 즉 판결의 기판력이 당사자뿐만 아니라 제3자에 대하여 미치는 경우, 그 제3자가 그러한 한 쪽 당사자의 공동소송인으로서 그 소송에 참가하는 형태를 말한다.

민사소송법 제83조는 "소송목적이 한 쪽 당사자와 제3자에게 합일적으로 확정되어야 할 경우 그 제3자는 공동소송인으로 소송에 참가할 수 있다"라고 규정하여 이를 인정하고 있다.

행정소송법 제16조의 제3자 소송참가와 별도로 민사소송법상 공동소송참가를 인정할 필요가 있는지에 대해서는 논란이 견해가 대립할 수 있다.

하지만 행정소송법상 제3자 소송참가는 참가자가 독자적인 청구를 제기한 바 없지만 민사소송법상 공동소송참가는 참가자가 독자적 청구를 가지고 있다는 점에서 서로 다르므로 민사소송법 제83조의 요건을 충족한다면 공동소송참가를 인정하지 않을 이유가 없다.

3) 독립당사자참가

소송목적의 전부나 일부가 자기의 권리라고 주장하거나, 소송결과에 따라 권리가 침해된다고 주장하는 제3자는 당사자의 양 쪽 또는 한 쪽을 상대방으로 하여 당사자로서 소송에 참가할 수 있다(민사소송법 제79조). 이를 독립당사자참가라 한다.

독립당사자참가는 제3자가 당사자의 일방을 돕기 위하여 참가하는 보조참가와 구별되고, 원래 소송의 원고 또는 피고의 공동소송인으로서 참가하지 않는 점에서 공동소송참가와도 다르다. 참가자는 독립한 지위에서 참가하는 것이기 때문에 종전의 당사자(원고 또는 피고)와는 연합관계가 아니라 대립견제관계에 서게 된다. 취소소송은 당사자적격과 소제기요건이 엄격히 제한되어 있으므로 제3자가 자유롭게 독립당사자로서 소송에 참가하는 것이 곤란하다. 따라서 독립당사자참가는 행정소송법상 인정하기 어렵다.

VI. 대상적격(처분성)

1. '처분등'의 의의

(1) 행정소송법상 정의

행정소송법 제2조 제1항은 취소소송의 대상이 되는 "처분등"을 "행정청이 행하는 구체적 사실에 관한 법집행으로서의 공권력의 행사 또는 그 거부와 그 밖에 이에 준하는 행정작용(이하 "처분"이라 한다) 및 행정심판에 대한 재결을 말한다"라고 규정하고 있다. 결국 '처분등'은 처분과 재결을 포함하는 개념이다.

우선, '처분'에 대한 정의를 나누어 살펴보면 ① 행정청이 행하는 행위이고, ② 구체적 사실에 관한 법집행행위이며, ③ 공권력의 행사 또는 그 거부이다. 물론 '그 밖에 이에 준하는 행정작용'도 처분에 포함된다. ①, ②, ③의 요소를 갖춘 행위를 이른바 강학상 '행정행위'라 한다. 따라서 취소소송의 대상이 되는 '처분'은 강학상 행정행위보다 넓은 개념으로서 행정행위는 물론 '그 밖에 이에 준하는 행정작용', 즉 권력적 사실행위나 공권력행사의 실체는 갖추고 있지 않으나 계속해서 사실상의 지배력을 행사하는 행정작용 등도 처분에 포함하고 있다.

(2) 처분의 성립요소로서 '법적 효과를 발생시키는 행위' 포함 여부

현행 행정소송법은 '처분'을 정의하면서 '상대방의 법적 지위를 변동시키는 행위', 즉 '법적 효과를 발생시키는 행위'이어야 한다는 표현을 하지 않고 있다. 이 때문에 취소소송의 대상이 되는 처분은 행정행위와 달리 '법적 효과를 발생시키는 행위'를 성립요소로 하지 않는다는 주장이 제기될 수도 있다. 하지만 '법적 효과를 발생시키는 행위', 즉 '권리 또는 의무를 발생·변경·소멸시키는 행위'가 아니라면 이를 취소해야 할 실익이 전혀 존재하지 않기 때문에 비록 행정소송법의 문언에는 표현하지 않았으나 당연히 처분이 되기 위해서는 '법적 효과를 발생시키는 행위'이어야 한다. 판례 역시 "항고소송의 대상이 되는 행정처분이란 원칙적으로 행정청의 공법상 행위로서 특정 사항에 대하여 법규에 의한 권리 설정 또는 의무 부담을 명하거나 기타 법률상 효과를 발생하게 하는 등으로 일반 국민의 권리의무에 직접 영향을 미치는 행위를 가리키는 것이다"라고 판시[56]하여 같은 입장을 취하고 있다.

(3) 행정청이 행하는 행위

'행정청'이란 행정조직 내부의 의사를 외부에 표시할 권한이 있는 기관을 말한다. 취소소송의 대상이 되는 처분은 이러한 행정청의 행위이어야 한다.

항고소송은 행정청의 처분등이나 부작위에 대하여 처분등을 행한 행정청을 상대로 이를 제기할 수 있고, 행정청에는 처분등을 할 수 있는 권한이 있는 국가 또는 지방자치단체와 같은 행정기관뿐만 아니라 법령에 의하여 행정권한의 위임 또는 위탁을 받은 행정기관, 공공단체 및 그 기관 또는 사인이 포함된다. 또한 특별한 법률에 근거를 두고 행정주체로서의 국가 또는 지방자치단체로부터 독립하여 특수한 존립목적을 부여받은 특수한 행정주체로서 국가의 특별한 감독 하에 그 존립목적인 특정한 공공사무를 행하는 공법인인 특수행정조직 등이 이에 해당한다.[57]

(4) 구체적 사실에 관한 법집행 행위

처분은 '구체적 사실에 관한 법집행 행위'이어야 한다. 다시 말해서 개별

---

56) 대법원 2012. 9. 27. 선고 2010두3541 판결.
57) 대법원 1992. 11. 27. 선고 92누3618 판결.

적이고 구체적인 법집행 행위이어야 한다는 것이다. 개별적이란 처분의 상대
방이 특정되는 것을 말하며, 구체적이란 처분을 통하여 발생할 법적 효과가
특정되어야 한다는 것이다. 따라서 일반적이고 추상적인 법규범 정립작용인
행정입법은 취소소송의 대상이 되는 처분이 아니다. 하지만 이 경우에도 행정
입법이 직접적이고 구체적인 법적 효과를 발생시킨 경우에는 처분성이 인정
된다.58) 독일에서는 비록 불특정 다수인에게 발하는 공권력발동이라도 어떠한
징표에 의해 인적 범위를 특정할 수 있는 때에는 '일반처분'이라 하여 처분성
을 인정하고 있다.

(5) 거부처분

1) 성립요건

행정소송법 제2조의 문언 해석상 '거부' 역시 처분성이 인정된다는 점에서
는 이설이 없다.

다만 행정청의 거부행위를 처분으로 인정하기 위해서는 ① 신청한 대상
이 행정청의 구체적 처분이어야 하며, ② 그 거부로 인해 상대방의 법적 지위
에 영향을 미쳐야 하며, ③ 신청자에게 신청권이 있어야 한다.

판례 역시 "국민의 적극적 행위 신청에 대하여 행정청이 그 신청에 따른
행위를 하지 않겠다고 거부한 행위가 항고소송의 대상이 되는 행정처분에 해
당하는 것이라고 하려면, 그 신청한 행위가 공권력의 행사 또는 이에 준하는
행정작용이어야 하고, 그 거부행위가 신청인의 법률관계에 어떤 변동을 일으
키는 것이어야 하며, 그 국민에게 그 행위발동을 요구할 법규상 또는 조리상
의 신청권이 있어야 한다"라고 판시59)하여 같은 입장을 취하고 있다.

이처럼 거부행위가 취소소송의 대상이 되는 처분이 되기 위해서는 첫째,
신청한 행위가 행정청의 행정작용이어야 한다. 따라서 국유 일반재산을 대부
해달라는 신청은 신청의 대상이 '일반재산 대부행위'이며 당해 행위는 행정작
용이 아니라 국가의 사경제작용에 해당하므로 이를 거부하였다고 해서 취소
소송의 대상이 되는 처분이라 할 수 없다.60)

둘째, 행정청의 거부행위가 신청인의 법률관계에 직접적인 영향을 미쳐야

---

58) 대법원 1996. 9. 20. 선고 95누8003 판결.
59) 대법원 2007. 10. 11. 선고 2007두1316 판결.
60) 대법원 1998. 9. 22. 선고 98두7602 판결.

한다. '직접적인 영향'에 대해서 판례는 "신청인의 법률관계에 어떤 변동을 일으키는 것이라는 의미는 신청인의 실체상의 권리관계에 직접적인 변동을 일으키는 것은 물론, 그렇지 않다 하더라도 신청인이 실체상의 권리자로서 권리를 행사함에 중대한 지장을 초래하는 것도 포함한다고 해석함이 상당하다"라고 판시[61]하고 있다.

셋째, 신청인에게 법령상 또는 조리상의 신청권이 존재하여야 한다. 조리상의 신청권이란 법령에 명문의 규정은 없으나 법규의 취지, 목적 등의 해석을 통하여 신청권이 인정되는 것을 말한다. 판례는 "국·공립 대학교원 임용지원자가 임용권자에게 자신의 임용을 요구할 권리가 없을 뿐 아니라, 임용에 관한 법률상 이익을 가진다고 볼 만한 특별한 사정이 없는 한, 임용 여부에 대한 응답을 신청할 법규상 또는 조리상 권리가 있다고도 할 수 없다"라고 판시[62]하여 신청권을 부인하였고, "환경영향평가대상지역 내의 주민들에게 환경상 이익을 보호하기 위하여 행정청에 공유수면매립법 제32조에서 정한 취소 등의 처분과 관련한 조리상의 신청권이 있다"라고 판시[63]하여 신청권을 인정하였다.

2) 신청권에 대한 학설의 대립

판례는 신청권의 유무가 거부처분의 성립요소 중 하나인 것으로 판시하고 있으나, 학자들의 견해는 나누어진다. 신청권을 판례와 같이 대상적격의 문제로 이해하는 견해(대상적격설),[64] 신청권 유무는 요건심리사항이 아니라 본안심리 사항이므로 소송요건이 될 수 없다는 견해(본안문제설),[65] 당사자에게 당해 처분에 대한 신청권이 존재하는지 여부는 소송대상의 문제가 아니라 소송을 제기하는 당사자의 자격(원고적격)의 문제라는 견해(원고적격설)[66] 등이 대립한다.

신청권의 유무가 부작위의 위법여부를 결정하는 핵심적 심리사항이 되는 부작위위법확인소송과 달리 거부처분에 대한 취소소송에서는 신청권이 인정

---

61) 대법원 2007. 10. 11. 선고 2007두1316 판결.
62) 대법원 2003. 10. 23. 선고 2002두12489 판결.
63) 서울행정법원 2005. 2. 4. 선고 2001구합33563 판결.
64) 박균성(697면).
65) 홍준형(543면).
66) 김남철(739면).

되더라도 그 거부가 언제나 위법이 되는 것은 아니므로 거부처분취소소송에서 신청권 유무를 본안의 문제로 이해하는 것은 타당하지 않다.

또한 판례도 밝히고 있는 것처럼 "거부처분의 처분성을 인정하기 위한 전제요건이 되는 신청권의 존부는 구체적 사건에서 신청인이 누구인가를 고려하지 않고 관계 법규의 해석에 의하여 일반 국민에게 그러한 신청권을 인정하고 있는가를 살펴 추상적으로 결정되는 것이고, 신청인이 그 신청에 따른 단순한 응답을 받을 권리를 넘어서 신청의 인용이라는 만족적 결과를 얻을 권리를 의미하는 것은 아니므로",[67] 신청권의 유무를 원고적격의 문제, 즉 처분의 취소를 구할 법률상의 이익이 있는지 여부 문제로 보는 것은 논리모순이다.

신청권 유무의 문제는 거부의 처분성 인정 여부를 판단하는 대상적격의 문제로 보는 것이 타당하다.

3) 최근 판례동향

(1) 인터넷 포털이나 온라인 장터의 개인정보 유출 또는 침해사건으로 주민등록번호가 불법유출되었다는 이유로 구청장에게 주민등록번호변경신청을 하였으나, 구청장은 "주민등록번호가 불법유출된 경우 주민등록법령상 변경이 허용되지 않는다"는 이유로, 주민등록번호변경 거부처분을 한 사건에서, 원심은 "현행 주민등록법령에서 허용한 주민등록번호 정정 외에 해석상 주민등록번호변경 신청권을 인정할 수 없고 조리상 신청권이 있다고 볼 수 없다"고 판시[68]하여 처분성을 부인하였으나, 대법원은 "피해자의 의사와는 무관하게 주민등록번호가 유출된 경우에는 조리상 주민등록번호의 변경을 요구할 신청권을 인정함이 타당하고, 피고들의 이 사건 주민등록번호 변경신청 거부행위는 항고소송의 대상이 되는 행정처분에 해당한다"고 판시[69]하여 처분성을 인정하였다.

(2) 국공립대학의 교수 또는 총장의 임용 또는 임명과 관련하여 임용탈락자가 제기한 행정소송에서 대하여 종래에는 "총장, 교장이 임용절차에 대하여 하는 임용제청이나 그 철회는 행정기관 상호간의 내부적인 의사결정과정일 뿐 그 자체만으로는 직접적으로 국민의 권리, 의무가 설정, 변경, 박탈되거나

---

67) 대법원 2009. 9. 10. 선고 2007두20638 판결.
68) 서울행정법원 2012. 5. 4. 선고 2012구합1204 판결.
69) 대법원 2017. 6. 15. 선고 2013두2945 판결.

그 범위가 확정되는 등 기존의 권리상태에 어떤 변동을 가져오는 것이 아니므로 이를 행정소송의 대상이 되는 행정처분이라고 할 수는 없다"고 판시[70]하여 처분성을 부인하였으나, 최근 판례의 태도는 "대학의 추천을 받은 총장 후보자는 교육부장관으로부터 정당한 심사를 받을 것이라는 기대를 하게 된다. 만일 교육부장관이 자의적으로 대학에서 추천한 복수의 총장 후보자들 전부 또는 일부를 임용제청하지 않는다면 대통령으로부터 임용을 받을 기회를 박탈하는 효과가 있다. 이를 항고소송의 대상이 되는 처분으로 보지 않는다면, 침해된 권리 또는 법률상 이익을 구제받을 방법이 없다. 따라서 교육부장관이 대학에서 추천한 복수의 총장 후보자들 전부 또는 일부를 임용제청에서 제외하는 행위는 제외된 후보자들에 대한 불이익처분으로서 항고소송의 대상이 되는 처분에 해당한다고 보아야 한다"고 판시[71]하여 처분성을 비교적 넓게 인정하는 추세이다.

(6) 행정심판의 재결

1) 원처분주의

취소소송의 대상인 '처분등'이라 함은 처분과 처분에 대한 재결을 포함하는 개념이다. 그렇다면 처분에 대한 행정심판의 재결이 존재하는 경우 취소소송의 대상은 행정청의 원래의 처분인지 아니면 행정심판위원회의 재결인지 문제가 된다. 이때에 원래 처분이 취소소송의 대상이 되는 제도를 '원처분주의'라 하고, 재결을 취소소송의 대상으로 하는 것을 '재결주의'라고 한다.

현행 행정소송법 제19조는 '취소소송은 처분등을 대상으로 한다. 다만, 재결취소소송의 경우에는 재결 자체에 고유한 위법이 있음을 이유로 하는 경우에 한한다'라고 규정하여 원칙적으로 원래의 처분을 취소소송의 대상으로 하고, 재결은 그 자체에 고유한 위법이 있는 때에 한하여 취소소송의 대상으로 보는 '원처분주의'를 따르고 있다.

2) 일부취소재결

행정심판위원회가 일부취소재결을 한 경우, 예를 들어 6개월의 영업정지처분을 3개월의 영업정지로 감경한 경우 취소소송의 대상은 일부취소되고 남아있는 원처분, 즉 3개월의 영업정지처분이 그 대상이 된다.

---

70) 대법원 1989. 6. 27. 선고 88누9640 판결.
71) 대법원 2018. 6. 15. 선고 2016두57564 판결.

3) 적극적 변경재결

행정심판위원회가 처분을 적극적으로 변경한 경우, 예를 들어 소청심사위원회가 공무원에 대한 감봉처분을 견책처분으로 변경한 경우 취소소송의 대상은 변경된 원처분, 즉 견책처분이 그 대상이 된다.

4) 재결자체의 고유한 위법

'재결 자체의 고유한 위법'이란 재결의 주체·형식·절차의 하자가 있는 것을 말한다. 재결주체의 하자란 권한 없는 행정심판위원회의 재결 또는 행정심판위원회의 구성상 하자가 있는 경우를, 재결절차의 하자란 행정심판법상의 절차를 준수하지 않은 경우를, 재결형식의 하자란 문서에 의하지 않은 재결, 재결서에 주문만 있고 이유가 불충분한 재결, 또는 재결서에 기명날인이 없는 경우 등을 말한다.

이외에도 재결 당사자를 잘못 지정한 경우도 제결자체의 고유한 위법으로 본 판례가 있다. 서울고등법원은 "이 사건 신청에 따른 자동차대여사업 변경등록의 처분을 할 권한이 있는 관할관청은 서울특별시장이라고 할 것임에도 피고 위원회(중앙행정심판위원회)는 제주특별자치도지사로 잘못 오인하여 '서울특별시장이 이 사건 신청에 대하여 상당한 기간 내에 일정한 처분을 하여야 할 의무가 존재하지 않는다'고 판단하여, 원고의 청구를 각하하는 결정[72]을 하였으므로 이 사건 재결은 그 자체에 고유한 하자가 있는 경우에 해당하여 위법하다."라고 판시[73]하였다.

5) 재결의 내용상 위법

재결 자체의 고유한 위법에 '내용에 관한 위법', 즉 '위법판단의 부당'도 포함되는 것인지에 대해서는 다툼이 있다. 이는 수익적이면서 제3자효적 처분에 대하여 제3자가 제기한 취소심판에서 인용재결이 있는 때에, 원처분의 상대방이 인용재결에 대한 취소소송을 제기할 수 있는지가 쟁점이 될 때 주로 발생하는 문제이다. 예를 들어 행정청이 건축허가를 하였는데 이웃주민들이 당해 건축허가처분의 취소를 구하는 행정심판을 제기해서 인용재결을 받은 경우 원래 처분의 상대방이 인용재결에 대한 취소를 구하는 소송을 제기할 수 있는지가 문제된다.

---

72) 중앙행정심판위원회, 2018-10984 재결.
73) 서울고등법원 2020누58528 판결.

이에 대해 ① 행정심판위원회의 인용재결로 원처분의 상대방이 법률상 이익이 침해당한 것이므로 처분의 상대방 입장에서는 행정심판위원회의 재결은 자신에 대한 새로운 처분에 해당하므로 이를 처분으로 보아 취소소송을 제기하면 된다는 견해와 ② 재결자체의 고유한 위법에 재결의 내용상 위법, 즉 '심리(위법)판단의 부당 여부'를 제외해야 할 특별한 이유가 없으므로 행정심판위원회의 재결에 대한 취소소송을 인정할 수 있다는 견해가 대립한다. 그러나 이는 이론상 다툼에 불과할 뿐 실제 소송에 있어서 양자의 차이는 없다. 왜냐하면 이 경우 피고는 인용재결을 행한 행정심판위원회가 되기 때문에 형식상 차이가 없기 때문이다.

판례는 "행정처분이 정당한 것으로 인정되어 행정심판청구를 기각한 재결에 대한 항고소송은 원처분의 하자를 이유로 주장할 수 없고, 그 재결 자체에 주체, 절차, 형식 또는 내용상의 위법이 있는 경우에 한한다"라고 판시[74]하여 재결 자체의 위법에 내용상 위법도 포함된다는 것을 분명히 하고 있다. 따라서 재결 자체의 위법에 내용상 위법이 포함된다는 것은 더 이상 다툴 여지가 없다.

재결에 내용상 위법이 있는 또 다른 경우로는 적법한 행정심판신청을 행정심판위원회가 각하재결을 한 때이다. 이때에도 각하재결은 취소소송의 대상이 된다. 판례 역시 "재결 자체에 고유한 위법이란 그 재결 자체에 주체, 절차, 형식 또는 내용상의 위법이 있는 경우를 의미하는데, 행정심판청구가 부적법하지 않음에도 각하한 재결은 심판청구인의 실체심리를 받을 권리를 박탈한 것으로서 원처분에 없는 고유한 하자가 있는 경우에 해당하고, 따라서 위 재결은 취소소송의 대상이 된다"라고 판시[75]하여 이를 인정하고 있다.

6) 개별 법률에 의한 재결주의 예외

개별 법률의 규정에 의해 재결주의를 취하는 경우가 있다. 감사원법 제40조 제2항은 "감사원의 재심의 판결에 대하여는 감사원을 당사자로 하여 행정소송을 제기할 수 있다"라고 규정하여 감사원의 변상판정에 대한 재심의 판정에 불복할 때에는 감사원의 재심의 판정(재결)을 취소소송의 대상으로 하고 있다. 노동위원회법 제27조 제1항은 "중앙노동위원회의 처분에 대한 소송은 중앙노동위원회 위원장을 피고로 하여 처분의 송달을 받은 날부터 15일 이내에

---

74) 대법원 1989. 1. 24. 선고 88누3314 판결.
75) 대법원 2001. 7. 27. 선고 99두2970 판결.

제기하여야 한다"라고 규정하여 중앙노동위원회의 재심판정을 대상으로 취소
소송을 제기하는 재결주의를 취하고 있다.

7) 취소재결에 따른 처분청의 취소처분

행정심판위원회가 취소재결, 즉 인용재결을 한 경우 원처분은 행정심판위
원회의 재결에 의해 당연히 취소·소멸되므로 처분청이 행정심판위원회의 취
소재결에 따라 원처분을 취소하는 것은 상대방에게 원처분이 취소·소멸되었
음을 알려주는 통지에 불과하므로 이에 대해 행정심판이나 행정소송을 제기
할 수 없다.

2. 처분성에 대한 판례의 태도

1) 준법률행위적 행정행위

확인, 공증, 통지, 수리 등 준법률행위적 행정행위는 넓은 의미에서 행정
행위에 속하는 까닭에 원칙적으로 처분성이 인정된다. 그러나 판례는 '공증'에
대해서는 처분성을 제한적으로 인정하고 있다. 예를 들어 하천대장에의 등록,
가옥대장에의 등재 등은 처분성을 인정하지 아니하였다.

(1) 하천대장은 하천관리청이 하천에 관한 행정사무집행의 원활을 기하
기 위하여 그 현황과 관리사항을 기재, 작성하는 것일 뿐, 어떤 특정 토지를
하천대장에 기재하였다 하여 그 토지에 관한 권리변동의 효력이 발생케 하는
것이 아니므로 이러한 하천대장에 등재하는 행위는 하천구역의 지정처분이
라 할 수 없다.[76]

(2) 가옥대장에 일정한 사항을 등재하는 행위는 행정사무집행의 편의와
사실증명의 자료로 삼기 위한 것일뿐 그 등재행위로 인하여 당해가옥에 관한
실체상의 권리관계에 어떠한 변동을 가져오는 것은 아니라 할 것이므로 가옥
대장의 등재행위는 행정처분이라 할 수 없다.[77]

2) 처분적 행정입법

행정입법, 즉 명령의 처분성을 인정하지 아니하는 것이 우리 판례의 일반
적 태도이지만, 행정입법 자체가 직접적으로 개인의 권익에 영향을 미치는 경
우에는 처분성을 인정하고 있다.

---

76) 대법원 1991. 11. 26. 선고 91누5150 판결.
77) 대법원 1982. 10. 26. 선고 82누411 판결.

(1) 조례가 집행행위의 개입 없이도 그 자체로서 직접 국민의 구체적인 권리의무나 법적 이익에 영향을 미치는 등의 법률상 효과를 발생하는 경우 그 조례는 항고소송의 대상이 되는 행정처분에 해당한다.[78]

(2) 항정신병 치료제의 요양급여에 관한 보건복지부 고시가 불특정의 항정신병 치료제 일반을 대상으로 한 것이 아니라 특정 제약회사의 특정 의약품을 규율 대상으로 하는 점 및 의사에 대하여 특정 의약품을 처방함에 있어서 지켜야 할 기준을 제시하면서 만일 그와 같은 처방기준에 따르지 않은 경우에는 국민건강보험공단에 대하여 그 약제비용을 보험급여로 청구할 수 없고 환자 본인에 대하여만 청구할 수 있게 한 점 등에 비추어 볼 때, 이 사건 고시는 다른 집행행위의 매개 없이 그 자체로서 제약회사, 요양기관, 환자 및 국민건강보험공단 사이의 법률관계를 직접 규율하는 성격을 가진다고 할 것이므로, 이는 항고소송의 대상이 되는 행정처분으로서의 성격을 갖는다.[79]

3) 행정계획

행정계획의 성질을 어떻게 이해하느냐에 따라 처분성 여부가 결정되어 진다는 것이 종래의 일반적 경향이었다. 다시 말해서 행정계획의 성질을 행정행위로 보는 입장에서는 처분성을 인정하였고, 반면에 행정입법으로 이해하는 견해는 처분성을 부인하였다. 하지만 지금은 행정계획의 성질을 구체적 사정에 따라 개별적으로 파악해야 한다는 개별성질설이 통설적 견해이므로, 그 개별적 성질이 구속적·일반처분적 성질을 가지는 행정계획은 처분성이 인정된다.

(1) 도시계획법 제12조 소정의 고시된 도시계획결정은 특정 개인의 권리 내지 법률상의 이익을 개별적이고 구체적으로 규제하는 효과를 가져오게 하는 행정청의 처분이라 할 것이고, 이는 행정소송의 대상이 된다.[80]

(2) 구 농어촌도로정비법 제6조에 의한 농어촌도로기본계획은 군수가 시도·군도 이상의 도로를 기간으로 관할구역 안의 도로에 대한 장기개발방향의 지침을 정하기 위하여 내무부장관의 승인을 받아 고시하는 계획으로서 그에 후속되는 농어촌도로정비계획의 근거가 되는 것일 뿐 그 자체로 국민의 권리의무를 개별적 구체적으로 규제하는 효과를 가지는 것은 아니므로 이는 항고

---

78) 대법원 1996. 9. 20. 선고 95누8003 판결.
79) 대법원 2003. 10. 9.자 2003무23 결정.
80) 대법원 1982. 3. 9. 선고 80누105 판결.

소송의 대상이 되는 행정처분에 해당한다고 할 수 없다.[81]

(3) 국토해양부, 환경부, 문화체육관광부, 농림수산부, 식품부가 합동으로 2009. 6. 8. 발표한 '4대강 살리기 마스터플랜' 등은 4대강 정비사업과 주변 지역의 관련 사업을 체계적으로 추진하기 위하여 수립한 종합계획이자 '4대강 살리기 사업'의 기본방향을 제시하는 계획으로서, 행정기관 내부에서 사업의 기본방향을 제시하는 것일 뿐, 국민의 권리·의무에 직접 영향을 미치는 것이 아니어서 행정처분에 해당하지 않는다.[82]

4) 사실행위

개인에 대한 직접적이고 구체적인 지배력을 행사할 수 있는 권력적 사실행위는 처분성이 인정된다. 판례는 재산압류처분, 단수처분 등에 처분성을 인정하였다. 하지만 권고·지도 등과 같은 비권력적 사실행위에 대해서는 대체적으로 처분성을 인정하지 않고 있다.

그러나 비록 비권력적 사실행위라 할지라도 계속성·강제성을 띠는 규제적·조정적 행정지도는 실질적으로 권력적 행위와 다르지 않으므로 처분성을 인정하는 것이 타당하며, 행정지도에 의하여 영업이익·명예·신용 등을 침해당하여 공적 선언을 통한 명예회복이 필요한 경우에도 처분성을 인정하는 것이 적절하다.

(1) 국세징수법에 의한 체납처분의 집행으로서 한 본건 압류처분은, 나라의 행정청인 피고가 한 공법상의 처분이고, 따라서 그 처분이 위법이라고 하여 그 취소를 구하는 이 소송은 행정소송이라 할 것이다.[83]

(2) 단수처분을 두고 그것이 항고소송의 대상이 되는가에 관하여 원심이 약간의 의문을 가지고 있었음이 판시이유에서 간취된다 하더라도 결론에 있어 항고소송의 대상이 되는 것으로 보고 판단하고 있으니 이 점에 관한 원심의 판단은 결국 원고들의 주장과도 일치하여 원고들 스스로 이를 탓할 수도 없으므로 논지 이유 없다.[84]

(3) 수도사업자가 급수공사 신청자에 대하여 급수공사비 내역과 이를 지정기일 내에 선납하라는 취지로 한 납부통지는 수도사업자가 급수공사를 승

---

81) 대법원 2000. 9. 5. 선고 99두974 판결.
82) 대법원 2011. 4. 21. 선고 2010무111 전원합의체 판결.
83) 대법원 1969. 4. 29. 선고 69누12 판결.
84) 대법원 1979. 12. 28. 선고 79누218 판결.

인하면서 급수공사비를 계산하여 급수공사 신청자에게 이를 알려 주고 위 신청자가 이에 따라 공사비를 납부하면 급수공사를 하여 주겠다는 취지의 강제성이 없는 의사 또는 사실상의 통지행위라고 풀이함이 상당하고, 이를 가리켜 항고소송의 대상이 되는 행정처분이라고 볼 수 없다.[85]

5) 신고의 수리거부

신고 중 자기완결적 신고의 경우에는 신고함으로써 바로 법적 효과가 발생하는 것으로서 행정청의 수리(접수)는 법적 효과를 발생시키지 않는 사실행위에 불과하여 항소소송의 대상이 되는 처분으로 볼 수 없다.

하지만 비록 자기완결적 신고라 할지라도 건축법상의 건축신고와 같이 금지해제적 신고의 경우에는 신고가 반려될 경우 시정명령, 이행강제금의 부과 등과 같은 불이익을 받을 위험이 있기 때문에 그 위험을 제기하기 위하여 행정청의 신고거부(반려)의 처분성을 인정할 필요가 있다.[86]

판례도 "행정청은 건축신고로써 건축허가가 의제되는 건축물의 경우에도 그 신고 없이 건축이 개시될 경우 건축주 등에 대하여 공사 중지·철거·사용 금지 등의 시정명령을 할 수 있고, 그 시정명령을 받고 이행하지 않은 건축물에 대하여는 당해 건축물을 사용하여 행할 다른 법령에 의한 영업 기타 행위의 허가를 하지 않도록 요청할 수 있으며, 그 요청을 받은 자는 특별한 이유가 없는 한 이에 응하여야 하고, 나아가 행정청은 그 시정명령의 이행을 하지 아니한 건축주 등에 대하여는 이행강제금을 부과할 수 있으며, 또한 건축신고를 하지 않은 자는 200만 원 이하의 벌금에 처해질 수 있다. 이와 같이 건축주 등은 신고제하에서도 건축신고가 반려될 경우 당해 건축물의 건축을 개시하면 시정명령, 이행강제금, 벌금의 대상이 되거나 당해 건축물을 사용하여 행할 행위의 허가가 거부될 우려가 있어 불안정한 지위에 놓이게 된다. 따라서 건축신고 반려행위가 이루어진 단계에서 당사자로 하여금 반려행위의 적법성을 다투어 그 법적 불안을 해소한 다음 건축행위에 나아가도록 함으로써 장차 있을지도 모르는 위험에서 미리 벗어날 수 있도록 길을 열어 주고, 위법한 건축물의 양산과 그 철거를 둘러싼 분쟁을 조기에 근본적으로 해결할 수 있게 하는

---

[85] 대법원 1993. 10. 26. 선고 93누6331 판결.
[86] 필자는 앞에서 건축신고를 행정요건적 신고(수리를 요하는 신고)로 보았다. 하지만 이를 자기완결적 신고(수리를 요하지 아니하는 신고)로 보는 견해도 있는바, 비록 건축신고를 자기완결적 신고로 보더라도 건축신고의 반려는 거부처분으로 보아야 한다는 것을 설명하는 것이다.

것이 법치행정의 원리에 부합한다. 그러므로 건축신고 반려행위는 항고소송의 대상이 된다고 보는 것이 옳다"라고 판시[87])하여 같은 입장을 취하고 있다.

이에 반하여 행정요건적 신고의 경우에는 신고가 수리되어야 신고의 효과가 발생하는 것이므로 신고의 수리거부는 거부처분에 해당하여 항고소송의 대상이 된다 할 것이다.

3. 변경처분

(1) 문제의 소재

변경처분이란 처분청이 최초 처분을 변경하는 처분을 말한다. 변경처분에는 처분청이 자신의 당초 처분을 직권취소하고 새로운 처분을 하는 적극적 변경처분과 원처분의 효력 중 일부만을 추가·철회·변경하는 소극적 변경처분이 있다. 이 경우 당초처분의 효력은 어떻게 되는지, 취소소송의 대상이 되는 것은 원처분인지 아니면 변경처분인지 등이 문제된다.

(2) 소극적 변경처분

1) 견해의 대립

당초처분의 효력은 어떻게 되는지, 당초처분과 변경처분 중 어떠한 처분이 취소소송의 대상이 되는지 등에 대해서는 전통적으로 병존설, 흡수설, 병존적 흡수설, 역흡수설, 역흡수 병존설이 대립한다.

① 병존설은 당초처분 또는 변경처분 모두 취소소송의 대상이 된다는 견해이며, ② 흡수설은 원처분의 효력이 변경처분에 흡수되어 변경처분이 취소소송의 대상이 된다는 것이며, ③ 병존적 흡수설은 흡수설과 마찬가지로 취소소송의 대상은 변경처분이지만 당초처분의 효력도 남아있다는 입장이며, ④ 역흡수설은 변경처분의 효력이 원처분에 흡수되어 원처분이 취소소송의 대상이 된다는 것이며, ⑤ 역흡수 병존설은 역흡수설과 마찬가지로 취소소송의 대상은 당초처분이지만 변경처분의 효력도 남아있다는 견해이다.

2) 판례의 태도

가. 처분내용 일부의 추가·철회·변경

기존의 행정처분을 변경하는 내용의 행정처분이 뒤따르는 경우, 후속처분

---

87) 대법원 2010. 11. 18. 선고 2008두167 전원합의체 판결.

이 종전처분을 완전히 대체하는 것이거나 주요 부분을 실질적으로 변경하는 내용인 경우에는 특별한 사정이 없는 한 종전처분은 효력을 상실하고 후속처분만이 항고소송의 대상이 되지만, 후속처분의 내용이 종전처분의 유효를 전제로 내용 중 일부만을 추가·철회·변경하는 것이고 추가·철회·변경된 부분이 내용과 성질상 나머지 부분과 불가분적인 것이 아닌 경우에는, 후속처분에도 불구하고 종전처분이 여전히 항고소송의 대상이 된다. 따라서 종전처분을 변경하는 내용의 후속처분이 있는 경우 법원으로서는, 후속처분의 내용이 종전처분 전체를 대체하거나 주요 부분을 실질적으로 변경하는 것인지, 후속처분에서 추가·철회·변경된 부분의 내용과 성질상 나머지 부분과 가분적인지 등을 살펴 항고소송의 대상이 되는 행정처분을 확정하여야 한다.[88]

법원은 "피고가 대형마트 및 준대규모점포의 영업제한 시간을 오전 0시부터 오전 8시까지로 정하고 매월 둘째 주와 넷째 주 일요일을 의무휴업일로 지정하는 내용의 처분을 하였고, 당해 처분의 취소를 구하는 소송이 이 사건 원심에 계속 중이던 때에 위 피고는 위 원고들을 상대로 영업시간 제한 부분의 시간을 '오전 0시부터 오전 10시'까지로 변경하되, 의무휴업일은 종전과 동일하게 유지하는 내용의 처분을 한 것은 … 종전처분 전체를 대체하거나 그 주요 부분을 실질적으로 변경하는 내용이 아니라, 의무휴업일 지정 부분을 그대로 유지한 채 영업시간 제한 부분만을 일부 변경하는 것으로서, 추가된 영업시간 제한 부분은 그 성질상 종전처분과 가분적인 것으로 여겨진다. 따라서 후속처분에도 불구하고 종전처분이 여전히 항고소송의 대상이 된다고 보아야 한다"고 판시[89]하였다.

나. 금전급부의무의 증액 또는 감액

㈎ 감액경정

조세나 과징금의 감액 경정에 대해 법원은 "과세표준과 세액을 감액하는 경정처분은 당초 부과처분과 별개 독립의 과세처분이 아니라 그 실질은 당초 부과처분의 변경이고, 그에 의하여 세액의 일부 취소라는 납세자에게 유리한 효과를 가져오는 처분이므로 그 감액경정결정으로도 아직 취소되지 아니하고 남아 있는 부분이 위법하다 하여 다투는 경우, 항고소송 대상은 당초의 부과

---

88) 대법원 2015. 11. 19. 선고 2015두295 전원합의체 판결.
89) 대법원 2015. 11. 19. 선고 2015두295 전원합의체 판결.

처분 중 경정결정에 의하여 취소되지 않고 남은 부분이고, 경정결정이 항고소송의 대상이 되는 것은 아니며, 이 경우 적법한 전심절차를 거쳤는지 여부도 당초 처분을 기준으로 판단하여야 한다"라고 판시[90]하여 '역흡수설'을 취하고 있다.

(나) 증액경정

조세나 과징금의 증액 경정에 대해 법원은 "국세기본법 제22조의2의 시행 이후에도 증액경정처분이 있는 경우, 당초 신고나 결정은 증액경정처분에 흡수됨으로써 독립한 존재가치를 잃게 된다고 보아야 하므로, 원칙적으로는 당초 신고나 결정에 대한 불복기간의 경과 여부 등에 관계없이 증액경정처분만이 항고소송의 심판대상이 되고, 납세의무자는 그 항고소송에서 당초 신고나 결정에 대한 위법사유도 함께 주장할 수 있다고 해석함이 타당하다"라고 판시[91]하여 흡수설을 취하고 있다.

다. 공정거래법상 과징금 부과처분

(가) 과징금 부과처분과 자진신고 등에 의한 감면처분

공정거래법에서 정한 자진신고자나 조사협조자에 대하여 과징금 부과처분(선행처분)을 한 뒤, 공정거래법에 따라 그 자진신고자 등에 대한 사건을 분리하여 자진신고 등을 이유로 다시 과징금 감면처분(후행처분)을 하였다면, 그 후행처분은 자진신고 감면까지 포함하여 자진신고자가 실제로 납부하여야 할 최종적인 과징금액을 결정한 종국적 처분이고, 선행처분은 이러한 종국적 처분을 예정한 일종의 잠정적 처분으로서 후행처분에 흡수되어 소멸한다. 따라서 위와 같은 경우에 선행처분의 취소를 구하는 소는 이미 효력을 잃은 처분의 취소를 구하는 것으로서 부적법하다.[92]

(나) 과징금 부과처분과 감면기각처분

자진신고 감면인정 여부에 대한 결정은 공정거래법령이 정한 시정조치의 내용과 과징금산정 과정에 따른 과징금액이 결정된 이후, 자진신고 요건 충족 여부에 따라 결정되므로, 과징금 등 처분과 자진신고 감면요건이 구별되는 점, 이에 따라 공정거래위원회로서는 자진신고가 있는 사건에서 시정명령 및 과

90) 대법원 1998. 5. 26. 선고 98두3211 판결.
91) 대법원 2009. 5. 14. 선고 2006두17390 판결.
92) 대법원 2015. 2. 12. 선고 2013두6169 판결.

징금 부과의 요건과 자진신고 감면 요건 모두에 대하여 심리·의결할 의무를 부담하는 점, 감면기각처분은 자진신고 사업자의 감면신청에 대한 거부처분의 성격을 가지는 점 등을 종합하면, 공정거래위원회가 시정명령 및 과징금 부과와 감면 여부를 분리 심리하여 별개로 의결한 후 과징금 등 처분과 별도의 처분서로 감면기각처분을 하였다면, 원칙적으로 2개의 처분, 즉 과징금 등 처분과 감면기각처분이 각각 성립한 것이고, 처분의 상대방으로서는 각각의 처분에 대하여 함께 또는 별도로 불복할 수 있다. 따라서 과징금 등 처분과 동시에 감면기각처분의 취소를 구하는 소를 함께 제기했더라도, 특별한 사정이 없는 한 감면기각처분의 취소를 구할 소의 이익이 부정된다고 볼 수 없다.[93]

(3) 적극적 변경처분

처분청이 당초 처분을 직권취소하고 새로운 처분으로 변경하였다면 당연히 변경처분이 항고소송의 대상이 되어야 한다. 그런데 그 변경처분이 제재처분 또는 징계처분인 경우 제재나 징계의 정도가 감경된 경우에는 이를 실질적인 소극적 변경(일부취소)으로 보아야 하는지 아니면 적극적 변경으로 보아야 하는지 견해가 대립한다. 예를 들어 영업취소처분을 영업정지처분으로 변경하는 것이 이에 해당한다. 이를 일부취소로 본다면 유리하게 변경된 당초처분(영업정지로 변한 당초처분)이 항고소송의 대상이 되고, 적극적 변경으로 본다면 유리하게 변경된 변경처분(영업정지처분 자체)이 그 대상이 된다. 이처럼 어느 견해를 취해도 영업정지처분이 그 대상이 된다는 점에서는 차이가 없다. 다만 양설은 제소기간의 기산일을 언제로 할 것인지의 차이밖에 없다. 그렇다면 제소기간을 축소하여 국민의 제소권을 방해할 이유가 없으므로 적극적 변경으로 보는 것이 타당할 것이다.

VII. 제소기간

1. 의 의

제소기간이란 소송제기가 허용되는 기간을 말한다. 다시 말해서 일정기간이 경과하면 비록 위법한 처분이라 할지라도 취소소송의 제기가 허용되지 않

---

93) 대법원 2016. 12. 27. 선고 2016두43282 판결.

는다. 이러한 효과를 이른바 불가쟁력이라 한다. 제소기간은 제척기간(불변기간)으로서 중단되거나 정지되지 아니한다. 또한 기간의 경과 여부는 당사자가 원용할 필요 없이 법원이 직권으로 조사해야 할 사항이다.

행정소송법 제20조 제1항은 "취소소송은 처분등이 있음을 안 날부터 90일 이내에 제기하여야 한다. 다만, 제18조 제1항 단서에 규정한 경우와 그 밖에 행정심판청구를 할 수 있는 경우 또는 행정청이 행정심판청구를 할 수 있다고 잘못 알린 경우에 행정심판청구가 있은 때의 기간은 재결서의 정본을 송달받은 날부터 기산한다"라고, 제2항은 "취소소송은 처분등이 있은 날부터 1년(제1항 단서의 경우는 재결이 있은 날부터 1년)을 경과하면 이를 제기하지 못한다. 다만, 정당한 사유가 있는 때에는 그러하지 아니하다"라고 각각 규정하고 있다.

개별법이 제소기간을 특별히 규정하는 경우도 있다. 예를 들어 토지보상법 제85조 제1항은 "사업시행자, 토지소유자 또는 관계인은 제34조에 따른 재결에 불복할 때에는 재결서를 받은 날부터 60일 이내에, 이의신청을 거쳤을 때에는 이의신청에 대한 재결서를 받은 날부터 30일 이내에 각각 행정소송을 제기할 수 있다"라고 규정하여 제소기간을 60일, 30일로 각각 정하고 있다.

2. 행정심판을 거치지 않은 경우

취소소송은 처분이 있음을 안 날로부터 90일 이내에 제기하여야 한다. 상대방이 처분이 있음을 알지 못한 경우라도 처분이 있은 날로부터 1년이 경과하면 취소소송을 제기할 수 없다. 만약 상대방이 처분이 있은 날로부터 11개월이 지난 후에 처분이 있음을 알았다하더라도 그때부터 90일 이내에 취소소송을 제기할 수 있는 것이 아니라 처분이 있은 날로부터 1년이 지나버리면 취소소송을 제기할 수 없다. 다시 말해서 '처분이 있음을 안 날'과 '처분이 있은 날' 중 어느 하나의 기간이 만료되면 제소기간이 종료된다.

'처분이 있음을 안 날'이란 통지, 공고 기타의 방법에 의하여 당해 처분이 있었다는 사실을 현실적으로 안 날을 의미하고 구체적으로 그 행정처분의 위법 여부를 판단한 날을 가리키는 것은 아니다.[94]

처분이 공고 또는 고시 등의 방법으로 통지되는 때에는 원고가 공고나 고시를 실제로 본 날이 '처분이 있음을 안 날'이 될 것이다. 하지만 원고가 공고

---

94) 대법원 1991. 6. 28. 선고 90누6521 판결.

나 고시를 알지 못한 때에는 취소소송의 제소기간의 기산일을 언제로 할 것인지 문제된다. 법원은 "통상 고시 또는 공고에 의하여 행정처분을 하는 경우에는 그 처분의 상대방이 불특정 다수인이고, 그 처분의 효력이 불특정 다수인에게 일률적으로 적용되는 것이므로, 그 행정처분에 이해관계를 갖는 자는 고시 또는 공고가 있었다는 사실을 현실적으로 알았는지 여부에 관계없이 고시가 효력을 발생하는 날에 행정처분이 있음을 알았다고 보아야 하고, 따라서 그에 대한 취소소송은 그날로부터 90일 이내에 제기하여야 한다"라고 판시[95] 하여 공고나 고시의 효력발생일을 제소기간의 기산일로 인정하고 있다. 일반적으로 공고나 고시는 효력발생일을 구체적으로 밝히는 경우가 대부분이지만, 만약 공고나 고시에서 특별히 효력발생일을 밝히지 않았다면 공고나 고시가 있은 날로부터 5일이 경과하면 효력이 발생한다.[96]

하지만 개별토지가격결정처럼 그 처분의 고지방법이 공고나 고시의 형식을 취하더라도 그 처분의 효력은 각각 개별적으로 발생하는 때에는 처분 상대방이 실제로 처분이 있음을 안 날로부터 제소기간을 기산하여야 한다. 판례역시 "개별토지가격결정에 있어서는 그 처분의 고지방법에 있어 개별토지가격합동조사지침(국무총리훈령 제248호)의 규정에 의하여 행정편의상 일단의 각 개별토지에 대한 가격결정을 일괄하여 읍·면·동의 게시판에 공고하는 것일 뿐 그 처분의 효력은 각각의 토지 또는 각각의 소유자에 대하여 각별로 효력을 발생하는 것이므로 개별토지가격결정의 공고는 공고일로부터 그 효력을 발생하지만 처분 상대방인 토지소유자 및 이해관계인이 공고일에 개별토지가격결정처분이 있음을 알았다고까지 의제할 수는 없어 결국 개별토지가격결정에 대한 재조사 또는 행정심판의 청구기간은 처분 상대방이 실제로 처분이 있음을 안 날로부터 기산하여야 할 것이나, 시장, 군수 또는 구청장이 개별토지가격결정을 처분 상대방에 대하여 별도의 고지절차를 취하지 않는 이상 토지소유자 및 이해관계인이 위 처분이 있음을 알았다고 볼 경우는 그리 흔치 않을 것이므로, 특별히 위 처분을 알았다고 볼 만한 사정이 없는 한 개별토지가격결정에 대한 재조사청구 또는 행정심판청구는 행정심판법 제18조 제3항 소정의 처분이 있은 날로부터 180일 이내에 이를 제기하면 된다"라고 판시[97]하여

---

95) 대법원 2006. 4. 14. 선고 2004두3847 판결.
96) 「행정업무의 운영 및 혁신에 관한 규정」 제6조 제3항.

이 같은 입장을 취하고 있다.

또한 특정인에 대한 행정처분을 주소불명 등의 이유로 송달할 수 없어 관보·공보·게시판·일간신문 등에 공고한 경우에도, 공고가 효력을 발생하는 날에 상대방이 그 행정처분이 있음을 알았다고 볼 수는 없고, 상대방이 당해 처분이 있었다는 사실을 현실적으로 안 날에 그 처분이 있음을 알았다고 보아야 한다.[98]

'처분이 있은 날'이라 함은 상대방이 있는 행정처분의 경우는 특별한 규정이 없는 한 의사표시의 일반적 법리에 따라 그 행정처분이 상대방에게 고지되어 효력이 발생한 날을 말한다.[99]

3. 행정심판을 거친 경우

다른 법률에서 당해 처분에 대한 행정심판의 재결을 거치지 아니하면 취소소송을 제기할 수 없다고 규정한 경우, 그 밖에 행정심판청구를 할 수 있는 경우, 행정청이 행정심판청구를 할 수 있다고 잘못 알린 경우에 당사자가 행정심판을 청구하여 재결을 받은 때에는 재결서의 정본을 송달받은 날부터 90일 이내에 취소소송을 제기하여야 한다. 재결서 정분을 송달받은 바 없어도 재결이 있은 날로부터 1년이 경과하면 취소소송을 제기할 수 없다. 다시 말해서 '재결서 정본을 송달받은 날'과 '재결이 있은 날' 중 어느 하나의 기간이 만료되면 제소기간이 종료된다.

따라서 처분이 있음을 안 날부터 90일 이내에 행정심판을 청구하지도 않고 취소소송을 제기하지도 않은 경우에는 그 후 제기된 취소소송은 제소기간을 경과한 것으로서 부적법하고, 처분이 있음을 안 날부터 90일을 넘겨 청구한 부적법한 행정심판청구에 대한 재결이 있은 후 재결서를 송달받은 날부터 90일 이내에 원래의 처분에 대하여 취소소송을 제기하였다고 하여 취소소송이 다시 제소기간을 준수한 것으로 되는 것은 아니다.[100]

이미 제소기간이 지남으로써 불가쟁력이 발생하여 불복청구를 할 수 없었던 경우라면 그 이후에 행정청이 행정심판청구를 할 수 있다고 잘못 알렸다

---

97) 대법원 1993. 12. 24. 선고 92누17204 판결.
98) 대법원 2006. 4. 28. 선고 2005두14851 판결.
99) 대법원 1990. 7. 13. 선고 90누2284 판결.
100) 대법원 2011. 11. 24. 선고 2011두18786 판결.

고 하더라도 그 때문에 처분 상대방이 적법한 제소기간 내에 취소소송을 제기할 수 있는 기회를 상실하게 된 것은 아니므로 이러한 경우에 잘못된 안내에 따라 청구된 행정심판 재결서 정본을 송달받은 날부터 다시 취소소송의 제소기간이 기산되는 것은 아니다. 불가쟁력이 발생하여 더 이상 불복청구를 할 수 없는 처분에 대하여 행정청의 잘못된 안내가 있었다고 하여 처분 상대방의 불복청구 권리가 새로이 생겨나거나 부활한다고 볼 수는 없기 때문이다.[101]

4. 정당한 사유가 있는 경우

행정소송법 제20조 제2항 단서는 '다만, 정당한 사유가 있는 때에는 그러하지 아니하다'라고 하여 '처분이 있은 날' 또는 '재결이 있은 날'로부터 1년이 경과하였을 지라도 '정당한 사유'가 있으면 제소기간이 연장될 수 있는 가능성을 열어 놓고 있다.

'정당한 사유'란 불확정 개념으로서 그 존부는 사안에 따라 개별적, 구체적으로 판단하여야 하나 민사소송법 제173조의 "당사자가 그 책임을 질 수 없는 사유"나 행정심판법 제27조 제2항 소정의 "천재, 지변, 전쟁, 사변 그 밖에 불가항력적인 사유"보다는 넓은 개념이라고 풀이되므로, 제소기간 도과의 원인 등 여러 사정을 종합하여 지연된 제소를 허용하는 것이 사회통념상 상당하다고 할 수 있는가에 의하여 판단하여야 한다.[102]

법원은 "인터넷 웹사이트에 대하여 구 청소년보호법에 따른 청소년유해매체물 결정·고시처분을 한 사안에서, 위 결정은 이해관계인이 고시가 있었음을 알았는지 여부에 관계없이 관보에 고시됨으로써 효력이 발생하고, 그가 위 결정을 통지받지 못하였다는 것이 제소기간을 준수하지 못한 것에 대한 정당한 사유가 될 수 없다"고 판시[103]하였다. 통상적으로 고시 또는 공고에 의하여 행정처분을 하는 경우에는 그 처분의 상대방이 불특정 다수인이고 그 처분의 효력이 불특정 다수인에게 일률적으로 적용되는 것이므로, 그 행정처분에 이해관계를 갖는 자가 고시 또는 공고가 있었다는 사실을 현실적으로 알았는지 여부에 관계없이 고시가 효력을 발생하는 날 행정처분이 있음을 알았다고

101) 대법원 2012. 9. 27. 선고 2011두27247 판결.
102) 대법원 1991. 6. 28. 선고 90누6521 판결.
103) 대법원 2007. 6. 14. 선고 2004두619 판결.

보아야 한다는 것이 법원의 태도이다.

민사소송법 제173조 제1항은 "당사자가 책임질 수 없는 사유로 말미암아 불변기간을 지킬 수 없었던 경우에는 그 사유가 없어진 날부터 2주 이내에 게 을리 한 소송행위를 보완할 수 있다. 다만, 그 사유가 없어질 당시 외국에 있 던 당사자에 대하여는 이 기간을 30일로 한다"라고, 행정심판법 제27조 제2항 은 "청구인이 천재지변, 전쟁, 사변, 그 밖의 불가항력으로 인하여 제1항에서 정한 기간에 심판청구를 할 수 없었을 때에는 그 사유가 소멸한 날부터 14일 이내에 행정심판을 청구할 수 있다. 다만, 국외에서 행정심판을 청구하는 경 우에는 그 기간을 30일로 한다"라고 각각 규정하고 있다.

5. 처분이 무효인 경우

처분의 하자가 중대·명백하여 무효인 경우에는 무효등확인소송을 제기하 여야 하는바, 무효등확인소송은 제소기간에 관한 규정이 준용되지 않으므로 제소기간의 제한을 받지 아니한다. 다만 행정처분의 당연무효를 선언하는 의 미에서 그 취소를 청구하는 행정소송을 제기하는 경우에도 소원의 전치와 제 소기간의 준수 등 취소소송의 제소요건을 갖추어야 한다.104)

Ⅷ. 소의 변경

1. 의 의

소송 계속 중에 원고가 소송의 대상인 청구를 변경하는 것을 소의 변경 또는 청구의 변경이라 한다. 소의 3요소는 법원·당사자·청구이기 때문에 법 원의 변경, 당사자의 변경도 소의 변경인 것처럼 보일 수는 있으나 민사소송 법 제262조에서 말하는 소의 변경은 청구의 변경만을 의미한다.105) 따라서 민 사소송법상 소의 변경은 법원과 당사자의 동일성을 유지하면서 오로지 청구 가 변경되는 것을 말한다. 소의 변경에는 구청구에 갈음하여 신청구를 제기하 는 교환적 변경과 구청구를 유지하면서 신청구를 추가 제기하는 추가적 변경 이 있다.106)

---

104) 대법원 1984. 5. 29. 선고 84누175 판결.
105) 이시윤(658면).

하지만 행정소송법은 청구의 변경만을 규정하고 있는 민사소송법과 달리 '소의 종류의 변경'(제21조)과 '처분변경으로 인한 소의 변경'(제22조)을 특별히 규정하고 있다. 따라서 행정소송법상 별도의 규정이 없으면 민사소송법이 준용되기 때문에 행정소송에서도 민사소송법 제262조에 따라 단지 청구만을 변경하는 것도 가능하다.

2. 소의 종류의 변경

(1) 의 의

행정소송법 제21조 제1항은 "법원은 취소소송을 당해 처분등에 관계되는 사무가 귀속하는 국가 또는 공공단체에 대한 당사자소송 또는 취소소송외의 항고소송으로 변경하는 것이 상당하다고 인정할 때에는 청구의 기초에 변경이 없는 한 사실심의 변론종결시까지 원고의 신청에 의하여 결정으로써 소의 변경을 허가할 수 있다"라고 규정하여 '소의 종류의 변경'을 허용하고 있다.

이는 소의 변경에 따라 피고가 변경될 수 있기 때문에 민사소송법상 청구의 변경과는 다르다. 또한 소의 종류의 변경은 그 성질상 교환적 변경만 가능할 뿐 추가적 변경은 인정될 수 없다.

(2) 요 건

소의 종류의 변경은 ① 취소소송이 계속 중이어야 하며, ② 취소소송을 당사자소송 또는 다른 항고소송(무효등 확인소송, 부작위위법확인소송)으로 변경하는 것이어야 한다.

당사자소송으로 변경하는 때에는 피고가 처분청에서 처분등의 효과가 귀속하는 국가 또는 공공단체로 변경된다. 국가사무인 경우에는 국가가 자치사무인 때에는 지방자치단체가 피고가 된다. 기관위임사무인 경우에는 국가가 피고가 된다.

또한 소의 종류의 변경은 민사소송법 제262조가 규정하고 있는 소의 변경과는 달리 청구의 변경이 없어야 한다. 청구의 기초에 변경이 없어야 한다는 의미다. 청구의 기초에 변경이 없다는 것은 원고가 취소소송을 통하여 구제받으려 했던 법률상의 이익이 변경되는 소송에도 그대로 유지되어야 한다는 것

---

106) 이시윤(661면).

을 말한다.

(3) 효 과

소의 종류의 변경 결정이 있으면 새로운 피고에 대한 소송은 처음에 소를 제기한 때에 제기된 것으로 본다. 종전의 피고에 대한 소송은 취하된 것으로 본다.

3. 처분변경으로 인한 소의 변경

(1) 의 의

행정소송법 제22조 제1항은 "법원은 행정청이 소송의 대상인 처분을 소가 제기된 후 변경한 때에는 원고의 신청에 의하여 결정으로써 청구의 취지 또는 원인의 변경을 허가할 수 있다"라고 규정하고 있는데 이를 처분변경으로 인한 소의 변경이라 한다.

처분의 변경이란 당초 처분의 내용과 동일성이 없는 다른 처분으로 변경하는 실질적 변경과, 당초 처분의 내용과 동일성을 유지하면서 절차나 형식만을 변경하는 형식적 변경을 모두 포함하는 개념이다.

(2) 요 건

처분변경으로 인한 소의 변경은 ① 소가 제기된 후 처분이 변경되어야 하고, ② 처분의 변경이 있음을 안 날로부터 60일 이내에 원고가 소의 변경을 신청하여야 한다.

(3) 효 과

처분변경으로 인한 소의 변경 결정이 있으면 새로운 소송은 처음에 소를 제기한 때에 제기된 것으로 본다. 종전의 소송은 취하된 것으로 본다.

소의 변경 결정으로 변경되는 청구는 당초 청구가 행정소송법 제18조 제1항 단서의 규정에 따라 행정심판을 필요적으로 전치해야 하는 것이어서 이를 전치하였다면, 변경된 청구 역시 행정소송법 제18조 제1항 단서의 행정심판 필요적 전치절차를 거친 것으로 본다.

4. 행정소송과 민사소송간의 소의 변경

(1) 문제의 소재

행정소송법은 행정소송을 민사소송으로 변경할 수 있는지에 대해서는 명문의 규정을 주고 있지 않다. 따라서 이러한 소의 변경이 가능한 것인지에 대해 견해가 대립한다.

(2) 견해의 대립

1) 부정설

행정소송법상 규정이 없고, 민사소송법은 청구의 변경에 따른 소의 변경만을 규정하고 있으므로 행정소송을 민사소송으로 변경하는 것은 인정할 수 없다는 견해이다.

2) 긍정설

행정소송법 제21조는 당사자소송으로 소의 종류의 변경을 허용하고 있는데, 당사자소송과 민사소송은 관할법원을 달리할 뿐 양자가 크게 다르지 않고, 행정법원은 전문법원이기는 하나 결국은 사법기관의 일부이므로 행정소송을 민사소송으로 변경하는 것을 인정하지 않을 이유가 없다는 견해이다.

(3) 판례의 태도

1) 민사소송에서 행정소송으로 소의 변경

판례는 "원고가 고의 또는 중대한 과실 없이 행정소송으로 제기하여야 할 사건을 민사소송으로 잘못 제기한 경우 수소법원으로서는 만약 그 행정소송에 대한 관할도 동시에 가지고 있는 경우라면, 행정소송으로서의 전심절차 및 제소기간을 도과하였거나 행정소송의 대상이 되는 처분 등이 존재하지도 아니한 상태에 있는 등 행정소송으로서의 소송요건을 결하고 있음이 명백하여 행정소송으로 제기되었더라도 어차피 부적법하게 되는 경우가 아닌 이상, 원고로 하여금 항고소송으로 소 변경을 하도록 하여 그 1심법원으로 심리·판단하여야 한다"라고 판시[107]하여 민사소송에서 행정소송으로 소의 변경을 허용한 사례가 있다.

2) 공법상 당사자소송에서 민사소송으로의 소의 변경

공법상 당사자소송의 소 변경에 관하여 행정소송법은, 공법상 당사자소송을 항고소송으로 변경하는 경우 또는 처분변경으로 인하여 소를 변경하는 경우에 관하여만 규정하고 있을 뿐, 공법상 당사자소송을 민사소송으로 변경할 수 있는지에 관하여 명문의 규정을 두고 있지 않다. 그렇다고 공법상 당사자

---

107) 대법원 1999. 11. 26. 선고 97다42250 판결.

소송에서 민사소송으로의 소 변경이 금지된다고 볼 수 없다. 그 이유는 다음과 같다.

첫째, 행정소송법 제8조 제2항은 행정소송에 관하여 민사소송법을 준용하도록 하고 있으므로, 행정소송의 성질에 비추어 적절하지 않다고 인정되는 경우가 아닌 이상 공법상 당사자소송의 경우도 민사소송법 제262조에 따라 그 청구의 기초가 바뀌지 아니하는 한도 안에서 변론을 종결할 때까지 청구의 취지를 변경할 수 있다.

둘째, 대법원은 여러 차례에 걸쳐 행정소송법상 항고소송으로 제기하여야 할 사건을 민사소송으로 잘못 제기한 경우 수소법원으로서는 원고로 하여금 항고소송으로 소 변경을 하도록 석명권을 행사하여 행정소송법이 정하는 절차에 따라 심리·판단하여야 한다고 판시하여 왔다.108) 이처럼 민사소송에서 항고소송으로의 소 변경이 허용되는 이상, 공법상 당사자소송과 민사소송이 서로 다른 소송절차에 해당한다는 이유만으로 청구기초의 동일성이 없다고 해석하여 양자 간의 소 변경을 허용하지 않을 이유가 없다.

셋째, 일반 국민으로서는 공법상 당사자소송의 대상과 민사소송의 대상을 구분하는 것이 쉽지 않고 소송 진행 도중의 사정변경 등으로 인해 공법상 당사자소송으로 제기된 소를 민사소송으로 변경할 필요가 발생하는 경우도 있다. 소 변경 필요성이 인정됨에도, 단지 소 변경에 따라 소송절차가 달라진다는 이유만으로 이미 제기한 소를 취하하고 새로 민사상의 소를 제기하도록 하는 것은 당사자의 권리 구제나 소송경제의 측면에서도 바람직하지 않다.

따라서 공법상 당사자소송에 대하여도 그 청구의 기초가 바뀌지 아니하는 한도 안에서 민사소송으로 소 변경이 가능하다고 해석하는 것이 타당하다.109)

(4) 소 결

행정소송법, 민사소송법상 행정소송, 특히 항고소송을 민사소송으로 소의 종류를 변경할 수 있다는 명문의 규정이 없고, 행정소송은 직권탐지주의, 청구의 인낙 또는 소송상의 화해가 제한된다는 점 등 민사소송과 차별성이 존재하므로 행정소송, 특히 항고소송을 민사소송으로 변경하는 것을 인정하기 어렵다. 부정설을 지지한다.

---

108) 대법원 2020. 1. 16. 선고 2019다264700 판결 등 참조.
109) 이는 '대법원 2023. 6. 29. 선고 2022두44262 판결'을 요약 정리한 것임을 밝힌다.

Ⅸ. 잠정적 권리보호(가구제)

1. 개 설

취소소송이 제기된다 하여도 판결에 이르기까지는 오랜 시일이 소요된다. 이 때문에 원고가 원하는 판결이 있어도 법률관계의 내용이 실현돼버린다면 소송을 통한 구제목적을 달성하기 어려운 경우가 발생할 수 있다. 따라서 판결이 확정되기 전에 잠정적으로 소송당사자를 구제하기 위한 제도가 필요하다. 이를 잠정적 권리보호제도 또는 가구제라 한다. 가구제 제도로는 집행정지제도와 가처분제도가 있다.

예를 들어 철거명령 등과 같은 침익적 처분의 취소를 구하는 소송 계속 중에 해당 사건 건물이 철거돼버리면 처분취소판결이 나더라도 당사자의 권익구제가 곤란할 수 있다. 이처럼 처분의 집행 등이 완성돼버리면 판결에 의한 권익구제가 곤란한 때에 당사자의 신청이나 법원이 직권으로 처분의 집행 등을 일단 정지시키는 제도가 필요하다. 이를 집행정지제도라 한다.

한편, 자금사정이 매우 급박한 중소기업에 대한 보조금 지급결정이 거부된 경우, 거부처분의 취소를 구하는 소송을 제기하여 판결의 확정을 기다릴 여유가 없을 수 있다. 이때에 법원이 잠정적으로 급부결정을 하는 제도가 있다면 보다 실효적인 권익구제가 가능할 것이다. 이러한 제도를 가처분제도라 한다.

그런데 현행 행정소송법은 집행정지제도에 대해서는 명문의 규정을 두고 있으나, 가처분에 관하여는 별도의 규정이 없다. 이 때문에 취소소송에서 가처분이 가능한지에 대해 견해의 대립이 있다.

2. 집행정지제도

⑴ 의 의

현행 행정소송법 제23조 제1항은 "취소소송의 제기는 처분등의 효력이나 그 집행 또는 절차의 속행에 영향을 주지 아니한다"라고 규정하여 집행부정지를 원칙으로 한다. 따라서 취소소송은 소제기에도 불구하고 처분의 집행이나 절차의 속행이 중단되지 않는다.

한편, 제2항은 "취소소송이 제기된 경우에 처분등이나 그 집행 또는 절차의 속행으로 인하여 생길 회복하기 어려운 손해를 예방하기 위하여 긴급한 필요가 있다고 인정할 때에는 본안이 계속되고 있는 법원은 당사자의 신청 또는 직권에 의하여 처분등의 효력이나 그 집행 또는 절차의 속행의 전부 또는 일부의 정지를 결정할 수 있다"라고 하여 집행정지의 가능성을 열어 놓고 있다. 이를 집행정지제도라 한다.

(2) 요 건
1) 집행정지대상인 처분등의 존재

집행정지는 본안소송의 대상이 되는 처분등의 효력 등을 정지하는 제도이므로 정지결정의 대상이 되는 처분등이 존재하여야 한다. 따라서 ① 처분등의 효력이 발생하기 전, ② 처분의 목적이 이미 달성된 경우, ③ 부작위 등은 집행정지의 실익이 없다.

'거부처분'이 집행정지의 대상이 되는 것인지에 대해서는 견해가 대립한다.

① 긍정설은 집행정지결정에도 판결의 기속력에 관한 규정이 준용되므로 거부처분에 대해 집행정지결정에 따라 행정청은 재처분의무가 생기기 때문에 거부처분에 대한 집행정지의 실익이 존재한다는 입장이다.

② 부정설은 행정소송법은 집행정지결정에 대해서는 제30조 제1항의 기속력에 관한 규정만 준용하도록 하고 제2항의 재처분의무는 준용하고 있지 않기 때문에 거부처분에 대한 집행정지결정을 하여도 행정청에게 재처분의무가 없으므로 거부처분에 대한 집행정지결정의 실익이 없다는 주장이다.

③ 제한적 긍정설은 거부처분의 집행정지로 비록 재처분이 없더라도 단지 거부처분이 없었던 상태로 되돌아만 가도 신청인에게 법적 이익이 존재한다면 예외적으로 집행정지의 대상이 될 수 있다는 견해이다.

판례는 "신청에 대한 거부처분의 효력을 정지하더라도 거부처분이 없었던 것과 같은 상태, 즉 거부처분이 있기 전의 신청시의 상태로 되돌아가는 데에 불과하고 행정청에게 신청에 따른 처분을 하여야 할 의무가 생기는 것이 아니므로, 거부처분의 효력정지는 그 거부처분으로 인하여 신청인에게 생길 손해를 방지하는 데 아무런 보탬이 되지 아니하여 그 효력정지를 구할 이익이 없다"라고 결정[110]하여 원칙적으로 부정설을 취하고 있다.

---

110) 대법원 1995. 6. 21. 선고 95두26 판결.

하지만 하급심에서는 서울특별시의회 의장·부의장의 당선결정 거부처분,[111] 전입학자에 대한 등교거부처분,[112] 서울대학교 신입생 입학전형불합격처분[113] 등의 집행정지를 결정한 경우도 있다.

거부처분에 대해 집행을 정지하여 행정청이 적극적인 재처분을 해야만 집행정지의 실익이 있는 경우에는 거부처분이 집행정지의 대상이 되지 않는다. 하지만 재처분이 없더라도 거부처분에 대한 집행정지로 거부처분이 없었던 상태로 되돌아가기만 해도 신청인에게 법적 이익이 존재한다면 이에 대한 집행정지를 제한할 이유가 없다. 제한적 긍정설이 타당하다.[114]

2) 본안소송의 계속

집행정지는 본안소송이 계속 중이어야 한다. 행정소송법도 '본안이 계속되고 있는 법원'으로 하여금 집행정지결정을 하도록 규정하고 있다. 따라서 본안의 대상과 집행정지의 대상이 일치되어야 한다. 예외적으로 선행처분과 후행처분이 연속적 일련의 절차로 진행되는 경우, 후행처분이 선행처분의 집행적 성질을 가지는 경우에는 선행처분을 본안으로 하면서 후행처분의 집행정지가 가능하다.

3) 회복하기 어려운 손해발생 우려

회복하기 어려운 손해라 함은 ① 원상회복이 불가능한 손해, ② 금전적 보상이 불가능한 손해, ③ 금전적으로는 사회통념상 실질적 보상이 있었다고 보기 어려운 손해 등을 의미한다.

판례 역시 "회복하기 어려운 손해란, 특별한 사정이 없는 한 금전으로 보상할 수 없는 손해로서 금전보상이 불가능한 경우 내지는 금전보상으로는 사회관념상 행정처분을 받은 당사자가 참고 견딜 수 없거나 참고 견디기가 현저히 곤란한 경우의 유형, 무형의 손해를 일컫는다"라고 판시[115]하고 있다.

4) 손해예방을 위한 긴급한 필요

'긴급한 필요'란 회복하기 어려운 손해 발생 가능성이 시간적으로 절박하여 이를 예방할 필요가 있는 것을 말한다. 긴급한 필요가 있는지의 판단은 처분

---

111) 서울고등법원 1958. 9. 20. 선고 4191행신60 결정.
112) 서울고등법원 1964. 11. 9. 선고 64부90 결정.
113) 서울행정법원 2000. 2. 28. 선고 2000아120 결정.
114) 김남철(771면).
115) 대법원 2011. 4. 21. 선고 2010무111 전원합의체 결정.

의 성질과 태양 및 내용, 처분상대방이 입는 손해의 성질·내용 및 정도, 원상회
복·금전배상의 방법 및 난이 등은 물론 본안청구의 승소가능성 정도 등을 종
합적으로 고려하여 구체적·개별적으로 판단하여야 한다.116)

　　5) 공공복리에 중대한 영향을 미칠 우려가 없을 것(소극적 요건)

　　행정소송법 제23조 제3항은 "집행정지는 공공복리에 중대한 영향을 미칠
우려가 있을 때에는 허용되지 아니한다"라고 하여 집행정지는 공공복리에 중
대한 영향을 미칠 우려가 없는 때에 한하여 인정된다는 소극적 요건을 규정하
고 있다.

　　공공복리에 중대한 영향을 미칠 우려가 없을 것이라고 할 때의 '공공복리'
는 그 처분의 집행과 관련된 구체적이고도 개별적인 공익을 말하는 것으로서
이러한 집행정지의 소극적 요건에 대한 주장·소명책임은 행정청에게 있다.117)

　　6) 처분의 위법성(본안이유)이 집행정지결정의 요건인지 여부

　　집행정지의 요건과 관련하여 본안이유, 즉 처분의 위법성도 그 요건에 포
함되는지에 대해 견해가 대립한다. 다시 말해서 법원이 집행정지결정을 함에
있어서 처분의 위법성 여부를 판단해야 하는지가 문제된다.

　　① 부정설(불요설)은 본안이유는 집행정지의 요건과는 무관하다는 견해이
다. 집행정지신청을 판단할 때는 처분의 효력·집행 등을 정지시킬 '필요성'이
있는지 여부를 판단할 뿐이지 처분의 위법성까지 판단할 것은 아니라는 입장
이다.

　　② 소극적 요건설은 본안이유가 없음이 명백한 이상, 즉 처분이 적법한
것이 명백한 때에는 이에 대한 집행정지를 해야 할 실익이 없으므로 집행정지
를 할 수 없다는 견해이다. 다시 말해서 본안이유가 없음이, 즉 처분이 적법함
이 명백하지 아니할 것을 집행정지의 소극적 요건으로 보는 입장이다.

　　③ 적극적 요건설은 집행정지제도는 판결로 처분이 취소될 것에 대비한
잠정적 권리보호제도이므로 본안이유가 있음이, 즉 처분이 위법함이 명백한
경우에만 집행정지를 할 수 있다는 입장이다. 다시 말해서 본안이유가 집행정
지의 적극적 요건이라는 견해다.

　　판례는 "효력정지나 집행정지는 신청인이 본안소송에서 승소판결을 받을

---

116) 대법원 2011. 4. 21. 선고 2010무111 전원합의체 결정.
117) 대법원 1999. 12. 20. 선고 99무42 결정.

때까지 그 지위를 보호함과 동시에 후에 받을 승소판결을 무의미하게 하는 것을 방지하려는 것이어서 본안소송에서 처분의 취소가능성이 없음에도 처분의 효력이나 집행의 정지를 인정한다는 것은 제도의 취지에 반하므로 효력정지나 집행정지사건 자체에 의하여도 신청인의 본안청구가 이유 없음이 명백하지 않아야 한다는 것도 효력정지나 집행정지의 요건에 포함시켜야 한다"라고 판시118)하여 소극적 요건설을 취하고 있다.

(3) 집행정지결정의 절차

집행정지는 당사자의 신청이나 직권으로 본안이 계속되고 있는 법원이 결정한다. 집행정지의 결정을 신청함에 있어서는 그 이유에 대한 소명이 있어야 한다. 집행정지의 결정 또는 기각의 결정에 대하여는 즉시항고할 수 있다. 이 경우 집행정지의 결정에 대한 즉시항고에는 결정의 집행을 정지하는 효력이 없다.

법원은 집행정지결정 후 집행정지가 공공복리에 중대한 영향을 미치거나 집행정지의 사유가 없어진 때에는 당사자의 신청 또는 직권으로 집행정지결정을 취소할 수 있다.

(4) 집행정지결정의 내용

집행정지의 대상은 ① 처분의 효력, ② 처분의 집행, ③ 처분절차의 속행 등이다. ① 처분의 효력정지는 당해 처분의 효력 자체를 정지시키는 것으로서 형식상 처분이 존재하지만 실질적으로는 처분이 없는 상태가 된다. 따라서 처분의 효력정지는 매우 신중한 판단이 요구되며, 처분의 집행이나 처분절차의 속행을 정지하는 것으로는 그 목적을 달성할 수 없는 때에만 제한적으로 인정된다. ② 처분의 집행정지는 처분의 강제적 집행을 정지시키는 것을 말한다. 예를 들어 철거하명에 대한 집행정지는 대집행 등 철거하명의 강제집행을 정지시키는 것이 이에 해당한다. ③ 처분절차의 속행정지는 처분에 따른 연속적 절차의 진행을 정지시키는 것을 말한다. 예를 들어 대집행 계고처분에 대한 집행정지는 후속 절차인 통지 또는 대집행이 실행을 정지시키는 것이 이에 해당한다.

---

118) 대법원 1997. 4. 28. 선고 96두75 판결.

(5) 집행정지결정의 효력

1) 형성력

집행정지는 비록 잠정적 처분이지만, 그래도 집행정지가 되면 당해 처분이 없었던 것과 같은 법적 효과를 발생한다. 따라서 잠정적이긴 하여도 처분의 효력을 소멸시키는 형성력이 발생한다.

2) 기속력

집행정지결정의 당사자인 행정청과 그 밖의 관계행정청을 기속한다.

3) 시간적 효력

집행정지는 집행정지결정을 한 때부터 효력이 발생하며, 통상적으로 결정주문에 정한 기간까지 효력이 존속된다. 만약 결정주문에 기간을 정하지 아니한 경우에는 본안판결이 확정될 때까지 존속한다.

3. 가처분제도

(1) 의 의

원래 가처분제도란 금전채권 이외의 계쟁물에 대한 청구권의 집행을 보전하거나 쟁의 있는 권리관계에 대한 가지위를 정하여 후일 법률관계가 확정될 때까지 잠정적으로 법률관계를 정하는 것을 말한다.

취소소송과 관련하여서는 수익적 행정처분에 대한 부작위·거부 등에 대한 잠정적인 허가·급부 등의 조치는 집행정지제도에 의하여도 불가능하므로 가처분제도의 필요성이 문제될 수 있다.

행정심판법 제31조는 "처분 또는 부작위가 위법·부당하다고 상당히 의심되는 경우로서 처분 또는 부작위 때문에 당사자가 받을 우려가 있는 중대한 불이익이나 당사자에게 생길 급박한 위험을 막기 위하여 임시지위를 정하여야 할 필요가 있는 경우에는 직권으로 또는 당사자의 신청에 의하여 임시처분을 결정할 수 있다"라고 규정함으로써 가처분을 인정하고 있다.

그러나 현행 행정소송법은 가처분제도에 대한 명문의 규정을 두고 있지 않기 때문에 제도의 인정여부에 대하여 견해가 대립한다.

(2) 소극설

가처분제도를 인정하지 않는 견해로서, ① 가처분제도를 인정하게 되면 법원이 행정을 하는 것이 되어 권력분립의 원칙에 반하게 되며, ② 집행정지에 관한 행정소송법 제23조 제2항은 민사집행법상 가처분에 대한 특례규정이기 때문에 가처분을 준용할 수 없다는 주장이다. 판례의 태도이기도 하다.[119]

(3) 적극설

가처분제도를 인정하여야 한다는 견해로서, ① 사법권의 본질은 소권만을 보장하는 것이 아니라 실효성 있는 권익보호에 있는 것이므로 가처분제도가 권력분립의 원칙에 반하는 것은 아니며, ② "행정소송에 관하여 이 법에 특별한 규정이 없는 사항에 대하여는 법원조직법과 민사소송법 및 민사집행법의 규정을 준용한다"라는 행정소송법 제8조 제2항에 따라 민사집행법상 가처분제도를 당연히 준용할 수 있다는 주장이다.

(4) 제한적 긍정설

집행정지제도를 통하여 가구제의 목적을 달성할 수 없는 경우에 한하여 가처분을 할 수 있다는 견해이다.

(5) 소 결

가처분제도의 인정여부에 관해서는 소극설, 적극설, 제한적 긍정설 모두 일응 설득력이 있다. 그러나 가처분의 효과는 비록 잠정적이긴 하지만 신청인에 대해 법원이 처분을 하는 것이므로 권력분립원칙과의 충돌 문제가 계속 제기될 수밖에 없다. 입법적인 해결이 필요한 부분이다. 따라서 현행 행정소송법상 가처분제도를 인정하기 어렵다.

2013년 입법예고 되었던 행정소송법 개정안은 처분등이나 부작위가 위법하다는 현저한 의심이 있는 경우로서 ① 다툼의 대상에 관하여 현상이 바뀌면 당사자가 권리를 실행하지 못하거나 그 권리를 실행하는 것이 매우 곤란할 염려가 있어 다툼의 대상에 관한 현상을 유지할 긴급한 필요가 있는 경우, ② 다툼이 있는 법률관계에 관하여 당사자의 중대한 손해를 피하거나 급박한 위험을 피하기 위하여 임시의 지위를 정하여야 할 긴급한 필요가 있는 경우 중 어느 하나에 해당하는 때에는 본안이 계속되고 있는 법원은 당사자의 신청에 따

---

119) "공유수면매립면허에 대한 면허권양도인가금지처분을 가처분해달라는 채권자의 신청에 대하여 법원은 '민사소송법상의 보전처분은 민사판결절차에 의하여 보호받을 수 있는 권리에 관한 것이므로, 민사소송법상의 가처분으로써 행정청의 어떠한 행정행위의 금지를 구하는 것은 허용될 수 없다 할 것이다'라고 결정하였다(대법원 1992. 7. 6. 선고 92마54 결정).

라 결정으로써 가처분을 할 수 있다는 규정을 신설하였다.[120)

X. 취소소송의 심리

1. 심리의 내용

취소소송의 심리는 요건심리와 본안심리로 나누어 진행된다.

① 요건심리란 제소기간·전심절차·관할권·당사자적격 등과 같은 소송요건을 갖추었는가에 대한 심리로서 요건이 불비할 경우에는 각하를 하게 된다.

② 본안심리란 원고의 청구를 인용 또는 기각할 것인지 즉, 처분청의 처분에 위법이 있는지 여부를 심리하는 것을 말한다. 본안심리 결과 청구가 이유 있으면 인용판결, 이유 없으면 기각판결을 하게 된다.

2. 심리의 범위

(1) 불고불리의 원칙과 예외

취소소송 역시 불고불리의 원칙에 따라 법원은 원고의 소제기가 있어야 재판할 수 있고, 당사자 청구의 범위를 넘어서 심리·판단할 수 없다. 그러나 행정소송법 제26조는 "당사자가 주장하지 아니한 사항에 대해서도 판단할 수 있다"하여 불고불리원칙에 대한 예외를 규정하고 있다.

(2) 법률문제와 사실문제

법원은 계쟁처분 및 재결에 관한 모든 사실문제와 법률문제에 관하여 심리할 수 있다. 그러나 입법례에 따라서는 행정청의 전문성과 통일성을 보장하기 위해 전문적·기술적 사항에 대해서는 법률문제만을 심리하도록 하는 경우도 있다. 예컨대 미국 행정절차법상 실질적 증거법칙(substantial evidence rule)은 행정위원회의 전문적·기술적 사실인정에 대해 법원의 전면적 재심사를 제한하고 사실인정의 합법성심사만을 하도록 규정하고 있다.[121)

(3) 재량문제

원래 재량행위는 행정청의 임의적 판단 권한을 존중하는 영역이므로 법원의 판단이 제한되는 것이 원칙이다. 따라서 재량문제는 심리의 범위에서 제

---

120) 2013년 행정소송법 전부개정안 제26조.
121) 김철용(515면).

외되어야 한다. 하지만 행정소송법 제27조는 "행정청의 재량에 속하는 처분이라도 재량권의 한계를 넘거나 그 남용이 있는 때에는 법원은 이를 취소할 수 있다"고 규정하고 있고, 재량처분에 일탈·남용이 있는지는 본안심리를 해봐야 알 수 있으므로 재량처분도 취소소송의 대상이 된다. 다만 재량문제에 대한 심리 범위는 재량권행사에 일탈·남용이 있었는지 여부로 한정되며 재량권행사의 부당 여부는 심리의 대상이 아니다.

3. 심리의 기본원칙

(1) 민사소송법상 심리원칙 준용

행정소송법에 특별한 규정이 없는 한 민사소송법이 준용되므로 민사소송법상의 심리원칙이 행정소송에도 적용된다. 민사소송법상 심리원칙으로는 공개심리주의, 쌍방심리주의, 구술심리주의, 직접심리주의, 처분권주의, 변론주의 등이 있다.

① 공개심리주의란 재판의 심리와 판결의 선고를 일반인이 방청할 수 있는 공개상태에서 행하는 주의이다.

② 쌍방심리주의란 소송의 심리에 있어서 당사자 양쪽에 평등하게 진술할 기회를 주는 입장을 말한다.

③ 구술심리주의란 심리에 임하여 당사자 및 법원의 소송행위 특히 변론 및 증거조사를 말(구술)로 행하는 원칙으로서 서면심리주의에 대립한다.[122]

④ 처분권주의란 소송의 개시, 소송물의 특정, 소송의 종결 등은 당사자의 자유로운 의사에 의하여 결정되는 것을 말한다. 하지만 청구의 포기 또는 인낙(認諾), 소송상의 화해 등은 민사소송과는 달리 취소소송에서는 허용되지 않는다는 것이 종래의 일반적 견해였다.[123] 그러나 최근에는 이에 대한 새로운 논의가 전개되고 있다. 이에 대하여는 후술하기로 한다.

⑤ 변론주의란 소송자료, 즉 사실과 증거의 수집·제출의 책임을 당사자에게 맡기고, 당사자가 주장하여 변론에서 제출한 소송자료만을 재판의 기초로 삼아야 한다는 입장이다.[124]

---

122) 이시윤(288면).
123) 김철용(516면).
124) 이시윤(300면).

취소소송의 심리는 이러한 민사소송법상의 심리원칙 이외에 직권탐지주의, 행정심판기록제출명령 등의 특수한 심리원칙이 존재한다.

(2) 직권탐지주의

행정소송법 제26조는 "법원이 필요하다고 인정할 때에는 직권으로 증거를 조사할 수 있고, 당사자가 주장하지 아니한 사실에 대해서도 판단할 수 있다"라고 하여 이른바 직권탐지주의를 규정하고 있다. 그런데 이 규정의 해석에 대해서는 변론주의보충설과 직권탐지주의설이 대립한다.

① 변론주의보충설은 동조는 당사자의 주장만으로는 완전한 심증을 얻기가 어려운 경우에 당사자의 증거신청에 의하지 아니하고 직권으로 증거를 조사할 수 있을 뿐이라는 견해이다. 다시 말해서 변론주의를 원칙으로 하면서 법원이 공정·타당한 재판을 위하여 필요하다고 인정하는 경우에 보충적으로 기록에 나타난 사실에 관하여 직권으로 심리·판단할 수 있음을 규정에 불과하다는 입장이다.[125]

② 직권탐지주의설은 법원은 당사자가 제출한 사실에 관한 보충적 증거조사를 할 수 있는데 그치지 않고, 당사자가 주장하지 아니한 사실에 대해서도 직권으로 탐지하여 재판의 자료로 할 수 있다는 견해이다.[126]

판례는 "행정소송법 제26조가 법원은 필요하다고 인정할 때에는 직권으로 증거조사를 할 수 있고, 당사자가 주장하지 아니한 사실에 대하여도 판단할 수 있다고 규정하고 있지만, 이는 행정소송의 특수성에 연유하는 당사자주의, 변론주의에 대한 일부 예외 규정일 뿐 법원이 아무런 제한 없이 당사자가 주장하지 아니한 사실을 판단할 수 있는 것은 아니고, 일건 기록에 현출되어 있는 사항에 관하여서만 직권으로 증거조사를 하고 이를 기초로 하여 판단할 수 있을 따름이고, 그것도 법원이 필요하다고 인정할 때에 한하여 청구의 범위 내에서 증거조사를 하고 판단할 수 있을 뿐이다"라고 판시[127]하여 변론주의보충설을 취하고 있다.

취소소송 역시 '소송'의 일 유형이라는 점에서는 소송의 기본원칙인 변론주의를 완전히 배제할 수는 없다. 다만 행정소송은 당사자의 권익구제뿐만 아

---

125) 김남철(782면).
126) 정하중(818면).
127) 대법원 1994. 10. 11. 선고 94누4820 판결.

니라 행정의 적법성을 보장하기 위한 법치주의 원리와 공익적 성질을 동시에 가지고 있기 때문에 당사자의 주장만으로는 완전한 심증을 얻기가 어려운 경우에 보충적으로 직권탐지주의를 허용하는 변론주의보충설이 타당하다.

(3) 행정심판기록제출명령

법원은 당사자의 신청이 있는 때에는 결정으로써 재결을 행한 행정청에 대하여 행정심판에 관한 기록의 제출을 명할 수 있다(제25조 제1항).

제출명령을 받은 행정청은 지체 없이 당해 행정심판에 관한 기록을 법원에 제출하여야 한다(제25조 제2항).

행정심판에 관한 기록이란 행정심판청구서, 답변서, 보충서면, 각종 증거서면, 재결서 등을 말한다.

4. 위법판단의 기준시점

처분의 처분시점과 판결이 확정되는 시점 사이에는 시간적 간격이 있는 바, 그 사이에 사실관계의 변경 또는 관계법령의 개폐 등의 사유가 발생한 경우, 어느 시점을 기준으로 위법성을 판단해야 하는지 문제된다.

(1) 처분시설

취소소송의 본질을 '처분의 사후통제'로 이해하여 위법여부 판단은 처분 당시의 사실상태 및 법령을 기준으로 해야 한다는 견해이다. 다만 부작위위법확인소송, 당사자소송, 사정판결은 그 성질상 판결시설이 타당하다는 점에는 이설이 없다.

(2) 판결시설

취소소송의 본질을 '현재의 위법상태 배제'로 이해하여 위법여부 판단은 판결시(변론종결시)의 사실상태 및 법령을 기준으로 해야 한다는 견해이다.

(3) 절충설

원칙적으로는 처분시설을 따르지만, 예외적으로 처분의 효력이 계속성을 지니고 있거나 아직 집행되지 아니한 때에는 판결시의 법적 상태 및 사실관계를 기준으로 판단해야 한다는 견해이다.

특히 거부처분에 대한 취소소송의 경우에는 인용판결이 있을 경우 재처분의무가 발생하므로 인용판결을 전제로 하는 거부처분의 위법성판단은 판결시의 법적 상태 및 사실관계를 기준으로 판단해야 한다고 주장한다.

(4) 판 례

판례는 "항고소송에 있어서 행정처분의 위법 여부를 판단하는 기준 시점에 대하여 판결시가 아니라 처분시라고 하는 의미는 행정처분이 있을 때의 법령과 사실상태를 기준으로 하여 위법 여부를 판단할 것이며 처분 후 법령의 개폐나 사실상태의 변동에 영향을 받지 않는다"라고 판시[128]하여 처분시설을 취하고 있다.

또한 법원은 "항고소송에 있어서 행정처분의 위법 여부를 판단하는 기준 시점에 대하여 판결시가 아니라 처분시라고 하는 의미는 행정처분이 있을 때의 법령과 사실상태를 기준으로 하여 위법 여부를 판단할 것이며 처분 후 법령의 개폐나 사실상태의 변동에 영향을 받지 않는다는 뜻이고 처분 당시 존재하였던 자료나 행정청에 제출되었던 자료만으로 위법 여부를 판단한다는 의미는 아니므로, 처분 당시의 사실상태 등에 대한 입증은 사실심 변론종결 당시까지 할 수 있고, 법원은 행정처분 당시 행정청이 알고 있었던 자료뿐만 아니라 사실심 변론종결 당시까지 제출된 모든 자료를 종합하여 처분 당시 존재하였던 객관적 사실을 확정하고 그 사실에 기초하여 처분의 위법 여부를 판단할 수 있다."고 판시[129]하여 '처분시'의 의미를 분명히 했다.

(5) 소 결

법령의 변경으로 처분시에는 위법 또는 적법했던 것이 판결시에는 적법 또는 위법한 것으로 될 경우 판결의 지연 등에 따른 불균형을 초래하므로 처분시설이 타당하다.

그러나 실제 양설의 사실상 차이는 거의 없다. 왜냐하면 처분시설에 따르더라도 하자의 치유는 인정하고 있으며, 판결시설에 따르더라도 처분의 효과가 처분시에 완료된 경우에는 처분시의 법령과 사정에 의하기 때문이다.

만약, 신청시와 처분시의 법적 상태나 사실관계가 상이한 경우에는 처분청이 정당한 사유 없이 그 처리를 장기간 늦추어서 허가기준이 변경된 것이 아닌 이상 처분시의 사실과 법령을 따라야 한다.[130]

---

128) 대법원 1993. 5. 27. 선고 92누19033 판결.
129) 대법원 1993. 5. 27. 선고 92누19033 판결.
130) 허가 등의 행정처분은 원칙적으로 처분시의 법령과 허가기준에 의하여 처리되어야 하고 허

한편, 법위반행위 당시의 제재처분기준이 제재처분 당시에 변경된 경우에는 위법행위시의 제재처분기준을 따라야 한다. 처분기준이 완화된 경우에도 이와 같다.

5. 처분사유의 추가·변경

(1) 의 의

처분청이 취소소송의 심리단계에서 처분시에는 주장하지 아니하였던 새로운 이유를 내세워 처분의 적법성을 주장하는 것을 처분사유의 추가·변경이라 한다. 처분사유의 추가란 당초 처분사유는 그대로 두고 새로운 처분사유를 제시하는 것이며, 처분사유의 변경이란 당초 처분사유를 삭제하고 새로운 사유로 대체하는 것을 말한다.

원래 여러 개의 처분사유 중 일부가 적법하지 않더라도 다른 처분사유로서 처분의 정당성이 인정될 경우 처분의 적법성이 유지[131]될 수 있기 때문에 소송 계속 중 처분사유를 추가해야 할 일은 그리 많지 않을 것으로 보인다. 하지만 피고의 입장에서는 당초 제시한 처분사유 모두가 소송 계속 중 배척될 우려가 있을 때 새로운 처분사유의 추가가 절실히 필요할 수 있다.

(2) 허용 여부에 대한 견해대립

1) 긍정설

취소소송의 소송물을 '처분의 위법성 일반'으로 이해하는 한, 당사자는 처분의 적법성 및 위법성의 이유에 대한 모든 주장을 할 수 있기 때문에 피고 행정청이 처분사유를 추가·변경하는 것은 당연히 인정된다는 주장이다.

하지만 피고 행정청에게 처분사유의 추가·변경을 자유롭게 허용할 경우 원고는 새롭게 제시된 처분사유를 전혀 예상하지 못하여 이에 대한 공격·방어권을 충분히 보장받지 못하는 등 원고의 지위를 현저히 불리하게 할 우려가

가신청 당시의 기준에 따라야 하는 것은 아니며, 비록 허가신청 후 허가기준이 변경되었다 하더라도 그 허가관청이 허가신청을 수리하고도 정당한 이유 없이 그 처리를 늦추어 그 사이에 허가기준이 변경된 것이 아닌 이상 변경된 허가기준에 따라서 처분을 하여야 한다(대법원 1996. 8. 20. 선고 95누10877 판결).

131) 행정처분에 있어 수개의 처분사유 중 일부가 적법하지 않다고 하더라도 다른 처분사유로써 그 처분의 정당성이 인정되는 경우에는 그 처분을 위법하다고 할 수 없다(대법원 1997. 5. 9. 선고 96누1184 판결; 대법원 2004. 3. 25. 선고 2003두1264 판결; 대법원 2013. 10. 24. 선고 2013두963 판결 등).

있다.

또한, 신뢰보호의 원칙에 반하고, 행정의 신중성 확보와 국민의 공격·방어권보장이라는 행정절차법상 처분이유제시 제도의 존재 의의를 상실케 한다는 비판이 가능하다.

2) 부정설

취소소송의 소송물을 '개개의 위법사유'로 이해한다면, 피고 행정청이 새로운 처분사유를 추가·변경할 경우 이에 대해 별도의 소송을 추가로 제기해야 하는 것이므로 이론상 처분사유의 추가·변경은 곤란하다는 견해이다.

처분사유의 추가·변경을 허용하지 않음으로써 원고의 공격·방어권을 보장할 수 있다는 장점은 있으나, 소송물을 위법성 일반으로 보는 견해가 통설과 판례의 태도이므로 이 견해를 수용하는 것이 논리적으로 곤란하다.

3) 제한적 긍정설

취소소송의 소송물을 '위법성 일반'으로 보는 한, 그 논리구조상 처분사유의 추가·변경을 허용할 수밖에 없지만, 원고의 공격·방어권을 보장하기 위해 그 허용의 범위를 '처분사유의 기초가 되는 사실관계의 동일성을 해치지 않는 범위'로 제한해야 한다는 견해이다.

4) 판례의 태도

판례는 '처분의 동일성'을 매우 제한적으로 해석하여 ① 사실관계는 전혀 변화 없이 단순히 근거 법령만을 추가하거나, ② 추상적이고 불분명했던 당초의 처분사유를 구체화하는 정도만을 인정하고 있다. 근거법령을 추가하는 것도 '사회적 사실관계의 동일성'의 범위 내에서만 허용된다고 한다.

(1) 주택신축을 위한 산림형질변경허가신청에 대하여 행정청이 거부처분을 하면서 당초 거부처분의 근거로 삼은 준농림지역에서의 행위제한이라는 사유와 나중에 거부처분의 근거로 추가한 자연경관 및 생태계의 교란, 국토 및 자연의 유지와 환경보전 등 중대한 공익상의 필요라는 사유는 기본적 사실관계에 있어서 동일성이 인정된다.[132]

(2) 도시계획시설인 생태대중골프장을 조성하여 기부채납하기로 하고 공사를 완료한 후 시설업자가 골프장의 영업을 개시하기 위한 체육시설업 등록신청을 하였으나 위 골프장이 등록대상이 되는 체육시설에 해당하지 않는다

---

132) 대법원 2004. 11. 26. 선고 2004두4482 판결.

는 실체적 사유를 들어 이를 거부한 경우, 위 신청에 필요한 서류를 제출하지 않았다는 등의 형식적 사유는 당초의 거부처분 사유인 실체적 사유와는 그 기본적 사실관계에 있어 동일성이 없어 이를 새로이 처분사유로 내세울 수 없다.[133]

(3) 이미 이축신청권을 포기해 놓고 다른 사람으로 하여금 개발제한구역 안에서 건물을 신축할 수 있도록 하기 위하여 이축신청을 하였다는 사유로 그 불허처분이 적법하다는 주장은 당초의 이축불허처분의 사유와 기본적 사실관계가 동일하지 아니하다.[134]

(4) 기본적 사실관계의 동일성 유무는 처분사유를 법률적으로 평가하기 이전의 구체적인 사실에 착안하여 그 기초가 되는 '사회적' 사실관계가 기본적인 점에서 동일한지 여부에 따라 결정되는 것인바, 이 사건에 있어서 당초의 처분사유인 이 사건 각 정보가 정보공개법 제7조(현행 제9조) 제1항 제2호, 제4호, 제3호, 제6호 본문 소정의 비공개대상정보에 해당한다는 것과 이 사건 소송계속중에 추가한 처분사유인 이 사건 각 정보가 정보공개법 제7조(현행 제9조) 제1항 제1호 소정의 비공개대상정보에 해당한다는 것은 그 기초가 되는 '사회적 사실관계'가 기본적인 점에서 동일하다고 할 수 없으므로, 위와 같은 처분사유의 추가는 허용되지 아니한다.[135]

(3) 소 결

취소소송의 소송물을 '위법성 일반'으로 보는 통설과 판례의 태도에 따른다면 논리상 처분사유의 추가·변경을 허용하여야 할 것이고, 처분상대방의 공격·방어권을 보장하기 위해 행정청이 처분을 할 때에는 당사자에게 그 근거와 이유를 제시하여야 한다는 행정절차법상 처분이유제시 제도의 취지를 고려한다면 소송 계속 중에 피고 행정청의 갑작스런 처분사유의 추가·변경을 허용해서는 안 될 것이다.

이처럼 충돌되는 가치를 조화롭게 해석하게 위해서는 제한적 긍정설을 취할 수밖에 없을 것으로 보인다.

---

133) 서울행정법원 2005. 5. 27. 선고 2004구합19101 판결.
134) 대법원 2004. 2. 13. 선고 2001두4030 판결.
135) 서울행정법원 2004. 2. 3. 선고 2002구합24499 판결.

6. 주장책임과 입증책임

(1) 주장책임

변론주의에서는 권리의 발생·소멸이라는 법률효과의 판단에 직접 필요한 요건사실 및 주요사실은 당사자가 변론에서 현출하지 않는 한, 법원은 이를 판결의 기초로 할 수 없다. 따라서 당사자는 주요사실을 주장하지 않으면 유리한 법률효과의 발생이 인정되지 않을 위험 또는 불이익을 부담하게 될 위험, 즉 패소할 위험이 있는데 이러한 위험을 주장책임(객관적 주장책임)[136]이라 한다.

행정소송은 변론주의를 원칙으로 하지만 직권탐지주의를 보충적으로 채택하고 있으므로 직권탐지가 허용되는 범위 내에서 주장책임 역시 완화된다고 할 것이다.

주장책임은 주요사실에 대한 입증책임을 지는 자가 부담하는 것이므로 주장책임의 분배와 입증책임의 분배는 일치한다고 보는 것이 통설과 판례의 태도이다.

(2) 입증책임

1) 의 의

입증책임(증명책임, 거증책임)이란 소송에서 증명을 요하는 사실의 존부가 확정되지 않을 경우, 즉 어떠한 사실이 진실인지 허위인지 불분명한 경우 당해 사실이 존재하지 않는 것으로 취급되어 법률판단을 받게 되는 당사자 일방의 위험 또는 불이익을 말한다. 이를 특히 객관적 입증책임이라 한다.[137] 이러한 불이익의 위험을 면하기 위하여 당사자가 증거를 제출하여 주장사실을 증명해야 하는 책임을 주관적 입증책임이라 한다. 일반적으로 입증책임이라 하면 객관적 입증책임을 말한다.

2) 입증책임의 분배

입증책임의 분배란 어떤 사실의 존부가 증명되지 않을 경우 그 불이익을

---

136) 주장책임은 객관적 주장책임과 주관적 주장책임으로 나누어지며, 주관적 주장책임은 객관적 주장책임, 즉 패소의 위험을 면하기 위하여 법적 효과의 판단에 필요한 사실을 변론에 현출시킬 책임을 말한다. 일반적으로 주장책임이라고 할 때에는 객관적 주장책임을 의미한다(이시윤(519면)).

137) 이시윤(504면).

누구에게 부담시킬 것인지의 문제를 말한다. 예를 들어 가해자의 과실심증 50%, 그의 무과실심증이 50%일 때, 입증책임이 원고에게 있으면 원고가 패소, 피고에게 있으면 피고가 패소한다.[138]

가. 원고책임설

행정행위는 공정력이 있고 적법성이 추정되므로 그 취소를 구하는 원고가 반대사실의 입증을 통해 행정행위의 위법성을 증명하여야 한다는 견해이다.

나. 피고책임설

행정소송이란 행정행위의 적법성을 의심하여 제기하는 것이므로 행정청이 자신의 행위의 적법성을 확보하기 위해서는 자신의 처분이 적법하다는 것을 개개의 구체적 사실을 통하여 입증하여야 한다는 견해이다.

다. 법률요건에 의한 분배설

민사소송법상의 법률요건분배설을 취소소송에 도입한 견해이다. 권리의 존재를 주장하는 자는 그 요건인 권리발생사실에 관하여 입증해야 하고, 권리의 존재를 부정하는 자는 그 권리의 발생을 방해 또는 소멸시키는 요건사실에 관하여 입증해야 한다는 것이다.

이를 취소소송에 대입하면, 권한행사규정의 경우 적극적 처분(~ 해야 하므로, ~했다)은 피고 행정청이, 소극적 처분(~ 해야 함에도 불구하고, ~ 하지 않았다)은 원고가 입증책임이 있고, 권한불행사규정의 경우 적극적 처분(~ 하지 않아야 함에도 불구하고, ~ 했다)은 원고가, 소극적 처분(~ 하지 않아야 하므로, ~ 하지 않았다)은 피고 행정청이 입증책임이 있다.

라. 행정행위 내용에 의한 분배설

자유권적 기본권에 입각하여 국민의 자유권을 제한하는 침익적 처분의 취소를 구하는 소송에서는 처분의 적법성을 주장하는 피고에게 입증책임이 있고, 국민이 자신의 자유권을 위하여 요구한 수익적 처분을 피고가 거부처분을 한 경우 이에 대한 취소를 구하는 소송에서는 자유권을 주장하는 원고에게 입증책임이 있다는 견해이다.

3) 판례의 태도

판례는 "민사소송법의 규정이 준용되는 행정소송에 있어서 입증책임은 원칙적으로 민사소송의 일반원칙에 따라 당사자 간에 분배되고 항고소송의

---

138) 이시윤(508면).

경우에는 그 특성에 따라 당해 처분의 적법을 주장하는 피고에게 그 적법사유에 대한 입증책임이 있다 할 것인바 피고가 주장하는 당해 처분의 적법성이 합리적으로 수긍할 수 있는 일응의 입증이 있는 경우에는 그 처분은 정당하다 할 것이며 이와 상반되는 주장과 입증은 그 상대방인 원고에게 그 책임이 돌아간다고 할 것이다"라고 판시[139]하여 법률요건에 의한 분배설을 취하고 있다.

　4) 소　결

　원고책임설은 공정력이란 실체적 법효과가 아닌 잠정적 법효과라는 점에서 공정력과 입증책임은 서로 무관하므로 공정력을 논거로 원고책임설을 주장하는 것은 타당하지 않다.

　마찬가지로 피고책임설은 법치주의원칙을 논거로 제시하고 있는데 법치주의원칙이 입증책임의 논거가 될 수는 없다.

　법률요건에 의한 분배설은 대등 당사자의 이해관계를 조정하고 재판규범적 성격이 강한 민사소송과 불평등한 당사자의 이해관계를 전제로 하는 행위규범적 성격이 강한 취소소송을 동일하게 취급하였다는 비판이 있다.

　행정행위 내용에 의한 분배설은 자유권적 기본권사상만이 존재하던 때에는 상당히 설득력이 있었으나 생활권적 기본권에 의한 급부국가를 전제로 할 때는 모순이 발생할 수 있다. 즉 사회보장신청에 대한 행정청의 거부에 대하여 항상 원고에게만 입증책임을 부담시키는 것은 타당하지 않다.

　이처럼 각각의 견해들에 비판적 약점이 존재한다. 취소소송도 소송이라는 한계를 벗어날 수는 없으므로 비록 민사소송과 행정소송을 동일하게 취급하는 것이 바람직하지 않더라도 민사소송법상 입증책임분배의 원칙인 법률요건에 의한 분배설을 취할 수밖에 없을 것으로 보인다.

XI. 취소소송의 종료

1. 판　결

⑴ 종　류

취소소송의 판결은 각하판결, 기각판결, 인용판결, 사정판결이 있다.

---

139) 대법원 1984. 7. 24. 선고 84누124 판결.

① 각하판결은 요건심리 결과 소제기요건이 결여 되어있는 경우 해당 사건에 대한 본안심리를 하지 않기로 하는 판결을 말한다.

② 기각판결은 본안이유가 있다는, 즉 처분이 위법하다는 심증이 없어 청구를 배척하는 판결을 말한다.

③ 인용판결은 본안이유가 있다고, 즉 처분이 위법하다고 판단하여 청구의 전부 또는 일부를 받아들이는 판결을 말한다.

④ 사정판결은 본안이유가 있다고, 즉 처분이 위법하다고 판단은 되나, 이를 인용할 경우 공익을 심하게 해칠 우려가 있는 때에 그 처분의 위법성에도 불구하고 이를 기각하는 판결을 말한다.

(2) 변경청구에서 인용판결의 의미

처분등의 변경을 구하는 취소소송에서 인용판결을 할 경우 법원은 처분의 적극적 변경을 할 수 있는 것인지 아니면 일부취소라는 소극적 변경만을 할 수 있는 것인지에 대하여 다툼이 있다. 권력분립의 원칙과 현행 행정소송법이 의무이행소송을 규정하고 있지 않은 점들을 고려한다면 법원이 판결로써 처분의 적극적 변경을 하는 것은 어렵다고 보인다.

판례 역시 "법원이 새로운 내용의 행정처분을 직접 할 수는 없으나 조세부과처분의 일부를 취소하는 것은 법원의 정당한 권한행사라 할 것이다"라고 판시[140]하여 '변경'의 의미를 처분의 일부취소, 즉 소극적 변경으로 보고 있다. 외형상 하나의 행정처분이라고 하더라도 가분성이 있거나 그 처분대상의 일부가 특정될 수 있어야 그 일부의 취소가 가능하다.[141]

(3) 사정판결

1) 의 의

행정소송법 제28조 제1항은 "원고의 청구가 이유 있다고 인정하는 경우에도 처분등을 취소하는 것이 현저히 공공복리에 적합하지 아니하다고 인정하는 때에는 법원은 원고의 청구를 기각할 수 있다. 이 경우 법원은 그 판결의 주문에서 그 처분등이 위법함을 명시하여야 한다"라고 규정하여 사정판결을 허용하고 있다.

---

140) 대법원 1964. 5. 19. 선고 63누177 판결.
141) 대법원 2000. 2. 11. 선고 99두7210 판결.

2) 요 건

사정판결은 ① 원고의 청구가 이유 있어야 하며, ② 처분등을 취소하는 것이 현저히 공공복리에 적합하지 아니하여야 한다.

사정판결의 적용은 극히 엄격한 요건 아래 제한적으로 하여야 하고, 그 요건인 '현저히 공공복리에 적합하지 아니한가'의 여부를 판단할 때에는 위법·부당한 행정처분을 취소·변경하여야 할 필요와 그 취소·변경으로 발생할 수 있는 공공복리에 반하는 사태 등을 비교·교량하여 그 적용 여부를 판단하여야 한다.[142]

당사자의 주장이나 항변 없이도 법원이 직권으로 사정판결을 할 수 있는지에 대해 견해가 대립하지만, 판례는 "행정소송법 제26조, 제28조 제1항 전단의 각 규정에 비추어 행정소송에 있어서 법원이 사정판결을 할 필요가 있다고 인정하는 때에는 당사자의 명백한 주장이 없는 경우에도 일건기록에 나타난 사실을 기초로 하여 직권으로 사정판결을 할 수 있다"라고 판시[143]하여 직권에 의한 사정판결이 가능함을 분명히 밝히고 있다.

3) 적용범위

사정판결은 취소소송에만 적용되며 무효등확인소송, 부작위위법확인소송에는 적용되지 않는다. 무효사유와 취소사유의 구별이 상대적이고, 무효인 처분에 근거한 것이라도 이를 백지화하는 것이 공공복리에 반하는 경우도 있으므로 무효등확인소송도 사정판결을 할 수 있다는 주장도 있다.[144] 하지만 판례는 "당연무효의 행정처분을 소송목적물로 하는 행정소송에서는 존치시킬 효력이 있는 행정행위가 없기 때문에 행정소송법 제28조 소정의 사정판결을 할 수 없다"라고 판시[145]하여 이러한 주장을 일축하고 있다.

4) 원고에 대한 보호조치

법원이 사정판결을 할 때에는 판결의 주문에 그 처분등이 위법함을 명시하여야 한다(제28조 제1항 2문).

법원은 사정판결을 함에 있어서 미리 원고가 그로 인하여 입게 될 손해의 정도와 배상방법 그 밖의 사정을 조사하여야 한다(제28조 제2항).

원고는 피고인 행정청이 속하는 국가 또는 공공단체를 상대로 손해배상,

---

142) 대법원 2009. 12. 10. 선고 2009두8359 판결.
143) 대법원 1992. 2. 14. 선고 90누9032 판결.
144) 서원우, "사정판결제도", 「고시계」, 1983. 9, 42면.
145) 대법원 1996. 3. 22. 선고 95누5509 판결.

재해시설의 설치 그 밖에 적당한 구제방법의 청구를 당해 취소소송 등이 계속
된 법원에 병합하여 제기할 수 있다(제28조 제3항).

2. 판결에 의하지 않는 취소소송의 종료

(1) 소의 취하

처분권주의의 원칙상 당연히 인정되어야 하지만, 피고가 본안에 관하여
준비서면의 제출, 변론 등을 행한 이후에는 피고의 동의를 얻어야 취하가 효
력을 가지게 된다.

(2) 청구의 포기와 인낙(認諾)

1) 의 의

청구의 포기란 원고가 소송물인 권리관계의 존부에 관한 자기주장을 부
인하고 청구가 이유 없음을 자인하는 법원에 대한 소송상 진술을 말하며, 청
구의 인낙이란 피고가 권리관계의 존부에 대한 원고주장의 전부 또는 일부를
이유 있다고 승인하는 법원에 대한 진술행위를 말한다.

2) 허용 여부에 대한 견해대립

가. 긍정설

처분권주의의 원칙상 당연히 청구의 포기와 인낙이 인정되어야 한다는
견해이다.

나. 부정설

민사소송과는 달리 행정소송은 처분의 적법성 보장을 위해서도 중요한
기능을 하는바, 원고 또는 피고가 처분의 적법성 여부에 불구하고 청구를 임
의로 포기 또는 인낙하는 것은 타당하지 않으므로 이를 인정할 수 없다는 견
해이다.

다. 제한적 긍정설

청구의 포기를 인정하지 않을 이유가 없고 소송경제를 위해서도 청구의
포기는 인정하는 것이 타당하며, 청구의 인낙은 법률적합성의 원칙에 반하지
않는 한 이를 인정해야 한다는 견해이다.

라. 소 결

청구의 포기나 청구의 인낙이 행정의 법률적합성의 원칙에 반하지 않고
당사자의 권리구제에 도움이 된다면 이를 인정하지 아니할 이유가 없다. 제한

적 긍정설이 타당하다.

(3) 재판상 화해

1) 의 의

재판상 화해에는 소송상 화해와 제소전(提訴前) 화해 두 가지가 있다.

소송상 화해는 제소 후 수소법원·수명법관·수탁판사의 면전에서 당사자가 서로 양보하고, 소송의 전부 내지 일부에 관하여 분쟁을 종식시키는 소송법상의 진술이다. 소송상의 화해는 당사자 쌍방이 법관의 면전에서 화해조항의 내용을 동일하게 진술함으로써 성립되고, 법원 사무관 등이 그 진술을 조서에 기재하면 이 화해조서는 확정판결과 동일한 효력이 있다.

제소전 화해는 당사자가 소(訴)에 관한 규정에 준하는 서류를 제출하고 법원에 화해신청을 하여 법원이 상대편을 출석시켜 화해를 권고한 결과 화해가 된 경우를 말한다.

2) 허용여부에 대한 견해대립

가. 부정설

처분은 행정청과 사인이 합의나 양보에 의해서 이루어질 수 없으며, 판결의 효력은 대세적 효력을 가지는바, 행정소송에서는 소송상의 화해를 인정할 수 없다는 견해이다.

나. 제한적 긍정설

판결의 효력이 대세적 효력을 가지기는 하지만 소송 당사자 및 당사자와 동일시 할 수 있는 자로 제한되며, 당사자의 합의가 법률적합성의 원칙을 위반하여 공익을 심하게 해칠 우려가 없거나 재량권을 일탈하지 않는 한 이를 허용할 수 있다는 견해다.

다. 소 결

오늘날 행정의 패러다임은 참여와 협의에 의한 행정을 지향하고 있으므로, 법률적합성의 원칙 등을 위반하지 않는 한 당사자 합의에 의한 문제의 원만한 해결을 유도하는 것은 바람직한 일이다. 제한적 긍정설이 타당하다.

이미 실무에서는 피고 행정청이 처분을 취소 또는 변경하고 원고가 소를 취하하는 형식을 취하는 사실상의 소송상 화해를 운용하고 있다.

⑷ 당사자의 소멸

원고가 사망하고 소송물의 성질상 이를 승계할 자가 없는 경우에는 소송은 종료된다. 다만, 처분청이 없어진 경우에는 행정처분의 귀속주체가 국가 또는 공공단체이므로 원칙적으로 소송이 종료되지 않는다.

XII. 판결의 효력

1. 불가변력(자박력)

판결이 선고되면 선고법원이라 할지라도 판결의 내용을 취소 또는 변경할 수 없다. 이를 불가변력 또는 자박력이라 한다.

2. 불가쟁력(형식적 확정력)

판결이 선고된 후 당사자가 상소를 포기하거나 상소제기기간이 경과한 때에는 판결이 확정되어 그 판결은 소송절차 내에서는 더 이상 다툴 수 없게 되는데, 이를 불가쟁력 또는 형식적 확정력이라 한다.

3. 기판력(실질적 확정력)

⑴ 의 의

판결이 선고된 후 당사자가 상소를 포기하거나 상소제기기간이 경과하여 판결이 확정되면 이후 절차에서 동일한 사항이 문제가 되었을 때, 당사자는 이에 저촉되는 주장을 할 수 없고, 법원은 이에 저촉되는 판결을 할 수 없다. 다시 말해서 당사자에게는 반복주장금지, 법원에게는 모순판결금지의 효력이 발생한다. 이를 기판력이라 한다.

확정판결의 존부는 직권조사사항으로서 당사자의 주장이 없더라도 법원이 직권으로 조사하여 판단하여야 한다.

⑵ 범 위
1) 주관적 범위

판결의 기판력은 '소송 당사자 및 당사자와 동일시 할 수 있는 자'에게 미친다. 당사자와 동일시 할 수 있는 자란 당사자의 승계인, 보조참가인 등을 말한다.

다만 당사자 중 피고는 처분청이지만 이는 행정소송의 원활한 수행을 위한 입법정책적 고려에 불과한 것이므로 기판력은 원칙상 처분의 효과가 귀속하는 국가 또는 공공단체에도 미치는 것으로 보아야 한다.

2) 객관적 범위

기판력은 '판결의 주문에 적시된 소송물에 대한 판단'에 미친다. 앞에서 살펴 본 것처럼 모든 위법사유가 소송물이므로 인용판결의 경우에는 당해 처분이 위법하다는 점, 기각판결의 경우에는 당해 처분이 적법하다는 점 그 자체에 미친다. 따라서 판결이유는 판결주문을 해석하기 위한 수단으로서의 의미밖에 없기 때문에 판결이유 중에 적시된 개개의 구체적인 위법사유는 소송상 공격·방어방법에 지나지 않으므로 기판력의 대상이 아니다.

3) 시간적 범위

소송당사자는 최종 변론종결시까지 소송자료를 제출할 수 있는 까닭에, 기판력은 '변론종결시까지의 사유'에 미친다. 다시 말해서 변론종결 이전의 사유에 대해서는 일괄적으로 기판력이 미친다. 따라서 당사자는 사실심의 변론종결시를 기준으로 그때까지 제출하지 않은 공격방어방법은 그 뒤 다시 동일한 소송을 제기하여 이를 주장할 수 없다.

⑶ 취소소송의 기판력과 국가배상청구소송

1) 문제의 소재

취소소송의 기판력이 발생한 경우에도 국가배상청구소송의 수소법원이 행정청의 행위에 대한 위법여부를 또다시 심사할 수 있는지가 문제된다. 이는 국가배상법상 배상책임의 성립요건으로서 법령위반(위법성)과 행정소송법상 위법한 처분(위법성)에서 양자의 위법성 판단기준이 동일한 것으로 이해하느냐 아니면 서로 다른 개념으로 해석하느냐에 따라 달라진다.

2) 전부 기판력설

국가배상법과 행정쟁송법에서의 위법은 동일한 개념이라는 것을 전제로 양자 모두 위법이란 '법령에 의해 규정된 행위규범을 적극적으로 위반한 것'을 말한다는 견해이다. 이 설에 따르면 양자의 위법 판단은 동일하기 때문에 취소소송의 기판력은 국가배상청구소송에 그대로 영향을 미친다. 따라서 취소소송의 기판력이 발생하면 이후 제기된 국가배상청구소송에서는 처분의 위법여부를 더 이상 판단할 수 없게 된다.

3) 제한적 기판력 긍정설

국가배상법과 행정쟁송법에서의 위법은 모두 '행위규범의 위반'이라는 점
에서는 동일하지만 행정쟁송에서의 위법은 공권력행사(행위) 자체의 법위반을
의미하지만 국가배상법상의 위법은 공권력행사 자체의 위법뿐만 아니라 공권
력행사의 근거법령, 조리법, 공서양속 등에서 요구하는 직무상 손해방지 의무
를 위반하는 경우까지도 포함하는 것으로 본다.

이 설을 취하면, 손해를 발생시킨 행정청의 행위의 위법정도가 취소소송
의 대상이 된 행위의 위법과 동일한 수준(행위 자체의 법위반)까지는 기판력이 그
대로 미칠 것이지만 그 범위를 벗어나는 위법의 수준(직무상 손해방지의무 위반)에
대해서는 기판력이 미치지 않아 국가배상청구소송의 수소법원이 위법성을 판
단할 수 있다.

한편, 취소소송과 국가배상에서의 위법개념이 동일한가의 여부와 관계없
이 취소소송의 인용판결은 국가배상청구소송에 영향을 미치지만 기각판결은
미치지 않는다는 견해도 있다.146)

이 견해는 취소소송에서 인용판결은 처분이 위법한 것을 선언한 것이므
로 이러한 판결이 국가배상청구소송에도 영향을 미쳐 배상책임의 성립요건인
위법성을 그대로 인정하는 것이 타당하지만, 기각판결의 경우 이는 처분이 적
법하다는 것을 선언한 것이므로 이러한 판결 역시 국가배상청구소송에 그대
로 영향을 미친다면 국가배상책임의 성립 가능성이 전혀 없으므로 취소소송
의 기각판결은 국가배상청구소송에 영향을 미치지 않는 것으로 보아 국가배
상청구소송에서 처분의 위법성 여부를 별도로 판단할 수 있도록 해야 한다는
입장이다. 취지는 공감하나 취소소송의 판결의 형태에 따라 기판력을 따로 인
정할 수 있는 이론적 근거가 없다.

4) 기판력 부정설

행정쟁송법에서의 위법은 '법령에 의해 규정된 행위규범을 위반한 것'147)
을 의미하지만 국가배상법에서의 위법은 '침해의 결과가 법률적 또는 도덕적
으로 허용되지 아니하는 것'148)을 의미하는 것으로 이해하는 입장이다. 다시

---

146) 김남철(806면).
147) 이를 영어로 표현하면 'illegal' 또는 'against law'를 의미한다.

말해서 행정쟁송의 위법은 행위위법을, 국가배상에서의 위법은 결과불법을 의미한다는 견해이다.

이 설을 취할 경우 양자의 위법은 전혀 다른 개념이므로 어떠한 경우에도 기판력이 발생하지 않기 때문에 취소소송의 판결이 확정되더라도 국가배상청구소송의 수소법원이 자유롭게 위법성 여부를 판단할 수 있다.

한편, 처분의 위법성에 대한 인용판결의 기판력만으로 국가배상책임이 바로 성립할 수 있는가? 법원은 "어떠한 행정처분이 후에 항고소송에서 취소되었다고 할지라도 그 기판력에 의하여 당해 행정처분이 곧바로 공무원의 고의 또는 과실로 인한 것으로서 불법행위를 구성한다고 단정할 수 없는바, 그 이유는 행정청이 관계 법령의 해석이 확립되기 전에 어느 한 설을 취하여 업무를 처리한 것이 결과적으로 위법하게 되어 그 법령의 부당 집행이라는 결과를 빚었다고 하더라도 처분 당시 그와 같은 처리 방법 이상의 것을 성실한 평균적 공무원에게 기대하기 어려웠던 경우라면 특단의 사정이 없는 한 이를 두고 공무원의 과실로 인한 것이라고는 할 수 없기 때문이다."라고 판시149)하여 취소소송의 기판력만으로 국가배상책임이 바로 성립되지 아니하는 것으로 판단하였다.

4. 기속력

(1) 의 의

판결이 확정되면 소송당사자와 관계행정청이 그 내용에 따라 행동할 실체법적 의무를 지는데 이러한 당사자에 대한 실체법상의 구속력을 판결의 기속력이라 한다. 다시 말해서 기속력이란 처분청을 비롯한 행정청이 계쟁처분이 아닌 다른 처분을 함에 있어 당해 판결에 구속되는 것을 말한다.

행정소송법 제30조 제1항은 "처분등을 취소하는 확정판결은 그 사건에 관하여 당사자인 행정청과 그 밖의 관계행정청을 기속한다"라고 판결의 기속력을 인정하고 있다.

기속력은 인용판결의 실효성을 확보하기 위한 것이므로 인용판결에만 미

---

148) 이를 영어로 표현하면 'illicit' 또는 'not allowed by law'를 의미한다.
149) 대법원 1973. 10. 10. 선고 72다2583 판결; 대법원 1995. 10. 13. 선고 95다32747 판결; 대법원 1996. 11. 15. 선고 96다30540 판결; 대법원 1997. 5. 28. 선고 95다15735 판결; 대법원 1997. 7. 11. 선고 97다7608 판결; 대법원 1999. 9. 17. 선고 96다53413 판결 등.

치는 효력이다. 당연히 기각판결에는 기속력이 미치지 않는다.

⑵ 성 질

행정소송법 제30조 제1항의 규정에 의하여 인정되는 판결의 기속력은 판결의 일반적 효력인 기판력의 일종인지 아니면 행정소송법상 특별히 인정되는 특수한 효력인지에 대해 견해가 대립한다.

① 기판력설은 행정의 일체성으로 인하여 판결의 기판력은 피고 행정청만이 아니라 관계 행정청에도 미치므로, 판결의 기속력은 기판력의 속성상 당연히 인정되는 효력에 불과하다는 견해이다.

② 특수효력설은 기속력은 행정소송 판결의 효력을 보장하기 위하여 기판력과는 관계없이 행정소송에 인정되는 특수한 효력이라는 견해이다.

기판력은 법원이 판단한 사항에 대해 당사자를 구속하는 것이고, 기속력은 판결의 실효성을 확보하기 위해 피고 행정청이나 관계 행정청에 대해 판결에 따른 법적 의무를 부과하는 것으로서 전혀 그 성질을 달리한다. 따라서 특수효력설이 타당하다.

⑶ 내 용

1) 반복처분금지

취소판결이 확정되면 당사자인 행정청 및 관계 행정청은 동일한 사실관계 아래서 동일 당사자에 대하여 동일한 처분을 반복하여서는 안 된다. 이를 위반하여 새로운 처분을 할 경우 이는 중대·명백한 하자가 있어 당연무효가 된다.

2) 재처분의무

가. 거부처분 취소판결에 따른 재처분의무

행정소송법 제30조 제2항은 "판결에 의하여 취소되는 처분이 당사자의 신청을 거부하는 것을 내용으로 하는 경우에는 그 처분을 행한 행정청은 판결의 취지에 따라 다시 이전의 신청에 대한 처분을 하여야 한다"라고 규정하여 처분청에게 거부처분 취소판결에 따른 재처분의무를 부여하고 있다.

따라서 행정청은 판결의 취지에 따라 그 신청에 따른 새로운 처분을 하여야 한다. 그러나 판결의 취지에 따라야 한다고 하여 언제나 원고가 신청한 대로 처분을 하여야 하는 것은 아니다. 거부처분의 이유가 되었던 처분사유가 아닌 새로운 처분사유 또는 당초의 처분사유를 보완하여 또다시 거부처분을 할 수 있다. 다만, 소송 계속 중 처분사유의 추가·변경이 허용되는 범위와의 형평을 고려한다면, 기본적 사실관계의 동일성을 벗어나는 전혀 새로운 처분사유에 의해서만 또다시 거부처분을 할 수 있다.

나. 절차하자로 인한 취소판결에 따른 재처분의무

행정소송법 제30조 제3항은 "제2항의 규정은 신청에 따른 처분이 절차의 위법을 이유로 취소되는 경우에 준용한다"라고 규정하여, 처분청에게 판결의 취지에 따른 적법한 절차를 거쳐 신청에 대한 처분을 다시 하도록 하였다.

이는 제3자효 행정행위에서 상대방에 대한 인용처분을 제3자가 절차하자를 주장하며 제기한 취소소송에서 취소판결이 확정되면 처분청은 적법절차에 따라 상대방이 신청한 처분의 가부 처분을 다시 하라는 것이다. 예를 들어 A의 건축허가신청을 처분청이 인용(허가)하였고, 이에 이해관계가 있는 제3자가 당해 허가처분의 절차하자를 주장하며 그 취소를 구하는 소송을 제기하여 인용판결을 받았다면, 피고 행정청은 판결의 취지에 따른 적법한 절차를 거쳐 A가 신청한 처분에 대한 가부 처분을 다시 하라는 것이다.

3) 결과제거의무

행정청은 판결의 취지에 따라 행정청의 위법한 처분으로 인해 야기된 위법한 상태, 즉 위법한 강제집행이나 행정벌의 부과 등을 제거해야 할 의무가 발생한다.

(4) 범 위

1) 주관적 범위

기속력은 '당사자인 행정청뿐만 아니라 다른 모든 관계행정청'에 미친다. 관계행정청이란 취소된 행정처분을 기초로 또는 전제로 하여 이와 관련한 처분 또는 부수하는 행위를 할 수 있는 모든 행정청을 말한다.

2) 객관적 범위

판결의 기속력은 기판력과는 달리 위법성 일반에 미치는 것이 아니라 '판결의 주문과 판결이유 중에 설시된 개개의 위법사유'에만 미친다. 따라서 처분시까지 존재하던 새로운 위법사유를 근거로 다시 처분을 하는 것은 가능하다. 하지만 여기서 '새로운 사유'는 처분사유의 추가·변경이 허용되는 범위와의 형평상 '기본적 사실관계의 동일성'을 벗어나는 전혀 새로운 위법사유로 해석하여야 한다.

절차하자를 이유로 취소판결이 확정된 경우 그 확정판결의 기속력은 확정판결의 주문과 이유에 적시된 절차적 위법사유에 미치므로 처분청이 절차를 보완하여 다시 처분을 하여도 기속력에 저촉되는 것은 아니다. 예를 들어 징계절차의 하자를 이유로 징계처분취소소송을 제기하여 취소판결이 확정된 경우, 처분청이 절차를 갖추어 동일한 징계사유로 징계처분을 다시 할 수 있다.

3) 시간적 범위

'처분시까지 존재하던 사유'에 한하여 기속력이 미친다. 따라서 처분시 이후에 발생한 새로운 사유에 의해서는 동일한 내용의 새로운 처분을 하여도 판결의 기속력에 저촉되지 않는다.

거부처분에 대한 취소판결이 확정된 이후, 법령이 개정되어 개정된 법령이 정하고 있는 새로운 기준을 적용하여 또다시 거부처분을 할 수 있다.[150]

5. 형성력

(1) 의 의

법원의 판결이 확정되면 그 판결에 따라 법률관계가 발생·변경·소멸되는 법적 효과가 발생하는데 이를 형성력이라 한다.

행정소송법에 형성력에 대한 명문의 규정은 없다. 하지만 행정소송법 제29조 제1항은 "처분등을 취소하는 확정판결은 제3자에 대하여도 효력이 있다"라고 하여 판결의 제3자효, 즉 대세효를 인정하고 있으며, 대세효는 형성력의 일종이므로 현행 행정소송법이 판결의 형성력을 인정하고 있는 것으로 보인다.

(2) 형성효

행정처분을 취소한다는 확정판결이 있으면 그 취소판결의 형성력에 의하여 당해 행정처분의 취소나 취소통지 등의 별도의 절차를 요하지 아니하고 당연히 취소의 효과가 발생한다.[151] 이를 판결의 형성효라 한다.

---

150) 행정처분의 적법 여부는 그 행정처분이 행하여 진 때의 법령과 사실을 기준으로 하여 판단하는 것이므로 거부처분 후에 법령이 개정·시행된 경우에는 개정된 법령 및 허가기준을 새로운 사유로 들어 다시 이전의 신청에 대한 거부처분을 할 수 있다(대법원 1998. 1. 7. 선고 97두22 판결).

151) 대법원 1991. 10. 11. 선고 90누5443 판결.

(3) 소급효

처분에 대한 취소판결이 확정되면 그 처분은 처분시로 소급하여 소멸한다. 물론 소급효를 인정할 경우 법적 안정성을 크게 해칠 우려가 있는 때에는 소급효가 제한되기도 한다.

(4) 제3자효(대세효)

취소판결이 확정되면 이는 제3자에 대하여도 효력이 있다. 이를 제3자효 또는 대세효라 한다. 제3자효는 소송당사자와 제3자 사이에 소송결과가 달라지는 것을 방지하고 그 법률관계를 통일적으로 유지함으로써 승소한 당사자의 권리가 실효적으로 보호될 수 있도록 하기 위해 인정되는 효력이다.

이처럼 판결의 형성력이 제3자에게도 미치므로 현행 행정소송법은 제3자보호를 위하여 제3자의 소송참가, 제3자에 의한 재심청구 등의 제도를 두고 있다.

여기서 말하는 제3자의 범위에 대해서는 ① 판결과 직접 이해관계가 있는 자로 한정해야 한다는 견해(상대적 형성력설)와 ② 모든 일반인으로 보는 견해(절대적 형성력설)가 대립한다. 제3자효를 인정하는 취지를 고려한다면 제3자를 모든 일반인으로 보는 절대적 형성력설이 타당하다.

6. 거부처분취소판결의 간접강제

(1) 의 의

행정소송법 제34조 제1항은 "행정청이 제30조 제2항의 규정에 의한 처분을 하지 아니하는 때에는 제1심 수소법원은 당사자의 신청에 의하여 결정으로써 상당한 기간을 정하고 행정청이 그 기간내에 이행하지 아니하는 때에는 그 지연기간에 따라 일정한 배상을 할 것을 명하거나 즉시 손해배상을 할 것을 명할 수 있다"라고 하여 간접강제제도를 인정하고 있다.

이는 민사집행법상 간접강제제도[152]와 유사한 제도로서, 행정소송법 제30조 제2항의 재처분의무의 실효성 확보를 위한 수단이다.

---

152) 민사집행법 제261조(간접강제) ① 채무의 성질이 간접강제를 할 수 있는 경우에 제1심 법원은 채권자의 신청에 따라 간접강제를 명하는 결정을 한다. 그 결정에는 채무의 이행의무 및 상당한 이행기간을 밝히고, 채무자가 그 기간 이내에 이행을 하지 아니하는 때에는 늦어진 기간에 따라 일정한 배상을 하도록 명하거나 즉시 손해배상을 하도록 명할 수 있다.

(2) 적용범위

간접강제는 거부처분취소판결과 부작위위법확인판결의 효력이다. 그런데 행정소송법 제38조 제1항은 "제9조, 제10조, 제13조 내지 제17조, 제19조, 제22조 내지 제26조, 제29조 내지 제31조 및 제33조의 규정은 무효등확인소송의 경우에 준용한다"라고 규정하고 있어, 무효등확인판결에는 제34조의 간접강제 규정에 대한 준용규정이 없다. 이 때문에 간접강제가 무효등확인판결에도 적용되는 것인지를 두고 견해가 대립한다.

① 부정설은 행정소송법 제38조 제1항의 규정에 대한 문리해석상 무효등확인판결에는 제34조의 간접강제에 대한 규정이 준용되지 않는다는 견해이다.

② 긍정설은 무효등확인판결에도 재처분의무 규정이 준용되는데 이에 대한 실효성확보 규정이 준용되지 않는 것은 입법적 불비이며, 따라서 비록 준용규정이 없어도 간접강제를 인정해야 한다는 견해이다.

③ 판례는 "행정소송법 제38조 제1항이 무효확인 판결에 관하여 취소판결에 관한 규정을 준용함에 있어서 같은 법 제30조 제2항을 준용한다고 규정하면서도 같은 법 제34조는 이를 준용한다는 규정을 두지 않고 있으므로, 행정처분에 대하여 무효확인 판결이 내려진 경우에는 그 행정처분이 거부처분인 경우에도 행정청에 판결의 취지에 따른 재처분의무가 인정될 뿐 그에 대하여 간접강제까지 허용되는 것은 아니라고 할 것이다"라고 판시[153]하여 부정설을 취하고 있다.

무효등확인판결에 대해서도 재처분의무를 준용하도록 하고 있는 이상 이에 대한 실효성 확보수단인 간접강제를 인정하는 것이 논리적으로 타당하다. 하지만 현행 행정소송법의 문리해석상 준용규정이 없음에도 이를 법해석으로 인정하는 것은 무리가 있다. 현행 행정소송법상으로는 부정설을 취할 수밖에 없다. 향후 입법적 개선이 필요하다.

(3) 절 차

① 행정청이 판결의 취지에 따라 다시 이전의 신청에 대한 처분을 하지 아니할 경우 당사자는 제1심 수소법원에 간접강제를 신청하여야 한다. ② 제1심 수소법원은 상당한 기간을 정하고 행정청이 그 기간 내에 이행하지 아니하

---

153) 대법원 1998. 12. 24. 선고 98무37 결정.

는 때에는 그 지연기간에 따라 일정한 배상을 할 것을 명하거나 즉시 손해배상을 할 것을 명할 수 있다. ③ 간접강제결정은 결정은 변론 없이 할 수 있다. 다만, 결정하기 전에 피고 행정청을 심문하여야 한다.[154] ④ 간접강제결정에 대해서는 즉시항고를 할 수 있다.[155]

(4) 기간 경과 후 재처분시 배상금 추심 여부

간접강제결정에 기한 배상금은 확정판결의 취지에 따른 재처분의 지연에 대한 제재나 손해배상이 아니고 재처분의 이행에 관한 심리적 강제수단에 불과한 것으로 보아야 하므로, 특별한 사정이 없는 한 간접강제결정에서 정한 의무이행기한이 경과한 후에라도 확정판결의 취지에 따른 재처분의 이행이 있으면 배상금을 추심함으로써 심리적 강제를 꾀할 목적이 상실되어 처분상대방이 더 이상 배상금을 추심하는 것은 허용되지 않는다.[156]

제5절   기타 항고소송

I. 무효등확인소송

1. 의 의

무효등확인소송이란 행정청의 처분 등의 효력유무 또는 존재유무를 확인하는 소송을 말한다. 행정처분의 흠이 중대·명백하여 당연 무효인 경우에도 무효확인소송을 허용하는 까닭은, 외형상 처분이 존재하고 그 처분의 효력이 지속하는 것으로 오인될 가능성이 있으므로 재판을 통하여 그 효력의 부정을 선언할 필요가 있기 때문이다.

이론상으로는 행정처분이 무효인 경우에는 처음부터 효력이 발생하지 않으므로 상대방 또는 이해관계인이 이를 무시하고 현재의 법률관계에 관한 주장을 바로 할 수 있다고 보아야 할 것이다. 그러나 무효원인과 취소원인의 구

---

154) 민사집행법 제262조(채무자의 심문) 제260조 및 제261조의 결정은 변론 없이 할 수 있다. 다만, 결정하기 전에 채무자를 심문하여야 한다.
155) 민사집행법 제261조 제2항.
156) 대법원 2004. 1. 15. 선고 2002두2444 판결.

별은 상대적인 까닭에 행정청이 당해 처분을 유효한 것으로 집행할 우려가 있으므로 상대방 또는 이해관계인은 그 무효를 공적으로 확인받을 필요가 있는 것이다.

2. 성 질

종래에는 무효등확인소송의 성질에 관하여 ① 판결이 처분등의 효력을 소멸·발생시키는 것이 아니라 그 유무 또는 존부를 확인함에 그치므로 확인소송이라는 견해와, ② 무효와 취소는 상대적인 것으로 양자 모두 행정청이 우월적 지위에서 행한 행위의 효력을 다투는 항고소송이라는 견해의 대립이 있었으나, 현행 행정소송법 제4조 제2호에 무효등확인소송 역시 항고소송의 일종임을 명문으로 규정하고 있으므로 무효등확인소송이 항고소송이라는 것에 더 이상 다툼이 없다.

다만, 무효등확인소송은 실질적으로는 처분등의 유무 또는 존부를 확인하는데 그치는 확인소송이지만 형식적으로는 처분의 효력을 다투기 때문에 형성소송의 성질을 모두 가지고 있다. 따라서 무효등확인소송은 준형성소송으로 보는 것이 타당하다.

3. 소송물

무효등확인소송의 소송물은 처분이나 재결의 유효, 무효, 존재, 부존재, 실효의 여부이다. 한편, 재결에 대한 무효등확인소송의 경우에는 재결 자체에 고유한 위법이 있음을 이유로 하는 경우에 한하여 제기할 수 있다.

4. 원고적격

무효등확인소송은 처분 등의 효력유무 또는 존재여부의 확인을 구할 법률상 이익이 있는 자가 제기할 수 있다. 법률상 이익이 있는 자의 의미는 취소소송의 경우와 같다.

5. 협의의 소익(확인의 이익)

⑴ 문제의 소재
무효등확인소송은 확인소송으로서의 성질을 가지고 있는 까닭에 민사소송에서의 확인의 이익, 즉 '현존하는 불안이나 위험을 제거하기 위하여 확인판결을 받는 것이 필요하고 또는 적절한가'라는 이른바 확인소송의 보충성이 무효등확인소송의 경우에도 적용되는 것인지 문제된다.

예를 들어 과세관청이 이미 경매가 진행 중인 채권자들에 대하여 국세 교부청구를 하였고, 이에 채권자들이 경락대금의 일부를 과세관청에 교부하였을 경우, 교부청구의 원인이 된 국세부과처분이 무효라면 채권자들은 과세관청에 대하여 직접적이고 효과적인 부당이득금반환청구소송을 제기하지 않고 간접적이고 우회적인 국세부과처분의 무효확인소송을 청구할 수 있는지 여부에 관한 문제이다.

(2) 견해의 대립

확인소송의 보충성이 무효등확인소송의 경우에도 적용되는 것인지에 대해서는 ① 무효등확인소송은 실질적으로 확인소송의 성질을 가지므로 민사소송법상 확인소송과 마찬가지로 즉시확정의 이익이 요구된다는 긍정설과, ② 행정소송법 제35조는 "무효등확인소송은 처분등의 효력 유무 또는 존재 여부의 확인을 구할 법률상 이익이 있는 자가 제기할 수 있다"라고 규정하고 있을 뿐, 민사소송에서의 확인의 이익에 관하여 별도로 규정하고 있지 않으므로 확인의 이익을 필요로 하지 않는다는 부정설이 대립한다.

(3) 판례의 태도

판례는 "행정소송법 제4조에서는 무효확인소송을 항고소송의 일종으로 규정하고 있고, 행정소송법 제38조 제1항에서는 처분등을 취소하는 확정판결의 기속력 및 행정청의 재처분 의무에 관한 행정소송법 제30조를 무효확인소송에도 준용하고 있으므로 무효확인판결 자체만으로도 실효성을 확보할 수 있다. 그리고 무효확인소송의 보충성을 규정하고 있는 외국의 일부 입법례와는 달리 우리나라 행정소송법에는 명문의 규정이 없어 이로 인한 명시적 제한이 존재하지 않는다. 이와 같은 사정을 비롯하여 행정에 대한 사법통제, 권익구제의 확대와 같은 행정소송의 기능 등을 종합하여 보면, 행정처분의 근거 법률에 의하여 보호되는 직접적이고 구체적인 이익이 있는 경우에는 행정소송법 제35조에 규정된 '무효확인을 구할 법률상 이익'이 있다고 보아야 하고, 이와 별도로 무효확인소송의 보충성이 요구되는 것은 아니므로 행정처분의 무효를 전제로 한 이행소송 등과 같은 직접적인 구제수단이 있는지 여부를 따질 필요가 없다고 해석함이 상당하다"라고 판시[157)]하여 부정설을 취하고 있다.

⑷ 소 결

행정소송법 제35조는 '무효확인을 구할 법률상 이익'이 있는 자에게 원고적격을 인정하고 있을 뿐 확인소송의 보충성을 특별히 규정하고 있지 않으므로 법규정에도 없는 것을 해석만으로서 원고적격을 좁게 인정할 이유가 전혀 없다. 부정설이 타당하다.

6. 준용규정

행정소송법 제9조 재판관할, 제10조 관련청구소송의 이송 및 병합, 제13조 피고적격, 제14조 피고경정, 제15조 공동소송, 제16조 제3자의 소송참가, 제17조 행정청의 소송참가, 제19조 취소소송의 대상, 제22조 처분변경으로 인한 소의 변경, 제23조 집행정지, 제24조 집행정지의 취소, 제25조 행정심판기록의 제출명령, 제26조 직권심리, 제29조 취소판결등의 효력, 제30조 취소판결등의 기속력, 제31조 제3자에 의한 재심청구, 제33조 소송비용에 관한 재판의 효력 등의 규정은 무효등확인소송에 준용된다.

반면에, 제18조 행정심판과의 관계, 제20조 제소기간, 제21조 소의 변경, 제27조 재량처분의 취소, 제28조 사정판결, 제32조 소송비용의 부담 등은 무효등확인소송에는 적용되지 않는다. 따라서 무효등확인소송에는 관계법에서 행정심판전치주의를 정하고 있는 경우에도 그 적용을 받지 아니하고, 제소기간의 제한도 적용되지 아니한다.

Ⅱ. 부작위위법확인소송

1. 의 의

부작위위법확인소송이란 행정청의 부작위가 위법하다는 것을 확인하는 소송을 말한다. 행정청이 당사자의 신청에 대하여 상당한 기간 내에 일정한

---

157) 대법원 2008. 3. 20. 선고 2007두6342 전원합의체 판결.

처분을 해야 할 법률상의 의무가 있음에도 불구하고 이를 행하지 않은 경우, 신청당사자가 그 부작위의 위법함에 대하여 확인을 구하는 소송이다.

행정청의 부작위에 대해서는 그 의무를 이행하도록 하는 것이 보다 효율적인 구제수단이 된다. 하지만 권력분립원칙의 한계상 법원이 행정청에게 의무를 명하지 아니하고 단지 그 의무의 해태(부작위)가 위법하다는 확인을 하는 소송형태이다.

2. 성 질

부작위위법확인소송이 확인소송이라는 데는 이설이 없다. 부작위위법확인소송은 이미 발급된 공권력작용에 불복하는 것이 아니라 아무런 공권력발동이 없음을 다투는 것이므로 취소소송이나 무효등확인소송과 구별된다.

하지만 행정청이 일정한 처분을 해야 할 법률상 의무가 있음에도 불구하고 이를 하지 않는 것을 공권력의 소극적 작용으로 본다면 본질적으로 취소소송과 다르지 않다. 따라서 현행 행정소송법은 부작위위법확인소송을 항고소송의 일종으로 규정하고 있다.

3. 소송물

부작위위법확인소송의 소송물은 '부작위의 위법성'이다. 부작위위법확인소송 역시 주관적 소송이므로 그 소송물이 단순히 '부작위의 위법성'에 그치는 것이 이니라 '부작위가 위법하다는 원고의 법적 주장'으로 보아야 한다는 견해도 있다.[158] 하지만 부작위위법확인소송의 성질이 확인소송이라는 점에 다툼이 없으므로 그 소송물은 '부작위의 위법성'으로 보는 것이 타당하다.

4. 원고적격

부작위위법확인소송은 처분의 신청을 한 자로서 부작위 위법의 확인을 구할 법률상 이익이 있는 자만이 제기할 수 있다.[159]

---

158) 김남철(835면).
159) 행정소송법 제36조.

5. 부작위의 성립요건

(1) 신청권 존부가 부작위의 성립요건인지 여부

판례는 "행정청이 국민으로부터 어떤 신청을 받고서도 그 신청에 따르는 내용의 행위를 하지 아니한 것이 항고소송의 대상이 되는 위법한 부작위가 된다고 하기 위하여는 국민이 행정청에 대하여 그 신청에 따른 행정행위를 해줄 것을 요구할 수 있는 법규상 또는 조리상의 권리가 있어야 한다"라고 판시[160]하고 있는데, 이때에 당사자의 신청권 존부가 부작위의 성립요건인지 여부에 대해 견해가 대립한다.

1) 요건설

가. 대상적격설

판례가 항고소송의 '대상'이 되는 부작위가 되기 위해서는 법규상 또는 조리상의 신청권이 있어야 한다고 판시하고 있듯이, 신청권 존부의 문제는 부작위위법확인소송의 '대상'이 되는 부작위의 성립요건이므로 이는 대상적격의 문제로 보아야 한다는 견해이다.

나. 원고적격설

당사자에게 법규상 또는 조리상의 신청권이 있기 위해서는 이러한 신청에 대해 응답을 구할 법률상의 이익이 있어야 하므로 신청권 존부의 문제는 결국 원고적격의 문제로 보아야 한다는 입장이다.

거부처분의 처분성 인정여부를 판단함에 있어 신청권 존부가 문제되었을 때, 법원이 '국·공립 대학교원에 대한 임용권자가 임용지원자를 대학교원으로 임용할 것인지 여부는 임용권자의 판단에 따른 자유재량에 속하는 것이어서, 임용지원자로서는 임용권자에게 자신의 임용을 요구할 권리가 없을 뿐아니라, 임용에 관한 법률상 이익을 가진다고 볼 만한 특별한 사정이 없는한, 임용 여부에 대한 응답을 신청할 법규상 또는 조리상 권리가 있다고도 할 수 없다'라고 판시[161]하여 법률상 이익이 없으면 신청권이 없는 것으로 보고 있다.

---

160) 대법원 1990. 5. 25. 선고 89누5768 판결.
161) 대법원 2003. 10. 23. 선고 2002두12489 판결.

2) 불요설(본안심리설)

신청권 존부는 대상적격 또는 원고적격의 문제가 아니라 본안에서 심리해야 할 사항이라는 견해이다. 다시 말해서 신청권 존부의 문제는 부작위가 위법한지 여부를 판단하는 핵심적 고려 사항이므로 본안에서 심리해야 할 사항이지 요건심리단계에서 대상적격 또는 원고적격의 문제로 판단해서는 안 된다는 입장이다. 이 견해에 따르면 신청권 존부는 부작위의 성립요건이 아니다.

3) 소 결

행정소송법 제2조 제1항 제2호는 '부작위'를 "행정청이 당사자의 신청에 대하여 상당한 기간내에 일정한 처분을 하여야 할 법률상 의무가 있음에도 불구하고 이를 하지 아니하는 것을 말한다"라고 규정하고 있을 뿐, 신청권 존부에 관하여는 언급한 바 없다. 뿐만 아니라 신청권의 존부는 본안에서 부작위가 위법한지를 판단하는데 핵심적 쟁점사항이다. 따라서 소제기 단계에서 부작위위법확인소송의 대상이 되는 부작위의 성립요건으로 신청권의 존부를 따질 필요는 없다. 불요설이 타당하다.

(2) 당사자의 신청행위

부작위가 성립되기 위해서는 우선 당사자가 행정청에게 일정한 처분을 구하는 신청행위가 존재하여야 한다. 이때에 당사자의 신청이 반드시 적법한 것이어야 하는지에 대해서는 견해가 대립한다.

1) 적법신청설

부작위위법확인 인용판결이 있으면 행정청에게 재처분의무가 발생하므로 행정청의 처분을 구하는 신청이 적법해야 한다는 견해이다. 부적법한 신청까지 소제기를 허용할 실익이 없다는 것이다.

2) 적법신청무관설

부적법한 신청에 대하여도 행정청은 그에 상응하는 응답을 해야 할 의무가 있기 때문에 그 신청이 반드시 적법해야 할 이유가 없다는 견해이다.

3) 소 결

부작위위법확인소송은 행정청의 부작위의 위법성을 다투는 소송이므로 부작위가 성립되지 않으면 소제기 자체가 불가능해진다. 따라서 소제기 단계부터 부작위를 적법한 신청으로 제한할 경우 지나치게 소권을 제한할 수 있으며, 부적법한 신청에 대해서도 행정청은 이를 거부하는 등 이에 상응하는 응답을 해야 할 의무가 존재하므로 당사자의 신청이 적법했는지를 부작위의 성립요건으로 고려해야 할 필요는 없다. 적법신청무관설이 타당하다.

(3) 행정청의 법률상 처분의무

행정청의 법률상 처분의무는 법령의 명문 규정에 의해 인정되는 경우뿐만 아니라, 법령의 해석상 인정되는 경우도 포함한다.

(4) 상당한 기간의 경과

일반적으로 상당한 기간이란 어떠한 처분을 함에 있어 통상 요구되는 객관적인 기간을 의미한다. 따라서 업무처리인력부족 등과 같은 사유는 고려대상이 되지 못한다.

(5) 행정청의 묵묵부답

행정청이 적극적으로 거부처분을 하였다면 부작위의 문제는 발생하지 않는다. 따라서 이러한 거부처분에 대하여는 취소소송을 제기해야 할 것이다. 부작위는 행정청이 당사자의 신청에도 불구하고 어떠한 대응도 하지 않은 묵묵부답의 상태를 말한다.

6. 판결의 효력

부작위위법확인소송에도 행정소송법 제30조 제2항(재처분의무)과 제34조(간접강제)가 준용되므로 인용판결(확인판결)이 확정되면 행정청은 판결의 취지에 따라 상대방의 신청에 대하여 일정한 처분을 하여야 하고, 재처분의무 불이행에 따른 지연배상 등의 책임을 진다.

부작위위법확인소송은 행정청의 부작위가 위법한 것임을 확인하는데 그치는 것이므로 행정청은 처분의 내용이 어떠하건 처분을 하기만 하면 되고 반드시 원고의 신청과 동일한 내용의 처분을 할 필요는 없다. 다시 말해서 거부처분을 하여도 행정청은 재처분의무를 이행하는 것이 된다.

물론 이에 대한 반론도 있다. 부작위위법확인소송이 보다 효과적인 권리구제수단이 되기 위해서는 행정청의 재처분의무를 소극적 처분으로 볼 것이 아니라 당초 신청된 특정 처분을 발급해야 하는 적극적 의무로 이해해야 한다는 견해도 있다.[162] 하지만 이는 권리구제의 효율성에 경도되어 법규정을 지

---

162) 김남철(846면).

나치게 확장해석하고 있다는 비판을 면하기 어렵다.

법원은 당사자의 신청에 의하여 결정으로써 상당한 기간을 정하고 행정청이 그 기간 내에 재처분의무를 이행하지 아니하는 때에는 그 지연기간에 따라 일정한 배상을 할 것을 명하거나 즉시 손해배상을 할 것을 명할 수 있다.

7. 준용규정

부작위위법확인소송에도 제9조 재판관할, 제10조 관련청구소송의 이송 및 병합, 제13조 피고적격, 제14조 피고경정, 제15조 공동소송, 제16조 제3자의 소송참가, 제17조 행정청의 소송참가, 제18조 행정심판과의 관계, 제19조 취소소송의 대상, 제20조 제소기간, 제25조 행정심판기록의 제출명령, 제26조 직권심리, 제27조 재량처분의 취소, 제29조 취소판결등의 효력, 제30조 취소판결등의 기속력, 제31조 제3자에 의한 재심청구, 제33조 소송비용에 관한 재판의 효력, 제34조 거부처분취소판결의 간접강제 규정이 준용된다.

제11조 선결문제, 제21조 소의 변경, 제22조 처분변경으로 인한 소의 변경, 제23조 집행정지, 제24조 집행정지의 취소, 제28조 사정판결 등은 적용되지 아니한다.

제6절 당사자소송

Ⅰ. 의 의

당사자소송이란 행정청의 처분 등을 원인으로 하는 법률관계 또는 그 밖에 공법상의 법률관계에 관한 소송으로서 그 법률관계의 한 쪽 당사자를 피고로 하는 소송을 말한다. 대등한 지위의 당사자 간에 다투어지는 권리의무관계에 관한 소송이라는 점에서 민사소송과 다를 바 없지만, 공법상의 법률관계를 소송의 대상으로 하는 까닭에 행정소송으로 이해된다.

당사자소송은 항고소송과 달리 판결이 확정되어야만 비로소 법률관계가 확정되므로 시심적 소송에 해당한다. 항고소송은 행정청의 처분등으로 발생한 공정력을 깨뜨리기 위해 제기되는 소송이므로 복심적 소송이라 한다. 예를 들

어 조세부과처분에 대한 취소소송은 과세관청의 조세부과처분으로 이미 당사
자에게 발생한 납부의무에 대해 법원이 그 적법성을 다시 한 번 심리하는 것
이므로 복심적 소송이지만, 공법상 부당이득반환청구소송의 경우에는 판결이
확정되어야만 비로소 반환의무가 발생하기 때문에 시심적 소송이라 한다.

Ⅱ. 종 류

1. 실질적 당사자소송

공법상 법률관계에 관하여 그 법률관계의 한쪽 당사자를 피고로 하는 소
송으로서 일반적으로 당사자소송이라 함은 이를 말한다. 행정소송법 제3조 제
2호는 당사자소송을 '행정청의 처분등을 원인으로 하는 법률관계에 관한 소송
그 밖에 공법상의 법률관계에 관한 소송으로서 그 법률관계의 한쪽 당사자를
피고로 하는 소송'으로 정의하고 있다.

(1) 처분등을 원인으로 하는 법률관계에 관한 소송

행정청의 처분등으로 금전급부의무를 이행하였으나 당해 처분이 무효인
경우 이미 급부한 금전의 반환을 청구하는 부당이득반환청구소송, 행정청의
위법한 처분등으로 손해가 발생한 경우 그 배상을 청구하는 국가배상청구소
송 등이 이에 해당한다.

(2) 그 밖에 공법상의 법률관계에 관한 소송

공법상 신분·지위 등의 확인소송, 공법상 금전지급청구소송, 공법상 계약
에 관한 소송, 공법상 결과제거청구소송 등이 이에 해당한다.

1) 공법상 신분·지위 등의 확인소송

공무원, 국·공립학교 학생, 국가유공자, 공공조합의 조합원 등 공법상
신분·지위·자격 등의 확인을 구하는 소송을 말한다.

2) 공법상 금전지급청구소송

손실보상청구소송, 공무원의 수당·연금지급청구소송, 보조금지급청구소
송, 부가가치세 환급세액지급청구소송 등 공법상 금전지급의무가 있는 자에게
금전지급을 청구하는 소송이 이에 해당한다.

판례도 "적법하게 시행된 공익사업으로 인하여 이주하게 된 주거용 건축

물 세입자의 주거이전비 보상청구권은 공법상의 권리이고, 따라서 그 보상을 둘러싼 쟁송은 민사소송이 아니라 공법상의 법률관계를 대상으로 하는 행정소송에 의하여야 한다"라고 판시163)하여 공법상 금전지급청구소송은 민사소송이 아닌 당사자소송임을 분명히 하고 있다.

3) 공법상 계약에 관한 소송

공법상 계약에 관한 다툼은 당사자소송의 대상이다. 특히 「국가를 당사자로 하는 계약에 관한 법률」, 「지방자치단체를 당사자로 하는 계약에 관한 법률」 등에 의한 계약 당사간의 다툼이 있는 경우, 그것이 처분적 성질이 아닌 한 당사자소송의 대상이 된다.

4) 공법상 결과제거청구소송

공행정작용으로 인하여 발생한 위법한 결과의 제거를 청구하는 소송은 당사자소송에 해당한다. 위법한 공행정작용의 취소를 구하는 것이 아니라 공행정작용의 결과로 발생한 위법한 상태를 제거하여 원상회복을 청구하는 점에서 항고소송과 다르다. 또한 그 위법한 결과의 발생 원인이 공행정작용이라는 점에서 민사소송의 대상이 아니다.

2. 형식적 당사자소송

(1) 의 의

형식적으로는 행정청의 처분등을 원인으로 하는 법률관계에 관하여 그 법률관계의 한쪽 당사자를 피고로 하는 소송이지만, 실질적으로는 처분등의 효력을 다투는 소송을 말한다. 다시 말해서 실질적으로는 항고소송, 형식적으로는 당사자소송인 형태를 형식적 당사자소송이라 한다. 예를 들어, 토지소유자가 사업시행자를 상대로 보상금액의 증액을 구하는 소송을 제기하는 경우, 이는 형식적으로는 당사자소송이지만 실질적으로는 토지수용위원회의 재결에 대해 불복하는 항고소송인 것이다.

(2) 일반적 허용성

1) 문제의 소재

형식적 당사자소송이 개별법의 근거가 없는 경우에도 일반적으로 인정될

---

163) 대법원 2008. 5. 29. 선고 2007다8129 판결.

수 있는지 문제된다. 토지보상법 제85조 제2항은 "제1항에 따라 제기하려는 행정소송이 보상금의 증감에 관한 소송인 경우 그 소송을 제기하는 자가 토지소유자 또는 관계인일 때에는 사업시행자를, 사업시행자일 때에는 토지소유자 또는 관계인을 각각 피고로 한다"[164]라고 규정하고 있어 형식적 당사자소송의 가능성을 명문으로 규정하고 있다.

그런데 만약 이러한 명문의 규정이 없는 경우에도 형식적 당사자소송이 가능한 것인지에 대해 견해가 대립한다.

2) 긍정설

행정소송법 제3조 제2호는 당사자소송을 정의하면서 특별히 실질적 당사자소송만을 의미하는 것으로 제한한 바 없고, 형식적 당사자소송이 제기되어도 처분등의 공정력에 어떠한 영향을 미치는 것도 아니므로 명문의 규정이 없는 경우에도 형식적 당사자소송이 가능하다는 입장이다.

3) 부정설

처분등의 공정력이 유지되고 있는 상태에서 당사자소송을 통하여 법원이 이와는 다른 법률관계를 인정할 경우 처분등의 효력과 법률관계 사이에 모순이 발생할 수 있으며, 법령의 규정이 없으면 당사자적격, 제소기간 등 소송요건이 불분명하여 혼란을 초래할 우려가 있으므로 형식적 당사자소송은 명문의 규정이 있는 경우에 한하여 인정될 수 있다는 견해이다. 부정설이 타당하다.

III. 절차 및 효력

1. 피고적격

당사자소송은 국가·공공단체 그 밖의 권리주체를 피고로 한다.[165] 법무부장관은 법무부의 직원, 각급 검찰청의 검사 또는 공익법무관을 지정하여 국가소송을 수행하게 할 수 있다. 법무부장관은 행정청의 소관사무나 감독사무에 관한 국가소송에서 필요하다고 인정하면 해당 행정청의 장의 의견을 들은 후 행정청의 직원을 지정하여 그 소송을 수행하게 할 수 있다. 법무부장관의 지정을 받은 사람은 해당 소송에 관하여 법무부장관의 지휘를 받아야 한다. 법

---

164) 토지보상법 제85조 제2항.
165) 행정소송법 제39조.

무부장관은 변호사를 소송대리인으로 선임하여 국가소송을 수행하게 할 수 있다.166)

지방자치단체가 피고가 되는 경우에는 지방자치법 제114조에 따라 지방자치단체의 장이 피고가 된다.167)

2. 재판관할

당사자소송도 행정소송법 제9조가 준용되기 때문에 원칙적으로 제1심관할법원은 피고의 소재지를 관할하는 행정법원으로 한다. 다만, 국가 또는 공공단체가 피고인 경우에는 관계행정청의 소재지를 피고의 소재지로 본다. 따라서 중앙행정기관, 국가의 사무를 위임 또는 위탁받은 공공단체가 피고인 경우에는 대법원소재지를 관할하는 행정법원에 제기할 수 있다.

3. 제소기간

당사자소송에 관하여 법령에 제소기간이 정하여져 있는 때에는 그 기간은 불변기간으로 한다.

4. 소의 변경

당사자소송을 항고소송으로 변경하는 경우에 행정소송법 제21조의 규정이 준용된다. 따라서 법원은 취소소송을 당해 처분등에 관계되는 사무가 귀속하는 국가 또는 공공단체에 대한 당사자소송 또는 취소소송외의 항고소송으로 변경하는 것이 상당하다고 인정할 때에는 청구의 기초에 변경이 없는 한 사실심의 변론종결시까지 원고의 신청에 의하여 결정으로써 소의 변경을 허가할 수 있다.

5. 가집행선고의 제한

행정소송법 제43조는 "국가를 상대로 하는 당사자소송의 경우에는 가집행선고를 할 수 없다"라고 규정하여 가집행선고를 제한하고 있다. 가집행선고

---

166) 「국가를 당사자로 하는 소송에 관한 법률」 제3조.

167) 지방자치법 제114조(지방자치단체의 통할대표권) 지방자치단체의 장은 지방자치단체를 대표하고, 그 사무를 총괄한다.

란 법원이 종국판결확정 전에 집행을 허용하는 재판을 선고하는 것을 말한다.

그런데 이 규정은 국가가 민사소송상 당사자인 경우 가집행선고를 제한한 구「소송촉진 등에 관한 특례법」제6조 제1항 단서의 규정과 통일성을 기하기 위한 것이었다. 그런데 이 규정에 대해 헌법재판소가 위헌결정[168]을 하였고, 이후 법 개정으로 이 규정이 삭제되었다. 이 후 민사소송에서는 당사자가 국가인 경우에도 가집행선고가 가능해졌다. 행정소송에도 민사소송의 규정이 준용되기 때문에 행정소송법 제43조의 가집행선고의 제한 규정은 사실상 그 효력이 없다 할 것이다.

판례도 "행정소송법 제8조 제2항에 의하면 행정소송에도 민사소송법의 규정이 일반적으로 준용되므로 법원으로서는 공법상 당사자소송에서 재산권의 청구를 인용하는 판결을 하는 경우 가집행선고를 할 수 있다"라고 판시[169]하여 이를 분명히 하고 있다.

6. 준용규정

행정소송법 제14조 피고경정, 제15조 공동소송, 제16조 제3자의 소송참가, 제17조 행정청의 소송참가, 제22조 처분변경으로 인한 소의 변경, 제25조 행정심판기록의 제출명령, 제26조 직권심리, 제30조 취소판결등의 기속력, 제32조 소송비용의 부담, 제33조 소송비용에 관한 재판의 효력 등의 규정은 당사자소송에 준용된다.

제 7 절 객관소송

Ⅰ. 민중소송

1. 의 의

민중소송이란 국가 또는 공공단체의 기관이 법률에 위반되는 행위를 한

---

168) 단서 부분은 재산권과 신속한 재판을 받을 권리의 보장에 있어서 합리적 이유 없이 소송당사자를 차별하여 국가를 우대하고 있는 것이므로 헌법 제11조 제1항에 위반된다(헌재 1989. 1. 25. 88헌가7 결정).
169) 대법원 2000. 11. 28. 선고 99두3416 판결.

때에 일반선거인·일반주민 등이 직접적인 자기의 법률상 이익과 관계없이 선거인·주민의 지위에서 그 시정을 구하기 위하여 제기하는 소송을 말한다.

민중소송은 당사자 사이의 구체적인 권리·의무에 관한 분쟁의 해결을 위한 것이 아니라, 행정의 적정성을 확보하기 위하여 제기하는 소송으로서 객관적 소송에 속한다는 것이 일반적 견해이다.

2. 현행법상의 예

민중소송에 관한 현행법상의 예로는 ① 「공직선거법」상의 대통령·국회의원선거에 관한 소송과 지방의회의원·지방자치단체장의 선거에 관한 소송, ② 국민투표법상의 국민투표무효소송, ③ 주민투표법상의 주민투표소송, ④ 지방자치법상 주민감사청구에 대한 소송 등이 있다.

(1) 대통령·국회의원선거에 관한 소송

대통령·국회의원선거에 관한 소송은 선거일로부터 30일 이내에 당해 선거의 효력에 관하여 이의가 있는 선거인이 대법원에 제소할 수 있다.

(2) 지방의회의원·지방자치단체장의 선거에 관한 소송

지방의회의원·지방자치단체장의 선거에 관한 소송은 선거일로부터 14일 이내에 당해 선거의 효력에 관하여 이의가 있는 선거인이 관할선거관리위원회에 소청한 후, 그에 대한 결정서를 받은 날로부터 10일 이내에 시·도지사선거일 경우에는 대법원에, 지방의회의원 및 자치구·시·군의 장의 선거인 경우에는 그 선거구를 관할하는 고등법원에 제소할 수 있다.

(3) 국민투표법상의 민중소송

국민투표법상의 민중소송은 국민투표의 효력에 관하여 이의가 있는 투표인이 10만인 이상의 찬성을 얻어 선거일로부터 20일 이내에 대법원에 제소할 수 있다.

(4) 주민투표소송

주민투표소송은 주민투표의 효력에 관하여 이의가 있는 주민투표권자는 주민투표권자 총수의 100분의 1 이상의 서명으로 주민투표결과가 공표된 날부터 14일 이내에 관할선거관리위원회 위원장을 피소청인으로 하여 시·군 및 자치구에 있어서는 특별시·광역시·도 선거관리위원회에, 특별시·광역시 및 도에 있어서는 중앙선거관리위원회에 소청을 제기하고, 소청에 대한 결정에 관하여 불복이 있는 소청인은 관할선거관리위원회위원장을 피고로 하여 그 결정서를 받은 날부터 10일 이내에 특별시·광역시 및 도에 있어서는 대법원에, 시·군 및 자치구에 있어서는 관할 고등법원에 소를 제기할 수 있다.

(5) 주민소송

주민소송은 공금의 지출에 관한 사항, 재산의 취득·관리·처분에 관한 사항, 해당 지방자치단체를 당사자로 하는 매매·임차·도급 계약이나 그 밖의 계약의 체결·이행에 관한 사항 또는 지방세·사용료·수수료·과태료 등 공금의 부과·징수를 게을리한 사항을 감사청구한 주민은 그 감사청구[170]한 사항과 관련이 있는 위법한 행위나 업무를 게을리 한 사실에 대하여 해당 지방자치단체의 장을 상대방으로 하여 소송을 제기할 수 있다.

주민이 제기할 수 있는 소송의 구체적 형태는 ① 해당 행위를 계속하면 회복하기 곤란한 손해를 발생시킬 우려가 있는 경우에는 그 행위의 전부나 일부를 중지할 것을 요구하는 소송, ② 행정처분인 해당 행위의 취소 또는 변경을 요구하거나 그 행위의 효력 유무 또는 존재 여부의 확인을 요구하는 소송, ③ 게을리한 사실의 위법 확인을 요구하는 소송, ④ 해당 지방자치단체의 장 및 직원, 지방의회의원, 해당 행위와 관련이 있는 상대방에게 손해배상청구 또는 부당이득반환청구를 할 것을 요구하는 소송 등이다.

II. 기관소송

1. 의 의

국가 또는 공공단체의 행정기관 상호간에 주관권한의 존부 또는 권한행사에 관한 분쟁이 있는 경우 이를 권한쟁의라 하며, 이에 관한 소송을 기관소

---

170) 지방자치법 제21조(주민의 감사청구) ① 지방자치단체의 18세 이상의 주민으로서 다음 각 호의 어느 하나에 해당하는 사람(「공직선거법」 제18조에 따른 선거권이 없는 사람은 제외한다. 이하 이 조에서 "18세 이상의 주민"이라 한다)은 시·도는 300명, 제198조에 따른 인구 50만 이상 대도시는 200명, 그 밖의 시·군 및 자치구는 150명 이내에서 그 지방자치단체의 조례로 정하는 수 이상의 18세 이상의 주민이 연대 서명하여 그 지방자치단체와 그 장의 권한에 속하는 사무의 처리가 법령에 위반되거나 공익을 현저히 해친다고 인정되면 시·도의 경우에는 주무부장관에게, 시·군 및 자치구의 경우에는 시·도지사에게 감사를 청구할 수 있다.

송이라 한다. 다만, 헌법재판소법 제2조의 규정에 의하여 헌법재판소의 관장
사항으로 되는 소송, 즉 ① 국가기관 상호간, ② 국가기관과 지방자치단체간,
③ 지방자치단체 상호간의 권한쟁의소송은 행정소송법상의 기관소송에서 제
외된다.

2. 기관소송의 성격

기관소송은 개인적·주관적 권리의 보호를 목적으로 하는 것이 아니고 행
정작용의 적법성을 보장하기 위한 것이므로 객관적 소송이라는 것이 일반적
견해이다.

그러나 지방자치단체의 장 등이 감독청의 명령이나 처분의 취소 또는 정
지를 다투는 소송은 독립된 법인격주체인 지방자치단체가 주관적 지위에서
자치사무에 관한 권리를 다투는 것이므로 주관적 소송으로 보아야 한다는 견
해[171]도 있고, 주관적 권리를 완전히 배제한 채 행정의 적법성보장만을 목적
으로 소송을 제기하는 경우는 현실적으로 존재하지 않는 까닭에 기관소송 역
시 주관적 권리의 다툼인 주관적 소송으로 보아야 한다는 견해도 있다.[172]

그러나 기관소송은 '권리·이익'의 다툼이 아니라 '권한'의 다툼이라는 점
에서 주관소송으로 보기 어렵다. 또한 기관소송을 주관소송으로 파악하려면
기관도 권리의 주체가 되어야 하는바, 기관은 법에 의하여 그 권한이 창설되
는 것이며 법에 의해 창설된 권한이 침해당한 것은 주관적 의사에 기초한 권
리의 침해가 아니라 법의 수호 또는 적법한 집행보장 문제라는 점에서 기관소
송은 객관소송으로 보는 것이 타당하다.

3. 현행법상의 예

(1) 지방의회 재의결사항에 대해 지방자치단체장이 제기하는 소송

지방자치단체의 장은 지방의회의 의결이 월권이거나 법령에 위반되거나
공익을 현저히 해친다고 인정되면 그 의결사항을 이송 받은 날부터 20일 이내
에 이유를 붙여 재의를 요구할 수 있는데, 이러한 요구에 대하여 재의한 결과
재적의원 과반수의 출석과 출석의원 3분의 2 이상의 찬성으로 전과 같은 의결

---

171) 김남진(854면), 홍정선(867면).
172) 이기우, "기관소송", 「고시계」, 1992. 11, 58면.

을 하면 그 의결사항은 확정된다. 이때에 지방자치단체의 장은 재의결된 날부터 20일 이내에 대법원에 소를 제기할 수 있다.[173] 이 경우 필요하다고 인정되면 그 의결의 집행을 정지하게 하는 집행정지결정을 신청할 수 있다.

(2) 감독청의 명령 등에 대해 지방자치단체장이 제기하는 소송

1) 자치사무에 대한 명령 등에 대한 소송

지방자치단체의 사무에 관한 그 장의 명령이나 처분이 법령에 위반되거나 현저히 부당하여 공익을 해친다고 인정되면 시·도에 대하여는 주무부장관이, 시·군 및 자치구에 대하여는 시·도지사가 기간을 정하여 서면으로 시정할 것을 명하고, 그 기간에 이행하지 아니하면 이를 취소하거나 정지할 수 있다. 이 경우 자치사무에 관한 명령이나 처분에 대하여는 법령을 위반하는 것에 한한다.

지방자치단체의 장은 이러한 감독청의 자치사무에 관한 명령이나 처분의 취소 또는 정지에 대하여 이의가 있으면 그 취소처분 또는 정지처분을 통보받은 날부터 15일 이내에 대법원에 소를 제기할 수 있다.[174]

2) 위임사무에 대한 이행명령 등에 대한 소송

지방자치단체의 장이 법령의 규정에 따라 그 의무에 속하는 국가위임사무나 시·도위임사무의 관리와 집행을 명백히 게을리하고 있다고 인정되면 시·도에 대하여는 주무부장관이, 시·군 및 자치구에 대하여는 시·도지사가 기간을 정하여 서면으로 이행할 사항을 명령할 수 있다. 이때에 지방자치단체의 장은 감독청의 이행명령에 이의가 있으면 이행명령서를 접수한 날부터 15일 이내에 대법원에 소를 제기할 수 있다.[175] 이 경우 지방자치단체의 장은 이행명령의 집행을 정지하게 하는 집행정지결정을 신청할 수 있다.

3) 성 질

지방자치단체는 독립된 법인격을 갖추었기에 주관쟁송상 완전한 당사자 능력을 인정할 수 있다는 입장에서는 이를 기관소송이 아닌 일종의 항고소송으로 설명하기도 한다.[176] 그러나 감독청의 명령이나 취소처분 등에 대해 다투는 것은 지방자치단체장의 주관적 권리 또는 이익이 침해당하였기 때문이

---

173) 지방자치법 제120조 제3항.
174) 지방자치법 제188조 제6항.
175) 지방자치법 제189조 제6항.
176) 김남진(854면).

아니라 법에 의해 창설된 권한의 침해를 시정하여 적법한 법집행의 보장을 위한 것으로 해석하는 것이 타당하다.

(3) 감독청의 재의요구에 따른 지방의회 재의결사항에 대해 지방자치단체장이 제기하는 소송

지방의회의 의결이 법령에 위반되거나 공익을 현저히 해친다고 판단되면 시·도에 대하여는 주무부장관이, 시·군 및 자치구에 대하여는 시·도지사가 재의를 요구하게 할 수 있고, 재의요구를 받은 지방자치단체의 장은 의결사항을 이송 받은 날부터 20일 이내에 지방의회에 이유를 붙여 재의를 요구하여야 한다. 이러한 요구에 대하여 재의의 결과 재적의원 과반수의 출석과 출석의원 3분의 2 이상의 찬성으로 전과 같은 의결을 하면 그 의결사항은 확정된다.

이때에 지방자치단체의 장은 재의결된 사항이 법령에 위반된다고 판단되면 재의결된 날부터 20일 이내에 대법원에 소를 제기할 수 있다.177) 이 경우 필요하다고 인정되면 그 의결의 집행을 정지하게 하는 집행정지결정을 신청할 수 있다.

(4) 감독청의 제소지시에 따라 지방자치단체장이 제기하는 소송

주무부장관이나 시·도지사는 재의결된 사항이 법령에 위반된다고 판단됨에도 불구하고 해당 지방자치단체장이 소를 제기하지 아니하면 그 지방자치단체장에게 제소를 지시할 수 있는데, 이때에 해당 지방자치단체장은 제소지시를 받은 날부터 7일 이내에 제소하여야 한다.178)

(5) 지방자치단체장의 제소지시 불이행시 감독청이 직접 제기하는 소송

주무부장관이나 시·도지사는 재의결된 사항이 법령에 위반된다고 판단됨에도 불구하고 해당 지방자치단체장이 소를 제기하지 않아 그 지방자치단체장에게 제소를 지시하였으나 그 지방자치단체장이 7일이 지나도 제소하지 않는 때에는 주무부장관이나 시·도지사는 직접 제소할 수 있다.179)

(6) 지방자치단체장이 재의요구가 없을 시 감독청이 직접 제기하는 소송

지방의회의 의결이 법령에 위반된다고 판단되어 주무부장관이나 시·도지

---

177) 지방자치법 제192조 제4항.
178) 지방자치법 제192조 제5항·제6항.
179) 지방자치법 제192조 제7항.

사로부터 재의요구지시를 받은 지방자치단체의 장이 재의를 요구하지 아니하는 경우에는 주무부장관이나 시·도지사는 의결사항을 이송 받은 날부터 20일이 지난 날부터 7일 이내에 대법원에 직접 제소 및 집행정지결정을 신청할 수 있다.[180]

(7) 「지방교육자치에 관한 법률」상 기관소송

교육감은 교육·학예에 관한 시·도의회의 의결이 법령에 위반되거나 공익을 현저히 저해한다고 판단될 때에는 그 의결사항을 이송받은 날부터 20일 이내에 이유를 붙여 재의를 요구할 수 있다. 교육감이 교육부장관으로부터 재의요구를 하도록 요청받은 경우에는 시·도의회에 재의를 요구하여야 한다. 재의요구가 있을 때에는 재의요구를 받은 시·도의회는 재의에 붙이고 시·도의회 재적의원 과반수의 출석과 시·도의회 출석의원 3분의 2 이상의 찬성으로 전과 같은 의결을 하면 그 의결사항은 확정된다.

이때에 재의결된 사항이 법령에 위반된다고 판단될 때에는 교육감은 재의결된 날부터 20일 이내에 대법원에 제소할 수 있다.

교육부장관은 재의결된 사항이 법령에 위반된다고 판단됨에도 해당교육감이 소를 제기하지 않은 때에는 해당교육감에게 제소를 지시하거나 직접 제소할 수 있다. 제소의 지시는 기간이 경과한 날부터 7일 이내에 하고, 해당교육감은 제소지시를 받은 날부터 7일 이내에 제소하여야 한다.

교육부장관은 해당 교육감이 제소지시를 이행하지 않을 경우 기간이 경과한 날부터 7일 이내에 직접 제소할 수 있다.[181]

4. 제소권자 – 열기주의

행정소송법 제45조는 "기관소송은 법률이 정한 경우에 법률에 정한 자에 한하여 제기할 수 있다"고 규정함으로써 이른바 열기주의를 채택하고 있다.

우리의 행정소송법이 기관소송에 관하여 열기주의를 채택한 것은 일본의 영향이며, 일본이 기관소송을 열기주의로 제한한 까닭은 기관소송이란 본래 행정내부에 있어서 행정적으로 해결될 일이지, 법원에 의해 해결되는 것이 적합하지 않다는 사상을 바탕으로, 원칙적으로는 기관쟁의를 법률상 쟁송에 포

---

180) 지방자치법 제192조 제8항.
181) 「지방교육자치에 관한 법률」 제28조.

함시킬 수 없으나 입법정책상 필요한 경우에 이를 인정하고 있는 것이다.

또한 독일의 행정법원법이 기관소송에 관하여 별도의 규정을 두고 있지 않은 까닭은 독일이 처음부터 기관소송에 관하여 의도적으로 개괄주의를 채택하기 위한 것이 아니라, 1960년 행정법원법을 제정할 당시에는 자기소송금지의 원칙 또는 '권한의 쟁의는 권리의 분쟁이 아니다'라는 사상의 영향으로 기관소송을 독자적 소송형태로 명문화하지 않았다. 물론 근래에는 행정조직내부의 기관 내지 기관의 구성원에게도 일정한 권리영역이 인정됨이 인식되고 그곳에 또한 법적 분쟁이 있을 수 있다고 보게 됨에 따라 기관소송이 인정되는 범위가 확대되고 있는 것이 독일의 사정이다.182)

---

182) 김남진, "기관소송", 「법정고시」, 1997. 2, 14면 이하.

제 7 편

행정의 주체 및 수단

제 1 장 행정조직법

제 1 절 개 설

I. 행정조직법의 의의

국가나 공공단체 등 행정주체의 활동의 전제가 되는 기관의 설치·구성 및 권한·상호관계 등에 관한 법을 총칭하여 행정조직법이라 하며, 이는 입법기관 또는 사법기관의 조직에 관한 법과 구별되고, 광의로는 협의의 행정조직에 관한 법 이외에 그 구성원인 공무원에 관한 법과 공물 및 영조물에 관한 법을 포함한다.

행정조직의 기본원칙은 헌법에서 정한 국가구조의 성격을 반영하고 그 구체적이고 세부적인 사항은 법률에 위임하는 행정조직법률주의이다. 종래에는 행정조직법은 행정기관의 내부관계를 조직·규율하는 법으로서 직접적으로 개인에게 관계되는 것이 아니므로 그 법률성을 부인하였으나, 오늘날 행정조직법은 형식상 일반국민의 권리·의무를 규정하는 것은 아니지만 행정기관의 설치·변경 등은 직접 또는 간접적으로 국민에게 영향을 미치고, 또한 그 권한분배는 국민에 대한 권한행사를 전제로 하기 때문에 행정조직법의 법규성을 인정하는 것이 일반적이다.[1]

우리나라는 헌법에 행정조직법률주의를 규정하고,[2] 정부조직법에서 중앙행정기관의 설치와 직무범위는 법률로 정하도록 규정하였으며, 법률이 정하는 바에 의하여 행정위원회 등 합의제행정기관을 둘 수 있고, 특별지방행정기관·보조기관은 법률로 정한 것을 제외하고는 대통령령으로 정하도록 규정하고 있다.

---

1) 이광윤/김민호(457면).
2) 헌법 제96조, 제100조, 제118조 제2항.

행정의 주체는 언제나 법인[3]이며 이 점이 사법과의 차이점이다. 행정조직은 예산, 권리행사기관 등의 국민생활에 대한 영향을 고려해 볼 때, 이른바 중요사항유보설에 입각 '행정조직법률주의'가 채택되고 있다.[4] 행정조직법에 있어서 '행정'의 개념은 형식적 의미에 있어서의 행정의 개념을 의미하며, 광의에서는 공무원법 및 공물법 등의 행정주체의 조직을 둘러싼 모든 조직법을 가리키나 협의에 있어서는 행정주체와 행정기관의 조직에 관한 일반적 사항에 관한 법에 국한된다.[5]

II. 행정조직의 유형과 특색

1. 행정조직의 유형

(1) 집권형 · 분권형 및 집중형 · 분산형

행정조직을 상·하 또는 중앙·지방 사이의 권한 분배를 기준으로 나누어 본 것으로 권한분권(déconcentration)은 국가가 권력을 분배함이 없이 다만 일정 수준의 권한을 가진 기관을 현지에 설치함으로써 국민에게 좀 더 가까이 접근하는 것을 가리키는 것으로 국가행정의 신속·적절한 수행이라는 기술적 요청에 의거하여 중앙관청이 지방관청에 대하여 행정권한을 분담시키는 것에 불과하다. 따라서 행정처분은 항상 국가의 이름으로 행해지게 된다.

이에 반하여 자치분권(décentralisation)은 국가와 자치단체 사이에 권력이 분배되어 자치단체가 그들 고유의 필요사항에 관하여 자유로운 행정권한을 보유하는 것으로 행정은 국가의 이름으로 행해지는 것이 아니라 자치단체의 이름으로 행해진다. 이러한 자치분권에는 지역적 분권인 지방자치와 사무적 분권인 공공단체의 설립이 있다.[6]

1) 집권과 집중

집중형은 모든 행정적 권력을 국가의 수중에 집중하는 단일적이고 계층적인 행정구조를 말하는바 자치분권에 대하여는 집권(centralisation)이라고 하며,

---

3) 국가, 지방자치단체 및 공법상의 법인(협의의 공공단체).
4) 과거 독일에서는 법규를 개인의 자유와 재산을 침해하는 것에 한정하고 그 외의 사항은 군주의 자유에 속한다고 보았다.
5) 이광윤/김민호(457면).
6) 이광윤/김민호(458면).

권한분권에 대하여는 집중(concentration)이라고 하는바, 집권은 지방자치가 행해지고 있는 국가의 중앙집권개념이며, 집중은 지방자치가 행해지고 있지 아니하는 국가에 있어서의 중앙집권상태를 가리킨다. 한편, 연방국가에 있어서의 주정부의 권한은 연방헌법에서 나오며 주정부가 그들의 제도형태를 결정하나 지방자치가 실시되는 국가에서의 지방자치단체의 지위는 법률로 규정하며 지방자치단체가 임의로 이를 변경할 수 없다.[7]

2) 직 제

모든 조직은 목적을 추구하고 목적으로부터 임무가 생겨나며 이러한 임무를 정해 놓은 것이 직제이다. 직제는 기관을 단위로 정해지며 이 기관들에 권능이 부여된다. 기관이 모여 다시 보다 큰 조직으로 묶여진 것이 계, 과, 국들이며, 이것들이 모여 보다 큰 행정상의 조직으로 된 것이 관서이다. 이 관서를 대표하는 기관을 행정청이라고 한다.

3) 관 할

관할이란 조직상의 단위가 일정한 방법과 형식으로 특정된 사항을 처리할 수 있도록 해주는 조직법규 및 그것을 보충하는 법적 행위를 통해서 창설되는 권리와 의무를 말하며 이 관할을 통해서 확정된 임무, 권능, 의무의 총체를 권한이라고 부른다. 행정청은 권한을 가진다.

4) 권 한

권한이라 함은 헌법·법률 또는 이에 의하여 부여된 법률상 유효한 행위를 할 수 있는 범위를 말하는바, 이러한 권한은 헌법·법률·명령이라고 하는 '객관적인 법'으로부터 직접 발생하며 법과 마찬가지로 일반성과 항구성을 가지기 때문에 객관적 법적 상태를 의미한다. 따라서 주관적 법적 상태인 권리와는 다르다. 레옹 뒤기는 권한은 권리의 획득의 문제가 아니라 법에 의하여 창설된 획득능력이 존재함을 의미할 뿐이라고 한다.[8]

5) 행정기관

행정기관은 조직적 의미에 있어서는 행정사무의 배분의 단위를 의미하며 작용적 의미에 있어서는 행정의 주체인 국가 또는 공공단체의 행정사무를 담당하고 그 사무에 관하여 국가 또는 공공단체는 그 기관을 수족으로 삼아 활

---

7) 이광윤/김민호(456면).
8) 이광윤/김민호(460면).

동하게 되며, 일정한 권한의 귀속자인 행정청의 각종 행위의 효과는 궁극적으로 그의 주체, 즉 공법상의 법인인 국가 또는 공공단체에 귀속하게 된다. 따라서 기관 그 자체로는 법인격을 가지지 않는다. 이러한 의미에서 행정기관은 국가 또는 공공단체의 표현기관에 불과하기 때문에 행정의 주체가 될 수 없으나 행정청이 행정심판 또는 행정소송의 당사자가 되는 경우와 같이 법률이 예외적으로 당사자의 지위를 부여하는 경우와 기관 사이의 권한의 위임이나 기관쟁송의 당사자의 경우와 같이 다른 기관과의 관계에 있어서 자기의 명의로 행위하고 그것에 일정한 법률상의 효과가 귀속되는 경우가 있다.

6) 행정관청

한편 국가의 표현기관을 행정관청이라고 하고 지방자치단체의 표현기관을 행정청이라고 하나 양자를 합쳐 흔히 행정청이라고 부른다.

관할은 행정청의 임무 및 권한이 미치는 범위를 명확히 해준다. 어떤 사항이 특정한 행정청의 관할로 정해지게 되면 행정청은 그 범위 내에서 배타적으로 임무를 수행하며 권한을 행사하게 된다. 관할이 정해짐으로써 시민은 자기의 용무를 어떤 행정청을 상대로 처리해야 하는가를 알게 되는 이익을 가진다. 관할위반행위는 무효 또는 취소할 수 있는 등 관할은 행정행위의 효력에도 관계된다.

행정조직의 기본은 중요사항유보설에 의거 국회의 심의를 거쳐 법률로 정하고 있다. 따라서 조직규범의 대부분은 법률 및 그에 의거한 법규명령의 성질을 가지고 있으며 하급기관의 직제 정도만이 행정규칙으로 정해져 있다.

(2) 독임형·합의형

한사람의 공무원의 책임으로 행정을 처리하는 행정기관 형태를 독임형이라 하고, 수인의 공무원으로 구성되어 그들의 합의에 의해 권한을 행사하도록 되어 있는 행정기관 형태를 합의형이라 한다. 책임의 소재를 명확히 하고 신속·통일적인 행정처리를 위해서는 독임형이 적합하며 신중·공정한 행정처리를 위해서는 합의형이 적합하다.

2. 행정조직의 특색

(1) 행정조직의 방대성

현대복리국가의 행정기능 확대 경향은 자연히 이를 수행하는 행정조직의 규모를 방대하게 만든다.

(2) 행정조직의 통일성 · 계층성

행정조직은 계층제를 이룸으로써 상하 행정기관 간에 강력한 명령·복종 체제를 이루고, 행정사무의 신속성과 행정의사의 통일성을 기할 수 있다.

(3) 행정조직의 독임성과 합의성

행정조직은 행정의 신속성과 통일성을 위하여 또는 책임의 소재를 분명 하게 하기 위하여 1인의 공무원이 권한을 행사하도록 하는 독임형을 취하는 것이 일반적이다. 그러나 오늘날에는 행정의 공정성과 신중성을 위하여 행정 위원회와 같은 독립적인 합의제행정기관의 설치가 증가하고 있다. 이는 현대 행정이 단지 계층적인 행정기관에 의해 일원적으로 수행되는 것만으로는 행 정수요의 다양화를 충족시킬 수 없게 되었으므로 현대행정은 통일성과 독립 성, 집중성과 분립성, 독임제와 합의제 등 서로 모순되는 듯한 원리들이 혼합 되어 있다.[9]

(4) 행정조직의 관료성 · 전문성

현대행정의 확대와 그 전문화는 전문적 지식을 가진 행정조직을 필요로 하게 되었으며, 공무원제도가 엽관제에서 직업공무원제로 변화하였다. 이는 행정조직의 관료성을 나타내는 것이라 할 수 있다.

(5) 행정조직의 민주성

현대행정조직은 강력하고도 합리적·능률적임과 동시에 민주적이어야 한 다. 행정조직은 국민에 의한 민주적 통제가 가능하고, 행정조직 내부에 있어 서도 제도적으로 보장되어야 한다. 특히 행정의 능률성과 민주성의 조화가 중 요하다.

Ⅲ. 우리나라 행정조직의 기본원리

1. 행정조직의 민주성

헌법은 국민주권주의의 채택으로 민주주의의 이념을 실현하고 있다. 행정

---

9) 이광윤/김민호(461면).

조직의 민주성을 위한 것으로 행정조직법률주의, 책임행정, 합의제기관을 통한 민주적 통제, 지방자치제, 직업공무원제도 등이 있다.

2. 책임행정주의

책임행정의 원칙은 모든 입헌주의국가에서의 기본적 원리로서 모든 행정기관이 그의 행위에 대하여 책임을 지도록 하고 있다. 우리나라의 현행헌법은 대통령제를 취하여 정치적 안정을 도모하는 한편 3권(입법·행정·사법) 간의 균등을 회복시켜 대통령의 전권을 막고, 국무총리 임명에 대한 국회의 동의와 국무총리·국무위원에 대한 국회의 해임건의의결 등을 통하여 책임행정을 실현하고 있다.

3. 행정조직법률주의

헌법은 행정조직에 관한 기본적인 사항만을 정하고 그 구체적이고 세부적인 것은 법률로 정하도록 함으로써 행정조직법률주의를 취하고 있다. 다만, 이에 근거한 정부조직법에서는 보조기관의 설치·사무분장은 법률로 정한 것을 제외하고는 대통령령으로 정하고 중앙행정기관 소속의 국가지방행정기관의 설치도 각 단행법으로 정함이 원칙이나 특히 법률로 정한 경우를 제외하고는 대통령령에 의하도록 하고 있다.

4. 독임제의 원칙

우리나라의 행정조직은 독임제를 원칙으로 하고 특별히 기관의 독립성이 요구되는 경우에는 법률이 정하는 바에 의하여 행정위원회 등 합의제행정기관을 둘 수 있다.

5. 행정조직의 분권성

행정권한이 특정행정기관에 집중되어 있지 않고 행정각부, 감사원 등 여러 기관에 분산되어 있으며, 또한 지방자치제를 채택하고 있다.

6. 행정조직의 관료성

관료성이란 공무원의 전문직업성의 의미로서 헌법은 공무원의 정치적 중립성 및 신분보장 등을 규정하여 직업공무원제도를 확립하였다.

제 2 절   행정기관과 행정관청

Ⅰ. 행정기관

1. 행정기관의 의의

행정기관이란 광의로는 국가 또는 공공단체의 행정사무를 담당하는 모든 기관을 말하고, 협의로는 국가 또는 공공단체의 의사를 결정·표시하는 권한을 가진 기관만을 말한다. 협의의 행정기관을 특히 '행정청'이라고 한다.

종래의 통설에 의하면 행정기관은 권한은 가지지만 권리를 가진 것은 아니므로 행정기관이 행한 행위의 효과는 당해 행정기관에 귀속하지 않고 국가 또는 공공단체에 귀속하여 독립적인 인격성을 부인하여 왔으나, 최근에는 일정한 범위 내에서 행정기관의 인격성을 인정하려 하고 있다. 다시 말해서 법률이 예외적으로 기관에게 법률관계의 당사자로서의 지위를 부여한 경우에는 그 한도 내에서 인격성을 인정할 수 있다. 예를 들어 행정청이 행정심판 또는 행정소송의 당사자가 되는 경우가 이에 해당한다. 또한 행정조직 내부에서의 대 기관관계에 있어서 기관자신의 이름으로 행위하고 그 행위의 법률효과가 기관에게 귀속되는 경우에도 인격성이 인정된다. 예를 들어 권한의 위임, 기관쟁송의 당사자, 훈령, 협의 등을 할 때에는 그 한도 내에서 인격성이 인정될 수 있다.[10] 하지만 이러한 인격성을 법인격으로 볼 수는 없다. 따라서 이러한 권한을 '권리'라 할 수 없는 것이다.

행정기관의 행위는 현실적으로 기관구성원인 공무원에 의하여 행하여지는데, 행위 후에 기관구성원인 공무원이 변경된다고 하더라도 행정기관의 행위의 효력에는 아무런 영향을 주지 않는다.

2. 행정기관의 종류

(1) 행정관청

행정에 관한 국가의 의사를 결정하고 이것을 외부에 표시할 수 있는 권한을 가진 기관을 말하며, 지방자치단체의 의사를 결정·표시 할 수 있는 권한을

---

10) 이광윤/김민호(464면).

가진 행정청과는 구별되나 양자를 합쳐서 행정청이라고도 한다.

행정관청은 그 구성원의 수에 따라 독임제관청과 합의제관청으로 나누어지고 관할지역의 범위에 따라 중앙관청과 지방관청으로 나누어진다. 지방관청은 다시 사무의 범위에 따라 특별시장, 광역시장, 도지사, 군수 등과 같은 보통지방관청과 세무서장, 경찰청장, 지방보훈청장 등과 같은 특별지방관청으로 세분된다. 중앙행정관청의 설치와 직무범위는 법률로 정한다.

(2) 보조기관·보좌기관

보조기관이란 부처 내의 차관, 국장, 과장 등과 같이 행정관청에 소속되어 행정에 관한 국가의사의 결정·표시에 관한 권한행사를 보조함을 목적으로 하는 기관을 말한다. 이러한 보조기관 중에서 차관보, 기획관, 담당관 등과 같이 정책의 기획·연구·조사 등 참모적 기능을 담당하는 기관을 특히 보좌기관이라고 한다. 하지만 실제에 있어 양자를 명확하게 구별하기란 곤란하다. 보조기관의 설치 및 그 사무분장은 특히 법률로 정하여진 것을 제외하고는 대통령령으로 정한다.

(3) 자문기관

행정관청의 자문에 응하거나 또는 자발적으로 행정관청의 의사결정에 참고가 될 만한 의견·건의 등을 제공하는 것을 주된 임무로 하는 행정기관을 말하며, 자문기관이 제시한 의견 등은 법적으로 행정관청을 구속하는 것은 아니므로 행정관청에 대하여 법적 구속력을 가지는 의결기관과 구별된다. 자문기관은 헌법이나 법률에 근거가 없더라도 필요한 때에는 대통령령에 의하여 설치할 수 있다.

(4) 의결기관

행정에 관한 의사를 결정할 수 있는 권한만을 가지고, 결정된 의사를 외부에 표시할 수 있는 권한은 없는 합의제행정기관을 말한다. 각종 징계위원회, 감사위원회, 소청심사위원회, 규제개혁위원회 등이 있다. 결정된 의사를 외부에 표시할 권한이 없는 점에서 행정관청과 구별되고, 의결기관에 의해 결정된 의사는 행정관청에 대한 법적 구속력을 가진다는 점에서 단순한 자문기관과 구별된다.

(5) 집행기관

행정관청의 명을 받아 국가의 의사를 사실상 집행하는 기관으로 실력으로써 국가의사를 강제적으로 실현할 수 있는 강제집행기관이다. 경찰공무원, 소방공무원, 세무공무원, 무허가건물철거반원 등이 이에 해당된다.

(6) 감사기관

행정기관이 행하는 행정의 정부를 감사하는 권한을 가진 기관으로서 하급행정기관에 대한 상급행정기관의 감독 등과 같은 보통감사기관과 감사원과 같은 특별감사기관이 있다.

(7) 부속기관

직접적인 행정권을 행사하는 기관에 부속하여 그를 지원하는 기관을 말한다. 부속기관으로는 자문기관, 시험연구기관, 교육훈련기관, 문화기관, 의료기관, 제조기관 등을 둘 수 있다. 부속기관의 설치는 헌법 또는 법률로 정하여진 것을 제외하고는 대통령령으로 정한다.

(8) 공기업기관

국가기업 또는 국영기업의 경영을 담당하는 기관을 말한다.

(9) 영조물기관

영조물을 관리하는 기관을 말한다. 공기업과 영조물의 관계에 관하여는 후술한다.

Ⅱ. 행정청의 권한

1. 의 의

행정청이 법률상 유효하게 직무를 수행할 수 있는 범위를 행정청의 권한 또는 관할이라고 한다. 행정청은 권한은 가지지만 권리는 가지지 않는다고 봄이 원칙이다. 권리는 인격주체만이 가질 수 있으므로, 국가의 기관에 불과한 행정청은 국가가 가지는 권리를 행사할 수 있는 권한만을 가진다고 봐야 한다. 행정청의 권한의 범위는 일반적으로 당해 행정청을 설치하는 근거법규에 의하여 정하여지므로 행정청 스스로가 이를 변경하지는 못한다.

2. 권한의 한계

(1) 사항적 한계(실질적 한계)

행정권은 그 목적과 종류에 따라 각 행정청에 분배되어 있으므로 각 행정청은 자기의 권한에 속하는 사항에 관해서만 적법하게 행사할 수 있는데 이를 사항적 한계 또는 실질적 한계라고 한다. 예를 들어 법무부장관은 검찰·행형·인권옹호·출입국관리 등 법무에 관한 사무만을 관장하며 그 밖의 국방이나 외교에 관한 사무는 처리할 수 없음이 이에 해당한다.

(2) 지역적 한계

행정청의 권한이 영향을 미치는 지역적 범위를 지역적 한계 또는 지역관할이라고 한다. 전국에 걸쳐 행정청의 권한이 영향을 미치는 경우에 이를 중앙행정청이라 하고 그 권한이 특정한 지역에 한정된 경우에는 지방행정청이라고 한다. 각 부처장관은 중앙행정청에 속하며 세무서장·경찰서장 등은 지방행정청에 속한다.

(3) 대인적 한계

행정청의 권한이 영향을 미치는 인적 범위를 말하며 국립대학교 총장의 권한은 동 대학의 학생 및 직원에게만 미치는 것이 이에 해당한다.

(4) 형식적 한계

행정청이 권한을 행사함에 있어서 그 형식에 한계가 있는데 이를 형식적 한계라고 한다. 예를 들어 국무총리가 입법권을 행사하고자 하는 경우에는 총리령의 형식으로 행정각부의 장관이 입법권을 행사하고자 하는 경우에는 부령의 형식으로 해야 함을 말한다.

(5) 시간적 한계

행정청의 권한이 시간적으로 제한되어 행사되는 경우를 시간적 한계라고 한다. 시기적 한계, 종기적 한계 등을 가리킨다.

3. 권한행사의 효과

(1) 적극적 효과

행정청이 그 권한의 범위 내에서 행한 행위는 주체행위로서의 효력을 발생하므로 일단 행정주체의 행위로서 효과를 발생한 경우에는 기관구성자인 공무원이 변경되더라고 그 효과는 소멸·변경되지 않는다. 행정청의 법적 행위는 물론 사실적 행위라도 그에 결부된 법적 효과는 국가에 귀속된다.

(2) 소극적 효과

행정청의 권한 외의 행위는 행정주체의 행위로서의 효력을 가지지 아니한다. 다만 권한초과나 기존권한의 소멸과 같은 표현대리의 사유로 인하여 권한을 가지지 않게 된 때에는 유효한 행위로 전환되는 경우가 있다.

Ⅲ. 권한의 대리

1. 의 의

행정청의 권한의 대리란 행정청의 권한의 전부 또는 일부를 다른 행정기관이 피대리청을 위한 것임을 표시하고 자기의 이름으로 행하며, 그 행위의 법률상의 효과는 피대리청에 귀속하게 하는 것을 말한다. 권한의 대리는 일반적으로 행정청과 그의 보조기관 사이에 행하여진다.

2. 유사개념과의 구별

(1) 위 임

행정청의 권한의 일부를 타행정기관에 이양하는 것을 위임이라고 한다. 행정청의 권한을 다른 자가 대신하여 행하는 점에서는 대리와 같으나 다음과 같은 차이점이 있다.

① 대리는 행정청의 권한의 귀속 자체를 변경하는 것은 아니나 위임의 경우에는 권한이 수임청에 이전되어 위임청의 권한은 소멸된다. 통설에 의하면 대리 중 임의대리는 반드시 법령의 명시적 근거를 요하는 것은 아니나 위임의 경우에는 법령상의 권한분배를 변경하는 것이므로 명시적 근거를 요한다.

② 대리는 행정청과 그의 보조기관 사이에 행하여지나, 위임은 하급행정관청에 대하여 행하여진다.

(2) 위임전결

행정청이 보조기관이나 하급기관에 대해 소관사무를 처리하도록 하고 그 업무에 대한 대외적인 행사는 행정청 자신의 이름으로 하도록 하는 경우가 있는데 이를 내부위임 또는 위임전결이라고 한다. 위임전결은 실질적인 권한의 이양이 아니므로 위임과 구별되며, 법적으로는 행정청 자신의 행위로 간주되고 수임자는 사실상 권한 행사를 대행함에 지나지 않으므로 임의대리와도 구별된다.

(3) 대 표

「국가를 당사자로 하는 소송에 관한 법률」 제2조는 "국가를 당사자 또는 참가인으로 하는 소송에서는 법무부장관이 국가를 대표한다"라고 규정하고 있는데, 이때의 대표가 이에 해당한다. 대표자인 행정청의 행위는 직접 국가 또는 지방자치단체의 행위가 되는 점에서 대리와 구별된다.

(4) 서 리

피대리청의 지위에 있는 자가 궐위되어 있는 경우의 대리를 특히 서리라고 하는데 그 행위의 법률상의 효과가 피대리청에 귀속된다는 점에서는 일반대리와 마찬가지이다.

3. 대리의 종류

(1) 임의대리

1) 의 의

피대리청의 수권에 의하여 성립되는 대리를 말하며 수권대리 또는 위임대리라고도 한다. 행정청은 개별적인 법률의 근거가 없어도 그 보조기관 등에 일정한 범위 내에서 대리권을 수여할 수 있다.

2) 대리권의 범위

임의대리는 행정청의 일반적·포괄적인 권한의 일부에 한해서만 가능하며 포괄적인 권한의 대리는 인정되지 않는다.

3) 성 질

임의대리는 피대리청의 권한의 일부에 대해서만 가능하다. 피대리청은 대리자의 권한행사를 지휘·감독할 수 있다. 피대리청은 대리자의 행위에 대하여 책임을 지게 된다.

⑵ 법정대리

1) 의 의

피대리청의 수권에 의해서가 아니라 일정한 법률규정에 의하여 대리관계가 발생하는 경우이며, 이에 관한 일반법으로는 직무대리규정이 있다. 이는 다시 대리자의 결정방법에 따라 협의의 법정대리와 지정대리로 나눌 수 있다.

가. 협의의 법정대리

법령에 대리자가 명시되어 있어서 일정한 법정사실의 발생과 함께 당연히 대리관계가 성립되는 경우이며 별도로 대리자 지정을 하지 않는 점에서 지정대리와 구별된다. 대통령의 궐위시에 국무총리의 대리 등이 이에 해당한다.

나. 지정대리

법정사실이 발생한 때에 일정한 자가 대리자를 지정함으로써 비로소 대리관계가 성립되는 경우이다. 국무총리 및 부총리가 모두 사고로 인하여 직무를 수행할 수 없는 때에는 대통령이 지명한 국무위원이 국무총리를 대리하는 것 등이 이에 해당한다. 대리의 성격을 '인격의 대리'로 보면 지정자가 없는 서리와 지정대리는 구별될 것이며, 대리의 성격을 '권한의 대리'로 이해하면 서리도 지정대리의 일종이 될 것이다. 후자의 견해가 타당하다.

2) 대리권의 범위

법정대리는 피대리청이 궐위되었거나 사고로 인하여 직무수행이 불가능한 경우에 성립되므로 피대리청의 권한의 전부에 인정된다.

3) 성 질

법정대리는 피대리청의 권한의 전부에 대하여 대리가 가능하다. 피대리청은 대리자의 권한행사를 지휘·감독할 수 없다. 법정대리는 대리자의 책임으로 그 권한을 행사한다.

4. 피대리청의 권한

⑴ 대리사무의 처리권

임의대리의 경우에는 대리기관이 권한을 행사하기 전에는 피대리청이 스스로 권한을 행사할 수 있다. 법정대리는 피대리청이 궐위되었거나 사고로 인하여 직무를 수행할 수 없는 때에 성립하므로 그것이 원칙적으로 불가능하다.

(2) 대리사무에 관한 지휘 · 감독권

임의대리의 경우에는 피대리청이 대리자의 권한 행사를 지휘 · 감독할 수 있으나, 법정대리의 경우는 원칙적으로 인정되지 않는다.

(3) 대리행위의 효과와 책임

대리자가 행한 대리행위는 피대리청의 행위로서의 효과를 발생한다. 그 대리행위에 대한 책임은 임의대리의 경우는 피대리청에게 있고, 법정대리의 경우에는 일반적으로 피대리청이 대리자를 선임 · 감독할 수 없는 경우이므로 그에 대한 책임을 대리청이 져야 한다.

5. 복대리의 문제

대리자가 그의 대리권을 다시 다른 행정기관으로 하여금 대리하게 할 수 있는지의 문제이다. 임의대리는 피대리청의 권한의 일부대리이며 대리인의 구체적 사정에 따르는 신임관계에 의하여 대리권이 부여되므로 원칙적으로 복대리가 인정되지 않는 반면에, 법정대리의 경우에는 대리자가 직접 자기행위에 대한 책임을 지고, 피대리청의 권한의 전부에 걸쳐 대리권을 가지고 있으므로 대리자는 그 대리권의 일부에 대하여 복대리가 허용된다고 본다. 이때의 복대리는 임의대리라고 볼 수 있다.[11]

6. 대리권의 소멸

임의대리는 피대리청의 수권행위의 철회 등에 의해 대리권이 소멸되며, 법정대리는 법정사실의 소멸로 인하여 대리권이 소멸된다.

Ⅳ. 행정청의 권한의 위임

1. 의 의

권한의 위임이란 행정청이 그의 권한의 일부를 다른 행정기관, 주로 하급 행정청에 이전하여 수임청의 권한으로 행사하게 하는 것을 말하며, 권한의 위임이 있으면 수임청은 자기의 명의와 책임으로 권한을 행사하고 그 행위의 효

---

11) 이광윤/김민호(472면).

과도 수임청에 귀속한다.

2. 유사개념과 구별

(1) 대리와의 구별

권한의 위임은 수임청으로의 실질적인 권한의 이전이므로 법적 근거가 있어야 하는 반면, 대리의 경우에는 실질적인 권한 귀속을 변경시키는 것이 아니라 단지 대리자가 피대리관청의 권한을 대행할 뿐이므로 법적인 근거가 필요 없는 경우도 있다.

(2) 위임전결(내부위임)과의 구별

위임전결이란 행정청이 사무처리에 관한 결정권 등과 같은 그의 권한을 실질적으로는 하급행정청 또는 보조기관에게 처리하도록 하고 대외적인 권한 행사는 자기의 이름으로 하는 것을 말한다. 따라서 대외적으로 권한의 변경을 초래하지 않으므로 위임과 구별된다.

(3) 사무위탁과의 구별

행정청이 그의 지휘·감독하에 있지 아니한 대등한 행정기관에 그의 권한의 일부를 이전하는 것을 위탁이라고 하며 상하관계에서의 위임과 구별되나 위탁과 위임은 비슷한 성질을 가는 경우도 있다.

3. 법적 근거

(1) 법적 근거

위임은 법령으로 정해진 행정청의 권한을 타 행정기관에 이전하는 것이므로 법적 근거를 요한다. 또한 위임된 권한은 수임청의 것이므로 수임청은 법령이 정하는 바에 의하여 권한의 일부를 보조기관 또는 하급행정기관에 재위임할 수 있다. 위임은 위임청의 권한의 일부에 한해서 가능하다고 본다.

(2) 정부조직법 제6조

1) 문제의 소재

정부조직법 제6조 제1항은 "행정기관은 법령으로 정하는 바에 따라 그 소관사무의 일부를 보조기관 또는 하급행정기관에 위임하거나 다른 행정기관·지방자치단체 또는 그 기관에 위탁 또는 위임할 수 있다. 이 경우 위임 또는 위탁을 받은 기관은 특히 필요한 경우에는 법령으로 정하는 바에 따라 위임 또는 위탁을 받은 사무의 일부를 보조기관 또는 하급행정기관에 재위임할 수 있다"라고 규정하고 있는데, 위임의 법적 근거와 관련하여 개별법상 권한의 위임에 관한 명시적 규정이 없는 경우에 정부조직법 제6조에 근거하여 권한을 위임할 수 있는지 견해가 대립한다.

2) 부정설

정부조직법 제6조는 권한위임가능성에 대한 일반적 원칙을 선언함에 그 치므로 위임의 직접적인 근거가 될 수 없다는 견해이다.

3) 긍정설

비록 정부조직법이 국가행정기관의 설치, 조직과 직무범위의 대강을 정하 는데 목적이 있다고 하더라도 제6조에서 위임 및 재위임을 명문으로 규정하고 있는 이상 이 규정이 권한의 위임 또는 재위임의 직접 근거가 될 수 있다는 입장이다.

4) 판례의 태도

판례는 "정부조직법 제5조(현행 제6조) 제1항의 규정은 법문상 행정권한의 위임 및 재위임의 근거규정임이 명백하고 정부조직법이 국가행정기관의 설치, 조직과 직무범위의 대강을 정하는 데 목적이 있다고 하여 그 이유만으로 같은 법의 권한위임 및 재위임에 관한 규정마저 권한 위임 및 재위임 등에 관한 대 강을 정한 것에 불과할 뿐 권한위임 및 재위임의 근거규정이 아니라고 할 수 없다고 할 것이므로, 도지사 등은 정부조직법 제5조 제1항에 기하여 제정된 「행정권한의 위임 및 위탁에 관한 규정」에 정한 바에 의하여 위임기관의 장 의 승인이 있으면 그 규칙이 정하는 바에 의하여 그 수임된 권한을 시장, 군 수 등 소속기관의 장에게 다시 위임할 수 있다"라고 판시[12]하여 긍정설을 취 하고 있다.

5) 소 결

정부조직법 제6조를 권한의 위임 또는 재위임의 직접근거 규정으로 볼 경 우에는 위임을 위해 별도의 구체적 근거규정이 필요없다는 결론에 도달할 수 있으며 이는 사실상 권한의 위임을 무제한적으로 인정하게 된다는 현실적 비 판을 피하기 어렵다.

---

12) 대법원 1990. 6. 26. 선고 88누12158 판결.

또한 정부조직법 제6조 제1항은 " … 법령으로 정하는 바에 따라 … "라는 법문언을 분명히 규정하고 있으므로 다른 구체적 법령의 근거 없이 정부조직법 제6조를 직접 근거로 삼는 것은 법해석상으로도 타당하지 않다. 부정설을 지지한다.

4. 위임의 효과

권한의 위임이 있으면 위임청은 위임된 권한을 스스로 행사할 수 없고 수임청이 자기의 명의와 책임하에서 그 권한을 행사하며 효과도 수임청 자신에게 귀속한다.

V. 위임전결(내부위임)

1. 의 의

행정권한의 내부위임이란 행정청이 그의 특정사항에 관한 권한(허가·허가취소 등)을 실질적으로 하급기관 또는 보조기관에 위임하면서, 대외적으로는 위임자의 명의로 권한을 행사하게 하는 것을 의미한다.

그런데 이러한 내부위임의 정의와 관련하여 내부위임을 위임전결과 동일한 것으로 이해하는 견해[13]와 내부위임과 위임전결을 구별하는 견해[14]가 대립한다.

내부위임과 위임전결을 구별하여 이해하는 견해는 대체적으로 내부위임이나 위임전결이 그 실질에 있어서는 별반 차이가 없으나 그 형식에 있어서 내부위임은 상하 행정청간에, 위임전결은 행정청과 그 보조기관 간에 행하여지는 것이라고 설명하고 있다.

내부위임은 행정관청이 하급관청에게 외부에 표시함이 없이 내부적으로 경미한 사항을 위임하여 그것을 사실상 처리하게 하는 것이며, 위임전결이란 학문적 용어라기보다는 행정작용을 대상으로 한 실천적 용어로서 행정관청이 소관사무의 일부를 부시장, 실·국장, 과장, 담당자 등과 같은 보조기관으로 하여금 결재·처리하게 하는 것으로 이해된다.

---

13) 박윤흔(40면); 홍정선(24면).
14) 김동희(20면); 김철용(20면).

2. 내부위임과 피고적격

내부위임의 경우 수임기관이 자신의 명의로 행정행위를 한 경우에 행정소송의 피고는 수임청과 위임청 중 누가 되는 것인가?

내부위임이나 대리권을 수여 받는 데 불과하여 원행정청 명의나 대리관계를 밝히지 아니하고 그의 명의로 처분 등을 할 권한이 없음에도 불구하고, 행정청이 착오 등으로 권한 없이 자신의 명의로 처분을 한 경우, 그 처분은 권한이 없는 자가 한 위법한 처분이 된다. 그러나 외부적으로 그의 명의로 행위를 한 자가 피고적격을 갖고, 그에게 실체법상의 정당한 권한이 있었는지 여부는 본안판단사항일 뿐이고 피고적격을 정함에 있어 고려해야 할 사항은 아니다. 따라서 이 경우 피고는 그 처분을 행한 행정청이 되어야 한다.

판례도 "서울특별시장이 그 권한에 속하는 양곡관리법 시행령 개정령부칙[15] 제3항, 제4항 소정의 무허가제분업자의 신고를 수리할 권한을 관할 구청장에게 내부위임한 경우 구청장이 그 명의로 불수리처분을 한 것은 위법이지만 그 불수리처분에 대한 행정소송은 그 처분을 한 구청장을 피고로 하여야 하고 서울특별시장을 피고로 하여서는 아니 된다"라고 판시[16]하여 명의표시자인 수임청에게 피고적격이 있다고 판시하였다.

3. 내부위임 법리위반(수임인 명의의 권한행사)의 효과

(1) 권한 없는 자의 처분으로서 당연무효라는 견해

내부위임의 경우에는 수임관청은 위임관청의 이름으로만 그 권한을 행사할 수 있을 뿐 자기의 이름으로는 그 권한을 행사할 수 없는 것이므로, 수임청이 위임청의 명의가 아닌 자신의 명의로 처분 등을 한 경우에는 당해 처분 등은 권한 없는 자에 의하여 행하여진 것으로서 당연히 위법무효의 처분으로 보아야 한다는 입장이다. 다수 학자들의 견해이며, 일관된 판례[17]의 태도이다.

---

15) 1978.9.5 대통령령 제9155호.
16) 대법원 1980. 11. 25. 선고 80누217 판결.
17) "행정권한의 위임은 행정관청이 법률에 따라 특정한 권한을 다른 행정관청에 이전하여 수임관청의 권한으로 행사하도록 하는 것이어서 권한의 법적인 귀속을 변경하는 것이므로 법률이 위임을 허용하고 있는 경우에 한하여 인정된다 할 것이고, 이에 반하여 행정권한의 내부위임은 법률이 위임을 허용하고 있지 아니한 경우에도 행정관청의 내부적인 사무처리의 편의를 도모하기 위하여 그의 보조기관 또는 하급행정관청으로 하여금 그의 권한을 사실상 행사하게 하

(2) 내부위임과정이 명백하지 않으면 취소할 수 있는 흠으로 볼 수 있다는 견해

하자있는 행정처분이 당연무효가 되기 위해서는 그 하자가 법규의 중요한 부분을 위반한 중대한 것으로서, 객관적으로 명백한 것이어야 하며 하자가 중대하고 명백한 것인지 여부를 판별함에 있어서는 그 법규의 목적, 의미, 기능 등을 목적론적으로 고찰함과 동시에 구체적 사안 자체의 특수성에 관하여도 합리적으로 고찰함을 요한다고 전제하면서, 내부위임의 과정이 객관적으로 "명백"한 것은 아니므로 수임청 명의의 처분을 무조건 당연무효로 보는 것은 하자에 관한 일반원칙에 비추어 지나치다는 견해[18]이다.

(3) 소 결

판례는 "하자있는 행정처분이 당연무효가 되기 위하여는 그 하자가 법규의 중요한 부분을 위반한 중대한 것으로서, 객관적으로 명백한 것이어야 하며 하자가 중대하고 명백한 것인지 여부를 판별함에 있어서는 그 법규의 목적, 의미, 기능등을 목적론적으로 고찰함과 동시에 구체적 사안 자체의 특수성에 관하여도 합리적으로 고찰함을 요한다고 할 것인바, 피고가 앞서 본바와 같이 무효인 서울특별시행정권한위임조례의 규정에 근거하여 이 사건 처분을 한 것이므로, 이 사건 처분은 결과적으로 적법한 위임없이 권한없는 자에 의하여 행하여진 것과 마찬가지가 되어 그 하자가 중대하다고 할 것이나, 지방자치단체의 사무에 관한 조례와 규칙은 조례가 보다 상위규범이라고 할 수 있고, 또한 헌법 제107조 제2항의 '규칙'에는 지방자치단체의 조례와 규칙이 모두 포함되는 등 이른바 규칙의 개념이 경우에 따라 상이하게 해석되는 점 등에 비추어 보면 이 사건 처분의 위임과정의 하자가 객관적으로 명백한 것이라고 할 수 없으므로, 이로 인한 하자는 결국 당연무효 사유는 아니라고 봄이 상당하다고 할 것이다"라고 판시[19]하여 권한위임 과정상 위임의 하자가 객관적으로 명백하지 아니한 때에는 이를 당연무효로 보기 어렵다는 취지의 판결을 한 바 있다.

는 것이므로, 권한위임의 경우에는 수임관청이 자기의 이름으로 그 권한행사를 할 수 있지만 내부위임의 경우에는 수임관청은 위임관청의 이름으로만 그 권한을 행사할 수 있을 뿐 자기의 이름으로는 그 권한을 행사할 수 없다"(대법원 1995. 11. 28. 선고 94누6475 판결).
18) 김남진(1153면).
19) 대법원 1995. 8. 22. 선고 94누5694 전원합의체 판결.

물론 이 판례는 내부위임과 직접 관련한 판례는 아니지만, 위임의 근거법령의 무효로 인하여 위임 자체가 무효가 된 경우 수임청이 행한 처분은 결국 권한 없는 자의 처분이 되며, 내부위임된 권한을 수임기관의 이름으로 처분하는 것 역시 권한 없는 자의 처분이므로 양자는 결과에 있어서 동일하다 할 것이며, 따라서 이 판례의 취지에 따른다면 내부위임된 권한을 수임기관의 명의로 처분하였을지라도 그 위임과정이 명백하지 아니하였다면 당연무효로 보기 어렵다는 논리의 구성이 가능할 것이다.

VI. 행정청 상호간의 관계

1. 상·하 행정청간의 관계

(1) 권한의 위임

행정청이 권한의 일부를 하급행정청에 위임하여 수임청의 명의와 책임 아래서 처리하는 경우가 많이 있다. 권한의 위임은 일반적으로 상하행정청 사이에서 행하여지나 직접적인 지휘감독권이 없는 행정청이나 사인에 대해서도 권한을 위임할 수 있다.

(2) 권한의 감독

1) 계층적 감독: 중앙집권하의 내부적 감독

명문의 근거를 요하지 않고, 상급관청으로서의 지위에서 발생한다. 상급행정청은 하급행정청의 처분에 대한 지시·명령, 그 변경·취소권을 보유할 뿐 아니라 합법성에 대한 통제와 합목적성에 대한 통제까지 할 수 있다. 권한분권이 되어 있어도 하급행정청은 대체로 이러한 계층적 감독에 복종한다.

2) 후견적 감독: 통제

분권하의 외부적 감독으로서, 법률의 규정에 의해 자치분권화된 기관에 대한 국가의 감독이다. 국가의 감독이라는 것은 연방국가의 경우와는 다르다. 이 감독은 법률을 준수하고 정치적 단일성을 확보하여야 할 국가 자신의 이익과 대표의 잘못된 운영에 대한 자치단체의 이익과 자치단체로부터의 보호를 구하는 개인의 이익을 위해 필요하다. 후견적 감독은 국가와 지방자치단체 사이 및 지방자치단체와 지방자치단체의 영조물법인 사이에 행해진다. 다시 말해서 후견적 감독은 공법인에 대하여만 행해진다. 이 감독은 자치단체에게 인정된 자치권에 반하지 않아야 한다. 따라서 자유가 원칙이며 감독은 예외로서 명문의 규정이 원칙을 정하고 감독청을 지정하여야 하며 감독의 범위(합법성과 합목적성)와 절차를 정하여야 한다. 이러한 규정된 범위 이외에는 감독권이 미치지 않는다.[20]

3) 감독의 내용

감독의 내용으로는 ① 사전승인권, ② 정지·취소·변경권, ③ 대행권 등이 있다.

4) 감독기관

국가기관이 하며, 국가의 영조물법인에 대해서는 해당부서의 장관이 행한다. 지방분권이 되어 있는 경우에는 국가의 이름으로 분권기관이 하급기관에 대하여 국가의 대표로서 감독을 하는 경우가 있고 지방자치단체의 영조물법인에 대해서는 지방자치단체가 한다.[21]

5) 감독 절차

가. 인사에 대한 감독

선거직 공무원을 포함하여 국가는 임시적(정직) 또는 최종적(시장의 소환, 시의회의 해산)인 징계권을 가지고 있으나 이러한 징계권은 규정된 절차에 따라야 한다. 또 징계인원의 신속한 교체를 위한 조치를 취하여야 한다.

나. 결정(처분)에 대한 감독

합법성 또는 합목적성에 대한 감독으로서, ① 승인권, ② 변경권, ③ 취소권 등이 있다.

다. 간접적 감독

집행에 필요한 공채의 발행, 수용 등은 국가의 협력 없이는 어렵기 때문에, 국가는 이러한 것들을 통하여 간접적인 감독이 가능하다.

라. 감독에 대한 소송

중앙집권체제에서 계층적 감독에 대한 소송은 인정되지 않는다. 그러나 분권체제 하에서의 후견적 감독은 법률에 의하여 엄격히 제한되어 있으므로 감독청의 위법행위에 대한 소송이 필요하다. 감독행위는 일종의 처분이므로 항고소

---

20) 이광윤/김민호(475면).
21) 이광윤/김민호(475면).

송이 가능하고, 국가배상청구소송 역시 가능하다. 국가배상소송은 합법성 여부뿐만 아니라 주의의무태만까지 포함되며 이것도 간접적 후견감독의 방법의 하나가 된다.[22]

(3) 훈령권

1) 의 의

하급행정청의 권한행사에 대하여 상급행정청이 이를 지휘할 목적으로 명령을 발하는 권한을 훈령권이라 한다. 이러한 훈령권은 예방적 감독의 중추적 수단이며 특별한 법적 근거 없이도 발할 수 있다.

종래의 통설 및 판례에서는 훈령의 법규성을 부인하였으나, 오늘날에는 훈령(행정규칙)의 비법규성을 뒷받침했던 특별권력관계이론이 비판의 대상이 됨에 따라 훈령 가운데 재량준칙이나 해석규칙 등은 법규성을 갖는다고 보는 경향이 있다.

훈령권은 단지 하급행정청의 권한행사를 지도·감독함에 그쳐야 하며, 법령에 특별규정이 없는 한 상급행정청이 하급행정청의 권한을 대행(대집행)하지는 못한다.

2) 훈령과 직무명령

훈령은 하급행정기관에 대하여 상급행정청이 발하는 명령이므로, 상관이 부하공무원에게 발하는 명령인 직무명령과 구별된다.

그러므로 훈령은 행정기관의 지위에 있는 자가 변경되더라도 그 효력에는 영향이 없는 반면에 직무명령은 당해 명령을 받은 공무원이 변경되면 그 효력도 소멸된다. 다만, 훈령은 직무명령으로서의 성질도 아울러 갖는 경우가 있다.

3) 훈령의 종류

훈령은 협의의 훈령, 지시, 예규, 일일명령으로 나누어 볼 수 있다.

4) 훈령의 형식 및 절차

훈령은 특별한 형식이나 절차를 요하지 않고 구두 또는 서면의 형식으로 발할 수 있으며 공포를 반드시 요하지는 않는다.

5) 훈령에 대한 하급행정청의 심사권

통설에 의하면, 하급행정청은 훈령의 형식적 요건에 대한 심사권은 갖지

---

22) 이광윤/김민호(476면).

만, 그 내용의 적법성 여부에 대한 실질적 감사권은 원칙적으로 가지지 않는
다고 한다. 따라서 그로 인한 책임은 훈령을 발한 상급행정청이 진다. 그러나
훈령의 내용이 범죄를 구성하거나 위법함이 중대하고 명백하여 절대무효인 경
우에는 거부하여야 하고, 그에 따른 때에는 하급행정청이 책임을 져야 한다.[23]

2. 대등 행정청간의 관계

(1) 상호권한존중

대등한 행정청간에는 서로의 권한을 존중하고 침해하지 않아야 한다. 행
정청이 그의 권한 내에서 행한 행위는 비록 흠이 있더라도 공정력을 가지므로
다른 행정청도 이에 구속된다.

(2) 상호협력관계

1) 협 의

특정한 사항이 둘 이상의 행정청의 권한과 관련될 때에는 행정청간의 협의
에 의하여 결정·처리한다. 예를 들어 도로나 하천의 관리비용분담 협의 등이
있다.

2) 사무의 위탁

대등한 행정청의 직무상 필요한 사무가 다른 행정청의 관할에 속하는 경
우에 그 사무의 처리를 다른 행정청에 부탁하는 것을 말한다. 특히 등기·쟁송
에 관한 사무의 이양을 '촉탁'이라 한다.

3) 행정응원

협의의 행정응원이란 화재·사변 기타 비상시에 한 행정청의 기능만으로
는 행정목적을 달성할 수 없는 때에 당해 행정청의 요구에 의하여 또는 스스
로 다른 행정청이 행정목적을 달성하는 데에 원조하는 것을 말하며 광의로는
평상시의 원조까지를 포함한다. 일반적으로 응원의 요청을 받은 행정청은 정
당한 이유 없이 이를 거절하지 못한다. 일명 행정공조라고도 한다.[24]

---

23) 이광윤/김민호(477면).
24) 이광윤/김민호(478면).

제 3 절 국가행정조직법

Ⅰ. 의 의

　　국가행정조직법이란 국가의 행정사무를 관장하기 위하여 국가에 의하여 설치된 국가행정기관의 조직에 관한 법이다. 국가행정기관은 광의로는 국가의 위임에 의해 국가행정사무를 담당하는 지방자치단체·기타 공공단체기관의 조직까지도 포함하나, 협의로는 국가 자체의 행정기관의 조직에 관한 법을 말한다. 국가행정기관의 설치·구성·권한·상호관계 등에 관한 대표적인 법률은 정부조직법이다.

Ⅱ. 국가행정기관

1. 종 류

⑴ 권한의 성질에 따른 분류

　　국가행정기관은 그 권한의 성질에 따라, 행정관청·보조기관·의결기관·자문기관·감사기관 등으로 나누어 볼 수 있다.

⑵ 관할지역에 의한 분류

　　국가행정기관은 그 권한이 영향을 미치는 지역적 범위에 따라, 중앙행정기관과 지방행정기관으로 나눌 수 있다.

　　그 권한이 전국에 걸쳐 영향을 미치는 것은 중앙행정기관, 일부지역에 한하여 미치는 것은 지방행정기관이라 한다. 지방행정기관은 다시 그 권한의 내용에 따라 보통지방행정기관과 특별행정기관으로 나누어진다.

2. 국가행정기관의 설치

　　중앙행정기관의 설치와 직무범위는 법률로 정하고, 그 보조기관의 설치와 사무분장은 특별한 규정이 없는 한 대통령령으로 정한다.

　　행정사무를 독립하여 수행할 필요가 있는 경우에는 법률이 정하는 바에 의하여 합의제행정기관을 설치할 수 있다. 다만, 일시적인 특수한 업무를 수행하기 위하여 특히 필요한 경우에는 대통령령으로 합의제중앙행정기관을 설치할 수 있다.

현행법상 보통지방행정기관은 별도로 설치하지 아니하고 지방자치단체의 장에게 위임하고 있으며 특별지방행정기관은 특별한 규정이 없는 한 대통령령에 의하여 설치할 수 있다.

국가행정기관에는 그 소관사무의 범위 안에서 대통령령이 정하는 바에 의하여 시험연구기관·교육훈련기관·문화기관·의료기관·제조기관·자문기관 등과 같은 부속기관을 설치할 수 있다.

Ⅲ. 중앙행정조직

1. 대통령

(1) 개 설
우리 헌법은 권력분립에 입관한 대통령제적 요소에 의해 대통령은 외국에 대하여 국가를 대표하는 국가원수인 동시에 행정부의 수반으로서의 지위를 가진다.

대통령의 임기는 5년 단임으로서 국민의 보통·평등·직접·비밀선거에 의해 선출하고 궐위되거나 사고로 인하여 직무를 수행할 수 없을 때에는 국무총리, 법률이 정한 국무위원의 순서로 권한을 대행한다. 또한 대통령은 국무총리나 장관의 직을 겸할 수 없으며, 내란 또는 외환의 죄를 범한 경우를 제외하고는 재직 중 형사상의 소추를 받지 아니한다.

(2) 지 위
대통령은 국가의 독립, 영토의 보전, 국가의 계속성, 헌법을 수호할 직무를 지며, 평화통일의무를 진다. 대통령은 국가의 원수로서 국가를 대표하며 사면권·영전수여권 등과 같은 의례적 권한과 대외적 대표권을 가진다.

1) 행정부 수반으로서의 지위
대통령은 행정부를 통할하고, 행정부를 대표하는 행정부 수반으로서의 지위를 가진다.

2) 국가기관 구성자로서의 지위
대통령은 국무총리·국무위원·행정각부장관·감사원장·기타 행정부 구성원은 물론 각 헌법기관의 주요 구성원의 임명권을 가진다.

3) 국무회의 의장으로서의 지위

국무회의는 정부의 중요정책에 관한 심의기관이며, 대통령은 국무회의의 구성원이라는 점에서는 다른 구성권과의 사이에 지위의 우열이 없고 오직 국무회의의 의장으로서의 권한을 가지는 데 불과하다.

4) 최고 행정관청으로서의 지위

대통령은 국가의 최고 행정관청으로서 행정에 관한 최고결정권과 헌법·법률집행권을 가진다.

(3) 권 한

국정최고책임자로서의 권한으로 중요정책에 대한 국민투표 부의권, 헌법개정안 제안권, 긴급명령권, 긴급재정경제 명령권, 긴급재정경제 처분권 등이 있다.

행정에 관한 권한으로 조약의 체결·비준, 외교사절의 신임·접수·파견, 선전·강화 등과 같은 외교, 국군통수권, 계엄선포권, 공무원임면권, 영전수여권, 정당해산제소권, 재정에 관한 권한, 행정감독권, 법령집행권 등을 가진다.

입법에 관한 권한으로는 법률안 제출권, 법률안 거부권, 임시국회 요구권, 명령제정권 등이 있다.

사법에 관한 권한으로는 대법원장·대법관 임명권, 계엄선포권과 사면권을 가진다.

일반적으로 대통령의 권한행사는 국무회의의 심의를 거쳐야 하고 문서로써 하여야 하며 국무총리와 관계 국무위원의 부서가 있어야 한다.

(4) 대통령직속기관

대통령직속의 중앙행정기관으로는 감사원, 국가정보원, 국가원로자문회의·국가안전보장회의·민주평화통일자문회의·국민경제자문회의 등과 같은 자문기관, 대통령비서실, 대통령경호실 등이 있다.

2. 국무총리

(1) 국무총리의 지위

우리나라는 대통령제를 취하고 있으면서도 내각책임제적 요소인 국무총리를 두고 있다. 헌법은 "국무총리는 대통령을 보좌하고, 행정에 관하여 대통령의 명을 받아 행정각부를 통할한다"라고 규정함으로써 대통령의 보좌기관으로서의 지위를 부여하고 있다. 또한 국무총리는 국무회의의 부의장이 되고 대통령 다음의 중앙행정관청이 되는 등 정부의 제2인자로서의 지위를 가지며 동시에 각부장관과 같은 중앙행정관청으로서의 지위를 가진다.

1) 대통령의 보좌기관

대통령의 보좌기관으로서의 국무총리는 그 보좌의 책임을 명백하게 하기 위하여 대통령의 국법상의 행위에 대하여 부서할 의무가 있으며, 이를 거부함으로써 대통령을 견제할 수 있다.

2) 대통령의 권한대행자로서의 지위

대통령이 궐위되거나 사고로 인하여 직무를 수행할 수 없는 경우에 국무총리가 이를 대행한다.

3) 대통령 다음의 중앙행정관청으로서의 지위

국무총리는 국무회의의 구성원이라는 점에서는 다른 국무위원과 동열의 지위에 있으나, 국무총리는 국무위원과 행정각부장관의 임명제청권과 국무위원 해임건의권을 가지며, 대통령의 명을 받아 행정각부를 통할하고, 대통령이 궐위되거나 사고로 인하여 직무를 수행할 수 없는 경우에는 그 권한을 대행하고, 행정각부의 장의 명령이나 처분이 위법·부당하다고 인정할 때에는 대통령의 승인을 얻어 이를 중지 또는 취소할 수 있다는 점에서 정부의 제2인자로서 대통령 다음의 중앙행정관청의 지위에 선다.

4) 국무회의의 부의장으로서의 지위

국무총리는 대통령 및 국무위원과 함께 국무회의의 구성원이 되며 그 부의장이 된다. 국무회의의 부의장으로서의 국무총리는 의장이 사고로 인하여 직무를 수행할 수 없을 때에는 이를 대행한다.

5) 각부장관과 같은 중앙행정관청으로서의 지위

국무총리는 행정각부의 통할적 성질의 사무를 스스로 관장·처리하는 중앙행정관청으로서의 지위를 가지므로 그의 소관사무에 관하여 총리령을 발할 수 있다. 통할사무란 행정각부의 사무의 조정업무와 인사·행정관리·연금·법제·과학·기술 등과 같이 성질상 어느 한 중앙행정관청에 관장시키는 것이 불합리한 성질의 사무 등을 말한다.

(2) 국무총리의 임명

국무총리는 대통령이 국회의 동의를 얻어 임명하고, 군인은 현역을 면한 후가 아니면 임명되지 못한다. 국무총리는 국회의원을 겸직할 수 있으며, 국무총리의 해임권은 당연히 그 임명권을 갖는 대통령이 가지며, 국회는 국무총리의 해임을 건의할 수 있다.

(3) 국무총리의 권한

1) 국무위원 및 행정각부의 장의 임면관여권

국무총리는 국무위원 및 행정각부의 장의 임명제청권과 국무위원 해임건의권을 가진다.

2) 대통령의 권한대행권

대통령이 궐위되거나 사고로 인하여 직무를 수행할 수 없는 때에는 국무총리가 제1차적으로 그 권한을 대행하게 하고 있다.

3) 국정심의권

국무총리는 국무회의의 구성원의 한 사람으로서 국정을 심의할 권한을 가진다. 국무회의의 구성원으로서의 국무총리는 다른 국무위원과 동열에 있으며 그에 대한 지휘·감독권을 가지고 있지 않으며, 국무회의의 부의장으로서 대통령을 보좌하며, 의장이 사고로 인하여 직무를 수행할 수 없는 경우에는 이를 대행한다.

4) 부서권

대통령의 국법상행위는 문서로써 하며, 국무총리는 대통령의 국법상행위에 관한 문서에 관계 국무위원과 함께 부서할 권한과 의무가 있다. 국무총리는 문서로써 하는 대통령의 모든 국법상 행위에 대하여 부서할 권한을 가지나, 현행 헌법은 부서의 유효요건에 관한 규정이 없기 때문에 부서가 없는 대통령의 국법상 행위의 효력에 대하여 학설이 대립하고 있는데, 다수설에 의하면 그것이 당연히 무효가 되는 것은 아니나 위헌적 행위이므로 탄핵소추의 사유가 된다고 한다.

5) 국회출석 발언권

국무총리는 국회나 그 위원회에 출석하여 국정처리상황을 보고하거나 의견을 진술하고 질문에 응답할 권리와 의무를 가진다.

6) 행정각부서 통할권

국무총리는 행정에 관하여 대통령의 명을 받아 행정각부를 통할하는 권한을 가진다.

7) 총리령 제정권

국무총리는 그의 소관사무에 관하여 법률이나 대통령령의 위임 또는 직권으로 총리령을 발할 수 있다. 총리령과 부령의 효력관계에 대해서는 동위설과 총리령우위설이 대립하고 있는데, 총리령이나 부령은 형식적 효력면에 있어서는 우세의 차이는 없다고 할 수 있으나 부령이 총리령에 저촉되면 국무총리의 통할권을 침해하는 의미가 되므로 실질적으로는 총리령이 부령에 상위하는 면도 없지 않다.

⑷ 국무총리직속기관

국무총리직속기관으로는 국무조정실, 국무총리비서실, 국가보훈처, 법제처, 인사혁신처, 식품의약품안전처가 있다. 이들 중앙행정기관은 행정각부가 아니므로 부령에 해당하는 처령 또는 실령을 발할 수 없고 총리령으로 제정된다.

3. 행정각부

현행법상 행정각부는 기획재정부, 교육부, 과학기술정보통신부, 외교부, 통일부, 법무부, 국방부, 행정안전부, 문화체육관광부, 농림축산식품부, 산업통상자원부, 보건복지부, 환경부, 고용노동부, 여성가족부, 국토교통부, 해양수산부, 중소벤처기업부가 있다. 이들 중 기획재정부와 교육부는 장관이 부총리가 된다.

행정각부장관의 공통적 권한으로는 소관사무통할권 및 소속공무원에 대한 지휘·감독권, 부령제정권, 법률안 또는 대통령령안 국무회의제출권, 지방행정기관의 장에 대한 감독권, 인사권 등이 있다.

4. 합의제행정기관(행정위원회)

합의제행정기관이란 여러 명의 위원이 합의에 의하여 의사를 결정하는 기관이다. 합의제행정기관에는 ① 각 부처의 정책자문위원회와 같이 자문기관의 성질을 갖는 것, ② 행정심판위원회, 징계위원회, 도시계획위원회 등과 같이 의결기관의 성질을 갖는 것, ③ 국가배상심의회, 토지수용위원회, 소청심사위원회, 금융위원회, 중앙노동위원회, 공정거래위원회, 원자력안전위원회 등과 같이 행정관청의 성질을 갖는 것이 있다.

특히 행정관청의 성질을 갖는 것을 행정위원회라고 한다. 행정위원회는 ① 직무의 독립적 수행, ② 합리적 의사결정, ③ 전문지식의 활용, ④ 행정의 민주화 등의 장점이 있으나, 자칫 행정능률을 저해하기 쉬운 면도 있다.

Ⅳ. 지방행정조직

1. 개 설

지방행정조직이란 중앙행정기관의 소관사무를 분장시키기 위하여 지방에 일정한 관할구역을 확정하여 설치하는 국가의 지방행정기관이며, 이는 그 권한의 내용에 따라 보통지방행정기관과 특별지방행정기관으로 나누어진다.

2. 보통지방행정기관

보통지방행정기관이란 특정한 중앙행정기관에 소속되지 아니하고 그 관할구역 내의 일반적인 국가행정사무를 수행하는 지방행정기관을 말하며, 현행법상 보통지방행정기관은 별도로 설치하지 아니하고 지방자치단체의 장인 시·도지사와 시장·군수 및 자치구청장에게 위임하여 사무를 수행하도록 하고 있다. 이들은 그 한도 내에서는 국가의 보통지방행정기관의 지위를 아울러 가지며, 이때 이들이 행하는 사무를 기관위임사무라 한다.

3. 특별지방행정기관

특별지방행정기관이란 특정한 중앙행정기관에 소속되어 그의 소관업무만을 관장하는 지방행정기관을 말한다. 경찰청 산하의 지방경찰청, 국세청 산하의 지방국세청·지방세무서, 우정사업본부 산하의 지방우체국, 법무부 산하의 출입국관리소·지방출장소, 국토교통부 산하의 철도역 등이 이에 해당한다.

Ⅴ. 공공단체

1. 의 의

공공단체란 일정한 행정목적을 수행하기 위하여 국가에 의해 설립된 법인을 말한다. 이는 국가 및 공무수탁사인과 함께 행정주체에 속한다.

2. 종 류

(1) 지방자치단체

지방자치단체는 일정한 지역과 주민을 구성요소로 하는 공공단체로서, 특별시·광역시·도, 특별자치도, 특별자치시, 시·군·자치구 등과 같은 보통지방자치단체와 지방자치단체조합과 같은 특별지방자치단체가 있다.

(2) 공공조합

공공조합이란 특정한 목적을 수행하기 위하여 일정한 조합원 또는 사원을 구성요소로 한 인적단체로서, 공사단이라고도 한다. 중소기업협동조합, 수산업협동조합, 농업협동조합, 임업협동조합, 농지개량조합, 상공회의소, 변호사회, 의사회, 약사회, 재향군인회 등이 이에 해당한다.

(3) 공법상의 영조물법인

영조물법인이란 일정한 행정목적을 달성하기 위하여 설립된 인적·물적 시설의 종합체로서 독립한 법인격을 취득한 것을 말한다. 한국방송공사, 서울대학교병원, 적십자병원, 과학기술원, 한국기술검정공단 등이 이에 해당한다.

(4) 공법상의 재단

공법상의 재단(공재단)이란 재단설립자에 의하여 출연된 재산을 관리하기 위하여 설립된 물적 결합체로서, 직원 및 수혜자는 있으나 구성원은 없는 것이 특징이다. 현행법상 한국연구재단, 한국학중앙연구원 등이 이에 해당한다.

3. 공공단체의 특색

공공단체의 특질을 요약하면, ① 공공단체는 국가적 행위에 의해 설립·변경·소멸한다. ② 공공단체는 독립한 법인이므로 공법상 권리·의무의 귀속주체가 된다. ③ 공공단체에는 일반적으로 공용부담특권·강제징수권 등과 같은 국가적 공권과 면세·국고보조 등 여러 가지 특전이 부여된다. ④ 공공단체는 국가적 목적 수행의 임무가 있기 때문에 회계감사·보고제출 등 국가의 특별한 감독을 받는 경우가 많다.[25]

---

25) 이광윤/김민호(489면).

4. 공공단체 상호간의 관계

(1) 대등관계

공공단체는 상호 대등한 법인격을 가지는 대등관계이다.

(2) 권한존중관계

대등한 법인격을 가진 공공단체간의 관계는 서로 상대방의 자치활동을 존중하고 이를 침해하지 못하는 구속을 받는다.

(3) 협력관계

사무처리를 위한 협의, 재산·영조물의 공동사용, 타 공공단체구역 내에서의 공동시설의 설치, 사무위탁, 경비분담, 사무의 공동처리를 위한 조합·법인의 설립, 행정협의회 구성 등이 있다.

제2장 지방자치법

제1절 개 설

I. 지방자치의 의의

일반적으로 자치행정이란 국가 안에 있는 단체가 국가로부터 독립된 지위에서 스스로 행하는 행정을 말한다. 국가로부터 독립된 인격을 가진 단체를 설립하고 일정한 사항에 대해서는 행정권을 부여하여 스스로 행정을 하게 할 때, 이러한 단체를 공공단체라 한다. 이들 공공단체가 행하는 행정을 자치행정이라 한다. 이러한 공공단체 중에서 일정한 지역을 기초로 하는 지역단체가 행하는 행정을 특히 '지방자치'라 한다.[1] 따라서 엄격한 의미에서는 지방자치법 전체가 행정조직법이 되는 것은 아니며, 국가행정사무와 관련하는 범위에서 행정조직의 일부를 구성할 뿐이다.[2]

II. 지방자치의 유형

1. 주민자치

영국과 미국에서 발달된 지방자치의 개념으로, 주민들이 조직한 지방단체에 의해 지역사회의 공적 문제를 스스로 결정하고 집행하는 것을 의미한다. 다시 말해서 주민자치는 지방 주민이 주체가 되어 지방의 공공사무를 결정하고 처리하는 주민 참여에 중점을 두는 제도를 말한다. 이러한 주민자치의 관점에 의하면, 국가 이익을 대표하는 중앙정부와 지방 이익을 대표하는 지방정부가 대립한다는 것은 있을 수 없으며, 중앙정부의 행정사무를 지방자치단체

---

1) 김동희(44면).
2) 김남진(67면).

가 처리하는 경우에도 지방자치단체가 한편으로는 국가의 하급행정기관으로
서 다른 한편으로는 지방의 자치행정기관으로서 이중적 지위를 가지는 일은
없다. 이와 같은 주민자치의 개념은, 지방자치단체의 자치권은 국가에 의해
수여된 전래적 권리라는 이론적 토대에 입각하고 있는 단체자치의 개념과 대
비된다.[3]

2. 단체자치

지방자치단체가 단체로서 또는 법인으로서 자치권을 갖는 것을 말한다.
다시 말해서 특별시·광역시·도·시·군·자치구 등의 지방자치단체가 중앙정
부로부터 독립하여 그의 행정을 담당하는 것을 말한다. 독일 중세도시의 자치
의 역사에 기원을 가지고 있으며 독일 공법학에 의해 발전된 개념이다. 지방
자치단체가 국가나 상위의 지방자치단체에서 독립하여 그 단체의 기관의 구
성원을 선임하고 그 사무를 자주적으로 단체의 기관에 의해 결정하는 것을 말
한다. 주민자치가 정치적 의미에서의 지방자치인 것에 비해 단체자치는 지방
자치의 법률적·제도적 의미를 전면에 내건 것이다. 이 개념은 지방자치단체
가 갖는 자치권은 권리이지만 고유의 권리가 아니라 국가나 상위의 지방자치
단체의 승인에 의해 비로소 존립할 수 있는 것이라는 전래설의 입장을 취하고
있다.[4]

3. 우리나라 지방자치의 유형

우리나라는 헌법, 지방자치법 등에서 지방자치단체에게 독립된 법인격을
부여하고 고유사무를 처리할 수 있는 자치권을 보장하고 있다. 이런 점에서 우
리나라 지방자치는 단체자치의 성질을 기본골격으로 하고 있다. 한편 조례의
제정·개폐청구, 주민감사청구, 주민투표, 주민소송 등 주민이 직접 참여하는
제도도 보장되어 있으므로 주민자치적 요소도 가미되어 있음을 알 수 있다.
이처럼 오늘날에는 우리나라는 물론 선진 각국들도 주민자치와 단체자치를
이분법적으로 나누어 지방자치제도를 설계하고 있지는 않다. 각 국의 사정에
따라 주민자치와 단체자치의 필요한 요소들을 적절히 활용하여 지방자치제도

---

3) 이종수, 행정학사전, 대영문화사, 2009 참조.
4) 아카데미아리서치, 정치학 대사전, 2002 참조.

를 발전시켜 나가고 있다.

Ⅲ. 선진 각국의 지방자치제도

1. 영 국

(1) 역사적 개관

영국에서는 지방자치를 가리키는 용어로 self government 또는 local government 를 흔히 사용하고 있는데 이는 지방자치단체가 고유의 기관과 수단으로서 중앙 정부로부터 독립하여 자치적으로 행정을 하는 것을 의미한다.[5]

지방정부의 권력은 원래부터 가지는 고유의 권력으로서 지방정부가 기본 적인 권력을 행사한다. 따라서 중앙정부와 지방정부간의 대립관계는 성립하지 않으며 중앙정부의 권력은 보충적으로만 개입하게 된다. 국가의 단일성의 확 보라는 문제는 처음부터 제기되지 않았다.[6]

영국에서는 14세기부터 의회가 정책결정권과 통제권을 행사하게 되었으 며 18세기부터는 스코틀랜드와 잉글랜드의 통합, 아일랜드와의 통합의 과정을 거치면서도 입헌군주제하에서 중앙집권적이고 계층적인 군주제 행정을 기피 하여 지방적 과두정치를 선호하였다. 영국은 지방귀족의 해체 없이 조속한 자 본주의의 발달을 이룩하여 토지와 자본이 소수귀족에게 집중된 전형적인 국 가로서 귀족적 신문명이 중세적 귀족문화와 단절됨이 없이 이룩되었다. 이러 한 지방귀족의 실체적인 정치적·경제적 권력이 local government를 뒷받침하 고 있었기 때문에 지방의회는 처음부터 중요한 정치의 장이 되었던 것이다. 따 라서 영국 공법학에 있어서는 국가라는 개념은 사실상 존재하지 않고 중앙정부 의 개념만이 사용될 뿐이다. 또한 영국인에게는 집권화 또는 분권화의 개념 자체 가 무의미한 것이었다.[7]

(2) 지방정부의 계층구조

19세기 말경에 탄생된 지방자치단체의 계층구조는 1972년 지방자치법이 도입될 때까지 기본적으로 ① 카운티(County), ② 디스트릭트(District) 및 카운티

---

5) 이광윤(308면).
6) 이광윤/김민호(499면).
7) 이광윤(309면).

바러(County Borough), ③ 교구(Parish)의 3층 구조를 지니고 있었다.

1972년 지방자치법 제정으로 지방자치단체의 구조적인 변화가 이루어지면서 지방자치단체의 광역화에 초점을 두고 집권화하여 자치단체의 수를 줄이면서 상대적으로 카운티와 대도시 디스트릭트의 기능을 강화하는 데 역점을 두었다. 그 결과 6개 대도시권 카운티[8]와 그 아래 36개 대도시 디스트릭트가 신설되었다.

이후 1985년 지방자치법에서 다시 광역 런던과 6개 대도시 카운티를 폐지하여 단층구조의 효율적이고 강력한 지방체제를 구축하는 것을 골자로 한 개편을 시도하였으며, 주로 비대도시권에 위치한 하위 단위로서 잉글랜드의 교구(Parish)와 웨일즈, 스코틀랜드의 커뮤니티(Community)는 그대로 존속시켰다.

(3) 지방정부의 기능

1) 카운티 도의회(County council)

카운티는 1996년 이후 잉글랜드 지역의 비대도시권에만 존재하는 광역자치단체로서 단층제 구조개편 추세에 따라 처음에는 잉글랜드의 대도시권과 런던이 폐지된 후 웨일즈와 스코틀랜드에서도 사라지게 되었으며, 최근에는 잉글랜드의 비대도시권에서도 폐치 분할되어 그 수가 점점 줄어드는 양상을 보이고 있다.

2) 디스트릭트 시군의회(Distirct council)

영국의 디스트릭트는 계층구조상 두 종류로 나눌 수 있다. 하나는 잉글랜드 지역의 비대도시권에서 카운티 자치단체의 하위 계층으로 존재하는 자치단체이며, 다른 하나는 그 외 지역에서 발견되는 단층제 구조에서의 자치단체로 존재하는 것을 들 수 있다.

후자는 잉글랜드의 대도시권이나 웨일즈, 스코틀랜드, 북아일랜드 등으로 모두 디스트릭트의 단층제 구조를 지니고 있고, 잉글랜드의 비대도시권은 과거에 보편화되어 있던 2계층 구조에서 벗어나 점차 새로운 단층제 구조를 형성해 나가는 과정에서 과거 2층제 하의 디스트릭트가 독립적으로 또는 일부 인접 디스트릭트를 병합하여 새로운 단층자치단체로 탄생되고 있는 추세이다.

이들 단층제 구조의 디스트릭트 및 단층자치단체는 사무기능에 있어서

---

8) West Midland, Merseyside, Greater Manchester,West Yorkshire, South Yorkshire, Tyne and Wear.

모든 분야의 지방자치단체 서비스를 총체적으로 책임지고 다만 몇 몇 중요한 서비스나 규모의 경제를 살려야 할 서비스에 대해서는 자치단체간 합동체제를 유지하고 있다.

3) 교구 의회(Parish Council) 및 커뮤니티 의회(Community Council)

교구나 커뮤니티는 일종의 면·동 수준의 하위 지방자치단체로서 종교적인 배경 하에 중세부터 전통적으로 존재해 왔으나, 그 기능이나 책임은 사실상 매우 제한적이기 때문에 교구·커뮤니티 의회는 보통 5명에서 25명 이내의 지방의원으로 구성되어 주로 비도시권 디스트릭트를 중심으로 발달했다. 특수한 경우를 제외하고는 기본적으로 법적 의무와 권한을 갖지 않으나, 최근의 자치단체 계층구조 개편에 따라 단층제 자치단체가 증가하면서 교구·커뮤니티의 새로운 역할과 책임의 중요성을 강조하는 경향이 있다.[9]

2. 독 일

(1) 역사적 개관

자치행정(Selbstverwaltung)이란 용어는 18세기에 중상주의자들이 천거한 국가경제의 지도체제에 반대하는 경제정책적 개념으로서 중농주의자들이 처음으로 사용하였다가 19세기에 이르러 부르조아 해방운동에 의하여 행정법에서 사용하게 되었다. 한편 집권화와 분권화에 관한 이론은 제1차 세계대전 이후 발전을 하게 되었는데, 독일에서는 이 이론이 자치행정이론으로 발전하였다.[10]

볼프(Wolff)와 바호프(Bachof)는 중앙의 기관이 분권화된 기관에 대하여 합목적성에 대한 통제를 할 수 있느냐의 여부에 관심을 가졌다. 집권화와 분권화는 행정뿐만 아니라 입법·사법에 있어서도 적용되며, 입법의 분권은 지방자치단체가 권한사항에 관한 규범을 제정할 수 있는 것으로서 이것을 입법적 자치라고 부른다.[11]

오늘날 독일에 있어서의 자치권은 전권한성과 자기책임성으로 해석되고 있으며 이에 따라 자치입법권, 자주조직권, 자주인사권, 자주사무처리권, 자주계획권 등을 향유한다고 한다. 그러나 전권한성은 게마인데(Gemeinde)에만 인

9) 이광윤/김민호(500면).
10) Spyridon Flogaitis, La notion de décentralisation en France, en Allemagne et en Italie, L.G.D.J. 1979, pp.70~71; 이광윤(311면) 재인용.
11) 이광윤(312면).

정되고 크라이스(Kreis)에는 인정되지 않는다.[12]

(2) 지방자치단체의 종류

독일의 지방자치단체는 연방(Bund), 주(Land)와 함께 국가구조의 중요한 한 부분을 차지하고 있다. 지방자치단체는 크라이스(Kreis)와 게마인데(Gemeinde)로 분류된다. 크라이스의 관할을 받지 않는 게마인데를 특별히 자치시(Kreisfreie Stadt)라 한다. 자치시는 10만 이상의 인구를 지닌 대도시로서 행·재정 능력을 갖추고 있을 뿐만 아니라 크라이스에 상응하는 행정권을 지니고 게마인데에 부여된 모든 고유사무와 국가 최하위 관청으로서 위임사무를 처리하는 의무를 지닌다. 크라이스는 게마인데 연합체인 동시에 그 자체가 지방자치단체이며, 주의 하위행정기관으로 중앙과 게마인데를 잇는 중간 자치단체이다. 게마인데는 헌법에 정한 기초자치단체로서 인구가 많은 대도시도 지방자치법상 일률적으로 게마인데로 호칭하고 있다.[13]

(3) 지방자치단체 상호간의 관계

독일의 지방자치단체간 관계는 프랑스와 마찬가지로 상하의 수직적인 개념보다는 수평적인 대등한 관계이다. 크라이스와 게마인데는 상하의 지도 감독의 성격보다는 사무의 분리로써 기초자치단체인 게마인데에서 처리할 수 없는 기능과 사무를 광역의 크라이스가 처리하는 것으로 이해할 수 있으며, 목적단체인 게마인데 연합의 경우도 몇 개의 게마인데가 모여 특정 사무를 처리하기 위한 것이다.[14]

(4) 중앙과 지방자치단체간의 권한배분

기능배분 측면에서 중앙과 지방자치단체의 관계를 살펴보면 먼저, 연방정부는 외교, 국방, 통화제도, 연방철도, 항공, 우편, 일부의 조세업무 등을 주요 사무로 담당하고 있으며, 주 정부는 문화, 경찰, 교육, 건설, 환경, 보건위생 업무 등의 사무를 담당한다. 지방자치단체는 원칙적으로 주민의 복지를 위한 모든 사무를 처리할 수 있으나 일반적으로 지방의 대중교통수단, 지방도로 건설, 수도·전기·가스의 공급, 하수 및 쓰레기 처리, 도시계획 등의 업무를 처리한

---

12) 이광윤(313면).
13) 이광윤/김민호(503면).
14) 이광윤/김민호(503면).

다.15)

게마인데는 지역의 모든 일을 관장할 수 있으며, 크라이스는 법률의 근거에 따라 주어지는 법적인 사무영역 범위 내에서 자치행정의 권한이 있다. 따라서 크라이스의 사무는 제한적 사무이며 주의 법률로써 정해진다. 이러한 사무로는 크라이스 도로의 건설과 관리, 학교나 기타 사회부조시설의 건립과 운영 등이 있다. 이에 비해 게마인데가 수행하는 고유사무는 지역공동체의 모든 사무영역이 이에 속하며, 그 범위는 주 헌법, 게마인데법 및 기타 개별 법률에 의해 정해진다.16)

3. 프랑스

(1) 역사적 개관

프랑스헌법 제72조는 "자치단체는 선출된 위원회에 의하여 법률이 정한 조건에 따라 자유로이 행정한다"라고 규정하여 지방자치단체의 자유행정에 관한 사항은 의회의 법률로 규정해야 함을 분명히 하고 있다. 따라서 지방자치단체들은 스스로의 지위를 결정할 권한이 없다.17)

프랑스에서의 분권화란 정치적 분권화가 아닌 순수한 '행정적 분권화'만 의미하는 것으로 지방의 대표기관은 의결기관으로서의 행정위원회에 불과하여 자유로이 시원적 입법권을 행사할 수 없다. 지방의 대표기관은 의회와는 달리 주권자인 국민에 의한 주권의 위임을 받지 못한다. 따라서 지방선거는 임명절차에 불과하다. 국민의 주권은 불가분하며 국가적 차원에서의 대표만이 행사할 수 있는 것이다.18) 따라서 단일국가에 있어서의 분권화는 행정적 기능에 제한될 수밖에 없다.19)

(2) 지방자치단체의 종류

1) 레지용(régions)

프랑스의 가장 큰 단위의 지방자치단체인 레지용은 1982년 지방자치단체

---

15) 이광윤/김민호(504면).
16) 이광윤/김민호(505면).
17) 이광윤(319면).
18) 이광윤/김민호(506면).
19) George Burdeau, Traité de science politique, T.II, L'Etat, L.G. D.J.,1980 p.427; 이광윤(319면) 재인용.

로서의 법인격을 처음 부여받아 자치단체로서의 역사가 그리 오래 되지 않아 역할에 있어 기초단체인 코뮌과 중간단체인 데빠르트망의 보완적인 기능을 담당하며, 주로 광역단위의 경제·사회계발계획의 수립을 주된 업무로 수행하고 있다.

1개 레지용에는 보통 3개에서 6개 이내의 데빠르트망으로 구성되어 있으며, 레지용 지방의회의 구성은 데빠르트망 단위로 선거구를 나누고 인구비례로 의원수를 할당하여 구속명부식 비례대표제에 의해 의원들이 선출되고, 레지용의회 의장은 데빠르트망의회 의장을 겸할 수 없게 되어 있다.[20]

2) 데빠르트망(départements)

데빠르트망은 레지용과 코뮌 간 중간단위의 자치단체라고 할 수 있는데, 1871년 8월 10일의 법령에 의해 지방자치단체로서의 법인격을 부여받았으며, 1982년 지방자치법이 제정되면서 명실상부한 지방자치단체의 지위를 얻게 되었다. 1982년 이전에는 국가의 지방행정기관의 대표인 관선도지사가 데빠르트망을 대표하였으나, 자치법 개정에 따라 자치단체인 데빠르트망 의회에서 선출한 의장이 데빠르트망 자치단체를 대표하는 최고행정책임자가 됨으로써 통합형 자치단체를 구성하고 있다.[21]

데빠르트망 자치단체의 사무권한 분야는 크게 구역내의 도로유지와 관리, 대중교통체계, 상업항구통합관리 등의 건설교통부문, 지역개발 계획안, 코뮌간 국토개발 도시개발계획 기준안 등의 국토계획부문, 사회부조, 모자복지, 장애인복지, 의료부조, 보건 등 사회복지부문, 교육(중학교 청소년기술학교), 도서관관리, 문화유산보호, 축제 및 관광사업 등의 교육문화부문, 그리고 직간접 원조의 경제활동부문 등에 중점을 두고 있다. 한편, 파리시는 기초자치단체인 코뮌의 지위를 지니면서 동시에 중간단체인 데빠르트망의 지위를 겸하고 있다.[22]

3) 코뮌(commune)

코뮌은 사실상 주민과 가장 밀접한 관계를 지니는 기초 자치단체로서 프랑스 지방자치의 토대를 이루는데, 이 기초자치단체는 1789년 12월 14일 정부 시행령으로 설치된 오랜 역사를 지니고 있고, 1884년 4월 5일 법령에 의해 정

---

20) 이광윤/김민호(506면).
21) 이광윤(321면).
22) 이광윤/김민호(506면).

치적·사법적·재정적 독립성을 지닌 기초자치단체로서의 법인격을 지니게 되었다. 1982년 지방자치법을 통해 코뮌의 결정사항이 완전한 집행 효력을 지니게 되었으며, 국가행정기관의 사전감독이 사라지고 자율적인 예산편성권을 지니게 된 것이 프랑스 지방자치의 중요한 특징이다. 기초자치단체로서 코뮌은 주민과 직접적으로 관련되는 청소, 도로관리, 공원관리, 묘지 관리, 방재사업 등의 업무를 수행하고 있는데, 코뮌의 고유 행정사무로는 민원행정, 경찰행정, 교육행정(어린이집, 유치원, 초등학교 등), 도시계획행정(시영주택, 산업지대, 환경보호 등)이 있으며 1980년대 이후 도시계획분야와 교육문화활동분야 그리고 경제활성화분야의 사무들이 추가되어 자치권의 확대가 점차적으로 이루어지고 있는 실정이다.[23]

4. 미 국

(1) 지방정부의 법적 지위

주정부에 의해 창조되는 지방자치단체의 자치권 범위와 기관구성 형태 등은 지방자치단체의 헌법이라 할 수 있는 헌장(charter)에 규정되어 있는바, 주정부가 헌장을 부여하는 방식에는 특별법(special act), 분류법(classified law), 선택법(optional law), 홈룰(home rule) 등 네 가지가 있다.

홈룰은 지방자치단체가 스스로 헌장을 기안·채택·수정할 수 있는 법적 권한을 부여하는 것으로 주정부의 헌법이나 법률에 의해 인정된다. 특히 홈룰의 헌장 부여방식이 주 헌법으로 규정되어 있는 경우에는 일반법에 의한 경우보다 지방자치단체의 법적 지위가 확고히 보장된다고 할 수 있다. 결국 미국의 지방자치단체는 주정부에 의해 법적지위와 권한이 결정되며, 따라서 지방자치단체의 기관구성 형태를 비롯하여 지방자치단체가 수행하는 기능·과세·기채·예산지출권의 범위 등 자치권한의 범위도 주마다 차이를 나타내고 있다.[24]

(2) 지방자치단체의 종류

1) 시자치단체(Municipalities)

시와 빌리지 등을 포함한 시자치단체는 과거 거의 주입법기관의 영향 하에 있었다. 20세기 초반까지 시자치단체들은 일반적으로 주입법기관의 특별법

---

23) 이광윤/김민호(507면).
24) 이광윤/김민호(509면).

으로 창설되고 통치되었다. 이러한 특별법에 따른 지방자치단체의 권한이나 지위부여 등은 입법기관의 과도한 통제와 관련지식 등의 미비로 인하여 비판의 대상이 되었다. 그 결과 거의 모든 주가 특별법에 의한 창설과 통제를 주헌법으로 금지하고 홈룰과 같은 일반법으로 시자치단체를 실치하도록 하였다.

2) 카운티(county)

카운티는 시자치단체와는 달리 전통적으로 주정부 프로그램을 제공하기 위한 행정적 단위로서 기능을 해왔다. 전통적 성격의 카운티 권한은 카운티 의결기관과 보안관, 재무관, 검사, 교육감 등 다수의 민선 공직자들에게 분산되어 있는 까닭에, 구조적으로 어떤 한 사람이 리더십을 발휘하거나 카운티정부의 전반을 통제하기는 매우 어렵게 되어 있다.[25]

3) 타운(town) 및 타운쉽(township)

타운이나 타운쉽은 미국의 가장 오래된 지방정부 형태라고 할 수 있는 주민총회(local town meeting)로 운영되는데, 주로 지방자치의 전통이 강하게 남아 있는 뉴잉글랜드 지역[26]에서 많이 발견된다.

제 2 절 지방자치법

Ⅰ. 지방자치단체의 종류 및 성질

1. 지방자치단체의 종류

(1) 보통지방자치단체

보통지방자치단체는 그 조직이나 구성 및 기능에 있어서 일반적 성격을 가지는 지방자치단체로서, 전국에 일반적으로 존재한다.

상급(광역)지방자치단체인 '특별시·광역시·특별자치시·도·특별자치도', 하급(기초)지방자치단체인 '시·군·자치구'가 있는데, 특별시·광역시·특별자치시·도·특별자치도는 정부의 직할 하에 두고, 시·군은 도의 관할구역 안에 두며, 자치구는 특별시와 광역시의 관할구역 안에 둔다. '관할구역 안에 둔다'고 하

---

25) 이광윤/김민호(510면).

26) 코네티컷, 메사츄세츠, 로드아일랜드, 버몬트, 뉴햄프셔, 메인 등 북동부 6개 주.

는 것은 지역적으로 그 곳에 위치한다는 뜻이지 지배통제를 받는다는 의미는
아니다.

⑵ 특별지방자치단체

특별지방자치단체란 특수한 행정사무의 처리 또는 공동처리를 위하여 필
요한 경우에 설치하는 그 구성과 권한이 특수한 지방자치단체로서, 현행법상
지방자치단체조합이 이에 해당한다.

2. 지방자치단체의 성질

지방자치단체는 법인이다. 따라서 국가와는 별도로 독립하여 권리·의무
의 주체가 될 수 있기 때문에, 관할구역 내의 주민에 대한 지배권을 가진 권력
적 통치단체이며, 단순한 사업단체나 경제단체가 아니다. 지방자치단체는 법
인으로서 일정한 사무와 자치입법권·자치행정권·자치재정권 등의 권한을 가
진다.

Ⅱ. 지방자치단체의 관할구역

1. 구 역

지방자치단체의 구역이란 지방자치단체의 지배권이 일반적으로 미치는
지역적 범위이다. 특별시, 광역시, 특별자치시, 도, 특별자치도는 정부의 직할
로 두고, 시는 도의 관할 구역 안에, 군은 광역시·특별자치시·도의 관할 구역
안에 두며, 자치구는 특별시·광역시·특별자치시의 관할 구역 안에 둔다. 특별
시·광역시 및 특별자치시가 아닌 인구 50만 이상의 시에는 자치구가 아닌 구
를 둘 수 있고, 군에는 읍·면을 두며, 시와 구에는 동을, 읍·면에는 리를 둔다.

2. 지역의 변경

⑴ 의 의

지역의 변경에는 폐치·분합과 경계변경의 두 종류가 있다. 폐치·분합이
란 지방자치단체의 신설 또는 폐지를 수반하는 구역변경이며, 경계변경은 지
방자치단체의 존폐에는 관계없이 단순히 관할구역만을 변경하는 것이다.

(2) 절 차

지방자치단체를 폐치·분합하거나 그 경계를 변경하기 위해서는 원칙적으로 지방의회의 의견을 들어 법률로서 정하나, 시·군·자치구의 경계변경은 대통령령으로 정하며, 자치구가 아닌 구와 읍·면·동의 경계를 변경하거나 폐치·분합할 때에는 행정안전부장관의 승인을 얻어 지방자치단체의 조례로 정한다.

(3) 명 칭

지방자치단체의 명칭은 종전에 의하고 이를 변경할 때에는 법률로 정하여 행하나 다만, 자치구가 아닌 구와 읍·면·동의 명칭을 변경할 경우에는 행정안전부장관의 승인을 얻어 지방자치단체의 조례로 정한다.

(4) 시·읍의 설치기준

시는 그 대부분이 도시의 형태를 갖추고 인구 5만 이상이 되어야 한다. ① 시와 군을 통합한 지역, ② 인구 5만 이상의 도시 형태를 갖춘 지역이 있는 군, ③ 인구 2만 이상의 도시 형태를 갖춘 2개 이상의 지역의 인구가 5만 이상인 군(이 경우 군의 인구가 15만 이상으로서 대통령령으로 정하는 요건을 갖추어야 한다), ④ 국가의 정책으로 인하여 도시가 형성되고, 제128조에 따라 도의 출장소가 설치된 지역으로서 그 지역의 인구가 3만 이상이고, 인구 15만 이상의 도농 복합형태의 시의 일부인 지역 등 어느 하나에 해당하는 지역은 도농(都農) 복합형태의 시로 할 수 있다.

읍은 그 대부분이 도시의 형태를 갖추고 인구 2만 이상이 되어야 한다. 다만, ① 군사무소 소재지의 면, ② 읍이 없는 도농 복합형태의 시에서 그 면 중 1개 면 중 어느 하나에 해당하면 인구 2만 미만인 경우에도 읍으로 할 수 있다.

Ⅲ. 지방자치단체의 사무

1. 자치사무

(1) 의 의

지방자치단체의 존립을 위한 사무 또는 주민의 복리를 증진시키기 위한 사무 등과 같이 지방자치단체의 본래적 사무를 자치사무라 하며, 고유사무 또는 공공사무라고도 한다.

(2) 종 류

자치사무는 그 시행여부가 지방자치단체의 재량에 맡겨져 있는지에 따라 수의사무와 필요사무로 나눌 수 있다.

자치사무는 그 시행이 지방자치단체의 재량에 맡겨지는 수의사무가 원칙이다. 하지만 초등학교 설치·운영사무, 오물처리사무, 예방접종사무, 하천관리사무, 소방사무 등과 같이 주민의 복리를 위해 반드시 필요한 사무는 법령에 의하여 지방자치단체의 의무로 되어 있는데 이를 필요사무라 한다.

(3) 법적 근거

자치사무는 지방자치단체의 고유사무이므로 헌법 제117조 제1항 및 지방자치법 제28조 제1항의 일반수권이외에 별도의 법적 근거를 요하지 않는다. 다만 지방자치법 제28조 제1항 단서 "주민의 권리 제한 또는 의무 부과에 관한 사항이나 벌칙을 정할 때에는 법률의 위임이 있어야 한다"는 규정에 따라 침익적 사항과 벌칙을 정할 때에는 법률의 근거가 있어야 한다. 또한 필요사무의 대상이 되는 사무는 법률에 의해 지정된다.

(4) 입법형식과 지방의회의 관여

자치사무에 대한 규율은 조례 또는 규칙의 형식으로 제정될 수 있다. 자치사무의 수행에 대한 통제를 위하여 지방의회의 관여가 허용된다.

(5) 감 독

자치사무에 대한 국가 또는 상급자치단체의 감독은 합법성에 대한 감독으로 제한된다. 감독청의 시정조치나 감사의 경우에도 '법령위반사항'에 대해서만 실시하도록 하는 것도 이 같은 이유이다.

2. 단체위임사무

(1) 의 의

단체위임사무는 국가 또는 다른 지방자치단체로부터 '지방자치단체'에게 위임된 사무를 말한다.

단체위임사무는 지방자치단체 자체의 사무로 전환되어 지방자치단체의 사무로 취급받기 때문에 자치사무와의 구별이 애매하므로 입법론적으로 구분을 폐지해야 한다는 주장도 있고,[27] 자치사무는 자치단체가 단독 부담하고 단체위임사무는 국가와 공동 부담으로 비용을 부담하는 점, 자치사무는 위법시에만 취소가능하지만 단체위임사무는 부당의 경우에도 가능하다는 점 등에서 양자의 구별 실익이 있다는 주장도 있다.[28]

(2) 법적 근거와 비용부담

국가 또는 다른 지방자치단체가 지방자치단체에게 사무를 위임하는 경우에는 법령에 근거를 요하며, 위임사무의 처리비용은 위임자가 부담하는 것이 원칙이다.

(3) 지방의회의 관여

지방의회는 의결·조사 등의 방법으로 사무의 처리에 관여할 수 있다.

(4) 감 독

단체위임사무는 위임받은 지방자치단체가 국가 또는 다른 지방자치단체의 하부 기관의 지위에서 행하는 것이 아니라 자기의 책임 아래서 자주적으로 처리하는 것이기 때문에 국가 또는 다른 지방자치단체는 단체위임사무의 처리에 대하여 소극적·교정적 감독만을 행할 수 있다.

3. 기관위임사무

(1) 의 의

기관위임사무란 국가 또는 다른 지방자치단체로부터 '지방자치단체의 장'에게 위임된 사무를 말한다.

기관위임의 법리는 국가 또는 상급지방자치단체가 지방자치단체의 기관을 필요한 목적에 사용하기 위해 '차용'한 것으로서 엄격한 의미에 있어서는 기관위임이라기 보다는 기관대여 또는 기관차용이라 함이 옳다는 주장이 있다.[29]

(2) 법적 근거와 비용부담

국가 또는 지방자치단체가 사무를 지방자치단체의 장에게 위임하는 경우

---

27) 김도창(164면); 박윤흔(123면).
28) 유상현(95면).
29) 최봉석, "행정권한의 위임과 기관위임의 법리",「공법연구」제29집 1호, 2000. 11, 365면.

에는 법령의 근거를 요하며, 위임사무의 처리비용은 위임자가 부담하는 것이
원칙이다.

(3) 지방의회의 관여

기관위임사무는 그 성질상 국가사무에 해당하므로 지방의회는 그에 관여
할 수 없다. 다만 기관위임사무에 대한 조례의 제정이 법률에 의해 규정된 경
우에는 해당 사무에 대하여 조례를 제정할 수 있다. 이를 위임조례라 한다.

(4) 감 독

기관위임사무는 위임받은 지방자치단체의 장이 국가 또는 다른 지방자치
단체의 하부기관의 지위에서 행하는 것이므로 국가 또는 다른 지방자치단체
는 기관위임사무의 처리에 대하여 적극적·예방적 감독을 행할 수 있다.

4. 자치사무와 기관위임사무의 구별

(1) 문제의 소재

지방자치법 제13조 제1항은 "지방자치단체는 관할 구역의 자치사무와 법
령에 따라 지방자치단체에 속하는 사무를 처리한다"라고, 제2항은 "지방자치
단체의 사무를 예시하면 다음 각 호와 같다"라고만 규정하고 있을 뿐, 구체적
으로 어떤 사무가 자치사무인지 위임사무인지에 대해서는 명확히 밝히고 있지
않다. 그런데 자치사무와 기관위임사무는 지방의회의 관여, 조례제정의 가부,
국가의 감독 정도 등에 있어서 차이가 크므로 이들 양자의 구별이 필요하다.

(2) 견해의 대립
1) 형식설

법령의 규정형식, 즉 법 문언에 사무권한의 주체가 '국가기관의 장'으로
규정되어 있고 이를 다시 지방자치단체의 장에게 위임하고 있는 경우에는 기
관위임사무이며, 사무권한의 주체가 '지방자치단체의 장'으로 규정된 경우에는
자치사무로 보아야 한다는 견해이다.[30]

2) 실질설

법령의 규정형식, 즉 법 문언이 비록 '지방자치단체의 장'으로 되어 있어

---

30) 김남철(993면).

도 해당 사무의 실질적 내용을 파악하여 국가주도적 사무처리가 요구되는 사무는 기관위임사무로, 지방자치단체의 자율적 처리가 허용되는 사무는 자치사무로 보아야 한다는 견해이다.

(3) 판례의 태도

판례는 "법령상 지방자치단체의 장이 처리하도록 하고 있는 사무가 자치사무인지 아니면 기관위임사무인지를 판단하기 위해서는 그에 관한 법령의 규정 형식과 취지를 우선 고려하여야 하지만, 그 밖에 그 사무의 성질이 전국적으로 통일적인 처리가 요구되는 사무인지, 그에 관한 경비부담과 최종적인 책임귀속의 주체가 누구인지 등도 함께 고려하여야 한다"라고 판시31)하여 실질설을 취하고 있다.

(4) 소 결

자치사무와 기관위임사무의 구별은 사무처리 권한에 대한 근거 법령의 규정형식을 우선 고려해야 하지만, 그렇다고 형식적 법 문언에만 전적으로 의존할 수 없고 해당 사무의 성질을 고려하여 판단해야 한다. 따라서 실질설이 타당하다.

5. 지방자치단체의 사무범위

(1) 지방자치단체의 구역, 조직, 행정관리 등에 관한 사무

① 관할 구역 안 행정구역의 명칭·위치 및 구역의 조정, ② 조례·규칙의 제정·개정·폐지 및 그 운영·관리, ③ 산하 행정기관의 조직관리, ④ 산하 행정기관 및 단체의 지도·감독, ⑤ 소속 공무원의 인사·후생복지 및 교육, ⑥ 지방세 및 지방세 외 수입의 부과 및 징수, ⑦ 예산의 편성·집행 및 회계감사와 재산관리, ⑧ 행정장비관리, ⑨ 행정전산화 및 행정관리개선, ⑩ 공유재산관리, ⑪ 가족관계등록 및 주민등록 관리, ⑫ 지방자치단체에 필요한 각종 조사 및 통계의 작성 등의 사무가 이에 해당한다.

(2) 주민의 복지증진에 관한 사무

① 주민복지에 관한 사업, ② 사회복지시설의 설치·운영 및 관리, ③ 생활이 곤궁한 자의 보호 및 지원, ④ 노인·아동·심신장애인·청소년 및 여성의

---

31) 대법원 2013. 5. 23. 선고 2011추56 판결.

보호와 복지증진, ⑤ 보건진료기관의 설치·운영, ⑥ 감염병과 그 밖의 질병의 예방과 방역, ⑦ 묘지·화장장 및 봉안당의 운영·관리, ⑧ 공중접객업소의 위생을 개선하기 위한 지도, ⑨ 청소, 오물의 수거 및 처리, ⑩ 지방공기업의 설치 및 운영 등이 이에 해당한다.

⑶ 농림·상공업 등 산업 진흥에 관한 사무

① 소류지(小溜池)·보(洑) 등 농업용수시설의 설치 및 관리, ② 농산물·임산물·축산물·수산물의 생산 및 유통지원, ③ 농업자재의 관리, ④ 복합영농의 운영·지도, ⑤ 농업 외 소득사업의 육성·지도, ⑥ 농가 부업의 장려, ⑦ 공유림 관리, ⑧ 소규모 축산 개발사업 및 낙농 진흥사업, ⑨ 가축전염병 예방, ⑩ 지역산업의 육성·지원, ⑪ 소비자 보호 및 저축 장려, ⑫ 중소기업의 육성, ⑬ 지역특화산업의 개발과 육성·지원, ⑭ 우수토산품 개발과 관광민예품 개발 등이 이에 해당한다.

⑷ 지역개발과 주민의 생활환경시설의 설치·관리에 관한 사무

① 지역개발사업, ② 지방 토목·건설사업의 시행, ③ 도시계획사업의 시행, ④ 지방도, 시군도의 신설·개수 및 유지, ⑤ 주거생활환경 개선의 장려 및 지원, ⑥ 농촌주택 개량 및 취락구조 개선, ⑦ 자연보호활동, ⑧ 지방하천 및 소하천의 관리, ⑨ 상수도·하수도의 설치 및 관리, ⑩ 간이급수시설의 설치 및 관리, ⑪ 도립공원·군립공원 및 도시공원, ⑫ 녹지 등 관광·휴양시설의 설치 및 관리, ⑬ 지방 궤도사업의 경영, ⑭ 주차장·교통표지 등 교통편의시설의 설치 및 관리, ⑮ 재해대책의 수립 및 집행, ⑯ 지역경제의 육성 및 지원 등이 이에 해당한다.

⑸ 교육·체육·문화·예술의 진흥에 관한 사무

① 유아원·유치원·초등학교·중학교·고등학교 및 이에 준하는 각종 학교의 설치·운영·지도, ② 도서관·운동장·광장·체육관·박물관·공연장·미술관·음악당 등 공공교육·체육·문화시설의 설치 및 관리, ③ 시·도유산의 지정·등록·보존 및 관리, ④ 지방문화·예술의 진흥, ⑤ 지방문화·예술단체의 육성 등이 이에 해당한다.

⑹ 지역민방위 및 지방소방에 관한 사무

① 지역 및 직장 민방위조직, ② 의용소방대의 편성과 운영 및 지도·감

독, ③ 지역의 화재예방·경계·진압·조사 및 구조·구급 등의 사무가 이에 해당한다.

6. 지방자치단체의 종류별 사무배분기준

(1) 특별시·광역시·도

① 행정처리 결과가 2개 이상의 시·군 및 자치구에 미치는 광역적 사무, ② 시·도 단위로 동일한 기준에 따라 처리되어야 할 성질의 사무, ③ 지역적 특성을 살리면서 시·도 단위로 통일성을 유지할 필요가 있는 사무, ④ 국가와 시·군 및 자치구 사이의 연락·조정 등의 사무, ⑤ 시·군 및 자치구가 독자적으로 처리하기에 부적당한 사무, ⑥ 2개 이상의 시·군 및 자치구가 공동으로 설치하는 것이 적당하다고 인정되는 규모의 시설을 설치하고 관리하는 사무 등은 광역자치단체의 사무에 속한다.

(2) 시·군 및 자치구

특별시·광역시·도가 처리하는 것으로 되어 있는 사무를 제외한 사무는 기초자치단체의 사무에 속한다. 다만, 인구 50만 이상의 시에 대하여는 도가 처리하는 사무의 일부를 직접 처리하게 할 수 있다.

7. 국가사무의 처리제한

지방자치단체는 ① 외교, 국방, 사법, 국세 등 국가의 존립에 필요한 사무, ② 물가정책, 금융정책, 수출입정책 등 전국적으로 통일적 처리를 요하는 사무, ③ 농산물·임산물·축산물·수산물 및 양곡의 수급조절과 수출입 등 전국적 규모의 사무, ④ 국가종합경제개발계획, ⑤ 국가하천, 국유림, 국토종합개발계획, 지정항만, 고속국도·일반국도, 국립공원 등 전국적 규모나 이와 비슷한 규모의 사무, ⑥ 근로기준, 측량단위 등 전국적으로 기준을 통일하고 조정하여야 할 필요가 있는 사무, ⑦ 우편, 철도 등 전국적 규모나 이와 비슷한 규모의 사무, ⑧ 고도의 기술을 요하는 검사·시험·연구, 항공관리, 기상행정, 원자력개발 등 지방자치단체의 기술과 재정능력으로 감당하기 어려운 사무 등과 같은 국가사무를 처리할 수 없다. 다만, 법률에 이와 다른 규정이 있는 경우에는 국가사무를 처리할 수 있다.

Ⅳ. 지방자치단체의 주민

1. 주민의 자격

지방자치단체의 인적 요소로서, 지방자치단체의 구역 안에 주소를 가진 자는 그 지방자치단체의 주민이 된다. 공법관계에 있어서 자연인의 주소는 주민등록지이고, 법인의 주소는 주된 사무소의 소재지 도는 본점의 소재지가 된다.

2. 주민의 권리

(1) 재산과 공공시설을 이용할 권리

주민은 법령으로 정하는 바에 따라 소속 지방자치단체의 재산과 공공시설을 이용할 권리를 가진다.

여기서 주민이 이용할 수 있는 '재산'이란 지방자치단체가 보유하고 있는 것으로 현금 이외의 모든 재산적 가치 있는 물권 및 권리의 총체를 말한다. 또한 '공공시설'이란 주민의 복리를 위해 설치·운영되는 시설로서 주민의 이용에 제공되는 것으로 정의될 수 있다. 그런데 이러한 '재산'과 '공공시설'의 관계에 관하여 이를 동일한 의미로 이해하는 입장과 다른 의미로 이해하는 입장으로 견해가 대립한다.

① 동일설은 원래 재산과 공공시설은 의미가 서로 다르지만 지방자치법상 주민의 이용권과 관련하여서는 재산 역시 주민의 이용에 제공되는 것으로 한정되기 때문에 양자는 의미가 같다는 입장이다.

② 구별설은 자치단체 소유의 일반재산을 주민이 임대하여 사용하는 것처럼 공공시설이 아닌 지방자치단체의 재산을 주민이 사용하는 경우도 있으므로 양자는 서로 다른 의미로 이해하는 것이 타당하다는 주장이다.[32]

그러나 일반재산의 임대는 모든 주민이 독점적·배타적으로 행사할 수 있는 권리가 아니므로 구별설의 주장은 설득력이 약하다. 동일설이 타당하다.

---

32) 유지태(760면).

(2) 균등한 행정혜택을 받을 권리

주민은 그 지방자치단체로부터 균등하게 행정의 혜택을 받을 권리를 가진다. 지방자치단체의 주민은 누구나 동등하게 행정서비스를 받을 수 있다는 선언적 권리일 뿐, 이러한 권리로부터 적극적 행정을 요구할 권리가 도출되는 것은 아니다.

판례도 "구 지방자치법 제13조 제1항은 주민이 지방자치단체로부터 행정적 혜택을 균등하게 받을 수 있다는 권리를 추상적이고 선언적으로 규정한 것으로서, 위 규정에 의하여 주민이 지방자치단체에 대하여 구체적이고 특정한 권리가 발생하는 것이 아닐 뿐만 아니라, 지방자치단체가 주민에 대하여 균등한 행정적 혜택을 부여할 구체적인 법적 의무가 발생하는 것도 아니므로, 이 사건 조례안으로 인하여 주민들 가운데 일정한 조건에 해당하는 일부 주민이 지원을 받게 되는 혜택이 발생하였다고 하여 위 조례안이 구 지방자치법 제13조 제1항에 위반한 것이라고 볼 수는 없다"고 판시[33]하여 같은 해석을 하고 있다.

(3) 지방선거에 참여할 권리

국민인 주민은 법령으로 정하는 바에 따라 그 지방자치단체에서 실시하는 지방의회의원과 지방자치단체의 장의 선거 등 지방선거에 참여할 권리를 가진다. 참여권은 구체적으로 선거권과 피선거권으로 표출된다.

1) 선거권

18세 이상으로서 선거인명부 작성기준일 현재 ① 거주자 또는 거주불명자로서 해당 지방자치단체의 관할 구역에 주민등록이 되어 있는 사람, ② 재외국민으로서 주민등록표에 3개월 이상 계속하여 올라 있고 해당 지방자치단체의 관할구역에 주민등록이 되어 있는 사람, ③ 「출입국관리법」에 따른 영주의 체류자격 취득일 후 3년이 경과한 외국인으로서 해당 지방자치단체의 외국인등록대장에 올라 있는 사람 중 어느 하나에 해당하는 사람은 그 구역에서 선거하는 지방자치단체의 의회의원 및 장의 선거권이 있다.

2) 피선거권

선거일 현재 계속하여 60일 이상(공무로 외국에 파견되어 선거일전 60일 후에 귀국한 자는 선거인명부 작성기준일부터 계속하여 선거일까지) 해당 지방자치단체의 관할구역에

---

33) 대법원 2008. 6. 12. 선고 2007추42 판결.

주민등록이 되어 있는 주민으로서 25세 이상의 국민은 그 지방의회의원 및 지방자치단체의 장의 피선거권이 있다. 이 경우 60일의 기간은 그 지방자치단체의 설치·폐지·분할·합병 또는 구역변경에 의하여 중단되지 아니한다.

3. 주민투표

(1) 주민투표권

18세 이상의 주민 중 투표인명부 작성기준일 현재 ① 그 지방자치단체의 관할 구역에 주민등록이 되어 있는 사람, ② 출입국관리 관계 법령에 따라 대한민국에 계속 거주할 수 있는 자격을 갖춘 외국인으로서 지방자치단체의 조례로 정한 사람 중 어느 하나에 해당하는 사람에게는 주민투표권이 있다. 다만, 「공직선거법」 제18조에 따라 선거권이 없는 사람에게는 주민투표권이 없다.[34]

국가 및 지방자치단체는 주민투표권자가 주민투표권을 행사할 수 있도록 필요한 조치를 취하여야 한다. 또한 투표권을 부여받은 재외국민 또는 외국인이 주민투표에 참여할 수 있도록 외국어와 한국어를 함께 표기하여 관련 정보를 제공하는 등 필요한 조치를 취하여야 한다. 공무원·학생 또는 다른 사람에게 고용된 자가 투표인명부를 열람하거나 투표를 하기 위하여 필요한 시간은 보장되어야 하며, 이를 휴무 또는 휴업으로 보지 아니한다.[35]

(2) 주민투표사무의 관리

주민투표사무는 특별시·광역시 또는 도에 있어서는 특별시·광역시·도 선거관리위원회가, 자치구·시 또는 군에 있어서는 구·시·군 선거관리위원회가 관리한다.

행정기관 그 밖의 공공기관은 주민투표관리기관으로부터 주민투표사무에 관하여 필요한 협조를 요구받은 때에는 우선적으로 이에 응하여야 한다.

(3) 주민투표의 대상

1) 주민에게 과도한 부담 등을 주는 사항

주민에게 과도한 부담을 주거나 중대한 영향을 미치는 지방자치단체의

---

34) 주민투표법 제5조.
35) 주민투표법 제2조.

주요결정사항으로서 그 지방자치단체의 조례로 정하는 사항은 주민투표에 부칠 수 있다.

다만, ① 법령에 위반되거나 재판중인 사항, ② 국가 또는 다른 지방자치단체의 권한 또는 사무에 속하는 사항, ③ 지방자치단체의 예산·회계·계약 및 재산관리에 관한 사항과 지방세·사용료·수수료·분담금 등 각종 공과금의 부과 또는 감면에 관한 사항, ④ 행정기구의 설치·변경에 관한 사항과 공무원의 인사·정원 등 신분과 보수에 관한 사항, ⑤ 다른 법률에 의하여 주민대표가 직접 의사결정주체로서 참여할 수 있는 공공시설의 설치에 관한 사항, ⑥ 동일한 사항에 대하여 주민투표가 실시된 후 2년이 경과되지 아니한 사항 등은 주민투표에 부칠 수 없다.

2) 국가정책에 관한 주민투표

중앙행정기관의 장은 지방자치단체의 폐치·분합 또는 구역변경, 주요시설의 설치 등 국가정책의 수립에 관하여 주민의 의견을 듣기 위하여 필요하다고 인정하는 때에는 주민투표의 실시구역을 정하여 관계 지방자치단체의 장에게 주민투표의 실시를 요구할 수 있다. 이 경우 중앙행정기관의 장은 미리 행정안전부장관과 협의하여야 한다.

지방자치단체의 장은 주민투표의 실시를 요구받은 때에는 지체 없이 이를 공표하여야 하며, 공표일부터 30일 이내에 그 지방의회의 의견을 들어야 한다. 지방의회의 의견을 들은 지방자치단체의 장은 그 결과를 관계 중앙행정기관의 장에게 통지하여야 한다.

⑷ 주민투표의 실시청구

1) 주민의 실시청구

18세 이상 주민 중 주민투표청구권자 총수의 20분의 1 이상 5분의 1 이하의 범위 안에서 지방자치단체의 조례로 정하는 수 이상의 서명으로 그 지방자치단체의 장에게 주민투표의 실시를 청구할 수 있다. 주민투표청구권자 총수는 전년도 12월 31일 현재의 주민등록표 및 외국인등록표에 따라 산정한다. 지방자치단체의 장은 매년 1월 10일까지 주민투표청구권자 총수를 공표하여야 한다.

2) 지방의회의 실시청구

지방의회는 재적의원 과반수의 출석과 출석의원 3분의 2 이상의 찬성으로 그 지방자치단체의 장에게 주민투표의 실시를 청구할 수 있다.

3) 지방자치단체장의 직권에 의한 실시

지방자치단체의 장은 직권에 의하여 주민투표를 실시하고자 하는 때에는 그 지방의회 재적의원 과반수의 출석과 출석의원 과반수의 동의를 얻어야 한다.

(5) 주민투표의 발의

지방자치단체의 장은 ① 관계 중앙행정기관의 장에게 주민투표를 발의하겠다고 통지한 경우, ② 주민의 주민투표실시청구가 적법하다고 인정되는 경우, ③ 지방의회의 동의를 얻은 경우 중 어느 하나에 해당하는 경우에는 지체 없이 그 요지를 공표하고 관할선거관리위원회에 통지하여야 한다.

지방자치단체의 장은 주민투표를 발의하고자 하는 때에는 공표일부터 7일 이내에 투표일과 주민투표안을 공고하여야 한다. 다만, 지방자치단체의 장 또는 지방의회가 주민투표청구의 목적을 수용하는 결정을 한 때에는 주민투표를 발의하지 아니한다.

지방자치단체의 관할구역의 전부 또는 일부에 대하여 「공직선거법」의 규정에 의한 선거가 실시되는 때에는 그 선거의 선거일전 60일부터 선거일까지의 기간동안에는 주민투표를 발의할 수 없다.

(6) 주민투표의 효력

주민투표에 부쳐진 사항은 주민투표권자 총수의 3분의 1 이상의 투표와 유효투표수 과반수의 득표로 확정된다. 다만, ① 전체 투표수가 주민투표권자 총수의 3분의 1에 미달되는 경우, ② 주민투표에 부쳐진 사항에 관한 유효득표수가 동수인 경우 중 어느 하나에 해당하는 경우에는 찬성과 반대 양자를 모두 수용하지 아니하거나, 양자택일의 대상이 되는 사항 모두를 선택하지 아니하기로 확정된 것으로 본다.

전체 투표수가 주민투표권자 총수의 3분의 1에 미달되는 때에는 개표를 하지 아니한다.

관할선거관리위원회는 개표가 끝난 때에는 지체 없이 그 결과를 공표한 후 지방자치단체의 장에게 통지하여야 한다. 지방자치단체의 장은 주민투표결과를 통지받은 때에는 지체 없이 이를 지방의회에 보고하여야 하며, 국가정책에

관한 주민투표인 때에는 관계 중앙행정기관의 장에게 주민투표결과를 통지하여
야 한다.

지방자치단체의 장 및 지방의회는 주민투표결과 확정된 내용대로 행정·
재정상의 필요한 조치를 하여야 한다. 지방자치단체의 장 및 지방의회는 주민
투표결과 확정된 사항에 대하여 2년 이내에는 이를 변경하거나 새로운 결정을
할 수 없다. 다만, 찬성과 반대 양자를 모두 수용하지 아니하거나 양자택일의
대상이 되는 사항 모두를 선택하지 아니하기로 확정된 때에는 그러하지 아니
하다.

(7) 주민투표소송

1) 주민투표소송

주민투표의 효력에 관하여 이의가 있는 주민투표권자는 주민투표권자 총
수의 100분의 1 이상의 서명으로 주민투표결과가 공표된 날부터 14일 이내에
관할선거관리위원회 위원장을 피소청인으로 하여 시·군 및 자치구에 있어서
는 특별시·광역시·도 선거관리위원회에, 특별시·광역시 및 도에 있어서는 중
앙선거관리위원회에 소청할 수 있다.

소청에 대한 결정에 관하여 불복이 있는 소청인은 관할선거관리위원회
위원장을 피고로 하여 그 결정서를 받은 날부터 10일 이내에 특별시·광역시
및 도에 있어서는 대법원에, 시·군 및 자치구에 있어서는 관할 고등법원에 소
를 제기할 수 있다.

2) 재투표 및 투표연기

지방자치단체의 장은 주민투표의 전부 또는 일부무효의 판결이 확정된
때에는 그 날부터 20일 이내에 무효로 된 투표구의 재투표를 실시하여야 한
다. 이 경우 투표일은 늦어도 투표일전 7일까지 공고하여야 한다.

재투표를 실시하는 때에는 그 판결에 특별한 명시가 없는 한 당초 투표에
사용된 투표인명부를 사용한다.

천재·지변으로 인하여 투표를 실시할 수 없거나 실시하지 못한 때에는
지방자치단체의 장은 관할선거관리위원회와 협의하여 투표를 연기하거나 다
시 투표일을 지정하여야 한다.

4. 조례의 제정과 개폐 청구

(1) 청구권자 및 요건

18세 이상의 주민으로서 ① 해당 지방자치단체의 관할 구역에 주민등록이 되어 있는 사람, ②「출입국관리법」에 따른 영주(永住)할 수 있는 체류자격 취득일 후 3년이 지난 외국인으로서 해당 지방자치단체의 외국인등록대장에 올라 있는 사람은 해당 지방자치단체의 의회에 조례를 제정하거나 개정 또는 폐지할 것을 청구할 수 있다.[36]

청구권자가 주민조례청구를 하려는 경우에는 ① 특별시 및 인구 800만 이상의 광역시·도: 청구권자 총수의 200분의 1, ② 인구 800만 미만의 광역시·도, 특별자치시, 특별자치도 및 인구 100만 이상의 시: 청구권자 총수의 150분의 1, ③ 인구 50만 이상 100만 미만의 시·군 및 자치구: 청구권자 총수의 100분의 1, ④ 인구 10만 이상 50만 미만의 시·군 및 자치구: 청구권자 총수의 70분의 1, ⑤ 인구 5만 이상 10만 미만의 시·군 및 자치구: 청구권자 총수의 50분의 1, ⑥ 인구 5만 미만의 시·군 및 자치구: 청구권자 총수의 20분의 1 이내에서 해당 지방자치단체의 조례로 정하는 청구권자 수 이상이 연대 서명하여야 한다.[37]

(2) 주민조례청구 제외 대상

지방자치단체의 자치사무에 관한 모든 사항은 조례청구의 대상이 되지만 ① 법령을 위반하는 사항, ② 지방세·사용료·수수료·부담금을 부과·징수 또는 감면하는 사항, ③ 행정기구를 설치하거나 변경하는 사항, ④ 공공시설의 설치를 반대하는 사항 등은 주민조례청구 대상에서 제외한다.[38]

(3) 대표자 선정

청구권자가 주민조례청구를 하려는 경우에는 청구인의 대표자를 선정하여야 하며, 선정된 대표자는 ① 주민조례청구의 취지·이유 등을 내용으로 하는 조례의 제정·개정·폐지 청구서, ② 조례의 제정안·개정안·폐지안을 첨부하여 지방의회의 의장에게 대표자 증명서 발급을 신청하여야 한다.[39] 지방의

---

36)「주민조례발안에 관한 법률」제2조.
37)「주민조례발안에 관한 법률」제5조 제1항.
38)「주민조례발안에 관한 법률」제3조.
39)「주민조례발안에 관한 법률」제6조.

회의 의장은 신청을 받으면 대표자가 청구권자인지를 확인하여 대표자 증명서를 발급하고 그 사실을 공표하여야 한다.

대표자는 청구권자에게 청구인명부에 서명할 것을 요청할 수 있다. 대표자는 청구권자에게 서명요청권을 위임할 수 있으며, 이를 위임한 경우에는 수임자의 성명 및 위임 연월일을 해당 지방의회의 의장에게 신고하여야 한다. 이 경우 지방의회의 의장은 즉시 위임신고증을 발급하여야 한다.

(4) 서명요청 기간

대표자 또는 수임자는 대표자 증명서 발급사실의 공표가 있은 날부터 특별시·광역시·특별자치시·도 및 특별자치도의 경우에는 6개월 이내에, 시·군 및 자치구의 경우에는 3개월 이내에 서명을 요청하여야 한다.[40]

(5) 청구인명부의 작성

청구인명부에 서명하려는 청구권자는 청구인명부에 ① 성명, ② 생년월일, ③ 주소 또는 체류지, ④ 서명 연월일 등의 사항을 적고, 서명하거나 도장을 찍어야 한다. 다만, 청구권자가 전자서명을 하는 경우에는 전자문서로 생성된 청구인명부에 이들 사항을 적은 것으로 본다.

서명을 한 청구권자가 그 서명을 취소하려면 대표자가 지방의회의 의장에게 청구인명부를 제출하기 전에 대표자에게 서명 취소를 요청하여야 한다. 이 경우 요청을 받은 대표자는 즉시 청구인명부에서 그 서명을 삭제하여야 한다. 전자서명을 한 청구권자가 그 전자서명을 취소하려는 경우에는 정보시스템을 통하여 직접 취소하여야 한다.[41]

(6) 청구인명부의 제출

대표자는 청구인명부에 서명한 청구권자의 수가 해당 지방자치단체의 조례로 정하는 청구권자 수 이상이 되면 서명요청 기간이 지난 날부터 시·도의 경우에는 10일 이내에, 시·군 및 자치구의 경우에는 5일 이내에 지방의회의 의장에게 청구인명부를 제출하여야 한다. 다만, 전자서명의 경우에는 대표자가 지방의회의 의장에게 정보시스템에 생성된 청구인명부를 직접 활용하도록 요청하여야 한다.

---

40) 「주민조례발안에 관한 법률」 제8조.
41) 「주민조례발안에 관한 법률」 제9조.

지방의회의 의장은 청구인명부를 제출받거나 청구인명부의 활용을 요청 받은 날부터 5일 이내에 청구인명부의 내용을 공표하여야 하며, 공표한 날부터 10일간 청구인명부나 그 사본을 공개된 장소에 갖추어 두어 열람할 수 있도록 하여야 한다.[42]

(7) 이의신청 및 보정요청

지방의회의 의장은 청구인명부의 서명이 ① 청구권자가 아닌 사람의 서명, ② 누구의 서명인지 확인하기 어려운 서명, ③ 서명요청권이 없는 사람이 받은 서명, ④ 한 사람이 동일한 사안에 대하여 2개 이상의 유효한 서명을 한 경우 그 중 하나의 서명을 제외한 나머지 서명, ⑤ 서명요청 기간 외의 기간 또는 서명요청 제한 기간에 받은 서명, ⑥ 청구권자가 서명 취소를 요청한 서명, ⑦ 강요·속임수나 그밖의 부정한 방법으로 받은 서명 등 어느 하나에 해당하는 경우 해당 서명을 무효로 결정하고 청구인명부를 수정한 후 그 사실을 즉시 대표자에게 알려야 한다.

청구인명부의 서명에 이의가 있는 사람은 열람기간에 지방의회의 의장에게 이의를 신청할 수 있다. 지방의회의 의장은 이의신청을 받으면 열람기간이 끝난 날부터 14일 이내에 이를 심사·결정하여야 한다. 이의신청이 이유 있다고 결정하는 경우에는 청구인명부를 수정하고, 그 사실을 이의신청을 한 사람과 대표자에게 알려야 하며, 이의신청이 이유 없다고 결정하는 경우에는 그 뜻을 즉시 이의신청을 한 사람에게 알려야 한다.[43]

지방의회의 의장은 이의신청 등의 결정으로 청구인명부에 서명한 청구권자의 수가 청구요건에 미치지 못할 때에는 대표자로 하여금 ① 시·도는 15일 이상, ② 시·군 및 자치구는 10일 이상 기간의 범위에서 해당 지방자치단체의 조례로 정하는 기간 내에 보정하게 할 수 있다.[44]

(8) 청구의 수리 및 각하

지방의회의 의장은 ① 이의신청이 없는 경우, ② 제기된 모든 이의신청에 대하여 결정이 끝난 경우 주민조례청구 요건에 적합한 경우에는 주민조례청구를 수리하고, 요건에 적합하지 아니한 경우에는 주민조례청구를 각하하여야

---

42) 「주민조례발안에 관한 법률」 제10조.
43) 「주민조례발안에 관한 법률」 제11조.
44) 「주민조례발안에 관한 법률」 제12조.

한다. 이 경우 수리 또는 각하 사실을 대표자에게 알려야 한다. 지방의회의 의장은 주민조례청구를 각하하려면 대표자에게 의견을 제출할 기회를 주어야 한다.

지방의회의 의장은 주민조례청구를 수리한 날부터 30일 이내에 지방의회의 의장 명의로 주민청구조례안을 발의하여야 한다.[45]

(9) 주민청구조례안의 심사 절차

지방의회는 주민청구조례안이 수리된 날부터 1년 이내에 주민청구조례안을 의결하여야 한다. 다만, 필요한 경우에는 본회의 의결로 1년 이내의 범위에서 한 차례만 그 기간을 연장할 수 있다.

지방의회는 심사 안건으로 부쳐진 주민청구조례안을 의결하기 전에 대표자를 회의에 참석시켜 그 청구의 취지를 들을 수 있다.

주민청구조례안은 주민청구조례안을 수리한 당시의 지방의회의원의 임기가 끝나더라도 다음 지방의회의원의 임기까지는 의결되지 못한 것 때문에 폐기되지 아니한다.[46]

5. 주민의 감사청구

(1) 의 의

지방자치단체의 조례로 정하는 18세 이상의 주민 수 이상의 연서(連署)로, 시·도에서는 주무부장관에게, 시·군 및 자치구에서는 시·도지사에게 그 지방자치단체와 그 장의 권한에 속하는 사무의 처리가 법령에 위반되거나 공익을 현저히 해친다고 인정되면 감사를 청구할 수 있는데 이를 주민감사청구라 한다.

(2) 요 건

① 조례로 정하는 18세 이상의 주민 수 이상의 연서가 있어야 한다. 현행 지방자치법은 시·도는 500명, 인구 50만 이상 대도시는 300명, 그 밖의 시·군 및 자치구는 200명을 넘지 아니하는 범위에서 그 지방자치단체의 조례로 연서해야 하는 주민의 수를 정하도록 규정하고 있다. ② 사무의 처리가 법령에 위반되거나 공익을 현저히 해친다고 인정되어야 한다. ③ 시·도에서는 주무부

---

45) 「주민조례발안에 관한 법률」 제12조.
46) 「주민조례발안에 관한 법률」 제13조.

장관에게, 시·군 및 자치구에서는 시·도지사에게 감사청구를 하여야 한다.

(3) 감사청구 대상 제외

① 수사나 재판에 관여하게 되는 사항, ② 개인의 사생활을 침해할 우려가 있는 사항, ③ 다른 기관에서 감사하였거나 감사 중인 사항, ④ 동일한 사항에 대하여 소송이 진행 중이거나 그 판결이 확정된 사항 중 어느 하나에 해당하는 사항은 감사청구의 대상에서 제외한다.

물론 다른 기관에서 감사하였거나 감사 중인 사항일지라도 새로운 사항이 발견되거나 중요 사항이 감사에서 누락된 경우에는 감사청구를 할 수 있다.

(4) 절 차

감사청구는 사무처리가 있었던 날이나 끝난 날부터 2년이 지나면 제기할 수 없다. 주무부장관이나 시·도지사는 감사청구를 수리한 날부터 60일 이내에 감사청구된 사항에 대하여 감사를 끝내야 하며, 감사결과를 청구인의 대표자와 해당 지방자치단체의 장에게 서면으로 알리고 공표하여야 한다. 다만, 그 기간에 감사를 끝내기가 어려운 정당한 사유가 있으면 그 기간을 연장할 수 있다. 이 경우 이를 미리 청구인의 대표자와 해당 지방자치단체의 장에게 알리고 공표하여야 한다. 주무부장관이나 시·도지사는 주민 감사청구를 처리할 때 청구인의 대표자에게 반드시 증거 제출 및 의견 진술의 기회를 주어야 한다. 주무부장관이나 시·도지사는 감사결과에 따라 기간을 정하여 해당 지방자치단체의 장에게 필요한 조치를 요구할 수 있다. 이 경우 그 지방자치단체의 장은 이를 성실히 이행하여야 하고 그 조치결과를 지방의회와 주무부장관 또는 시·도지사에게 보고하여야 한다. 주무부장관이나 시·도지사는 조치요구내용과 지방자치단체의 장의 조치결과를 청구인의 대표자에게 서면으로 알리고 공표하여야 한다.

6. 주민소송

(1) 의 의

공금의 지출에 관한 사항 등을 감사청구한 주민은 그 감사청구한 사항과 관련이 있는 위법한 행위나 업무를 게을리 한 사실에 대하여 해당 지방자치단체의 장을 상대방으로 하여 소송을 제기할 수 있는데 이를 주민소송이라 한다.

(2) 소송의 당사자

1) 원 고

공금의 지출에 관한 사항 등을 감사청구한 주민이 주민소송의 원고가 된다.

2) 피 고

감사청구한 사항과 관련이 있는 위법한 행위나 업무를 게을리 한 해당 지
방자치단체의 장이 피고가 된다. 해당 사항의 사무처리에 관한 권한을 소속
기관의 장에게 위임한 경우에는 그 소속 기관의 장이 피고가 된다.

(3) 소송의 대상

① 공금의 지출에 관한 사항, ② 재산의 취득·관리·처분에 관한 사항, ③
해당 지방자치단체를 당사자로 하는 매매·임차·도급 계약이나 그 밖의 계약
의 체결·이행에 관한 사항 또는 ④ 지방세·사용료·수수료·과태료 등 공금의
부과·징수를 게을리한 사항 등에 대해 감사청구한 사항과 관련이 있는 위법
한 행위나 업무를 게을리 한 사실이 소송의 대상이 된다.

(4) 제소사유

주민소송은 주민이 감사청구한 사항에 대하여 ① 주무부장관이나 시·도지
사가 감사청구를 수리한 날부터 60일(감사기간이 연장된 경우에는 연장기간이 끝난 날)이
지나도 감사를 끝내지 아니한 경우, ② 감사결과 또는 조치요구에 불복하는 경
우, ③ 주무부장관이나 시·도지사의 조치요구를 지방자치단체의 장이 이행하
지 아니한 경우, ④ 지방자치단체의 장의 이행 조치에 불복하는 경우에 제기
할 수 있다.

(5) 소송의 종류·제소기간·판결의 효력

1) 중지청구소송

가. 의 의

해당 행위를 계속하면 회복하기 곤란한 손해를 발생시킬 우려가 있는 경
우에는 그 행위의 전부나 일부를 중지할 것을 요구하는 소송을 말한다.

중지청구소송은 해당 행위를 중지할 경우 생명이나 신체에 중대한 위해
가 생길 우려가 있거나 그 밖에 공공복리를 현저하게 저해할 우려가 있으면
제기할 수 없다.

나. 제소기간

해당 60일이 끝난 날(감사기간이 연장된 경우에는 연장기간이 끝난 날)부터 90일 이내에 제기하여야 한다.

2) 취소·변경 요구소송 또는 효력유무 등 확인소송

가. 의 의

행정처분인 해당 행위의 취소 또는 변경을 요구하거나 그 행위의 효력 유무 또는 존재 여부의 확인을 요구하는 소송을 말한다.

나. 제소기간

해당 감사결과나 조치요구내용에 대한 통지를 받은 날부터 90일 이내에 제기하여야 한다.

3) 게을리한 사실 위법확인소송

가. 의 의

게을리한 사실의 위법 확인을 요구하는 소송을 말한다.

나. 제소기간

해당 조치를 요구할 때에 지정한 처리기간이 끝난 날부터 90일 이내에 제기하여야 한다.

4) 부당이득반환청구 요구소송

가. 의 의

해당 지방자치단체의 장 및 직원, 지방의회의원, 해당 행위와 관련이 있는 상대방에게 손해배상청구 또는 부당이득반환청구를 할 것을 요구하는 소송을 말한다.

나. 제소기간

해당 이행 조치결과에 대한 통지를 받은 날부터 90일 이내에 제기하여야 한다.

다. 판결의 효력

지방자치단체의 장(해당 사항의 사무처리에 관한 권한을 소속 기관의 장에게 위임한 경우에는 그 소속 기관의 장)은 손해배상청구나 부당이득반환청구를 명하는 판결이 확정되면 그 판결이 확정된 날부터 60일 이내를 기한으로 하여 당사자에게 그 판결에 따라 결정된 손해배상금이나 부당이득반환금의 지불을 청구하여야 한다. 다만, 손해배상금이나 부당이득반환금을 지불하여야 할 당사자가 지방자치단체의 장이면 지방의회 의장이 지불을 청구하여야 한다.

지방자치단체는 지불청구를 받은 자가 같은 기한 내에 손해배상금이나 부당이득반환금을 지불하지 아니하면 손해배상·부당이득반환의 청구를 목적으로 하는 소송을 제기하여야 한다. 이 경우 그 소송의 상대방이 지방사치단체의 장이면 그 지방의회 의장이 그 지방자치단체를 대표한다.

5) 변상명령 요구소송

가. 의 의

해당 지방자치단체의 직원이 「회계관계직원 등의 책임에 관한 법률」 제4조에 따른 변상책임을 져야 하는 경우에 변상명령을 할 것을 요구하는 소송을 말한다.

나. 제소기간

해당 이행 조치결과에 대한 통지를 받은 날부터 90일 이내에 제기하여야 한다.

다. 판결의 효력

지방자치단체의 장은 소송에서 변상할 것을 명하는 판결이 확정되면 그 판결이 확정된 날부터 60일 이내를 기한으로 하여 당사자에게 그 판결에 따라 결정된 금액을 변상할 것을 명령하여야 한다. 변상할 것을 명령받은 자가 기한 내에 변상금을 지불하지 아니하면 지방세 체납처분의 예에 따라 징수할 수 있다.

변상할 것을 명령받은 자는 이에 불복하는 경우 행정소송을 제기할 수 있다. 다만, 「행정심판법」에 따른 행정심판청구는 제기할 수 없다.

(6) 소송절차의 중단과 수계

소송의 계속 중에 소송을 제기한 주민이 사망하거나 주민의 자격을 잃으면 소송절차는 중단된다. 소송대리인이 있는 경우에도 또한 같다.

물론 소송절차 중단사유가 발생한 경우라도 감사청구에 연서한 다른 주민이 중단사유가 발생한 사실을 안 날부터 6개월 이내에 소송절차를 수계(受繼)할 수 있다. 이 기간에 수계절차가 이루어지지 아니할 경우 그 소송절차는 종료된다.

법원은 소송이 중단되면 감사청구에 연서한 다른 주민에게 소송절차를 중단한 사유와 소송절차 수계방법을 지체 없이 알려야 한다. 이 경우 법원은 감사청구에 적힌 주소로 통지서를 우편으로 보낼 수 있고, 우편물이 통상 도달할 수 있을 때에 감사청구에 연서한 다른 주민은 사유가 발생한 사실을 안 것으로 본다.

(7) 관할법원

주민소송은 해당 지방자치단체의 사무소 소재지를 관할하는 행정법원, 행정법원이 설치되지 아니한 지역에서는 행정법원의 권한에 속하는 사건을 관할하는 지방법원본원을 관할법원으로 본다.

(8) 소송고지 및 소송참가

해당 지방자치단체의 장은 중지청구소송, 취소·변경 요구소송 또는 효력유무 등 확인소송, 게을리한 사실 위법확인소송이 제기된 경우 그 소송 결과에 따라 권리나 이익의 침해를 받을 제3자가 있으면 그 제3자에 대하여, 부당이득반환청구 요구소송 또는 변상명령 요구소송이 제기된 경우 그 직원, 지방의회의원 또는 상대방에 대하여 소송고지를 하여 줄 것을 법원에 신청하여야 한다.

국가, 상급 지방자치단체 및 감사청구에 연서한 다른 주민과 소송고지를 받은 자는 법원에서 계속 중인 소송에 참가할 수 있다.

(9) 소의 취하 등

소송에서 당사자는 법원의 허가를 받지 아니하고는 소의 취하, 소송의 화해 또는 청구의 포기를 할 수 없다. 이 경우 법원은 허가하기 전에 감사청구에 연서한 다른 주민에게 이를 알려야 하며, 알린 때부터 1개월 이내에 허가 여부를 결정하여야 한다.

(10) 비용 청구 및 지급

소송을 제기한 주민은 승소한 경우 그 지방자치단체에 대하여 변호사 보수 등의 소송비용, 감사청구절차의 진행 등을 위하여 사용된 여비, 그 밖에 실제로 든 비용을 보상할 것을 청구할 수 있다. 이 경우 지방자치단체는 청구된 금액의 범위에서 그 소송을 진행하는 데에 객관적으로 사용된 것으로 인정되는 금액을 지급하여야 한다.

7. 주민소환

(1) 의 의

지방자치법 제25조 제1항은 "주민은 그 지방자치단체의 장 및 지방의회의원을 소환할 권리를 가진다"라고 규정하고 있는데, 이 규정에 따라 주민들의 의사로 지방자치단체의 장 등을 그 직에서 해임시키는 것을 말한다.

(2) 주민소환 투표권자

주민소환투표인명부 작성기준일 현재 ① 19세 이상의 주민으로서 당해 지방자치단체 관할구역에 주민등록이 되어 있는 자, ② 19세 이상의 외국인으로서 「출입국관리법」에 따른 영주의 체류자격 취득일 후 3년이 경과한 자 중 당해 지방자치단체 관할구역의 외국인등록대장에 등재된 자 중 어느 하나에 해당하는 자는 주민소환투표권이 있다. 주민소환투표권자의 연령은 주민소환투표일 현재를 기준으로 계산한다.

(3) 주민소환투표의 청구

전년도 12월 31일 현재 주민소환투표청구권자는 해당 지방자치단체의 장 및 지방의회의원[47]에 대하여 주민의 서명으로 그 소환사유를 서면에 구체적으로 명시하여 관할선거관리위원회에 주민소환투표의 실시를 청구할 수 있다.

청구에 필요한 주민 서명은 ① 특별시장·광역시장·도지사는 당해 지방자치단체의 주민소환투표청구권자 총수의 100분의 10 이상, ② 시장·군수·자치구의 구청장은 당해 지방자치단체의 주민소환투표청구권자 총수의 100분의 15 이상, ③ 시·도의회의원 및 자치구·시·군의회 의원은 당해 지방의회의원의 선거구 안의 주민소환투표청구권자 총수의 100분의 20 이상이어야 한다.

시·도지사에 대한 주민소환투표를 청구함에 있어서 당해 지방자치단체 관할구역 안의 시·군·자치구 전체의 수가 3개 이상인 경우에는 3분의 1 이상의 시·군·자치구에서 각각 주민소환투표청구권자 총수의 1만분의 5 이상 1천분의 10 이하의 범위 안에서 대통령령이 정하는 수 이상의 서명을 받아야 한다.

다만, 당해 지방자치단체 관할구역 안의 시·군·자치구 전체의 수가 2개인 경우에는 각각 주민소환투표청구권자 총수의 100분의 1 이상의 서명을 받

---

47) 비례대표선거구시·도의회의원 및 비례대표선거구자치구·시·군의회의원은 제외.

아야 한다.

시장·군수·자치구의 구청장 및 지역구 지방의회 의원에 대한 주민소환투표를 청구함에 있어서 당해 시장·군수·자치구의 구청장 및 당해 지역구 지방의회의원 선거구 안의 읍·면·동 전체의 수가 3개 이상인 경우에는 3분의 1 이상의 읍·면·동에서 각각 주민소환투표청구권자 총수의 1만분의 5 이상 1천분의 10 이하의 범위 안에서 대통령령이 정하는 수 이상의 서명을 받아야 한다.

다만, 당해 시장·군수·자치구의 구청장 및 당해 지역구 지방의회 의원 선거구 안의 읍·면·동 전체의 수가 2개인 경우에는 각각 주민소환투표청구권자 총수의 100분의 1 이상의 서명을 받아야 한다.

⑷ 주민소환투표의 청구제한기간

① 선출직 지방공직자의 임기개시일부터 1년이 경과하지 아니한 때, ② 선출직 지방공직자의 임기만료일부터 1년 미만일 때, ③ 해당선출직 지방공직자에 대한 주민소환투표를 실시한 날부터 1년 이내인 때에는 주민소환투표의 실시를 청구할 수 없다.

⑸ 주민소환투표의 발의

관할선거관리위원회는 주민소환투표청구가 적법하다고 인정하는 경우에는 지체 없이 그 요지를 공표하고, 소환청구인대표자 및 해당 선출직 지방공직자에게 그 사실을 통지하여야 한다.

관할선거관리위원회는 통지를 받은 선출직 지방공직자에 대한 주민소환투표를 발의하고자 하는 때에는 주민소환투표대상자의 소명요지 또는 소명서 제출기간이 경과한 날부터 7일 이내에 주민소환투표일과 주민소환투표안을 공고하여 주민소환투표를 발의하여야 한다.

⑹ 주민소환투표의 실시

주민소환투표는 찬성 또는 반대를 선택하는 형식으로 실시한다. 지방자치단체의 동일 관할구역에 2인 이상의 주민소환투표대상자가 있을 때에는 관할선거관리위원회는 하나의 투표용지에 그 대상자별로 주민소환투표를 실시할 수 있다.

주민소환투표일은 공고일부터 20일 이상 30일 이하의 범위 안에서 관할선거관리위원회가 정한다. 다만, 주민소환투표대상자가 자진사퇴, 피선거권

상실 또는 사망 등으로 궐위된 때에는 주민소환투표를 실시하지 아니한다.

(7) 주민소환투표의 효력

1) 권한행사의 정지 및 권한대행

주민소환투표대상자는 관할선거관리위원회가 주민소환투표안을 공고한 때부터 주민소환투표결과를 공표할 때까지 그 권한행사가 정지된다.

지방자치단체의 장의 권한이 정지된 경우에는 부지사·부시장·부군수·부구청장이 그 권한을 대행하고, 부단체장이 권한을 대행할 수 없는 경우에는 그 지방자치단체의 규칙에 정하여진 직제 순서에 따른 공무원이 그 권한을 대행하거나 직무를 대리한다.

2) 주민소환투표 결과의 확정

주민소환은 주민소환투표권자 총수의 3분의 1 이상의 투표와 유효투표 총수 과반수의 찬성으로 확정된다. 전체 주민소환투표자의 수가 주민소환투표권자 총수의 3분의 1에 미달하는 때에는 개표하지 아니한다.

3) 주민소환투표의 효력

주민소환이 확정된 때에는 주민소환투표대상자는 그 결과가 공표된 시점부터 그 직을 상실한다. 그 직을 상실한 자는 그로 인하여 실시하는 해당 보궐선거에 후보자로 등록할 수 없다.

(8) 주민소환투표 소청 및 소송

주민소환투표의 효력에 관하여 이의가 있는 해당 주민소환투표대상자 또는 주민소환투표권자(주민소환투표권자 총수의 100분의 1 이상의 서명을 받아야 한다)는 주민소환투표결과가 공표된 날부터 14일 이내에 관할선거관리위원회 위원장을 피소청인으로 하여 지역구시·도의원, 지역구자치구·시·군의원 또는 시장·군수·자치구의 구청장을 대상으로 한 주민소환투표에 있어서는 특별시·광역시·도선거관리위원회에, 시·도지사를 대상으로 한 주민소환투표에 있어서는 중앙선거관리위원회에 소청할 수 있다.

소청에 대한 결정에 관하여 불복이 있는 소청인은 관할선거관리위원회 위원장을 피고로 하여 그 결정서를 받은 날(결정서를 받지 못한 때에는 결정기간이 종료된 날)부터 10일 이내에 지역구시·도의원, 지역구자치구·시·군의원 또는 시장·군수·자치구의 구청장을 대상으로 한 주민소환투표에 있어서는 그 선거

구를 관할하는 고등법원에, 시·도지사를 대상으로 한 주민소환투표에 있어서
는 대법원에 소를 제기할 수 있다.

8. 주민의 의무

주민은 법령으로 정하는 바에 따라 소속 지방자치단체의 비용을 분담하
여야 하는 의무를 진다. 비용분담의 형태로 지방세·사용료·수수료·분담금 등
을 규정하고 있다.

V. 지방자치단체의 권한

1. 자치입법권

(1) 의 의

헌법에 의해 지방자체단체는 법령의 범위 안에서 자치행정에 관한 법규
범을 정립할 수 있는 자치입법권을 가진다. 현행법상 자치법규에는 지방의회
가 제정하는 '조례', 지방자치단체의 장이 제정하는 '규칙', 교육감이 제정하는
'교육규칙', 그리고 그 밖에 의사규칙·영조물규칙 등과 같은 '내부규칙'이 있다.

(2) 조 례
1) 의 의

조례는 지방자치단체가 법령의 범위 내에서 자기의 권한 내의 사무에 관
하여 지방의회의 의결을 거쳐 제정하는 법규범이다. 조례는 법규적 성질, 즉
대외적 구속력을 가지는 것이 보통이지만 행정규칙적 성질, 즉 대내적 구속력
을 가지는 것도 있다.

조례제정의 대상은 자치사무와 단체위임사무에 관한 사항이다. 따라서 기
관위임사무에 관한 사항은 조례제정사항에서 제외된다. 다만, 기관위임사무
에 대하여 법령이 그 대강(상한선)만을 정하고 자치단체에서 구체적으로 정하
도록 위임할 경우에 예외적으로 조례를 제정할 수 있다. 이를 특히 '위임조례'
라 한다.

2) 조례의 성질
가. 자주입법설(법률유사설)

조례제정권은 헌법 제117조의 "법령의 범위 안에서 자치에 관한 규정을

제정할 수 있다"는 규정으로부터 직접 권한을 부여받은 것으로서, 조례는 이러한 제정권에 기초하여 제정되는 자주적 입법의 산물이라는 견해이다.

여기서 '법령의 범위 안'이라고 하는 것은 법률의 유보 또는 법률의 법규창조력 등과는 관련이 없고 단순히 국가법률 또는 국가명령이 지방자치단체의 조례 또는 규칙보다 효력상 우위를 가질 뿐이라고 해석한다. 따라서 자치사무에 대하여는 법령에 위반되지 않는 한 법령의 개별적인 위임이 없이도 조례를 제정할 수 있다는 주장이다.

독일 연방헌법재판소는 조례를 지방자치단체가 그의 자주성을 근거로 하여 지방자치단체에 속하는 주민들에게 적용하기 위하여 제정하는 법 규정으로 보고 있다. 독일 학자들 역시 조례와 법률은 질적으로 다르지 않고 조례도 하나의 법률이며, 조례의 적용을 받는 게마인데의 구역 내에서는 연방법이나 주법과 동일한 구속력을 가지고 있다고 주장한다. 다만 게마인데에 관계되는 모든 규정은 최종적으로 국법질서에 적합하지 않으면 안 되고, 법률에 모순이 되어서는 안 되기 때문에 조례는 법률보다는 하위에 있다고 한다. 결국 자주입법설은 조례를 법률과 유사한 것으로 보고 있다.[48]

나. 위임입법설(명령유사설)

근대법 체계는 헌법을 정점으로 하여 법률, 다시 법률의 수권에 의하여 명령·조례가 제정되고 이러한 조례를 포함한 법령이 헌법 아래서 일관된 법체계를 구성하고 있기 때문에 조례도 그 기초는 명령과 마찬가지로 법률에 있다고 할 것이며 법률의 수권에 근거한 위임입법의 일종이라는 견해이다.[49]

프랑스 헌법 제72조는 "지방자치단체는 선출된 위원회(의회)에 의하여 법률에 정한 조건에 따라 자유로이 행정한다"고 규정함으로써, 프랑스에서 말하는 분권화란 형식적 의미의 입법권과 사법권을 포함한 정치적 분권화가 아닌 형식적 의미의 행정적 분권화만을 의미한다. 따라서 지방의 주민대표기관은 의결기관으로서의 행정위원회에 불과하기 때문에 원초적 입법권을 향유하지 못하고 지방자치단체는 중앙정부가 부여하고 규정한 조건에 따라 명령권만 행사할 수 있다.[50]

---

48) 이광윤(328면).

49) 박윤흔, "법령과 조례의 관계", 「고시계」, 1992. 11, 40면.

50) 이광윤(329면).

다. 소 결

자주입법설이 통설적 견해이다. 판례 역시 "지방자치단체는 그 내용이 주민의 권리의 제한 또는 의무의 부과에 관한 사항이거나 벌칙에 관한 사항이 아닌 한 법률의 위임이 없더라도 조례를 제정할 수 있다"라고 판시[51]하여 자주입법설을 따르고 있다.

조례의 성질을 자주입법설로 이해하는 것이 타당하다. 그런데 조례의 사법적 통제에 대하여 조례를 명령·규칙의 일종으로 보아, 즉 자치법규를 법규명령에 준하는 것으로 보아 대법원에 의한 위헌·위법 심사 대상으로 규정하고 있는 현행법의 태도는 이해하기 어렵다. 자주입법설의 이념상 조례의 심사권은 헌법재판소의 위헌심사 대상으로 하여야 할 것이다.

3) 조례제정권의 한계

가. 법률우위의 원칙

(가) 문제의 소재

조례란 지방의회가 제정하는 법규범을 말한다. 따라서 조례제정권은 지방자치단체의 권한이다. 지방자치법 제28조 제1항은 "지방자치단체는 법령의 범위에서 그 사무에 관하여 조례를 제정할 수 있다"라고 규정하여 지방자치단체의 조례제정권을 원칙적으로 인정하고 있지만, '법령의 범위에서'라는 제한을 두고 있다. 여기서 '법률에 반할 수 없다'는 의미의 해석에 있어서는 견해가 대립한다.

(나) '법령의 범위에서'의 의미

'법령의 범위에서'의 의미에 대하여 과거에는 '국가법령이 이미 정하고 있는 사항에 대해서는 이를 조례로 다시 정하는 것이 위법'이라는 이른바 국가법률선점론이 통설적 견해였다. 국가법률선점론에 유연성을 가미하여 환경, 도시, 지역산업 등의 문제에 대해서는 지역 실정에 맞는 자치입법권을 보장하기 위하여 국가법률이 존재하더라도 지역적 특수성을 고려한 조례의 제정이 가능하다는 견해도 있었다. 이를 완화된 국가법률선점론이라 한다.

하지만 오늘날에는 국가법률의 존재 유무에 따라 조례의 법률위반 여부를 판단하기 보다는 법령과 조례 상호간의 관계를 구체적으로 검토하여 법률위반 여부를 판단하여야 한다는 견해가 지배적이다.

---

51) 대법원 1992. 6. 23. 선고 92추17 판결.

㈐ 추가조례

추가조례란 국가법령이 존재하지만 그 규율대상과 규율사항을 달리하는 조례를 말한다. 예컨대 「여객자동차 운수사업법」이라는 국가법률이 존재함에도 불구하고 제주특별자치도 의회가 '제주특별자치도 이외의 곳에 등록된 자동차대여사업자 및 대여사업용 자동차에 대하여 제주특별자치도 내에서의 영업을 금지하는 등의 사항'을 규정하는 「제주특별자치도 여객자동차 운수사업에 관한 조례」를 제정할 경우 이를 추가조례라고 한다.

종래 국가법률선점론에 따른다면 국가법령이 존재한다는 사실만으로 이러한 조례는 법령위반으로 평가되겠지만 오늘날에는 법령과 조례의 관계를 구체적으로 검토하여 법령위반여부를 판단하기 때문에 국가법령과 규율대상과 사항이 다른 조례는 '법령의 범위 안에서' 원칙을 위반하지 않은 것으로 보인다.

㈑ 초과조례

초과조례란 법령과 조례가 동일한 규율목적으로 동일한 사항을 규정하고 있는 경우에 조례가 법령이 정한 기준을 초과하여 보다 강화되거나 보다 약화된 기준을 정한 경우를 말한다. 초과조례는 침익초과조례와 수익초과조례로 나누어 생각해 볼 수 있다.

침익초과조례란 법령에서 정하고 있는 것보다 강한 기준을 규정하여 주민에게 침익적 효과를 미치는 조례를 말한다. 침익초과조례는 "주민의 권리 제한 또는 의무 부과에 관한 사항이나 벌칙을 정할 때에는 법률의 위임이 있어야 한다"라는 지방자치법 제28조 제1항의 단서 규정에 따라 인정할 수 없다는 것이 통설적 견해이다.

한편, 수익초과조례란 법령에서 정하고 있는 것보다 낮은 수준의 기준을 정하거나 급부를 강화하여 주민에게 수익적 효과를 발생시키는 조례를 말한다. 법령이 최소한의 기준을 정하고 지방의 실정에 맞게 별도로 급부를 강화하는 조례를 제정하는 것은 허용된다는 것이 지배적 견해이다.

나. 법률유보원칙

㈎ 문제의 소재

지방자치법 제28조 제1항 단서에 " … 다만, 주민의 권리 제한 또는 의무 부과에 관한 사항이나 벌칙을 정할 때에는 법률의 위임이 있어야 한다"라는 문언이 있다. 한편 헌법 제117조 제1항은 "지방자치단체는 주민의 복리에 관한 사무를 처리하고 재산을 관리하며, 법령의 범위안에서 자치에 관한 규정을 제정할 수 있다"라고 규정하고 있을 뿐, 침익·벌칙조례에 법률의 수권을 요한다는 내용을 따로 규정하고 있지 않다. 따라서 지방자치법 제28조 제1항 단서가 헌법 제117조를 위반한 것은 아닌지에 대해 견해가 대립하고 있다.

　(나) 위헌설

　지방의회는 지방자치단체의 구성요소인바, 지방자치를 행정, 입법, 사법을 모두 포함하는 정치적 분권으로 이해한다면 지방의회의 조례제정권은 법률과 유사한 법규를 제정하는 자주입법작용이며, 따라서 헌법 제117조 제1항의 정신을 벗어나서 법률의 수권을 요하도록 규정한 지방자치법 제28조 제1항 단서는 위헌으로 보아야 한다는 견해이다.

　(다) 엄격한 법률유보설

　지방자치법 제28조 제1항 단서는 합헌적 규정이며, 따라서 침익·벌칙조례는 법규정의 문언에 따라 법률유보 원칙이 엄격히 적용되어야 한다는 입장이다. 헌법 제117조 제1항의 '법령의 범위 안에서'의 문언이 반드시 법률우위만을 의미하고 법률유보는 제외하는 것이라는 명확한 증거도 없고, 지방자치법 제28조 제1항 단서는 국민의 기본권 제한은 법률에 의해서만 가능하도록 설계한 헌법 제37조 제2항을 구체화한 것이라는 논거를 제시하고 있다.

　(라) 완화된 법률유보설

　헌법 제37조 제2항과 지방자치법 제28조 제1항 단서에 따라 침익·벌칙조례에 법률유보 원칙이 적용된다는 점을 부정할 수는 없지만, 조례에 대한 법률위임은 법규명령 등 행정권의 규범정립작용에 대한 법률위임보다는 좀 더 포괄적이어도 무방하다는 입장이다. 판례의 태도이기도 하다. 헌법이 자치입법권을 보장하고 있고, 조례는 선거에 의해 민주적 정당성을 확보한 지방의회가 제정하는 것이므로 법률유보 원칙을 법규명령 등 다른 하위법령의 제정보다는 느슨하게 적용하는 것이 타당하다는 논거를 제시하고 있다.

　(마) 소 결

　① 우리나라는 지방분권의 전통이 없고 지방자치권의 고유권설을 뒷받침할 실증적 논거가 없다는 점, ② 수평적으로 3분된 국가권력 중 하나를 관장하는 국회와 달리 지방의회는 행정의 분권작용으로 보아야 하다는 점 등을 고

684 제7편 행정의 주체 및 수단

려해 볼 때, 지방자치법 제28조 제1항 단서의 문언에 따라 침익·벌칙조례의 제정에 법률유보의 원칙이 적용되는 것으로 보는 것이 타당하다.

하지만 조례를 제정하는 지방의회는 선거에 의해 민주적 정당성을 확보한 주민의 대표들로 구성되는 까닭에 법규명령이나 다른 행정법규보다는 다소 포괄적 위임이 가능하도록 법률유보 원칙을 느슨하게 적용하여야 한다는 완화된 법률유보설이 타당한 것으로 보인다.

4) 조례 제정 절차 등

조례안이 지방의회에서 의결되면 지방의회의 의장은 의결된 날부터 5일 이내에 그 지방자치단체의 장에게 이송하여야 한다. 지방자치단체의 장은 조례안을 이송받으면 20일 이내에 공포하여야 한다. 지방자치단체의 장은 이송받은 조례안에 대하여 이의가 있으면 제2항의 기간에 이유를 붙여 지방의회로 환부하고, 재의를 요구할 수 있다. 이 경우 지방자치단체의 장은 조례안의 일부에 대하여 또는 조례안을 수정하여 재의를 요구할 수 없다.

지방의회는 재의 요구를 받으면 조례안을 재의에 부치고 재적의원 과반수의 출석과 출석의원 3분의 2 이상의 찬성으로 전과 같은 의결을 하면 그 조례안은 조례로서 확정된다.

지방자치단체의 장이 기간에 공포하지 아니하거나 재의 요구를 하지 아니하더라도 그 조례안은 조례로서 확정된다.

지방자치단체의 장은 확정된 조례를 지체 없이 공포하여야 한다. 조례가 확정된 후 또는 확정된 조례가 지방자치단체의 장에게 이송된 후 5일 이내에 지방자치단체의 장이 공포하지 아니하면 지방의회의 의장이 공포한다. 지방자치단체의 장이 조례를 공포하였을 때에는 즉시 해당 지방의회의 의장에게 통지하여야 하며, 지방의회의 의장이 조례를 공포하였을 때에는 그 사실을 즉시 해당 지방자치단체의 장에게 통지하여야 한다.

조례와 규칙은 특별한 규정이 없으면 공포한 날부터 20일이 지나면 효력을 발생한다.[52]

---

52) 「지방자치법」 제32조.

⑶ 규 칙

1) 규칙의 의의

규칙은 지방자치단체의 장이 법령 또는 조례가 위임한 범위 내에서 그 권한 내의 사무에 관하여 제정하는 법규범이다. 규칙 중에는 대외적 구속력을 갖는 것과 대내적 구속력을 갖는 것이 있다.

2) 규칙의 제정

규칙은 법령 또는 조례가 위임한 사항에 관해서만 제정할 수 있다. 규칙에 따라서는 상급기관의 사전승인을 받아야 하는 경우도 있으나, 대부분의 경우에는 지방자치단체의 장이 단독으로 시·도지사는 행정안전부장관에게, 시장·군수·자치구청장은 시·도지사에게 사후보고를 하도록 하고 있다.

3) 효력발생

규칙은 특별한 규정이 없는 한 공포한 날로부터 20일을 경과함으로써 효력을 발생한다.

2. 자치조직권·자치인사권

지방자치단체는 지방의회의원 및 지방자치단체의 장을 선거하며 필요한 조직을 갖추는 등 자치조직권을 가진다. 그리고 지방자치단체의 경비로서 임용한 지방공무원에 대한 자치적 인사권을 가진다.

3. 자치재정권

지방자체단체는 그 존립목적을 수행하기 위하여 필요한 세입을 확보하고 지출을 관리하는 권한을 가지는데 이를 자주재정권 또는 자치재정권이라 한다.

지방자치단체의 수입으로는 ① 지방세, ② 사용세·수수료·분담금 ③ 재산수입·사업수입·과태료·기부금, ④ 지방교부세·국고보조금, ⑤ 지방채·일시차입금 등이 있다.

4. 자치행정권

지방자치단체는 주민의 복리를 위한 행정으로 급부행정권·규제행정권·소방권·공용부담특권 등을 가지고 있다.

VI. 지방자치단체의 기관

1. 지방의회(의결기관)

(1) 법적 지위와 구성

지방의회는 지방자치단체의 최고의사결정기관, 즉 의결기관으로서 주민이 선출한 의원으로 구성되며 헌법기관이다.

(2) 지방의회의 권한

1) 의결권

지방의회는 ① 조례의 제정 및 개폐, ② 예산의 심의·의결, ③ 결산의 승인, ④ 지방세·사용료·수수료·분담금의 부과·징수, ⑤ 중요재산의 취득·처분, ⑥ 공공시설의 설치·관리 등의 사항에 관한 의결권을 가진다.

2) 출석·답변 요구권

지방자치단체의 장 또는 관계공무원에 대하여 지방의회 또는 위원회에 출석·답변할 것을 요구할 수 있다.

3) 청원의 심사·처리권

주민은 의원의 소개를 얻어 지방의회에 청원할 수 있으며, 지방의회는 제출된 청원을 심사·처리할 권한을 가진다. 다만, 그 청원을 지방자치단체의 장이 처리하는 것이 타당하다고 인정되는 경우에는 지방자치단체의 장에게 이송하며, 지방자치단체의 장은 그 처리결과를 즉시 지방의회에 보고하여야 한다.

4) 행정사무 감사 및 조사권

가. 의 의

지방의회는 매년 1회 그 지방자치단체의 사무에 대하여 시·도에서는 14일의 범위에서, 시·군 및 자치구에서는 9일의 범위에서 감사를 실시하고, 지방자치단체의 사무 중 특정 사안에 관하여 본회의 의결로 본회의나 위원회에서 조사하게 할 수 있다.

조사를 발의할 때에는 이유를 밝힌 서면으로 하여야 하며, 재적의원 3분의 1 이상의 연서가 있어야 한다.

지방자치단체 및 그 장이 위임받아 처리하는 국가사무와 시·도의 사무에 대하여 국회와 시·도의회가 직접 감사하기로 한 사무 외에는 그 감사를 각각 해당 시·도의회와 시·군 및 자치구의회가 할 수 있다. 이 경우 국회와 시·도 의회는 그 감사결과에 대하여 그 지방의회에 필요한 자료를 요구할 수 있다.

감사 또는 조사를 위하여 필요하면 현지확인을 하거나 서류제출을 요구할 수 있으며, 지방자치단체의 장 또는 관계 공무원이나 그 사무에 관계되는 자를 출석하게 하여 증인으로서 선서한 후 증언하게 하거나 참고인으로서 의견을 진술하도록 요구할 수 있다.

나. 문제점 및 개선방안

감사(監査)의 사전적(辭典的) 의미는 '감독하고 검사하는 것'이며, 조사(調査)의 의미는 '내용을 자세히 살펴보는 것'이다. 결국 양자의 사전적 의미에 있어서는 커다란 차이점을 발견할 수가 없다. 다만, 헌법 제61조에 근거한 「국정감사 및 조사에 관한 법률」는 감사와 조사를 구별하여 사용하고 있다. 동법은 국정전반에 관하여 소속 상임위원회별로 매년 정기회 집회기일의 다음날부터 20일간 실시하는 것을 이른바 '감사'라 하고, 국회 재적의원 3분의 1 이상의 요구가 있는 때에 특별위원회 또는 상임위원회로 하여금 국정의 특정사항에 관하여 조사하는 것을 이른바 '조사'라 규정하고 있다.

헌법의 이러한 태도는 우리나라의 굴절된 헌정사에서 그 원인을 찾을 수 있다. 제헌헌법 제43조에는 "국회는 국정을 감사하기 위하여 필요한 서류를 제출하게 하며 증인의 출석과 증언 또는 의견의 진술을 요구할 수 있다"라고 규정함으로써 국정감사제도만을 두었다. 그런데 이러한 국정감사제도가 7차개헌 (1972. 12. 27)에서 삭제되었다가, 8차개헌 헌법(1980. 10. 27) 제97조 "국회는 특정한 국정사안에 관하여 조사할 수 있으며, 그에 직접 관련된 서류의 제출, 증인의 출석과 증언이나 의견의 진술을 요구할 수 있다"라는 조문에 의하여 이른바 국정조사로 그 내용이 변질되게 된다. 그 배경은 군사정권에 의한 권위주의시대 때 국회에 의한 국정의 감시를 피하기 위해서였다. 9차개헌(1987. 10. 29) 헌법에서는 이를 바로잡기 위해 국정감사권을 부활하면서 기왕에 있는 국정조사권을 그대로 둠으로써 국정감사와 국정조사를 모두 인정하는 기형적 형태를 초래하게 된 것이다. 국회의 이러한 기형적 권한을 지방의회에도 그대로 인정하고 있는 지방자치법의 입법적 태도에 문제가 있어 보인다.

지방자치의 근간은 주민이며, 주민의 사무를 주민 스스로가 탄력적으로 해결할 수 있는 것이 지방자치제도의 핵심적 존재의의이다. 국회의 국정감사에 대한 무용론이 강하게 제기되고 있는 지금의 현실에서 지방의회의 감사제도는 다시 한 번 검토해 보아야 하는 매우 중요한 문제이다. 규모와 질적인 면에서 7일 내지는 10일의 기간 동안 자치단체의 행정전반에 대한 감사가 가능한 것인지에 대한 현실적 효용론도 검토해 보아야 한다. 광범위한 공간적 괴리에서 오는 국정운영의 파행을 감시하기 위한 것이 감사제도의 연역적 취지이다. 그러나 지역적 공간을 공유하고 있는 지방의회가 특정의 시일을 정하여 행정전반에 관한 감사를 하여야 하는 필요성은 희박하다.

선진 외국의 지방자치법[53])에서도 지방의회에게 행정조사권만을 부여하고 있는 경우가 일반적이다. 지방의회가 집행기관을 통제하고 지방자치단체의 장의 파행을 감시하기 위해서는 행정사무조사만으로도 충분하며, 행정사무감사제도는 불필요한 행정력의 낭비만을 초래하는 것으로 보인다.

5) 자율권

지방의회는 ① 의장·부의장의 선임, ② 개회·유회·폐회와 회기의 결정, ③ 의사규칙 제정, ④ 의장불신임의 의결, ⑤ 의원의 사직허가·자격심사·징계 등과 같은 의회 및 의원에 대한 자율권을 가진다.

6) 지방의회 의원

지방의회의원의 임기는 4년으로 한다.[54) 지방의회의원에게는 ① 의정 자료를 수집하고 연구하거나 이를 위한 보조 활동에 사용되는 비용을 보전하기 위하여 매월 지급하는 의정활동비, ② 지방의회의원의 직무활동에 대하여 지급하는 월정수당, ③ 본회의 의결, 위원회 의결 또는 지방의회의 의장의 명에 따라 공무로 여행할 때 지급하는 여비 등을 지급한다.[55)

이러한 비용은 대통령령으로 정하는 기준을 고려하여 해당 지방자치단체

53) 1. 일본 지방자치법 제100조 "보통지방공공단체의 의회는 당해 보통지방공공단체의 사무에 관한 조사를 행하고, 선거인 기타 관계인의 출두 및 증언과 함께 그 기록의 제출을 청구할 수 있다."

2. 독일 Landkeisordnung für den Freistaat Bayern, Art.23(2) "크라이스 의회(Kreistag)는 모든 크라이스 행정, 특히 의회의 결정에 대한 집행을 감시(überwacht)한다"; Gemeindeordnung Bayern, Art.30(3) "게마인데 의회(Gemeinderat)는 모든 게마인데 행정, 특히 의회의 결정에 대한 집행을 감시(überwacht)한다."

3. 미국 Pennsylvania주, Philadelphia Home Rule Charter, Section 2-400 "의회는 의회의 입법적 권한과 기능의 효율적 수행을 위하여 의회 또는 위원회로 하여금 집행에 대한 질의(inquiries) 및 조사(investigations)를 할 수 있는 권한을 의결할 수 있다."

54) 「지방자치법」 제39조.
55) 「지방자치법」 제40조.

의 의정비심의위원회에서 결정하는 금액 이내에서 지방자치단체의 조례로 정한다.

지방의회의원의 의정활동을 지원하기 위하여 지방의회의원 정수의 2분의 1 범위에서 해당 지방자치단체의 조례로 정하는 바에 따라 지방의회에 정책지원 전문인력을 둘 수 있다. 정책지원 전문인력은 지방공무원으로 보한다.[56]

지방의회의원이 직무로 인하여 신체에 상해를 입거나 사망한 경우와 그 상해나 직무로 인한 질병으로 사망한 경우에는 보상금을 지급할 수 있다.[57]

지방의회 의원은 국회의원·헌법재판소재판관·선거관리위원회위원·정부투자기관의 임직원·지방공사의 임직원·농업협동조합의 임직원 등의 직과 겸할 수 없으며, 만일 겸직이 금지된 직에 취임한 때에는 의원의 직에서 퇴직한다. 지방의회의원은 성실의무·청렴의무·품위유지의무 등을 진다.

지방의회 의원의 피선거권은 당해 지방자치단체의 관할구역 안에 주민등록이 된 자로서 선거일 현재 25세 이상인 자가 갖는다. 지방의회 의원이 당해 지방자치단체의 관할구역 밖으로 주민등록을 옮긴 때에는 의원의 직에서 퇴직된다. 지방의회 의원의 제명 또는 자격상실의 의결에는 재적의원 3분의 2 이상의 찬성이 있어야 한다.

2. 지방자치단체의 장(집행기관)

(1) 지방자치단체의 장의 지위

지방자치단체의 장은 당해 지방자치단체를 대표하고 그 사무를 통괄한다. 한편 지방자치단체의 장이 국가로부터 국가행정사무를 위임받은 경우에는 그 범위 내에서 국가의 하부행정청으로서의 지위(보통지방행정기관)를 아울러 가진다.

지방자치단체의 장은 선거에 의하여 선임하며 임기는 4년이다. 지방자치단체장의 피선거권은 당해 지방자치단체의 관할구역 안에 주민등록이 된 자로서, 25세 이상으로 하고 있다.

(2) 지방자치단체의 장의 권한

지방자치단체의 장은 교육·체육·과학에 관한 사무를 제외하고는 당해 자치단체의 모든 자치사무를 처리하고, 국가 또는 다른 공공단체로부터 위임받

---

56) 「지방자치법」 제41조.
57) 「지방자치법」 제42조.

은 사무를 처리한다.

지방자치단체의 장은 이러한 사무를 처리하기 위하여, ① 지방자치단체의 통할·대표권, ② 사무의 관리 및 집행권, ③ 직원의 임면 및 지휘·감독권, ④ 규칙제정권 등을 가진다.

(3) 지방자치단체의 장의 소속행정기관

지방자치단체의 장은 그 소관사무를 수행하기 위하여 필요한 소방기관·교육훈련기관·보건진료기관·시험연구기관·중소기업지도기관 등과 같은 직속기관과 사업소, 출장소, 합의제행정기관 또는 자문기관을 둘 수 있다.

(4) 지방의회와의 관계

1) 지방의회의 의결에 대한 재의 요구와 제소

지방자치단체의 장은 지방의회의 의결이 월권이거나 법령에 위반되거나 공익을 현저히 해친다고 인정되면 그 의결사항을 이송받은 날부터 20일 이내에 이유를 붙여 재의를 요구할 수 있다. 재의요구에 대하여 재의한 결과 재적의원 과반수의 출석과 출석의원 3분의 2 이상의 찬성으로 전과 같은 의결을 하면 그 의결사항은 확정된다.

지방자치단체의 장은 재의결된 사항이 법령에 위반된다고 인정되면 대법원에 소(訴)를 제기할 수 있다.[58]

2) 예산상 집행 불가능한 의결의 재의 요구

지방자치단체의 장은 지방의회의 의결이 예산상 집행할 수 없는 경비를 포함하고 있다고 인정되면 그 의결사항을 이송받은 날부터 20일 이내에 이유를 붙여 재의를 요구할 수 있다.

지방의회가 ① 법령에 따라 지방자치단체에서 의무적으로 부담하여야 할 경비, ② 비상재해로 인한 시설의 응급 복구를 위하여 필요한 경비를 줄이는 의결을 할 때에도 재의를 요구할 수 있다.[59]

3) 지방자치단체의 장의 선결처분

지방자치단체의 장은 지방의회가 지방의회의원이 구속되는 등의 사유로 의결정족수에 미달될 때와 지방의회의 의결사항 중 주민의 생명과 재산 보호

---

58) 「지방자치법」 제120조.
59) 「지방자치법」 제121조.

를 위하여 긴급하게 필요한 사항으로서 지방의회를 소집할 시간적 여유가 없
거나 지방의회에서 의결이 지체되어 의결되지 아니할 때에는 선결처분(先決處
分)을 할 수 있다. 선결처분은 지체 없이 지방의회에 보고하여 승인을 받아야
한다. 지방의회에서 승인을 받지 못하면 그 선결처분은 그때부터 효력을 상실
한다. 지방자치단체의 장은 이같은 사항을 지체 없이 공고하여야 한다.[60]

Ⅶ. 지방자치단체 상호간의 관계

1. 개 설

지방자치단체 상호간의 관계는 대등한 지위에서 서로 협력하는 관계이므
로 지방자치단체는 다른 지방자치단체로부터 사무의 공동처리에 관한 요청이
나 사무처리에 관한 협의·조정·승인 또는 지원의 요청이 있는 때에는 법령의
범위 내에서 이에 협력하여야 한다.

지방자치단체 상호간의 협력의 방법으로서는 사무위탁, 사무의 일부를 공
동으로 처리하기 위한 행정협의회의 구성과 지방자치단체조합의 설립 등이
있다.

2. 지방자치단체 상호간의 분쟁조정

지방자치단체 상호간 또는 지방자치단체의 장 상호간에 사무를 처리할
때 의견이 달라 다툼이 생기면 다른 법률에 특별한 규정이 없으면 행정안전부
장관이나 시·도지사가 당사자의 신청을 받아 조정할 수 있다. 다만, 그 분쟁
이 공익을 현저히 해쳐 조속한 조정이 필요하다고 인정되면 당사자의 신청이
없어도 직권으로 조정할 수 있다.

행정안전부장관이나 시·도지사가 분쟁을 조정하려는 경우에는 관계 중앙
행정기관의 장과의 협의를 거쳐 지방자치단체중앙분쟁조정위원회나 지방자치
단체지방분쟁조정위원회의 의결에 따라 조정을 결정하여야 한다.

행정안전부장관이나 시·도지사는 조정을 결정하면 서면으로 지체 없이
관계 지방자치단체의 장에게 통보하여야 하며, 통보를 받은 지방자치단체의
장은 그 조정 결정 사항을 이행하여야 한다.

---

60) 「지방자치법」 제122조.

조정 결정 사항 중 예산이 필요한 사항에 대해서는 관계 지방자치단체는 필요한 예산을 우선적으로 편성하여야 한다.[61]

3. 사무위탁

사무위탁이란, 지방자치단체 또는 그 장이 소관사무의 일부를 다른 지방자치단체 또는 그 장에게 위탁하여 처리하게 하는 것으로, 관계 지방자치단체와의 협의에 따라 규약을 정하여 이를 공시하여야 하며 그에 관하여 감독청에 보고하여야 한다.

4. 행정협의회

지방자치단체는 둘 이상의 지방자치단체에 관련된 사무의 일부를 공동으로서 처리하기 위하여 행정협의회를 구성할 수 있다.

행정협의회를 구성하고자 할 때에는 관계 지방자치단체간의 협의에 따라 규약을 정하여 지방의회의 의결을 거친 다음 이를 공시하여야 한다.

5. 지방자치단체조합

지방자치단체조합이란, 2개 이상의 자치단체가 그 권한에 속하는 특정사무의 일부 또는 전부를 공동처리하기 위하여 설립한 법인으로서 특별지방자치단체에 속한다. 지방자치단체조합을 설립하기 위해서는 규약을 정하여 지방의회의 의결을 거쳐야 하며, 시·도는 행정안전부장관의, 시·군·자치구는 시·도지사의 승인을 얻어야 한다.

Ⅷ. 지방자치단체에 대한 국가의 지도·감독

1. 지방자치단체의 성격

지방자치단체는 국가와는 별개의 인격체이기는 하지만 한편으로는 자치권을 가진 협동단체인 동시에, 다른 한편으로는 국가행정의 유기적 일면이라는 성격을 띠므로 국가의 감독을 받게 된다.

---

61) 「지방자치법」 제165조.

2. 국가감독권의 한계

지방자치단체의 자치사무에 대해서는 최소한의 합법적 감독에 그쳐야 하고, 단체위임사무에 대하여는 합법성과 합목적성의 감독이 가능하다.

그러나 기관위임사무에 대하여는 하급관청에 대한 감독과 마찬가지로 일반적인 지휘·감독을 할 수 있다.

3. 지도·감독기관

지방자치단체 또는 그 장이 위임받아 처리하는 국가사무에 관하여는 시·도에 있어서는 주무부장관의, 시·군·자치구에 있어서는 1차로 시·도지사의, 2차로 주무부장관의 지휘·감독을 받는다.

지방자치단체의 자치사무에 관하여는 행정안전부장관 또는 시·도지사가 일정범위의 감독권을 갖는다.

4. 지도·감독의 방법

(1) 입법기관에 의한 감독

헌법은 지방자치단체의 종류, 조직과 운영에 관한 사항은 법률로 정하도록 함으로써 입법기관에 의한 감독을 인정하고 있다.

(2) 사법기관에 의한 감독

사법사무는 지방자치단체가 처리할 수 없고, 국가의 사법기관에 의하여 처리되므로 지방자치단체의 위법한 처분의 취소·변경에 관한 소송(항고소송)과 공법상의 권리관계에 관한 소송(당사자소송)은 국가의 사법기관인 법원의 관할에 속한다.

그 외에 기관소송·민사소송·선거소송 등이 인정되는데, 이는 법원의 독립·공정한 판단을 통하여 지방자치에 대한 국가의 감독적 기능이 행해진다.

(3) 행정기관에 의한 감독

가. 감독기관

감독기관에는 정권의 수반인 대통령 및 그 명을 받아 행정각부를 통할하는 국무총리도 포함하나, 직접적인 감독기관으로는 국무총리·행정각부장관

기타 중앙행정기관 및 상급자치단체의 장을 들 수 있다.

국무총리·행정각부장관·기타 중앙행정기관은 그 소관사무에 관하여 특별시·광역시 및 도를 감독할 수 있다. 상급지방자치단체의 장은 국가기관의 지위에서 그 구역 내의 시·군에 대하여 감독권을 가진다.

행정안전부장관은 자치단체에 대한 일반적인 감독권을 가지며, 교육부장관은 교육·체육·과학에 관한 집행기관인 교육감에 대한 감독권을 가진다. 또한 자치단체의 회계검사와 직무감찰은 감사원이 한다.

나. 감독방법

⑺ 조언·권고

중앙행정기관의 장 또는 시·도지사는 지방자치단체의 사무에 관하여 조언 또는 권고하거나 지도할 수 있으며 이를 위하여 필요한 때에는 지방자치단체에 대하여 자료를 요구할 수 있다.

⑷ 사무감독

행정안전부장관 또는 시·도지사는 지방자치단체의 자치사무에 관하여 서류·장부 또는 회계를 감사할 수 있다.

⒟ 승 인

지방자치단체 또는 그 장이 권한을 행사할 경우에는 상급기관의 승인을 필요로 하는 경우가 있다. 예컨대, 지방자체단체의 직속기관 설치의 승인, 지방채발행의 승인, 지방공사 설립의 승인, 지방자치단체조합 설립의 승인 등이 있다.

⒠ 보 고

행정안전부장관 또는 시·도지사는 지방자치단체의 자치사무에 관하여 보고를 받을 수 있으며, 지방자치단체의 장은 조례·예산·결산 등에 관하여 행정안전부장관 또는 시·도지사에게 보고하여야 한다.

⒡ 명령·처분의 취소·정지

지방자치단체의 사무에 관한 그 장의 명령이나 처분이 법령에 위반되거나 현저히 부당하여 공익을 해친다고 인정되면 시·도에 대하여는 주무부장관이, 시·군 및 자치구에 대하여는 시·도지사가 기간을 정하여 서면으로 시정할 것을 명하고, 그 기간에 이행하지 아니하면 이를 취소하거나 정지할 수 있다. 이 경우 자치사무에 관한 명령이나 처분에 대하여는 법령을 위반하는 것에 한한다.

지방자치단체의 장은 자치사무에 관한 명령이나 처분의 취소 또는 정지에 대하여 이의가 있으면 그 취소처분 또는 정지처분을 통보받은 날부터 15일 이내에 대법원에 소(訴)를 제기할 수 있다.

㈐ **지방자치단체의 장에 대한 직무이행명령**

지방자치단체의 장이 법령의 규정에 따라 그 의무에 속하는 국가위임사무나 시·도위임사무의 관리와 집행을 명백히 게을리하고 있다고 인정되면 시·도에 대하여는 주무부장관이, 시·군 및 자치구에 대하여는 시·도지사가 기간을 정하여 서면으로 이행할 사항을 명령할 수 있다.

주무부장관이나 시·도지사는 해당 지방자치단체의 장이 이행명령을 이행하지 아니하면 그 지방자치단체의 비용부담으로 대집행하거나 행정상·재정상 필요한 조치를 할 수 있다.

지방자치단체의 장은 이행명령에 이의가 있으면 이행명령서를 접수한 날부터 15일 이내에 대법원에 소를 제기할 수 있다. 이 경우 지방자치단체의 장은 이행명령의 집행을 정지하게 하는 집행정지결정을 신청할 수 있다.

㈑ **지방의회결정의 재의요구**

지방의회의 의결이 법령에 위반되거나 공익을 현저히 해한다고 판단될 때에는 시·도에 대하여는 행정안전부장관, 시·군·자치구에 대하여는 시·도지사가 재의를 요구하게 할 수 있고, 재의의 요구를 받은 지방자치단체의 장은 지방의회에 이유를 붙여 재의를 요구하여야 한다.

재의의 결과 재적의원 과반수의 출석과 출석의원 3분의 2 이상의 찬성을 얻은 경우에는 그 의안은 확정된다. 재의결된 사항이 법령에 위반된다고 판단되는 때에는 시·도지사는 행정안전부장관의, 시장·군수·구청장은 시·도지사의 승인을 얻어 대법원에 소를 제기할 수 있다.

제 3 장 공무원법

제 1 절 개 설

I. 공무원의 개념

공무원의 개념은 광의와 협의로 살펴볼 수 있다. 광의로는 '국가 또는 공공단체의 업무를 처리하는 자'를 말한다. 협의의 개념은 광의의 개념을 공법상의 근무관계로 축소한 개념이다. 협의의 공무원은 '국가 또는 공공단체와 공법상 근무관계를 맺고 업무를 처리하는 자'를 말한다.

「헌법」제7조 제1항은 "공무원은 국민전체에 대한 봉사자이며, 국민에 대하여 책임을 진다"고 규정하고 있다. 이는 광의의 개념에 해당한다고 볼 수 있다. 그러나 국가공무원법 및 지방공무원법상의 공무원은 협의의 개념의 공무원을 말한다. 이처럼 공무원의 개념은 법령마다 의미를 달리한다. 따라서 공무원의 의미는 일반적으로 정할 수 없고, 국가배상법·공직선거법·형법 등 개별 법률에 따라 구체적으로 의미를 정하여야 한다.

II. 공무원의 종류

1. 국가공무원과 지방공무원

국가공무원은 국가에 의해 임명되어 국가와 공법상 근무관계를 맺고 업무를 처리하는 자를 말한다. 지방공무원은 지방자치단체에 의해 임명되어 지방자치단체와 근무관계를 맺고 업무를 처리하는 자를 말한다. 여기서 업무는 원칙적으로 임명기관의 업무를 말한다. 국가공무원은 국가공무원법의 적용을 받고, 지방공무원은 지방공무원법의 적용을 받는다.

2. 경력직공무원과 특수경력직공무원

국가공무원법과 지방공무원법은 임용자격과 신분보장 등을 기준으로 공무원을 경력직공무원과 특수경력직공무원으로 구분하고 있다.

3. 경력직공무원

경력직공무원이란 실적과 자격에 따라 임용되고 그 신분이 보장되며 평생 동안(근무기간을 정하여 임용하는 공무원의 경우에는 그 기간 동안을 말한다) 공무원으로 근무할 것이 예정되는 공무원을 말하며, 그 종류는 다음과 같다.

(1) 일반직공무원
기술·연구 또는 행정 일반에 대한 업무를 담당하는 공무원을 말한다.

(2) 특정직공무원
법관, 검사, 외무공무원, 경찰공무원, 소방공무원, 교육공무원, 군인, 군무원, 헌법재판소 헌법연구관, 국가정보원의 직원과 특수 분야의 업무를 담당하는 공무원으로서 다른 법률에서 특정직공무원으로 지정하는 공무원을 말한다.

4. 특수경력직공무원

특수경력직공무원이란 경력직공무원 이외의 공무원을 말한다. 그 종류는 다음과 같다.

(1) 정무직공무원
선거로 취임하거나 임명할 때 국회의 동의가 필요한 공무원, 고도의 정책결정 업무를 담당하거나 이러한 업무를 보조하는 공무원으로서 법률이나 대통령령(대통령비서실 및 국가안보실의 조직에 관한 대통령령만 해당한다)에서 정무직으로 지정하는 공무원을 말한다.

(2) 별정직공무원
비서관·비서 등 보좌업무 등을 수행하거나 특정한 업무 수행을 위하여 법령에서 별정직으로 지정하는 공무원을 말한다.

제 2 절　공무원관계의 변동

Ⅰ. 공무원관계의 발생

1. 임명의 의의

공무원관계의 발생원인으로는 임명, 선거, 법률의 규정, 채용계약 등이 있다. 이 중 임명에 의한 공무원관계의 발생이 가장 보편적인 유형이다.

임명이란 특정인에게 공무원의 신분을 부여하여 공무원관계를 발생시키는 행위를 말한다. 이는 임용과는 구분된다. 임용이란 공무원관계의 변동을 말하는 것으로 발생·변경·소멸을 모두 포함하는 개념이다. 따라서 임용에는 신규채용, 승진임용, 전직(轉職), 전보, 겸임, 파견, 강임(降任), 휴직, 직위해제, 정직, 강등, 복직, 면직, 해임 및 파면 등이 포함된다.

2. 임명의 성질

임명의 성질에 대해서는 행정행위설과 공법상계약설이 있다. 비록 행정행위에 의해 공무원이 임명되는 것이 대부분이지만, 계약에 의해 공무원관계가 발생하는 계약직 공무원도 있으므로 양자가 모두 가능하다고 할 것이다. 다만, 행정행위의 경우에는 공무원이 되고자 하는 자의 신청이나 동의가 필요한 쌍방적 행정행위로서 성격을 갖는다고 볼 수 있다.

3. 임명요건

(1) 능력요건

공무원으로 임명되기 위해서는 결격사유가 없어야 한다. 결격사유는 공무원 임용의 소극적 요건이다. 따라서 피성년후견인 또는 피한정후견인, 파산선고를 받고 복권되지 아니한 자, 금고 이상의 실형을 선고받고 그 집행이 종료되거나 집행을 받지 아니하기로 확정된 후 5년이 지나지 아니한 자, 금고 이상의 형을 선고받고 그 집행유예 기간이 끝난 날부터 2년이 지나지 아니한 자, 금고 이상의 형의 선고유예를 받은 경우에 그 선고유예 기간 중에 있는 자, 법원의 판결 또는 다른 법률에 따라 자격이 상실되거나 정지된 자, 공무원으로 재직기간 중 직무와 관련하여 「형법」 제355조 및 제356조에 규정된 죄를 범한 자로서 300만원 이상의 벌금형을 선고받고 그 형이 확정된 후 2년이 지나지 아니한 자, 「형법」 제303조 또는 「성폭력범죄의 처벌 등에 관한 특례법」 제10조에 규정된 죄를 범한 사람으로서 300만원 이상의 벌금형을 선고받고 그 형이 확정된 후 2년이 지나지 아니한 사람, 징계로 파면처분을 받은 때부터 5년이 지나지 아니한 자, 징계로 해임처분을 받은 때부터 3년이 지나지 아니한 자 중 어느 하나에 해당하는 자는 공무원으로 임용될 수 없다. 능력요건이 결여된 자에 대한 임용은 무효이다.

(2) 자격요건

공무원의 임용은 시험성적, 근무성적, 경력평정, 그 밖의 능력의 실증(實證)에 따라 한다. 공무원은 공개경쟁 채용시험으로 채용한다. 다만 일정한 경우에는 경력 등 응시요건을 정하여 같은 사유에 해당하는 다수인을 대상으로 경쟁의 방법으로 채용하는 시험(경력경쟁채용시험)으로 공무원을 채용할 수 있다. 자격요건이 결여된 자에 대한 임용은 취소사유에 해당된다.

4. 임명의 형식과 효력발생시기

(1) 임명의 형식

공무원의 임명은 보통 임명장이나 임명통지서의 교부에 의해 이루어진다. 그러나 임명장이나 임명통지서의 교부는 임명의 유효요건이 아니다.

(2) 효력발생시기

국가공무원은 임용장이나 임용통지서에 적힌 날짜에 임용된 것으로 본다. 임용할 때에는 임용일자까지 그 임용장 또는 임용통지서가 임용될 사람에게 도달할 수 있도록 발령하여야 한다. 지방공무원도 임용장에 적힌 날짜에 임용된 것으로 본다. 다만, 특수한 사정으로 말미암아 임용장에 적힌 날짜까지 임용장을 받지 못하였을 때에는 임용장을 실제 받은 날에 임용된 것으로 본다. 임용장에 적을 날짜는 그 임용장이 임용된 사람에게 송달되는 기간을 고려하여 정하여야 한다.

II. 공무원관계의 변경

공무원관계의 변경이란 공무원 신분을 유지하면서, 공무원관계의 내용을 일시적 또는 영구적으로 변경하는 것을 말한다. 공무원관계의 변경사유로는 승진·전직·전보·전입·파견·강임·직위해제·정직·감봉·휴직·복직 등이 있다.

1. 승 진

승진이란 하위직급에서 상위직급으로 임용되는 것을 말한다.

승진임용은 근무성적평정·경력평정, 그 밖에 능력의 실증에 따른다. 다만, 1급부터 3급까지의 공무원으로의 승진임용 및 고위공무원단 직위로의 승진임용의 경우에는 능력과 경력 등을 고려하여 임용하며, 5급 공무원으로의 승진임용의 경우에는 승진시험을 거치도록 하되, 필요하다고 인정하면 국회규칙, 대법원규칙, 헌법재판소규칙, 중앙선거관리위원회규칙 또는 대통령령으로 정하는 바에 따라 승진심사위원회의 심사를 거쳐 임용할 수 있다. 6급 이하 공무원으로의 승진임용의 경우 필요하다고 인정하면 국회규칙, 대법원규칙, 헌법재판소규칙, 중앙선거관리위원회규칙 또는 대통령령으로 정하는 바에 따라 승진시험을 병용(竝用)할 수 있다. 승진에 필요한 계급별 최저 근무연수, 승진 제한, 그 밖에 승진에 필요한 사항은 국회규칙, 대법원규칙, 헌법재판소규칙, 중앙선거관리위원회규칙 또는 대통령령으로 정한다.

2. 전 직

전직(轉職)이란 직렬을 달리하는 임명을 말한다.

공무원을 전직 임용하려는 때에는 전직시험을 거쳐야 한다. 다만, 국회규칙, 대법원규칙, 헌법재판소규칙, 중앙선거관리위원회규칙 또는 대통령령으로 정하는 전직의 경우에는 시험의 일부나 전부를 면제할 수 있다.

3. 전 보

전보(轉補)란 같은 직급 내에서의 보직 변경 또는 고위공무원단 직위 간의 보직 변경을 말한다.

임용권자 또는 임용제청권자는 소속 공무원의 전보를 실시할 때에는 해당 공무원이 맡은 직무에 대하여 전문성과 능률을 높이고, 창의적이며 안정적인 직무수행이 가능하도록 하여야 한다. 그러나 임용권자 또는 임용제청권자는 소속 공무원을 해당 직위에 임용된 날부터 필수보직기간이 지나야 다른 직위에 전보할 수 있다. 이 경우 필수보직기간은 3년으로 하되, 「정부조직법」에 따라 실장·국장 밑에 두는 보조기관 또는 이에 상당하는 보좌기관인 직위에 보직된 3급 또는 4급 공무원과 고위공무원단 직위에 재직 중인 공무원의 필수보직기간은 2년으로 한다.

소속 장관은 소속 공무원을 중앙행정기관의 실·국 또는 이에 상당하는 보조기관·보좌기관·소속기관 내에서 직무가 유사한 직위로 전보하는 경우, 소속 공무원을 다른 기관 또는 다른 지역의 직무가 유사한 직위로 전보(소속 장관이 같은 기관 내 전보에 한정한다)하는 경우 등에 필수보직기간을 별도로 정하여 운영할 수 있다. 이 경우 필수보직기간은 2년 이상으로 하여야 한다.

임용권자 또는 임용제청권자는 ① 해당 공무원을 소속 장관이 다른 기관으로 전보하는 경우, ② 기구의 개편 또는 직제 및 정원의 변경으로 해당 공무원을 전보하는 경우, ③ 승진임용되거나 강임된 해당 공무원을 전보하는 경우, ④ 해당 직급 또는 바로 하위 직급에서 재직한 기간 중 임용예정 직위에 상응한 1년 이상의 근무경력 또는 연구실적이 있는 공무원을 해당 직위에 보직하는 경우, ⑤ 교정·보호·검찰·마약수사·출입국관리·철도경찰직렬 공무원이 공안업무를 수행하거나, 임업직렬 공무원이 산림보호업무를 수행하기 위하여 특히 필요하다고 인정되는 경우, ⑥ 징계처분을 받은 경우, ⑦ 형사사건에 관련되어 수사기관에서 조사를 받고 있는 경우, ⑧ 공개경쟁 채용시험에 합격하고 시보임용 중인 공무원을 전보하는 경우, ⑨ 5급 이하의 일반직공무원을 배우자 또는 직계존속이 거주하는 자치구·시·군 지역의 기관으로 전보하는 경우, ⑩ 자체감사담당공무원 중 승진예정자 또는 부적격자로 인정되는 경우, ⑪ 4급 또는 5급의 복수직급 직위에 보직된 4급 공무원을 상위 직위로 전보하는 경우, ⑫ 전문직위, 개방형 직위 또는 공모 직위에 임용하는 경우, ⑬ 기관장이 주요 국정과제 또는 긴급한 현안업무 수행, 인재육성계획에 따른 전보를 위하여 특히 필요하다고 인정하거나 임용권자, 또는 ⑭ 임용제청권자가 임용예정직위에 관한 전문지식이나 능력을 확보하기 위하여 특히 필요하다고 인정하는 경우에는 소속 공무원을 다른 직위에 전보할 수 있다.

4. 전 입

국가공무원의 전입은 국회, 법원, 헌법재판소, 선거관리위원회 및 행정부 상호 간에 다른 기관 소속 공무원을 시험을 거쳐 임용하는 것을 말한다. 이 경우 임용 자격요건 또는 승진소요최저연수·시험과목이 같을 때에는 국회규칙, 대법원규칙, 헌법재판소규칙, 중앙선거관리위원회규칙 또는 대통령령으로 정하는 바에 따라 그 시험의 일부나 전부를 면제할 수 있다.

지방공무원의 전입은 지방자치단체의 장이 다른 지방자치단체의 장의 동의를 받아 그 소속 공무원을 임용하는 것을 말한다. 이 때 해당 공무원의 동의가 있어야 한다는 것이 판례의 태도이다.

5. 겸 임

겸임이란 공무원을 현재의 직위를 유지한 채로 다른 공직에 임용하거나 다른 기관의 임직원을 공무원으로 임용하는 것을 말한다.

국가공무원에 대해서는 직위와 직무 내용이 유사하고 담당 직무 수행에 지장이 없다고 인정하면 국회규칙, 대법원규칙, 헌법재판소규칙, 중앙선거관리위원회규칙 또는 대통령령으로 정하는 바에 따라 일반직공무원을 대학 교수 등 특정직공무원이나 특수 전문 분야의 일반직공무원 또는 대통령령으로 정하는 관련 교육·연구기관, 그 밖의 기관·단체의 임직원과 서로 겸임하게 할 수 있다.

지방공무원에 대해서는 직위와 직무내용이 유사하고 담당 직무수행에 지장이 없다고 인정되면 대통령령으로 정하는 바에 따라 일반직공무원을 특정직공무원, 특수 전문 분야의 일반직공무원, 대학교수 등 교육공무원 또는 대통령령으로 정하는 관련 교육·연구기관이나 그 밖의 기관·단체의 임직원과 서로 겸임하게 할 수 있다.

6. 파 견

파견이란 그 업무수행과 관련된 행정 지원이나 연수, 그 밖에 능력개발 등을 위하여 필요한 경우 소속 공무원을 다른 기관에서 근무하게 하는 것을 말한다.

국가공무원에 대해 국가기관의 장은 국가적 사업의 수행 또는 그 업무 수행과 관련된 행정 지원이나 연수, 그 밖에 능력 개발 등을 위하여 필요하면 소속 공무원을 다른 국가기관·공공단체·정부투자기관·국내외의 교육기관·연구기관, 그 밖의 기관에 일정 기간 파견근무하게 할 수 있으며, 국가적 사업의 공동 수행 또는 전문성이 특히 요구되는 특수 업무의 효율적 수행 등을 위하여 필요하면 국가기관 외의 기관·단체의 임직원을 파견받아 근무하게 할 수 있다.

지방공무원에 대해 임용권자는 그 업무수행과 관련된 행정 지원이나 연수, 그 밖에 능력개발 등을 위하여 필요하면 소속 공무원을 지방자치단체의 다른 기관, 다른 지방자치단체, 국가기관, 공공단체, 「공공기관의 운영에 관한 법률」에 해당하는 기관(「지방공기업법」에 따른 지방직영기업, 지방공사 및 지방공단을 포함한다), 국내외의 교육기관·연구기관, 그 밖의 기관에 일정 기간 파견근무하게 할 수 있으며, 전문성이 특히 요구되는 특수업무의 효율적 수행 등을 위하여 필요하면 인사위원회의 의결을 거쳐 지방자치단체 외의 기관·단체의 임직원을 파견받아 근무하게 할 수 있다.

파견권자는 파견 사유가 소멸하거나 파견 목적이 달성될 가망이 없으면 그 공무원을 지체 없이 원래의 소속 기관에 복귀시켜야 한다.

7. 강 임

강임(降任)이란 같은 직렬 내에서 하위 직급에 임명하거나 하위 직급이 없어 다른 직렬의 하위 직급으로 임명하거나, 고위공무원단에 속하는 일반직공무원을 고위공무원단 직위가 아닌 하위 직위에 임명하는 것을 말한다.

임용권자는 직제 또는 정원의 변경이나 예산의 감소 등으로 직위가 폐직되거나 하위의 직위로 변경되어 과원이 된 경우 또는 본인이 동의한 경우에는 소속 공무원을 강임할 수 있다. 강임된 공무원은 상위 직급 또는 고위공무원단 직위에 결원이 생기면 우선 임용된다. 다만, 본인이 동의하여 강임된 공무원은 본인의 경력과 해당 기관의 인력 사정 등을 고려하여 우선 임용될 수 있다.

8. 직위해제

직위해제란 공무원에게 직위를 유지시킬 수 없는 사유가 발생한 경우, 공무원의 신분을 유지시키면서 잠정적으로 직무를 박탈하는 제재적 의미의 행위를 말한다. 직위해제가 제재적 의미를 가지지만 징계처분은 아니다. 제재적 의미를 가진다는 점에서 휴직과는 다르다.

임용권자는 ① 직무수행 능력이 부족하거나 근무성적이 극히 나쁜 자, ② 파면·해임·강등 또는 정직에 해당하는 징계 의결이 요구 중인 자, ③ 형사 사건으로 기소된 자, ④ 고위공무원단에 속하는 일반직공무원으로서 적격심사를 요구받은 자 등 어느 하나에 해당하는 사람에 대하여는 직위를 부여하지 아니할 수 있다.

임용권자는 위 사유가 소멸되면 지체없이 직위를 부여하여야 한다. 임용권자는 직무수행 능력이 부족하거나 근무성적이 극히 나쁜 자에 해당하여 직위해제된 자에게 3개월의 범위에서 대기를 명한다. 대기 명령을 받은 자에게 임용권자 또는 임용제청권자는 능력 회복이나 근무성적의 향상을 위한 교육훈련 또는 특별한 연구과제의 부여 등 필요한 조치를 하여야 한다.

9. 정 직

정직은 1개월 이상 3개월 이하의 기간으로 하고, 정직 처분을 받은 자는 그 기간 중 공무원의 신분은 보유하나 직무에 종사하지 못하며 보수는 전액을 삭감한다.

10. 감 봉

감봉은 1개월 이상 3개월 이하의 기간 보수의 3분의 1을 삭감한다.

11. 휴 직

휴직이란 공무원에게 신분을 유지시키면서 일시적으로 직무를 해제하는 행위를 말한다. 이러한 점은 직위해제와 유사하지만, 직위해제와는 달리 제재적 의미를 가지지 않는다. 휴직에는 일정한 사유에 해당하면 임용권자가 본인의 의사에도 불구하고 휴직을 명하는 직권휴직과 공무원이 일정한 사유로 휴직을 원하면 휴직을 명하는 의원휴직이 있다.

직권휴직 사유로는 신체·정신상의 장애로 장기 요양이 필요할 때, 「병역법」에 따른 병역 복무를 마치기 위하여 징집 또는 소집된 때, 천재지변이나 전시·사변, 그 밖의 사유로 생사 또는 소재가 불명확하게 된 때, 그 밖에 법률의 규정에 따른 의무를 수행하기 위하여 직무를 이탈하게 된 때, 「공무원의 노동조합 설립 및 운영 등에 관한 법률」에 따라 노동조합 전임자로 종사하게 된 때 등이 있다.

의원휴직 사유로는 국제기구, 외국 기관, 국내외의 대학·연구기관, 다른 국가기관 또는 대통령령으로 정하는 민간기업, 그 밖의 기관에 임시로 채용될 때, 국외 유학을 하게 된 때, 중앙인사관장기관의 장이 지정하는 연구기관이나 교육기관 등에서 연수하게 된 때, 만 8세 이하(취학 중인 경우에는 초등학교 2학년 이하를 말한다)의 자녀를 양육하기 위하여 필요하거나 여성공무원이 임신 또는 출산하게 된 때, 사고나 질병 등으로 장기간 요양이 필요한 조부모, 부모(배우자의 부모를 포함한다), 배우자, 자녀 또는 손자녀를 간호하기 위하여 필요한 때, 외국에서 근무·유학 또는 연수하게 되는 배우자를 동반하게 된 때 등이 있다.

12. 복 직

복직이란 휴직, 직위해제, 정직 중이거나 강등으로 직무에 종사하지 못한 공무원을 직위에 복귀시키는 것을 말한다.

Ⅲ. 공무원관계의 소멸

공무원관계의 소멸이란 공무원 신분을 상실하는 것으로 당연퇴직과 면직 두 가지 사유가 있다.

1. 당연퇴직

당연퇴직이란 임용권자의 의사에 상관없이 법정된 사유의 발생으로 인하여 공무원관계가 당연히 소멸되는 관계를 말한다.

당연퇴직 사유로는 「국가공무원법」 제33조 및 「지방공무원법」 제31조에 규정된 결격사유에 해당하는 경우, 임기제공무원의 근무기간이 만료된 경우 등이 있다. 공무원이 사망한 때와 정년에 달한 때도 당연퇴직 사유에 해당한다.

2. 면 직

면직이란 임용권자의 결정으로 공무원관계를 소멸시키는 행정행위를 말한다. 면직에는 의원면직과 강제면직이 있다.

(1) 의원면직

의원면직이란 공무원의 사직의 의사표시에 의거하여 임용권자가 공무원관계를 소멸시키는 처분을 말한다.

의원면직에서 공무원의 사직의 의사표시는 사인의 공법행위에 해당되고, 의원면직행위는 쌍방적 행정행위에 해당된다. 따라서 사직의 의사표시가 있어도 수리가 없다면 공무원관계는 유지된다.

(2) 강제면직

강제면직이란 공무원의 사직의 의사와 상관없이 임용권자의 일방적인 의사에 의하여 공무원관계를 소멸시키는 행위를 말한다. 일방적 면직에는 징계면직과 직권면직이 있다.

징계면직이란 공무원이 공무원법상의 의무를 위반한 경우 징계처분으로 내려지는 파면과 해임을 말한다.

직권면직이란 법정된 사유가 발생한 경우 임용권자가 직권으로 공무원관계를 소멸시키는 행위를 말한다. 공무원에 대한 직권면직 사유로는 직제와 정원의 개폐 또는 예산의 감소 등에 따라 폐직(廢職) 또는 과원(過員)이 되었을 때, 휴직 기간이 끝나거나 휴직 사유가 소멸된 후에도 직무에 복귀하지 아니하거나 직무를 감당할 수 없을 때, 「국가공무원법」 또는 「지방공무원법」에 따라 대기 명령을 받은 자가 그 기간에 능력 또는 근무성적의 향상을 기대하기 어렵다고 인정된 때, 전직시험에서 세 번 이상 불합격한 자로서 직무수행 능력이 부족하다고 인정된 때, 징병검사·입영 또는 소집의 명령을 받고 정당한 사유 없이 이를 기피하거나 군복무를 위하여 휴직 중에 있는 자가 군복무 중 군무(軍務)를 이탈하였을 때, 해당 직급·직위에서 직무를 수행하는데 필요한 자격증의 효력이 없어지거나 면허가 취소되어 담당 직무를 수행할 수 없게 된 때, 고위공무원단에 속하는 공무원이 「국가공무원법」에 따른 적격심사 결과 부적격 결정을 받은 때 등이 있다.

제 3 절 공무원의 권리와 의무

Ⅰ. 신분상의 권리

1. 신분보장권

공무원의 신분은 법률에 의해 보장된다. 「헌법」 제7조 제2항은 "공무원의 신분과 정치적 중립성은 법률이 정하는 바에 의하여 보장된다"고 규정하고 있다. 그리고 「국가공무원법」과 「지방공무원법」에 따르면, 공무원은 형의 선고, 징계처분 또는 「국가공무원법」 및 「지방공무원법」에서 정하는 사유에 따르지 아니하고는 본인의 의사에 반하여 휴직·강임 또는 면직을 당하지 아니한다. 다만, 1급 공무원과 「국가공무원법」에 따라 배정된 직무등급이 가장 높은 등급의 직위에 임용된 고위공무원단에 속하는 공무원은 그러하지 아니하다.

2. 직위보유권

공무원은 일정한 직위를 부여받을 권리와 부여받은 직위를 박탈당하지 않을 권리를 가지고 있다. 임용권자나 임용제청권자는 법령으로 따로 정하는 경우 외에는 소속 공무원의 직급과 직류를 고려하여 그 직급에 상응하는 일정한 직위를 부여하여야 한다. 다만, 고위공무원단에 속하는 일반직공무원과 계급 구분 및 직군·직렬의 분류가 적용되지 아니하는 공무원에 대하여는 자격·경력 등을 고려하여 그에 상응하는 일정한 직위를 부여하여야 한다.

3. 소청제기권

공무원이 징계처분, 강임, 휴직, 직위해제, 면직처분 등이나 그 밖의 본인의 의사에 반한 불리한 처분을 받았을 때에는 소청심사위원회에 이에 대한 심사를 청구할 수 있다. 이 경우 변호사를 대리인으로 선임할 수 있다. 공무원은 소청심사청구를 이유로 불이익한 처분이나 대우를 받지 아니한다.

4. 소송제기권

징계처분, 강임, 휴직, 직위해제, 면직처분 등이나 그 밖에 본인의 의사에 반한 불리한 처분이나 부작위에 관한 행정소송은 소청심사위원회의 심사·결정을 거치지 아니하면 제기할 수 없다. 행정소송을 제기할 때에는 대통령의 처분 또는 부작위의 경우에는 소속 장관을, 중앙선거관리위원회 위원장의 처분 또는 부작위의 경우에는 중앙선거관리위원회 사무총장을 각각 피고로 한다.

5. 고충심사청구권

공무원은 누구나 인사·조직·처우 등 각종 직무 조건과 그 밖에 신상 문제에 대하여 인사 상담이나 고충 심사를 청구할 수 있으며, 이를 이유로 불이익한 처분이나 대우를 받지 아니한다.

6. 노동법상 권리

공무원도 근로자로서 노동법상의 권리를 갖는다. 「헌법」 제33조 제2항은 "공무원인 근로자는 법률이 정하는 자에 한하여 단결권·단체교섭권 및 단체행동권을 가진다"고 규정하고 있다. 그러나 공무원은 전체국민의 봉사자이며, 그 직무는 공공성을 가지고 있으므로 공무원의 노동기본권에는 일정한 제한이 따른다.

「국가공무원법」및 「지방공무원법」에 따르면, 공무원은 노동운동이나 그 밖에 공무 외의 일을 위한 집단 행위를 하여서는 안 된다. 다만, 사실상 노무에 종사하는 공무원은 예외로 한다. 공무원노동조합에 가입할 수 있는 공무원의 범위를 제한하고 있다. 6급 이하의 일반직공무원 및 이에 상당하는 일반직공무원, 특정직공무원 중 6급 이하의 일반직공무원에 상당하는 외무행정·외교정보관리직 공무원, 6급 이하의 일반직공무원에 상당하는 별정직공무원에 한하여 노동조합에 가입할 수 있다.

또한, 단체교섭의 대상과 쟁의행위도 제한된다. 법령 등에 따라 국가나 지방자치단체가 그 권한으로 행하는 정책결정에 관한 사항, 임용권의 행사 등 그 기관의 관리·운영에 관한 사항으로서 근무조건과 직접 관련되지 아니하는 사항은 교섭의 대상이 될 수 없다. 노동조합과 그 조합원은 파업, 태업 또는 그 밖에 업무의 정상적인 운영을 방해하는 일체의 행위를 하여서는 안 된다.

Ⅱ. 재산상의 권리

1. 보수청구권

공무원은 보수청구권을 갖는다. 보수란 봉급과 그 밖의 각종 수당을 합산한 금액을 말한다. 다만, 연봉제 적용대상 공무원은 연봉과 그 밖의 각종 수당을 합산한 금액을 말한다.

공무원의 보수는 법령에 의해 정해진다. 공무원의 보수는 직무의 곤란성과 책임의 정도에 맞도록 계급별·직위별 또는 직무등급별로 정한다. 다만, 직무의 곤란성과 책임도가 매우 특수하거나 결원을 보충하는 것이 곤란한 직무에 종사하는 공무원, 계급 구분이나 직군 및 직렬의 분류를 적용하지 아니하는 공무원, 임기제공무원의 어느 하나에 해당하는 공무원의 보수는 따로 정할 수 있다. 「국가공무원법」, 「지방공무원법」이나 그 밖의 법령에서 정한 보수에 관한 규정에 따르지 아니하고는 어떠한 금전이나 유가물(有價物)도 공무원의 보수로 지급될 수 없다.

2. 연금수급권

공무원은 연금수급권을 갖는다. 연금이란 공무원이 질병·부상·폐질(廢疾)·퇴직·사망 또는 재해를 입으면 본인이나 유족에게 법률로 정하는 바에 따라 지급되는 급여를 말한다. 공무원의 퇴직 또는 사망과 공무로 인한 부상·질병·장애에 대하여 적절한 급여를 지급함으로써, 공무원 및 그 유족의 생활안정과 복리 향상에 이바지하기 위한 법률로는 「공무원연금법」이 있다.

공무원의 공무로 인한 질병·부상과 재해에 대하여는 단기급여를 지급하고, 공무원의 퇴직·장애 및 사망에 대하여는 장기급여를 지급한다. 단기급여에는 공무상요양비, 재해부조금, 사망조위금 등이 있으며, 장기급여에는 퇴직급여(퇴직연금, 퇴직연금일시금, 퇴직연금공제일시금, 퇴직일시금), 장해급여(장해연금, 장해보상금), 유족급여(유족연금, 유족연금부가금, 유족연금특별부가금, 유족연금일시금, 유족일시금, 유족보상금, 순직유족연금, 순직유족보상금), 퇴직수당 등이 있다.

공무원은 임명된 날이 속하는 달부터 퇴직한 날의 전날 또는 사망한 날이 속하는 달까지 월별로 기여금을 내야 한다. 기여금이란 연금 지급에 드는 비

용으로 공무원이 부담하는 금액을 말한다. 따라서 연금의 법적 성격은 사회보
장적 성격 외에도 임금후불적 성격이 인정된다. 판례의 태도도 이와 같다.

3. 실비변상청구권

공무원은 보수 외에 국회규칙, 대법원규칙, 헌법재판소규칙, 중앙선거관
리위원회규칙 또는 대통령령으로 정하는 바에 따라 직무 수행에 필요한 실비
변상을 받을 수 있다. 따라서 「공무원여비규정」에 따라 운임·일비·숙박비·식
비·이전비·가족여비 및 준비금 등을 지급받는다.

Ⅲ. 공무원의 의무

1. 선서의무

공무원은 취임할 때에 소속 기관장 앞에서 국회규칙, 대법원규칙, 헌법재
판소규칙, 중앙선거관리위원회규칙, 대통령령 또는 조례로 정하는 바에 따라
선서하여야 한다. 다만, 불가피한 사유가 있으면 취임 후에 선서하게 할 수
있다.

2. 법령준수의무

모든 공무원은 법령을 준수하며 직무를 수행하여야 한다. 여기서 법령이
란 광의의 행정법의 법원을 말한다. 따라서 법규명령뿐만 아니라 행정규칙도
포함된다.

3. 성실의무

모든 공무원은 성실히 직무를 수행하여야 한다. 성실의무는 최대한으로
공공의 이익을 도모하고 그 불이익을 방지하기 위하여 전인격과 양심을 바쳐
서 성실히 직무를 수행하여야 하는 것을 내용으로 한다. 이와 같은 공무원의
성실의무는 윤리적 의무에 그치는 것이 아니라 법적 의무이다. 따라서 위반시
징계사유가 된다. 공무원의 성실의무는 경우에 따라 근무시간 외에 근무지 밖
에까지 미칠 수도 있다.

4. 복종의무

공무원은 직무를 수행할 때 소속 상관의 직무상 명령에 복종하여야 한다. 다만, 이에 대한 의견을 진술할 수 있다. 행정기관은 계층적 조직으로서 상명하복을 통하여 행정의 통일성을 확보할 수 있기 때문에 공무원의 복종의무가 인정된다.

공무원은 '소속 상관'의 명령에 복종하여야 한다. 소속 상관이란 공무원의 직무를 지휘·감독할 수 있는 기관을 말한다. 소속 상관은 직무상의 상관으로서 기관장일 수도 있고, 보조기관일 수도 있다.

공무원은 '직무상 명령'에 복종하여야 한다. 직무상 명령이란 소속 상관이 직무에 관하여 부하에게 발하는 명령이다. 훈령은 상급기관이 하급기관에 발하는 명령이므로 직무상 명령과 구분될 수 있지만, 하급기관에 발하여진 상급기관의 명령은 하급기관의 공무원에게도 영향을 미치므로, 훈령 역시 직무상 명령으로서 성격을 갖는다.

공무원은 명령에 '복종'하여야 한다. 그러나 위법한 명령에도 복종해야 하는지 문제된다. 명령의 위법성은 형식적 요건이 결여된 경우와 실질적 요건이 결여된 경우로 나눌 수 있다. 형식적 요건이 결여된 경우에는 공무원이 이를 심사하여 명령을 거부할 수 있다고 보는 것이 일반적인 견해이다. 한편, 실질적 요건이 결여된 경우에 대해서는 긍정설, 부정설, 절충설의 대립이 있으나, 절충설이 일반적인 태도이다. 즉, 명령의 실질적 요건의 결여가 명확하지 않은 경우에는 복종하여야 하나, 실질적 요건의 결여가 명확한 경우에는 복종해서는 안 된다. 판례도 절충설의 태도를 취하고 있다.

5. 직장이탈금지의무

공무원은 소속 상관의 허가 또는 정당한 사유가 없으면 직장을 이탈하지 못한다. 수사기관이 공무원을 구속하려면 그 소속 기관의 장에게 미리 통보하여야 한다. 다만, 현행범은 그러하지 아니하다.

6. 친절·공정의무

공무원은 국민 전체의 봉사자로서 친절하고 공정하게 직무를 수행하여야 한다.

7. 종교중립의 의무

공무원은 종교에 따른 차별 없이 직무를 수행하여야 한다. 공무원은 소속 상관이 종교중립 의무에 위배되는 직무상 명령을 한 경우에는 이에 따르지 아니할 수 있다.

8. 비밀 엄수의 의무

공무원은 재직 중은 물론 퇴직 후에도 직무상 알게 된 비밀을 엄수하여야 한다. 공무원의 비밀 엄수 의무는 행정상 비밀을 보호하여 행정질서를 유지하고 공익을 보호하기 위한 취지에서 인정된다. 그러나 특정 정치적 목적을 위해 악용되어서는 안 된다.

공무원이 직무상 취득한 비밀을 누설할 경우 국가의 안전이 위협받을 수도 있으며, 행정질서가 훼손될 수도 있으며, 기업의 영업비밀이나 개인의 사생활이 침해될 수도 있다. 따라서 공무원이 '직무상 알게 된 비밀'에는 직무에 직접 관련된 비밀뿐만 아니라, 직무를 처리하면서 알게 된 관련 내용도 포함된다.

비밀 엄수의 대상이 법령에 명확히 규정된 경우도 있으며, 법령에 규정되지 않은 경우도 있다. 법령에 명확하게 규정되지 않은 경우 비밀 엄수의 대상인지 여부가 문제된다. 행정기관이 비밀로 지정한 내용은 비밀에 해당된다는 형식설과 객관적·실질적으로 비밀로서 보호할 가치가 있는가에 따라 판단하는 실질설이 있다. 판례는 실질설을 취하고 있다.

비밀 엄수란 비밀을 누설하지 않는 것을 말하는 것으로, 재직 중은 물론 퇴직 후에도 직무상 알게 된 비밀을 누설해서는 안 된다. 누설한 경우에는 징계처분을 받을 뿐만 아니라 형사 처벌을 받을 수도 있다. 그러나 법률이 정하는 바에 따라 공개하는 것은 비밀 엄수 의무 위반이 아니다. 예를 들어, 공무원 또는 공무원이었던 자가 그 직무에 관하여 알게 된 사실에 관하여 본인 또는 당해 공무소가 직무상 비밀에 속한 사항임을 신고한 때에는 그 소속공무소 또는 감독관공서의 승낙 없이는 증인으로 신문하지 못한다. 그러나 그 소속공무소 또는 당해 감독관공서는 국가에 중대한 이익을 해하는 경우를 제외하고는 승낙을 거부하지 못한다. 따라서 국가에 중대한 이익을 해하는 경우가 아닌 한 공무원 또는 공무원이었던 자가 그 직무에 관하여 알게 된 사실에 관하여 그 소속공무소 또는 감독관공서의 승낙을 얻어 진술할 수 있다.

9. 청렴의무

공무원은 직무와 관련하여 직접적이든 간접적이든 사례·증여 또는 향응을 주거나 받을 수 없다. 공무원은 직무상의 관계가 있든 없든 그 소속 상관에게 증여하거나 소속 공무원으로부터 증여를 받아서는 아니 된다.

10. 영예 등의 제한

공무원이 외국 정부로부터 영예나 증여를 받을 경우에는 대통령의 허가를 받아야 한다.

11. 품위유지의무

공무원은 직무의 내외를 불문하고 그 품위가 손상되는 행위를 하여서는 아니 된다. 여기서 품위란 주권자인 국민의 수임자로서 직책을 맡아 수행해 나가기에 손색이 없는 인품을 말한다. 직무의 내외를 불문하고 그 체면 또는 위신을 손상하는 행위를 한 때에는 징계사유에 해당한다.

12. 영리 업무 및 겸직 금지 의무

공무원은 공무 외에 영리를 목적으로 하는 업무에 종사하지 못하며 소속 기관장의 허가 없이 다른 직무를 겸할 수 없다. 영리를 목적으로 하는 업무의 한계는 국회규칙, 대법원규칙, 헌법재판소규칙, 중앙선거관리위원회규칙 또는 대통령령으로 정한다.

13. 정치운동의 금지 의무

공무원은 정당이나 그 밖의 정치단체의 결성에 관여하거나 이에 가입할 수 없다. 또한, 공무원은 선거에서 특정 정당 또는 특정인을 지지 또는 반대하기 위하여 투표를 하거나 하지 아니하도록 권유 운동을 하는 것, 서명 운동을 기도·주재하거나 권유하는 것, 문서나 도서를 공공시설 등에 게시하거나 게시하게 하는 것, 기부금을 모집 또는 모집하게 하거나, 공공자금을 이용 또는 이용하게 하는 것, 타인에게 정당이나 그 밖의 정치단체에 가입하게 하거나 가입하지 아니하도록 권유 운동을 하는 것 등의 행위를 하여서는 안 된다. 이상의 금지된 행위를 다른 공무원에게 하도록 요구하거나, 정치적 행위에 대한 보상 또는 보복으로서 이익 또는 불이익을 약속하여서는 안 된다.

14. 집단 행위의 금지 의무

「헌법」 제33조 제2항은 "공무원인 근로자는 법률이 정하는 자에 한하여 단결권·단체교섭권 및 단체행동권을 가진다"고 규정하고 있다. 그러나 공무원은 전체국민의 봉사자이며, 그 직무는 공공성을 가지고 있으므로 공무원의 노동기본권에는 일정한 제한이 따른다.

따라서 공무원은 노동운동이나 그 밖에 공무 외의 일을 위한 집단 행위를 하여서는 안 된다. 다만, 사실상 노무에 종사하는 공무원은 예외로 한다.

그런데 「공무원의 노동조합 설립 및 운영 등에 관한 법률」은 이 법에 따른 공무원의 노동조합의 조직, 가입 및 노동조합과 관련된 정당한 활동에 대하여는 「국가공무원법」 제66조 제1항 본문 및 「지방공무원법」 제58조 제1항 본문을 적용하지 아니한다고 규정하고 있다.

제4절 공무원의 책임

I. 개 설

공무원의 책임은 형사상 책임, 민사상 책임, 공무원법상 책임 등으로 구분할 수 있다. 형사상 책임은 공무원의 위법행위가 형사법에 반하는 범죄에 해당될 경우 형사법에 따라 부담하는 책임을 말한다. 민사상의 책임은 공무원의 위법한 행위로 인한 사인의 피해에 대해 공무원 자신이 사인에게 부담하는 책임을 말한다. 공무원법상 책임은 행정법상의 책임으로서, 징계책임과 변상책임을 말한다. 이하에서는 행정법상 책임인 공무원법상 책임에 대하여 살펴보기로 한다.

Ⅱ. 징계책임

1. 의 의

징계책임이란 공무원이 징계를 받게 되는 지위를 말한다. 여기서 징계란 공무원이 공무원으로서 부담하는 의무를 위반한 경우, 공무원관계의 질서를 유지하기 위하여 부과되는 행정적인 제재를 말한다. 이러한 행정적 제재를 징계벌이라고 한다. 따라서 징계책임이란 공무원이 징계벌, 즉 행정적 제재를 받게 되는 지위를 말한다.

2. 징계사유

공무원이 국가공무원법 및 국가공무원법에 따른 명령을 위반한 때, 지방공무원법 또는 지방공무원법에 따른 명령이나 지방자치단체의 조례 또는 규칙을 위반한 때, 직무상의 의무(다른 법령에서 공무원의 신분으로 인하여 부과된 의무를 포함한다)를 위반하거나 직무를 태만히 한 때, 직무의 내외를 불문하고 그 체면 또는 위신을 손상하는 행위를 한 때 중 어느 하나에 해당하면 징계 의결을 요구하여야 하고 그 징계 의결의 결과에 따라 징계처분을 하여야 한다.

3. 징계사유의 발생시점

징계에 관하여 다른 법률의 적용을 받는 공무원이 국가공무원법 또는 지방공무원법의 징계에 관한 규정을 적용받는 공무원으로 임용된 경우에 임용 이전의 다른 법률에 따른 징계 사유는 그 사유가 발생한 날부터 국가공무원법 또는 지방공무원법에 따른 징계 사유가 발생한 것으로 본다.

특수경력직공무원이 경력직공무원으로 임용된 경우에 임용 전의 해당 특수경력직공무원의 징계를 규율하는 법령상의 징계 사유는 그 사유가 발생한 날부터 징계에 관한 국가공무원법 또는 지방공무원법에 따른 징계 사유가 발생한 것으로 본다.

경력직공무원이 특수경력직공무원으로 임용된 경우에 임용 전의 해당 경력직공무원의 징계를 규율하는 법령상의 징계사유는 그 사유가 발생한 날부터 특수경력직공무원의 징계를 규율하는 법령상의 징계사유가 발생한 것으로 본다.

4. 징계의 종류

징계의 종류는 파면, 해임, 강등, 정직, 감봉, 견책 등으로 구분된다.[1]

(1) 파 면

공무원신분을 박탈하고, 징계로 파면처분을 받은 때부터 5년이 지나지 아니한 자는 공무원으로 임용될 수 없다.

(2) 해 임

공무원신분을 박탈하고, 징계로 파면처분을 받은 때부터 3년이 지나지 아니한 자는 공무원으로 임용될 수 없다.

(3) 강 등

강등은 1계급 아래로 직급을 내리고(고위공무원단에 속하는 공무원은 3급으로 임용하고, 연구관 및 지도관은 연구사 및 지도사로 한다) 공무원신분은 보유하나 3개월간 직무에 종사하지 못하며 그 기간 중 보수는 전액을 감한다. 다만, 계급을 구분하지 아니하는 공무원과 임기제공무원에 대해서는 강등을 적용하지 아니한다.

다만, 외무공무원의 강등은 「외무공무원법」에 따라 배정받은 직무등급을 1등급 아래로 내리고[2] 공무원신분은 보유하나 3개월간 직무에 종사하지 못하며 그 기간 중 보수는 전액을 감한다.

또한, 교육공무원의 강등은 「교육공무원법」에 따라 동종의 직무 내에서 하위의 직위에 임명하고, 공무원신분은 보유하나 3개월간 직무에 종사하지 못하며 그 기간 중 보수는 전액을 감한다. 다만, 「고등교육법」 제14조에 해당하는 학교의 교원 및 조교에 대하여는 강등을 적용하지 아니한다.

강등되어 직무에 종사하지 못하는 3개월 동안 보수를 감할 때에는 강등된 후의 보수를 기준으로 3분의 2를 감하여 지급한다.

(4) 정 직

정직은 1개월 이상 3개월 이하의 기간으로 하고, 정직 처분을 받은 자는

---

1) 「국가공무원법」 제79조; 「지방공무원법」 제70조.
2) 14등급 외무공무원은 고위공무원단 직위로 임용하고, 고위공무원단에 속하는 외무공무원은 9등급으로 임용하며, 8등급부터 6등급까지의 외무공무원은 5등급으로 임용한다.

그 기간 중 공무원의 신분은 보유하나 직무에 종사하지 못하며 보수는 전액을 감한다.

⑸ 감 봉

감봉은 1개월 이상 3개월 이하의 기간 동안 보수의 3분의 1을 감한다.

⑹ 견 책

견책은 전과(前過)에 대하여 훈계하고 뉘우치게 한다.

5. 징계처분에 의한 승진·승급의 제한

징계처분을 받은 공무원은 그 처분을 받은 날 또는 그 집행이 끝난 날부터 대통령령으로 정하는 기간 동안 승진임용 또는 승급을 할 수 없다. 다만, 징계처분을 받은 후 직무수행의 공적으로 포상 등을 받은 공무원에 대하여는 대통령령으로 정하는 바에 따라 승진임용이나 승급의 제한기간을 단축하거나 면제할 수 있다.

강등처분의 집행이 끝난 날부터 18개월이 지나지 않은 경우 승진임용될 수 없으며, 승급도 시킬 수 없다. 정직처분의 집행이 끝난 날부터 18개월이 지나지 않은 경우 승진임용될 수 없으며, 승급도 시킬 수 없다.

감봉처분의 집행이 끝난 날부터 12개월이 지나지 않은 경우 승진임용될 수 없으며, 승급도 시킬 수 없다. 견책처분의 집행이 끝난 날부터 6개월이 지나지 않은 경우 승진임용될 수 없으며, 승급도 시킬 수 없다.

6. 징계절차

⑴ 징계의결요구

공무원이 징계사유에 해당하면 징계 의결을 요구하여야 한다. 즉, 징계의결 요구는 재량이 아니라 기속이다. 징계의결 등의 요구는 징계 등의 사유가 발생한 날부터 3년(금품 및 향응 수수, 공금의 횡령·유용의 경우에는 5년)이 지나면 하지 못한다.

징계 의결 요구는 5급 이상 공무원 및 고위공무원단에 속하는 일반직공무원은 소속 장관이, 6급 이하의 공무원은 소속 기관의 장 또는 소속 상급기관의 장이 한다. 다만, 국무총리·인사혁신처장 및 국회규칙, 대법원규칙, 헌법재판소규칙, 중앙선거관리위원회규칙 또는 대통령령으로 정하는 각급 기관의 장은 다른 기관 소속 공무원이 징계 사유가 있다고 인정하면 관계 공무원에 대하여 관할 징계위원회에 직접 징계를 요구할 수 있다.

(2) 징계의결

국가공무원의 징계처분 등을 의결하게 하기 위하여 국회규칙, 대법원규칙, 헌법재판소규칙, 중앙선거관리위원회규칙 또는 대통령령으로 정하는 기관에 징계위원회를 둔다. 공무원의 징계처분 등은 징계위원회의 의결을 거쳐 징계위원회가 설치된 소속 기관의 장이 하되, 국무총리 소속으로 설치된 징계위원회에서 한 징계의결 등에 대하여는 중앙행정기관의 장이 한다. 다만, 파면과 해임은 징계위원회의 의결을 거쳐 각 임용권자 또는 임용권을 위임한 상급 감독기관의 장이 한다.

지방공무원의 징계처분 등은 인사위원회의 의결을 거쳐 임용권자가 한다. 다만, 5급 이상 공무원 또는 이와 관련된 하위직공무원의 징계처분 등과 소속기관(시·도와 구·시·군, 구·시·군)을 달리하는 동일사건에 관련된 사람의 징계처분 등은 시·도의 인사위원회의 의결로 한다.

(3) 심사 또는 재심사청구

국가공무원에 대한 징계의결등을 요구한 기관의 장은 징계위원회의 의결이 가볍다고 인정하면 그 처분을 하기 전에 직근 상급기관에 설치된 징계위원회(직근 상급기관이 없는 징계위원회의 의결에 대하여는 그 징계위원회)에 심사나 재심사를 청구할 수 있다. 이 경우 소속 공무원을 대리인으로 지정할 수 있다. 지방공무원의 경우에는 직근 상급기관에 설치된 인사위원회(시·도인사위원회의 의결에 대하여는 그 인사위원회, 시·도에 복수의 인사위원회를 두는 경우 제1인사위원회의 의결에 대하여는 그 인사위원회, 제2인사위원회의 의결에 대하여는 제1인사위원회)에 심사 또는 재심사를 청구할 수 있다.

(4) 징계부가금

공무원의 징계 의결을 요구하는 경우 그 징계 사유가 금전, 물품, 부동산, 향응 또는 그 밖에 대통령령으로 정하는 재산상 이익을 취득하거나 제공한 경우 또는 「국가재정법」에 따른 예산 및 기금, 「지방재정법」에 따른 예산 및 「지방자치단체 기금관리기본법」에 따른 기금, 「국고금 관리법」에 따른 국고

금, 「보조금 관리에 관한 법률」에 따른 보조금, 「국유재산법」에 따른 국유재
산 및 「물품관리법」에 따른 물품, 「공유재산 및 물품 관리법」에 따른 공유재
산 및 물품, 그 밖에 이에 준하는 것으로서 대통령령으로 정하는 것에 대해 횡
령, 배임, 절도, 사기 또는 유용 등에 해당하는 경우에는 해당 징계 외에 그 행
위로 취득하거나 제공한 금전 또는 재산상 이득(금전이 아닌 재산상 이득의 경우에는
금전으로 환산한 금액을 말한다)의 5배 내의 징계부가금 부과 의결을 징계위원회에
요구하여야 한다. 지방공무원의 경우에는 인사위원회에 요구하여야 한다.

　징계위원회는 징계부가금 부과 의결을 하기 전에 징계부가금 부과 대상
자가 다른 법률에 따라 형사 처벌을 받거나 변상책임 등을 이행한 경우 또는
다른 법령에 따른 환수나 가산징수 절차에 따라 환수금이나 가산징수금을 납
부한 경우에는 대통령령으로 정하는 바에 따라 조정된 범위에서 징계부가금
부과를 의결하여야 한다. 지방공무원의 경우에는 인사위원회에 요구하여야
한다.

　징계위원회는 징계부가금 부과 의결을 한 후에 징계부가금 부과 대상자
가 형사처벌을 받거나 변상책임 등을 이행한 경우 또는 환수금이나 가산징수
금을 납부한 경우에는 대통령령으로 정하는 바에 따라 이미 의결된 징계부가
금의 감면 등의 조치를 하여야 한다. 지방공무원의 경우에는 인사위원회가 조
치를 하여야 한다.

　징계부가금 부과처분을 받은 사람이 납부기간 내에 그 부가금을 납부하
지 아니한 때에는 처분권자(대통령이 처분권자인 경우에는 처분 제청권자)는 국세 체납
처분의 예에 따라 징수할 수 있다. 다만, 체납액 징수가 사실상 곤란하다고 판
단되는 경우에는 징수를 관할 세무서장에게 의뢰하여야 한다.

　처분권자(대통령이 처분권자인 경우에는 처분 제청권자)는 관할 세무서장에게 징계
부가금 징수를 의뢰한 후 체납일부터 5년이 지난 후에도 징수가 불가능하다고
인정될 때에는 관할 징계위원회에 징계부가금 감면의결을 요청할 수 있다. 지
방공무원의 경우에는 처분권자는 관할 인사위원회에 징계부가금 감면의결을
요청할 수 있다.

(5) 처분사유 설명서의 교부
　공무원에 대하여 징계처분 등을 할 때나 강임·휴직·직위해제 또는 면직
처분을 할 때에는 그 처분권자 또는 처분제청권자는 처분사유를 적은 설명서

를 교부하여야 한다. 다만, 본인의 원에 따른 강임·휴직 또는 면직처분은 그러하지 아니하다.

(6) 재징계의결 등의 요구

처분권자(대통령이 처분권자인 경우에는 처분 제청권자)는 법령의 적용, 증거 및 사실 조사에 명백한 흠이 있는 경우, 징계위원회의 구성 또는 징계의결 등, 그 밖에 절차상의 흠이 있는 경우, 징계양정 및 징계부가금이 과다한 경우에 해당하는 사유로 소청심사위원회 또는 법원에서 징계처분 등의 무효 또는 취소(취소명령 포함)의 결정이나 판결을 받은 경우에는 다시 징계 의결 또는 징계부가금 부과 의결을 요구하여야 한다. 다만, 징계양정 및 징계부가금이 과다한 사유로 무효 또는 취소(취소명령 포함)의 결정이나 판결을 받은 감봉·견책처분에 대하여는 징계의결을 요구하지 아니할 수 있다.

처분권자는 징계의결 등을 요구하는 경우에는 소청심사위원회의 결정 또는 법원의 판결이 확정된 날부터 3개월 이내에 관할 징계위원회 또는 인사위원회에 징계의결 등을 요구하여야 하며, 관할 징계위원회 또는 인사위원회에서는 다른 징계사건에 우선하여 징계의결 등을 하여야 한다.

7. 징계처분 등에 대한 공무원의 불복

(1) 소 청

처분사유 설명서를 받은 공무원이 그 처분에 불복할 때에는 그 설명서를 받은 날부터, 공무원이 징계처분 등, 강임, 휴직, 직위해제 또는 면직처분 등 외에 본인의 의사에 반한 불리한 처분을 받았을 때에는 그 처분이 있은 것을 안 날부터 각각 30일 이내에 소청심사위원회에 이에 대한 심사를 청구할 수 있다. 이 경우 변호사를 대리인으로 선임할 수 있다.

본인의 의사에 반하여 파면 또는 해임이나 면직처분을 하면 그 처분을 한 날부터 40일 이내에는 후임자의 보충발령을 하지 못한다. 다만, 인력 관리상 후임자를 보충하여야 할 불가피한 사유가 있고, 소청심사위원회의 임시결정이 없는 경우에는 후임자의 보충발령을 할 수 있다. 국가 공무원의 경우에는 국회사무총장, 법원행정처장, 헌법재판소사무처장, 중앙선거관리위원회사무총장 또는 인사혁신처장과 협의를 거쳐야 한다.

소청심사위원회는 소청심사청구가 파면 또는 해임이나 면직처분으로 인한 경우에는 그 청구를 접수한 날부터 5일 이내에 해당 사건의 최종 결정이 있을 때까지 후임자의 보충발령을 유예하게 하는 임시결정을 할 수 있다.

소청심사위원회가 임시결정을 한 경우에는 임시결정을 한 날부터 20일 이내에 최종 결정을 하여야 하며 각 임용권자는 그 최종 결정이 있을 때까지 후임자를 보충발령하지 못한다.

소청심사위원회는 임시결정을 한 경우 외에는 소청심사청구를 접수한 날부터 60일 이내에 이에 대한 결정을 하여야 한다. 다만, 불가피하다고 인정되면 소청심사위원회의 의결로 30일을 연장할 수 있다. 공무원은 소청심사청구를 이유로 불이익한 처분이나 대우를 받지 아니한다.

(2) 행정소송

징계처분 등, 강임, 휴직, 직위해제 또는 면직처분 등의 처분, 그 밖에 본인의 의사에 반한 불리한 처분이나 부작위에 관한 행정소송은 소청심사위원회의 심사·결정을 거치지 아니하면 제기할 수 없다.

행정소송을 제기할 때에는 대통령의 처분 또는 부작위의 경우에는 소속 장관(대통령령으로 정하는 기관의 장을 포함한다)을, 중앙선거관리위원회 위원장의 처분 또는 부작위의 경우에는 중앙선거관리위원회 사무총장을 각각 피고로 한다.

Ⅲ. 변상책임

1. 변상책임

변상책임이란 공무원이 의무를 위반하여 국가나 지방자치단체에 재산적 손해를 야기한 경우 부담하는 책임이다. 국가배상법에 의한 변상책임과 「회계관계직원 등의 책임에 관한 법률」에 의한 책임이 있다.

2. 국가배상법에 의한 변상책임

국가나 지방자치단체는 공무원이 직무를 집행하면서 고의 또는 과실로 법령을 위반하여 타인에게 손해를 입히거나, 「자동차손해배상 보장법」에 따라 손해배상의 책임이 있을 때에는 이 법에 따라 그 손해를 배상하여야 한다. 이때 공무원에게 고의 또는 중대한 과실이 있으면 국가나 지방자치단체는 그 공무원에게 구상할 수 있다.

또한, 도로·하천, 그 밖의 공공의 영조물의 설치나 관리에 하자가 있기 때문에 타인에게 손해를 발생하게 하였을 때에는 국가나 지방자치단체는 그 손해를 배상하여야 한다. 이때 손해의 원인에 대하여 책임을 지는 자가 따로 있으면 국가나 지방자치단체는 그 자에게 구상할 수 있다. 따라서 공무원에게 변상책임이 인정된다.

3. 「회계관계직원 등의 책임에 관한 법률」에 의한 변상책임

회계관계직원은 고의 또는 중대한 과실로 법령이나 그 밖의 관계 규정 및 예산에 정하여진 바를 위반하여 국가, 지방자치단체, 그 밖에 감사원의 감사를 받는 단체 등의 재산에 손해를 끼친 경우에는 변상할 책임이 있다.

현금 또는 물품을 출납·보관하는 회계관계직원은 선량한 관리자로서의 주의를 게을리하여 그가 보관하는 현금 또는 물품이 망실되거나 훼손된 경우에는 변상할 책임이 있다. 이 경우 현금 또는 물품을 출납·보관하는 회계관계직원은 스스로 사무를 집행하지 아니한 것을 이유로 그 책임을 면할 수 없다.

재산상 손해가 2명 이상의 회계관계직원의 행위로 인하여 발생한 경우에는 각자의 행위가 손해발생에 미친 정도에 따라 각각 변상책임을 진다. 이 경우 손해발생에 미친 정도가 분명하지 아니하면 그 정도가 같은 것으로 본다.

회계관계직원의 변상책임의 유무에 대한 심리와 판정은 감사원에서 한다.[3] 다만, 중앙관서의 장, 지방자치단체의 장, 감독기관[4]의 장, 해당 기관[5]의 장은 회계관계직원에게 변상책임이 있다고 인정되는 경우에는 감사원이 판정하기 전이라도 해당 회계관계직원에 대하여 변상을 명할 수 있다.

---

3) 「감사원법」 제31조 제1항.
4) 국가기관이나 지방자치단체의 기관이 아닌 경우만 해당한다.
5) 국가기관이나 지방자치단체의 기관이 아닌 경우로서 감독기관이 없거나 분명하지 아니한 경우만 해당한다.

제4장 공물·영조물·공기업법

제1절 공물법

I. 공물의 개념

공물이란 국가·지방자치단체 등 행정주체에 의하여 직접 행정목적에 공용된 개개의 유체물을 말한다. 이를 분설하면 첫째, 관리주체 또는 사용주체가 행정주체이어야 한다. 따라서 사인이 사유지를 도로로 제공하여도 공물이라 할 수 없다. 물론 국가가 이를 관리한다면 공물이라 할 수 있다. 결국 소유권의 주체와 관리주체가 항상 일치하는 것은 아니다. 국가가 관리하는 사인소유 공물을 특히 사유공물이라 한다.

둘째, 직접 행정목적에 공용되어야 한다. 따라서 국유임야, 광산 등과 같이 직접 행정목적에 제공되지 않고 행정주체의 재정수익의 수단이 되는 재정재산은 공물이 아니다. 이런 까닭에 재정재산은 사법의 적용을 받는다.

셋째, 개개의 물건이라는 점에서 영조물은 공물과 구별된다. 영조물은 1개 이상의 공물과 이러한 공물을 관리하는 사람의 결합체를 의미하므로 개개의 물건인 공물과는 구별된다.

그런데 개개의 공물이 결합한 집합물은 공물에서 제외되는지가 문제된다. 집합물이란 다수의 물건이 집합하여 실제로는 하나의 기능을 수행하는 물적시설을 말한다. 도서관이나 공원 등이 이에 해당한다. 집합물 역시 하나 하나의 공물이 결합된 것이므로 이를 공물에서 제외하여 따로 규율해야 할 실익이 없으므로 집합물이란 개념을 별도로 설정하여 공물과 구별할 필요가 없다.

다만 집합물을 공물에 포함시킬 경우 공공시설과의 구별 문제가 발생한다. 공공시설이란 공공의 이용에 제공되는 공적 시설을 말한다. 그런데 이러한 공공시설의 개념에 대하여 견해가 대립한다.

제1설은 공공시설의 개념을 공공의 이용에 제공된 인적, 물적 종합시설로 보는 견해이다. 이에 따르면 공공시설 중 물적 종합시설만이 공물에 해당한다. 한편 공공의 이용에 제공되는 경우만이 공공시설에 해당하므로 영조물 보다 는 좁은 개념이다. 결국 이 견해는 공물이 가장 좁은 개념이고 이보다 넓은 개념이 공공시설, 공공시설을 포함하는 보다 넓은 개념이 영조물이라는 것이다.

제2설은 공공시설이란 공공의 이용에 제공되는 물적 시설만을 의미한다 고 보는 견해이다. 이에 따르면 공공시설은 공물, 특히 공공용물과 일치하는 개념이 된다.

제3설은 공공시설을 공공용물과 공공영조물을 포괄하는 광의의 개념으로 이해하는 견해이다. 이에 따르면 집합물은 공공시설에 포함되는 개념이 된다.

제2설이 타당하다. 이에 따르면 공물(공공용물)과 공공시설은 동일한 개념 이므로 집합물을 공물에 포함시켜도 전혀 논리적 모순이 발생하지 않는다.

넷째, 유체물이라는 점에서 무체물은 공물에서 제외된다. 하지만 유수, 전 류, 공간, 햇볕 등과 같은 무체물도 지배관리가 가능하다면 공물에서 제외할 이유가 없다는 반론이 유력시 되고 있다. 독립적으로 관리되는 무체물이라면 공물에서 제외시킬 이유가 없을 것으로 보인다.

II. 공물의 분류

1. 목적에 따른 분류

(1) 공공용물

일반 대중의 사용에 제공된 공물을 특히 공공용물이라 한다. 도로, 광장, 하천, 운하, 제방 등이 이에 해당한다.

(2) 공용물

행정주체 자신의 사용에 제공된 공물을 공용물이라 한다. 국공립학교의 교사(校舍), 행정기관의 청사, 교도소, 훈련장 등이 이에 해당한다.

(3) 공적 보존물

문화, 보안 등 공공목적을 위해 물건 그 자체의 보존을 주안으로 하는 공 물을 말한다. 문화유산, 고분(古墳), 보안림, 보호림 등이 이에 해당한다.

2. 소유권자에 따른 분류

(1) 국유공물

국가가 소유하는 공물을 말한다. 「국유재산법」상 행정재산이 이에 해당한다. 국유재산법은 국유재산을 '국가의 부담, 기부채납이나 법령 또는 조약에 따라 국가 소유로 된 재산'으로 정의하고 있다.

(2) 공유공물

지방자치단체가 소유하는 공물을 말한다. 「공유재산 및 물품 관리법」상 행정재산이 이에 해당한다. 「공유재산 및 물품 관리법」은 공유재산을 '지방자치단체의 부담, 기부채납이나 법령에 따라 지방자치단체 소유로 된 재산'으로 정의하고 있다.

(3) 사유공물

사인이 소유권자인 물건에 공물이 지정된 경우를 말한다. 사인 토지를 도로로 지정하는 경우가 이에 해당한다.

3. 소유주체와 관리주체의 일치여부에 따른 분류

(1) 자유공물

소유주체와 관리주체가 일치하는 공물을 말한다. 다시 말해서 소유자가 직접 관리하는 공물을 의미한다.

(2) 타유공물

소유주체와 관리주체가 일치하지 않는 공물을 말한다. 다시 말해서 소유자가 공물을 직접 관리하지 아니하고 관리자가 별도로 있는 공물을 의미한다.

4. 국유재산법 등 현행법상의 분류

「국유재산법」, 「공유재산 및 물품 관리법」은 국유재산 및 공유재산을 다음과 같이 분류하고 있다.

(1) 행정재산

1) 공용재산

국가가 직접 사무용·사업용 또는 공무원의 주거용으로 사용하거나 사용하기로 결정한 재산을 말한다.

2) 공공용재산

국가가 직접 공공용으로 사용하거나 사용하기로 결정한 재산을 말한다.

3) 기업용재산

정부기업 또는 지방자치단체가 경영하는 기업이 직접 사무용·사업용 또는 그 기업에 종사하는 직원의 주거용으로 사용하거나 사용하기로 결정한 재산을 말한다.

4) 보존용재산

법령이나 그 밖의 필요에 따라 국가 또는 지방자치단체가 보존하는 재산을 말한다.

(2) 일반재산

행정재산 외의 모든 국유 또는 공유재산을 말한다.

5. 예정공물

공용개시는 없으나 장차 공물로 예정된 물건을 말한다. 도로예정지, 하천예정지 등이 이에 해당한다. 판례는 "이 사건 토지에 관하여 도로구역의 결정, 고시 등의 공물지정행위는 있었지만 아직 도로의 형태를 갖추지 못하여 완전한 공공용물이 성립되었다고는 할 수 없으므로 일정의 예정공물이라 볼 수 있다"라고 판시[1]하여 공용지정은 있었으나 아직 공물로서 구조를 갖추지 못한 경우도 예정공물에 포함시키고 있다.

Ⅲ. 공물의 성립

1. 공공용물

(1) 형체적 요건

일반 대중의 사용에 제공될 수 있는 구조를 갖추어야 한다. 예를 들어 위치결정, 용지취득, 건설공사, 환경영향평가 등을 거쳐 도로의 구조와 기능을 갖추고 있어야 한다.

---

[1] 대법원 1994. 5. 10. 선고 93다23442 판결.

(2) 의사적 요건(공용지정)

1) 의 의

행정주체가 당해 물건을 공물로 제공한다는 내용의 의사표시, 즉 공용개시행위를 하여야 한다. 이를 공용지정이라 한다. 자연공물은 별도의 공용지정을 요하지 않는다.

2) 공용지정의 형식

공용지정의 형식은 법령의 규정에 의한 경우와 행정행위(처분)에 의한 경우로 나누어진다. 하천법 등의 규정에 의하여 법령이 정하고 있는 요건을 충족하면 공용개시가 이루어지는 것이 전자의 경우이며, 도로구역의 지정, 하천구역의 결정 등이 후자의 경우이다.

3) 권원 없는 공용지정의 효력

공용지정을 위하여 행정주체는 해당 물건에 대하여 처분권 등과 같은 정당한 권원을 가지고 있어야 한다. 국유 또는 공유재산에 대해서는 임의의 공용지정이 가능하지만 사인 소유 물건에 대해서는 매매계약이나 공용수용 등을 통하여 소유권을 취득하거나 지상권 등을 설정한 이후 공용지정을 하여야 한다.

권원 없이 공용지정이 이루어 진 경우에는 권원을 가진 자(소유자 등)는 부당이득반환 또는 원상회복 등을 청구할 수 있다. 하지만 해당 물건이 이미 공공에 제공된 이후에는 공공용물의 공공성을 고려하여 부당이득이나 원상회복이 제한되고 손해배상 등을 통한 구제만이 가능할 수 있다.

4) 공용지정의 하자

공용지정이 법령에 의해 이루어 진 경우에는 법령이 정하고 있는 요건을 갖추지 못한 하자 있는 공용지정은 당연무효가 된다.

하지만 행정행위에 의해 이루어진 공용지정은 그 하자가 중대·명백한 때에는 무효, 그렇지 않은 때에는 취소할 수 있을 것이다. 물론 해당 물건이 이미 공공에 제공된 이후에는 비록 공용지정에 하자가 있어도 사정판결을 할 가능성이 크다.

2. 공용물

공용물은 행정주체 자신의 사용에 제공되는 것이므로 사실상 사용에 필요한 구조를 갖추고 그 사용을 개시하면 되기 때문에 별도의 공용지정을 요하지 않는다. 물론 공용물의 경우에도 정당한 권원이 있어야 함은 물론이다.

3. 공적 보존물

공적 보존물은 법령의 규정에 근거하는 지정 또는 지정의 의사표시가 필요하다. 공적 보존물의 지정은 해당 물건 자체에 대한 보존만을 목적으로 할 뿐 정당한 권원을 가진 자의 본질적 권원을 해치지는 않으므로 행정주체가 물건에 대하여 정당한 권원을 가질 필요는 없다. 「문화유산의 보존 및 활용에 관한 법률」 등은 소유권자의 동의도 요하지 않은 것으로 규정하고 있다.

Ⅳ. 공물의 소멸

1. 공공용물

(1) 인공공물

공공용물 중 도로 등 인공공물은 목적물의 멸실 여부에 관계없이 공용폐지행위에 의해 소멸된다.

한편, 목적물의 형체적 요소가 소멸된 경우에도 공용폐지의 명시적 의사표시가 있어야 하는지에 대해서는 견해가 대립한다.

불요설은 사회관념상 더 이상 공공용물로 볼 수 없을 정도로 형체적 요소가 멸실되었다면 그 자체로 공물로서의 지위가 상실되는 것이지 별도의 공용폐지가 있어야만 공물이 소멸되는 것은 아니라는 입장이다.

필요설은 공공용물의 형체적 요소가 멸실된 것은 공용폐지의 사유일 뿐 그것만으로 공물이 소멸되는 것은 아니라는 입장이다.

판례는 "공용폐지의 의사표시는 명시적 의사표시뿐만 아니라 묵시적 의사표시이어도 무방하나 적법한 의사표시이어야 하고, 행정재산이 본래의 용도에 제공되지 않는 상태에 놓여 있다는 사실만으로 관리청의 이에 대한 공용폐지의 의사표시가 있었다고 볼 수 없다"라고 판시[2]하여 필요설을 취하고 있다.

목적물의 형체적 요소가 멸실되더라도 재산관계, 이용관계 등 법률적 문제가 곧바로 소멸되는 것은 아니므로 명시적이든 묵시적이든 공용폐지의 의

---

2) 대법원 1999. 1. 15. 선고 98다49548 판결.

사표시는 있어야 한다. 필요설이 타당하다.

(2) 자연공물

공공용물 중 하천 등과 같은 자연공물의 형체적 요소가 멸실 된 경우 공공폐지행위가 있어야만 공물이 소멸되는 것인지에 대해 견해가 대립한다.

자연공물은 자연 상태 그대로인 목적물 자체가 공공용물이므로 그 목적물이 자연 상태에서 영구 확정적으로 멸실되면 그 자체만으로 공물로서의 성질을 상실하게 된다는 것이 다수견해이다.

자연공물의 경우에도 인공공물과 마찬가지로 최소한 묵시적 공용폐지라도 있어야 공물이 소멸된다는 주장3)도 유력하게 제기되고 있다.

판례는 "국유 하천부지는 자연의 상태 그대로 공공용에 제공될 수 있는 실체를 갖추고 있는 이른바 자연공물로서 별도의 공용개시행위가 없더라도 행정재산이 되고 그 후 본래의 용도에 공여되지 않는 상태에 놓여 있더라도 국유재산법령에 의한 용도폐지를 하지 않은 이상 당연히 잡종재산(현 '일반재산')으로 된다고는 할 수 없다"라고 판시4)하고 있다. 판례의 기본적 태도는 자연공물이라 하더라도 공용폐지행위가 있어야 공물이 소멸된다는 것이다. 물론 이 판례는 용도폐지 없이는 행정재산이 일반재산으로 변경되지 않는다는 취지의 판결이므로 공물의 소멸에 대한 법원의 태도로 볼 수 없다는 반론도 가능하다.

하지만, 자연공물과 인공공물을 구별할 이유도 없고, 자연공물 역시 목적물의 형체적 요소가 멸실되더라도 재산관계, 이용관계 등 법률적 문제가 곧바로 소멸되는 것은 아니므로 명시적이든 묵시적이든 공용폐지의 의사표시는 있어야 할 것이다. 필요설을 지지한다.

2. 공용물

공용물은 행정주체의 용도폐지에 의해 소멸된다. 그런데 공용물의 목적물이 멸실된 경우에도 용도폐지의 의사표시가 있어야 하는지에 대해서는 견해가 대립한다. 공용물은 행정주체 자신의 사용에 제공되는 것이므로 사실상 사용할 수 없을 정도로 목적물이 멸실된 때에는 별도의 용도폐지가 없더라도 공

---

3) 김남철(1092면).
4) 대법원 2007. 6. 1. 선고 2005도7523 판결.

물로서의 지위가 상실된다는 것이 다수의 견해이다.

하지만, 공용물도 공공용물과 마찬가지로 목적물이 멸실되어도 이용관계 등 법률적 문제가 남을 수 있으므로 명시적이든 묵시적이든 용도폐지의 의사표시가 있어야 할 것이다.

판례 역시 "행정재산에 대한 공용폐지의 의사표시는 명시적이든 묵시적이든 상관이 없으나 적법한 의사표시가 있어야 하고, 행정재산이 사실상 본래의 용도에 사용되지 않고 있다는 사실만으로 용도폐지의 의사표시가 있었다고 볼 수는 없으므로 행정청이 행정재산에 속하는 1필지 토지 중 일부를 그 필지에 속하는 토지인줄 모르고 본래의 용도에 사용하지 않는다는 사실만으로 묵시적으로나마 그 부분에 대한 용도폐지의 의사표시가 있었다고 할 수 없다"고 판시[5]하여 같은 입장을 취하고 있다.

3. 공적 보존물

공적 보존물은 행정주체의 지정해제에 의해 공물로서의 지위가 소멸된다. 만약 목적물 자체가 멸실된 경우 지정해제의 의사표시가 필요한 것인지에 대해 불요설과 필요설이 대립한다. 공적 보존물은 재산관계, 이용관계 등과 관계없이 보존 자체를 목적으로 하는 공물이므로 목적물이 멸실되면 별도의 지정해제 의사표시가 없어도 공물이 소멸되는 것으로 보는 것이 타당하다.

V. 공물의 법률적 특색

1. 소유권의 성질

(1) 문제의 소재

공물에 대해서는 공법적 규율이 적용된다는 것에는 이설이 없다. 그런데 이러한 공법적 규율이 원래부터 전적으로 적용되는 것인지, 아니면 공물에 대해서도 원칙적으로 사법이 적용되지만 공법적 목적 범위 내에서 공법이 제한적으로 적용되는 것인지에 대해서는 견해가 대립한다. 이는 공물의 소유권의 법적 성질을 어떻게 이해하느냐에 따른 견해 대립이다.

---

5) 대법원 1997. 3. 14. 선고 96다43508 판결.

(2) 공소유권설

공물의 공공성을 강조한다면 공물에 대해서는 사권의 설정이 전적으로 배제되고 오로지 공소유권만이 인정된다는 견해이다. 이에 따르면 공물에는 전적으로 공법적 규율만이 적용된다.

(3) 사소유권설

공물도 물건이므로 원칙적으로 재산관계에 대한 사권의 설정을 금지할 수 없다는 것을 전제로 하면서, 다만 공적 목적상 필요한 때에 사권을 공법적 원리에 의해 제한할 뿐이라는 견해이다. 이에 따르면 공물에는 행정목적상 필요한 범위 내에서 공법적 원리에 의해 수정된 사법이 적용되거나 아예 공법적 규율이 적용된다.

(4) 소 결

이는 법이론적 문제가 아니라 입법정책적 선택으로 보여 진다. 따라서 현행 공물법령들의 입법적 태도를 살펴볼 필요가 있다. 우리나라 현행 공물 관련 법령인 도로법이나 하천법 등을 살펴보면 '… 사권을 설정할 수 없다' 또는 '… 사권을 행사할 수 없다'라는 규정이 상당히 많다. 이는 사권을 처음부터 배제하지는 않지만 공적 목적상 필요하면 사권을 금지 또는 제한하고 있는 것으로 보여 진다. 그렇다면 우리나라 공물법제의 입법적 태도는 사소유권설을 따르고 있음을 알 수 있다.

2. 융통성의 제한

공물은 그 목적 달성에 필요한 범위 내에서 처분, 증여, 저당권·지상권 등의 설정이 제한되는 데 이를 융통성의 제한 또는 불융통성이라 한다.

국유재산 또는 공유재산은 원칙적으로 사권 설정을 금지하고, 다만 공물의 목적에 지장을 주지 않는 범위에서 사용·수익을 허용하고 있다.

반대로 도로법 등은 사권 설정을 당연시하면서, 다만 공물의 목적에 장애가 되는 범위에서 사권 설정을 제한하고 있다.

공적 보존물은 소유자가 변경되는 경우 이를 행정주체에 신고하도록 하는 등의 제한을 두고 있다.

3. 강제집행의 제한

국유 또는 공유 공물은 원칙적으로 강제집행이 금지된다. 이에 대해 국·공유 공물이라 해서 원칙적으로 강제집행에 제한되는 것이 아니라 해당 공물의 융통성에 따라 강제집행 제한여부가 달라진다는 견해도 있다. 하지만 국·공유 공물은 원칙적으로 융통성이 제한되기 때문에 결과적으로 다수 견해와 차이가 없다.

사유 공물은 융통성의 인정여부에 따라 판단해야 한다. 처분 등이 허용되는 경우에는 강제집행의 대상이 될 수 있다. 다만, 강제집행에 의해 새로이 소유권을 취득한 경우에도 공물로서의 제한은 존속한다.

4. 시효취득의 제한

사유 공물은 시효취득의 대상이 된다. 물론 시효취득 이후에도 공물로서의 제한은 존속한다.

국유 또는 공유 공물은 시효취득의 대상이 되는 것인지에 대해 견해가 대립한다.

부정설은 공용폐지가 없는 한 시효취득의 대상이 될 수 없다는 견해이다.

제한적 시효취득설은 공물로서의 공적 목적에 방해가 되지 않는 한, 다시 말해서 융통성이 인정되는 범위 내에서 시효취득을 인정해야 한다는 견해이다. 물론 시효취득 이후에도 공법상 제한은 존속한다는 입장이다.

완전 시효취득설은 공물의 관리자가 장기간 방치한 경우에는 묵시적 공용폐지가 있는 것으로 보아 시효취득을 전적으로 인정해야 한다는 견해이다.

국유 또는 공유 공물은 융통성이 제한되므로 부정설과 제한적 시효취득설은 결론에 있어 차이가 없다. 국·공유 공물에 대해서도 민법상 시효취득을 전적으로 허용하는 것은 공물의 공익성에 비추어 타당하지 않다. 부정설을 지지한다. 현행 국유재산 및 공유재산 법령 역시 행정재산에 대한 시효취득을 인정하지 않고 있다.

5. 공용수용의 제한

공물이 공용수용의 대상이 될 수 있는 것인지에 대해 견해가 대립한다.

부정설은 공물을 다른 행정목적에 제공하기 위해서는 공용폐지가 선행되어야 한다는 입장이다.

긍정설은 현재 공물을 사용하고 있는 사업의 공익성 보다 공용수용을 통하여 사용하고자 하는 사업의 공익성이 더 큰 경우에는 공용폐지가 없어도 수용이 가능하다는 견해이다.

판례는 "토지수용법은 제5조의 규정에 의한 제한 이외에는 수용의 대상이 되는 토지에 관하여 아무런 제한을 하지 아니하고 있을 뿐만 아니라, 토지수용법 제5조, 문화재보호법 제20조 제4호, 제58조 제1항, 부칙 제3조 제2항 등의 규정을 종합하면 구 문화재보호법 제54조의2 제1항에 의하여 지방문화재로 지정된 토지가 수용의 대상이 될 수 없다고 볼 수는 없다"고 판시[6]하여 긍정설을 취하고 있는 것처럼 보인다.

하지만 공익성에 경중이 존재하는지는 별론으로 하더라도 이를 비교교량할 수 있는 것인지, 또 누가 교량 할 수 있는 것인지 의문이며, 만약 공익성이 더 큰 사업이라고 정책적 판단을 하였다면 행정협의를 통해 공용폐지를 선행하는 것이 타당하므로 부정설이 타당하다. 또한 이 판례는 사유의 공적 보존물에 대한 수용여부를 판단한 것으로 공물의 수용에 관한 일반적 이론을 밝힌 판례로 보기도 어렵다.

VI. 공물관리권과 공물경찰권

1. 공물관리권

(1) 의 의

공물을 관리하는 공물주체의 권한을 말한다. 공물관리권의 성질에 관하여는 소유권설과 공법상 물권적 지배설이 대립한다.

소유권설은 공물관리권은 소유권의 권원을 실현하는 하나의 작용에 불과하다는 견해이다.

공법상 물권적 지배설은 공물관리권은 소유권과 관계없이 공물주체가 행사하는 공법상 물권적 지배권의 일종으로 보는 견해이다.

판례는 "도로법의 제반 규정에 비추어 보면, 변상금 부과권한은 적정한

---

6) 대법원 1996. 4. 26. 선고 95누13241 판결.

도로관리를 위하여 도로의 관리청에게 부여된 권한이라 할 것이지 도로부지의 소유권에 기한 권한이라고 할 수 없으므로, 도로의 관리청은 도로부지에 대한 소유권을 취득하였는지 여부와는 관계없이 도로를 무단 점용하는 자에 대하여 변상금을 부과할 수 있다"라고 판시[7]하여 공법상 물권적 지배설을 취하고 있다.

공물에 대한 관리권한은 해당 공물의 소유권에 기초한 것이 아니라 공물 주체가 공물을 공적 목적에 공여하기 위하여 행사하는 물권적 지배권으로 보는 것이 타당하다.

(2) 내 용

1) 공물의 범위설정

공물주체는 도로구역의 지정, 하천구역의 결정 등과 같이 공물의 범위를 설정할 수 있다. 공물의 범위설정은 공물관리권에 기초한 권한으로서 이미 성립된 공물의 범위를 지정하는 것이지 공물을 성립시키는 것은 아니므로 공용지정행위와 구별된다.

2) 공공목적에 공여

공물을 일반 공중의 사용에 제공하거나 특정인에게 사용권 또는 점용권을 설정하는 등 공물을 공공목적에 공여하여야 한다. 공물관리권의 핵심적 사항이기도 하다.

3) 공물의 유지·수선·보존

공무주체는 공물을 유지·수선·보존하기 위해 필요한 조치를 취할 수 있다. 이러한 공물의 관리를 위하여 필요한 때에는 타인의 토지에 출입하거나 타인의 물건을 일시 사용하는 등 공용부담의 특권을 가진다.

4) 장해의 방지 및 제거

공무주체는 도로의 통행금지, 하천의 사용금지 등과 같이 공물의 장해를 방지 또는 제거하기 위해 필요한 조치를 취할 수 있다.

5) 사용료·변상금의 부과·징수

공물에 대한 사용권 또는 점용권 허가를 받아 이를 사용 또는 점용하는 자에게 사용료를 부과하고, 점용허가 없이 공물을 무단 점용하고 있는 자에게

---

7) 대법원 2005. 11. 25. 선고 2003두7194 판결.

변상금을 부과할 수 있다.

2. 공물경찰권

(1) 의 의

공물경찰이란 경찰행정청이 공공의 안녕과 질서를 유지하기 위하여 공물에 대하여 행사하는 경찰작용을 말한다. 예를 들어 도로에 대한 통행을 금지하는 행위가 공물관리청에 의해 공물의 수선을 위해 이루어진 때에는 공물관리권이지만, 호우 등으로 도로의 침수가 예상되어 경찰행정청이 차량의 통행을 금지시키는 것은 공물경찰권이라 할 것이다.

(2) 목 적

공물관리권은 적극적으로 공물 본래의 목적달성을 위한 작용임에 반하여 공물경찰권은 소극적으로 공물의 안전과 질서유지를 위한 작용이라는 점에서 양자는 그 목적을 달리한다.

(3) 권력의 기초

공물관리권은 앞에서 살펴본 것처럼 공법상 물권적 지배권에 기초한 것이지만, 공물경찰권은 일반경찰권에 기초한 경찰작용이라는 점에서도 구별된다.

(4) 권력의 범위

공물주체는 공물의 일시적 사용을 허가하는 것은 물론 특정인에게 독점적 사용권을 설정할 수도 있다. 하지만 공물경찰권은 상대적 금지행위를 일시적으로 허가할 수 있을 뿐이다.

(5) 제재와 강제수단

공물관리권은 공물이용규칙을 위반한 자를 공물의 이용관계에서 제외할 수 있을 뿐 법률적 근거가 없이 제재나 강제집행을 할 수 없다.

반면에 공물경찰권은 의무위반자에 대하여 행정벌 등 제재는 물론 행정상 강제집행도 할 수 있다.

Ⅶ. 공물사용관계

1. 일반사용

⑴ 공공용물의 일반사용

1) 의 의

공공용물은 일반 공중의 사용에 제공되는 것이 본래의 목적이므로 누구
든지 타인의 공동이용을 방해하지 않는 한 공공용물을 자유로이 사용할 수 있
다. 이를 일반사용이라 한다. 보통사용 또는 자유사용이라고도 한다.

2) 인접주민의 고양된 일반사용

도로나 하천의 인접주민이 공물에 대하여 일반인들보다 고양(高揚)된 사
용권을 가지는 경우가 있다. 예를 들어 도로에 광고판을 설치하는 것, 물건의
적재를 위해 차량을 주차하는 것, 건축을 위해 건축자재를 적치하는 것, 주민
에게 우선주차를 허용하는 것 등이 이에 해당한다. 이를 인접주민권이라고도
한다.

법령이 특별히 금지하는 경우에는 인접주민권을 행사할 수 없다. 예를 들
어 법률이 광고판의 설치를 금지할 경우 인접주민권을 행사할 수 없다. 물론
법령의 규정이나 행정권이 인접주민권을 과도하게 제한할 경우 그것이 헌법
상 보장된 재산권을 침해한다면 방해배제청구권, 손실보상청구권, 국가배상청
구권 등을 행사할 수 있을 것이다.

인접주민권은 일반 공중의 사용과 조화되어야 한다. 인접주민권의 행사로
일반 공중의 사용이 과도하게 침해되어서는 안 된다.

판례도 "공물의 인접주민은 다른 일반인보다 인접공물의 일반사용에 있
어 특별한 이해관계를 가지는 경우가 있고, 그러한 의미에서 다른 사람에게
인정되지 아니하는 이른바 고양된 일반사용권이 보장될 수 있으며, 이러한 고
양된 일반사용권이 침해된 경우 다른 개인과의 관계에서 민법상으로도 보호
될 수 있으나, 그 권리도 공물의 일반사용의 범위 안에서 인정되는 것이므로,
특정인에게 어느 범위에서 이른바 고양된 일반사용권으로서의 권리가 인정될
수 있는지의 여부는 당해 공물의 목적과 효용, 일반사용관계, 고양된 일반사
용권을 주장하는 사람의 법률상의 지위와 당해 공물의 사용관계의 인접성, 특

수성 등을 종합적으로 고려하여 판단하여야 한다"라고 판시[8]하여 인접주민의
고양된 일반사용의 한계를 인정하였다.

3) 일반사용의 법적 성질

일반사용의 법적 성질에 관하여는 반사적 이익설과 공법상 권리설이 대
립한다.

반사적 이익설은 공물의 사용자는 공물이 일반 공중의 사용에 제공된 결
과 그 반사적 이익으로 공물 사용의 자유를 누리는 것이라는 견해이다.

공법상 권리설은 공물주체는 공물을 일반 대중의 사용에 제공해야 할 법
령상 의무가 존재하므로 일반 대중이 공물 사용의 자유를 누리는 것은 공권
또는 법률상 보호되는 이익으로 보아야 한다는 견해이다.

공물을 규율하는 공물법은 공익목적뿐만 아니라 일반사용자의 사익도 보
호하고 있는 것으로서 일반 대중이 공물을 사용하는 것은 공법상의 권리 또는
법률상 보호되는 이익으로 보는 것이 타당하다.

4) 일반사용의 침해에 대한 구제

공물주체의 공용폐지행위로 인하여 일반사용자의 자유로운 사용이 침해
당한 경우 이에 대한 구제가 가능한 것인지, 다시 말해서 공물에 대한 공용폐
지에 대하여 일반사용자에게 그 취소를 구할 원고적격이 있는지 문제된다.

일반사용의 법적 성질을 공법상 권리로 본다면 이러한 공권의 침해에 대
하여 원고적격을 인정하는 것이 당연할 것이다.

판례 역시 "공공용재산이라고 하여도 당해 공공용재산의 성질상 특정개
인의 생활에 개별성이 강한 직접적이고 구체적인 이익을 부여하고 있어서 그
에게 그로 인한 이익을 가지게 하는 것이 법률적인 관점으로도 이유가 있다고
인정되는 특별한 사정이 있는 경우에는 그와 같은 이익은 법률상 보호되어야
할 것이고, 따라서 도로의 용도폐지처분에 관하여 이러한 직접적인 이해관계
를 가지는 사람이 그와 같은 이익을 현실적으로 침해당한 경우에는 그 취소를
구할 법률상의 이익이 있다"고 판시[9]하여 같은 입장을 취하고 있다.

하지만 현실적으로 법률상 보호되는 이익 침해가 인정되는 것은 사용자
개인의 구체적이고 직접적인 이익이 침해된 경우이어야 하므로 일반사용에

---

8) 대법원 2006. 12. 22. 선고 2004다68311 판결.
9) 대법원 1992. 9. 22. 선고 91누13212 판결.

광범위하게 인정되기 보다는 주로 인접주민의 고양된 일반사용 관계에서 주로 인정될 것으로 보인다.

(2) 공용물의 일반사용

공용물은 일반 대중의 사용이 아닌 행정주체 자신의 사용에 제공된 것이므로 일반사용이 허용되지 않는 것으로 보아야 한다. 공용물도 예외적으로 일반사용이 허용된다는 견해도 있다. 예를 들어 국립대학 구내의 자유로운 통행이나 운동장의 사용 등은 공용물이지만 일반사용이 가능함을 보여주는 사례라는 주장이다. 하지만 이러한 사용은 공물관리자의 묵시적 허가가 있는 것으로 해석함이 타당하다.

2. 허가사용

(1) 공공용물의 허가사용

1) 의 의

공공의 질서유지 또는 공동사용관계의 조정을 위해 공물의 일반적 사용을 제한하고 특정한 경우에 그 사용을 허가하는 사용관계를 말한다. 예를 들어 소양호의 오염방지를 위해 선박의 운항을 전면적으로 금지한 상태에서 청평사 보수용 건축자재를 적재한 선박의 일시 운항을 허가하는 것이 이에 해당한다. 따라서 허가사용은 그 성질상 일시적 사용에 국한 된다.

2) 종 류

가. 경찰허가적 허가사용

공공의 안녕과 질서유지를 위해 공물사용을 금지한 후 일정한 요건을 갖춘 경우 사용허가를 하는 것을 말한다. 도로상 작업허가, 노점허가, 차량통행금지구역의 차량통행허가 등이 이에 해당한다.

나. 공물관리권적 허가사용

공물의 관리에 장해를 줄 우려가 있는 경우 그 사용을 금지하고 일정한 요건을 갖춘 경우 사용허가를 하는 것을 말한다. 죽목(竹木)의 하천 유송 허가, 강변에서의 운동회 허가 등이 이에 해당한다.

3) 성 질

허가사용은 행정행위의 허가를 기초로 하는 것이므로 그 법적 성질 역시 허가의 성질과 동일하다. 따라서 ① 허가사용으로 사용자가 향유하는 이익이 반사적 이익에 불과한 것인지, 법률상 보호이익으로 볼 수 있는지, ② 법령상 요건이 충족되면 허가사용을 기속적으로 해야 하는 것인지, 공물관리청 또는 경찰행정청의 재량적 판단이 허용되는 것인지 등이 문제 된다.

허가에 대한 논의에서 이미 살펴 본 것처럼 허가에 의해 누리는 이익을 단순히 반사적 이익으로만 이해하는 것은 시대착오적 발상이며, 허가사용에 의해 향유하던 이익이 공권력에 의해 침해당하였고 그 침해가 정도를 넘어서는 것이라면 그 회복을 주장하는 것을 법률상 보호 이익으로 보아야 할 것이다. 또한 허가사용은 그 근거 법령의 규정 태도와 취지 등을 종합적으로 고려하여 기속행위 또는 재량행위 여부를 판단해야 할 것이다.

(2) 공용물의 허가사용

공용물은 행정주체 자신의 제공되는 공물이므로 허가사용의 대상이 되지 않는다. 하지만 공용물의 목적에 벗어나지 않는 범위 내에서 허가사용을 부분적으로 인정할 수 있다. 예를 들어 국립대학의 학교 운동장 사용허가를 하는 것이 이에 해당한다.

3. 특허사용

(1) 의 의

일반인에게는 허용되지 않는 특별한 공물사용의 권리를 특정인에게 설정하여 주는 행위를 말한다. 특정인에 대한 도로점용허가, 하천격지 점용허가, 전주·수도관·가스관 등의 매설허가 등이 이에 해당한다.

실제 법령이나 실무에서는 허가, 특허라는 용어가 혼용되어 사용되고 있어 그 성질을 파악하여 허가와 특허를 구별해야 하는 것처럼 실제 법령이나 실무에서는 특허사용임에도 불구하고 허가사용이라는 용어를 사용하기도 한다.

(2) 법적 성질

공물의 특허사용의 법적 성질에 관하여 공법상 계약설과 쌍방적 행정행위설이 대립하고 있다.

공법상 계약설은 공물주체와 사용자 사이에 계약을 체결하여 공물주체는 사용자에게 공물사용권을 부여하고 사용자는 공물주체에게 사용료를 지급하는 일종의 공법상 계약에 해당한다는 견해이다.

쌍방적 행정행위설은 특허사용 역시 행정행위(처분)에 의해 이루어지는 공권력 발동행위이며, 다만 상대방의 협력을 요하는 쌍방적 행정행위로 보아야 한다는 견해이다.

특허사용의 근거법령 대부분이 특허요건, 사용권의 범위, 점용료, 허가의 취소 등을 규정하고 있는 것으로 보아 이는 쌍방적 행정행위로 보는 것이 타당하다.

(3) 특허사용권의 성질

특허사용으로 사용자가 공물을 사용할 수 있는 이른바 '특허사용권'의 법적 성질에 관하여 ① 공권인지 사권인지, ② 물권인지 채권인지 문제 된다.

1) 공권 여부

특허사용에 의해 발생한 특허사용권이 공권인지에 대하여 견해가 대립한다.

공권설은 특허사용권은 공법적 원인에 의해 성립하고 공적 목적에 따라 제약이 가능한 것이므로 공권으로 보아야 한다는 입장이다. 이에 따르면 특허사용권의 침해에 대해서는 항고소송, 국가배상, 손실보상 등의 청구가 가능하다.

사권설은 특허사용권은 공물을 개인이 사적 용도로 사용할 수 있는 재산권적 성질을 가지는 것이므로 사권으로 보아야 한다는 입장이다.

절충설은 공물관리자와의 관계에서는 특허사용권는 공법상 권리이지만 제3자와의 관계에서는 사법상 재산권로 보아야 한다는 견해이다.

공물관리자와 사용관계를 다툴 때에는 행정소송의 대상이지만 제3자의 사용권 침해에 대해서는 민사소송의 대상이 된다는 점에서 절충설이 타당하다.

2) 채권 여부

공물관리자와의 관계에서는 일정한 특별사용을 청구할 수 있는 채권으로 보아야 한다. 물론 법률이 특별히 물권성을 인정한 경우에는 물권이 된다. 현행법상 댐 사용권, 어업권, 광업권 등이 이에 해당한다.

판례도 "하천의 점용허가권은 특허에 의한 공물사용권의 일종으로서 하천의 관리주체에 대하여 일정한 특별사용을 청구할 수 있는 채권에 지나지 아니하고 대세적 효력이 있는 물권이라 할 수 없다"라고 판시[10]하여 채권설을 따르고

---

10) 대법원 1990. 2. 13. 선고 89다카23022 판결.

있다.

하지만 제3자와의 관계에서는 제한된 물권적 성질을 인정해야 한다. 제3자의 침해에 대해서는 물권적 청구권 또는 손해배상청구권 등을 행사할 수 있기 때문이다.

4. 관습법에 의한 특별사용

(1) 의 의

관개용수 이용권, 유수권(流水權), 입어권(入漁權) 등과 같이 공물주체의 사용허가나 특허 없이 관습법에 의하여 특별사용권이 성립되는 것을 말한다. 주로 소규모 공유수면의 사용권이 이에 해당한다.

(2) 성 립

관습법에 의한 특별사용권이 성립되기 위해서는 ① 오랜 기간 관행으로 특정인 또는 단체가 사용하고 있었어야 하고, ② 그 사용이 일시적이 아닌 계속해서 평온·공연하게 이루어졌어야 한다.

(3) 성 질

관습법에 의한 특별사용권은 관습에 의해 정해진다. 물론 실정법으로 관습의 내용을 제한할 수 있다. 예를 들어 수산업법의 개정으로 관행 어업권자가 법 시행 후 2년 이내에 어업권원부에 등록하지 아니하면 관행 어업권을 상실하도록 한 경우가 이에 해당한다.

5. 행정재산의 목적외 사용

(1) 의 의

국·공유재산은 직접 행정목적에 제공된 재산이므로 이를 대부, 매각, 교환, 양여, 신탁할 수 없다. 하지만 행정재산이라도 그 목적 사용에 지장이 없는 범위 내에서 계약에 의해 특별한 사용권을 설정할 수 있는데 이를 행정재산의 목적외 사용이라 한다. 예를 들어 지하철에 광고물을 부착을 허용하는 것, 행정청사에 구내매점의 개설을 허용하는 것, 국립공원 내에 점포개설을 허용하는 것 등이 이에 해당한다.

(2) 실정법적 근거

국유재산법 및 공유재산법은 행정재산을 그 용도 또는 목적에 장애가 되지 아니하는 범위 안에서 그 사용 또는 수익하도록 허가할 수 있도록 규정하고 있다.

(3) 성 질

행정재산의 목적외 사용의 법적 성질에 관하여는 사법상 계약설과 행정행위설이 대립하고 있다.

사법상 계약설은 행정재산의 목적외 사용은 오로지 당사자의 사적 이익을 도모하고 있는 것이므로 관리주체와 사용자의 관계는 대등 당사자의 관계로서 그 사용허가는 사법상 계약으로 보아야 한다는 견해이다.

행정행위설은 관리주체의 허가(특허)처분에 의해 법률관계가 발생하고, 관리주체가 이를 일방적으로 취소·철회할 수 있으며, 사용료 체납시 강제징수를 할 수 있으므로 그 사용허가는 행정행위, 특히 특허로 보아야 한다는 견해이다.

판례는 "공유재산의 관리청이 행정재산의 사용·수익에 대한 허가는 순전히 사경제주체로서 행하는 사법상의 행위가 아니라 관리청이 공권력을 가진 우월적 지위에서 행하는 행정처분으로서 특정인에게 행정재산을 사용할 수 있는 권리를 설정하여 주는 강학상 특허에 해당한다"라고 판시[11]하여 행정행위설을 취하고 있다.

제 2 절 영조물법

Ⅰ. 영조물의 의의

영조물이란 행정목적의 수행을 위하여 공여된 공물과 이를 관리하는 사람의 결합체인 인적·물적 종합시설이라는 정의가 일반적이다. 이는 영조물을 '공적목적에 제공된 인적·물적 수단의 총합체'라고 정의한 오토 마이어의 영

---

11) 대법원 1998. 2. 27. 선고 97누1105 판결.

향인 것으로 보여 진다.[12] 하지만 영조물을 이처럼 정의하면 영조물이 국가의 간접행정기관으로서 행정주체라는 것을 포섭하기 어렵다. 다시 말해서 행정주체가 되기 위해서는 공법상 권리·의무능력을 갖춘 법인이어야 하므로 단순한 물적·물적 결합체는 영조물로서의 가치가 없다. 따라서 영조물은 공역무를 수행하기 위하여 공여된 공물과 이를 관리하는 사람의 결합체로서 법인격이 있어야 한다. 결국 행정법상 의미를 있는 영조물은 영조물법인이라 할 것이다. 이처럼 영조물을 영조물법인의 의미로 해석하여야만 공공시설과 구별이 가능하고 구별실익도 존재한다.

다시 정리하면 영조물은 권리와 능력을 향유하는 법인체인데 반해 공공시설은 공익을 만족시킬 목적에서 행해지는 공공토목공사의 결과로서 남게 되는 공공의 욕구에 할당된 단순한 구조물을 말한다. 또한 영조물은 공역무와도 구별된다. 영조물은 조직체인 데 반하여 공역무는 활동을 의미한다.[13]

II. 영조물의 법적 지위

영조물은 국가 또는 지방자치단체에 결부되어 있으며 그에게 부여된 임무를 수행하기 위하여 전문성의 원칙에 지배되고 있다. 또한 영조물에는 자치의 원칙이 적용되어 고유의 기관을 가지며 자치적 예산과 법률상 권리·의무의 주체가 된다. 이러한 자치의 반대급부로서 국가 또는 지방자치단체의 후견적 감독을 받게 된다. 또한 영조물은 일정한 공법상의 특수법칙에 지배되어 강제집행이 면제된다.[14]

이를 다시 정리하면 영조물은 ① 법령에 의해 창설되고, ② 행정의 특권을 향유하며, ③ 공법상의 계약을 체결할 수 있으며, ④ 법원의 조력 없이 자력으로 강제집행을 할 수 있으며, ⑤ 압류가 제한되며, ⑥ 공공회계에 속하고 재정상 독립되며, ⑦ 소송당사자가 될 수 있으며, ⑧ 국가 또는 지방자치단체의 감독을 받는 특징을 가지고 있다.[15]

---

12) 이광윤(501면).
13) 이광윤(502면).
14) 이광윤(501면).
15) 이광윤(514면).

Ⅲ. 영조물의 종류

1. 관리주체에 따른 분류

영조물은 관리주체에 따라 국영 영조물, 공영 영조물, 특수법인 영조물로 나눌 수 있다.

국영 영조물은 관리주체가 국가인 영조물로서 국립대학, 교도소 등이 이에 해당한다.

공영 영조물은 관리주체가 지방자치단체인 영조물로서 시립대학, 도립병원 등이 이에 해당한다.

특수법인 영조물은 법령에 의해 독립적으로 법인격이 창설된 영조물로서 한국방송공사, 서울대학교병원 등이 이에 해당한다.

2. 독립성(법인격) 유무에 따른 분류

법인격 유무에 따라 법인격이 있는 영조물법인과 법인격이 없이 국가 또는 지방자치단체에 부속되어 있는 직영영조물로 나누는 것이 다수의 견해이다. 하지만 앞에서 살펴본 것처럼 영조물은 법인격이 있어야만 그 의미가 있으며 법인격이 없는 영조물은 공공시설이나 공역무와 구별이 곤란하고 구별실익도 존재하지 않기 때문에 법인격 유무에 따른 분류는 의미가 없다고 보여진다.

3. 목적에 따른 분류

프랑스에서는 영조물을 그 목적에 따라 행정적 영조물(les établissements publics administratifs)과 상공업적 영조물(les établissements publics industriels et commerciaux)로 분류하고 있다. 행정적 영조물은 원래 의미의 전통적 영조물이며, 상공업적 영조물은 공항공사, 방송국, 전기회사, 가스회사, 지하철공사 등과 같이 국유화된 회사들의 법적 지위를 결정하기 위해 사용된 개념이라고 한다.16) 따라서 프랑스의 공기업은 상공업적 영조물 또는 사법상의 주식회사 양자 중 하나의 법적 구조형식을 가지고 있다.

---

16) 이광윤(501~507면 참조).

상공업적 영조물의 특징은 ① 경영위원회와 같은 집단경영체제를 유지하고 있으며, ② 예산, 재정, 회계상 자치권이 보장되며, ③ '상인'으로 보아 상법을 적용을 우선하며, ④ 영조물의 직원은 원칙적으로 사법상의 직원이 된다는 것이다.[17]

Ⅳ. 영조물 이용관계

1. 성 립

영조물 이용관계는 영조물주체와 이용자 간의 공법상 계약 또는 사법상 계약에 의해 성립한다. 하지만 경우에 따라서는 감염병환자의 국립대학병원 강제입원과 같이 행정행위에 의해 성립되기도 한다.

2. 성 질

공법상 계약이나 행정행위에 의해 성립된 영조물 이용관계는 공법관계, 특히 특별권력관계의 성질을 가진다. 하지만 상공업적 영조물 이용관계는 사법관계이지만 공법의 원리에 의해 수정되는 이른바 행정사법관계로 보아야 할 것이다.

3. 이용자의 법적 지위

이용자는 영조물이용권이라는 권리를 가지는 반면, 이용질서준수의무, 이용료납부의무 등과 같은 의무도 부담한다.

4. 이용관계의 종류

(1) 일반이용

영조물을 일반인 모두가 그 목적 내에서 이용하는 것을 말한다. 예를 들어 국립병원을 환자들이 이용하는 것이 이에 해당한다.

일반이용은 누구에게나 이용이 허락되는 공개이용과 영조물의 특징상 특정인이나 단체에게만 이용이 허락되는 제한이용으로 나누어진다. 국립대학은 입학시험에 합격한 학생에게만 이용이 허락되는데 이를 제한이용이라 한다.

---

17) 이광윤(501~507면 참조).

(2) 특별이용

영조물을 ① 그 목적상 이용이 허락되지 않은 사람이 이용하거나, ② 그 목적과 다르게 이용하는 것을 특별이용이라 한다. 예를 들어 방학기간 동안 국립대학에서 공무원 연수를 하는 경우 해당 공무원이 국립대학을 이용하는 것이 이에 해당한다.

Ⅴ. 영조물 규칙

영조물규칙 중 ① 이용자의 권리·의무에 관한 사항은 법령의 근거가 필요하며, ② 조직규칙, 이용기준 등에 관한 사항은 행정규칙으로 정하여도 무방하다. 협의의 영조물규칙은 영조물이용자에게만 내부적으로 적용되는 행정규칙을 말한다.

제 3 절 공기업법

Ⅰ. 공기업의 개념

1. 타 학문분야의 공기업 개념

(1) 경제학에서의 공기업 개념

우리나라의 경제학자들은 공기업이라는 개념 대신에 이른바 공공기업부문(Public-Enterprise Sector)이라는 개념을 사용하면서, 이는 '시장독점적 재화나 용역을 생산하는 전매기업적 성질을 가지는 정부가 소유 또는 통제하는 생산 주체의 한 부문'이라고 설명하고 있다.[18] 한편, 중국에서는 공기업이라는 용어 대신 이른바 정부기업(State Enterprise)이라는 개념을 사용하고 있으며, 이는 '정부가 소유하는 모든 기업'으로 정의되고 있다.[19] 일본의 경제학자들은 공기업

---

18) Il Chong Nam, Recent Developments in the Public-Enterprise Sector of Korea, Governance, Regulation, and Privatization in the Asia-Pacific Region, The Univ. of Chicago Press, 2004, p.95.

19) David D. Li and Francis T. Lui, Why Do Governments Dump State Enterprises?, Governance, Regulation, and Privatization in the Asia-Pacific Region, The Univ. of Chicago Press, 2004,

(Public Corporation)이라는 개념을 사용하면서, 이는 '정부가 소유하고 있는 공익적 기업'을 의미하는 것이라고 설명하고 있다.[20]

국가마다 그리고 학자들마다 약간의 차이는 있으나, 이를 종합하면 일반적으로 경제학에서 정의하고 있는 공기업은 다음과 같은 요소를 갖춘 기업으로 설명되어 진다. 첫째, 공기업은 생산주체로서 물품이나 서비스를 생산하며 독자적 내지는 이에 준하는 예산을 가지고 있는 식별가능한 의사결정체를 말한다. 둘째, 소유란 공공단체의 지분율이 직접적 또는 간접적으로 10% 이상인 경우를 말한다. 셋째, 통제란 주로 최고관리국의 임명권을 통하여 내부적인 의사결정과정에 참여할 수 있는 힘을 말한다. 넷째, 생산물을 판매한다는 것은 매상액으로 경상비의 50% 이상을 충당할 수 있는 경우를 말한다. 결국 경제학에서의 공기업개념은 정부가 소유 또는 통제하는 생산주체로서의 기업을 의미한다.

(2) 경영학에서의 공기업

경영학 분야에서는 공기업의 개념에 관하여 '잔여이익에 대한 청구권을 개인이 보유하고 있지 않고, 정부가 임원을 임명하며 주수입이 판매에서 나오는 기업'이라고 정의한다.[21] 또한 '국가 또는 지방자치단체와 같은 공공단체가 출자자가 되어 경영상의 책임을 지는 기업형태'[22]라고도 한다. 이러한 개념에 의하면 공기업이 비영리 기업은 아니며, 어떠한 손익도 국가만이 절대적으로 떠맡으며 따라서 결과적으로 납세자인 대중들에게 전가된다. 그리고 일정한 비율의 주식을 민간인들이 소유하고 있고 나머지를 국가가 보유하고 있는 기업을 혼합기업(mixed enterprises)라고 하여 공기업과 별개의 개념으로 구분 짓고 있다.

이러한 견해는 행정주체가 재정적 수입을 도모함을 직접적인 목적으로 하는 전매사업이나 기타의 순수 영리적 사업도 공기업에 포함시킨다. 그러나 행정법상의 시각으로는 이러한 공기업의 개념을 구성하는 것이 행정주체의

---

p.211.

20) Fumitoshi Mizutani and Kiyoshi Nakamura, The Japanese Experience with Railway Restructuring, Governance, Regulation, and Privatization in the Asia−Pacific Region, The Univ. of Chicago Press, 2004, p.305.

21) 여운승, 기업이론, 도서출판 석정, 1998, 469면.

22) 안용식, 현대공기업론, 박영사, 1996, 49면.

비권력적 작용에 여러 가지 모습이 있다는 것을 간과한 점에서, 또한 실정법 상의 규제도 그 대상이 되는 작용의 유형적 구별을 전제하고 있는데 이를 무 시하고 있어 수용하기가 곤란하다.

(3) 행정학에서의 공기업

행정학에서는 공기업에 대한 개념 정의를 '공공단체(public authorities)가 소 유하거나 지배하며, 그 생산물이 판매되는 생산적인 주체(productive entity)'[23) 또 는 '국가 또는 지방자치단체가 수행하는 사업 중 기업적인 성격을 지닌 것'이 라고 한다. 이처럼 행정학에서는 공기업에 대한 개념을 그 경영주체를 기준으 로 소유나 지배의 정도를 파악하여 정의한다. 행정법학에서의 다수 학자들이 주장하는 것처럼 공익성을 중요 요소로 삼거나 사업의 목적을 기준으로 하여 군수사업, 전매사업, 문화예술사업을 공기업의 개념에서 제외한다는 견해는 없다.

행정학에서의 통설적인 견해에 따라 그 경영주체를 기준으로 공기업의 개념을 설정하는 경우에도 경제학에서 의미하는 것과는 달리 공공단체가 소 유를 수반하지 않는 지배(control without ownership)를 하는 경우는 공기업이라 할 수 없다고 하며, 이 경우는 지배가 아니라 규제(regulation)의 의미를 가진다고 한다. 결국 계속적, 결정적 공적 지배가 공기업의 중요요소이며, 여기서 지배 란 소유를 수반하는 지배라고 보고 있다.

2. 행정법학에서의 공기업 개념

(1) 광의의 공기업개념

광의설은 보통 경제학·경영학이나 행정학에서 논의하듯이 공기업의 경영 주체만을 표준으로 하여 국가 또는 지방자치단체가 경영하는 모든 사업으로 본다. 이 견해에 의하면 국가 등이 재정수입을 목적으로 하여 경영하는 순수 영리적 사업도 공기업에 포함하게 된다.

이 견해에 관하여 국내 대다수 학자들은 국가 등의 영리적 사업까지 공기 업의 개념에 포함하게 된다면 공기업이 매우 다양한 유형으로 나타날 것이고 그렇게 되면 그에 대한 법적 규제도 작용의 유형에 따라 다르게 적용되는데

---

23) 박영희/염도균/김종희/현근/허훈 공저, 공기업론, 다산출판사, 2000, 19면.

이를 하나의 개념으로 파악하게 되는 모순을 지닌다고 설명한다.[24] 현재 명확히 이 견해를 취하는 국내 학자는 없는 것으로 보인다.

(2) 협의의 공기업개념

협의설은 경영주체와 경영목적을 기준[25]으로 하여, 공기업을 국가 또는 지방자치단체(또는 이들과 동일시되는 공공단체)가 직접적으로 사회공공의 이익을 위하여 경영하는 비권력적 사업이라고 한다. 이러한 정의는 오토 마이어(O. Mayer)[26]의 행정법학에서 유래한 것이며, 이 견해를 취하고 있는 김도창 교수는 급부주체가 직접 국민에 대한 생활배려를 위하여 인적, 물적 시설을 갖추어 경영하는 비권력적 사업이라는 다른 말로 정의한다.[27] 또한 공기업이 동적으로는 생활배려를 위한 사업경영이고, 정적으로는 그러한 사업의 인적, 물적 종합수단인 영조물을 뜻한다고 설명하고 있다.[28]

이 견해는 국가 또는 지방자치단체가 직접 사회공공의 이익을 위하여 경영하는 사업으로 정의함으로써, 직접적으로는 국가 등의 재정수입을 목적으로 하는 재정작용을 그에서 배제하고, 일단 동질적인 비권력적 작용만을 공기업으로 파악하고 있다는 점에서 그 기본적인 타당성이 인정될 수 있을 것이다.[29] 그러나 공기업과 영조물이 개념상 중복될 수 있다는 비판이 제기될 수 있으며[30], 또한 보다 본질적인 것으로서, 동일한 사회공공의 이익을 위하는 사업이라고 하여도 영리성과 기업성을 내용으로 하는 사업과, 그 영리성이나 경제성은 고려되지 않는 정신적, 문화적 사업은 그 성질을 달리할 뿐만 아니라, 법제상으로도 차이가 인정될 수 있는데 그렇다면 협의설의 경우 공기업의 개념 요소로 기업성을 배제한 까닭에 수익성을 가지지 않는 사회적 사업, 문화적 사업까지 공기업에 포함시키고 있다는 비판[31]이 가능하다.

---

24) 김동희(259면); 박윤흔(400면); 석종현(434면); 이상규(376면).
25) 김남진 교수는 판단 기준에 수단(성질)을 추가함. 김남진(405면).
26) Otto Mayer, Deutsches Verwaltungsrecht, 3.Aufl., Bd. Ⅱ, 1924, S.1.
27) 김도창(369면).
28) 김도창(397면).
29) 김동희, "공익사업의 특허", 「서울대학교 법학」 제34권 2호, 1993, 36면.
30) 동일한 대상을 동적 측면과 정적 측면으로 나누어, 달리 호칭하여야 할 논리적 이유 내지는 그 실익이 있는지는 의문이다. 김동희, 앞의 글, 38면.
31) 이 견해에 따른다면 교도소, 박물관, 미술관, 도서관도 공기업의 개념 속에 포함된다. 김남진(405면); 박윤흔(400면); 홍정선(456면).

(3) 최협의의 공기업

최협의설은 협의설의 개념에 기업적, 경제적 측면을 고려하여, 국가 또는 지방자치단체가 직접 사회공공의 이익을 위하여 행하는 비권력적 사업 중에서, 일정한 영리성 또는 기업성을 가지는 사업만을 공기업으로 정의하는 현재 행정법학에서의 다수 견해[32]이다. 협의설보다 공기업의 개념을 보다 한정하고, 명확하게 하려는 것으로서, 이를 다시 정리하면 국가 또는 지방자치단체가 직접적으로 사회공공의 이익을 위하여 경영하는 기업이라 하겠다.

이 견해는 독일의 포르스트호프(Forsthoff)의 견해[33]와 유사한 것으로, 대가를 받지 않고, 즉 일반인들에게 무상으로 서비스를 제공하는 하천, 공항, 도로, 공원 등의 사업과 전혀 경제성을 가지지 아니하는 정신적, 문화적 사업에 속하는 박물관, 교도소, 도서관 등의 사업은 공기업에서 제외되고, 대가를 받고 서비스를 제공하는 우편, 전신, 전화, 철도 등의 사업만을 공기업이라고 한다. 이에 의할 경우 ① 관리 및 경비부담주체가 국가인 국영사업, ② 관리 및 경비부담주체가 지방자치단체일 경우는 공영사업, ③ 관리주체는 국가이고, 경비부담주체는 지방자치 단체인 국영공비사업, ④ 공기업의 경영주체가 그를 위하여 특별히 설립된 법인일 경우의 특수법인경영사업 등이 공기업에 속한다. 특수법인경영사업의 경우 당해 사업의 실질적인 경영주체는 국가 또는 지방자치 단체이나, 행정조직에 따르는 인사, 예산, 회계 등의 엄격한 제한을 배제하고, 경영의 능률성을 제고하기 위하여, 특수법인(공사, 공단, 회사 등)을 설립하여 그 사업의 경영을 담당하게 한다고 한다.[34]

이 견해를 분석하여 정리해 보면, 그 주체상으로는 국가 또는 지방자치단체가 직접적, 간접적으로 경영하는 것에 한정되며, 그 목적상으로는 직접적인 사회공공의 이익을 위한 것, 사업의 성질상으로는 수입목적과 영리 목적을 가지거나, 최소한 수지균형을 내용으로 하는 것에 한정된다.

또한 이 견해를 취하는 대다수의 학자들은 특허기업을 공기업의 개념 속

---

32) 김동희(259면); 박윤흔(401면); 이상규(377면); 이명구, 행정법원론, 대명출판사, 1990, 675면.

33) E. Forsthoff, Lehrbuch des Verwaltungsrechts, Allgemeiner Teil, 10. Auflage, 1973, SS.400~404. Forsthoff는 행정이 생활필요재화의 생산 및 분배자로서 경제생활에 적극적으로 관여한다는 점을 주목하여, 생활필요재화의 생산 및 분배라는 경제적 경영이 공행정에 의하여 이루어지는 것을 공기업이라고 하였다.

34) 김동희(37면).

에 포함하고 있는데, 전체적으로 최협의설을 지지하면서도 특허기업을 공기업에서 제외하여 '국가, 지방자치단체 및 그에 의하여 설립된 법인이 사회공공의 이익을 위하여 직접 경영하거나 경영에 참가하는 기업'이라고 정의하는 견해도 있다.[35]

(4) 소 결

결론적으로 '공기업'은 '공익기업'이 아니라 '공적 기업'이며, 이는 기업적 요소가 강조되는 개념이다. 다시 말해서 기능적 의미에서의 기업은 '수익성'만이 관계될 뿐이며, 조직적 의미에서의 기업은 '기업적 경영조직'을 의미하는 것으로서, 공익을 요소로 하는 공공서비스의 개념과는 직접적인 관련성이 없다.

결국 공기업이란 '수익성을 목적으로 재화를 생산하거나 용역을 제공하는 기업 중에서 국가 또는 지방자치 단체가 직접적 또는 간접적으로 소유나 자본의 참여정도와 그 운영규정상 지배권을 행사할 수 있는 기업'으로서, 이른바 '국가 또는 공공단체가 소유 또는 지배하는 상법상의 회사'일 뿐이다.[36]

프랑스에서는 공기업의 법적 지위를 크게 공법인과 사법인으로 나누어, 공법상의 공기업은 영조물법인이며[37] 사법인 형태의 공기업은 상법상의 주식회사로서 공공자본의 참여 비율에 따라 100% 공공자본인 국영기업과 민간자본과 공공자본의 결합 형태인 혼합기업으로 나누고 있다.[38]

그러나, 공법인(공법상 사단법인)은 '특별법에 의하여 설립된 사단법인'으로서, 이러한 공법상 사단법인은 행정주체로서의 공공단체(영조물법인)에 해당하지 않는다. 다만, 동 법인의 행위가 국가의 공무를 수행하는 것일 때에는 공무수탁사인의 지위에 서게 된다. 다시 말해서 행정주체에는 시원적 권력인 국가와, 헌법제정권력자에 의하여 권력이 전래된 지방자치단체와, 행정수단의 독립적(또는 자치적) 운영을 위하여 법률에 의해 창설된 영조물법인 및 공법상 재단과 항상적으로 공무를 수탁 받은 공무수탁사인이 있으며, 공무사탁사인에는 자연인과 법인이 있을 수 있다. 법인은 공법상 사단법인이든 사법상 사단법인이든 국가의 공무를 수탁 받은 지위에 있으면 공무수탁사인이 될 수 있다. 결

---

35) 김남진(405면); 김철용(284면); 한견우, 현대행정법Ⅱ, 연세대학교출판부, 2000, 140면.
36) 이는 이광윤 교수의 견해이며, 필자 역시 이에 찬동한다. 이광윤(532면).
37) 한국은행, 한국방송공사, 한국보험공사 등.
38) 이광윤(535면).

국 공법상 사단법인의 조직법적 관점, 즉 국가와의 관계에서만 사법상 법인과 구별될 뿐이지, 행정상 법률관계의 당사자, 즉 행정주체성의 여부에 있어서는 사법상 사단법인과 구별되지 않는다.[39]

따라서, 공기업은 상법상의 주식회사로서 공공자본의 참여 비율에 따라 100% 공공자본인 국영기업과 민간자본과 공공자본의 결합 형태인 혼합기업으로 나누어질 수 있으며, 이는 영조물법인과는 구별되는 개념으로 보아야 할 것이다.

3. 공기업과 영조물법인

영조물법인이란 국가로부터 독립된 법인격을 가지고, 국가의 간접행정기관으로 활용되는 행정주체의 일종이다. 공공단체 중에서 국가의 사무를 지역적으로 분권한 것이 지방자치단체이며, 국가의 사무를 사무적으로 분권화한 것을 지방자치단체를 제외한 공공단체, 즉 공공조합, 영조물법인, 그리고 공법상의 재단이다. 이러한 영조물법인은 공기업과는 구별되는 것이지만, 양자를 동일하게 보는 견해도 있다.

(1) 양자를 동일하게 보는 견해

이 견해는 공기업을 급부주체가 직접 국민에 대한 생활배려를 위하여 인적, 물적 시설을 갖추어 경영하는 비권력적 사업이라는 말로 정의하여,[40] 영조물과 실질적으로는 동일한 것이라 한다. 다만 관점에 따라서 공기업은 동적

---

39) 공법인을 가장 광의로 이해하는 견해는 국가를 비롯한 공법상 법률관계의 당사자로서의 법인 격을 가지는 것으로 설명하고 있으며, 국가를 제외한 이른바 국가의 간접행정기관으로서의 공공단체(지방자치단체 포함)라고 정의하는 견해도 있으며, 국가와 지방자치단체를 제외한 공공단체를 공법인으로 이해하는 주장도 있으며, 가장 협의로 이해하여 공공조합을 공법인으로 설명하는 입장도 있다. 그렇다면, 공법상 사단법인이란 무엇이며, 이는 행정주체인가? 일반적으로 공법상 사단법인의 특질, 즉 공법상 사단법인과 사법상 사단법인의 구별기준으로서 제시되고 있는 ① 설립근거법령의 성질, ② 사법규정의 준용여부, ③ 국가등의 통제정도, ④ 구성원의 가입강제정도, ⑤ 구성원의 신분, ⑥ 법인재산의 보유형식, ⑦ 공권력발동의 특권 유무 등은 공법상 사단법인과 사법상 사단법인을 구분할 수 있는 결정적 근거가 될 수 없다. 왜냐하면 공법상 사단법인이라고 인정되는 단체들의 형태가 매우 다양하고 상이한 까닭에 이러한 기준들이 범위를 명확히 설정하기가 곤란하고 그 해석여하에 따라 기준들의 범위가 매우 광범위하고 유동적이기 때문에 실직적인 기준으로 기능하지 못하기 때문이다. 결국 공법상 사단법인의 판별기준은 조직형식의 문제이며, 설립근거라는 법형식의 관점에서 결정하여야 한다(자세한 내용은 김민호, "행정주체로서의 공법상 사단법인의 존재의의에 관한 연구", 「저스티스」 제74권, 한국법학원, 2003. 8 참조).

40) 김도창(369면).

으로는 생활배려를 위한 사업경영이고, 정적으로는 그러한 사업의 인적, 물적 종합수단인 영조물을 뜻한다고 설명하고 있다.[41] 그러나, 공기업이란 간접행정기관으로 볼 수 없는 까닭에 이를 동일하게 보는 것은 이론적 결함이 있다.

(2) 양자를 구별하는 견해

양자를 구별하는 견해는 바로 공기업의 개념에 관하여 최협의설을 취하는 입장으로서 수익성을 요소로 하지 아니하는 영조물과 수익성을 요소로 하는 공기업은 구별된다고 한다. 또한 영조물은 반드시 계속적인 사업임을 요하고 일시적인 사업을 포함하지 않음에 반하여, 공기업은 일시적인 사업을 포함하고 있다는 점에서도 구별된다고 한다.[42]

(3) 공기업과 영조물법인의 비교

공기업과 영조물법인과의 공통점은 ① 그 주체에 있어서 양쪽 모두 원칙적으로 국가 또는 공공단체에 의하여 경영되거나 관리되고 있고, ② 대체로 양자 모두 비권력적 작용으로서 관리작용이라는 점을 들 수 있다.

차이점으로는 ① 공기업은 수익성 내지 경제성을 주된 내용으로 하지만, 영조물은 정신적, 문화적 사업을 의미하는 경우가 많고, ② 계속성의 측면에서는 영조물은 계속적 존재로서의 성격을 가지지만, 공기업은 일시적인 사업도 포함하는 경우가 있으며, ③ 이용관계에 있어 일정한 서비스나 재화를 개인 또는 일반인들에게 제공하기는 하지만 공기업 자체가 이용의 대상이 되지 않는 경우가 일반적인데 반하여, 영조물은 그 자체가 공중의 이용대상이 되고 있다. 이처럼 영조물법인은 공기업과 유사한 성질을 일부 공유하기는 하나, 양자를 동일하게 볼 수는 없다.

그런데 영조물법인과 공기업을 구별하는 견해를 취하면서도 이들 양자를 완전히 구별하기 보다는 공기업 중에서는 그 법적 성질이 영조물법인인 경우도 있다는 주장이 있다. 다시 말해서 '공기업은 공법상의 조직형식을 취할 수도 있고, 사법상의 조직형식을 취할 수도 있다. 공기업이 공법상의 조직형식을 취하는 경우에도 독립된 법인격이 없는 정부부처의 형식을 취할 수도 있고, 공법상의 단체나 재단 혹은 영조물법인과 같은 독립된 법인의 형식을 취

---

41) 김도창(397면).
42) 김철용(316면).

할 수도 있다. 결국 영조물은 공법상의 단체나 재단과 마찬가지로 공기업의
법적 형태의 하나라고 볼 수 있다'라는 주장이다.[43]

그러나 비록 공기업이 공법상 사단법인의 형식에 의해 설립·운영된다고
해서 이를 영조물법인으로 볼 수는 없다. 왜냐하면 공법상 사단법인은 행정주
체로서의 공공단체(영조물법인)에 해당하지 않으며, 다만 동 법인의 행위가 국
가의 공무를 수행하는 것일 때에는 공무수탁사인의 지위에 서게 된다는 것이
기 때문이다. 결국 영조물법인은 국가 또는 지방자치단체의 간접행정기관으로
서의 행정주체이며, 공기업은 그 설립 형태가 공법상의 법인이든 또는 사법상
의 법인이든 모두 기업성을 가진 상법상의 회사로 보는 것이 타당하다.

4. 공기업과 특허기업

(1) 문제의 소재

공기업과 특허기업에 관련한 국내 이론은 공기업의 개념에 관하여 대다
수가 최협의설을 취하고 있으면서, 이와는 별도로 공기업특허 또는 특허기업
을 공기업의 개념 속에 포함시킬 것인가의 여부를 기준으로 공기업의 개념을
다시 광의와 협의로 나누기도 한다.

(2) 특허기업을 공기업의 범주에 포함시키는 견해

현재 행정법학에서 다수의 지지를 받고 있는 이 견해는 공기업을 작용법
적 개념에서 판단하여 공기업을 사인이 특허를 받아서 경영하는 경우에도 여
전히 공기업의 성질을 잃지 않는다는 전제를 바탕으로 하고 있다. 공기업의
특허를 공기업의 경영방식 중의 하나로 파악하고 있다.[44] 국가 또는 공공단체
가 경영하는 공기업의 전부 또는 일부를 타인에게 부여하는 형성적 행위를 공기
업의 특허라 하고, 그 기업을 특허기업이라고 한다는 견해[45]가 바로 그것이다.

(3) 특허기업을 공기업의 범주에 포함시키지 않는 견해

이 견해는 공기업개념을 조직법적 측면에서 검토하는 것으로, 공기업을
국가 또는 지방자치단체가 직접 또는 간접으로 경영하는 사업만을 의미하는
것으로 보고, 특허기업을 공기업의 개념범위에서 제외시킨다. 또한 공기업의

---

43) 이광윤(535면).
44) 김동희(284면).
45) 김도창(426면).

특허라는 용어도 적절하지 못하다고 하여 특허기업의 특허 또는 공익사업의
특허라는 용어로 설명하는 경우도 있다.[46]

특허기업은 공기업의 경영주체는 국가 또는 지방자치단체라는 근본적인
개념요소가 결여되었다. 왜냐하면 특허기업의 경영주는 사인이다. 그러한 의
미에서 특허기업은 어디까지나 사기업이라는 견해[47]이다.

(4) 소 결

특허기업을 공기업이라고 보는 견해는 공기업 업무의 일부 또는 전부를 타
인에게 부여하는 형성적 행위를 공기업의 특허라고 하여, 일반 사인이 특허를
받아 기업을 경영하는 경우에도 여전히 공기업으로의 성질을 지닌다고 한다.

한편 반대의 견해는 법체계상, 조직법적인 측면에서 공기업과 사인이 운
영하는 공익목적의 기업에 관한 법적규율이 그 목적과 관점을 달리 한다는 점
을 전제로 하고 있다. 즉 행정임무의 수행이 민영화 된 결과로 보는 입장이다.
따라서 특허를 하는 것은 민영화의 한 방식이며, 특허기업은 특허권부여라는
민영화 방식을 통하여 민영화가 된 사기업이므로 특허기업은 공기업에서 제
외된다는 것이다.

현재 학계의 견해는 공기업특허에 있어서, 공기업의 개념을 '공기업 경영
에 관한 포괄적 법률관계', '공기업의 경영권', '공익사업의 독점적 경영권'으로
설명하고 있기 때문에 조직적 의미가 아닌 기능적 의미에서의 가장 좁은 개념
을 의미한다. 즉 '국가 또는 공공단체의 공익을 위한 수익적 작용'만을 배타적
으로 의미함을 알 수 있다.[48]

그러나, 공기업의 가장 중요한 개념적 요소는 국가 또는 공공단체의 경영
권이므로 특허기업은 이미 국가 또는 공공단체와는 무관한 사인이 경영권을
가진다는 측면에서 공기업과는 별개의 개념이라고 보는 것이 타당하다. 오히
려 특허기업은 공공서비스의 민간위탁의 한 부분으로 보아야 할 것이다. 아울
러 공기업의 특허라는 용어 역시 적절하지 못하다. 공익사업의 특허 또는 공
공서비스의 특허라고 하는 것이 타당하다.

---

46) 최영규, "공기업개념의 재검토 — 특허기업의 공기업성 문제를 중심으로", 「경남법학」 제9집,
　　73면 이하.
47) 김남진(429면).
48) 이광윤(531면).

Ⅱ. 종 류

1. 국영기업

철도사업, 우정사업 등과 같이 국가가 직접 관리·경영하는 공기업을 말한다. 국가형 공기업 또는 정부기업이라고도 한다.

2. 공영기업

수도, 가스, 자동차운수, 주택, 의료, 문화예술사업 등과 같이 지방자치단체가 관리·경영하는 공기업을 말한다. 지방공기업이라고도 한다.

3. 국영공비기업·공영국비기업

국영공비(國營公費)기업이란 국가가 관리·경영하고 경비는 지방자치단체가 부담하는 공기업을, 공영국비(公營國費)기업이란 지방자치단체가 관리·경영하고 경비는 국가가 부담하는 공기업을 말한다. 국영공비기업으로는 국가가 시행하는 농지개량사업을 들 수 있다.

4. 특수법인기업

국가 또는 지방자치단체로부터 독립되어 별도의 법인격을 가지고 있는 공기업을 말한다. 법령이나 조례 등에 의해 설립된다.

이는 특히 영조물법인과 개념상 매우 혼돈스러운 공기업이다. 하지만 앞에서 설명한 것처럼 영조물법인은 국가 또는 지방자치단체의 간접행정기관으로서의 행정주체이며, 공기업은 그 설립 형태가 공법상의 법인이든 또는 사법상의 법인이든 모두 기업성을 가진 상법상의 회사라는 점에서 양자는 구별된다.

Ⅲ. 보 호

공기업은 법령에 의하여 ① 독점권 인정, ② 공용부담특권, ③ 경제상 특혜, ④ 형사상 특권, ⑤ 경찰권 부여, ⑥ 노동법상 보호 등과 같은 특별한 보호를 받는다.

경제상 특혜로는 ① 면세, ② 보조금 교부, ③ 국·공유재산 무상양여, ④ 자금융자 및 보증, ⑤ 손해배상책임 제한, ⑥ 기업재산 압류제한, ⑦ 수수료·사용료 강제징수권 등이 있다.

형사상 특권은 독점권침해, 기업재산 손괴, 부당한 이용거부, 부정이용행위 등에 대하여 공기업벌이라는 제재를 할 수 있는 것을 말한다.

Ⅳ. 이용관계

1. 법적 성질

공기업 이용관계의 법적 성질에 관하여는 공법관계설, 사법관계설, 단체법적 사회법관계설이 대립하고 있다. 공기업과 사기업이 동일한 서비스를 하는 경우 이를 서로 다른 법률관계로 이해하여야 할 이유가 없으므로 사법관계설이 타당하다.

공기업 이용관계를 사법관계로 이해하여도 공기업의 공익성 때문에 평등원칙·비례원칙 등과 같은 공법적 원리에 의해 수정되어지므로 이를 행정사법관계로 보아야 한다는 주장도 있다.

2. 성 립

공기업과 이용자의 이용관계는 사기업과 마찬가지로 당사자의 합의에 의해 성립한다. 다만 전기, 수도, 가스 등과 같이 공기업의 독점권으로 인하여 사실상 이용관계가 강제되는 경우와 하수도의 사용과 같이 법령에 의해 이용관계가 강제되는 경우도 있다.

Ⅴ. 공익사업의 특허

1. 의 의

국가 또는 지방자치단체가 특정 사인에게 공익적 사업의 '독점적 경영권'을 설정하여 주는 것을 공익사업의 특허라 하고, 이렇게 설립된 기업을 특허기업이라 한다.

2. 성 질

공익사업의 특허의 성질에 관하여 ① 독점적 경영권설정설, ② 포괄적 법률관계설정설, ③ 허가설이 대립한다. 공익사업의 기업적 측면을 강조한다면 독점적 경영권설정설이 타당하다.

3. 영업허가와의 구별

특정의 공익사업을 독점적으로 영위할 수 있도록 경영권을 설정하여 주는 특허기업의 특허는 법령에 의해 금지되어 있는 영업활동을 특정한 경우에 해제하여 주는 영업허가와 구별된다.

공익사업의 특허를 '아무리 공익적 사업이라 할지라도 실정법적 근거 없이 본질적으로 공기업에 속하는 사업이란 있을 수 없고, 오히려 직업선택의 자유 등을 고려해 볼 때 일반사인도 당해 사업을 할 수 있는 것이 당연하나, 공익성으로 말미암아 행정주체의 특별한 허가를 요하는 것'으로 이해하는 입장[49]에서는 공익사업의 특허와 영업허가를 구별하는 것이 곤란할 수 있다. 하지만 특허기업의 특허는 배타적·독점적 경영권을 설정하여 주는 것이므로 단순히 자연적 자유를 회복하여 주는 영업허가와 본질적으로 다르다.

공익사업의 특허와 영업허가의 차이점을 정리하면 다음과 같다.

① 공익사업의 특허의 목적은 적극적으로 공공이익을 증진하는 작용이지만 영업허가는 소극적으로 사회질서를 유지하는 작용이다.

② 공익사업의 특허를 통하여 상대방이 누리는 이익은 권리이지만 영업허가는 반사적 이익으로 보는 것이 다수 견해이다.

③ 공익사업의 특허의 대상은 공익사업인 반면 영업허가의 대상은 자연적 자유에 속하는 개인적 영리사업이다.

④ 공익사업의 특허에 대해서는 국가 또는 지방자치단체의 강한 감독을 받지만 영업허가는 법질서 유지에 필요한 최소한도의 소극적 감독에 그친다.

⑤ 공익사업의 특허의 효과는 기업의 경영권설정이지만 영업허가는 영업의 자유회복에 불과하다.

---

49) 김동희(285면).

제5장 공용부담법

제1절 개 설

I. 공용부담의 개념

공용부담이란 행정주체가 공익사업 등 공공복리를 증진하거나 또는 물건의 효용을 확보하기 위하여, 개인에게 강제적으로 부과하는 공법상의 인적·물적인 경제적 부담을 말한다. 이는 실정법상 개념이 아니라 강학상 개념이다.

II. 법적 근거

헌법 제23조 제3항은 "공공필요에 의한 재산권의 수용·사용 또는 제한 및 그에 대한 보상은 법률로써 하되, 정당한 보상을 지급하여야 한다"고 규정하고 있다. 따라서 공용부담은 반드시 법률의 근거가 있어야 한다. 개별 법률로는「공익사업을 위한 토지 등의 취득 및 보상에 관한 법률」,「국토의 계획 및 이용에 관한 법률」,「도시 및 주거환경 정비법」, 도로법, 철도법, 하천법, 산림법 등 상당히 많은 법률이 있다.

제2절 인적 공용부담

I. 개 설

인적 공용부담이란 공공복리를 증진하기 위하여 특정인에게 작위·부작위·

급부 의무 등을 부과하는 것을 말한다. 인적공용부담은 대인적 성질을 가지고 있으므로, 이전되지 않는 것이 원칙이다. 인적공용부담은 부과방법, 부담의 근거, 내용 등 다양한 구분기준에 따라 여러 가지 종류로 분류할 수 있다.

부과방법을 기준으로 특정인에게 개별적으로 부과되는 개별부담과 개인의 연합체에게 공동으로 부과되는 연합부담으로 구분된다.

부담의 근거를 기준으로 모든 의무자에게 각각의 능력에 따라 균등하게 부과되는 일반부담, 특정 공익사업과 관계가 있는 이해관계자에게 부과하는 특별부담, 우연히 공익사업의 수요를 충족시킬 수 있는 자에게 부과되는 우발부담 등이 있다.

내용을 기준으로 부담금, 부역·현품부담, 노역·물품부담, 시설부담, 부작위부담 등이 있다. 내용을 기준으로 분류한 인적공용부담의 종류가 가장 중요하므로 이하 자세히 살펴보기로 한다.

Ⅱ. 부담금

1. 의 의

(1) 강학상 부담금 개념

강학상 부담금은 전통적인 개념으로서 협의의 개념과 오늘날의 개념으로서 광의의 개념으로 살펴볼 수 있다. 협의의 개념에서 부담금이란 국가나 지방자치단체 등 공익사업의 주체가 공익사업에 충당하기 위하여 특별한 관계에 있는 자에게 부과하는 금전지급의무를 말한다. 이를 부담금이라고도 한다. 반면, 광의의 개념에서 부담금이란 특정공익사업 뿐만 아니라, 일정한 행정목적을 달성하기 위하여 부과되는 금전지급의무를 포함한다.

(2) 실정법상 부담금 개념

「부담금관리 기본법」에 따르면, 부담금이란 중앙행정기관의 장, 지방자치단체의 장, 행정권한을 위탁받은 공공단체 또는 법인의 장 등 법률에 따라 금전적 부담의 부과권한을 부여받은 자가 분담금, 부과금, 기여금, 그 밖의 명칭에도 불구하고 재화 또는 용역의 제공과 관계없이 특정 공익사업과 관련하여 법률에서 정하는 바에 따라 부과하는 조세 외의 금전지급의무를 말한다. 다만, 특정한 의무이행을 담보하기 위한 예치금 또는 보증금의 성격을 가진 것은 제

외된다.[1]

2. 구별개념

협의의 부과금은 공법상 금전지급의무라는 점에서 조세, 수수료·사용료 등과 동일하다. 그러나 부과목적, 부과대상, 부과기준 등에서 차이가 있다. 부과목적은 각각 특정 공익사업의 충당목적, 행정주체의 일반재정수입, 역무제공에 대한 대가 등으로 차이가 있다. 부과대상은 각각 특정 공익사업의 이해관계인, 일반 국민이나 주민, 역무를 제공 받는 자 등으로 차이가 있다. 부과기준은 특정 공익사업의 경비와 이해관계정도, 담세력, 역무제공비용 등으로 차이가 있다.

3. 종 류

부담금은 도시계획부담금, 도로부담금, 하천부담금, 환경부담금 등과 같이 공익사업의 종류에 따라 구분할 수 있으며, 부담금의 발생 원인에 따라 수익자부담금, 원인자부담금 등으로 구분할 수 있다. 수익자부담금이란 특정 공익사업으로 이익을 받는 자에게 그 이익의 범위 내에서 사업경비의 일부를 부담하도록 하는 것을 말한다. 원인자부담금이란 해당 공익사업을 하도록 원인을 제공한 자에게 사업경비의 일부를 부담하도록 하는 것을 말한다.

4. 법적 근거

부담금 부과는 침익적 행정작용이므로 법률에 근거를 두어야 한다. 「부담금관리 기본법」 제3조는 "부담금은 별표에 규정된 법률에 따르지 아니하고는 설치할 수 없다"고 규정하고 있다. 그리고 개별 법률에서 부담금에 대해 개별적으로 규정하고 있다.

5. 부과·징수

부담금은 조세와 같이 공법상 금전급부의무이므로, 그 부과는 처분에 해당되고, 그 불이행에 대해서는 강제징수가 인정된다. 따라서 부담금의 부과와 징수에 이의가 있는 경우 행정쟁송절차에 의해 다툴 수 있다.

---

1) 「부담금관리 기본법」 제2조.

Ⅲ. 부역·현품부담

부역·현품부담이란 특정한 공익사업을 위하여 노역 또는 현품급부를 하거나, 아니면 이에 갈음하여 금전급부를 이행하도록 하는 선택적인 의무를 부과하는 것을 말한다. 여기서 부역이란 금전급부와 노역의 선택적 의무를 말하고, 현품이란 금전급부와 물품급부의 선택적 급부의무를 말한다. 따라서 노역은 대체가능한 노무여야 하고, 현품 역시 대체성이 있는 물건이어야 한다.

부역·현품부담은 침익적 행정작용이므로 법률에 근거를 두어야 하며, 이의가 있는 경우 행정쟁송절차에 의해 다툴 수 있다.

Ⅳ. 노역·물품부담

노역·물품부담이란 공익사업을 위하여 노역 또는 물품급부를 부과하는 것을 말한다. 공익사업의 추진은 원칙적으로 사업종사자에 의해 진행되는 것이므로 노역·물품부담은 재해 등 긴급한 경우에 예외적으로 인정된다.

노역·물품부담은 침익적 행정작용이므로 법률에 근거를 두어야 하며, 이의가 있는 경우 행정쟁송절차에 의해 다툴 수 있다.

Ⅴ. 시설부담

시설부담이란 공익사업을 위하여 일정한 공사나 시설을 완성할 의무를 부과하는 것을 말한다. 시설부담도 부역이나 노역과 같이 노무의 제공을 포함한다. 그러나 부역이나 노역은 노무 그 자체의 제공을 의무의 내용으로 하지만, 시설부담은 일정한 일의 완성을 의무의 내용으로 한다는 점에서 차이가 있다.

시설부담은 침익적 행정작용이므로 법률에 근거를 두어야 하며, 이의가 있는 경우 행정쟁송절차에 의해 다툴 수 있다.

Ⅵ. 부작위부담

부작위부담이란 공익사업을 위하여 부작위의무를 부과하는 것을 말한다. 부작위부담에는 우편업무와 같이 특정한 사업의 독점권을 확보하기 위하여 개인에게 사업을 금지시키는 경우와 특정한 사업을 보호하기 위하여 방해 행위를 금지시키는 경우가 있다.

부작위부담은 침익적 행정작용이므로 법률에 근거를 두어야 하며, 이의가 있는 경우 행정쟁송절차에 의해 다툴 수 있다.

제 3 절 물적 공용부담

Ⅰ. 개 설

물적 공용부담이란 공공복리를 증진하기 위하여 특정 재산권에 부과되는 부담을 말한다. 공용제한, 공용사용, 공용수용, 공용환지·공용환권 등이 물적 공용부담에 해당된다.

재산권에 부과되므로 물적 공용부담은 대물적 성격을 지니고, 재산권이 이전되면 타인에게 이전된다. 물적 공용부담은 공법상 부과되는 부담이므로 위반 시에는 행정상 강제집행이나 행정벌이 적용된다. 만약, 물적 공용부담의 부과와 집행 등에 이의가 있다면 행정쟁송이 가능하고, 손실보상의 요건을 충족한 경우에는 손실보상이 적용된다.

Ⅱ. 공용제한

1. 의 의

공용제한이란 행정주체 등에 의해 공공복리를 증진하기 위하여 사인의 재산권 행사에 가해지는 공법상 제한을 말한다.

2. 공용제한의 주체

공용제한은 국가·지방자치단체 등 행정주체와 공익사업의 위탁받은 사업주체에 의해 부과된다.

3. 공용제한의 필요

공용제한은 공공복리를 증진하기 위하여 필요한 경우, 즉 적극적으로 공공필요를 충족하기 위하여 부과된다. 따라서 소극적 목적으로 부과되는 경찰상의 제한과는 구분된다.

4. 공용제한의 대상

공용제한의 대상은 사인의 재산권으로 특히 부동산이 일반적인 대상이 된다. 부동산에 대한 공용제한을 공용지역이라고 한다. 공용제한은 사인의 재산권을 제한하는 것에 그치는 것이므로 재산권에 대한 박탈인 공용수용이나 강제적으로 토지를 교환·분합하는 공용환지·공용환권과는 구분된다. 다만, 공용사용과의 관계에 있어 공용사용을 공용제한의 한 유형으로 이해하는 견해도 있다.[2]

5. 법적 근거

공용제한은 공공필요에 의해 부과되는 것이지만, 사인의 재산권 행사에 대한 침익적 행정작용이므로 법률에 근거를 두어야 한다. 특히, 「헌법」제23조 제3항은 "공공필요에 의한 재산권의 … 제한 및 그에 대한 보상은 법률로써 하되, 정당한 보상을 지급하여야 한다"고 규정하고 있다.

공용제한을 규정하고 있는 일반법은 없으나, 국토의 계획 및 이용에 관한 법률, 도로법, 하천법 등 많은 개별 법률에서 공용제한을 규정하고 있다.

6. 공용제한의 종류

공용제한은 공공필요의 내용에 따라 계획제한, 사업제한, 공물제한, 보전제한 등으로 구분된다. 이와 더불어 공용사용을 사용제한으로 보아 공용제한

---

2) 정하중(1246면).

의 유형으로 보는 견해도 있다.

(1) 계획제한

계획제한이란 도시관리계획, 수도권정비계획 등과 같이 행정계획이 수립되어 있어, 그에 반하는 재산권 행사가 제한되는 경우를 말한다.

(2) 사업제한

공익사업을 시행하기 위한 사업지, 사업인접지역, 사업예정지 등에 존재하는 재산에 대한 사인의 재산권 행사가 제한되는 경우를 말한다.

(3) 공물제한

공물제한이란 사유재산이 공물로 제공된 경우 공물의 목적에 필요한 범위 내에서 사인의 재산권 행사가 제한되는 경우를 말한다.

(4) 보전제한

보전제한이란 자연, 도시환경, 문화유산, 농지 또는 산지 등을 보전하기 위하여 사인의 재산권 행사가 제한되는 경우를 말한다.

Ⅲ. 공용사용

1. 의 의

공용사용이란 공익사업의 주체가 공공필요를 위하여 특정인의 재산권에 대한 사용권을 취득하고, 특정인은 이를 수인할 의무를 부담하는 것을 말한다. 공용사용을 공용제한의 한 유형으로 보는 견해도 있다.[3] 주로 토지가 공용사용의 대상이 된다.

2. 법적 근거

공용사용은 공공필요에 의해 부과되는 것이지만, 사인의 재산권 행사에 대한 침익적 행정작용이므로 법률에 근거를 두어야 한다. 특히, 헌법 제23조 제3항은 "공공필요에 의한 재산권의 … 사용 … 및 그에 대한 보상은 법률로써 하되, 정당한 보상을 지급하여야 한다"고 규정하고 있다.

---

3) 정하중(1256~1259면); 홍정선(1246면).

「토지보상법」이 공용사용에 관한 일반규정을 두고 있다. 그 밖에도 도로법, 하천법 등과 같이 개별 법률에서 공용사용을 규정하기도 한다.

3. 공용사용의 종류

공용사용은 사용 내용(빈도)에 따라 일시적 사용과 계속적 사용으로 구분할 수 있다. 공익사업을 준비하기 위하여 일시 타인의 토지에 출입하는 경우와 천재지변 등으로 인한 응급구호를 위한 출입이 일시적 사용에 해당한다.

IV. 공용수용

1. 개 설

(1) 의 의

공용수용이란 공익사업의 주체가 공익사업을 위하여, 법령이 정하는 바에 따라 사인의 재산권을 강제로 취득하고, 그로 인한 사인의 손실을 보상해 주는 물적 부담을 말한다.

공용수용은 사인의 재산권을 취득한다는 점에서, 소유권은 그대로 사인에게 두면서 재산권 행사를 제한하는 공용제한이나 사용권만을 취득하는 공용사용과는 구별된다.

(2) 법적 근거

공용수용은 공공필요에 의해 재산권을 취득하는 것이지만, 재산권의 박탈은 사인의 재산권에 대한 중대한 침해이므로 반드시 법률에 근거를 두어야 한다. 특히, 「헌법」 제23조 제3항은 "공공필요에 의한 재산권의 수용 … 및 그에 대한 보상은 법률로써 하되, 정당한 보상을 지급하여야 한다"고 규정하고 있다.

「토지보상법」이 공용수용에 관한 일반규정을 두고 있다. 그 밖에도 도로법, 하천법 등과 같이 개별 법률에서 공용수용을 규정하기도 한다.

2. 공용수용의 당사자

(1) 공용수용의 주체

1) 의 의

공용수용의 주체란 토지를 수용할 수 있는 주체를 말한다. 이를 수용권자라고도 한다. 국가가 공익사업을 시행하면서 토지를 수용하는 경우는 문제되지 않으나, 국가 이외의 공공기관이나 사인이 공익사업을 시행하는 경우 수용권자가 누구인가에 대해 국가수용권설과 사업시행자수용권설의 대립이 있다.

2) 견해의 대립

국가수용권설은 수용권을 수용의 효과를 발생시킬 수 있는 능력으로 보고, 국가만이 수용의 효과를 발생시키는 능력을 갖는다고 본다. 따라서 국가이외의 공공단체나 사인이 공익사업의 시행자인 경우 이들 시행자는 국가에 대하여 토지수용을 청구할 수 있을 뿐이라고 한다.

사업시행자수용권설은 수용권을 수용의 효과를 귀속시킬 수 있는 능력으로 보고, 국가가 아닌 사업시행자도 수용의 효과를 귀속시킬 수 있는 능력을 갖는다고 본다. 현재의 통설은 사업시행자수용권설이다.

(2) 공용수용의 상대방

공용수용의 상대방이란 수용의 대상인 재산권의 주체를 말한다. 이를 피수용자라고도 한다. 피수용자는 기본적으로 토지의 소유권자이지만, 소유권이외의 권리를 가지는 자도 포함된다.

토지보상법에 따른 피용자는 토지소유자와 관계인이다. 토지소유자란 공익사업에 필요한 토지의 소유자를 말한다. 관계인이란 사업시행자가 취득하거나 사용할 토지에 관하여 지상권·지역권·전세권·저당권·사용대차 또는 임대차에 따른 권리 또는 그 밖에 토지에 관한 소유권 외의 권리를 가진 자나 그 토지에 있는 물건에 관하여 소유권이나 그 밖의 권리를 가진 자를 말한다.

3. 공용수용의 목적물

(1) 목적물의 종류

토지보상법에 따르면, 공용수용의 목적물은 기본적으로 토지의 소유권이다. 그 밖에도 토지 및 이에 관한 소유권 외의 권리, 토지와 함께 공익사업을 위하여 필요한 입목(立木)·건물·그 밖에 토지에 정착된 물건 및 이에 관한 소유권외의 권리, 광업권·어업권 또는 물의 사용에 관한 권리, 토지에 속한 흙·돌·모래또는 자갈에 관한 권리 등이 공용수용의 목적물이 된다.

(2) 목적물의 제한

「토지보상법」제19조 제2항은 "공익사업에 수용되거나 사용되고 있는 토지등은 특별히 필요한 경우가 아니면 다른 공익사업을 위하여 수용하거나 사용할 수 없다"고 규정하고 있다. 이와 관련하여, 공물이 공용수용의 대상이 될 수 있는지 여부가 문제된다.

긍정설은 공공목적에 제공되고 있는 공물이라도 더 중요한 공익을 위하여 필요한 경우 예외적으로 공용수용될 수 있다고 본다. 부정설은 공물은 행정목적에 제공되고 있는 것이므로 공용수용의 대상이 되지 않는다고 한다. 그러나 부정설도 공물이 공용폐지절차를 거쳐 공물로서 지위를 상실한 후 수용되는 것을 부정하는 것은 아니다.

판례는 "토지수용법은 제5조의 규정에 의한 제한 이외에는 수용의 대상이 되는 토지에 관하여 아무런 제한을 하지 아니하고 있을 뿐만 아니라, 토지수용법 제5조, 문화재보호법 제20조 제4호, 제58조 제1항, 부칙 제3조 제2항 등의 규정을 종합하면 구 문화재보호법 제54조의2 제1항에 의하여 지방문화재로 지정된 토지가 수용의 대상이 될 수 없다고 볼 수는 없다"고 하여 긍정설을 취하고 있는 것으로 보인다.[4)]

(3) 목적물의 범위

재산권이 공용수용의 목적물에 해당된다고 하더라도, 그 수용범위는 비례의 원칙에 따라 필요·최소한도에 그쳐야 한다.

4. 공용수용의 절차

토지보상법에 따른 공용수용은 사업의 준비, 사업인정, 토지조서·물건조서의 작성, 협의, 재결·화해 등의 단계로 진행된다.

(1) 타인의 토지의 출입

사업시행자는 공익사업을 준비하기 위하여 타인이 점유하는 토지에 출입하여 측량하거나 조사할 수 있다. 그러나 해가 뜨기 전이나 해가 진 후에는 토지점유자의 승낙 없이 그 주거나 경계표·담 등으로 둘러싸인 토지에 출입할 수 없다.

---

4) 대법원 1996. 4. 26. 선고 95누13241 판결.

1) 출입의 허가

사업시행자(특별자치도, 시·군 또는 자치구가 사업시행자인 경우는 제외한다)가 측량이나 조사를 하려면 사업의 종류와 출입할 토지의 구역 및 기간을 정하여 특별자치도지사, 시장·군수 또는 자치구의 구청장의 허가를 받아야 한다. 다만, 사업시행자가 국가일 때에는 그 사업을 시행할 관계 중앙행정기관의 장이 특별자치도지사, 시장·군수 또는 구청장에게 통지하고, 사업시행자가 특별시·광역시 또는 도일 때에는 특별시장·광역시장 또는 도지사가 시장·군수 또는 구청장에게 통지하여야 한다. 이와 같이 특별자치도지사, 시장·군수 또는 구청장이 허가를 하거나 통지를 받은 경우 또는 특별자치도, 시·군 또는 자치구가 사업시행자인 경우로서 타인이 점유하는 토지에 출입하여 측량이나 조사를 하려는 경우에는 사업시행자, 사업의 종류와 출입할 토지의 구역 및 기간을 공고하고 이를 토지점유자에게 통지하여야 한다.

2) 출입의 통지

타인이 점유하는 토지에 출입하려는 자는 출입하려는 날의 5일 전까지 그 일시 및 장소를 특별자치도지사, 시장·군수 또는 구청장에게 통지하여야 한다. 특별자치도지사, 시장·군수 또는 구청장은 통지를 받은 경우 또는 특별자치도, 시·군 또는 구가 사업시행자인 경우에 특별자치도지사, 시장·군수 또는 구청장이 타인이 점유하는 토지에 출입하려는 경우에는 지체 없이 이를 공고하고 그 토지점유자에게 통지하여야 한다.

3) 장해물 제거

사업시행자가 공익사업을 준비하기 위하여 타인이 점유하는 토지에 출입하여 측량 또는 조사를 할 때 장해물을 제거하거나 토지를 파는 행위를 하여야 할 부득이한 사유가 있는 경우에는 그 소유자 및 점유자의 동의를 받아야 한다. 다만, 그 소유자 및 점유자의 동의를 받지 못하였을 때에는 사업시행자는 특별자치도지사, 시장·군수 또는 구청장의 허가를 받아 장해물 제거 등을 할 수 있으며, 특별자치도, 시·군 또는 구가 사업시행자인 경우에 특별자치도지사, 시장·군수 또는 구청장은 허가 없이 장해물 제거 등을 할 수 있다. 이때 특별자치도지사, 시장·군수 또는 구청장이 허가를 하거나 장해물 제거 등을 하려면 미리 그 소유자 및 점유자의 의견을 들어야 한다.

장해물을 제거하거나 토지를 파는 행위를 하려는 자는 장해물을 제거하거나 토지를 파는 행위를 하려는 날의 3일 전까지 그 소유자 및 점유자에게 통지하여야 한다.

4) 증표의 휴대

특별자치도지사, 시장·군수 또는 구청장의 허가를 받고 타인이 점유하는 토지에 출입하려는 사람과 장해물 제거 등을 하려는 사람은 그 신분을 표시하는 증표와 특별자치도지사, 시장·군수 또는 구청장의 허가증을 지녀야 한다.

한편, 특별자치도지사, 시장·군수 또는 구청장에게 통지하고 타인이 점유하는 토지에 출입하려는 사람과 사업시행자가 특별자치도, 시·군 또는 구인 경우로서 타인이 점유하는 토지에 출입하거나 장해물 제거 등을 하려는 사람은 그 신분을 표시하는 증표를 지녀야 한다.

증표 및 허가증 소지자는 이를 토지 또는 장해물의 소유자 및 점유자, 그 밖의 이해관계인에게 이를 보여주어야 한다.

5) 손실의 보상

사업시행자는 타인이 점유하는 토지에 출입하여 측량·조사함으로써 발생하는 손실을 보상하여야 한다. 이에 따른 손실의 보상은 손실이 있음을 안 날부터 1년이 지났거나 손실이 발생한 날부터 3년이 지난 후에는 청구할 수 없다. 손실의 보상은 사업시행자와 손실을 입은 자가 협의하여 결정하되, 협의가 성립되지 아니하면 사업시행자나 손실을 입은 자는 대통령령으로 정하는 바에 따라 관할 토지수용위원회에 재결을 신청할 수 있다.

한편, 사업시행자는 장해물 제거 등을 함으로써 발생하는 손실을 보상하여야 한다.

(2) 사업인정

1) 의 의

토지보상법에 따르면, 사업시행자는 토지 등을 수용하거나 사용하려면 국토교통부장관의 사업인정을 받아야 한다. 여기서 사업인정이란 해당 공익사업을 토지 등을 수용하거나 사용할 사업으로 결정하는 것을 말한다.

2) 법적 성격

사업인정의 법적 성격에 관하여 확인행위설과 형성행위설의 대립이 있다.

확인행위설은 사업인정은 특정 공익사업이 토지 등을 수용하거나 사용할 수 있음을 확인하는 성격이라고 한다.

형성행위설은 사업인정 후 사업자가 일정한 절차를 거칠 것을 조건으로 일정한 내용의 수용권을 설정해 주는 형성행위라고 한다. 형성행위설이 통설이다.

판례도 "토지수용법 제14조 및 제16조에 따른 사업인정은 그 후 일정한 절차를 거칠 것을 조건으로 하여 일정한 내용의 수용권을 설정해 주는 행정처분의 성격을 띠는 것으로서 그 사업인정을 받음으로써 수용할 목적물의 범위가 확정되고 수용권으로 하여금 목적물에 관한 현재 및 장래의 권리자에게 대항할 수 있는 일종의 공법상의 권리로서의 효력을 발생시킨다"라고 판시하여,[5] 형성행위설을 취하고 있다.

3) 인정기준

판례는 사업인정을 위한 기준에 대하여, "해당 사업이 외형상 토지 등을 수용 또는 사용할 수 있는 사업에 해당한다고 하더라도 사업인정기관으로서는 그 사업이 공용수용을 할 만한 공익성이 있는지의 여부와 공익성이 있는 경우에도 그 사업의 내용과 방법에 관하여 사업인정에 관련된 자들의 이익을 공익과 사익 사이에서는 물론, 공익 상호간 및 사익 상호간에도 정당하게 비교·교량하여야 하고, 그 비교·교량은 비례의 원칙에 적합하도록 하여야 한다. 그 뿐만 아니라 해당 공익사업을 수행하여 공익을 실현할 의사나 능력이 없는 자에게 타인의 재산권을 공권력적·강제적으로 박탈할 수 있는 수용권을 설정하여 줄 수는 없으므로, 사업시행자에게 해당 공익사업을 수행할 의사와 능력이 있어야 한다는 것도 사업인정의 한 요건이라고 보아야 한다"고 판시한 바 있다.

4) 절 차

가. 사업인정의 신청

사업시행자는 토지 등을 수용하거나 사용하려면 국토교통부장관의 사업인정을 받아야 한다. 사업인정을 신청하려는 자는 국토교통부령으로 정하는 수수료를 내야 한다.

나. 의견청취 등

국토교통부장관은 사업인정을 하려면 관계 중앙행정기관의 장 및 특별시장·광역시장·도지사·특별자치도지사와 협의하여야 하며, 중앙토지수용위원회 및 사업인정에 이해관계가 있는 자의 의견을 들어야 한다. 사업인정이 있

---

5) 대법원 1988. 12. 27. 선고 87누1141 판결; 동지: 대법원 2011. 1. 27. 선고 2009두1051 판결.

는 것으로 의제되는 공익사업의 허가·인가·승인권자 등은 사업인정이 의제되는 지구지정·사업계획승인 등을 하려는 경우 중앙토지수용위원회 및 사업인정에 이해관계가 있는 자의 의견을 들어야 한다. 중앙토지수용위원회는 의견제출을 요청받은 날부터 30일 이내에 의견을 제출하여야 한다. 이 경우 같은 기간 이내에 의견을 제출하지 아니하는 경우에는 의견이 없는 것으로 본다.

다. 사업인정의 고시

국토교통부장관은 사업인정을 하였을 때에는 지체 없이 그 뜻을 사업시행자, 토지소유자 및 관계인, 관계 시·도지사에게 통지하고 사업시행자의 성명이나 명칭, 사업의 종류, 사업지역 및 수용하거나 사용할 토지의 세목을 관보에 고시하여야 한다. 이에 따라 사업인정의 사실을 통지받은 시·도지사는 관계 시장·군수 및 구청장에게 이를 통지하여야 한다.

5) 사업인정의 효과

사업인정은 고시한 날부터 그 효력이 발생한다.

사업인정의 고시가 있게 되면 사업시행자에게는 수용권이 인정되고, 수용목적물이 확정된다. 또한, 사업목적을 달성하기 위하여 필요한 관계인의 범위 확정, 형질변경 등의 제한, 토지 등에 대한 조사권 발생 등의 공법관계가 발생한다.

사업인정을 받은 사업시행자는 토지조서 및 물건조서의 작성, 보상계획의 공고·통지 및 열람, 보상액의 산정과 토지소유자 및 관계인과의 협의 절차를 거쳐 토지를 취득할 수 있고, 협의가 성립되지 아니하거나 협의를 할 수 없을 때에는 사업시행자는 사업인정고시가 된 날부터 1년 이내에 관할 토지수용위원회에 재결을 신청하여 수용권을 행사할 수 있다.

사업인정의 고시가 된 후에 권리를 취득한 자는 기존의 권리를 승계한 자를 제외하고는 관계인에 포함되지 아니한다. 관계인이란 사업시행자가 취득하거나 사용할 토지에 관하여 지상권·지역권·전세권·저당권·사용대차 또는 임대차에 따른 권리 또는 그 밖에 토지에 관한 소유권 외의 권리를 가진 자나 그 토지에 있는 물건에 관하여 소유권이나 그 밖의 권리를 가진 자를 말한다.

사업인정고시가 된 후에는 누구든지 고시된 토지에 대하여 사업에 지장을 줄 우려가 있는 형질의 변경이나 토지와 함께 공익사업을 위하여 필요한 입목, 건물, 그 밖에 토지에 정착된 물건 및 이에 관한 소유권 외의 권리 또는 토지에 속한 흙·돌·모래 또는 자갈에 관한 권리 등을 손괴하거나 수거하는 행위를 하지 못한다.

사업인정고시가 된 후에 고시된 토지에 건축물의 건축·대수선, 공작물의 설치 또는 물건의 부가·증치를 하려는 자는 특별자치도지사, 시장·군수 또는 구청장의 허가를 받아야 한다. 이 경우 특별자치도지사, 시장·군수 또는 구청장은 미리 사업시행자의 의견을 들어야 한다. 이를 위반하여 건축물의 건축·대수선, 공작물의 설치 또는 물건의 부가·증치를 한 토지소유자 또는 관계인은 해당 건축물·공작물 또는 물건을 원상으로 회복하여야 하며 이에 관한 손실의 보상을 청구할 수 없다.

사업인정의 고시가 된 후에는 사업시행자 또는 감정평가를 의뢰받은 감정평가업자는 사업시행자가 사업의 준비나 토지조서 및 물건조서를 작성하기 위하여 필요한 경우, 감정평가업자가 감정평가를 의뢰받은 토지 등의 감정평가를 위하여 필요한 경우에는 해당 토지나 물건에 출입하여 측량하거나 조사할 수 있다. 사업시행자는 타인이 점유하는 토지에 출입하여 측량·조사함으로써 발생하는 손실을 보상하여야 한다.

6) 사업인정의 실효

사업인정의 실효는 재결신청 해태로 인한 실효와 사업의 폐지 및 변경에 의한 실효가 있다.

먼저 재결신청 해태로 인한 실효를 살펴보면, 사업시행자가 사업인정의 고시가 된 날부터 1년 이내에 재결신청을 하지 아니한 경우에는 사업인정고시가 된 날부터 1년이 되는 날의 다음 날에 사업인정은 그 효력을 상실한다. 이 경우 사업시행자는 사업인정이 실효됨으로 인하여 토지소유자나 관계인이 입은 손실을 보상하여야 한다.

다음으로 사업의 폐지 및 변경에 의한 실효를 살펴보면, 사업인정고시가 된 후 사업의 전부 또는 일부를 폐지하거나 변경함으로 인하여 토지 등의 전부 또는 일부를 수용하거나 사용할 필요가 없게 되었을 때에는 사업시행자는 지체 없이 사업지역을 관할하는 시·도지사에게 신고하고, 토지소유자 및 관계인에게 이를 통지하여야 한다. 시·도지사는 신고를 받으면 사업의 전부 또는 일부가 폐지되거나 변경된 내용을 관보에 고시하여야 한다. 시·도지사는 사업의 폐지 및 변경에 따른 신고가 없는 경우에도 사업시행자가 사업의 전부 또는 일부를 폐지하거나 변경함으로 인하여 토지를 수용하거나 사용할 필요가 없게 된 것을 알았을 때에는 미리 사업시행자의 의견을 듣고 폐지되거나 변경된 내용을 관보에 고시를 하여야 한다.

시·도지사가 위와 같은 사업의 폐지 및 변경 고시를 하였을 때에는 지체 없이 그 사실을 국토교통부장관에게 보고하여야 한다.

사업의 폐지 및 변경 고시는 고시가 된 날부터 그 고시된 내용에 따라 사업인정의 전부 또는 일부는 그 효력을 상실한다. 사업시행자는 사업의 전부 또는 일부를 폐지·변경함으로 인하여 토지소유자 또는 관계인이 입은 손실을 보상하여야 한다.

사업시행자는 사업의 폐지·변경의 사유로 토지나 물건을 사용할 필요가 없게 되었을 때에는 지체 없이 그 토지나 물건을 그 토지나 물건의 소유자 또는 그 승계인에게 반환하여야 한다. 이 경우 사업시행자는 토지소유자가 원상회복을 청구하면 미리 그 손실을 보상한 경우를 제외하고는 그 토지를 원상으로 회복하여 반환하여야 한다.

(3) 토지조서·물건조서의 작성

사업시행자는 토지조서와 물건조서를 작성하여 서명 또는 날인을 하고 토지소유자와 관계인의 서명 또는 날인을 받아야 한다. 다만, 토지소유자 및 관계인이 정당한 사유 없이 서명 또는 날인을 거부하는 경우, 토지소유자 및 관계인을 알 수 없거나 그 주소·거소를 알 수 없는 등의 사유로 서명 또는 날인을 받을 수 없는 경우에 해당할 때에는 그러하지 아니하다. 이 경우 사업시행자는 해당 토지조서와 물건조서에 그 사유를 적어야 한다.

사업시행자는 토지조서와 물건조서를 작성하였을 때에는 공익사업의 개요, 토지조서 및 물건조서의 내용과 보상의 시기·방법 및 절차 등이 포함된 보상계획을 전국을 보급지역으로 하는 일간신문에 공고하고, 토지소유자 및 관계인에게 각각 통지하여야 하며, 열람을 의뢰하는 사업시행자를 제외하고는 특별자치도지사, 시장·군수 또는 구청장에게도 통지하여야 한다. 다만, 토지소유자와 관계인이 20인 이하인 경우에는 공고를 생략할 수 있다.

사업시행자는 공고나 통지를 하였을 때에는 그 내용을 14일 이상 일반인이 열람할 수 있도록 하여야 한다. 다만, 사업지역이 둘 이상의 시·군 또는 구에 걸쳐 있거나 사업시행자가 행정청이 아닌 경우에는 해당 특별자치도지사,

시장·군수 또는 구청장에게도 그 사본을 송부하여 열람을 의뢰하여야 한다.

공고되거나 통지된 토지조서 및 물건조서의 내용에 대하여 이의가 있는 토지소유자 또는 관계인은 열람기간 이내에 사업시행자에게 서면으로 이의를 제기할 수 있다. 사업시행자는 제기된 이의를 해당 토지조서 및 물건조서에 부기하고 그 이의가 이유 있다고 인정할 때에는 적절한 조치를 하여야 한다.

(4) 협 의

1) 의 의

사업시행자는 토지 등에 대한 보상에 관하여 토지소유자 및 관계인과 성실하게 협의하여야 한다. 협의는 임의절차가 아니라 필요적 절차이다. 그러나 사업인정 이전에 협의절차를 거쳤으나 협의가 성립되지 아니하고 사업인정을 받은 사업으로서 토지조서 및 물건조서의 내용에 변동이 없을 때에는 협의절차를 거치지 아니할 수 있다. 다만, 사업시행자나 토지소유자 및 관계인이 협의를 요구할 때에는 협의하여야 한다.

2) 협의의 법적 성질

협의의 성질이 무엇인지에 대하여 사법상 계약설과 공법상 계약설이 있으나, 공법상 계약설이 다수설이다. 협의란 사업시행자의 일방적인 행위가 아니라 시행자와 소유자의 의사의 합치에 의해 성립하는 것이고, 사업시행자는 공익사업을 위하여 공법에 근거하여 협의를 하는 것이므로 공법상 계약으로 보는 것이 타당하다.

3) 협의 성립의 확인

사업시행자와 토지소유자 및 관계인 간에 협의가 성립되었을 때에는 사업시행자는 재결 신청기간 이내에 해당 토지소유자 및 관계인의 동의를 받아 관할 토지수용위원회에 협의 성립의 확인을 신청할 수 있다.

사업시행자가 협의가 성립된 토지의 소재지·지번·지목 및 면적 등에 대하여 「공증인법」에 따른 공증을 받아 협의 성립의 확인을 신청하였을 때에는 관할 토지수용위원회가 이를 수리함으로써 협의 성립이 확인된 것으로 본다.

협의 성립의 확인은 토지보상법에 따른 재결로 보며, 사업시행자와 토지소유자 및 관계인은 그 확인된 협의의 성립이나 내용을 다툴 수 없다.

(5) 재 결

1) 의 의

수용에 대한 협의가 성립되지 못한 경우 행하는 종국적인 공용수용 절차가 재결이다. 재결이란 토지수용위원회가 사업시행자로 하여금 토지의 소유권 또는 사용권을 취득하도록 하고, 사업시행자가 지급해야 할 보상금을 결정하는 형성적 행정행위를 말한다. 재결로 인하여 사업시행자와 토지소유자·관계인 사이에는 수용과 보상에 따른 권리·의무가 형성된다.

2) 재결의 신청

수용에 대한 협의가 성립되지 아니하거나 협의를 할 수 없을 때에는 사업시행자는 사업인정고시가 된 날부터 1년 이내에 관할 토지수용위원회에 재결을 신청할 수 있다.

3) 재결 신청의 청구

토지소유자와 관계인은 사업인정고시가 된 후 협의가 성립되지 아니하였을 때에 서면으로 사업시행자에게 재결을 신청할 것을 청구할 수 있다. 사업시행자가 재결을 신청할 것을 청구 받았을 때에는 사업시행자는 그 청구를 받은 날부터 60일 이내에 관할 토지수용위원회에 재결을 신청하여야 한다.

사업시행자가 이 기간을 넘겨서 재결을 신청하였을 때에는 그 지연된 기간에 대하여 「소송촉진 등에 관한 특례법」에 따른 법정이율을 적용하여 산정한 금액을 관할 토지수용위원회에서 재결한 보상금에 가산하여 지급하여야 한다.

4) 재결기관

토지보상법에 규정된 재결기관은 중앙토지수용위원회와 지방토지수용위원회이다. 토지 등의 수용과 사용에 관한 재결을 하기 위하여 국토교통부에 중앙토지수용위원회를 두고, 특별시·광역시·도·특별자치도에 지방토지수용위원회를 둔다. 이들은 독립된 합의제 행정기관이다.

중앙토지수용위원회는 국가 또는 시·도가 사업시행자인 사업, 수용하거나 사용할 토지가 둘 이상의 시·도에 걸쳐 있는 사업의 재결에 관한 사항을 관장한다. 지방토지수용위원회 그 외의 사업의 재결에 관한 사항을 관장한다.

5) 재결사항

토지수용위원회의 재결사항은 수용하거나 사용할 토지의 구역 및 사용방법, 손실보상, 수용 또는 사용의 개시일과 기간 등이다.

토지수용위원회는 사업시행자, 토지소유자 또는 관계인이 신청한 범위에서 재결하여야 한다. 다만, 손실보상의 경우에는 증액재결을 할 수 있다.

6) 재결절차

가. 공고 · 열람 · 의견제시

중앙토지수용위원회 또는 지방토지수용위원회는 재결신청서를 접수하였을 때에는 지체 없이 이를 공고하고, 공고한 날부터 14일 이상 관계 서류의 사본을 일반인이 열람할 수 있도록 하여야 한다. 토지수용위원회가 공고를 하였을 때에는 관계 서류의 열람기간 중에 토지소유자 또는 관계인은 의견을 제시할 수 있다.

나. 심 리

토지수용위원회는 열람기간이 지났을 때에는 지체 없이 해당 신청에 대한 조사 및 심리를 하여야 한다. 토지수용위원회는 심리를 할 때 필요하다고 인정하면 사업시행자, 토지소유자 및 관계인을 출석시켜 그 의견을 진술하게 할 수 있다. 사업시행자, 토지소유자 및 관계인을 출석하게 하는 경우에는 토지수용위원회는 사업시행자, 토지소유자 및 관계인에게 미리 그 심리의 일시 및 장소를 통지하여야 한다.

다. 화해의 권고

토지수용위원회는 그 재결이 있기 전에는 그 위원 3명으로 구성되는 소위원회로 하여금 사업시행자, 토지소유자 및 관계인에게 화해를 권고하게 할 수 있다. 이 경우 소위원회는 위원장이 지명하거나 위원회에서 선임한 위원으로 구성한다.

화해가 성립되었을 때에는 해당 토지수용위원회는 화해조서를 작성하여 화해에 참여한 위원, 사업시행자, 토지소유자 및 관계인이 서명 또는 날인을 하도록 하여야 한다. 화해조서에 서명 또는 날인이 된 경우에는 당사자 간에 화해조서와 동일한 내용의 합의가 성립된 것으로 본다.

라. 재 결

토지수용위원회는 심리를 시작한 날부터 14일 이내에 재결을 하여야 한다. 다만, 특별한 사유가 있을 때에는 14일의 범위에서 한 차례만 연장할 수 있다.

토지수용위원회의 재결은 서면으로 한다. 재결서에는 주문 및 그 이유와 재결일을 적고, 위원장 및 회의에 참석한 위원이 기명날인한 후 그 정본을 사업시행자, 토지소유자 및 관계인에게 송달하여야 한다.

마. 재결의 효과

재결이 있으면 사업시행자는 보상금을 지급하거나 공탁하는 조건으로 수용의 개시일에 토지나 물건의 소유권을 취득하며, 그 토지나 물건에 관한 다른 권리는 이와 동시에 소멸한다. 즉 사업시행자는 토지나 물건의 소유권을 원시취득하게 된다.

피수용자인 토지나 물건의 소유자 및 관계인은 수용대상물의 소유권 이전의무를 부담하는 한편, 손실보상청구권과 환매권을 취득한다.

바. 재결의 실효

사업시행자가 수용 또는 사용의 개시일까지 관할 토지수용위원회가 재결한 보상금을 지급하거나 공탁하지 아니하였을 때에는 해당 토지수용위원회의 재결은 효력을 상실한다. 사업시행자는 재결의 효력이 상실됨으로 인하여 토지소유자 또는 관계인이 입은 손실을 보상하여야 한다.

7) 재결에 대한 불복

가. 이의신청

㈎ 이의의 신청

중앙토지수용위원회의 재결에 이의가 있는 자는 중앙토지수용위원회에 이의를 신청할 수 있다. 지방토지수용위원회의 재결에 이의가 있는 자는 해당 지방토지수용위원회를 거쳐 중앙토지수용위원회에 이의를 신청할 수 있다. 이의의 신청은 재결서의 정본을 받은 날부터 30일 이내에 하여야 한다.

㈏ 이의신청에 대한 재결

중앙토지수용위원회는 재결에 대한 이의신청을 받은 경우 재결이 위법하거나 부당하다고 인정할 때에는 그 재결의 전부 또는 일부를 취소하거나 보상액을 변경할 수 있다.

이의신청에 대한 재결에 따라 보상금이 늘어난 경우 사업시행자는 재결의 취소 또는 변경의 재결서 정본을 받은 날부터 30일 이내에 보상금을 받을 자에게 그 늘어난 보상금을 지급하여야 한다. 다만, 보상금을 받을 자가 그 수령을 거부하거나 보상금을 수령할 수 없을 때, 사업시행자의 과실 없이 보상금을 받을 자를 알 수 없을 때, 압류나 가압류에 의하여 보상금의 지급이 금지되었을 때 등에 해당할 때에는 그 금액을 공탁할 수 있다.

나. 행정소송

㈎ 항고소송

사업시행자, 토지소유자 또는 관계인은 재결에 불복할 때에는 재결서를 받은 날부터 60일 이내에, 이의신청을 거쳤을 때에는 이의신청에 대한 재결서를 받은 날부터 30일 이내에 각각 행정소송을 제기할 수 있다. 이 때 소송의 대상은 원처분주의에 따라 수용재결이 소의 대상이 된다.

사업시행자는 행정소송을 제기하기 전에 이의신청에 대한 재결에 따라 늘어난 보상금을 공탁하여야 하며, 보상금을 받을 자는 공탁된 보상금을 소송이 종결될 때까지 수령할 수 없다.

㈏ 보상금증감청구소송

사업시행자, 토지소유자 또는 관계인이 재결에 불복하여 제기하려는 행정소송이 보상금의 증감에 관한 소송인 경우 그 소송을 제기하는 자가 토지소유자 또는 관계인일 때에는 사업시행자를, 사업시행자일 때에는 토지소유자 또는 관계인을 각각 피고로 한다. 이와 같은 보상금증감청구소송은 형식적 당사자소송에 해당한다.

5. 공용수용의 효과

(1) 사업시행자의 권리취득

재결이 있으면 사업시행자는 토지나 물건의 소유권을 원시취득하게 된다. 사업시행자는 보상금을 지급하거나 공탁하는 조건으로 수용의 개시일에 토지나 물건의 소유권을 취득하며, 그 토지나 물건에 관한 다른 권리는 이와 동시에 소멸한다.

사업시행자는 사용의 개시일에 토지나 물건의 사용권을 취득하며, 그 토지나 물건에 관한 다른 권리는 사용 기간 중에는 행사하지 못한다.

토지수용위원회의 재결로 인정된 권리는 소멸되거나 그 행사가 정지되지 아니한다.

(2) 피수용자의 토지 또는 물건 이전

1) 피수용자의 의무

토지소유자 및 관계인과 그 밖에 토지소유자나 관계인에 포함되지 아니하는 자로서 수용하거나 사용할 토지나 그 토지에 있는 물건에 관한 권리를 가진 자는 수용 또는 사용의 개시일까지 그 토지나 물건을 사업시행자에게 인도하거나 이전하여야 한다.

2) 토지 또는 물건 이전의무의 대행

특별자치도지사, 시장·군수 또는 구청장은 토지나 물건을 인도하거나 이전하여야 할 자가 고의나 과실 없이 그 의무를 이행할 수 없을 때, 사업시행자가 과실 없이 토지나 물건을 인도하거나 이전하여야 할 의무가 있는 자를 알 수 없을 때에는 사업시행자의 청구에 의하여 토지나 물건의 인도 또는 이전을 대행하여야 한다. 이 경우 그로 인한 비용은 그 의무자가 부담한다.

3) 토지 또는 물건 이전의무의 대집행

토지보상법 또는 동 법에 따른 처분으로 인한 의무를 이행하여야 할 자가 그 정하여진 기간 이내에 의무를 이행하지 아니하거나 완료하기 어려운 경우 또는 그로 하여금 그 의무를 이행하게 하는 것이 현저히 공익을 해친다고 인정되는 사유가 있는 경우에는 사업시행자는 시·도지사나 시장·군수 또는 구청장에게「행정대집행법」에서 정하는 바에 따라 대집행을 신청할 수 있다. 이 경우 신청을 받은 시·도지사나 시장·군수 또는 구청장은 정당한 사유가 없으면 이에 따라야 한다. 사업시행자가 국가나 지방자치단체인 경우에는「행정대집행법」에서 정하는 바에 따라 직접 대집행을 할 수 있다.

사업시행자가 대집행을 신청하거나 직접 대집행을 하려는 경우에는 국가나 지방자치단체는 의무를 이행하여야 할 자를 보호하기 위하여 노력하여야 한다.

4) 위험부담의 이전

토지수용위원회의 재결이 있은 후 수용하거나 사용할 토지나 물건이 토지소유자 또는 관계인의 고의나 과실 없이 멸실되거나 훼손된 경우 그로 인한 손실은 사업시행자가 부담한다.

(3) 손실보상

피수용자인 토지나 물건의 소유자 및 관계인은 수용대상물의 소유권 이전의무를 부담하는 반면 손실보상청구권을 취득한다. 한편, 사업시행자는 토지나 물건의 소유권이나 사용권을 취득하는 반면 피수용자의 손실에 대하여 정당한 보상을 하여야 한다.

1) 손실보상의 원칙

가. 사업시행자 보상의 원칙

공익사업에 필요한 토지 등의 취득 또는 사용으로 인하여 토지소유자나 관계인이 입은 손실은 사업시행자가 보상하여야 한다.

나. 사전보상의 원칙

사업시행자는 해당 공익사업을 위한 공사에 착수하기 이전에 토지소유자와 관계인에게 보상액 전액(全額)을 지급하여야 한다. 다만, 천재지변 시의 토지 사용과 시급한 토지 사용의 경우 또는 토지소유자 및 관계인의 승낙이 있는 경우에는 그러하지 아니하다.

다. 현금보상의 원칙과 대토보상·채권보상

손실보상은 다른 법률에 특별한 규정이 있는 경우를 제외하고는 현금으로 지급하여야 한다. 다만, 토지소유자가 원하는 경우로서 사업시행자가 해당 공익사업의 합리적인 토지이용계획과 사업계획 등을 고려하여 토지로 보상이 가능한 경우에는 토지소유자가 받을 보상금 중 현금 또는 채권으로 보상받는 금액을 제외한 부분에 대하여 그 공익사업의 시행으로 조성한 토지로 보상할 수 있다.

토지소유자가 토지로 보상받기로 한 경우 그 보상계약 체결일부터 1년이 지나면 이를 현금으로 전환하여 보상하여 줄 것을 요청할 수 있다. 또한, 사업시행자는 토지소유자가 국세 및 지방세의 체납처분 또는 강제집행을 받는 경우, 세대원 전원이 해외로 이주하거나 2년 이상 해외에 체류하려는 경우, 그 밖에 이와 유사한 경우로서 국토교통부령으로 정하는 경우 토지로 보상받기로 한 보상금에 대하여 현금보상을 요청한 경우에는 현금으로 보상하여야 한다.

사업시행자가 국가, 지방자치단체, 그 밖에 대통령령으로 정하는「공공기관의 운영에 관한 법률」에 따라 지정·고시된 공공기관 및 공공단체인 경우로서, 토지소유자나 관계인이 원하는 경우, 사업인정을 받은 사업에서 대통령령으로 정하는 부재부동산 소유자의 토지에 대한 보상금이 대통령령으로 정하는 일정 금액을 초과하는 경우로서 그 초과하는 금액에 대하여 보상하는 경우에는 해당 사업시행자가 발행하는 채권으로 지급할 수 있다.

라. 개인별 보상의 원칙

손실보상은 토지소유자나 관계인에게 개인별로 하여야 한다. 다만, 개인별로 보상액을 산정할 수 없을 때에는 그러하지 아니하다.

마. 일괄보상의 원칙

사업시행자는 동일한 사업지역에 보상시기를 달리하는 동일인 소유의 토지 등이 여러 개 있는 경우 토지소유자나 관계인이 요구할 때에는 한꺼번에 보상금을 지급하도록 하여야 한다.

바. 사업시행 이익과의 상계금지 원칙

사업시행자는 동일한 소유자에게 속하는 일단(一團)의 토지의 일부를 취득하거나 사용하는 경우 해당 공익사업의 시행으로 인하여 잔여지의 가격이 증가하거나 그 밖의 이익이 발생한 경우에도 그 이익을 그 취득 또는 사용으로 인한 손실과 상계할 수 없다.

2) 손실보상의 내용

가. 취득하는 토지의 보상

협의나 재결에 의하여 취득하는 토지에 대하여는 「부동산 가격공시에 관한 법률」에 따른 공시지가를 기준으로 하여 보상하되, 그 공시기준일부터 가격시점까지의 관계 법령에 따른 그 토지의 이용계획, 해당 공익사업으로 인한 지가의 영향을 받지 아니하는 지역의 대통령령으로 정하는 지가변동률, 생산자물가상승률6)과 그 밖에 그 토지의 위치·형상·환경·이용상황 등을 고려하여 평가한 적정가격으로 보상하여야 한다.

토지에 대한 보상액은 가격시점에서의 현실적인 이용상황과 일반적인 이용방법에 의한 객관적 상황을 고려하여 산정하되, 일시적인 이용상황과 토지소유자나 관계인이 갖는 주관적 가치 및 특별한 용도에 사용할 것을 전제로 한 경우 등은 고려하지 아니한다.

나. 사용하는 토지의 보상

협의 또는 재결에 의하여 사용하는 토지에 대하여는 그 토지와 인근 유사토지의 지료(地料), 임대료, 사용방법, 사용기간 및 그 토지의 가격 등을 고려하

---

6) 「한국은행법」 제86조에 따라 한국은행이 조사·발표하는 생산자물가지수에 따라 산정된 비율을 말한다.

여 평가한 적정가격으로 보상하여야 한다.

다. 사용하는 토지의 매수·수용 청구

사업인정고시가 된 후 일정한 사유에 해당하는 때, 즉 토지를 사용하는 기간이 3년 이상인 경우, 토지의 사용으로 인하여 토지의 형질이 변경되는 경우, 사용하려는 토지에 그 토지소유자의 건축물이 있는 경우에 해당할 때에는 해당 토지소유자는 사업시행자에게 해당 토지의 매수를 청구하거나 관할 토지수용위원회에 그 토지의 수용을 청구할 수 있다. 이 경우 관계인은 사업시행자나 관할 토지수용위원회에 그 권리의 존속을 청구할 수 있다.

라. 잔여지의 손실과 공사비 보상

사업시행자는 동일한 소유자에게 속하는 일단의 토지의 일부가 취득되거나 사용됨으로 인하여 잔여지의 가격이 감소하거나 그 밖의 손실이 있을 때 또는 잔여지에 통로·도랑·담장 등의 신설이나 그 밖의 공사가 필요할 때에는 국토교통부령으로 정하는 바에 따라 그 손실이나 공사의 비용을 보상하여야 한다. 잔여지에 대한 손실 또는 비용의 보상은 해당 사업의 공사완료일부터 1년이 지난 후에는 청구할 수 없다.

잔여지의 가격 감소분과 잔여지에 대한 공사의 비용을 합한 금액이 잔여지의 가격보다 큰 경우에는 사업시행자는 그 잔여지를 매수할 수 있다. 사업인정고시가 된 후 사업시행자가 잔여지를 매수하는 경우 그 잔여지에 대하여는 「토지보상법」에 따른 사업인정 및 사업인정고시가 된 것으로 본다.

마. 잔여지의 매수 및 수용 청구

동일한 소유자에게 속하는 일단의 토지의 일부가 협의에 의하여 매수되거나 수용됨으로 인하여 잔여지를 종래의 목적에 사용하는 것이 현저히 곤란할 때에는 해당 토지소유자는 사업시행자에게 잔여지를 매수하여 줄 것을 청구할 수 있으며, 사업인정 이후에는 관할 토지수용위원회에 수용을 청구할 수 있다. 이 경우 수용의 청구는 매수에 관한 협의가 성립되지 아니한 경우에만 할 수 있으며, 그 사업의 공사완료일까지 하여야 한다.

매수 또는 수용의 청구가 있는 잔여지 및 잔여지에 있는 물건에 관하여 권리를 가진 자는 사업시행자나 관할 토지수용위원회에 그 권리의 존속을 청구할 수 있다.

바. 건축물 등 물건에 대한 보상

건축물·입목·공작물과 그 밖에 토지에 정착한 물건에 대하여는 이전에 필요한 비용으로 보상하여야 한다. 다만, 건축물 등을 이전하기 어렵거나 그 이전으로 인하여 건축물 등을 종래의 목적대로 사용할 수 없게 된 경우, 건축물 등의 이전비가 그 물건의 가격을 넘는 경우, 사업시행자가 공익사업에 직접 사용할 목적으로 취득하는 경우에 해당하는 경우에는 해당 물건의 가격으로 보상하여야 한다.

농작물에 대한 손실은 그 종류와 성장의 정도 등을 종합적으로 고려하여 보상하여야 한다. 토지에 속한 흙·돌·모래 또는 자갈7)에 대하여는 거래가격 등을 고려하여 평가한 적정가격으로 보상하여야 한다. 분묘에 대하여는 이장 (移葬)에 드는 비용 등을 산정하여 보상하여야 한다.

사. 잔여 건축물의 손실에 대한 보상

사업시행자는 동일한 소유자에게 속하는 일단의 건축물의 일부가 취득되거나 사용됨으로 인하여 잔여 건축물의 가격이 감소하거나 그 밖의 손실이 있을 때에는 국토교통부령으로 정하는 바에 따라 그 손실을 보상하여야 한다. 다만, 잔여 건축물의 가격 감소분과 보수비8)를 합한 금액이 잔여 건축물의 가격보다 큰 경우에는 사업시행자는 그 잔여 건축물을 매수할 수 있다.

동일한 소유자에게 속하는 일단의 건축물의 일부가 협의에 의하여 매수되거나 수용됨으로 인하여 잔여 건축물을 종래의 목적에 사용하는 것이 현저히 곤란할 때에는 그 건축물소유자는 사업시행자에게 잔여 건축물을 매수하여 줄 것을 청구할 수 있으며, 사업인정 이후에는 관할 토지수용위원회에 수용을 청구할 수 있다. 이 경우 수용 청구는 매수에 관한 협의가 성립되지 아니한 경우에만 하되, 그 사업의 공사완료일까지 하여야 한다.

아. 권리의 보상

광업권·어업권 및 물(용수시설을 포함한다) 등의 사용에 관한 권리에 대하여는 투자비용, 예상 수익 및 거래가격 등을 고려하여 평가한 적정가격으로 보상하여야 한다.

---

7) 흙·돌·모래 또는 자갈이 해당 토지와 별도로 취득 또는 사용의 대상이 되는 경우만 해당한다.

8) 건축물의 나머지 부분을 종래의 목적대로 사용할 수 있도록 그 유용성을 동일하게 유지하는 데에 일반적으로 필요하다고 볼 수 있는 공사에 사용되는 비용을 말한다. 다만, 「건축법」 등 관계 법령에 따라 요구되는 시설 개선에 필요한 비용은 포함하지 아니한다.

　자. 영업의 손실 등에 대한 보상

　영업을 폐지하거나 휴업함에 따른 영업손실에 대하여는 영업이익과 시설의 이전비용 등을 고려하여 보상하여야 한다.

　농업의 손실에 대하여는 농지의 단위면적당 소득 등을 고려하여 실제 경작자에게 보상하여야 한다. 다만, 농지소유자가 해당 지역에 거주하는 농민인 경우에는 농지소유자와 실제 경작자가 협의하는 바에 따라 보상할 수 있다.

　휴직하거나 실직하는 근로자의 임금손실에 대하여는 「근로기준법」에 따른 평균임금 등을 고려하여 보상하여야 한다.

　차. 이주대책의 수립 등

　사업시행자는 공익사업의 시행으로 인하여 주거용 건축물을 제공함에 따라 생활의 근거를 상실하게 되는 자를 위하여 이주대책을 수립·실시하거나 이주정착금을 지급하여야 한다. 사업시행자가 이주대책을 수립하려면 미리 관할 지방자치단체의 장과 협의하여야 한다.

　이주대책의 내용에는 이주정착지에 대한 도로, 급수시설, 배수시설, 그 밖의 공공시설 등 통상적인 수준의 생활기본시설이 포함되어야 하며, 이에 필요한 비용은 사업시행자가 부담한다. 다만, 행정청이 아닌 사업시행자가 이주대책을 수립·실시하는 경우에 지방자치단체는 비용의 일부를 보조할 수 있다.

　주거용 건물의 거주자에 대하여는 주거 이전에 필요한 비용과 가재도구 등 동산의 운반에 필요한 비용을 산정하여 보상하여야 한다.

　공익사업의 시행으로 인하여 영위하던 농업·어업을 계속할 수 없게 되어 다른 지역으로 이주하는 농민·어민이 받을 보상금이 없거나 그 총액이 국토교통부령으로 정하는 금액에 미치지 못하는 경우에는 그 금액 또는 그 차액을 보상하여야 한다.

　사업시행자는 해당 공익사업이 시행되는 지역에 거주하고 있는 「국민기초생활 보장법」에 따른 수급권자 및 차상위계층이 취업을 희망하는 경우에는 그 공익사업과 관련된 업무에 우선적으로 고용할 수 있으며, 이들의 취업 알선을 위하여 노력하여야 한다.

　국가나 지방자치단체는 이주대책의 실시에 따른 주택지의 조성 및 주택의 건설에 대하여는 「주택도시기금법」에 따른 주택도시기금을 우선적으로 지원하여야 한다.

카. 공장의 이주대책 수립 등

사업시행자는 대통령령으로 정하는 공익사업의 시행으로 인하여 공장부지가 협의 양도되거나 수용됨에 따라 더 이상 해당 지역에서 공장[9]을 가동할 수 없게 된 자가 희망하는 경우 「산업입지 및 개발에 관한 법률」에 따라 지정·개발된 인근 산업단지에 입주하게 하는 등 대통령령으로 정하는 이주대책에 관한 계획을 수립하여야 한다.

타. 그 밖의 토지에 관한 비용보상 등

사업시행자는 공익사업의 시행으로 인하여 취득하거나 사용하는 토지(잔여지를 포함한다) 외의 토지에 통로·도랑·담장 등의 신설이나 그 밖의 공사가 필요할 때에는 그 비용의 전부 또는 일부를 보상하여야 한다. 다만, 그 토지에 대한 공사의 비용이 그 토지의 가격보다 큰 경우에는 사업시행자는 그 토지를 매수할 수 있다.

공익사업이 시행되는 지역 밖에 있는 토지 등이 공익사업의 시행으로 인하여 본래의 기능을 다할 수 없게 되는 경우에는 국토교통부령으로 정하는 바에 따라 그 손실을 보상하여야 한다. 이 경우 사업시행자는 「토지보상법」에 따라 보상계획을 공고할 때에 보상을 청구할 수 있다는 내용을 포함하여 공고하거나, 대통령령으로 정하는 바에 따라 공익사업으로 인하여 본래의 기능을 다할 수 없게 된 사업시행지 밖에 있는 토지 등에 대한 보상 계획을 공고하여야 한다.

(4) 환매권

1) 환매권의 의의

환매권이란 공용수용의 목적물이 공익사업의 폐지 등의 사유로 불필요하게 된 경우에 그 목적물의 피수용자(토지소유자 또는 그의 포괄승계인)가 일정한 대가를 지급하고 그 목적물의 소유권을 다시 취득할 수 있는 권리를 말한다.

2) 환매권의 근거

환매권의 근거는 이론적 관점에서 환매권을 인정하는 근거가 무엇인지 문제된다. 한편, 실정법적 관점에서 개별법에 환매권을 인정하는 명문의 규정이 있어야만 환매권이 인정되는지 여부가 문제된다. 이는 헌법상 재산권 보장

---

[9] 「산업집적활성화 및 공장설립에 관한 법률」 제2조 제1호에 따른 공장을 말한다.

규정에 근거해 직접 환매권을 행사할 수 있는지 여부에 대한 문제이다.

먼저 환매권의 이론적 근거에 대해서는, 피수용자의 감정보호를 환매권의 근거로 보는 견해도 있으나, 일반적인 견해는 재산권의 존속보장을 근거로 삼는다. 헌법재판소도 "수용된 토지 등이 공공사업에 필요 없게 되었을 경우에 피수용자가 그 토지 등의 소유권을 회복할 수 있는 권리, 즉 환매권은 헌법이 보장하는 재산권에 포함된다"고 보고 있다.[10)]

다음으로 환매권의 개별법적 근거의 필요성에 대해서는, 환매권이 인정되기 위해서는 개별법의 근거가 필요하다고 보는 것이 일반적인 견해이다. 즉, 헌법상 재산권 보장규정만으로 환매권을 인정할 수는 없다고 본다. 대법원 판례 역시 "토지수용법이나 공공용지의 취득 및 손실보상에 관한 특례법 등에서 규정하고 있는 바와 같은 환매권은 공공의 목적을 위하여 수용 또는 협의취득된 토지의 원소유자 또는 그 포괄승계인에게 재산권보장과 관련하여 공평의 원칙상 인정하고 있는 권리로서 민법상의 환매권과는 달리 법률의 규정에 의하여서만 인정되고 있으며, 그 행사요건, 기간 및 방법 등이 세밀하게 규정되어 있는 점에 비추어 다른 경우에까지 이를 유추적용할 수 없고, 환지처분에 의하여 공공용지로서 지방자치단체에 귀속되게 된 토지에 관하여는 토지구획정리사업법상 환매권을 인정하고 있는 규정이 없고, 이를 「공공용지의 취득 및 손실보상에 관한 특례법」상의 협의취득이라고도 볼 수 없으므로 같은 특례법상의 환매권에 관한 규정을 적용할 수 없다"고 판시하여, 개별법에 근거가 있어야 환매권을 인정할 수 있는 것으로 본다.[11)]

이에 대해 헌법재판소의 태도는 명확하지 않다. 헌법재판소는 "환매권은 개별법규가 인정한 민사법상의 권리이며 … "[12)]라고 판시하여, 환매권을 개별법규에 의해 인정된 권리라고 보는 듯하다. 그러나 전반적으로는 "토지수용법 제71조 소정의 환매권은 헌법상의 재산권 보장규정으로부터 도출되는 것으로서 헌법이 보장하는 재산권의 내용에 포함되는 권리이며, 피수용자가 손실보상을 받고 소유권의 박탈을 수인할 의무는 그 재산권의 목적물이 공공사업에 이용되는 것을 전제로 하기 때문에 위 헌법상 권리는 피수용자가 수용 당시

---

10) 헌재 1994. 2. 24. 92헌가15등 결정; 헌재 2005. 5. 26. 2004헌가10 결정; 헌재 2006. 11. 30. 2005헌가20 결정.
11) 대법원 1993. 6. 29. 선고 91다43480 판결.
12) 헌재 2006. 11. 30. 2005헌가20 결정.

이미 정당한 손실보상을 받았다는 사실로 말미암아 부인되지 않는다"[13]고 하여, 환매권이 헌법상 재산권 규정으로부터 도출된다고 하고 있다.

3) 환매권의 법적 성격

환매권의 법적 성격에 대해서는 사권설과 공권설의 대립이 있다. 환매권을 사권으로 본다면, 그에 대한 소송은 민사소송 절차에 따라야 할 것이다. 반면 공권으로 본다면, 그에 대한 소송은 행정소송에 따라야 할 것이다.

사권설에 따르면, 환매권은 개인이 행정청에 대하여 청구하고 이에 따라 행정청이 수용을 해제하는 것이 아니라, 토지소유자 또는 그의 포괄승계인이 전적으로 자신의 이익을 위하여 불필요하게 된 수용의 목적물을 취득하기 때문에 사권이라고 한다.[14] 반면 공권설에 따르면, 환매권은 공법적 원인에 의해 발생된 상태를 회복시키는 것이므로 그 법적 성격 역시 공권으로 이해하는 것이 타당하다고 한다.[15]

판례는 "징발재산정리에 관한 특별조치법 제20조 소정의 환매권은 일종의 형성권으로서 그 존속기간은 제척기간으로 보아야 할 것이며, 위 환매권은 재판상이든 재판외이든 그 기간 내에 행사하면 이로써 매매의 효력이 생기고, 위 매매는 같은 조 제1항에 적힌 환매권자와 국가 간의 사법상의 매매라 할 것이다"[16]고 하여 사권설을 취하고 있다.

또한, 헌법재판소는 "환매권은 개별법규가 인정한 민사법상의 권리이며, 환매는 환매기간 내에 환매의 요건이 발생하면 환매권자가 수령한 보상금의 상당액을 사업시행자에게 지급하고 일방적으로 의사표시를 함으로써 사업시행자의 의사에 관계없이 성립되는 것으로서 환매권은 형성권의 일종이라고 할 것이다"[17]고 하여, 민사상 형성권으로 보고 있다.

4) 환매권자

토지보상법상의 환매권자는 취득일 당시의 토지소유자 또는 그 포괄승계인이다.

---

13) 헌재 1994. 2. 24. 92헌가15, 17, 20, 24 결정.
14) 박윤흔(578~579면).
15) 홍정선(1275면).
16) 대법원 1992. 4. 24. 선고 92다4673 판결.
17) 헌재 1995. 3. 23. 91헌마143 결정.

5) 환매의 목적물

환매의 목적물은 사업을 위해 취득되었다가 불필요하게 된 토지의 전부 또는 일부에 대한 소유권이다. 환매권의 대상은 토지의 소유권이므로, 소유권의 대상이 토지가 아닌 경우이거나 토지에 대한 권리의 내용이 소유권이 아닌 경우는 환매의 대상이 되지 않는다.

6) 환매권의 발생요건

토지보상법상 환매권이 발생하는 경우는 두 가지가 있다.

첫째, 토지의 협의취득일 또는 수용의 개시일부터 10년 이내에 해당 사업의 폐지·변경 또는 그 밖의 사유로 취득한 토지의 전부 또는 일부가 필요 없게 된 경우 취득일 당시의 토지소유자 또는 그 포괄승계인은 그 토지의 전부 또는 일부가 필요 없게 된 때부터 1년 또는 그 취득일부터 10년 이내에 그 토지에 대하여 받은 보상금에 상당하는 금액을 사업시행자에게 지급하고 그 토지를 환매할 수 있다.

둘째, 토지의 취득일부터 5년 이내에 취득한 토지의 전부를 해당 사업에 이용하지 아니하였을 때에는 취득일 당시의 토지소유자 또는 그 포괄승계인은 취득일부터 6년 이내에 그 토지에 대하여 받은 보상금에 상당하는 금액을 사업시행자에게 지급하고 그 토지를 환매할 수 있다.

판례에 따르면, 환매권 발생요건에 대한 판단은 제반사정을 고려하여 객관적·합리적으로 하여야 한다.[18]

7) 환매권의 통지·공고

사업시행자는 환매할 토지가 생겼을 때에는 지체 없이 그 사실을 환매권

---

[18] "환매권에 관하여 규정한 '토지보상법'(이하 '공익사업법'이라고 한다) 제91조 제1항에서 말하는 '당해 사업'이란 토지의 협의취득 또는 수용의 목적이 된 구체적인 특정의 공익사업으로서 공익사업법 제20조 제1항에 의한 사업인정을 받을 때 구체적으로 특정된 공익사업을 말하고, '국토의 계획 및 이용에 관한 법률' 제88조, 제96조 제2항에 의해 도시계획시설사업에 관한 실시계획의 인가를 공익사업법 제20조 제1항의 사업인정으로 보게 되는 경우에는 그 실시계획의 인가를 받을 때 구체적으로 특정된 공익사업이 바로 공익사업법 제91조 제1항에 정한 협의취득 또는 수용의 목적이 된 당해 사업에 해당한다. 또 위 규정에 정한 당해 사업의 '폐지·변경'이란 당해 사업을 아예 그만두거나 다른 사업으로 바꾸는 것을 말하고, 취득한 토지의 전부 또는 일부가 '필요 없게 된 때'란 사업시행자가 취득한 토지의 전부 또는 일부가 그 취득 목적 사업을 위하여 사용할 필요 자체가 없어진 경우를 말하며, 협의취득 또는 수용된 토지가 필요 없게 되었는지 여부는 사업시행자의 주관적인 의사를 표준으로 할 것이 아니라 당해 사업의 목적과 내용, 협의취득의 경위와 범위, 당해 토지와 사업의 관계, 용도 등 제반 사정에 비추어 객관적·합리적으로 판단하여야 한다"(대법원 2010. 9. 30. 선고 2010다30782 판결).

자에게 통지하여야 한다. 다만, 사업시행자가 과실 없이 환매권자를 알 수 없을 때에는 대통령령으로 정하는 바에 따라 공고하여야 한다. 환매권자는 통지를 받은 날 또는 공고를 한 날부터 6개월이 지난 후에는 환매권을 행사하지 못한다.

8) 환매권의 행사기간

토지보상법상 환매권이 발생하는 첫 번째 경우는 토지의 전부 또는 일부가 필요 없게 된 때부터 1년 또는 그 취득일부터 10년 이내에 행사하여야 하고, 두 번째 경우는 취득일부터 6년 이내에 행사하여야 한다.

특히, 판례는 「토지보상법」에서 환매권의 행사요건으로 정한 "당해 토지의 전부 또는 일부가 필요 없게 된 때로부터 1년 또는 그 취득일로부터 10년 이내에 그 토지를 환매할 수 있다"라는 규정의 의미는 취득일로부터 10년 이내에 그 토지가 필요 없게 된 경우에는 그때로부터 1년 이내에 환매권을 행사할 수 있으며, 또 필요 없게 된 때로부터 1년이 지났더라도 취득일로부터 10년이 지나지 않았다면 환매권자는 적법하게 환매권을 행사할 수 있다는 의미로 해석하고 있다.

9) 환매의 대금

환매의 대금은 해당 토지에 대하여 받은 보상금에 상당하는 금액이다. 다만, 토지의 가격이 취득일 당시에 비하여 현저히 변동된 경우 사업시행자와 환매권자는 환매금액에 대하여 서로 협의하되, 협의가 성립되지 아니하면 그 금액의 증감을 법원에 청구할 수 있다.

판례에 따르면, 환매대금 지급은 먼저 이행되어야 하는 의무이므로, 환매기간 내에 환매대금 상당을 지급하거나 공탁하지 아니한 경우에는 환매로 인한 소유권이전등기 청구를 할 수 없다.[19]

10) 환매권의 대항력

환매권은 「부동산등기법」에서 정하는 바에 따라 공익사업에 필요한 토지의 협의취득 또는 수용의 등기가 되었을 때에는 제3자에게 대항할 수 있다.

---

19) "토지보상법 제91조에 의한 환매는 환매기간 내에 환매의 요건이 발생하면 환매권자가 지급받은 보상금에 상당한 금액을 사업시행자에게 미리 지급하고 일방적으로 의사표시를 함으로써 사업시행자의 의사와 관계없이 환매가 성립한다. 따라서 환매기간 내에 환매대금 상당을 지급하거나 공탁하지 아니한 경우에는 환매로 인한 소유권이전등기 청구를 할 수 없다"(대법원 2012. 8. 30. 선고 2011다74109 판결).

11) 공익사업의 변환에 따른 환매

가. 의 의

공익사업의 변환이란 국가, 지방자치단체 또는 「공공기관의 운영에 관한 법률」에 따른 공공기관 중 대통령령으로 정하는 공공기관이 사업인정을 받아 공익사업에 필요한 토지를 협의취득하거나 수용한 후 해당 공익사업이 다른 공익사업으로 변경된 경우, 종전 공익사업을 위해 협의취득 또는 수용된 토지를 별도의 절차 없이 새로운 공익사업에 이용하도록 하는 것을 말한다.

나. 공익사업의 변환의 효과와 환매권

공익사업의 변환의 법적 근거가 되는 「토지보상법」에 따르면, 공익사업이 변환된 경우 환매권 행사기간은 관보에 해당 공익사업의 변경을 고시한 날부터 기산한다. 이 경우 국가, 지방자치단체 또는 「공공기관의 운영에 관한 법률」에 따른 공공기관 중 대통령령으로 정하는 공공기관은 공익사업이 변경된 사실을 대통령령으로 정하는 바에 따라 환매권자에게 통지하여야 한다.

판례는 "공익사업의 변환을 인정한 입법 취지 등에 비추어 볼 때, 공익사업법 제91조 제6항은 사업인정을 받은 당해 공익사업의 폐지·변경으로 인하여 협의취득하거나 수용한 토지가 필요 없게 된 때라도 위 규정에 의하여 공익사업의 변환이 허용되는 다른 공익사업으로 변경되는 경우에는 당해 토지의 원소유자 또는 그 포괄승계인에게 환매권이 발생하지 않는다는 취지를 규정한 것이라고 보아야 하고, 위 조항에서 정한 '제1항 및 제2항의 규정에 의한 환매권 행사기간은 관보에 당해 공익사업의 변경을 고시한 날로부터 기산한다'는 의미는 새로 변경된 공익사업을 기준으로 다시 환매권 행사의 요건을 갖추지 못하는 한 환매권을 행사할 수 없고 환매권 행사 요건을 갖추어 제1항 및 제2항에 정한 환매권을 행사할 수 있는 경우에 그 환매권 행사기간은 당해 공익사업의 변경을 관보에 고시한 날로부터 기산한다는 의미로 해석해야 한다"고 판시한 바 있다.[20)]

---

20) 대법원 2010. 9. 30. 선고 2010다30782 판결.

V. 공용환지

1. 의 의

공용환지란 토지의 가치를 증진시키기 위하여 일정한 지역 내 토지의 구획·형질을 변경하고, 토지에 대한 소유권 및 토지에 대한 기타 권리를 권리자의 의사에 상관없이 강제적으로 교환·분합하는 것을 의미한다.

공용환지로 인하여 권리자는 강제로 종전 토지에 관한 권리를 상실하고, 새로운 토지에 대한 권리를 취득한다. 토지의 이용가치를 증진시키기 위하여 강제적으로 토지에 대한 권리를 교환·분합하는 것이므로 물적 공용부담에 해당한다.

공용환지는 토지에 대한 소유권 및 기타 권리를 평면적으로 교환·분합하는 것이므로, 토지 및 건물에 대한 권리를 입체적으로 교환·분합하는 공용환권과는 차이가 있다.

공용환지를 규정하고 있는 대표적인 법률은 도시개발법이다. 그 외 농어촌정비법에도 공용환지가 규정되어 있다.

2. 도시개발법상 공용환지

(1) 의 의

도시개발법은 도시개발에 필요한 사항을 규정하여 계획적이고 체계적인 도시개발을 도모하고 쾌적한 도시환경의 조성과 공공복리의 증진에 이바지함을 목적으로 한다. 동법상 도시개발사업이란 도시개발구역에서 주거, 상업, 산업, 유통, 정보통신, 생태, 문화, 보건 및 복지 등의 기능이 있는 단지 또는 시가지를 조성하기 위하여 시행하는 사업을 말한다. 그리고 동법상 사업 시행방식에는 수용 또는 사용의 방식, 환지방식, 이를 혼용하는 방식 등이 있다.

(2) 도시개발구역의 지정

도시개발법상 사업이 시행되기 위하여는 도시개발구역이 지정되어야 한다. 도시개발구역이란 도시개발사업을 시행하기 위하여 「도시개발법」에 따라 지정·고시된 구역을 말한다.

특별시장·광역시장·도지사·특별자치도지사, 「지방자치법」 제198조에 따른 서울특별시와 광역시를 제외한 인구 50만 이상의 대도시의 시장 등은 계획적인 도시개발이 필요하다고 인정되는 때에는 도시개발구역을 지정할 수 있다.

　도시개발사업이 필요하다고 인정되는 지역이 둘 이상의 특별시·광역시·도·특별자치도 또는「지방자치법」제198조에 따른 서울특별시와 광역시를 제외한 인구 50만 이상의 대도시의 행정구역에 걸치는 경우에는 관계 시·도지사 또는 대도시 시장이 협의하여 도시개발구역을 지정할 자를 정한다.

　국가가 도시개발사업을 실시할 필요가 있는 경우, 관계 중앙행정기관의 장이 요청하는 경우,「도시개발법」에 따른 공공기관의 장 또는 정부출연기관의 장이 대통령령으로 정하는 규모 이상으로서 국가계획과 밀접한 관련이 있는 도시개발구역의 지정을 제안하는 경우, 도시개발사업이 필요하다고 인정되는 지역이 둘 이상의 특별시·광역시·도·특별자치도 또는「지방자치법」제198조에 따른 서울특별시와 광역시를 제외한 인구 50만 이상의 대도시의 행정구역에 걸치는 경우에 있어 관계 시·도지사 또는 대도시 시장이 협의가 성립되지 아니하는 경우, 그 밖에 대통령령으로 정하는 경우에는 국토교통부장관이 도시개발구역을 지정할 수 있다.

　시장·군수 또는 구청장은 대통령령으로 정하는 바에 따라 시·도지사에게 도시개발구역의 지정을 요청할 수 있다.

(3) 개발계획의 수립 및 변경

　지정권자는 도시개발구역을 지정하려면 해당 도시개발구역에 대한 도시개발사업의 계획을 수립하여야 한다. 다만,「도시개발법」에 따라 개발계획을 공모하거나 대통령령으로 정하는 지역에 도시개발구역을 지정할 때에는 도시개발구역을 지정한 후에 개발계획을 수립할 수 있다.

　지정권자는 창의적이고 효율적인 도시개발사업을 추진하기 위하여 필요한 경우에는 대통령령으로 정하는 바에 따라 개발계획안을 공모하여 선정된 안을 개발계획에 반영할 수 있다. 이 경우 선정된 개발계획안의 응모자가 도시개발법에 따른 자격 요건을 갖춘 자인 경우에는 해당 응모자를 우선하여 시행자로 지정할 수 있다.

　지정권자는 직접 또는 관계 중앙행정기관의 장 또는 시장·군수·구청장 또는 도시개발사업의 시행자의 요청을 받아 개발계획을 변경할 수 있다.

　지정권자는 환지 방식의 도시개발사업에 대한 개발계획을 수립하려면 환

지 방식이 적용되는 지역의 토지면적의 3분의 2 이상에 해당하는 토지 소유자
와 그 지역의 토지 소유자 총수의 2분의 1 이상의 동의를 받아야 한다. 환지
방식으로 시행하기 위하여 개발계획을 변경하려는 경우에도 또한 같다.

(4) 환지계획의 작성

시행자는 도시개발사업의 전부 또는 일부를 환지 방식으로 시행하려면
환지설계, 필지별로 된 환지 명세, 필지별과 권리별로 된 청산 대상 토지 명
세, 체비지 또는 보류지의 명세, 「도시개발법」에 따른 입체 환지를 계획하는
경우에는 입체 환지용 건축물의 명세와 공급 방법·규모에 관한 사항, 그 밖에
국토교통부령으로 정하는 사항 등이 포함된 환지계획을 작성하여야 한다.

판례는 "환지계획은 위와 같은 환지예정지 지정이나 환지처분의 근거가
될 뿐 그 자체가 직접 토지소유자 등의 법률상의 지위를 변동시키거나 또는
환지예정지 지정이나 환지처분과는 다른 고유한 법률효과를 수반하는 것이
아니어서 이를 항고소송의 대상이 되는 처분에 해당한다고 할 수가 없다"고
판시하여, 환지계획의 처분성을 부정하였다.[21]

(5) 환지예정지의 지정

시행자는 도시개발사업의 시행을 위하여 필요하면 도시개발구역의 토지
에 대하여 환지예정지를 지정할 수 있다. 이 경우 종전의 토지에 대한 임차권
자 등이 있으면 해당 환지예정지에 대하여 해당 권리의 목적인 토지 또는 그
부분을 아울러 지정하여야 한다.

판례는 "토지구획정리사업법 제57조, 제62조 등의 규정상 환지예정지 지
정이나 환지처분은 그에 의하여 직접 토지소유자 등의 권리의무가 변동되므
로 이를 항고소송의 대상이 되는 처분이라고 볼 수 있다"고 하여, 환지계획과
는 달리 환지예정지 지정의 처분성을 긍정하였다.[22]

3. 환지처분

(1) 의 의

환지처분이란 사업시행이 완료된 때 공사가 완료된 토지를 환지계획에

---

21) 대법원 1999. 8. 20. 선고 97누6889 판결.
22) 대법원 1999. 8. 20. 선고 97누6889 판결.

따라 환지교부하는 처분을 말한다.

(2) 법적 성격

환지처분은 그에 의하여 직접 토지소유자 등의 권리의무가 변동되므로, 환지처분은 항고소송의 대상이 되는 처분에 해당된다는 것이 판례의 태도이다.[23]

(3) 환지처분 절차

시행자는 환지 방식으로 도시개발사업에 관한 공사를 끝낸 경우에는 지체 없이 대통령령으로 정하는 바에 따라 이를 공고하고 공사 관계 서류를 일반인에게 공람시켜야 한다.

도시개발구역의 토지 소유자나 이해관계인은 공람 기간에 시행자에게 의견서를 제출할 수 있으며, 의견서를 받은 시행자는 공사 결과와 실시계획 내용에 맞는지를 확인하여 필요한 조치를 하여야 한다.

시행자는 공람 기간에 의견서의 제출이 없거나 제출된 의견서에 따라 필요한 조치를 한 경우에는 지정권자에 의한 준공검사를 신청하거나 도시개발사업의 공사를 끝내야 한다. 시행자는 지정권자에 의한 준공검사를 받은 경우에는 대통령령으로 정하는 기간에 환지처분을 하여야 한다. 시행자는 환지처분을 하려는 경우에는 환지계획에서 정한 사항을 토지 소유자에게 알리고 이를 공고하여야 한다.

(4) 환지처분의 효과

환지계획에서 정하여진 환지는 그 환지처분이 공고된 날의 다음 날부터 종전의 토지로 보며, 환지계획에서 환지를 정하지 아니한 종전의 토지에 있던 권리는 그 환지처분이 공고된 날이 끝나는 때에 소멸한다. 그러나 행정상 처분이나 재판상의 처분으로서 종전의 토지에 전속하는 것에 관하여는 영향을 미치지 아니한다.

또한, 도시개발구역의 토지에 대한 지역권도 종전의 토지에 존속한다. 다만, 도시개발사업의 시행으로 행사할 이익이 없어진 지역권은 환지처분이 공고된 날이 끝나는 때에 소멸한다.

「도시개발법」에 따른 체비지는 시행자가, 보류지는 환지계획에서 정한 자가 각각 환지처분이 공고된 날의 다음 날에 해당 소유권을 취득한다. 다만, 이

---

23) 대법원 1999. 8. 20. 선고 97누6889 판결.

미 처분된 체비지는 그 체비지를 매입한 자가 소유권 이전 등기를 마친 때에
소유권을 취득한다.

환지를 정하거나 그 대상에서 제외한 경우 그 과부족분은 종전의 토지 및
환지의 위치·지목·면적·토질·수리·이용 상황·환경, 그 밖의 사항을 종합적
으로 고려하여 금전으로 청산하여야 한다.

청산금은 환지처분을 하는 때에 결정하여야 한다. 다만, 환지 대상에서 제
외한 토지 등에 대하여는 청산금을 교부하는 때에 청산금을 결정할 수 있다.
청산금은 환지처분이 공고된 날의 다음 날에 확정된다.

VI. 공용환권

1. 의 의

공용환권이란 토지와 건축물 등의 일정한 지역의 공간적 가치를 증진시
키기 위하여 지역 내 토지의 구획·형질을 변경하고, 토지 및 건물에 대한 권
리를 권리자의 의사에 상관없이 강제적으로 교환·분합하는 것을 의미한다.

공용환권으로 인하여 권리자는 강제로 종전 토지와 건물에 관한 권리를
상실하고, 새로운 토지와 건물에 대한 권리를 취득한다. 토지 및 건축물 등의
이용가치를 증진시키기 위하여 강제적으로 토지와 건물에 대한 권리를 교환·
분합하는 것이므로 물적 공용부담에 해당한다.

공용환권은 토지 및 건물에 대한 권리를 입체적으로 교환·분합하는 것이
므로, 토지에 대한 권리를 평면적으로 교환·분합하는 공용환지와는 차이가
있다.

공용환권을 규정하고 있는 대표적인 법률은 「도시 및 주거환경정비법」
이다.

2. 「도시 및 주거환경정비법」상의 공용환권

(1) 정비사업

「도시 및 주거환경정비법」은 도시기능의 회복이 필요하거나 주거환경이
불량한 지역을 계획적으로 정비하고 노후·불량건축물을 효율적으로 개량하기
위하여 필요한 사항을 규정함으로써 도시환경을 개선하고 주거생활의 질을

높이는데 이바지함을 목적으로 제정되었다.

'정비사업'이란 도시기능을 회복하기 위하여 정비구역 등에서 도로·상하수도·공원·공용주차장·공동구·그 밖에 주민의 생활에 필요한 가스 등의 공급시설 등 정비기반시설을 정비하거나 주택 등 건축물을 개량하거나 건설하는 사업으로서, 주거환경개선사업·주택재개발사업·주택재건축사업·도시환경정비사업·주거환경관리사업·가로주택정비사업 등이 있다.

(2) 조 합

1) 조합의 설립 추진위원회

시장·군수, 지정개발자 또는 주택공사 등이 아닌 자가 정비사업을 시행하고자 하는 경우에는 토지등 소유자로 구성된 조합을 설립하여야 한다. 다만, 도시정비법에 따라 도시환경정비사업을 토지등 소유자가 시행하고자 하는 경우에는 그러하지 아니하다.

조합을 설립하고자 하는 경우에는 정비구역지정 고시 후 위원장을 포함한 5인 이상의 위원 및 토지등 소유자 과반수의 동의를 받아 조합설립을 위한 추진위원회를 구성하여 국토교통부령으로 정하는 방법과 절차에 따라 시장·군수의 승인을 받아야 한다. 다만, 가로주택정비사업의 경우에는 추진위원회를 구성하지 아니한다.

추진위원회의 구성에 동의한 토지등 소유자는 조합의 설립에 동의한 것으로 본다. 다만, 조합설립인가 신청 전에 시장·군수 및 추진위원회에 조합설립에 대한 반대의 의사표시를 한 추진위원회 동의자의 경우에는 그러하지 아니하다.

2) 조합의 설립인가

주택재개발사업 및 도시환경정비사업의 추진위원회가 조합을 설립하려면 토지 등 소유자의 4분의 3 이상 및 토지면적의 2분의 1 이상(가로주택정비사업의 경우에는 토지등 소유자의 10분의 8 이상 및 토지면적의 3분의 2 이상)의 토지소유자의 동의를 얻어, 관련 서류를 첨부하여, 시장·군수의 인가를 받아야 하며, 인가받은 사항을 변경하고자 하는 때에도 또한 같다. 다만, 대통령령으로 정하는 경미한 사항을 변경하고자 하는 때에는 조합원의 동의 없이 시장·군수에게 신고하고 변경할 수 있다.

주택재건축사업의 추진위원회가 조합을 설립하고자 하는 때에는 「집합건

물의 소유 및 관리에 관한 법률」에 불구하고 주택단지 안의 공동주택의 각 동
별 구분소유자의 3분의 2 이상 및 토지면적의 2분의 1 이상의 토지소유자의 동
의와 주택단지 안의 전체 구분소유자의 4분의 3 이상 및 토지면적의 4분의 3 이
상의 토지소유자의 동의를 얻어, 관련 서류를 첨부하여 시장·군수의 인가를 받
아야 한다. 인가받은 사항을 변경하고자 하는 때에도 또한 같다. 다만, 경미한
사항을 변경하고자 하는 때에는 조합원의 동의 없이 시장·군수에게 신고하고
변경할 수 있다.

주택단지가 아닌 지역이 정비구역에 포함된 때에는 주택단지가 아닌 지
역안의 토지 또는 건축물 소유자의 4분의 3 이상 및 토지면적의 3분의 2 이상
의 토지소유자의 동의를 얻어야 한다.

조합설립인가와 관련하여 그 법적 성격이 무엇인지에 대해 인가설과 특
허설의 대립이 있다. 종래 판례는 "주택건설촉진법에서 규정한 바에 따른 관
할시장 등의 재건축조합설립인가는 불량·노후한 주택의 소유자들이 재건축을
위하여 한 재건축조합설립행위를 보충하여 그 법률상 효력을 완성시키는 보
충행위일 뿐이므로 그 기본되는 조합설립행위에 하자가 있을 때에는 그에 대
한 인가가 있다 하더라도 기본행위인 조합설립이 유효한 것으로 될 수 없고,
따라서 그 기본행위는 적법유효하나 보충행위인 인가처분에만 하자가 있는
경우에는 그 인가처분의 취소나 무효확인을 구할 수 있을 것이지만 기본행위
인 조합설립에 하자가 있는 경우에는 민사쟁송으로써 따로 그 기본행위의 취
소 또는 무효확인 등을 구하는 것은 별론으로 하고 기본행위의 불성립 또는
무효를 내세워 바로 그에 대한 감독청의 인가처분의 취소 또는 무효확인을 소
구할 법률상 이익이 있다고 할 수 없다"[24]고 하여 인가설을 취하였다.

그러나 최근 판례는 "재개발조합설립인가신청에 대한 행정청의 조합설립
인가처분은 단순히 사인들의 조합설립행위에 대한 보충행위로서의 성질을 가
지는 것이 아니라 법령상 일정한 요건을 갖추는 경우 행정주체(공법인)의 지위
를 부여하는 일종의 설권적 처분의 성질을 가진다고 보아야 한다. 그러므로
구 도시 및 주거환경정비법상 재개발조합설립인가신청에 대하여 행정청의 조
합설립인가처분이 있은 이후에는, 조합설립동의에 하자가 있음을 이유로 재개
발조합 설립의 효력을 부정하려면 항고소송으로 조합설립인가처분의 효력을

24) 대법원 2000. 9. 5. 선고 99두1854 판결.

다투어야 한다"[25]라고 판시하여 특허설로 태도를 변경하였다.

판례에 따르면, 도시 및 주거환경정비법상 조합은 재개발·재건축 사업에 있어 행정주체로서의 지위를 갖는다.

(3) 사업시행인가

사업시행자는 정비사업을 시행하고자 하는 경우에는 사업시행계획서에 정관 등과 그 밖에 국토교통부령이 정하는 서류를 첨부하여 시장·군수에게 제출하고 사업시행인가를 받아야 한다. 인가받은 내용을 변경하거나 정비사업을 중지 또는 폐지하고자 하는 경우에도 또한 같다. 다만, 대통령령이 정하는 경미한 사항을 변경하고자 하는 때에는 시장·군수에게 이를 신고하여야 한다.

3. 공용환권계획(관리처분계획)

(1) 의 의

도시정비법에서는 공용환권계획을 관리처분계획이라고 한다. 관리처분계획이란 정비사업이 완료된 후에 종전 토지나 건물에 대한 권리를 새로운 토지 및 건물에 대한 권리로 환권(분양)하거나 청산하기 위한 계획을 말한다.

(2) 관리처분계획 절차

사업시행자는 도시정비법에 의한 사업시행인가의 고시가 있은 날부터 60일 이내에 개략적인 부담금내역 및 분양신청기간 그 밖에 대통령령이 정하는 사항을 토지 등 소유자에게 통지하고 분양의 대상이 되는 대지 또는 건축물의 내역 등 대통령령이 정하는 사항을 해당 지역에서 발간되는 일간신문에 공고하여야 한다. 이 경우 분양신청기간은 그 통지한 날부터 30일 이상 60일 이내로 하여야 한다. 다만, 사업시행자는 관리처분계획의 수립에 지장이 없다고 판단하는 경우에는 분양신청기간을 20일의 범위 이내에서 연장할 수 있다.

대지 또는 건축물에 대한 분양을 받고자 하는 토지 등 소유자는 분양신청기간 이내에 대통령령이 정하는 방법 및 절차에 의하여 사업시행자에게 대지 또는 건축물에 대한 분양신청을 하여야 한다.

분양신청기간이 종료된 때 사업시행자는 분양신청의 현황을 기초로 분양설계, 분양대상자의 주소 및 성명, 분양대상자별 분양예정인 대지 또는 건축

---

25) 대법원 2010. 1. 28. 선고 2009두4845 판결.

물의 추산액, 분양대상자별 종전의 토지 또는 건축물의 명세 및 사업시행인가의 고시가 있은 날을 기준으로 한 가격,[26] 정비사업비의 추산액 및 그에 따른 조합원 부담규모 및 부담시기, 분양대상자의 종전의 토지 또는 건축물에 관한 소유권 외의 권리명세, 세입자별 손실보상을 위한 권리명세 및 그 평가액, 그 밖에 정비사업과 관련한 권리 등에 대하여 대통령령이 정하는 사항 등이 포함된 관리처분계획을 수립하여 시장·군수의 인가를 받아야 한다. 관리처분계획을 변경·중지 또는 폐지하고자 하는 경우에도 같다.

이 경우 조합은 이러한 사항을 의결하기 위한 총회의 개최일부터 1개월 전에 분양대상자별 분양예정인 대지 또는 건축물의 추산액, 분양대상자별 종전의 토지 또는 건축물의 명세 및 사업시행인가의 고시가 있은 날을 기준으로 한 가격, 정비사업비의 추산액 및 그에 따른 조합원 부담규모 및 부담시기 등을 각 조합원에게 문서로 통지하여야 한다. 다만, 대통령령이 정하는 경미한 사항을 변경하고자 하는 때에는 시장·군수에게 신고하여야 한다.

사업시행자는 관리처분계획의 인가를 신청하기 전에 관계서류의 사본을 30일 이상 토지등 소유자에게 공람하게 하고 의견을 들어야 한다. 다만, 대통령령으로 정하는 경미한 사항을 변경하고자 하는 경우에는 토지등 소유자의 공람 및 의견청취절차를 거치지 아니할 수 있다.

시장·군수는 사업시행자의 관리처분계획의 인가신청이 있은 날부터 30일 이내에 인가여부를 결정하여 사업시행자에게 통보하여야 한다. 다만, 시장·군수는 대통령령으로 정하는 공공기관에 인가 신청된 관리처분계획의 타당성 검증을 요청하는 경우에는 관리처분계획 인가신청을 받은 날부터 60일 이내에 인가 여부를 결정하여 사업시행자에게 알려야 한다. 시장·군수가 관리처분계획을 인가하는 때에는 그 내용을 당해 지방자치단체의 공보에 고시하여야 한다.

사업시행자는 공람을 실시하고자 하거나 시장·군수의 고시가 있은 때에는 대통령령으로 정하는 방법과 절차에 따라 토지등 소유자 또는 분양신청을 한 자에게 공람계획 또는 관리처분계획의 인가 내용 등을 통지하여야 한다.

---

26) 사업시행인가 전에 제48조의2 제2항에 따라 철거된 건축물의 경우에는 시장·군수에게 허가 받은 날을 기준으로 한 가격.

(3) 관리처분계획의 법적 성격

판례는 관리처분계획의 법적 성격에 대해 관리처분계획의 인가가 있기 전과 있은 후를 다르게 판단하고 있다. 판례는 "[1] 도시 및 주거환경정비법상 행정주체인 주택재건축정비사업조합을 상대로 관리처분계획안에 대한 조합총회결의의 효력 등을 다투는 소송은 행정처분에 이르는 절차적 요건의 존부나 효력 유무에 관한 소송으로서 그 소송결과에 따라 행정처분의 위법 여부에 직접 영향을 미치는 공법상 법률관계에 관한 것이므로, 이는 행정소송법상의 당사자소송에 해당한다. [2] 도시 및 주거환경정비법상 주택재건축정비사업조합이 같은 법 제48조에 따라 수립한 관리처분계획에 대하여 관할 행정청의 인가·고시까지 있게 되면 관리처분계획은 행정처분으로서 효력이 발생하게 되므로, 총회결의의 하자를 이유로 하여 행정처분의 효력을 다투는 항고소송의 방법으로 관리처분계획의 취소 또는 무효확인을 구하여야 하고, 그와 별도로 행정처분에 이르는 절차적 요건 중 하나에 불과한 총회결의 부분만을 따로 떼어내어 효력 유무를 다투는 확인의 소를 제기하는 것은 특별한 사정이 없는 한 허용되지 않는다"고 판시하였다.[27] 즉, 관리처분계획의 인가가 있기 전인 관리처분계획안은 비권력적 행정작용으로 보고 있으나, 인가를 받은 관리처분계획은 처분으로 보고 있다.

4. 환권처분(관리처분)

(1) 의 의

도시정비법은 환권처분을 관리처분이라 규정하고 있다. 관리처분이란 정비사업이 완료된 후 관리처분계획에 따라 이전고시 및 청산하는 것을 말한다.

판례는 "도시재개발법에 의한 재개발사업에 있어서의 분양처분은 재개발구역 안의 종전의 토지 또는 건축물에 대하여 재개발사업에 의하여 조성되거나 축조되는 대지 또는 건축 시설의 위치 및 범위 등을 정하고 그 가격의 차액에 상당하는 금액을 청산하거나, 대지 또는 건축 시설을 정하지 않고 금전으로 청산하는 공법상 처분으로서, 그 처분으로 종전의 토지 또는 건축물에 관한 소유권 등의 권리를 강제적으로 변환시키는 이른바 공용환권에 해당한

---

27) 대법원 2009. 9. 17. 선고 2007다2428 판결.

다"28)고 판시 한 바 있다.

(2) 관리처분절차

시장·군수가 아닌 사업시행자는 정비사업에 관한 공사를 완료한 때에는 대통령령이 정하는 방법 및 절차에 의하여 시장·군수의 준공인가를 받아야 한다.

준공인가신청을 받은 시장·군수는 지체없이 준공검사를 실시하여야 한다. 이 경우 시장·군수는 효율적인 준공검사를 위하여 필요한 때에는 관계행정기관·정부투자기관·연구기관 그 밖의 전문기관 또는 단체에 준공검사의 실시를 의뢰할 수 있다.

시장·군수는 준공검사의 실시결과 정비사업이 인가받은 사업시행계획대로 완료되었다고 인정하는 때에는 준공인가를 하고 공사의 완료를 당해 지방자치단체의 공보에 고시하여야 한다.

시장·군수는 직접 시행하는 정비사업에 관한 공사가 완료된 때에는 그 공사의 완료를 당해 지방자치단체의 공보에 고시하여야 한다.

시장·군수는 준공인가를 하기 전이라도 완공된 건축물이 사용에 지장이 없는 등 대통령령이 정하는 기준에 적합한 경우에는 입주예정자가 완공된 건축물을 사용할 것을 사업시행자에 대하여 허가할 수 있다. 다만, 자신이 사업시행자인 경우에는 허가를 받지 아니하고 입주예정자가 완공된 건축물을 사용하게 할 수 있다.

사업시행자는 고시가 있은 때에는 지체 없이 대지확정측량을 하고 토지의 분할절차를 거쳐 관리처분계획에 정한 사항을 분양을 받을 자에게 통지하고 대지 또는 건축물의 소유권을 이전하여야 한다. 다만, 정비사업의 효율적인 추진을 위하여 필요한 경우에는 당해 정비사업에 관한 공사가 전부 완료되기 전에 완공된 부분에 대하여 준공인가를 받아 대지 또는 건축물별로 이를 분양받을 자에게 그 소유권을 이전할 수 있다.

사업시행자는 대지 및 건축물의 소유권을 이전하고자 하는 때에는 그 내용을 당해 지방자치단체의 공보에 고시한 후 이를 시장·군수에게 보고하여야 한다. 이 경우 대지 또는 건축물을 분양받을 자는 고시가 있은 날의 다음 날에

---

28) 대법원 1995. 6. 30. 선고 95다10570 판결.

그 대지 또는 건축물에 대한 소유권을 취득한다.

대지 또는 건축물을 분양받은 자가 종전에 소유하고 있던 토지 또는 건축물의 가격과 분양받은 대지 또는 건축물의 가격사이에 차이가 있는 경우에는 사업시행자는 이전고시가 있은 후에 그 차액에 상당하는 청산금을 분양받은 자로부터 징수하거나 분양받은 자에게 지급하여야 한다.

청산금을 징수·지급함에 있어서 종전에 소유하고 있던 토지 또는 건축물의 가격과 분양받은 대지 또는 건축물의 가격은 그 토지 또는 건축물의 규모·위치·용도·이용상황·정비사업비 등을 참작하여 평가하여야 한다.

(3) 관리처분에 대한 이의제기

관리처분은 처분에 해당되므로 항고소송을 제기할 수 있다. 다만, 판례는 분양처분 일부에 대한 취소 또는 무효확인 소송에 대해 "도시재개발법에 의한 도시재개발사업에 있어서의 분양처분은 일단 공고되어 효력을 발생하게 된 이후에는 그 전체의 절차를 처음부터 다시 밟지 않는 한 그 일부만을 따로 떼어 분양처분을 변경할 길이 없으며 다만 그 위법을 이유로 하여 민사상의 절차에 따라 권리관계의 존부를 확정하거나 손해의 배상을 구하는 길이 있을 뿐이므로 그 분양처분의 일부에 대하여 취소 또는 무효확인을 구할 법률상의 이익이 없다"[29]고 판시하여 이를 부정한 바 있다.

---

29) 대법원 1991. 10. 8. 선고 90누10032 판결.

제8편

개별행정작용법

제 1 장 경찰행정법

제 1 절 개 설

Ⅰ. 경찰의 개념

1. 실질적 의미의 경찰

실질적 의미의 경찰이란 행정작용의 성격을 기준으로 한 강학상 개념으로, 사회 안녕과 질서를 유지하기 위해 국민에게 명령·강제하는 권력작용을 말한다. 따라서 조직법상 경찰이라고 불리는 경찰기관 이외의 기관도 실질적 의미의 경찰작용을 수행할 수 있다.

실질적 의미의 경찰은 (광의의) 행정경찰이라고도 한다. (광의의) 행정경찰은 다시 보안경찰과 협의의 행정경찰로 나눌 수 있다.

2. 형식적 의미의 경찰

형식적 의미의 경찰이란 행정작용의 실질적인 성격과는 상관없이, 실정법에서 보통경찰행정기관의 권한으로 규정한 모든 작용을 말한다. 형식적 의미의 경찰을 제도적 의미의 경찰이라고도 한다. 즉, 제도적으로 경찰이라고 불리는 기관이 실정법이 부여한 권한을 행사하는 작용을 말한다. 우리나라의 경우 경찰청과 그 소속기관에 부여된 권한에 따른 작용이 이에 해당한다.

형식적 의미의 경찰에는 실질적 의미의 경찰에 해당하지 않는 작용도 포함될 수 있으므로, 양자가 반드시 일치하는 것은 아니다.

Ⅱ. 경찰의 종류

1. 행정경찰과 사법경찰

행정경찰이란 행정법원리가 적용되고, 사회 안녕과 질서유지를 목적으로 하는 실질적 의미의 경찰에 해당한다. 한편, 사법경찰은 형사소송법이 적용되고, 범죄를 수사하고 범인을 체포하는 권력작용을 의미하는 경찰작용으로 형식적 의미의 경찰에 해당된다.

2. 보안경찰과 협의의 행정경찰

행정경찰은 보안경찰과 협의의 행정경찰로 나눌 수 있다. 보안경찰이란 교통경찰, 소방경찰과 같이 사회 안녕과 질서를 유지하는 것을 주된 목적으로 행하여지는 경찰작용을 말한다. 한편, 협의의 행정경찰이란 철도경찰, 어업경찰과 같이 특별한 행정영역에서 그 주된 행정목적을 수행함에 있어 부수적으로 사회 안녕과 질서 유지 등의 경찰작용을 수행하는 것을 말한다.

3. 국가경찰과 자치경찰

국가에 속해 있는 경찰을 국가경찰이라고 하고, 지방자치단체에 속해 있는 경찰을 자치경찰이라고 한다. 우리나라는 국가경찰을 원칙으로 한다. 다만, 「제주특별자치도 설치 및 국제자유도시 조성을 위한 특별법」에 의해 제주특별자치도에 자치경찰이 도입되어 있다.

Ⅲ. 경찰조직

1. 보통경찰기관

보통경찰기관이란 보안경찰작용을 담당하는 경찰기관을 말한다. 보통경찰행정청, 경찰의결·협의기관, 경찰집행기관 등이 있다.

(1) 보통경찰행정청

보통경찰행정청은 경찰에 관한 의사를 결정하고, 이를 외부에 표시할 수 있는 권한을 가진 기관을 말한다. 경찰행정청은 경찰청장을 중심으로 지방경찰청장, 경찰서장 등으로 구성되는 계층적 구조로 되어 있다. 경찰행정청은 경찰관청이라고도 한다.

1) 경찰청장

치안에 관한 사무를 관장하기 위하여 행정안전부장관 소속으로 경찰청을 둔다. 경찰청에는 경찰청장을 두며, 경찰청장은 치안총감으로 보한다. 경찰청장은 경찰위원회의 동의를 받아 행정안전부장관의 제청으로 국무총리를 거쳐 대통령이 임명한다. 이 경우 국회의 인사청문을 거쳐야 한다. 경찰청장은 국가경찰에 관한 사무를 총괄하고 경찰청 업무를 관장하며 소속 공무원 및 각급 국가경찰기관의 장을 지휘·감독한다. 따라서 경찰청장이 중앙경찰관청이다.

2) 지방경찰청장

경찰청의 사무를 지역적으로 분담하여 수행하게 하기 위하여 특별시장·광역시장 및 도지사 소속으로 지방경찰청을 두고, 지방경찰청장 소속으로 경찰서를 둔다. 이 경우 인구, 행정구역, 면적, 지리적 특성, 교통 및 그 밖의 조건을 고려하여 시·도지사 소속으로 2개의 지방경찰청을 둘 수 있다. 지방경찰청에 지방경찰청장을 두며, 지방경찰청장은 치안정감·치안감 또는 경무관으로 보한다. 지방경찰청장은 경찰청장의 지휘·감독을 받아 관할구역의 국가경찰사무를 관장하고 소속 공무원 및 소속 국가경찰기관의 장을 지휘·감독한다.

3) 경찰서장

경찰서에 경찰서장을 두며, 경찰서장은 경무관, 총경 또는 경정으로 보한다. 경찰서장은 지방경찰청장의 지휘·감독을 받아 관할구역의 소관 사무를 관장하고 소속 공무원을 지휘·감독한다. 경찰서장 소속으로 지구대 또는 파출소를 두고, 그 설치기준은 치안수요·교통·지리 등 관할구역의 특성을 고려하여 행정안전부령으로 정한다. 다만, 필요한 경우에는 출장소를 둘 수 있다.

(2) 경찰의결·협의기관

1) 경찰위원회

경찰행정에 관하여 국가경찰의 인사·예산·장비·통신 등에 관한 주요정책 및 국가경찰 업무 발전에 관한 사항, 인권보호와 관련되는 국가경찰의 운영·개선에 관한 사항, 국가경찰의 부패 방지와 청렴도 향상에 관한 주요 정책사항, 국가경찰 임무 외에 다른 국가기관으로부터의 업무협조 요청에 관한 사항, 제주특별자치도의 자치경찰에 대한 국가경찰의 지원·협조 및 협약체결의 조정 등에 관한 주요 정책사항, 그 밖에 행정안전부장관 및 경찰청장이 중요하다고 인정하여 위원회의 회의에 부친 사항 등을 심의·의결하기 위하여 행정안전부에 경찰위원회를 둔다.

위원회는 위원장 1명을 포함한 7명의 위원으로 구성하되, 위원장 및 5명의 위원은 비상임으로 하고, 1명의 위원은 상임으로 한다. 위원 중 상임위원은 정무직으로 한다.

위원은 행정안전부장관의 제청으로 국무총리를 거쳐 대통령이 임명한다. 위원의 임기는 3년으로 하며, 연임할 수 없다. 이 경우 보궐위원의 임기는 전임자 임기의 남은 기간으로 한다. 위원은 중대한 신체상 또는 정신상의 장애로 직무를 수행할 수 없게 된 경우를 제외하고는 그 의사에 반하여 면직되지 아니한다.

2) 치안행정협의회

지방행정과 치안행정의 업무조정과 그 밖에 필요한 사항을 협의·조정하기 위하여 시·도지사(제주특별자치도지사는 제외한다) 소속으로 치안행정협의회를 둔다.

(3) 보통경찰집행기관

경찰집행기관이란 경찰행정청이 명한 사항을 사실상 집행하는 기관을 말한다. 현장에서 직접 명령을 수행하는 경찰공무원이 집행기관이 된다. 치안총감·치안정감·치안감·경무관·총경·경정·경감·경위·경사·경장·순경 등이 보통경찰집행기관에 해당된다.

보통경찰집행기관인 경무관, 총경, 경정, 경감, 경위는 사법경찰관으로서 사무를 수행하기도 한다. 이 경우 경찰집행기관을 사법경찰관리라고 한다. 사법경찰관리는 모든 수사에 관하여 검사의 지휘를 받는다.

2. 협의의 행정경찰기관

(1) 의 의

협의의 행정경찰기관이란 보통경찰기관 이외의 기관으로서, 특별한 행정영역에서 협의의 행정경찰작용을 수행하는 기관을 말한다. 즉 주된 사무를 담당하면서 부수적으로 사회 안녕과 질서유지 작용을 수행하는 기관을 말한다.

각 중앙행정기관장은 해당 기관의 주된 사무를 수행하면서, 소관사무와

관련하여 부수적으로 협의의 행정경찰작용을 담당하는 협의의 행정경찰청이
다. 만약 중앙행정기관이 행정경찰작용을 지방자치단체에 기관위임한 경우에
는 수임 지방자치단체장이 협의의 행정경찰청이 된다.

협의의 행정경찰기관의 소속공무원은 협의의 행정경찰집행기관이 된다.
협의의 행정경찰집행기관인 공무원은 삼림, 전매, 세무 등과 같이 해당 기관의
주된 행정작용과 관련된 범죄와 관련하여 사법경찰관으로서 사무를 수행하기
도 한다.[1] 이 경우 협의의 행정경찰집행기관을 특별사법경찰관리라고 한다.

(2) 청원경찰 · 경비업

1) 청원경찰

청원경찰이란 국가기관 또는 공공단체와 그 관리 하에 있는 중요 시설 또
는 사업장, 국내 주재 외국기관, 그 밖에 행정안전부령으로 정하는 중요 시설,
사업장 또는 장소에 해당하는 기관의 장 또는 시설·사업장 등의 경영자가 비
용을 부담할 것을 조건으로 경찰의 배치를 신청하는 경우 그 기관·시설 또는
사업장 등의 경비를 담당하게 하기 위하여 배치하는 경찰을 말한다.

청원경찰은 청원경찰의 배치 결정을 받은 자(청원주)와 배치된 기관·시설
또는 사업장 등의 구역을 관할하는 경찰서장의 감독을 받아 그 경비구역만의
경비를 목적으로 필요한 범위에서 「경찰관 직무집행법」에 따른 경찰관의 직
무를 수행한다.

2) 경비업

경비업이란 ① 경비를 필요로 하는 시설 및 장소에서의 도난·화재 그 밖
의 혼잡 등으로 인한 위험발생을 방지하는 시설경비업무, ② 운반 중에 있는 현
금·유가증권·귀금속·상품 그 밖의 물건에 대하여 도난·화재 등 위험발생을
방지하는 호송경비업무, ③ 사람의 생명이나 신체에 대한 위해의 발생을 방지
하고 그 신변을 보호하는 신변보호업무, ④ 경비대상시설에 설치한 기기에 의
하여 감지·송신된 정보를 그 경비대상시설외의 장소에 설치한 관제시설의 기
기로 수신하여 도난·화재 등 위험발생을 방지하는 기계경비업무, ⑤ 공항·항
공기 등 대통령령이 정하는 국가중요시설의 경비 및 도난·화재 그 밖의 위험
발생을 방지하는 특수경비업무 등의 전부 또는 일부를 도급받아 행하는 영업

---

1) 「형사소송법」 제197조.

을 말한다.

경비업은 법인이 아니면 이를 영위할 수 없다. 경비업을 영위하고자 하는 법인은 도급받아 행하고자 하는 경비업무를 특정하여 그 법인의 주사무소의 소재지를 관할하는 지방경찰청장의 허가를 받아야 한다. 도급받아 행하고자 하는 경비업무를 변경하는 경우에도 또한 같다.

제 2 절　경찰권의 근거

I. 경찰작용과 법률유보의 원칙

경찰작용은 사회 안녕과 공공질서를 유지하기 위하여 국민에게 명령·강제하는 침익적 권력작용이므로 법률의 근거가 있어야 한다. 즉, 경찰작용에도 법률유보의 원칙이 적용되어야 한다.

법률유보의 원칙에 있어, 다수설·판례의 태도인 중요사항유보설에 따라 국민의 권익에 중요한 영향을 미치는 상항은 법률에 근거를 두어야 한다. 여기서 법률은 작용법적 근거를 말하는 것이지 조직법적 근거가 아니다. 작용법적 근거는 개별적 수권조항에 의함이 원칙이다.

경찰권에 법률유보의 원칙이 적용되므로 경찰권의 근거는 특별경찰법상 개별적 수권, 일반경찰법상 개별적 수권이 원칙이다. 그런데 이와 더불어 일반경찰법상 일반적 수권이 가능한지가 문제된다.

II. 특별경찰법상 개별적 수권

사회 안녕과 질서 유지를 주된 목적으로 행하여지는 일반적인 경찰작용 (보안경찰) 외에도, 특별한 행정영역에서 그 주된 행정목적을 수행함에 있어 부수적으로 발생하는 사회 안녕과 질서 파괴 내지 위협 행위에 대해서도 경찰작용이 요구된다.

이러한 경찰작용에 대해서는 일반경찰법인 경찰관 직무집행법 이외의 다양한 특별법에서 규정된다. 보건·의료 분야의 위해방지와 관련된 의료법·약

사법, 건축 분야의 위해방지와 관련된 건축법, 교통안전 및 교통질서와 관련
된 도로교통법·자동차관리법·선박법·항공법, 영업상 안정과 관련된 식품위
생법·직업안정법 등 다양한 분야에 수많은 특별법이 있다. 이들 특별법은 일
반경찰법인 경찰관 직무집행법에 우선하여 적용된다.

특별법에 의한 경찰작용은 제도적 의미의 경찰(조직법상 경찰)에 의해 수행
되기도 하지만, 대부분 관련 주무부 장관 등 일반행정기관에 의해 행하여진다.

Ⅲ. 일반경찰법상 개별적 수권

1. 개 설

사회 안녕과 공공질서를 유지하기 위한 일반경찰법은 경찰관 직무집행법
이다. 비록 경찰관 직무집행법이 사회 안녕과 공공질서 유지를 목적으로 하지
만, 그 수단은 국민의 자유와 재산을 침해하는 침익적 권력작용이다.

국민의 자유와 재산에 대한 전형적인 침해를 표준적 직무행위 또는 표준
처분이라고 하는데, 경찰관 직무집행법은 이에 대해 규정하고 있다. 경찰관
직무집행법에 규정된 표준적 직무행위로는 불심검문, 보호조치, 위험 발생의
방지, 범죄의 예방과 제지, 위험 방지를 위한 출입, 사실확인·출석요구, 경찰장
비의 사용·경찰장구의 사용·분사기 등의 사용·무기의 사용 등이 있다.

2. 불심검문

(1) 의 의

불심검문이란 행동이 수상한 자를 정지시켜 조사하는 것을 말한다. 「경찰
관 직무집행법」 제3조는 불심검문을 규정하고 있다. 동조의 불심검문의 종류
로는 질문, 동행요구, 흉기소지여부조사 등이 있다.

(2) 질 문

경찰관은 수상한 행동이나 그 밖의 주위 사정을 합리적으로 판단하여 볼
때 어떠한 죄를 범하였거나 범하려 하고 있다고 의심할 만한 상당한 이유가
있는 사람, 이미 행하여진 범죄나 행하여지려고 하는 범죄행위에 관한 사실을
안다고 인정되는 사람을 정지시켜 질문할 수 있다.

경찰관은 질문할 경우 자신의 신분을 표시하는 증표를 제시하면서 소속

과 성명을 밝히고 질문의 목적과 이유를 설명하여야 한다. 질문을 받은 사람은 형사소송에 관한 법률에 따르지 아니하고는 신체를 구속당하지 아니하며, 그 의사에 반하여 답변을 강요당하지 아니한다.

(3) 임의동행

경찰관은 불심검문 대상자를 정지시킨 장소에서 질문을 하는 것이 그 사람에게 불리하거나 교통에 방해가 된다고 인정될 때에는 질문을 하기 위하여 가까운 경찰서·지구대·파출소 또는 출장소로 동행할 것을 요구할 수 있다. 이 경우 동행을 요구받은 사람은 그 요구를 거절할 수 있다.

경찰관은 동행을 요구할 경우 자신의 신분을 표시하는 증표를 제시하면서 소속과 성명을 밝히고 질문이나 동행의 목적과 이유를 설명하여야 하며, 동행 장소를 밝혀야 한다. 경찰관은 동행한 사람의 가족이나 친지 등에게 동행한 경찰관의 신분, 동행 장소, 동행 목적과 이유를 알리거나 본인으로 하여금 즉시 연락할 수 있는 기회를 주어야 하며, 변호인의 도움을 받을 권리가 있음을 알려야 한다. 경찰관은 동행한 사람을 6시간을 초과하여 경찰관서에 머물게 할 수 없다. 동행을 요구받은 사람은 형사소송에 관한 법률에 따르지 아니하고는 신체를 구속당하지 아니하며, 그 의사에 반하여 답변을 강요당하지 아니한다.

(4) 흉기소지여부조사

경찰관은 질문을 할 때에 그 사람이 흉기를 가지고 있는지를 조사할 수 있다. 이 경우 형사소송에 관한 법률에 따르지 아니하고는 신체를 구속당하지 아니하며, 그 의사에 반하여 답변을 강요당하지 아니한다.

(5) 보호조치

경찰관은 수상한 행동이나 그 밖의 주위 사정을 합리적으로 판단해 볼 때 ① 정신착란을 일으키거나 술에 취하여 자신 또는 다른 사람의 생명·신체·재산에 위해를 끼칠 우려가 있는 사람, ② 자살을 시도하는 사람, ③ 미아, 병자, 부상자 등으로서 적당한 보호자가 없으며 응급구호가 필요하다고 인정되는 사람(다만, 본인이 구호를 거절하는 경우는 제외한다)에 해당하는 것이 명백하고 응급구호가 필요하다고 믿을 만한 상당한 이유가 있는 사람을 발견하였을 때에는 보건의료기관이나 공공구호기관에 긴급구호를 요청하거나 경찰관서에 보호하는 등 적절한 조치를 할 수 있다.

경찰관은 긴급구호를 요청하거나 경찰관서에 보호하는 등 조치를 하였을 때에는 지체 없이 구호대상자의 가족, 친지 또는 그 밖의 연고자에게 그 사실을 알려야 하며, 연고자가 발견되지 아니할 때에는 구호대상자를 적당한 공공보건의료기관이나 공공구호기관에 즉시 인계하여야 한다. 경찰관은 구호대상자를 공공보건의료기관이나 공공구호기관에 인계하였을 때에는 즉시 그 사실을 소속 경찰서장이나 해양경찰서장에게 보고하여야 한다. 보고를 받은 소속 경찰서장이나 해양경찰서장은 대통령령으로 정하는 바에 따라 구호대상자를 인계한 사실을 지체 없이 해당 공공보건의료기관 또는 공공구호기관의 장 및 그 감독행정청에 통보하여야 한다.

긴급구호를 요청받은 보건의료기관이나 공공구호기관은 정당한 이유 없이 긴급구호를 거절할 수 없다. 구호대상자를 경찰관서에서 보호하는 경우 그 기간은 24시간을 초과할 수 없다. 경찰관은 구호대상자가 휴대하고 있는 무기·흉기 등 위험을 일으킬 수 있는 것으로 인정되는 물건을 경찰관서에 임시로 영치하여 놓을 수 있다. 이 경우 물건을 경찰관서에 임시로 영치하는 기간은 10일을 초과할 수 없다.

⑹ 위험발생의 방지

경찰관은 사람의 생명 또는 신체에 위해를 끼치거나 재산에 중대한 손해를 끼칠 우려가 있는 천재, 사변, 인공구조물의 파손이나 붕괴, 교통사고, 위험물의 폭발, 위험한 동물 등의 출현, 극도의 혼잡, 그 밖의 위험한 사태가 있을 때에는 ① 그 장소에 모인 사람, 사물의 관리자, 그 밖의 관계인에게 필요한 경고를 하는 것, ② 매우 긴급한 경우에는 위해를 입을 우려가 있는 사람을 필요한 한도에서 억류하거나 피난시키는 것, ③ 그 장소에 있는 사람, 사물의 관리자, 그 밖의 관계인에게 위해를 방지하기 위하여 필요하다고 인정되는 조치를 하게 하거나 직접 그 조치를 하는 것 등의 조치를 할 수 있다.

경찰관이 이러한 조치를 하였을 때에는 지체 없이 그 사실을 소속 경찰관서의 장에게 보고하여야 한다. 보고를 받은 경찰관서의 장은 관계 기관의 협조를 구하는 등 적절한 조치를 하여야 한다.

한편, 경찰관서의 장은 대간첩 작전의 수행이나 소요 사태의 진압을 위하여 필요하다고 인정되는 상당한 이유가 있을 때에는 대간첩 작전지역이나 경찰관서·무기고 등 국가중요시설에 대한 접근 또는 통행을 제한하거나 금지할 수 있다. 이 경우 경찰관서의 장은 관계 기관의 협조를 구하는 등 적절한 조치를 하여야 한다.

(7) 범죄의 예방과 제지

경찰관은 범죄행위가 목전(目前)에 행하여지려고 하고 있다고 인정될 때에는 이를 예방하기 위하여 관계인에게 필요한 경고를 하고, 그 행위로 인하여 사람의 생명·신체에 위해를 끼치거나 재산에 중대한 손해를 끼칠 우려가 있는 긴급한 경우에는 그 행위를 제지할 수 있다.

(8) 위험 방지를 위한 출입

경찰관은 「경찰관 직무집행법」에 따른 위험한 사태가 발생하여 사람의 생명·신체 또는 재산에 대한 위해가 임박한 때에 그 위해를 방지하거나 피해자를 구조하기 위하여 부득이하다고 인정하면 합리적으로 판단하여 필요한 한도에서 다른 사람의 토지·건물·배 또는 차에 출입할 수 있다.

흥행장, 여관, 음식점, 역, 그 밖에 많은 사람이 출입하는 장소의 관리자나 그에 준하는 관계인은 경찰관이 범죄나 사람의 생명·신체·재산에 대한 위해를 예방하기 위하여 해당 장소의 영업시간이나 해당 장소가 일반인에게 공개된 시간에 그 장소에 출입하겠다고 요구하면 정당한 이유 없이 그 요구를 거절할 수 없다. 경찰관은 대간첩 작전 수행에 필요할 때에는 작전지역에서 이러한 장소(흥행장, 여관, 음식점, 역, 그 밖에 많은 사람이 출입하는 장소)를 검색할 수 있다.

경찰관이 이처럼 위험 방지를 위해 다른 사람의 토지·건물·배 또는 차에 출입하거나, 흥행장·여관·음식점·역·그 밖에 많은 사람이 출입하는 장소에 출입하는 경우, 그 신분을 표시하는 증표를 제시하여야 하며, 함부로 관계인이 하는 정당한 업무를 방해해서는 아니된다.

(9) 사실확인 및 출석요구

1) 사실확인

경찰관서의 장은 직무 수행에 필요하다고 인정되는 상당한 이유가 있을 때에는 국가기관이나 공사(公私) 단체 등에 직무 수행에 관련된 사실을 조회할 수 있다. 다만, 긴급한 경우에는 소속 경찰관으로 하여금 현장에 나가 해당 기관 또는 단체의 장의 협조를 받아 그 사실을 확인하게 할 수 있다.

2) 출석요구

경찰관은 미아를 인수할 보호자 확인, 유실물을 인수할 권리자 확인, 사고로 인한 사상자 확인, 행정처분을 위한 교통사고 조사에 필요한 사실 확인 등의 직무를 수행하기 위하여 필요하면 관계인에게 출석하여야 하는 사유·일시 및 장소를 명확히 적은 출석 요구서를 보내 경찰관서에 출석할 것을 요구할 수 있다.

⑽ 경찰장비 · 경찰장구 · 무기의 사용

1) 경찰장비의 사용

경찰장비란 무기, 경찰장구, 최루제와 그 발사장치, 살수차, 감식기구, 해안 감시기구, 통신기기, 차량·선박·항공기 등 경찰이 직무를 수행할 때 필요한 장치와 기구를 말한다. 경찰관은 직무수행 중 경찰장비를 사용할 수 있다. 다만, 사람의 생명이나 신체에 위해를 끼칠 수 있는 경찰장비를 사용할 때에는 필요한 안전교육과 안전검사를 받은 후 사용하여야 한다.

경찰관은 경찰장비를 함부로 개조하거나 경찰장비에 임의의 장비를 부착하여 일반적인 사용법과 달리 사용함으로써 다른 사람의 생명·신체에 위해를 끼쳐서는 아니되며, 위해성 경찰장비는 필요한 최소한도에서 사용하여야 한다.

2) 경찰장구의 사용

경찰장구란 경찰관이 휴대하여 범인 검거와 범죄 진압 등의 직무 수행에 사용하는 수갑, 포승, 경찰봉, 방패 등을 말한다. 경찰관은 현행범이나 사형·무기 또는 장기 3년 이상의 징역이나 금고에 해당하는 죄를 범한 범인의 체포 또는 도주 방지, 자신이나 다른 사람의 생명·신체의 방어 및 보호, 공무집행에 대한 항거 제지 등의 직무를 수행하기 위하여 필요하다고 인정되는 상당한 이유가 있을 때에는 그 사태를 합리적으로 판단하여 필요한 한도에서 경찰장구를 사용할 수 있다.

3) 분사기 등의 사용

경찰관은 범인의 체포 또는 범인의 도주 방지, 불법집회·시위로 인한 자신이나 다른 사람의 생명·신체와 재산 및 공공시설 안전에 대한 현저한 위해의 발생 억제 등의 직무를 수행하기 위하여 부득이한 경우에는 현장책임자가 판단하여 필요한 최소한의 범위에서 분사기 또는 최루탄을 사용할 수 있다.

4) 무기의 사용

무기란 사람의 생명이나 신체에 위해를 끼칠 수 있도록 제작된 권총·소총·도검 등을 말한다.[2] 경찰관은 범인의 체포, 범인의 도주 방지, 자신이나 다른 사람의 생명·신체의 방어 및 보호, 공무집행에 대한 항거의 제지를 위하여 필요하다고 인정되는 상당한 이유가 있을 때에는 그 사태를 합리적으로 판단하여 필요한 한도에서 무기를 사용할 수 있다.

다만, 무기의 사용은 ① 「형법」에 규정된 정당방위와 긴급피난에 해당할 때, ② 사형·무기 또는 장기 3년 이상의 징역이나 금고에 해당하는 죄를 범하거나 범하였다고 의심할 만한 충분한 이유가 있는 사람이 경찰관의 직무집행에 항거하거나 도주하려고 할 때에 그 행위를 방지하거나 그 행위자를 체포하기 위하여 무기를 사용하지 아니하고는 다른 수단이 없다고 인정되는 상당한 이유가 있을 때, ③ 체포·구속영장과 압수·수색영장을 집행하는 과정에서 경찰관의 직무집행에 항거하거나 도주하려고 할 때에 그 행위를 방지하거나 그 행위자를 체포하기 위하여 무기를 사용하지 아니하고는 다른 수단이 없다고 인정되는 상당한 이유가 있을 때, ④ 제3자가 앞의 두 경우에 해당하는 사람을 도주시키려고 경찰관에게 항거할 때에 그 행위를 방지하거나 그 행위자를 체포하기 위하여 무기를 사용하지 아니하고는 다른 수단이 없다고 인정되는 상당한 이유가 있을 때, ⑤ 범인이나 소요를 일으킨 사람이 무기·흉기 등 위험한 물건을 지니고 경찰관으로부터 3회 이상 물건을 버리라는 명령이나 항복하라는 명령을 받고도 따르지 아니하면서 계속 항거할 때에 그 행위를 방지하거나 그 행위자를 체포하기 위하여 무기를 사용하지 아니하고는 다른 수단이 없다고 인정되는 상당한 이유가 있을 때, ⑥ 대간첩 작전 수행 과정에서 무장간첩이 항복하라는 경찰관의 명령을 받고도 따르지 아니할 때 등에만 매우 제한적으로 허용된다.

한편, 대간첩·대테러 작전 등 국가안전에 관련되는 작전을 수행할 때에는 개인화기 외에 공용화기를 사용할 수 있다.

---

2) 「경찰관 직무집행법」 제10조의4 제2항.

Ⅳ. 일반경찰법상 일반적 수권

1. 문제의 소재

경찰작용은 사회 안녕과 공공질서 유지를 위하여 국민에 대해 명령·강제하는 침익적 권력작용이므로 법률의 근거가 있어야 한다. 경찰작용의 법률의 근거는 특별경찰법에 구체적 근거를 두거나, 일반경찰법에 구체적 근거를 두어야 한다. 그런데 이들 규정에 근거 조항이 없는 경우, 일반경찰법상 일반적인 규정에 근거해 경찰권을 행사할 수 있는지 문제된다.

2. 견해의 대립

학설은 일반적인 규정에 근거해 경찰권을 행사할 수 있는지 여부에 대한 문제를 두 가지 관점에서 논의한다. 먼저, 경찰권 행사의 근거를 규정하는 일반적인 수권 규정을 인정할 수 있는지 여부가 문제된다. 만약, 일반적인 수권 규정을 인정할 수 있다면 우리나라의 경우 「경찰관 직무집행법」 제2조 제7호 '그 밖에 공공의 안녕과 질서 유지'를 일반적인 수권규정으로 볼 수 있는지 문제된다.

경찰권 행사의 근거를 규정하는 일반적인 수권규정을 인정할 수 있는지 여부에 대해, 경찰권 발동의 근거는 구체적이어야 하므로 일반적인 수권규정은 법치주의 원칙상 인정되지 않는다는 견해와 일반적인 수권도 법률에 규정되는 것이고 경찰작용의 필요성과 모든 상황을 구체적으로 예상할 수 없다는 상황을 고려하여 긍정하는 견해로 나누어진다.

경찰작용에 대해 일반적인 수권을 인정하는 경우, 우리나라의 경우 「경찰관 직무집행법」 제2조 제7호가 일반적인 수권규정이라는 견해[3]와 임무규정과 권한규정(수권규정)을 구분하면서 「경찰관 직무집행법」 제2조 제7호는 임무규정이지 권한규정(수권규정)은 아니라는 견해[4]가 있다.

---

3) 류지태/박종수(937~938면).
4) 박균성(1271면); 정하중(117~118면); 홍정선(1153면).

3. 판례의 태도

판례는 "청원경찰법 제3조는 청원경찰은 청원주와 배치된 기관, 시설 또는 사업장등의 구역을 관할하는 경찰서장의 감독을 받아 그 경비구역 내에 한하여 경찰관 직무집행법에 의한 직무를 행한다고 정하고 있고 한편 경찰관 직무집행법 제2조에 의하면 경찰관은 범죄의 예방, 진압 및 수사, 경비요인, 경호 및 대간첩작전 수행, 치안정보의 수집작성 및 배포, 교통의 단속과 위해의 방지, 기타 공공의 안녕과 질서유지등을 그 직무로 하고 있는 터이므로 경상남도 양산군 도시과 단속계 요원으로 근무하고 있는 청원경찰관인 공소외 김○○ 및 이○○가 피고인의 집에서 피고인의 형 공소외 박○○의 허가 없이 창고를 주택으로 개축하는 것을 단속한 것은 그들의 정당한 공무집행에 속한다고 할 것이므로 이를 폭력으로 방해한 피고인의 판시 소위를 공무집행방해죄로 다스린 원심조치는 정당하고 이에 소론과 같은 위법이 있다고 할 수 없다"라고 판시5)하여 「경찰관 직무집행법」 제2조에 근거해 경찰권행사를 긍정한 예가 있다.

제 3 절 경찰권의 한계

I. 개 설

국민에 대한 침익적 권력작용인 경찰권이 적법하기 위해서는 그 한계를 준수하여야 한다. 즉, 경찰권은 성문법적 한계와 불문법적 한계를 모두 준수하여야 한다. 경찰권의 성문법적 근거는 동시에 경찰권의 한계가 된다. 경찰권의 불문법적 한계는 일반적으로 조리상의 한계라고 한다. 경찰권의 조리상의 한계에는 경찰소극의 원칙, 경찰공공의 원칙, 경찰책임의 원칙, 경찰평등의 원칙, 경찰비례의 원칙 등이 있다.

---

5) 대법원 1986. 1. 28. 선고 85도2448 판결.

II. 법규상 한계

경찰작용은 국민에 대해 명령·강제하는 침익적 권력작용이므로 당연히 법률유보가 적용된다. 따라서 경찰작용은 법률의 근거가 있어야 하는데, 경찰작용의 법적 근거는 경찰작용의 한계가 된다. 이때 법률의 근거란 직무규정만을 말하는 것이 아니라, 권한규정을 포함하는 개념이다.

경찰작용의 근거가 되는 대부분의 법률은 요건과 효과의 구조를 가지고 있다. 요건에는 불확정 개념이 사용되고, 효과에는 재량이 인정되는 경우가 많다. 그러나 요건에 불확정 개념이 사용되었다고 하여 무조건 판단여지가 인정되는 것이 아니고, 효과에 있어 재량이 인정된다고 하여 경찰행정청의 무제한적 자의가 인정되는 것도 아니다. 요건에 대한 판단여지는 예외적으로 인정되는 것이며, 효과에 있어 재량도 그 한계를 준수하여야 한다.

III. 조리상 한계

1. 경찰소극의 원칙

경찰소극의 원칙이란 경찰권은 사회 안녕과 공공질서 유지와 같은 소극적 목적을 위해서만 발동될 수 있다는 원칙이다. 따라서 경찰권은 복리증진이나 경제 활성화와 같은 적극적 목적을 위해서는 사용될 수 없다.

2. 경찰공공의 원칙

(1) 의 의

경찰공공의 원칙이란 경찰권은 원칙적으로 공공의 안녕과 질서 유지 등 공익을 위하여 발동되어야 한다는 원칙이다. 따라서 공익과 관계없는 사익만을 위하여 발동될 수는 없다. 공익과 관계가 없는 사적 관계로는 사생활·사주소·민사관계 등이 있다. 다만, 사인의 활동이라고 하더라도 공공의 안녕과 질서를 파괴하는 활동은 공익관련성이 있으므로, 이에 대해서는 예외적으로 경찰권을 발동할 수 있다.

(2) 사생활불가침의 원칙

사생활불가침의 원칙이란 경찰권은 공공의 안녕과 질서 유지 등과 관련이 없는 개인의 사생활 영역에 간섭하여서는 안 된다는 원칙이다. 「헌법」 제17조는 "모든 국민은 사생활의 비밀과 자유를 침해받지 아니한다"고 규정하여, 사생활을 보호하고 있다. 그러나 사생활역역에 해당되는 행위라고 하더라도 공공의 안녕과 질서를 훼손하는 경우에는 경찰권을 행사할 수 있다.

(3) 사주소불가침의 원칙

사주소불가침의 원칙이란 경찰권은 공공의 안녕과 질서 유지 등과 관련이 없는 개인의 사주소를 침해해서는 안 된다는 원칙이다. 여기서 사주소란 불특정 다수인의 출입이 허용되지 않은 개인의 거주 장소를 말한다. 주거 공간인 주택뿐만 아니라, 비주거용인 사무실이나 연구실도 포함된다. 반면, 불특정 다수의 통행이 허용된 흥행장, 여관, 음식점, 역 등은 포함되지 않다. 또한, 개인의 거주 장소라 하더라도 공공의 안녕과 질서를 훼손하는 장소로 사용된 경우에는 경찰권 행사가 가능하다.

(4) 민사관계불간섭의 원칙

민사관계불간섭의 원칙이란 경찰권은 공공의 안녕과 질서 유지 등과 관련 없는 민사관계에 간섭하여서는 안 된다는 원칙이다. 일반적으로 민사관계는 양 당사자의 사익에 관련되고 공익과는 관련이 없으므로 공익을 추구하는 경찰권이 간여할 사항이 아니다. 다만, 민사관계라도 공공의 안녕과 질서를 훼손하는 경우에는 경찰권이 발동될 수 있다.

3. 경찰책임의 원칙

(1) 개 설

경찰책임의 원칙이란 사회 안녕이나 공공질서에 위해를 가한 자가 있는 경우, 그 위해를 야기한 자에게 경찰권을 행사해야 한다는 원칙이다. 여기서 사회 안녕이나 공공질서에 위해를 가한 자를 경찰책임자라 하고, 경찰책임자가 사회 안녕이나 공공질서에 위해를 야기함으로 인하여 부담하는 책임을 경찰책임이라고 한다.

경찰권의 행사는 경찰책임자에게 발동하는 것이 원칙이다. 다만, 예외적으로 급박한 경우에는 경찰책임이 없는 자에게 제한적으로 경찰권을 행사하는 것이 허용된다. 경찰책임자가 부담하는 경찰책임에는 행위책임과 상태책임이 있다. 경찰책임은 일정한 요건하에 승계되기도 하며, 경찰책임자가 다수인 경우에는 경찰책임의 경합이 문제되기도 한다.

(2) 행위책임

1) 의 의

행위책임이란 자기 또는 자기의 보호·감독 하에 있는 자의 행위로 인하여 사회 안녕과 공공질서에 위해가 발생한 경우 이에 대해 부담하는 경찰상의 책임을 말한다. 경찰상 행위책임은 민사책임이나 형사책임과는 구분되는 개념이다.

2) 책임의 주체

경찰상 행위책임의 주체는 원칙적으로 사회 안녕과 공공질서에 위해를 야기한 당해 행위를 한 행위자이다. 그러나 예외적으로 자기의 보호·감독 하에 있는 자의 행위로 인하여 사회 안녕과 공공질서에 위해가 발생한 경우 보호·감독자도 경찰상 책임을 부담한다.

감독자의 경찰상 행위책임이 인정되기 위해서는 법률에 규정이 있어야 한다. 또한, 피감독자의 경찰상 위해 행위가 감독자의 지배를 받는 정상적인 영역에서 발생되어야 한다. 정상적인 영역에서 발생된 피감독자의 행위라면, 감독자가 감독책임에 주의를 다하였다고 하여도 민사상 책임과는 달리 감경되지 않는다.

감독자의 경찰상 행위책임은 자기책임의 성격을 지니는 것으로서 피감독자의 경찰상 책임과는 병존한다.

3) 책임의 귀속

경찰상 행위책임에는 민사상 책임이나 형사상 책임과는 달리 의사능력·행위능력을 묻지 않는다. 따라서 만취자의 행위도 경찰상 행위책임의 대상이 되고, 미성년자의 행위도 경찰상 행위책임의 대상이 된다. 고의·과실 여부도 묻지 않는다.

행위에는 작위뿐만 아니라 부작위가 포함된다. 부작위란 추상적으로 아무 행위도 하지 않는 것이 아니라, 사회 안녕과 공공질서에 대한 위해를 방지할 법적 의무가 있는 자가 그 의무를 준수하지 않는 것을 말한다. 또한, 자신의 행위뿐만 아니라, 자신이 보호·감독하고 있는 자의 행위에 대해서도 책임이 인정된다.

경찰상 행위책임이 인정되기 위해서는 책임자의 행위 또는 그 자의 보호·감독 하에 있는 자의 행위와 발생된 사회 안녕과 공공질서에 대한 위해 사이에 인과관계가 있어야 한다. 이에 대해 조건설, 상당인과관계설, 직접원인설 등이 있으나 현재 통설은 직접원인설이다. 직접원인설은 사회 안녕과 공공질서에 대한 위해 발생에 직접 원인이 된 행위만 경찰책임의 대상이 된다고 본다.

(3) 상태책임

1) 의 의

상태책임이란 물건으로 인하여 사회 안녕과 공공질서에 위해가 야기된 경우 그 물건의 소유자나 사실상 지배자가 부담하는 경찰상의 책임을 말한다. 상태책임은 물건에 대한 소유에 본질이 있는 것이 아니라, 물건의 위험한 상태에 영향을 줄 수 있는 사실상 지배력에 본질이 있다.

2) 책임의 주체

상태책임의 주체는 1차적으로 물건에 대한 사실상 지배력을 미치고 있는 자이다. 물건에 대한 사실상 지배권을 가지고 있으면 충분하고, 지배권이 정당한 권원에 의해 행사된 것인지 여부는 문제되지 않는다.

물건의 소유자는 2차적인 상태책임자가 된다. 소유권자의 상태책임은 물건의 양도, 물건의 도난 등의 경우에는 소멸된다. 그러나 상태책임을 면하기 위한 목적으로 소유권을 포기하는 경우에는 상태책임이 배제되지 않는다.

3) 책임의 귀속

상태책임은 행위에 대한 책임이 아니라 물건이 사회 안녕과 공공질서에 위해를 야기하고 있는 상태에 대한 책임이다. 따라서 위험한 상태가 발생한 귀책사유는 문제되지 않는다. 즉, 누구의 행위에 의해 위험한 상태가 발생하였는지는 문제되지 않고, 물건에 대한 사실상 지배력을 가지고 있는 자는 경찰상 상태책임을 부담해야 한다.

상태책임이 인정되기 위해서는 물건의 상태와 위해 사이에 인과관계가 있어야 한다. 여기서 인과관계는 행위책임의 인과관계와 같이, 물건의 상태가 직접 사회 안녕과 공공질서에 위해를 야기하는 정도의 관계로 보는 것이 타당하다. 즉, 물건의 상태가 사회 안녕과 공공질서에 위해를 야기하고 있어야 한다.

⑷ 경찰책임의 경합

1) 의 의

경찰책임의 경합이란 사회 안녕과 공공질서에 대한 위해에 대해 다수의 행위책임자가 있는 경우, 행위책임자와 상태책임자가 병존하는 경우, 다수의 상태책임자가 존재하는 경우 등에 있어, 경찰행정청이 누구에게 경찰권을 발동할 것인가의 문제이다.

2) 책임자의 결정

경찰행정청은 경찰권행사에 있어 재량이 인정된다. 다수의 경찰책임자가 있는 경우에는 특히 선택재량이 문제된다. 이 경우 경찰권의 행사는 효율성과 비례의 원칙을 고려하여 행사되어야 한다. 따라서 경찰권은 복수의 책임자 중에서 위해를 가장 효율적으로 제거할 수 있는 자에 대해, 비례의 원칙에 적합하게 행사되어야 한다.

3) 비용상환청구

복수의 경찰책임자 중에서 적법한 경찰권이 행사되어 의무를 이행한 책임자가 의무이행에 소요된 비용을 다른 경찰책임자에게 청구할 수 있는지 여부가 문제된다. 이에 대해서는 학설의 다툼이 있다. 긍정설은 다수 책임자 중한 사람이 책임을 부담한 경우 다른 책임자에 대해서는 연대책임 규정을 유추적용하여 비용상환청구를 긍정한다. 부정설은 경찰행정청이 복수의 책임자 중에서 특정인에게 경찰권을 행사하였다면, 그 특정인이 책임자로 결정되어 자신의 의무를 이행하는 것이므로 비용상환청구를 부정한다. 절충설은 의무 내용의 동일성을 기준으로, 동일한 경우 비용상환청구를 긍정하지만, 동일하지 않은 경우에는 부정한다.

⑸ 경찰책임의 승계

1) 의 의

경찰책임의 승계란 경찰책임자가 사망하거나 물건을 양도한 경우, 그 상속인이나 양수인에게 경찰책임이 이전되는지 여부에 대한 문제를 말한다. 행위책임과 상태책임의 성격에 차이가 있으므로 행위책임과 상태책임의 승계 가능성이 각각 문제된다.

2) 행위책임의 승계

행위책임의 승계 가능성에 대해서는 승계를 부정하는 견해와 제한적으로 긍정하는 견해가 있다. 다수설의 태도인 부정설은 행위책임의 성격은 인적 책임이므로 승계가 인정되지 않는다고 한다. 다만, 법률에 규정이 있다면 승계를 인정할 수 있다고 본다. 제한적 긍정설은 상속은 포괄적 승계이므로 상속의 경우에만 승계가 인정된다는 견해[6]와 경찰하명에 의해 부과된 의무가 대체적 성격을 갖는 경우에만 승계가 인정된다는 견해가 있다.[7] 그 밖에 승계가능성과 아울러 법률의 규정이 있어야 한다는 견해도 있다.[8]

3) 상태책임의 승계

상태책임의 승계 가능성에 대해서는 승계긍정설, 신규책임설, 개별검토설 등이 있다. 상태책임은 인적 책임이 아니라 물적 책임이기 때문에 승계가 가능하다고 보는 승계긍정설이 일반적인 견해이다. 신규책임설은 상태책임은 물적 책임이므로 양수인이 상태책임을 부담하지만, 이 때 양수인의 책임은 승계받은 책임이 아니라, 물건을 지배하고 있기 때문에 인정되는 새로운 상태책임이라고 한다.[9] 그 밖에 승계가능성과 아울러 법률의 규정이 있어야 한다는 견해도 있다.[10]

(6) 제3자의 경찰책임

1) 의 의

사회 안녕과 공공질서에 대한 위해 발생이 임박하거나 이미 발생된 경우, 경찰행정청은 스스로 수단을 동원하거나, 경찰책임자에게 경찰권을 행사하여 위해를 예방·제거하는 것이 원칙이다. 그러나 스스로 수단을 동원하거나 경찰책임자에게 경찰권을 발동해서는 위해를 예방·제거할 수 없는 경찰상 긴급한 상황이 발생하기도 한다. 이 경우 급박한 상황을 해결하기 위해 일정한 요건 하에 제한적으로 경찰책임자가 아닌 제3자에 대해 경찰권 발동하는 것이 정당화 된다. 이처럼 경찰상 긴급상태에서 비경찰책임자에게 경찰권을 발동하는 것을 제3자의 경찰책임이라고 한다.

---

6) 박균성(1241면).
7) 정하중(1137면).
8) 정하중(1136~1137면).
9) 박균성(1242면).
10) 정하중(1136~1137면).

2) 요 건

제3자에 대한 경찰권 행사는 엄격한 요건 하에 인정된다. 첫째, 사회 안녕과 공공질서에 대한 위해의 발생이 임박하거나 이미 발생하여야 한다. 둘째, 경찰행정청 스스로 수단을 동원하거나 경찰책임자에 대해 경찰권을 발동하는 것으로는 위해를 제거할 가능성이 없어야 한다. 셋째, 경찰권 행사로 얻어지는 이익이 제3자가 입게 되는 불이익이 보다 커야 한다. 따라서 제3자에 대한 경찰권 발동이 제3자를 중대한 위험에 처하게 하거나 제3자의 보다 우월한 의무이행을 침해해서는 안 된다. 넷째, 제3자에 대한 경찰권 행사는 법률에 근거가 있어야 한다. 다섯째, 제3자가 특별한 손해를 입은 경우 그 손실을 보상해 주어야 한다.

4. 경찰평등의 원칙

경찰평등의 원칙이란 경찰권 행사에 있어 합리적인 이유 없이 성별·종교·사회적 신분에 등을 이유로 차별적으로 발동되어서는 안 된다는 원칙이다. 경찰평등의 원칙은 헌법상 평등의 원칙이 경찰권에 적용된 것이다. 「헌법」 제11조 제1항은 "모든 국민은 법 앞에 평등하다. 누구든지 성별·종교 또는 사회적 신분에 의하여 정치적·경제적·사회적·문화적 생활의 모든 영역에 있어서 차별을 받지 아니한다"고 규정하여, 평등의 원칙을 선언하고 있다.

5. 경찰비례의 원칙

경찰비례의 원칙은 경찰권 행사는 공공의 안녕과 질서 유지라는 공익과 침해되는 사익 사이에 합리적인 비례관계가 있어야 한다는 원칙이다. 「경찰관 직무집행법」 제1조 제2항은 "이 법에 규정된 경찰관의 직권은 그 직무 수행에 필요한 최소한도에서 행사되어야 하며 남용되어서는 아니 된다"고 하여, 경찰비례의 원칙을 규정하고 있다. 경찰비례의 원칙은 행정법의 일반원칙인 비례의 원칙이 경찰권 행사에 적용된 것이다. 따라서 그 내용은 적합성의 원칙, 필요성의 원칙, 상당성의 원칙으로 구성된다.

(1) 적합성의 원칙

적합성의 원칙이란 경찰권의 행사의 수단이 공공의 안녕과 질서 유지라는 공익을 실현하는 데 적합하여야 한다는 원칙이다. 적합성의 원칙은 목적과 수단 사이의 적합성 문제이므로, 다양한 수단 중에서 가장 침해가 적은 수단을 취해야 한다는 원칙과는 구분된다.

(2) 필요성의 원칙

필요성의 원칙이란 공공의 안녕과 질서 유지라는 공익을 실현하는 데 적합한 다양한 수단이 있는 경우, 그 수단들 중 사익을 가장 덜 침해하는 수단을 취해 경찰권을 행사해야 한다는 원칙이다. 이는 목적달성에 적합한 다양한 수단들 사이의 문제이다.

(3) 상당성의 원칙

상당성의 원칙이란 경찰이 취한 수단으로 달성하려는 공공의 안녕과 질서 유지라는 공익이 당해 수단이 침해하는 사익보다 커야 한다는 원칙이다. 상당성의 원칙은 보호되는 공익과 침해되는 사익의 비교형량 문제로서, 협의의 비례의 원칙이라고도 한다.

제 2 장 공간행정법

제 1 절 국토계획

Ⅰ. 국토 이용 및 관리의 기본원칙

국토는 일반적으로 영토·영해·영공을 모두 포함하는 개념으로서 국가 구성의 기본 요소 중 하나이다. 국민의 생활 공간과 삶의 터전이다. 국토의 구성요소는 자연적 요소와 인문적 요소로 나눌 수 있는데, 자연적 요소에는 지형·기후·생물 등이 있고, 인문적 요소에는 역사·문화·산업 등이 있다.[1] 특히 '토지'로 구성되는 국가영역을 영토(territory)라고 한다.

공간행정법에서 말하는 '국토'의 의미 역시 자연적 요소와 인문적 요소를 모두 포함하는 광의의 개념으로 해석된다. 공간행정의 핵심적 사항을 규율하고 있는 「국토의 계획 및 이용에 관한 법률」은 국토의 이용과 관리가 국민생활과 경제활동에 필요한 '토지' 등의 효율적 이용은 물론 교통, 에너지, 지역의 정체성, 문화유산의 보전 등과 같은 인문적 요소의 발전을 함께 추구해야 한다고 강조하고 있는바, 이는 국토계획법에서 말하는 국토의 의미에는 토지라는 자연적 요소는 물론 역사·문화·산업 등 인문적 요소도 포함됨을 뜻한다.

국토계획법은 "국토는 자연환경의 보전과 자원의 효율적 활용을 통하여 환경적으로 건전하고 지속가능한 발전을 이루기 위하여 ① 국민생활과 경제활동에 필요한 토지 및 각종 시설물의 효율적 이용과 원활한 공급, ② 자연환경 및 경관의 보전과 훼손된 자연환경 및 경관의 개선 및 복원, ③ 교통·수자원·에너지 등 국민생활에 필요한 각종 기초 서비스 제공, ④ 주거 등 생활환경 개선을 통한 국민의 삶의 질 향상, ⑤ 지역의 정체성과 문화유산의 보전, ⑥ 지역 간 협력 및 균형발전을 통한 공동번영의 추구, ⑦ 지역경제의 발전과

---

1) 두산백과사전, 2018.

지역 및 지역 내 적절한 기능 배분을 통한 사회적 비용의 최소화, ⑧ 기후변화에 대한 대응 및 풍수해 저감을 통한 국민의 생명과 재산의 보호 등의 목적을 이룰 수 있도록 이용되고 관리되어야 한다"[2]라고 규정하여 국토 이용 및 관리의 기본원칙을 천명하고 있다.

　도시의 지속가능하고 균형 있는 발전과 주민의 편리하고 쾌적한 삶을 위하여 도시의 지속가능성 및 교육시설, 문화·체육시설, 교통시설 등 생활인프라의 수준을 평가하여 그 평가 결과를 도시·군계획의 수립 및 집행에 반영하여야 한다.

Ⅱ. 국토의 용도 구분

1. 용도구분

　국토는 토지의 이용실태 및 특성, 장래의 토지 이용 방향, 지역 간 균형발전 등을 고려하여 도시지역, 관리지역, 농림지역, 자연환경보전지역으로 용도를 구분한다.

　도시지역은 인구와 산업이 밀집되어 있거나 밀집이 예상되어 그 지역에 대하여 체계적인 개발·정비·관리·보전 등이 필요한 지역을, 관리지역은 도시지역의 인구와 산업을 수용하기 위하여 도시지역에 준하여 체계적으로 관리하거나 농림업의 진흥, 자연환경 또는 산림의 보전을 위하여 농림지역 또는 자연환경보전지역에 준하여 관리할 필요가 있는 지역을, 농림지역은 도시지역에 속하지 아니하는 농업진흥지역 또는 보전산지 등으로서 농림업을 진흥시키고 산림을 보전하기 위하여 필요한 지역을, 자연환경보전지역은 자연환경·수자원·해안·생태계·상수원 및 국가유산의 보전과 수산자원의 보호·육성 등을 위하여 필요한 지역을 각각 말한다.

2. 용도지역

　국토교통부장관, 시·도지사 또는 대도시 시장은 용도지역을 지정 또는 변경하여 도시·군관리계획으로 결정할 수 있다.

　도시지역은 주거지역, 상업지역, 공업지역, 녹지지역으로 용도지역이 나

---

2) 국토의 계획 및 이용에 관한 법률(약칭: 국토계획법) 제3조.

누어지는데, 주거지역은 거주의 안녕과 건전한 생활환경의 보호를 위하여 필요한 지역을, 상업지역은 상업이나 업무의 편익을 증진하기 위하여 필요한 지역을, 공업지역은 공업의 편익을 증진하기 위하여 필요한 지역을, 녹지지역은 자연환경·농지 및 산림의 보호, 보건위생, 보안과 도시의 무질서한 확산을 방지하기 위하여 녹지의 보전이 필요한 지역을 말한다.

관리지역은 보전관리지역, 생산관리지역, 계획관리지역으로 구분하여 용도지역을 지정할 수 있다. 보전관리지역은 자연환경 보호, 산림 보호, 수질오염 방지, 녹지공간 확보 및 생태계 보전 등을 위하여 보전이 필요하나, 주변 용도지역과의 관계 등을 고려할 때 자연환경보전지역으로 지정하여 관리하기가 곤란한 지역을, 생산관리지역은 농업·임업·어업 생산 등을 위하여 관리가 필요하나, 주변 용도지역과의 관계 등을 고려할 때 농림지역으로 지정하여 관리하기가 곤란한 지역을, 계획관리지역은 도시지역으로의 편입이 예상되는 지역이나 자연환경을 고려하여 제한적인 이용·개발을 하려는 지역으로서 계획적·체계적인 관리가 필요한 지역을 말한다.

3. 용도지구

국토교통부장관, 시·도지사 또는 대도시 시장은 용도지구를 지정 또는 변경하여 도시·군관리계획으로 결정할 수 있다. 용도지구는 경관지구, 고도지구, 방화지구, 방재지구, 보호지구, 취락지구, 개발진흥지구, 특정용도제한지구, 복합용도지구 등으로 구분된다.

경관지구란 경관의 보전·관리 및 형성을 위하여 필요한 지구, 고도지구란 쾌적한 환경 조성 및 토지의 효율적 이용을 위하여 건축물 높이의 최고한도를 규제할 필요가 있는 지구, 방화지구란 화재의 위험을 예방하기 위하여 필요한 지구, 방재지구란 풍수해, 산사태, 지반의 붕괴, 그 밖의 재해를 예방하기 위하여 필요한 지구, 보호지구란 국가유산, 항만·공항 등 중요 시설물 및 문화적·생태적으로 보존가치가 큰 지역의 보호와 보존을 위하여 필요한 지구, 취락지구란 녹지지역·관리지역·농림지역·자연환경보전지역·개발제한구역 또는 도시자연공원구역의 취락을 정비하기 위한 지구, 개발진흥지구란 주거기능·상업기능·공업기능·유통물류기능·관광기능·휴양기능 등을 집중적으로 개발·정비할 필요가 있는 지구, 특정용도제한지구란 주거 및 교육 환경 보호나 청소년 보호 등의 목적으로 오염물질 배출시설, 청소년 유해시설 등 특정시설의 입지를 제한할 필요가 있는 지구, 복합용도지구란 지역의 토지이용 상황, 개발 수요 및 주변 여건 등을 고려하여 효율적이고 복합적인 토지이용을 도모하기 위하여 특정시설의 입지를 완화할 필요가 있는 지구를 각각 말한다.

4. 개발제한구역

도시의 무질서한 확산을 방지하고 도시주변의 자연환경을 보전하여 도시민의 건전한 생활환경을 확보하기 위하여 도시의 개발을 제한할 필요가 있거나 국방부장관의 요청이 있어 보안상 도시의 개발을 제한할 필요가 있다고 인정되면 개발제한구역의 지정 또는 변경을 도시·군관리계획으로 결정할 수 있다.

개발제한구역을 관할하는 시·도지사는 개발제한구역을 종합적으로 관리하기 위하여 5년 단위로 개발제한구역관리계획을 수립하여 국토교통부장관의 승인을 받아야 한다.[3]

개발제한구역에서는 건축물의 건축 및 용도변경, 공작물의 설치, 토지의 형질변경, 죽목(竹木)의 벌채, 토지의 분할, 물건을 쌓아놓는 행위 등을 할 수 없다. 다만, 공원, 녹지, 실외체육시설, 시장·군수·구청장이 설치하는 노인의 여가활용을 위한 소규모 실내 생활체육시설 등 개발제한구역의 존치 및 보전 관리에 도움이 될 수 있는 시설, 도로, 철도 등 개발제한구역을 통과하는 선형(線形)시설과 이에 필수적으로 수반되는 시설, 개발제한구역이 아닌 지역에 입지가 곤란하여 개발제한구역 내에 입지하여야만 그 기능과 목적이 달성되는 시설, 국방·군사에 관한 시설 및 교정시설, 개발제한구역 주민의 주거·생활편익·생업을 위한 시설 등의 건축·설치와 이에 따른 토지의 형질변경은 시장·군수·구청장의 허가를 받아 그 행위를 할 수 있다.[4]

시·도지사는 개발제한구역의 보전 및 관리를 위하여 특히 필요하다고 인정되는 경우에는 주민의견을 청취하고 시·도도시계획위원회의 심의를 거쳐 시장·군수·구청장의 행위허가를 제한할 수 있다. 제한기간은 2년 이내로 하며, 한 차례만 1년의 범위에서 제한기간을 연장할 수 있다.

---

3) 개발제한구역의 지정 및 관리에 관한 특별조치법(약칭: 개발제한구역법) 제11조.
4) 개발제한구역법 제12조.

5. 도시자연공원구역

시·도지사 또는 대도시 시장은 도시의 자연환경 및 경관을 보호하고 도시민에게 건전한 여가·휴식공간을 제공하기 위하여 도시지역 안에서 식생(植生)이 양호한 산지(山地)의 개발을 제한할 필요가 있다고 인정하면 도시자연공원구역의 지정 또는 변경을 도시·군관리계획으로 결정할 수 있다.

도시자연공원구역에서는 건축물의 건축 및 용도변경, 공작물의 설치, 토지의 형질변경, 흙과 돌의 채취, 토지의 분할, 죽목의 벌채, 물건의 적치 등을 할 수 없다. 다만 도로, 철도 등 공공용 시설, 임시 건축물 또는 임시 공작물, 휴양림, 수목원 등 도시민의 여가활용시설, 등산로, 철봉 등 체력단련시설, 전기·가스 관련 시설 등 공익시설, 주택·근린생활시설, 노인복지시설, 어린이집, 수목장림 등의 건축 또는 공작물의 설치와 이에 따르는 토지의 형질변경은 특별시장·광역시장 등의 허가를 받아 할 수 있다.[5]

도시자연공원구역의 지정으로 인하여 도시자연공원구역의 토지를 종래의 용도로 사용할 수 없어 그 효용이 현저하게 감소된 토지 또는 해당 토지의 사용 및 수익이 사실상 불가능한 토지의 소유자는 특별시장·광역시장 등에게 해당 토지의 매수를 청구할 수 있다.

특별시장·광역시장 등은 도시자연공원구역의 보호, 훼손된 도시자연의 회복, 도시자연공원구역을 이용하는 사람의 안전과 그 밖에 공익상 필요하다고 인정하는 경우에는 도시자연공원구역 중 일정한 지역을 지정하여 일정한 기간 그 지역에 사람의 출입 또는 차량의 통행을 제한하거나 금지할 수 있다.[6]

6. 시가화조정구역

시·도지사는 직접 또는 관계 행정기관의 장의 요청을 받아 도시지역과 그 주변지역의 무질서한 시가화를 방지하고 계획적·단계적인 개발을 도모하기 위하여 일정기간 시가화를 유보할 필요가 있다고 인정되면 시가화조정구역의 지정 또는 변경을 도시·군관리계획으로 결정할 수 있다. 다만, 국가계획과 연계하여 시가화조정구역의 지정 또는 변경이 필요한 경우에는 국토교통

---

5) 도시공원 및 녹지 등에 관한 법률(약칭: 공원녹지법) 제27조.
6) 공원녹지법 제33조.

부장관이 직접 시가화조정구역의 지정 또는 변경을 도시·군관리계획으로 결정할 수 있다. 시가화조정구역의 지정에 관한 도시·군관리계획의 결정은 시가화 유보기간이 끝난 날의 다음날부터 그 효력을 잃는다.

7. 수산자원보호구역

해양수산부장관은 직접 또는 관계 행정기관의 장의 요청을 받아 수산자원을 보호·육성하기 위하여 필요한 공유수면이나 그에 인접한 토지에 대한 수산자원보호구역의 지정 또는 변경을 도시·군관리계획으로 결정할 수 있다.

8. 입지규제최소구역

국토교통부장관은 도시지역에서 복합적인 토지이용을 증진시켜 도시 정비를 촉진하고 지역 거점을 육성할 필요가 있다고 인정되면 ① 도시·군기본계획에 따른 도심·부도심 또는 생활권의 중심지역, ② 철도역사, 터미널, 항만, 공공청사, 문화시설 등의 기반시설 중 지역의 거점 역할을 수행하는 시설을 중심으로 주변지역을 집중적으로 정비할 필요가 있는 지역, ③ 세 개 이상의 노선이 교차하는 대중교통 결절지로부터 1킬로미터 이내에 위치한 지역, ④「도시 및 주거환경정비법」에 따른 노후·불량건축물이 밀집한 주거지역 또는 공업지역으로 정비가 시급한 지역, ⑤「도시재생 활성화 및 지원에 관한 특별법」에 따른 도시재생활성화지역 중 도시경제기반형 활성화계획을 수립하는 지역 중 어느 하나에 해당하는 지역과 그 주변지역의 전부 또는 일부를 입지규제최소구역으로 지정할 수 있다.

입지규제최소구역계획 수립 시 용도, 건폐율, 용적률 등의 건축제한 완화는 기반시설의 확보 현황 등을 고려하여 적용할 수 있도록 계획하고, 시·도지사, 시장, 군수 또는 구청장은 입지규제최소구역에서의 개발사업 또는 개발행위에 대하여 입지규제최소구역계획에 따른 기반시설 확보를 위하여 필요한 부지 또는 설치비용의 전부 또는 일부를 부담시킬 수 있다. 이 경우 기반시설의 부지 또는 설치비용의 부담은 건축제한의 완화에 따른 토지가치상승분[7]을 초과해서는 안 된다.

---

7)「감정평가 및 감정평가사에 관한 법률」에 따른 감정평가업자가 건축제한 완화 전·후에 대하여 각각 감정평가한 토지가액의 차이를 말한다.

Ⅲ. 도시계획

1. 광역도시계획

(1) 광역계획권의 지정

국토교통부장관 또는 도지사는 둘 이상의 특별시·광역시 등의 공간구조 및 기능을 상호 연계시키고 환경을 보전하며 광역시설을 체계적으로 정비하기 위하여 필요한 경우에는 ① 광역계획권이 둘 이상의 시·도 관할 구역에 걸쳐 있는 경우에는 국토교통부장관이, ② 광역계획권이 도의 관할 구역에 속하여 있는 경우에는 도지사가 해당 지역을 광역계획권으로 지정할 수 있다.

국토교통부장관은 광역계획권을 지정하거나 변경하려면 관계 시·도지사, 시장 또는 군수의 의견을 들은 후 중앙도시계획위원회의 심의를 거쳐야 하고, 도지사가 광역계획권을 지정하거나 변경하려면 관계 중앙행정기관의 장, 관계 시·도지사, 시장 또는 군수의 의견을 들은 후 지방도시계획위원회의 심의를 거쳐야 한다.

(2) 광역도시계획의 수립권자

광역계획권이 같은 도의 관할 구역에 속하여 있는 경우에는 관할 시장 또는 군수가 공동으로, 광역계획권이 둘 이상의 시·도의 관할 구역에 걸쳐 있는 경우에는 관할 시·도지사가 공동으로, 광역계획권을 지정한 날부터 3년이 지날 때까지 관할 시장 또는 군수로부터 광역도시계획의 승인 신청이 없는 경우에는 관할 도지사가, 국가계획과 관련된 광역도시계획의 수립이 필요한 경우나 광역계획권을 지정한 날부터 3년이 지날 때까지 관할 시·도지사로부터 광역도시계획의 승인 신청이 없는 경우에는 국토교통부장관이 광역도시계획을 수립한다.

(3) 광역도시계획의 내용

광역도시계획에는 ① 광역계획권의 공간 구조와 기능 분담에 관한 사항, ② 광역계획권의 녹지관리체계와 환경 보전에 관한 사항, ③ 광역시설의 배치·규모·설치에 관한 사항, ④ 경관계획에 관한 사항, ⑤ 광역계획권의 교통 및 물류유통체계에 관한 사항, ⑥ 광역계획권의 문화·여가공간 및 방재에 관한 사항 등이 포함되어야 한다.

⑷ 광역도시계획의 절차

1) 광역도시계획의 수립을 위한 기초조사

국토교통부장관, 시·도지사, 시장 또는 군수는 광역도시계획을 수립하거나 변경하려면 미리 인구, 경제, 사회, 문화, 토지 이용, 환경, 교통, 주택, 그 밖에 대통령령으로 정하는 사항 중 그 광역도시계획의 수립 또는 변경에 필요한 사항을 대통령령으로 정하는 바에 따라 조사하거나 측량하여야 한다.

2) 공청회의 개최

국토교통부장관, 시·도지사, 시장 또는 군수는 광역도시계획을 수립하거나 변경하려면 미리 공청회를 열어 주민과 관계 전문가 등으로부터 의견을 들어야 하며, 공청회에서 제시된 의견이 타당하다고 인정하면 광역도시계획에 반영하여야 한다.

3) 광역도시계획의 승인

시·도지사는 광역도시계획을 수립하거나 변경하려면 국토교통부장관의 승인을 받아야 한다. 국토교통부장관은 광역도시계획을 승인하거나 직접 광역도시계획을 수립 또는 변경하려면 관계 중앙행정기관과 협의한 후 중앙도시계획위원회의 심의를 거쳐야 한다. 협의 요청을 받은 관계 중앙행정기관의 장은 특별한 사유가 없는 한 그 요청을 받은 날부터 30일 이내에 국토교통부장관에게 의견을 제시하여야 한다.

4) 광역도시계획의 조정

광역도시계획을 공동으로 수립하는 시·도지사는 그 내용에 관하여 서로 협의가 되지 아니하면 공동이나 단독으로 국토교통부장관에게 조정(調停)을 신청할 수 있다. 국토교통부장관은 단독으로 조정신청을 받은 경우에는 기한을 정하여 당사자 간에 다시 협의를 하도록 권고할 수 있으며, 기한 내에 협의가 이루어지지 아니하는 경우에는 직접 조정할 수 있다.

국토교통부장관은 조정의 신청을 받거나 직접 조정하려는 경우에는 중앙도시계획위원회의 심의를 거쳐 광역도시계획의 내용을 조정하여야 한다. 이 경우 이해관계를 가진 지방자치단체의 장은 중앙도시계획위원회의 회의에 출석하여 의견을 진술할 수 있다.

2. 도시 · 군계획

(1) 도시 · 군 기본계획

1) 도시 · 군 기본계획의 수립권자와 대상지역

특별시장 · 광역시장 · 특별자치시장 · 특별자치도지사 · 시장 또는 군수는 관할 구역에 대하여 도시 · 군 기본계획을 수립하여야 한다. 다만, 시 또는 군의 위치, 인구의 규모, 인구감소율 등을 고려하여 ① 「수도권정비계획법」에 의한 수도권에 속하지 아니하고 광역시와 경계를 같이하지 아니한 시 또는 군으로서 인구 10만 명 이하인 시 또는 군, ② 관할구역 전부에 대하여 광역도시계획이 수립되어 있는 시 또는 군은 도시 · 군 기본계획을 수립하지 않을 수 있다.

2) 도시 · 군 기본계획의 내용

도시 · 군 기본계획에는 ① 지역적 특성 및 계획의 방향 · 목표에 관한 사항, ② 공간구조, 생활권의 설정 및 인구의 배분에 관한 사항, ③ 토지의 이용 및 개발에 관한 사항, ④ 토지의 용도별 수요 및 공급에 관한 사항, ⑤ 환경의 보전 및 관리에 관한 사항, ⑥ 기반시설에 관한 사항, ⑦ 공원 · 녹지에 관한 사항, ⑧ 경관에 관한 사항, ⑨ 기후변화 대응 및 에너지절약에 관한 사항, ⑩ 방재 · 방범 등 안전에 관한 사항 등이 포함되어야 한다.

3) 도시 · 군 기본계획 수립 절차

도시 · 군 기본계획의 수립절차는 기초조사, 공청회 등 광역도시계획 수립 절차와 동일하다. 다만 특별시장 · 광역시장 · 특별자치시장 · 특별자치도지사 · 시장 또는 군수는 도시 · 군 기본계획을 수립하거나 변경하려면 미리 그 특별시 · 광역시 · 특별자치시 · 특별자치도 · 시 또는 군 의회의 의견을 들어야 한다.

(2) 도시 · 군 관리계획

1) 도시 · 군 관리계획의 입안권자

특별시장 · 광역시장 · 특별자치시장 · 특별자치도지사 · 시장 또는 군수는 관할 구역에 대하여 도시 · 군 관리계획을 입안하여야 한다. 다만 ① 지역여건상 필요하다고 인정하여 미리 인접한 특별시장 · 광역시장 · 특별자치시장 · 특별자치도지사 · 시장 또는 군수와 협의한 경우, ② 인접한 특별시 · 광역시 · 특별자치시 · 특별자치도 · 시 또는 군의 관할 구역을 포함하여 도시 · 군 기본계획을 수립한 경우에는 특별시장 · 광역시장 · 특별자치시장 · 특별자치도지사 · 시장 또는 군수는 인접한 특별시·광역시·특별자치시·특별자치도·시 또는 군의 관할 구역 전부 또는 일부를 포함하여 도시·군 관리계획을 입안할 수 있다. 이 경우 인접한 특별시·광역시·특별자치시·특별자치도·시 또는 군의 관할 구역에 대한 도시·군관리계획은 관계 특별시장·광역시장·특별자치시장·특별자치도지사·시장 또는 군수가 협의하여 공동으로 입안하거나 입안할 자를 정한다. 협의가 성립되지 아니하는 경우 도시·군 관리계획을 입안하려는 구역이 같은 도의 관할 구역에 속할 때에는 관할 도지사가, 둘 이상의 시·도의 관할 구역에 걸쳐 있을 때에는 소관부처 장관이 입안할 자를 지정하고 그 사실을 고시하여야 한다.

2) 도시·군 관리계획의 입안

도시·군 관리계획은 광역도시계획과 도시·군 기본계획에 부합되어야 한다. 또한 계획의 상세 정도, 도시·군 관리계획으로 결정하여야 하는 기반시설의 종류 등에 대하여 도시 및 농·산·어촌 지역의 인구밀도, 토지 이용의 특성 및 주변 환경 등을 종합적으로 고려하여 차등을 두어 입안하여야 한다.

3) 도시·군 관리계획 입안의 제안

주민 또는 이해관계자는 ① 기반시설의 설치·정비 또는 개량에 관한 사항, ② 지구단위계획구역의 지정 및 변경과 지구단위계획의 수립 및 변경에 관한 사항, ③ 개발진흥지구 중 공업기능 또는 유통물류기능 등을 집중적으로 개발·정비하기 위한 개발진흥지구의 지정 및 변경에 관한 사항, ④ 해당 용도지구에 따른 건축물이나 그 밖의 시설의 용도·종류 및 규모 등의 제한을 지구단위계획으로 대체하기 위한 용도지구의 지정 및 변경에 관한 사항 등에 관하여 도시·군 관리계획을 입안할 수 있는 자에게 도시·군 관리계획의 입안을 제안할 수 있다. 이 경우 제안서에는 도시·군 관리계획도서와 계획설명서를 첨부하여야 한다.

제 2 절　토지규제

Ⅰ. 토지이용규제

1. 지역·지구 신설 제한

「토지이용규제 기본법」에 규정된 지역·지구, 다른 법률의 위임에 따라 「토지이용규제 기본법」 시행령에 규정되거나, 국토교통부장관이 관보에 고시한 지역·지구 외에 새로이 지역·지구를 신설하거나 지역·지구를 세분·변경할 수 없다.

중앙행정기관의 장이나 지방자치단체의 장은 지역·지구를 신설하는 내용으로 법령 또는 자치법규를 제정하거나 개정하려면 해당 법령안 또는 자치법규안을 입법예고하기 전에 신설될 지역·지구가 ① 기존의 지역·지구의 지정 목적 또는 명칭과 유사하거나 중복되지 아니할 것, ② 지역·지구의 신설에 명확한 목적이 있을 것, ③ 지역·지구의 지정 기준과 지정 요건 등이 구체적이고 명확할 것, ④ 지역·지구에서의 행위제한 내용이 그 지정 목적에 비추어 다른 지역·지구와 균형을 유지할 것 등의 기준에 부합하는지에 대하여 토지이용규제심의위원회의 심의를 소관부처 장관에게 요청하여야 한다.

2. 행위제한의 신설·강화 등에 대한 심의

중앙행정기관의 장이나 지방자치단체의 장은 지역·지구에서의 행위제한을 신설 또는 강화하려는 경우에는 해당 법령안 또는 자치법규안을 입법예고하기 전에 ① 지역·지구에서의 행위제한 신설·강화가 다른 지역·지구와 균형을 유지할 것, ② 지역·지구에서의 행위제한 신설·강화가 해당 목적 달성을 위하여 반드시 필요한 사항일 것 등의 기준에 부합하는지에 대하여 토지이용규제심의위원회의 심의를 소관부처 장관에게 요청하여야 한다.

3. 사업지구에서의 행위제한

개발사업을 시행하기 위한 지역·지구 등 이른바 사업지구를 규정하는 법령 또는 자치법규는 해당 사업지구에서 개발사업에 지장을 초래할 수 있는 ①

건축물의 건축, ② 공작물의 설치, ③ 토지의 형질변경, ④ 토석의 채취, ⑤ 토지분할, ⑥ 물건을 쌓아놓는 행위 등의 행위로서 관계 행정기관의 장의 허가 또는 변경허가를 받아야 하는 사항 등을 구체적으로 정하여야 한다. 또한 ① 사업지구 지정·변경·해제의 기준 및 절차에 관한 사항, ② 허가 또는 변경허가를 받지 아니하고 할 수 있는 행위, ③ 사업지구의 지정 및 고시 당시 공사 또는 사업을 시작한 경우 공사 또는 사업의 계속 추진 등에 관한 사항 등도 구체적으로 정하여야 한다.

4. 지역·지구의 지정·변경·해제

중앙행정기관의 장이나 지방자치단체의 장이 지역·지구를 지정·변경·해제하려면 미리 주민의 의견을 들어야 한다. 다만 ① 따로 지정 절차 없이 법령이나 자치법규에 따라 지역·지구의 범위가 직접 지정되는 경우, ② 다른 법령 또는 자치법규에 주민의 의견을 듣는 절차가 규정되어 있는 경우, ③ 국방상 기밀유지가 필요한 경우, ④ 경미한 사항을 변경하는 경우에는 주민의 의견청취절차를 생략할 수 있다. 중앙행정기관의 장이 지역·지구를 지정하는 경우에는 지적(地籍)이 표시된 지형도에 지역·지구를 명시한 지형도면을 작성하여 관보에 고시하고, 지방자치단체의 장이 지역·지구를 지정하는 경우에는 지형도면을 작성하여 그 지방자치단체의 공보에 고시하여야 한다. 지형도면의 고시가 없는 경우에는 그 2년이 되는 날의 다음 날부터 그 지정의 효력을 잃는다.

5. 지역·지구의 지정 및 행위제한 재검토

중앙행정기관의 장이나 지방자치단체의 장이 지역·지구를 지정하거나 지역·지구에서 행위제한을 강화한 경우에는 해당 지역·지구의 지정 및 행위제한 강화의 타당성을 주기적으로 검토하여야 한다. 타당성을 검토한 결과 개선이 필요하다고 인정하는 경우에는 개선에 필요한 조치를 하여야 한다.

6. 토지이용규제에 대한 평가

지역·지구를 관장하는 중앙행정기관의 장 및 지방자치단체의 장은 2년마다 지역·지구의 지정과 운영 실적 등을 포함한 토지이용규제보고서를 작성하여 소관부처 장관에게 제출하여야 한다. 또한 국토교통부장관은 서로 다른 지역·지구에서 행위제한 내용 및 절차의 균형이 유지되도록 하기 위하여 매년 지역·지구에서의 행위제한 내용 및 절차를 조사하여 평가하게 하고, 평가 결과에 대하여 중앙행정기관의 장이나 지방자치단체의 장에게 제도개선을 요청할 수 있다.

Ⅱ. 부동산거래규제

1. 토지거래규제

(1) 토지거래규제의 의의

토지거래규제란 건전한 토지거래 질서의 확립을 위하여 토지거래행위에 대하여 직접 또는 간접적으로 공법적인 규제를 가하는 것을 말한다. 이는 국토의 합리적인 보존과 균형 있는 발전을 기하고 모든 사람들이 토지를 사적으로 이용함에 있어서나 공익목적 증진을 위한 토지의 이용에 있어서, 공공복리를 증진시키고 부의 편재로 인한 사회적 모순과 대립을 해결하는 한편, 공익과 사익의 조화를 이루는 측면에서의 규제가 이루어져야 한다.

(2) 토지거래규제의 필요성

토지투기가 성행하여 지가가 급등하면 토지를 합리적으로 이용하기보다는 토지를 재산증식수단으로 삼아 투기이익을 얻으려 하게 되므로 실수요자의 토지취득이 어렵게 되고 토지이용이 무질서하게 이루어지게 된다. 지가의 급등은 기업의 원가부담을 가중시키고 주택가격을 상승시키며 공공사업비를 증가시키므로 생산활동이 위축되고 물가가 상승한다. 또한 토지투기로 인한 이익은 사회의 일부계층에 의하여 독점되므로 소득분배의 불균형을 심화시키고 건전한 근로의식을 저하시킨다. 따라서 토지의 투기적 거래 및 지가의 급등이 국민 생활에 미치는 폐해를 제거하고 적정하고 합리적인 토지이용을 확보하기 위해 토지거래의 규제가 불가피하다.

(3) 토지거래규제의 위헌성 여부
1) 위헌설

토지거래허가제는 토지의 처분과 취득을 금지하는 것으로서 재산권의 본질적 내용을 침해하는 것이므로 위헌이라는 주장이다. 그 논거는 첫째, 사유재산제도하에서 재산권의 핵심적인 요소라고 할 수 있는 처분권을 제한 또는 금지하고 있는 토지거래허가제는 소유권을 허유권(虛有權)으로 전락시키는 것으로서 그 본질적인 내용을 침해하는 것이며 따라서 부수적인 다른 조치를 아무리 잘 보완하여도 위헌임을 면하기 어렵고, 둘째, 국가적인 규제와 통제는 사적 자치의 원칙이 존중되는 범위 안에서만 허용되어야 하는데 토지거래허가제는 사적자치의 원칙에 대한 중대한 침해이며, 셋째, 토지거래허가제가 재산권의 본질적인 내용을 침해하는 것이 아니라고 하더라도 토지의 투기적 거래와 지가상승을 억제하기 위하여는 토지거래신고제나 조세제도 등의 개선으로 충분히 그 목적을 달성할 수 있는데도 토지거래허가제라는 과도한 방법을 선택하고 있는 것은 목적달성에 급급한 과잉조치이며, 넷째, 토지거래허가제가 합헌이라고 하더라도 허가를 받지 아니한 행위의 법률효과를 부인하고 있는 이상 벌금형 정도로도 충분한데도 벌칙을 자유형으로 하고 있는 것은 과잉금지의 원칙에 위배되며, 다섯째, 국토이용관리법의 벌칙규정은 규제대상과 행위유형이 명료하게 규정되어 있지 아니하여 죄형법정주의 및 명확성의 원칙에 위배된다는 것이다.8)

2) 합헌설

1989년 12월 22일 헌법재판소에서 합헌결정(88헌가13 결정)을 하면서 제시한 논거로서, 첫째, 규제대상이 모든 사유지가 아니고 투기의심지역 또는 지가폭등지역의 토지에 한정되어 있다는 점, 규제기간이 5년 이내인 점, 거래목적·거래면적 등에 있어서 기준에 위배하지 아니하는 한 당연히 토지거래허가를 받을 수 있어 처분권이 완전히 금지되는 것은 아니라는 점, 불허가처분에 대하여는 불복방법이 마련되어 있다는 점 등을 종합하여 보면 토지거래허가제는 사유재산제도의 부정이라 보기는 어렵고 다만 그 제한의 한 형태라고 봐야 할 것이며, 둘째, 토지투기에 대한 정부의 규제는 불가피한 것이므로 토지거래허가제는 헌법이 정하고 있는 경제질서와도 아무런 충돌이 없고 사적자치의 원칙에 위배되지 아니하며, 셋째, 토지의 투기적 거래를 억제한다는 목적을 달성하기 위한 방법의 선택은 입법권자의 입법재량의 범위에 속하는 문제라고 할 것이고 토지거래허가제가 토지의 투기적 거래를 억제한다는 목적에

8) 헌재 1989. 12. 22. 88헌가13 결정의 소수의견; 허영, "토지거래허가제의 헌법상 문제점", 「인권과 정의」, 대한변호사회, 1989. 12, 38면 이하.

전혀 적합하지 아니하다거나, 최소침해의 요구를 충족시켜 줄 수 있는 최선의
방법이 제시되어 있거나 쉽게 찾을 수 있다거나 함과 같은 사정이 없는 상황
에서는 토지거래허가제를 비례의 원칙 내지 과잉금지의 원칙에 어긋난다고
할 수 없다는 것이다.[9][10]

2. 부동산거래 규제의 주요 내용

(1) 부동산거래의 신고

부동산 거래당사자는 ① 부동산의 매매계약, ②「택지개발촉진법」,「주택
법」등 법률에 따른 부동산에 대한 공급계약, ③ 법률에 따른 공급계약을 통
하여 부동산을 공급받는 자로 선정된 지위의 매매계약, ④「도시 및 주거환경
정비법」에 따른 관리처분계획의 인가로 취득한 입주자로 선정된 지위의 매매
계약 등 어느 하나에 해당하는 계약을 체결한 경우 그 실제 거래가격 등의 사
항을 거래계약의 체결일부터 60일 이내에 그 권리의 대상인 부동산의 소재지
를 관할하는 시장·군수 또는 구청장에게 공동으로 신고하여야 한다. 다만, 거
래당사자 중 일방이 국가, 지방자치단체 등인 경우에는 국가, 지방자치단체
등이 신고하여야 한다.[11]

(2) 외국인의 부동산 취득 제한

국토교통부장관은 대한민국국민, 대한민국의 법령에 따라 설립된 법인 또
는 단체나 대한민국정부에 대하여 자국(自國) 안의 토지의 취득 또는 양도를
금지하거나 제한하는 국가의 개인·법인·단체 또는 정부에 대하여 대한민국
안의 토지의 취득 또는 양도를 금지하거나 제한할 수 있다. 다만, 헌법과 법률
에 따라 체결된 조약의 이행에 필요한 경우에는 그러하지 아니하다.

외국인이 대한민국 안의 부동산등을 취득하는 계약을 체결하였을 때에는
계약체결일부터 60일 이내에 신고관청에 신고하여야 한다. 외국인이 상속·경
매, 그 밖에 계약 외의 원인으로 대한민국 안의 부동산등을 취득한 때에는 부
동산등을 취득한 날부터 6개월 이내에 신고관청에 신고하여야 한다.

---

9) 헌재 1989. 12. 22. 88헌가13 결정.
10) 헌재 2005. 9. 29. 2002헌바84·89(병합) 결정 참고; 이부하, "헌법상 토지재산권의 보장 및 그
    제한 법률에 대한 합헌성", 「토지공법연구」제43집 제1호, 한국토지공법학회, 2009. 2, 236면.
11) 「부동산 거래신고 등에 관한 법률」제3조.

외국인이 토지를 취득할 수 있는 경우라도 취득하려는 토지가 ①「군사기지 및 군사시설 보호법」에 따른 군사기지 및 군사시설 보호구역, 그 밖에 국방목적을 위하여 외국인의 토지취득을 특별히 제한할 필요가 있는 지역, ②「문화유산의 보존 및 활용에 관한 법률」에 따른 지정문화유산과 이를 위한 보호물 또는 보호구역, ③「자연환경보전법」에 따른 생태·경관보전지역, ④「야생생물 보호 및 관리에 관한 법률」에 따른 야생생물 특별보호구역 등에 있으면 토지를 취득하는 계약을 체결하기 전에 신고관청으로부터 토지취득의 허가를 받아야 한다.

(3) 토지거래허가구역의 지정

1) 토지거래허가구역의 지정

국토교통부장관 또는 시·도지사는 국토의 이용 및 관리에 관한 계획의 원활한 수립과 집행, 합리적인 토지 이용 등을 위하여 토지의 투기적인 거래가 성행하거나 지가(地價)가 급격히 상승하는 지역과 그러한 우려가 있는 지역에 대해 5년 이내의 기간을 정하여 토지거래계약에 관한 허가구역으로 지정할 수 있다. 허가구역이 둘 이상의 시·도의 관할 구역에 걸쳐 있는 경우에는 국토교통부장관이, 허가구역이 동일한 시·도 안의 일부지역인 경우에는 시·도지사가 지정한다. 다만, 국가가 시행하는 개발사업 등에 따라 투기적인 거래가 성행하거나 지가가 급격히 상승하는 지역과 그러한 우려가 있는 지역 등에는 국토교통부장관이 지정할 수 있다.

국토교통부장관 또는 시·도지사는 허가구역을 지정하려면 「국토의 계획 및 이용에 관한 법률」에 따른 중앙도시계획위원회 또는 시·도도시계획위원회의 심의를 거쳐야 한다.

국토교통부장관 또는 시·도지사는 허가구역으로 지정한 때에는 지체 없이 그 사항을 공고하고 시장·군수 또는 구청장에게 통지하여야 한다. 통지를 받은 시장·군수 또는 구청장은 지체 없이 그 공고 내용을 그 허가구역을 관할하는 등기소의 장에게 통지하여야 하며, 지체 없이 그 사실을 7일 이상 공고하고, 그 공고 내용을 15일간 일반이 열람할 수 있도록 하여야 한다. 허가구역의 지정은 지정을 공고한 날부터 5일 후에 그 효력이 발생한다.

2) 허가구역 내 토지거래에 대한 허가

허가구역에 있는 토지에 관한 소유권·지상권을 이전하거나 설정하는 계

약을 체결하려는 당사자는 공동으로 시장·군수 또는 구청장의 허가를 받아야
한다. 허가받은 사항을 변경하려는 경우에도 또한 같다. 허가를 받으려는 자
는 그 허가신청서에 계약내용과 그 토지의 이용계획, 취득자금 조달계획 등을
적어 시장·군수 또는 구청장에게 제출하여야 한다. 허가를 받지 아니하고 체
결한 토지거래계약은 그 효력이 발생하지 아니한다.

시장·군수 또는 구청장은 토지거래계약을 체결하려는 자의 토지이용목적
이 ① 자기의 거주용 주택용지로 이용하려는 경우, ② 허가구역을 포함한 지
역의 주민을 위한 복지시설 또는 편익시설로서 관할 시장·군수 또는 구청장
이 확인한 시설의 설치에 이용하려는 경우, ③ 허가구역에 거주하는 농업인·
임업인·어업인 등이 그 허가구역에서 농업·축산업·임업 또는 어업을 경영하
기 위하여 필요한 경우, ④ 「공익사업을 위한 토지 등의 취득 및 보상에 관한
법률」이나 그 밖의 법률에 따라 토지를 수용하거나 사용할 수 있는 사업을 시
행하는 자가 그 사업을 시행하기 위하여 필요한 경우, ⑤ 허가구역을 포함한 지
역의 건전한 발전을 위하여 필요하고 관계 법률에 따라 지정된 지역·지구·구
역 등의 지정목적에 적합하다고 인정되는 사업을 시행하는 자나 시행하려는
자가 그 사업에 이용하려는 경우, ⑥ 허가구역의 지정 당시 그 구역이 속한 특
별시·광역시·특별자치시·시·군 또는 인접한 특별시·광역시·특별자치시·시·
군에서 사업을 시행하고 있는 자가 그 사업에 이용하려는 경우나 그 자의 사
업과 밀접한 관련이 있는 사업을 하는 자가 그 사업에 이용하려는 경우, ⑦ 허
가구역이 속한 특별시·광역시·특별자치시·시 또는 군에 거주하고 있는 자의
일상생활과 통상적인 경제활동에 필요한 것 등으로서 대통령령으로 정하는
용도에 이용하려는 경우에는 허가를 하여야 한다.

그러나 토지거래계약을 체결하려는 자의 토지이용목적이 ① 도시·군계획
이나 그 밖에 토지의 이용 및 관리에 관한 계획에 맞지 아니한 경우, ② 생태
계의 보전과 주민의 건전한 생활환경 보호에 중대한 위해(危害)를 끼칠 우려가
있는 경우, ③ 그 면적이 그 토지의 이용목적에 적합하지 아니하다고 인정되
는 경우에는 토지거래허가를 불허한다.

허가신청에 대하여 불허가처분을 받은 자는 그 통지를 받은 날부터 1개월
이내에 시장·군수 또는 구청장에게 해당 토지에 관한 권리의 매수를 청구할
수 있다. 매수 청구를 받은 시장·군수 또는 구청장은 국가, 지방자치단체, 한

국토지주택공사, 그 밖에 공공기관 또는 공공단체 중에서 매수할 자를 지정하여, 매수할 자로 하여금 예산의 범위에서 공시지가를 기준으로 하여 해당 토지를 매수하게 하여야 한다. 다만, 토지거래계약 허가신청서에 적힌 가격이 공시지가보다 낮은 경우에는 허가신청서에 적힌 가격으로 매수할 수 있다.

Ⅲ. 개발권양도제도

1. 양도가능개발권(TDRs)의 의의

소유권의 객체로서의 토지는 그 지표뿐만 아니라 그 수직의 상하, 즉 공중 및 지중까지도 포함한다. 미국에서는 이러한 토지의 공중을 수평면으로 분할하여 상하의 범위를 정하고 이를 객체로 하는 이른바 공중공간권(air space rights)을 인정하고 있다. 공중공간권에 기초하여 공법(건축법, 도시계획법 등)상 허용되는 범위 내에서 현재의 토지이용을 초과하는 장래의 토지이용권을 이른바 개발권(development rights)이라 한다.12) 이러한 개발권을 토지소유권과 분리하여 양도할 수 있다고 한다면, 이처럼 양도가 가능한 개발권을 이른바 '양도가능개발권(Transferable Development Rights; 이하 TDRs라고 함)'이라 한다.13)

TDRs를 다른 토지에 이전하고,14) 이를 이전 받은 토지15)는 당해 토지 자체의 개발권에 이전 받은 개발권을 합쳐서 토지의 공중공간을 이용할 수 있다고 가정한다면, 개발권의 양도를 통하여 송출토지의 소유자는 토지이용규제에 따른 재산권의 가치 하락을 보전 받을 수 있고 수용토지의 소유자는 토지의 이용을 극대화할 수 있는 경제적 효과를 가져올 수 있을 것이다.

2. 개발권양도제도의 유용성

도시계획 등에 의한 토지의 용도지정 또는 변경으로 개발이 억제되는 경우에는 일반적으로 토지의 가치가 하락하여 손실이 발생한다. 이러한 토지의

---

12) R.S. Radford, A Last Word on 1998 Recent Development: Takings and Transferable Development Rights in the Supreme Court : The Constitutional Status of TDRs in the Aftermath of Suitum, Stetson L. Rev. Winter, vol.28, 1999, p.688.

13) William Hadley Littlewood, Transferable Development Rights, TRPA, and Takings : The Role of TDRs in the Constitutional Takings Analysis, McGeorge L. Rev. Fall, vol.30, 1998, p.201.

14) 이를 송출토지(sending area)라고 함.

15) 이를 수용토지(receiving area)라고 함.

개발권을 국가가 매입하거나 시장에 유통시킨다면 계획손실을 어느 정도 보전할 수도 있을 것이다. 바로 이 점이 개발권양도제도의 도입을 주장하는 가장 현실적인 이유인 것으로 보인다.

이외에도 토지시장의 안전성 구축, 토지이용의 적정성 도모, 친환경적 국토관리, 토지를 둘러싼 공익과 사익의 조정, 이용우선의 토지관 정립 등이 개발권양도제도의 유용성으로 제시되고 있다.[16]

3. 개발권양도제도의 공법적 검토

개발권양도제도의 도입과 관련한 먼저 검토되어야 할 법적 문제는 개발권과 민법상 소유권과의 관계설정이다. 개발권을 소유권으로부터 분리하는 것이 민법 제211조가 규정하고 있는 소유권 개념상 가능한 것인지, 만약 가능하다면 개발권의 법적 성질은 무엇인지 등의 검토가 필요할 것이다. 그러나 이에 관한 문제는 개발권에 대한 프로그램이나 입법 등이 구체화될 때 규명되어야 할 과제들이므로 당장에 해결되어야 할 문제는 아니다.

개발권양도제도와 관련한 공법적 문제는 과연 '개발권'이라는 권리는 헌법상의 재산권으로 인정될 수 있는 것인가? 개발권의 양도를 통하여 계획제한 토지의 소유자가 얻는 경제적 이익은 계획손실에 대한 '보상'의 일종으로 볼 수 있는 것인가? 아니면 계획에 의한 토지이용권의 제한이 비록 사회적 제약을 벗어나지는 않았으나 사실상 토지가치의 하락으로 손실을 입은 토지소유자에 대하여 정책적 차원에서 배려하는 '인센티브'로 보아야 할 것인가? 등이다.

TDRs가 토지이용규제에 따른 재산권 침해의 정도를 완화할 수 있는 유용한 수단이라는 점은 분명하다. 국가 및 지방자치단체의 재정사정과 환경친화적 국토개발이라는 명제를 조화롭게 해결하기 위한 하나의 방안으로서 TDRs의 도입가능성을 보다 적극적으로 검토해볼 필요가 있다.

---

16) 서순탁/박헌주/정우형, 국토의 합리적 관리를 위한 개발권 분리방안 연구, 국토연구원, 2000, 23~25면.

제 3 절 건축규제

Ⅰ. 건축규제의 기본원칙

1. 생활공간적 공공성

각종 재난에 대비하여 건축물 및 공간환경을 안전하게 조성하고 그 안전수준을 지속적으로 유지하여야 한다. 건축물 및 공간환경의 계획 또는 설계단계에서부터 사용자의 건강과 장애인·노약자·임산부 등의 이용을 배려하여 조성되어야 한다.[17]

2. 사회적 공공성

국민의 다양한 요구와 다원적(多元的) 문화에 부응하고 미래사회의 문화적 요구변화와 기술변화에 능동적으로 대응할 수 있어야 한다. 건축물의 소유자 또는 관리자는 건축물 및 공간환경이 미래세대에 계승되는 사회·경제적 자산으로서 조성되고, 그 가치가 지속적으로 강화되도록 관리하여야 한다. 건축물의 소유자 또는 관리자는 건축물 및 공간환경을 조성하고 사용하는 과정 등에 있어서 환경에 대한 영향을 최소화하고 자원의 재이용과 재생을 촉진함으로써 자연과의 조화가 이루어지도록 하여야 한다.[18]

3. 문화적 공공성

건축물의 소유자 또는 관리자는 건축물 및 공간환경을 조성하여 사용하는 전 과정에서 건축의 문화적 가치가 향상되도록 하여야 한다. 건축물 및 공간환경의 문화적·산업적 경쟁력 제고를 위하여 관련 전문가의 창의성이 존중되어야 한다. 건축물 및 공간환경이 지역 주민들의 참여를 바탕으로 해당 지역의 풍토나 역사 또는 환경에 적합하게 조성되어야 한다. 지역의 고유한 건축문화유산을 보전하고, 새로운 건축물 및 공간환경이 기존의 공간환경과 조화와 균형을 이루어 조성되어야 한다.[19]

---

17) 「건축기본법」 제7조.
18) 「건축기본법」 제8조.

Ⅱ. 건축물의 건축

1. 건축제한

(1) 용도제한

건축물은 ① 단독주택, ② 공동주택, ③ 제1종 근린생활시설, ④ 제2종 근린생활시설, ⑤ 문화 및 집회시설, ⑥ 종교시설, ⑦ 판매시설, ⑧ 운수시설, ⑨ 의료시설, ⑩ 교육연구시설, ⑪ 노유자(노인·아동)시설, ⑫ 수련시설, ⑬ 운동시설, ⑭ 업무시설, ⑮ 숙박시설, ⑯ 위락시설, ⑰ 공장, ⑱ 창고시설, ⑲ 위험물 저장 및 처리 시설, ⑳ 자동차, 동물 및 식물, 자원순환, 교정 및 군사, 방송통신, 발전, 묘지, 관광 휴게, 장례, 야영장 시설 등으로 그 용도가 제한된다.

(2) 용적률·건폐율

건축물은 용적률과 건폐율의 제한을 받는다. 용적률이란 대지면적에 대한 연면적의 비율을 말한다.[20] 지정된 용도지역에서 용적률의 최대한도는 관할 구역의 면적과 인구 규모, 용도지역의 특성 등을 고려하여 특별시·광역시·특별자치시·특별자치도·시 또는 군의 조례로 정한다.[21]

도시지역에서 주거지역은 500%, 상업지역은 1,500%, 공업지역은 400%, 녹지지역은 100% 이하여야 하고, 관리지역에서 보전관리지역과 생산관리지역은 80%, 계획관리지역은 100% 이하여야 하며, 농림지역과 자연환경보전지역은 80% 이하여야 한다.

건축물의 건폐율이란 대지면적에 대한 건축면적의 비율을 말한다.[22] 지정된 용도지역에서 건폐율의 최대한도는 관할 구역의 면적과 인구 규모, 용도지역의 특성 등을 고려하여 특별시·광역시·특별자치시·특별자치도·시 또는 군의 조례로 정한다.

도시지역에서 주거지역은 70%, 상업지역은 90%, 공업지역은 70%, 녹지지역은 20% 이하여야 하고, 관리지역에서 보전관리지역과 생산관리지역은 20%,

---

19) 「건축기본법」 제9조.
20) 「건축법」 제56조.
21) 「국토의 계획 및 이용에 관한 법률」 제78조.
22) 「건축법」 제55조.

계획관리지역은 40% 이하여야 하며, 농림지역과 자연환경보전지역은 20% 이하여야 한다.[23]

(3) 높이제한

건축 허가권자는 도로로 둘러싸인 가로구역(街路區域)을 단위로 건축물의 높이를 지정·공고할 수 있다. 다만, 특별자치시장·특별자치도지사 또는 시장·군수·구청장은 가로구역의 높이를 완화하여 적용할 필요가 있다고 판단되는 대지에 대하여는 건축심의원회의 심의를 거쳐 높이를 완화하여 적용할 수 있다. 특별시장이나 광역시장은 도시의 관리를 위하여 필요하면 가로구역별 건축물의 높이를 특별시나 광역시의 조례로 정할 수 있다.

또한 전용주거지역과 일반주거지역 안에서 건축하는 건축물의 높이는 일조(日照) 등의 확보를 위하여 정북방향(正北方向)의 인접 대지경계선으로부터의 거리에 따라 일정 높이 이하로 하여야 한다.

2. 건축허가

(1) 건축허가

건축물을 건축하거나 대수선하려는 자는 특별자치시장·특별자치도지사 또는 시장·군수·구청장의 허가를 받아야 한다. 다만, 21층 이상의 건축물, 연면적의 합계가 10만 제곱미터 이상인 건축물을 특별시나 광역시에 건축하려면 특별시장이나 광역시장의 허가를 받아야 한다.

시장·군수는 ① 21층 이상의 건축물, 연면적의 합계가 10만 제곱미터 이상인 건축물, ② 자연환경이나 수질을 보호하기 위하여 도지사가 지정·공고한 구역에 건축하는 3층 이상 또는 연면적의 합계가 1천제곱미터 이상인 건축물로서 위락시설과 숙박시설 등의 건축물의 건축을 허가하려면 미리 건축계획서와 건축물의 용도, 규모 및 형태가 표시된 기본설계도서를 첨부하여 도지사의 승인을 받아야 한다.

건축허가는 강학상 허가에 해당하며 기속행위다. 따라서 행정청은 신청자가 허가요건을 갖추어 신청한 때에는 원칙적으로 허가를 하여야 한다. 다만 ① 위락시설이나 숙박시설에 해당하는 건축물의 건축을 허가하는 경우 해당

---

23) 「국토의 계획 및 이용에 관한 법률」 제77조.

대지에 건축하려는 건축물의 용도·규모 또는 형태가 주거환경이나 교육환경 등 주변 환경을 고려할 때 부적합하다고 인정되는 경우, ② 방재지구, 자연재해위험개선지구 등 상습적으로 침수되거나 침수가 우려되는 지역에 건축하려는 건축물에 대하여 지하층 등 일부 공간을 주거용으로 사용하거나 거실을 설치하는 것이 부적합하다고 인정되는 경우에는 건축위원회의 심의를 거쳐 건축허가를 하지 아니할 수 있기 때문에 이 경우에는 처분청의 재량적 판단이 허용되는 재량행위로 보아야 한다.

(2) 건축신고

허가 대상 건축물이라 하더라도 특정한 경우에는 미리 특별자치시장·특별자치도지사 또는 시장·군수·구청장에게 신고를 하면 건축허가를 받은 것으로 본다. 이를 건축신고라 한다.

건축신고만으로 건축이 가능한 경우로는 ① 바닥면적의 합계가 85제곱미터 이내의 증축·개축 또는 재축하는 때(다만, 3층 이상 건축물인 경우에는 증축·개축 또는 재축하려는 부분의 바닥면적의 합계가 건축물 연면적의 10분의 1 이내인 경우로 한정), ② 관리지역, 농림지역 또는 자연환경보전지역에서 연면적이 200제곱미터 미만이고 3층 미만인 건축물의 건축, ③ 연면적이 200제곱미터 미만이고 3층 미만인 건축물의 대수선, ④ 주요구조부의 해체가 없는 대수선, ⑤ 연면적의 합계가 100제곱미터 이하인 건축물, ⑥ 건축물의 높이를 3미터 이하의 범위에서 증축하는 건축물, ⑥ 표준설계도서에 따라 건축하는 건축물로서 그 용도 및 규모가 주위환경이나 미관에 지장이 없다고 인정하여 건축조례로 정하는 건축물, ⑦ 지구단위계획구역 및 산업단지에서 건축하는 2층 이하인 건축물로서 연면적 합계 500제곱미터 이하인 공장, ⑧ 농업이나 수산업을 경영하기 위하여 읍·면지역에서 건축하는 연면적 200제곱미터 이하의 창고 및 연면적 400제곱미터 이하의 축사, 작물재배사(作物栽培舍), 종묘배양시설, 화초 및 분재 등의 온실 등이다.

건축신고는 원래 허가를 요하는 사항이지만 신고만으로 허가를 의제하는 것이므로 행정청이 형식적 요건 등을 심사하여 수리 여부를 결정한다. 따라서 건축신고는 수리를 요하는 신고이다. 판례도 "건축주 등은 신고제하에서도 건축신고가 반려될 경우 당해 건축물의 건축을 개시하면 시정명령, 이행강제금, 벌금의 대상이 되거나 당해 건축물을 사용하여 행할 행위의 허가가 거부될 우려가 있어 불안정한 지위에 놓이게 된다. 따라서 건축신고 반려행위가 이루어진 단계에서 당사자로 하여금 반려행위의 적법성을 다투어 그 법적 불안을 해소한 다음 건축행위에 나아가도록 함으로써 장차 있을지도 모르는 위험에서 미리 벗어날 수 있도록 길을 열어 주고, 위법한 건축물의 양산과 그 철거를 둘러싼 분쟁을 조기에 근본적으로 해결할 수 있게 하는 것이 법치행정의 원리에 부합한다. 그러므로 건축신고 반려행위는 항고소송의 대상이 된다고 보는 것이 옳다"고 판시[24]하여 건축신고를 수리를 요하는 신고로 보고 있다.

3. 착공 및 사용승인

허가를 받거나 신고를 한 건축물의 공사를 착수하려는 건축주는 허가권자에게 공사계획을 신고하여야 한다. 허가권자는 착공신고를 받은 날부터 3일 이내에 신고수리 여부 또는 민원 처리 관련 법령에 따른 처리기간의 연장 여부를 신고인에게 통지하여야 한다.

건축주가 허가를 받았거나 신고를 한 건축물의 건축공사를 완료한 후 그 건축물을 사용하려면 공사감리자가 작성한 감리완료보고서와 공사완료도서를 첨부하여 허가권자에게 사용승인을 신청하여야 한다. 허가권자는 사용승인신청을 받은 경우 ① 사용승인을 신청한 건축물이 건축법에 따라 허가 또는 신고한 설계도서대로 시공되었는지의 여부, ② 감리완료보고서, 공사완료도서 등의 서류 및 도서가 적합하게 작성되었는지의 여부 등에 대한 검사를 실시하고, 검사에 합격된 건축물에 대하여는 사용승인서를 내주어야 한다. 건축주는 사용승인을 받은 후가 아니면 건축물을 사용하거나 사용하게 할 수 없다.

---

24) 대법원 2010. 11. 18. 선고 2008두167 전원합의체 판결.

제 3 장 환경행정법

제 1 절 환경행정법의 기본원칙

Ⅰ. 환경의 의의와 환경정책의 기본이념

1. 환경의 의의

환경이란 자연환경과 생활환경을 모두 포함하는 개념이다. 자연환경이란 지하·지표(해양을 포함) 및 지상의 모든 생물과 이들을 둘러싸고 있는 비생물적인 것을 포함한 자연의 상태를 말한다. 생활환경이란 대기, 물, 토양, 폐기물, 소음·진동, 악취, 일조(日照), 인공조명 등 사람의 일상생활과 관계되는 환경을 말한다.

환경은 외부적 요인에 의해 침해될 수 있는데 이러한 외부적 침해 상태를 환경오염이라 한다. 「환경정책기본법」은 환경오염을 '사업활동 및 그 밖의 사람의 활동에 의하여 발생하는 대기오염, 수질오염, 토양오염, 해양오염, 방사능오염, 소음·진동, 악취, 일조 방해, 인공조명에 의한 빛공해 등으로서 사람의 건강이나 환경에 피해를 주는 상태'라고 정의하고 있다. 외부적 침해상태가 사람의 건강이나 환경 자체에 피해를 발생시키는 정도에 이르지는 않았으나 환경의 원래 기능에 손상을 주는 상태를 환경훼손이라 한다. 법은 환경훼손을 '야생동식물의 남획(濫獲) 및 그 서식지의 파괴, 생태계질서의 교란, 자연경관의 훼손, 표토(表土)의 유실 등으로 자연환경의 본래적 기능에 중대한 손상을 주는 상태'라고 정의하고 있다. 이러한 환경오염이나 환경훼손으로부터 환경을 보호하고 오염되거나 훼손된 환경을 개선함과 동시에 쾌적한 환경 상태를 유지·조성하기 위한 행위를 환경보전이라 한다.

2. 환경정책의 기본이념

환경의 질적인 향상과 그 보전을 통한 쾌적한 환경의 조성 및 이를 통한 인간과 환경 간의 조화와 균형의 유지는 국민의 건강과 문화적인 생활의 향유 및 국토의 보전과 항구적인 국가발전에 반드시 필요한 요소임에 비추어 국가, 지방자치단체, 사업자 및 국민은 환경을 보다 양호한 상태로 유지·조성하도록 노력하고, 환경을 이용하는 모든 행위를 할 때에는 환경보전을 우선적으로 고려하며, 기후변화 등 지구환경상의 위해(危害)를 예방하기 위하여 공동으로 노력함으로써 현 세대의 국민이 그 혜택을 널리 누릴 수 있게 함과 동시에 미래의 세대에게 그 혜택이 계승될 수 있도록 하여야 한다.

국가와 지방자치단체는 환경 관련 법령이나 조례·규칙을 제정·개정하거나 정책을 수립·시행할 때 모든 사람들에게 실질적인 참여를 보장하고, 환경에 관한 정보에 접근하도록 보장하며, 환경적 혜택과 부담을 공평하게 나누고, 환경오염 또는 환경훼손으로 인한 피해에 대하여 공정한 구제를 보장함으로써 환경정의를 실현하도록 노력하여야 한다.

Ⅱ. 환경행정법의 기본원칙

1. 오염원인자 책임원칙

자기의 행위 또는 사업 활동으로 환경오염 또는 환경훼손의 원인을 발생시킨 자는 그 오염·훼손을 방지하고 오염·훼손된 환경을 회복·복원할 책임을 지며, 환경오염 또는 환경훼손으로 인한 피해의 구제에 드는 비용을 부담함을 원칙으로 한다. 이른바 원인자부담원칙이 엄격히 적용된다. 이는 단순히 오염·훼손된 환경을 회복·복원하거나 환경오염 또는 환경훼손으로 인한 피해의 구제 등에 드는 비용을 누가 부담하는 것이 적절한가라는 이른바 비용귀속의 문제에 국한되는 것이 아니라 환경오염 또는 환경훼손을 방지하거나 제거함에 있어서 오염자의 적극적 작위 또는 부작위 의무의 준수를 포함하는 원칙이다.

그러나 실제 오염이 발생할 경우 오염원인자를 특정하는 것이 결코 쉬운 일은 아니다. 특히 오염 원인이 되는 폐기물의 경우 해당 폐기물도 당초 생산되었을 때에는 제품이었을 것이므로 이러한 제품이 수명을 다해 폐기물이 되었을 때 오염원인자는 제조자인지, 판매자인지, 소비자인지 애매할 수 있다. 이러한 때에는 기여도 등에 따라 비율을 나누어 부담할 수밖에 없을 것이다.

그나마 기여도에 따른 비율배분도 곤란한 때에는 예외적으로 수익자부담이나 이용자부담 원칙을 적용하는 경우도 있다. 수익자부담원칙이란 환경개선으로 이익을 얻는 자에게 개선비용의 일부를 부담시키는 것이고, 이용자부담원칙이란 보전된 환경을 이용하는 자에게 환경보존 비용의 일부를 부담시키는 것이다. 전자의 예로는 물이용부담금제도, 후자의 예로는 수질개선부담금을 들 수 있다.

2. 사전예방원칙

국가 및 지방자치단체는 환경오염물질 및 환경오염원의 원천적인 감소를 통한 사전예방적 오염관리에 우선적인 노력을 기울여야 하며, 사업자로 하여금 환경오염을 예방하기 위하여 스스로 노력하도록 촉진하기 위한 시책을 마련하여야 한다.

사업자는 제품의 제조·판매·유통 및 폐기 등 사업활동의 모든 과정에서 환경오염이 적은 원료를 사용하고 공정(工程)을 개선하며, 자원의 절약과 재활용의 촉진 등을 통하여 오염물질의 배출을 원천적으로 줄이고, 제품의 사용 및 폐기로 환경에 미치는 해로운 영향을 최소화하도록 노력하여야 한다.

국가, 지방자치단체 및 사업자는 행정계획이나 개발사업에 따른 국토 및 자연환경의 훼손을 예방하기 위하여 해당 행정계획 또는 개발사업이 환경에 미치는 해로운 영향을 최소화하도록 노력하여야 한다.

환경은 그 특성상 오염 또는 훼손 이후에 이를 다시 복원하는 데 천문학적인 비용이 수반되며, 완전한 복구는 사실상 불가능하다. 따라서 환경의 오염이나 훼손을 처음부터 사전에 예방하는 활동이 정말 중요하다.

사전예방원칙의 파생원칙으로 이른바 사전배려원칙이 존재한다. 사전배려원칙(precautionary principle)이란 어떠한 행위나 상태가 환경오염에 직접적으로 기여한다는 인과관계를 과학적으로 입증할 수는 없으나 이를 사전에 규제하지 않으면 환경오염의 유발 가능성이 존재하는 경우 과학적 입증의 부존재에도 불구하고 금지 등의 조치나 규제를 할 수 있다는 원칙을 말한다.

사전예방원칙을 '예방원칙'이라 하고, 사전배려원칙을 '사전예방원칙'이라 설명하는 견해도 있다.[1] 하지만 사전적으로 '사전예방'과 그냥 '예방'을 구분하는 것은 곤란하므로 개념의 명확성을 위해 용어를 '사전예방'과 '사전배려'로 구분하는 것이 타당하다.

3. 환경과 경제의 통합적 고려(지속가능한 개발원칙)

정부는 환경과 경제를 통합적으로 평가할 수 있는 방법을 개발하여 각종 정책을 수립할 때에 이를 활용하여야 한다. 또한 환경용량의 범위에서 산업 간, 지역 간, 사업 간 협의에 의하여 환경에 미치는 해로운 영향을 최소화하도록 지원하여야 한다.

환경과 경제는 그 성질상 충돌적 가치를 지향할 수밖에 없다. 환경은 사전예방 등 보존이 핵심 가치인 반면, 경제는 효율성과 이익의 근대화를 추구할 수밖에 없다. 실제로 정부 내에서도 경제부처와 환경부처의 충돌이 다반사다. 이 문제는 단순히 정부 정책의 가치 충돌을 넘어 이념적 갈등과 대립의 빌미를 제공하기도 한다.

법 문언은 "환경과 경제를 통합적으로 고려해야 한다"고 규정하고 있으나, 이 원칙이 내포하는 진정한 의미는 환경과 경제가 동일한 가치로 존중되어야 한다는 것이 아니라 환경적 가치를 더욱 중요시해야 한다는 것이다. 환경은 그 성질상 규제를 본질적으로 수반할 수밖에 없고 경제는 정반대로 자유와 진흥을 정책의 기본방향으로 하면서 필요한 때에 한하여 최소한의 규제를 하는 것이 바람직하다. 다시 말해서 경제는 정부가 별도의 규제정책을 발동하지 않아도, 오히려 아무런 규제가 없으면 더욱 효율적일 수 있으나, 환경은 정부의 적극적 개입이나 규제가 없으면 오염 또는 훼손의 위험에 노출될 수밖에 없다. 따라서 환경법의 기본원칙은 경제적 가치보다 환경적 가치를 보다 우선적으로 고려할 수밖에 없다.

이 원칙은 이른바 지속가능한 개발원칙(sustainable development principle)을 「환경정책기본법」이 법 문언으로 구체화한 것이다. 따라서 이 원칙은 결국 '지속가능한 개발원칙'이라 할 수 있다. 개발이 불가피할 때에는 환경적 문제를 반드시 고려하여 환경친화적으로 건전한 개발이 이루어져야 한다는 원칙을 지

---

[1] 박균성/함태성, 환경법, 박영사, 2017, 64면.

속가능한 개발원칙(sustainable development principle)이라 한다. 이는 1987년 세계환경개발위원회(WCED)가 'Our Commom Future'라는 보고서에서 환경정책의 기본이념으로 제시하였으며, 이후 1992년 UN환경개발회의(UNCED)의 리우선언의 중심의제로 다루어지면서 환경정책의 국제질서로 자리 잡은 원칙이다.[2] '지속가능'의 의미는 '환경이 지탱(감당)할 수 있는 범위'를 말하는 것으로서 '지탱가능한 개발'이라 표현하는 것이 타당하다는 견해도 있다.[3]

이 원칙은 의미상 매우 중요하고 훌륭한 원칙임에 틀림없으나 실제로 이를 구체화하는 것은 결코 쉬운 일이 아니다. 국제적으로는 아프리카, 브라질 등 특정 국가의 일방적 희생만을 강요하거나, 국내적으로는 개발을 원천적으로 차단하는 원칙으로 작동될 개연성이 매우 높다.

제 2 절 환경정책수단

I. 환경계획의 수립 · 시행

행정계획이란 장래 일정한 기간 내에 도달하고자 하는 목표를 설정하고 목표 달성을 위해 여러 가지 수단들을 통합·조정하거나 그 활동기준을 정하는 행정의 행위유형을 말한다. 오늘날 행정계획은 대부분의 행정영역에서 사용되고 있는 매우 유용한 행정 유형이다. 환경행정 영역은 다른 어떤 행정영역보다 행정계획의 유용성이 매우 크다. 왜냐하면 환경 정책은 대부분 장기간의 변화와 영향을 전망해야 하고, 앞에서 설명한 것처럼 항상 경제발전 등과 가치충돌의 문제를 야기하기 때문에 매우 복잡하고 다양한 이해관계가 충돌할 수밖에 없기 때문이다. 시간적으로 장기간의 미래를 예측해야 하고 다양한 이해관계를 조정하기 위해서는 행정계획이 반드시 필요한 영역이다.

「환경정책기본법」은 환경부장관에게 관계 중앙행정기관의 장과 협의하여 국가 차원의 환경보전을 위한 종합계획, 즉 '국가환경종합계획'을 20년마다 수립하도록 규정하고 있다. 다른 행정영역의 종합계획이 주로 5년 단위로 수립

---

2) 박균성/함태성, 앞의 책, 81면.
3) 문태훈, 환경정책론, 형설출판사, 1999, 461면; 박균성/함태성, 앞의 책, 81면 재인용.

되는 것에 비해 상당히 장기간의 계획을 수립하도록 규정하고 있다.

국가환경종합계획에는 ① 인구·산업·경제·토지 및 해양의 이용 등 환경변화 여건에 관한 사항, ② 환경오염원·환경오염도 및 오염물질 배출량의 예측과 환경오염 및 환경훼손으로 인한 환경의 질(質)의 변화 전망, ③ 환경의 현황 및 전망, ④ 환경정의 실현을 위한 목표 설정과 이의 달성을 위한 대책 등을 포함하여야 한다. 특히 환경보전 목표의 설정과 이의 달성을 위해 ① 생물다양성·생태계·경관 등 자연환경의 보전에 관한 사항, ② 토양환경 및 지하수 수질의 보전에 관한 사항, ③ 해양환경의 보전에 관한 사항, ④ 국토환경의 보전에 관한 사항, ⑤ 대기환경의 보전에 관한 사항, ⑥ 수질환경의 보전에 관한 사항, ⑦ 상하수도의 보급에 관한 사항, ⑧ 폐기물의 관리 및 재활용에 관한 사항, ⑨ 화학물질의 관리에 관한 사항, ⑩ 방사능오염물질의 관리에 관한 사항, ⑪ 기후변화에 관한 사항 등에 관한 단계별 대책 및 사업계획이 반드시 포함되어야 한다.

또한 환경부장관은 국가환경종합계획의 종합적·체계적 추진을 위하여 5년마다 환경보전중기종합계획을 수립하여야 한다. 이러한 계획들에 따라 특별시장·광역시장·도지사는 관할 구역의 지역적 특성을 고려하여 해당 시·도의 환경보전계획을 수립·시행하여야 한다. 시장·군수·구청장은 국가환경종합계획, 중기계획 및 시·도 환경계획에 따라 관할 구역의 지역적 특성을 고려하여 해당 시·군·구의 환경보전계획을 수립·시행하여야 한다.

Ⅱ. 환경기준의 설정

환경행정영역은 다른 어떤 행정영역보다 전문적이고 기술적인 사항이 많이 요구된다. 예컨대 수질환경의 질을 평가함에 있어서 어떠한 기준에 따라 수질을 평가해야 하는지는 매우 과학적이고 전문적인 영역에 속한다. 따라서 일반 국민이 대기, 수질, 소음·진동, 토양, 제품 등에 대한 질적 상태를 평가하거나 자신의 행위가 환경에 어떠한 영향을 미치는지를 스스로 인식하기 어렵다. 이런 이유에서 환경정책의 중요한 수단 중에 하나가 환경기준을 설정하는 것이다.

「환경정책기본법」은 "국가는 생태계 또는 인간의 건강에 미치는 영향 등

을 고려하여 환경기준을 설정하여야 하며, 환경 여건의 변화에 따라 그 적정
성이 유지되도록 하여야 한다"고 규정하여 환경기준 설정의 중요성을 밝히고
있다.

특별시·광역시·도는 해당 지역의 환경적 특수성을 고려하여 필요하다고
인정할 때에는 해당 시·도의 조례로 국가가 정한 환경기준보다 확대·강화된
별도의 환경기준을 설정할 수 있다. 이를 지역환경기준이라 한다.

수질에 관한 환경기준에는 ① 수질환경기준, ② 먹는물 수질기준, ③ 방류
수 수질기준, ④ 폐수배출허용기준 등이 있으며, 대기에 관한 환경기준에는
① 대기환경기준, ② 대기배출허용기준, ③ 제작차 배출허용기준, ④ 운행차
배출허용기준 등이 있으며, 소음·진동에 관한 환경기준에는 ① 소음환경기준,
② 공장 소음·진동 배출허용기준, ③ 생활 소음·진동 규제기준, ④ 제작차의
소음 허용기준, ⑤ 운행차의 소음허용기준 등이 있으며, 이외에도 토양오염
우려기준, 유독물 관리기준 등이 있다.

Ⅲ. 환경영향평가

오염·훼손된 환경을 되돌리기 위해서는 막대한 비용과 시간이 필요하며,
완전한 복구가 불가능하다. 따라서 환경행정은 사전예방이 그 어떤 행정영역
보다 중요하다는 것은 앞에서 여러 차례 강조하였다. 사전예방을 보다 효율적
으로 하기 위해서는 특정 정책이나 행위가 환경에 어떠한 영향을 미치는 지를
사전에 철저하게 평가해 보는 것이 매우 중요하다.

이처럼 환경에 영향을 미치는 정책, 계획, 프로그램, 사업, 법령안 등이 환
경에 미치는 영향을 검토·분석·평가하고, 환경에 미치는 부정적 영향을 최대
한 제거·감소시키는 활동을 환경영향평가라고 한다. 이러한 환경영향평가는
1969년 미국 「국가환경정책법」(National Environmental Policy Act)에서 처음 도입되어
전 세계적으로 확산되었다고 한다.[4]

「환경영향평가법」은 환경영향평가의 기본원칙으로 ① 보전과 개발이 조
화와 균형을 이루는 지속가능한 발전이 되도록 할 것, ② 환경보전방안 및 그
대안은 과학적으로 조사·예측된 결과를 근거로 하여 경제적·기술적으로 실

---

4) 박균성/함태성, 앞의 책, 90면.

행할 수 있는 범위에서 마련될 것, ③ 환경영향평가의 대상이 되는 계획 또는 사업에 대하여 충분한 정보 제공 등을 함으로써 환경영향평가의 과정에 주민 등이 원활하게 참여할 수 있도록 노력할 것, ④ 환경영향평가의 결과는 지역 주민 및 의사결정권자가 이해할 수 있도록 간결하고 평이하게 작성할 것, ⑤ 환경영향평가는 계획 또는 사업이 특정 지역 또는 시기에 집중될 경우에는 이에 대한 누적적 영향을 고려하여 실시될 것, ⑥ 환경영향평가는 계획 또는 사업으로 인한 환경적 위해가 어린이, 노인, 임산부, 저소득층 등 환경유해인자의 노출에 민감한 집단에게 미치는 사회·경제적 영향을 고려하여 실시될 것 등을 제시하고 있다.

현행법은 환경영향평가를 전략환경영향평가, 환경영향평가, 소규모 환경영향평가로 구분하고 있다, 전략환경영향평가란 '환경에 영향을 미치는 계획을 수립할 때에 환경보전계획과의 부합 여부 확인 및 대안의 설정·분석 등을 통하여 환경적 측면에서 해당 계획의 적정성 및 입지의 타당성 등을 검토하여 국토의 지속가능한 발전을 도모하는 것'을 말하고, 환경영향평가란 '환경에 영향을 미치는 실시계획·시행계획 등의 허가·인가·승인·면허 또는 결정 등을 할 때에 해당 사업이 환경에 미치는 영향을 미리 조사·예측·평가하여 해로운 환경영향을 피하거나 제거 또는 감소시킬 수 있는 방안을 마련하는 것'을 말하고, 소규모 환경영향평가란 '환경보전이 필요한 지역이나 난개발(亂開發)이 우려되어 계획적 개발이 필요한 지역에서 개발사업을 시행할 때에 입지의 타당성과 환경에 미치는 영향을 미리 조사·예측·평가하여 환경보전방안을 마련하는 것'을 말한다.

도시의 개발에 관한 계획, 산업입지 및 산업단지의 조성에 관한 계획, 에너지 개발에 관한 계획, 항만의 건설에 관한 계획, 도로의 건설에 관한 계획, 수자원의 개발에 관한 계획, 철도·도시철도의 건설에 관한 계획, 공항의 건설에 관한 계획, 하천의 이용 및 개발에 관한 계획, 개간 및 공유수면의 매립에 관한 계획, 관광단지의 개발에 관한 계획, 산지의 개발에 관한 계획, 특정 지역의 개발에 관한 계획, 체육시설의 설치에 관한 계획, 폐기물 처리시설의 설치에 관한 계획, 국방·군사 시설의 설치에 관한 계획, 토석·모래·자갈·광물 등의 채취에 관한 계획 등을 수립하려는 행정기관의 장은 반드시 전략환경영향평가를 실시하여야 한다. 다만 국방부장관이 군사상 고도의 기밀보호가 필요하거나 군사작전의 긴급한 수행을 위하여 필요하다고 인정하여 환경부장관과 협의한 계획, 국가정보원장이 국가안보를 위하여 고도의 기밀보호가 필요하다고 인정하여 환경부장관과 협의한 계획은 전략환경영향평가를 예외적으로 실시하지 않을 수 있다.

Ⅳ. 직접 규제

1. 신고 · 등록 · 인허가

원래 신고란 '사인이 공법적 효과의 발생을 목적으로 행정주체에 대하여 일정한 사실을 알리는 행위'이다. 신고의 통상적인 법적 효과는 신고의무를 이행함으로써 신고의 대상행위를 적법하게 할 수 있는 적법성을 회복하는 등 관계법령이 정하는 법적 효과의 발생을 목적으로 하는 행위이다. 한편 사인이 행정청에게 단순히 정보를 제공하거나 사실을 전달할 뿐 어떠한 법적 효과가 발생하지 않는 신고는 '사실로서의 신고'일 뿐, 사인의 공법행위로서의 신고에는 해당하지 아니한다.

규제완화정책의 일환으로 허가, 인가, 등록 등을 통한 시장진입규제 또는 행위규제가 '신고'의 형식으로 급격하게 전환됨에 따라 사인의 공법행위로서 '신고'가 행정법 체계, 특히 환경행정영역에서 매우 중요한 위치를 차지하게 되었다.

하지만 법령에서 사용하고 있는 신고의 의미가 너무나 다양하고 통일적이지 못한 까닭에 법령의 수범자인 국민은 물론이고 그 집행자인 행정청마저도 신고의 의미를 정확히 이해하지 못하고 있는 실정이다.

일반적으로 신고는 수리를 요하지 않는 신고(자기완결적 신고)와 수리를 요하는 신고(행정요건적 신고)로 분류된다. 자기완결적 신고는 행정청에 대하여 일정한 사항을 통지하고 도달함으로써 법령상 효과가 발생하는 신고를 말한다. 다시 말해서 행정청에게 신고를 하면 그것만으로 법적 효과가 완결되는 것을 말한다. 따라서 신고에 대한 행정청의 수리 여부는 법적 효과발생에 영향을 주지 않는다. 행정요건적 신고는 행정청에게 일정한 사실을 통지하고 행정청이 이를 수리함으로써 법적 효과가 발생하는 신고를 말한다.

수리를 요하는 신고를 '등록'이라는 용어로 설명하는 견해가 있다.[5] 하지만 등록은 '수리를 요하는 신고'의 의미로만 사용되는 것은 아니다. 현행법상 '등록'은 수리를 요하는 신고 외에도 강학상 허가나 특허의 의미로 사용되는 경우도 있다. 일반적으로 등록은 행정청이 특정의 영업자나 자격자의 현황을 파악하고 이들을 체계적으로 관리하기 위하여 영업자나 자격자들로 하여금 영업이나 자격활동의 개시를 신고토록 하고 행정청은 등록증 등을 교부하는 절차로 이루어진다.6) 하지만 현황파악과 관리의 수준을 넘어 시장진입을 제한하기 위한 목적의 등록제도는 강학상 허가7) 또는 특허8)에 해당한다.

인허가는 전통적 행정규제의 수단으로 이른바 허가, 특허, 인가를 통칭하여 관행적으로 부르는 용어다. 허가라 함은 법규에 의해 일반적·상대적으로 금지되어 있는 것을 특정한 경우에 해제시켜주는 행위를 말한다. 다시 말해서 인간이 원래부터 가지고 있던 자연적 자유를 행정목적상 법규에 의하여 금지시키고 특정한 경우에 한하여 그 금지를 해제시켜줌으로써 인간의 자연적 자유를 회복시키는 것을 의미한다. 특허란 위에서 언급한 바와 같이 행정주체가 행정객체에게 공법상 또는 사법상의 전에 없던 새로운 권리를 설정하여 주는 행정행위를 말한다. 인가란 제3자의 법률행위를 보충하여 그 법률적 행위를 완성시켜주는 행위를 말한다.

환경행정영역은 그 어떤 영역보다 행위제한이 광범위하게 이루어진다. 행위제한의 수단으로 허가, 특허, 인가 등과 같은 인허가제도가 광범위하게 사용된다. 하지만 오늘날에는 앞에서 언급한 것처럼 규제완화의 일환으로 불필요하거나 과도한 인허가 제도를 신고제 또는 등록제로 변경하는 추세다. 그래도 여전히 다른 행정영역에 비하여 환경행정영역은 인허가의 비중이 높은 경향이다. 환경의 특성상 불가피한 것으로 보여진다.

2. 배출규제

환경행정은 그 특성상 오염원의 배출단계부터 철저한 통제가 이루어져야 한다. 일단 오염원이 배출된 이후에는 오염이나 훼손을 막는 것이 원천적으로

---

5) 홍정선(104면).
6) 이러한 입법례로는 공인회계사법 제7조(등록) 등이 있다.
7) 이러한 입법례로는 「계량에 관한 법률」 제6조(계량기 제작업의 등록 등), 「고압가스 안전관리법」 제5조(용기·냉동기 및 특정설비의 제조등록 등) 등이 있다.
8) 이러한 입법례로는 「수산업법」 제19조(어업권의 등록) 등이 있다.

불가능하거나 많은 비용과 시간이 소요되기 때문이다. 환경에 영향을 미치거나 미칠 우려가 있는 원인행위(배출)를 앞에서 설명한 행정규제수단, 즉 신고, 등록, 인허가 등의 수단으로 통제하는 것을 이른바 배출규제라 한다.

배출규제는 배출시설의 설치를 제한 또는 통제하고, 오염방지시설의 설치를 의무화 하고, 배출 또는 방지시설의 운영상 적정성을 확보하도록 하고, 배출허용기준을 설정·준수하도록 통제하는 것을 말한다.

배출허용기준을 설정하는 것은 매우 중요한 사항이다. 배출허용기준이란 오염물질 배출시설에서 배출되는 배출농도 또는 배출량의 최대허용기준, 즉 한계기준을 말한다. 배출허용기준을 정하는 방식은 농도규제와 총량규제가 있다.

농도규제는 오염물질의 배출허용기준을 특정의 농도기준으로 설정하고 이를 초과하여 배출하는 것을 규제하는 방식이다. 농도규제는 어느 단계(시점)의 오염물질 농도를 기준으로 할 것인지에 따라 배출농도규제와 도달농도규제로 나뉜다. 수질이나 대기 등과 같이 오염물질이 배출되는 단계의 허용기준을 정하는 것을 배출농도규제라 하고, 소음 등과 같이 피해가 도달하는 단계의 허용기준을 정하는 방식을 도달농도규제라 한다.

그런데 이러한 농도규제 방식은 규제 집행상 어려움이 존재한다. 왜냐하면 배출이 있을 때마다 농도를 측정하여 초과여부를 모니터링해야 하는데 일반적으로 배출은 지속적으로 이루어지므로 특정 시점에는 허용기준 이내에 있을 수도 있고 또 특정 시점에는 허용기준을 벗어날 수도 있어 규제집행력을 확보하기가 매우 어렵기 때문이다. 따라서 이러한 불합리를 해결하기 위해 배출허용기준을 일, 주, 월, 년 단위로 배출총량을 규제하는 이른바 총량규제 방식이 도입되었다. 총량규제는 오염물질의 배출 총량을 측정할 수 있는 기술과 장치가 확보되었을 때 가능한 규제방식이다. 다시 말해서 총량의 측정이 기술적으로 또는 장비의 부족으로 곤란한 때에는 원천적으로 불가능한 규제방식이다. 또한 측정의 비용을 배출자(사업자)에게 전가할 경우 영세사업자는 그 비용을 감당할 수 없어 사업을 할 수 없으므로 시장진입의 장애요소로 작동될 수 있다. 배출규제의 바람직한 방향은 총량규제이다. 하지만 총량규제는 기술, 비용 등 해결해야 할 선결과제가 많다.

V. 간접 규제

1. 배출부과금

배출부과금이란 배출허용기준 등 법령이 허용하는 범위를 초과하여 오염원을 배출시키거나 잔류시키는 경우 그 배출량이나 잔류량에 일정단위당 부과금을 곱하여 금전급부의무를 부과하는 것을 말한다. 따라서 배출기준을 초과하지만 않으면 배출부과금을 부과할 수 없다는 맹점이 있다.

배출부과금의 성격이 배출기준을 위반하여 오염물질을 배출한 것에 대한 제재적 수단이라면 이러한 부과방식이 타당하다. 하지만 배출부과금은 생산자 또는 사업자가 제품을 생산하기 위해서 불가피하게 오염물질을 배출할 수밖에 없는 때에 자신이 향유하는 경제적 이익만큼 환경 보존 및 복구비용을 부담하도록 하는 이른바 원인자부담금의 성격도 아울러 가지고 있다. 따라서 허용기준 내의 배출을 한다고 해서 배출부담금을 완전 면제하는 것은 제도의 취지에 부합하지 않는다는 비판이 있어 왔다.

이러한 비판을 수용하여 대기환경보전법, 수질환경보전법 등 현행 환경법률들은 배출허용기준의 초과 여부에 관계없이 해당 물질의 배출량 또는 잔존량에 배출부담금을 부과할 수 있도록 규정하고 있다. 배출부담금을 기본배출부담금과 초과배출부담금으로 나누어 배출허용기준를 초과하는 배출량에 대해서는 더 높은 수준의 단위당 부담금을 부과하고 있다. 따라서 오늘날 배출부과금의 성격은 제재적 수단보다는 오염원을 배출하는 자가 자신이 향유하는 이익의 일부를 환경의 보존 및 복구비용을 환원하는 이른바 원인자부담금으로 보는 것이 타당하다. 물론 초과배출부담금은 제재적 성격을 어느 정도 내포하고 있는 것으로 볼 수 있다.

2. 부담금

부담금이란 중앙행정기관의 장, 지방자치단체의 장, 행정권한을 위탁받은 공공단체 또는 법인의 장 등 법률에 따라 금전적 부담의 부과권한을 부여받은 자가 분담금, 부과금, 기여금, 그 밖의 명칭에도 불구하고 재화 또는 용역의 제공과 관계없이 특정 공익사업과 관련하여 법률에서 정하는 바에 따라 부과

하는 조세 외의 금전지급의무를 말한다.[9]

환경 관련 부담금으로는 환경개선부담금, 수질개선부담금, 물이용부담금, 지하수이용부담금, 폐기물부담금 등이 있다.

환경개선부담금이란 환경오염의 원인자로 하여금 환경개선에 필요한 비용을 부담하게 하여 환경개선을 위한 투자재원을 합리적으로 조달하기 위한 것이다. 현재는 경유를 연료로 사용하는 자동차의 소유자에게 환경개선부담금을 부과하고 있다.

수질개선부담금은 공공의 지하수자원을 보호하고 먹는물의 수질개선에 이바지하도록 샘물 등의 개발허가를 받은 자, 먹는샘물 등의 제조업자 및 수입판매업자에게 부과하는 부담금이다.

물이용부담금이란 수도사업자가 주민지원사업과 수질개선사업 등의 재원을 조성하기 위하여 공공수역으로부터 취수된 원수(原水)를 직접 또는 정수(淨水)하여 공급받는 최종 수요자에게 물사용량에 비례한 부담금을 부과하는 것을 말한다.

지하수이용부담금은 시장·군수·구청장이 지하수의 적정한 개발·이용과 보전·관리에 필요한 재원을 조성하기 위하여 허가를 받거나 신고하고 지하수를 개발·이용하는 자에게 부담금을 부과하는 것을 말한다.

폐기물부담금은 환경부장관이 폐기물의 발생을 억제하고 자원의 낭비를 막기 위하여 특정대기유해물질, 특정수질유해물질, 유독물질을 함유하고 있거나 재활용이 어렵고 폐기물 관리상의 문제를 초래할 가능성이 있는 제품·재료·용기의 제조업자나 수입업자에게 그 폐기물의 처리에 드는 비용을 매년 부과하는 것을 말한다.

3. 환경세

최근 유럽각국에서 도입하고 있는 환경세는 조세의 규제적·유도적 효과에 착안하고 있다는 점에서 환경오염방지를 위한 과징금·부담금 등과 매우 유사하다. 환경세는 환경과 관련하여 부과하는 세금으로 정의할 수 있으나, 그 실질적 내용에 있어서는 환경보전에 필요한 재원을 확보하거나 환경 훼손행위를 억제하기 위한 것으로서 앞에서 살펴본 각종 부담금과 사실상 구별이

---

9) 「부담금관리 기본법」 제2조.

곤란하다. 환경세를 조세라고 한다면 조세수입의 용도를 미리 정한 목적세로 보아야 할 것이다.

결국 부담금과 환경세의 구별은 부과권자, 징수권자, 징수금전의 관리주체, 예산편성권자 등의 차이만이 존재할 뿐이다. 예를 들어 대기오염을 촉발하는 경우 사용 자동차에 대하여 금전급부의무를 부과할 경우 해당 금전급부의무의 부과권자가 환경 행정청인지 조세당국인지에 따라 부담금 또는 환경세로 분류되어질 수 있다.

4. 배출권거래제도

사업자 A는 배출허용 기준의 120%의 배출이 불가피하고, 사업자 B는 배출허용 기준의 80%로 배출량을 저감한 경우 B의 배출허용량 20%를 A에게 매각할 수 있도록 허용하는 제도를 배출권거래제도라 한다. 배출량을 저감시킨 행위에 대한 일종의 인센티브라고 할 수 있다.

이론적으로는 매우 유용한 제도처럼 보이지만 실제에 있어 이러한 제도가 제대로 작동되기 쉽지 않다. 우선 배출자에게 허용 배출량을 산정하여 할당하는 것이 쉽지 않으며, 만약 허용 할당량이 모두 소진된 경우에는 새로운 기업의 신규사업 참여가 사실상 불가능할 수 있다.

현행법으로는 「온실가스 배출권의 할당 및 거래에 관한 법률」이 있다. 동법은 온실가스 감축 목표를 달성하기 위하여 법에 따라 설정된 온실가스 배출허용총량의 범위에서 개별 온실가스 배출업체에 할당되는 온실가스 배출허용량을 '배출권'이라 정의하고 이를 거래하는 절차와 방법 등을 규정하고 있다. 주무관청은 할당계획에서 정하는 배출권의 할당 대상이 되는 부문 및 업종에 속하는 온실가스 배출업체 중에서 배출권 할당대상업체를 지정한다. 주무관청은 계획기간마다 할당계획에 따라 ① 할당대상업체의 이행연도별 배출권 수요, ② 조기감축실적, ③ 할당대상업체의 배출권 제출 실적, ④ 할당대상업체의 무역집약도 및 탄소집약도, ⑤ 할당대상업체 간 배출권 할당량의 형평성, ⑥ 부문별·업종별 온실가스 감축 기술 수준 및 국제경쟁력, ⑦ 할당대상업체의 시설투자 등이 국가온실가스감축목표 달성에 기여하는 정도 등을 고려하여 할당대상업체에 해당 계획기간의 총배출권과 이행연도별 배출권을 할당한다.

배출권은 매매나 그 밖의 방법으로 거래할 수 있다. 배출권은 온실가스를 이산화탄소상당량톤으로 환산한 단위로 거래한다. 배출권을 거래하려는 자는 배출권등록부에 배출권 거래계정을 등록하고, 그 사실을 주무관청에 신고하여야 한다.

제4장 경제행정법

제1절 헌법상 경제질서

I. 헌법상 경제조항의 연혁

1. 건국 헌법과 경제조항

대한민국 건국헌법인 1948년 헌법은 제6장을 '경제'의 장으로 두고 제84조부터 제89조까지 대한민국의 경제 질서에 관한 주요 내용을 규정하였다. 제84조는 "대한민국의 경제질서는 모든 국민에게 생활의 기본적 수요를 충족할 수 있게 하는 사회정의의 실현과 균형 있는 국민경제의 발전을 기함을 기본으로 삼는다. 각인의 경제상 자유는 이 한계 내에서 보장된다"고 함으로써 대한민국 경제 질서의 기본원칙을 밝히고 있다.

건국헌법을 기초한 유진오 박사에 의하면, 첫째 원칙으로서의 '사회정의의 실현'이란 "모든 국민에게 생활의 기본적 수요를 충족할 수 있게 하여 일방에는 포식난의(飽食暖衣)하는 국민이 있는데 일방에는 기한(飢寒)에 신음하는 국민이 있는 것과 같은 사태를 없게 함"을 말하고 여기서 '생활의 기본적 수요를 충족'시킨다 함은 "최저 생활을 확보한다는 의미보다는 넓으며 생리적(生理的) 최저생활을 확보하는 동시에 상당한 정도의 문화적 생활을 확보할 것을 의미하는 것"으로 해석되었고, '균형 있는 국민경제'의 의미는 소비자재의 생산과 생산자재의 생산의 균형, 산업 간의 균형 또는 국민각층의 부의 균형 등으로 이해하였다.[1]

건국 헌법은 경제문제에 있어서 개인주의적 자본주의국가 체제에 편향함을 회피하고 사회주의적 균등 경제의 원리를 아울러 채택함으로써, 개인주의적 자본주의의 장점인 각인의 자유와 평등 및 창의의 가치를 존중하는 한편 모든 국민에게 인간다운 생활을 확보케 하고 그들의 균등생활을 보장하려는

---

1) 변해철, "한국 헌법에서의 경제", 「토지공법연구」 제43집 제1호, 한국토지공법학회, 2009. 2, 441~456면.

사회주의적 균등경제의 원리를 또한 존중하여 말하자면 정치적 민주주의와 경제적 사회적 민주주의라는 일견 대립되는 두 주의를 한 층 높은 단계에서 조화하고 융합하려는 새로운 국가형태를 실현함을 목표로 한 헌법으로 정의 내릴 수 있다.[2]

2. 1962년 제5차 헌법과 경제조항

건국 헌법상의 경제조항은 5·16에 이은 1962년 제5차 헌법 개정으로 커다란 체계의 변화가 발생한다. 건국 헌법 제84조상의 제1문과 제2문을 분리하고 그 위치를 정비하여 대한민국의 경제 질서의 기본원칙이 '개인의 경제상의 자유와 창의의 존중'에 있음을 보다 분명히 하였다. 제111조 제1항에서 "개인의 경제상의 자유와 창의를 존중함을 기본으로 한다"고 하고 제2항에서 "국가는 모든 국민에게 생활의 기본적 수요를 충족시키는 사회정의의 실현과 균형 있는 국민경제의 발전을 위하여 필요한 범위 안에서 경제에 관한 규제와 조정을 한다"고 함으로써 '사회정의의 실현과 균형 있는 국민경제의 발전'이 기본이라는 표현을 삭제하였다.

1962년 헌법은 '농민에 대한 농지배분' 대신에 제113조에서 '소작제도 금지'를 규정하고, 제114조는 농지와 산지를 효율적으로 이용할 것을 규정하고 이를 위해 긴요한 제한과 의무를 과할 수 있도록 하였으며, 제115조는 농민·어민과 중소기업자의 자조를 기반으로 하는 협동조합을 육성하고 그 정치적 중립성을 보장토록 하였다. 중요 기업의 국·공유원칙 관련 규정을 삭제하여 운수, 금융, 보험 등에의 민간부문의 참여가 가능하게 되었으며 전기, 수도 등 공공성이 강한 분야의 경우는 개별 입법으로 이를 유지하였다.

3. 1972년 유신헌법과 경제조항

이른바 유신헌법 또는 초월적 대통령제로 대변되는 1972년 헌법은 경제 질서와 관련하여서도 개발독재를 지속적으로 보장하는 차원에서 개정되었다. 우선 특징적인 것은 재산권 제한에 대한 보상을 약화시킨 점인데 제20조 제3항은 "공공필요에 의한 재산권의 수용·사용 또는 제한 및 보상의 기준과 방법은 법률로 정한다"고 함으로써 구 헌법이 '정당한 보상'을 기준으로 하고 있는

---

2) 유진오, 신고헌법해의, 일조각, 1953, 254면; 변해철, 앞의 논문, 441면 재인용.

데에 비해 보상의 기준과 방법을 전적으로 법률에 위임함으로써 재산권 보장이 매우 불확실하게 되었다.[3]

4. 제5공화국 헌법과 경제조항

1980년 헌법 개정 당시 학자들은 급진성장에 따른 부작용을 치유하는 차원에서 헌법 개정이 이루어져야 한다고 주장하면서, 특히 경제활동에 대한 정부의 역할을 강조하였는바, 정부의 새로운 역할로 (1) 공공재의 정부 생산 및 민간의 사유재 생산에 대한 직접적 간섭 배제, (2) 사유재의 생산에 대한 지표적 또는 유도적 계획, (3) 경쟁을 통한 효율성제고를 위한 경기규칙의 제정 및 정부의 특정기업에 대한 무원칙적 지원 금지, (4) 교육투자 확대 등 경제적 잠재력 향상을 위한 정부 지원 강화, (5) 산업화 과정에서의 부작용(소득재분배, 사회복지 증진, 공해 등) 해소를 위한 정부의 적극적 개입, (6) 식량, 소형주택 등 국민의 기본적 수요에 대한 보장, (7) 자율경제의 결함인 독과점에 대한 규제, (8) 농지와 농업에 대한 보호 및 토지 공개념 도입, (9) 중소기업, 소비자보호에 대한 정부의 보장, (10) 이상 자율경제의 확립과 자율경제의 결함보완이 경제의 안정적 성장에 있도록 하기 위하여 그 기본방향과 정신을 헌법에 명시할 것 등을 요구하였으나 실제 개정은 매우 제한적인 범위에서 이루어졌다.

특징적인 것으로는 제120조에서 독과점 규제에 대한 근거규정을 마련한 것과 제22조에서 재산권제한에 대한 보상에 관한 헌법적 기준을 제시한 점이다. 제22조 제3항은 "… 보상은 공익 및 관계자의 이익을 정당하게 형량하여 법률로 정한다"고 함으로써 구 헌법이 보상의 기준을 법률에 백지위임하였던 것과는 달리 '공익 및 관계자의 이익의 정당한 형량'이라는 일정한 기준을 제시하고 있다.[4]

Ⅱ. 현행 헌법상 경제조항

1. 헌법 제119조의 규정

현행 헌법 제119조 제1항은 "대한민국의 경제질서는 개인과 기업의 경제

---

3) 변해철, 앞의 논문, 441~456면.
4) 변해철, 앞의 논문, 441~456면.

상의 자유와 창의를 존중함을 기본으로 한다"고, 제2항은 "국가는 균형 있는 국민경제의 성장 및 안정과 적정한 소득의 분배를 유지하고, 시장의 지배와 경제력의 남용을 방지하며, 경제주체간의 조화를 통한 경제의 민주화를 위하여 경제에 관한 규제와 조정을 할 수 있다"고 규정하고 있다.

제1항은 자유시장 경제질서에 대한 원칙을 천명한 것으로 해석상 별다른 논의가 필요치 않다. 하지만 제2항은 경제규제의 헌법적 근거를 제시한 규정으로서 그 해석을 두고 첨예한 견해대립이 있다. 헌법 제37조 제2항의 기본권 제한을 위한 법률유보 규정으로 경제에 관한 규제와 조정이 얼마든지 가능함에도 불구하고 이 규정을 특별히 따로 규정할 필요성이 있느냐를 두고서도 극심한 견해 차이를 보이고 있다.

2. 헌법 제119조 제2항에 대한 논의

⑴ 규정의 존재의의가 있다는 견해

헌법 제119조 제2항은 '경제주체간의 조화를 통한' 경제의 민주화라고 명시하고 있으므로, 경제민주화의 의미 해석의 중요한 키워드는 '경제주체간의 조화를 통한'이며, 결국 경제민주화란 경제주체간의 조화를 핵심적 내용으로 하는 것이라고 파악할 수 있을 것이다. 경제주체간의 조화란 자유롭게 활동하는 경제주체들 각자의 삶의 가치들이 경제를 둘러싸고 존재하면서 때로는 서로 갈등하고 충돌할 수 있다는 사실을 전제한다. 경제 및 경제를 둘러싼 다양한 가치의 충돌 가능성은 상호 조화의 규범적 요청으로 이어진다. 예컨대, 사람들 간의 경제력의 차이는 불가피하겠지만 그것이 경제적 강자의 약자에 대한 경제적 약탈로 나타나지 않아야 하는 규범적 요청이 있으며, 피용자의 직업 안정과 고용자의 경제적 이익 간의 조화에 대한 요청도 있을 것이다. 경제에서 가치의 조화는 때로는 자유로운 경쟁상황을 통해 달성되기도 하지만, 다른 한편으로는 사적인 경쟁을 통해서는 가치의 조화가 쉽게 달성되기 어려운 경우가 많다. 따라서 어떠한 경우에 경쟁에 의한 조정에 맡길 것인지, 또 경쟁에 의해 조정되기 어려운 경우 어떻게 조화를 이룰 것인지를 결정할 필요가 있다. 이 경우 경제적 갈등을 해소하고 가치의 조화를 도모하는 것은 국가의 경제에 대한 '규제'와 '조정'을 통해 이루어지기 마련이며, 특히 '경제입법'은 경제주체 간의 조화를 도모하기 위한 국가작용의 출발점이 된다. 경제민주화가 공동체 구성원의 자유와 평등을 조화롭게 실현하고자 하는 것이라면, 그 실현을 위한 방법적 기초 역시 민주주의가 될 수밖에 없을 것이며, 따라서 경제와 민주주의가 자유와 평등을 공통의 이념적 기초로 할 뿐 아니라, 나아가 민주주의가 경제에서의 자유와 평등을 실현하기 위한 가치 조화의 원칙적 방법이 된다는 점에서 경제와 민주주의의 상호 관련성이 다시금 확인된다 할 것이다.[5]

(2) 규정의 수정·보완이 필요하다는 견해

'경제헌법의 헌법'이라고 할 수 있는 제119조 제1항은 "대한민국의 경제질서는 개인과 기업의 경제상의 자유와 창의를 존중함을 기본으로 한다"라고 하여 자유주의와 시장경제의 대원칙을 선언하고 있다. 이것은 우리 헌법의 경제질서가 자유주의적 경제원리에 입각하고 있으며, 개인과 기업이라는 경제주체들의 경제적 자유를 근간으로 하여 생산과 소비, 고용과 경제성장을 창출하여 국부의 증진을 도모한다는 의미로 해석할 수 있다. 이를 위하여 개인과 기업은 경제활동의 영역을 자유롭게 선택하고 영위하며 경제활동의 본거지 또한 대한민국과 외국을 불문하고 경제주체의 자유로운 선택에 맡겨지게 되는 것이다. 또한 경제주체의 경제활동을 통하여 축적된 재산권은 헌법의 보호 하에 놓이게 된다. 우리 경제헌법의 토대는 이와 같이 시장경제와 자유주의적 경제질서를 근간으로 하고 있지만 동시에 자유주의적 경제체제가 안고 있는 폐해의 방지와 경제적 약자에 대한 보호를 통하여 사회적 정의를 실현하기 위하여 국가의 경제에 대한 책임과 의무를 선언하고 있다. 그런데 자유와 평등, 시장과 책임의 조화라는 명제에도 불구하고 헌법 제119조 제1항과 제2항의 해석론과 관련하여 간과할 수 없는 사실은 제1항과 제2항은 결코 대칭성을 특징으로 하지 않는다는 점이다. 다시 말하면 우리 헌법상의 경제질서의 원칙은 시장과 자유이며 국가의 조정과 개입행위는 시장의 실패로 인한 부작용을 최소화하기 위하여 필요한 경우에 한하여 보충적·예외적으로만 허용될 수 있다는 점이다. 따라서 현행 헌법 제119조 제1항은 "대한민국의 경제질서는 개인과 기업의 경제상의 자유와 창의를 존중하는 시장경제질서를 기본으로 한다"로, 제2항은 "국가는 시장의 지배와 경제력의 남용을 방지하며, 경제의 성장과 분배

---

5) 이장희, "헌법 제119조 제2항 '경제민주화'의 의미", 「공법연구」 제42집 제2호, 한국공법학회, 2013. 12, 95면~124면.

의 조화를 통한 경제의 안정화를 위하여 필요한 경우에 법률이 정하는 바에 따라 경제에 관한 규제와 조정을 할 수 있다"로 수정·보완할 필요가 있다.[6)]

(3) 규정을 폐지·삭제해야한다는 견해

제119조의 "대한민국의 경제질서는 개인과 기업의 경제상의 자유와 창의를 존중함을 기본으로 한다"는 조항을 "모든 사람(개인과 기업 등)의 경제적 자유와 창의를 존중한다"라고 단순하게 규정하거나 혹은 별도로 규정하지 않는 방안도 고려할 수 있다. 여기서 모든 사람은 내국인과 외국인을 포함하고 또 개인과 기업 등 모든 경제주체의 경제적 자유와 창의를 보장함으로써 경제성장도 개인이나 소수의 경제활동에 맡기거나 공권력에만 위임해서는 안 된다는 점이다. 왜냐하면 경제사회생활에 있어서 인간이 그 주체이고 중심이며 목적이기 때문이다. 현대 경제는 사회생활의 다른 분야와 마찬가지로 자연에 대한 인간의 지배력이 증대되고, 시민과 민족 간의 긴밀하고 복잡한 관계와 상호의존성이 커지며, 정치권력의 부단한 간섭과 개입 등의 특징을 가지고 있다. 동시에 생산방법과 재화 및 서비스 등의 이동과 교류가 진보함으로써 경제는 인간의 필요와 욕구에 더욱 봉사할 수 있는 도구일 뿐이고, 인간이 지배당하는 경우는 결코 용인할 수 없기 때문이다. 사유재산제·자유경쟁·계약의 자유 등에서 시장경제의 근간이 되는 사적 자치원칙을 보장해야 한다. 사적 자치는 개인의 자율성과 합리성에 입각하여 그 경제행위의 효과에 대해서도 책임을 부담한다. 나아가 제119조 제2항의 "국가는 균형 있는 국민경제의 성장 및 안정과 적정한 소득의 분배를 유지하고, 시장의 지배와 경제력의 남용을 방지하며, 경제주체간의 조화를 통한 경제의 민주화를 위하여 경제에 관한 규제와 조정을 할 수 있다"고 규정하는 내용은 경제정책의 일반목적인 '국민경제의 성장 및 안정과 적정한 소득의 분배'를 의미하는바, 이들은 개별적인 경제정책의 목적으로 기능할 뿐이다. 따라서 이는 헌법규범으로 존치해야 할 필요성이 없기 때문에 삭제되어야 한다.[7)]

---

6) 김성수, "헌법상 경제조항에 대한 개정론", 「공법연구」 제34집 제4호 제2권, 한국공법학회, 2006. 6, 190~203면.

7) 정영화, "헌법상 경제질서에 대한 개정방안", 「세계헌법연구」 제16권 4호, 국제헌법학회 한국학회, 2010, 25~28면.

Ⅲ. 헌법 제119조 제2항과 경제민주화

헌법 제119조 제2항에서의 " ··· 경제의 민주화 ··· "의 의미를 헌법재판소
는 헌법상의 경제질서에 관한 규정은, 국가행위에 대하여 한계를 설정함으로
써 경제질서의 형성에 개인과 사회의 자율적인 참여를 보장하는 경제적 기본
권과 경제영역에서의 국가활동에 대하여 기본방향과 과제를 제시하고 국가에
게 적극적인 경제정책을 추진할 수 있는 권한을 부여하는 경제에 대한 간섭과
조정에 관한 규정(헌법 제119조 이하)으로 구성되어 있다. 특히 헌법 제119조는 개
인의 경제적 자유를 보장하면서 사회정의를 실현하는 경제질서를 경제헌법의
지도원칙으로 표명함으로써 국가가 개인의 경제적 자유를 존중하여야 할 의
무와 더불어 국민경제의 전반적인 현상에 대하여 포괄적인 책임을 지고 있다
는 것을 규정하고 있다. 우리 헌법은 헌법 제119조 이하의 경제에 관한 장에
서 균형 있는 국민경제의 성장과 안정, 적정한 소득의 분배, 시장의 지배와 경
제력남용의 방지, 경제주체간의 조화를 통한 경제의 민주화, 균형 있는 지역
경제의 육성, 중소기업의 보호육성, 소비자보호 등의 경제영역에서의 국가목
표를 명시적으로 언급함으로써 국가가 경제정책을 통하여 달성하여야 할 공
익을 구체화하고, 동시에 헌법 제37조 제2항의 기본권제한을 위한 법률유보에
서의 공공복리를 구체화하고 있다. 따라서 헌법 제119조 제2항에 규정된 경제
주체간의 조화를 통한 경제민주화의 이념도 경제영역에서 정의로운 사회질서
를 형성하기 위하여 추구할 수 있는 국가목표로서 개인의 기본권을 제한하는
국가행위를 정당화하는 헌법규범이라고 해석하고 있다.[8]

헌법 제119조는 제1항에서 "대한민국의 경제질서는 개인과 기업의 경제
상의 자유와 창의를 존중함을 기본으로 한다"고 규정하여 사유재산제도, 사적
자치의 원칙, 과실책임의 원칙을 기초로 하는 자유시장 경제질서를 기본으로
하고 있음을 선언하면서, 한편 그 제2항에서 "국가는 ··· 시장의 지배와 경제력
의 남용을 방지하기 위하여 ··· 경제에 관한 규제와 조정을 할 수 있다"고 규정
하여 독과점규제와 공정거래유지를 위한 입법의 헌법적 근거를 제공하고 있
다. 결국 우리 헌법은 자유시장 경제질서를 기본으로 하면서 사회국가원리를

---

8) 헌재 1996. 12. 26. 96헌가18 결정.

수용하여 실질적인 자유와 평등을 아울러 달성하려는 것을 근본이념으로 하고 있는 것이다.9)

이처럼 헌법재판소는 '경제민주화'에 대해 개념적 정의를 명확히 하기 보다는 (1) 경제영역에서 정의로운 사회질서를 형성하기 위하여 추구할 수 있는 국가목표로서 개인의 기본권을 제한하는 국가행위를 정당화하는 헌법규범, (2) 사회국가원리를 수용하여 실질적인 자유와 평등을 아울러 달성하려는 근본이념 등 헌법상 경제조항의 필요성을 역설하고 있을 뿐 구체적으로 경제민주화에 대한 정의(定義)적 특질을 규명하지 못하고 있다.

헌법재판소의 판례를 살펴보면 '민주화'라는 용어가 '경제의 민주화' 이외에 국가와 사회의 민주화,10) 행정의 민주화,11) 사법부(사법운영)의 민주화,12) 어업의 민주화,13) 군의 민주화,14) 관료제의 민주화,15) 방송내부의 민주화16) 등에서 사용되고 있는데, 단지 '민주화'라는 단어만을 사용하고 있을 뿐 '민주화'의 의미에 대한 언급은 어디서도 찾을 수 없다.

'민주화'에 대한 사전(辭典)적 의미를 살펴 볼 필요가 있는바 '정치학 대사전'은 민주화를 다음과 같이 설명하고 있다. 민주주의적으로 되어 가는 상태 또는 민주주의가 되게 하는 과정, 즉 민주주의가 탄생되기 위해서는 그렇지 않은 상태에서 민주주의로 변화될 필요가 있는데 이것을 민주화라고 한다. 마틴 립셋(Seymour Martin Lipset)은 민주주의, 민주화는 (1) 체제의 능력, (2) 체제의 다양성 허용도, (3) 체제에서의 평등정도 등에 의해 실현된다고 한다. 체제의 능력이란 최저한의 것으로는 자유 비밀선거를 실시할 수 있을 만한 경찰이나 군대의 질서능력, 선거에 의미 있는 참가를 할 수 있을 만한 재정기반 등을 말한다. 체제의 다양성 허용도란 체제가 반체제 집단이나 개인을 어디까지 어떻게 공평한 형태로 허용하고 있는지를 말한다. 체제에서의 평등실현의 정도란 그 체제가 경제적, 사회적인 평등을 실현하고 있는 정도를 말한다.17)

---

9) 헌재 2002. 7. 18. 2001헌마605 결정.
10) 헌재 1997. 6. 26. 96헌마89 결정.
11) 헌재 2012. 8. 23. 2010헌바471 결정.
12) 헌재 2001. 9. 27. 2001헌마152 결정.
13) 헌재 2003. 11. 27. 2002헌바102·103 결정.
14) 헌재 1989. 10. 27. 89헌마56 결정.
15) 헌재 1997. 3. 27. 96헌바86 결정.
16) 헌재 1996. 8. 29. 94헌바35 결정.

또한 '민주화'의 의미에 대하여 '한국민족문화대백과'는 다음과 같이 서술하고 있다. "정치, 경제, 문화를 포함한 사회 전 영역에서 자유와 평등을 포괄한 민주주의의 원리들이 확산되고 심화되는 과정으로서, 민주화는 과거에는 다른 원리들(예컨대 강압적 통제, 사회적 전통, 전문가 견해 혹은 행정적 실행 등)에 통치되던 정치제도들에 대해 시민권의 규칙과 절차들이 적용되는 과정을 뜻하거나, 그런 규칙과 절차들이 이전에 그와 같은 권리의 의무를 누리지 못했던 사람들(예컨대 영세보호민, 문맹자, 여성, 청년, 소수민족, 이민자 등)에게로 확장되는 것을 뜻하거나, 혹은 시민권의 규칙과 절차들이 이전에는 시민의 참여가 허용되지 않았던 쟁점 및 제도들(예컨대 국가기관, 군사제도, 정당조직, 이익결사체, 생산기업, 교육제도 등)을 망라하도록 확대되는 과정을 의미한다.18)

이처럼 '민주화'의 의미는 민주주의의 원리, 즉 자유와 평등의 사상이 정치, 경제, 사회, 문화 전 영역으로 확산되어 가는 것을 의미한다. '자유'란 타인의 자유를 침해하지 않는 한 자신의 책임 하에 자신의 생각을 구현할 수 있는 것을 말하며, '평등'이란 동등한 조건과 기회가 신분이나 종교 등 다른 요소에 의해 차별받지 않는 것을 의미한다. 따라서 '민주화'는 사회의 모든 영역에서 동시에 구현되는 것이지 특별히 '경제'에만 적용되는 '민주화'의 관념이 따로 존재하는 것은 결코 아니다.

'한국경제'신문의 경제용어사전에서는 경제민주화를 '자유시장경제체제에서 발생하는 과도한 빈부격차를 보다 평등하게 조정하자는 취지의 용어'19)라고 설명하고 있는데, '빈부의 격차를 평등하게 조정'하는 것은 헌법상 기본권인 평등권, 인간다운 생활을 할 권리, 행복추구권 등에 의해 실현되는 '기본권 실현의 한 방법'일 뿐, 이를 특별히 '경제'의 '민주화'라고 따로 개념화해야 할 필요도 실익도 없다.

헌법 제119조 제2항은 우리 사회 전반에 미치는 헌법상 지도원리로서 '평등'이 마치 '경제' 분야에만 특별히 더욱 강하게 미치는 것처럼 오해를 불러일으킬 수 있고, 국가의 무분별한 개입만능주의와 복지 포퓰리즘의 명분으로 악용되고 사회적 갈등의 원인이 될 소지만 있을 뿐, 실제 경제 분야의 규제와 조

---

17) 한국사전연구사, 21세기 정치학대사전.
18) 한국학중앙연구원, 한국민족문화대백과.
19) 한국경제, 경제용어사전.

정을 위한 입법형성권에는 아무런 도움(근거)이 되지 못한다. '기본권'은 권리에 관한 사항이므로 만약 반드시 필요한 기본권임에도 불구하고 헌법에 열거되지 않았을 때, 즉 기본권의 흠결이 존재할 경우 '개괄조항'이 포괄적 기본권의 근거로서 활용될 수 있으나, 경제에 대한 규제와 조정은 '정부의 권한'에 관한 것이므로 만약 이에 대한 흠결이 존재할 경우 '개괄조항'에 의한 포괄적 권한 위임이 불가능하다. 따라서 권한에 대한 개괄조항(헌법 제119조 제2항)이 있다 할지라도 그것만으로 헌법에 열거되지 아니한 경제의 규제와 조정권한을 그것이 기본권제한(헌법 제37조 제2항) 사유에 해당하지 않는 한 새로이 신설(입법)할 수 없다.

경제주체간의 조화를 위하여 정부가 경제주체에 대한 규제와 조정을 할 경우 수범자 입장에서는 그러한 규제와 조정이 결국 수범자의 기본권을 제한 또는 침해하는 효과가 나타날 것이다. 헌법재판소도 "우리나라 헌법의 경제조항들은 국가가 경제정책을 통하여 달성하여야 할 '공익'을 구체화하고, 동시에 헌법 제37조 제2항의 기본권제한을 위한 법률유보에서의 '공공복리'를 구체화하고 있다"라고 판시하였다.[20] 따라서 경제주체 간의 조화를 위하여 정부의 규제와 조정이 필요할 경우 국회는 입법형성권을 통하여 법률로서 수범자의 기본권(경쟁의 자유 등)을 제한하는 것이다. 특히 헌법재판소는 재산권 등 경제 분야에 대해서는 기본권 제한의 입법형성권을 비교적 넓게 인정하고 있기 때문에 헌법 제119조 제2항이 없어서 경제주체간의 조화를 위한 정부의 규제와 조정의 근거법률을 제정하지 못하는 경우는 전혀 없다. 헌법재판소가 밝히고 있듯이 헌법상 경제조항들은 기본권제한을 위한 법률유보 사유 중 하나인 '공공복리'를 구체화한 것에 불과하다. 다시 말해서 헌법 제119조 제2항이 규정하고 있는 "균형 있는 국민경제의 성장 및 안정과 적정한 소득의 분배를 유지하고, 시장의 지배와 경제력의 남용을 방지하며, 경제주체간의 조화"는 결국 '공공복리'의 여러 요소 중에 하나에 불과하다.

---

20) 헌재 1996. 12. 26. 96헌가18 결정.

제 2 절   경제규제의 수단

Ⅰ. 경제규제의 의의와 유형

일반적으로 규제는 개인 및 법인 등의 활동에 대해 국가가 특정목적 달성을 위해 개입하는 것을 의미한다. 국가의 규제는 행정작용을 통해서 나타나는 바, 이를 일반적으로 행정규제라고 하며, 행정규제기본법 제2조 제1항 제1호는 "국가나 지방자치단체가 특정한 행정 목적을 실현하기 위하여 국민(국내법을 적용받는 외국인을 포함한다)의 권리를 제한하거나 의무를 부과하는 것으로서 법령 등이나 조례·규칙에 규정되는 사항을 말한다"고 규정함으로써 규제의 주체, 객체, 내용, 형식의 4가지 요소를 정하고 있다.[21]

일반적으로 규제의 분류는 성격별로는 경제적 규제, 사회적 규제, 행정적 규제로 나누고, 경제적 규제의 범주에는 기업의 생산 및 영업활동에 대한 규제, 사회적 규제로는 국민의 건강, 생명, 삶의 질, 경제 및 사회적 형평성의 확보 등 기업의 사회적 역할과 책임과 관련된 규제가 있다. 한편 행정적 규제는 행정의 효율성 향상을 위한 수단적 규제로서 신고, 보고, 행정조사 등이 있다. 그러나 이러한 규제의 분류 역시 시장에서의 규제수단의 설정이 결과적으로 국민의 생명 및 건강, 안전과 연결되고 있으며, 행정청에 대한 신고, 보고, 조사활동 등의 궁극적인 목적 역시 경제적 및 사회적 규제활동과 매우 밀접한 관련성을 지닌다는 점에서 이를 명확히 구분하기는 어렵다.[22]

경제적 규제는 크게 진입규제(entry regulation), 가격규제(price regulation), 품질규제(quality regulation) 등으로 나눌 수 있고, 그것을 구체적 유형별로 구분하면 허가, 인가, 특허, 승인, 지정 등의 사전승인규제와 시험, 검사, 인정 등의 투입기준규제, 결정, 명령, 단속 등의 산출기준규제, 신고, 보고, 등록, 통지 등의 정보규제로 나눌 수 있다.[23]

---

21) 최승필, "규제완화에 대한 법적 고찰 ─ 인·허가 및 신고, 등록제도와 네거티브 규제를 중심으로 ─ ", 「공법학연구」 제12권 제1호(2013), 230면.

22) 최승필, 앞의 논문, 230면.

23) 최승필, 앞의 논문, 231면.

Ⅱ. 인허가 제도

1. 인허가의 의의

우리가 일반적으로 사용하고 있는 '인·허가'라는 용어가 강학상 용어인 인가와 허가를 통칭하는 의미인지 아니면 실무에서 사용되어지고 있는 허가, 인가, 면허, 등록, 신고 등을 모두 아우르는 개념인지는 명확하지 않다.

만약 강학상 용어인 인가와 허가를 통칭하는 의미라면 '인가'는 인가대로 '허가'는 허가대로 각각 상이한 법적 요건과 특질을 가지고 있는 까닭에 우리가 편의상 '인허가'라고 통칭은 하고 있지만 각각의 처분기준에 대한 법적 문제와 개선방안이 제시되어야 할 것이다. 반면에 실무상으로는 허가, 인가, 면허, 등록, 신고 등 다양하게 사용되어지는 용어들이지만 그 강학상 분류는 '허가'에 해당하는 것들을 의미한다면 결국 '인허가'의 기준이란 강학상 허가의 처분기준을 의미하는 것으로 해석할 수 있을 것이다.

선행연구[24]들을 살펴보면 대체적으로 인허가제도를 "공공질서의 유지나 공공복리의 증진을 위하여 특정의 영업·사업·업무나 그 밖의 행위를 함에 있어서 행정관청의 일정한 행위(허가·인가·면허 등)나 행정관청에 대한 일정한 행위(등록·신고 등)를 요건으로 하는 것으로, 그러한 목적을 위하여 국민의 사회·경제생활상의 자유 또는 권리를 제한하거나 의무를 부과하는 규제제도"라고 설명하면서, 인허가는 "허가 또는 인가 등을 받거나 등록 또는 신고를 하지 아니하고서는 일정한 영업·사업·업무나 그 밖의 행위를 처음부터 합법적으로 할 수 없게 된다는 점에서 사전적인 규제방식"에 해당한다고 한다.[25]

인허가의 의미를 선행연구들과 같이 해석한다면, 인허가는 "진입금지 또는 제한이 있는 시장에 참여하려는 자가 행정관청에게 시장참여를 요청하는 때에 행정관청이 시장참여의 여부를 결정하는 행위"라고 정의할 수 있을 것이다. 결국 '인허가'는 '완화된 허가'에서부터 '예외적 승인'에 이르기까지 그 금

---

24) 이익현, "인허가의제제도에 관한 연구", 「월간법제」(1994. 5.), 법제처; 정태용, "인·허가의제제도에 관한 고찰", 「월간법제」(2002. 2.), 법제처; 한상우, "인·허가의 판단기준에 관한 입법적 고찰", 「월간법제」(2002. 5.), 법제처; 김광수, 허가·인가·특허 등의 올바른 사용을 위한 정비 및 심사기준 연구, 법제처, 2006 등.
25) 방기호, "인허가제도 설정의 기준", 「월간법제」(1989. 3.), 법제처, 3면.

지 및 제한의 엄격성 정도는 달리하더라도 기본적으로 강학상 '허가'를 의미하는 것으로 보아도 무방할 것이다.

하지만 실제에 있어서는 인허가 대상의 종류와 양태가 매우 다양하므로 개별·구체적인 사안에서 인허가의 여부를 판단하기란 쉬운 일이 아니다. 물론 오늘날에는 인허가가 국민의 권리·의무와 직접 관련되는 처분이므로 법치행정원칙이 인허가의 분야에서도 예외 없이 엄격하게 적용되어야 한다는 측면에서, 인허가를 함에 있어서 그 판단의 중요한 기준을 인허가를 규정한 당해 법령에서 비교적 상세하게 규정해 두고 있는 것이 일반적이다.26) 즉, 인허가의 기준을 법령에 자세히 규정하게 되면 인허가의 신청인이나 관계인은 처분의 위법·부당 여부를 더욱 쉽게 판단할 수 있게 되어 행정심판 또는 행정소송의 수단을 통하여 권리구제를 받게 될 가능성도 더욱 높아지게 된다. 이러한 점에서 인허가 기준을 법령에 구체적으로 투명하게 규정하는 것은 입법민주화의 진전이라고 평가할 수 있다. 그럼에도 불구하고 인허가의 기준을 법령에서 빠짐없이 규정하는 것은 구체적인 상황에 적응한 신축적이고 타당한 인허가를 위하여 반드시 바람직한 것만은 아니라고도 할 수 있으며, 현실적으로나 입법기술적으로 그것이 쉬운 일이 아니다.27) 특히 재량행위의 경우에 그러하다.

따라서 인허가 업무의 실무에 있어서는 당해 법령에서 규정한 인허가 기준 규정은 물론 법 전체 규정의 취지나 다른 관계법령상의 규정, 법령에서 부여한 재량권의 범위 안에서 수립한 재량권행사의 기준, 중대한 공익이나 신뢰보호의 필요 등도 함께 고려를 할 수 있는 것이다. 이러한 점에서 볼 때 인허가 기준은 당해 법령상의 인허가 기준을 넘어 관련법령은 물론 내부지침까지도 고려해야 하는 등 그 고려의 범위가 상당히 넓다고 할 수 있다.

또한, 인허가의제 시에는 인허가 시 의제되는 개별법상의 인허가 요건도 충족하여야 하므로 민원인으로서는 인허가 요건을 파악하는 것이 쉽지 않다. 그리고 인허가 준비에 많은 노력과 비용이 들어가는 데 반하여, 하나의 인허가 요건만 결여하여도 인·허가가 거부되는 불합리한 결과가 발생되는 문제가 있다.

---

26) 한상우, 앞의 논문, 3면.
27) 한상우, 앞의 논문, 5~6면.

따라서 인허가에 대한 구체적인 기준이 없는 경우나 불명확한 경우 또는 내부지침에만 규정되어 있는 사례들, 복합민원에 있어 인허가 의제규정 및 의제되는 개별법상의 인허가 기준의 불명확성 등을 발굴하여 그 개선방안을 마련함으로써 인허가 기준에 대한 투명성을 확보하는 것이 매우 중요하다 할 것이다.

2. 인허가의 실체적 · 절차적 기준

(1) 인허가의 실체적 기준

법률유보원칙상 중요사항인 인허가 기준은 법률에 규정하여야 한다. 인허가 기준을 법률에 규정하는 것이 인허가 기준의 투명성을 확보하는 가장 바람직한 방법이라 할 수 있다.

인허가 기준을 하위법령에 위임하는 경우에 구체적으로 범위를 정하여 위임하여야 한다. 일반적 · 포괄적 위임은 금지되며 구체적인 위임만이 가능하다. 구체적 위임이란 두 가지 의미를 가진다. 첫째는 양적인 측면에서 위임의 내용 · 목적 및 범위가 명확하고 구체적으로 한정되어야 한다. 둘째는 질적인 측면에서 수권법률은 수권의 근거만 설정하여서는 안 되며 일정한 규율밀도를 가져야 한다. 즉, 수권법률은 수권을 함에 있어서 수권을 받은 행정기관이 입법을 함에 있어서 준수해야 할 목표 · 기준 및 그 밖에 고려하여야 할 사항을 적절한 강도로 규정하여야 한다.[28]

인허가 기준을 논함에 있어서는 재량행위와 기속행위의 구별이 필요하다. 기속행위의 경우에는 법령상 인허가 요건을 충족한 경우에는 인허가를 하여야 하지만, 재량행위의 경우에는 인허가 요건에 해당되어도 공익적 고려하에 인허가를 거부할 수 있기 때문이다. 다시 말해서 재량행위의 경우에는 인허가 요건뿐만 아니라 재량고려사항이 중요한 인허가 기준이 된다. 따라서 법률에 행정작용의 성질이 재량행위인지 아니면 기속행위인지가 명확히 규정될 수 있다면 인허가 기준의 투명성을 확보하는 데 실질적인 도움이 될 것이다.

인허가의 결격요건도 인허가의 소극적 요건이라고 할 수 있는바, 인허가 결격사유가 규정되어 있는지 여부도 인허가의 투명성 검증을 위해서 필요하다.

사전결정이란 최종적인 행정결정을 내리기 전에 사전적인 단계에서 최종

---

28) 박균성, 행정법론(상), 박영사, 2008, 144면.

적 행정결정의 요건 중 일부에 대해 종국적인 판단으로서 내려지는 결정을 말한다.[29] 사전결정제도를 인허가에 도입하여 인허가의 예측가능성을 높이고 이를 통하여 민원인의 위험(리스크)을 감소시킬 필요가 있다. 즉, 정책적인 사항, 해석의 여지가 있는 사항, 재량사항 등을 미리 결정 받을 수 있다면 민원인은 인허가 가능성이 높을 때에 본격적인 투자 등의 활동을 개시할 수 있으므로 민원인의 리스크를 상당히 완화할 수 있을 것이다. 사전결정을 원칙상 종국적 결정으로 인식하고 신중히 행하도록 하며 사전결정된 것에 원칙적으로 구속력을 인정하고 사정변경이 있거나 중대한 공익상 필요가 없는 한 사전결정과 다른 결정을 할 수 없도록 하여야 한다.

일부 법령의 경우 허가와 신고, 허가와 등록 등 복수의 인허가가 동시에 규율되고 있는 경우가 있는바, 상이한 인허가를 한 조문에서 동시에 규율하는 까닭에 국민들의 입장에서는 매우 혼란스러움을 느끼지 않을 수 없다. 허가, 신고, 등록이 상이한 성질의 인허가임을 고려하면 이들에 대한 기준을 동시에 규율하는 것은 비록 입법경제를 도모하기 위한 것이라고는 하나 인허가 기준의 투명성 제고 측면에서는 바람직하지 않은 것으로 보인다.

(2) 인허가의 절차적 기준

민원인의 입장에서는 인허가 발급여부 통지기간을 당해 법령에서 규정하고 있으면 인허가 발급에 대한 예측가능성이 확보될 수 있고, 행정청의 입장에서도 정해진 기간 내에 인허가를 발급함으로써 행정의 효율성과 불필요한 민원유발을 방지할 수 있다.

인허가 처리지연은 민원인에게 적지 않은 고충을 초래한다. 그런 측면에서 인허가 처리지연사유를 통지하고 있는 규정은 중요한 의미가 있다. 그런데 인허가 처리지연사유를 통지하지 아니한 경우에는 특별한 사정이 없는 한 인허가를 한 것으로 의제하는 강제규정을 둠으로써 절차촉진을 도모할 필요가 있다. 또한 행정청으로 하여금 각종 인허가 절차를 간소화하기 위하여 인허가 업무를 처리할 때 필요한 지침을 작성하여 고시하도록 할 필요가 있다.

---

29) 박균성, 앞의 책, 337면.

제 3 절 경제규제의 실효성 확보수단

Ⅰ. 시정명령

1. 의 의

행정규제의 실효성 확보수단으로는 전통적으로 강제수단과 제재수단이 존재한다. 강제수단을 통상 행정상 강제집행이라 하며, 행정상 강제집행의 수단으로는 대집행, 직접강제, 강제징수, 이행강제금 등이 있다. 그런데 경제규제의 경우에는 이러한 전통적 행정상 강제수단보다는 이른바 시정명령 또는 시정조치의 수단을 빈번하게 사용한다.

종래 행정상 강제수단 중 시정명령과 가장 유사한 것은 직접강제라고 할 수 있다. 그런데 양자는 몇 가지 점에서 차이가 있다. 직접강제는 행정법상 의무의 이행을 강제하는 것이며, 시정명령은 행정법상의 의무위반 행위나 상태의 중단 또는 의무의 준수를 명한다는 점에서 양자는 개념적으로 약간의 차이가 존재한다. 또한 직접강제는 주로 비대체적 의무 또는 부작위의무 위반에 대한 강제수단으로 사용됨에 반하여 시정명령은 작위의무, 부작위의무, 대체적 의무, 비대체적 의무 등 어떠한 의무위반에 대해서도 가능하다. 물론 오늘날에는 직접강제 역시 대체적 의무 등에도 적용이 배제되는 것은 아니지만 여전히 직접강제의 보충성 원칙이 적용되고 있으므로 대체적 의무는 주로 대집행이 사용된다. 끝으로 직접강제는 행정법상의 의무위반에 대한 행정상 강제로서 당초 처분의 집행수단임에 반하여 시정명령은 의무위반 행위나 상태에 대하여 그 제거를 명하는 새로운 처분으로 보아야 한다. 물론 오늘날 직접강제를 비롯한 행정상 강제 역시 법치주의 원칙상 별도의 법적 근거를 요하는 것으로 보고 있어 양자 모두 별도의 법적 근거를 필요로 한다는 점은 동일하다. 다만 시정명령은 또 하나의 새로운 처분이므로 별도의 처분 요건이 충족되어야 하지만 직접강제는 강제의 법적 근거와 의무위반자의 의무불이행만이 존재하면 된다.

2. 시정명령 불이행의 효과

법위반 행위나 상태가 존재하여 그 배제 또는 의무의 준수를 명하는 시정명령을 하였으나 상대방이 이에 불응하거나 불이행한다면 이를 통제하는 수단이 필요하다. 직접강제는 행정청이 직접 의무 이행 상태 또는 결과를 실현할 수 있지만 시정명령은 또 하나의 행정처분이므로 이에 대한 실효성 확보의 수단이 있어야 한다. 일반적으로 시정명령에 대한 실효성 확보수단은 행정상 제재, 특히 행정형벌, 행정질서벌 등이 주로 사용된다.

결국 시정명령은 시정명령 자체의 법적 근거, 시정명령의 요건, 시정명령 불이행시 제재의 근거 등이 함께 마련되어야 한다.

시정명령의 대상이 부작위(금지) 의무의 위반이며 시정명령 대상자가 명령에 응하여 특정 행위를 중단하였다가 또 다시 법위반 행위를 할 경우 이는 시정명령의 위반인지 아니면 또 다른 법위반행위인지 견해가 대립한다.[30] 부작위 의무는 그 성질상 의무 이행 기간이 별도로 설정되어 있지 않으므로 시정명령에 따라 부작위를 언제까지 하여야 시정명령을 이행하였다고 단정하기 어렵다. 그렇다고 시정명령에 따라 상당기간 부작위를 하다가 다시 부작위 의무를 위반한 경우까지도 시정명령의 위반으로 보는 것도 문제가 있다.

양자의 구별 실익은 이를 시정명령의 위반으로 볼 경우 다음 단계의 제재 처분으로 곧바로 나아갈 수 있고, 이를 또 다른 법위반행위로 볼 경우 만약 시정명령이 필요적 전치요건이면 또 다시 시정명령부터 해야 한다는 점이다. 어떻게 보더라도 논리구성이 가능하고 각각의 한계가 존재한다면 처분 상대방에게 조금이라도 유리하게 해석하는 것이 적절하다. 따라서 이 경우에는 또 다른 법위반으로 보는 것이 타당하다.

II. 과징금

1. 원래 의미의 과징금

원래 의미의 과징금이란 행정법규 위반 또는 행정법상 의무 위반으로 경제적 이익을 얻은 경우 그 이익을 박탈하는 행정상 제재로서의 금전급부 부과

---

30) 이원우, 경제규제법론, 홍문사, 2010, 495면.

를 말한다.

만약 행정법규 위반이나 행정법상 의무 불이행으로 막대한 경제적 이익을 얻을 수 있다면 행정벌을 감수하더라도 경제적 이익을 추구할 가능성이 높다. 행정벌로서 벌금이나 과태료는 아무리 많아도 수천만 원에 그치지만 행정법규 위반으로 얻게 되는 경제적 이익이 수십, 수백억 원이라면 행정벌만으로는 그 실효성을 확보하는 것이 어려울 수 있다. 그래서 도입된 제도가 바로 과징금이다. 과징금은 행정법상 의무위반을 통하여 얻은 경제적 이익을 모두 박탈하기 때문에 행정벌보다 더욱 효과적으로 그 실효성을 확보할 수 있다.

현행법상의 예로는 (1) 공정거래위원회가 시장지배적 사업자의 남용행위에 대하여 매출액의 3%를 부과하는 과징금,[31] (2) 사업재편계획에 따라 정부로부터 지원을 받은 승인기업이 계획을 불이행하여 승인이 취소된 경우 지원액의 3배를 부과하는 과징금,[32] (3) 정보통신서비스 제공자가 정보주체의 동의 없이 개인정보를 수집한 경우 위반행위와 관련한 매출액의 3% 이하를 부과하는 과징금[33] 등이 이에 해당한다.

그런데 이러한 원래 의미의 과징금의 개념과 부합하지 않는 입법례도 존재한다. 「개인정보 보호법」은 개인정보처리자가 처리하는 주민등록번호가 분실·도난·유출·위조·변조 또는 훼손된 경우 5억 원 이하의 과징금을 부과하도록 규정[34]하고 있다. 행정법규 위반이나 행정법상의 의무위반으로 얻은 경제적 이익과는 전혀 관계없이 주민등록번호를 분실, 도난하였다는 사실만으로 과징금을 부과하도록 하는 것은 원래 의미의 과징금 개념과 맞지 않기 때문이다. 따라서 이를 '원래 의미의 과징금'으로 보아야 할지 아니면 새로운 실효성 확보수단으로 보아야 할지 고민이 필요하다.

2. 변형된 과징금

오늘날에는 인·허가사업에 있어서 그 사업의 정지를 명할 위법사유가 있음에도 불구하고 공익의 보호를 이유로 사업을 계속하게 하고 사업계속에 따르는 영업이익을 박탈하는 수단으로 과징금을 부과하는 경우가 상당히 존재

---

31) 「독점규제 및 공정거래에 관한 법률」 제6조.
32) 「기업 활력 제고를 위한 특별법」 제39조.
33) 「정보통신망 이용촉진 및 정보보호 등에 관한 법률」 제64조의3.
34) 「개인정보보호법」 제34조의2.

한다. 이를 변형된 과징금이라 한다.

예를 들어 교통이 불편한 산골 마을에 하나밖에 없는 의원에 대해 행정법상 의무를 위반하였다 하여 영업정지처분을 할 경우 지역주민들이 의료서비스를 받지 못하는 결과를 초래할 수 있다. 이 경우 당해 의원에 대하여 영업을 계속하도록 하고 영업정지에 갈음하는 영업이익을 과징금으로 부과하는 제도를 말한다.

「대기환경보전법」, 「여객자동차 운수사업법」, 「주차장법」, 「식품위생법」 등 영업정지 또는 취소를 규정하고 있는 대부분의 현행법들은 이러한 변형된 과징금을 도입하고 있다.

3. 과징금의 부과와 재량

과징금은 행정제재 수단이므로 부과요건을 충족한 경우에는 반드시 부과해야 하는 기속행위다. 판례 역시 "명의신탁자에 대하여 과징금을 부과할 것인지 여부는 기속행위에 해당하므로, 명의신탁이 조세를 포탈하거나 법령에 의한 제한을 회피할 목적이 아닌 경우에 한하여 그 과징금을 일정한 범위 내에서 감경할 수 있을 뿐이지 그에 대하여 과징금 부과처분을 하지 않거나 과징금을 전액 감면할 수 있는 것은 아니다"라고 판시[35]하여 과징금의 부과는 기속행위임을 분명히 밝히고 있다.

변형된 과징금의 경우 영업정지에 갈음하는 것이므로 행정청이 영업정지처분을 할 것인지 아니면 과징금 부과처분을 할 것인지에 대해 재량적 선택을 할 수 있는지가 문제된다.

변형된 과징금의 취지상 영업정지처분보다는 과징금부과처분을 하는 것이 바람직한 경우가 대부분일 것이다. 왜냐하면 영업정지에 갈음하도록 하는 이유가 사익의 침해를 최소화하려는 것이므로 과징금 부과 대신 영업정지처분을 하면 비례원칙에 반하는 재량권남용으로 평가될 가능성이 크기 때문이다. 하지만 이론적으로는 영업정지처분과 과징금부과처분은 모두 법적 근거가 있는 것이므로 어떠한 처분을 할 것인지는 구체적 사정을 고려하여 행정청이 판단하는 재량행위라고 보아야 할 것이다.

판례도 "행정청에는 운영정지 처분이 영유아 및 보호자에게 초래할 불편

---

35) 대법원 2007. 7. 12. 선고 2005두17287 판결.

의 정도 또는 그 밖에 공익을 해칠 우려가 있는지 등을 고려하여 어린이집 운영정지 처분을 할 것인지 또는 이에 갈음하여 과징금을 부과할 것인지를 선택할 수 있는 재량이 인정된다"라고 판시[36]하여 이를 재량의 문제로 보았다.

---

36) 대법원 2015. 6. 24. 선고 2015두39378 판결.

제5장 재무행정법

제1절 개 설

Ⅰ. 의 의

재무행정이란 국가나 지방자치단체가 그 존립과 활동의 근간이 되는 재원을 취득·관리·운용·지출하는 작용을 말한다. 이를 재정이라고도 한다.

재무행정에 관한 공법을 재무행정법이라고 한다. 재무행정법의 성문법원은 헌법 제54조부터 제59조, 제99조 등을 비롯하여 많은 개별법이 있다. 국세기본법·국세징수법·국가재정법·지방재정법·국가회계법·「보조금의 예산 및 관리에 관한 법률」·국유재산법 등 조세 및 회계와 관련된 법률 등이 대표적인 재무행정법에 해당하는 법률이다.

Ⅱ. 기본원칙

1. 재정의회주의

재정의회주의란 법치주의와 민주주의의 원칙에 따라, 국가나 지방자치단체의 재무행정도 국회의 통제를 받아야 한다는 것을 말한다. 세부 원칙과 제도로는 조세법률주의, 예산에 대한 심의·확정제도, 결산심사제도 등이 있다. 헌법은 이에 대해 명시하고 있다. 재정의회주의는 지방자치단체에도 적용되는 원칙이며, 지방자치법이 이를 규정하고 있다.

2. 조세법률주의

헌법 제54조 제1항은 "국회는 국가의 예산안을 심의·확정한다"고 규정하여 조세법률주의를 규정하고 있다.

3. 예산에 대한 심의 · 확정제도

헌법 제54조 제2항은 "정부는 회계연도마다 예산안을 편성하여 회계연도 개시 90일전까지 국회에 제출하고, 국회는 회계연도 개시 30일전까지 이를 의결하여야 한다"고 규정하여, 예산에 대한 심의 · 확정제도를 규정하고 있다.

4. 결산심사제도

헌법 제99조는 "감사원은 세입 · 세출의 결산을 매년 검사하여 대통령과 차년도국회에 그 결과를 보고하여야 한다"고 규정하여, 결산심사제도를 규정하고 있다.

5. 엄정관리주의

엄정관리주의란 국가나 지방자치단체의 재산은 엄격하게 관리되어야 한다는 원칙을 말한다. 국가나 지방자치단체의 재산은 그 존립과 활동의 근간이 되는 것이며, 동시에 국민이나 주민의 재산이기도 하다. 따라서 재산이 멸실 · 훼손되지 않도록 엄격하게 관리되어야 한다. 국가채권관리법, 국유재산법 등 개별 법률은 재산 관리를 엄격하게 규정하여 엄격관리주의를 적용하고 있다.

6. 건전재정주의

건전재정주의란 국가나 지방자치단체의 재산이 적자가 되지 않도록 수입과 지출을 균형있게 관리해야 한다는 원칙을 말한다. 헌법 제58조는 "국채를 모집하거나 예산외에 국가의 부담이 될 계약을 체결하려 할 때에는 정부는 미리 국회의 의결을 얻어야 한다"고 하여 동 원칙을 명문화하고 있다. 그 밖에도 국가재정법 · 지방자치법 · 지방재정법 등 개별 법률에서 기채를 제한하고 감채를 추진하는 규정을 두는 등 건전재정주의를 적용하고 있다.

제 2 절 재정작용

I. 재정상 권력작용

1. 재정상 행정입법

재정상 행정입법이란 재무행정기관이 재무행정을 목적으로 일반·추상적인 법규범을 정립하는 작용을 말한다. 재정상 행정입법은 재무행정을 위하여 발하여 진다는 점 외에는 일반 행정입법과 차이가 없다. 따라서 재정상 행정입법도 작용을 기준으로 법규명령과 행정규칙으로 나누어진다. 또한, 일반 행정입법의 법원리가 재정상 행정입법에도 그대로 적용된다.

다만, 헌법 제76조 제1항은 "대통령은 내우·외환·천재·지변 또는 중대한 재정·경제상의 위기에 있어서 국가의 안전보장 또는 공공의 안녕질서를 유지하기 위하여 긴급한 조치가 필요하고 국회의 집회를 기다릴 여유가 없을 때에 한하여 최소한으로 필요한 재정·경제상의 처분을 하거나 이에 관하여 법률의 효력을 가지는 명령을 발할 수 있다"고 규정하여, 법률의 효력을 지니는 긴급재정경제명령을 규정하고 있음을 유의하여야 한다.

2. 재정상 행정행위

재정상 행정행위는 재무행정기관이 재무행정을 목적으로 발하는 개별·구체적인 처분을 말한다. 일반 행정법에서 말하는 행정행위에 대응되는 개념이므로, 재정상 행정행위도 일반 행정행위의 유형과 같이 분류할 수 있다.

3. 재정상 관리작용

재정상 관리작용이란 국가나 지방자치단체가 그의 수입·지출 및 재산을 관리하는 작용을 말한다. 이를 회계라고 부르기도 한다. 재정상 관리작용은 비권력 작용이라는 점에서 권력작용인 재정상 입법작용, 재정상 행정행위와 구분된다. 한편, 비권력 작용이라는 점에서 사법작용과 유사하지만, 재정상 관리작용은 공행정주체가 공익목적으로 행하는 작용으로서 공법의 규율을 받는다는 점에서 사법작용과는 구별된다.

Ⅱ. 재정상 실효성 확보수단

1. 재정벌

(1) 의 의
재정벌이란 국가나 지방자치단체가 재정상의 의무 위반에 대하여 과하는 벌을 말한다. 이는 일반 행정법상의 행정벌에 대응하는 개념이다.

(2) 종 류
일반 행정벌의 유형과 마찬가지로 재정벌에는 재정형벌과 재정질서벌이 있다. 재정형벌은 형법상의 형벌이 과해지는 벌이고, 재정질서벌은 과태료가 부과되는 벌이다.

(3) 재정벌의 특수성
재정벌은 국가나 지방자치단체가 재정상 수입을 확보하는데 주요 목적이 있다. 따라서 재정벌은 금전벌을 과하는 것이 원칙이다. 그러나 최근에는 자유형을 과하거나 금전벌과 자유형을 병과하는 경우가 적지 않다.

재정벌 중 재정형벌은 원칙적으로 형법총칙이 적용된다. 그러나 조세범 처벌법·관세법 등 개별법에서 형법총칙에 대한 특별 규정을 두는 경우가 많다.

(4) 재정벌의 과벌절차
재정형벌의 과벌절차는 일반 행정형벌과 마찬가지로 형사소송법에 따른다. 다만, 조세범 처벌절차법·관세법 등은 형사소추에 선행하여 조사·통고처분·고발 등으로 이루어지는 간이과형절차를 규정하고 있다. 이하 조세범 처벌절차법을 중심으로 살펴보기로 한다.

1) 조 사
세무공무원은 조세범칙조사를 하기 위하여 필요한 경우에는 조세범칙행위 혐의자 또는 참고인을 심문하거나 압수 또는 수색할 수 있다. 이 경우 압수 또는 수색을 할 때에는 대통령령으로 정하는 사람을 참여하게 하여야 한다.

세무공무원이 「조세범 처벌절차법」 제8조에 따라 압수 또는 수색을 할 때에는 근무지 관할 검사에게 신청하여 검사의 청구를 받은 관할 지방법원판사가 발부한 압수·수색영장이 있어야 한다.

다만, 조세범칙행위가 진행 중인 경우, 조세범칙행위 혐의자가 도주하거나 증거를 인멸할 우려가 있어 압수·수색영장을 발부받을 시간적 여유가 없는 경우에는 해당 조세범칙행위 혐의자 및 그 밖에 대통령령으로 정하는 자에게 그 사유를 알리고 영장 없이 압수 또는 수색할 수 있다. 영장 없이 압수 또는 수색한 경우에는 압수 또는 수색한 때부터 48시간 이내에 관할 지방법원판사에게 압수·수색영장을 청구하여야 한다.

2) 통고처분

지방국세청장 또는 세무서장은 조세범칙행위의 확증을 얻었을 때에는 대통령령으로 정하는 바에 따라 그 대상이 되는 자에게 그 이유를 구체적으로 밝히고 벌금에 해당하는 금액, 몰수 또는 몰취에 해당하는 물품, 추징금에 해당하는 금액에 해당하는 금액이나 물품을 납부할 것을 통고하여야 한다.

다만, 몰수 또는 몰취(沒取)에 해당하는 물품에 대해서는 그 물품을 납부하겠다는 의사표시를 하도록 통고할 수 있다. 납부신청을 하도록 통고를 받은 자가 그 통고에 따라 납부신청을 하고 몰수 또는 몰취에 해당하는 물품을 가지고 있는 경우에는 공매나 그 밖에 필요한 처분을 할 때까지 그 물품을 보관하여야 한다.

통고처분을 받은 자가 통고대로 이행하였을 때에는 동일한 사건에 대하여 다시 조세범칙조사를 받거나 처벌받지 아니한다.

3) 고 발

지방국세청장 또는 세무서장은 정상(情狀)에 따라 징역형에 처할 것으로 판단되는 경우, 「조세범 처벌절차법」에 따른 통고대로 이행할 자금이나 납부능력이 없다고 인정되는 경우, 거소가 분명하지 아니하거나 서류의 수령을 거부하여 통고처분을 할 수 없는 경우, 도주하거나 증거를 인멸할 우려가 있는 경우에는 통고처분을 거치지 아니하고 그 대상자를 즉시 고발하여야 한다.

지방국세청장 또는 세무서장은 통고처분을 받은 자가 통고서를 송달받은 날부터 15일 이내에 통고대로 이행하지 아니한 경우에는 고발하여야 한다. 다만, 15일이 지났더라도 고발되기 전에 통고대로 이행하였을 때에는 그러하지 아니하다.

2. 재정상 강제집행

(1) 의 의

재정상 강제집행이란 재무행정상 의무불이행이 있는 경우 행정기관이 의무자의 신체나 재산에 실력을 가하여 의무가 이행된 것과 동일한 상태를 만드는 것을 말한다. 재정상 강제집행은 일반 행정법상 강제집행에 대응된다.

(2) 종 류

재정상 강제집행의 유형은 일반 행정법상 강제집행과 마찬가지로 대집행, 직접강제, 이행강제금, 강제징수 등이 있다. 다만, 재정상 강제집행에는 강제징수가 많이 활용된다.

3. 재정상 즉시강제

(1) 의 의

재정상 즉시강제란 재무행정상 목전에 급박한 장해를 방지하기 위하여 급박한 필요가 있거나, 미리 의무를 명하여서는 목적을 달성할 수 없는 경우에 직접 사람의 신체나 재산에 실력을 가하여 재무행정상의 목적을 실현하는 작용을 말한다. 보통 재무행정상 위해는 조세나 관세의 포탈을 의미한다. 재정상 즉시강제는 일반 행정법상 즉시강제에 대응된다.

(2) 종 류

재정상 즉시강제의 종류는 일반 행정법상 즉시강제와 마찬가지로 대인적 강제, 대물적 강제, 대가택강제 등으로 구분할 수 있다.

제 3 절   조   세

Ⅰ. 조세의 개념

조세란 ① 국가 또는 지방자치단체가 ② 재정수입을 조달할 목적으로 ③ 법률에 규정된 과세요건을 충족한 모든 자에게 ④ 반대급부 없이 부과하는 ⑤

금전급부를 말한다.

다시 말해서 조세는 ① 재정수입을 직접목적으로 하는 까닭에 형사상·행정상의 제재인 벌금·과료·과태료·범칙금 등과 구별되며, ② 과세요건을 충족한 자에게 강제적으로 부과한다는 점에서 국가의 재산수입·사업수입 등 경제활동에 기한 수입과 구별되며, ③ 보상성이 없다는 점에서 수수료·사용료·특허료 등과 구별되며, ④ 과세요건을 충족한 모든 자에게 부과한다는 일반성에서 특정한 경우에 부과하는 부담금 등과 구별된다.

그러나 부담금과 조세의 구별은 오늘날 점차 희박해져 가고 있다. 예컨대, 우리 법상 개발부담금1)은 그 관장부서가 국세청이 아닌 국토교통부라는 점 이외에는 조세로서의 특성을 모두 지니고 있는바, 이는 실질적인 조세로 보아야 한다.2) 또한 최근 유럽각국에서 도입하고 있는 환경세는 조세의 규제적·유도적 효과에 착안하고 있다는 점에서 환경오염방지를 위한 과징금·부담금 등과 같은 효과를 가지고 있는바, 부과금과 조세의 구별은 매우 상대적이라 할 것이다.3)

Ⅱ. 조세의 기능

조세의 기능은 크게 조세의 본래적 기능과 부수적 기능으로 나눌 수 있다. 조세의 본래적 기능은 국가 또는 지방자치단체의 재정수요를 획득하는 것이다. 국가는 국민에게 각종의 공공서비스를 제공하여야 하는바, 이에 필요한 자금의 대부분을 조세에 의존할 수밖에 없는 것이다.

조세의 부수적 기능에는 부의 재분배기능과 경제정책적 기능이 있다. 조세를 통하여 자본의 집중을 막고 개인 간의 소득격차를 해소하여 분배의 왜곡을 시정함으로써 부의 재분배효과를 거둘 수 있다. 현행 조세법은 이러한 기능을 실현하기 위하여 누진세율 구조, 인적 공제제도 등을 두고 있다.

한편 조세는 특정산업에 대한 조세감면 등을 통하여 특정산업을 보호·육성하거나, 사치성소비행위에 대하여 고율의 세금을 부과함으로써 소비를 억제

---

1) 「개발이익 환수에 관한 법률」 제5조.
2) 사법연수원 조세법교수실, 조세법총론, 사법연수원, 1999, 14면.
3) 임승순, 조세법, 박영사, 2001, 4면.

하거나, 경기후퇴시에는 세부담의 감면과 정부지출의 증액을 통하여 투자·소비를 장려하거나, 인플레이션에는 세부담의 증액·정부지출감소를 통하여 투자·소비를 억제하는 등 경제정책적 기능에도 중요한 역할을 하고 있다.

Ⅲ. 조세의 분류

1. 과세권자에 따른 분류

조세는 과세권의 주체에 따라 국세와 지방세로 나눌 수 있다. 국세란 국가가 과세권을 갖는 조세로서 이는 다시 내국세와 관세로 나누어진다. 내국세로는 법인세·소득세·상속세·증여세·부가가치세 등이 있다.

지방세란 지방자치단체가 과세권을 가지는 조세로서 취득세·등록세·재산세·주민세 등이 있다.

2. 목적에 따른 분류

조세수입의 용도를 정하지 않고 재정수입의 확충이라는 조세의 본래적 목적에 따라 부과하는 조세를 보통세라 하며, 법인세·소득세·부가가치세 등 대부분의 조세가 이에 해당한다.

이에 반하여 교육세·농어촌특별세·교통세 등과 같이 조세수입의 용도를 미리 정한 조세를 목적세라 한다.

3. 전가성에 따른 분류

법률상의 납세의무자가 경제상의 담세자와 일치하는 조세를 직접세라 하며, 양자가 일치하지 않는, 즉 조세의 전가가 예정된 조세를 간접세라 한다.

간접세의 예로는 부가가치세·특별소비세·주세·교통세 등이 있다.

4. 인적 사정의 고려여부에 따른 분류

납세자의 인적 사정을 고려하여 과세하는 조세를 인세라 하며, 소득세·상속세·증여세 등이 이에 해당한다.

이에 반하여 납세자의 인적 사정을 고려하지 않고 물적인 측면에 착안하여 과하여지는 조세를 물세라 한다. 부가가치세·특별소비세·인지세 등이 이에 해당한다.

5. 과세표준의 성질에 따른 분류

과세표준이 물량[4]으로 표시되는 조세를 종량세라 하며, 금액으로 표시되는 조세를 종가세라 한다.

종량세의 예로는 인지세·등록세·지역개발세 등이 있다. 인지세의 과세기준은 몇 통, 등록세의 경우는 몇 건, 지역개발세의 경우는 지하수사용의 몇 ton이 된다.

6. 과세물건에 따른 분류

조세를 과세물건의 성질에 따라 분류하면 소득세·재산세·소비세·유통세로 나눌 수 있다.[5]

소득세란 사람이 수입을 얻는다고 하는 사실에 착안하여 부과하는 조세로서, 소득을 직접적인 대상으로 하여 부과하는 조세를 말한다. 일반적으로 소득이란 순자산가치의 증가를 말한다. 소득세의 예로는 소득세, 법인세 등이 있다.[6]

재산세란 재산의 획득·보유·거래라는 사실에 담세력을 인정하는 조세이다. 재산의 취득에 따른 조세로는 상속세·증여세가, 재산의 보유에 따른 조세로는 재산세·종합토지세·자동차세가, 재산의 거래에 따른 조세로는 양도소득세·법인세특별부가세가 있다.[7]

소비세란 사람이 재화·용역을 소비하는 사실에 착안하여 과세하는 조세를 말한다. 소비세는 다시 소비행위 자체를 직접 과세대상으로 하는 직접소비세와, 제조업자 또는 소매인에 의하여 납부된 조세가 재화·용역을 구입할 때마다 원가에 포함되어 소비자에게 전가되는 간접소비세로 나눌 수 있다. 또한

---

4) 용량·건수·인원 등.

5) 이만우, 세법, 박영사, 1998, 5면.

6) 종래에는 사람의 수입을 과세물건으로 하는 조세를 수득세(revenue tax)라 하고, 이를 다시 사람의 소득을 대상으로 하는 소득세(income tax)와 사람이 소유하는 생산요소로부터 얻어지는 수입을 대상으로 하는 수익세(produce tax)로 나누어 설명하는 것이 일반적이었다. 그러나 종래의 개념으로서 수익세는 오늘날 그 예를 찾기가 어려우며 또한 재산세(property tax)와의 구별이 불분명한 까닭에 종래와 같은 수득세의 개념을 고집할 이유가 없다.

7) 양도소득세를 재산세가 아닌 수득세의 일종인 수익세로 보는 견해도 있다. 임승순(10면).

간접소비세는 특정의 재화만을 과세대상으로 하는 개별소비세와 모든 재화를 과세대상으로 하는 일반소비세로 나눌 수 있다. 특별소비세·주세는 개별소비세에, 부가가치세는 일반소비세에 해당한다.[8]

유통세는 권리의 취득·변경 또는 재화의 이전 등의 사실에 착안하여 납세자의 담세력을 간접적으로 추정하고 과세하는 조세를 말한다. 취득세·등록세·증권거래세·인지세 등이 이에 해당한다.[9]

7. 세율의 성질에 따른 분류

과세표준의 크기에 관계없이 일정률의 동일한 세율을 적용하는 조세를 비례세라 하며, 부가가치세·특별소비세·주세 등이 이에 해당한다.

과세표준의 크기가 증가함에 따라 적용세율이 누진적으로 높아지는 조세를 누진세라 한다. 대부분의 직접세가 여기에 해당한다.

Ⅳ. 조세법의 기본원칙

1. 조세법률주의

(1) 개 설

조세법률주의란 법률의 근거 없이 국가는 조세를 부과·징수할 수 없고, 국민은 조세의 납부를 요구받지 아니한다는 원칙을 말한다. 이는 보통 '대표 없으면 과세 없다(No Taxation without Representation)'라는 말로 표현되어 오고 있다.[10] 헌법 제59조는 "조세의 종목과 세율은 법률로써 정한다"고 규정함으로써 조세법률주의를 천명하고 있다.

조세법률주의는 역사적으로 인민이 절대권력자인 국왕의 전권에 맞서서 의회를 통하여 개인의 재산권을 보호하고자 했던 투쟁의 산물로서 영국, 프랑스, 미국 등 서구사회에 있어서 시민주권의 이념을 실현하기 위한 항쟁의 역

---

8) 이철성, 최신조세법, 박영사, 1993, 26면.

9) 이철성(27면).

10) 임승순(29면); 이만우(8면); 이철성(73면); 류지태外 2人, 세법, 법문사, 1998, 26면; 이태로, 조세법강의, 박영사, 1998, 15면; James J. Freeland, et. al., Fundamentals of Federal Income Taxation, The Foundation Press, Inc., 1998, p.14; 田中二郎, 租稅法, 有斐閣, 1973, 78面; 新井降一, 租稅法講義, 靑林書院新社, 1973, 3面; 本多直重, 租稅論, 有斐閣, 1971, 36面.

사와 발전을 함께 했으며 이 점에서 죄형법정주의와 쌍생아적 지위에 있다고 할 수 있다. 다만, 그 보호의 객체가 전자는 개인의 재산권인 데 반하여 후자는 개인의 신체의 자유라는 점에서 차이가 있다.[11]

재산권보장은 근대의 시민운동을 통하여 신성불가침한 천부적 권리로 확립되어 계약자유의 사상과 더불어 근대 자본주의의 기초가 되었으나, 이에 기초를 둔 경제적 자유방임은 독점자본주의를 거치면서 그 구조적 폐단을 드러내게 되었고, 오늘날의 국민주권주의국가에 있어서는 치자와 피치자의 자동성 내지는 동질성을 정치의 기본원리로 삼게 됨에 따라 재산권은 더 이상 신성불가침한 권리가 아니고 공공복리와 필요를 위하여 제한할 수 있는 권리로 인식되어 법률이 정한 내용과 한계 내에서 보장되는 자유권적 권리가 되었다.

이러한 점에서 현대에 있어서 조세법률주의는 피치자의 치자에 대한 대립항쟁의 도구 내지는 그 소산이라는 역사적 사명을 다했고, 오히려 그 중요한 존재의의는 국민의 재산권을 보호하기 위하여 법적 안정성과 예측가능성을 보장하는데 있다.[12]

헌법학자들은 헌법 제59조의 조세법률주의와 헌법 제23조 재산권의 보장과의 상호관계에 대하여 관심을 가지면서, 헌법상 재산권보장 규정이 있음에도 불구하고 또다시 조세법률주의를 규정할 필요가 있는 것인가? 다시 말해서 조세부과는 국민의 재산권을 제한하는 것으로 헌법 제23조의 재산권보장조항에 의하여서도 보호된다. 재산권에 대한 제한은 기본권의 제한이므로 헌법 제37조 제2항에 의하여 법률에 의해서만 제한되고 이러한 법률은 의회에서 제정한 형식적 법률이고 구체적 법률이어야만 한다. 따라서 재산권을 제한하는 경우인 조세부과에 있어서도 당연히 형식적 법률에 의하여야 하고 이러한 법률은 또한 구체적 법률이어야 함은 너무나 당연하다고 하겠다. 그럼에도 불구하고 '또다시 조세법률주의를 규정한 이유는 무엇인가'라는 의문을 제기하는 견해[13]도 있다.

헌법 제59조의 조세법률주의는 재산권보장을 위한 조항으로 헌법 제37조 제2항에 의하여도 충분히 규정될 수 있는 것을 다만 역사적인 이유에서 주의

---

11) 新井隆一, 租稅法講義, 靑林書院新社, 1973, 46面.
12) 조세법교수실(15면).
13) 이성환, "조세법률주의와 위임입법의 한계", 「재판의 한 길」(김용준헌법재판소장화갑기념논문집), 1998, 50면 이하.

적으로 다시 규정한 것인가? 시민의 자유와 재산은 법률에 의하여서만 제한 가능하다는 법률의 법규창조력 내지 법률유보의 원칙을 조세와 관련하여 주의적으로 다시 규정한 것인가? 이 질문에 대한 대답은 부분적으로는 긍정적이고 부분적으로는 부정적일 수밖에 없다. 왜냐하면 조세법률주의는 재산권보장의 한 형태이지만 특별한 의미를 가진 것으로 조세부과는 통상의 기본권제한보다는 더욱 엄격한 고도의 기준을 요구하고 조세부담자인 국민 모두의 공평을 요구하기 때문이다. 조세법률주의나 죄형법정주의는 역사적인 이유에서 신체의 자유와 재산이 인간의 존엄과 가치의 확보에 가장 필요한 자유로운 삶을 위하여서는 필수적인 것으로 파악하여 이들에 대하여는 다른 기본권보다도 더욱 고도의 보장이 요구된다 할 수 있다. 따라서 법치주의의 요청도 이 부분에서는 더욱 엄격히 요구되고 의회입법의 원칙도 보다 철저히 관철되어야 하는 것이다.[14]

조세법률주의가 일반적인 기본권의 제한보다도 더욱 강력히 법률에 의하여 직접 규율되어야 한다는 것은 의회입법권의 범위와 한계를 설명하는 본질성론에 의하면 합리적으로 설명될 수 있다. 이 이론에 의하면 민주국가에 있어서 국가생활의 모든 영역에 있어서 국가공동생활에 필수적인 사항에 관한 본질적인 내용은 국민의 대표인 입법부에 그 결정이 유보되어야 한다. 그리고 규율되어야 할 사항이 일반국민에게 중요하면 할수록 의회입법의 요구는 더욱 높아지며 규율의 밀도에 있어서도 국민의 기본권이 많이 침해되거나 위협받을수록, 또 어떤 기본권의 비중이 크면 클수록, 또한 어떤 문제가 일반시민에게 논란되면 될수록 법률의 규율 역시 더욱 정확하고 상세하여야만 한다.[15] 전통적인 시민적 법치국가에 있어서는 신체의 자유나 재산은 개인의 자유에 본질적인 것이기 때문에 이러한 분야에 대한 제한은 직접 의회에 의하여 법률로 행하여져야 하고 행정부 등 다른 부서에 그 결정을 위임할 수는 없는 것이다.[16]

이처럼 조세법률주의란 조세와 관련하여는 의회입법의 밀도가 높아야 한다는 사실이 헌법상의 명문화로 나타난 것이다. 이 점은 죄형법정주의도 마찬가지이다. 따라서 조세법률주의에서는 법률로 규정되어야 할 부분이 다른 기

---

14) 이성환(50~51면).
15) 김철용 外, 위임입법의 한계에 관한 연구, 헌법재판소, 1996, 77~78면.
16) 이성환(51면).

본권분야에 비하여 더욱 많고 그 규율밀도도 더욱 높을 수밖에 없다. 그러므로 조세에 관하여서는 비단 조세의 종목과 세율뿐만 아니라 납세의무자, 과세물건, 과세표준, 과세기간 등 과세요건과 조세의 부과징수절차는 모두 법률에 의하여 직접 규정되어야 함을 의미한다.[17]

(2) 내 용

조세법률주의를 구성하고 있는 파생적 원칙으로는 과세요건법정주의, 과세요건명확주의, 소급과세금지의 원칙, 합법성의 원칙이 있다.

1) 과세요건법정주의

과세요건법정주의란 과세권의 행사는 조세의 종목과 세율뿐만 아니라 그 밖의 과세요건인 납세의무자·과세물건·과세표준·과세기간 등과 조세의 부과·징수절차를 반드시 법률로써 정하여야 한다는 원칙을 말한다.[18] 과세요건법정주의는 이념이나 내용면에서 죄형법정주의와 공통점을 지니고 있으나, 조세란 국민의 경제활동을 기초로 하고 있는 까닭에 고도화된 자본주의사회에서의 급변하는 현실을 법률에만 의존한다면 법률의 경직성으로 말미암아 경제현실과 조세체계 사이의 괴리를 초래할 우려가 있으므로 죄형법정주의보다는 법률의 하위규범인 행정입법에의 의존도가 클 수밖에 없는 것이 현실이다. 따라서 과세요건법정주의와 관련하여 가장 문제가 되는 것은 '하위법령인 행정입법에 어느 정도의 범위까지 위임이 가능한 것인가'라는 점이다.

조세법률주의의 이념에 충실하기 위해서는 위임입법이 불가피하더라도 구체적이고 명확한 기준을 정하여 위임하여야 하고, 포괄적 위임이 허용되지 않아야 할 것이다. 그러나 실제에 있어서는 위임의 범위를 벗어나는 포괄적 위임의 여부를 판단하기란 쉽지가 않다.

2) 과세요건명확주의

과세요건명확주의는 과세요건과 부과징수절차를 규정한 법률 또는 그 위임에 따른 명령, 규칙의 규정은 일의적(一義的)이고 명확하여야 하며 불확정개념이나 개괄조항을 함부로 사용하여서는 안 된다는 원칙이다. 이를 과세요건법정주의의 파생원칙으로 이해하는 견해도 있으나,[19] 과세요건법정주의와는

---

17) 이성환(52~53면).
18) 新井隆一(10面).
19) 北野弘久, 稅法學原論, 1984, 67面; 金子 宏, 通達課稅と租稅法律主義, ジュリスト憲法判例百

대립개념이 아니라 보충개념으로 양자의 구별이 분명한 것은 아니다.

미국의 조세입법에서도 형사입법에 관련한 미국수정헌법 제5조가 정하는 적정절차조항(due process clause)을 근거로 하여 '불명확하므로 무효라는 원리 (doctrine of void for vagueness)'가 적용되고 있다.[20]

과세관청의 자의를 배제하고 법적 안정성과 국민의 예측가능성을 보장하기 위하여는 과세요건이 명확하게 규정될 것이 요구되며 그렇지 않을 경우 조세법률주의의 이념을 충실하게 실현할 수 없다. 다만, 세법의 규율대상인 경제현상은 천차만별이며 끊임없이 변화하고 있으므로 모든 것을 구체적으로 규정한다는 것은 입법기술상 기대할 수 없고 그에 따라 일반적, 추상적 개념이나 개괄조항이 세법에 들어오는 것을 완전히 막는다는 것은 사실상 불가능하다. 따라서 합리적 판단에 의하여 법률이 정하는 바의 의미와 내용을 객관적으로 인식할 수 있어 법적 안정성과 예측가능성을 크게 저해하지 않는다면 일반적·추상적 개념이나 개괄조항의 사용도 허용된다고 보아야 할 것이다.

법인세법은 '정부는 대통령령이 정하는 바에 의하여 내국법인의 행위 또는 소득금액의 계산이 대통령령이 정하는 특수관계 있는 자와의 거래에 있어서 그 법인의 소득에 대한 조세의 부담을 부당히 감소시킨 것으로 인정되는 경우에는 그 법인의 행위 또는 소득금액의 계산에 불구하고 그 법인의 사업연도의 소득금액을 계산할 수 있다'고 규정하고, 이에 따라 그 시행령에서 '특수관계에 있는 자'로 보아야 할 경우를 열거하고 있다.

과세요건은 이러한 명확주의의 원칙에 따라 해석상 여지를 남기지 아니하도록 가급적이면 일의적 개념을 가지고 규정될 것이 요청되며 객관적으로 그 내용이 인식될 수 있도록 명확하게 규정됨이 바람직할 것이나, 조세법의 규율대상인 경제현상은 복잡다기하고 끊임없이 생성·변화하는 것이므로 불확정개념의 사용은 불가피한 것으로 보인다. 불확정개념은 조세의 공평이나 합목적성 또는 공익에 적합하도록 하는 의도에서 사용되는 '공익', '공평', '실질', '조세의 부담을 부당히 감소', '부당하게 낮은 대가', '일반적으로 공정타당하다고 인정되는' 등이 그 예이다. 이러한 불확정개념은 과세관청에게 자의적 재량을 부여할 수 있다는 점에서 그 사용이 억제되어야 하나 조세회피를 방지하기

選 Ⅱ, 425面.
20) 김현채, 현대세법의 기본문제(Ⅰ), 1986, 131면.

위하여 공정한 징수 나아가 조세를 부담하여야 할 자에게 제대로 부과할 수 있는 바탕을 마련하는 면도 있다고 할 것이다.[21]

헌법재판소는 과세요건명확주의의 의의와 한계에 관하여 "과세요건명확주의는 과세요건에 관한 법률규정의 내용이 지나치게 추상적이거나 불명확하면 이에 대한 과세관청의 자의적인 해석과 집행을 초래할 염려가 있으므로 그 규정 내용이 명확하고 일의적이어야 한다"고 판시하고 있다.[22]

또한 그 적용에 있어 위헌판단기준에 대하여는 "과세요건명확주의는 과세요건과 절차 및 그 법률효과를 규정한 법률규정은 명확하여야 한다는 것이나, 법률은 일반성, 추상성을 가지는 것으로서 법률규정에는 항상 법관의 법보충작용으로서의 해석의 여지가 있으므로, 조세법규가 당해 조세법의 일반이론이나 그 체계 및 입법취지 등에 비추어 그 의미가 분명해질 수 있다면 명확성을 결여하였다고 하여 위헌이라고 할 수는 없다"고 하고 있다.[23][24]

3) 소급과세금지의 원칙

헌법 제13조 제2항은 "모든 국민은 소급입법에 의하여 참정권의 제한을 받거나 재산권을 박탈당하지 아니한다"고 규정하고 있으며, 국세기본법은 "국세를 납부할 의무가 성립한 소득·수익·재산·행위 또는 거래에 대하여는 그 성립 후의 새로운 세법에 의하여 소급하여 과세하지 아니한다"고 규정함으로써 소급과세금지의 원칙을 분명히 하고 있다.

소급과세금지의 원칙의 이론적 근거는 법적 안정성 또는 신뢰보호의 원칙에 있다는 것이 일반적 견해이다.[25] 따라서 당사자의 법적 안정성 또는 신뢰보호에 위배되지 않는 경우에는 그 예외가 인정될 수 있다.

판례[26]는 그 예외사유로서 ① 납세의무자의 신뢰가 합리적 근거를 결여하여 이를 보호할 가치가 없는 경우, ② 조세공평의 원칙을 실현하기 위하여 불가피한 경우, ③ 공공복리를 위하여 절실한 필요가 있는 경우 등을 들고 있다.[27]

소급효에는 진정소급효와 부진정소급효가 있다. 진정소급효란 신법이 시

---

21) 戶波江二, 稅金と憲法, 法學敎室, 1993. 7, 41面.
22) 헌재 1992. 12. 24. 90헌바21 결정; 헌재 1994. 8. 31. 91헌가1 결정.
23) 헌재 1995. 2. 23. 93헌바24 결정 등.
24) 소순무, "조세와 헌법재판", 「헌법논총」 제9집, 헌법재판소, 1998, 395~396면.
25) 新井降一(16面).
26) 대법원 1983. 4. 26. 선고 81누423 판결.
27) 임승순(35면).

행되기 전에 완결된 사실에 대하여 신법을 적용하는 것을 말하며, 부진정소급
효란 신법시행 이전부터 계속되고 있는 사실관계 또는 법률관계에 대하여 신
법을 적용하는 것을 말한다. 예컨대, 법인세·소득세 등과 같은 기간세(期間稅)
에 있어서 과세기간의 진행 중에 납세의무자에게 세법이 불리하게 개정된 경
우에 개정된 신법을 소급적용하는 경우이다.

　　부진정소급효에 대하여는 견해가 대립하고 있다. 소급효인정설은 기간세
의 조세채무는 과세요건이 충족되는 사업연도의 말에 성립되기 때문에 사업
연도 말 당시의 신법에 의하여 당해 과세연도 초에 소급하여 과세하는 것은
소급과세금지의 원칙에 반하지 않는다는 입장이다.[28] 판례의 태도이기도 하
다.[29] 소급효부인설은 납세의무자의 예측가능성을 침해하므로 부진정소급효
역시 부정되어야 한다는 견해이다.[30][31]

　　부진정소급의 경우에도 이를 부정하는 것이 타당하다고 본다. 그러나 보다
바람직한 것은 기간세의 경우 세율 등과 같이 분할 불가능한 것과 접대비·기
부금 등과 같이 분할 가능한 것을 구별하여 소급여부에 대한 경과규정을 부칙
에 명시하는 것이라 하겠다.[32]

　　4) 합법성의 원칙

　　합법성의 원칙이란 조세법은 강행규정이므로 과세요건이 충족되면 납세
의무가 발생하고 과세관청은 법률이 정한 그대로 조세를 부과·징수하여야 하
며, 조세의 감면에 대한 법적 근거가 없는 한 과세관청이 재량으로 조세채무
를 감면할 수 없다는 원칙을 말한다.

　　이는 조세법률주의 정신을 세무행정에도 그대로 구현하여 조세법의 집행
과정에서 발생할 수 있는 자의나 부정을 배제하고 조세부담의 공평이 유지될
수 있도록 하기 위한 것이다.[33]

---

28) 최명근, 세법학총론, 세경사, 1997, 90면.
29) 대법원 1996. 10. 29. 선고 96누9423 판결; 대법원 1995. 8. 11. 선고 94누14308 판결.
30) 이태로(21면); 류지태외 2人(43면); 임승순(37면).
31) 헌법재판소는 "과거에 시작된 구성요건사항에 대한 신뢰가 보호될 가치가 있는 경우에는 그
　　신뢰보호의 이익과 입법의 목적을 비교형량하여 판단하여야 한다"라고 결정하였는바(헌재
　　1995. 10. 26. 94헌바12 결정), 이러한 결정례는 납세의무자의 신뢰보호이익이 신법의 입법목적
　　보다 보호할 가치가 큰 경우에는 부진정소급효 역시 부정되어야 한다는 취지로 보여진다.
32) 동지: 이철성(82면).
33) 임승순(39면).

2. 조세공평주의

조세공평주의란 조세부담이 공평하게 국민들 사이에 배분되도록 세법을 제정하여야 하고,[34] 조세법률관계 당사자로서의 국민은 세법의 적용에 있어 평등하게 취급되어야 한다[35]는 원칙이다. 국세기본법 제18조 제1항은 "세법의 해석과 적용에 있어서는 과세의 형평과 당해 조항의 합목적성에 비추어 납세자의 재산권이 부당히 침해되지 아니하도록 하여야 한다"라고 규정함으로써 조세공평주의를 천명하고 있다.

공평이란 수평적 공평성과 수직적 공평성을 포함하는 개념이다. 수평적 공평성이란 동일한 상황에 놓여 있는 납세의무자는 동일한 세액을 부담해야 한다는 원칙을 말하며,[36] 수직적 공평성이란 서로 다른 상황에 놓여 있는 납세의무자는 그 상황에 적합한 세액을 부담해야 한다는 원칙을 말한다.[37] 수평적 공평성의 실현 없이는 수직적 공평성의 실현은 불가능한 것이다.[38]

공평성이 결여되면 납세자의 신뢰를 기대할 수가 없다. 납세자의 신뢰를 확보하지 못한다는 것은 조세정책뿐만 아니라 경제·사회적으로 심각한 문제를 야기시킨다. 납세자의 신뢰 결여는 탈세에 대한 반사회적 인식 또는 죄의식을 점차 희박하게 만든다. 탈세의 증가는 과세베이스의 침식이라는 세제의 문제로 끝나는 것이 아니라 경제구조를 왜곡시키고 국민들이 양성적 소득추구행위 보다는 음성적 소득을 선호하는 등 그 파급효과는 엄청난 것이다.

수평적 공평성이란 동일한 소득에 대해서는 동일한 과세를 한다는 매우 상식적인 원칙이다. 그러나 사회구조가 복잡다단해지면서 소득의 발생원이 다양해 졌고, 따라서 다양한 소득원들에 대하여 세원 포착률이 동일할 수가 없게 되었다. 그러다 보니 자연적으로 포착이 용이한 소득과 그렇지 못한 소득 사이에 형평성이 결여되는 것이다.

매번 세제개혁을 할 때마다 어김없이 등장하는 이슈가 근로소득자와 사

---

34) 이를 입법상의 조세공평이라 한다.
35) 이를 세법의 해석·적용상의 조세공평이라 한다.
36) horizontal equity: the principle that persons similarly situated should pay equal amount of tax.
37) vertical equity: the principle that differently situated taxpayers should bear appropriately different tax burdens.
38) 新井隆一(21面).

업소득자간의 과세 불균형의 문제이다. 실제로 종합소득과세대상인 사업소득자 중에서 비과세자의 비율이 전체사업자의 67%나 되는 것을 보더라도 근로소득자의 불만은 상당한 이유가 있다. 그러나 근로소득자의 불만은 자신들이 세금을 많이 낸다는 사실보다는 다른 사람이 자신보다 세금을 적게 낸다는데 있다. 사업소득자나 양도소득자는 소득의 포착을 막기 위해 허술한 현행 법제를 십분 활용하여 가능한 모든 방법을 동원할 것이고 근로소득자는 소득전체가 그대로 포착됨으로 인하여 상대적 허탈감을 갖게 되고 근로의욕마저 저하된다.

성실납세가 국민의 헌법상의 의무를 이행하는 것이라는 자긍심을 갖기보다는 무능의 소치라는 사회적 분위기로는 조세정책의 궁극적 목표인 국민경제의 지속적 발전과 부의 재분배는 결코 실현될 수 없다.

3. 실질과세의 원칙

(1) 의 의

실질과세의 원칙이란 조세법을 해석·적용함에 있어 형식과 실질이 다른 경우에는 실질에 따라 과세해야 한다는 원칙을 말한다는 것이 일반적 견해이다.[39]

국세기본법은 "과세의 대상이 되는 소득·수익·재산·행위 또는 거래의 귀속이 명의일 뿐이고 사실상 귀속되는 자가 따로 있는 때에는 사실상 귀속되는 자를 납세의무자로 하여 세법을 적용한다"고 하여 귀속에 대한 실질주의를 규정하고, 한편 "세법 중 과세표준의 계산에 관한 규정은 소득·수익·재산·행위 또는 거래의 명칭이나 형식에 불구하고 그 실질내용에 따라 적용한다"고 하여 내용에 대한 실질주의를 규정하고 있다.

(2) 실질의 의미

실질과세의 원칙이란 실질에 따라 과세한다는 것인데, 여기서 '실질'을 어떻게 파악할 것인가에 대해서는 두 가지의 흐름이 있다. 하나는 경제적 관찰방법에 기초를 둔 경제적 실질설이고, 다른 하나는 그 외연의 범위를 법적으로 제한하려는 법적 실질설이다.[40]

---

39) 田中二郎(111面); 임승순(48면); 이철성(89면).
40) 임승순(49면).

1) 경제적 실질설

과세대상이 되는 거래 등을 경제적 관점에서 파악하여 실질적인 경제적 효과에 과세를 하여야 한다는 견해이다. 즉, 그 경제력을 사실상 지배하는 자에게 과세하여야 한다는 것이다. 이 견해는 과세형평에 기여할 수 있다는 장점이 있으나 납세자의 법적 안정성·예측가능성을 해치고 재산권을 부당히 침해할 수 있다는 단점이 있다.

2) 법적 실질설

과세대상이 되는 거래 등의 실질을 파악함에 있어 당사자가 선택한 사법상의 법형식을 존중하고 그 기초 위에서 형성되어야 한다는 견해이다. 즉, 법형식과 법실질이 다른 경우에 법실질에 따라 과세하여야 한다는 것이다. 이 견해는 법적용의 테두리내에서만 실질의 발견이 가능하므로 법적 안정성과 예측가능성을 확보할 수 있다는 장점이 있으나, 마찬가지 이유에서 과세형평 실현에 미흡하다는 단점을 지닌다.

3) 소 결

국세기본법의 규정만으로는 그 실질의 의미가 경제적 실질인지, 법적 실질인지가 불분명하다. 우리나라 다수의 학자들은 동조항의 규정은 법적 실질설에 기초하고 있다고 주장한다. 다만, 조세법규의 해석·적용에 있어서 경제적 관점을 어느 정도까지 고려할 것인가에 대하여 광협의 차이만을 보이고 있을 뿐이라고 한다.[41]

'실질의 의미를 경제적 실질로, 아니면 법적 실질로 볼 것인가'는 조세회피행위에 대한 대응방법에 커다란 차이를 가져온다는 것이 종래의 일반적 견해였다. 실질을 경제적 실질로 볼 경우 조세회피행위는 실질과세의 원칙을 규정한 일반조항으로 손쉽게 방지될 수 있으나, 법적 실질로 볼 경우에는 조세회피행위에 대하여 이를 방지하는 개별적이고 구체적인 별도의 입법적 조치가 필요한 것으로 이해하여 왔다.

그러나 '법해석의 원리로서의 실질'과 '법적용의 원리로서의 실질'은 구별되어야 한다. 법해석의 원리로서의 실질은 조세법 역시 헌법을 정점으로 하는 법질서에 일부분인 까닭에 당연히 그 외연은 법질서 내에서 해석이 이루어져야 한다. 하지만 법적용의 원리로서의 실질은 소득의 귀속이나 거래의 태양에

---

41) 임승순(48면, 각주 3 참조).

관한 조세법상의 사실인정에 관한 문제인 까닭에 경제적 관찰방법이 중요한 단초가 되어야 할 것이다. 따라서 조세회피행위를 방지하기 위해서는 입법적 조치에 의한 법적 근거가 있어야 하지만, 기왕에 규정된 조세회피행위를 부인하는 규정을 적용함에 있어서는 조세법상 사실인정을 경제적 효과에 따라 실질적으로 적용해야 할 것이다.

지금까지의 논의를 정리하면 다수의 학자들은 실질과세의 원칙이 조세법의 해석과 적용의 원리라고 설명하고 있으나, 필자의 견해는 조세법의 해석은 조세법률주의의 이념에 충실하게 엄격해석하여야 하며, 그 적용은 조세법이 경제생활을 기초로 하는 까닭에 경제적 관찰방법에 의한 경제적 실질에 기초하여야 한다는 것이다. 실질과세의 원칙을 조세법 해석의 원리와 적용의 원리로 이해하기 때문에 법적 실질이니 경제적 실질이니 하는 논의가 전개된 것이다. 그러나 이를 조세법의 적용원리[42]로 이해한다면 경제적 실질설을 취한다 할지라도 다수의 학자들이 주장하는 법적 실질설과 그 결론적 차이는 없다 할 것이다.[43]

예컨대, 국가에 의하여 부동산을 징발당하면서 임대료수입의 상당액을 보상받은 경우, 이 보상금은 법적 효과는 '보상금'이며, 경제적 효과는 '임대수입'이라 할 것이다. 따라서 과세의 대상이 되는 '부동산임대소득'을 해석함에 있어서는 엄격해석의 원칙에 따라 보상금을 포함하여 해석할 수 없으므로 보상금에 관한 과세근거가 없는 한 당해 보상금은 과세대상에서 제외되어야 한다. 그러나 건물관리비만을 받고 건물을 임대한 경우 당해 관리비는 법적 효과 경제적 효과 모두 임대수입이며, 따라서 부동산임대수입으로 과세할 수 있는 것이다.

결국 실질과세의 원칙은 조세법의 적용원리이며,[44] 여기에서 '실질'의 의미는 경제적 실질로 보아야 할 것이다. 물론 국세기본법 역시 경제적 실질을

---

42) 보다 정확하게는 '과세의 근거가 되는 사법상 거래 등의 태양 또는 사실인정을 함에 있어서의 원리'.

43) 여기에 대해서는 반론도 있다. 임승순 변호사는 "실질과세의 원칙을 단지 소득의 귀속이나 거래의 태양에 관한 세법상 사실인정 내지는 의사표시의 해석의 문제로 혼동한데서 실질과세의 원칙이라는 용어의 사용이 혼란을 가져왔다."고 한다(50면 각주 1 참조). 그러나 우리나라는 구 독일 조세조정법(1976년 12월 31일 폐지)의 규정, 즉 "조세법률의 해석에 있어서는…… 경제적 의의를 고려하지 않으면 안 된다."와 같은 역사적 배경이 없으므로, 실질과세의 원칙을 조세법의 해석의 원리로 볼 특별한 이유가 없다.

44) 실질과세의 원칙을 조세법의 적용원리로 이해하는 견해도 있다. 유지태 外 2人(58면).

규정한 것으로 보아야 할 것이다.

(3) 불법소득의 문제

불법소득이란 일반적으로 횡령·수뢰 등 형사상 처벌되는 행위나 민사상 무효 또는 취소할 수 있는 행위로 인한 소득 및 법률상 요구되는 허가 등을 받지 아니하고 영업을 하여 얻은 소득 등을 말한다.[45]

이처럼 위법·불법·하자행위에 의하여 얻은 경제적 이익에도 과세를 할 것인가의 문제에 대해서는 견해가 대립하고 있다. 부정설은 ① 불법소득에 대해 과세를 한다는 것은 결국 그 불법소득을 법적으로 인정하는 것으로서 법질서를 해하게 된다는 점과, ② 불법소득은 대부분의 경우 목적물을 몰수·추징당하여 강제 상환되는바 이에 대하여 또다시 과세하는 것은 이중의 불이익을 줄 수 있다는 점을 논거로 불법소득을 과세대상에서 제외하여야 한다는 견해이다.

긍정설은 ① 과세란 현실적으로 발생한 소득을 그 대상으로 하는 까닭에 불법소득에 대한 과세가 당해 행위를 법적으로 인정하는 것은 아니라는 점과, ② 불법소득을 과세대상에서 제외하는 것은 조세정의 및 조세공평에 반한다는 점을 논거로 불법소득에 대해서도 과세를 하여야 한다는 견해이다. 판례의 태도이기도 하다.[46]

(4) 조세회피행위의 부인

조세회피행위란 납세의무자가 법률상 형식을 남용하여 본래 같으면 채용했을 형식을 사용하지 않고 조세부담의 경감을 목적으로 다른 이상한 행위 또는 계산방식을 취하는 것을 말한다. 이처럼 조세회피행위가 있는 경우에는 과세형평을 위하여 이를 부인하여야 한다. 그런데 이 경우 '과세관청이 임의로 이를 부인할 수 있는가, 아니면 조세법상 개별적·구체적인 규정이 있어야만 부인이 가능한 것인가'라는 문제가 남는다.

전술한 바와 같이, 종래에는 실질의 의미를 어떻게 이해하느냐에 따라 그 결론을 달리한다는 것이 통설적 견해였다. 그러나 조세회피행위를 부인하고 과세를 하는 것은 단순한 사실인정의 문제가 아니라 법의 해석문제인 까닭에

---

45) 임승순(56면).
46) 회사의 대표가 회사소유 부동산을 매각하여 횡령한 경우에 이를 과세소득으로 보았다. 대법원 1983. 10. 25. 선고 81누136 판결.

실질과세의 원칙과는 직접 관련성이 없다는 것이 필자의 생각이다. 따라서 엄격해석의 원칙상 조세회피행위의 부인에 대한 법적 근거가 없는 한, 과세관청이 임의로 부인처분을 할 수는 없다.

4. 신의성실의 원칙

신의성실의 원칙 내지는 신뢰보호의 원칙이란 납세자의 신뢰를 보호할 가치가 있는 경우에는 기존의 법률관계를 그대로 존중하여 납세자의 신뢰를 보호하여야 한다는 것이다.

국세기본법은 "납세자가 그 의무를 이행함에 있어서는 신의에 좇아 성실히 하여야 한다. 세무공무원이 그 직무를 수행함에 있어서도 또한 같다"라고 규정하고 있고, 또한 "세법의 해석 또는 국세행정의 관행이 일반적으로 납세자에게 받아들여진 후에는, 그 해석 또는 관행에 의한 행위 또는 계산은 정당한 것으로 보며, 새로운 해석 또는 관행에 의하여 소급하여 과세되지 아니한다"라고 함으로써, 신의성실의 원칙 내지는 신뢰보호의 원칙을 명문으로 규정하고 있다.

그런데 이러한 신의성실 내지 신뢰보호원칙과 적법성의 원칙이 충돌할 경우에는 적법성이 우위에 있다는 견해와 양자가 동위에 있다는 견해가 대립한다. 이 경우에는 개별·구체적 상황에 따라 적법상태 실현이라는 공익과 신뢰보호라는 사익을 비교형량하여 결정하는 것이 타당할 것이다.

5. 근거과세의 원칙

근거과세의 원칙이란 과세관청이 과세를 함에 있어 과세관청의 자의가 아닌 명확한 과세의 근거자료에 의하여 과세를 하여야 한다는 것이다.

국세기본법은 "납세의무자가 세법에 의하여 장부를 비치·기장하고 있는 때에는 당해 국세의 과세표준의 조사와 결정은 그 비치·기장한 장부와 이에 관계되는 증빙자료에 의하여야 한다", "국세를 조사·결정함에 있어서 기장의 내용이 사실과 다르거나 기장에 누락된 것이 있는 때에는 그 부분에 한하여 정부가 조사한 사실에 따라 결정할 수 있다", "정부는 기장의 내용과 상이한 사실이나 기장에 누락된 것을 조사하여 결정한 때에는 정부가 조사한 사실과 결정의 근거를 결정서에 부기하여야 한다"고 규정함으로써 근거과세의 원칙을 분명히 하고 있다.

판례는 ① 과세관청의 일방적이고 억압적인 강요로 말미암아 자유로운 의사에 반하여 작성한 각서나 확인서 등을 근거로 과세한 경우,[47] ② 수사기관에서 통보하여 온 수사서류를 실질조사하지 않은 채 과세한 경우,[48] 등을 근거과세의 원칙에 위배되는 위법한 과세처분이라 하였다.

6. 기업회계존중의 원칙

(1) 의 의

기업회계존중의 원칙이란 기업회계의 공정성과 객관성이 보장되는 한, 세무회계는 이를 토대로 하여야 하고 다만 세법상의 특수한 목적에 따라 최소한의 세법적 조정만을 행하여야 한다는 것을 말한다.

국세기본법은 '국세의 과세표준을 조사·결정함에 있어서 당해 납세의무자가 계속하여 적용하고 있는 기업회계의 기준 또는 관행으로서 일반적으로 공정·타당하다고 인정되는 것은 이를 존중하여야 한다. 다만, 세법에 특별한 규정이 있는 것은 그러하지 아니하다'고 규정함으로써 이를 분명히 하고 있다.

(2) 회계와 세무회계의 차이 발생원인

기업회계와 세무회계의 차이가 발생하는 원인은 ① 조세정책의 목적상 세무회계에는 은전[49]이나 부담[50]이 존재할 수 있고, ② 기업회계에서는 수익은 실현주의를 비용은 발생주의를 취하나, 세무회계에서는 익금 및 손금이 소득원천 조기 확정주의를 취하는 까닭에 개념상·시기상 차이가 발생할 수 있으며, ③ 소득의 개념을 기업회계는 순자산증가 중 손익거래에 의한 것으로 보나, 세무회계는 순자산증가 전부라고 이해하기 때문이다.

예컨대, 자본거래를 기업회계는 자본잉여금으로 수익에 포함시키지 않으나, 세무회계는 익금불산입 항목[51]이 아닌 한 익금에 포함시킨다.

---

47) 대법원 1989. 5. 23. 선고 88누681 판결.
48) 대법원 1987. 12. 8. 선고 85누680 판결.
49) 조세의 감면.
50) 조세중과.
51) 주식발행초과금, 감자차익, 합병차익, 재평가차익.

7. 세무조정

과세연도의 말에 적정한 과세소득을 산정하기 위하여 기업회계와 세무회계의 차이를 조정하는 것을 세무조정이라 한다.

세무조정에는 결산조정과 신고조정이 있는바, 결산조정이란 법인이 결산을 통하여 손금으로 계상한 경우에만 세무조정이 가능한 경우를 말하며 신고조정이란 결산상 회계처리가 없어도 세무조정신고서에 손금으로 신고함으로써 조정이 되는 것을 말한다.

감가상각비·대손충당금·준비금 등과 같이 외부와의 거래없이 법인 내부의 의사결정에 따라 비용처리여부와 금액이 결정되는 항목이 결산조정사항에 해당한다.

제 4 절 조세법의 해석과 적용

I. 엄격해석의 원칙

엄격해석의 원칙이란 조세법이란 법문언에 따라 엄격하게 해석하여야 하고 법의 흠결을 유추해석하거나 행정편의적인 확장해석을 하여서는 아니 된다는 원칙을 말한다.

그러나 조세법은 기존의 법적 질서 및 경제질서를 기초로 하고 있는 까닭에 사법(私法)상의 개념을 상당부분 차용하고 있다. 이처럼 '사법상의 개념을 차용한 경우에 조세법을 해석함에 있어서 사법적 해석을 그대로 준용할 것인가, 아니면 조세법상 독자적 해석이 가능할 것인가'라는 문제가 남는다.

II. 차용개념의 해석

1. 문제의 소재

조세법과 사법과의 관련성에 관하여는, 첫째 '세법이 대상으로 하는 사실을 민법의 법형식에 의하여 다루는 경우(민법상의 개념을 차용한 경우) 민법과 해석을 같이 해야 하는가(통일설, 절대주의)', 또는 독립하여 해석하여야 할 것인가(독립설, 상대주의)'라는 문제와, 둘째 '당사자가 선택한 민사상 법률관계의 형성이 세법에서 차용한 민법상의 법률관계형성에 그대로 적용되는가, 또는 아닌가'라는 문제가 제기될 수 있다.

전자의 문제는 '차용된 민법개념의 용어가 조세법의 해석에 의하여 변용될 수 있는가'하는 문제이며, 후자의 문제는 '민법개념의 용어의 의미에 관하여는 다툼이 없을 경우 구체적 사실의 적용에 있어서 다른 사실이 포섭될 수 있는가 즉, 조세법과 사법에서는 사실의 인정에 있어 판단을 달리하는가'라는 것이다. 그러나 사실상 양자를 구별하여 논의할 실익은 없다.

2. 독립설

사법과 세법은 그 이념을 달리 하는 까닭에 이에 대한 개념의 정의도 독립하여 구성되어야 한다는 견해이다.

에노 베커(Enno Becker)는 조세법은 경제발전과 경제적 환경변화에 민감하게 변해가기 때문에 민사상 법률관계로부터 조세의 결론을 모두 도출해 낸다는 것은 불가능하다는 것을 전제하고, 조세법이 민사법으로부터 유리되는 경우에는 조세법의 특별규정에 대한 개별적 검토가 있어야 한다고 한다. 베커(Becker)는 조세법에 대한 개별적 검토의 이유를 조세법의 미성숙에서 찾고 있다. 조세법의 주요원칙은 현실의 체험을 통하여 형성되는 것이고 또한 이를 통하여 법적 확실성이 축적되는 것이다. 결국 조세법적 사물은 사물 그 자체에서 출발하여야 하며, 조세법은 민법이나 상법적 기초에 결부된 것에 지나지 않는 것이라고 주장하였다.[52]

독립설의 이론을 더욱 발전시킨 발(Ball)은 조세법과 사법은 그 영역의 기초가 재산법이며 많은 면에서 동일한 생활관계와 생활개념를 전제로 하기 때문에 입법자는 통상의 경우 사법으로부터 인식된 것과 같은 개념용어를 사용하지만, 조세법에서 사용하고 있는 민법개념은 원칙적으로 민법적으로만 이해되는 것은 아니며, 오히려 조세법의 목적이나 취지가 순수 사법개념의 내용에만 과세하려는 경우,[53] 사법개념의 적용이 조세법의 목적에 합치하는 경우를

---

52) 田中二郎(116面).
53) 예컨대 '양도' 또는 '부동산의 취득' 등에 과세하는 것이 이에 해당함.

제외하고는 조세법상 사법개념의 직접적용을 명시하지 않는 한 사법의 적용을 할 수 없다고 한다.[54]

3. 통일설

헨셀(Henssel)은 법치국가원칙에 따른 법해석을 중시하고 그를 위하여 입법자는 개념을 정의함에 있어 가능한 한 일의적 의미를 부여하여야 하는바, 과세요건이 민법의 형식과 법개념에 결부되어 있는 한 원칙적으로 조세법개념은 사법개념과의 동일성에서 출발하여야 한다고 주장하였다. 조세법의 개념은 경제적 관점을 고려한 목적적 해석이 되어야 한다는 독립설의 주장에 대해 목적해석이란 모든 경우에 경제목적에 따른 해석만을 가리키는 것이 아니고 법적 안정성 및 법적 단일성의 의미에서 다양하게 이해되어야 한다고 비판하였다.

가일러(Geiler) 역시 법적 개념의 형성은 입법자의 자주적 권한이며 따라서 명문의 규정이 없을 경우에 차용 개념의 독자적 해석은 거래를 불명확하게 할 우려가 있으므로 허용될 수 없다고 주장하였다.[55]

4. 소 결

양설 모두 일응 타당성이 있어 어떠한 견해가 타당하다는 결론을 단정하기는 어렵다.[56] 그러나 분명한 사실은 양설 모두 입법자의 자주적 개념 형성권에 대해서는 부정하지 않는다는 사실이다. 이는 결국 사법의 개념을 조세법이 독자적으로 정의하는 것은 가능한 것으로 보인다. 물론 조세법이 독자적 정의를 하지 않은 경우에는 차용개념은 민법의 해석을 따를 수밖에 없다.

Ⅲ. 조세법률관계

1. 납세의무의 발생시기

조세법률관계의 당사자는 과세권자와 납세의무자이다. 이때 납세의무자

---

54) 홍광식, "조세법과 사법", 「사법논총」 제25집, 법원행정처, 1994, 558~560면에서 요약 재인용.
55) 홍광식(561~564면).
56) 필자의 연구가 부족하여 이 문제에 대해서는 필자의 사견을 피력하지 않는다. 추후 심도 있는 연구를 통하여 이 문제에 대한 필자의 견해를 밝히도록 하겠다. 그러나 일단은 엄격해석원칙의 이념을 충실하게 반영한다면 해석의 단계에서는 조세법상 별도의 개념에 대한 정의규정이 없는 한 사법상의 개념은 사법적으로 해석되어질 수밖에 없다고 생각된다.

의 납세의무는 언제 어떻게 발생하는 것인가?

조세법률관계를 국가가 재정수입을 목적으로 국민에 대하여 금전급부의무를 부과하는 명령·복종의 관계로 볼 경우에는 납세의무는 납세고지 등과 같은 행정처분에 의하여 창설적으로 발생할 것이며, 납세의무를 일종의 공법상 채무라고 볼 경우에는 조세법률주의에 의하여 세법에 규정된 요건을 충족한 경우에 바로 납세의무가 발생하며 행정처분은 이를 확인하는 데 불과하다 할 것이다.[57]

2. 신고납세제도에 있어서 신고의 법적 성질

법인세, 소득세, 부가가치세 등과 같이 납세자가 과세표준을 신고함으로써 세액이 결정되는 과세제도를 이른바 신고납세제도라 하는바, 이 때에 납세자의 신고행위의 법적 성질은 무엇인가? 행정청의 부과처분에 의해 납세의무가 성립된다는 입장에서는 신고행위란 부과처분을 위한 참고자료제공에 불과할 것이며, 법률이 정한 과세요건이 충족될 경우 자동적으로 조세채무가 성립된다는 입장에서는 납세자의 신고행위가 추상적 납세의무를 확정시키는 일종의 확인행위가 될 것이다.[58]

3. 시효의 기산점

조세채권 역시 채권이므로 소멸시효의 대상이 될 것인바, 이 때에 그 기산점은 언제인가? 행정청의 부과처분에 의하여 납세의무가 성립한다는 입장에서는 당해 처분이 있는 때를 시효의 기산일로 해야 할 것이며, 조세법이 정한 요건을 충족한 때에 납세의무가 성립한다는 입장에서는 요건충족 시점이 시효의 기산일이 될 것이다.[59]

4. 조세채권의 우선권

조세법률관계의 성질에 따라 조세채권이 일반채권보다 공익성 등을 이유로 우선되어야 하는가 아니면 일반채권과 동일한 것인가의 문제도 발생할 수

---

57) 田中二郎(139面).
58) 김두천, 세법학, 박영사, 1994, 72~73면.
59) 新井隆一(126面).

있다는 견해가 있다.[60] 그러나 이 문제는 조세법률관계의 성질과 직접 관련은 없다고 생각한다. 왜냐하면 조세의 본질상 조세채권이 공익성 등에 비추어 일반채권에 우선하는 것은 당연한 논리귀결이기 때문이다.

5. 조세채권의 상계

조세채권과 납세의무자의 타 채권과의 상계가능성 여부에 관하여 조세법률관계의 성질에 따라 조세채권의 공익적 성질에 비추어 상계가 허용되지 않아야 한다는 주장과 일반사법상의 채권과 본질상 다를 바가 없으므로 상계를 인정할 수 있다는 주장이 각각 있을 수 있다고 한다.[61] 그러나 이 역시 조세채권의 공익성 문제는 조세법률관계의 성질과는 직접 관련성이 없다 할 것이다.

6. 소송물

조세쟁송에 있어서 심리대상, 즉 소송물은 무엇인가? 조세법이 정한 과세요건충족 사실에 근거한 세액이 정당하게 계산되었는지 여부가 심리의 대상이 된다는 견해[62]와 과세절차의 적법성 여부가 그 대상이라는 견해[63]가 조세법률관계를 어떻게 이해하느냐에 따라 각각 주장될 수 있다.[64]

7. 조세권력관계설과 조세채권·채무관계설

(1) 조세권력관계설

조세권력관계설은 주로 조세의 부과·징수의 절차면에 착안한 통치권의 조세고권의 발동이라는 측면에서 이것을 통일적으로 이해하기 위한 고찰방법이다. 다시 말해서, 조세법률관계는 일반적으로는 조세고권이라고 불리우는 일종의 공권력의 발동에 따라 성립되는 관계로 그 내용은 일반적·추상적으로는 법률에 따라 정해지는 것이고, 구체적으로는 조세고권이 발동되는 행정청의 처분 형식에 따라 조세채무가 확정되어 강제징수가 되어지는 것이 원칙이고, 부수적으로는 조세의 부과·징수의 확보를 위한 감시·감독 등의 공권력

---

60) 김두천(73면).
61) 田中二郎(128面).
62) 이를 이른바 권리구제설이라 한다.
63) 이를 이른바 위법시정설이라 한다.
64) 민한홍, "조세법률관계의 성질", 「월간조세」 1991년 12월호, 87면.

행사가 인정되고 있는 경우가 많아서, 전체적으로는 일관된 조세고권의 발동에 의해 행정주체의 수입의 현실 확보를 목표로 한 관계로 보아야 한다는 견해이다.

(2) 조세채권·채무관계설

조세채권·채무관계설은 조세채무의 성립요건이라는 실체면에 주목한 것으로 조세법률관계는 조세법률주의의 원칙에 의거한 법률이 정한 구성요건사실의 충족으로 조세채권이 법률상 당연히 성립하는 관계이므로 이러한 관계에 행정권의 의사가 개입될 여지가 없기 때문에 조세채권자인 행정주체와 조세채무자인 국민과의 관계는 대등한 법률에 따르는 관계, 즉 공법상의 채권·채무의 관계로 보아야 한다는 견해이다.

이 견해에 의하면 법률이 정한 구성요건사실(조세요건)이 충족되면 조세채무는 법률상 당연히 성립되고 행정권의 의사(처분)에 의해서 성립하는 것이 아니며 더구나 행정권의 의사에 따라 법률이 정한 것과 다른 조세채무가 성립할 여지는 전혀 없는 것이다. 다만, 조세채권의 실현확보를 위한 행정권의 발동이라고 하는 점이 부수적으로는 실행되는 것을 완전히 부정할 수는 없는 것이지만, 이상적인 조세채무자에 대해서는 이러한 행정권의 발동이 필요하지 않다는 입장이다.[65]

(3) 소 결

조세법률관계의 성질에 관하여 국내 조세법 학자들의 견해는 조세법관계를 조세실체법관계와 조세절차법관계로 나누어, 전자는 조세채권·채무관계로 후자는 조세권력관계라고 하는 것이 통설적 견해인 것으로 보여진다.[66] 물론 조세실체법과 조세절차법 중 무엇에 무게 중심을 둘 것인지의 문제에 대해서는 견해가 나누어지고 있다. 그러면서도 조세법률관계를 행정법관계의 성질이 있는 조세절차법과 사법관계의 성질이 있는 조세실체법으로 명백히 구분하기는 어렵다는 것 또한 인식하고 있다.

조세법률관계는 그 법률관계의 일방이 국가이고 공익성을 그 기본원리로 하는 까닭에 사법상 채권채무관계는 분명 아니다. 그렇다고 신고납세제도에 의

---

65) 田中二郞(127~129面).
66) 김두천(80면); 이철성(158면 이하); 이태로(43~70면); 최명근(295면).

한 조세채무의 성립을 국가의 조세고권의 발동에 의해 성립하는 권력관계로 설명하기도 곤란하다. 권력관계만을 행정법관계로 이해하다 보니 조세법률관계를 권력관계와 사법관계 중 어느 하나로 설명할 수밖에 없는 한계가 있는 것이다.

조세법률관계는 공익을 목적으로 하는 불평등한 법관계이므로 분명 행정법관계이다. 신고납세제도에서 납세자의 과세표준과 세액의 신고행위는 사법상의 청약과도 다르며 그렇다고 행정청에게 허가 등을 신청하는 행정행위를 위한 참고자료 또한 아니다. 일종의 사인의 공법행위로 보아야 할 것이다.

사인의 공법행위란 공법관계에 있어서 사인의 법적 행위로서 공법적 효과발생을 목적으로 하는 행위를 말하는 것으로, 이에는 사인의 행위의 법적 효과를 기준으로 ① 각종 신고 등과 같이 그 행위 자체만으로 법률효과를 완성하는 자기완결적 행위와 ② 각종 신청 등과 같이 행정행위의 전제요건이 될뿐 그 자체만으로 법률효과를 완결시키지 못하는 행정요건적 행위가 있다. 당연히 납세자의 신고는 전자에 해당한다. 그렇다면, 부과과세는 물론 신고납세의 경우에도 이를 순수한 채권·채무의 관계로 볼 수 없다.

따라서, 조세법률관계는 권력관계도 채권채무관계도 아닌 행정법관계로서 일종의 공적 관리관계로 보는 것이 타당하다.

제 5 절 과세요건

Ⅰ. 납세의무자

납세의무자란 납세의무의 주체, 즉 조세실체법상 권리의무관계에 있어 조세채무를 부담하는 자를 말한다. 국세기본법은 "납세의무자라 함은 세법에 의하여 국세를 납부할 의무가 있는 자를 말한다"라고 규정하고 있다.

넓은 의미의 납세의무자에는 고유의 납세의무자뿐만 아니라 연대납세의무자, 징수의무자, 보충적 납세의무자가 모두 포함된다.

보충적 납세의무자로는 납세보증인과 제2차 납세의무자가 있다. 납세보증인이란 주된 납세의무자에 국세·가산금 또는 체납처분비 등의 조세채무가 이행되지 않은 경우 그 이행의 책임을 부담하는 자를 말한다. 제2차 납세의무자란 납세자가 납세를 이행하지 않을 때 원래의 납세의무자로부터 징수할 수 없는 금액을 한도로 하여 보완적으로 납세의무를 부담하는 자를 말한다. 국세기본법은 청산인·무한책임사원·독점주주·독점주주를 위한 법인·사업양수인 등에 제2차 납세의무를 규정하고 있다.

Ⅱ. 과세물건

과세물건이란 법령에 의하여 과세의 목적물이 되어 있는 것을 말한다. 과세물건은 과세의 물적 기초가 되므로 개인의 담세력을 나타낼 수 있는 정확한 것이어야 한다.

과세물건으로는 소득, 소비, 자산, 권리이동 등이 있다. 국세기본법 제14조는 소득, 수익, 재산, 행위, 거래를 과세물건으로 규정하고 있다.

동일물건이 둘 이상의 조세의 과세대상이 되지 않도록 조세법은 조세를 인세·물세·행위세로 나누어 인세는 주거지에 , 물세는 소재지에, 행위세는 행위지에 과세하도록 하고, 국세와 지방세의 중복을 피하기 위해 「국세와 지방세의 조정 등에 관한 법률」이 제정되어 있다.

Ⅲ. 과세표준

과세표준이란 세액산출의 기초가 되는 과세물건의 수량이나 가액을 말한다. 수량이 과세표준이 되는 것을 종량세, 가액이 과세표준이 되는 것을 종가세라 한다.

과세표준은 인지세·면허세 등과 같이 법률에 의해서 명백히 결정되어 있는 경우도 있으나, 대부분의 세목은 과세표준이 납세자의 신고나 과세관청의 결정을 통하여 확정된다. 이 대문에 납세의무자와 과세관청 사이에 과세표준에 대한 분쟁이 발생하는 경우가 있다.

Ⅳ. 세 율

세율이란 세액을 정하기 위하여 과세표준에 곱해야 할 배율을 말한다. 세율에는 비례세율, 차등세율, 탄력세율, 표준세율 등이 있다.

비례세율이란 과세표준의 수량·금액의 다과에 관계없이 동일한 세율이 적용되는 경우로서 주세 등에 적용되는 세율이 이에 해당한다.

차등세율에는 누진세율과 역진세율이 있다. 누진세율이란 과세표준의 수량·금액이 증가됨에 따라 누진적으로 고액의 세율을 적용하는 경우를 말한다. 각 단계마다 단일 누진세율을 결정하는 단순누진세율과 과세표준을 여러 단계로 구분하고 각 단계를 초과하는 초과분에 대해서는 각각 다른 누진율을 적용하는 초과누진세율이 있다. 소득세, 법인세 등이 이에 해당된다. 역진세율이란 이와는 반대로 과세표준의 수량·금액이 증가됨에 따라 낮은 세율을 적용하는 경우를 말한다. 현행법의 상의 예는 없다. 차등세율에 있어 과세표준의 수량·금액의 단계를 과세계급(tax bracket)이라 하고, 이에 적용되는 세율을 한계세율(marginal rate)이라 한다.

탄력세율이란 기본세율을 기준으로 일정범위 안에서 경제적 상황 등을 고려하여 탄력적으로 운용하는 세율을 말한다. 현행법상 부가가치세율은 기본세율 13%를 기준으로 ±3% 범위 안에서 대통령령으로 세율을 정하도록 하고 있다.

표준세율이란 지방세법상 통상적용 해야 하는 기준이 되는 세율을 말한다. 따라서 지방자치단체는 자치구역의 경제적 사정 등을 고려하여 표준세율을 크게 벗어나지 않는 범위 안에서 세율을 변경할 수 있다.

제 6 절   조세채권의 성립

I. 납세의무의 성립

조세법상 과세요건이 되는 사실이나 행위 등이 완성된 때에 납세의무는 발생한다. 그러나 대부분의 경우 조세법은 세목에 따라 납세의무의 성립시기를 법률로서 정하고 있으며, 일반적으로 법률은 납세의무자의 신고행위 또는 과세관청의 납세고지 등이 있는 때에 납세의무가 성립하는 것으로 규정하고 있다. 따라서 과세요건 충족에 따른 납세의무의 성립과 구체적으로 확정된 납세의무의 성립 사이에는 시기적으로 일치하지 않는 경우가 발생할 수 있는바, 혼란을 피하기 위하여 전자를 추상적 납세의무라 하고 후자를 구체적 납세의무라 한다.

Ⅱ. 납세의무의 성립시기

1. 원 칙

국세기본법상 납세의무는 원칙적으로 소득세·법인세·부가가치세 등과 같은 기간과세의 경우에는 '과세기간이 종료한 때'에, 상속세·증여세·부당이득세·특별소비세 등과 같은 수시과세의 경우에는 '과세요건이 되는 행위를 하는 때'에 성립한다.

2. 예 외

국세기본법은 이러한 원칙에 대한 몇 가지의 예외를 규정하고 있는바, ① 원천징수하는 소득세·법인세는 소득 또는 수입금액을 지급할 때, ② 납세조합[67])이 징수하는 소득세는 소득이 발생한 달의 말일, ③ 예정신고납부하는 소득세[68])는 소득이 발생한 달의 말일부터 2월이 경과한 때, ④ 중간예납하는 소득세[69])는 중간예납기간(1.1~6.30)이 경과한 때, ⑤ 예정신고납부하는 부가가치세는 예정신고기간(1.1~3.31, 7.1~9.30)이 경과한 때에 성립한다.

Ⅲ. 조세채권의 승계

조세채권 역시 금전급부의무를 전제로 하는 까닭에 승계가 가능하다. 그

---

67) 납세조합이란 원천징수할 수 없는 납세자의 조합을 말한다. 이들이 납세조합을 결성하여 원천징수하면 각각 30%~10%의 세액공제를 해준다. 납세조합을 결성할 수 있는 자로는 을종근로자, 농축수산물판매업자, 노점상 등이 있다. 을종근로자란 외국기관, 외국인, 외국법인으로부터 소득을 얻는 자를 말한다. 외국인등에게는 원천징수의무를 과할 수 없기 때문에 결국 이들에게는 원천징수를 할 수 없으므로 납세조합의 결성을 유도하는 것이다.
68) 예정신고해야 하는 소득세로는 부동산매매로 인한 양도차익이 발생한 경우이다. 이 경우 기간 내에 자진신고할 경우 10%의 세액공제를 해 준다.
69) 중간예납해야 하는 소득세로는 사업자의 사업소득 및 부동산임대소득 등이 있다. 중간예납하도록 하는 이유는 소득세 전액을 일시납부하면 국고수지를 맞추기 어렵고 납세자에게도 부담이 되기 때문이다.

러나 조세란 납세의무자의 담세력을 기준으로 하기 때문에 납세의무자의 개별적, 구체적 상황 또한 중요한 고려대상이 된다. 따라서 조세법은 조세채권의 승계를 법률이 인정하는 범위로 제한하고 있고, 사인 상호간의 계약에 의한 승계는 허용하지 않고 있다.

현행법상 조세채권의 승계는 법인의 합병으로 인한 경우와, 상속으로 인한 경우에 인정하고 있다. 국세기본법은 "법인이 합병한 때에 합병후 존속하는 법인 또는 합병으로 인하여 설립된 법인은 합병으로 인하여 소멸된 법인에게 부과되거나 그 법인이 납부할 국세·가산금과 체납처분비를 납부할 의무를 진다"라고 규정하여 법인의 합병으로 인한 납세의무의 승계를 인정하고, 제24조 제1항은 "상속이 개시된 때에 그 상속인 또는 민법 제1053조에 규정하는 상속재산관리인은 피상속인에게 부과되거나 그 피상속인이 납부할 국세·가산금과 체납처분비를 상속으로 인하여 얻은 재산을 한도로 하여 납부할 의무를 진다"라고 규정하여 상속으로 인한 납세의무의 승계를 인정하고 있다.

Ⅳ. 조세채권의 소멸

1. 납세의무의 이행: 납부

조세는 납세의무자에 의해 이행되는 것이 원칙이나, 제2차 납세의무자 또는 제3자에 의한 이행에 의해서도 소멸된다. 납세의무는 금전이 원칙이나, 현물 또는 인지에 의한 이행이 허용되는 경우도 있다.

2. 소멸시효의 완성

조세징수권은 일종의 청구권이므로 당연히 소멸시효의 대상이 되며, 특별한 규정이 없는 한 '국세의 징수를 목적으로 하는 국가의 권리를 행사할 수 있는 날'부터 일반국세와 지방세의 경우 5년,[70] 관세의 경우 원칙적으로 2년이다. 다만, 조세를 포탈하였거나 정당한 이유 없이 관세를 납부하지 아니한 물품에 대한 관세는 5년이다. 일반국세의 경우 납세고지·독촉 또는 납부최고·교부청구·압류 등의 사유로 소멸시효가 중단되며 징수유예기간 및 연부연납기간 중에는 소멸시효가 진행하지 아니한다.

---

70) 국세기본법 제27조 제1항, 지방세기본법 제39조 제1항.

'국세의 징수를 목적으로 하는 국가의 권리를 행사할 수 있는 날'은 일반적으로 신고납세의 경우에는 법정 신고납부기한의 다음날부터, 부과과세의 경우에는 납세고지에 의한 납부기한의 다음날부터 기산한다.

조세채권의 소멸시효는 당사자가 이를 원용할 필요가 없다. 재결청 또는 법원이 시효완성여부를 직권조사해야 한다. 이는 모든 납세자에게 소멸시효 여부를 획일적으로 적용하기 위한 것이다.

3. 조세감면·부과취소

납세의무자의 신청에 따라 납세의무의 전부 또는 일부를 면제하는 행정 행위를 말한다. 조세감면의 사유로는 일반법인 조세특례제한법과 각 세법에서 규정하고 있는데, 재해로 인한 담세력의 상실·공익사업의 보호 등이 주된 사유가 된다.

4. 제척기간의 만료

조세의 부과권을 일정기간 행사하지 않은 경우에는 조세채권의 소멸된다. 성격상 부과권은 형성권에 속하기 때문에 소멸시효에 해당하지 않는다. 그러나 조세법률관계를 조속히 확정하기 위해 제척기간을 설정한 것이다.

제척기간의 기산일은 '국세를 부과할 수 있는 날부터'부터 기산된다. 일반적으로 '국세를 부과할 수 있는 날'의 의미는 신고납세의 경우에는 법정 신고기한 다음날부터, 부과과세의 경우에는 과세대상 사실의 존재부터 기산된다.

V. 국세환급금(납세자의 채권)

1. 과오납금

과오납금이란 법률상 조세로서 납부할 원인이 없는데도 불구하고 납부되어 있는 금액으로 부당이득의 성질을 갖는다. 따라서 그의 납부자는 그 세액의 반환을 청구할 수 있는 권리를 갖는데, 이를 과오납금 반환청구권이라 한다.

과오납금의 원인으로는 ① 무효인 과세처분에 의하여 납부한 경우, ② 위법한 과세처분에 의해 납부한 후 동 과세처분이 취소·변경된 경우, ③ 납세자가 착오로 초과납부한 경우 등이다.

2. 환급세액

환급세액이란 이미 납부한 기납부세액이 조세감면, 법률개정 등과 같은 사유에 의해 결정세액보다 많은 경우, 즉 각 세법이 정한 환급요건을 충족한 경우에 그 환급 받을 수 있는 금액을 말한다. 이에 대해 환급을 청구하는 것은 일종의 공법상 금전교부청구권에 해당한다.

Ⅵ. 조세확정절차

1. 조세확정의 방식

(1) 신고납세제도

납세의무자가 스스로 과세요건이 충족된 경우 관계 세법을 적용하여 과세표준을 신고함으로써 조세채무가 확정되는 제도를 말한다. 현행법상 종합소득세, 양도소득세, 법인세, 부가가치세, 특별소비세, 주세, 증권거래세, 교육세, 취득세, 등록세, 관세 등이 신고납세제도를 취하고 있다. 이는 납세자의 성실한 신고를 전제로 하는 까닭에 납세자의 납세의식이 필수적 요소이다. 우리나라도 점차 국민들의 납세의식의 고양으로 이러한 제도를 취하는 세목이 늘어가는 경향이다.

(2) 부과과세제도

관세관청의 부과처분에 의하여 조세채무가 확정되는 제도이다. 현행법상 상속세, 증여세, 부당이득세, 재산세 등이 이에 해당한다. 과세관청의 조사에 의하여 과세표준 등이 확정되는 까닭에 행정력이 많이 필요하고, 납세자와의 마찰이 발생하는 등 폐해가 많아 가능한 이러한 제도를 지양하고 있는 경향이다.

과세관청이 과세표준 등을 확정하기 위하여 조사하는 방식에는 ① 납세의무자가 기장하여 비치하고 있는 장부와 증빙서류를 근거로 과세표준을 조사·결정하는 실지조사결정방법과, ② 동일업종 다른 사업자의 소득을 통하여 납세의무자의 소득을 추정하여 과세표준을 결정하는 추계조사결정방법이 있다. 추계조사는 필요장부·증빙서류가 없거나 중요부분이 미비된 경우, 기장 내용이 허위임이 명백한 경우 등에 실시하며, 이때에는 이월결손금의 공제를 불허하는 등 세액계산의 특례를 인정하지 않는다.

2. 납세신고

납세신고란 세법의 규정에 따라 납세의무자가 과세표준과 세액을 과세관청에 제출하는 것을 말한다.

종래에는 이러한 신고행위의 법적 성질에 관하여, 조세법상 법률관계를 사법상 채권채무관계로 이해하여 신고를 일종의 청약으로 보는 사법행위설과, 법률관계를 공법상 권력관계로 이해하여 신고행위를 사인의 공법행위로 보는 공법행위설의 다툼이 있었다.

필자는 앞에서 조세법상의 법률관계를 공법상 관리관계로 보아야 한다고 피력한 바 있다. 따라서 신고행위는 공법관계에서 사인이 행하는 공법행위로 보아야 할 것이다.

3. 수정신고

납세자가 자신의 과세표준과 세액의 신고에 오류가 있음을 스스로 발견한 경우에 이를 증액하여 신고하는 제도를 말한다. 법정기한 내에 수정신고를 한 경우에는 과소신고가산세의 50%를 경감해 줌으로써 수정신고를 권장하고 있다.

수정신고는 법정신고기간 내에 과세표준과 세액을 신고한 자가 법정신고기간 경과 후 6월내에 하여야 한다. 그러나 세무관서의 경정이 있을 걸 미리 알고 수정신고한 경우는 가산세를 경감해 주지 않는다.

4. 경정청구

경정청구란 납세자가 자신의 과세표준과 세액의 신고에 오류가 있음을 발견하고 그 감액을 청구하는 제도를 말한다.

경정청구는 ① 자신이 신고한 내용에 대해 경정청구할 경우에는 법정신고기간 내에 과세표준을 신고한 자가, ② 과세관청의 결정 또는 경정된 내용에 대해 경정청구하는 경우에는 결정·경정처분에 불복하는 자가 법정신고기간 경과 후 1년 내에 청구하여야 한다. 다만, 후발적 사유가 있는 경우에는 사유발생일로부터 2월내에 청구할 수 있다.

후발적 사유로는 ① 과세표준 및 세액의 근거가 되는 거래 등이 판결에 의해 변경된 경우, ② 소득, 과세물건이 제3자에게 변경하는 결정·경정이 있는 때, ③ 과세표준, 세액의 근거가 되는 거래 등의 효력에 영향을 미치는 관공서의 허가가 취소된 때 등이다.

과세관청은 납세의무자의 경정청구가 있는 때에는 청구일로부터 60일 이내에 청구인에게 경정처분을 하거나 경정청구가 이유 없다는 사실을 통지하여야 한다.

Ⅶ. 경정결정

1. 의 의

경정결정이란 납세의무자의 신고에 의하여, 또는 과세관청의 조세부과처분에 의하여 조세채무가 확정된 이후에 오류 또는 탈루가 발견된 경우 과세관청이 직권으로 이를 경정하는 처분을 말한다. 경정결정이 있기 전의 최초 확정된 결정을 특히 당초결정이라 한다. 물론 신고납세제도의 경우 원칙적으로 당초결정이 있을 수 없으나, 자진신고기간을 경과하여 과세관청이 직권으로 과세표준을 결정하는 경우도 있는바, 이 때에 과세관청의 최초결정이 당초결정이 된다.

2. 경정처분의 성질

(1) 문제제기

경정처분은 당초처분과는 실질적인 측면에서 납세자의 동일한 추상적 조세채무를 적정하게 실현하기 위한 일련의 과세처분으로 밀접 불가분의 관계에 있으나 형식적인 측면에서는 전혀 별개의 행정처분이다. 따라서 당초처분과 경정처분의 법률관계를 일의적으로 파악하기 어렵고, 그 법률관계를 어떻게 보느냐에 따라 소송대상(소송물), 심리범위, 전심경유 및 제소기간, 소멸시효, 조세의 범위, 체납처분, 제2차 납세의무자지정처분 등의 문제에 관하여 그 결론이 달라진다.[71] 이들 당초처분과 경정처분의 법률관계를 정확하게 파악하기 위해서는 당초처분 자체의 법률관계에 대한 규명이 선행되어야 한다.

---

71) 김시수, "과세부과처분에 있어서 당초처분과 경정처분의 법률관계", 「행정판례연구」 제1권, 서울대학교출판부, 1992, 135면.

(2) 당초처분과 경정처분과의 관계

1) 학설의 개관

당초처분과 경정처분과의 법률관계를 어떻게 이해할 것인가에 대하여는 여러 견해가 대립되어 있다.

① 당초처분과 경정처분은 서로 독립하여 별개로 존재하고 경정처분의 효력은 그 처분에 의하여 추가로 확정된 과세표준 및 세액부분에만 미친다는 병존설, ② 당초처분은 경정처분에 흡수되어 소멸하고 경정처분의 효력은 처음부터 다시 조사 결정한 과세표준 및 세액 전체에 미친다는 흡수설, ③ 당초처분은 경정처분에 흡수·소멸되지만 그 효력은 그대로 존속하며 경정처분의 효력은 이에 의하여 증감된 과세표준 및 세액 부분에만 미친다는 병존적 흡수설, ④ 경정처분은 당초처분에 흡수·소멸되나 당초처분에 의하여 확정된 과세표준과 세액을 그 경정된 내용에 따라 증감시키는 효력을 발생한다고 보는 역흡수설, ⑤ 경정처분은 당초처분과 결합되어 일체로서 존재하면서 당초처분에 의하여 확정된 과세표준과 세액을 증감시킨다고 보는 역흡수병존설 등이 그것이다.[72]

2) 판례의 태도

판례는 증액경정처분과 감액경정처분을 구별하여 설명하고 있다. 즉 증액경정처분이 있는 경우[73] 그 경정처분은 당초처분을 그대로 둔 채 당초처분에서의 과세표준과 세액을 초과하는 부분만을 추가 확정하려는 처분이 아니고, 재조사에 의하여 판명된 결과에 따라서 당초처분에서의 과세표준과 세액을 포함시켜 전체로서의 과세표준과 세액을 결정하는 것이므로 증액경정처분이 되면 먼저 된 당초처분은 증액경정처분에 흡수되어 당연히 소멸하는 것으로 본다. 따라서 납세의무자는 증액경정처분만을 쟁송의 대상으로 삼을 수 있다.

이에 반하여, 감액경정처분의 경우[74]에는 당초처분에서 결정된 과세표준

72) 소순무, 조세소송, 조세통람사, 2000, 255면.
73) 대법원 1982. 2. 10. 선고 80누522 판결; 대법원 1984. 4. 10. 선고 83누539 판결; 대법원 1984. 12. 11. 선고 84누225 판결; 대법원 1986. 12. 23. 선고 86누19 판결; 대법원 1987. 1. 20. 선고 83누571 판결; 대법원 1987. 3. 10. 선고 86누911 판결; 대법원 1987. 12. 22. 선고 87누628 판결; 대법원 1992. 8. 14. 선고 91누13229 판결; 대법원 1990. 8. 29. 선고 90누1892 판결 등.
74) 대법원 1982. 9. 14. 선고 82누65 판결; 대법원 1982. 11. 23. 선고 81누393 판결; 대법원 1983. 4. 12. 선고 82누35 판결; 대법원 1985. 11. 26. 선고 85누632 판결; 대법원 1986. 2. 25. 선고 85누724 판결; 대법원 1987. 7. 8. 선고 84누50 판결; 대법원 1987. 4. 14. 선고 85누740 판결; 대

과 세액의 일부를 취소하는데 지나지 않으므로 처음의 과세처분이 감액된 범위 내에서 존속하게 되고, 이 처분만이 쟁송의 대상이 되며 경정처분 자체는 소송의 대상이 될 수 없다는 것으로써 역흡수설75)과 그 결론을 같이 한다.

3) 검 토

병존설은, 당초처분과 경정처분은 실질에 있어서는 서로 무관한 것이 아니라 1개의 추상적 조세채무의 내용을 구체화하기 위한 일련의 절차로서 밀접한 관계가 있다는 점을 무시하고, 소송의 차원에서는 이를 일체로 하여 심리할 필요가 있음에도 불구하고 양자의 처분에 대하여 별개의 전심절차를 거쳐 따로 소를 제기하여야 한다는 점에 약점이 있다.

흡수설은, 이미 확정된 당초처분까지 다룰 수 있다고 하는 불합리한 점이 있고, 또 당초처분의 정당성을 전제로 하여 이루어진 체납처분 등의 효력까지 상실한다고 보게 되어 징수권 확보에 불리한 결론을 가져오며, 당초처분과 감액경정처분의 법률관계를 설명할 수 없다는 단점이 있다.

병존적 흡수설은 병존설과 흡수설의 약점을 보완한다는 점에서 의미가 있으나, 당초처분이 경정처분에 흡수·소멸된다면서 그 효력은 존속한다고 설명함은 이론상 문제가 있다.

역흡수설은, 증액경정과 감액경정의 경우를 동일하게 설명할 수 있는 장점은 있으나, 당초처분에 대해 더 이상 불복할 수 없게 된 후 증액경정결정을 한 경우에 그 증액경정결정에 대하여도 불복할 수 없다는 결함이 있다.

역흡수병존설도 역흡수설과 마찬가지로 당초처분에 대해 더 이상 불복할 수 없게 된 후 증액경정결정을 한 경우에 그 증액경정결정에 대하여도 불복할 수 없다는 결함이 있다.

대법원 판례도 증액경정처분의 경우에는 흡수설의 입장에 일관하고 있으나, 흡수설은 앞에서 본 바와 같이 불합리한 점이 있고, 증액경정처분을 통지함에 있어 당초처분에 의하여 확정된 과세표준과 세액을 포함시켜 증액된 전

법원 1990. 11. 13. 선고 90누6903 판결; 대법원 1991. 9. 12. 선고 91누391 판결; 대법원 1996. 11. 15. 선고 95누8904 판결; 대법원 1996. 7. 30. 선고 95누6328 판결; 대법원 1997. 10. 24. 선고 96누10768 판결 등.

75) 이러한 판례의 태도에 대하여, 병존설의 입장에서 보는 견해와 역흡수설 또는 역흡수병존설의 입장에서 보는 견해 및 '세액의 일부 취소하는 납세자에게 유리한 효과를 가져오는 처분' 등이라는 표현에 따라 일부취소설의 입장이라고 하는 견해도 있다.

체로서의 과세표준과 세액의 통지를 하도록 하는 명문의 규정이 없고, 실무상 경정처분에 의하여 증가되거나 감소되는 과세표준과 세액만을 통지하는데 그치고 있으며, 또한 증액경정처분의 경우 이미 확정된 당초처분까지도 그 위법 여부를 다툴 수 있다는 점은 타당하시 않을 것이다.

4) 소 결

결국 이 문제는 전술한 바와 같이 경정처분의 전제가 되는 당초처분에 있어 당사자 사이의 조세법률관계의 성질을 어떻게 이해하느냐의 문제와 밀접한 관련이 있다. 과세처분에 의해 조세법률관계가 성립한다는 견해에 따를 경우에는 과세절차의 적법여부가 쟁점이 될 것이며, 법률이 정한 과세요건충족에 의해 조세채무가 발생한다는 입장에서는 세액계산의 적정성 여부가 문제가 될 것인바, 전자의 견해에 따를 경우에는 병존설이 후자의 견해에 따를 경우에는 흡수설이 논리적이라 할 것이다.

역흡수설에 따라 경정처분은 당초처분에 흡수·소멸되나 당초처분에 의하여 확정된 과세표준과 세액을 그 경정된 내용에 따라 증감시키는 효력을 발생한다고 보는 것이 타당할 것이다. 다만 불복기간이 도과하여 더 이상 쟁송할 수 없는 상태에서 다시 증액경정을 하는 경우 더 이상 불복할 수 없게 되어 불합리하므로 이 경우에 한하여 병존설에 따라 증액 경정된 부분만을 다투게 하여 납세자의 정당한 권리를 보장하면 될 것이다.

제 7 절   조세심판 및 소송

I. 국세기본법상의 불복제도

1. 이의신청

이의신청은 처분이 있음을 안 날(처분의 통지를 받은 때에는 그 받은 날)부터 90일 이내에 제기하여야 한다. 이의신청은 대통령령으로 정하는 바에 따라 불복의 사유를 갖추어 해당 처분을 하였거나 하였어야 할 세무서장에게 하거나 세무서장을 거쳐 관할 지방국세청장에게 하여야 한다. 다만, 지방국세청장의 조사에 따라 과세처분을 한 경우, 세무서장에게 과세전적부심사를 청구한 경우에는 관할 지방국세청장에게 하여야 하며, 조사한 세무서장과 과세처분한 세무서장이 서로 다른 경우에는 과세처분한 세무서장의 관할 지방국세청장에게 하여야 하며, 세무서장에게 한 이의신청은 관할 지방국세청장에게 한 것으로 본다.

세무서장은 이의신청의 대상이 된 처분이 지방국세청장이 조사·결정 또는 처리하였거나 하였어야 할 것인 경우에는 이의신청을 받은 날부터 7일 이내에 해당 신청서에 의견서를 첨부하여 해당 지방국세청장에게 송부하고 그 사실을 이의신청인에게 통지하여야 한다. 지방국세청장에게 하는 이의신청을 받은 세무서장은 이의신청을 받은 날부터 7일 이내에 해당 신청서에 의견서를 첨부하여 지방국세청장에게 송부하여야 한다.

이의신청을 받은 세무서장과 지방국세청장은 각각 국세심사위원회의 심의를 거쳐 결정하여야 한다. 이의신청에 대한 결정은 이의신청을 받은 날부터 30일 이내에 하여야 한다. 이의신청은 임의적 절차이다.

2. 행정심판

(1) 심사청구

심사청구는 해당 처분이 있음을 안 날(처분의 통지를 받은 때에는 그 받은 날)부터 90일 이내에 제기하여야 한다. 이의신청을 거친 후 심사청구를 하려면 이의신청에 대한 결정의 통지를 받은 날부터 90일 이내에 제기하여야 한다. 다만, 「국세기본법」에 따른 결정기간 내에 결정의 통지를 받지 못한 경우에는 결정의 통지를 받기 전이라도 그 결정기간이 지난 날부터 심사청구를 할 수 있다.

심사청구인이 동법 제6조에 규정된 사유(신고, 신청, 청구, 그 밖에 서류의 제출, 통지에 관한 기한연장의 사유만 해당한다)로 처분이 있음을 안 날(처분의 통지를 받은 때에는 그 받은 날)부터 90일 이내에 심사청구를 할 수 없을 때에는 그 사유가 소멸한 날부터 14일 이내에 심사청구를 할 수 있다. 이 경우 심사청구인은 그 기간에 심사청구를 할 수 없었던 사유, 그 사유가 발생한 날과 소멸한 날, 그 밖에 필요한 사항을 기재한 문서를 함께 제출하여야 한다.

심사청구를 받으면 국세청장은 국세심사위원회의 심의를 거쳐 결정을 하여야 한다. 다만, 심사청구기간이 지난 후에 제기된 심사청구 등 대통령령으로 정하는 사유에 해당하는 경우에는 그러하지 아니하다. 국세심사위원회의회의는 공개하지 아니한다. 다만, 국세심사위원회 위원장이 필요하다고 인정할 때에는 공개할 수 있다. 심사청구에 대한 결정은 심사청구를 받은 날부터 90일 이내에 하여야 한다. 동일한 처분에 대해서는 심사청구와 심판청구를 중복하여 제기할 수 없다.

(2) 심판청구

심판청구는 해당 처분이 있음을 안 날(처분의 통지를 받은 때에는 그 받은 날)부터 90일 이내에 제기하여야 한다. 이의신청을 거친 후 심판청구를 하는 경우의 청구기간에 관하여는 「국세기본법」을 준용한다. 심판청구는 대통령령으로 정하는 바에 따라 불복의 사유를 갖추어 그 처분을 하였거나 하였어야 할 세무서장을 거쳐 조세심판원장에게 하여야 한다.

조세심판원장이 심판청구를 받았을 때에는 조세심판관회의의 심리를 거쳐 결정한다. 다만, 심판청구의 대상이 대통령령으로 정하는 금액에 미치지 못하는 소액이거나 경미한 것인 경우나 청구기간이 지난 후에 심판청구를 받은 경우에는 조세심판관회의의 심리를 거치지 아니하고 주심조세심판관이 심리하여 결정할 수 있다. 조세심판관회의에서 종전에 조세심판원에서 한 세법의 해석·적용을 변경하는 의결을 하거나 그 밖에 대통령령으로 정하는 사유에 해당할 때에는 조세심판관합동회의가 심리를 거쳐 결정한다.

조세심판관회의 또는 조세심판관합동회의는 심판청구를 한 처분 외의 처분에 대해서는 그 처분의 전부 또는 일부를 취소 또는 변경하거나 새로운 처분의 결정을 하지 못한다. 조세심판관회의 또는 조세심판관합동회의는 심판청구를 한 처분보다 청구인에게 불리한 결정을 하지 못한다. 심판청구에 대한 결정이 있으면 해당 행정청은 결정의 취지에 따라 즉시 필요한 처분을 하여야 한다.

3. 감사원 심사청구

감사원의 감사를 받는 자의 직무에 관한 처분이나 그 밖의 행위에 관하여 이해관계가 있는 자는 감사원에 그 심사의 청구를 할 수 있다. 따라서 조세 부과·징수에 대해서도 감사원에 심사청구를 할 수 있다. 국세기본법은 감사원의 심사청구를 거친 경우에는 이 법에 따른 심사청구 또는 심판청구를 거친 것으로 본다.

4. 행정소송

조세의 부과·징수에 대해 소송을 제기하기 위해서는 국세기본법에 따른 심사청구 또는 심판청구와 그에 대한 결정을 거쳐야 한다. 다만, 감사원의 심사청구를 거친 경우에는 이 법에 따른 심사청구 또는 심판청구를 거친 것으로 본다.

행정소송은 「행정소송법」 제20조에도 불구하고 심사청구 또는 심판청구에 대한 결정의 통지를 받은 날부터 90일 이내에 제기하여야 한다. 다만, 결정기간에 결정의 통지를 받지 못한 경우에는 결정의 통지를 받기 전이라도 그 결정기간이 지난 날부터 행정소송을 제기할 수 있다.

5. 과오납금반환청구

과오납금이란 법률상 납부할 의무가 없음에도 불구하고 납부된 금액을 말한다. 과세처분이 무효인 경우, 과세처분이 취소된 경우, 과세처분이 변경된 경우, 착오로 납부금이 초과 납부된 경우 등에 발생한다. 과오납금은 부당이득으로서 성격을 지닌다. 따라서 납부자는 과오납금반환청구권을 가지게 된다.

국세의 경우, 세무서장은 납세의무자가 국세·가산금 또는 체납처분비로서 납부한 금액 중 잘못 납부하거나 초과하여 납부한 금액이 있거나 세법에 따라 환급하여야 할 환급세액(세법에 따라 환급세액에서 공제하여야 할 세액이 있을 때에는 공제한 후에 남은 금액을 말한다)이 있을 때에는 즉시 그 잘못 납부한 금액, 초과하여 납부한 금액 또는 환급세액을 국세환급금으로 결정하여야 한다.

세무서장은 국세환급금을 「국세기본법」에 따라 충당하거나 지급할 때에는 대통령령으로 정하는 국세환급가산금 기산일부터 충당하는 날 또는 지급결정을 하는 날까지의 기간과 금융회사 등의 예금이자율 등을 고려하여 대통령령으로 정하는 이자율에 따라 계산한 금액을 국세환급금에 가산하여야 한다.

Ⅱ. 지방세법상의 불복제도

1. 이의신청

도세(道稅)의 부과처분에 대하여 불복하는 경우에는 도지사에게, 시(市)·군세(郡稅)에 대하여는 시장·군수에게 이의신청을 할 수 있다. 이의신청의 기간,

결정기간, 불복절차 등은 국세기본법상의 이의신청을 대부분 준용한다.

2. 심사청구

이의신청에 불복할 경우 도지사 또는 행정안전부장관에게 심사청구를 할 수 있다. 심사청구를 하고자 할 때에는 이의신청에 대한 결정의 통지를 받은 날부터 90일 이내에 도지사의 결정에 대하여는 행정안전부장관에게, 시장·군수의 결정에 대하여는 도지사 또는 행정안전부장관에게 각각 심사청구를 하여야 한다.

3. 감사원법상의 불복제도

감사원법 제43조는 감사원의 감사를 받는 자의 직무에 관한 처분 기타 행위에 관하여 이해관계 있는 자는 감사원에 그 행위에 대해 심사의 청구를 할 수 있도록 규정하고 있다. 국세 및 지방세의 과세관청은 감사원에 감사를 받는 자에 해당하므로 조세의 부과·징수에 불복할 경우 감사원법에 의한 심사청구를 할 수 있다.

감사원법에 의한 심사청구를 거친 경우에는 당해 과세처분에 대한 행정심판을 거친 것으로 본다.

Ⅲ. 조세소송

1. 개 설

조세의 부과·징수는 행정처분인 까닭에 당연히 항고소송의 대상이 된다. 따라서 조세소송은 행정소송법에서 규정하고 있는 형식과 절차에 의하여 진행된다.

그러나 과세처분은 일반행정처분에 대하여 대량·반복적으로 이루어지고 내용면에서도 전문성·기술성·복잡성 등의 특성을 지니고 있는 까닭에 일반행정소송과는 다른 특수한 문제들이 있다. 이하에서는 행정소송의 일반적 설명을 생략하고 조세소송과 관련한 특수한 문제들을 살펴보기로 한다.

2. 조세관련 취소소송의 성질

취소소송의 성질에 관하여는 ① 취소소송의 판결로 인하여 처분이 소급하여 무효로 된다는 점을 근거로 형성소송이라는 견해, ② 취소소송이란 '행정청의 행위 당시에 처분에 대한 법정요건이 갖추어 졌느냐'의 존부에 대한 확인에 불과하므로 확인소송이라는 견해, ③ 취소소송은 처분의 위법성 확정이라는 확인소송과 공정력의 배제라는 형성소송의 성질을 모두 가지는 특수한 구제소송이라는 견해가 대립하는바, 형성소송설이 통설과 판례의 입장이다. 그러나 과세처분의 취소를 구하는 취소소송은 형식적으로는 처분의 효력을 취소하는 형성소송이지만 실질적으로는 조세채무의 존부를 다투는 조세채무 부존재의 확인소송이라는 점에서 일반행정소송과 구별된다.

3. 소송물

과세관련 취소소송에 있어 소송물의 범위, 즉 심판의 범위에 대하여는 견해가 대립하고 있다. 하나는 과세처분에 의하여 확정된 세액이 조세실체법에 의하여 객관적으로 존재하는 세액을 초과하는지의 여부가 소송물이 된다는 주장으로서, 이른바 총액주의라 한다. 판례의 태도이기도 하다.[76]

다른 하나는 과세관청이 처분시에 인정한 처분이유의 당부, 예컨대 과세의 대상이 되는 수입·경비의 존부가 소송물이 된다는 주장으로서, 이른바 쟁점주의라 한다.

총액주의의 입장에서는 과세관청에 의하여 부과된 세액 자체가 심판의 대상이 되므로 과세관청은 처분당시의 처분이유와 다른 이유를 내세워 과세처분을 유지할 수 있게 된다. 이는 행정처분 취소소송의 소송물을 위법성일반으로 보는 견해와 그 이론적 기초를 같이 한다.

이에 반하여 쟁점주의의 입장에서는 당해 과세처분을 하게된 개개의 인정이유가 심판의 대상이 되므로 새로운 처분이유의 추가·변경을 허용하지 않게 된다. 이는 취소소송의 소송물을 개개의 위법사유로 보는 견해와 맥을 같이 한다.

통설과 판례의 태도는 행정처분 취소소송의 소송물을 위법성일반으로 보

---

76) 대법원 1992. 7. 28. 선고 91누10695 판결.

며 조세관련 취소소송의 소송물 역시 총액주의를 취하고 있다. 이러한 점에서
조세관련소송은 일반행정소송과 직접적인 차이가 없다.

일반행정소송에 있어서 소송물을 위법성일반으로 이해하게 되면 논리적
으로 심리계속 중에 처분이유의 추가·대체를 허용하여야 한다. 그러나 처분
이유의 추가·대체를 허용하게 되면 신뢰보호의 원칙에 반하고 이유부기제도
의 존재이유를 상실케 하는 까닭에 이를 인정은 하되, 매우 제한적으로 인정
하여 '처분이유의 기초가 되는 사실관계의 동일성을 해치지 않는 범위 내'에만
허용하는 것이 통설과 판례의 태도이다.

이에 반하여 조세관련소송에 있어서는 총액주의를 취하는 한 당해 과세
처분과 관련한 처분이유의 추가·대체가 전면적으로 허용된다. 이 점에서 일
반행정소송과 조세관련소송이 구별된다는 견해도 있다. 그러나 문제를 다시
한번 살펴보면 양자는 그 결과에 있어 동일한 것으로 평가된다. 왜냐하면 과
세처분이란 법률이 규정하고 있는 세목과 이와 관련한 과세요건사실을 기초
로 행하여지는 것이므로 모든 과세요건사실이 바로 '기본적으로 동일한 사실
관계'의 범주에 포함되기 때문이다.

4. 입증책임

과세처분의 실체적·절차적 위법사유에 관하여 특별한 사정이 없는 한 과
세관청이 그 과세요건 사실의 존재 및 절차의 적법성을 입증할 책임이 있다.
이 점에 있어서는 일반행정소송과 동일하다.

그러나 조세소송에서는 조세법률관계의 특수성 때문에 과세처분에 대하
여 입증책임이 누구에게 귀속되는가의 문제보다도 일반적인 입증책임의 분배
원칙에 따라 입증책임을 부담하는 자가 어느 정도 입증을 하면 그 입증책임을
다한 것으로 볼 수 있느냐가 더욱 중요한 문제로 제기된다. 왜냐하면, 현실적
으로 조세의 납부와 관련하여 국민들 사이에 피세심리(避稅心理)가 만연되어 있
고 과세요건사실을 뒷받침해주는 과세자료들이 모두 납세자가 직접 지배하는
생활영역 내에 있어 과세관청이 납세자의 협력 없이 과세자료를 찾아낸다는
것이 극히 어려운 상황에서, 조세소송에 있어서도 일반행정소송에서 요구되는
정도의 입증을 요구한다면 이는 과세관청에게 사실상 불가능한 입증을 요구
하는 결과가 되어 조세법률관계의 특수성을 무시하고 부당한 결론이 도출되

는 위험이 크기 때문이다. 따라서 이와 같은 불합리를 극복하기 위하여 입증
책임과 관련한 여러 가지 이론적·제도적 방안들이 강구되어 왔다.

(1) 일응의 입증

일응(一應)의 입증이란 과세관청이 주장하는 당해 처분의 적법성이 합리적
으로 수긍할 수 있을 정도로 일응 입증이 된 경우에는 그 처분은 정당하다고
보고 이와 상반되는 주장과 입증책임이 상대방인 원고에게 돌아간다는 것이다.

(2) 부존재의 추정

부존재의 추정이란 과세표준의 입증책임은 과세관청에 있고 과세표준은
수입에서 필요경비를 공제한 것이므로 수입 및 필요경비의 입증책임은 과세
청에 있으나,[77] 필요경비는 납세자에게 유리한 것이고 그것을 발생시키는 사
실관계의 대부분은 납세자의 지배영역 안에 있는 것이어서 납세자가 입증하
기에는 손쉽다는 것을 감안하면 납세자가 그에 관한 입증활동을 하지 않고 있
는 필요경비에 대하여는 그 부존재를 추정하는 것이 마땅하다는 것이다.[78] 이
는 필요경비 중 구체적 항목에 대하여는 입증의 난이(難易)나 당사자 사이의
형평을 고려하여 납세자측에 입증책임을 돌리는 것으로 이해된다.

(3) 사실상 추정

사실상 추정이란 구체적인 소송과정에서 경험칙에 비추어 과세요건사실
을 추정할만한 간접적인 사실이 밝혀지면 상대방이 그 증명력을 탄핵할 별도
의 사정을 다시 입증하여야 한다는 것이다.[79] 예컨대, 증여세부과처분취소소
송에서 원고가 그 부친으로부터 금원을 취득한 사실이 밝혀졌다면 그 금원이
부친의 채무변제에 사용되었다는 주장에 대한 입증책임은 원고에게 돌아간다
는 것이다.[80]

---

77) 대법원 1984. 7. 24. 선고 84누8 판결.
78) 대법원 1988. 5. 24. 선고 86누121 판결.
79) 대법원 1990. 4. 27. 선고 89누6006 판결.
80) 조세법교수실(209면).

판례색인

사항색인

김 민 호
現 성균관대학교 법학전문대학원 교수

학력
Boston University Law School 박사후연구(post—doc)
성균관대학교 대학원 법학과 졸업(법학박사)
성균관대학교 법과대학 졸업

학회
개인정보보호법학회 회장
한국행정법학회 부회장
한국공법학회 부회장

경력
국가인권위원회 인권위원
대통령소속 규제개혁위원회 위원
대통령소속 과거사정리위원회 위원
공공데이터분쟁조정위원회 위원장
국가기준데이터위원회 위원장
중앙행정심판위원회 위원
중앙토지수용위원회 위원
개인정보분쟁조정위원회 위원
법령해석심의위원회 위원
선거방송위원회 위원
EBS 시청자위원회 위원
주민등록번호변경위원회 위원
한국인터넷자율정책기구 의장
디지털규제혁신포럼 이사장
University of Iowa, Visiting Scholar

저서
별난 법학자의 그림이야기(도서출판 예경, 2004)
AI와 딥페이크 음란물(커뮤니케이션북스, 2024)

수상
대통령 근정포장(2017)
한국공법학회 학술장려상(2008)
송암학술상(2015)

제4개정판

행 정 법

초판발행	2018년 2월 25일
전면개정판발행	2020년 1월 10일
제3개정판발행	2022년 8월 1일
제4개정판발행	2025년 2월 15일

지은이	김민호
펴낸이	안종만·안상준
편 집	이승현
기획/마케팅	정연환
표지디자인	이수빈
제 작	고철민·김원표
펴낸곳	(주) **박영사**
	서울특별시 금천구 가산디지털2로 53, 210호(가산동, 한라시그마밸리)
	등록 1959. 3. 11. 제300-1959-1호(倫)
전 화	02)733-6771
f a x	02)736-4818
e-mail	pys@pybook.co.kr
homepage	www.pybook.co.kr
ISBN	979-11-303-4867-4 93360

정 가	55,000원